中國社會科學院近代史研究所 編

神州畫報

下

國家圖書館出版社

下册目録

神州畫報

十月廿三日
神州日報附送

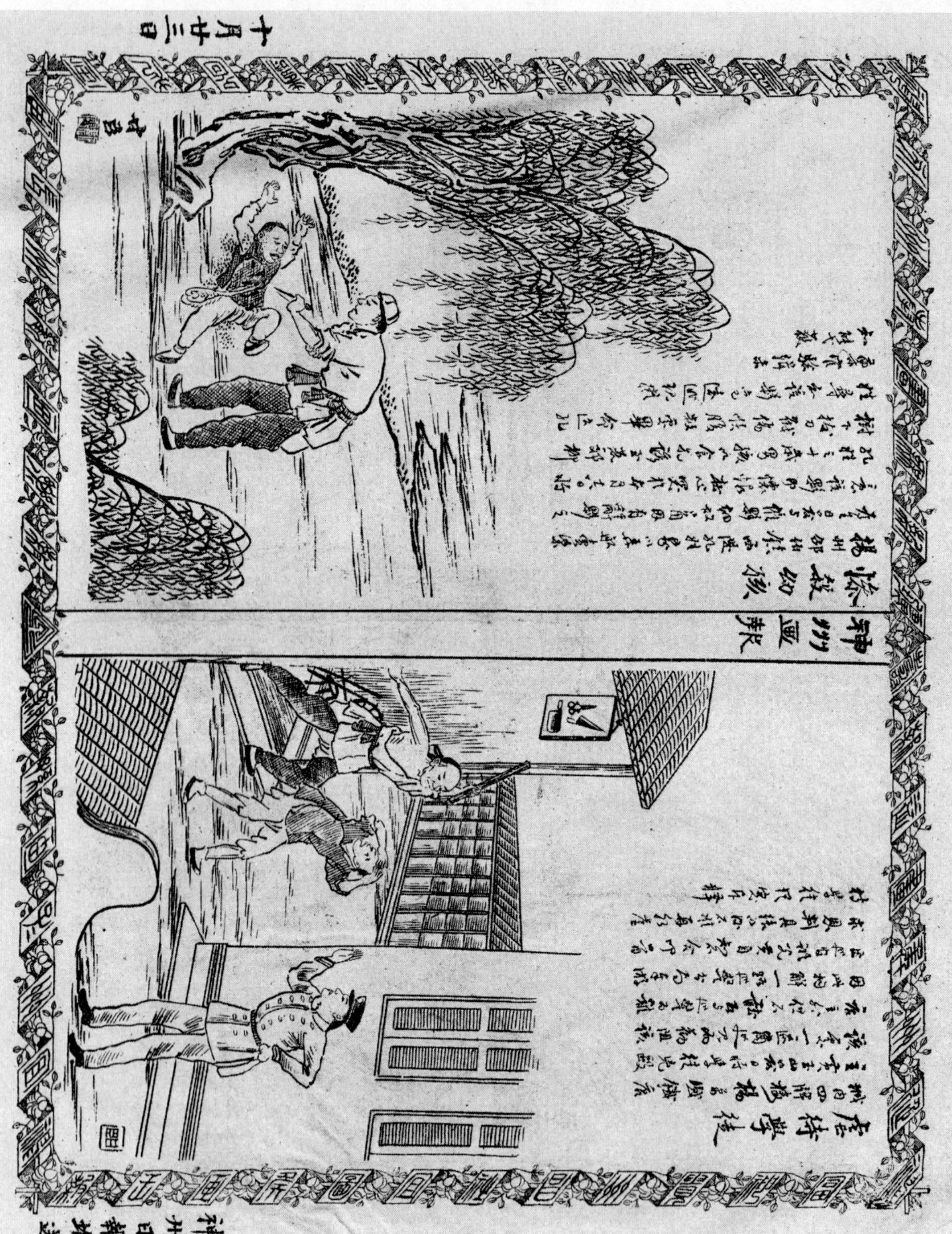
十月廿三日
神州畫報
神州日報附送

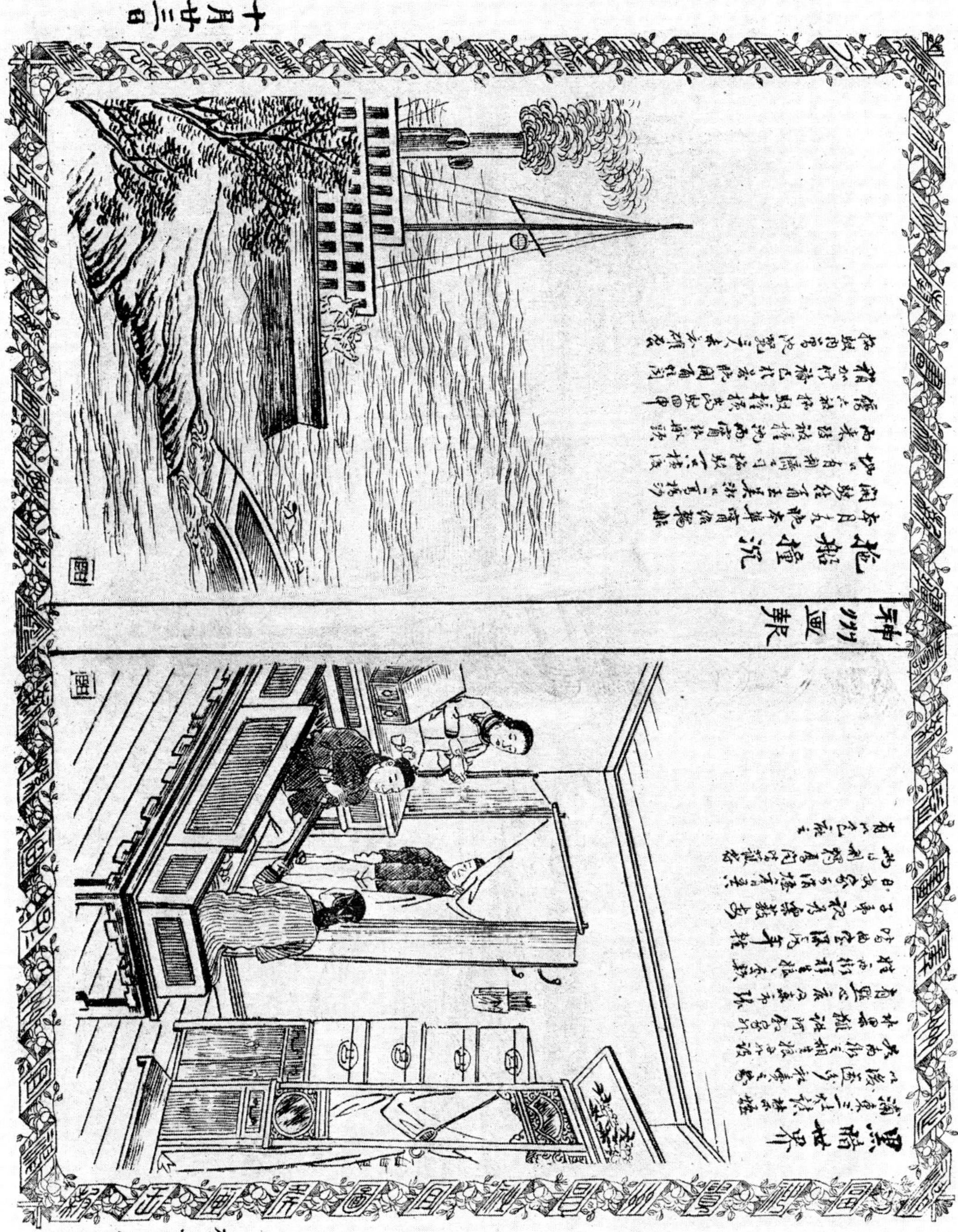
十月廿三日
神州畫報
拖船撞沉
黑暗世界
神州日報附送

漢河古蹟之發現
十月廿三日
神州日報附送

十月廿五日
臨黃曉樓百美之六十七
神州日報附送

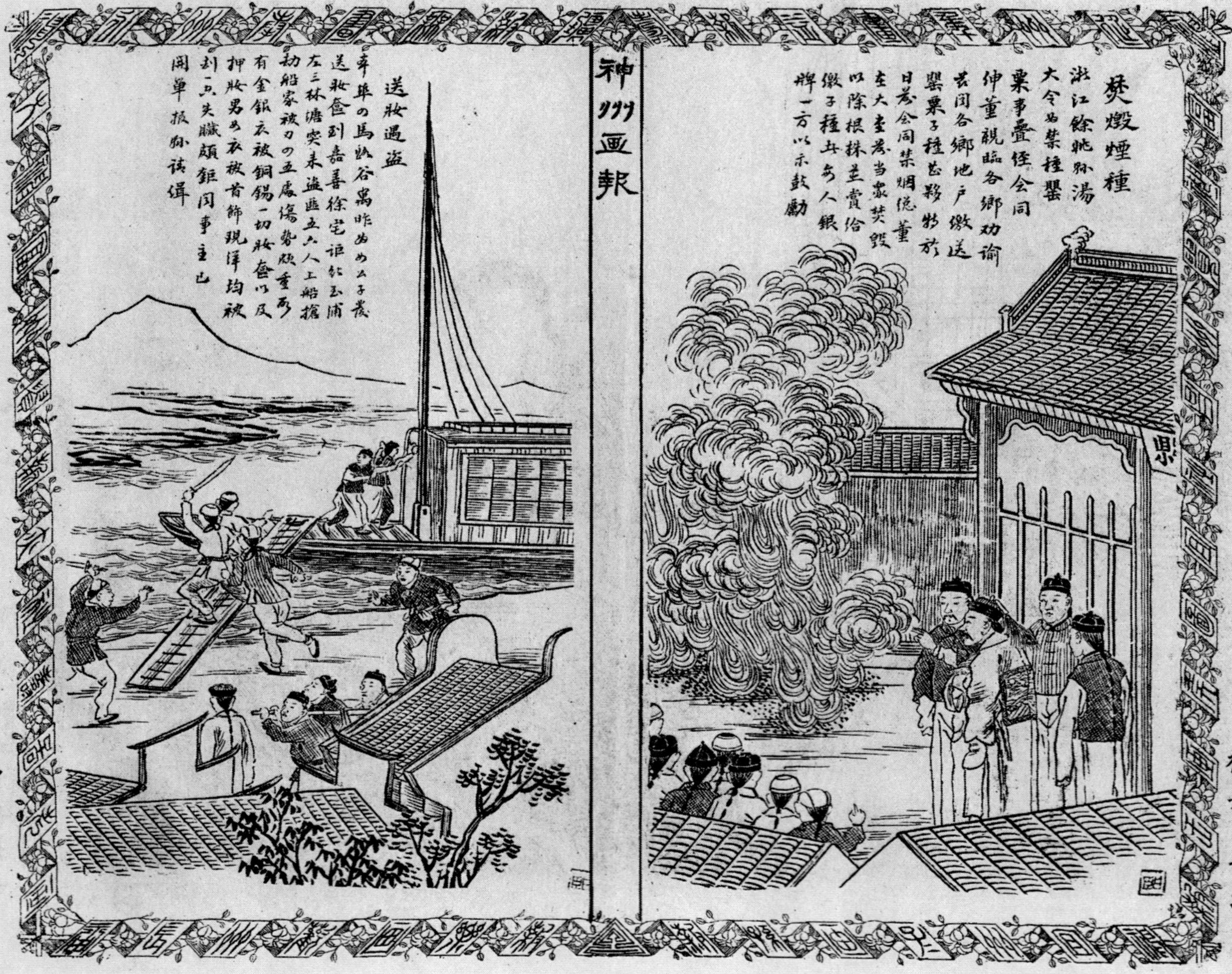
神州画報
焚燬煙種
淞江餘姚縣湯大令以禁種罌粟事疊經会同紳董親臨各鄉劝諭茲因各鄉地户繳送罌粟子種甚夥於日前会同禁烟總董在大堂前当衆焚燬以除根株並賞給繳子種之多人銀牌一方以示鼓勵
送妝遇盜
奉賢縣馬欽谷嵩昨為其女子裝送妝奩到嘉善徐宅詎於玉浦左三林塘突來盜匪五六人上船擄劫船家被刀砍五處傷勢頗重所有金銀衣被銅錫一切妝奩以及押妝男女衣被首飾現洋均被刦一空失贓頗鉅聞事主已開單報縣請緝
十月廿五日
神州日報坿送

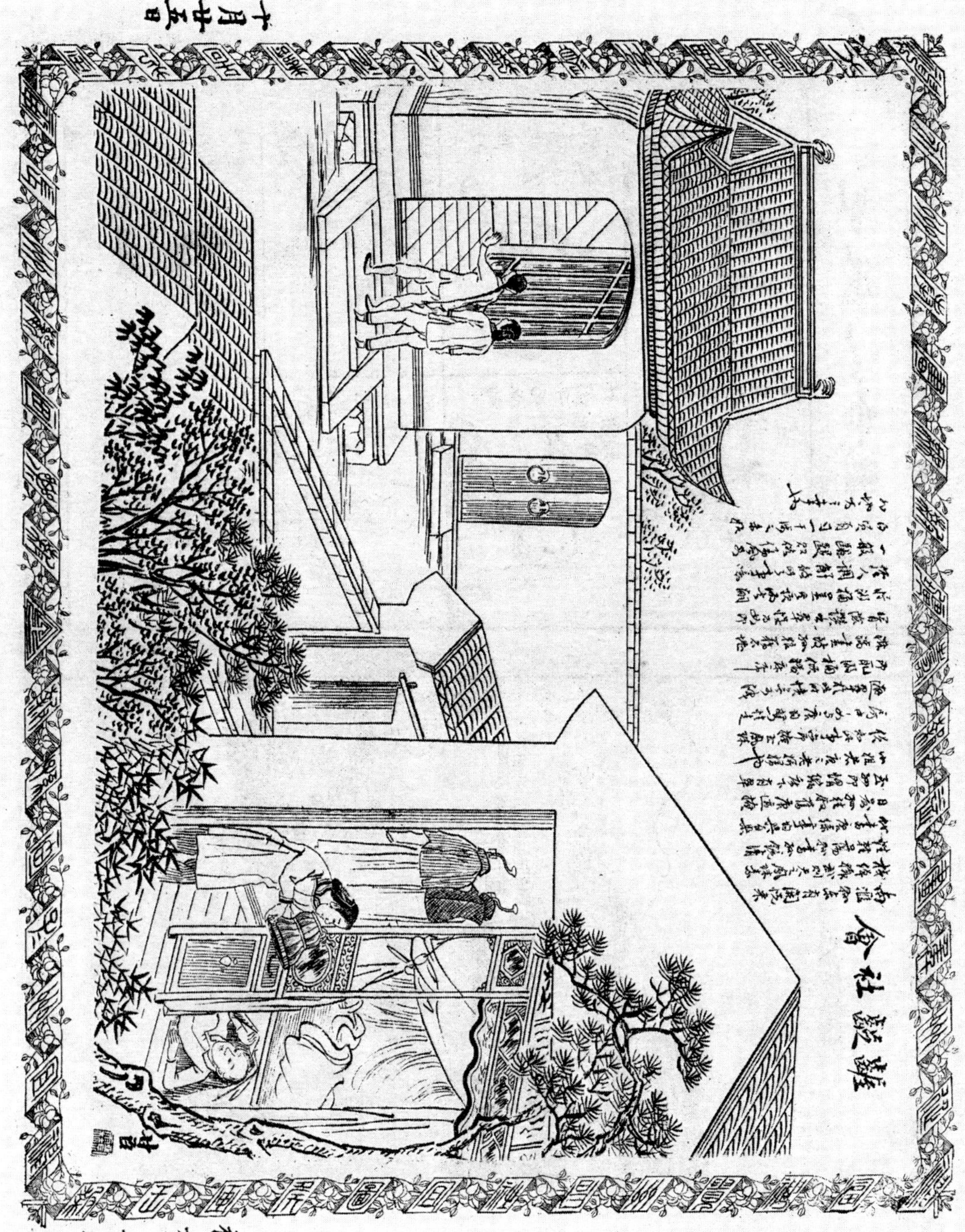
十月廿五日
神州日報附送

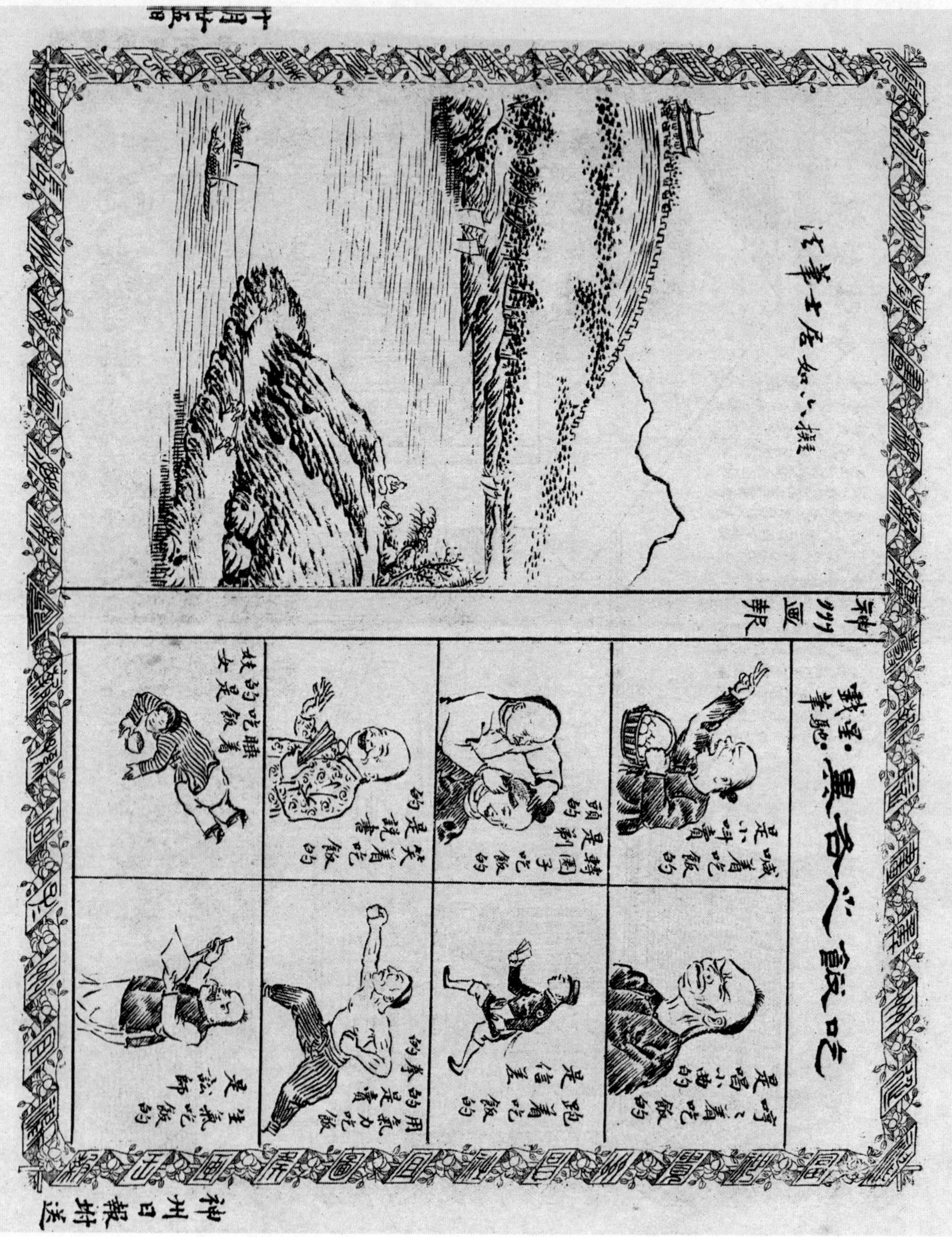
神州畫報
吃飯心各異
星馳戲筆
哼哼着吃飯的是唱小曲的
喊着吃飯的是小咔賣
跑着吃飯的是信差
轉圈子吃飯的是剃頭的
用氣力吃飯的是賣拳的
笑着吃飯的是說書的
生氣吃飯的是訟師
睡着吃飯的是妓女
擬六如居士筆法
十月廿五日
神州日報附送

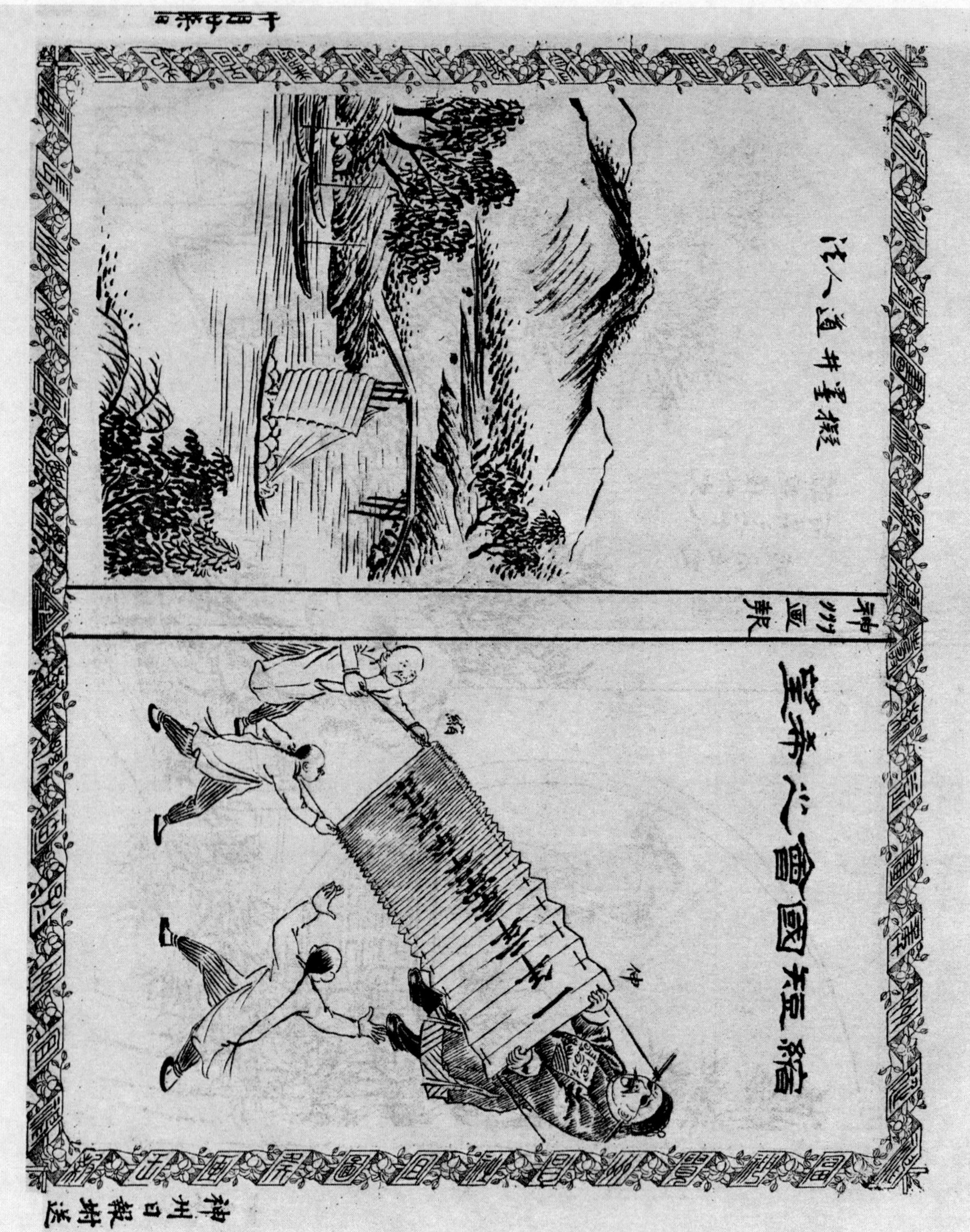
神州畫報
縮短國會之希望
神州日報附送

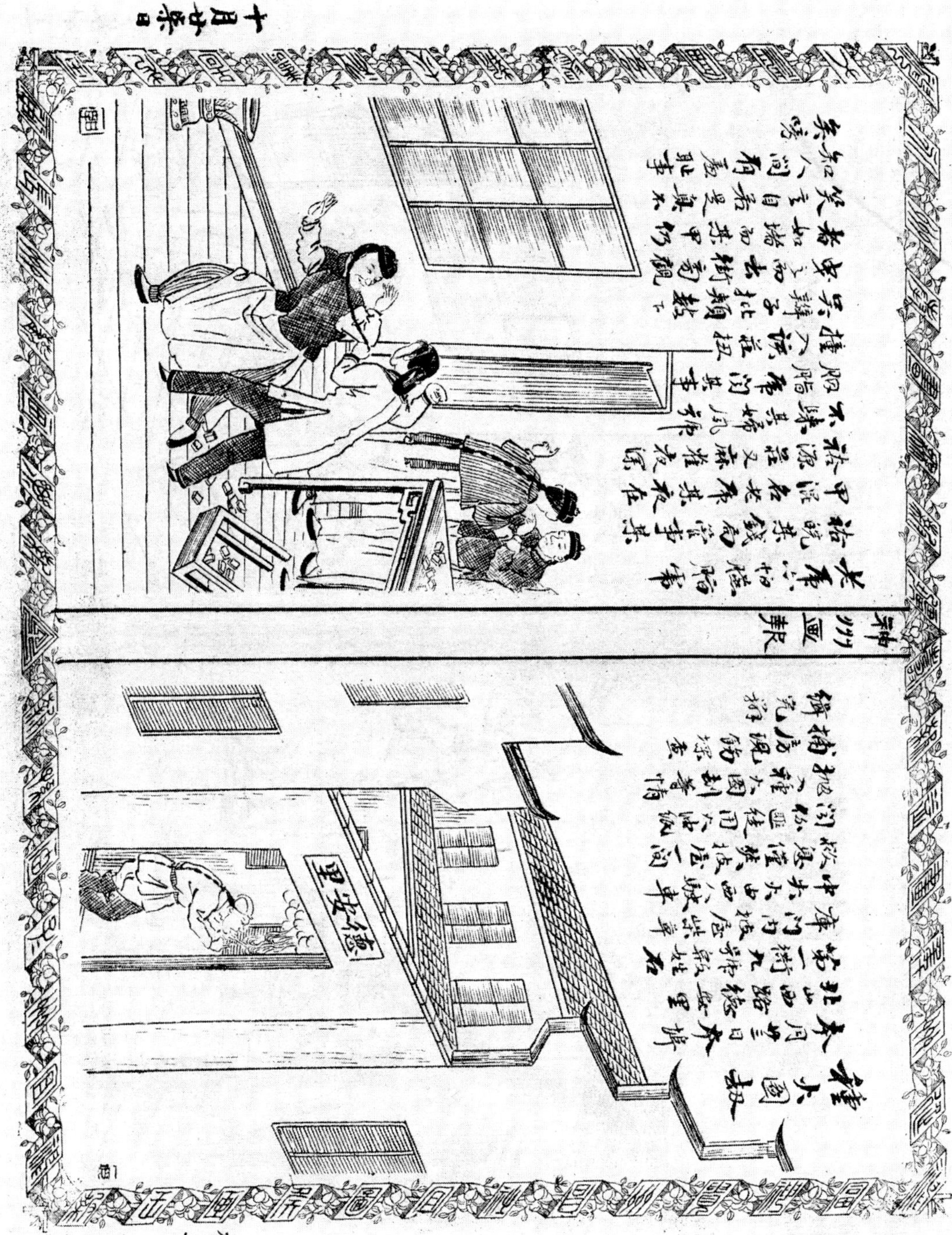
神州畫報
德安里

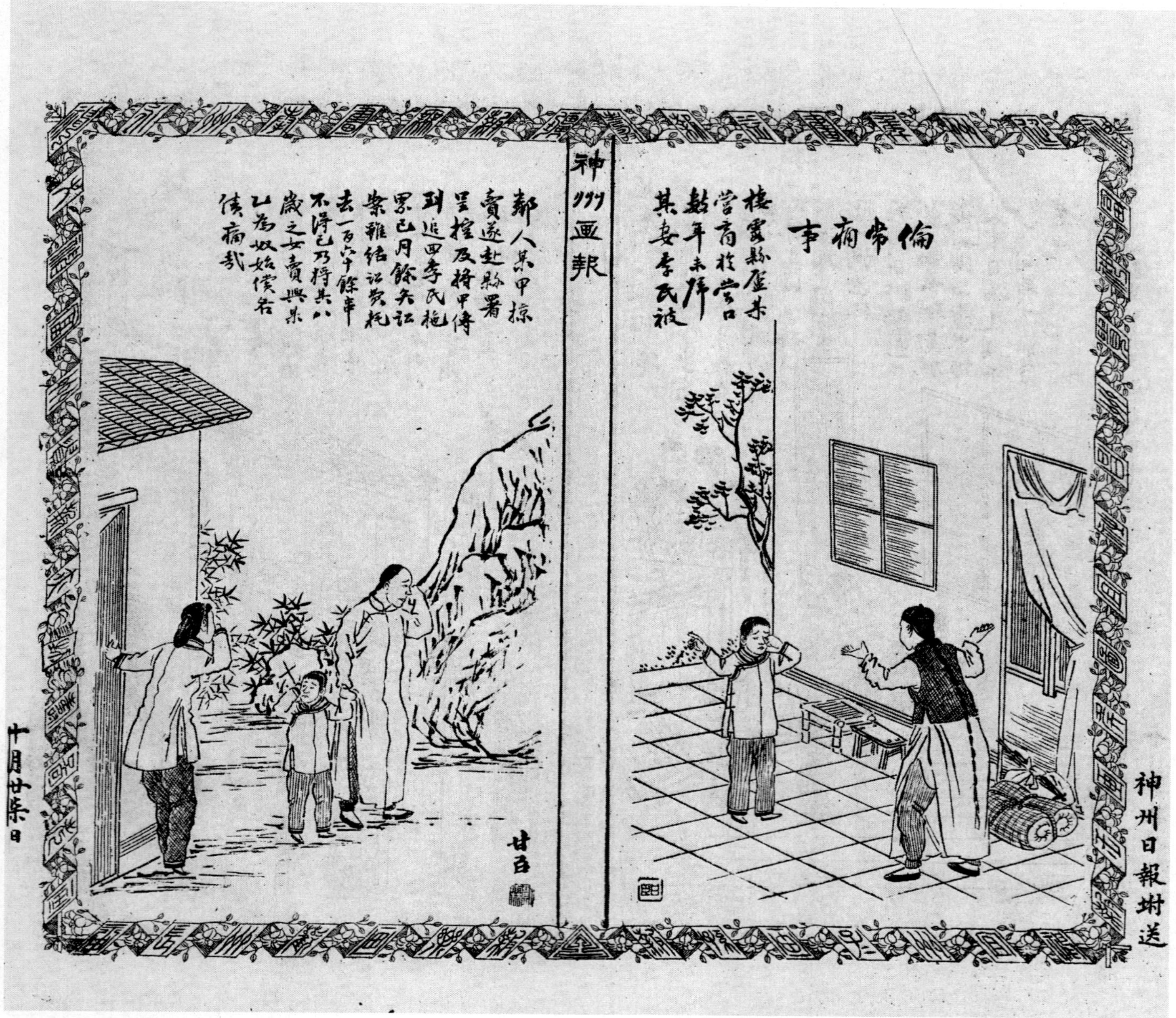
神州畫報
倫常痛事
棲霞縣盧某
嘗商於營口
數年未歸
其妻李氏被
鄰人某甲掠
賣遂赴縣署
呈控及將甲傳
到追回李氏拖
累已月餘矣訟
案雖結訟費耗
去一百六十餘串
不得已乃將其八
歲之女賣與某
以爲奴婢償各
債痛哉
十月廿柒日
神州日報坿送

十月廿九日
神州日報附送

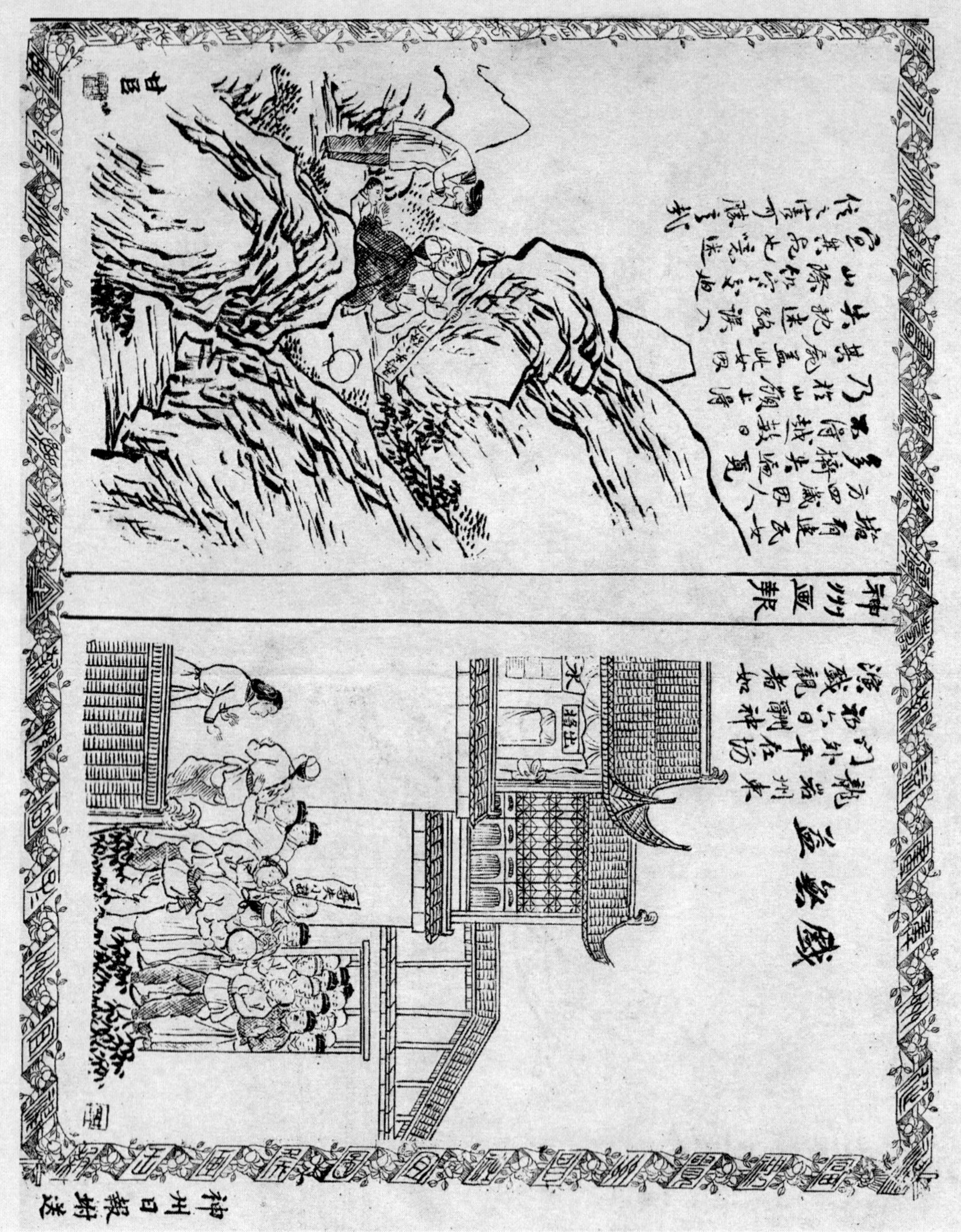
神州画報
戲藝益
龍岩州東
門外平在坊
初六日酬神
演戲觀者如
出將
尋失小孩
堵有迷氏女
方四歲因人
多擠失迴覓
不得越數日
乃於山嶺上得
其屍蓋此女因
失迷路誤入
山際飢寒交迫
實其死也嗚呼迷
信之害可勝言哉
甘臣
神州日報坿送

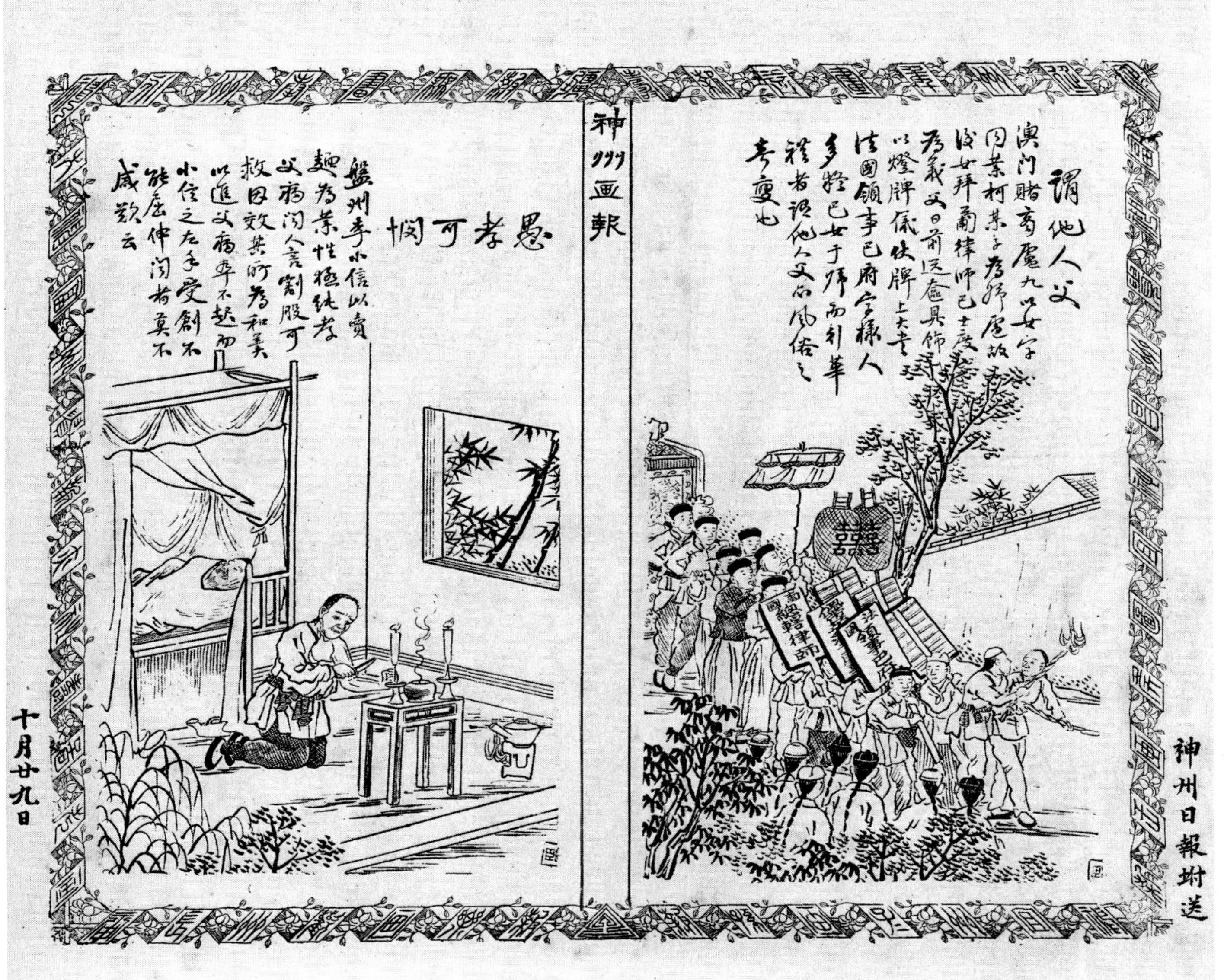
謂他人父
澳門賭商盧九之女字
同業柯某之子為婦盧故
後女拜葡律師巴士度
為義父日前送奩具飾
以燈牌儀仗牌上大書
法國領事巴府字樣人
多詫巴女于歸而引華
證者謂他人父亦風俗之
奇變也
神州画報
愚孝可憫
盤州李小信以貿
麹為業性極純孝
父病聞人言割股可
救因效其所為和羹
以進父病卒不起而
小信之左手受創不
能屈伸聞者莫不
咸歎云
十月廿九日
神州日報坿送

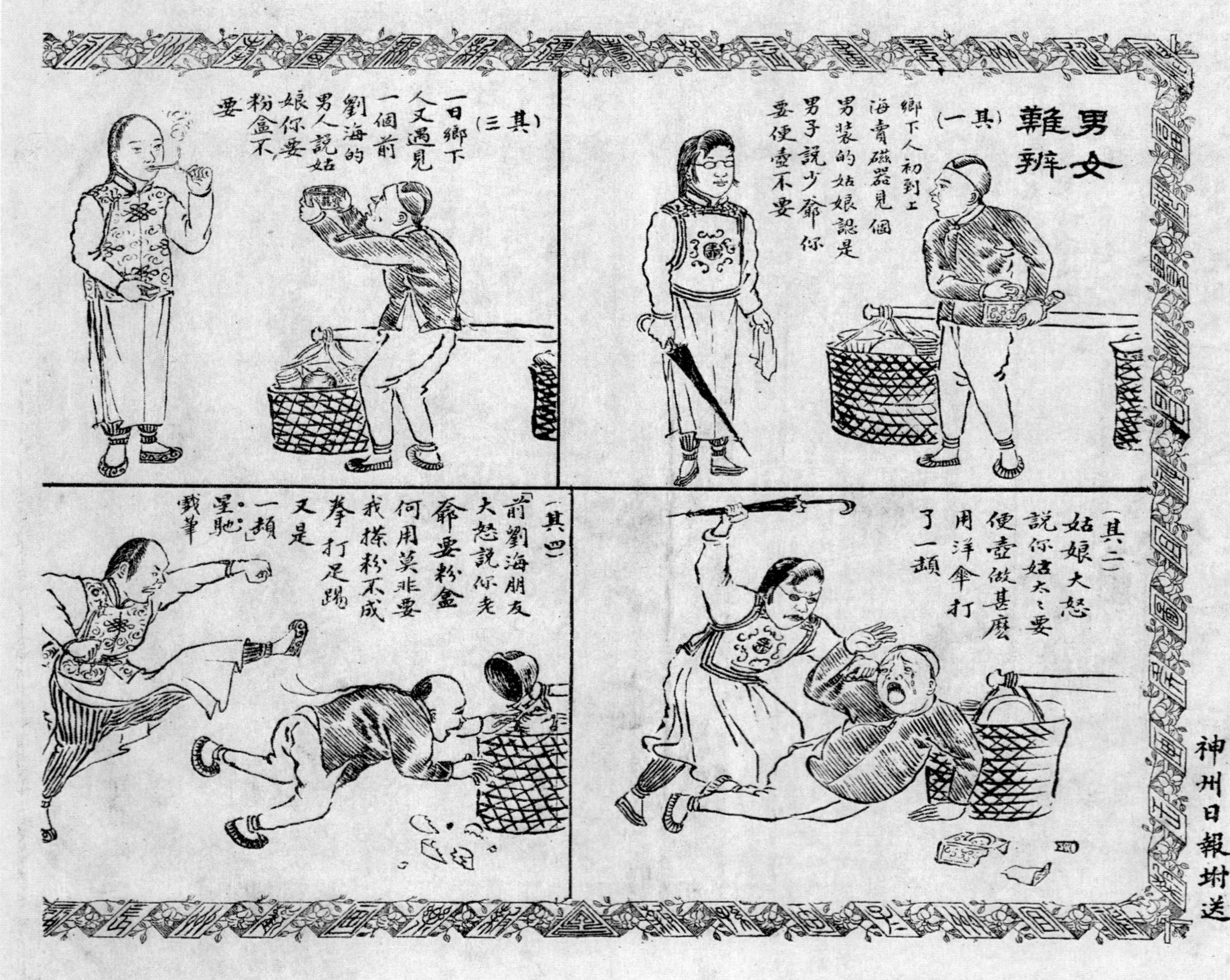
男女難辨
（其一）
鄉下人初到上海賣磁器見個男裝的姑娘認是男子說少爺你要便壺不要
（其二）
姑娘大怒說你姑太〻要便壺做甚麼用洋傘打了一頓
（其三）
一日鄉下人又遇見一個前劉海的男人說姑娘你要粉盒不要
（其四）
前劉海朋友大怒說你老爺要粉盒何用莫非要我搽粉不成拳打足踢又是一頓
星馳戟筆
神州日報坿送

十一月初一日
梨雲春思
臨費曉樓百美之七十
疾眉女史
神州日報附送

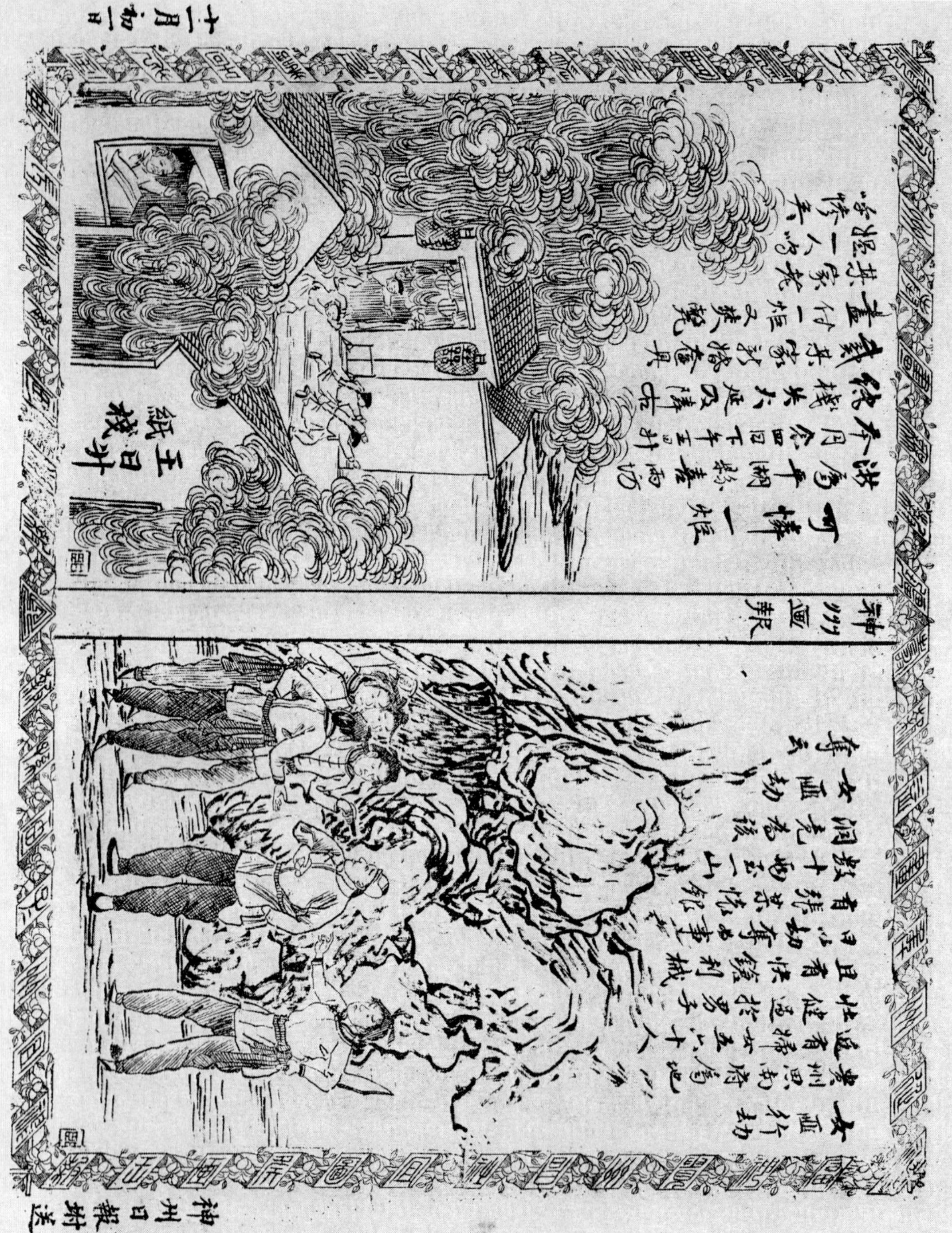

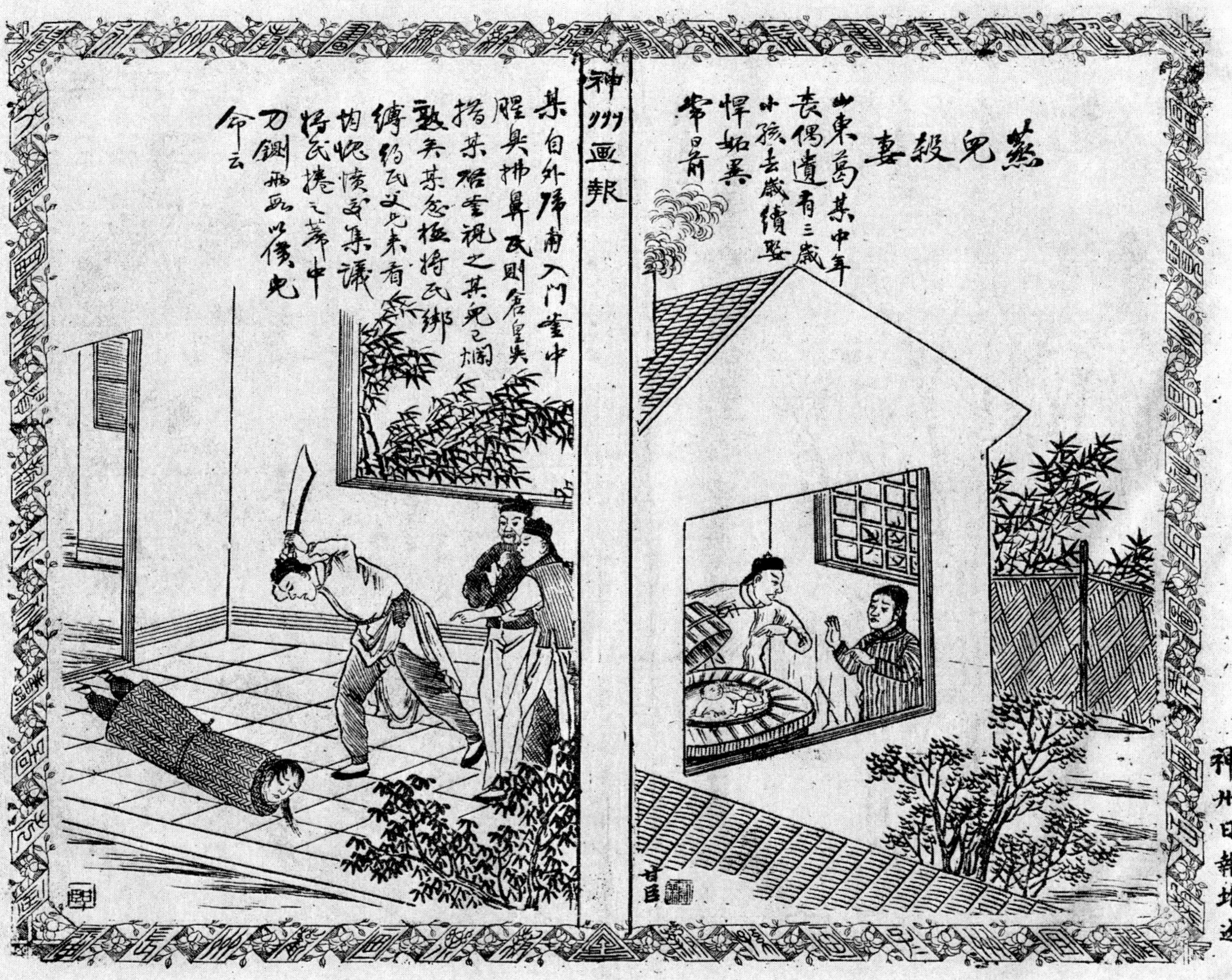
神州畫報
爲兒殺妻
山東萬某中年
喪偶遺有三歲
小孩去歲續娶
悍婦異
常日前
某自外歸甫入門室中
腥臭撲鼻氏則倉皇失
措某揭釜視之其兒已爛
熟矣某忿極將氏綁
縛給氏父兄來看
均憤慨集議
將氏捲之席中
刀鍘兩段以償兒
命云
十一月初一日
神州日報坿送

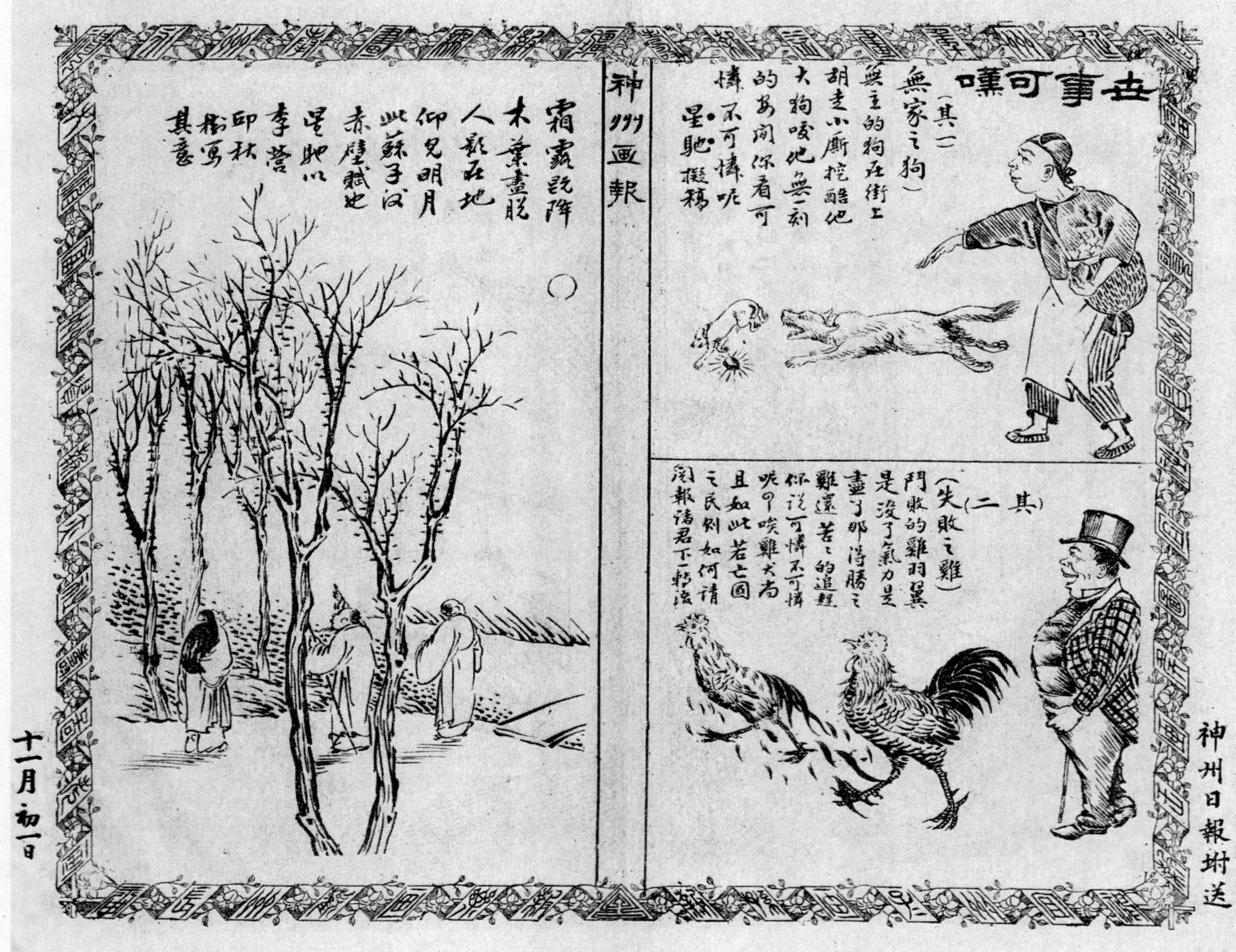
嘆可事無
（其一）無家之狗
無主的狗在街上
胡走小廝挖酷他
大狗咬他無一刻
的安閒你看可
憐不可憐呢
星馳擬稿
（其二）失敗之雞
鬥敗的雞羽翼
是沒了氣力是
盡了那得勝之
雞還若若的追趕
你說可憐不可憐
呢可唉雞尚
且如此若亡國
之民則如何請
閱報諸君下一轉語
神州画報
霜露既降
木葉盡脫
人影在地
仰見明月
此蘇子從
赤壁賦也
星馳以
李營
邱秋
樹寫
其意
十一月初一日
神州日報坿送

十一月初三日
神州日報

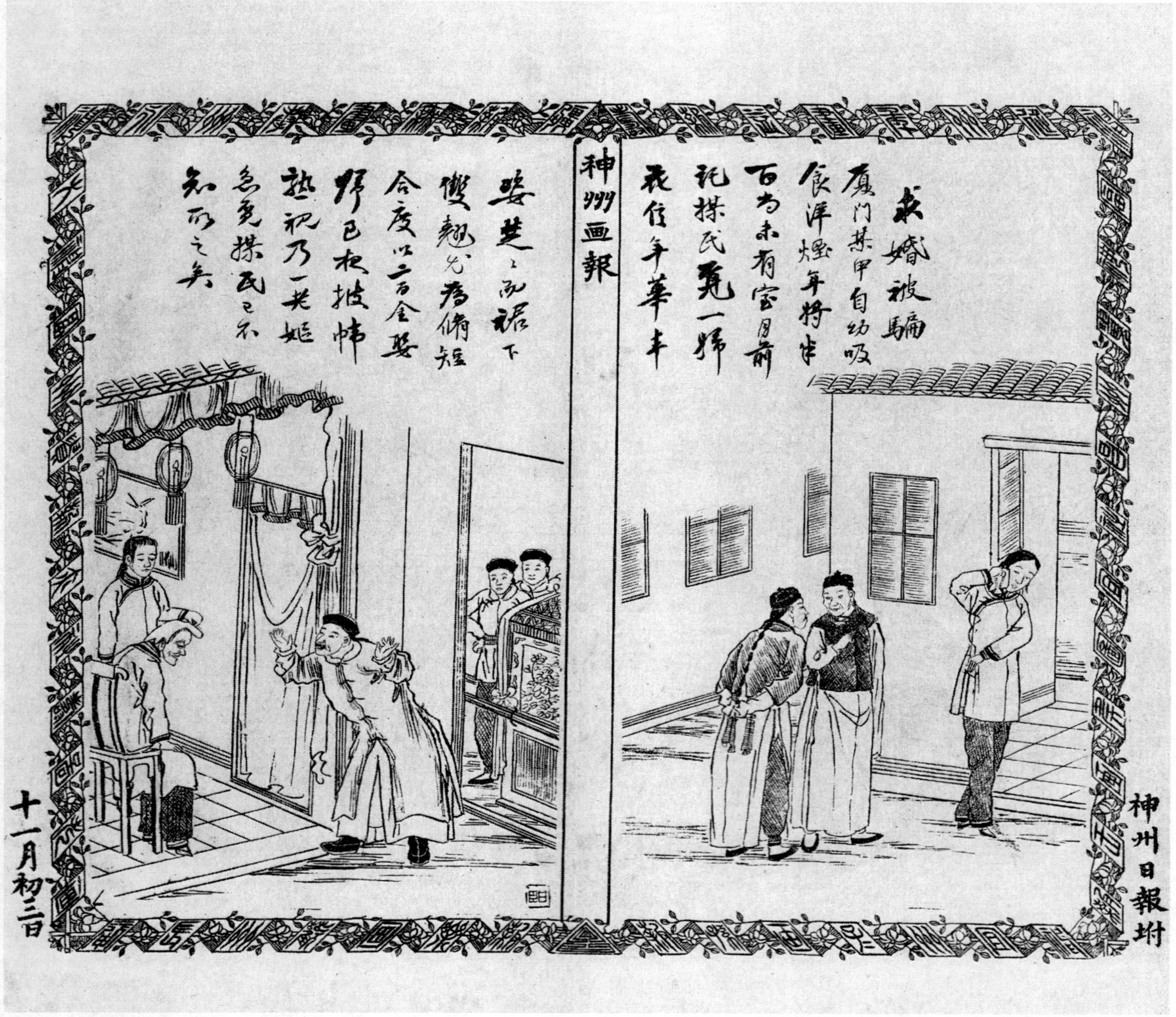
求婚被騙
廈門某甲自幼吸食洋煙年將半百尚未有室月前託媒氏覓一婦表任年華未丰
神州画報
娶楚楚風裙下雙翹尤為俏短合度以二百金娶歸已夜揭帷熟視乃一老嫗急覓媒氏已不知所之矣
十一月初三日
神州日報坿

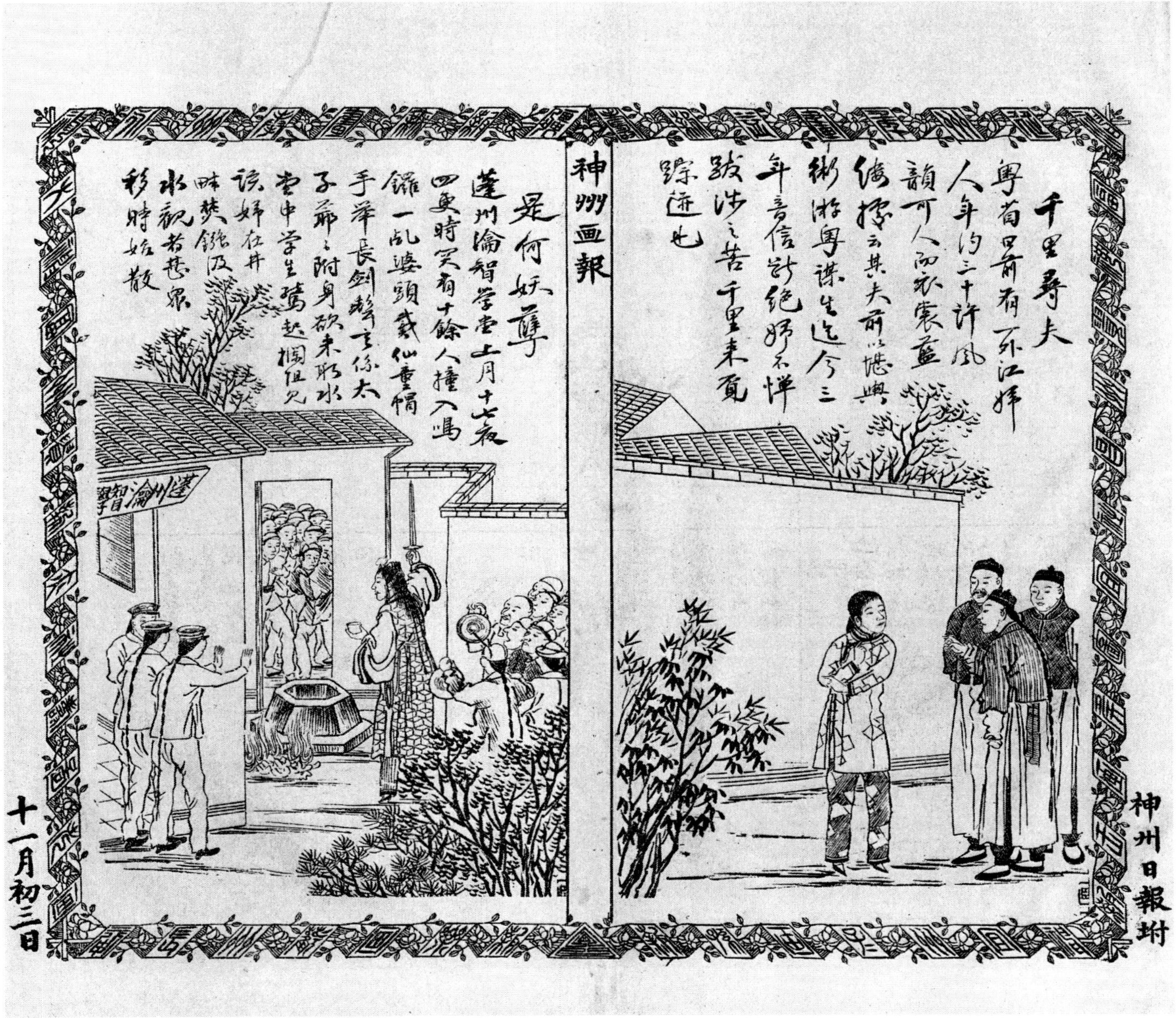
神州畫報
千里尋夫
粵省日前有一外江婦
人年約三十許風
韻可人而衣裳藍
縷據云其夫前以[illegible]興
鄉游粵謀生迄今三
年音信斷絕婦不憚
跋涉之苦千里來覓
蹤跡也
是何妖孽
蓬州論智學堂十月十七夜
四更時突有十餘人撞入鳴
鑼一亂婆頭戴仙童帽
手舉長劍聲言係太
子爺爺附身欲來取水
堂中學生驚起攔阻兒
該婦在井
畔焚錢及
水觀者甚眾
移時始散
蓬州論智學
十一月初三日
神州日報坿

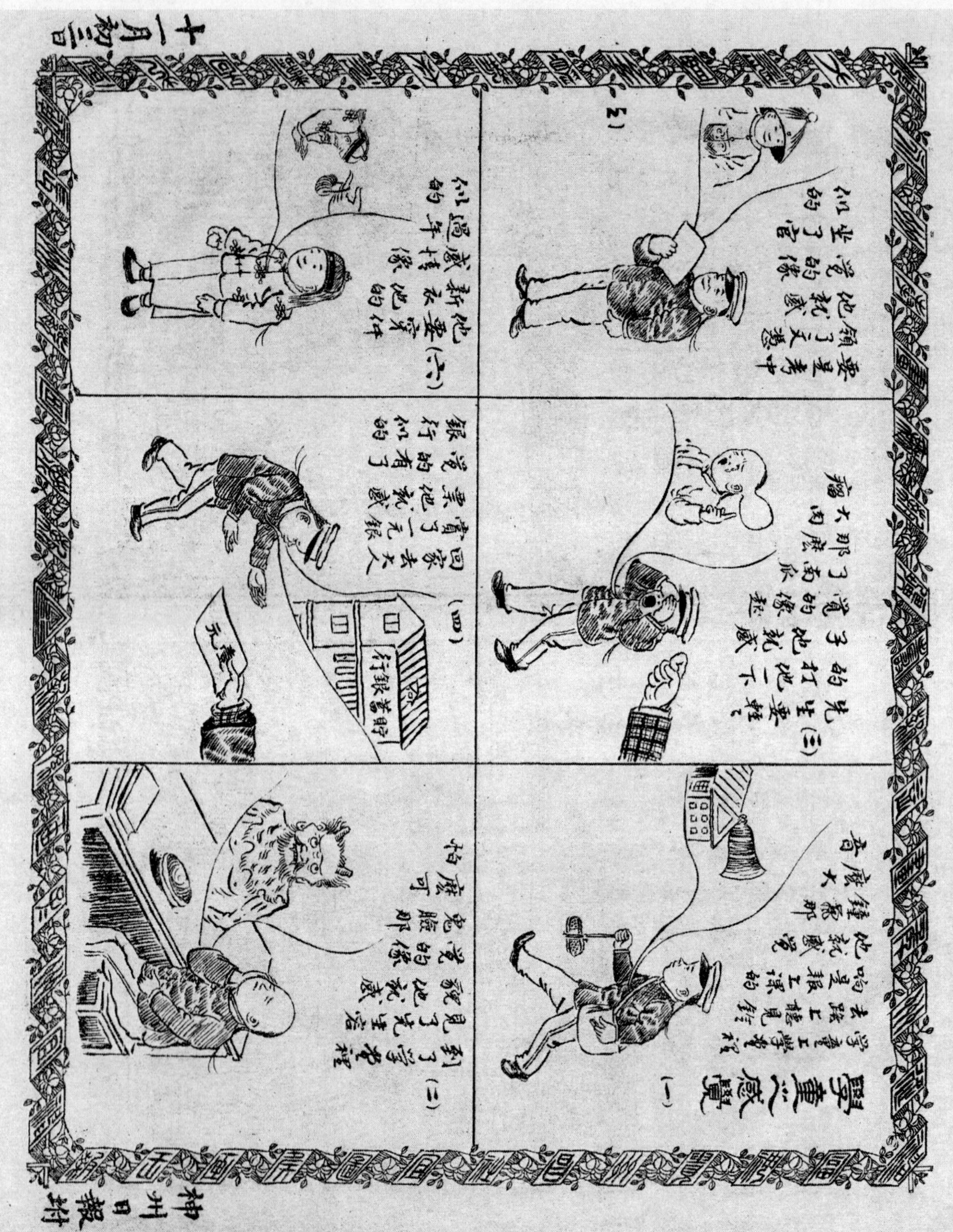

學童之感覺
(一)學童上學堂裡去路上聽見鈴响是報上課的他就感覺鐘聲那麼大音
(二)到了學堂裡見了先生容貌他就感覺的像鬼臉那麼可怕
(三)先生要輕輕的打他一下子他就感覺的像起了兩斤那麼大肉瘤
(四)回家去大人賞了一元銀票他就感覺的有了銀行似的
貯蓄銀行
壹元
要是考中領了文憑他就感覺的像坐了官似的
(六)他要穿件新衣他的感情像過年似的
十一月初三日
神州日報坿

採桑圖
臨費曉樓百美之十二
十一月初五日
神州日報

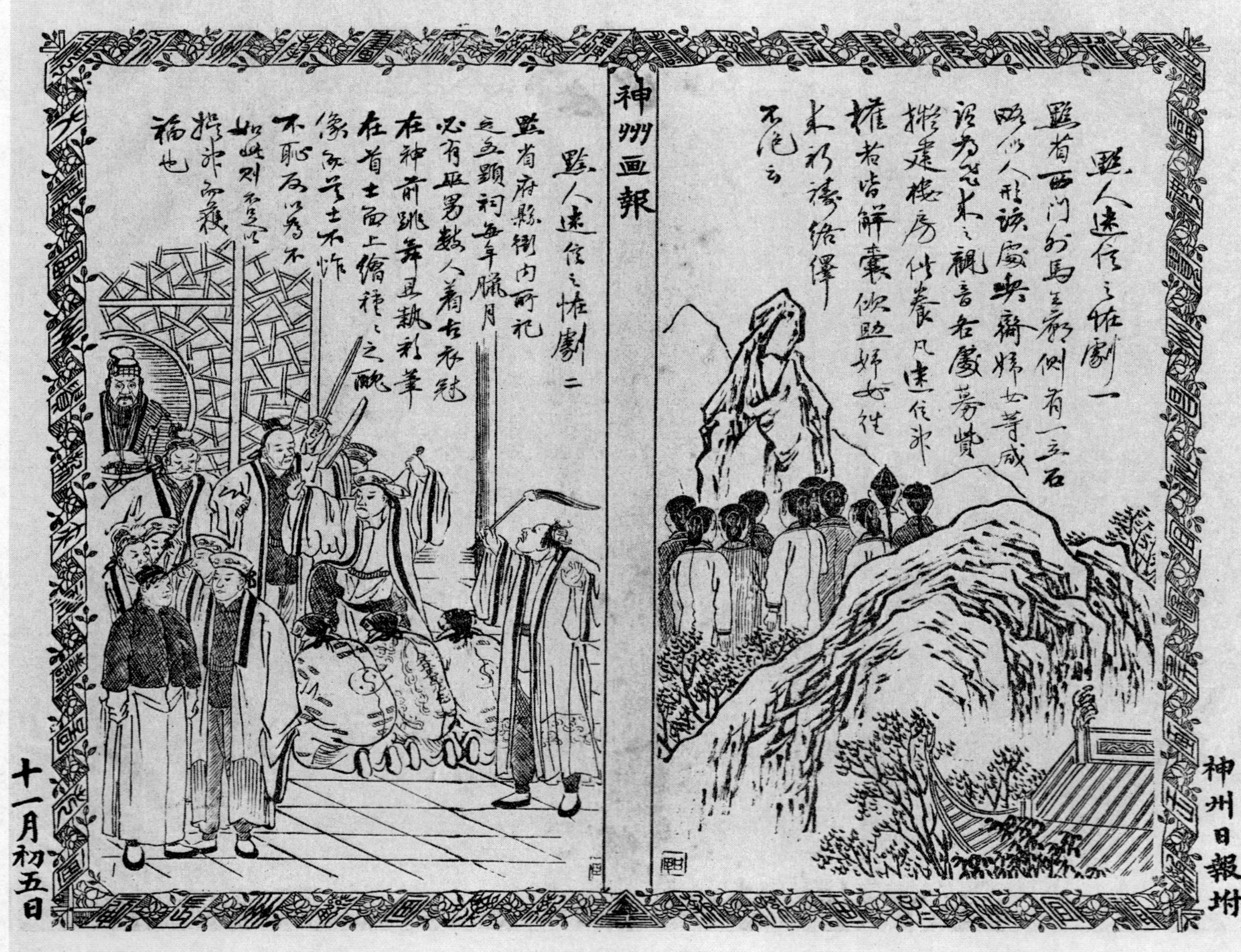
神州画報
黔人迷信之怪劇一
黔人迷信之怪劇二
十一月初五日
神州日報坿

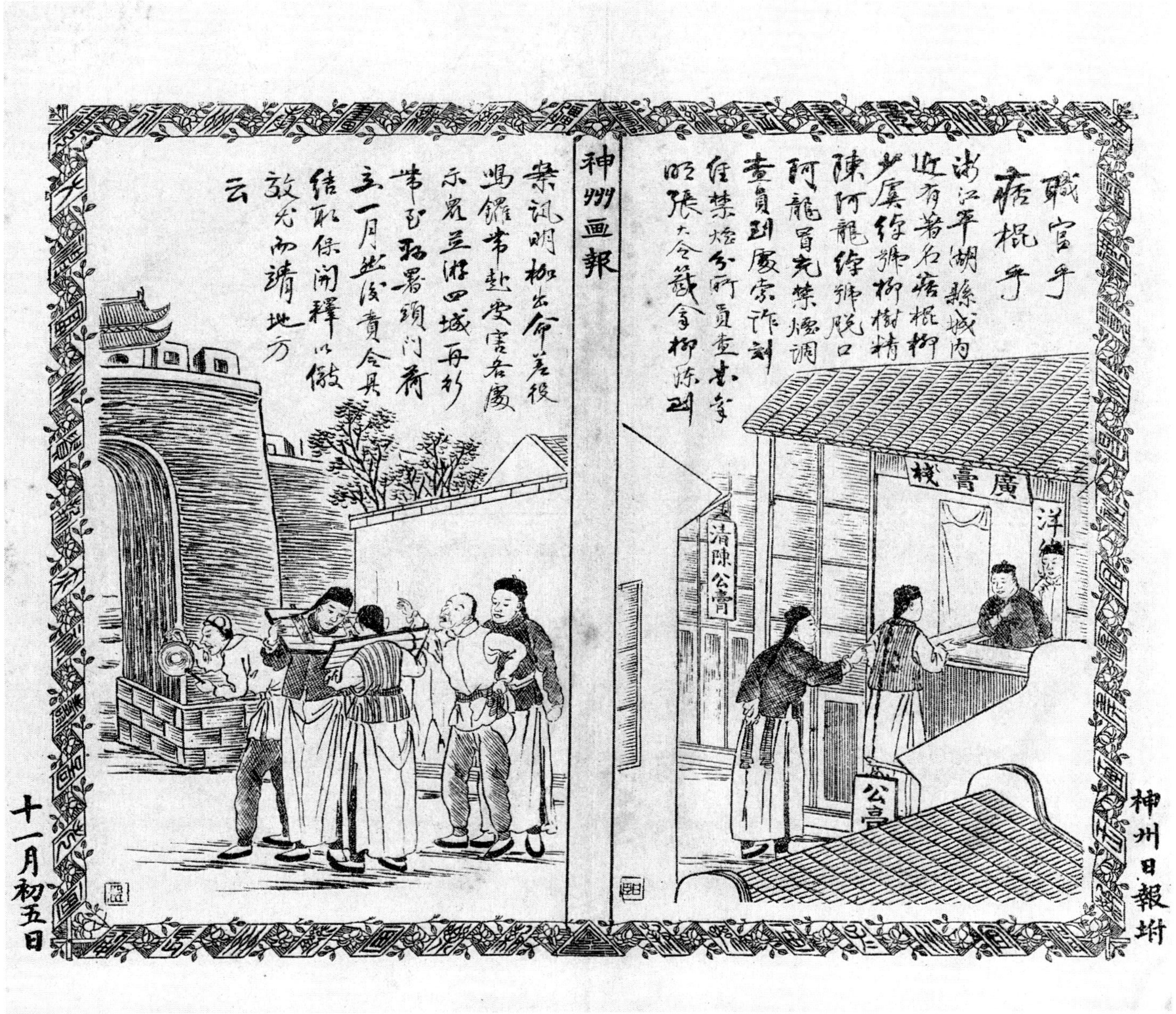
神州畫報
職官手
瘾棍手
浙江平湖縣城内
近有著名瘾棍柳
少廉綽號柳樹精
陳阿龍綽號脱口
阿龍冒充禁煙調
查員到處索詐訛
經禁煙分所員查出拿
昭張大令簽拿柳陳到
案訊明枷出命差役
鳴鑼帶赴受害各處
示衆並游四城再於
帶至署頭門荷
立一月然後責令具
结取保開釋以儆
效尤而靖地方
云
廣膏棧
清陳公膏
公膏
神州日報坿
十一月初五日

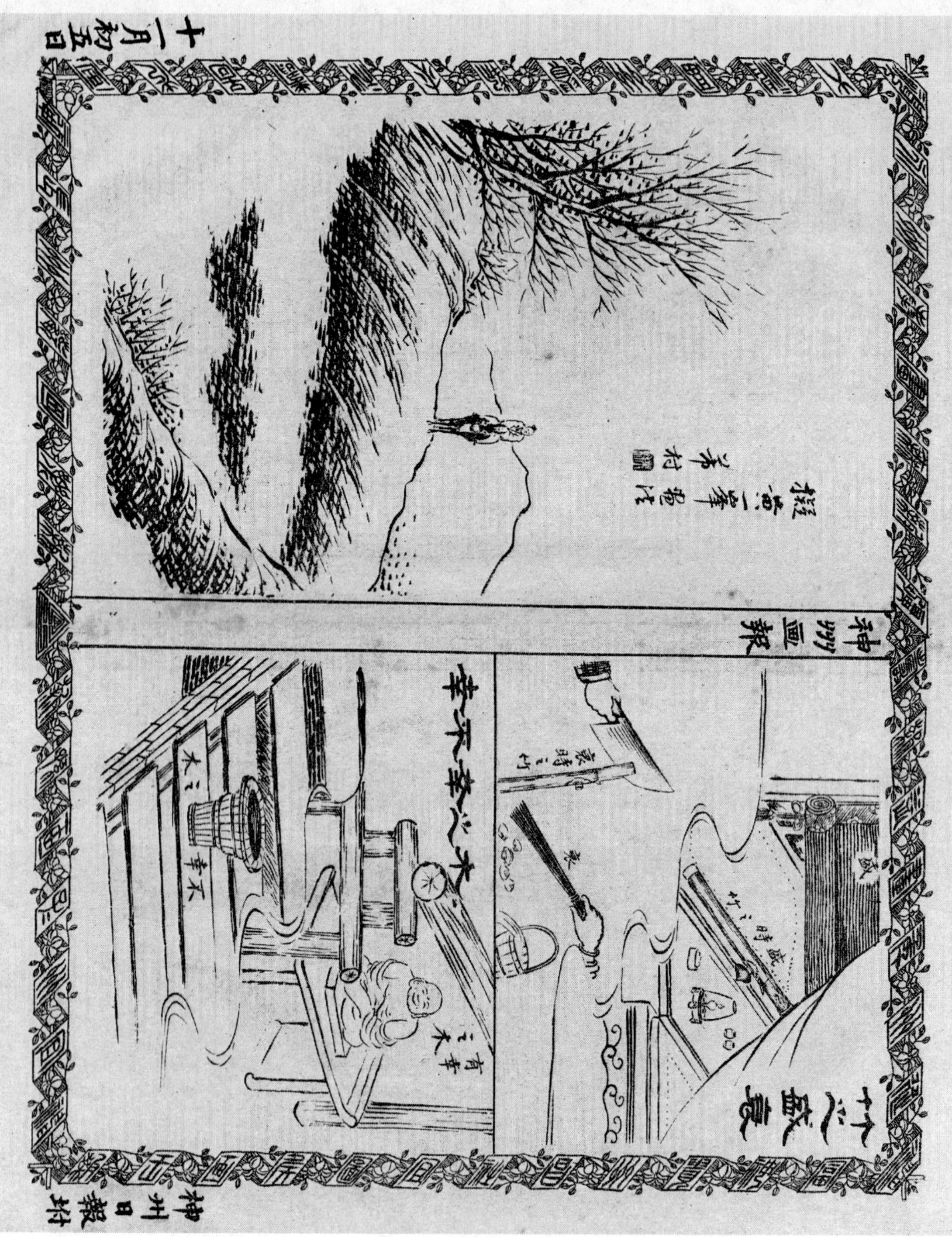

十一月初五日
神州画報
神州日報附

寂寂花時
閉院門美
人相並立
瓊軒含情
欲說宮中
事鸚鵡前
頭不敢言
臨費曉樓百
美之七十三
瘦肩女史
十一月初七日
神州日報坿

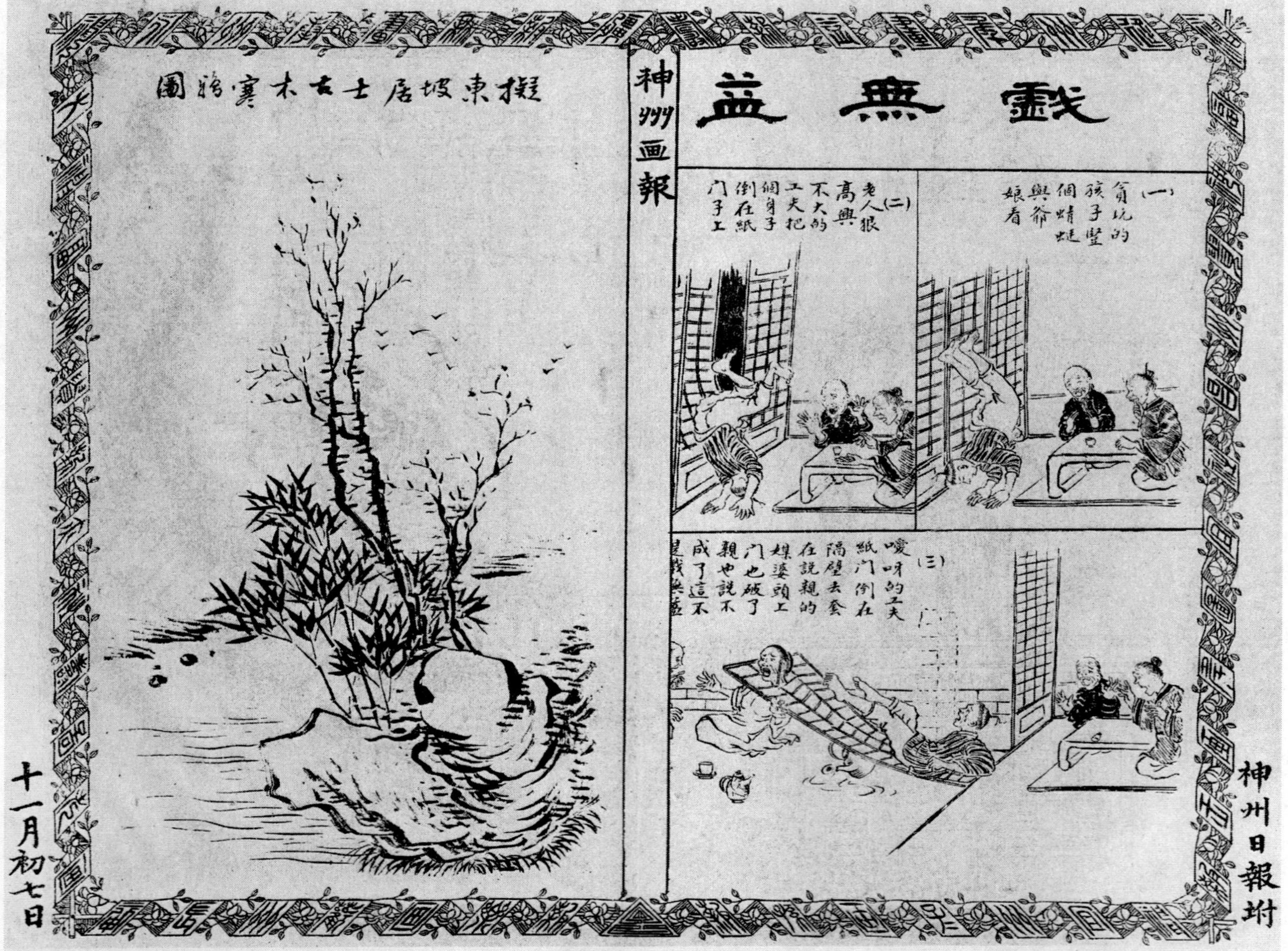
擬東坡居士木石寒禽圖
神州畫報
戲無益
(一)貪玩的孩子豎個蜻蜓與爺娘看
(二)老人狠高興不大的工夫把個身子倒在紙門子上
(三)噯呀的工夫紙門倒在隔壁去套在說親的媒婆頭上門也破了親也說不成了這不是戲無益
十一月初七日
神州日報坿

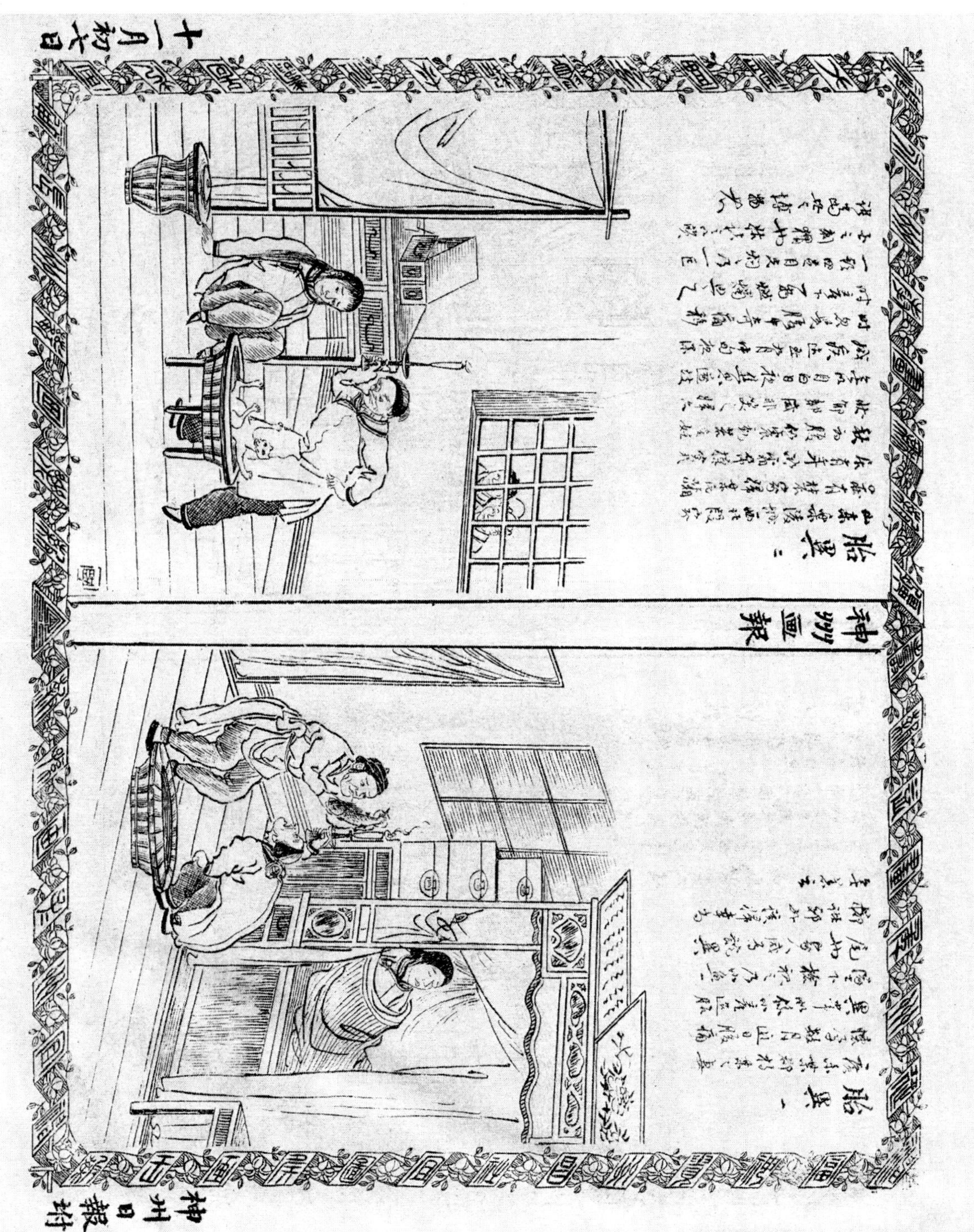

神州畫報
胎異一
胎異二
十一月初七日
神州日報附

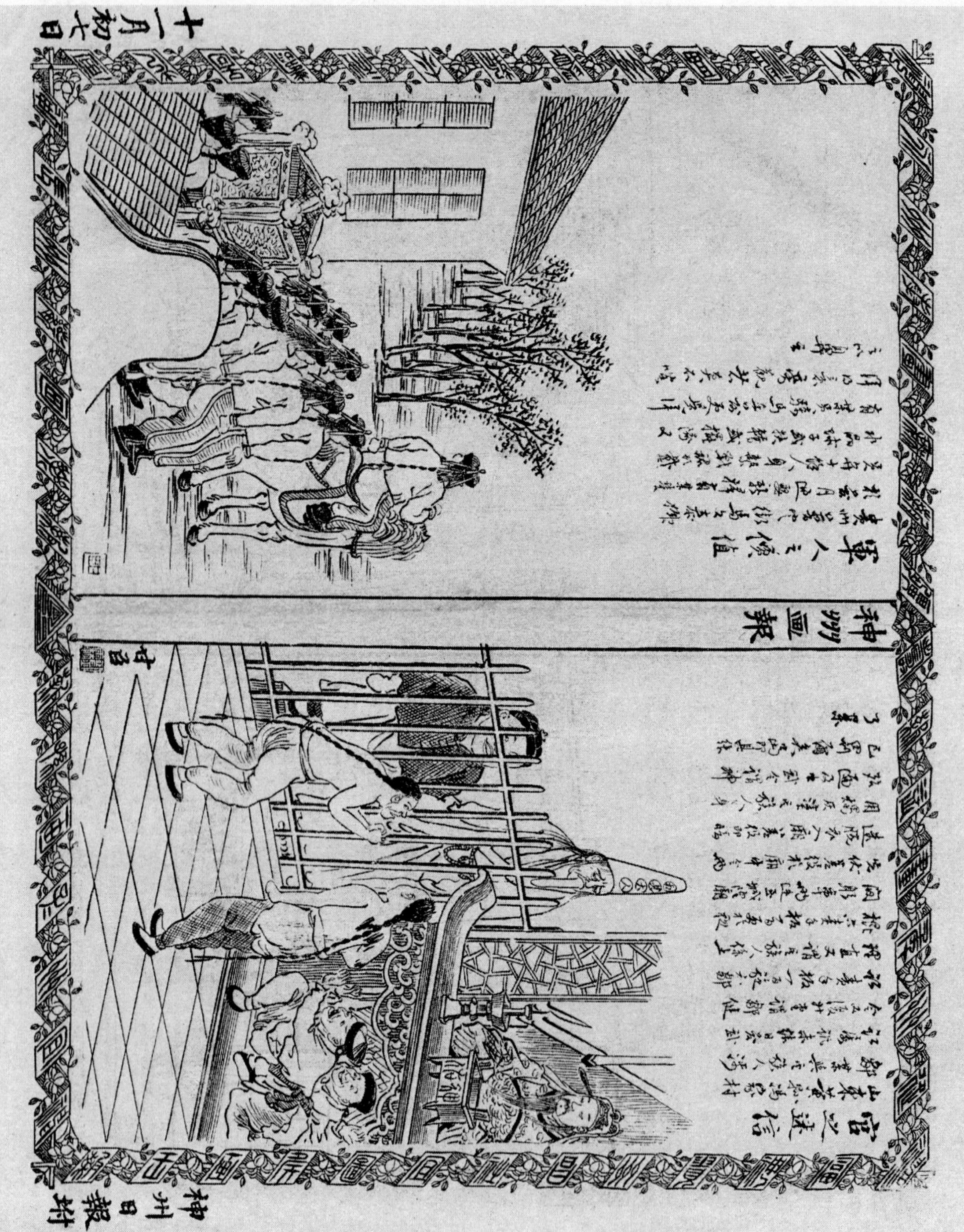
神州畫報
官之迷信
軍人之價值
十一月初七日
神州日報附

十一月初九日
臨費曉樓百美之七十四
瘦眉女史畫
神州日報附

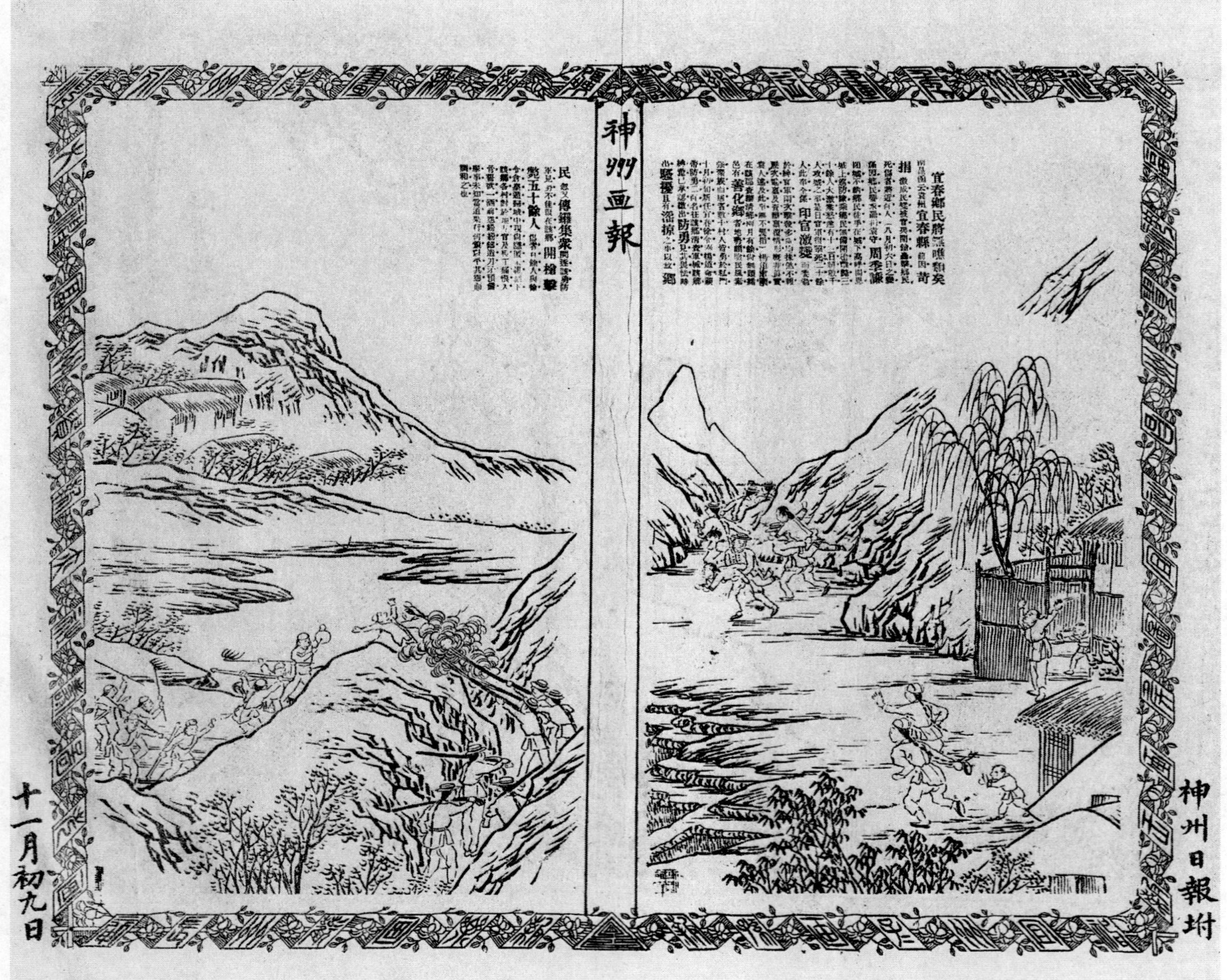
神州画報
十一月初九日
神州日報坿

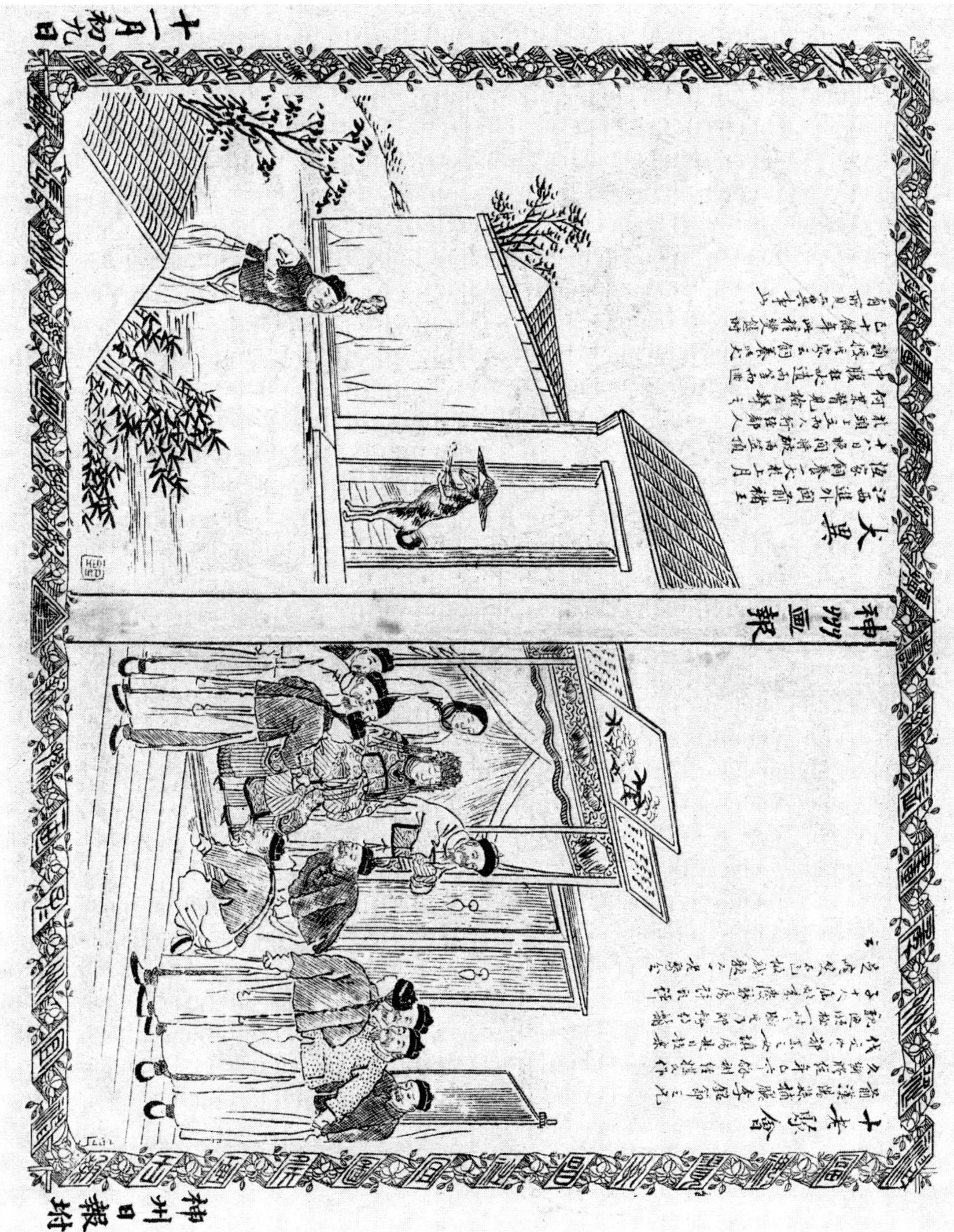

漁郎問津
擬華秋岳筆意
神州画報
中西報紙銷數之比較
西人之看報人人各一紙雖婦女小孩亦必看報
中國人識字的少看報的亦少所以銷路比西報少多了
十一月初九日
神州日報附

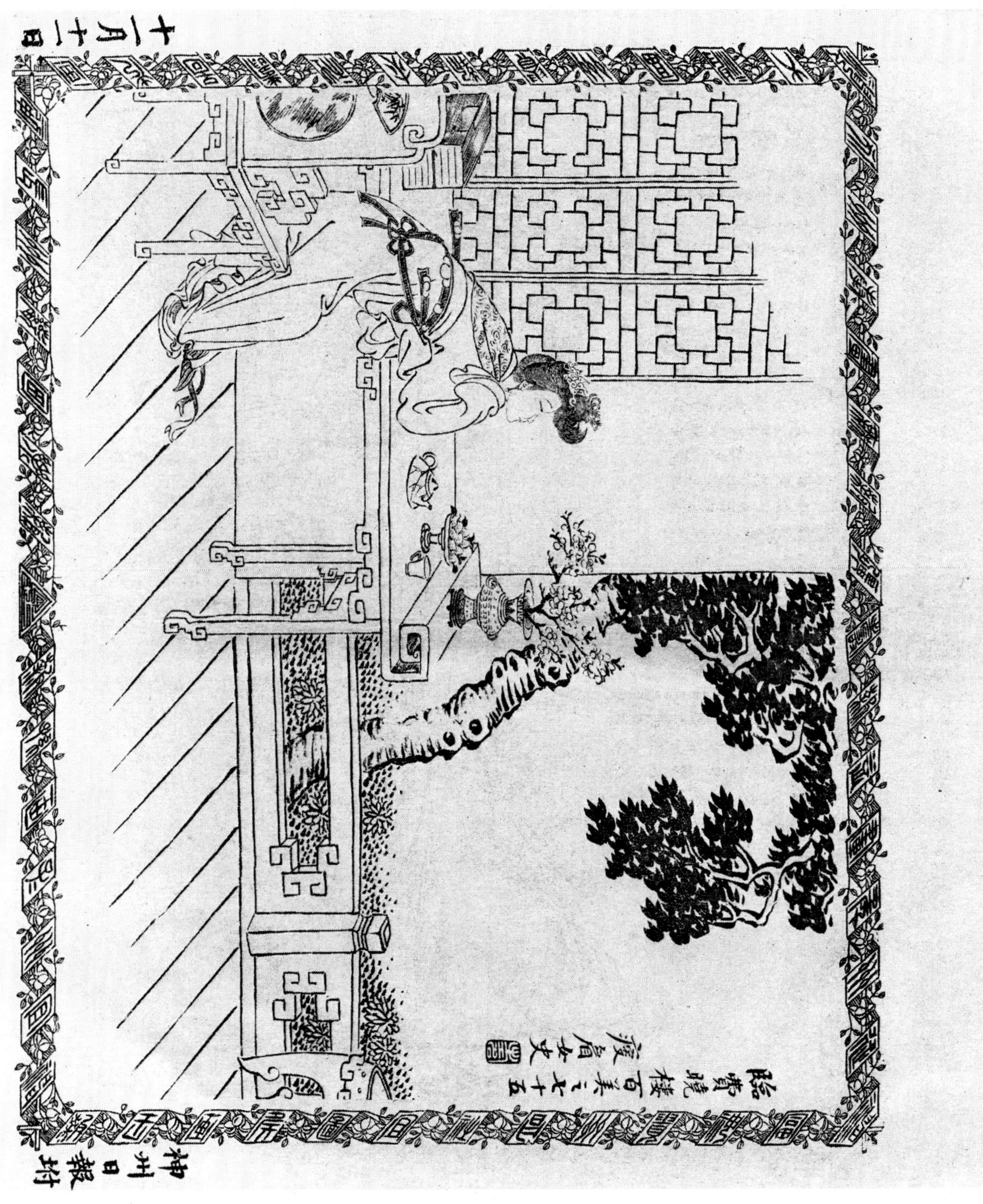
十二月十一日
臨費曉樓百美之七十五
瘦眉女史
神州日報附

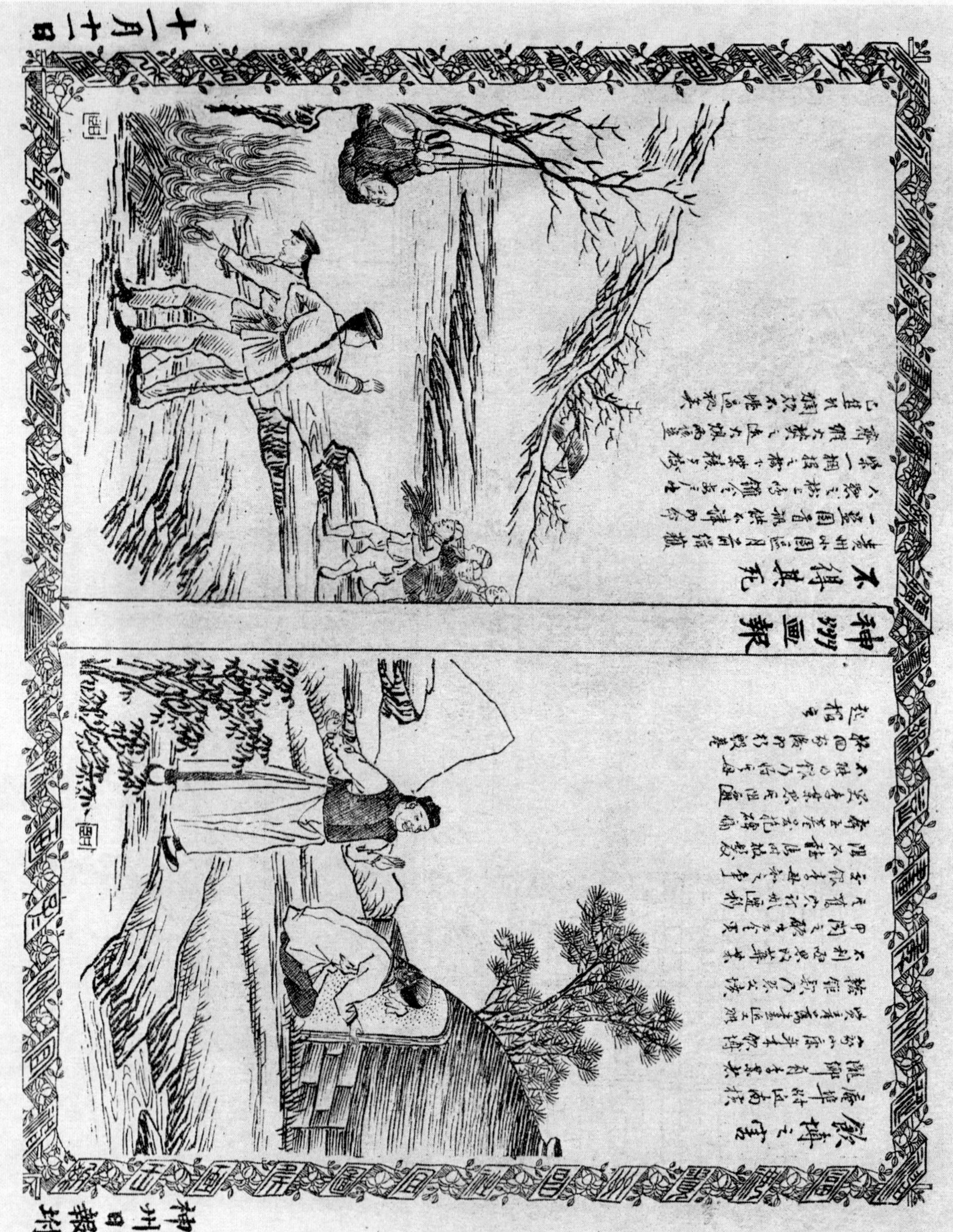
十一月十一日
神州畫報
不得其死
神州日報附

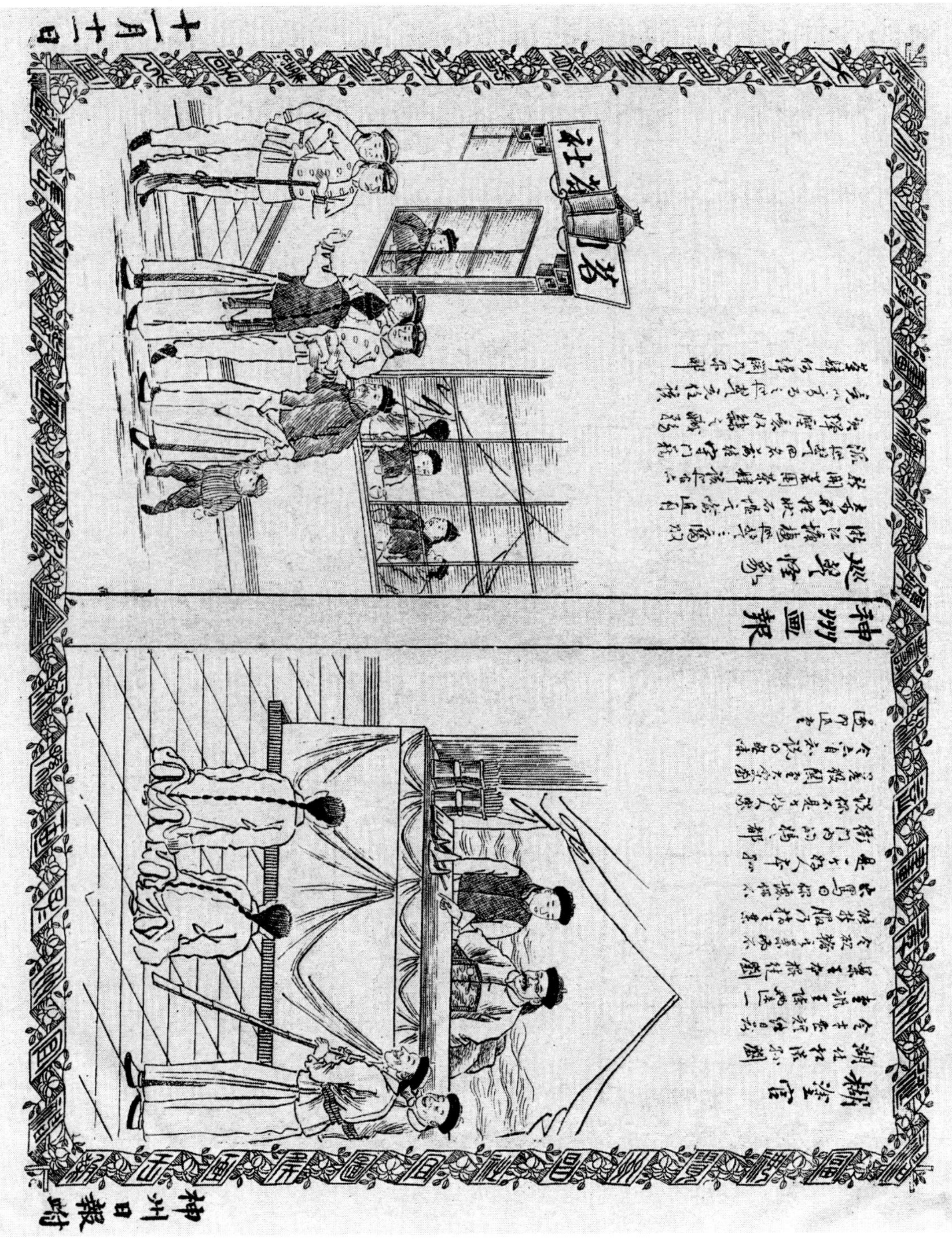
糊塗官
神州畫報
巡警怪象
十一月十一日
神州日報

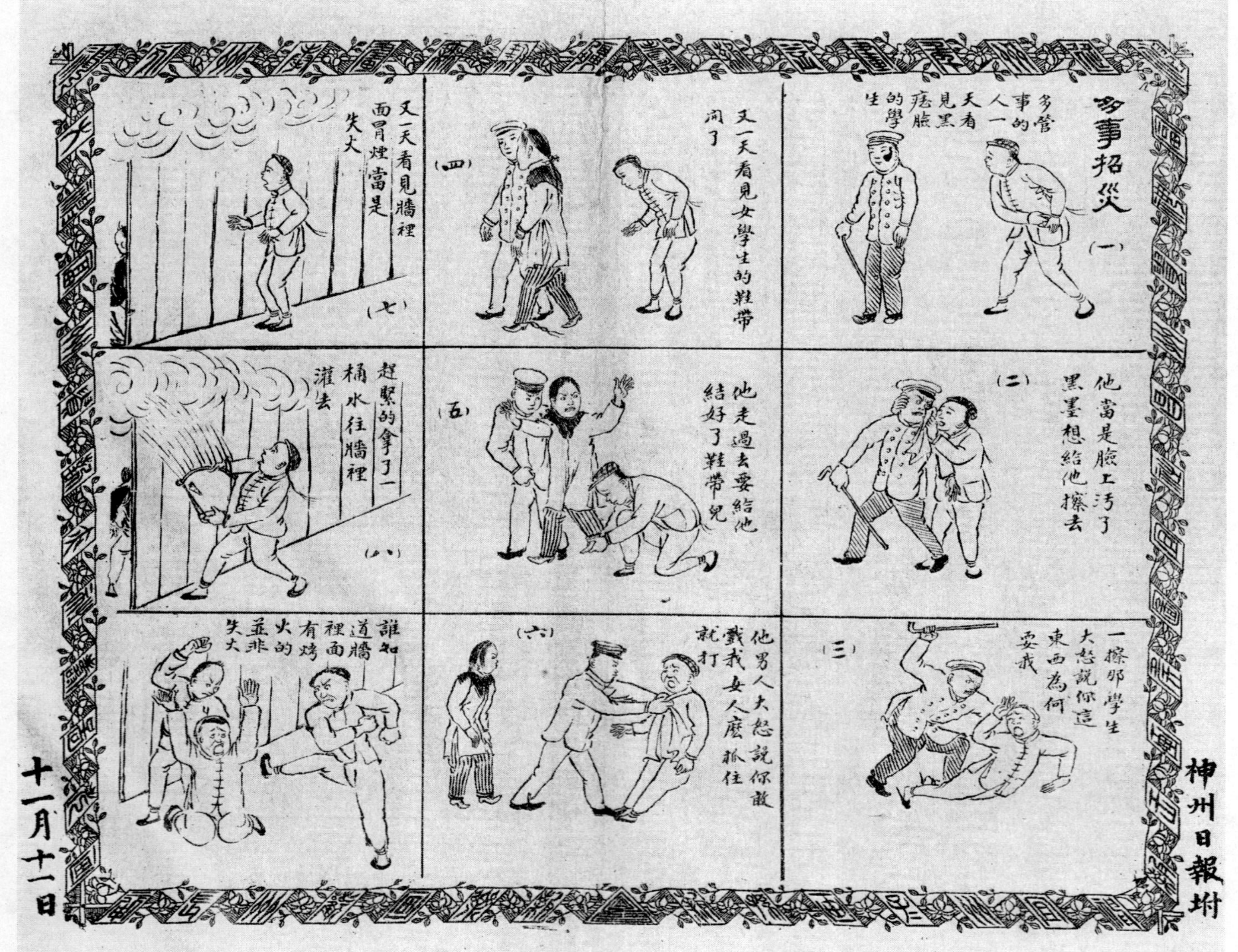

多事招災
(一)
多管事的人一天看見黑痣臉的學生
(二)
他當是臉上汚了黑墨想給他擦去
(三)
一擦那學生大怒說你這東西為何耍我
(四)
又一天看見女學生的鞋帶開了
(五)
他走過去要給他結好了鞋帶兒
(六)
他男人大怒說你敢戲我女人麼抓住就打
(七)
又一天看見牆裡面冒煙當是失火
(八)
趕緊的拿了一桶水往牆裡灌去
誰知道牆裡面有烤火的並非失火
十一月十一日
神州日報坿

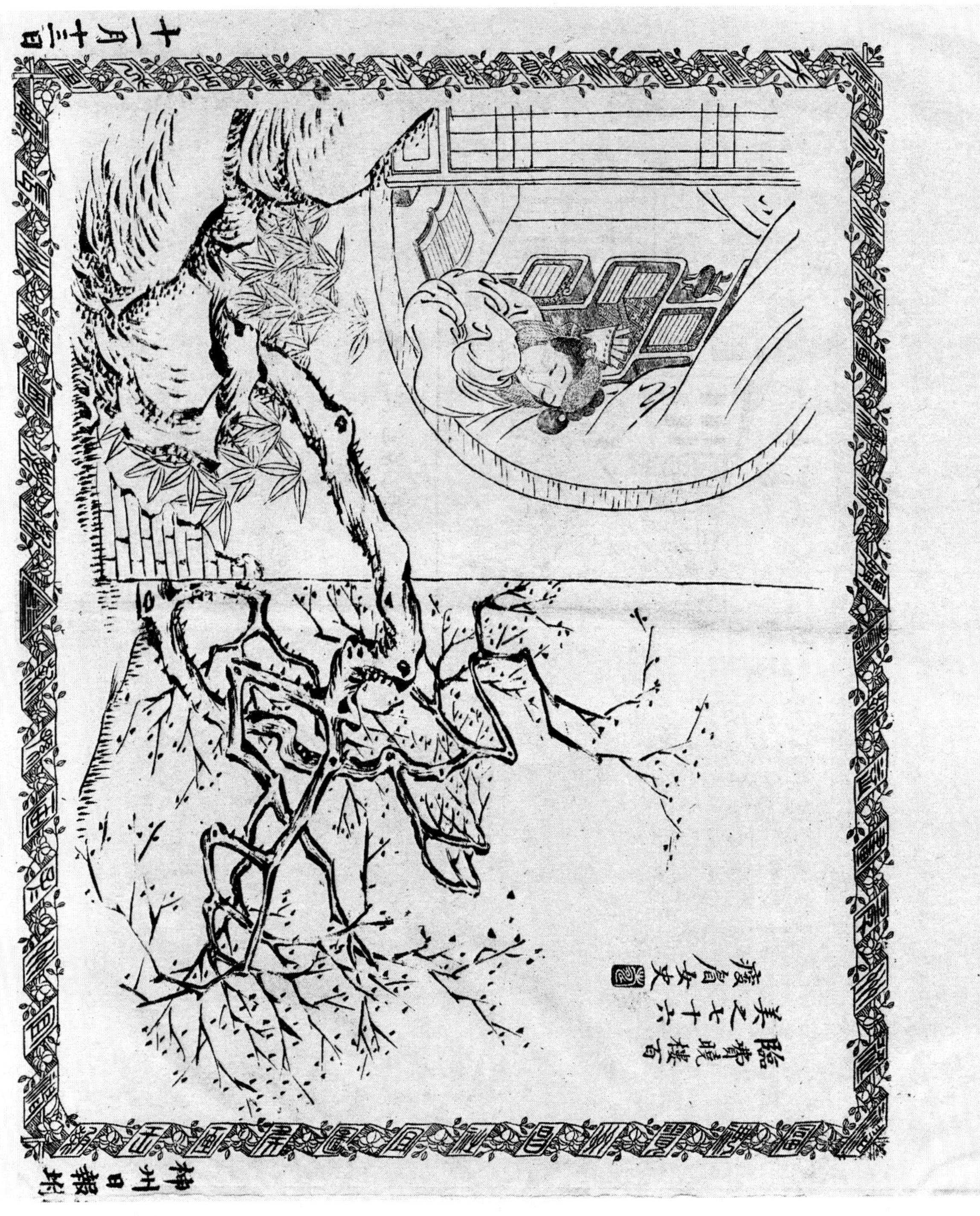
十一月十三日
神州日報

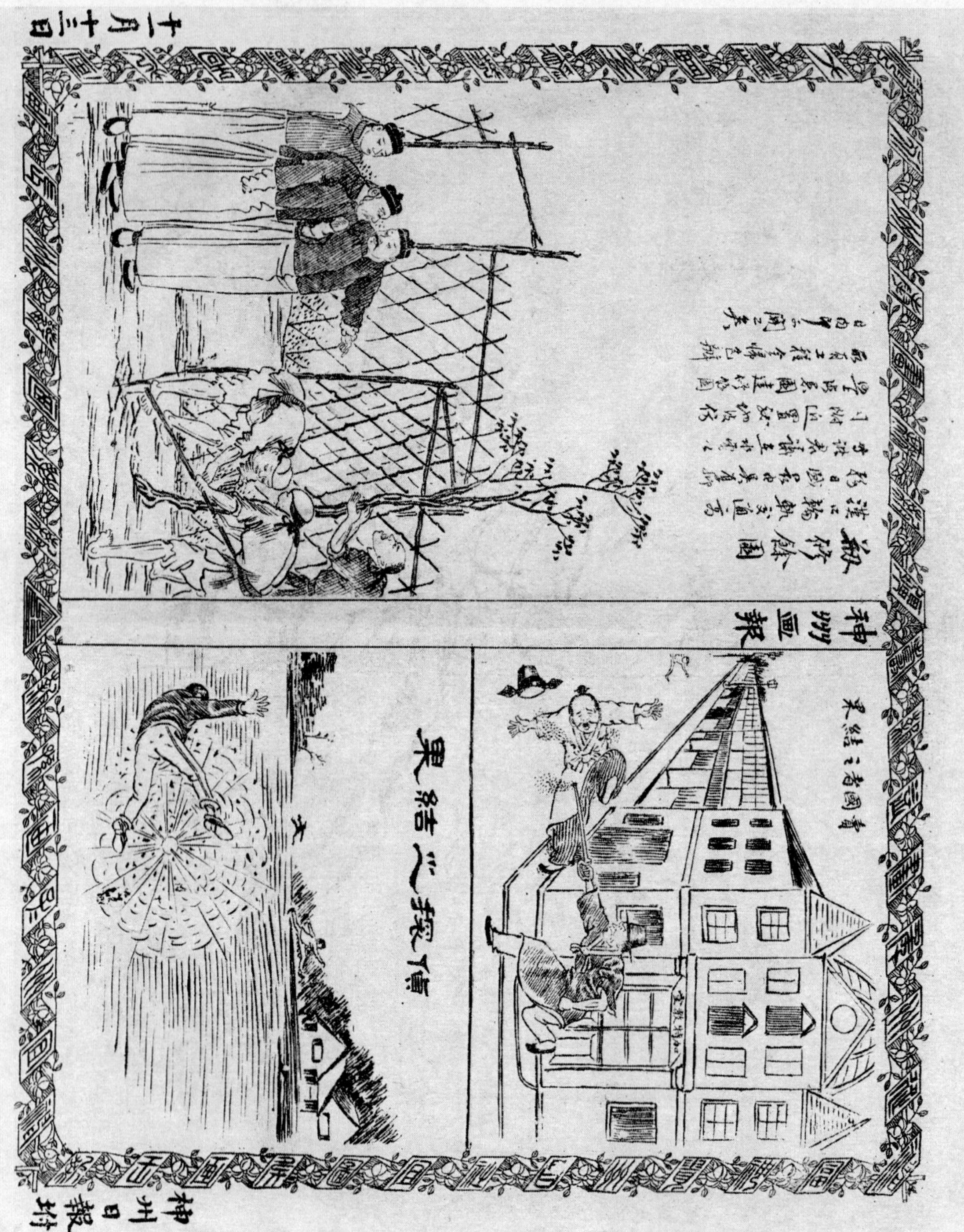
神州画報
賣國者之結果
偵探之結果
十一月十三日
神州日報坿

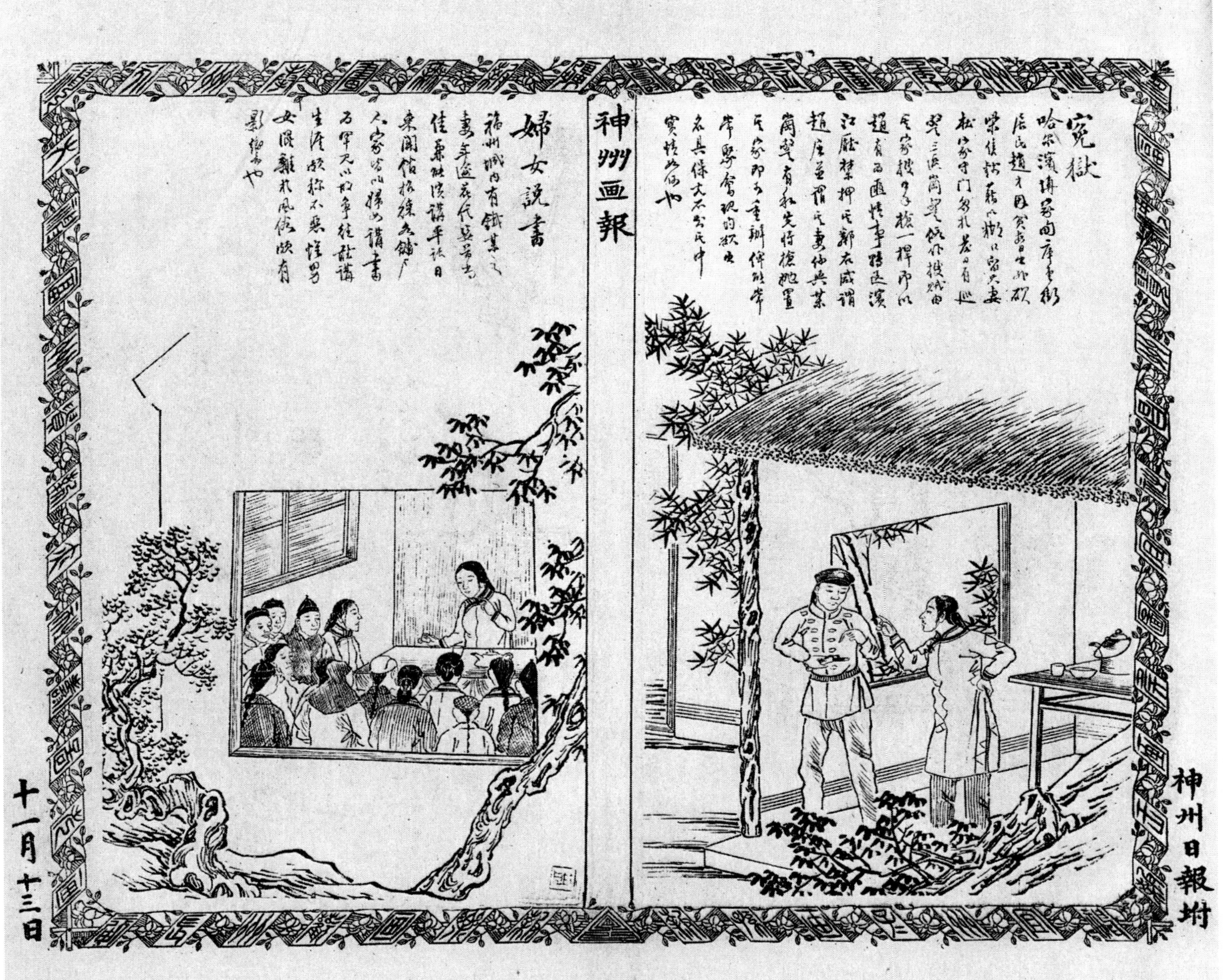
究獄
神州画報
婦女說書
十一月十三日
神州日報坿

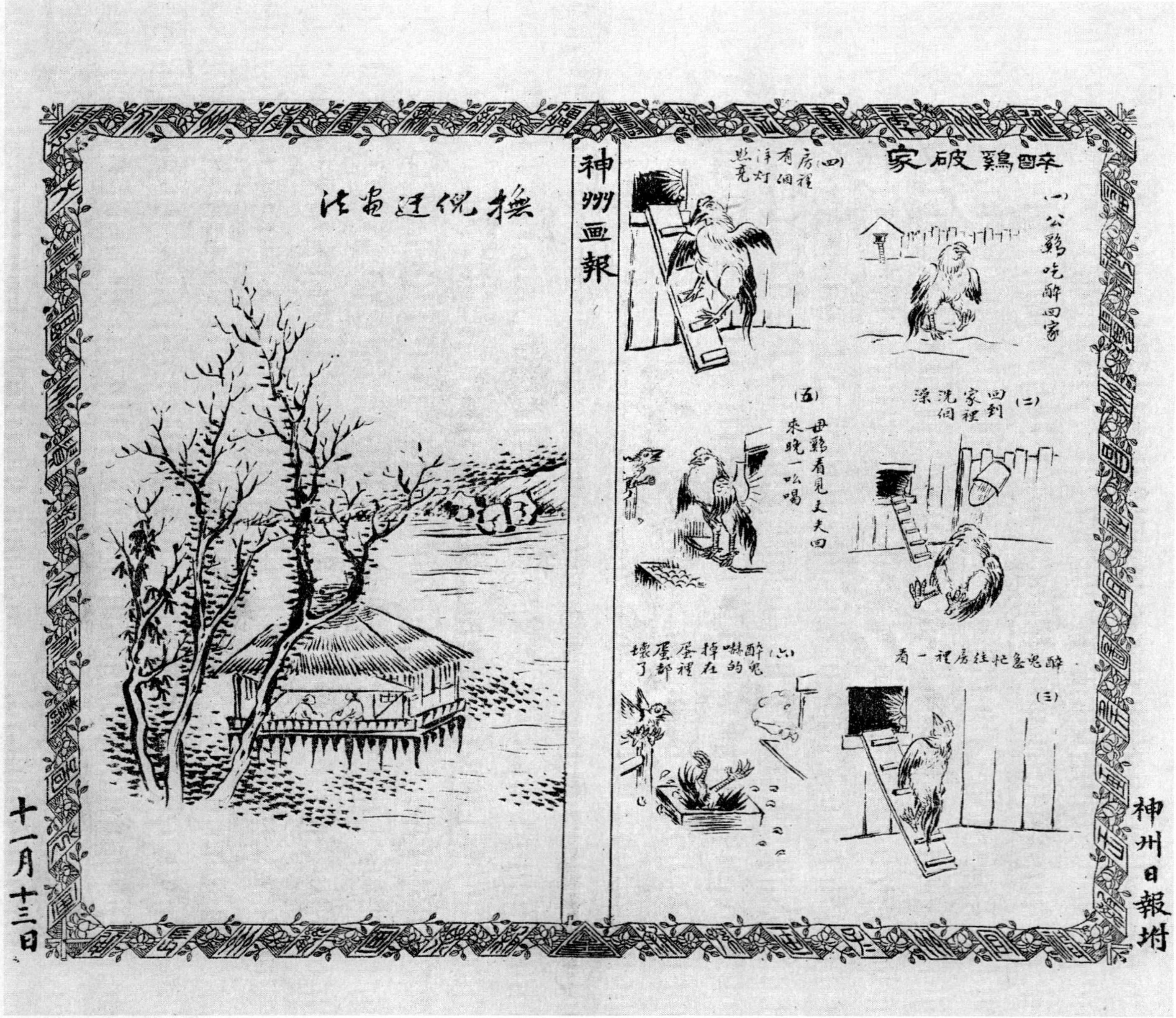
神州画報
醉鷄破家
(一)公鷄吃醉回家
(二)回到家裡洗個澡
(三)醉鬼急忙往房裡一看
(四)房裡有個洋灯照亮
(五)母鷄看見丈夫回來晚一吆喝
(六)醉鬼嚇的掉在蛋裡蛋都壞了
撫倪迂畫法
十一月十三日
神州日報坿

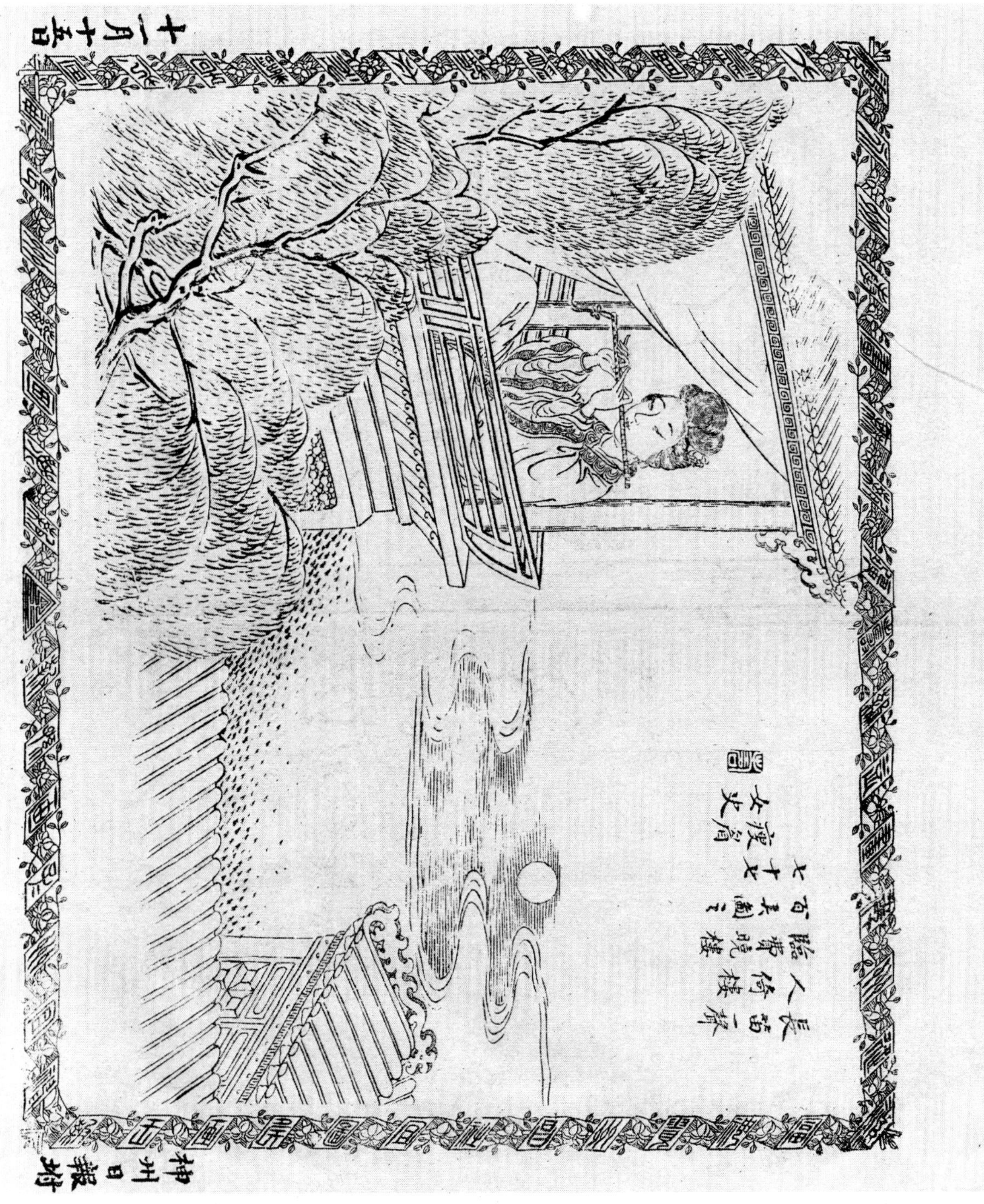
十一月十五日
神州日報

神州画報
樹之榮枯
櫻樹每值春天開花之時就有許多人去賞識他讚美他
遊人士女歡喜的了不得
若到花謝之時就沒人到他那裡看他去哪只有野犬與宿鳥而已
咳櫻樹尚有盛衰何况人乎
擬忠崇大意
神州日報附
十一月十五日

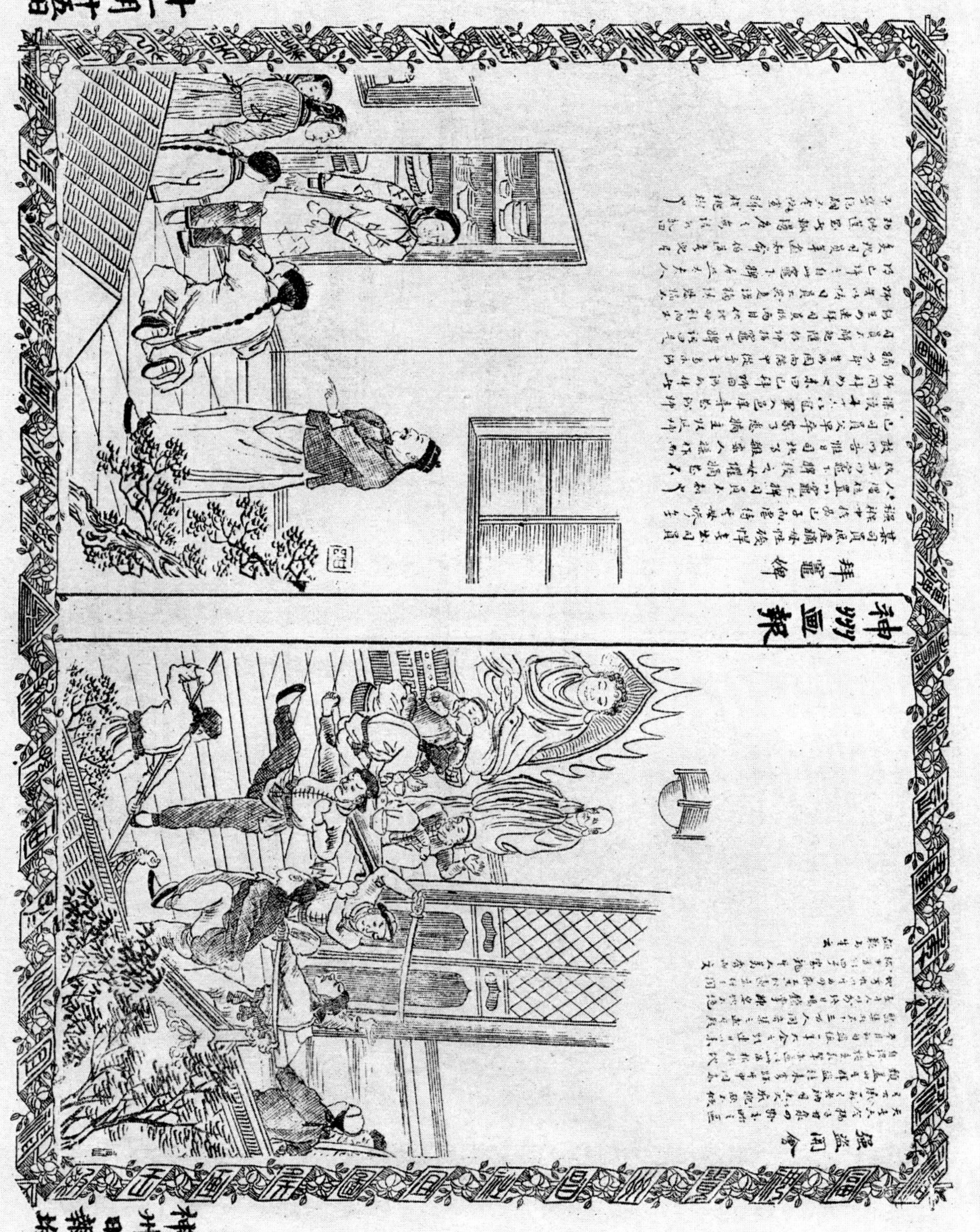
十一月十五日
神州画報
神州日報附

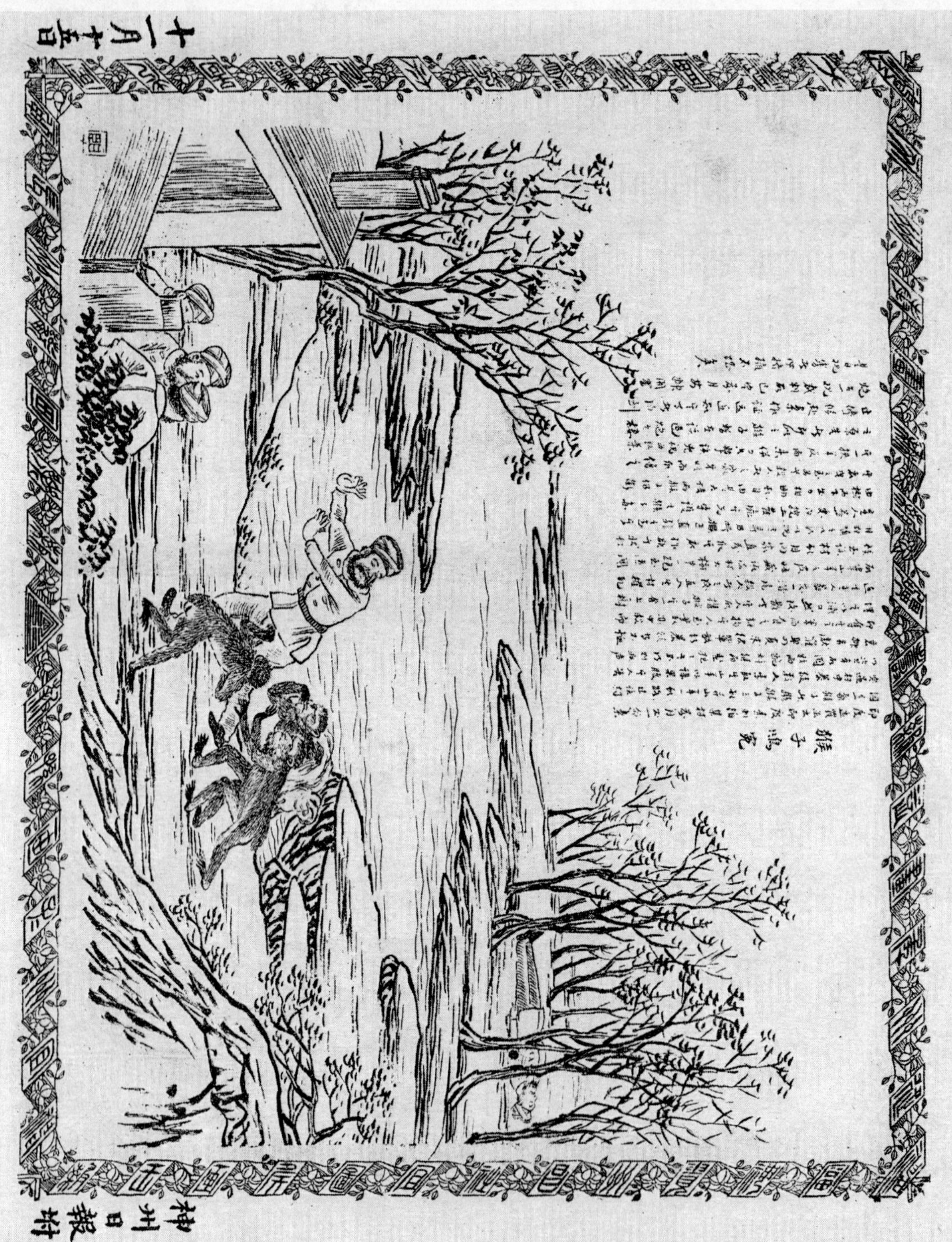
十一月十五日
猴子嚇鬼
神州日報

十一月十七日
臨費曉樓百美之七十八

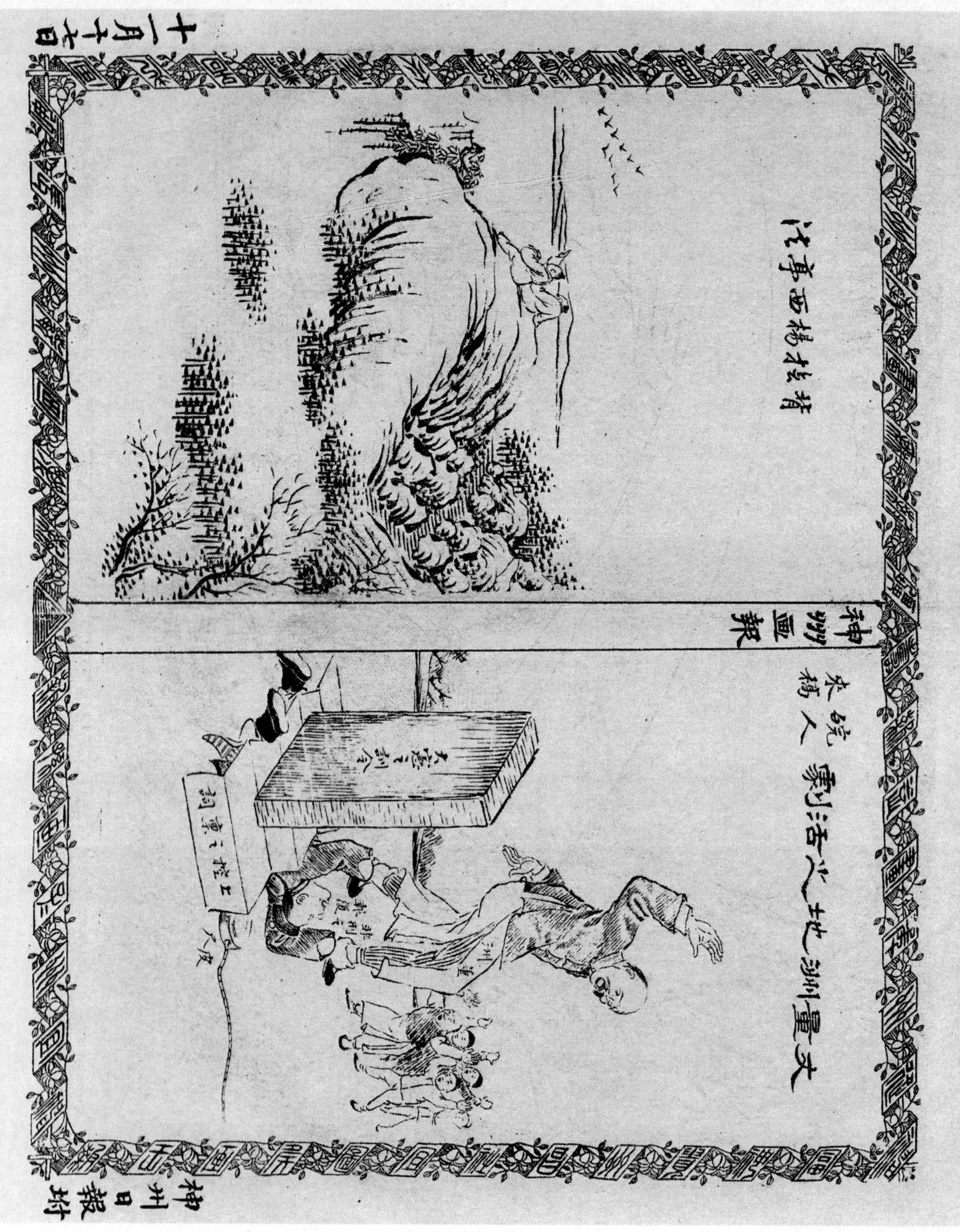
神州画報
文量洲地之活劉
皖人來稿
背拉楊西亭法
大憲之訓令
上控之稟詞
皮尺
洲董
十一月十七日
神州日報坿

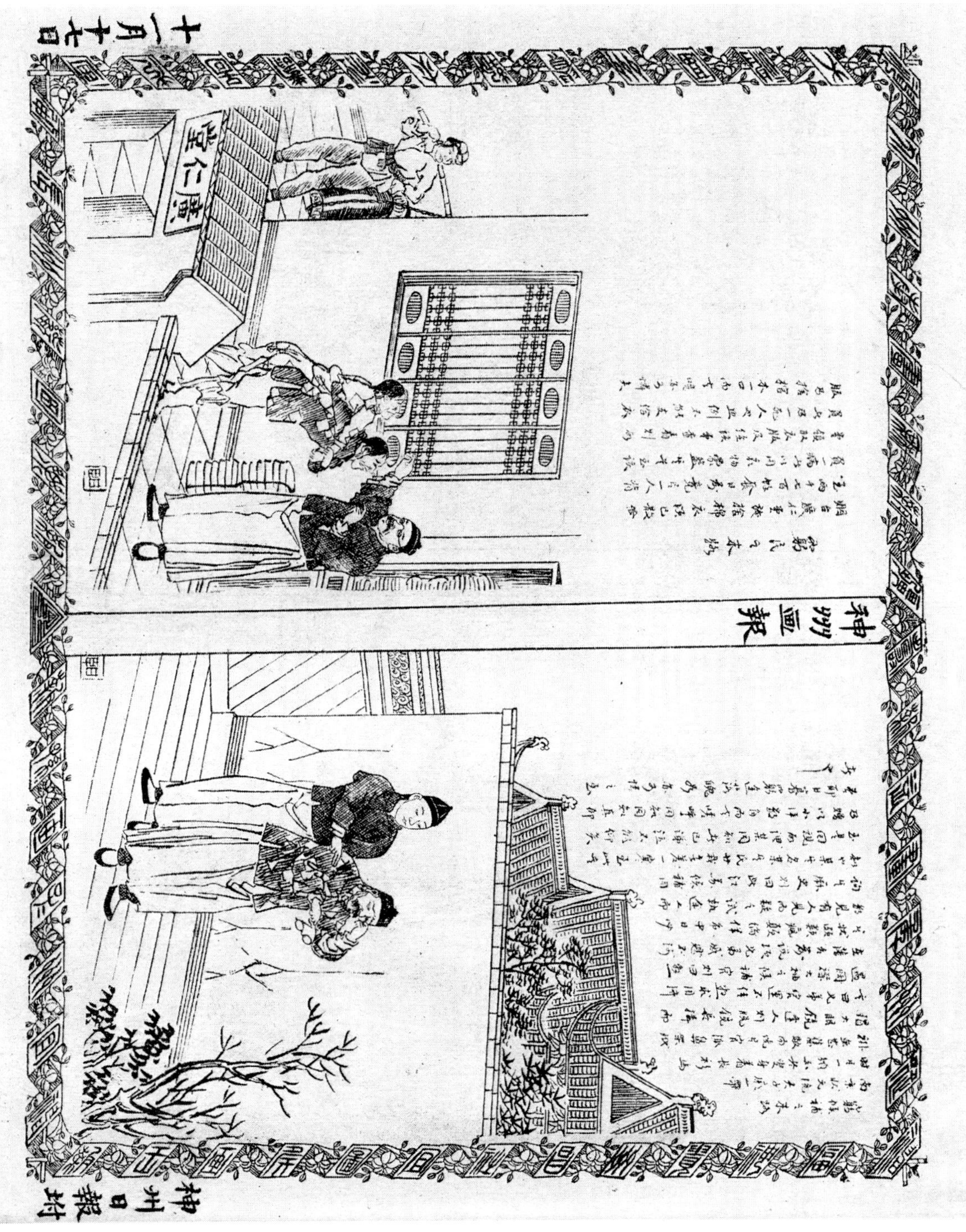
十一月十七日
神州畫報
廣仁堂
神州日報

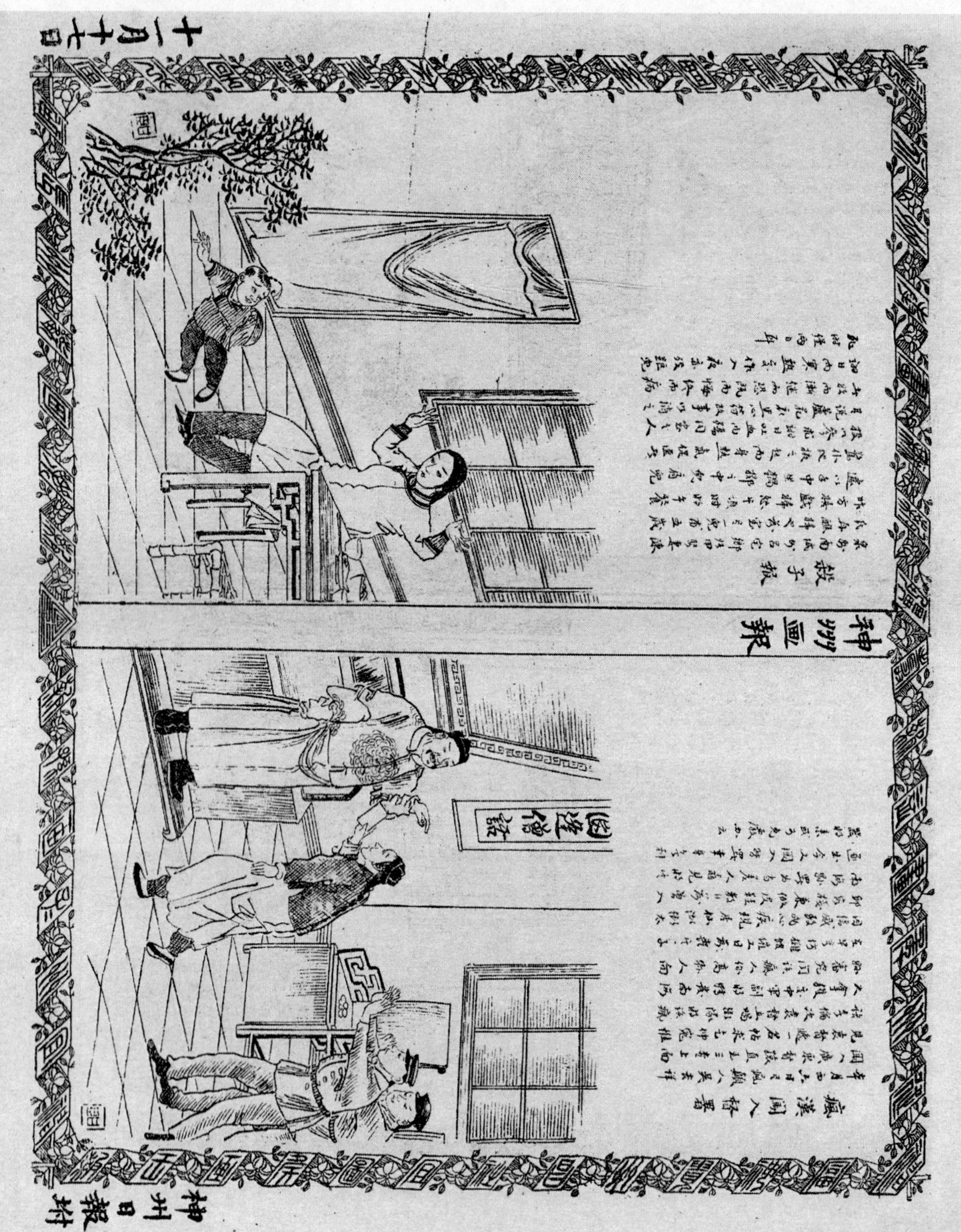
十一月十七日
神州画報
神州日報附

十一月十九日
臨費曉樓百美之七十九
瘦眉女史
神州日報

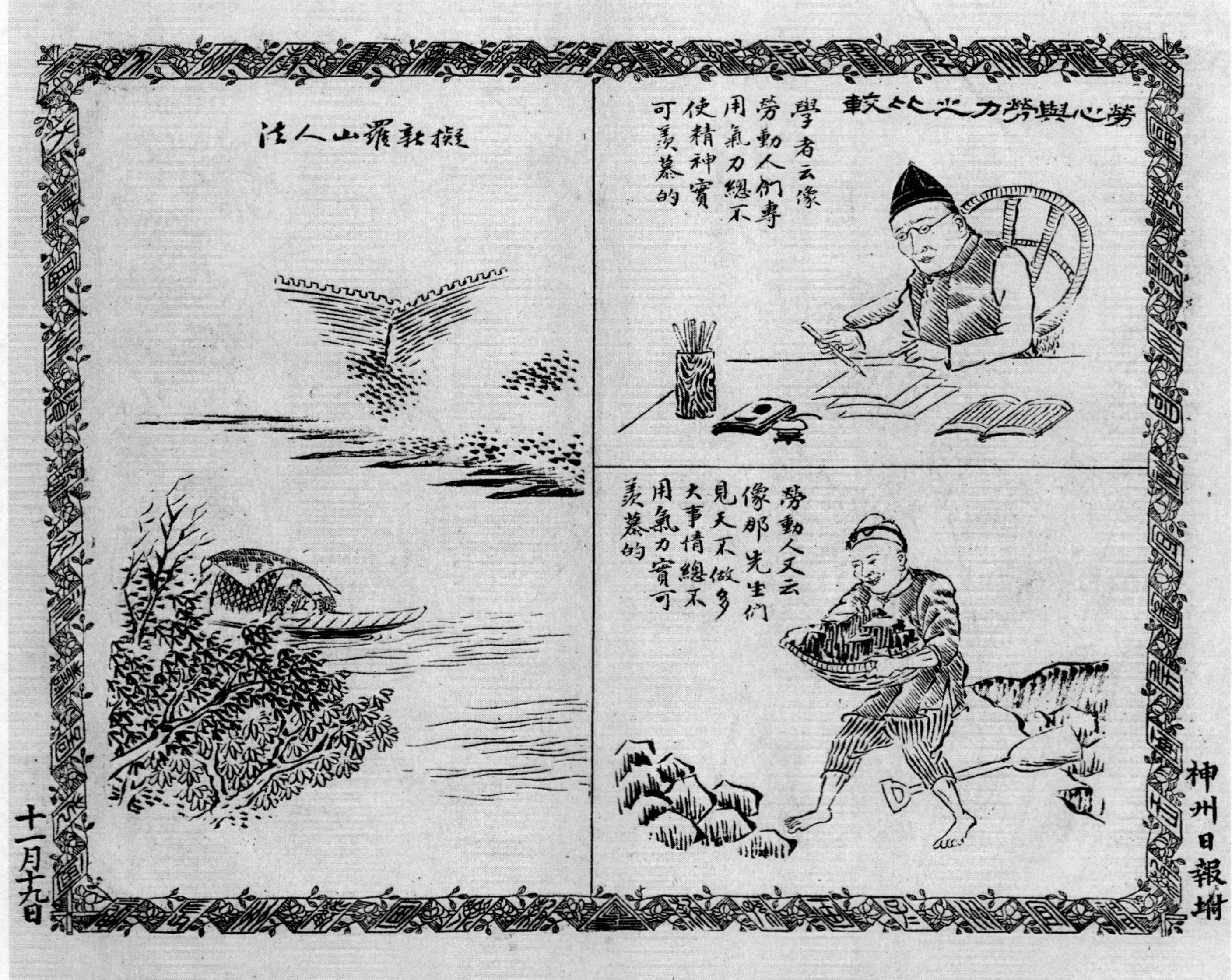
勞心與勞力之比較
學者云像
勞動人們專
用氣力總不
使精神實
可羨慕的
勞動人又云
像那先生們
見天不做多
大事情總不
用氣力實可
羨慕的
擬新羅山人法
十一月十九日
神州日報增

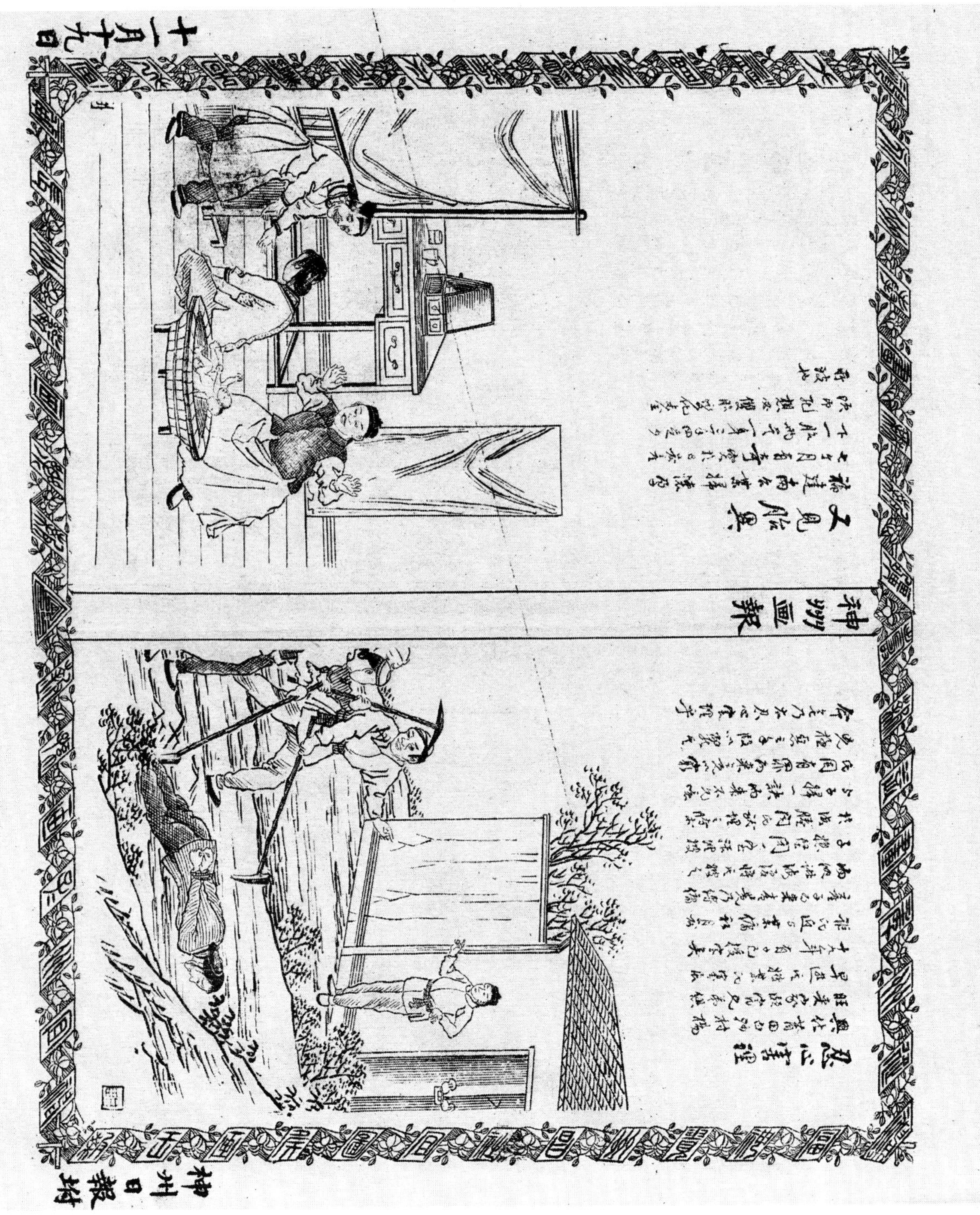
十一月十九日
神州畫報
又見服毒
忍心害理
神州日報附

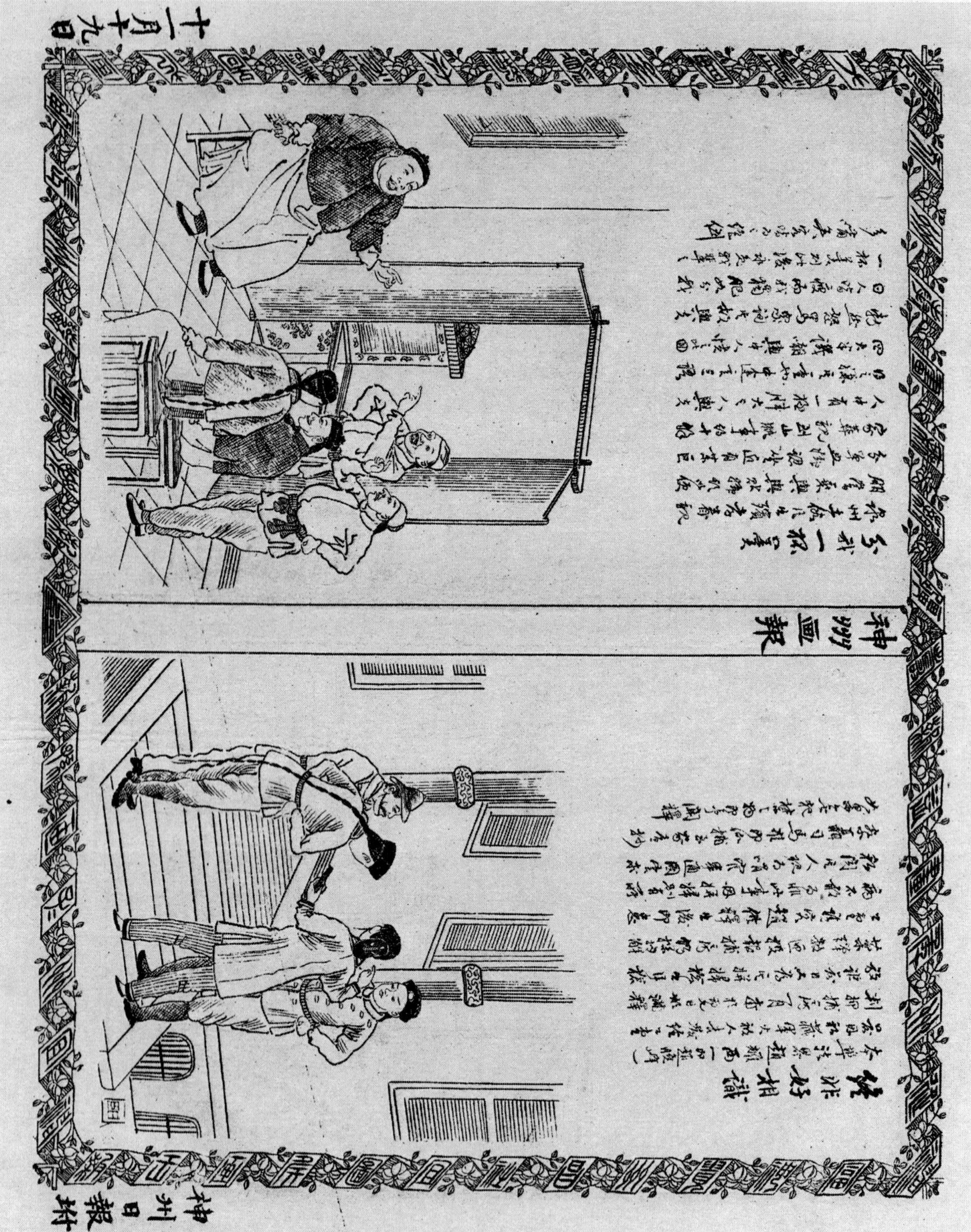
神州畫報
神州日報附
十一月十九日

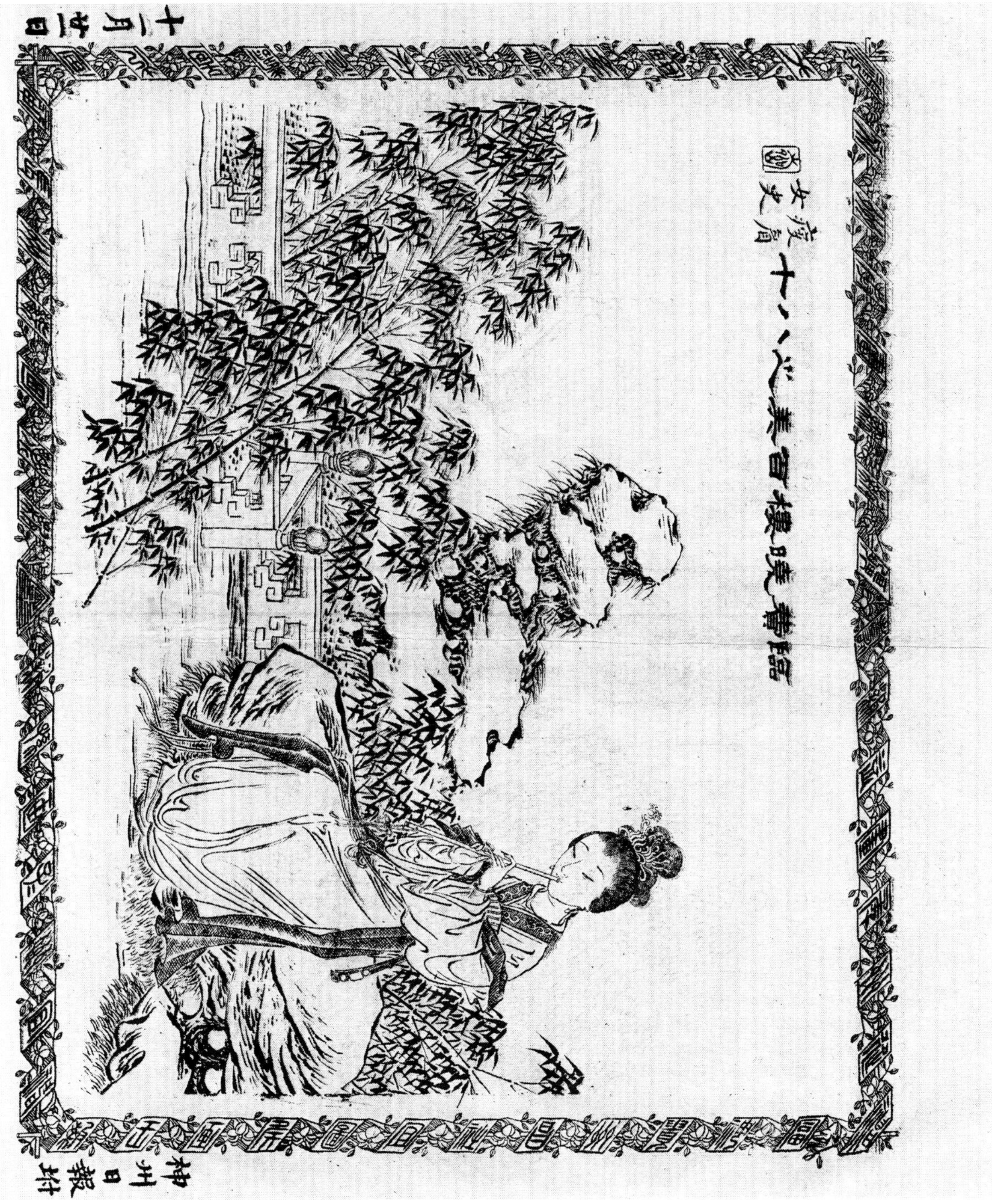
百美之十八
十二月廿一日
神州日報坿

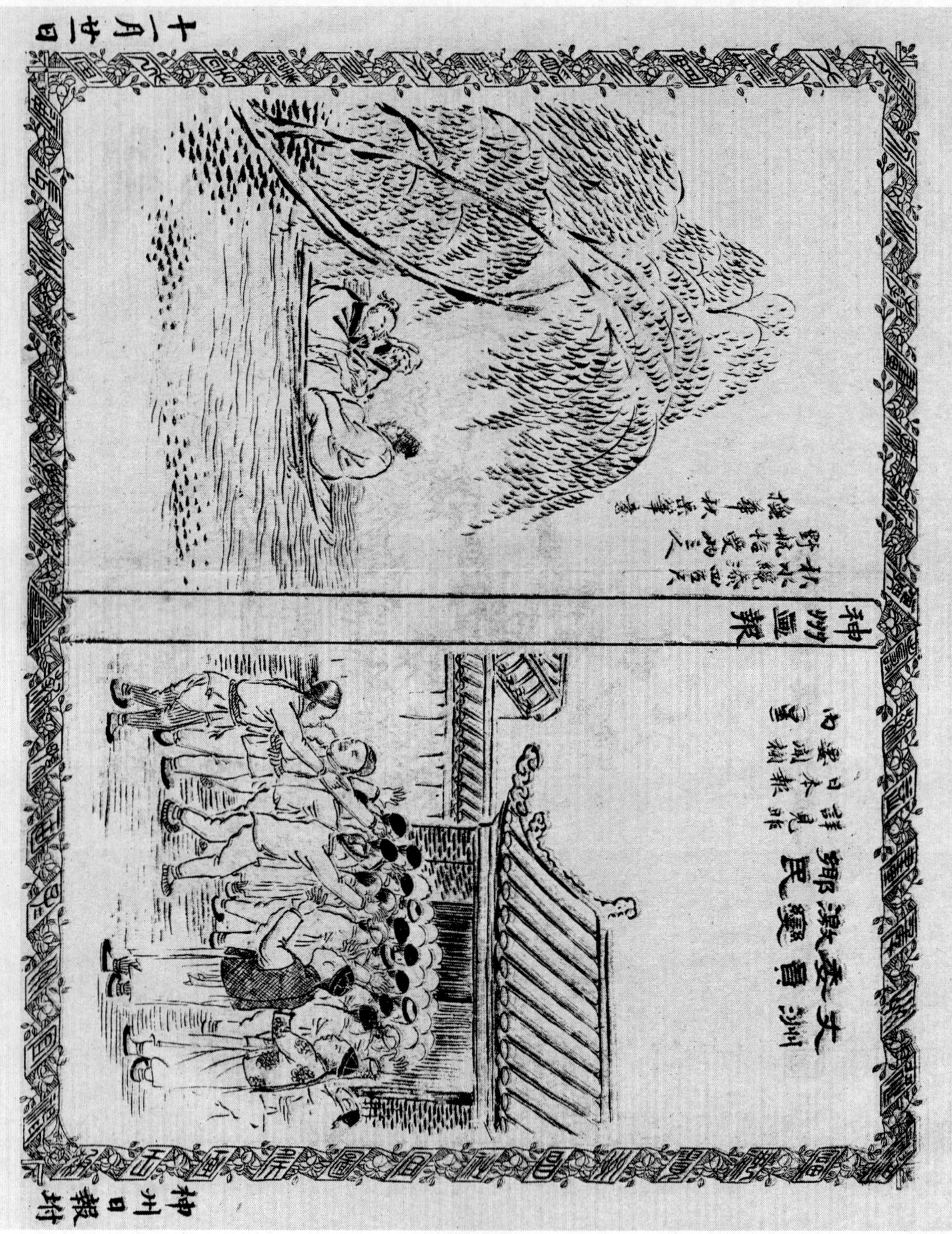
神州日報坿
丈洲委員激變鄉民
詳見昨日本報要聞欄內
神州畫報
秋水纔添四五尺
野航恰受兩三人
擬華秋岳筆意
十一月廿一日

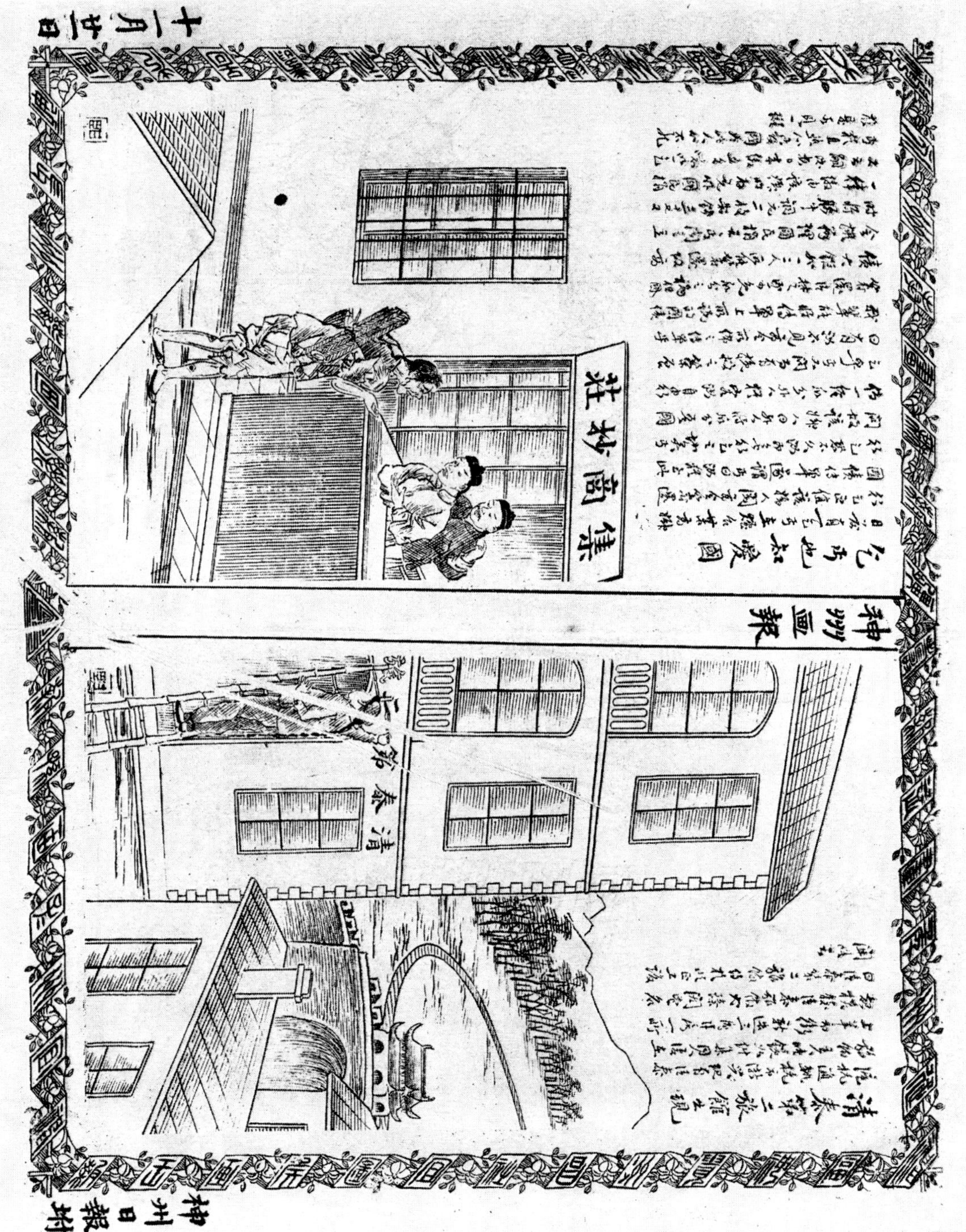
神州画報
乞丐也知愛國
集商抄莊
清泰第二旅館出現
清泰第二號
十一月廿一日
神州日報坿

貝勒閱操
載濤毓朗兩貝勒近閱禁衛軍
大操頗加贊賞謂此次禁衛新軍號
神州日報附
十一月廿一日

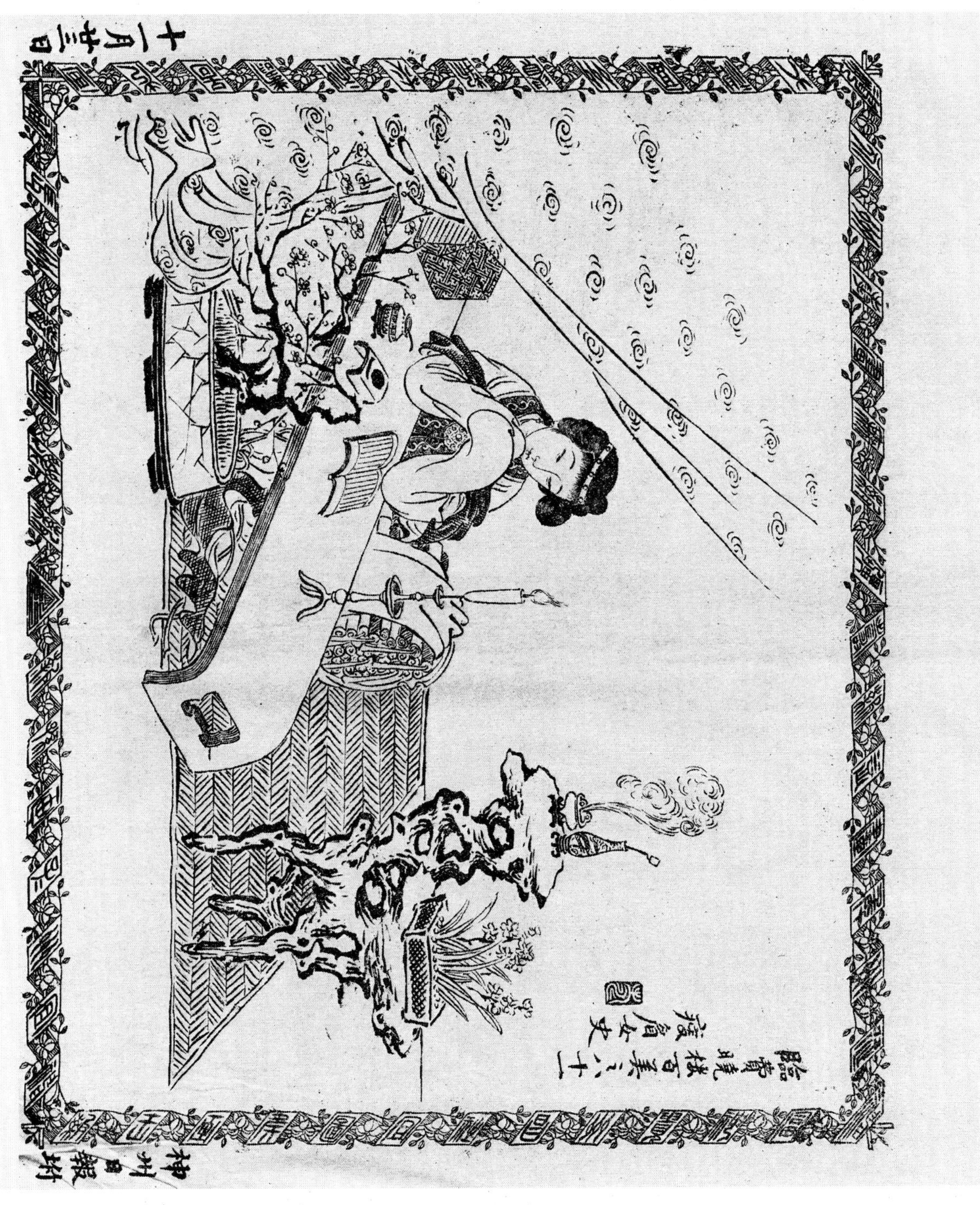
十一月廿三日
神州日報附

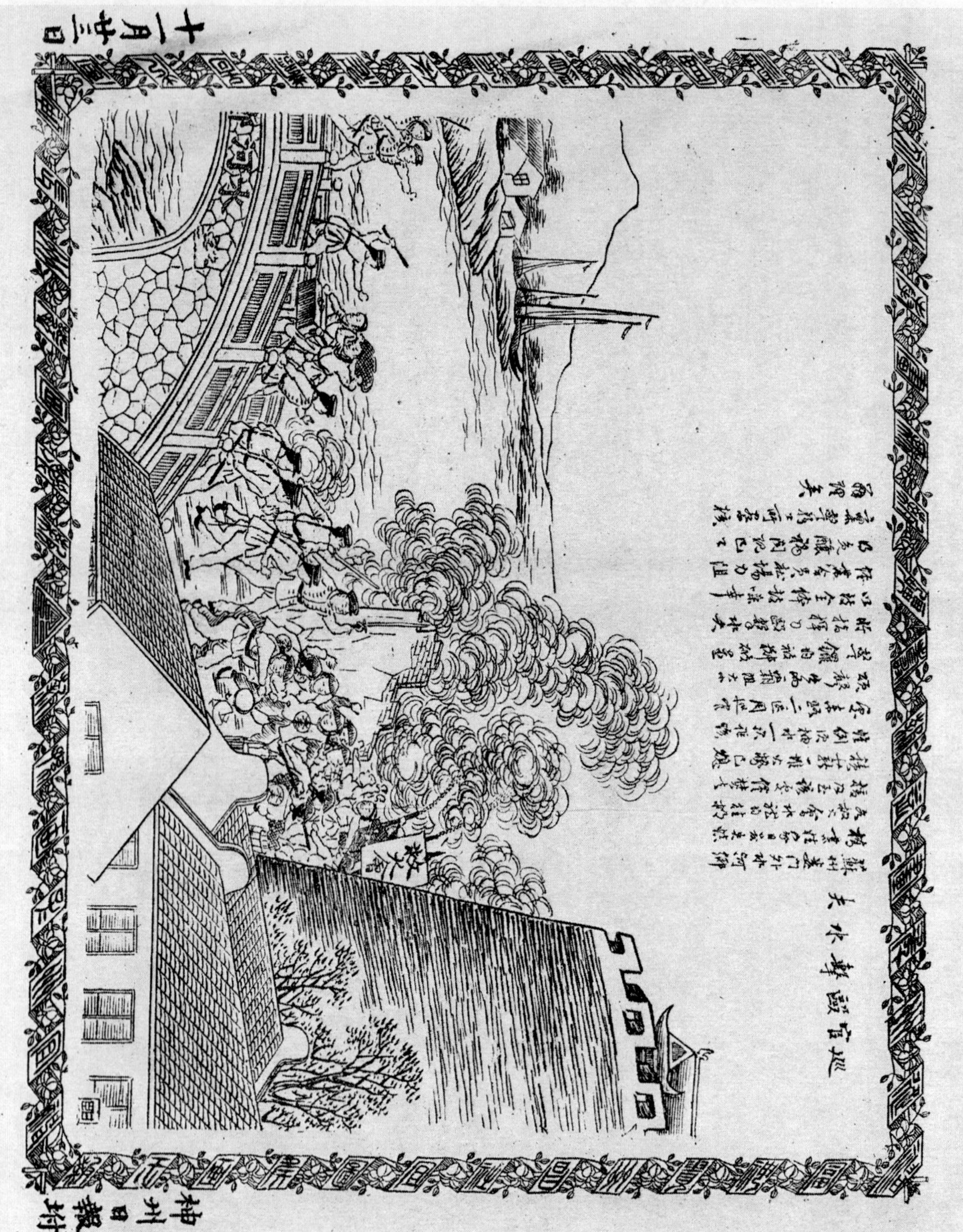
巡官毆擊水夫
救火會
十一月廿三日
神州日報坿

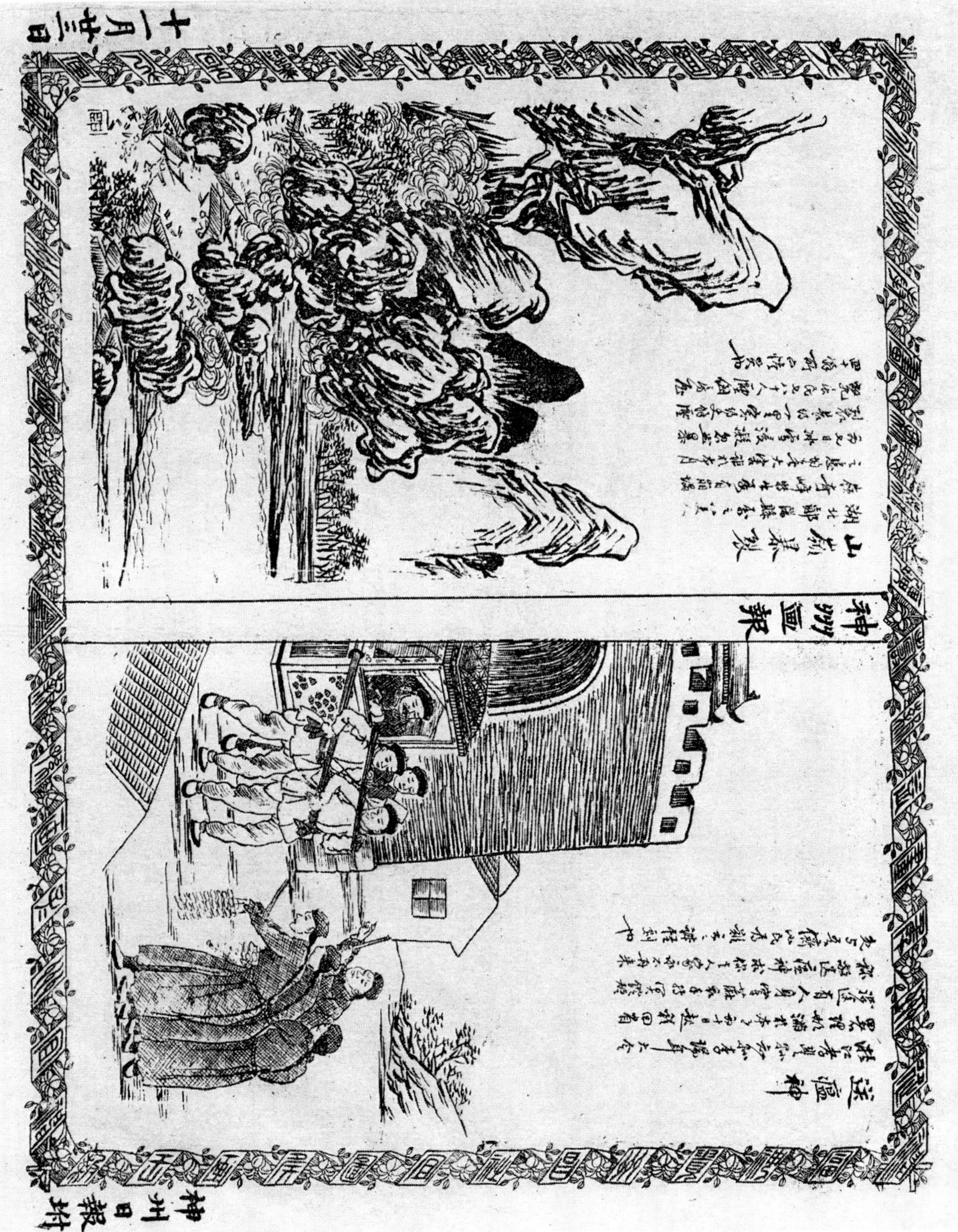
十一月廿三日
神州畫報
送瘟神
神州日報附

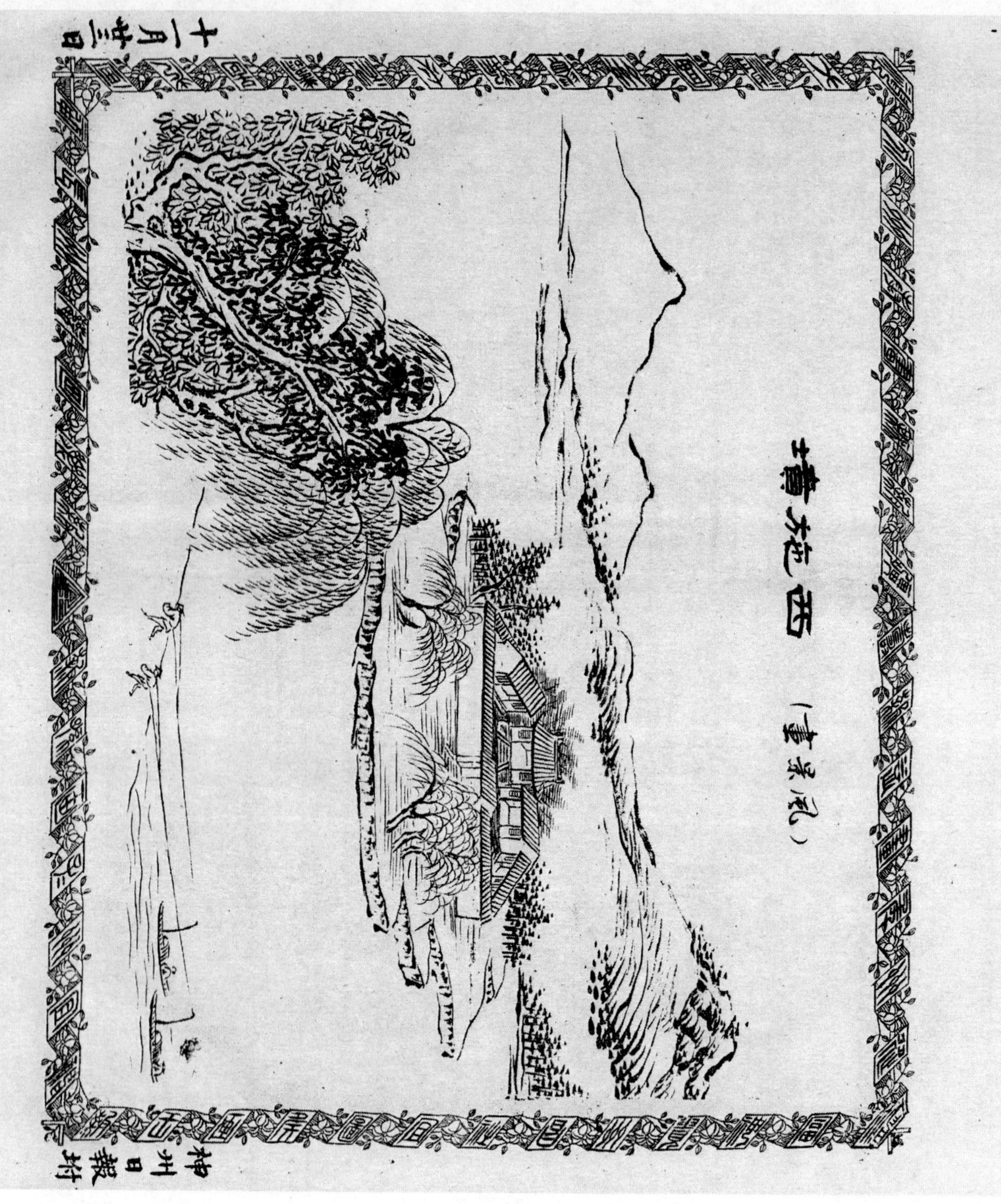
十一月廿三日
神州日報附

十一月廿五日
臨費曉樓百美之八十三
神州日報

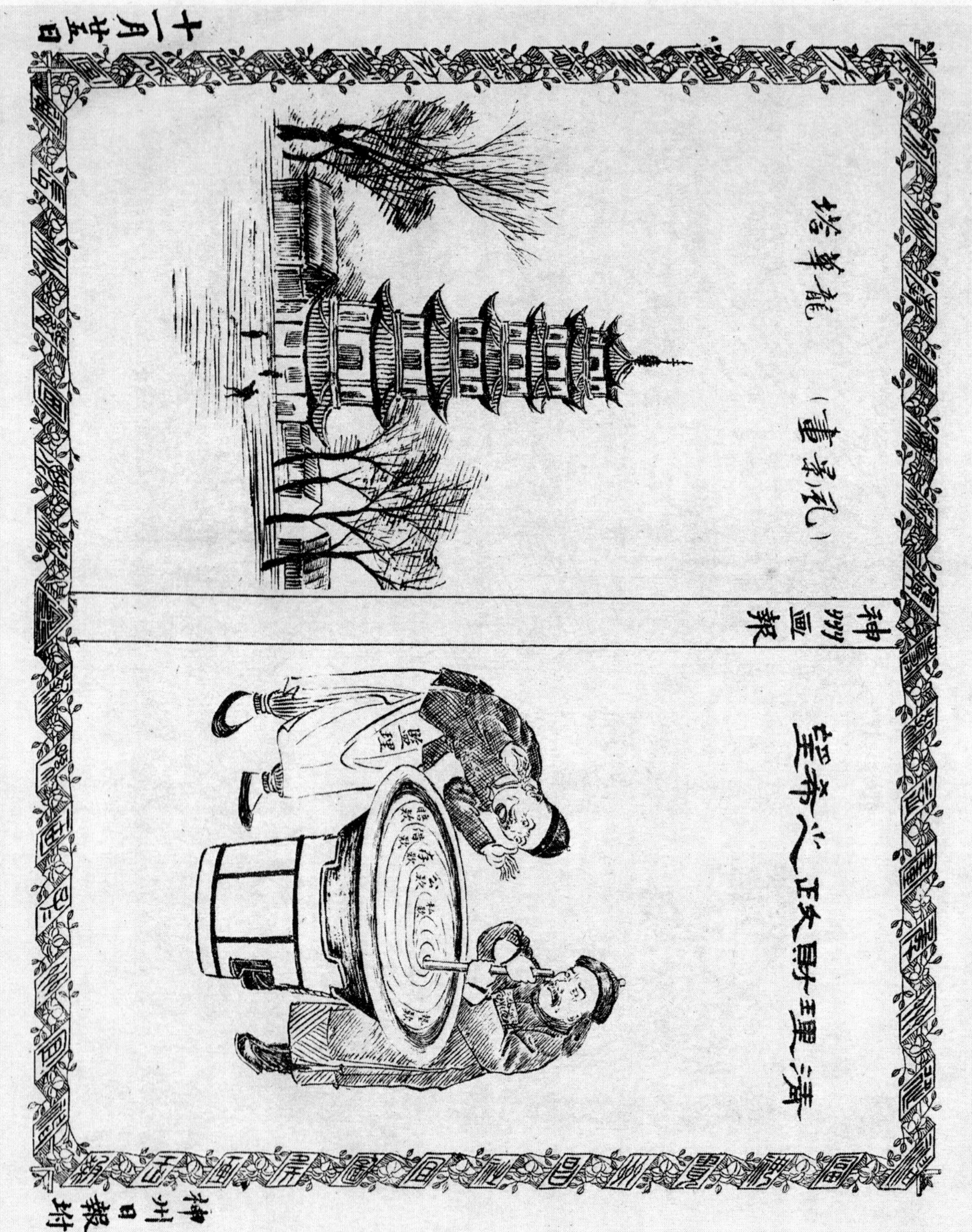
龍華塔
清理財政之希望
神州畫報
十一月廿五日
神州日報附

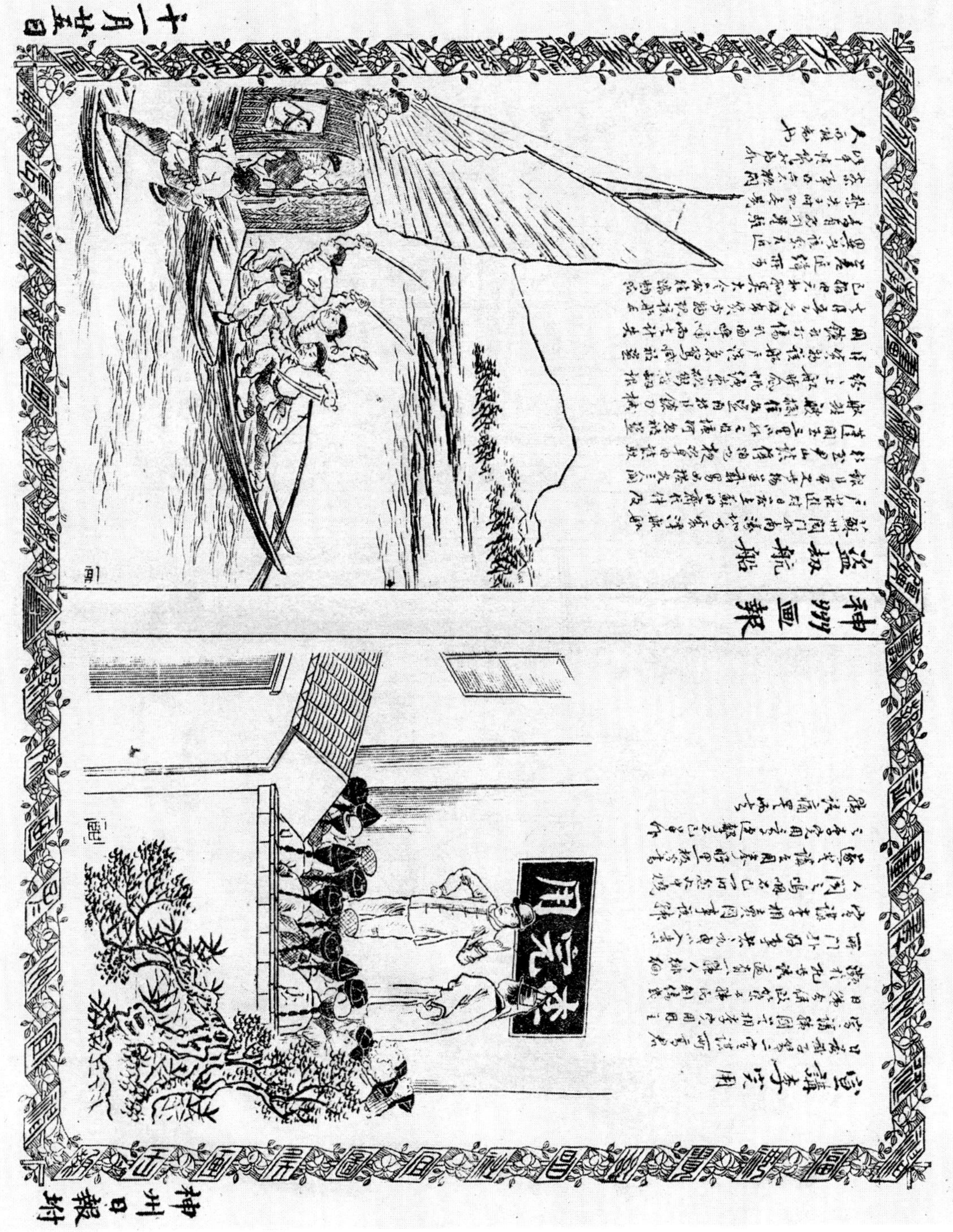
神州画報
盜劫航船
宣講無用
十一月廿五日
神州日報附

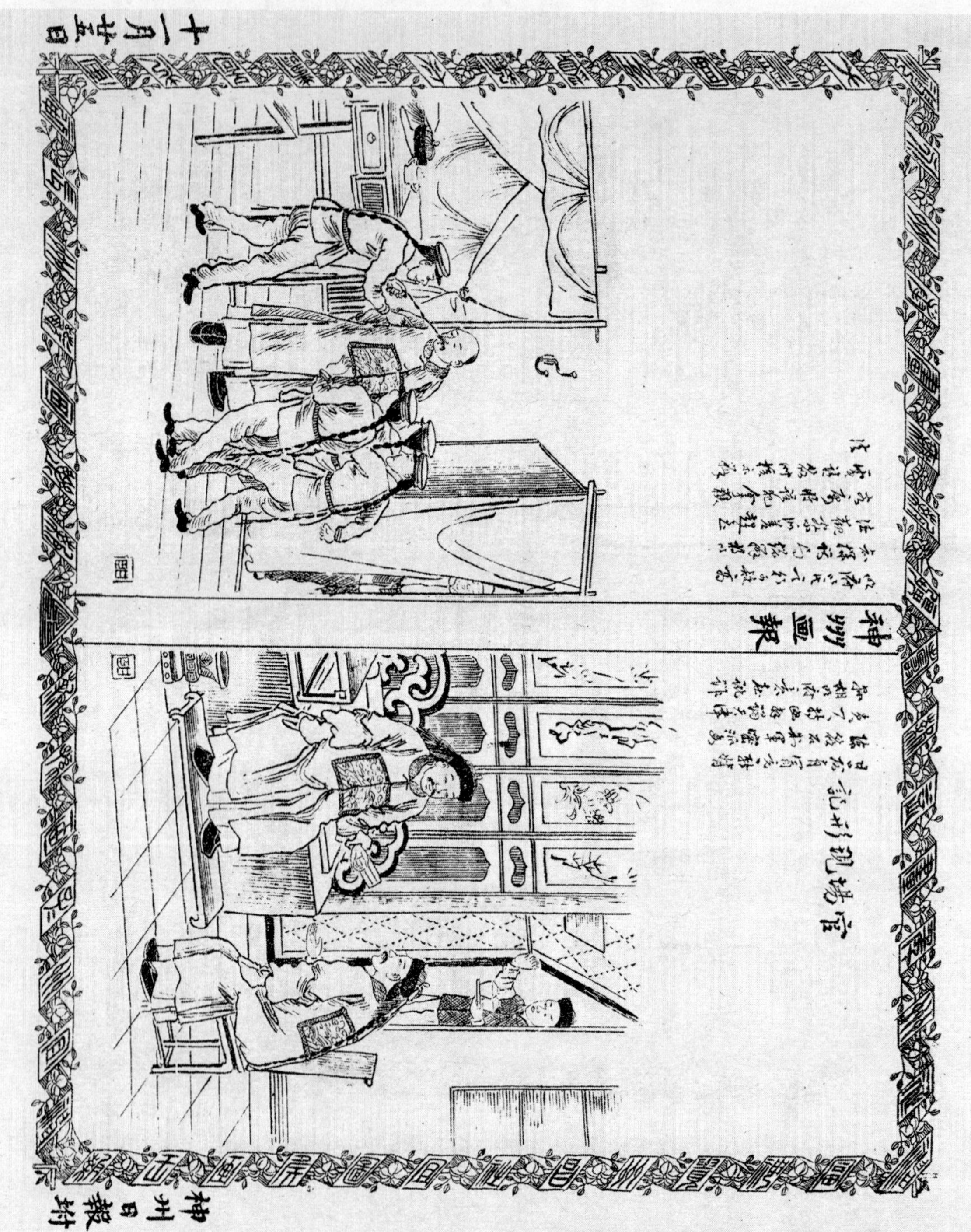

神州畫報
官場現形記
神州日報附

臨費曉樓百美之六十三
十一月廿七日

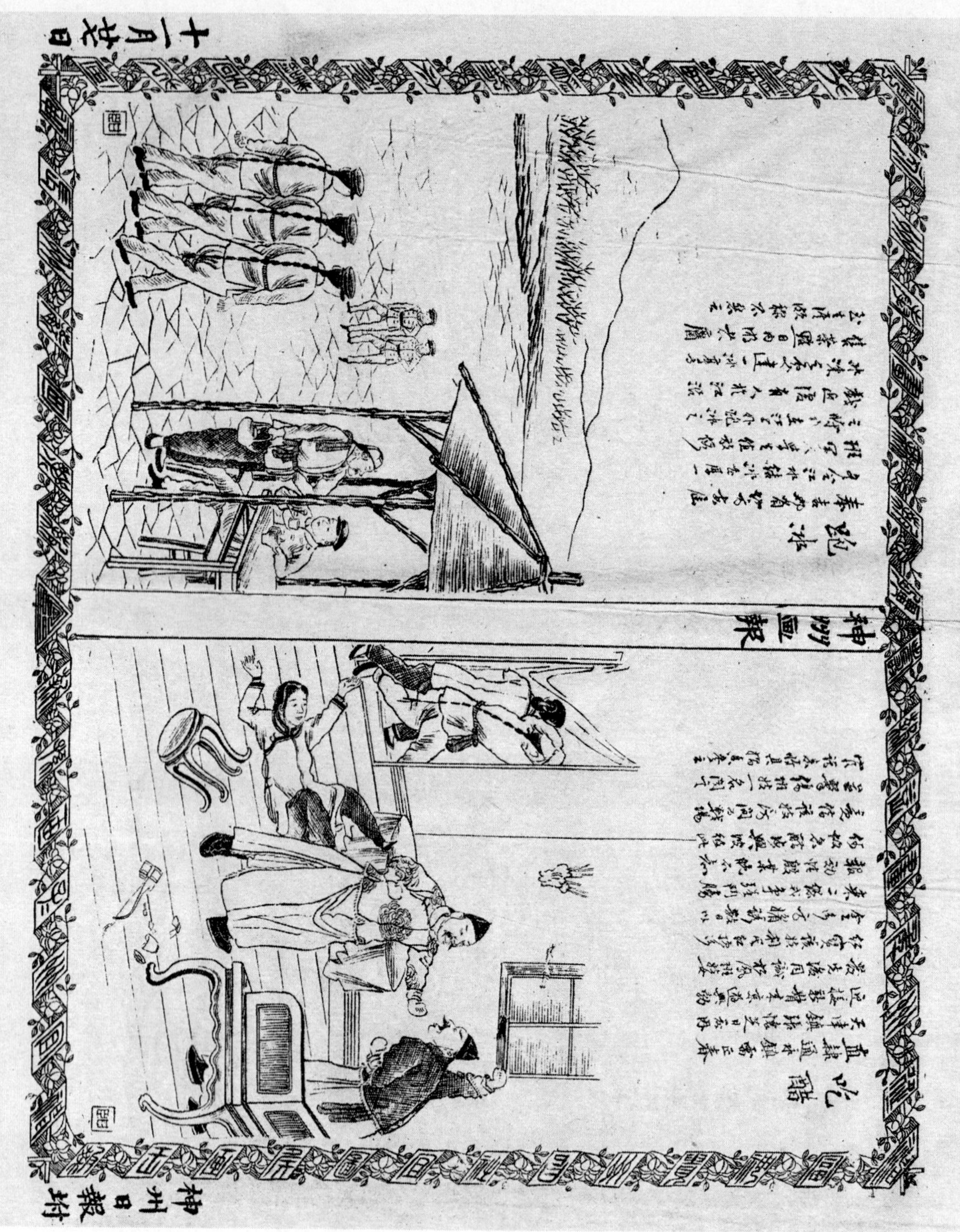
神州畫報
吃醋
跑冰
神州日報坿
十一月廿七日

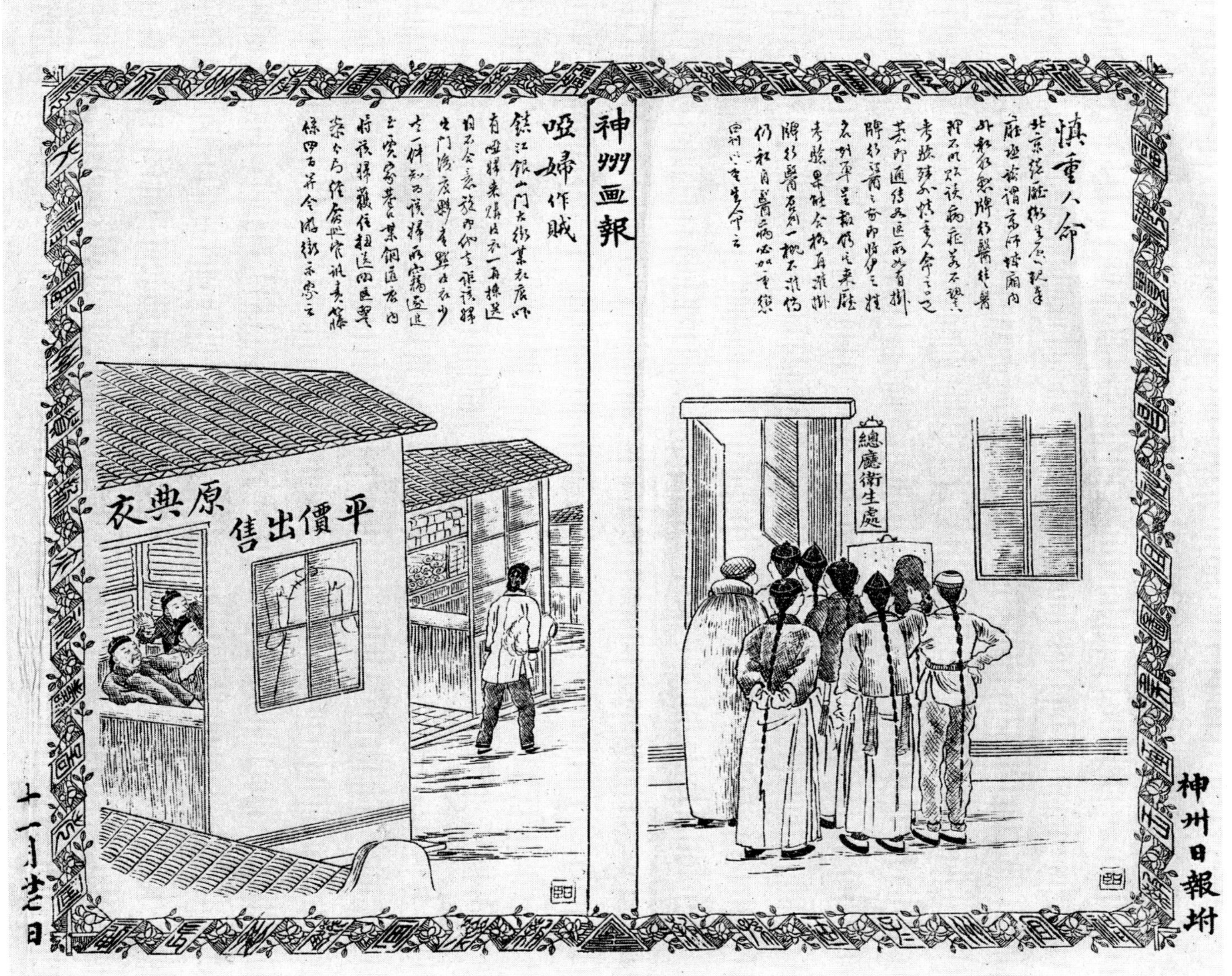
神州畫報
慎重人命
總廳衛生處
啞婦作賊
原典衣
平價出售
十一月廿七日
神州日報坿

上海之風景
（黃浦灘）
星馳寫真
十一月廿日
神州日報附

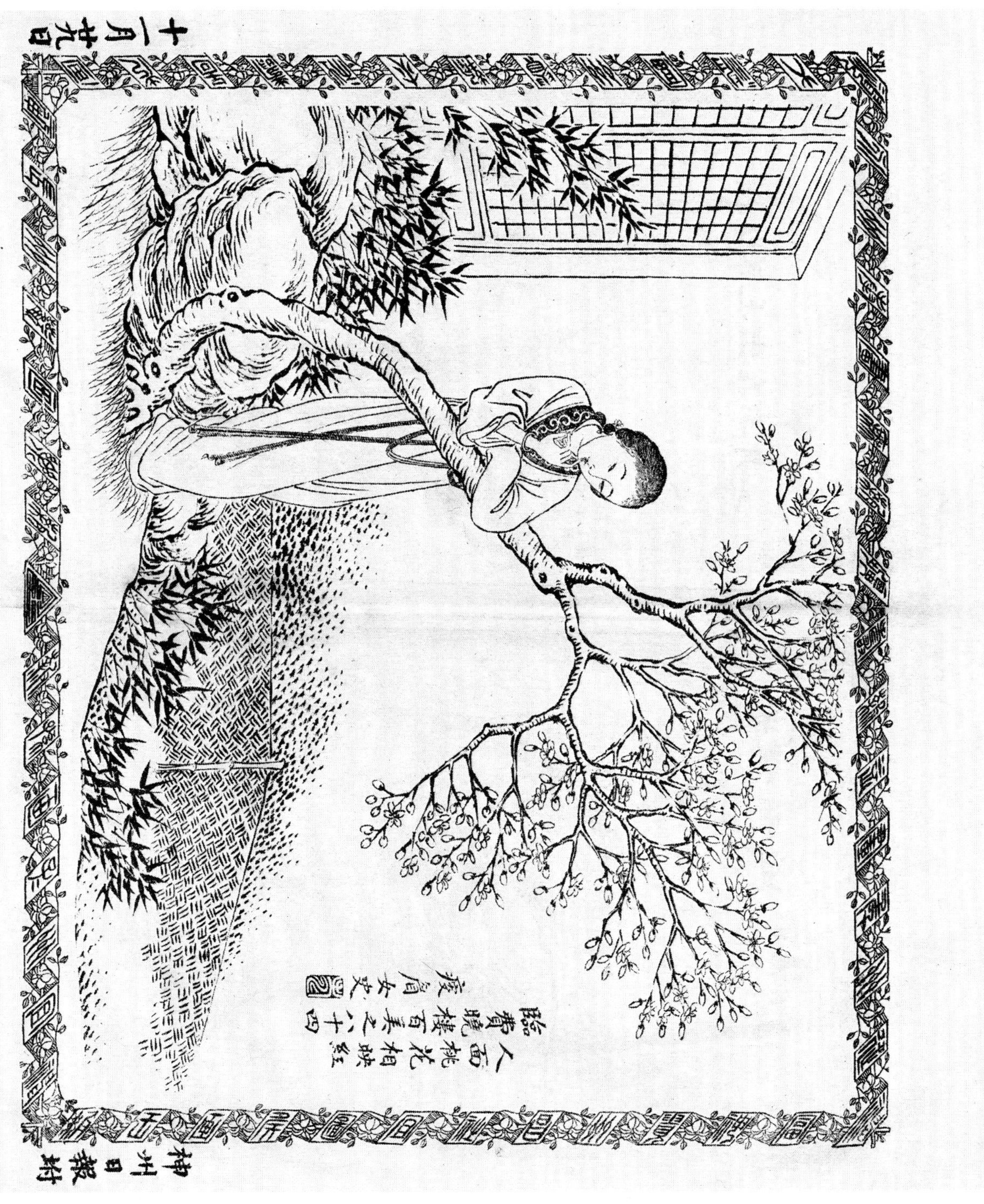
十二月廿九日
人面桃花相映紅
臨賞晚樓百美之八十四
神州日報附

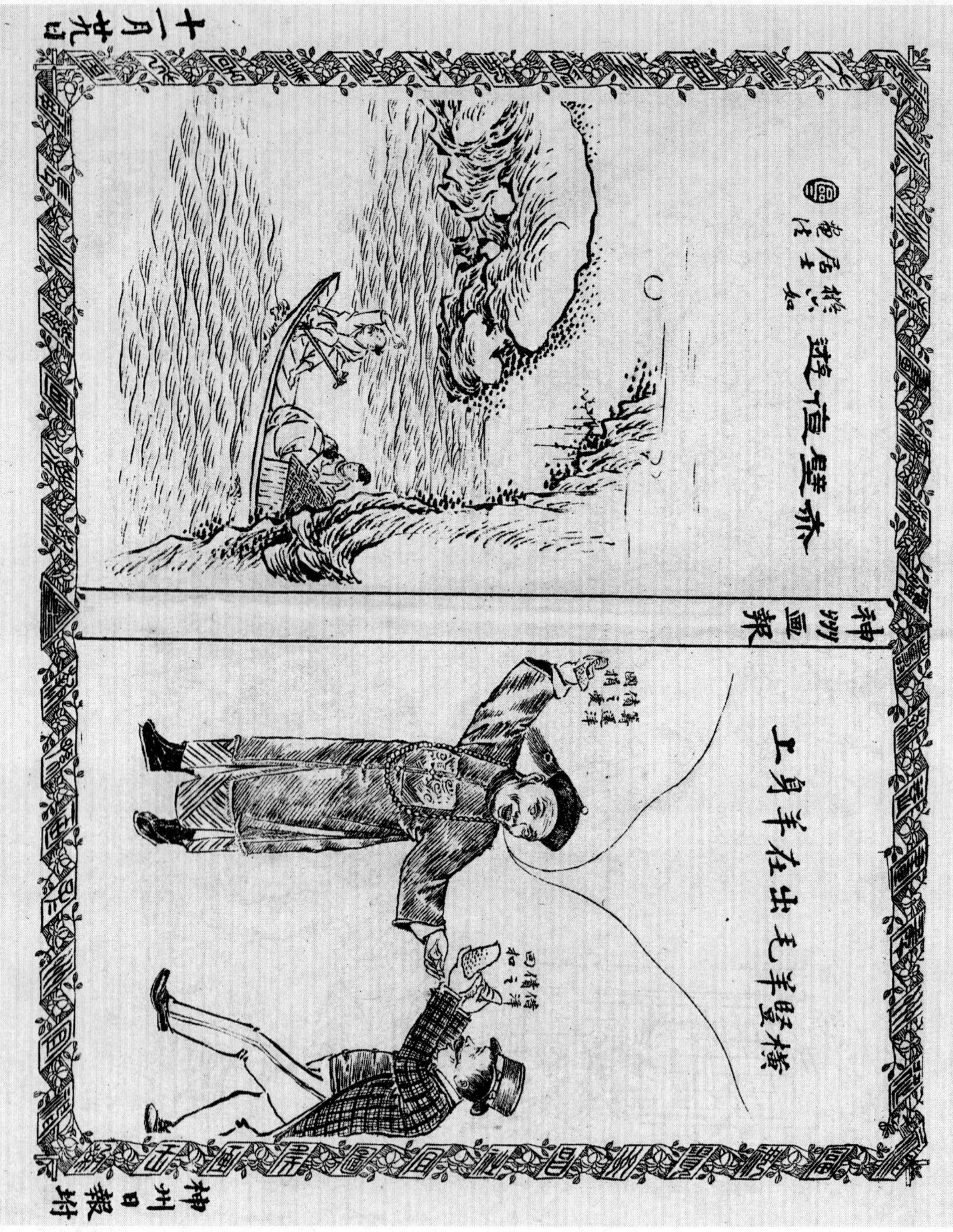

神州畫報
赤壁重遊
橫豎羊毛出在羊身上
籌還洋債之愛國捐
借洋債之回扣
十一月廿九日
神州日報附

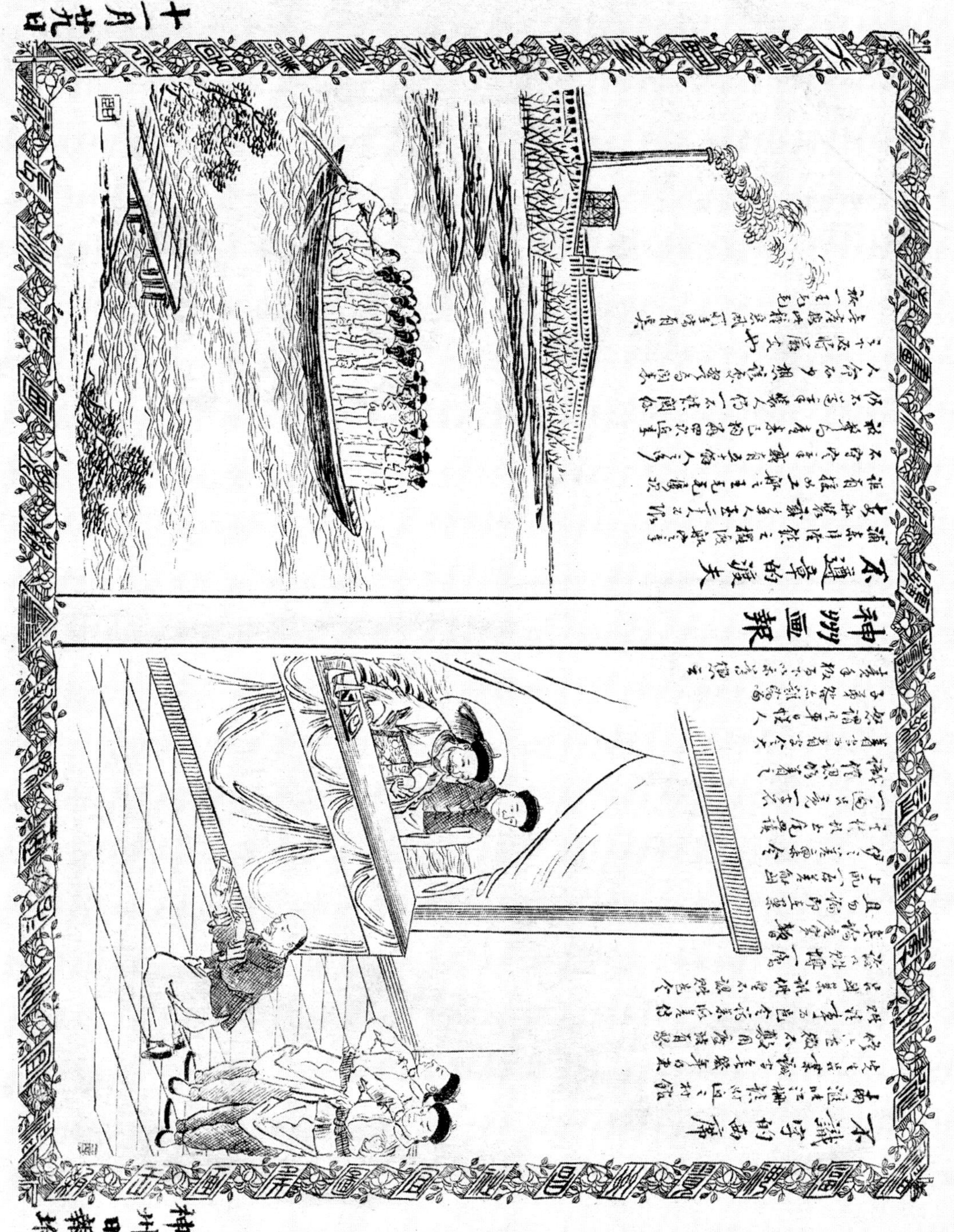
神州画報
不識字的西席
不通文字的渡夫
十一月廿九日
神州日報附

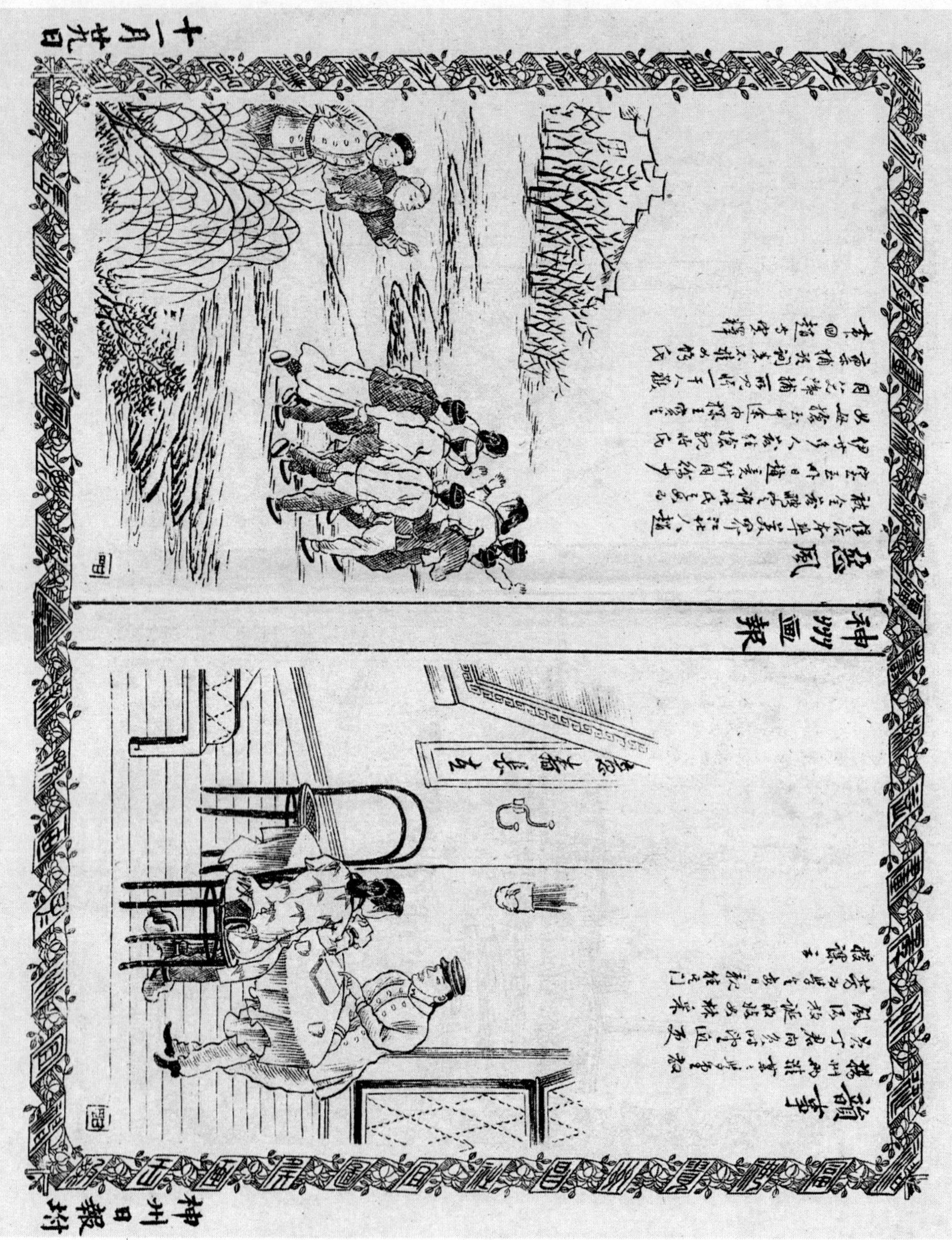

神州畫報
十一月廿九日
神州日報附

十二月初一日
臨費曉樓百美之八十五
瘦眉女史
神州日報附

神州畫報
大鳥
飢民
十二月初一日
神州日報附

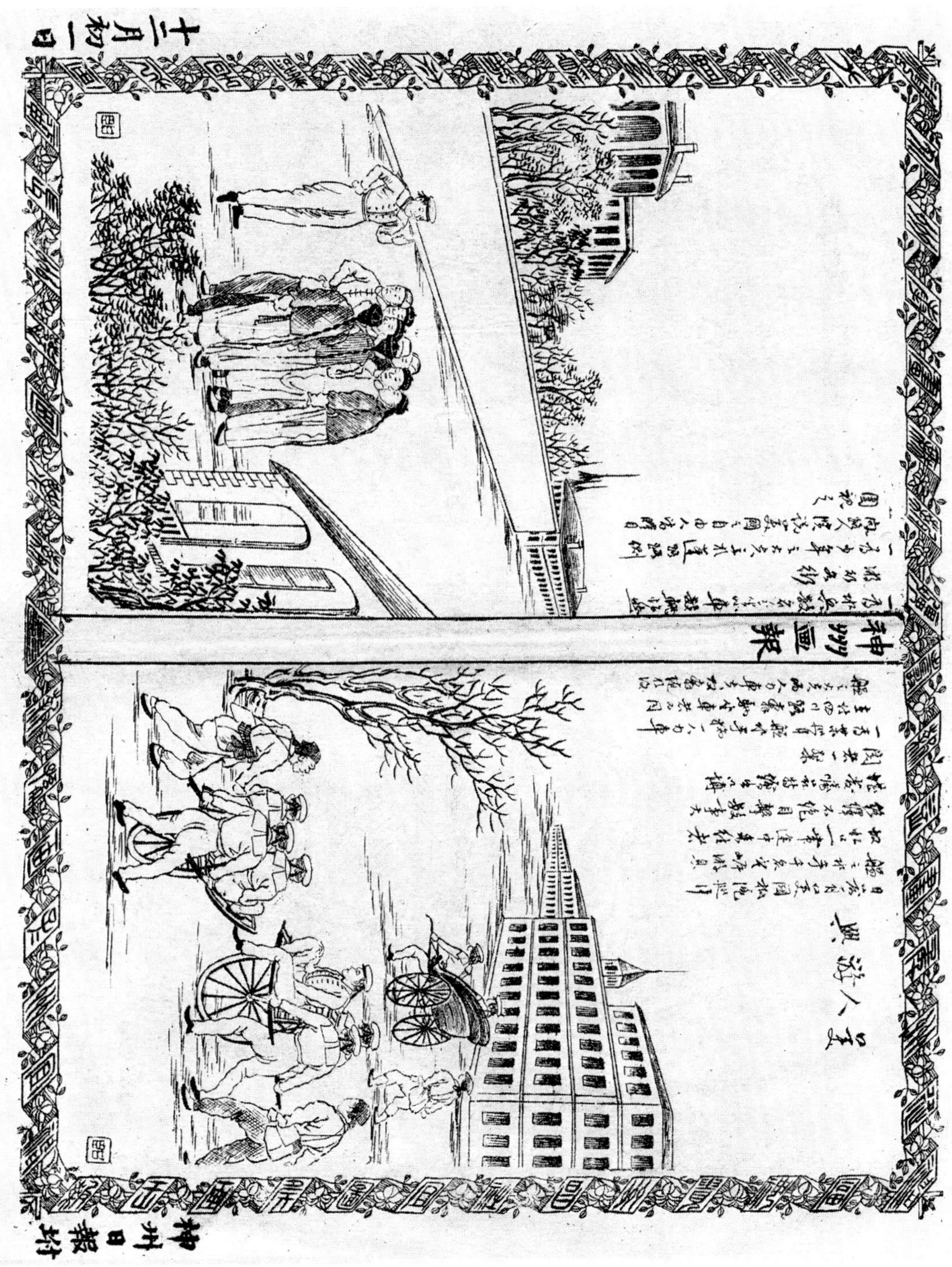
十二月初一日
神州畫報
神州日報附

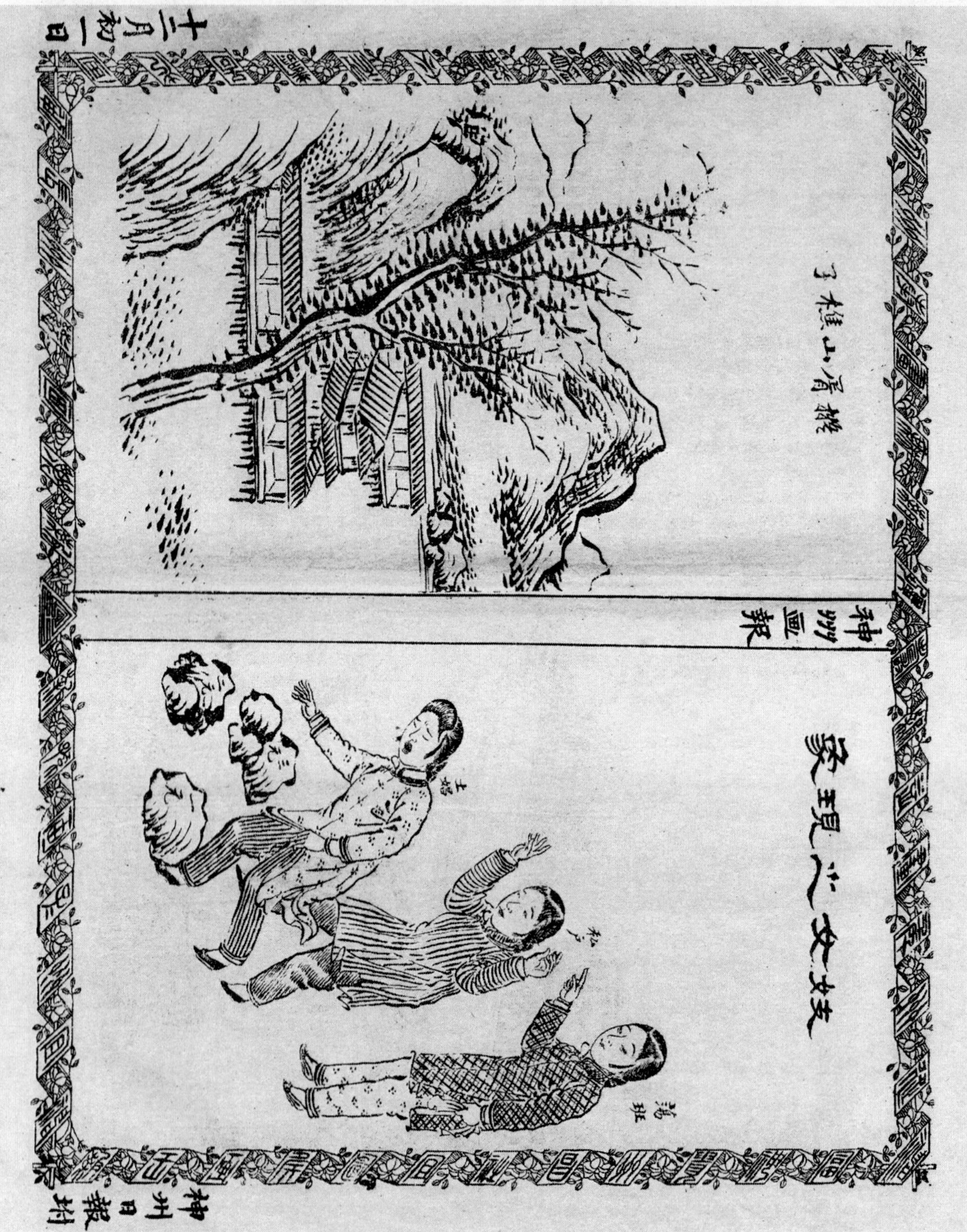
神州画報
妓女之現象
擬眉山樵子
土娼
私户
十二月初一日
神州日報附

十二月初三日
神州日報附

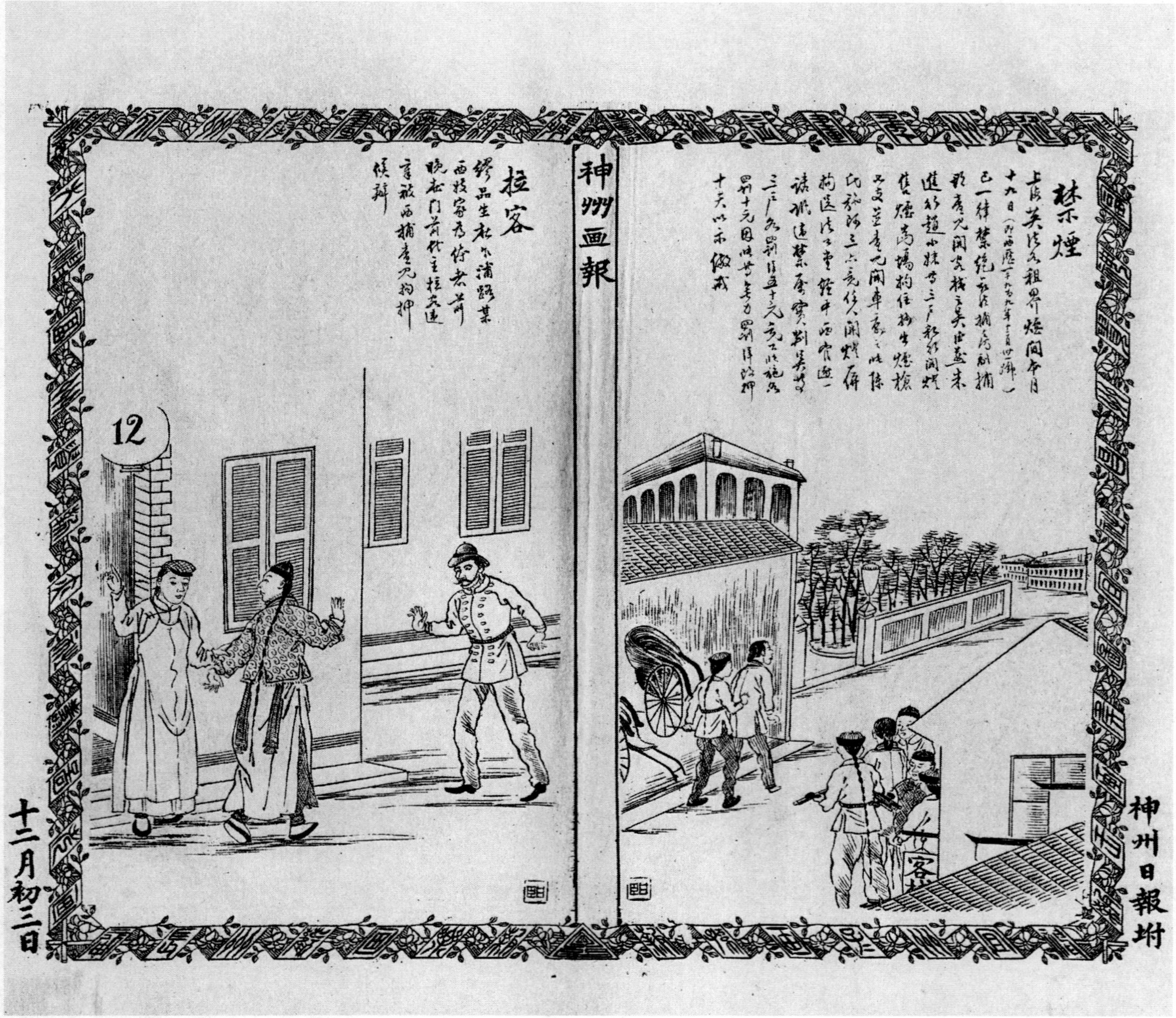
神州画報
拉客
繆品生在本浦縣某
西報館寫為偽老前
晚在門前代主拉客違
章被西捕查見拘押
候辦
12
禁煙
上海英法兩租界煙間本月
十九日（即西歷一千九百九年十二月廿一號）一
已一律禁絕英法捕房刑捕
現查見開燈吸煙者拘案來
進行搜小林等三人私行開燈
售煙為碼拘往捕房煙具
又查見閘車處亦有吸煙除
化裝前往三人交保人開燈存
拘送法公堂經中西官逐一
訊飭速禁審實判吳姓
三人各罰洋五十元交不出者
罰十元因吸煙者各罰洋拘押
十天以示儆戒
十二月初三日
神州日報坿

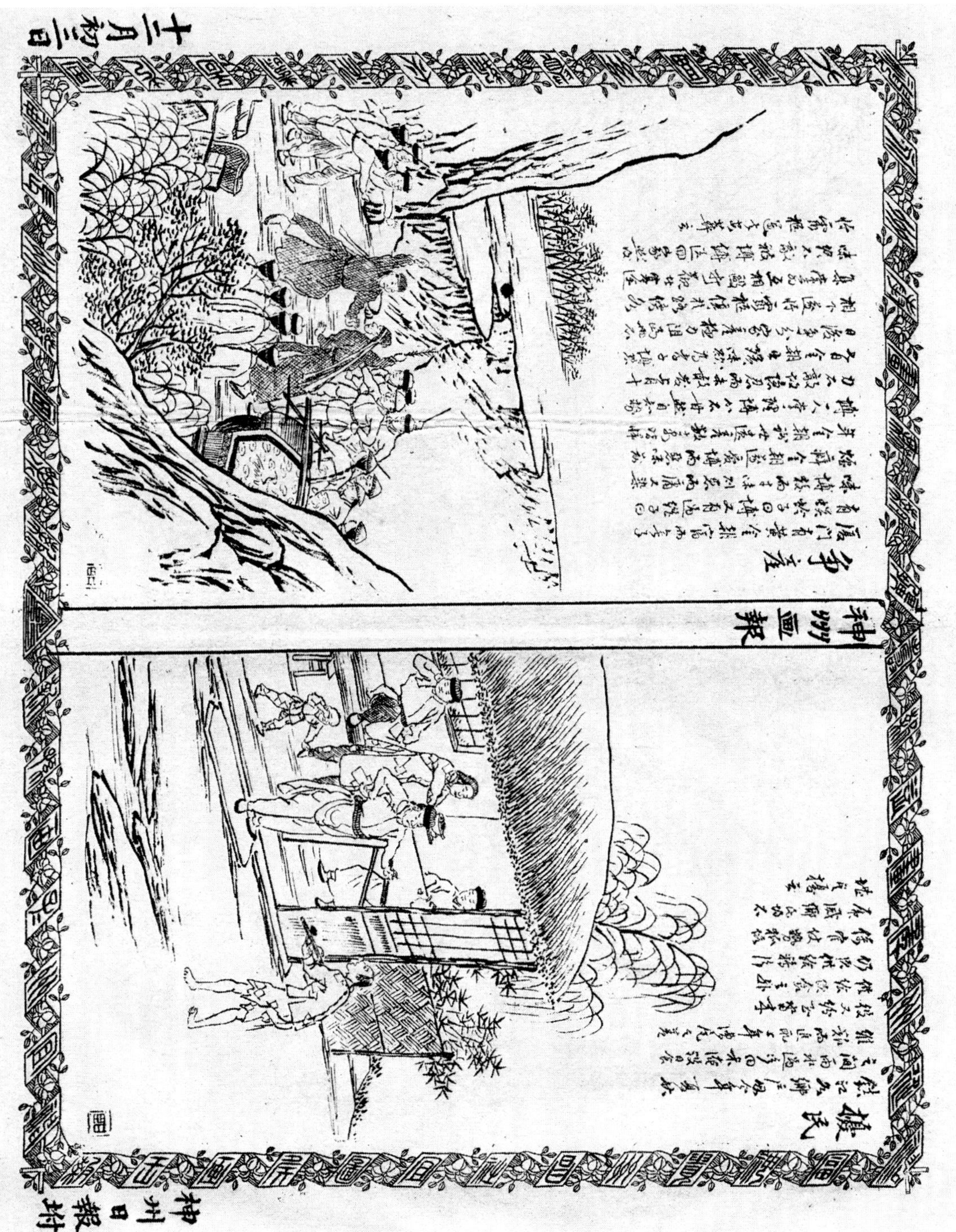

山人有二鶴甚馴而善飛
十二月初三日
神州日報附

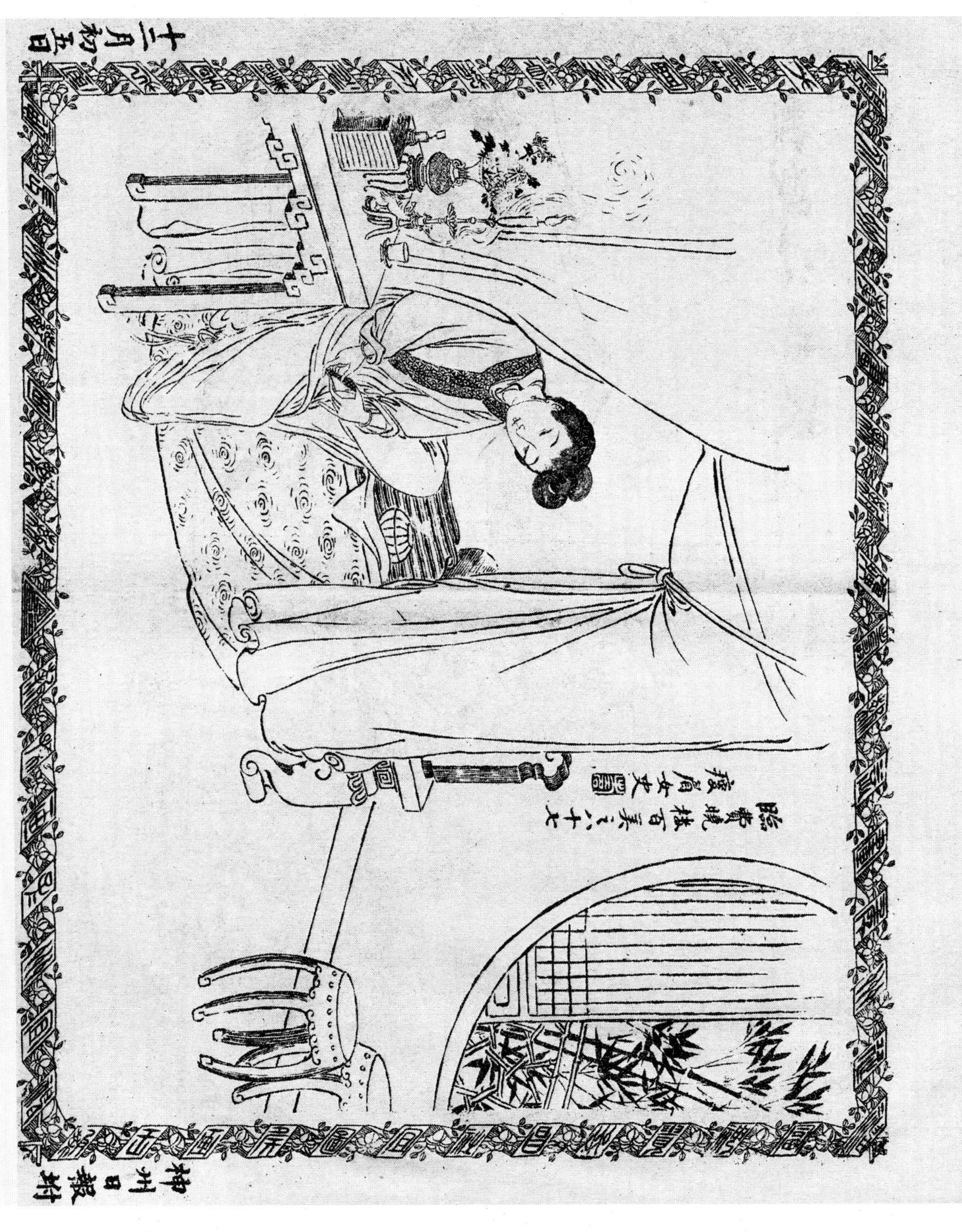
十二月初五日
臨費曉樓百美之八十七
神州日報附

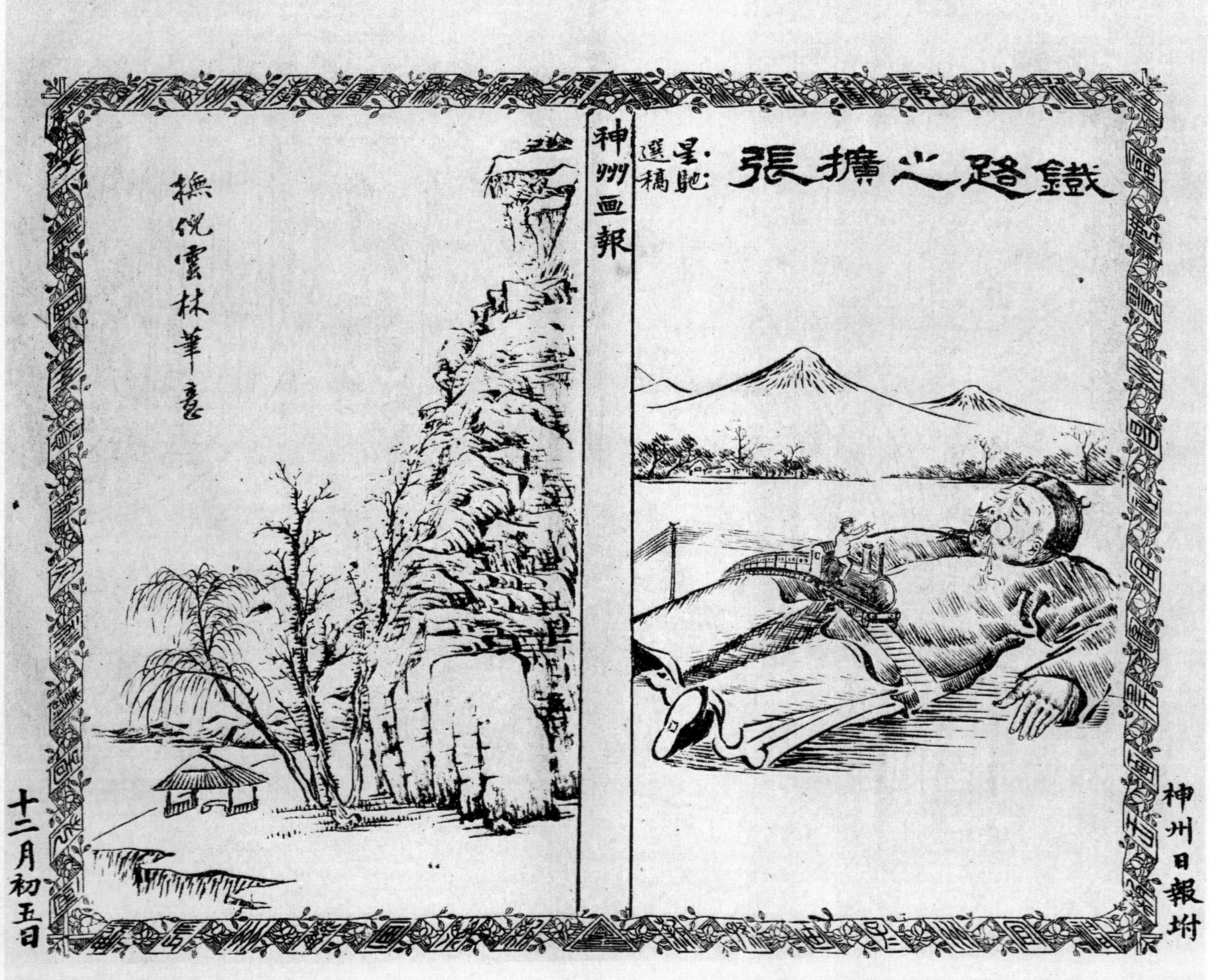
鐵路之擴張
神州画報
撫倪雲林筆意
十二月初五日
神州日報坿

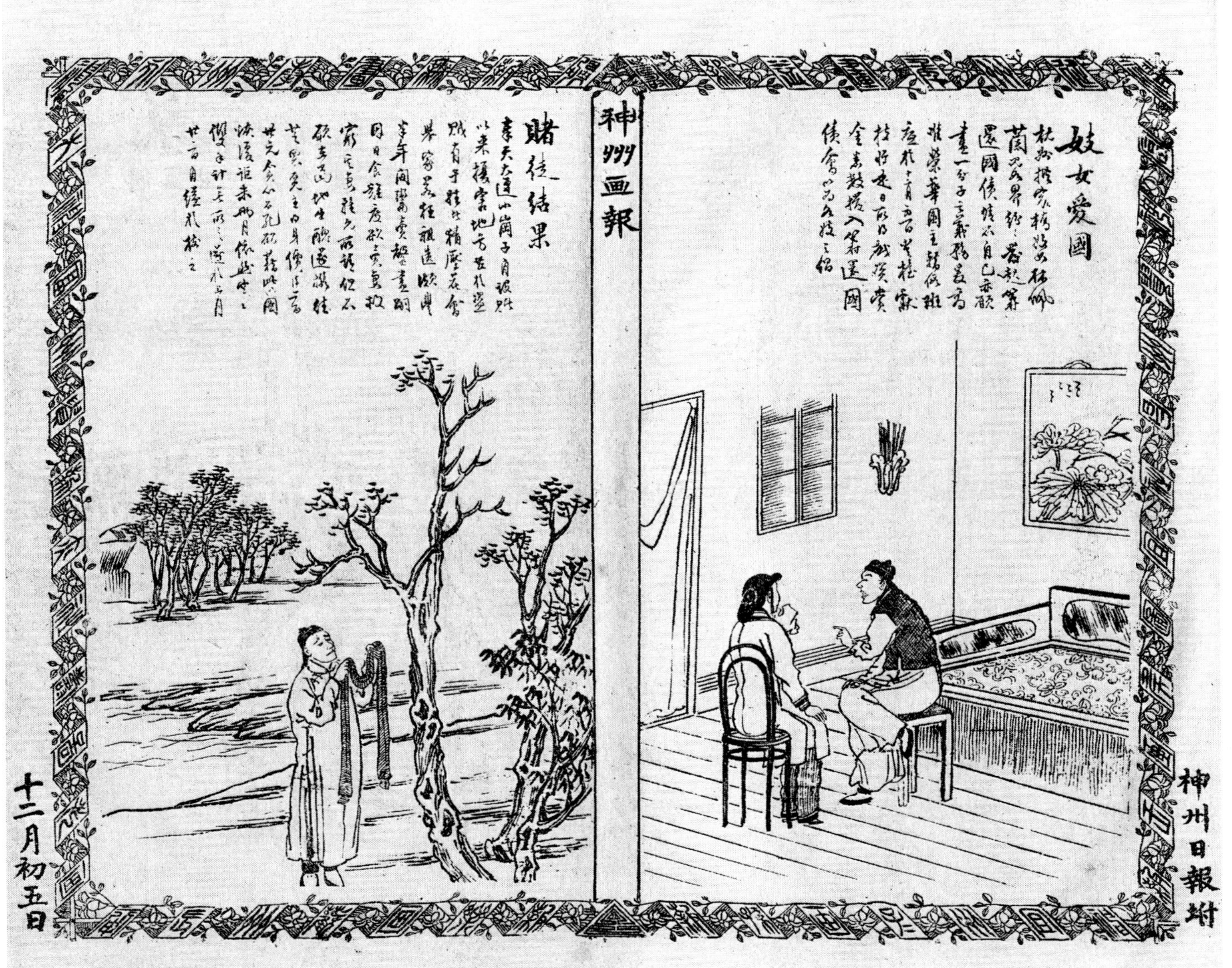
神州畫報
妓女愛國
賭徒結果
十二月初五日
神州日報附

中遊大閱克伯砲
國軍官視虜鎗廠
KRUPP WORK
十二月初五日
神州日報附

臨費曉樓百美之八十八
瘦眉女史
神州日報

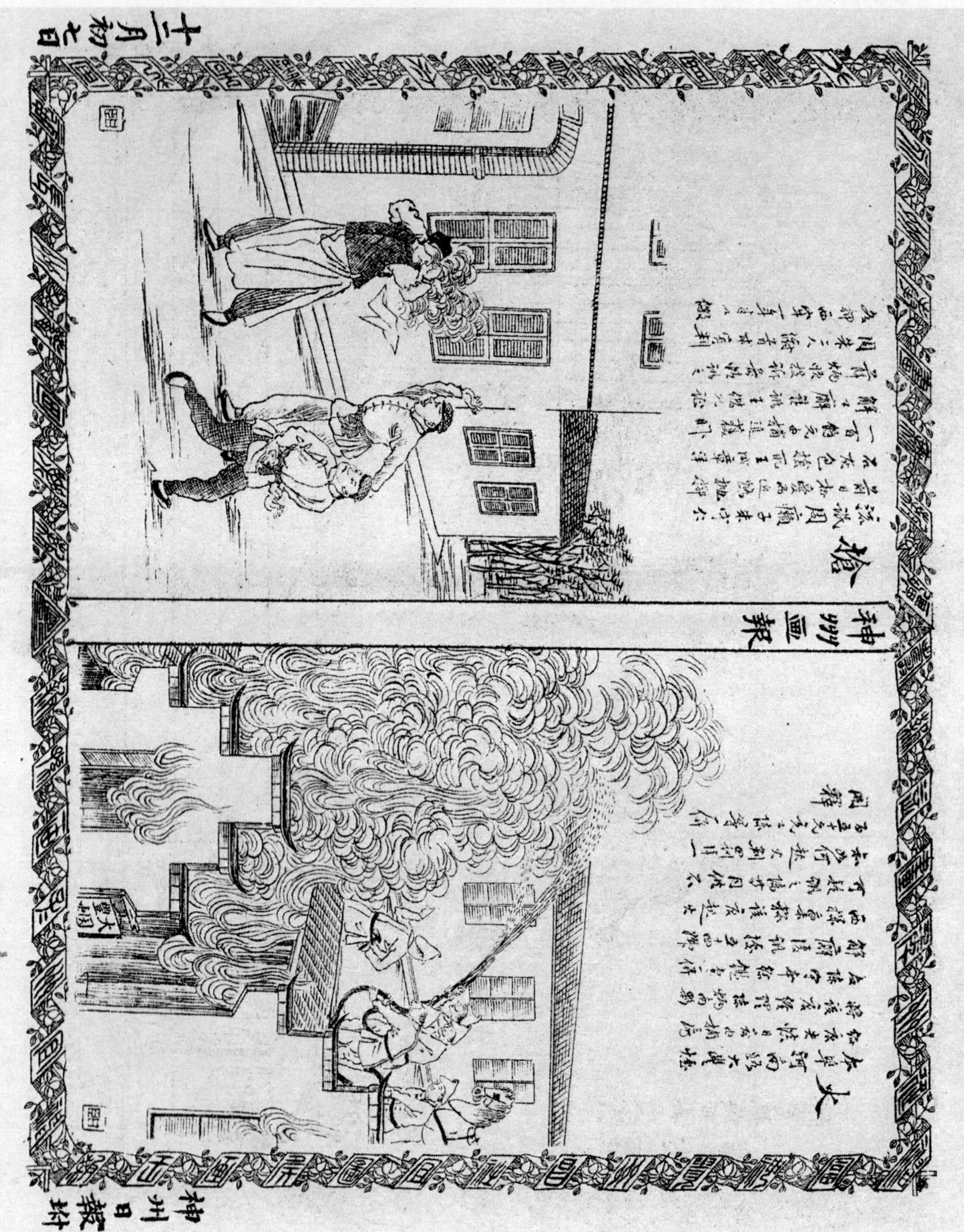
神州畫報
搶
火
十二月初七日
神州日報附

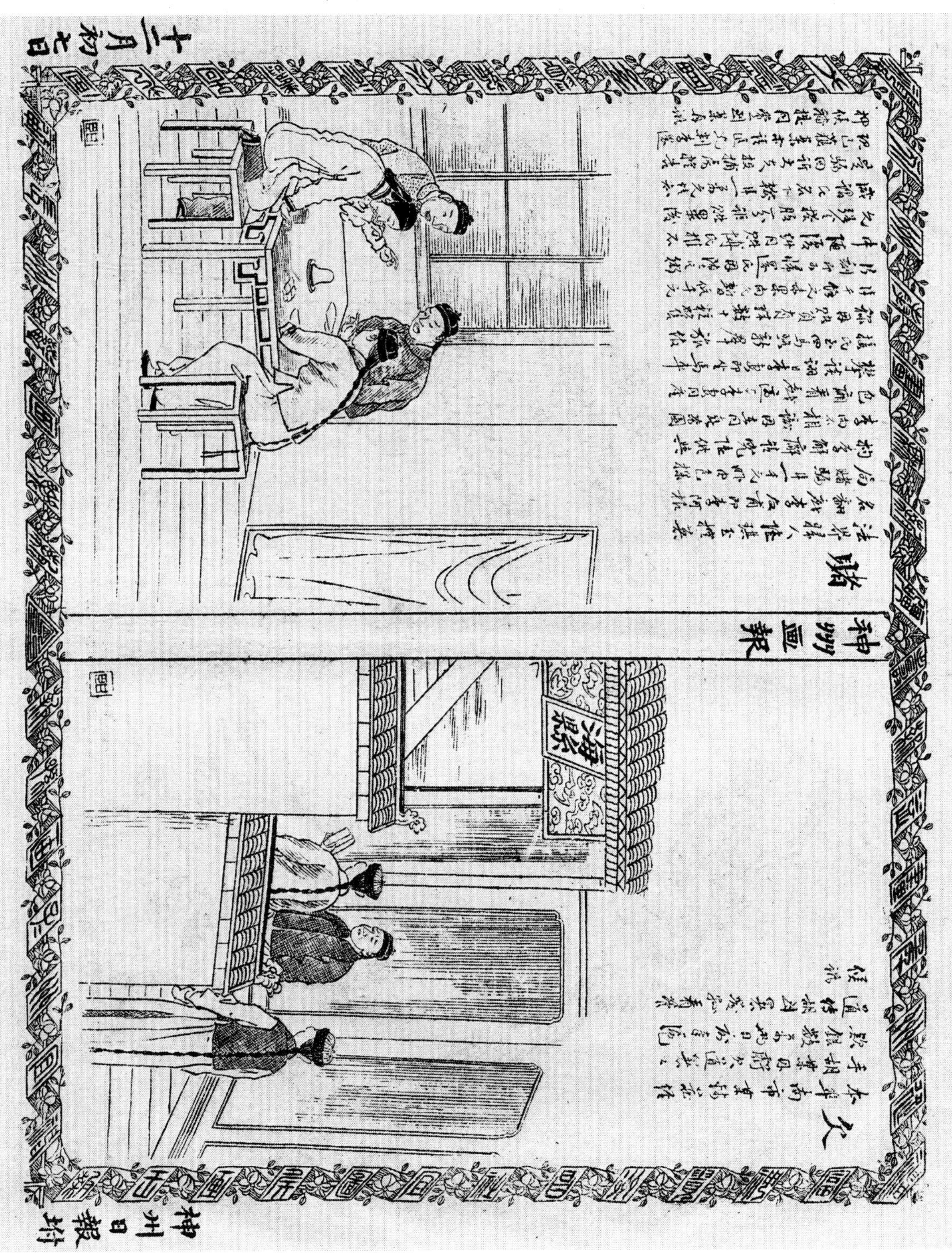
神州画報
十二月初七日

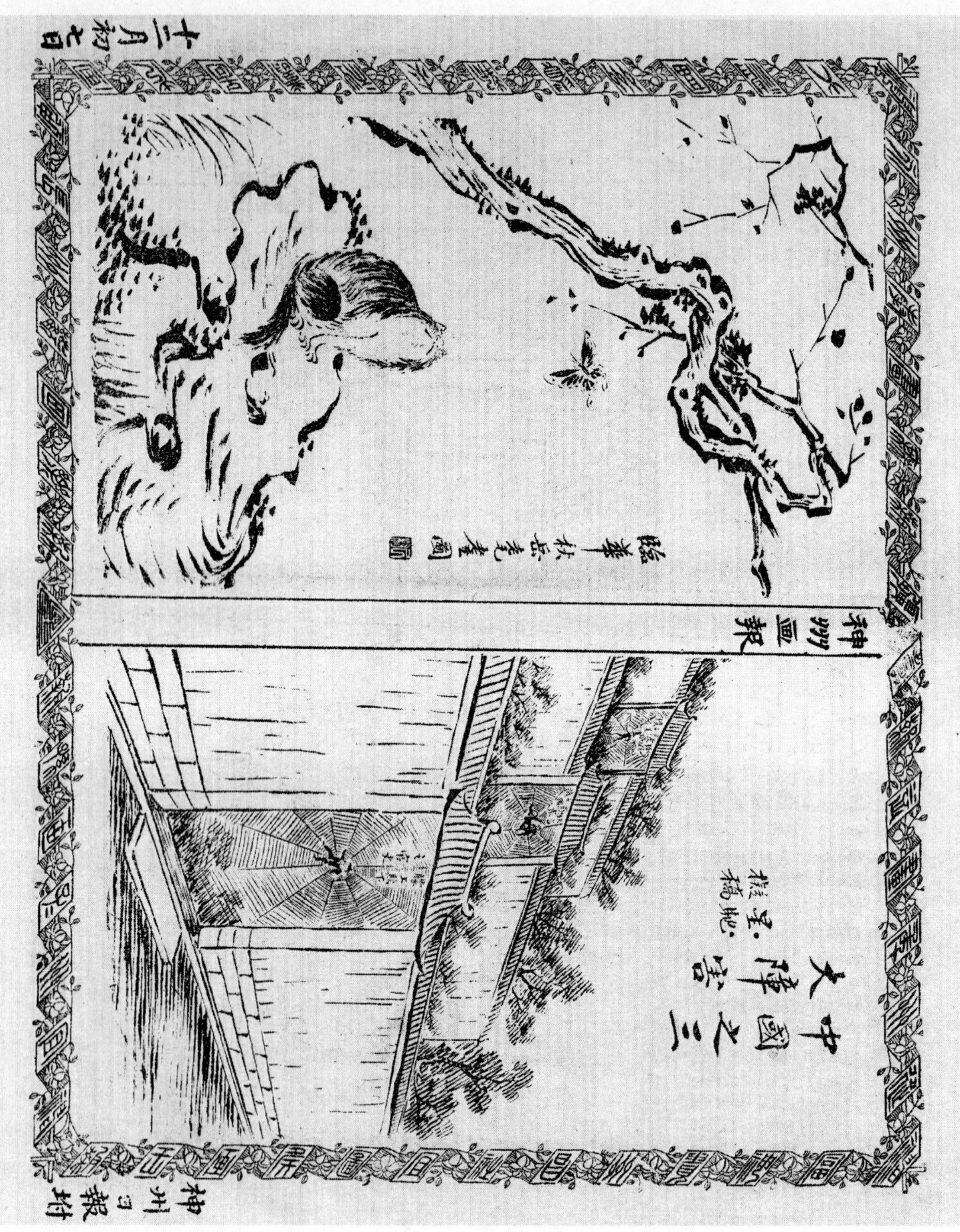
中國之三
神州畫報
十二月初七日
神州日報附

十二月初九日
臨費曉樓百美之八十九
瘦肩女史
神州日報附

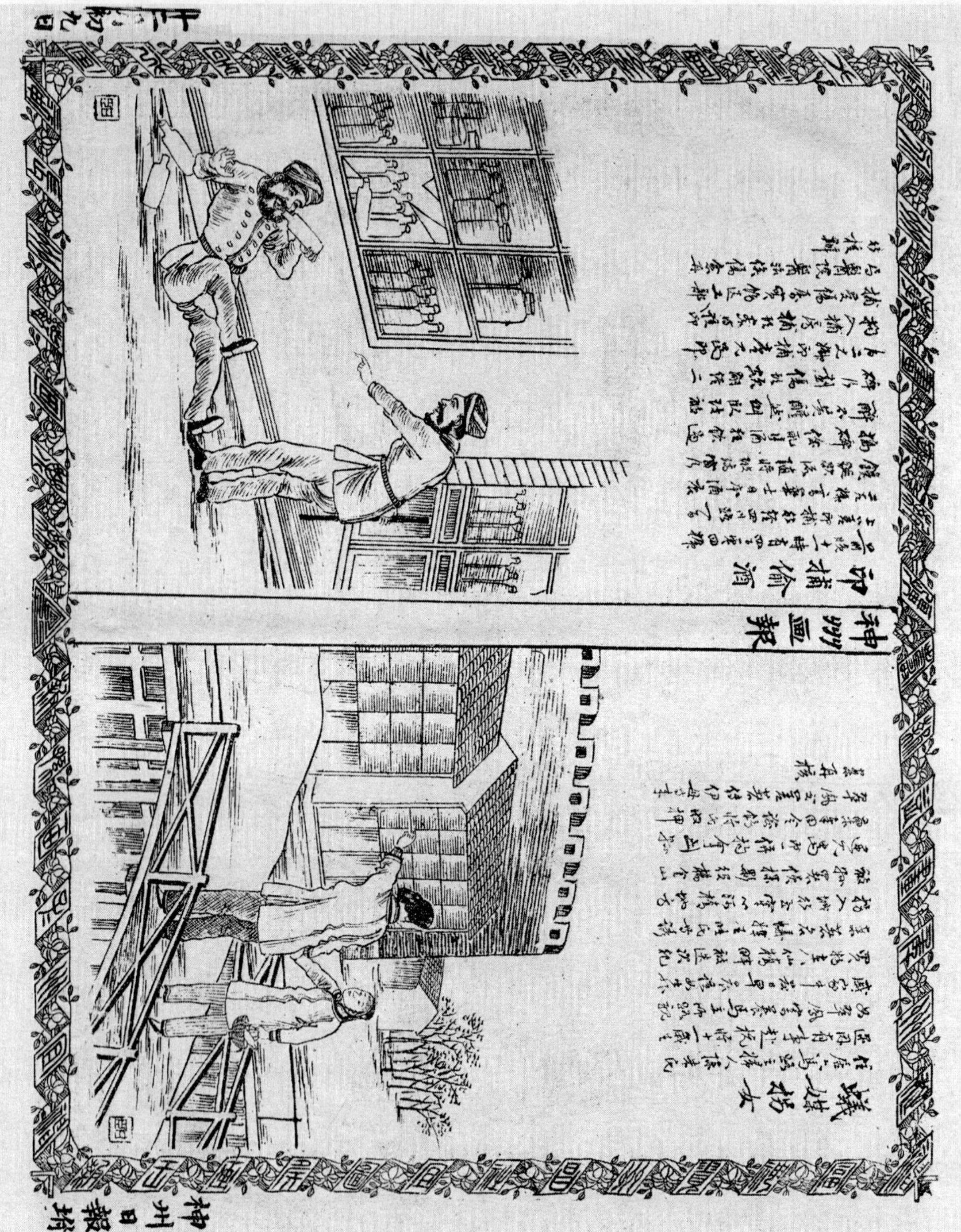
神州畫報
神州日報

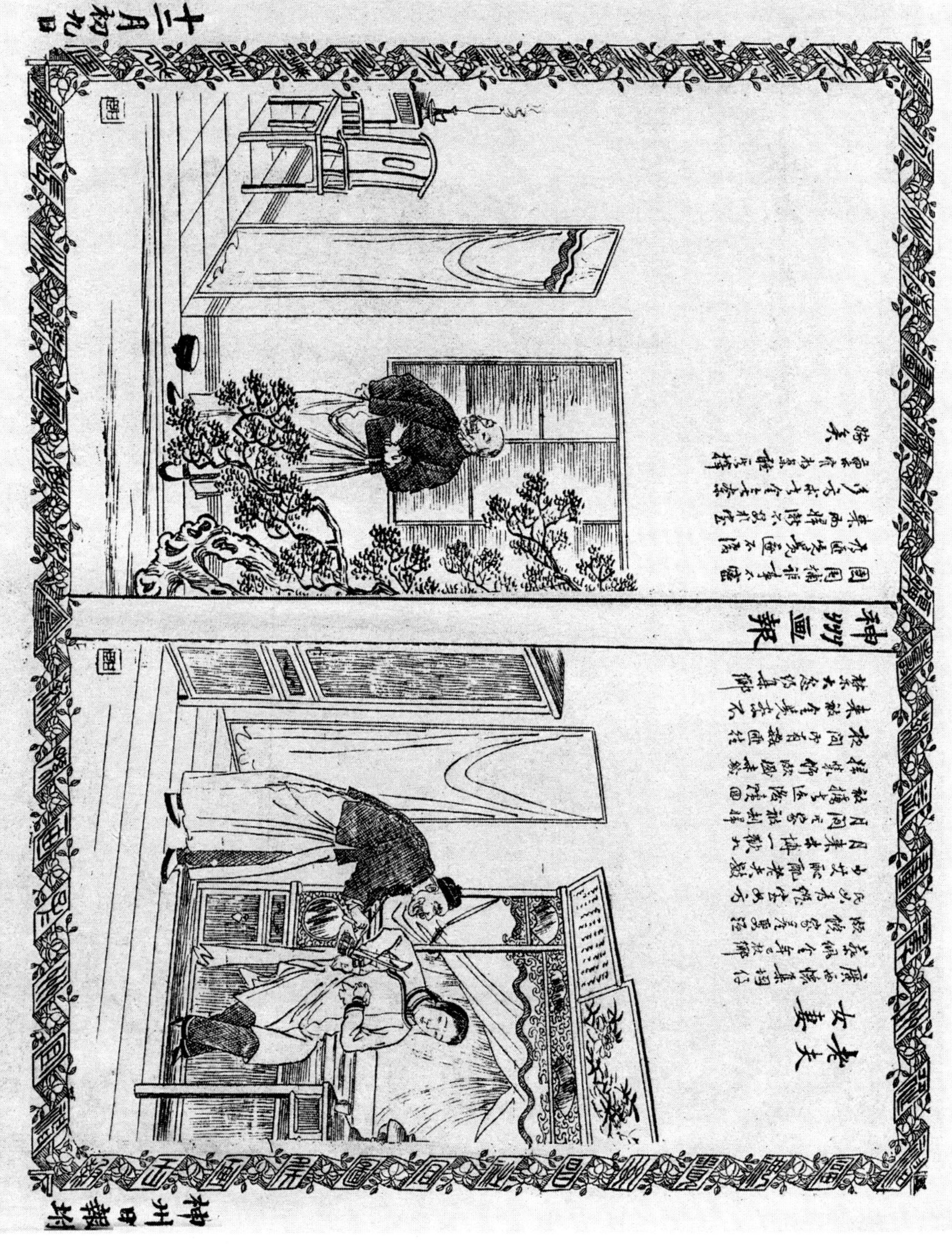

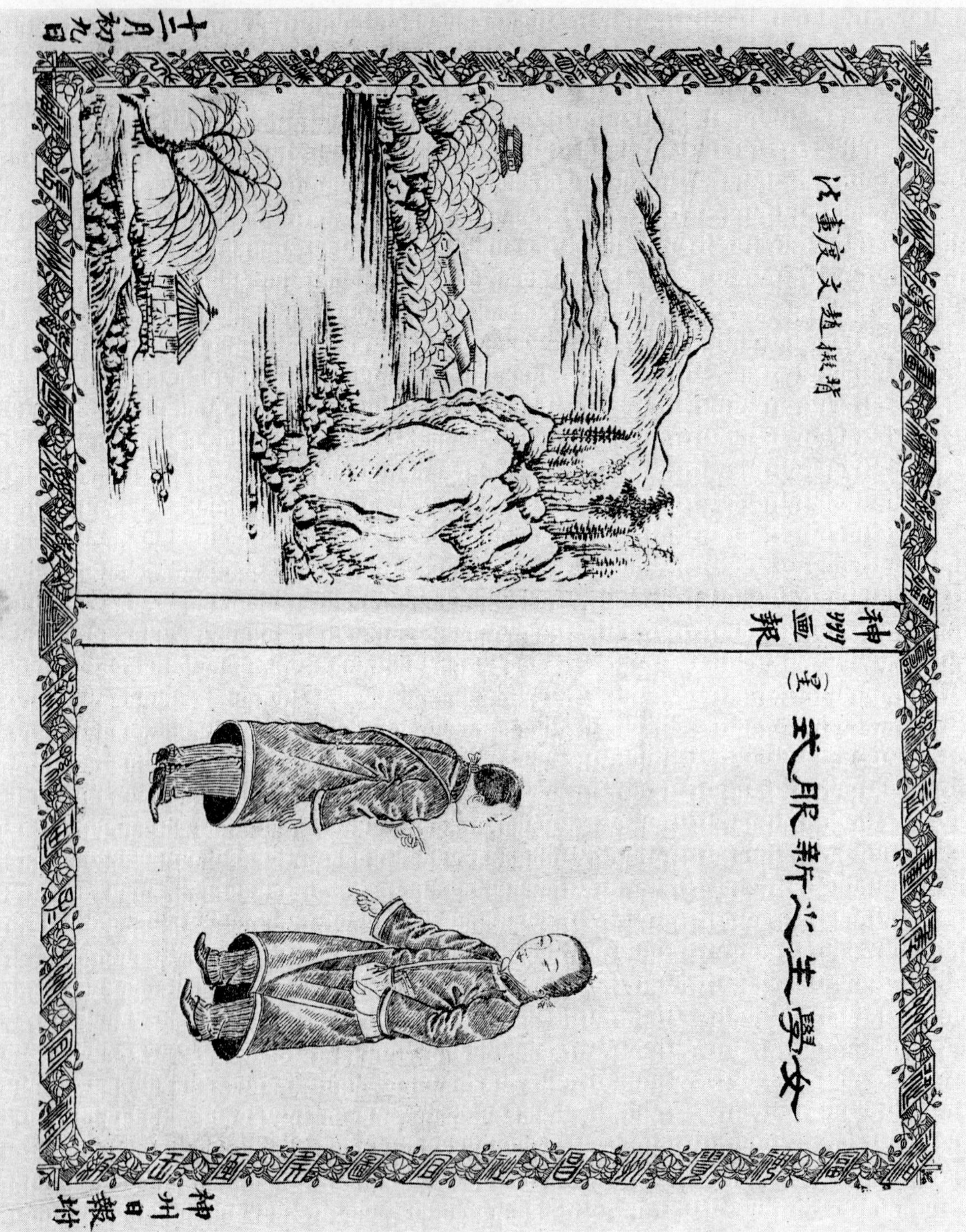
神州畫報
女學生之新服式
十二月初九日
神州日報附

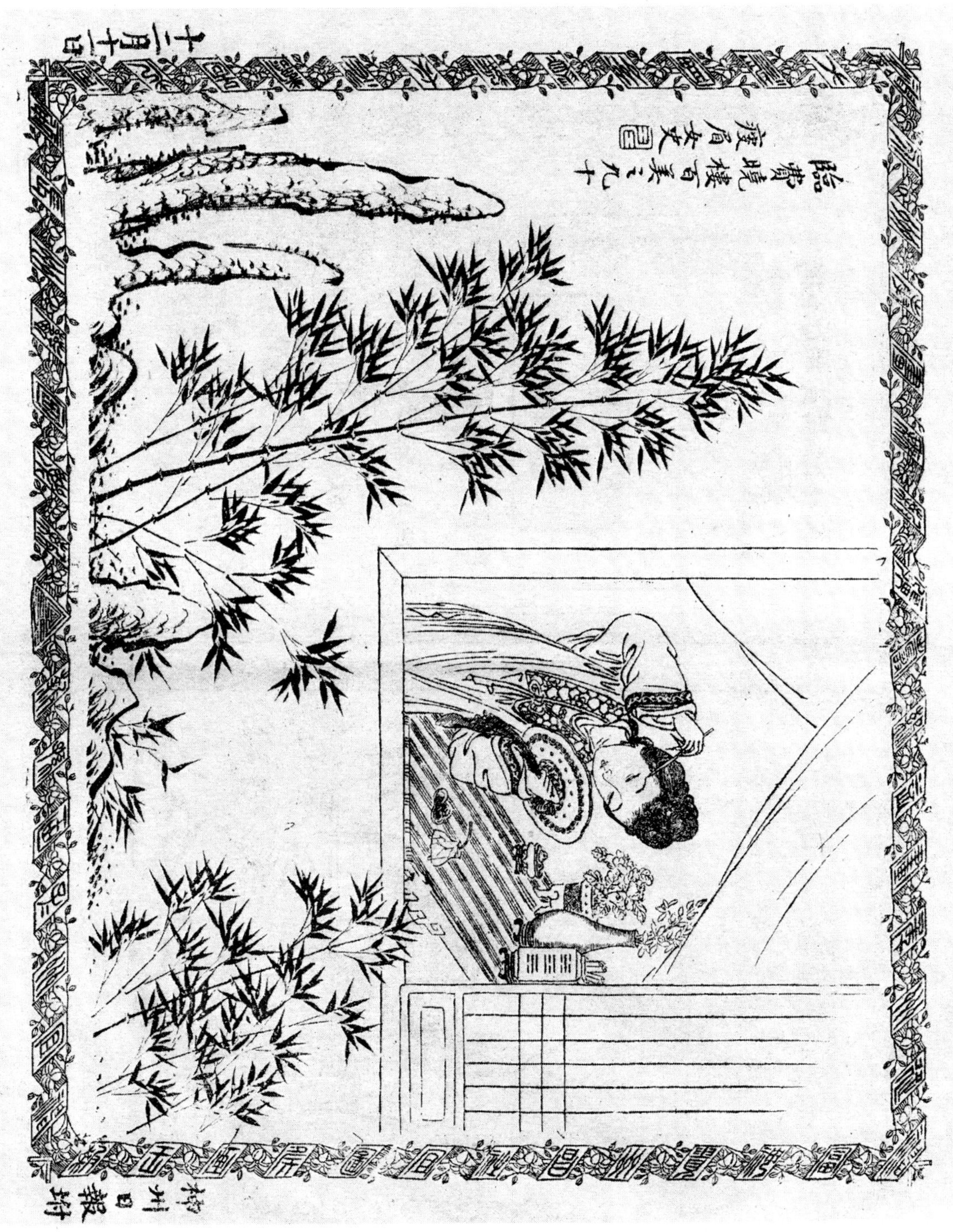
十二月十一日
臨費曉樓百美之九十
度眉女史
神州日報

神州畫報
嗚呼此之謂熱心愛國(圖)

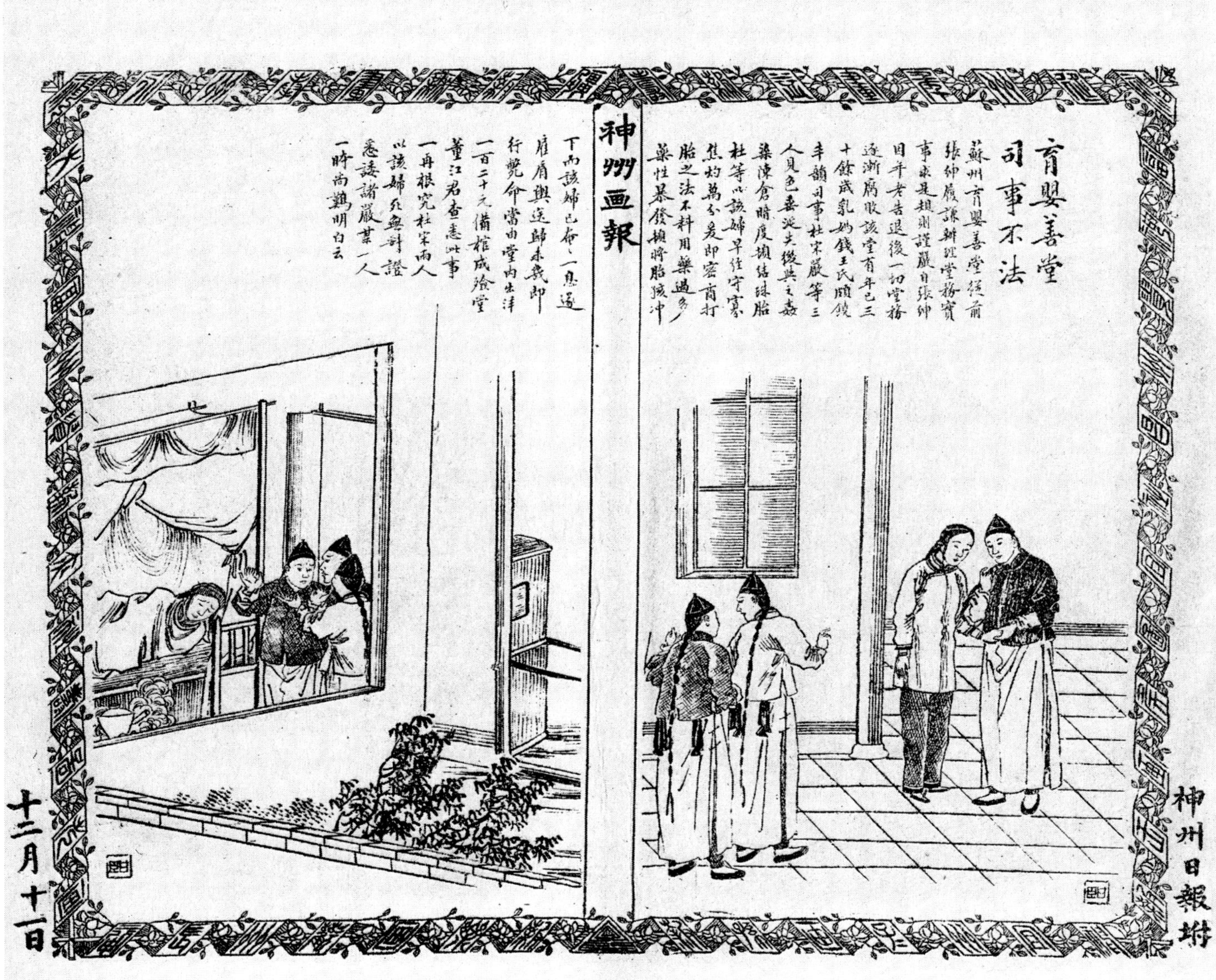

神州画報

育嬰善堂
司事不法

蘇州育嬰善堂經前
張仲履諫辦理堂務實
事求是規則謹嚴自張仲
因年老告退後一切堂務
逐漸腐敗該堂有年已三
十餘歲乳婦錢王氏頗饒
丰韻司事杜宋嚴等三
人見色垂涎先後與之姦
染陳倉暗度擲結珠胎
杜等以該婦早往守寡
焦灼萬分爰即密商打
胎之法不料用藥過多
藥性暴發擲將胎孩沖
下而該婦已奄奄一息遂
雇肩輿送歸未幾即
行斃命當由堂內出洋
一百二十元備棺成殮堂
董江君查悉此事
一再根究杜宋兩人
以該婦死無對證
悉諉諸嚴某一人
一時尚難明白云

十二月十一日

神州日報坿

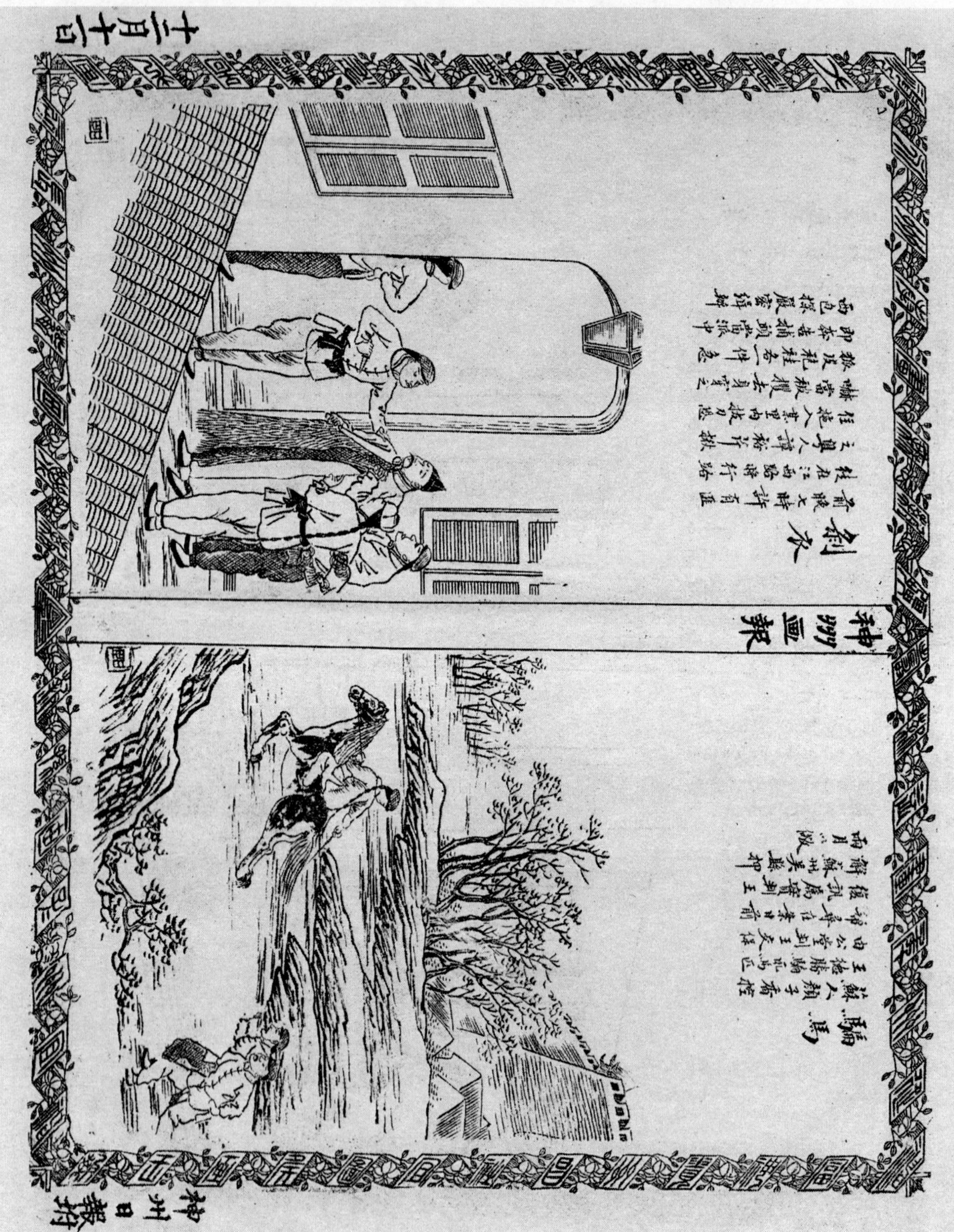
神州画報
驕馬
蘇人顏子香控
王德勝騎死馬匹
由公堂判王交保
補尋在案日前
復訊屬實判王
解蘇州吳縣押
兩月以儆
剝衣
前晚七時許有匪
徒在江西路將行路
之粵人譚裕芹揪
住拖入某里內拔刀恐
嚇當被攫去身穿之
狐皮袍褂各一件急
即奔告捕頭當派中
西包探嚴密緝辦
十二月十一日
神州日報附

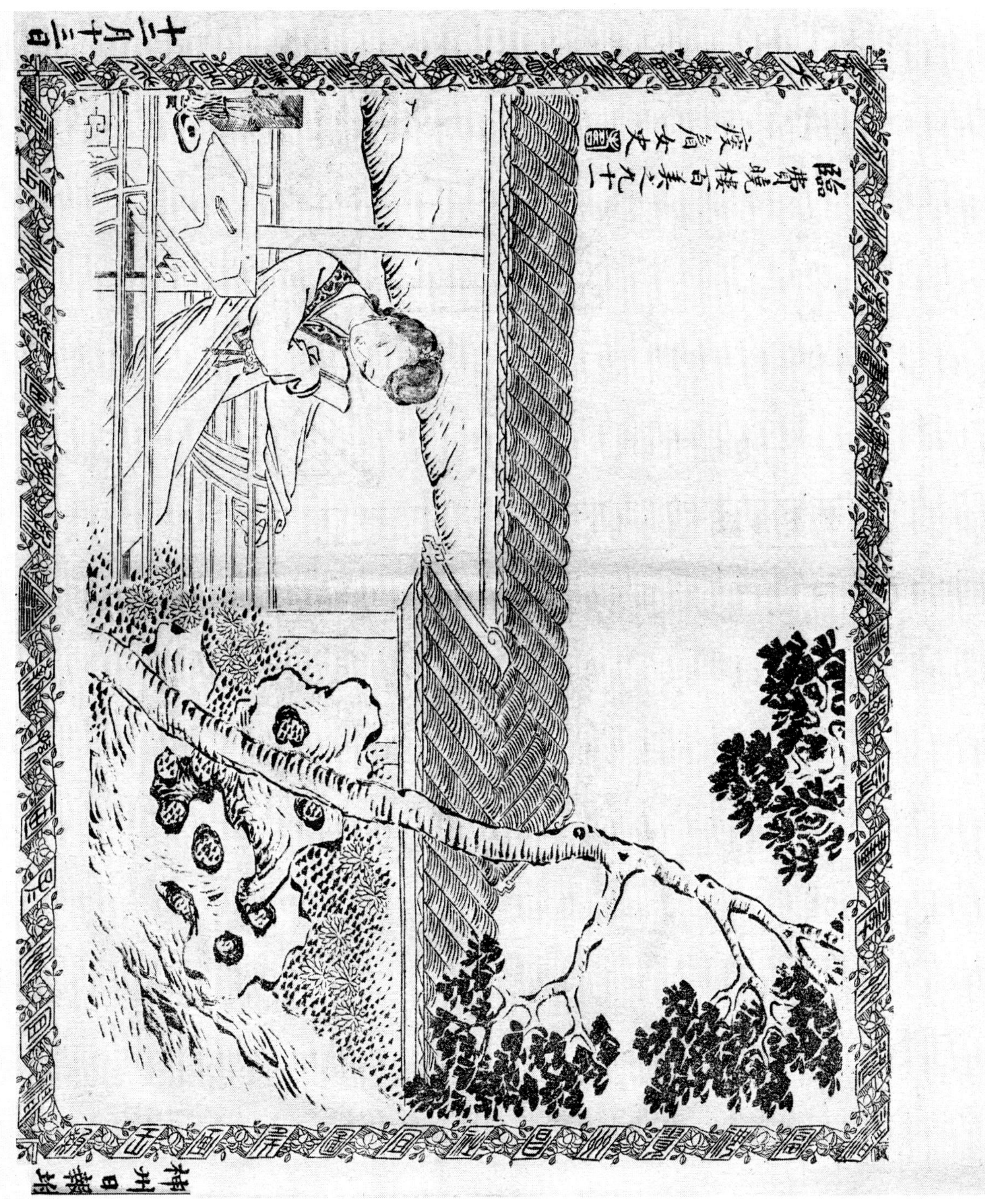
十二月十三日
神州日報

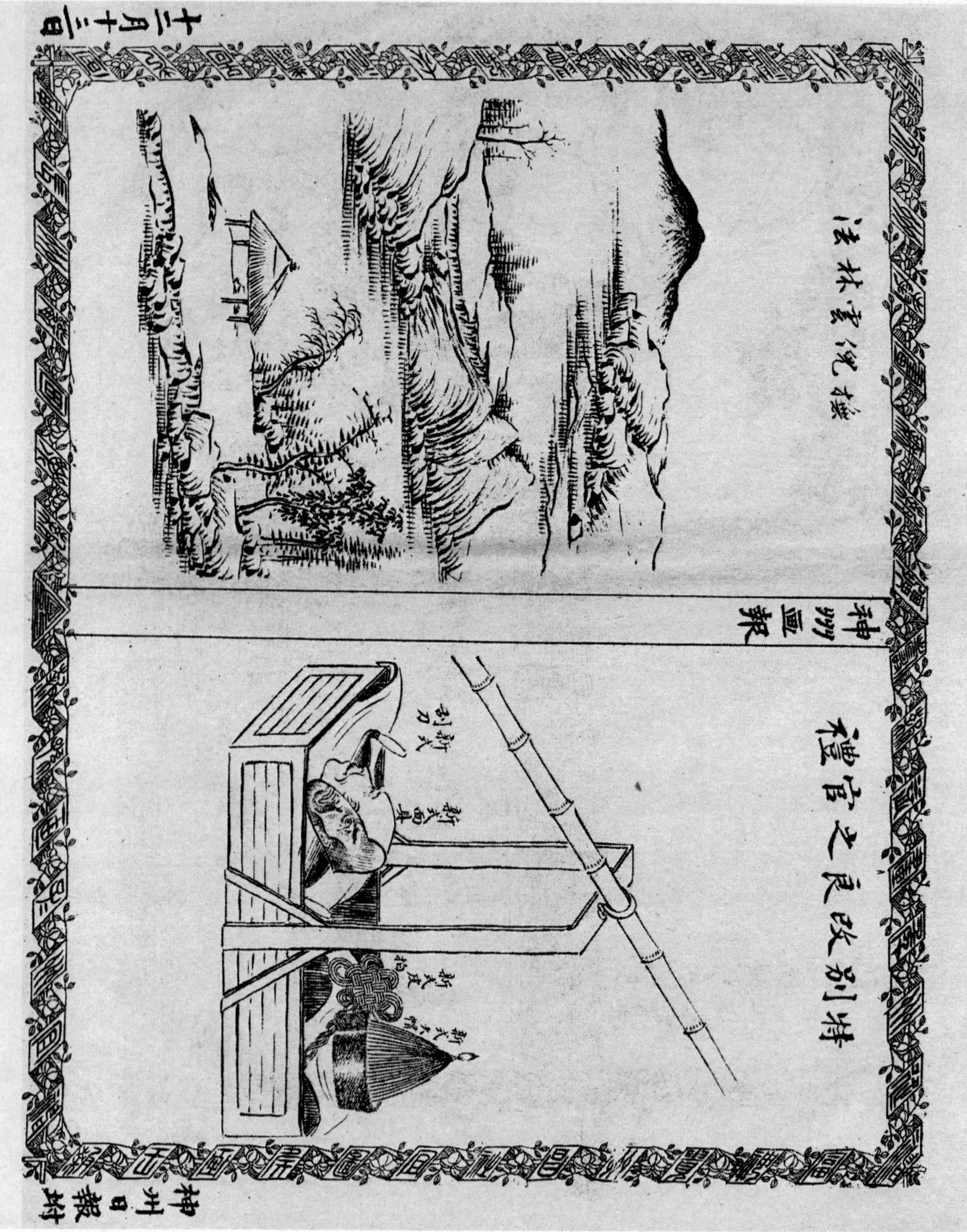
神州畫報
十二月十三日
神州日報附

《神州日報》第一〇一三號　一九一〇年一月二十三日

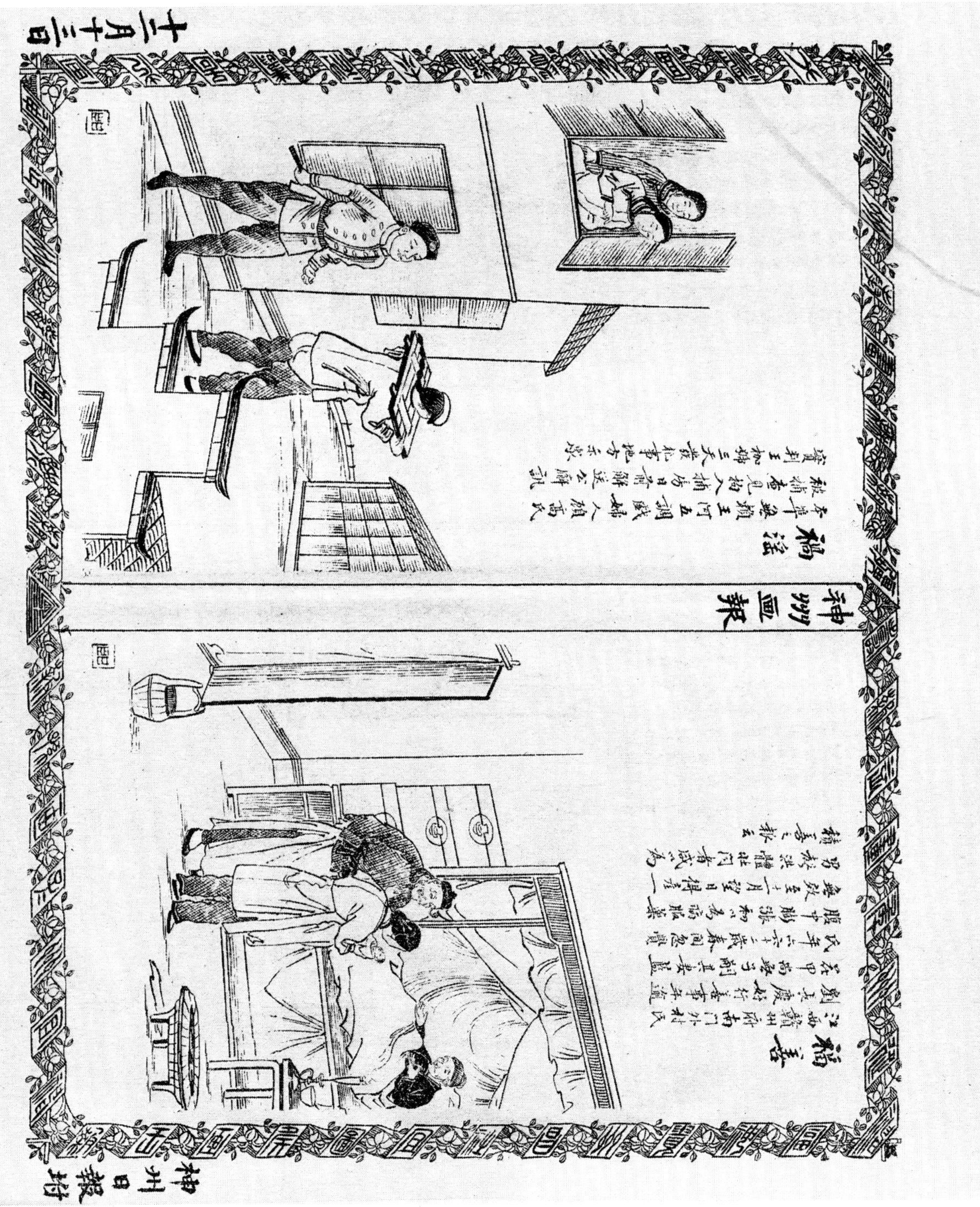

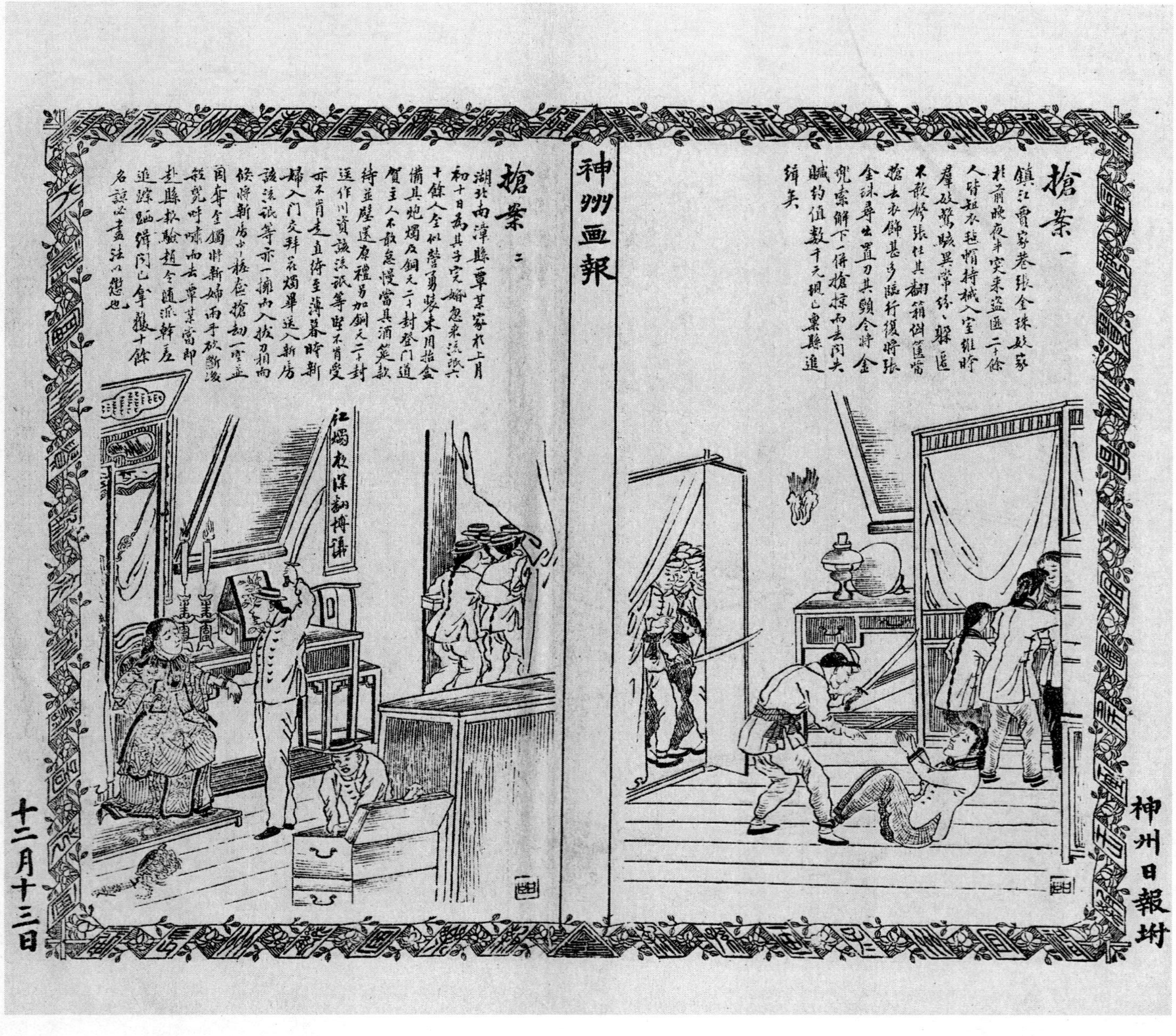
神州画報
搶案一
鎮江賈家巷張金珠妓家於前晚夜半突来盜匪二十餘人皆短衣毡帽持械入室狀貌羣妓驚駭異常，鴇、龜匿不敢聲張任其翻箱倒篋當搶去衣飾甚多臨行復將張金珠尋出置刀其頸令將金兜索解下一併搶掠而去聞失贓約值數千元現已稟縣追緝矣
搶案二
湖北南漳縣覃某家於上月初十日為其子完婚忽來流氓六十餘人全似營勇裝束用指金備具炮燭及銅元二十封登门道賀主人不敢怠慢當具酒筵款待並壓送原禮另加銅元二十封送作川資該流氓等堅不肯受亦不肯走直待至薄暮時新婦入门交拜花燭畢送入新房該流氓等亦一擁而入拔刀相向候將新房中箱奩搶劫一空並因奪金鐲將新婦兩手砍斷後始究呼嘯而去覃某當即赴縣報驗趙令隨派幹差追踪踹緝聞已拿獲十餘名諒必盡法以懲也
十二月十三日
神州日報坿

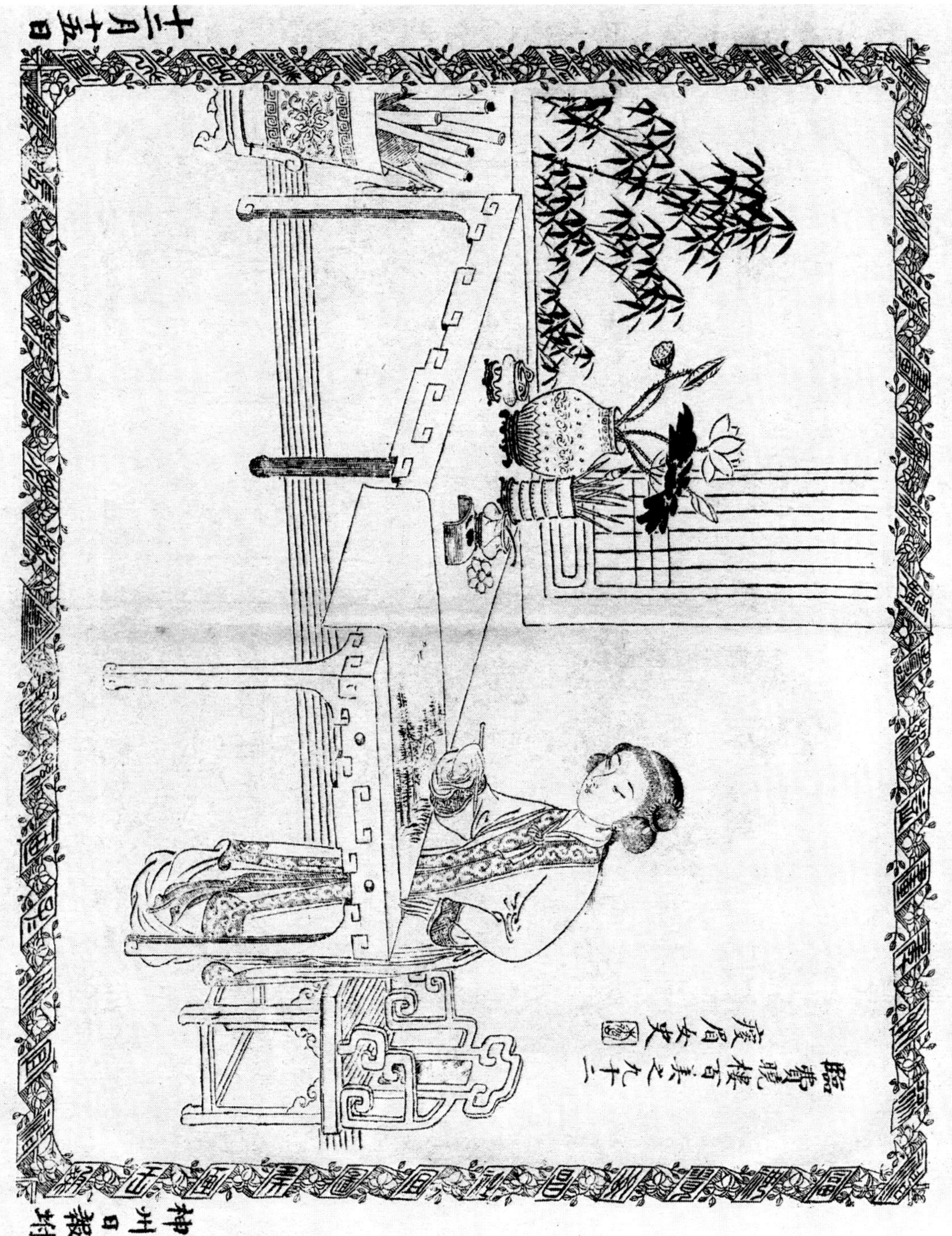

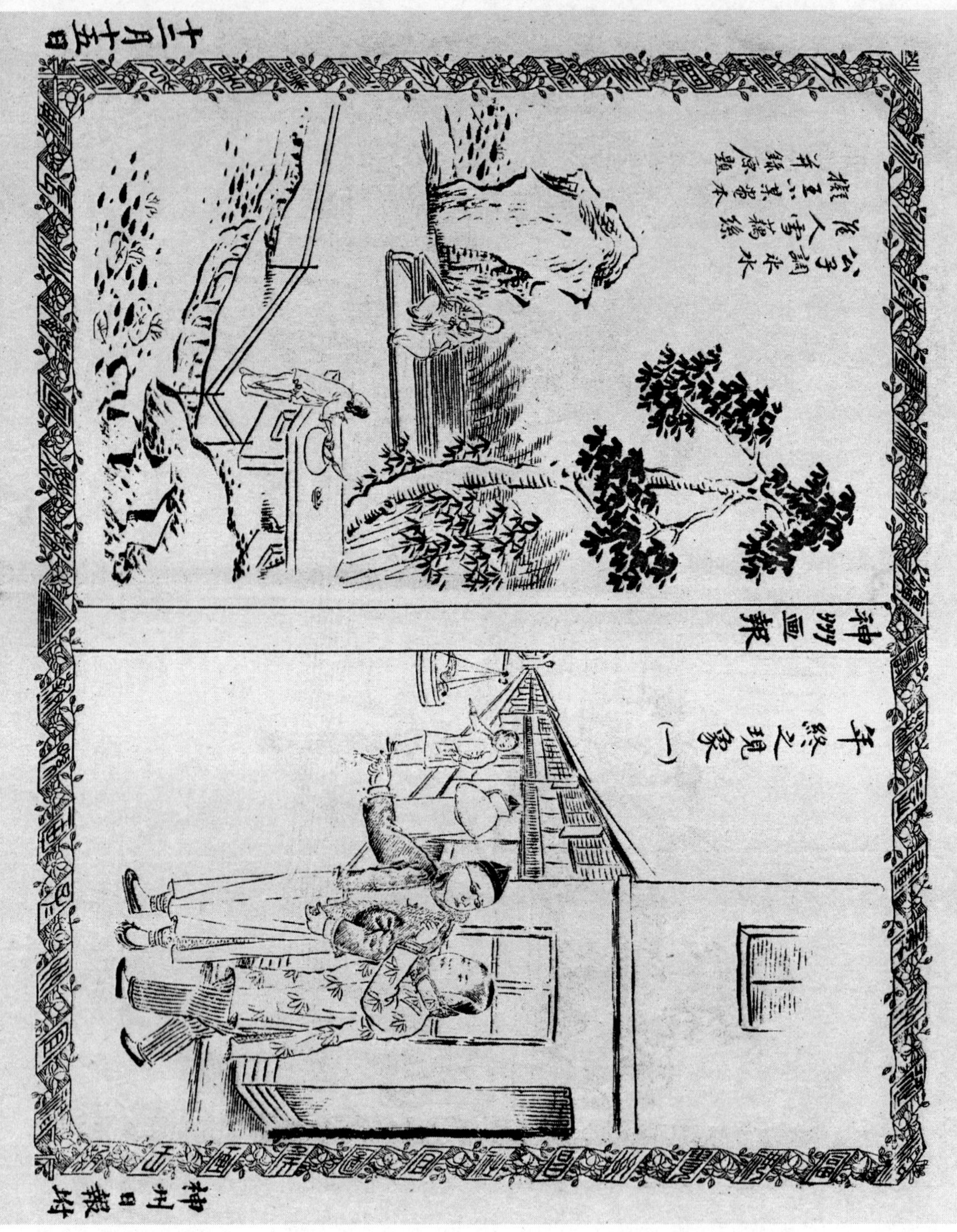
年終之現象（一）
神州畫報
神州日報附
十二月十五日

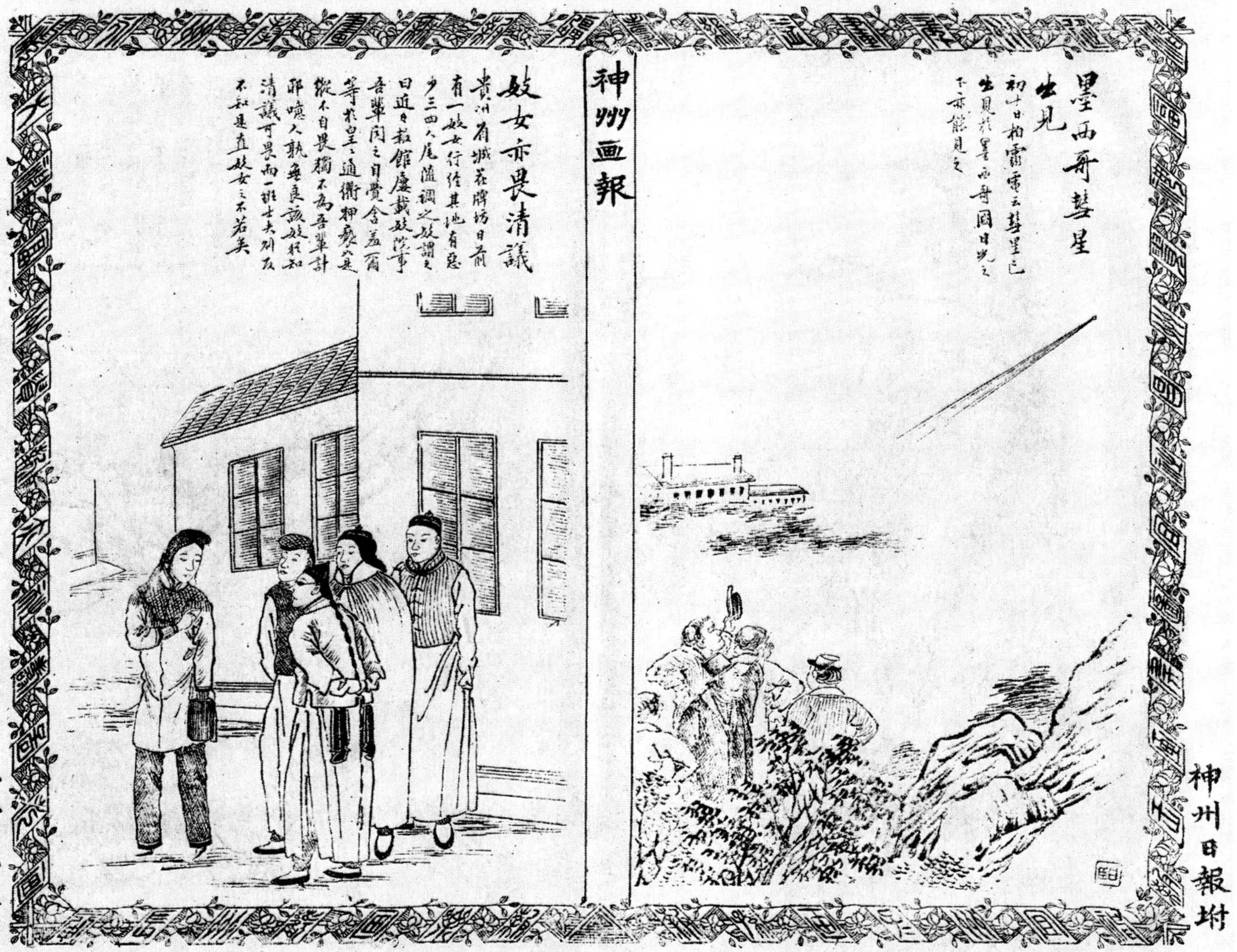
神州画報
墨西哥彗星出見
初十日柏靈電云彗星已出見於墨西哥國日光之下亦能見之
妓女亦畏清議
貴州省城花牌坊日前有一妓女行經其地有惡少三四人尾隨調之妓謂之曰近日報館屢載妓院事吾輩閱之目覺含羞爾等於皇皇通衢狎褻之是縱不自畏獨不爲吾輩計耶噫人孰無良該妓猶知清議可畏而一班士夫則反不知畏直妓女之不若矣
十二月十五日
神州日報坿

盜胎
安海霞源寺有一厨子家住
山麓離寺二里許僅有一妻
已懷有孕該厨子常住寺內
非有要事罕歸其家一日晚
間忽有黃河難婦二人向婦
求宿該婦憐其日暮途窮
許之四更後家中一犬吠聲
不斷直奔寺中該厨子聞
之似覺有異邀同住持僧趕
回家中突見一人從屋上跳下
僧本好身手知是匪人亟將
隨身鐵鞭打中其額登時
殞命繼又一人跳下亦被僧打
死該厨子急踏門入室見其
婦已滿身血污死絕
在地驗其尸則腹中
胎已割去相傳此
等黃河婆子扮
難婦割盜人胎
以為迷藥云
神州日報附
十二月十五日

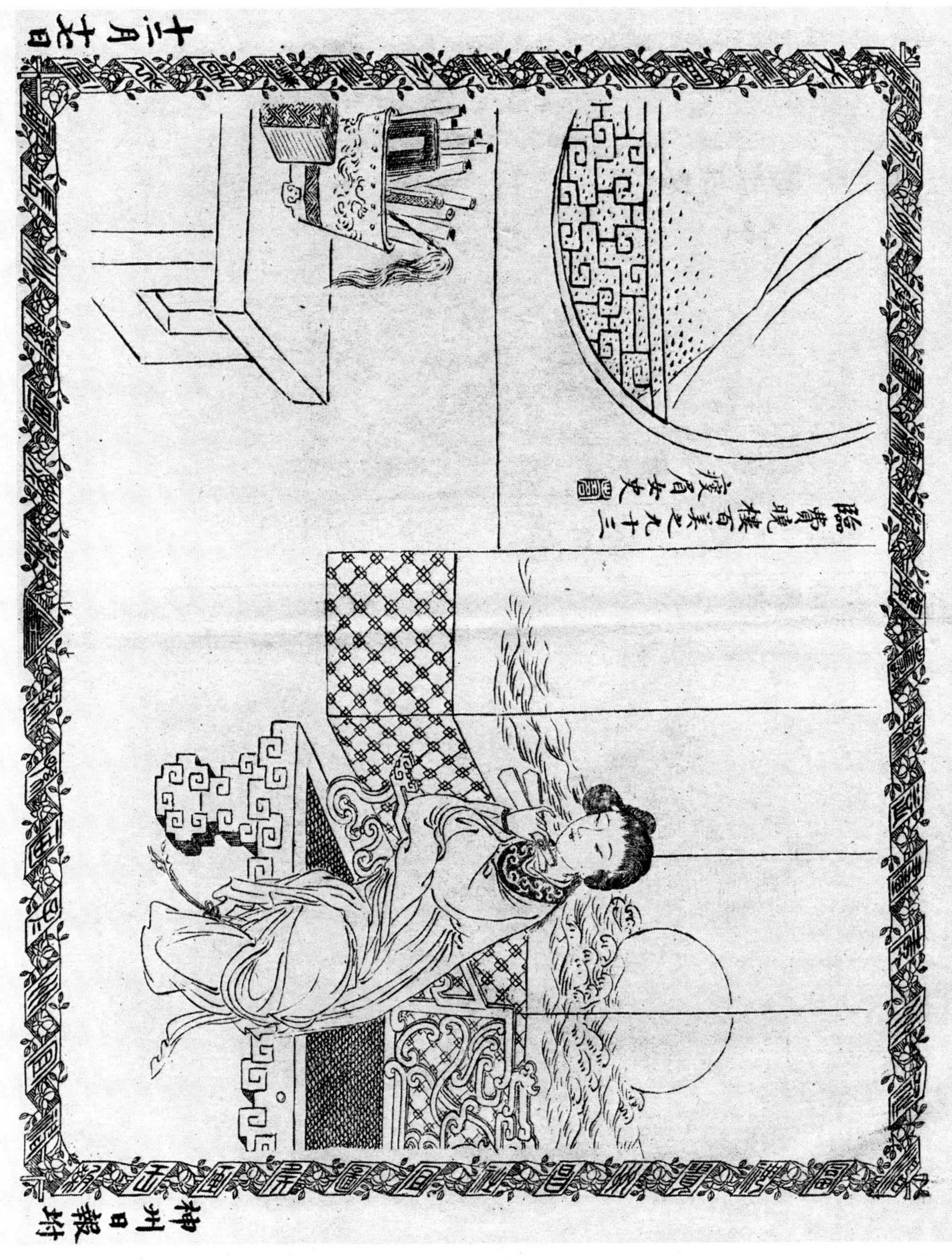
十二月十七日
臨費曉樓百美之九十三
神州日報附

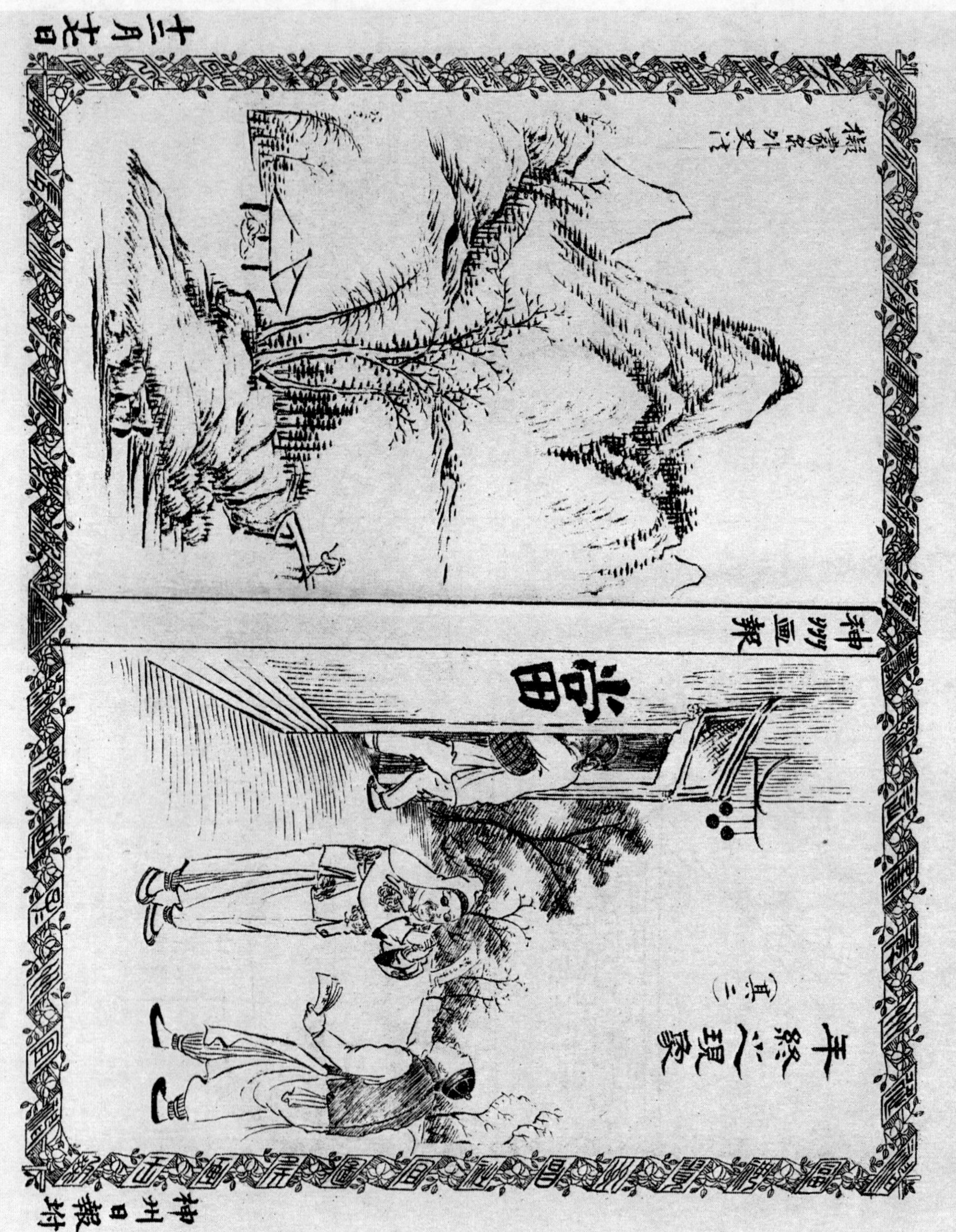
神州画報
當
年終之現象（其三）
神州日報附

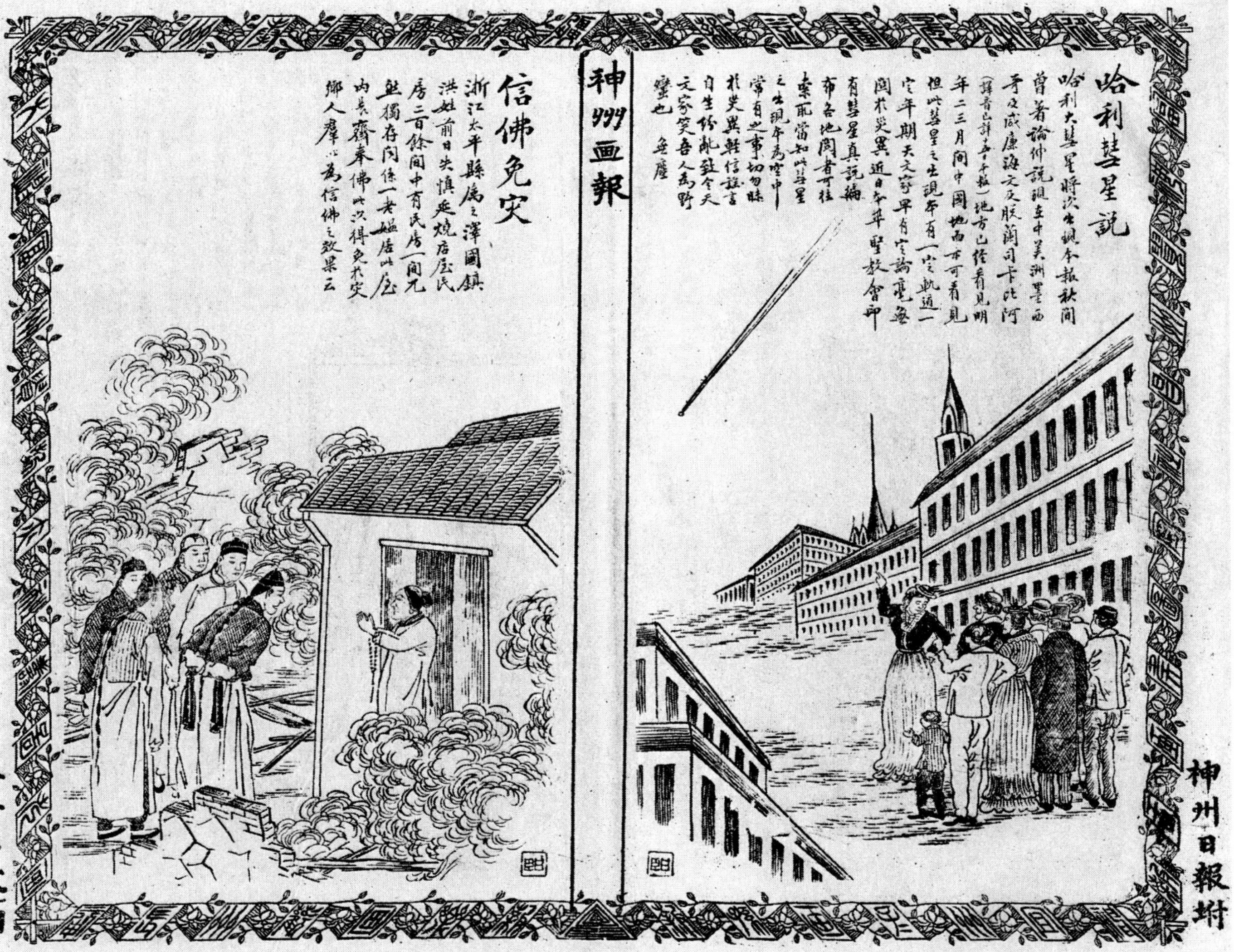
神州畫報
哈利彗星說
哈利大彗星將次出現本報秋間曾著論仲說現在中美洲墨西哥及咸康海之文朕蘭司卡比阿（譯音已詳本年十報）地方已經看見明年二三月間中國地面亦可看見但此彗星之出現本有一定軌道一定年期天文家早有定論毫無關於災異近日本年聖教會印有彗星真說編布各地閱者可往索取當知此彗星之出現本為空中常有之事切勿聽於災異輕信謠言自生紛亂致令天文家笑吾人為野蠻也
無塵
信佛免灾
浙江太平縣屬之澤國鎮洪姓前日失慎延燒店屋民房三百餘間中有民房一間瓦屋獨存內係一老媼居此屋內長齋奉佛此次得免於灾鄉人群以為信佛之效果云
十二月十七日
神州日報附

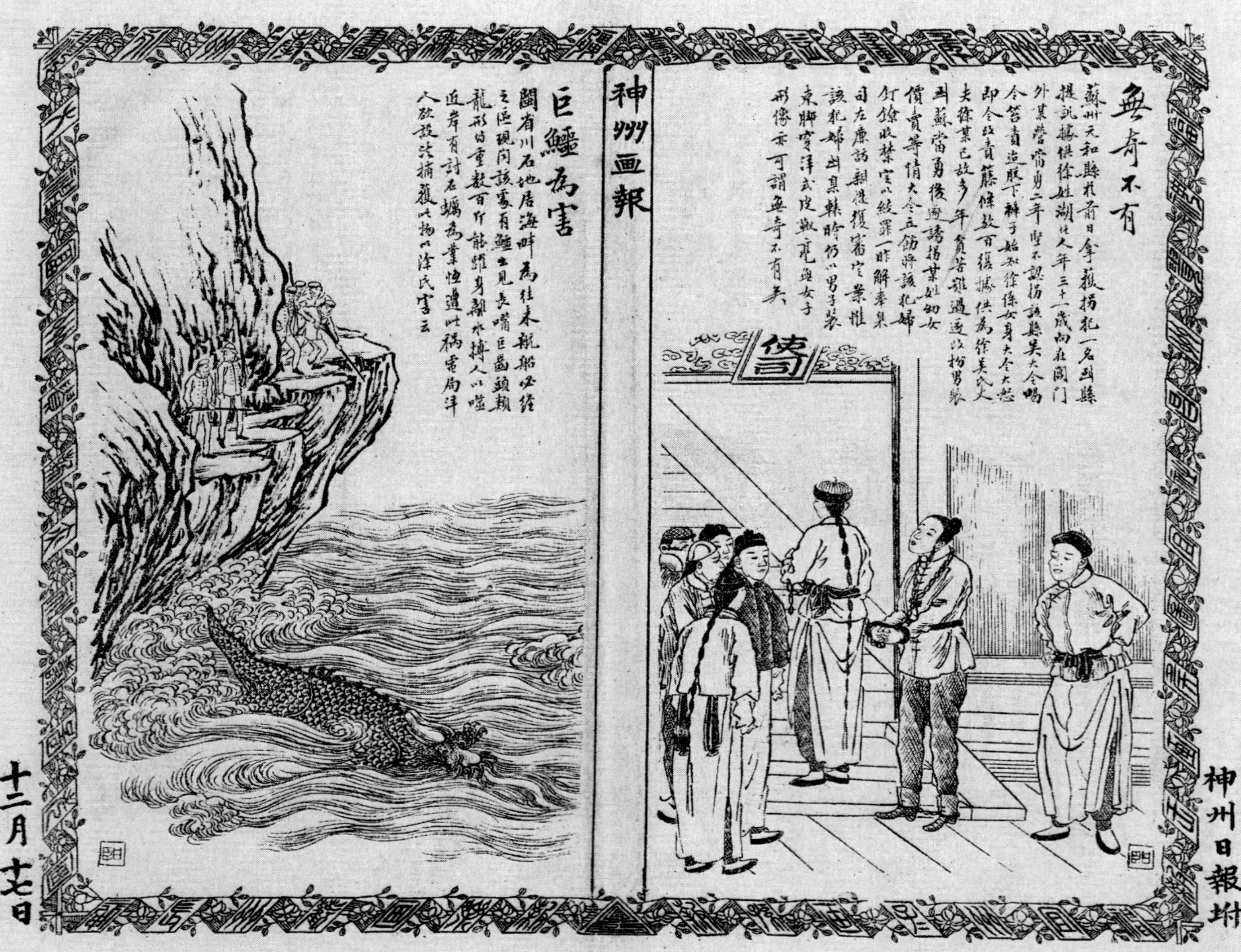
神州畫報
無奇不有
蘇州元和縣於前日拿獲拐犯一名到縣
提訊據供徐姓湖北人年三十一歲向在閶門
外某營當勇二年由不認拐該縣吳大令喝
令笞責並脫下褲子始知徐係女身大令大駭
即令改責藤條數百復據供為作吳民大
夫徐某已故多年貧苦難過遂以扮男裝
到蘇當勇後因誘拐葉姓幼女
價賣等情大令立飭將該犯婦
釘鐐收禁定以絞罪一昨解奉臬
司左廉訪親提覆審定案惟
該犯婦出臬轅時仍以男子裝
束腳穿洋式皮靴亮無女子
形像亦可謂無奇不有矣
巨鱷為害
閩省川石地居海畔為往來航船必經
之區現聞該處有鱷出見長嘴巨齒頭類
龍形約重數百斤能躍身離水搏人以噬
近岸有討石蠣為業恆遭此禍需局洋
人設法捕獲此物以除民害云
十二月十七日
神州日報附

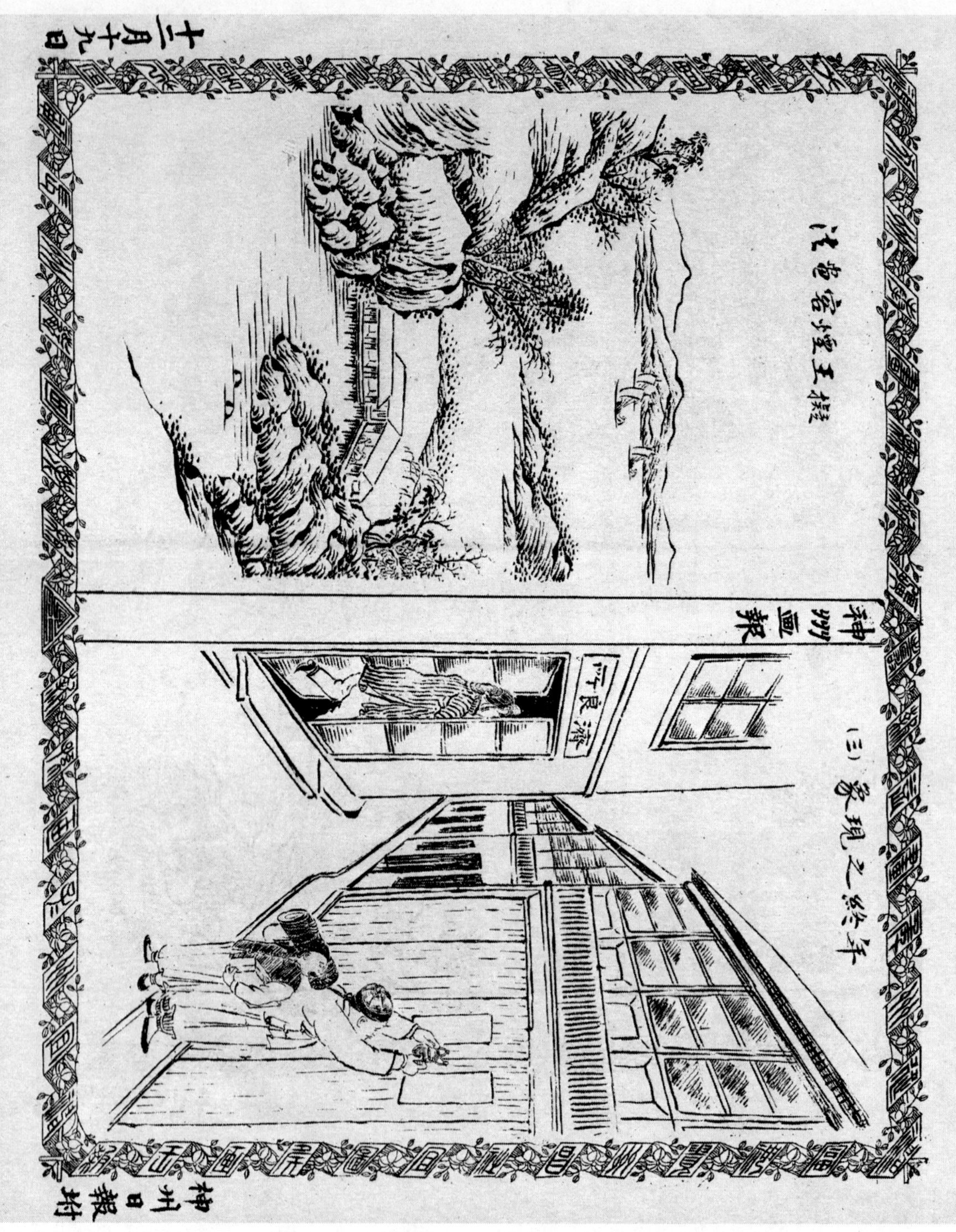

十二月十九日
神州畫報
年終之現象(三)
濟良所
神州日報附

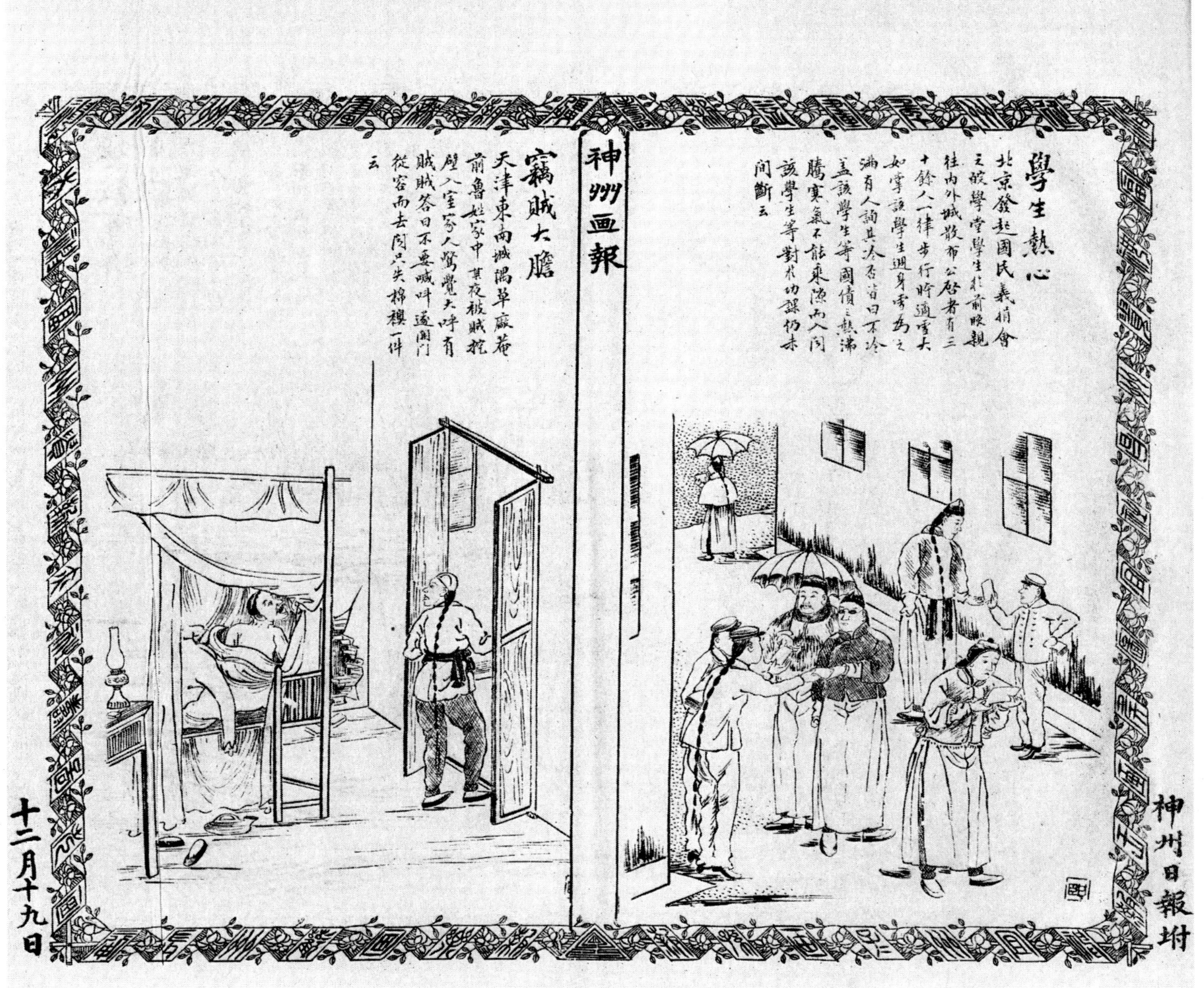
神州画報
竊賊大膽
天津東南城隅草廠菴前魯姓家中某夜被賊挖壁入室家人驚覺大呼有賊賊答曰不要喊叫遂開門從容而去聞只失棉襖一件云
學生熱心
北京發起國民義捐會之旗學堂學生於前晚親往內外城散布公啓者有三十餘人一律步行時適雪大如掌該學生遍身雪為之滿有人詢其冷否皆曰不冷蓋該學生等國債之熱沸騰實氣不能乘隙而入聞該學生等對於功課仍未間斷云
十二月十九日
神州日報附

凍餒可憐
神州日報刊
十二月十九日

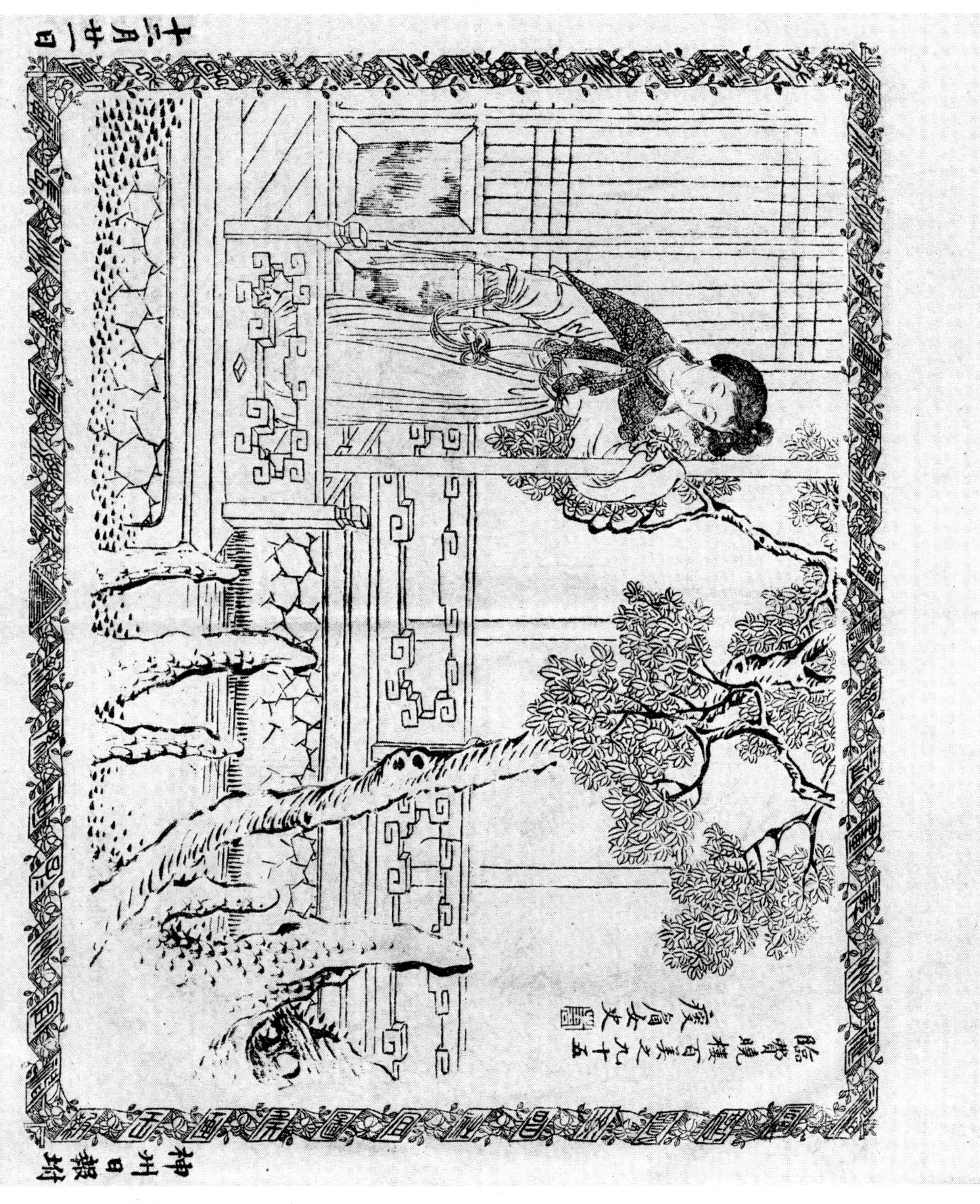
十二月廿一日
臨費曉樓百美之九十五
神州日報附

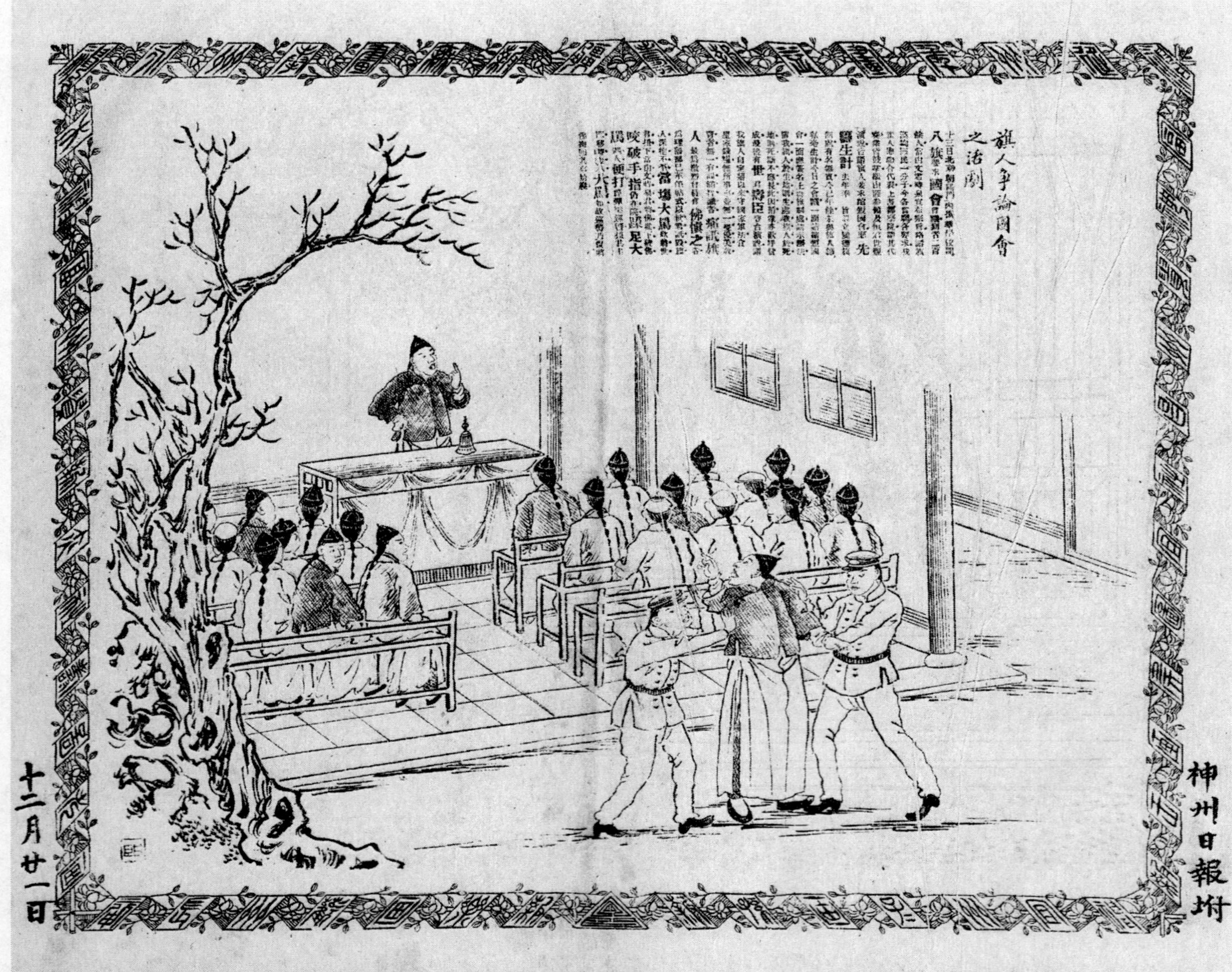
旗人爭論開會之活劇
神州日報坿
十二月廿一日

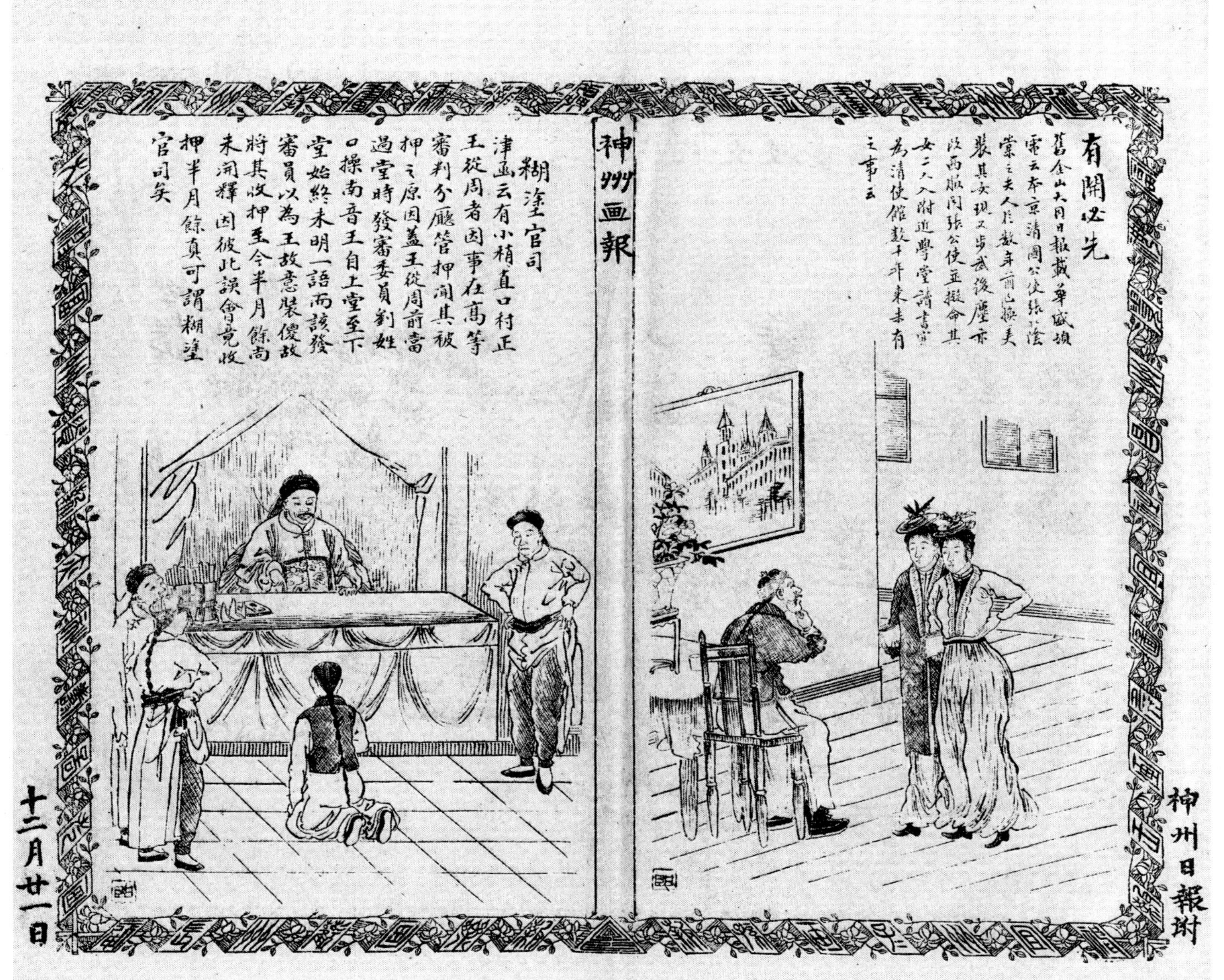

神州畫報

十二月廿一日

糊塗官司

津函云有小楨直口村正王從周者因事在高等審判分廳管押詢其被押之原因蓋王從周前當過堂時發審委員劉姓口操南音王自上堂至下堂始終未明一語而該發審員以為王故意裝傻故將其收押至今半月餘尚未訊釋因彼此誤會竟收押半月餘真可謂糊塗官司矣

有開必先

舊金山大同日報載華盛頓電云本京清國公使張蔭棠之夫人於數年前已換美裝其女現又步武後塵亦改西服同張公使並擬命其女二人入附近學堂讀書實為清使館數十年來未有之事云

神州日報附

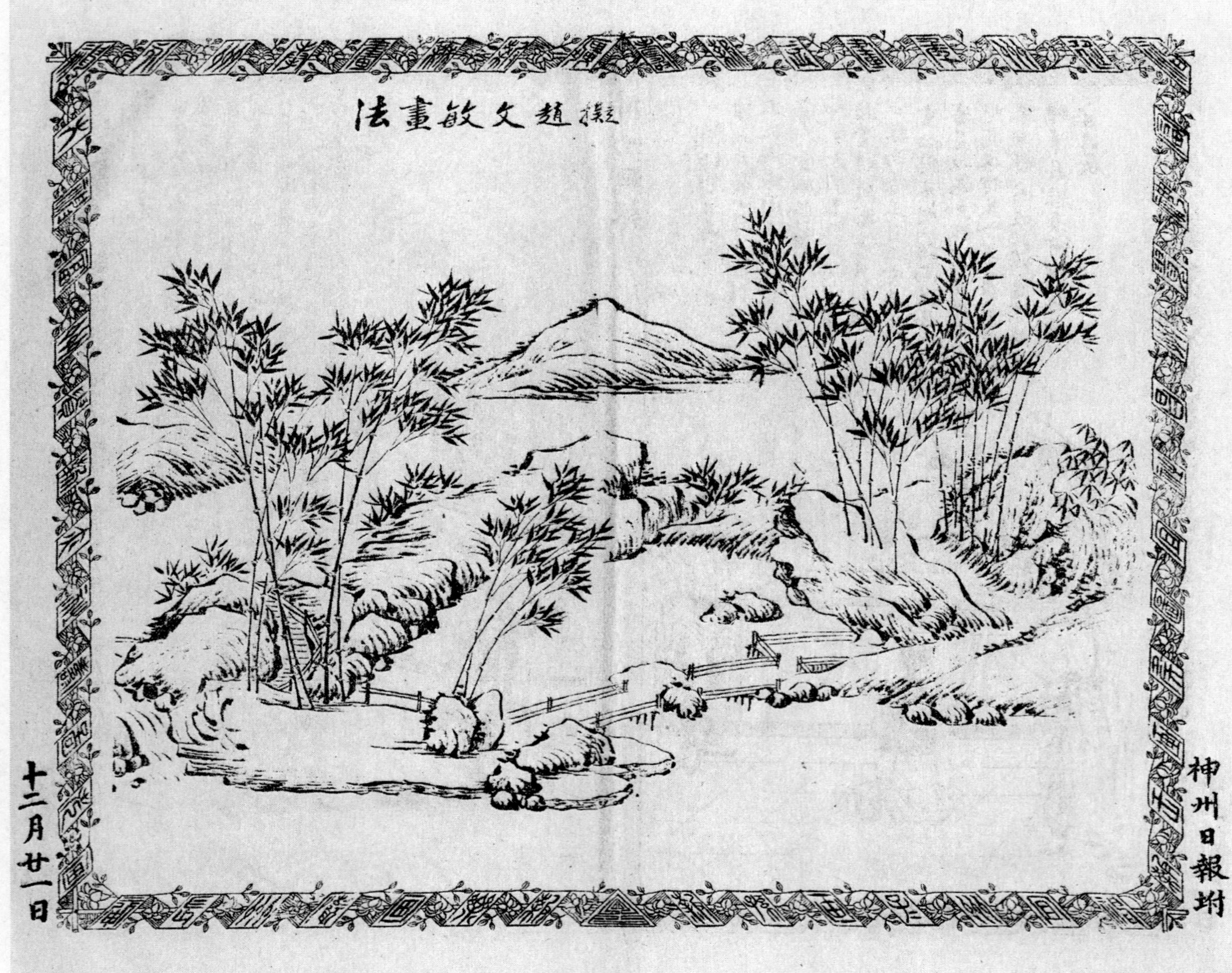
擬趙文敏畫法
十二月廿一日
神州日報坿

十二月廿三日

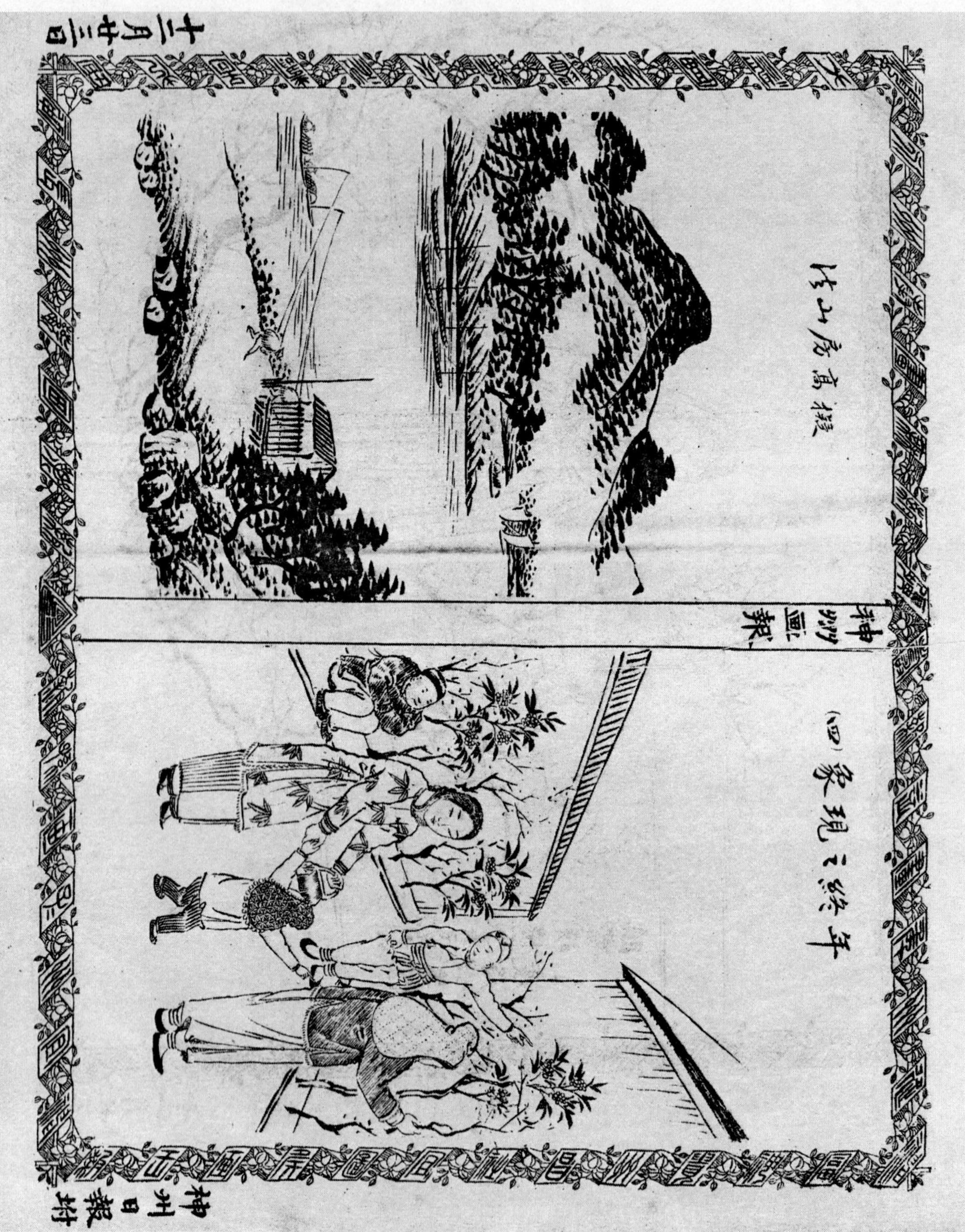
神州畫報
擬高房山法
年終之現象(四)
十二月廿三日
神州日報坿

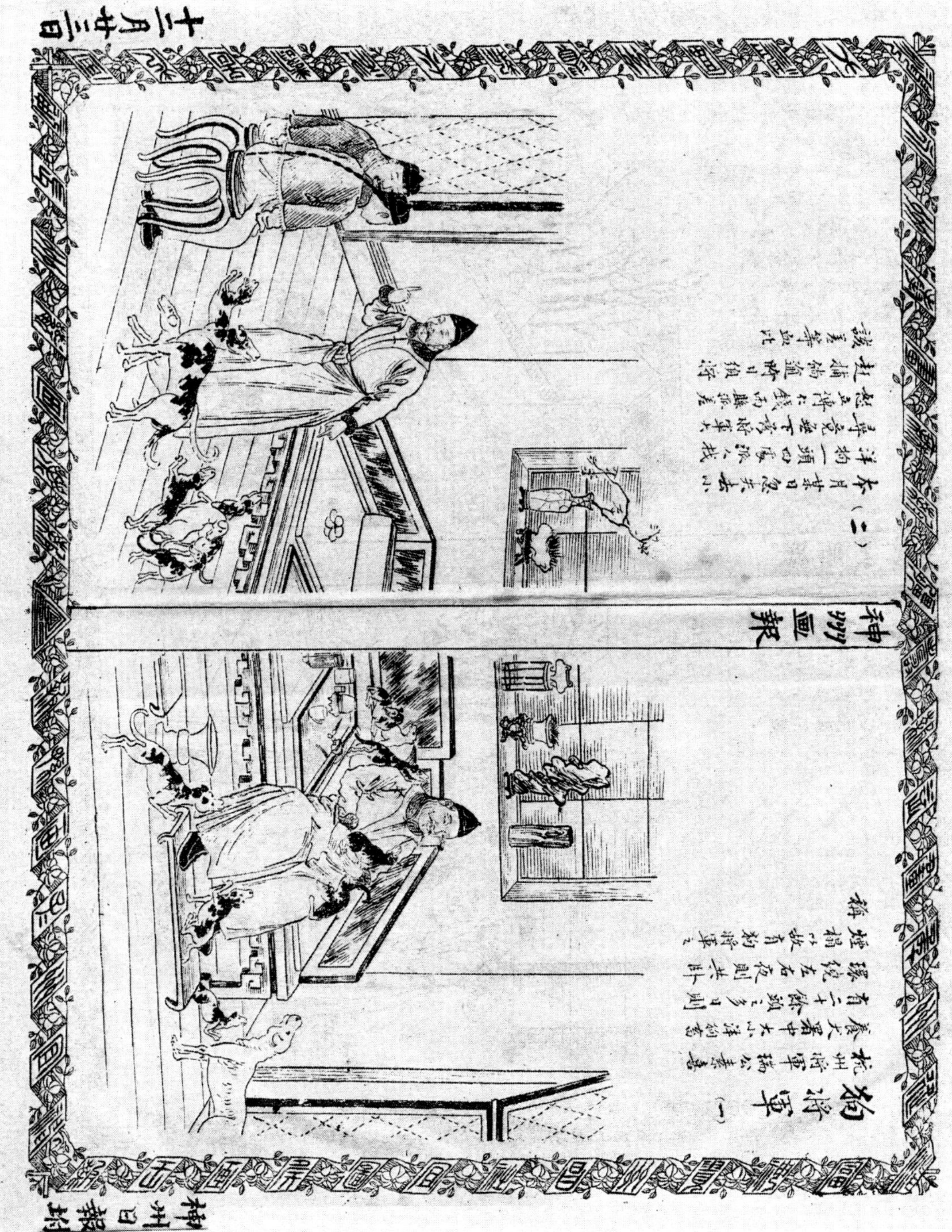
神州畫報
狗將軍（一）
杭州將軍瑞公素喜養犬署中大小洋狗畜有二十餘頭之多日則環繞左右夜則共臥煙榻以故有狗將軍之稱
（二）
本月某日忽失去小洋狗一頭四處派人找尋竟無下落將軍大怒立傳仁錢兩縣派差赴捕倘逾時日須將該差等血比
十二月廿三日
神州日報坿

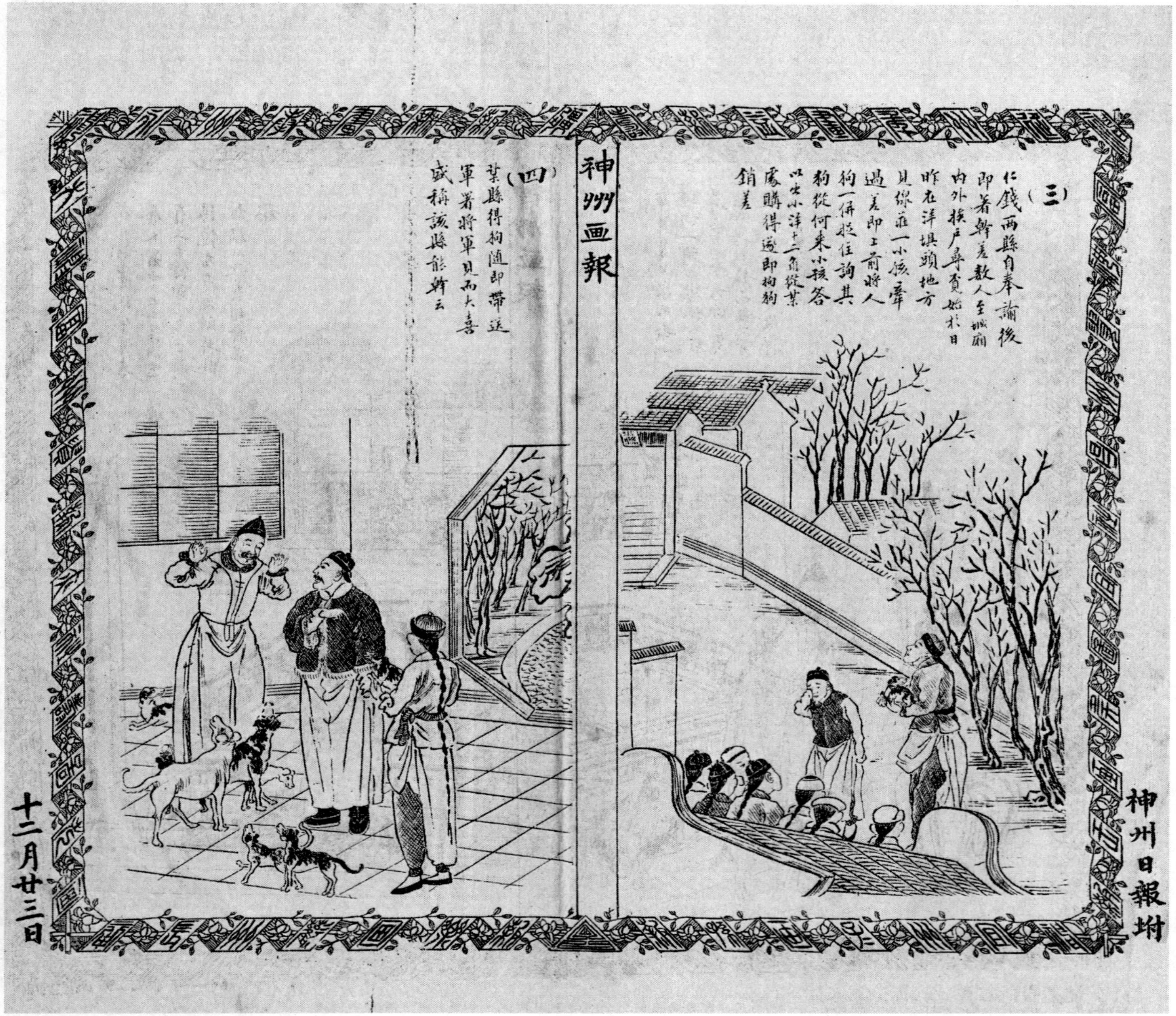
（三）
仁錢兩縣自奉諭後
即着幹差數人至城廂
内外挨戶尋覓始於日
昨在洋棋頭地方
見綠茸一小孩牽
過差即上前將人
狗一併捉住詢其
狗從何來小孩答
以出小洋十二角從某
處購得遂即將狗
銷差
神州画報
（四）
某縣得狗隨即帶送
軍署將軍見而大喜
咸稱該縣能幹云
十二月廿三日
神州日報坿

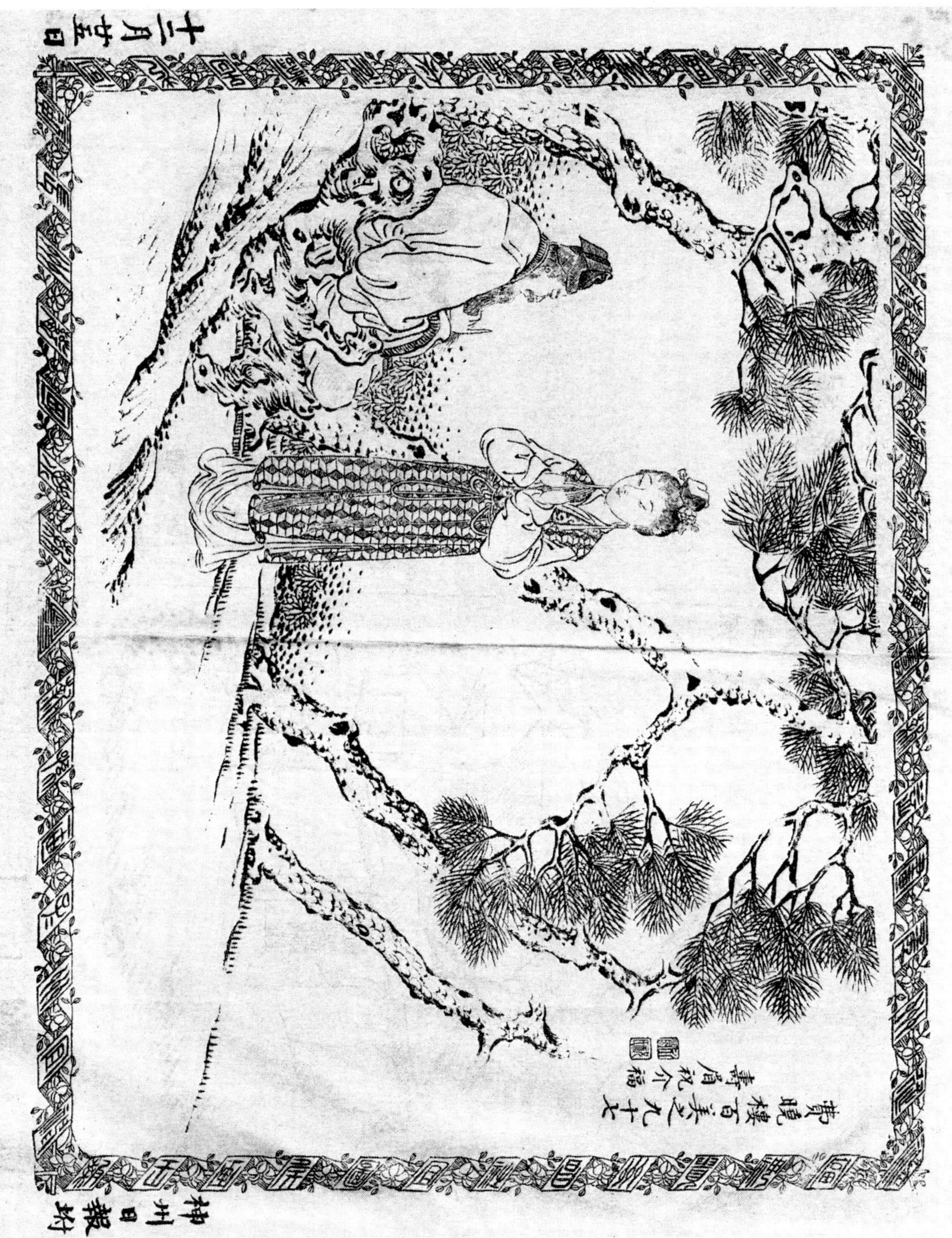
十二月廿五日
東觀樓百美之九十七
神州日報附

年終之現象(五)
神州画報
山中鎮日無事掃了梅花就過年
擬梅道人詩
十二月廿五日
神州日報附

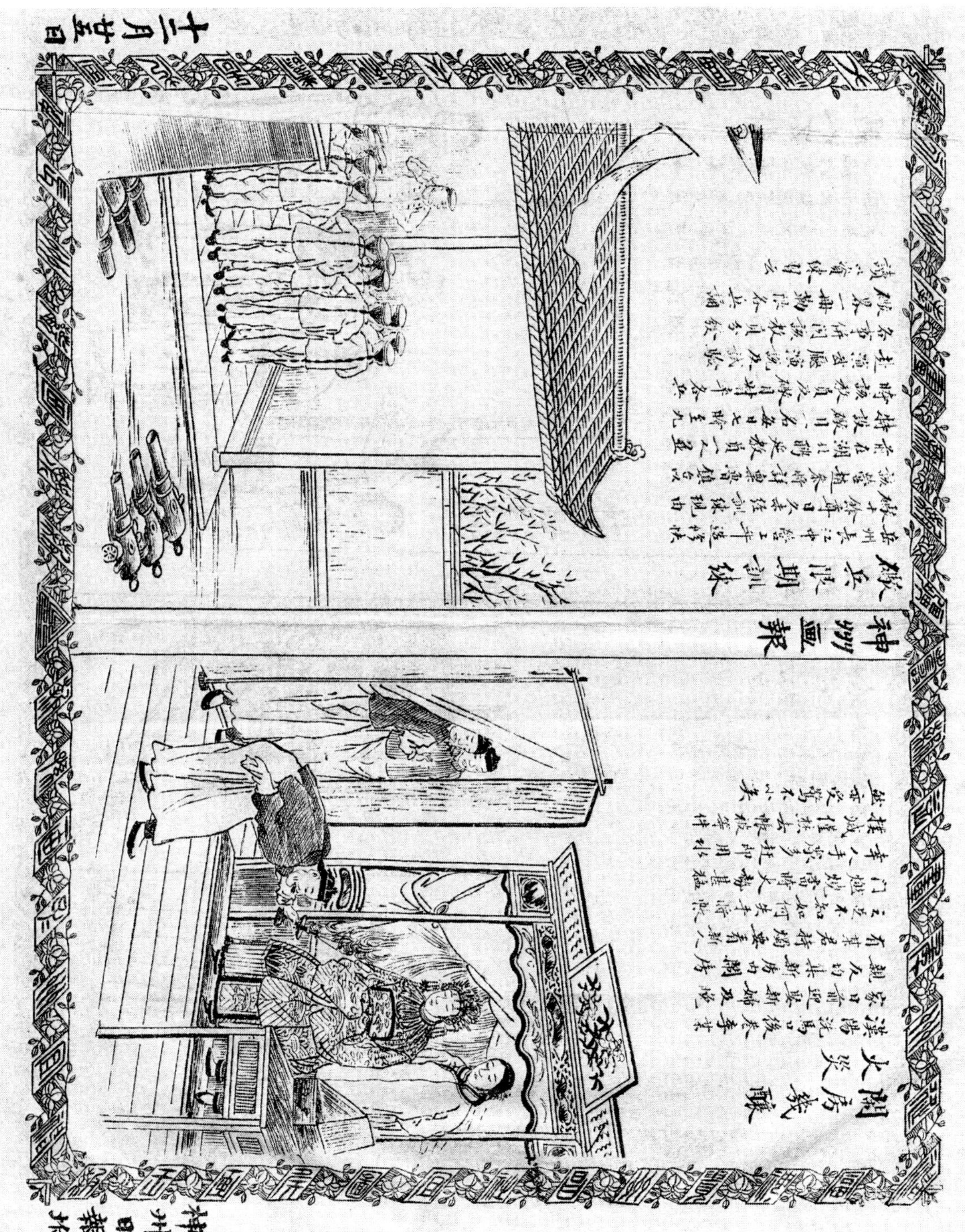
神州畫報
鬧房幾釀火災
漢陽洗馬口後巷李某家日前迎娶新婦及晚親友均集新房內鬧房有某君持燭要看新人云云不知如何失手將帳門燃燒當時火勢甚猛幸人手衆多趕即用水撲滅僅焚去帳被等件然亦受驚不小矣
礮兵限期訓練
岳州長江中營上年造修快礮十餘尊日久未經訓練現由該營趙參將詳稟魯鎮台以前在湖北聘定教員一人並特設礮目一名每日七時至九時該教員及礮目將弁各兵赴演武廳演說及試驗各事併聞該教員分發礮學一冊勸諭各兵誦讀以資練習云
十二月廿五日
神州日報附

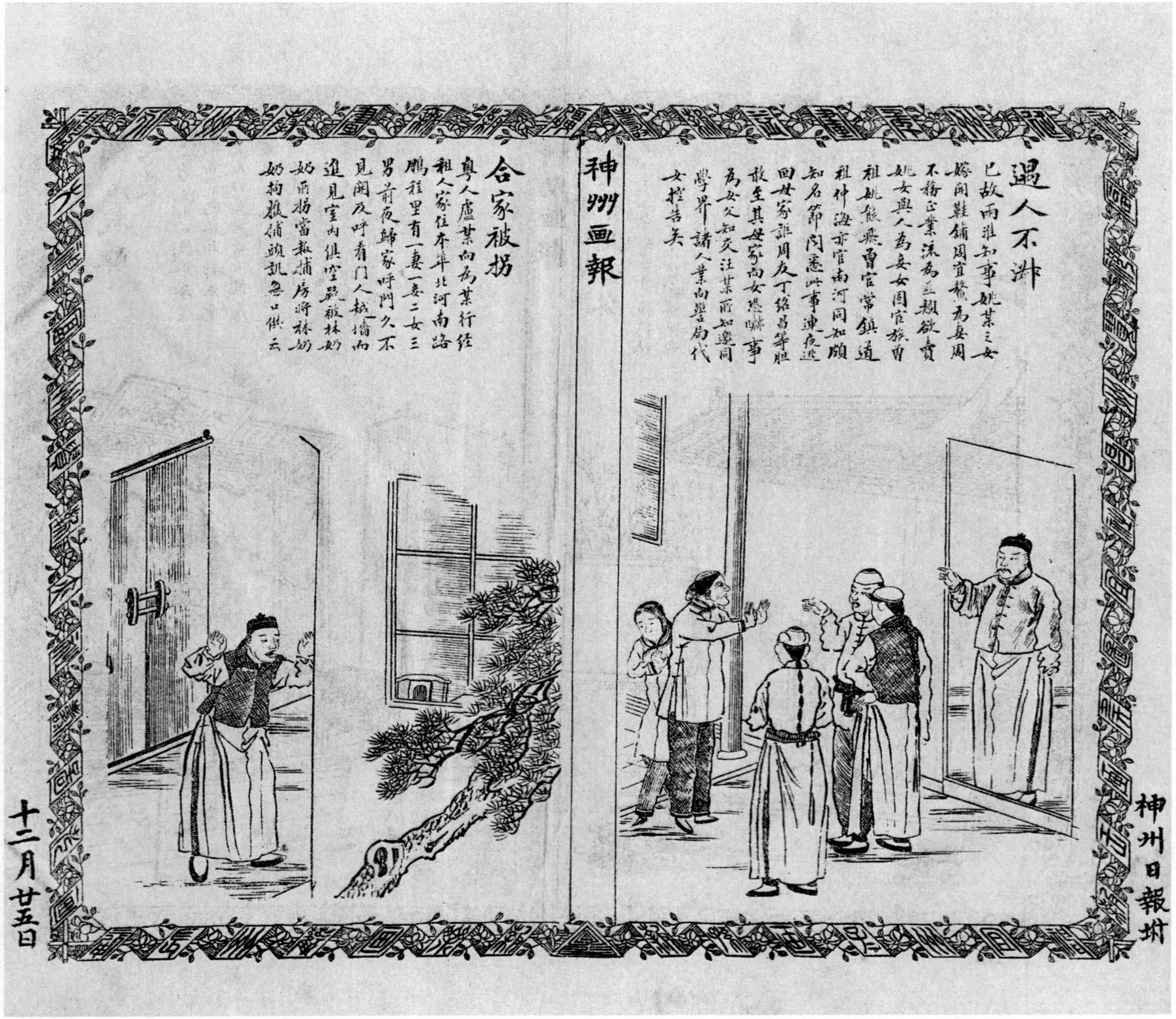
遇人不淑
已故兩淮知事姚某之女
嫁閘鞋鋪周宜鰲為妻周
不務正業流為匪類欲賣
姚女與人為妾女因官族曾
祖姚熊飛曾官常鎮通
祖仲海亦官南河同知頗
知名節聞悉此事連夜逃
回母家詎周反丁絡昌等胆
敢至其母家向女恐嚇事
為女父知交汪某所知邀同
學界諸人業向警局代
女控告矣
神州画報
合家被拐
粵人盧某向為某行經
紀人家住本埠北河南路
鵬程里有一妻一妾二女三
男前夜歸家呼門久不
見開及呼看門人越牆而
進見室內俱空疑被林奶
奶所拐當報捕房將林奶
奶拘獲捕頭訊急口供云
十二月廿五日
神州日報附

宣統二年正月初五日神州日報附送

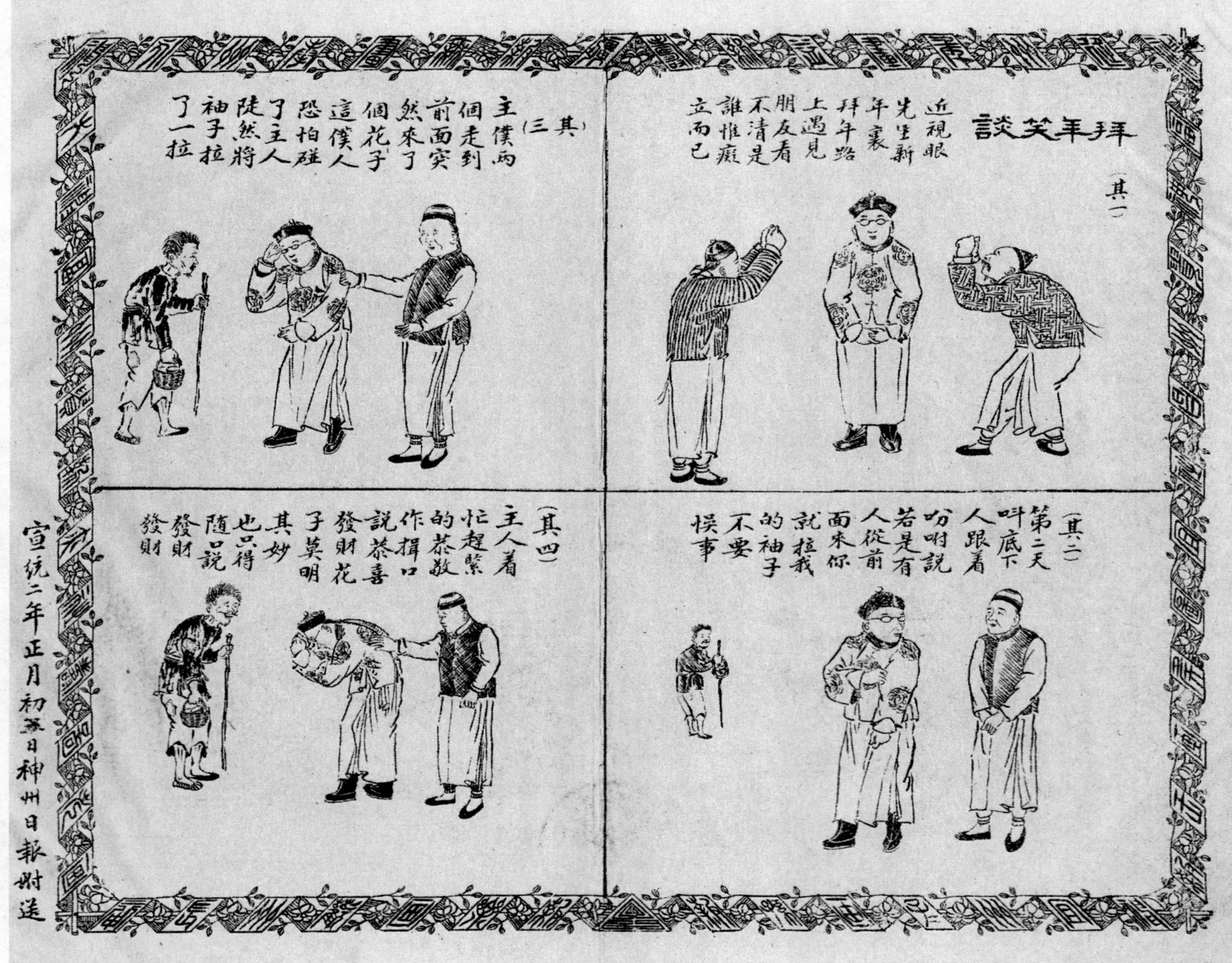
拜年笑談
（其一）
近視眼先生新年裏拜年路上遇見朋友看不清是誰惟癡立而已
（其二）
第二天叫底下人跟着吩咐說若是有人從前面來你就拉我的袖子不要悞事
（其三）
主僕兩個走到前面突然來了個花子這僕人恐怕碰了主人陡然將袖子拉了一拉
（其四）
主人着忙趕緊的恭敬作揖口說恭喜發財花子莫明其妙也只得隨口說發財發財
宣統二年正月初叁日神州日報附送

歲朝清供
庚戌新春
擬華秋岳筆意
宣統二年正月初五日神州日報附送

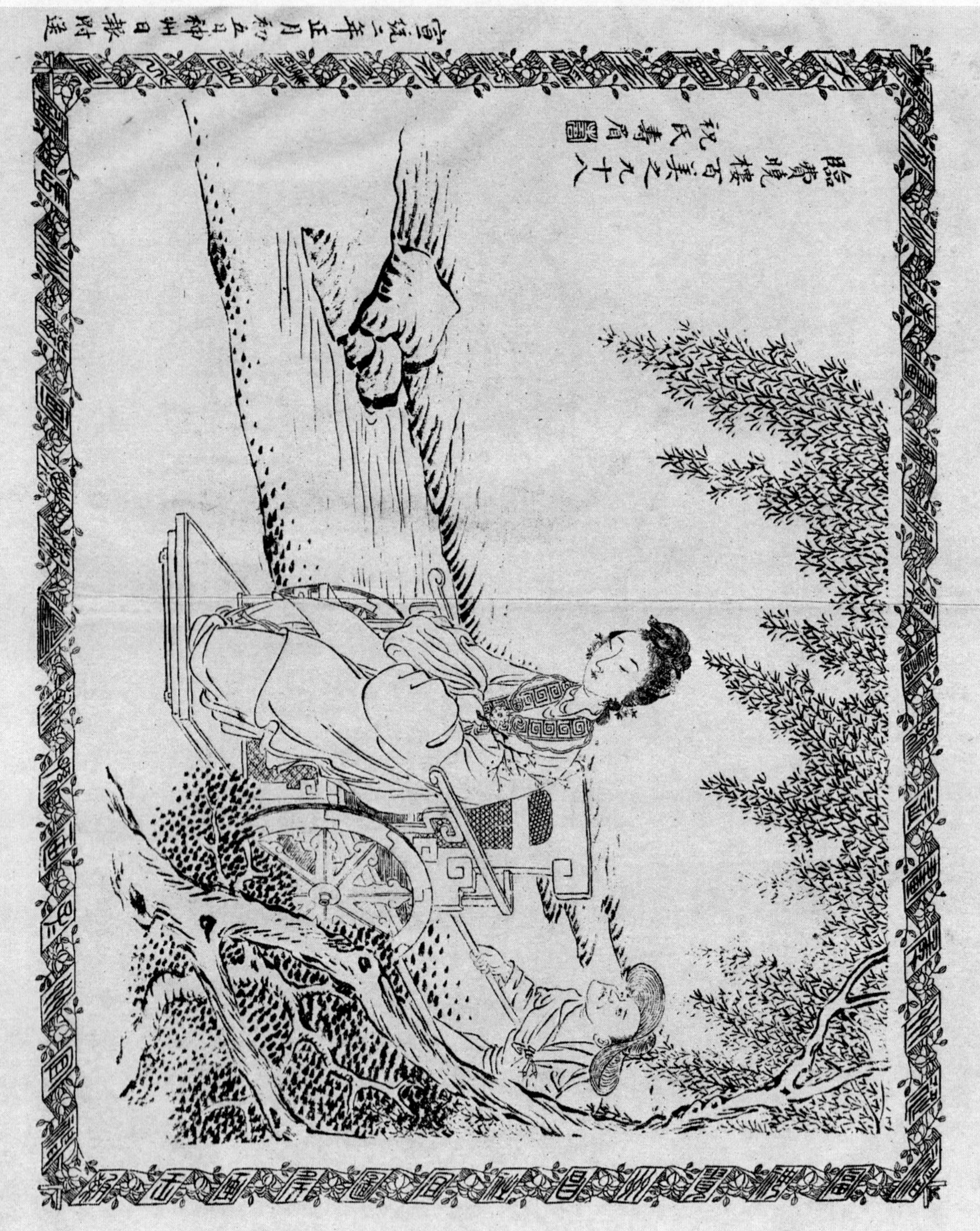
臨費曉樓百美之九十八
祝氏青眉圖
宣統二年正月初五日神州日報附送

《神州日報》第一〇三〇號　一九一〇年二月十六日

宣統二年正月初七日神州日報附送
張園之新年
劍秋

蘇閶新軍肇事圖
（詳見初五初六兩日本報）
影戲園
宣統二年正月初七日神州日報附送

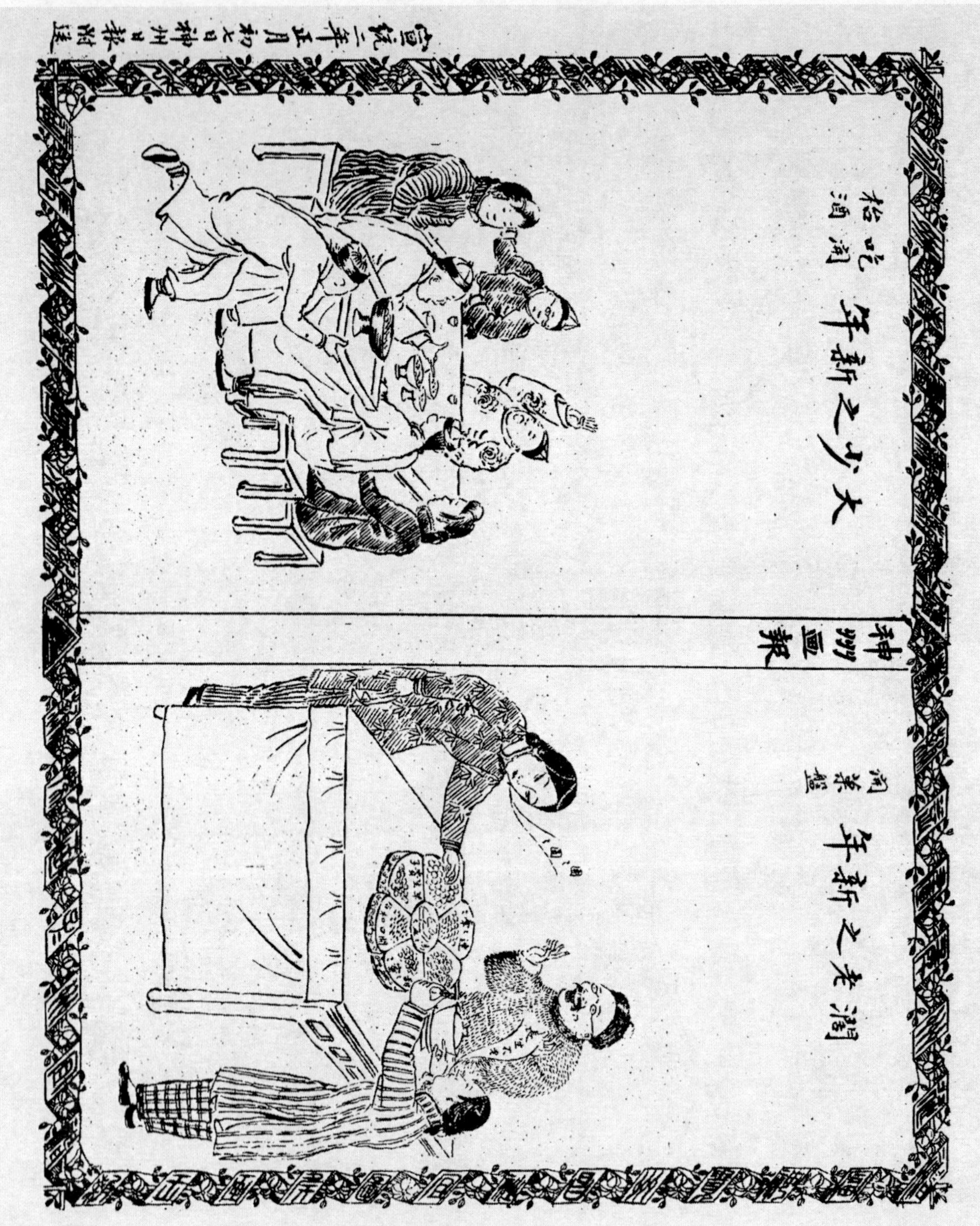
神州畫報
大少之新年
濶老之新年
宣統二年正月初七日神州日報附送

浙杭新組織清泰第二旅館廣告
本館主人為補助交通機關起見特在杭州清泰車站之左地名中華市
街新建三層高大洋房數十幢開設清泰第二旅館形式極為雅觀內
容亦極精美其鐵床帳被浴室花園閣樓室抛球場會客廳種種設
備繁不勝載食品點心等件尤為講求務合衛生藉副　諸公之雅
意倘蒙　賜顧當極歡迎現已組織粗成擇於正月十七日先行交易
俟完備後再謹告正式開張之期此佈
宣統二年正月初九日神州日報附送
臨費曉樓百美圖之木蘭
宣統庚戌春王正月
瘦眉女史摹

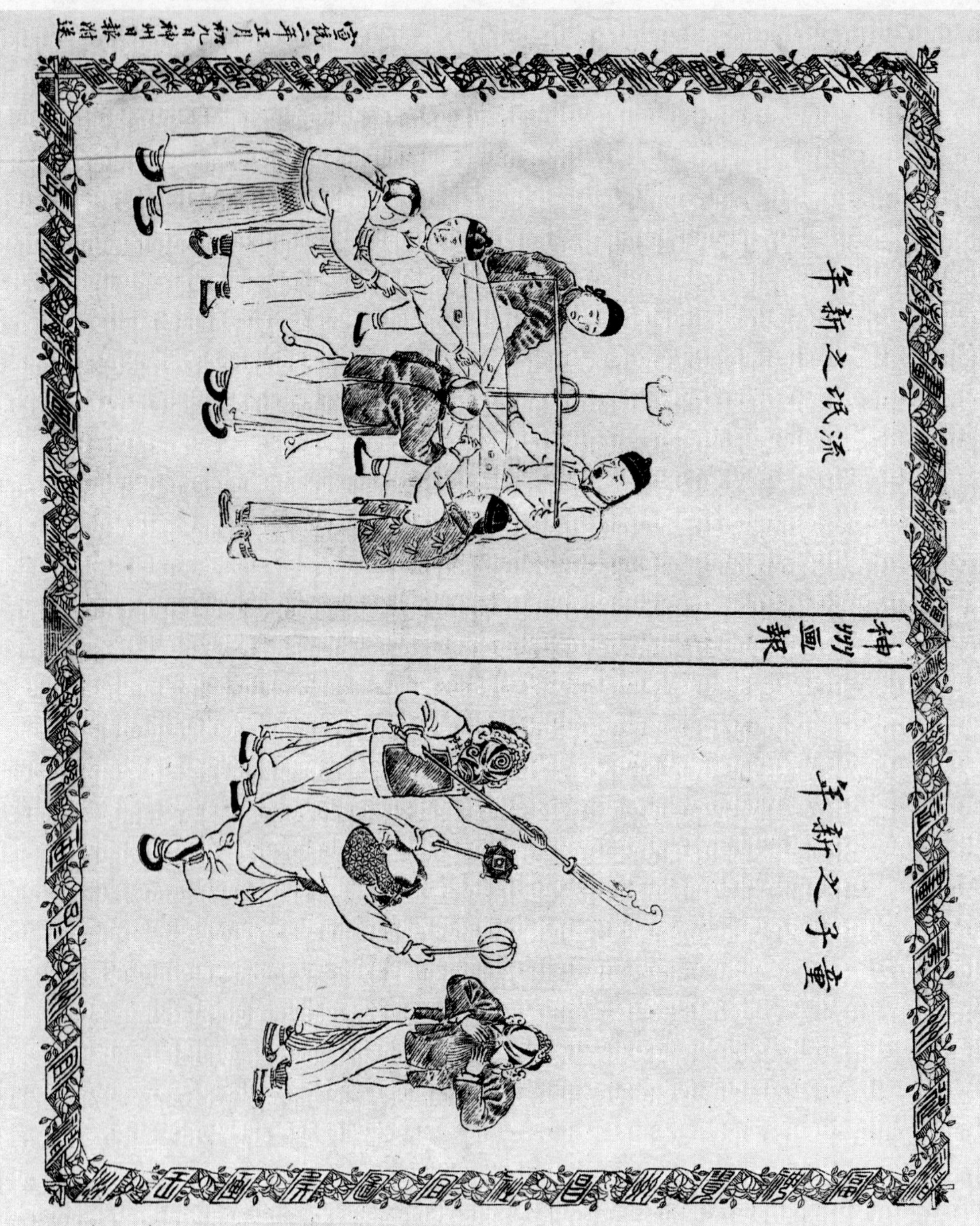
宣統二年正月初九日神州日報附送
神州畫報
童子之新年
流氓之新年

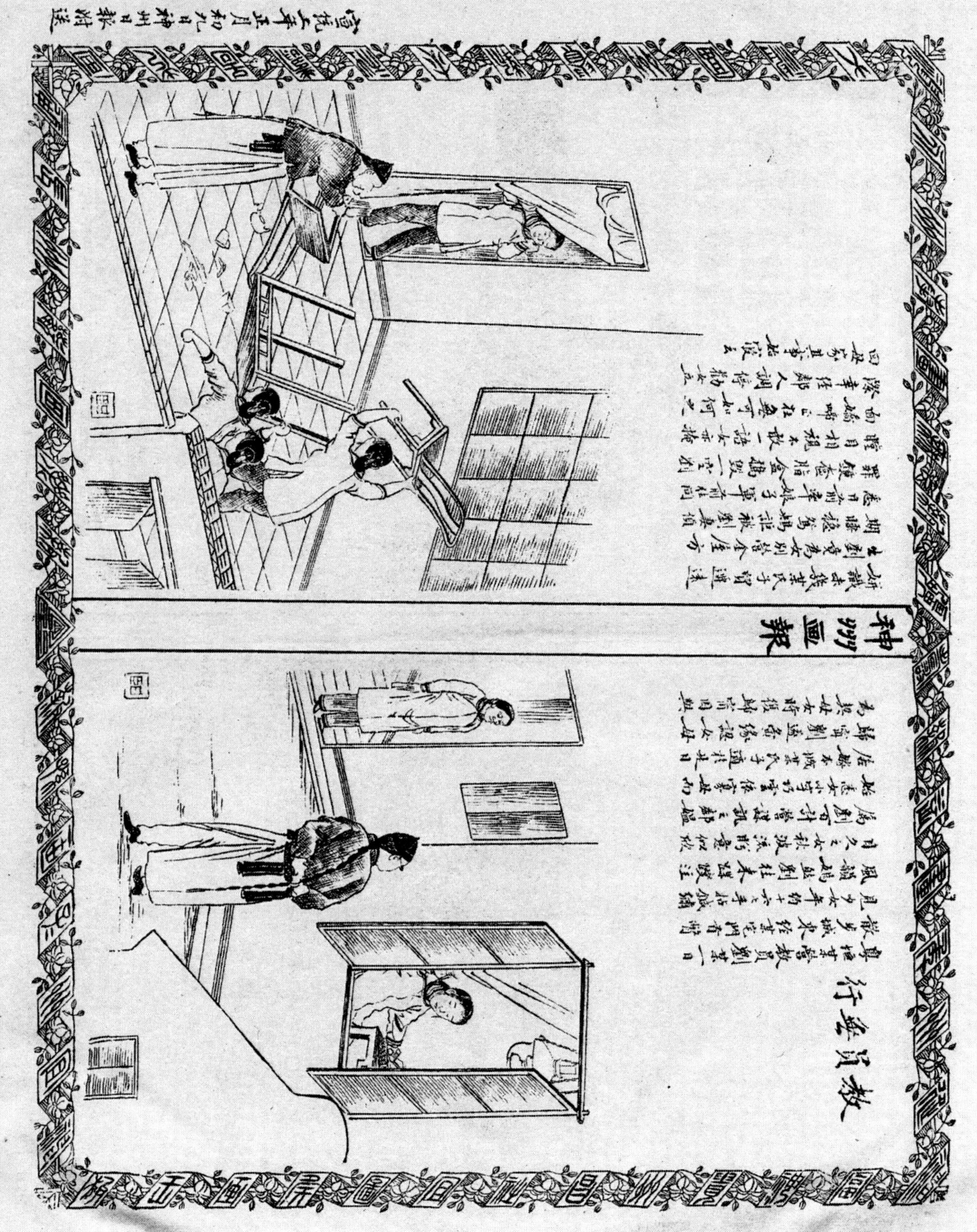
神州畫報

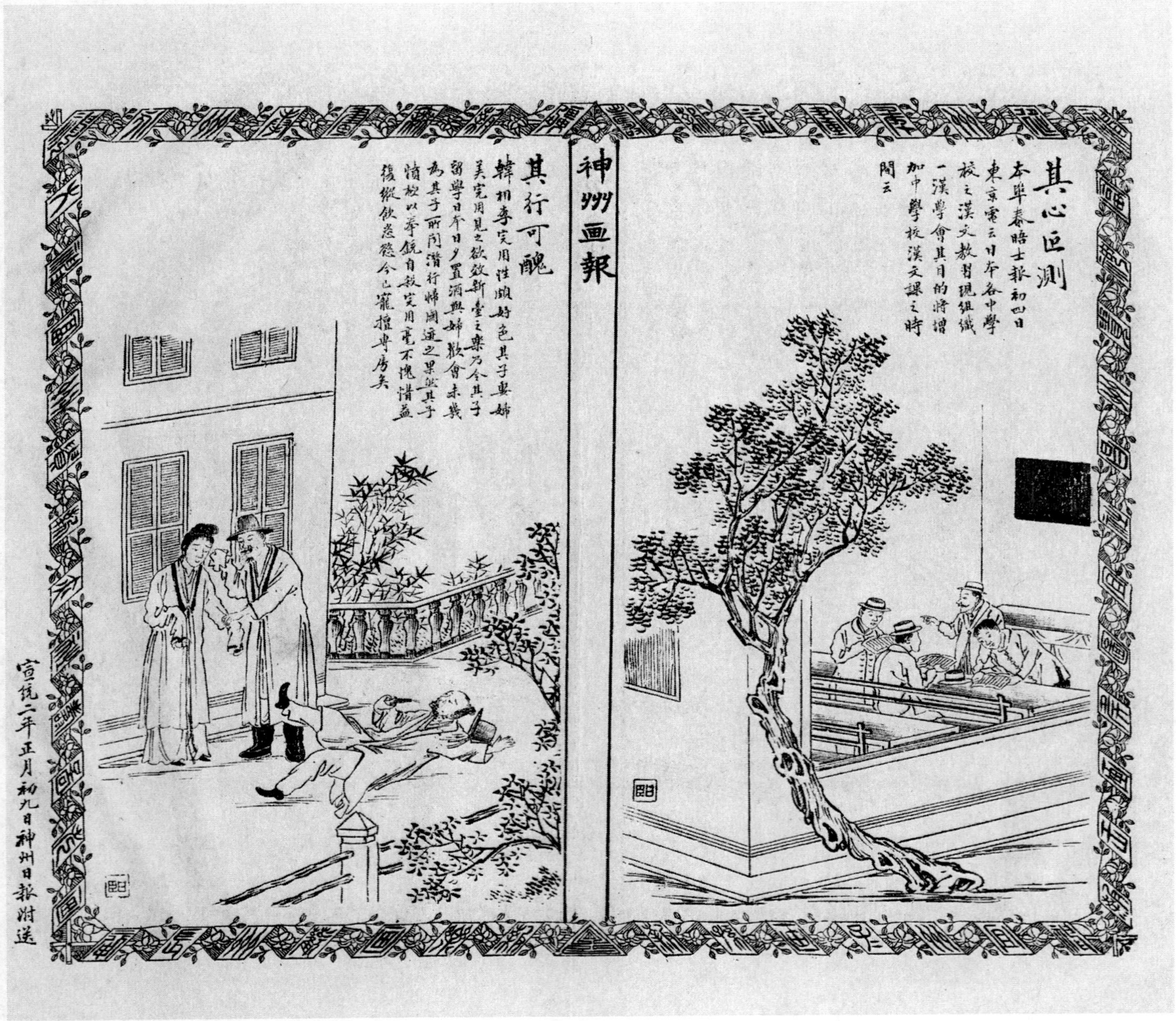
神州画報
其心叵測
本埠春暗士報初四日
東京電云日本各中學
校之漢文教習現組織
一漢學會其目的將謀
加中學校漢文課之時
間云
其行可醜
韓相李完用性頗好色其子婁婦
美完用見之欲效新臺之樂乃令其子
留學日本日夕置酒與婦歡會未幾
為其子所聞潛行歸國適之果然其子
憤極以拳銃自殺完用毫不愧惜益
復縱欲恣慾今已寵擅專房矣
宣統二年正月初九日神州日報附送

宣統二年正月十一日神州日報附送
廣州新軍滋亂詳誌

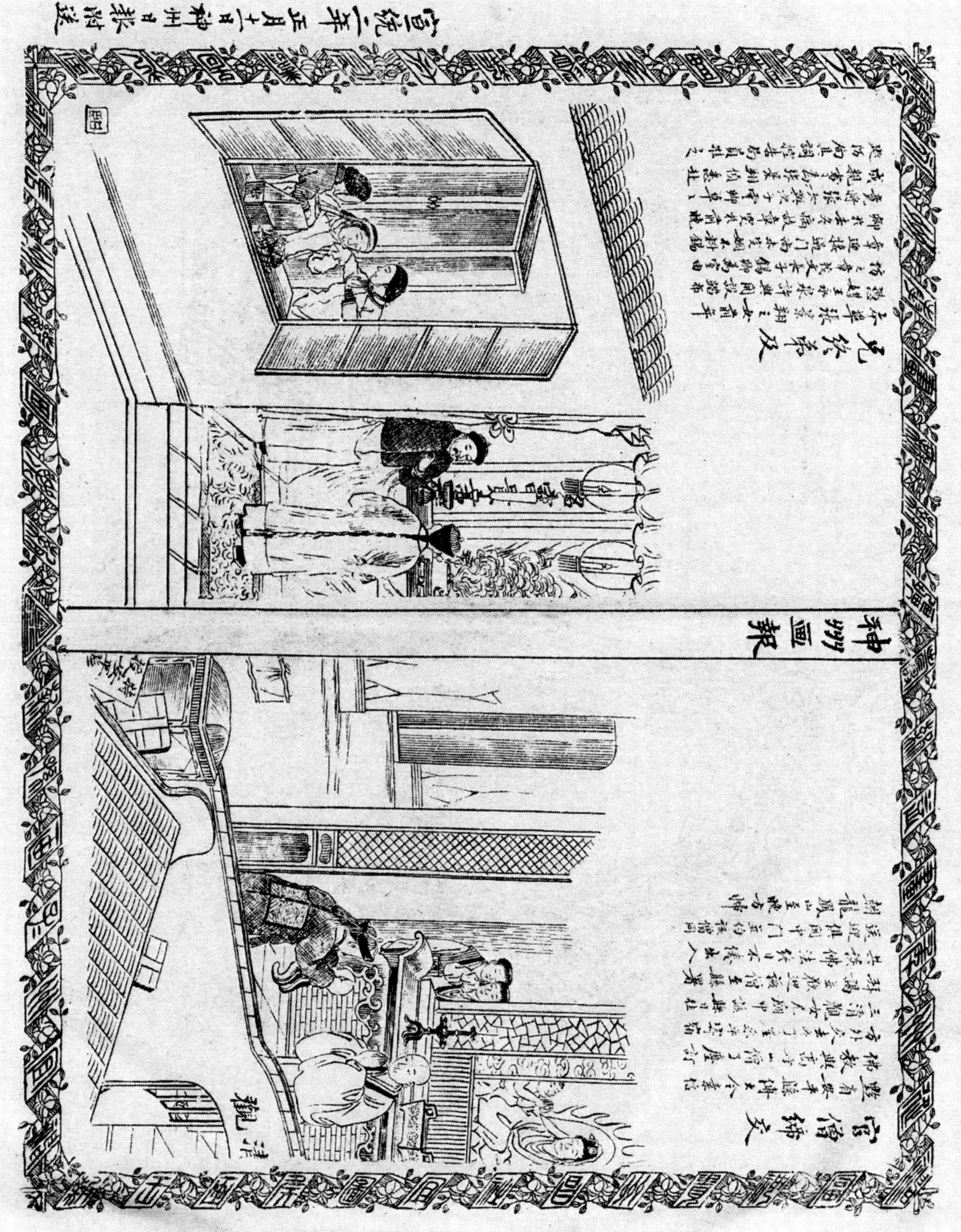
神州畫報
宣統二年正月十一日神州日報附送

深山何處鐘
擬黃鶴山樵意
宣統二年正月十一日神州日報附送

宣統二年正月十三日神州日報附送

浙杭新組織清泰第二旅館廣告

本館主人為補助交通機關起見特在杭州清泰車站之左地名中羊市街新建三層高大洋房數十幢開設清泰第二旅館形式極為雅觀內容亦極精美其鐵床細被浴室花園閱報室拋球場會客廳種種設備暨不勝載食品點心等件尤為講求務合衛生藉副諸公之雅意倘蒙賜顧當極歡迎現已組織粗成擇於正月十七日先行交易俟完備後再謹告正式開張之期此佈

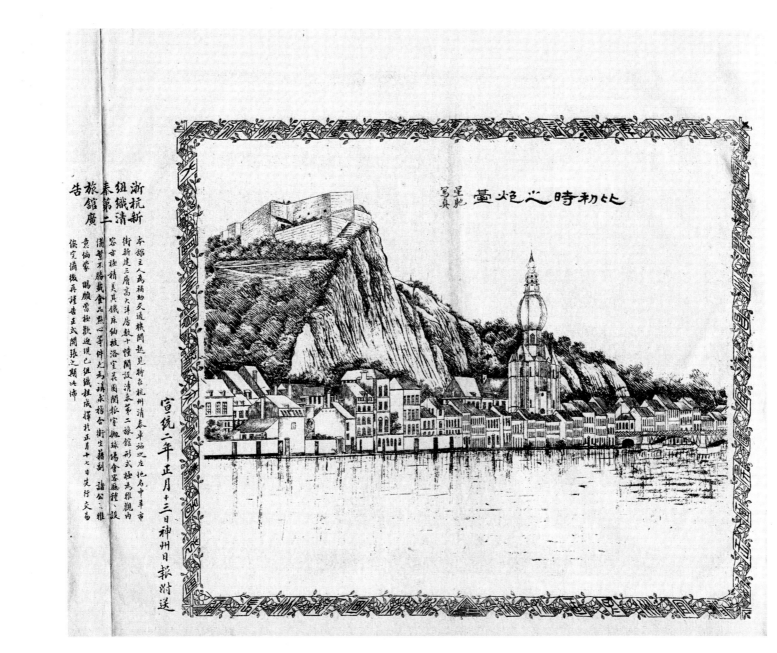

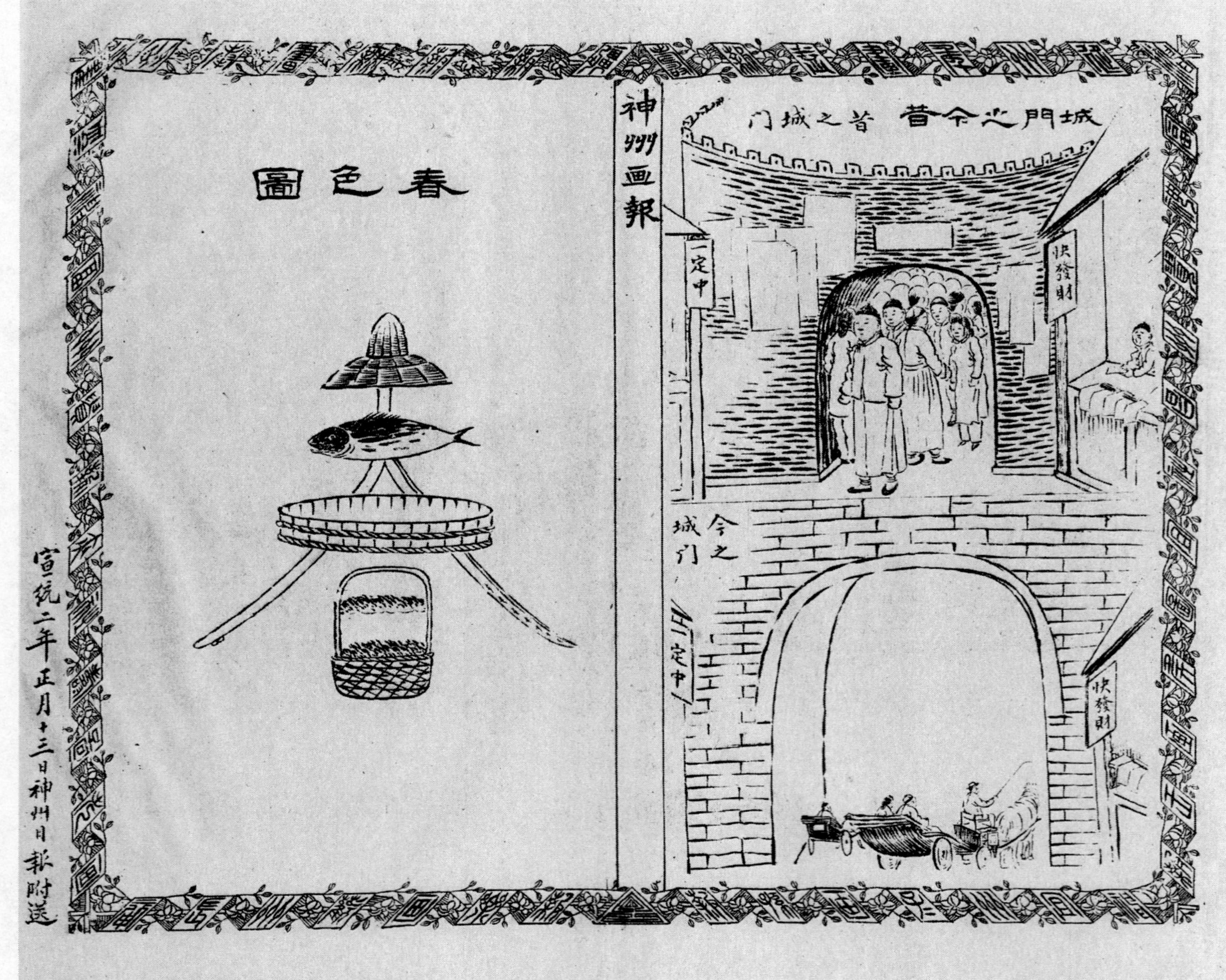

春色圖
神州画報
城門之今昔
昔之城门
今之城门
一定中
快發財
一定中
快發財
宣統二年正月十三日神州日報附送

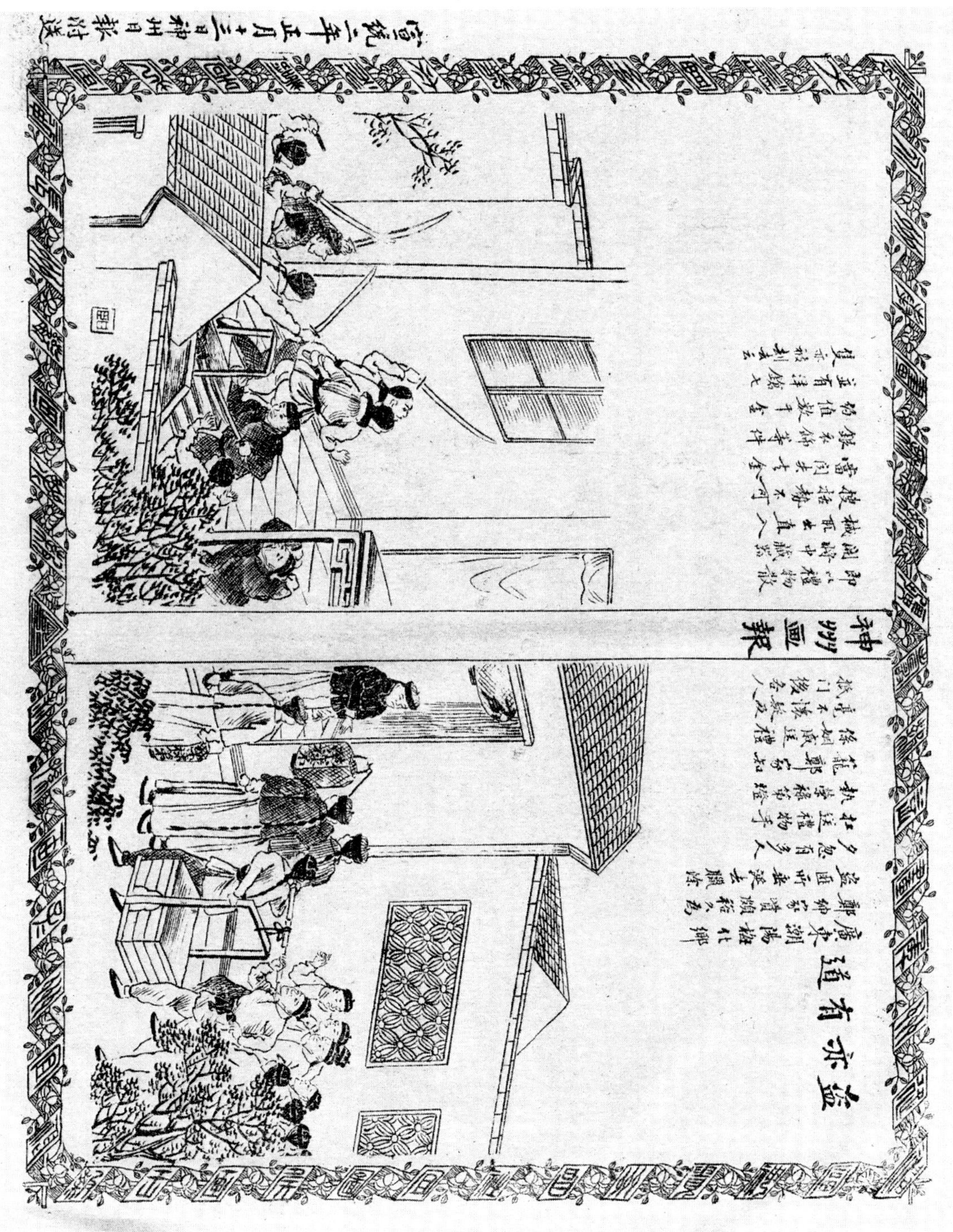
盜亦有道
廣東潮陽梅仕鄉鄭紳家貲頗裕久為盜匪所垂涎去臘除夕忽有多人扛送禮物手執崇祿第燈籠鄭家知係姻戚送禮竟不懷疑啟抵門後各人即以禮物散開將中藏器械取出直入搜括勢不可當閃失去金銀衣飾等件約值數千金並有洋鎗七隻亦被劫去云
神州画報
宣統二年正月十三日神州日報附送

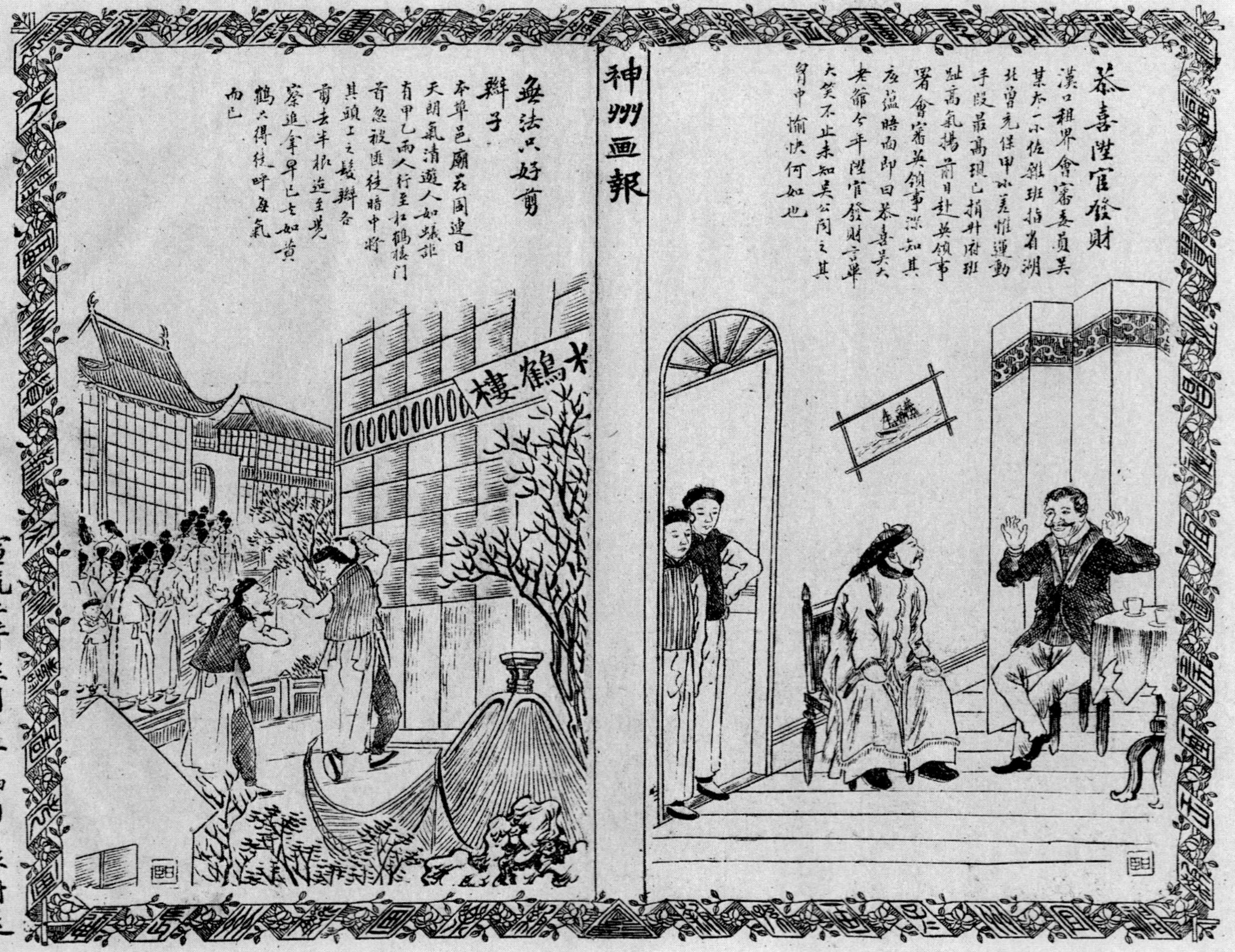
神州画報
恭喜陞官發財
漢口租界會審委員吴某太〻不佑雜班指省湖北曾充保甲以差惟運動手段最高現已捐升府班趾高氣揚前日赴英領事署會審英領事深知其底蘊晤面即曰恭喜吴大老爺今年陞官發財言畢大笑不止未知吴公聞之其胸中愉快何如也
無法只好剪辮子
本埠邑廟花園連日天朗氣清遊人如蟻詎有甲乙兩人行至杠鶴樓门前忽被匪徒暗中將其頭上之髮辮各剪去半根迨至覺察追拿早已杳如黄鶴只得徒呼負氣而已
米鶴樓
宣统二年正月十三日神州日報附送

浙杭新組織清泰第二旅館廣告

本館主人為補助交通起見特在杭州清泰車站之左地名中羊市街新建三層高大洋房數十幢開設清泰第二旅館形式極為雅觀內容亦極精美其鐵床絨被浴室花園閱報室抛球場會客廳種種設備繁不勝載食品點心等件尤為講求務合衛生藉副　諸公之雅意倘蒙　賜顧當極歡迎現已組織粗成擇於正月十七日先行交易俟完備後再謹告正式開張之期此佈

慶賞元宵
宣統三年正月十五日神州日報附送

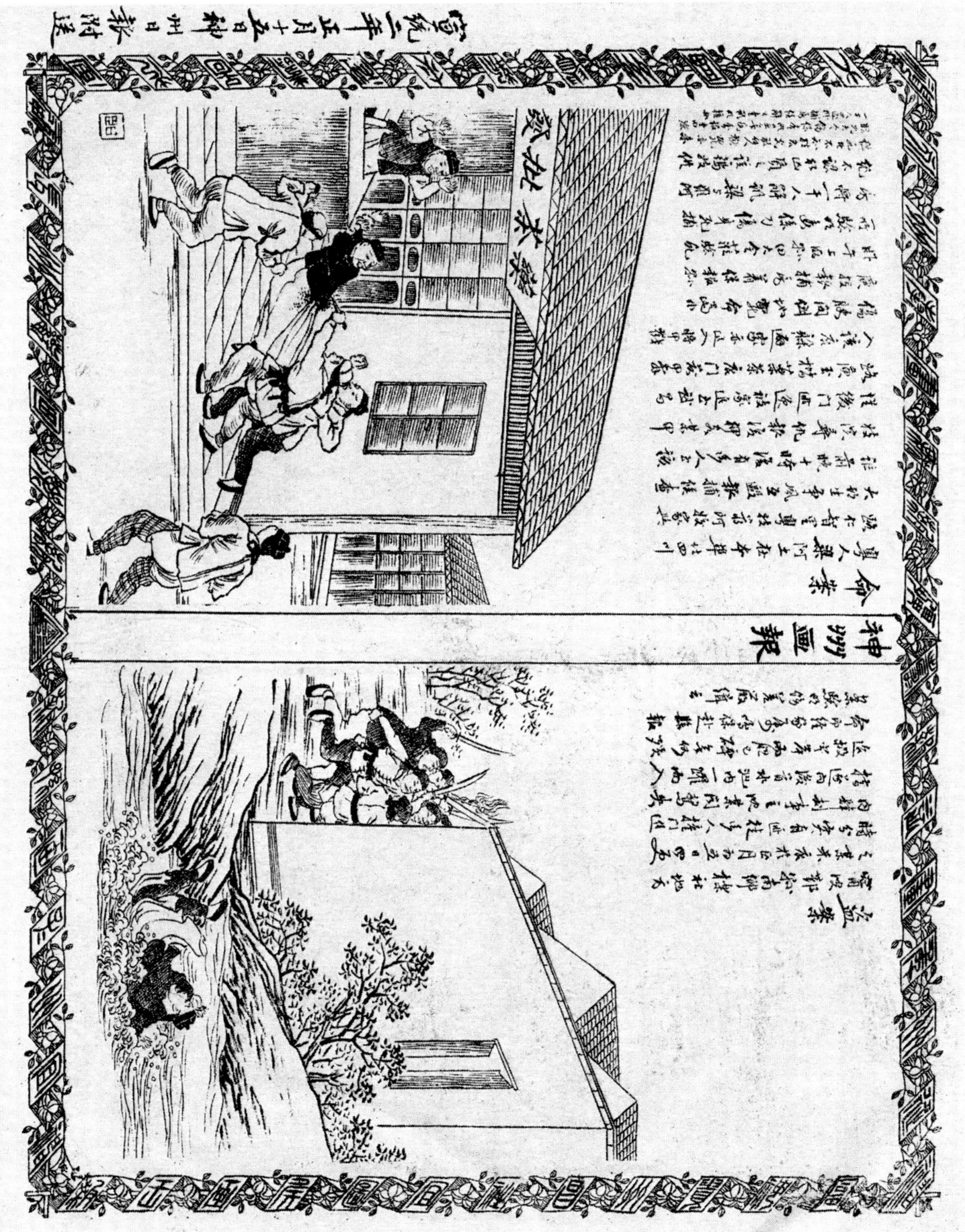

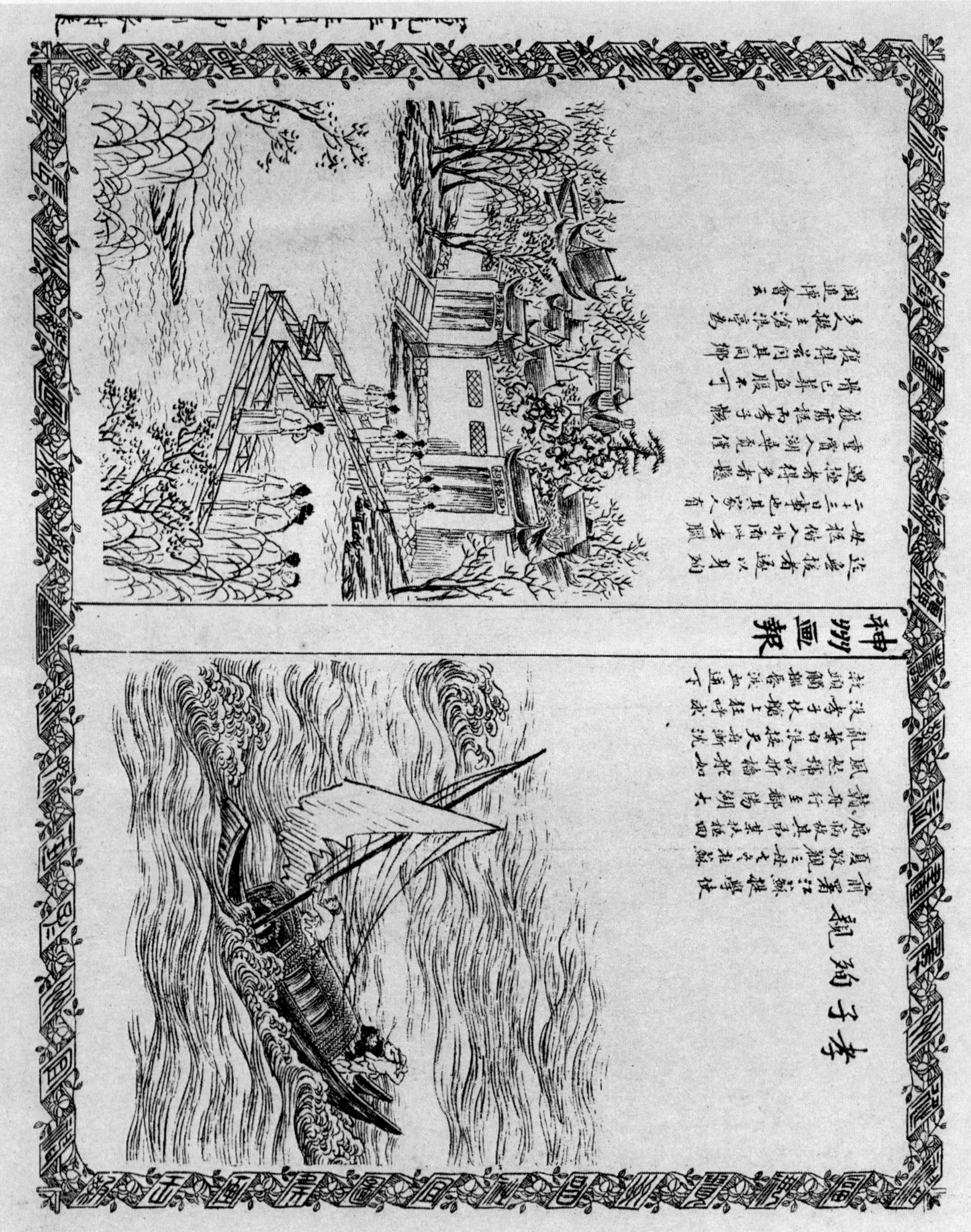
神州画報
孝子殉親
前署江蘇提學使夏敬觀之母七七在蘇寓病故其弟某扶柩回贛舟行至鄱陽湖大風怒拂吹折檣船如亂葉白浪接天舟漸沈沒孝子伏艙上狂呼求救頭觸船唇流血逼下
近無援者遂以身殉母柩偕入水兩此去臘二十三日事也其家人有遇救者得免者懸重賞入湖尋覓僅獲靈柩而孝子骸骨已葬魚腹不可復得茲聞其同鄉多人擬立滄浪亭為開追悼會云

浙杭新組織清泰第二旅館廣告

本館主人爲補助交通起見特在杭州清泰車站之左地名中羊市街新建三層高大洋房數十幢開設清泰第二旅館形式極爲雅觀内容亦極精美其鐵床鈿被浴室花園閱報室拋球場會客廳種種設備繁不勝載食品點心等件尤爲講求務合衛生藉副　諸公之雅意倘蒙　賜顧當極歡迎現已組織粗成擇於正月十七日先行交易俟完備後再謹告正式開張之期此佈

宣統二年正月十七日神州日報附送

神州雜俎

盲蟲先生

國初江甯有男子年四十許攜竹筐貯酒一瓶戴竹笠衣敝縕袍遊鍾山以酒奠明太祖享殿哭三晝夜淚盡繼以血好事者問而觀之問姓名不答襄陽杜丹皇識曰此盲蟲先生也先生劉姓名夢雪江陰人幼博學能文章明亡棄妻子往來吳越間自號曰盲蟲盲蟲者言其命苦如蟲又盲無見也嘗痛飲三山酒肆中醉則仰天鳴、或仆地磨轉如得大疾苦狀或自批其頰至血流或以頭觸柱大呼老天殺我老天殺我當壚者大駭以為祟附之積久亦不之怪忽春初晨起攜酒登鍾山巔望梅花且飲且泣過龍泉寺向寺僧索筆題詩於壁曰我來揮淚看鍾阜零落梅花繞樹飛宗國故宮嘶戰馬孝陵荒草臥肥豨杏開乍見紅成市柳暗初驚翠掩扉怪煞俗人如傀儡明朝拼與世相違題日遂卒

宣統二年正月十七日神州日報附送

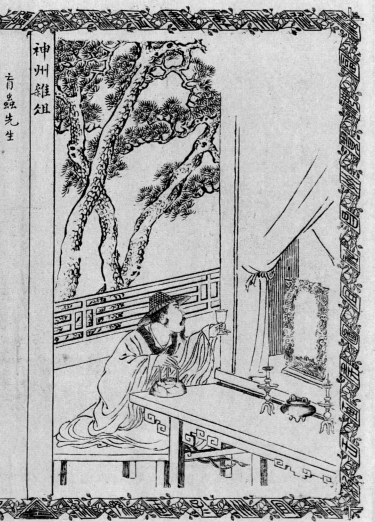

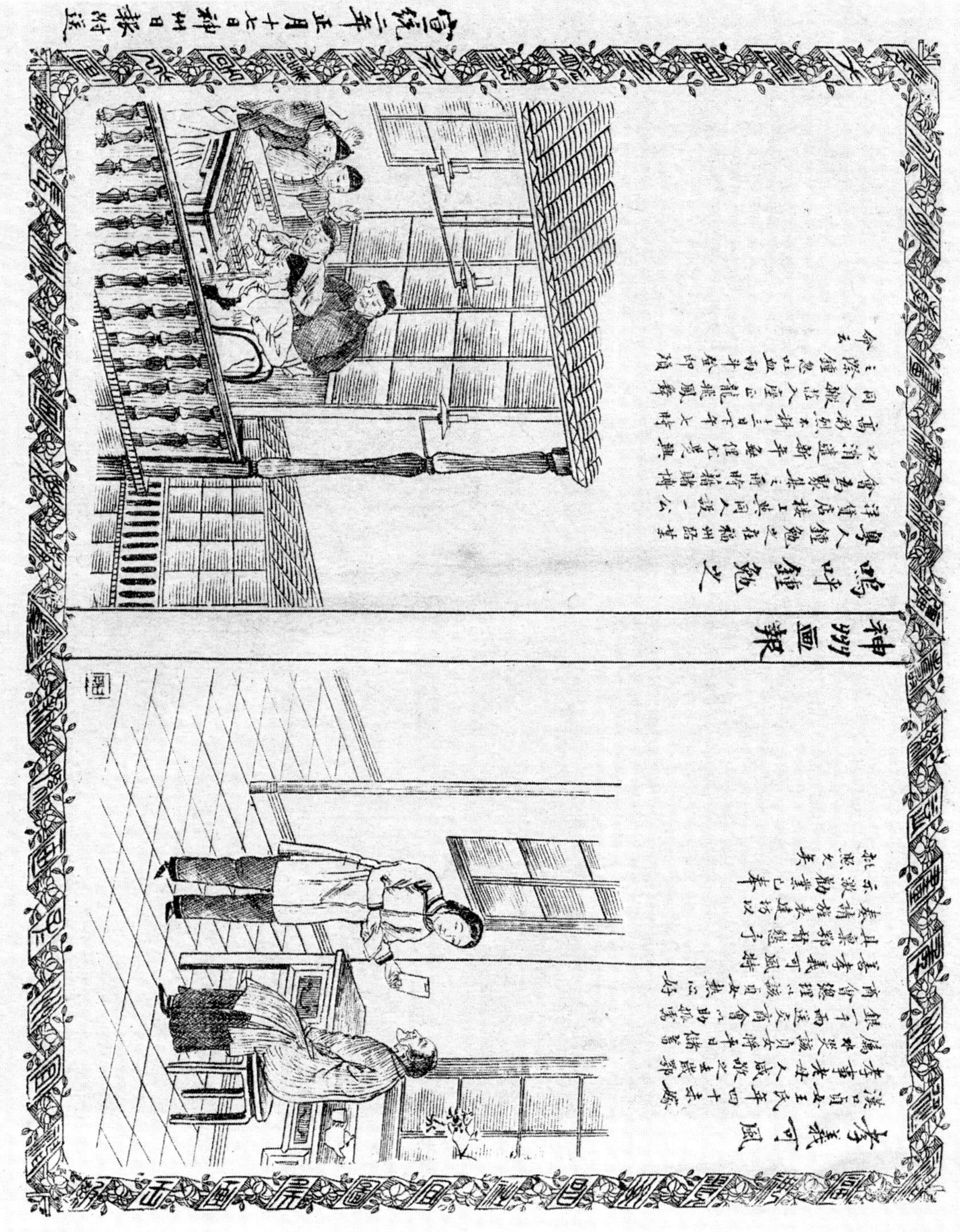
宣統二年正月十七日神州日報附送
神州畫報
嗚呼鍾勉之
孝義可風

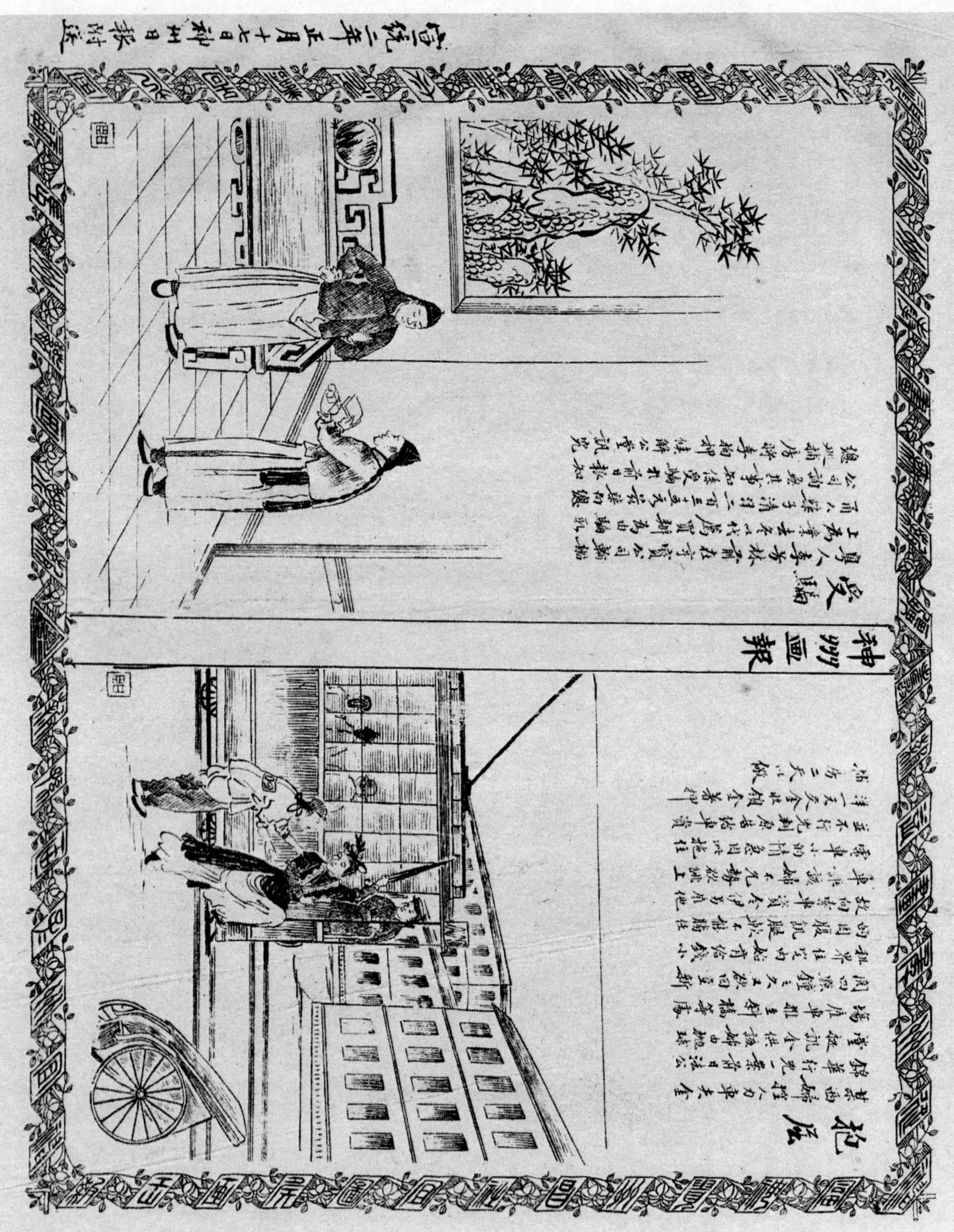
宣統二年正月十七日神州日報附送
神州画報
受騙
粵人李芳林前在亨寶公司輪船
上為業去冬以代薦買辦為由騙取
甬人蔡子清洋二百三十五元茲蔡向總
公司詢悉其事知係受騙於前日報知
總巡捕房將李拘押候解公堂訊究
拖压
某西婦控人力車夫金
錦華行兇一案前日法公
堂提訊金供該婦由抛球
場雇車拖至斜橋等處
閱四點鐘之久又欲回至新
租界住宅內始肯給錢小
的因腹飢腿軟不能勝任
故向索車資令伊另雇他
車詎該婦不允勢欲跳上
電車小的情急因此拖住
並不行兇判原告給車資
洋一元交金收領金著押
捕房二天以儆

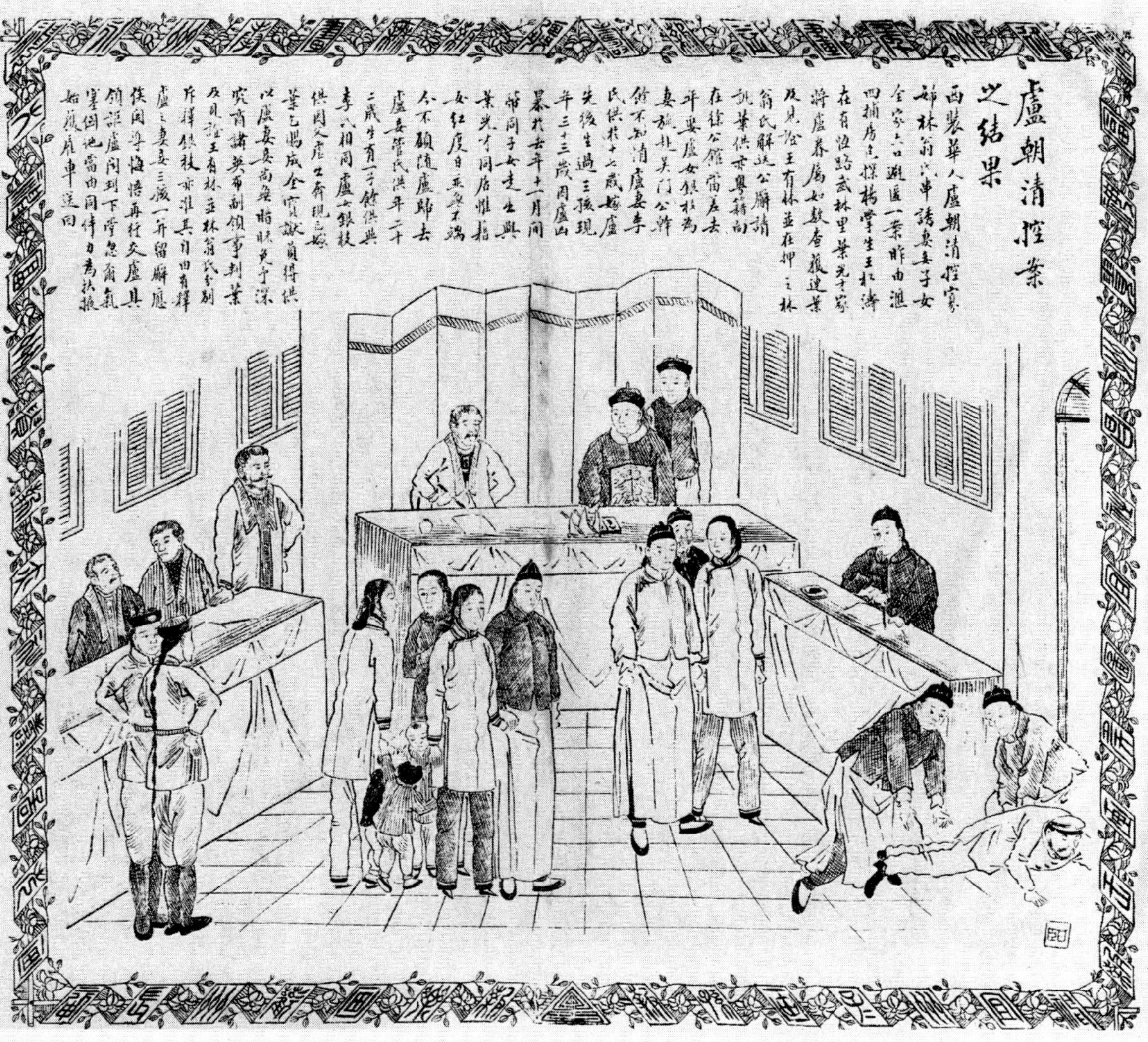

宣統二年正月十九日神州日報附送

浙杭新組織清泰第二旅館廣告

本館主人為補助交通機關起見特在杭州清泰車站之左地名中羊市街新建三層高大洋房數十幢開設清泰第二旅館形式極為雅觀內容亦極精美其鐵床細被浴室花園闊振室抛球場會客廳種種設備實不勝載食品點心等件尤為講求務合衛生藉副諸公雅意倘蒙賜顧當極歡迎現已組織粗成擇於正月十七日先行交易俟完備後再謹告正式開張之期此佈

秦之丐者

明末流寇之亂秦中諸郡塗炭最甚有丐者秦人也乞食於西安市日著敝衣冠岸然行道上手一筐、貯書數卷夜宿城廡下遇陰雨則展卷讀守门軍斥曰爾讀書人何以丐丐曰不讀書則不丐矣共笑其癡而憐之賊破西安肆淫掠丐者每夜遶城廡則痛哭除夕郡人傳言李賊僭皇帝位丐者聞之趨歸大哭抵其題詩壁上曰分茅裂土莫非臣雉堞重重寄此身世上如予何必死明朝不是大明人竟自經死

宣統二年正月十九日神州日報附送

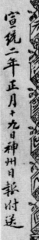

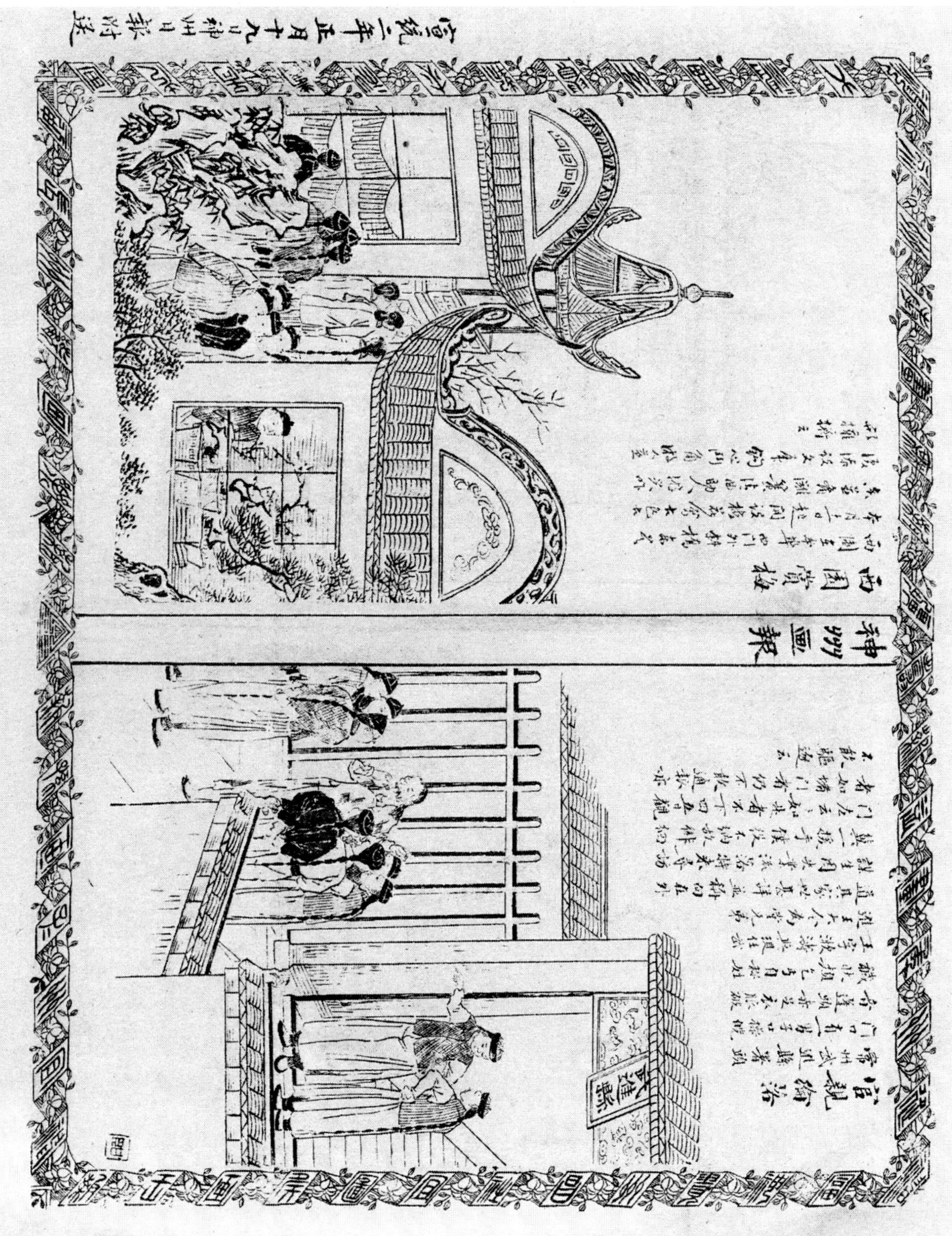
神州畫報

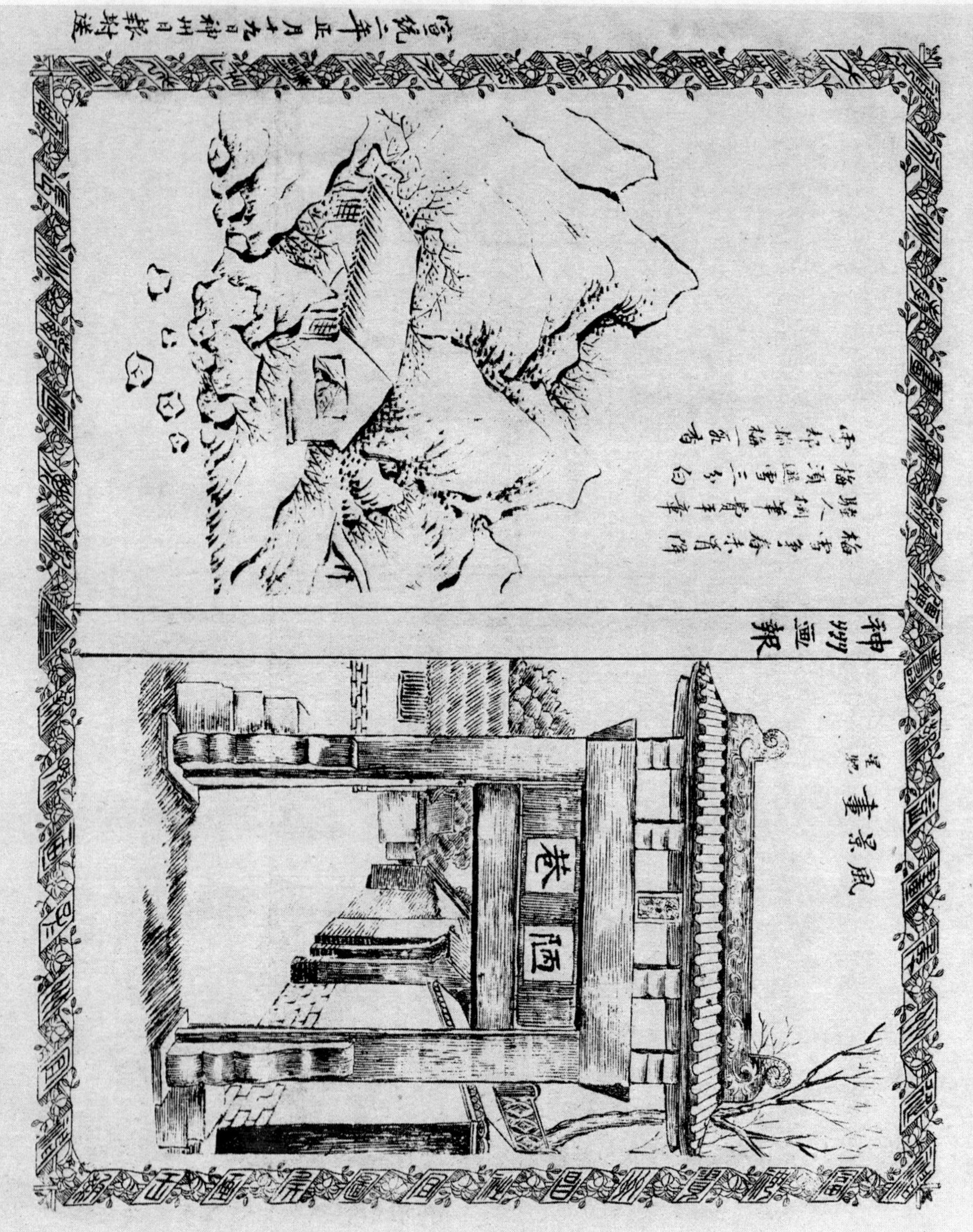

神州画報
風景畫
茶
酒
宣統二年正月十九日神州日報附送

神州雜俎

長沙女子

長沙有女子生而多力七八歲能以隻手擎石臼舞動如飛父大喈以勇稱善搏擊為少林館長沙少年學其藝者數百人女授藝時女窺於旁神解妙悟出諸少年上父尤愛之慎擇配壻後有暨陽陳生者來受業年弱冠美如玉挾兩銅鞭重二十斤父曰此吾女耦也以女許之未結縭而有流賊之變辛丑與賊戰於野一晝夜不少卻賊曰好男子招之降不屈因鬥死賊逼城女痛父與夫之不返也密納衣袴以青布纏其身數匝持長鎗從城上躍入賊壘擊殺數十人賊曰汝降不殺汝女曰殺我父殺我夫吾安獨生賊曰汝一女子何能為女曰吾將愧天下之為男子者矢集於身如蝟然

宣統二年正月二十一日神州日報附送

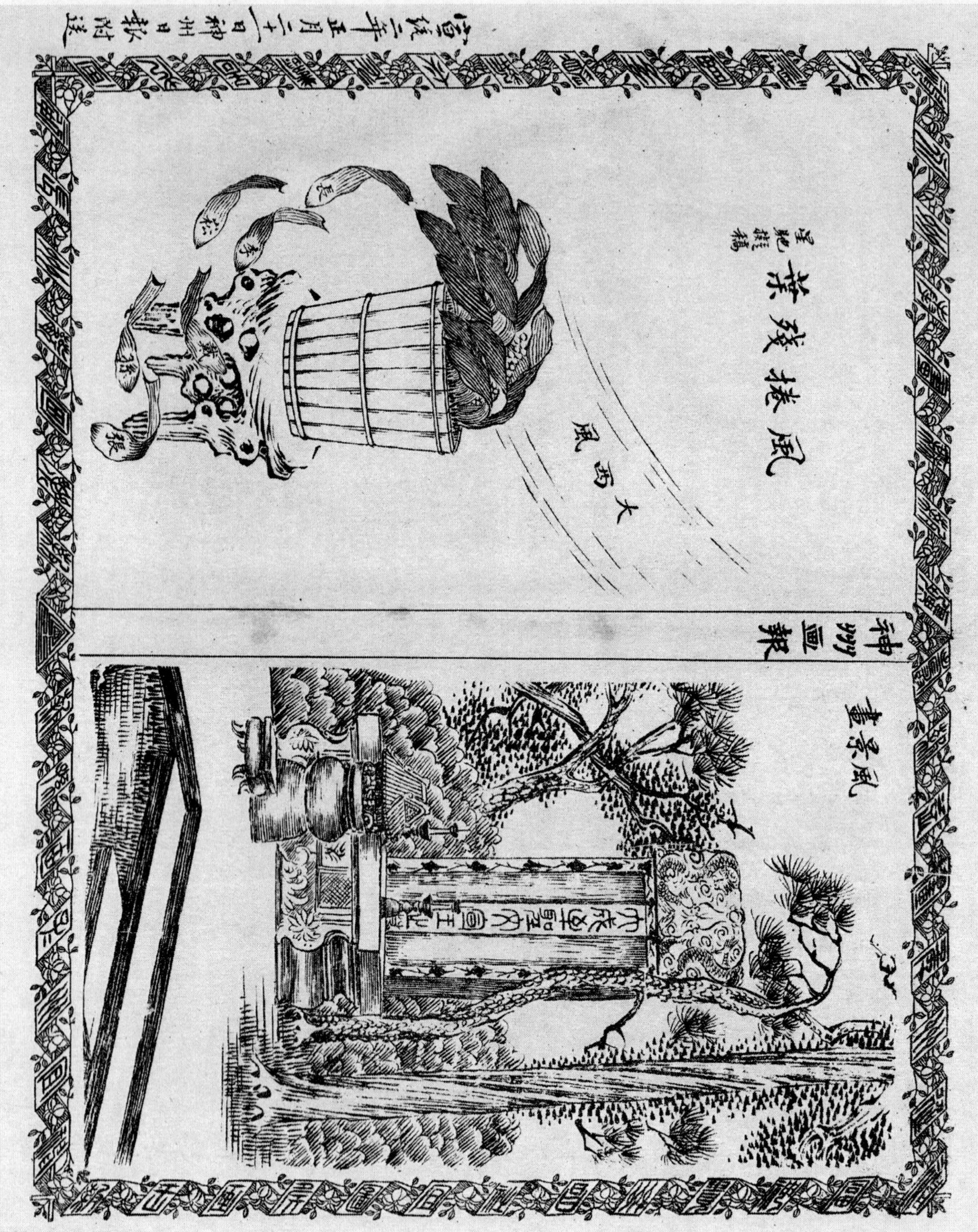

宣統二年五月二十一日神州日報附送
風捲殘葉
大西風
神州畫報
風景畫

神州画報
強迫戒煙
四川金堂有陳順祺者以族中人多染煙癖因商之族長就宗祠設立戒煙會擬撥春秋祭餘之款以為經費專聘戒煙醫士駱君來祠凡族中老幼男女有煙癖者均令入會勒限戒淨並於實行戒斷後每人助給錢二千文以為滋補品之資云
陳氏宗
戒烟會
老鴇裝病
本埠鴻順來行鴇及施兆生私收客帳洋二千餘元在尚仁里放女金如紅處銷耗殆盡控經四路一區移提鴇婦張周氏到案押追寄存之金鐲等物迭詳本報詎該鴇挺押多日抗不繳案日前經黃正巡官提案訊比該鴇偽裝有病希圖保釋巡官以其刁狡可惡判責手心三十還押繳到金飾再核
宣統二年正月二十一日神州日報附送

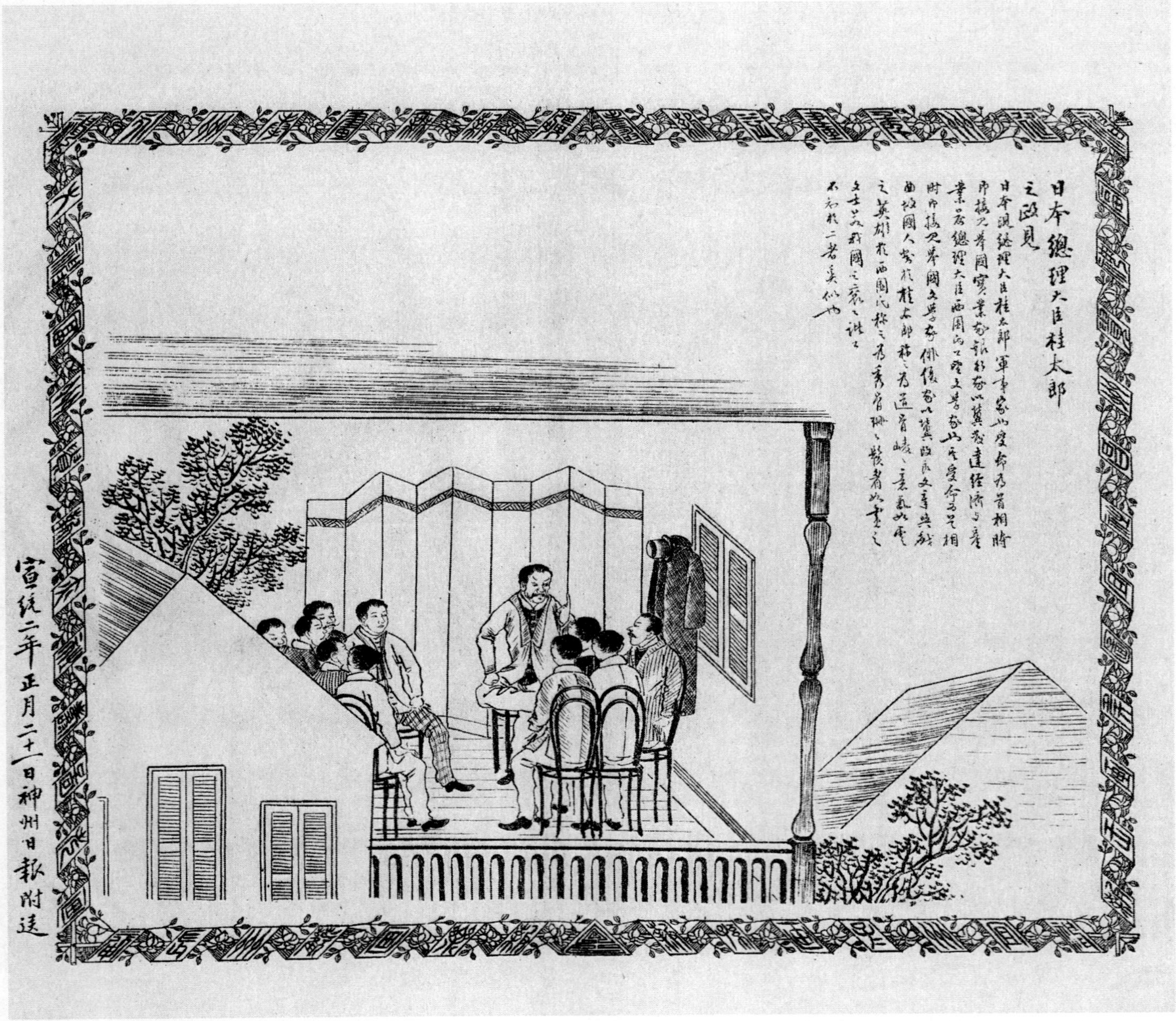
日本總理大臣桂太郎之政見
日本現總理大臣桂太郎軍事家也受命爲首相時
申報之舉國實業家報於家以冀發達經濟與產
業爲務總理大臣西園寺公望文學家也受命爲首相
時申報之舉國文學家傳儀家以冀政界文學與我
國政國人對於桂太郎稱之爲近者崚崚袁氏如虎
之英雄於西園寺稱之爲秀者淋淋如畫之
文士然我國之衰亦由之
不知於二者奚似也
宣統二年正月二十一日神州日報附送

神州雜俎

如皋道人

如皋三元宫道人失其姓名初為人傭计工而食不多取後以老棲三元宫為道士炊冬夏穿一單布衣無寒色或憐其衣敝與錢一貫使製之道人不受固與之怒曰素無功於君又素無恩於君道人雖貧賤不欲來生作豚犬以償逋江都市中得遺金百兩於道坐守之三日遺金者不至潛幽知為雲間僕姓物乃榜於衢期會於三元宫經二旬僕至僕固儒者重道人廉分其金之半與之道人曰噫先生何其愚也道人果欲之則盡有之矣何半為僕日以仰日報可乎笑曰道人無父母無妻子饑而食飽而睡寄此形於天地先生得何以報我僕曰畸士也不可以强

四

浙杭新組織清泰第二旅館廣告

本館主人為補助交通機關起見特在杭州清泰車站之左地名中羊市街新建三層高大洋房數十幢開設清泰第二旅館形式極為雅觀內容布置極精美其鐵床鋼被浴室花園閱報室撞球場會客廳種種設備繁不勝載食品點心等件尤為講求務合衛生藉副諸公之雅意倘蒙賜顧當極歡迎現已組織粗成擇於正月十七日先行交易俟完備後再謹告正式開張之期此佈

宣統二年正月二十三日神州日報附送

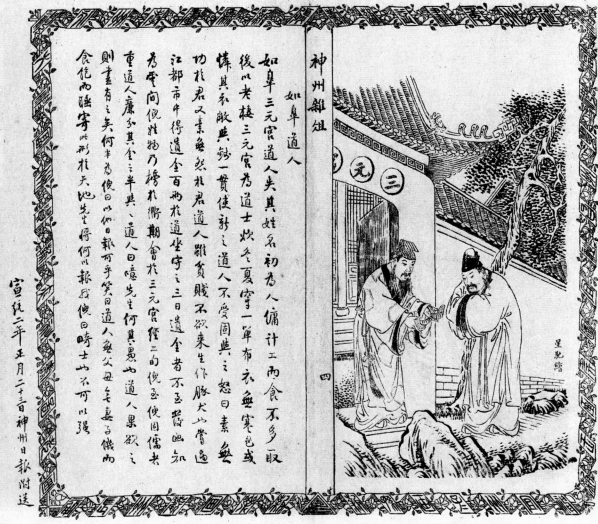

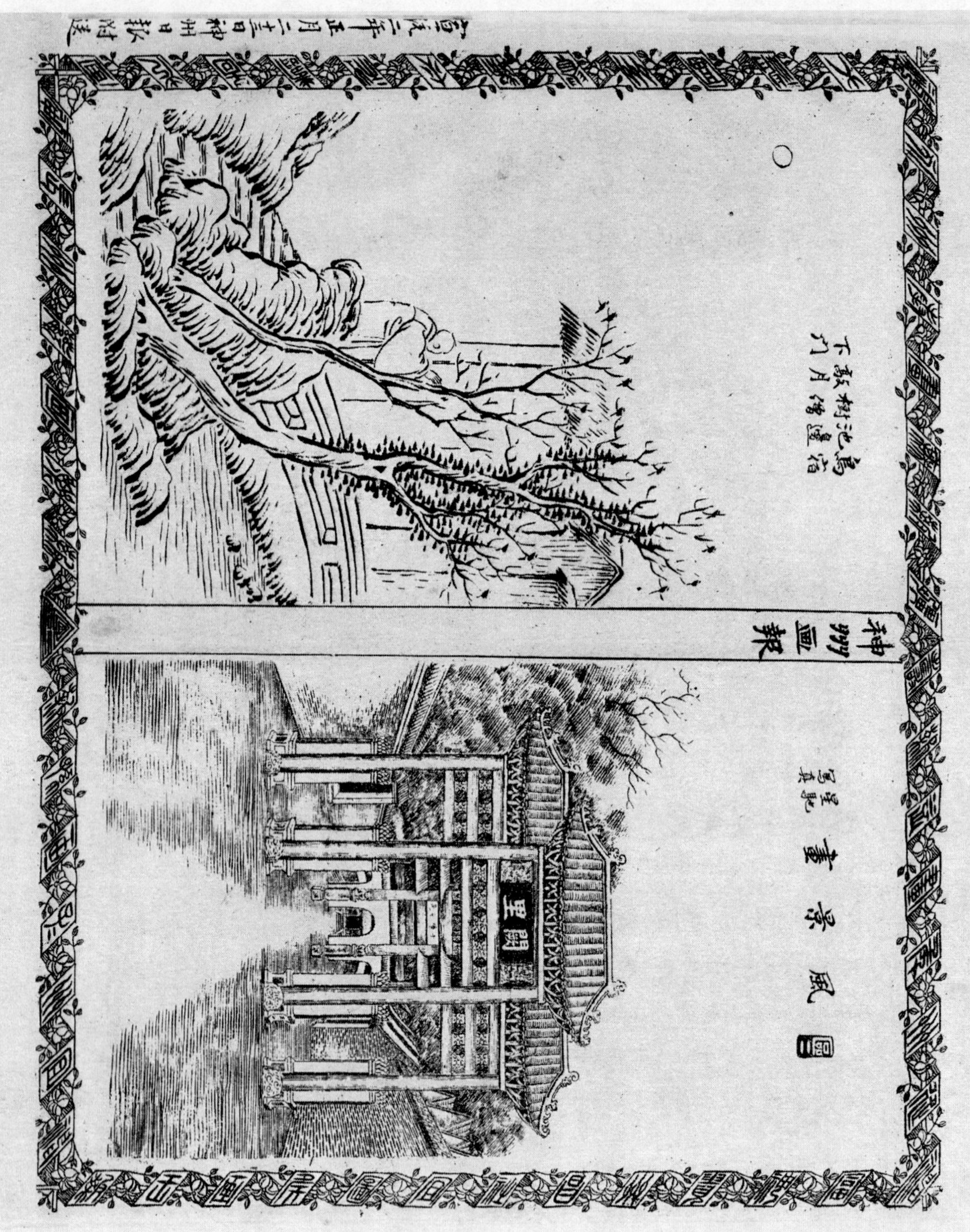
神州畫報

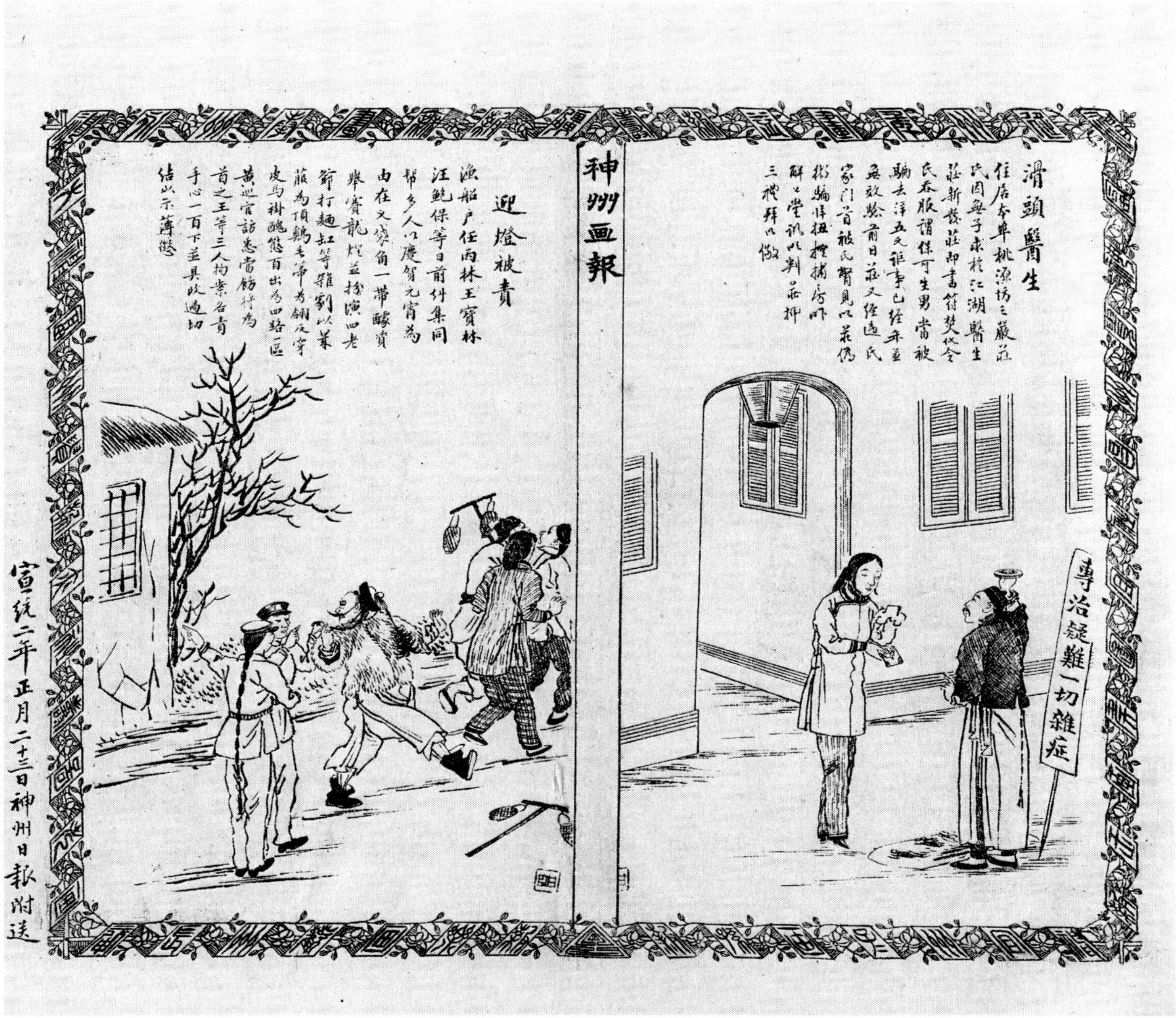
神州畫報
滑頭醫生
住居本埠桃源坊之嚴莊
氏因無子求於江湖醫生
莊新發莊即書符焚化令
氏吞服謂保可生男當被
騙去洋五元詎事已經年並
無效驗前日莊又往嚴氏
家門首被氏婿見以莊仍
術騙將扭控捕房昨
解公堂訊以判莊押
三禮拜以儆
專治疑難一切雜症
迎燈被責
漁船戶任丙林王寶林
汪鮑保等日前糾集同
幫多人以慶賀元宵為
由在文籤角一帶醵資
舉賽龍燈並扮演四老
爺打麵缸等雜劇以萊
菔為頂雞毛帚為翎反穿
皮馬褂醜態百出為四路區
黃巡官訪悉當飭拘為
首之王等三人拘案各責
手心一百下並具改過切
結以示薄懲
宣統二年正月二十三日神州日報附送

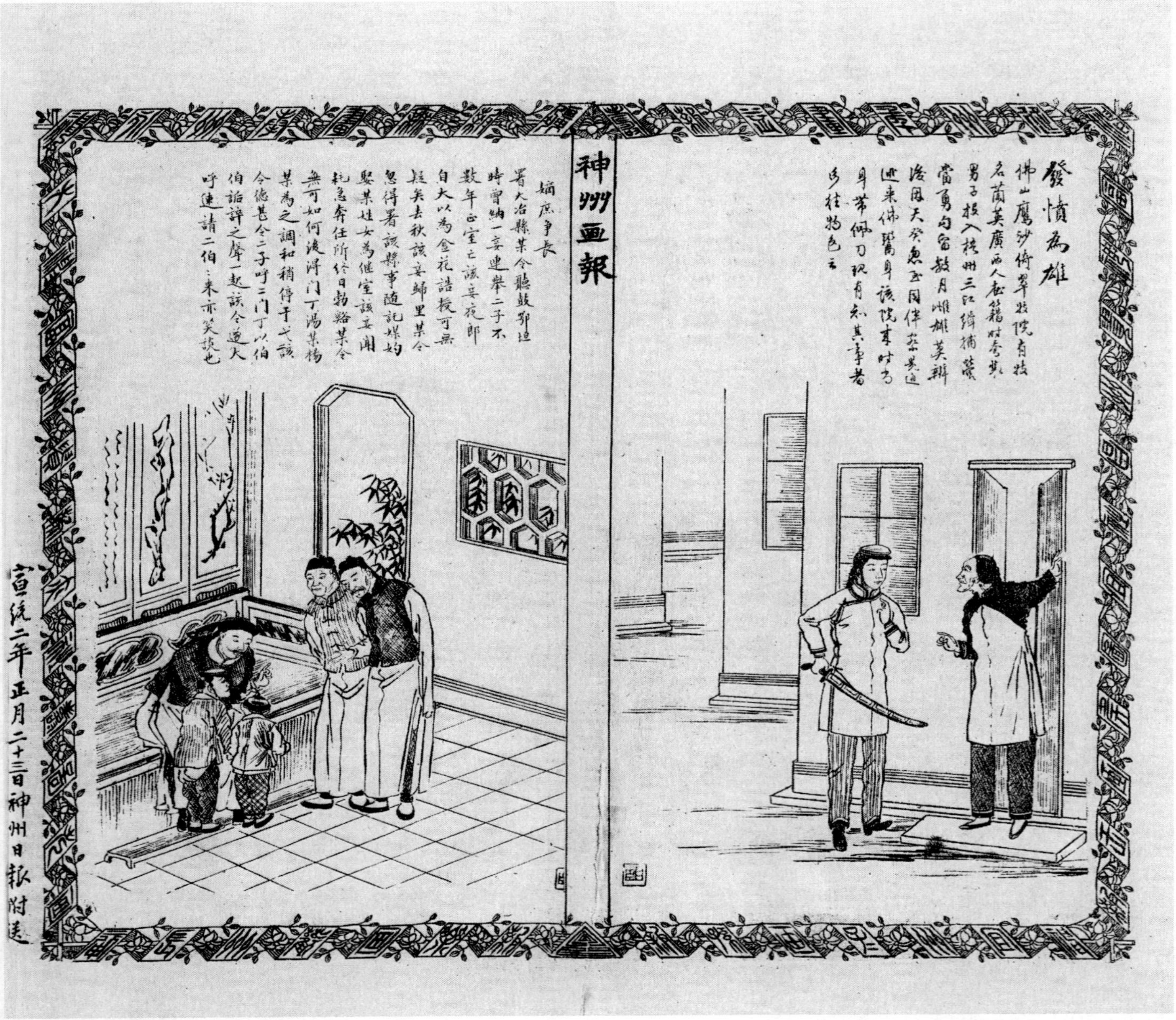

神州画報
發憤為雄
佛山鷹沙倚翠妝院有妓
名蘭英廣西人原籍時奇矣
男子投入梧州三江緝捕營
當勇向留數月雌雄莫辨
後因天癸忽至同伴察其異適
逃來佛鬻身該院其時尚
身帶佩刀現有知其事者
多往物色云
嫡庶爭長
署大冶縣某令聽鼓鄂垣
時曾納一妾連舉二子不
數年正室亡該妾夜郎
自大以為金花誥授可無
疑矣去秋該妾歸里某令
忽得署該縣事隨託媒妁
娶某姓女為繼室該妾聞
耗急奔任所終日勃谿某令
無可如何後得門丁湯某楊
某為之調和稍停干戈該
令德甚令二子呼二門丁以伯
伯詬誶之聲一起該令遂大
呼連請二伯二伯來亦笑談也
宣統二年正月二十三日神州日報附送

神州雜俎

五

木生

明木生涇字元經以鄉薦入太學將至都道出土橋渡溪水得遺扇於峤草中上有詩云煙中芍藥朦朧睡雨底桃花淺淡粧小院黃昏人定後隔墻遥辨麝蘭香字畫似女郎手蹟因停車䟎二詩於短垣云隔墻遥望綠楊斜聮袂女郎歌落花風定細聲聽不見茜裙紅入那人家　紫蝶黃蜂不奈愁湘簾初捲月沉鉤人間三月無紅葉却放桃花逐水流時士女嬉春木詩盖紀事也數年爲部郎休沐之日偕僚友郊遊偶持前扇憩田家老媪索扇視之曰此吾女物前春日訪親過溪橋失之何由入君手吾女尋扇時見二絕句朝夕諷詠得非君作乎命女出見顏色絕麗木方喪偶詢女未字數日奇緣也遂納之

宣統二年正月二十五日神州日報附送

宣統二年正月二十五日神州日報附送
瑞士之西鷄麟閣（風景畫）

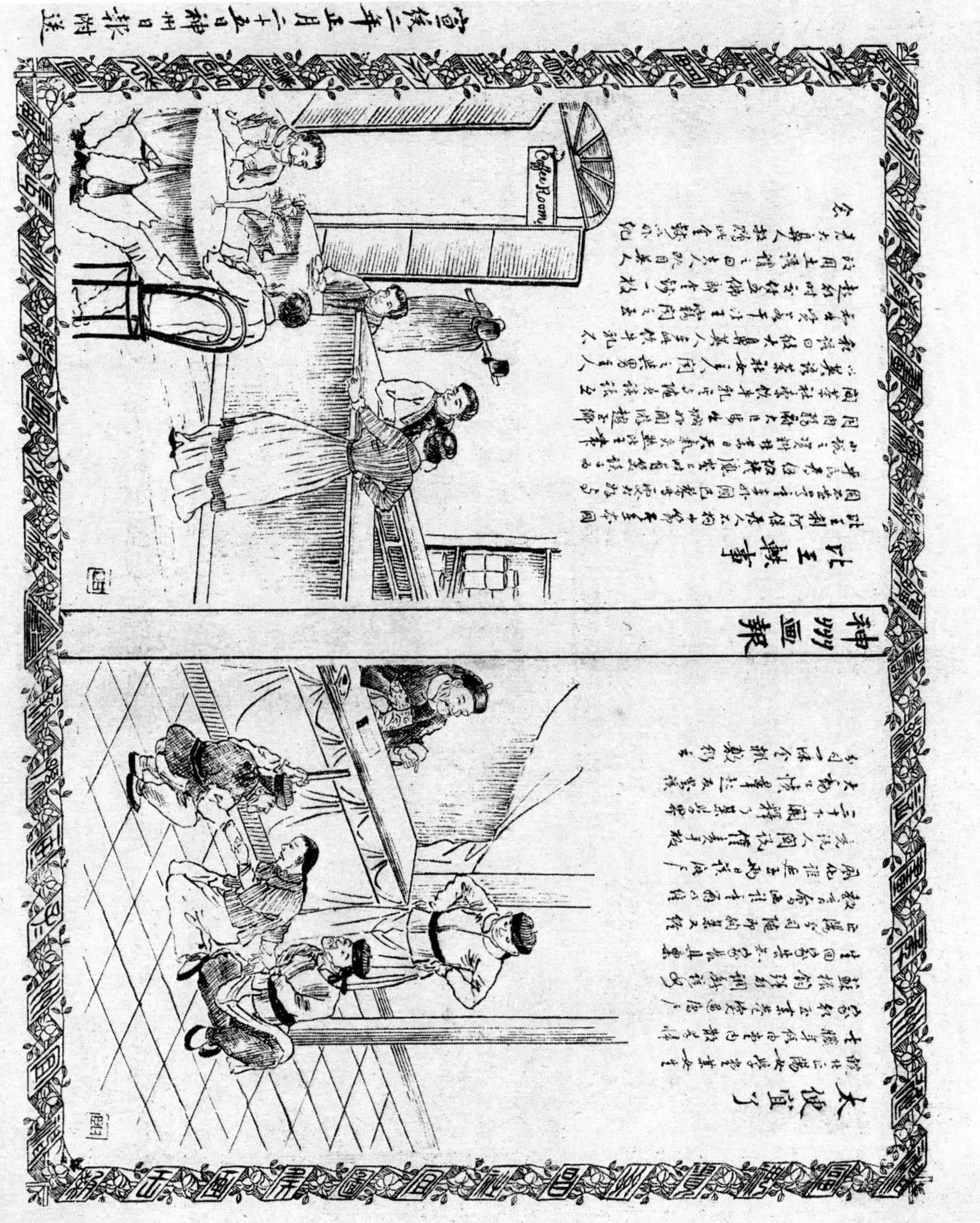
宣統二年正月二十五日神州日報附送
神州畫報

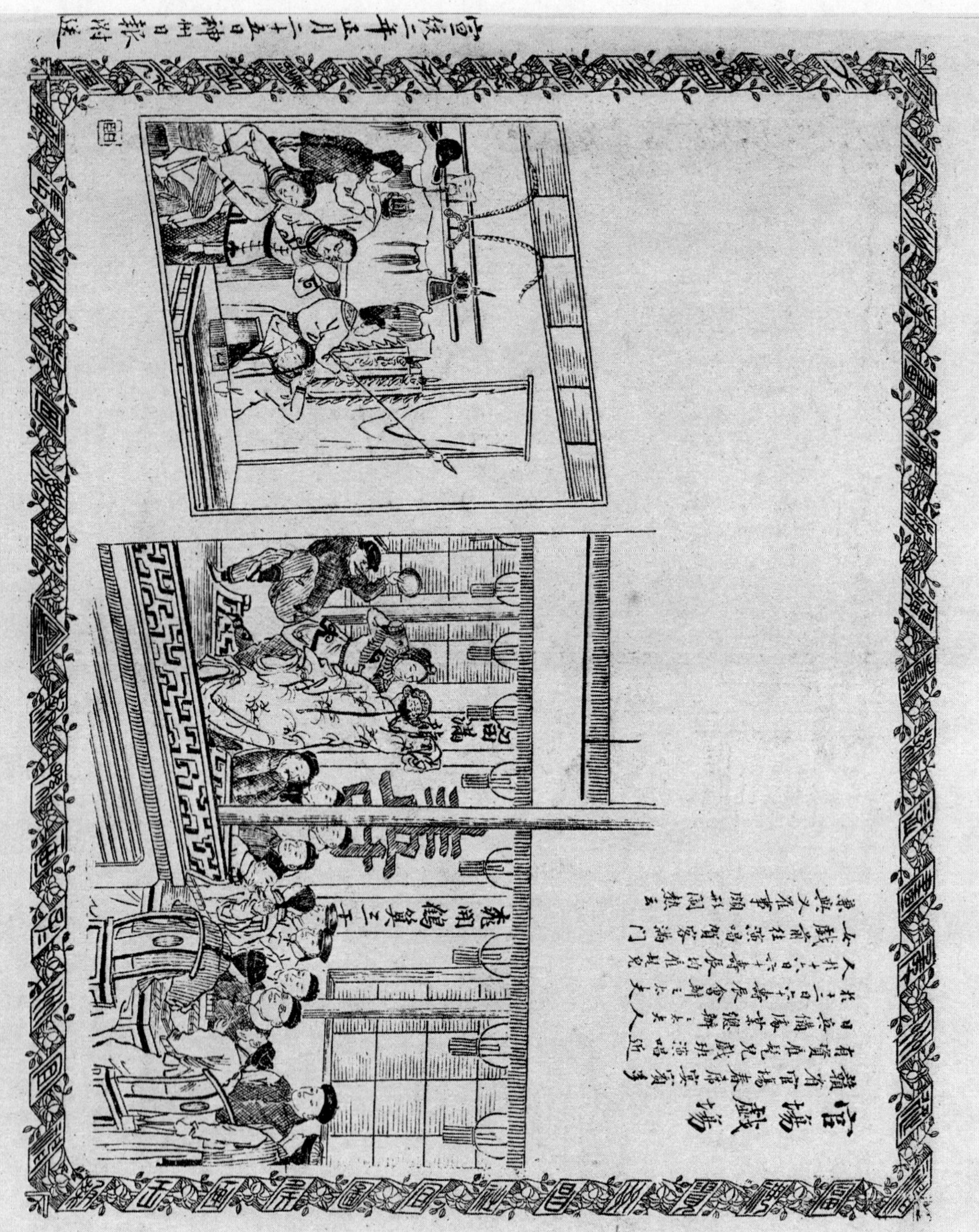
官場戲場
宣統二年五月二十五日神州日報附送

神州雜俎

連兒

吳三桂之寵姬人皆知有陳圓〻也然圓〻之外又有所謂連兒者年十七留侍三桂三桂寵之逾恆連兒姿容嫵而嘗於夏日侍三桂游荷塘練裳縞袂執白羽扇立九曲橋上遥而望之疑爲出水芙蓉也三桂敗連兒爲趙良棟部將所得不逾年即死絶命詞中有君王不得見妾命薄如煙之句而質清才韻非圓〻所能及已

宣統二年正月二十七日神州日報附送

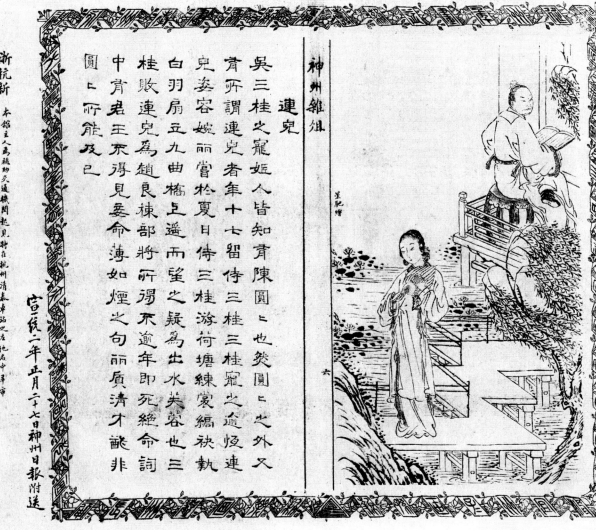

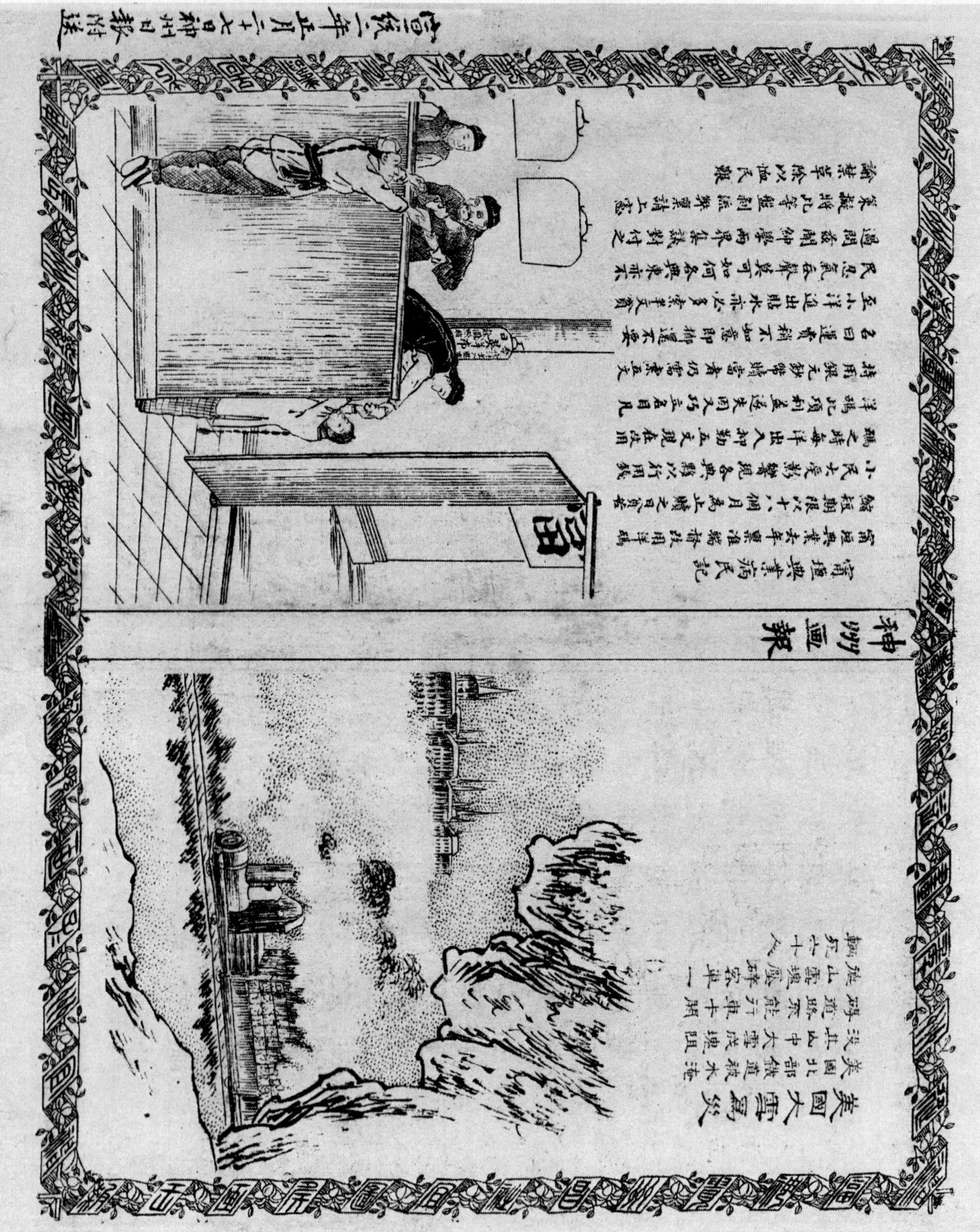
美國大雪爲災
美國北部鐵道被水淹沒其山中大雪成塊阻碍道路不能行車十開旋山雪塊壓碎客車一輛死六十人
神州画報
甯垣典業病民記
甯垣典業去年稟准端督改用洋碼縮短期限以十八個月為止贖之日貧苦小民大受影響現各典夥以行用錢碼之時每洋出入抑勒五文現在改用洋碼此項利益遂失因又巧立名目凡持用銀元鈔幣贖當者仍需索五文名曰運費稍不如意即擲還不要至小洋進出貼水亦必多索半文貧民忍氣吞聲莫可如何各典東亦不過問茲聞紳學兩界集議對付之策擬將此等盤剝流弊稟請上憲諭禁革除以恤民艱
當
宣統二年正月二十七日神州日報附送

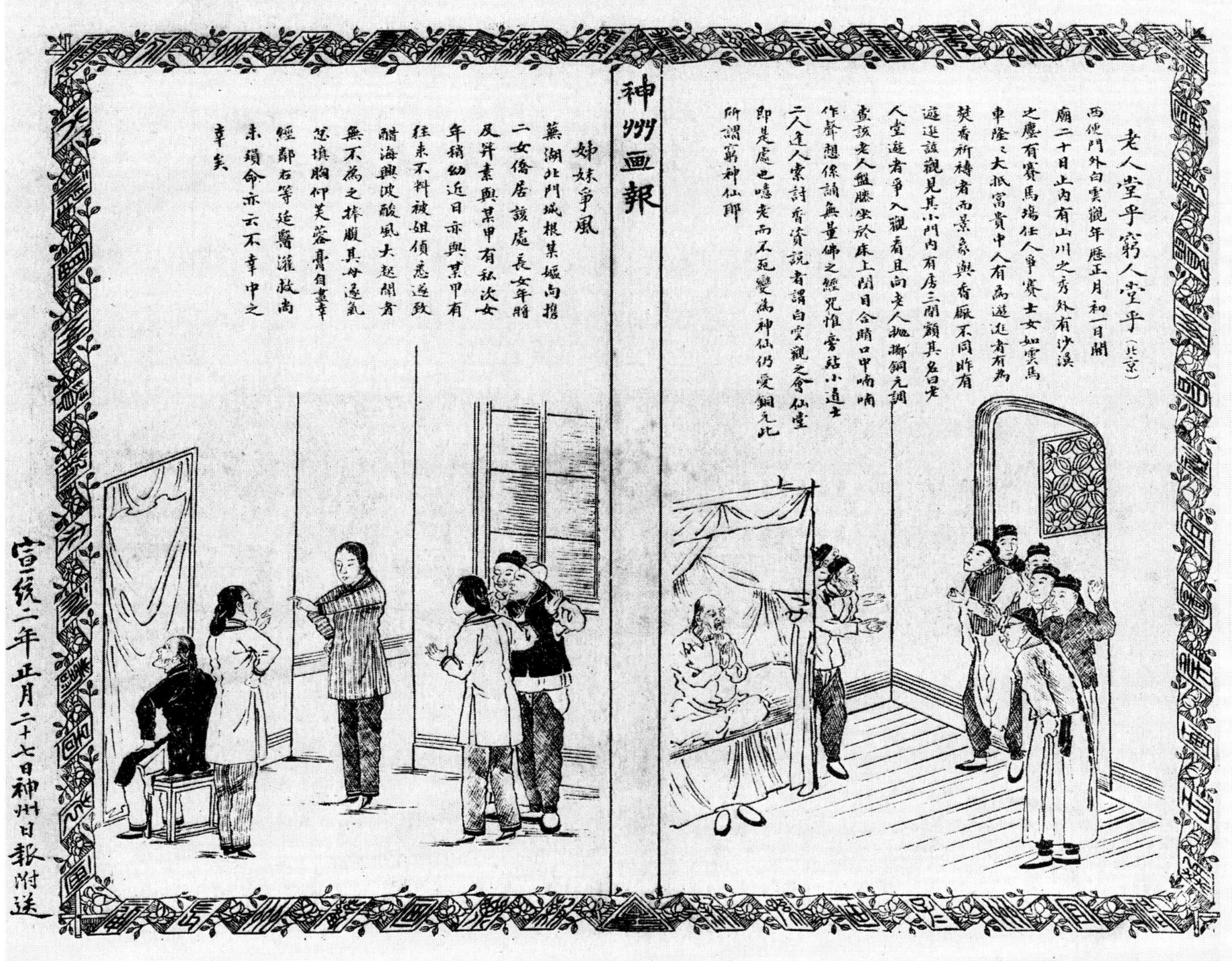

神州畫報
老人堂乎窮人堂乎（北京）
西便門外白雲觀年歷正月初一日開廟二十日止內有山川之秀外有沙漠之塵有賽馬場任人爭賽士女如雲馬車隆隆大抵富貴中人有爲遊逛者有爲焚香祈禱者而景象與香廠不同昨有遊逛該觀見其小門內有房三間顏其名曰老人堂遊者爭入觀看且向老人抛擲銅元謂畫該老人盤膝坐於床上閉目合睛口中喃喃作聲想係誦無量佛之經咒惟旁站小道士二人逢人索討香資說者謂白雲觀之會仙堂即是處也噫老而不死變爲神仙仍愛銅元此所謂窮神仙耶
姊妹爭風
蕪湖北門城根某媼向攜二女僑居該處長女年將及笄素與某甲有私次女年稍幼近日亦與某甲有往來不料被姐偵悉遂致醋海興波酸風大起鬧者無不爲之捧腹其母遂氣忿填胸仰芙蓉膏自盡幸經鄰右等延醫灌救尚未殞命亦云不幸中之幸矣
宣統二年正月二十七日神州日報附送

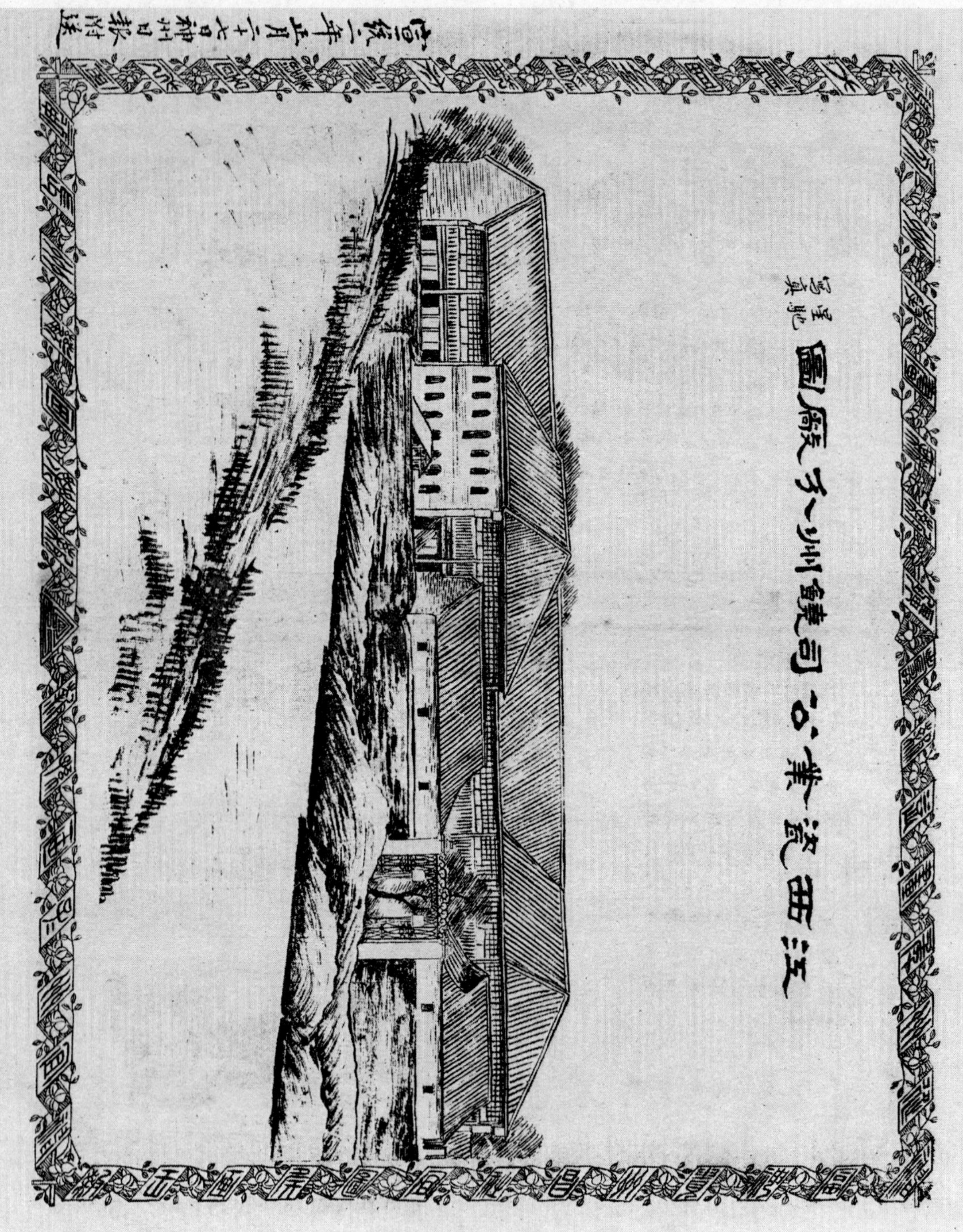
江西瓷業公司饒州分廠圖
星馳寫真
宣統二年正月二十七日神州日報附送

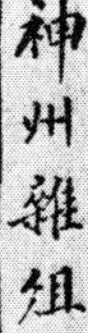

神州雜組

王仲瞿

王仲瞿與畢秋帆寵姬偕逃一事人多知之而仲瞿當時所作手書則鮮有見者頃見客窗閒話載此事甚詳亟錄如下云畢制軍由科甲起家愛才甚羅致者皆名流制軍如夫人甚衆琴棋詩畫各擅一長使名士為之傳王方在制軍幕適年制軍得寵姬某氏詩筆清新與王相類遂使姬作女學生傳遞詩詞兩情相洽有文君之約而未得其便值制軍壽誕內外演劇百戲並作姬乃訂王捲細軟逾花園後垣同逸次日侍者報二人夜不歸制軍怒傳心腹武弁入室授之劍而諭之故曰迅往南取二人首認姬作汝妻為王姦拐故追而斬之投所在官司自首汝既無罪且不次超遷汝職弁領命將行濟香夫人遽出喝止乃諫制軍曰機事不密則害成此等事想已颺播省垣矣引盜入室斬之非義且王名甚著愛之者不僅君一人使士林抱不平察實而發其覆貽害無窮矣

宣統二年正月二十九日神州日報附送

南洋勸業會事務所

神州画報

天雨黑豆

湖北黃岡縣陽邏鎮地方於正月十五日天雨灑降黑豆遍地皆是惟黴臭不可食據父老傳說前明崇禎登極時與洪逆第三次陷鄂時湖北沿江一帶均雨黑豆謂此朕兆大約少吉多凶道路紛紛傳說不一小民之迷信于此可見一斑矣

前倨後恭

山西陽曲縣謝令性極為輕躁日前因赴東門外驗屍於夜間始行回城扣門而入守城門軍請其留一名刺以便報告該令遽怒曰本縣名刺豈能輕給爾等喝令從者拿下痛責二百城守尉聞之大為不懌立即上院稟見訴其無禮當經丁中丞傳見該令嚴加申斥並諭以賠禮服罪其事乃寢云

宣統二年正月二十九日神州日報附送

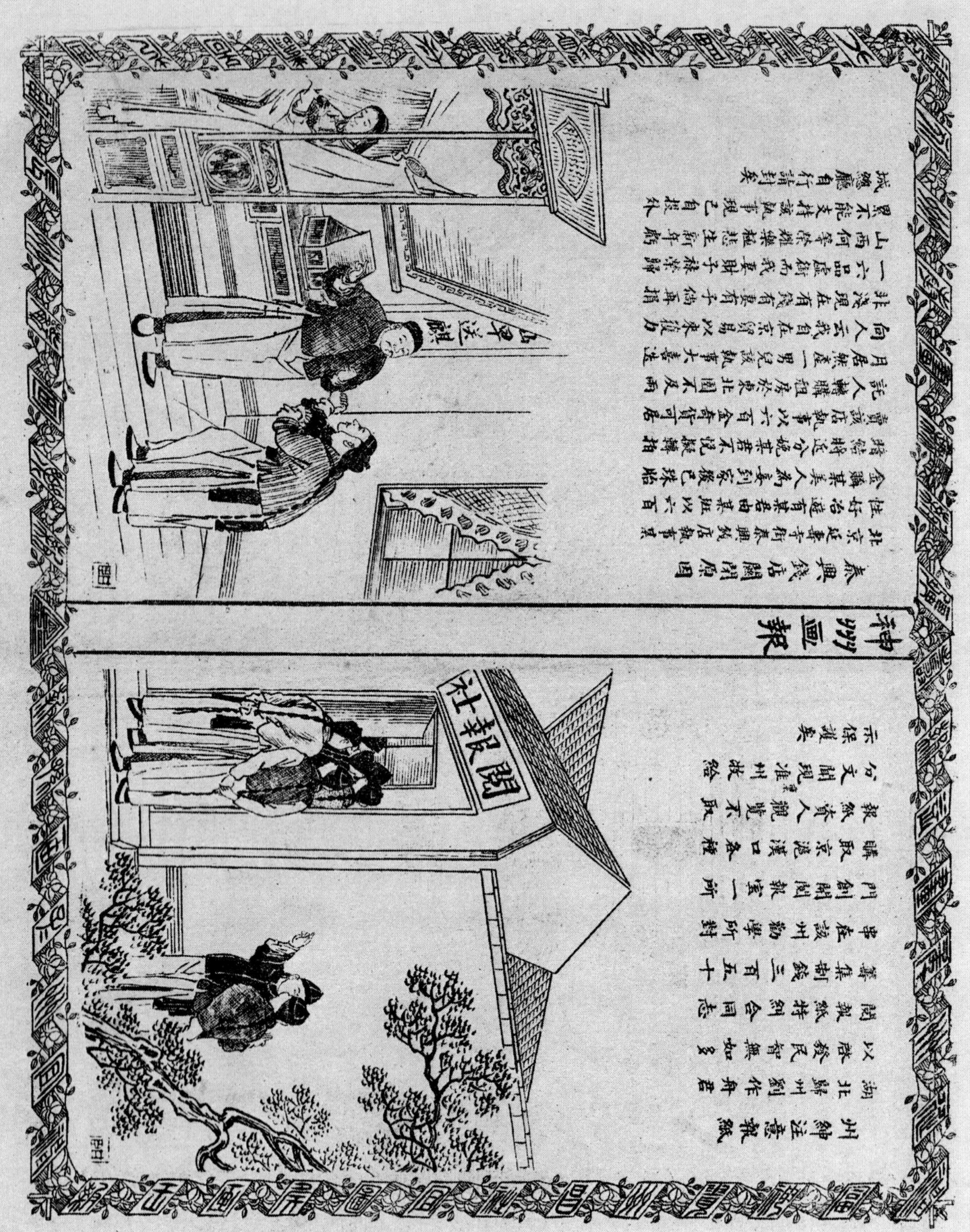
州紳注意報紙
湖北歸州劉作舟君
以啓發民智無如多
閱報紙特糾合同志
籌集制錢三百五十
串在該州勸學所對
門創開閱報室一所
購取京滬漢口各種
報紙資人觀覽不取
分文聞現准州牧給
示保護矣
閱報社
神州画報
泰興錢店關閉原因
北京延壽寺街泰興錢店執事某
性好冶遊有某君由某班以六百
金購某美人為妾到家後已珠胎
暗結將近分娩某君不悅擬轉拍
賣該店執事以六百金奇貨可居
託人轉購租房於東北園不及兩
月居然產一男兒該執事大喜迭
向人云我自在京貿易以來獲力
非淺現在有錢有妻有子倘再捐
一六品虛銜而我妻財子祿榮歸
山西何等榮耀樂極悲生新年虧
累不能支持該執事現已自投外
城總廳自行請封矣

君聰明闊達豈不見及此恐一時忿怒眛之耳制軍怒頓息曰為之奈何夫人曰是不難昔楊越斐晉二公皆人傑也盗其侍妾不但不追問有厚贈者曷不仿而為之請作札遣家人贈以行貲則王有不感愧圖報者乎且以美姬贈名士古人恆為之不但士林不笑且寬大之譽適寰區矣孰得孰失君試思之制軍大悅曰非夫人之論幾大誤即作書以千金遣奴子追贈其書畧曰僕適花甲所以室有少女者非自好也誠以聰明俊秀之產造物亦幾費經營使之誤配莽夫殊深惋惜是以羅而致之且隨其姿質教成學術以配君子豈非天下大快事耶故某女遣隨足下僕早有作合之心所不預言者緣此女學未大成欲其精進而後成之不意巫山神女竟自投楚王矣其識見亦屬非凡僕當順其情以遂好逑佳話但不別而行妙手空空腰纏何藉未免累及君子故遣下走餽𩟔伏冀哂存所有足下行囊與某女衣飾俱檢點附上二人得書慚愧悲感望東叩首曰夫子之德竟是二天當作犬馬圖報再拜作稟申意其詞曰憶自亥子春秋獲游門下巳諭妄奏得近雲門萊菴下材頓親琪樹廼康成雅度欲聽慧婢之詩而小子何知俾作麗娘之傳於是銀蟬入户共賡隔蕊之清歌紅杏出牆願借隣家以艷色以致宓妃留枕非關韓掾偷香携手星奔抱衾露宿方虞飛洞賓之劍何期添裴晉之裝夫子休休有容勤勤樂育使狗偷鼠竊不作青燐成鳳侶鸞儔同偕白首且惠以贐儀四百行李增光從此弱水三千片颿穩渡感周旋之子細盖媿寸衷期報荅以辛勤難酬尺澤惟思礪頑鈍之器庶不貽冰鑑之羞千載遭逢萬言莫罄敢因臂指敬布腹心云云後王入京都為某邸上客有與制軍為難者多方營救之卒賴其力以免云

宣統二年二月初一日神州日報附送

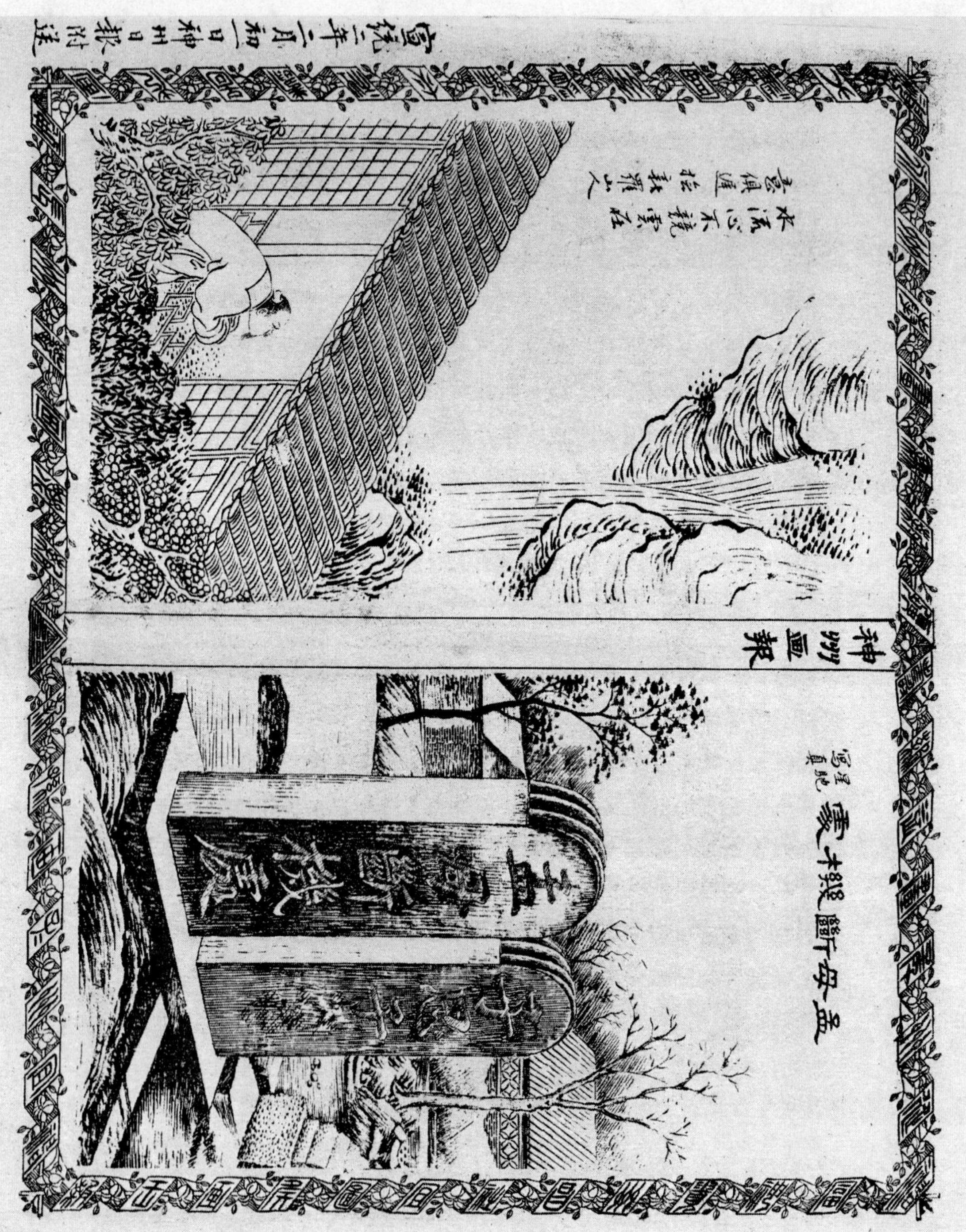

神州画報
孟母斷機處
宣統二年三月初一日神州日報附送

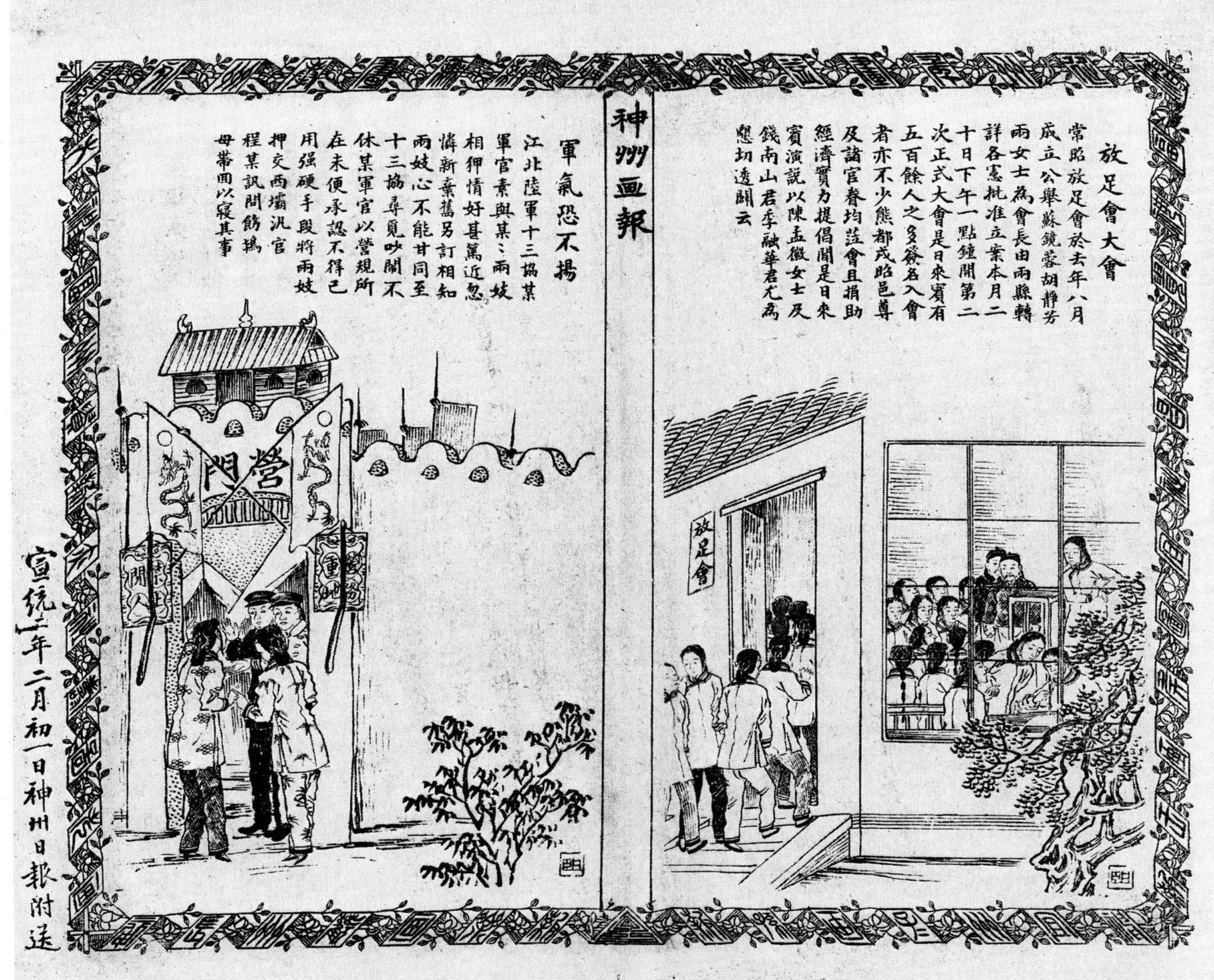

神州画報

放足會大會

常昭放足會於去年八月成立公舉蘇鏡蓉胡靜芳兩女士為會長由兩縣轉詳各憲批准立案本月二十日下午一點鐘開第二次正式大會是日來賓有五百餘人之多簽名入會者亦不少熊都戎昭邑尊及諸官眷均蒞會且捐助經濟實力提倡聞是日來賓演說以陳孟徽女士及錢南山君李融華君尤為懇切透闢云

軍氣恐不揚

江北陸軍十三協某軍官素與某某兩妓相狎情好甚篤近忽憐新棄舊另訂相知兩妓心不能甘同至十三協尋覓吵鬧不休某軍官以營規所在未便承認不得已用强硬手段將兩妓押交西壩汛官程某訊問飭找母帶回以寢其事

宣統二年二月初一日神州日報附送

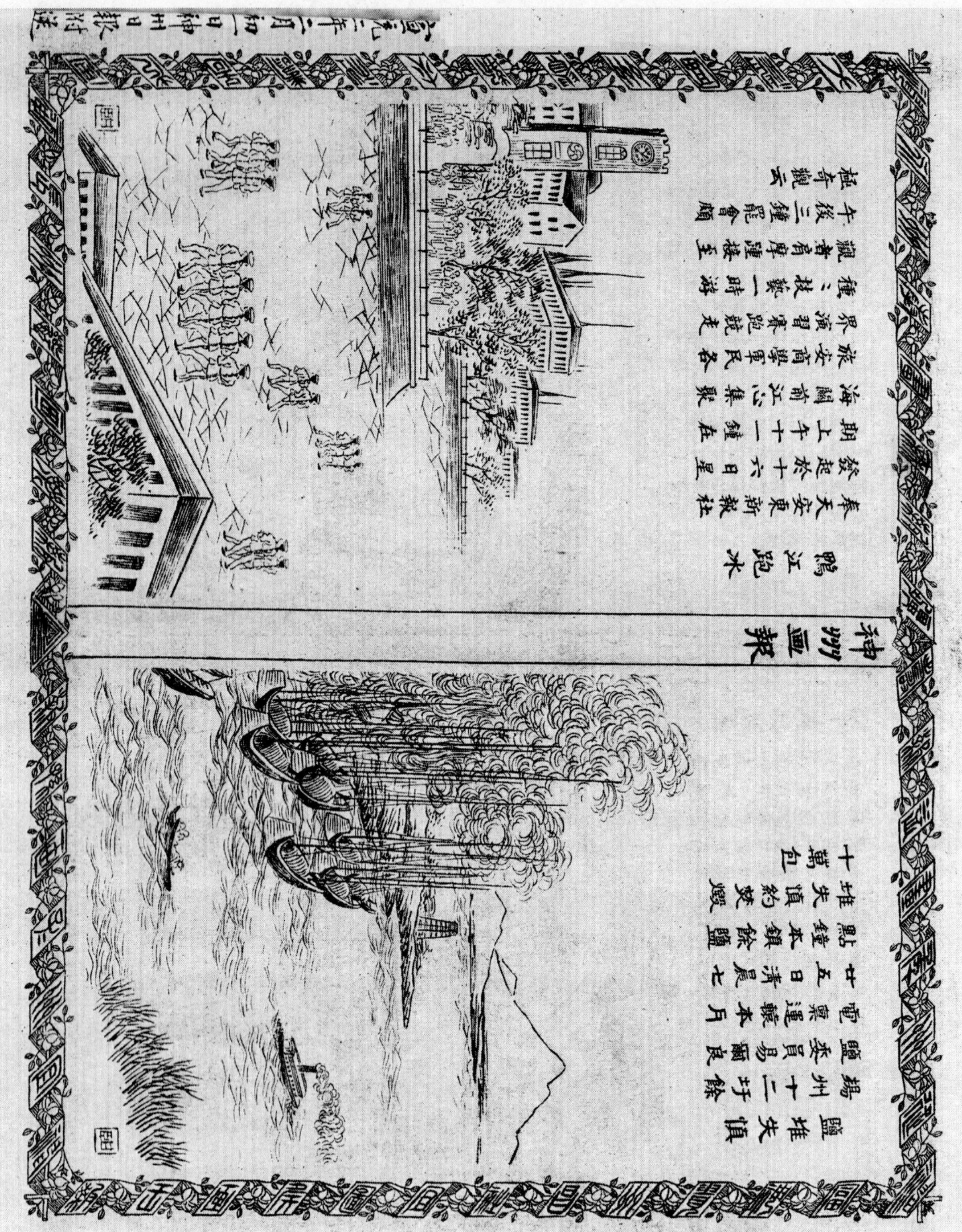
神州画報
鹽堆失慎
揚州十二圩餘鹽委員易爾良電稟運轅本月廿五日清晨七點鐘本鎮餘鹽堆失慎約焚燬十萬包
鴨江跑冰
奉天安東新報社發起於十六日星期上午十一鐘在海關前江心集聚旅安商學軍民各界演習賽跑競走種種技藝一時游觀者肩摩踵接至午後三鐘罷會頗極奇觀云
宣統二年二月初一日神州日報附送

九

神州雜俎

邊大綬

闖賊之敗人皆知因米脂令邊大綬掘坟之故而不知設計者皆門子賈焕成之也即邊自作虎口餘生紀中亦不載賈焕姓氏聞父老云當闖賊猖獗時其兄李自祥已改姓為張仍充縣役其意有在一日令方視事有赴訴賣菸為兵所搶者令命至堂鞫訊其人匍匐膝前陽作哀訴陰以手按令足令解其意帶至後堂賣菸者請屏左右乃脫帽裂縫出封函曰吾實内監此密旨也令拜讀乃命掘闖賊祖坟之詔隨揮之出僞償其值而遣之然闖賊祖墳實難尋問又係密旨不敢聲張時闖逆燄已熾令憂形于色門子賈焕令素所親信者乘間請其故令念舍此無可告者遂詳吐前事焕曰事未可驟圖也令在官捕快張自祥本闖賊親兄縣役某某等二十人皆其死黨約俟賊兵至卽為内應焕實二十人之一也令欲知彼祖墓須與自祥結納可徐察之詰旦傳祥入内宅令

宣统二年二月初三日神州日報附送

叅孟頫秋岳兩家畫法
宣統二年二月初三日神州日報附送

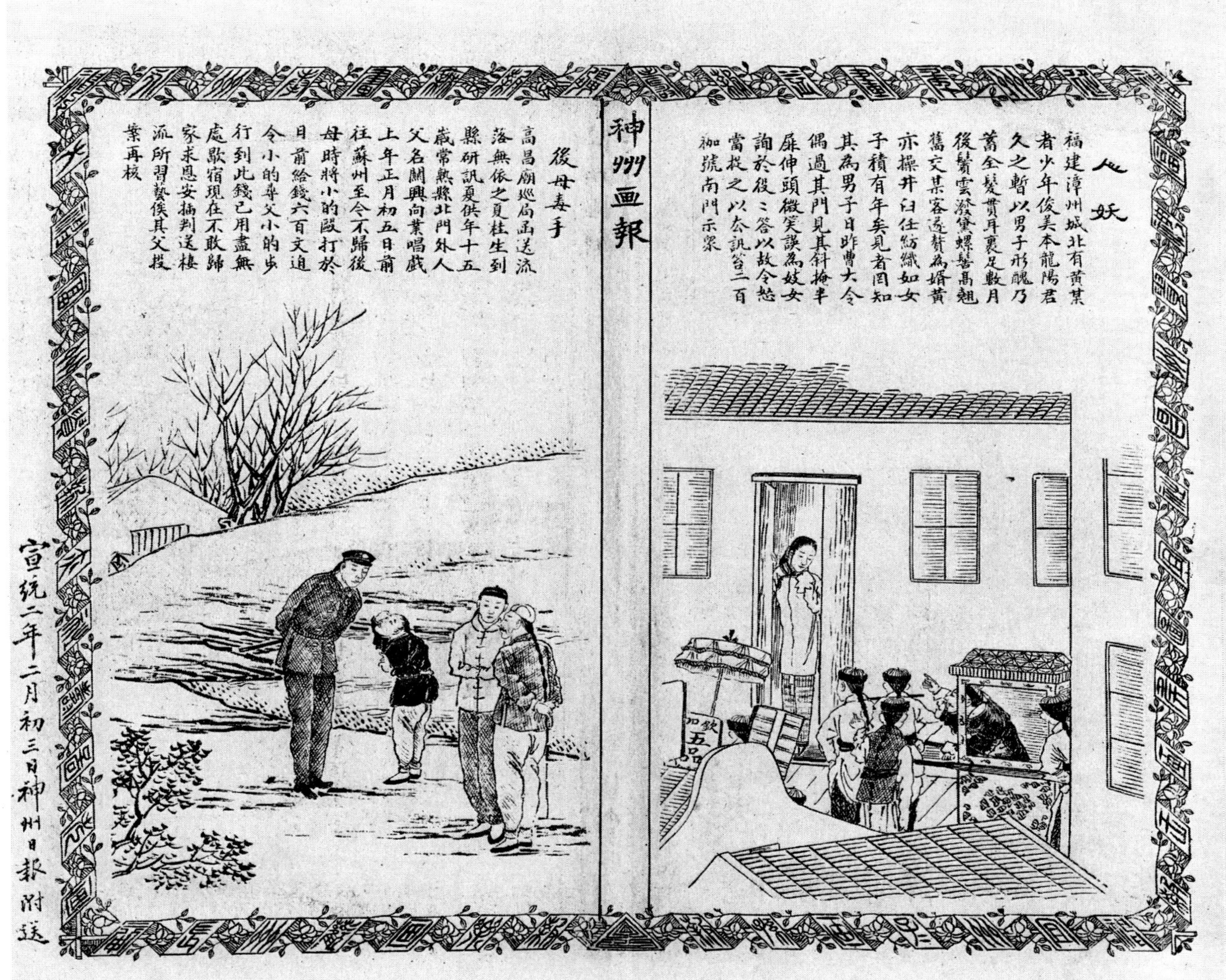
神州畫報
人妖
福建漳州城北有黃某者少年俊美本龍陽君久之暫以男子形醜乃蓄全髮貫耳裹足數月後鬢雲潑黛螺髻高翹舊交某客遂贅為婿黃亦操井臼任紡織如女子積有年矣見者罔知其為男子日昨曹大令偶過其門見其斜掩半扉伸頭微笑譏為妓女詢於役役答以故令怒當提之以來訊笞二百枷號南門示衆
後母毒手
高昌廟巡局函送流落無依之夏柱生到縣研訊夏供年十五歲常熟縣北門外人父名關興向業唱戲上年正月初五日前往蘇州至今不歸後母時將小的毆打於日前給錢六百文逼令小的尋父小的步行到此錢已用盡無家求恩安插判送棲流所習藝俟其父投案再核
宣統二年二月初三日神州日報附送

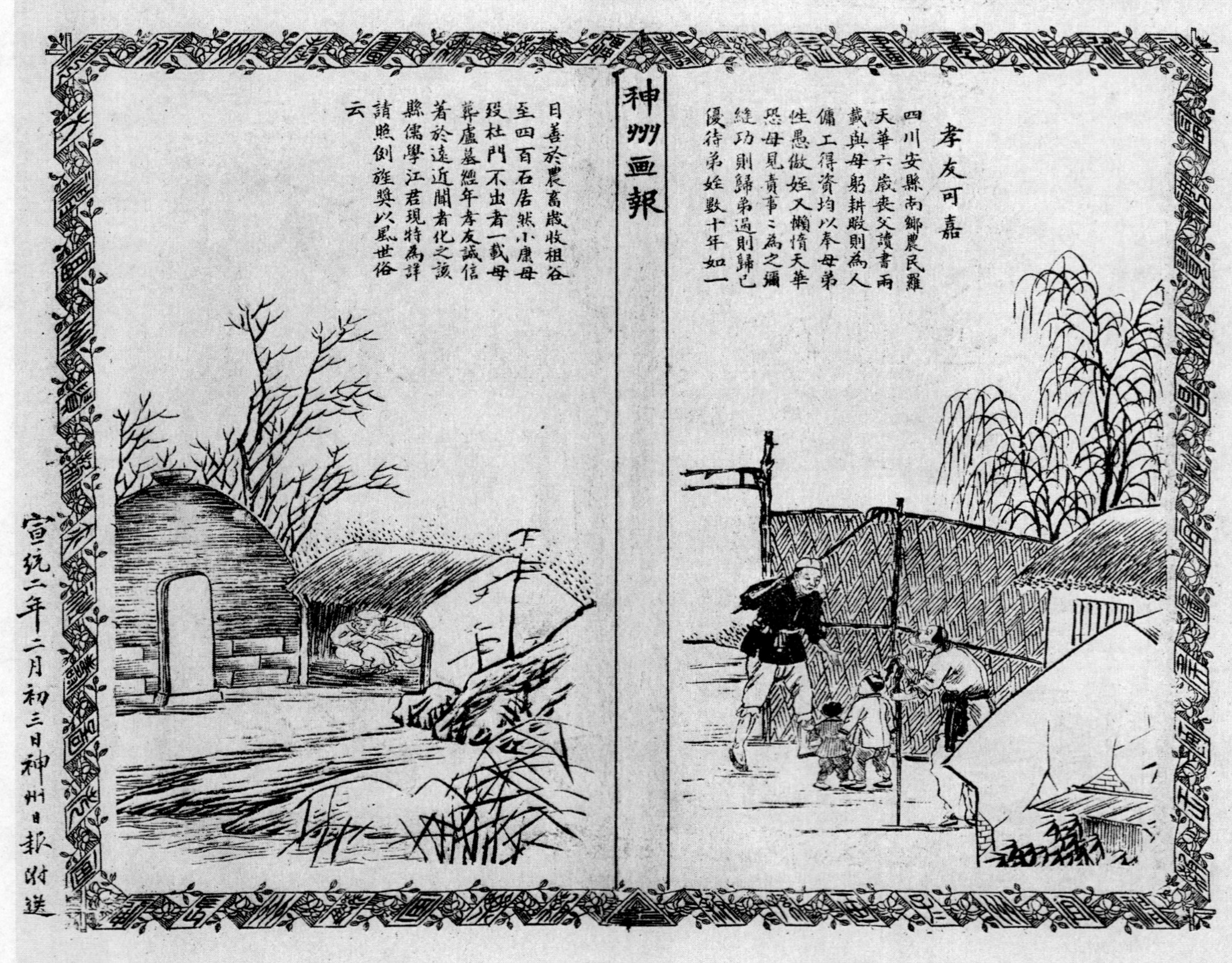
神州画報
孝友可嘉
四川安縣南鄉農民羅天華六歲喪父讀書兩載與母躬耕暇則為人傭工得資均以奉母弟性愚徵姪又懶惰天華恐母見責事事為之彌縫功則歸弟過則歸己優待弟姪數十年如一日善於農蓄歲收租谷至四百石居然小康母歿杜門不出者一載母葬廬墓經年孝友誠信著於遠近聞者化之該縣儒學江君現特為詳請照例旌獎以風世俗云
宣统二年二月初三日神州日報附送

笑曰爾本姓李何易張為自祥方置辭令曰時事已不可為天意有在爾輩皆應時豪傑予身家方賴保全何必相瞞遂偕煥與自祥結拜久之乘醉訖言善堪輿叩其墓所形勢自祥乃以出獵為名邀令同往盡知其墓所在越數日闖賊將犯潼關令出七千金付自祥俾先行投欵軍前吾俟入關後即至盡遣其所好者十餘人以附行衛其輜重祥去令偕煥並家人潛往伐墓墓上有大樹一株紫藤垂滿掘至自成父棺藤根包裹千匝以巨斧斷其藤棺開有小白蛇一令斷蛇而焚其尸墓掘畢覓煥不得令甚驚懼久之煥至令詢何往煥曰恐自祥有疑復回另圖他計某特送出潼關令彼心安耳此地不可久居乘闖賊新敗縱有報聞力不暇及公已為朝廷立此大功可謂不負君命胡不挂印歸山乎令遂棄官煥亦他遁越數年大緩閒住京師之絨線衚衕忽有一僧白髮蒼顏詣門求見大緩出僧即跪哭視之乃賈煥也相持而泣大緩固留不可與

神州雜組

之金不受為衆衣裝一痛而別不知所終

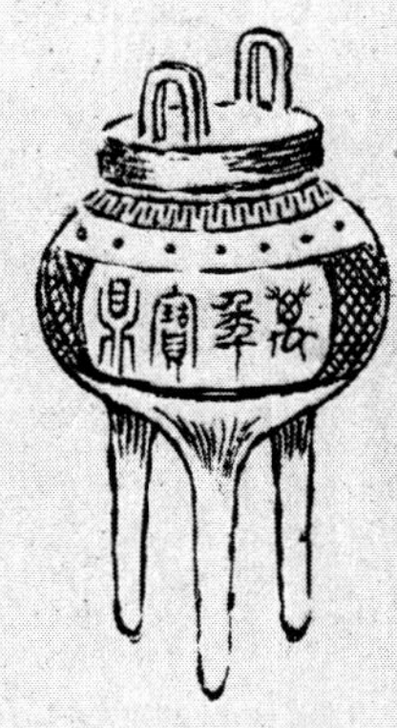

宣統二年二月初五日神州日報附送

浙杭新組織清泰第二旅館廣告

本館主人為補助交通機關起見特在杭州清泰車站以左地名中羊市街新建三層高大洋房數十幢開設清泰第二旅館形式極為雅觀內容亦極精美其鐵床細被浴室花園閱報室拋球場會客廳種種設備繁不勝載食品點心等件尤為講求務合衛生藉副諸公之雅意倘蒙賜顧當極歡迎現已組織粗成擇於正月十七日先行交易俟完備後再謹告正式開張之期此佈

群盲評古
星馳
警鐘
陸
海
醫
礦
宣統二年二月初五日神州日報附送

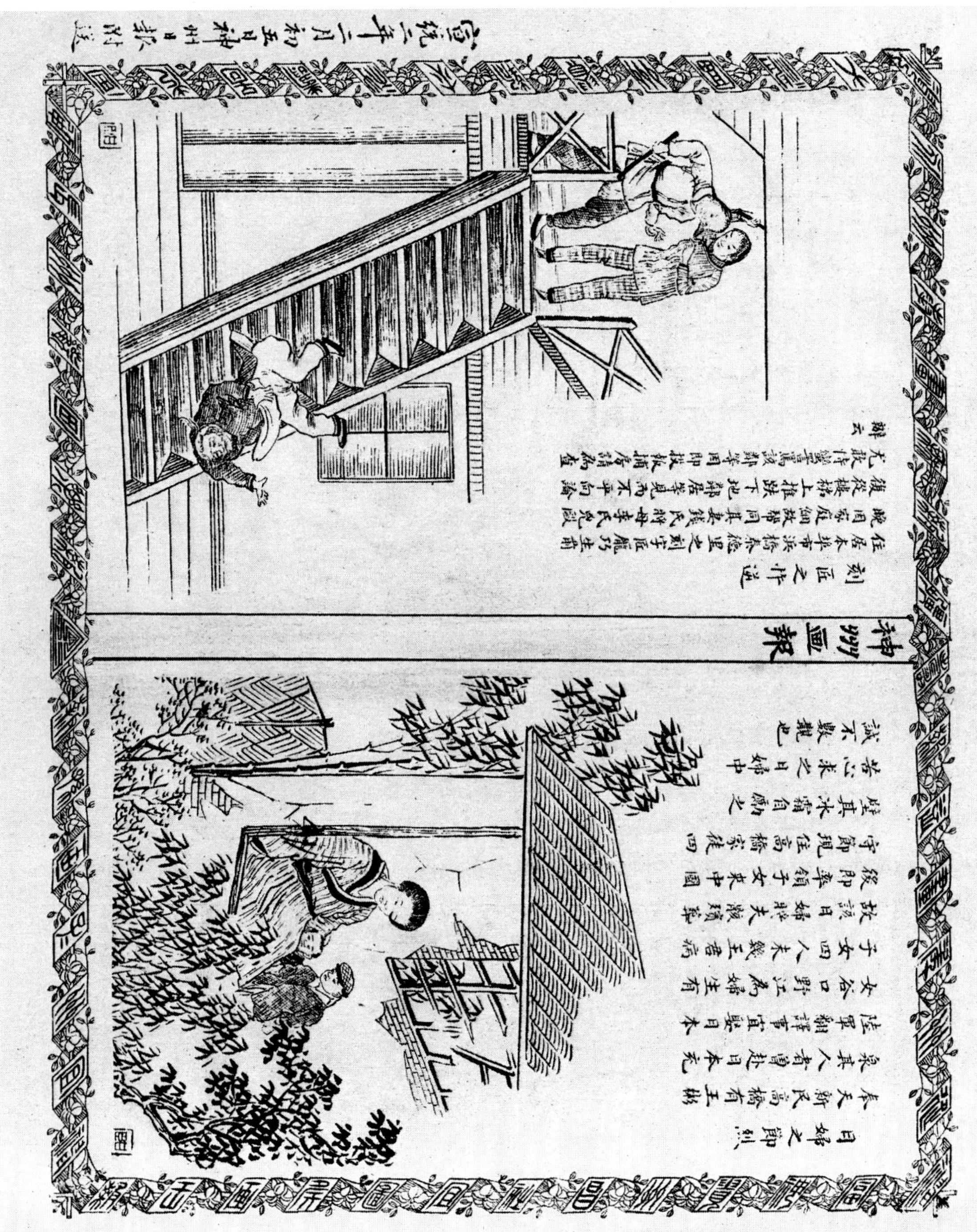

神州画報
日婦之節烈
奉天新民高橋有王彬泉其人者曾赴日本充陸軍翻譯事宜娶日本女谷口野江為婦生有子女四人未幾王君病故該日婦將夫骸殯葬後即率領子女來中國守節現住高橋家徒四壁其冰霜自勵之苦心求之日婦中誠不數覯也
刻匠之忤逆
住居本埠市浜橋泰德里之刻字匠龐乃生前晚因家庭細故帮同其妻錢氏將母李氏兇毆復從樓梯上推跌下地鄰居等見而不平向論尤敢恃蠻詈罵該鄰等因即投報捕房請為查辦云
宣统二年二月初五日神州日報附送

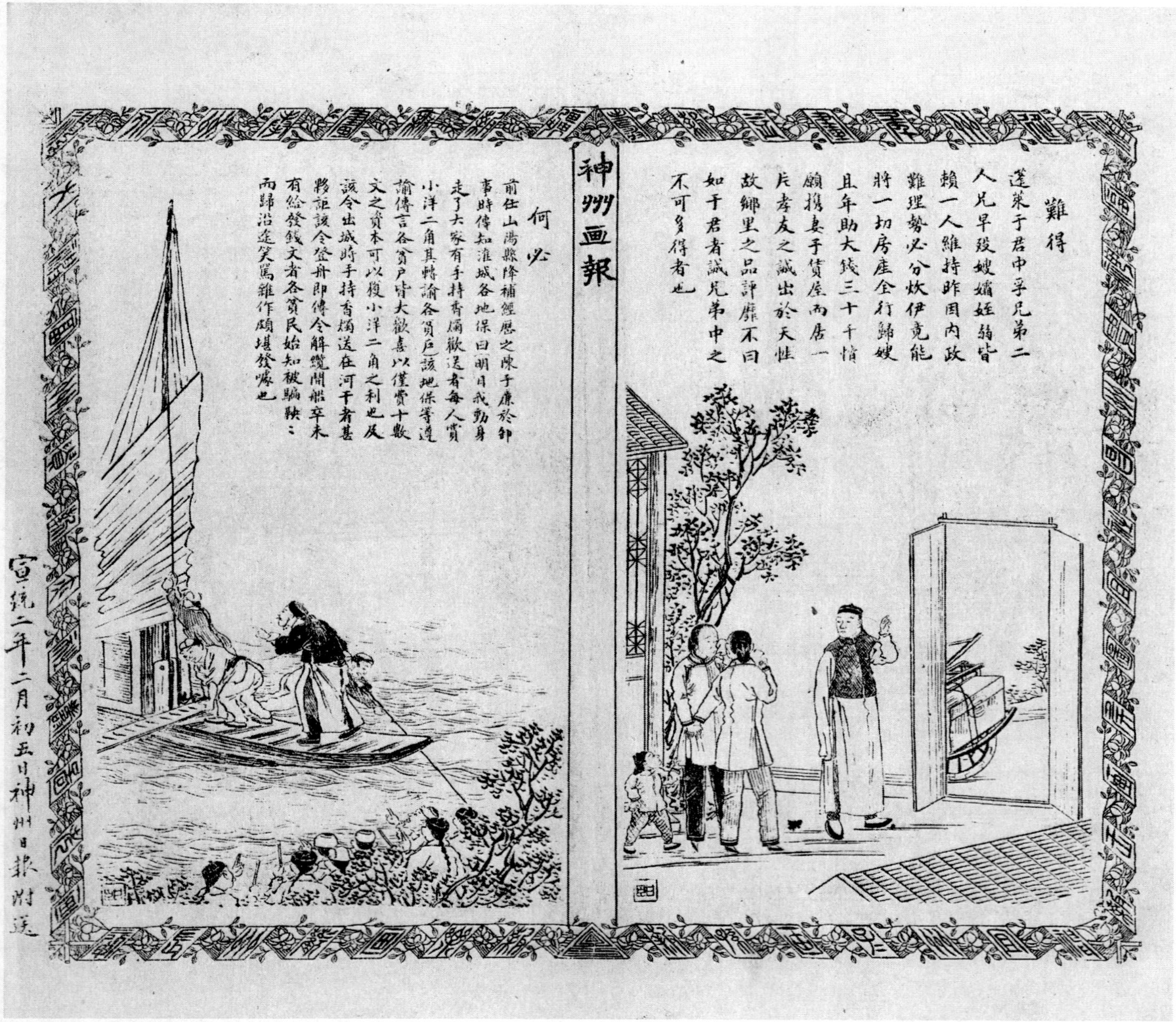
神州画報
難得
蓬萊于君中孚兄弟二人兄早歿嫂孀姪弱皆賴一人維持昨因內政難理勢必分炊伊竟能將一切房產全行歸嫂且年助大錢三十千情願攜妻子賃屋而居一片孝友之誠出於天性故鄉里之品評靡不曰如于君者誠兄弟中之不可多得者也
何必
前任山陽縣降補經歷之陳子康於卸事時傳知淮城各地保曰明日我動身走了大家有手持香燭歡送者每人賞小洋二角其轉諭各貧戶該地保等遂諭傳言各貧戶皆大歡喜以僅費十數文之資本可以獲小洋二角之利也及該令出城時手持香燭送在河干者甚夥詎該令登舟即傳令解纜開船卒未有給發錢文者各貧民始知被騙騃〻而歸沿途笑駡雜作頗堪發噱也
宣統二年二月初五日神州日報附送

神州雜俎　十一

高娃

明正統間京師妓高娃舉止溫雅時昌平侯楊俊方盛年見而悅之使人示以娃曰妾年十六未嘗失身於人楊將軍天下奇士苟講妾必能脫妾於青樓若圖旦夕之好使妾復以殘質事他人妾雖賤死不從命俊姑諾之及定情真處子也將納為姬會以備邊不果娃閉門謝客歷十年志不改俊以土木之變為名亨所構與范都督廣同論死將刑親戚故吏無一往視有縞素而來者高娃也俊問曰爾來何為娃曰來視公死大哭而呼曰天乎公無罪謟罵者誰歟乃使公至此既戮娃奉首吮血紉接於項顧俊家人曰好瘞而主遂以刀自刎於旁

宣統二年二月初七日神州日報附送

浙杭新組織清泰第二旅館廣告

本館主人為補助交通機關起見特在杭州清泰車站之左地名中市街新建三層高大洋房數十幢開設清泰第二旅館形式極為雅觀內容亦極精美具鐵床細被浴室花園閱報室拋球場會客廳種種設備無不勝載食品點心等件尤為講求務合衛生藉副　諸公之雅意倘蒙　賜顧當極歡迎現已組織粗成擇於正月十七日先行交易俟完備後再謹告正式開張之期此佈

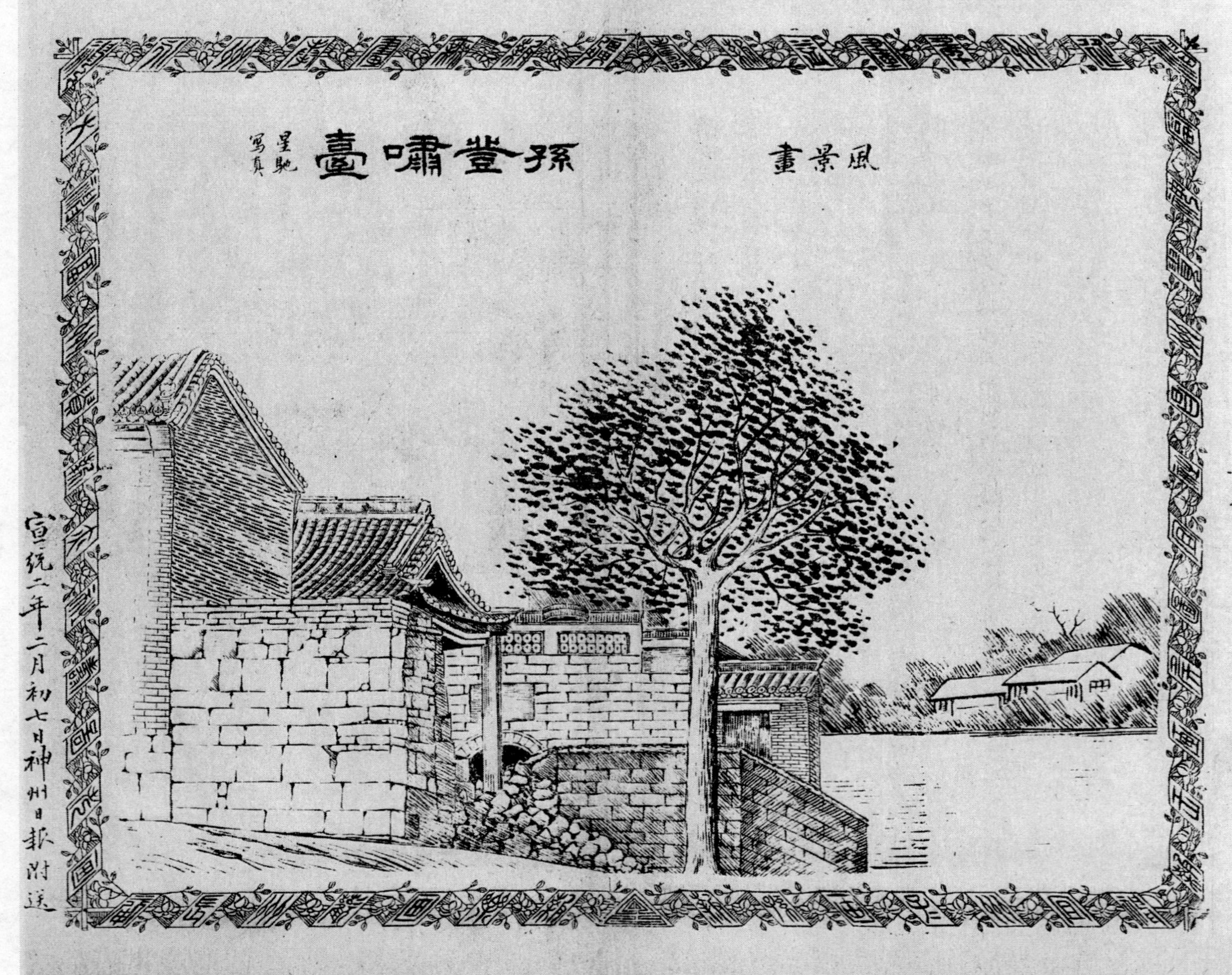
風景畫
孫登嘯臺
星馳寫真
宣統二年二月初七日神州日報附送

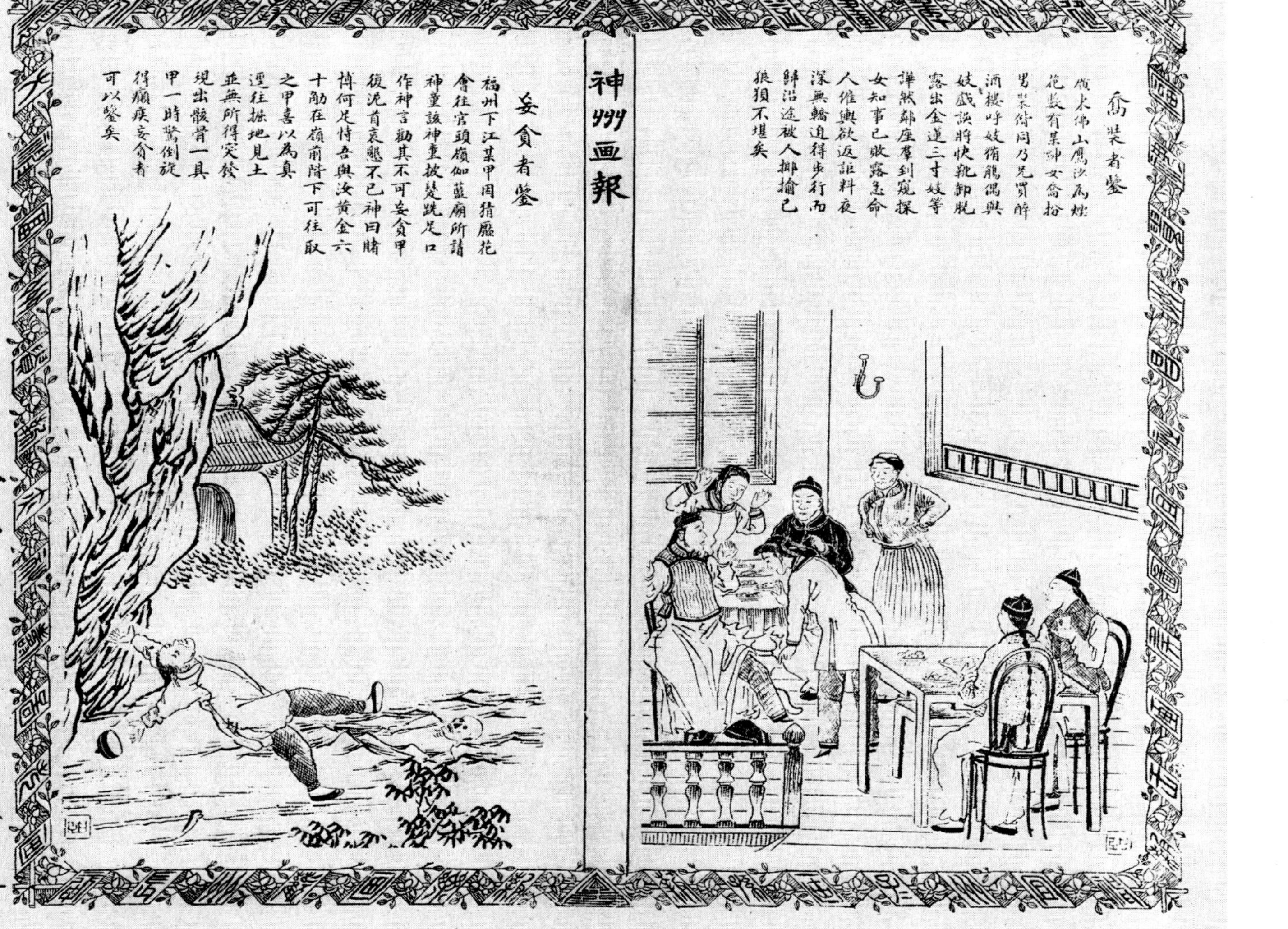
神州画報
喬裝者鑒
廣東佛山鳳池為烟
花藪有某帥女喬扮
男裝偕同乃兄買醉
酒樓呼妓侑觴偶與
妓戲謔將快靴卸脫
露出金蓮三寸妓等
譁然鄰座群到窺探
女知事已敗露急命
人僱輿欲返詎料夜
深無轎追得步行而
歸沿途被人揶揄已
狼狽不堪矣
妄貪者鑒
福州下江某甲因猜厰花
會往宮頭嶺伽藍廟所請
神童該神童披髮跣足口
作神言勸其不可妄貪甲
復泥首哀懇不已神曰賭
博何足恃吾與汝黃金六
十觔在嶺前階下可往取
之甲喜以為真
運往掘地見土
並無所得突發
現出骸骨一具
甲一時驚倒旋
得癲疾妄貪者
可以鑒矣
宣統二年二月初七日神州日報附送

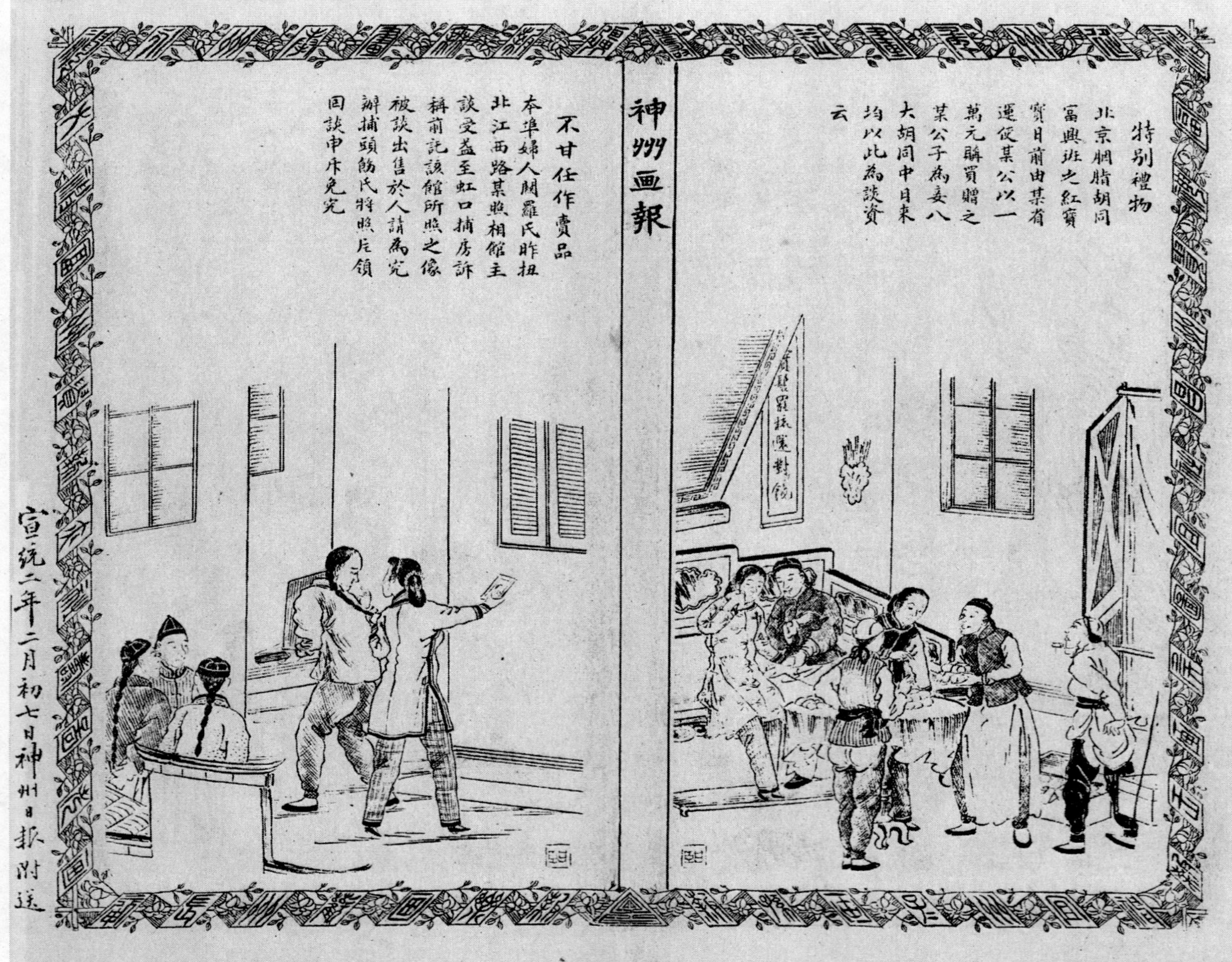
神州画報
特別禮物
北京胭脂胡同富興班之紅寶寶日前由某省運役某公以一萬元購買贈之某公子為妾八大胡同中目來均以此為談資云
不甘任作賣品
本埠婦人閔羅氏昨扭北江西路某照相館主談受益至虹口捕房訴稱前託該館所照之像被談出售於人請為究辦捕頭飭氏將照片領回談申斥免究
宣統二年二月初七日神州日報附送

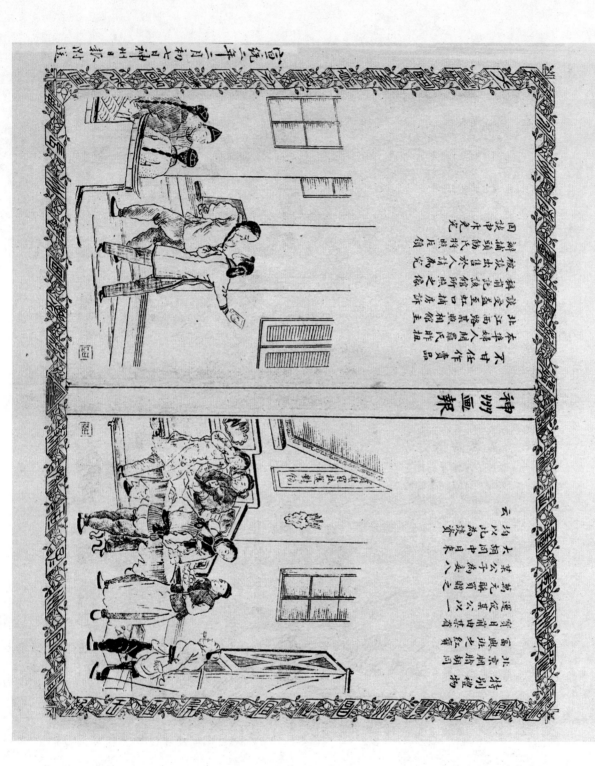

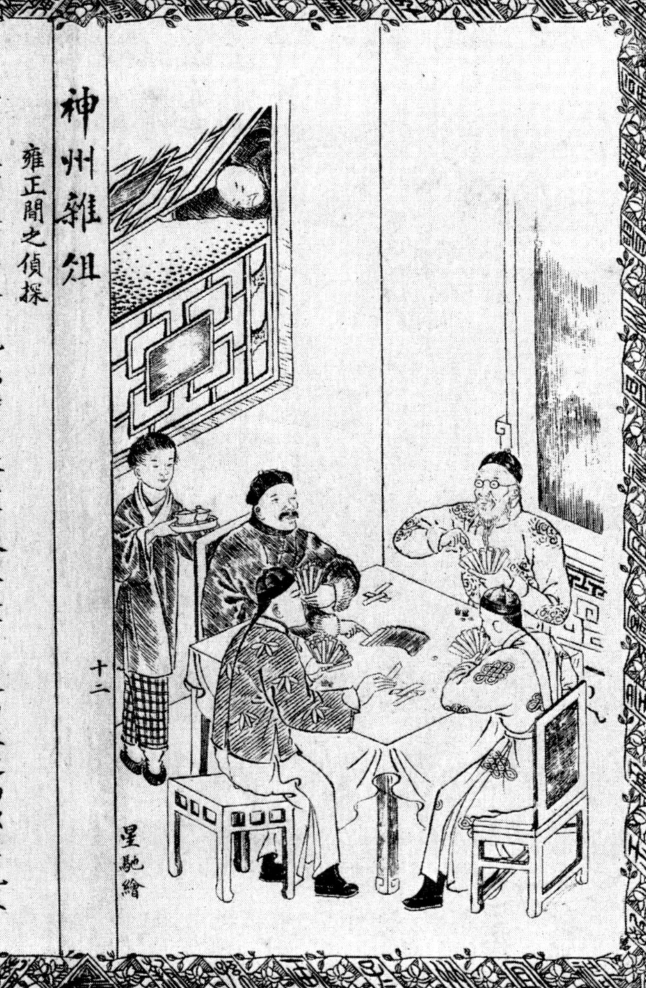

神州雜俎

雍正間之偵探

世宗馭下嚴而好察在潛邸時羅致異材劍俠之士甚衆即位之初以廉親王允禩貝子允禟輩深蓄異謀遂設邏騎以覘下情交徧於内外其時里巷細故上多知之王雲錦於元旦日同戚友為葉子戲局未終而失一葉次日值朝上問元日何以為歡王具以實對　上笑曰不欺暗室謹於慎獨之功真狀元也因袖出一葉示雲錦即其昨所失者王士俊開府浙閩陛辭出都張文和薦一健僕於王供役甚謹後將入都述職僕先辭去王問故僕曰汝數年無大過吾今亦入京面　上反命且為汝先容始知為侍衛某　上遣之以詗王者又有一選人買新冠引見道逢人告以故次日入朝謝恩免冠叩首　上笑曰慎勿污汝新冠汝昨方購自某所者其明察多類是故其時大小臣僚均勤厥職而不敢肆慢

宣統二年二月十一日神州日報附送

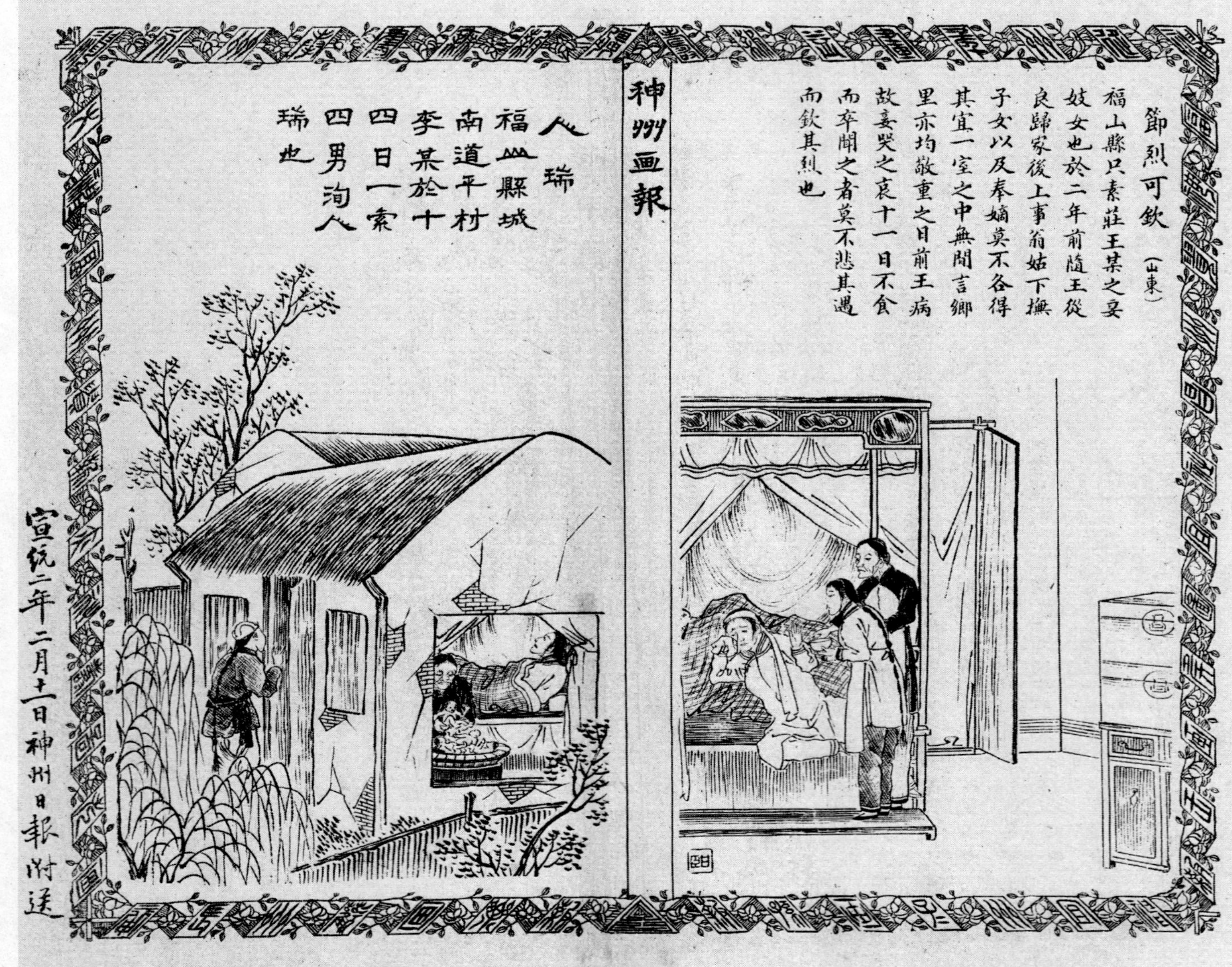
神州画報

節烈可欽（山東）

福山縣只素莊王某之妾妓女也於二年前隨王從良歸家後上事翁姑下撫子女以及奉嫡莫不各得其宜一室之中無閒言鄉里亦均敬重之日前王病故妾哭之哀十一日不食而卒聞之者莫不悲其遇而欽其烈也

人瑞

福山縣城南道平村李某於十四日一索四男洵人瑞也

宣統二年二月十一日神州日報附送

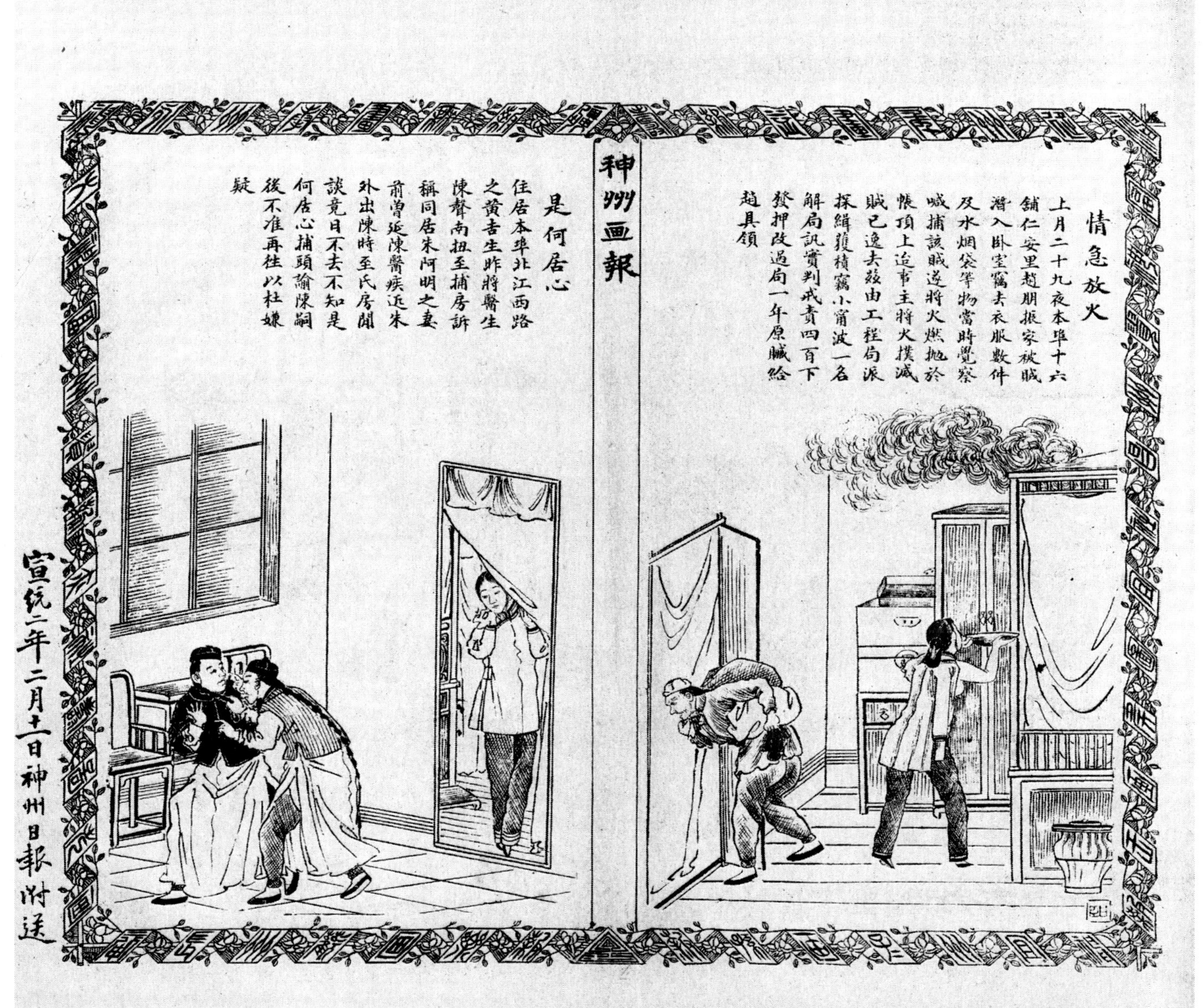

神州畫報
情急放火
上月二十九夜本埠十六鋪仁安里趙朋振家被賊潛入卧室竊去衣服數件及水烟袋等物當時覺察喊捕該賊逡將火燃拋於帳頂上迨事主將火撲滅賊已逸去兹由工程局派探緝獲積竊小甯波一名解局訊實判戒責四百下發押改過局一年原贓給趙具領
是何居心
住居本埠北江西路之黃吉生昨將醫生陳聲南扭至捕房訴稱同居朱阿明之妻前曾延陳醫疾迄朱外出陳時至氏房閒談竟日不去不知是何居心捕頭諭陳嗣後不准再往以杜嫌疑
宣統二年二月十一日神州日報附送

一門雙烈婦
山東樂安李家莊李某之婦于歸後曲盡婦道惟其姑殘忍終難得姑歡嗣出之母家問其故婦泣而不言敝衣垢面拾薪採茶以自給日遇夫于野相持而泣求返而夫攜之歸姑怒杖李某頻驅其婦〻遂自縊死
又李某之姪婦王氏于歸越三年生子而孀值去歲凶歉姑令改適氏誓死不從令歲因家人嗷〻迫於飢寒因食砒鹽而死知者多哀之
神州画報
宣統二年二月廿一日神州日報附送

神州雜組　十三

楊娥

吳三桂執永明王時有楊娥者楊鵝頭妹也楊氏世為黔府武藝教習娥之藝尤過諸兄年十六適張氏張亦黔府武衛沐國公西走兩家以族隨會三桂執永明娥隨兄歸恨三桂次骨永明既遇害娥遂日以殺三桂為念思以色蠱行刺乃賣酒城西市以技藝受知於三桂部下之紈袴子弟漸聞於三桂三桂納之有日矣而娥適中寒疾死卒不償其志惜哉

星馳繪

宣統二年二月十三日神州日報附送

浙杭新組織清泰第二旅館廣告

本館主人為補助交通機關起見特在杭州清泰車站之左地名中羊市街新建三層高大洋房數十幢開設清泰第二旅館形式極為雅觀內容亦極精美其鐵床紬被浴室花園閱報室抛球場會客廳鐘、設備繁不勝載至如點心等件尤為講求務合衛生藉副　諸公之雅意倘蒙　賜顧當極歡迎現已組織粗成擇於正月十七日先行交易俟完備後再擇吉正式開張之期此佈

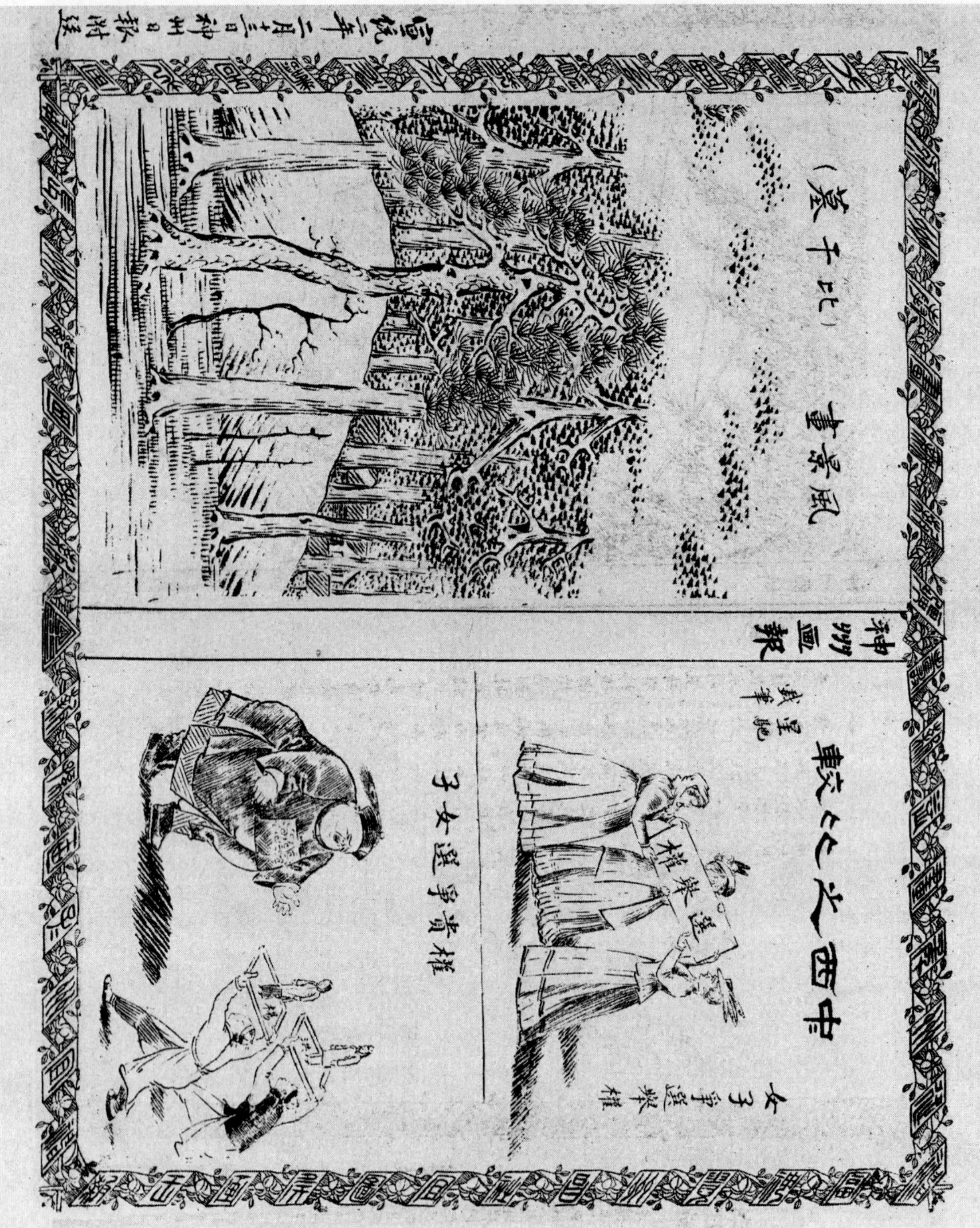

風景畫（比干墓）
神州畫報
中西之比較
女子爭選舉權
女子爭選舉權
宣統二年二月十三日神州日報附送

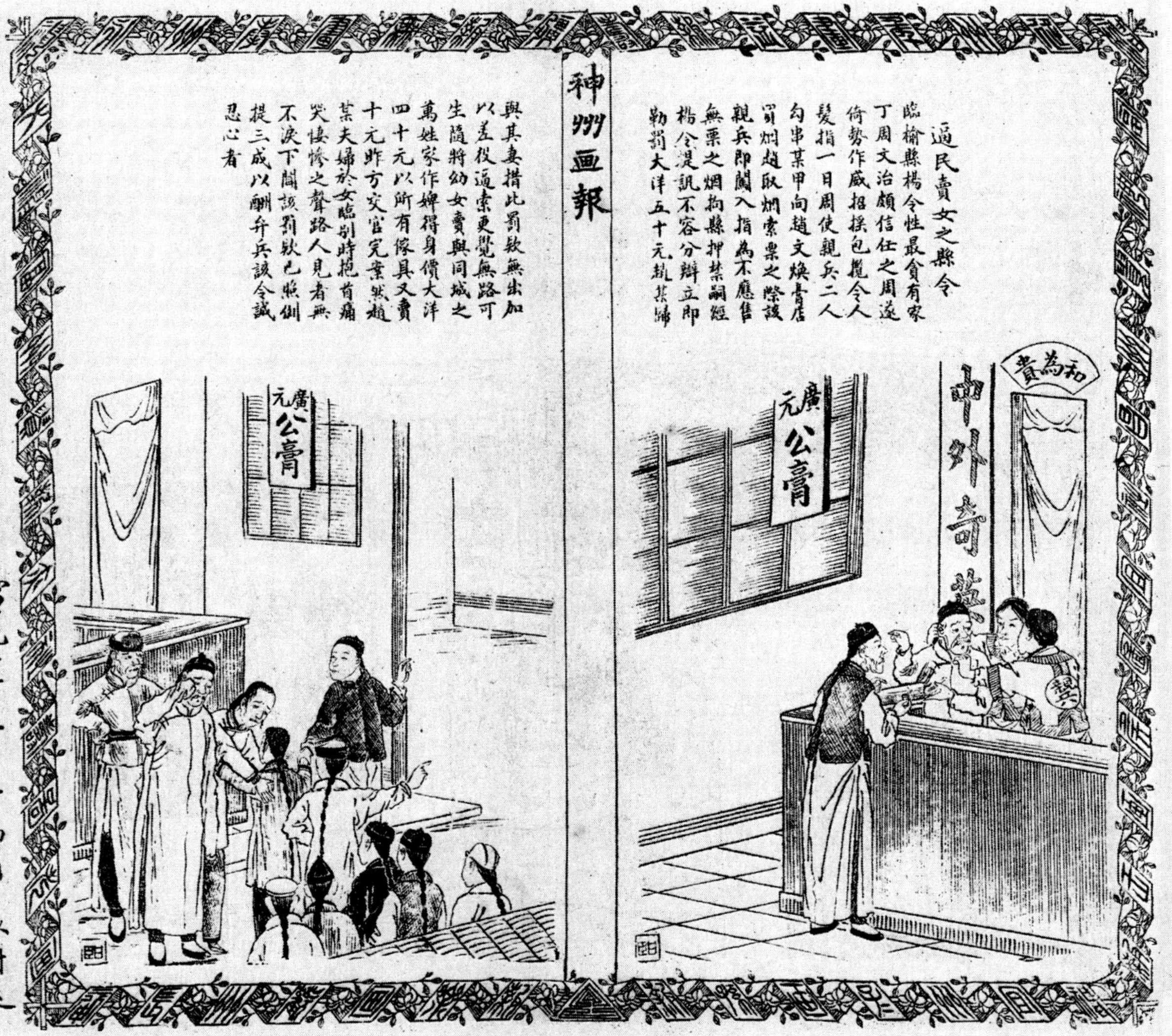

神州画報

逼民賣女之縣令

臨榆縣楊令性最貪有家丁周文治頗信任之周遂倚勢作威招搖包攬令人髮指一日周使親兵二人勾串某甲向趙文煥書店買烟趙取烟索票之際該親兵即闖入指為不應售無票之烟拘縣押禁嗣經楊令提訊不容分辯立即勒罰大洋五十元趙某歸與其妻措此罰欵無出加以差役逼索更覺無路可生隨將幼女賣與同城之萬姓家作婢得身價大洋四十元以所有傢具又賣十元昨方交官完案然趙某夫婦於女臨别時抱首痛哭悽慘之聲路人見者無不淚下聞該罰欵已照例提三成以酬弁兵該令誠忍心者

正誤

本月初一日本報神州雜俎第二行第八字斐字係裴字之誤第十行第六字述字係逑字之誤第十三行第十一字諭字係渝字之誤第十四行第十七字傳字係傅字之誤初七日神州雜俎第二行第四字以字下落意字第五行第十三字名字係石字之誤

宣統二年二月十三日神州日報附送

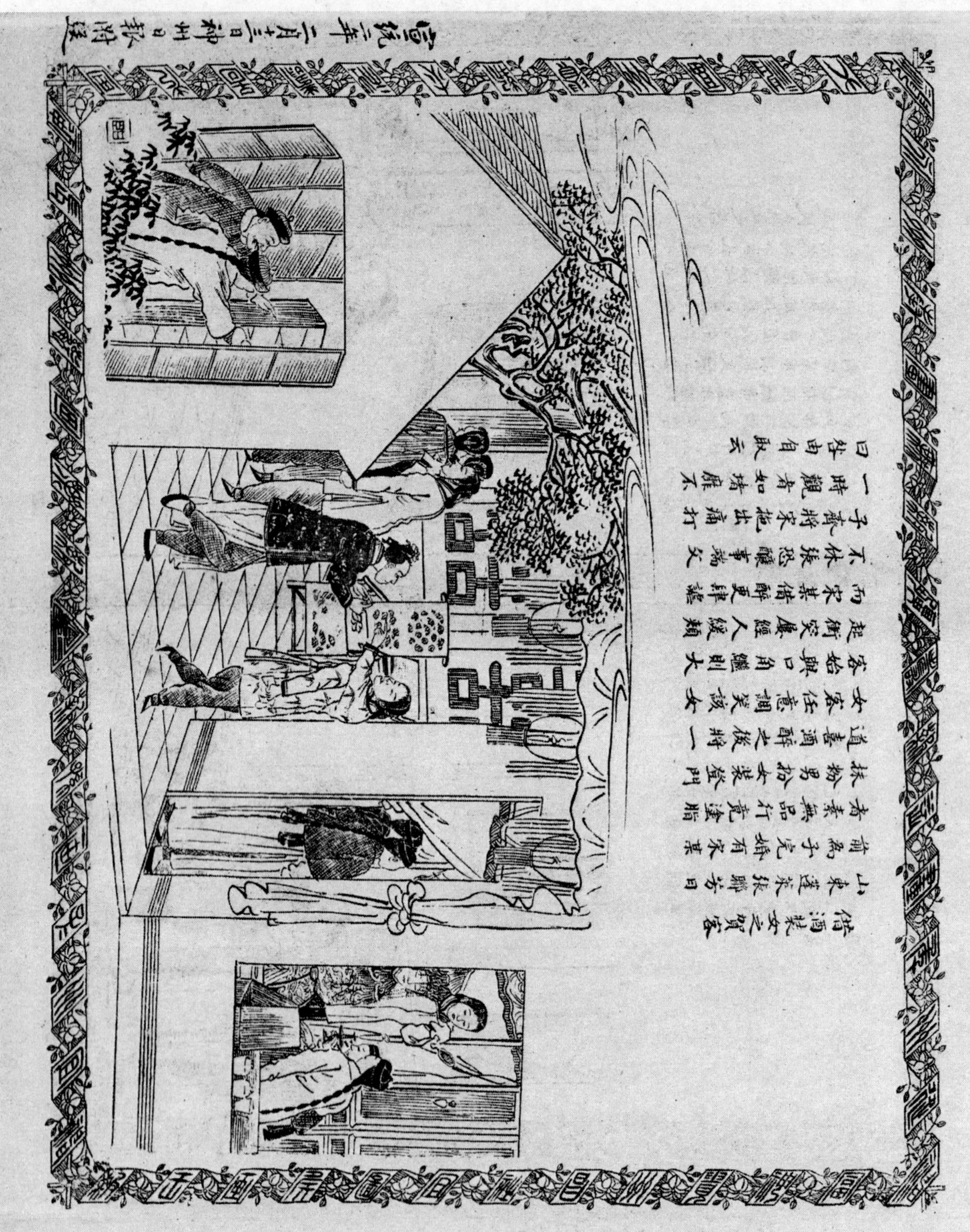
借酒裝女之賀客
山東蓬萊張聯芳日前為子完婚有宋某者素無品行竟塗脂抹粉男扮女裝登門道喜酒醉之後將一女客任意調笑該女客始與口角繼則大起衝突屢經人緩頰而宋某借醉更肆謔不休張恐釀事端父子齊將宋拖出痛打一時觀者如堵靡不曰咎由自取云
宣統二年二月十三日神州日報附送

神州雜組

十四

鄂爾奇

鄂文端公爾泰為國家理學名臣宅躬莊敬未嘗敢斯須放肆有弟曰爾奇性聰敏讀書一目十行博極羣籍然頗耽於聲色與西林異趣時人比之大小宋云爾奇目短視咫尺不能辨物一日謁文端公公方浴足以弟卒至不及摒擋遂置足懷中用以自蔽爾奇見之不知為足即以烟筒擊之曰此大白貓初非罕物而兄珍之於懷何也公舋然出足示之始悟其誤時人傳為笑柄

宣統二年二月十五日神州日報附送

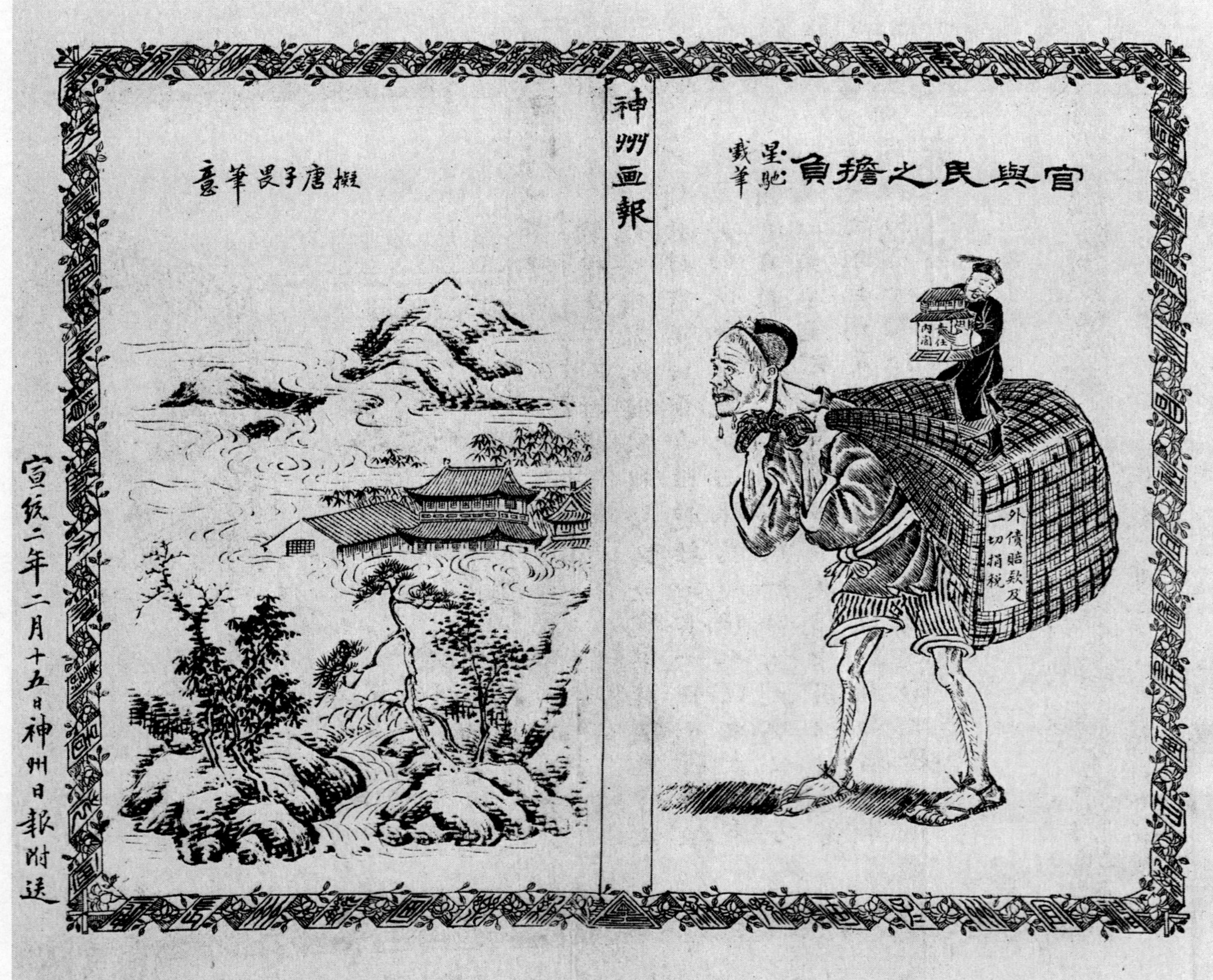
神州畫報
官與民之負擔
宣統二年二月十五日神州日報附送

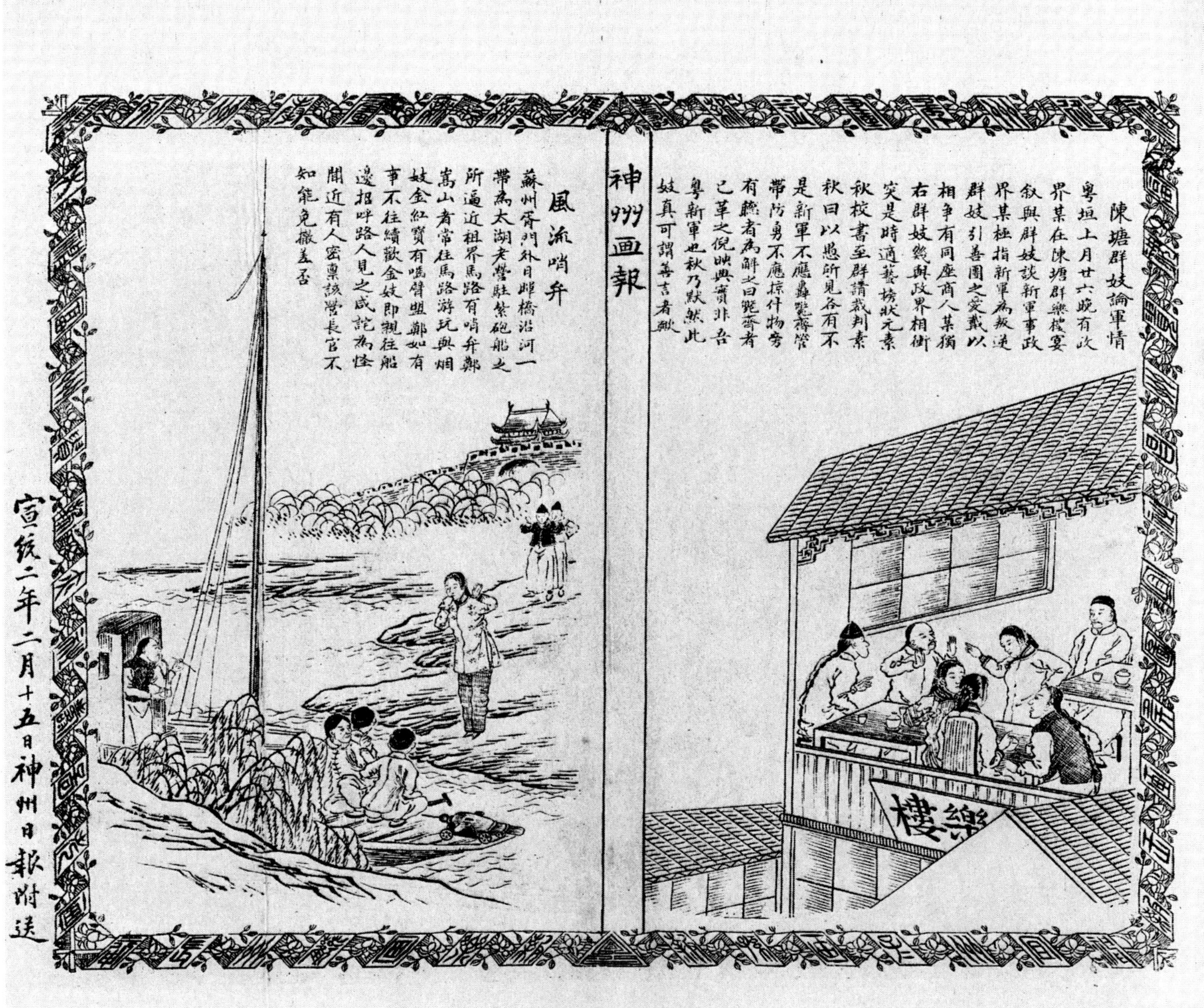
神州画報
陳塘群妓論軍情
粵垣上月廿六晚有次
界某在陳塘群樂樓宴
敘與群妓談新軍事政
界某極指新軍為叛逆
群妓引善圍之變戴以
相爭有同座商人某獨
右群妓幾與政界相衝
突是時適藝榜狀元素
秋校書至群請裁判素
秋曰以愚所見各有不
是新軍不應轟斃齊營
帶防勇不應掠什物旁
有聽者為解之曰斃齊者
已革之倪映典實非吾
粵新軍也秋乃默然此
妓真可謂善言者歟
樂樓
風流哨弁
蘇州胥門外日暉橋沿河一
帶為太湖老營駐紮砲船之
所逼近租界馬路有哨弁鄭
萬山者常往馬路游玩與娼
妓金紅寶有嚙臂盟鄭如有
事不往續歡金妓即親往船
邊招呼路人見之咸詫為怪
聞近有人密稟該營長官不
知能免撤差否
宣統二年二月十五日神州日報附送

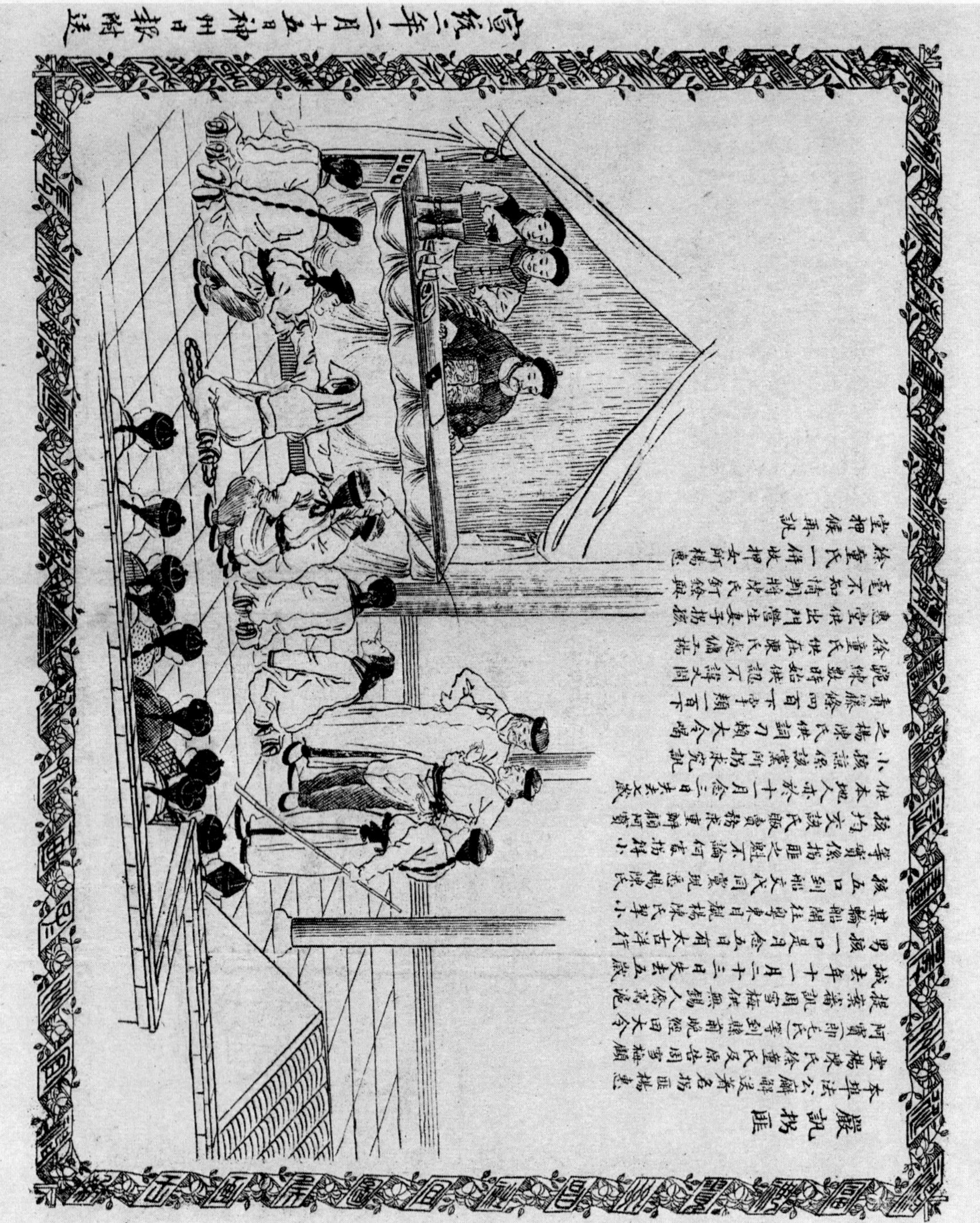
嚴訊拐匪
本埠法公廨解送著名拐匪楊惠堂楊陳氏徐童氏及原告周雪梅顧阿寶(即毛氏)等到縣前晚經田大令提案審訊周雪梅供無錫人僑寓滬城去年十一月二十三日失去五歲男孩一口是月念五日有太古洋行某輪船開往粵東目覩楊陳氏挈小孩五口到船文代同黨現悉楊陳氏等實係拐匪之魁不論何處拐得小孩均交該氏販賣務求重辦顧阿寶供本地人亦於十一月念三日失去七歲小孩諒係該黨所拐求究訊之楊陳氏供詞刁賴大令喝責藤條四百下掌頰一百下跪煉數時始供認不諱又問徐童氏供在陳氏處傭工楊惠堂供出門營生妻子拐孩毫不知情判將陳氏釘鐐與徐童氏一併收押女所楊惠堂押候再訊
宣統二年二月十五日神州日報附送

神州雜俎

十五

劉夫人

劉夫人江西吉州劉忠烈公鐸(天啟時揚州知府爲魏奄所殺)之女王撫軍子次諸婦也名淑幼穎甚能詩甲申鼎湖之變夫人嘆曰先忠烈與撫軍兩家皆世祿吾恨非男子不能東見滄海君借椎報韓然願興一旅從諸侯擊楚之弑義帝者遂建義旗會滇師兵精勇冠諸軍聞夫人名請謁夫人開壁門見之且日報謁滇帥具牛酒於軍中高宴極懽然帥武人也陰持兩端又醉後爭長語不遜夫人怒即於筵前按劍欲斬其首帥環柱走一軍皆擐甲夫人擲劍笑曰殺一女子何怯也索紙筆從容賦詩一首辭旨壯激帥悔且懼夫人曰妾不幸爲國難一至於此然妾婦人也願將軍好爲之遂跨馬馳去洵奇女子也

宣統二年二月十七日神州日報附送

浙杭新組織清泰第二旅館廣告

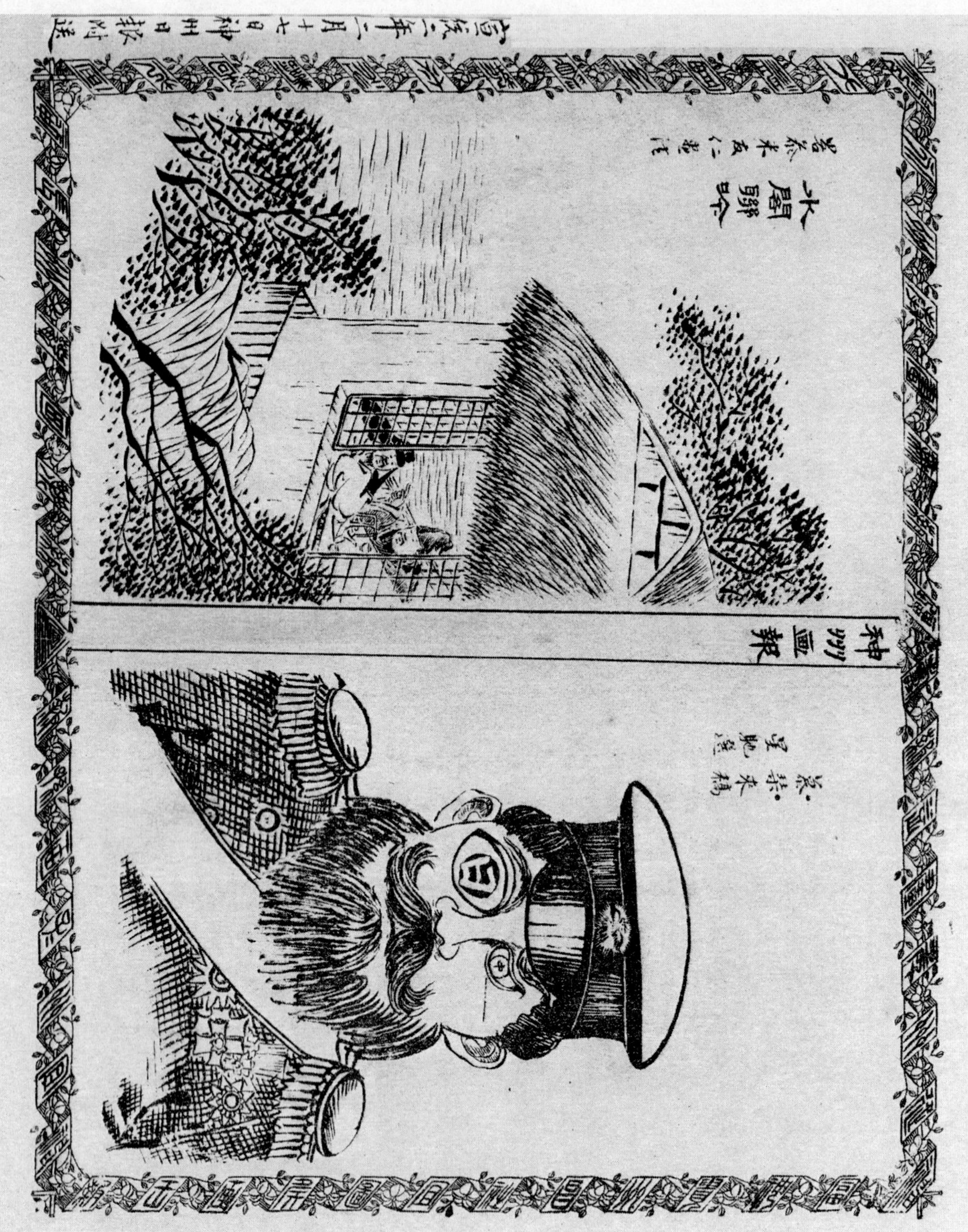
神州画報
慕恭來稿
星馳選
日
中
水閣聯吟
若蓀米友仁畫法
宣統二年二月十七日神州日報附送

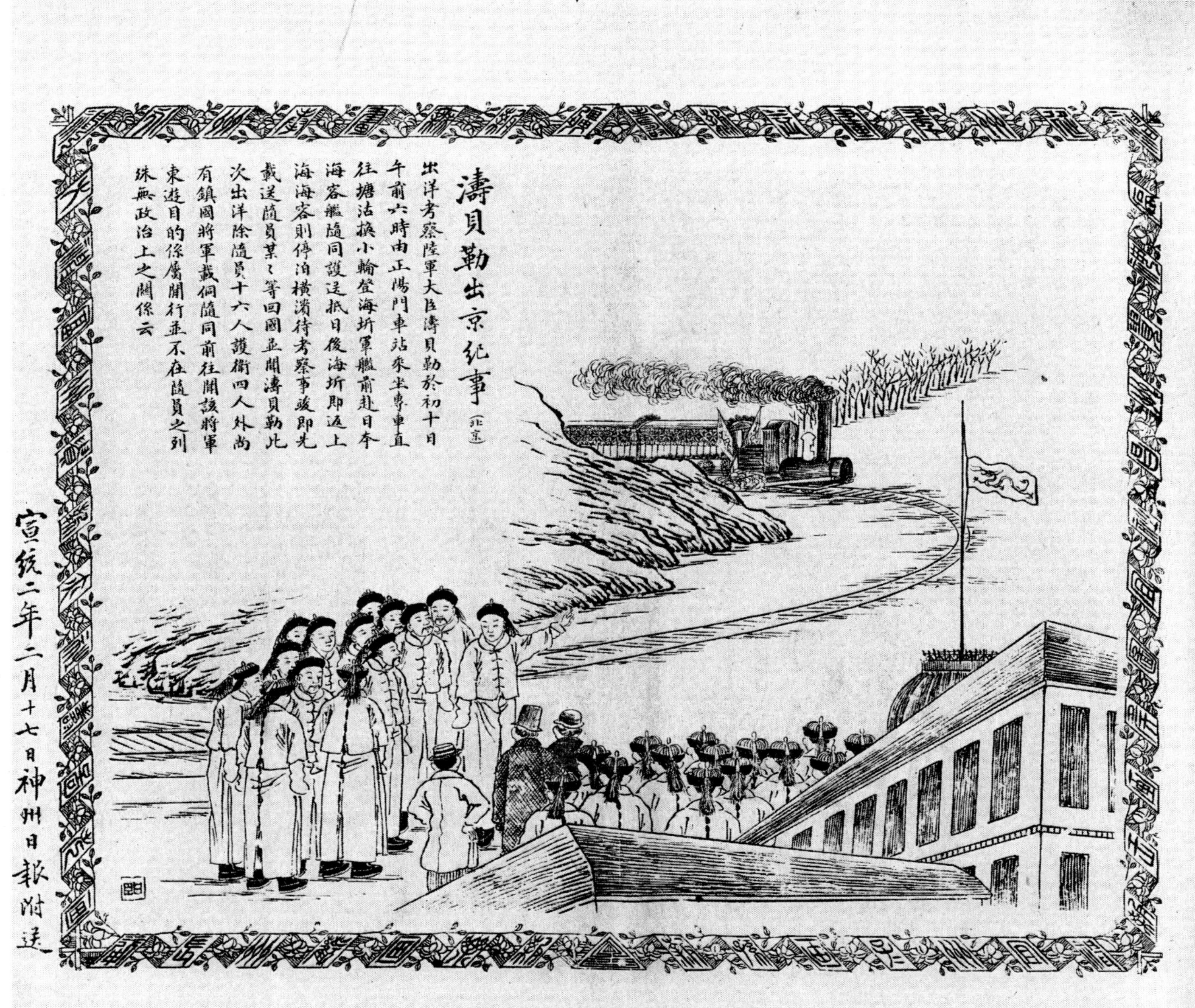
濤貝勒出京紀事（北京）
出洋考察陸軍大臣濤貝勒於初十日
午前六時由正陽門車站乘坐專車直
往塘沽換小輪登海圻軍艦前赴日本
海容艦隨同護送抵日後海圻即返上
海海容則停泊橫濱待考察事竣即先
載送隨員某某等回國並聞濤貝勒此
次出洋除隨員十六人護衛四人外尚
有鎮國將軍載裥隨同前往聞該將軍
東遊目的係屬閒行並不在隨員之列
殊無政治上之關係云
宣統二年二月十七日神州日報附送

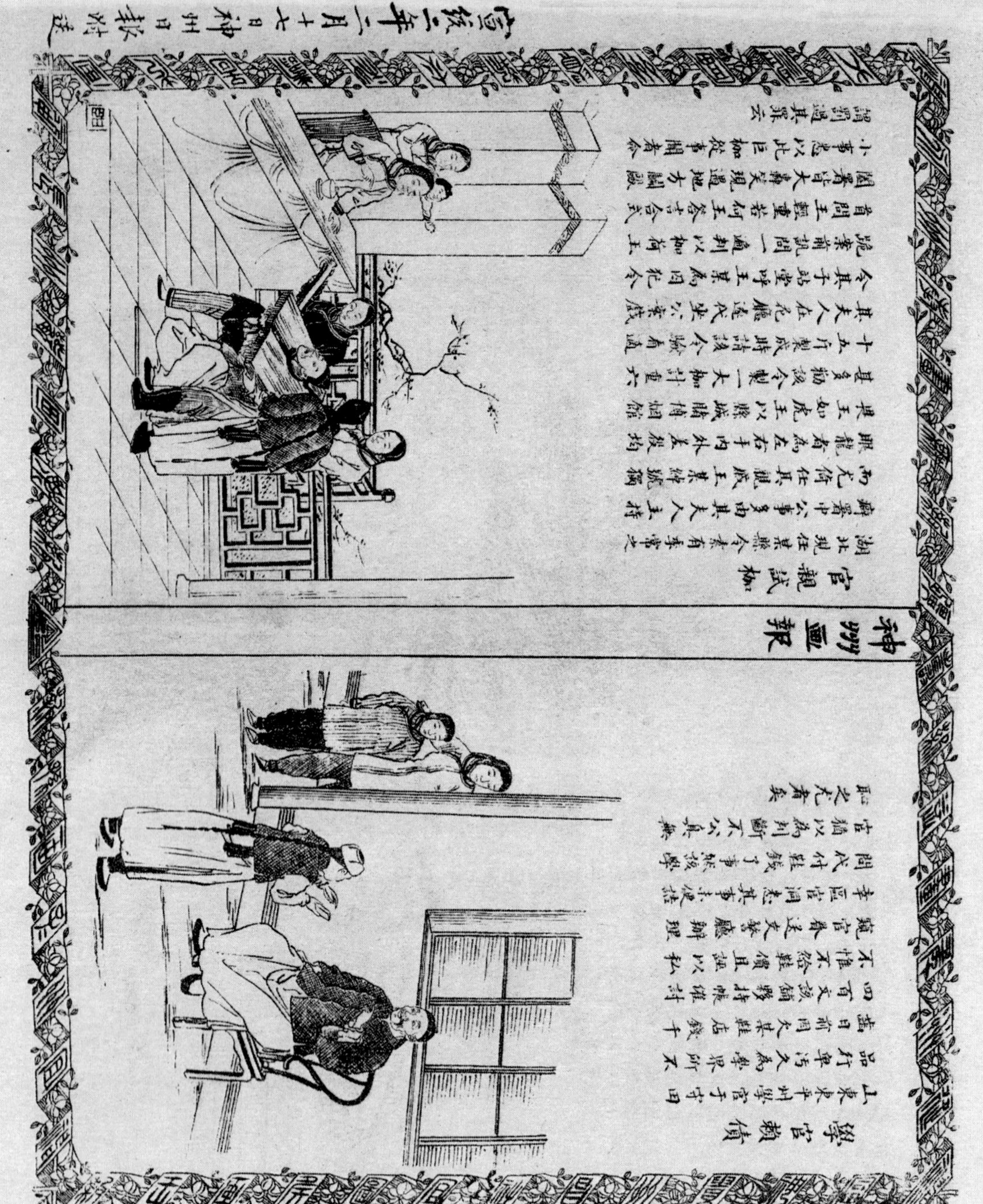
神州畫報
學官賴債
山東東平州學官于守田品行卑汚久為學界所不齒日前因欠某鞋店錢千四百文該鋪夥持帳催討不惟不給鞋價且誣以私窺官眷送交警廳辦理幸區官洞悉其事未便詰問代付鞋錢了事然該學官猶以為判斷不公真無恥之尤者矣
官親試枷
湖北現任某縣令素有季常之癖署中公事多由其夫人主持而尤倚任其親戚王某綽號獨眼龍者為左右手內外差役均畏王如虎王以縣城賭博烟館甚多勸該令製一大枷計重六十五斤製成時請該令驗看適其夫人在花廳遂代坐公案戲令其子站堂呼王某為囚犯令跪案前訊問一遍判以枷荷王首問王輕重若何王答言合式闔署皆大轟笑現遇地方鬭毆小事悉以此巨枷從事聞者僉謂罰過其罪云
宣統二年二月十七日神州日報附送

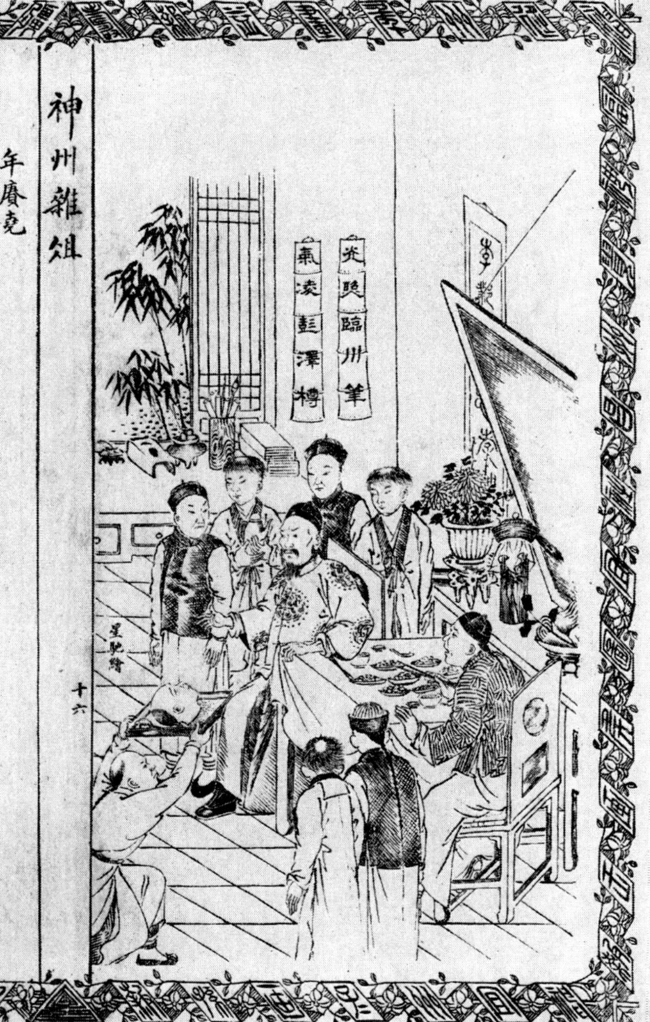

神州雜俎

年羹堯

年羹堯爲雍正時名臣其軼事傳者甚夥聞當時有江南沈孝廉者因不第流寓都中覓館餬口托其座師某侍郎推薦適年偶言其幼子需延師課讀侍郎即舉沈以應年曰爲童子師以品行爲要此生端方否侍郎對以儒者氣象年許可侍郎歸召沈囑小心謹慎不僅安硯有方若得大將軍青目則功名未可量也沈感謝而退新正年遣從官邀沈至第躬迎於堂專席南嚮命公子盛服拜師畢大開筵讌送沈入西園書室三楹峯巒周匝林木青蒼室內書籍充棟陳設精雅公子年甫六齡不過指教數字而已其供奔走者蒼頭四人俊童八人晚入臥室帳褥並佳妙次日蒼頭帶長鬚者至約視沈體段趨出未幾進貂裘全襲服之長短適宜每日辰興則八童齋侍其一首頂銀盆跪而請盥一執漱具一執巾帕一執鏡奩一執香皂餘皆捧衣攝裳環侍左右沈甚不安諭之

宣統二年二月十九日神州日報附送

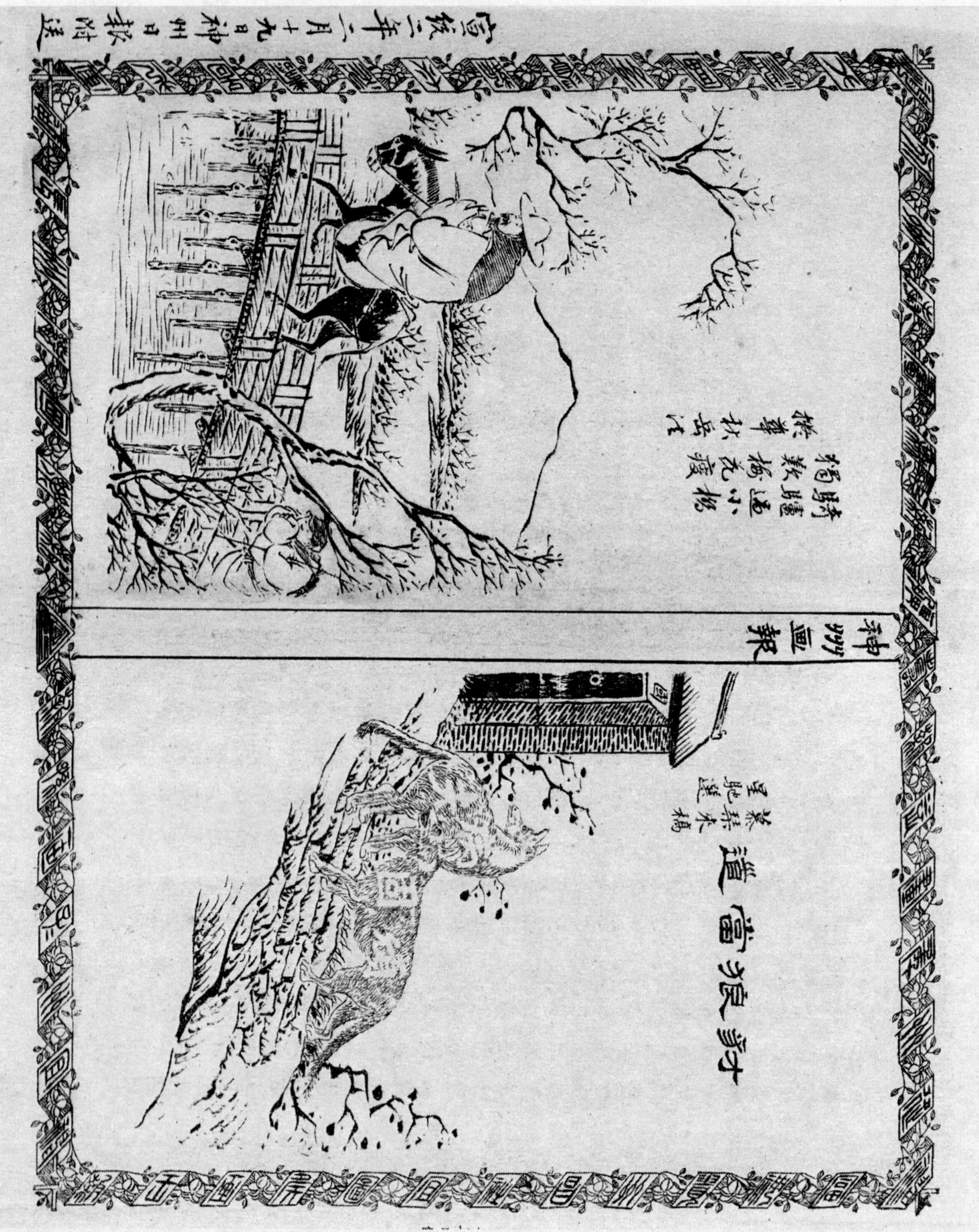
神州画報
騎驢過小橋
獨歎梅花瘦
擬華秋岳法
豺狼當道
慕琹來稿
星馳選
宣統二年二月十九日神州日報附送

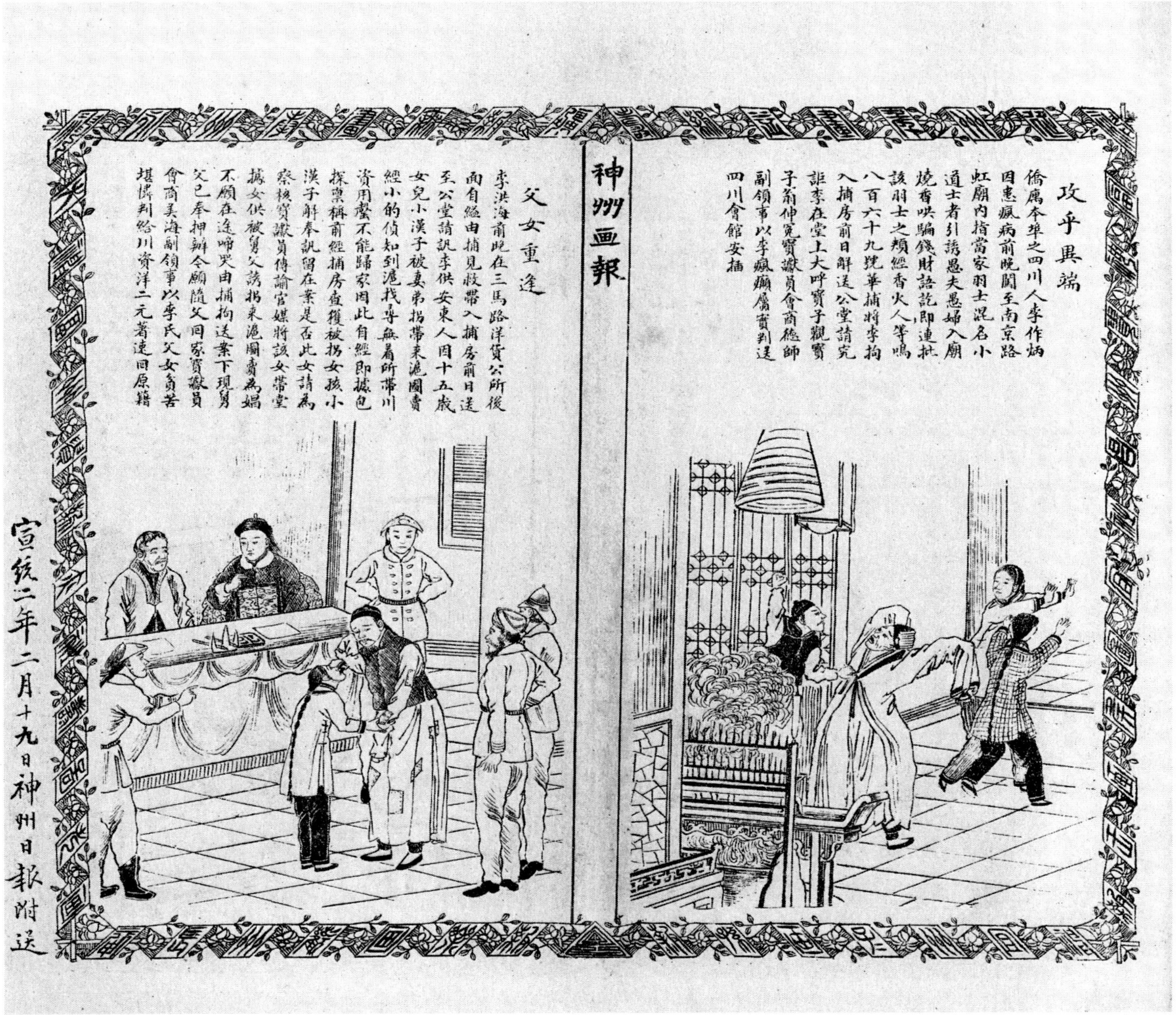

神州画報

攻乎異端

僑寓本埠之四川人李作炳因患瘋病前晚闖至南京路虹廟內指當家羽士混名小道士者引誘愚夫愚婦入廟燒香哄騙錢財語訖即連批該羽士之頰經香火人等鳴八百六十九號華捕將李拘入捕房前日解送公堂請究詎李在堂上大呼寶子觀寶子翁仲寬寶讞員會商總師副領事以李瘋癲屬實判送四川會館安插

父女重逢

李洪海前晚在三馬路洋貨公所後面自縊由捕見救帶入捕房前日送至公堂請訊李供安東人因十五歲女兒小漢子被妻弟拐帶來滬鬻賣經小的偵知到滬找尋無着所帶川資用罄不能歸家因此自經即據包探稟稱前經捕房查獲被拐女孩小漢子解奉訊留在案是否此女請爲察核寶讞員傳諭官媒將該女帶堂據女供被舅父誘拐來滬鬻賣爲娼不願在逃啼哭由捕拘送案下現舅父已奉押辦今願隨父回家寶讞員會商美海副領事以李氏父女貧苦堪憐判給川資洋二元著速回原籍

宣統二年二月十九日神州日報附送

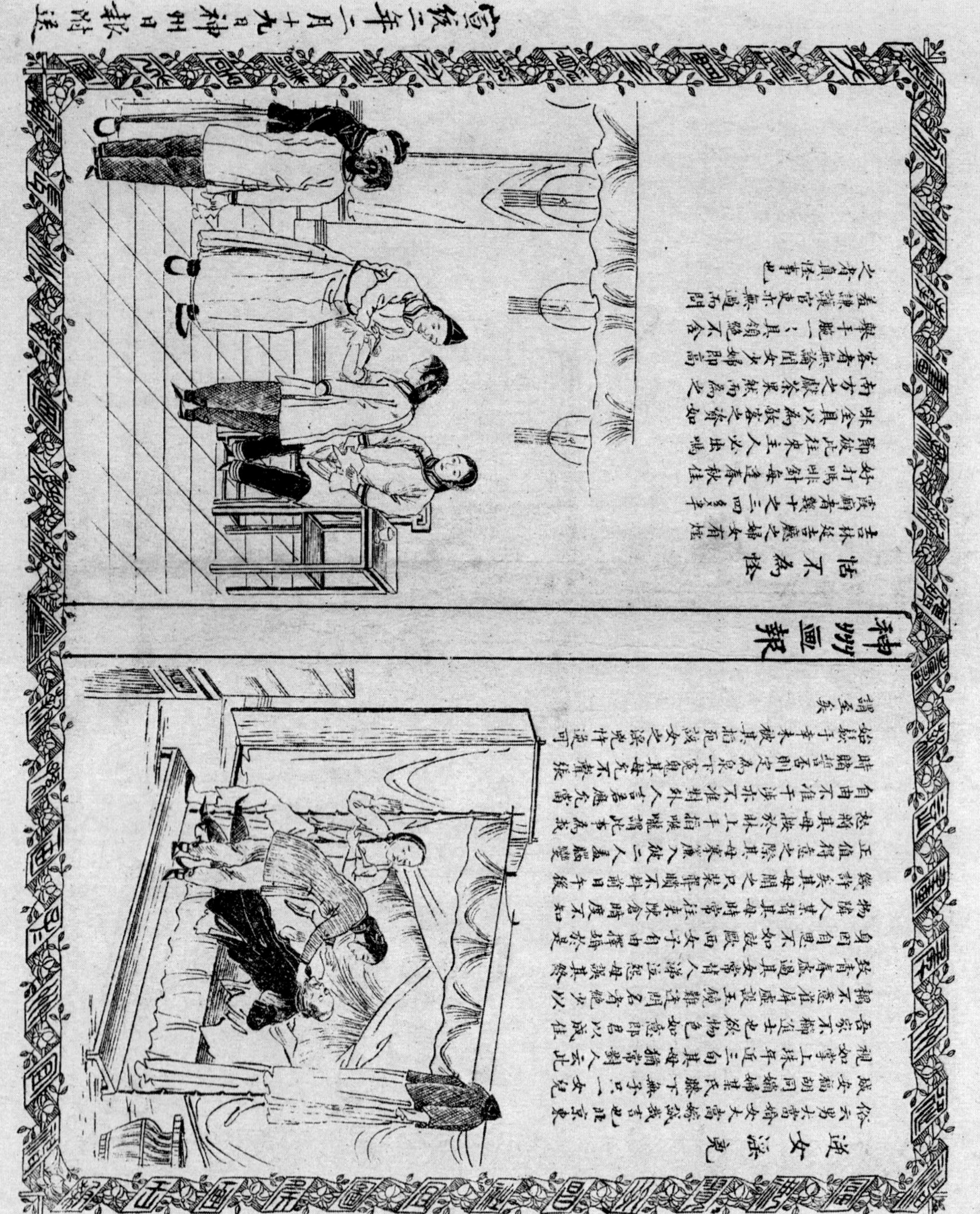
神州画報
逆女溪兇
俗云男大當婚女大當嫁誠哉言也北京東城安福胡同孀婦某氏膝下無子只一女兒視如掌上珠年近三旬其母猶常對人云此吾家不櫛進士也欲物色如意郎君以成佳耦不意雀屏虛設玉鏡難逢問名者絕少以致青春虛過其女常背人涕泣怨母誤其終身因自思不如效歐西女子自由擇婿於是物隣人某背其母時常往來陳倉暗度不知幾許矣其母聞之只裝聾瞶不料前日午後正值得意之際其母搴簾入彼二人羞惱變怒將其母按於牀上手掐喉嚨謂此事為我自由不准干涉亦不准對外人言君應允當時賭誓否則定為泉下冤鬼其母允不聲張始穀于幸未被其掐死該女之溪兇忤逆可謂至矣
恬不為怪
吉林延吉廳之婦女有煙霞癖者幾十之三四多半好打嗎啡針每逢春秋佳節彼此往來主人必出嗎啡全具以為敬客之資如南方之獻茶果然而為之客者無論閨女少婦即高舉手腕一一具領絕不含羞謙讓官吏亦無過而問之者真怪事也
宣統二年十二月十九日神州日報附送

曰其以盥盆置架上恐沾爾等衣也童曰某等受大將軍命曰事師如事子大將軍盥沐皆如是也敢不勉効以速重懲沈曰我所命與爾無礙童不敢違以雕架承之一日沈正沐年至見童不頂盆怒目視之向隨帶護衛一顛首護衛喻意帶諸童出未幾獻首階前曰某童不敬先生已斬之矣沈大驚駭視年色轉和心始安年喜古玩每得禹鼎湯盤之屬與沈共賞鑑沈若贊嘆則曰先生欲之留此為玩雖千金所得者未嘗顧惜一日年來與先生共膳飯中有完穀沈出之年見狀回首示護衛意護衛去未幾獻首階前曰庖人揀米不淨已斬之矣沈不勝驚愕適月沈憶家中所需欲支脩金與老蒼頭商之蒼頭曰需若干請作書呈大將軍沈請數十金連家書送去蒼頭回曰已如命寄江南矣未幾年奉旨征西夷東辭沈曰敬以幼子屬先生有不率教者篤責之勿棄之而去予旋師之日當有以報先生也沈唯唯年去後沈欲出訪友閽者拒曰府中

神州雜俎

十七

出入皆有載籍按月錄報大將軍居家時先生足不出戶今忽有是恐貽奴輩性命憂可已則已乞哀憐之沈知年家法嚴遂不果出次年應會試亦為閽者哀祈而止沈憤欲告歸又不敢拂大將軍命幸四季衣服屢為更新而小衣十日一新至肴饌則翻新出奇總無恒品若闘時蒼頭望見顏色即傳府中男女優赴園演劇為先生排遣荏苒三年屢有信至家中未得一回書深以父母真予為念一日得年書意甚謙退惟云予報捷在邇請先生姑俟之又半載年獻俘還闕公事畢入視沈歡然道故並謝勤勞之意沈未敢驟辭一日登假山閒步忽聞哀痛之聲問童曰此聲何來童曰大將軍凱旋後在廳事考功過定賞罰耳沈曰得窺探否童不敢違引之往潛伏廳後見年高坐甲士森列司官按籍論功過其功多者立易應升之品服酌酒賜坐其過多者大將軍面數之而後斬任其哀籲不顧也罰多賞少悲號不絕沈觀之慘甚不覺首觸門屏年微

宣統二年二月二十一日神州日報附送

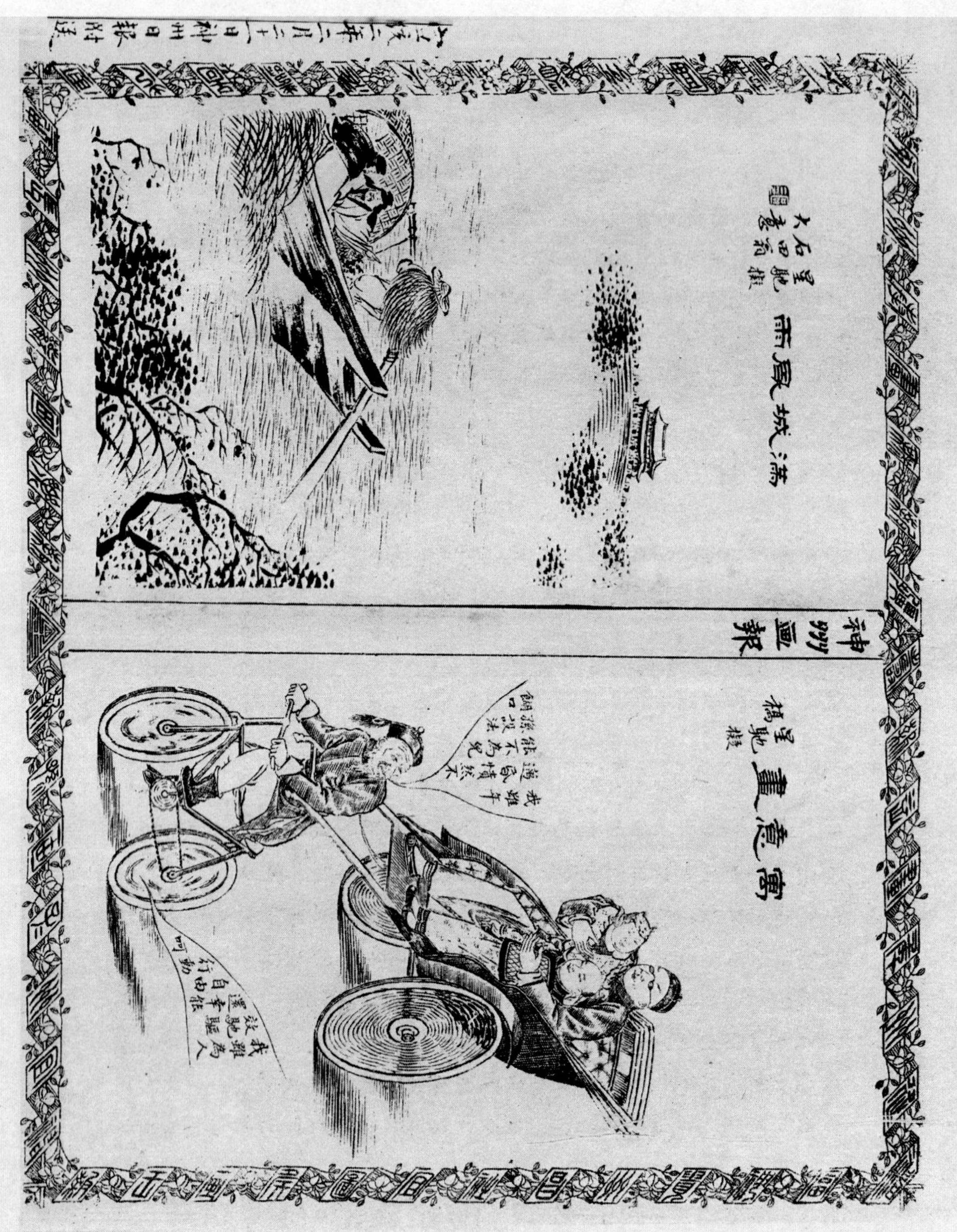
神州畫報
寓意畫
星馳擬稿
我雖年邁昏情然不能不為兒孫設法餬口
我雖為人效馳驅還幸能自由行動呵
滿城風雨
星馳擬石田翁大意
宣統二年二月二十一日神州日報附送

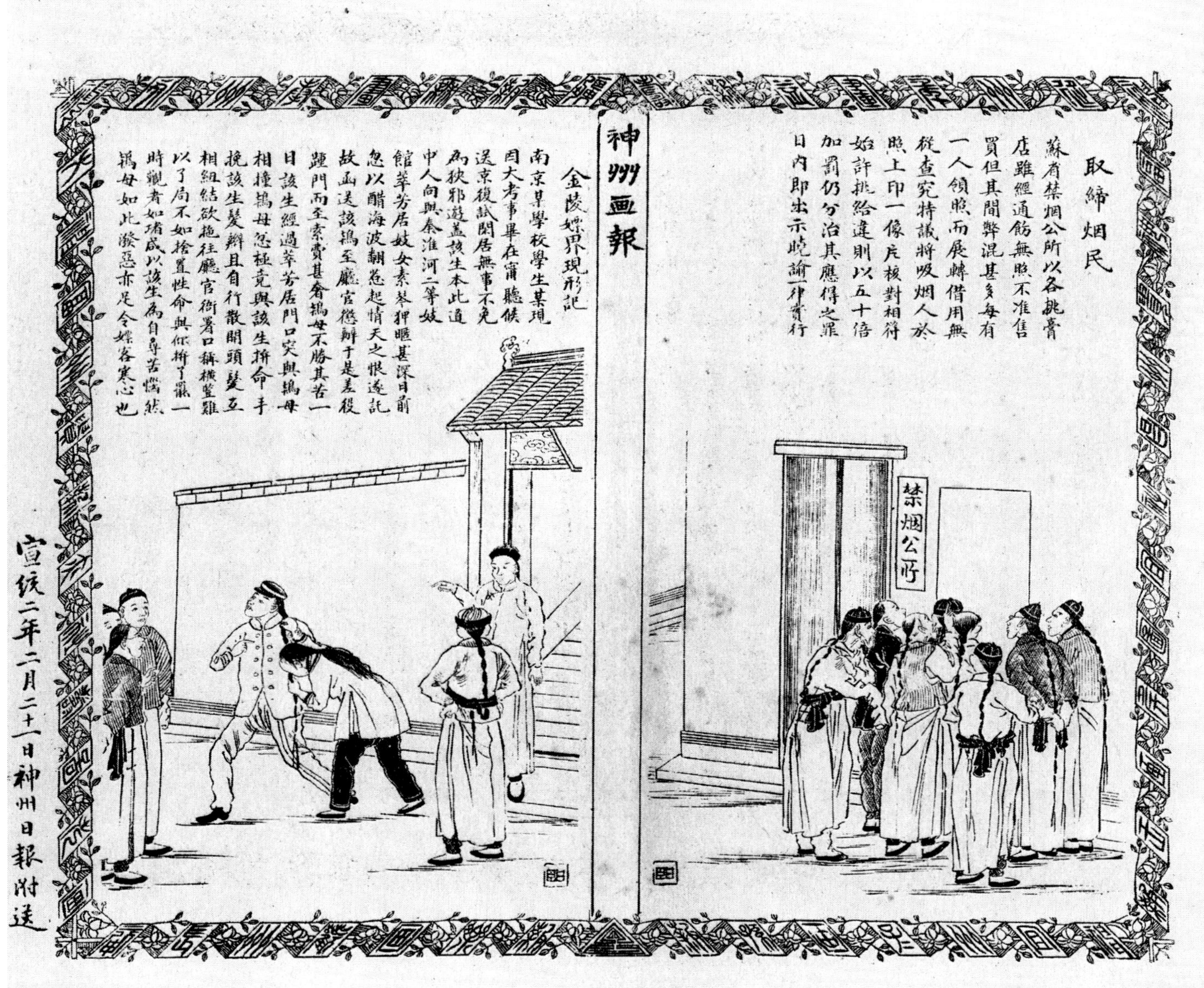

神州畫報

取締烟民

蘇省禁烟公所以各挑膏店雖經通飭無照不准售買但其間弊混甚多每有一人領照而展轉借用無從查究特議將吸烟人於照上印一像片核對相符始許挑給違則以五十倍加罰仍分治其應得之罪日內即出示曉諭一律實行

金陵嫖界現形記

南京旱學校學生某現因大考事畢在甯聽候送京復試閑居無事不免為狹邪遊蓋該生本此道中人向與秦淮河二等妓館萃芳居妓女素琴狎暱甚深日前忽以醋海波翻惹起情天之恨遂託故函送該鴇至廳官懲辦于是差役踵門而至索費甚奢鴇母不勝其苦一日該生經過萃芳居門口突與鴇母相撞鴇母怒極竟與該生拚命手挽該生髮辮且自行散開頭髮互相紐結欲拖往廳官衙署口稱橫豎難以了局不如捨置性命與你拚了罷一時觀者如堵咸以該生為自尋苦惱然鴇母如此潑惡亦足令嫖客寒心也

宣統二年二月二十一日神州日報附送

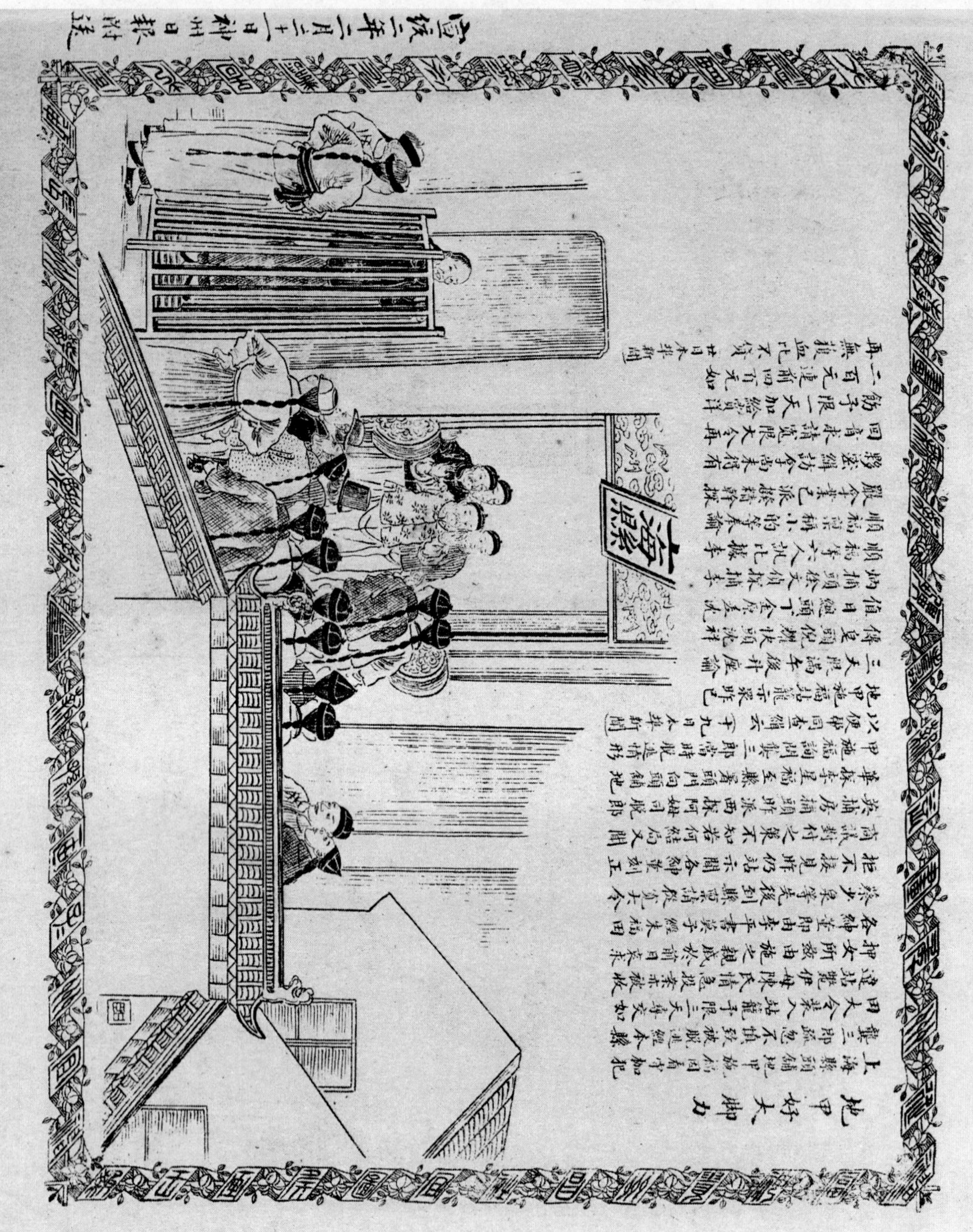
地甲好大脚力
上海縣頭舖地甲施福因看守枷犯龔三郎疏忽不慎致被脫逃經本縣田大令裝入站籠予限三天尋交如違站斃伊母陳氏情急投案亦被收押女所致由施之親戚於前日哀求各紳董即由李平書英子經朱福田蔡少泉等先後到縣稟請從寬大令拒不接見昨仍站示閶各紳董刻正商議對付之策不知若何結局又聞英捕房捕頭昨派西探阿姆司脫郎華探李星福至縣署頭門向頭舖地甲施福詢問龔三郎當時脫逃情形以便帮同查緝云（十九日本埠新聞）
地甲施福站籠示衆昨已三天限滿午後升座諭傳皂頭倪耀快頭沈祥值日總頭丁金原差沈炳捕頭徐文偵探捕李順福等六人訊比據李順福稟稱小的等奉諭嚴拿業已派撥精幹探夥密緝訪拿尚未得有回音求請寬限大令再飭予限一天加給賞洋二百元連前四百元如再無獲血比不貸（廿日本埠新聞）
海縣
宣统二年二月二十一日神州日報附送

瞯事畢退視廳後見先生卧倒於地數童扶之不起年親挽之入室慰令安卧喚僕速取安神丸以參湯服之從容問曰誰告先生者沈思年威不敢實告徐曰聞公子言之意以年愛子當不至大責罰也年唯而去忽有僕婦愴惶入室跪告曰公子干犯先生大將軍裸而鞭之將斃矣奉夫人命求先生速救之沈愕然曰我不能入內室奈何婦曰須先生命蒼頭往喚公子則大將軍不能不釋沈如言教蒼頭負公子來𠻳𠻳欲絕沈撫之徧體皆傷泣曰我冤汝矣命蒼頭携公子卧具來與之同榻慮年怒猶未息也逾月乘大將軍歡悅沈以歸省為請年曰先生孝思予曷敢阻擇日威餞大將軍欲親送出關沈力辭猶依依不舍命公子代送登程之際後車數十乘從者數十人卿相咸設餞行則衛士前驅所歷都邑自節使以下迎送惟謹至河干則巨艘十餘沈意謂一肩行李何用如許舟車始問蒼頭則以單紙進默數之凡幾年來所備之衣笥及書室

神州雜俎

十八

中所陳之書籍古玩無不載來沈笑謂蒼頭曰誤矣是大將軍之具何可携歸蒼頭曰大將軍命恐先生思念舊物故悉舉以贈沈感甚謂雖不得財諸物猶萬計半生無慮飢寒矣及抵蘇則都督率百官迎於舟中沈再拜以辭衆曰夫子為大將軍上賓我等其何敢褻辭衆歸衛士擁護至第舊宅全非門第軒昂居然巨室沈徘徊不敢入是時觀者如堵鄰叟謂曰封翁望郎君久矣何不入室沈曰我家何在叟笑曰郎君闢創大宅而諉為不知也沈始敢入迎於門者皆幹僕登堂則誥命輝煌入室則父母衣四品服儼然命卿沈趨跪膝下問所由來父母詫曰汝自為之何不自知沈對以實不覺之故其父北向揖曰大將軍玉汝可謂再造之天矣因云某年方伯謂老夫曰奉大將軍命為翁改宅遂去舊而廓充之老夫曰宅大人稀得毋寥寂方伯即送僕婢若干人并良田質庫陳設之物畢具旋捷報曰汝從大將軍西征以軍功得縣令屢次薦升為觀

宣統二年二月二十三日神州日報附送

浙杭新組織清泰第二旅館廣告

本館主人為補助交通機關起見特在杭州清泰車站之左地名中羊市街新建三層高大洋房數十幢開設清泰第二旅館形式極為雅觀內容亦極精美其鐵床絨被沁室花園閱報室撞球場會客廳種種設備無不勝載食品點心等件尤為講求務合衛生藉副諸公之雅意倘蒙賜顧當極歡迎現已組織粗成擇於正月十七日先行交易俟完備後再謹告正式開張之期此佈

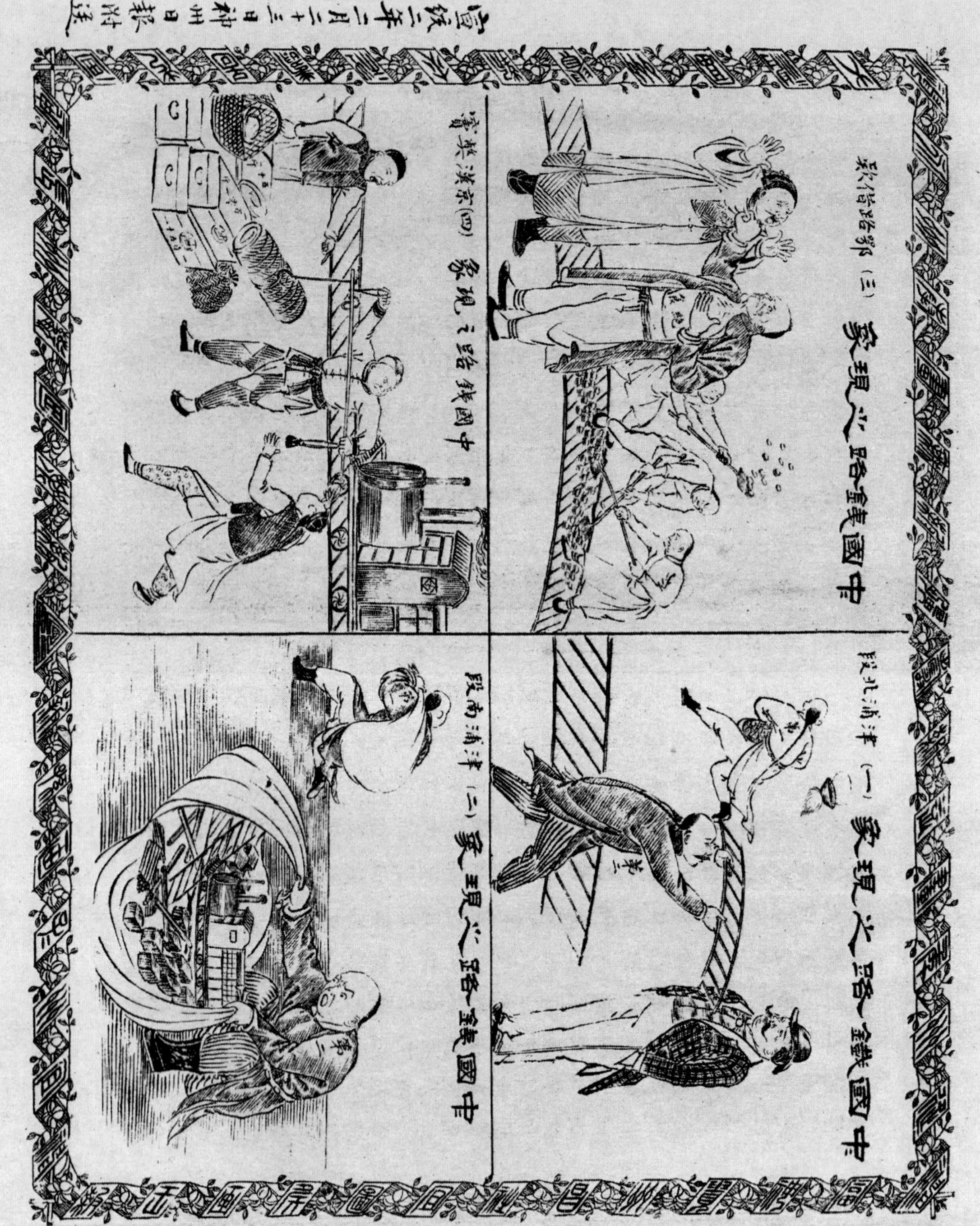
中國鐵路之現象 (一) 津浦北段
第二
中國鐵路之現象 (二) 津浦南段
第二
中國鐵路之現象 (三) 鄂路借欵
中國鐵路之現象 (四) 京漢獎賞
宣統二年二月二十三日神州日報附送

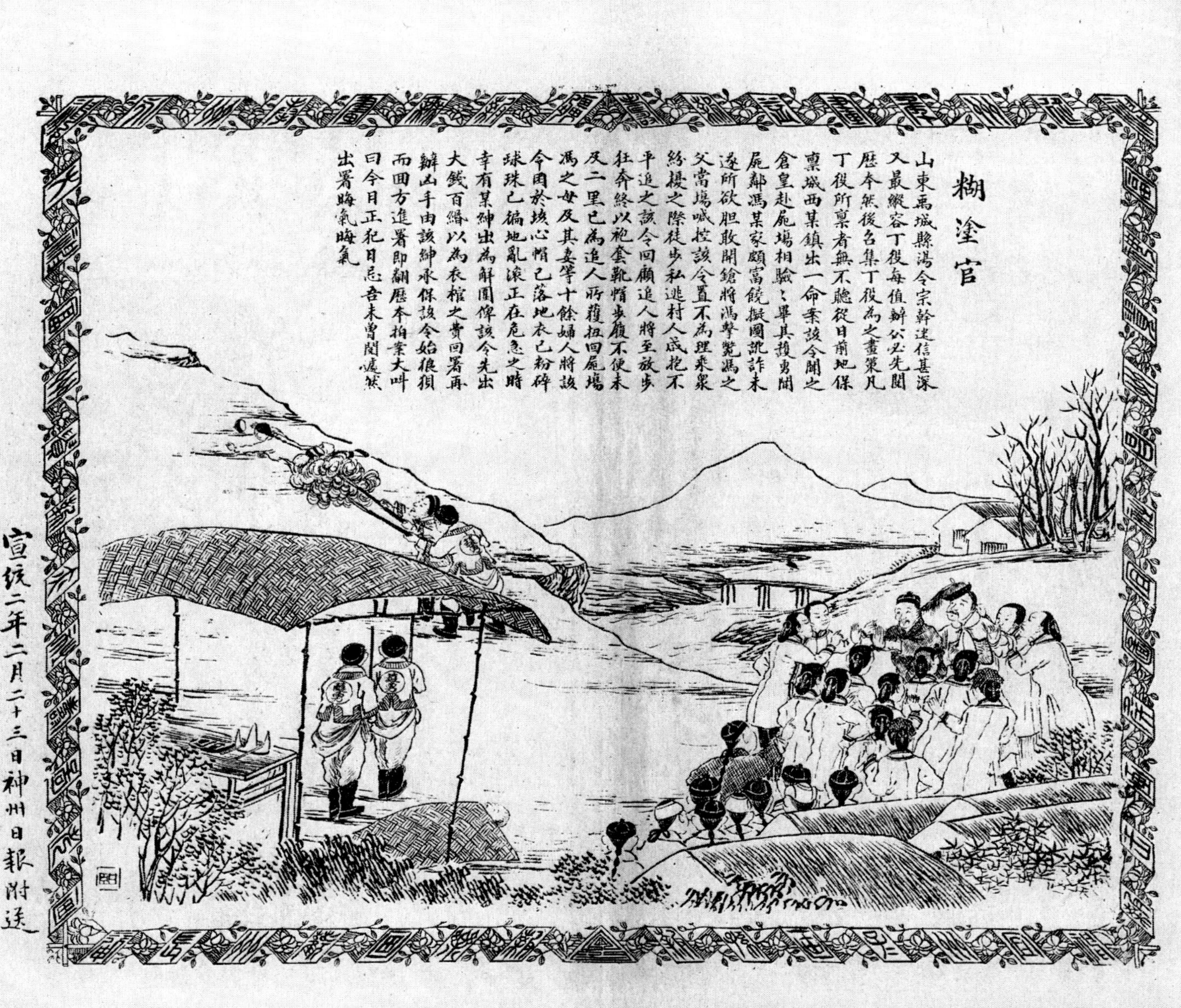
糊塗官
山東禹城縣湯令宗幹迷信甚深又最縱容丁役每值辦公必先閱歷本然後名集丁役為之畫策凡丁役所稟者無不聽從日前地保稟城西某鎮出一命案該令聞之倉皇赴屍場相驗驗畢其護勇開屍鄰馮某家頗富饒擬圖訛詐未遂所欲胆敢開鎗將馮擊斃馮之父當場喊控該令置不為理乘衆紛擾之際徒步私逃村人咸抱不平追之該令回顧追人將至放步狂奔終以袍套靴帽步履不便未及二里已為追人所獲扭回屍場馮之母及其妻等十餘婦人將該令圍於垓心帽已落地衣已粉碎球珠已徧地亂滾正在危急之時幸有某紳出為解圍俾該令先出大錢百緡以為衣棺之費回署再辦凶手由該紳承保該令始狼狽而回方進署即翻歷本拍案大呌曰今日正犯日忌吾未曾閱遽然出署晦氣晦氣
宣統二年二月二十三日神州日報附送

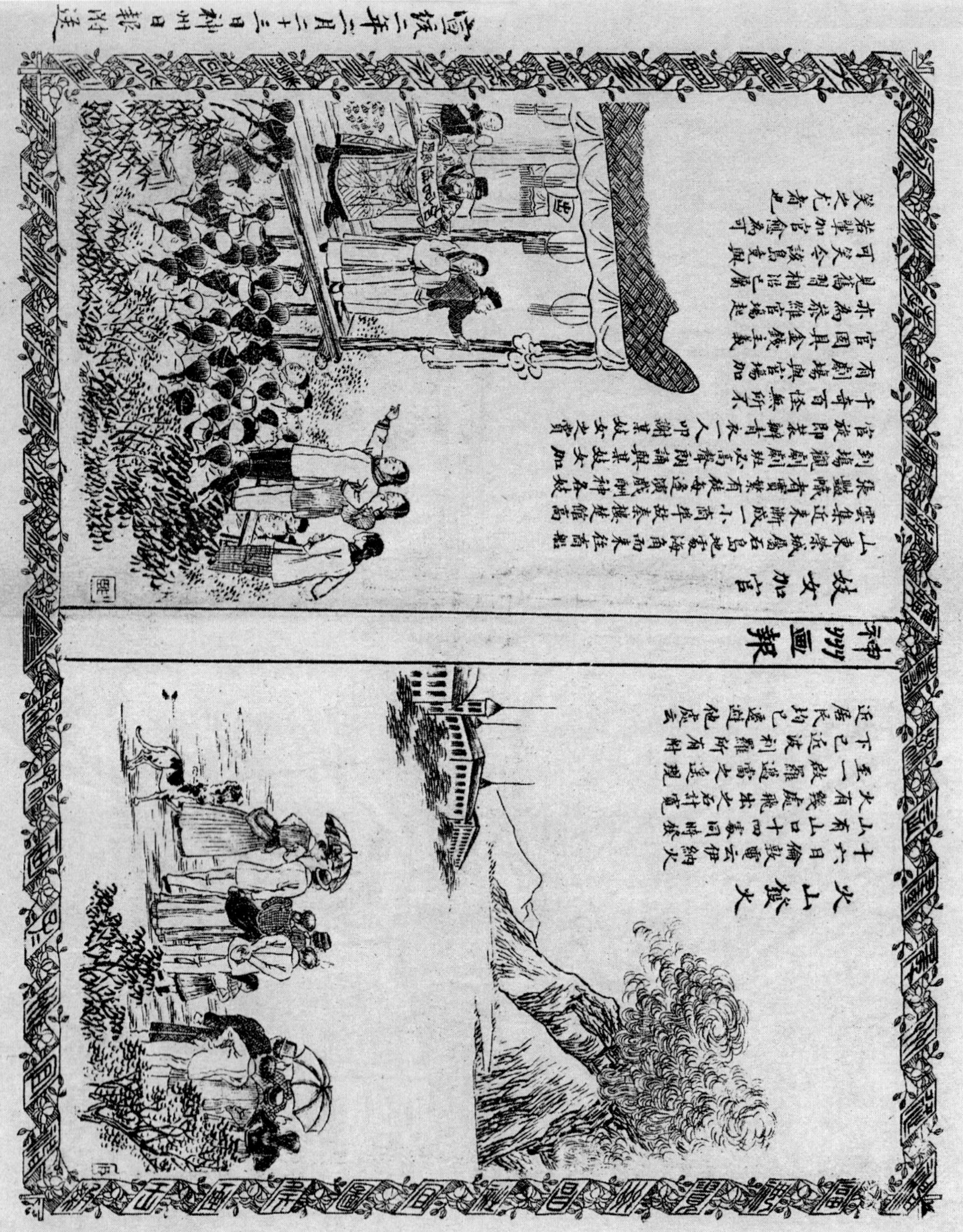
神州画報
火山發火
十六日倫敦電云伊納火山有山口十四處同時發火有幾處飛出之石計寬至一啟羅邁當之遠現下已近波利羅所有附近居民均已遷避他處云
妓女加官
山東榮城屬石島地處海角而來往商船雲集近來漸成一小商埠故秦樓楚館高張豔幟者實繁有徒每逢演戲酬神各妓到場觀劇劇班必高聲朗誦與某妓女加官旋即裝辦青衣一人叩謝某妓女之賞千奇百怪無所不有劇場與官場加官固具金錢主義亦為恭維官場起見舊習相沿已屬可笑令該島吏與若輩加官愈為可笑之尤者也
宣統二年二月二十三日神州日報附送

察老夫婦皆膺封典惟處汝在軍前懸懸而望令汝歸來舉宅大慶矣沈感極涕零出見諸僕數十人以次叩謁一老蒼頭捧積跪陳數籍以告曰是皆即宅人丁契券之屬大將軍命置者老奴已經理數載矣請檢收老奴將率儕士等回都覆命也沈慰勞之受籍計點其值百萬乃啟謝年自此家然亦無回音沈思年權勢過甚處罹黨禍不敢出仕稱疾家居不數載聞帝猖年遣譎吳郵百官交章劾其肆橫狀帝震怒命削職拿問過蘇郡沈賄通緹騎潛入舟中幾年而泣年笑曰大丈夫視死如歸予即不法實無悖逆事第上怒不解予罔不望生還況子以儒生起家權勢傾百僚享用逾萬乘得無盈滿之誅乎惟幼子託先生青目沈唯唯納贐千緡不受帝廷鞫之皆縲首籍其家諸子皆遣戍遠方為怨家所滅其幼子因無識名得以脫漏沈聞之不勝悲感一夜有北來流丐二人入宅求見閽者與之錢不受丐曰但得一睹主人死亦無憾沈出視之即

十九

神州雜俎

老蒼頭與公子也相對慟絕遂匿以為子改姓生以存年之後

宣統二年二月二十五日神州日報附送

浙杭新組織清秦第二旅館廣告

本館主人爲補助交通機關起見特在杭州清泰車站之左地名中羊市街新建三層高大洋房數十幢開設清泰第二旅館形式極爲雅觀內容亦極精美其鐵床䌷被浴堂[illegible]園[illegible]室拋球場會客廳種種設備無不務[illegible]食品[illegible]求[illegible]諸客稱合衛生[illegible]諸公之雅意備蒙賜顧當[illegible]組織[illegible]擇於三月十七日先行交易俟定價後再謹告[illegible]開張之期[illegible]

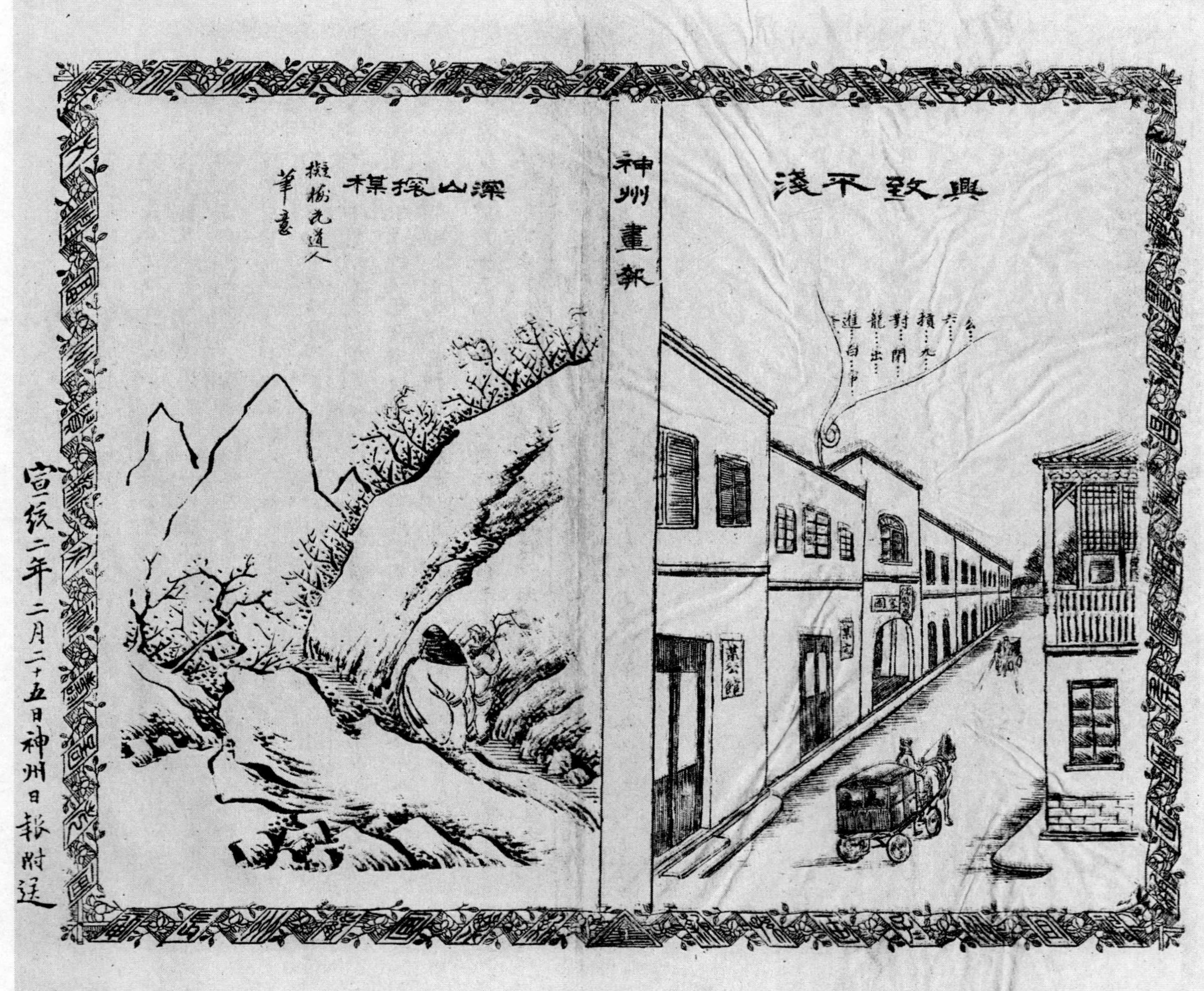
神州畫報
深山探楳
擬梅花道人筆意
興致平淺
宣統二年二月二十五日神州日報附送

神州画報
小客棧之美人計
沈晉良控稱因事來滬借宿法界陳王氏所開之同陞小客棧內詎至夜半陳忽牽引一少婦欲與小的姦宿不允而去檢查枕畔之肚兜一只內洋三元數角白玉二塊均被竊去向論不睬請為追究詰之陳供詞支吾官以控竊無憑斥不准理惟王氏亦有不合判罰洋五元充公
報應不爽
山東萊陽某甲開設客店日前有某客住該店中自稱有病須事調理因拜某甲為義父并出銀若干兩交甲代覓醫生等費越數日某甲竟備棺木及衣服等欲強將某客裝殮某客亟分辯曰余病不至死何得驟行裝殮某甲不聽竟強置棺中而掩埋之未幾某甲一家八口相繼死亡無一生存者于是人言嘖嘖僉擬為報應不爽云
客棧
宣統二年二月二十五日神州日報附送

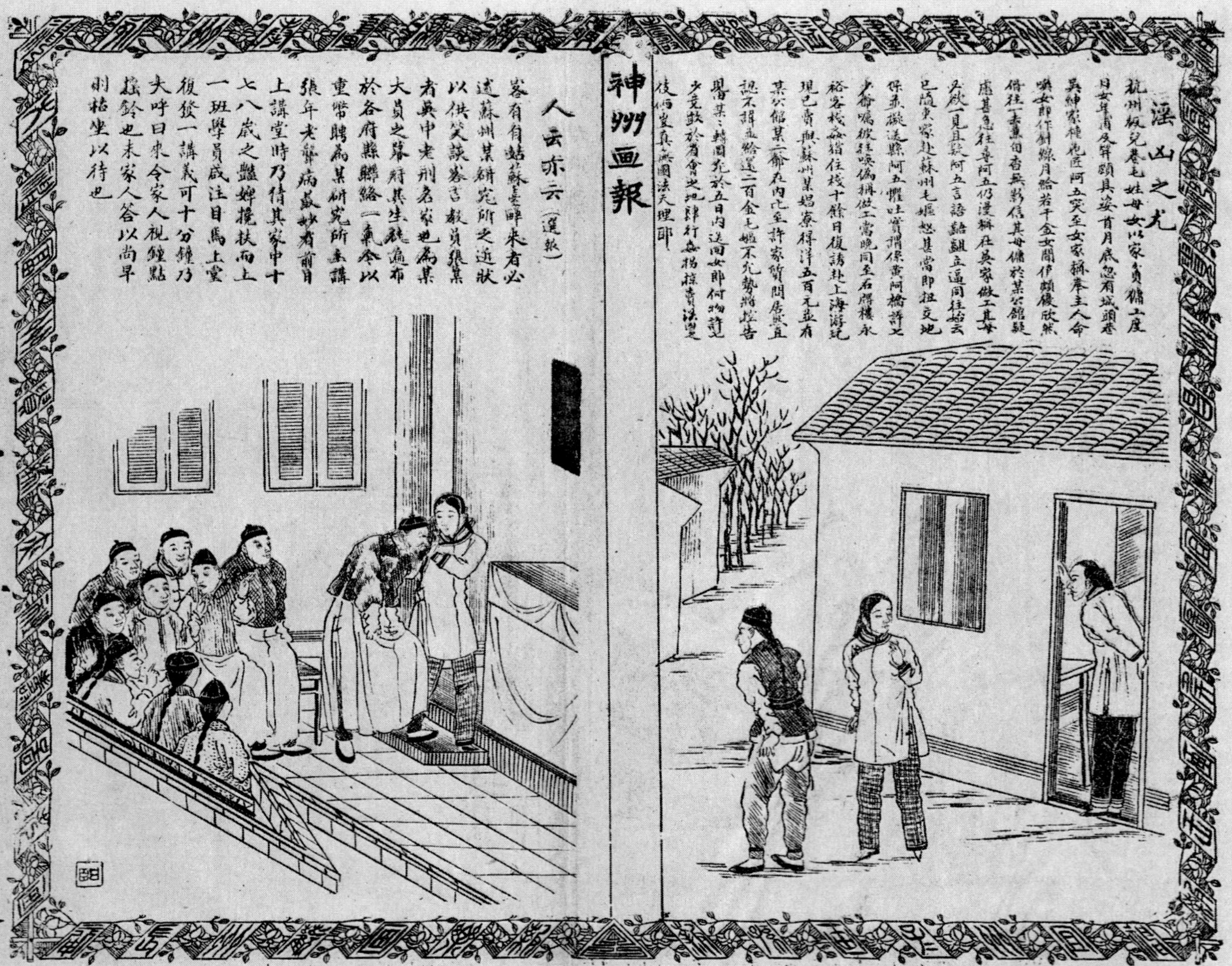
神州画報
淫凶之尤
杭州板兒巷毛姓母女以家貧傭工度日女年甫及笄頗具姿首月底忽有城頭巷吳紳家僮阿五突至女家稱奉主人命喚女即作針線月給若干金女聞伊頗優欣然偕往一去杳無影信其母傭於某公館疑慮甚急往尋阿五仍漫稱在吳家做工其母又欲一見且詰阿五言語支吾乃偕同往始云已隨東家赴蘇州毛嫗愁甚當即扭交地保赤繳送縣阿五懼吐實謂係黃阿橋許七老爺囑彼往喚偽稱做工當晚同至石牌樓永裕客棧姦宿住棧十餘日復誘赴上海游玩現已賣與蘇州某娼寮得洋五百元並有某公館某二爺在內已至許家質問居直認不諱並給還二百金毛嫗不允勢將控告署某某惟圖免於五日內送回女郎何物許七竟敢於省會之地肆行姦拐擄賣誠是伎倆豈真無國法天理耶
人云亦云（選報）
客有自姑蘇臺畔來者必述蘇州某研究所之近狀以供笑談據言教員張某者吳中老刑名家也為某大員之幕府其生徒遍布於各府縣聯絡一氣今以重幣聘為某研究所主講張年老聾病最妙者前月上講堂時乃倩其家中十七八歲之孌婢攙扶而上一班學員咸注目焉上堂復發一講義可十分鐘乃大呼曰來今家人視鐘點搖鈴也來家人答以尚早則枯坐以待也
宣統二年二月二十五日神州日報附送

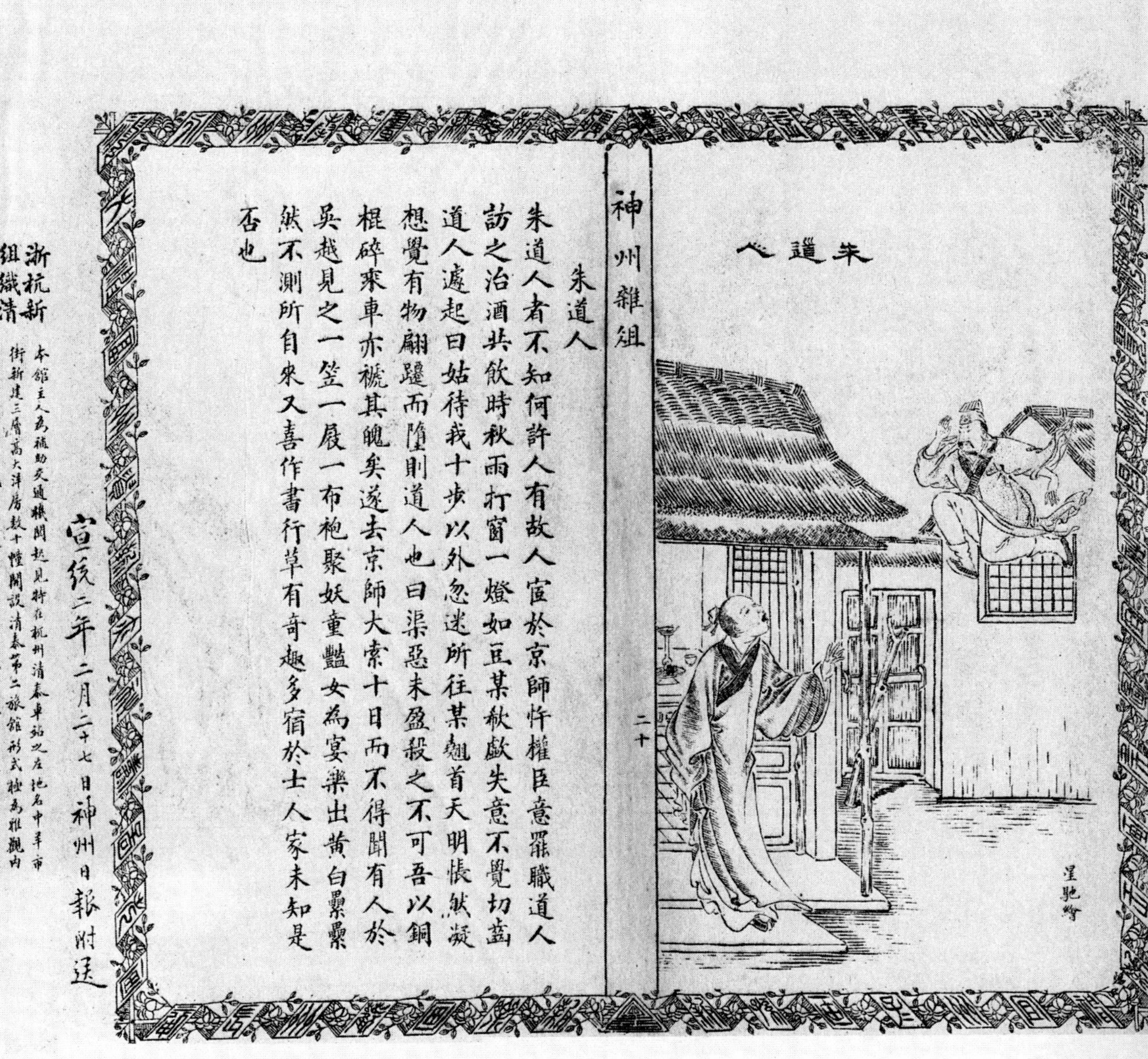

神州雜組

二十

朱道人

朱道人者不知何許人有故人宦於京師忤權臣意罷職道人訪之治酒共飲時秋雨打窗一燈如豆某欷歔失意不覺切齒道人遽起曰姑待我十步以外忽迷所往某翹首天明悵然凝想覺有物翩躚而墮則道人也曰渠惡未盈殺之不可吾以銅棍碎寒車亦褫其魄矣遂去京師大索十日而不得聞有人於吳越見之一笠一屐一布袍聚妖童豔女為宴樂出黃白纍纍然不測所自來又喜作書行草有奇趣多宿於士人家未知是否也

宣統二年二月二十七日神州日報附送

兒戲
擬新羅山人筆意
宣統二年二月二十七日神州日報附送

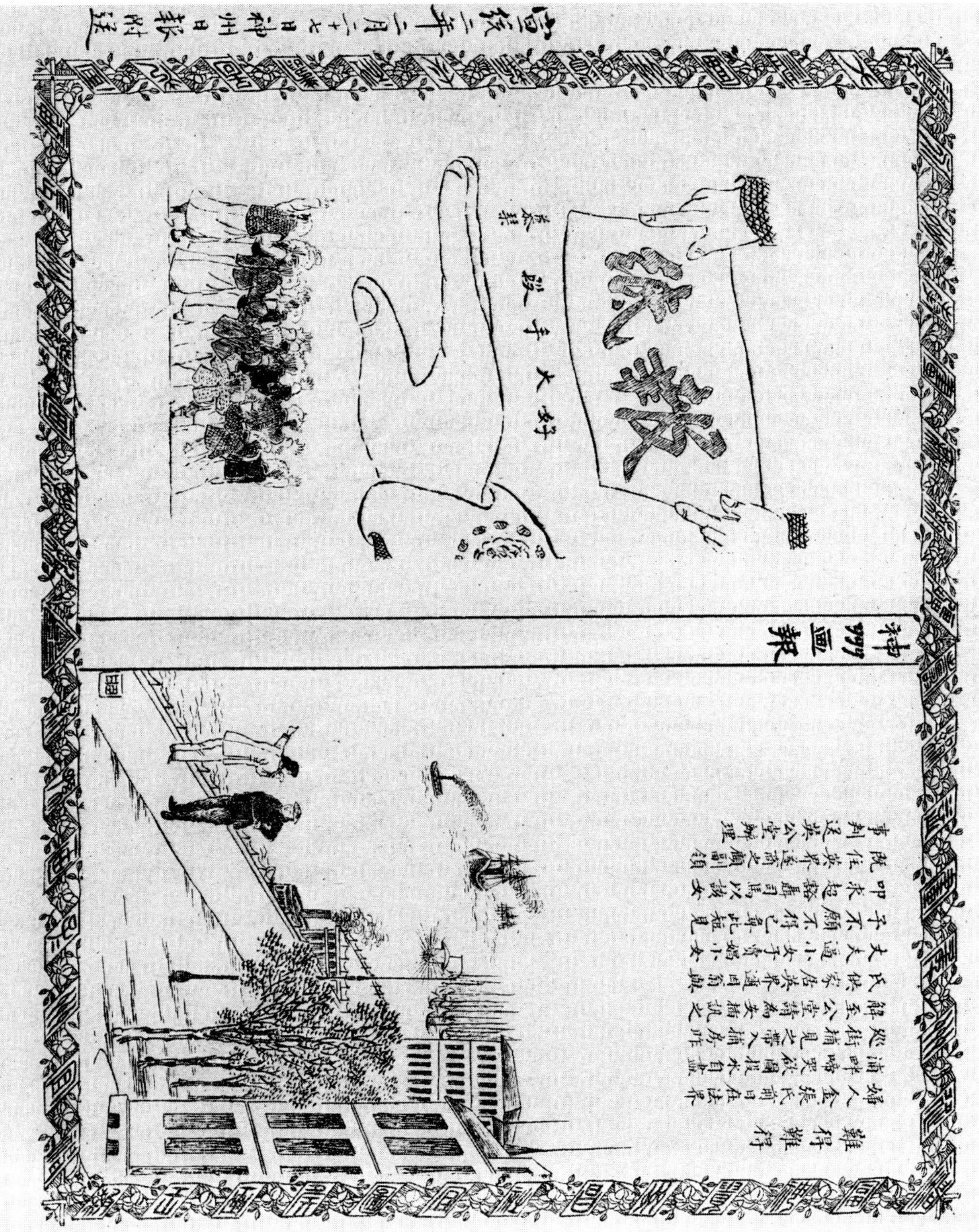
宣統二年二月二十七日神州日報附送
神州畫報
好大手段

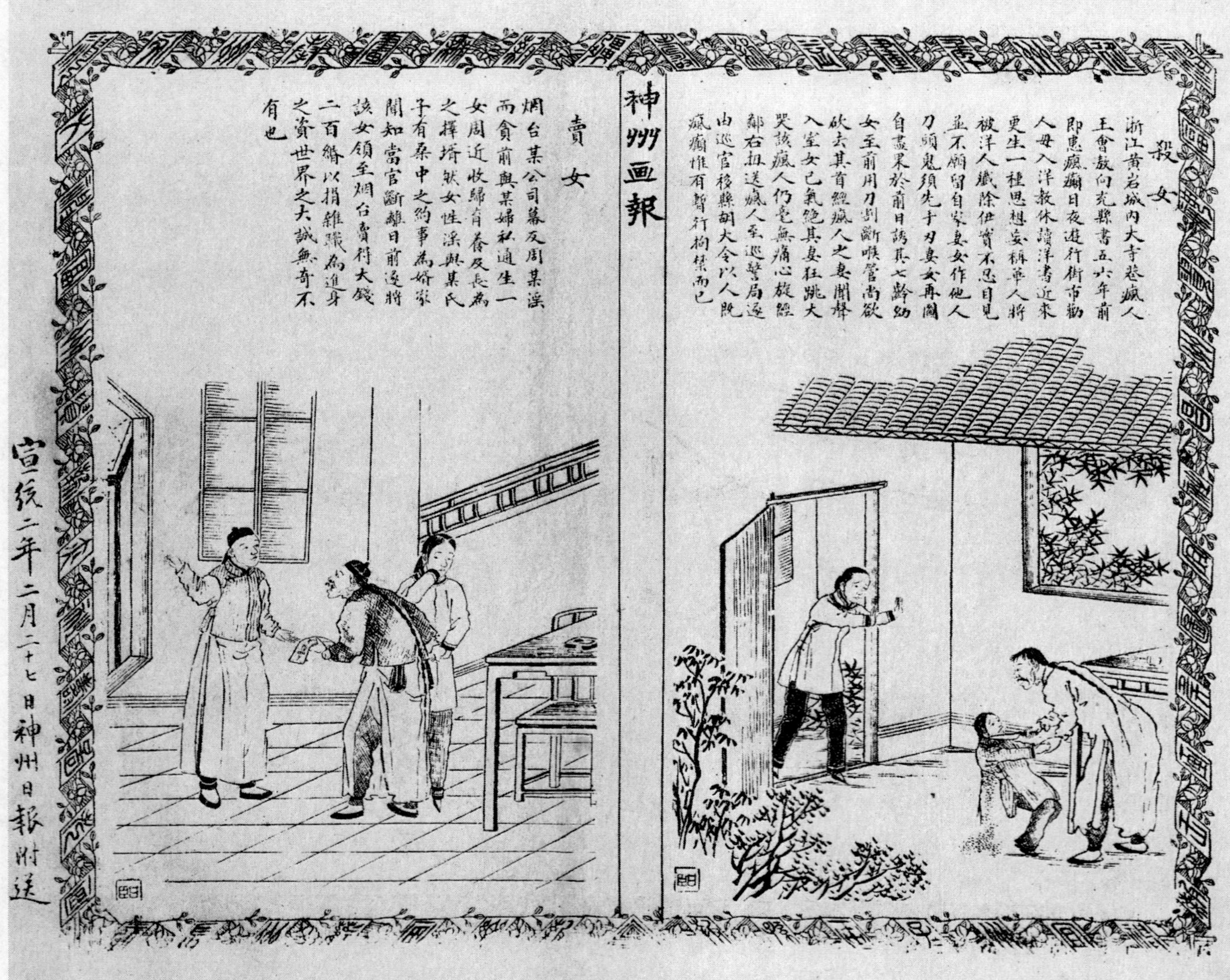
神州画報
殺女
浙江黃岩城內大寺巷瘋人王會敖向充縣書五六年前即患瘋癲日夜遊行街市勸人毋入洋教休讀洋書近來更生一種思想妄稱華人將被洋人殲除伊實不忍目見並不願留自家妻女作他人刀頭鬼須先手刃妻女再圖自盡果於前日誘其七齡幼女至前用刀割斷喉管尚欲砍去其首經瘋人之妻聞聲入室女已氣絕其妻狂跳大哭該瘋人仍毫無痛心旋經鄰右扭送瘋人至巡警局遂由巡官移縣胡大令以人既瘋癲惟有暫行拘禁而已
賣女
烟台某公司幕友周某溪而貪前與某婦私通生一女周近收歸育養及長為之擇婿然女性淫與某氏子有桑中之約事為婿家聞知當官斷離日前遂將該女領至烟台賣得大錢二百緡以捐雜職為進身之資世界之大誠無奇不有也
宣統二年二月二十七日神州日報附送

神州雜組

二十一

李兒

李兒者山東李司馬家僮也年十二三執役於司馬家因以李為姓司馬為諸生時家貧好飲博倜儻自喜多與無賴兒遊李兒早起往海濱拾魚鰕易米供饔飧入山采薪以為炊司馬嘗醉歸意不愜輒撻李兒人或憐之李兒曰郎君有奇氣不終貧今不得志故洩憤於我非其本心也終無怨望意司馬赴試李兒從之自措錢數貫購瓦硯水注線囊入市賣之以給薪水邑有叛人產數千畝荒蕪不可治有司變價司馬故豪宕卒然詣吏受其業及追值無所償遂走京吏勾其家屬無他僮僕縶李兒月六較每較二十杖下體無完膚如是者數年司馬登賢書償值然後脫司馬成進士居要路李兒日酣醉於市乃呼而責之曰爾何不供事李兒笑曰向者主人醉小人醒今者主人醒小人醉矣

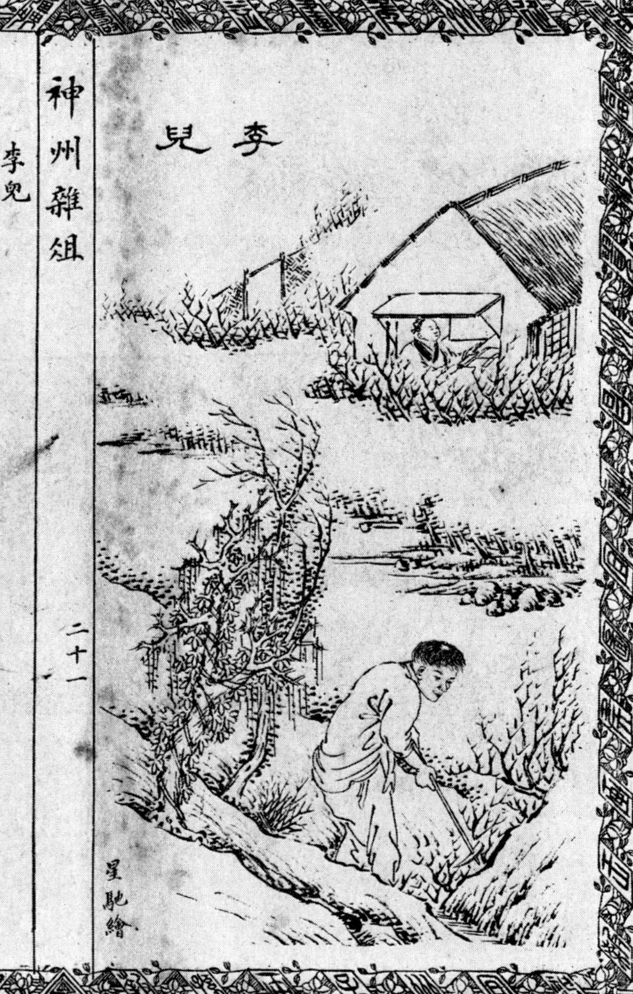

宣統二年二月二十九日神州日報附送

兒戲二
忽而登天
忽而落地
升降無常
是爲兒戲
星馳畫

神州畫報

宿寺婦女須知

龍華鎮紳商學界黃明潑湯有銘吳士英等八人稟上海縣文云竊本鎮龍華寺係屬著名叢林每年三月間香會善男信女遠近偕來殊形擁擠該寺僧素守清規無知流言未息有謂寺僧犯奸者有謂寺僧引誘婦女者四處謠傳捕風捉影溯其搖謗之由實緣婦女留宿寺中所致當婦女留宿寺時僧和亦不表同情奈礙於施主之面不能推却該寺主持僧與紳等熟商可否稟由縣憲示禁留宿以使該僧等回絕有詞伏思婦女在僧寺宿夜固知自愛殊駭聽聞寺僧不使力阻亦有苦衷倘能禁絕惡俗使婦女入廟燒香不再留宿則寺僧既保全名譽而頹風亦從此挽回紳商為地方公益起見不敢漠視為特據情環求恩准賞給示諭禁止婦女在寺住宿以除惡習僧俗均感再三月香汛即在目前垂乞迅賜給示嚴禁

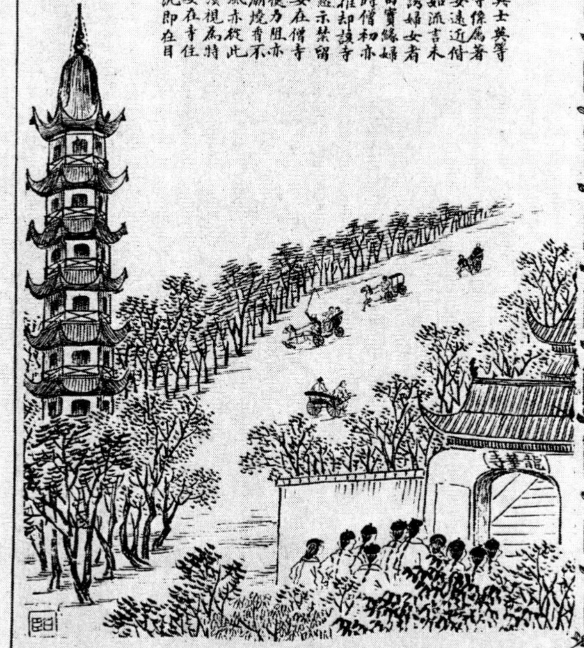

氣球墜海

二十五日字林報倫敦電云史德汀地方來信謂有輕氣球一枚載游人四名下議院議員德布克亦在其內墜入波羅的海有客一人救起已死一人重傷其餘二人則不知下落德布克即在其內

宣統二年二月二十九日神州日報附送

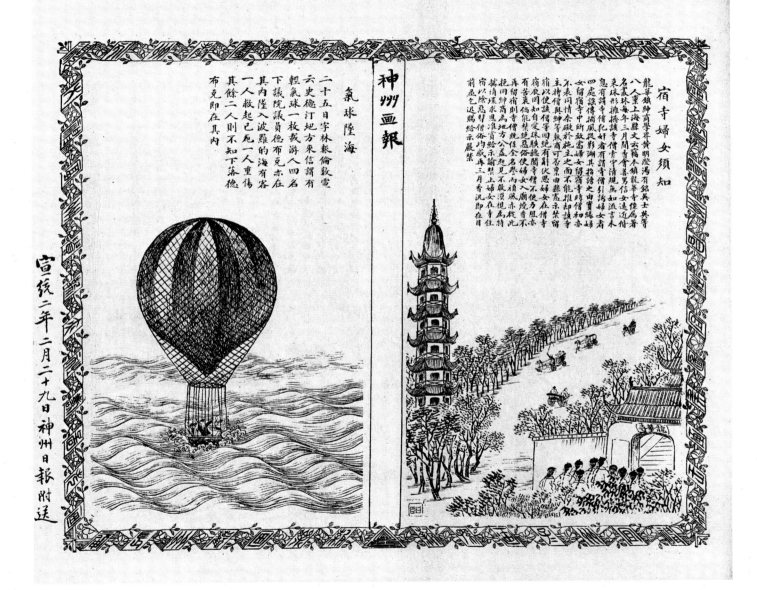

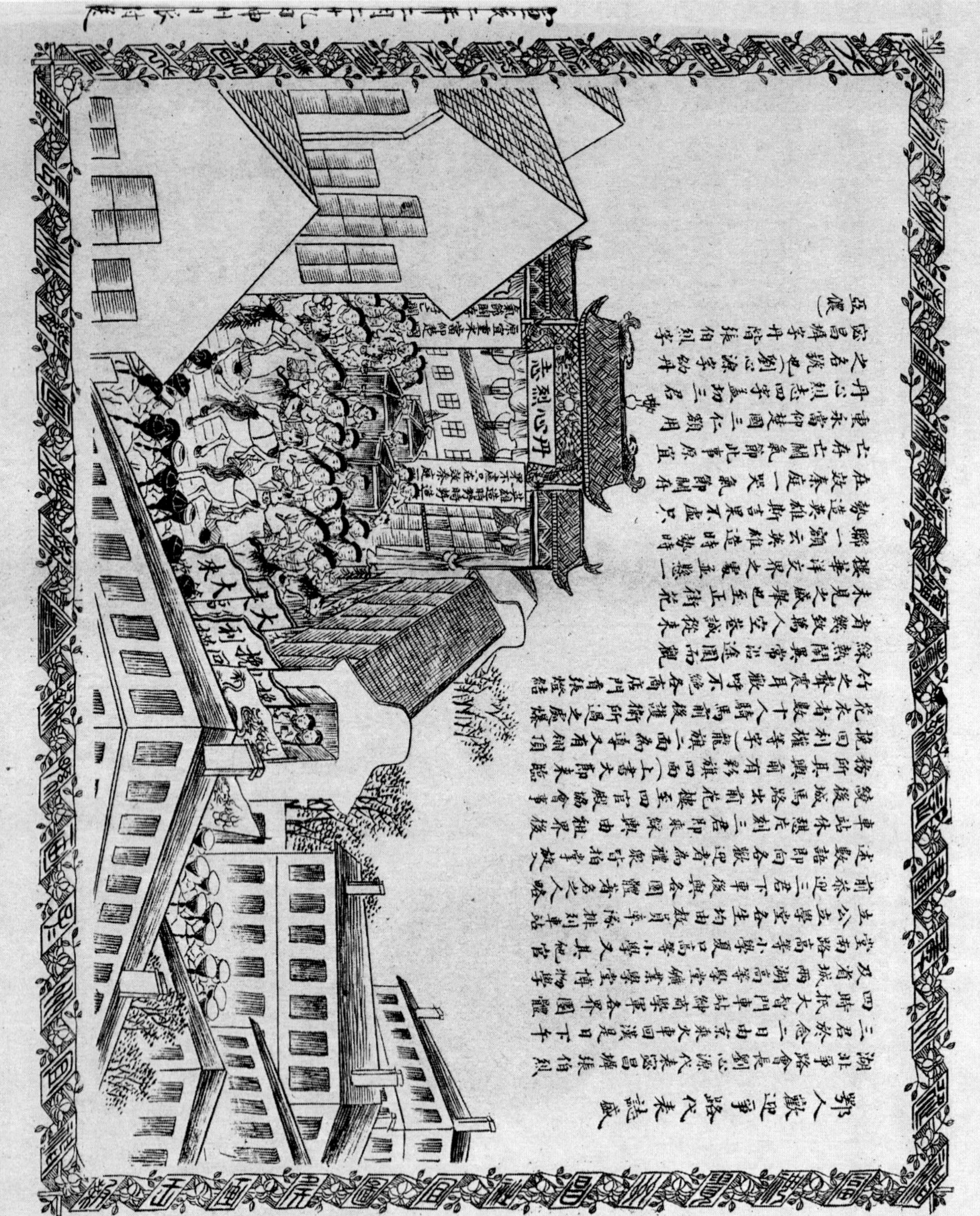
鄂人歡迎爭路代表誌盛
湖北爭路會長劉心源代表密昌墀張伯烈三君於念二日由京乘火車回漢是日下午四時抵大智門車站紳商學軍各界團體及省城兩湖高等學堂礦業學堂博物學堂南路高等小學夏口高等小學又其他官立公立學堂各生均由教員率領排列車站前恭迎三君下車後與各團體著名之人略述數語即向各歡迎者為禮衆皆拍掌旋入車站休憩片刻三君即乘綵輿由租界後繞後城馬路出前花樓至四官殿協會事務所其輿前有彩旗四面（上書大郎來臨挽回利權等字）龍旗二面為導又有綢頂花衣者數十人騎馬前後護衛所過之處爆竹之聲震耳歡呼不絕各商店門首張燈結綵熱鬧異常沿途圍而觀者幾致萬人空巷誠從來未見之盛舉也至正街花樓華洋交界之處並懸一聯一額云英雄造時勢時勢造英雄斯言果不虛只在效秦庭一哭氣節關存亡存亡關氣節此事原宜重永當仰楚國三仁額用丹心烈志四字蓋切三君之名號也（劉心源字幼丹密昌墀字丹階張伯烈字亞儂）
丹心烈志

邵飛飛

飛飛閩人或云西湖邊女子也幼孤其季父授以詩書能誦稍長能吟咏年及笄以才艷閭里中有求之者其母輒曰吾女當隨貴人焉能與牧豬奴配　王師討閩冦還總制有幕員羅某者道經其居見飛々浣衣湖畔驚為絶色乃殫力圖之以千金遺母以繼室為詞既歸數載隨羅北歸大婦悍妬不能容使閹奴強妻之羅素懾閫威俛首聽命而已弱質茍延香魂旋化作薄命詞三十絶句依今韻上下平為次其詞曰誰憐青鬢亂飄蓬馬上琵琶曲又終嫁得傖夫雙足健報人佳婿喜乘龍隔斷江山幾萬重粉脂零落為誰容如何的々親生母只愛金錢不愛儂冷風踈雨對銀缸心自酸辛淚自雙高壘愁城堅似鐵酒兵十萬恐難降荻簾日影上遲々亂綰烏雲不畫眉羨殺隔隣誰氏女金錢問

宣統二年三月初一日神州日報附送

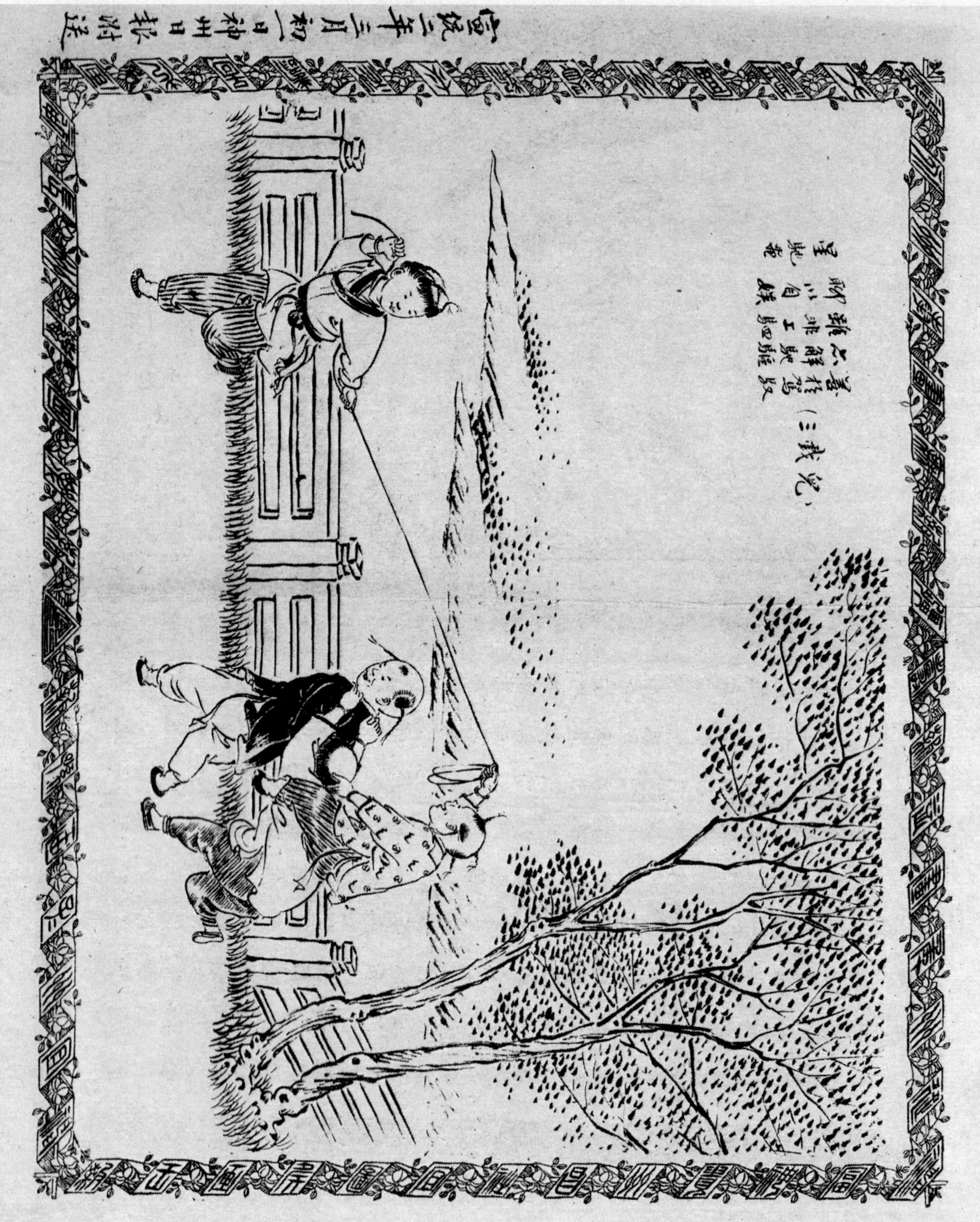
宣統三年三月初一日神州日報附送
戲兒(三)

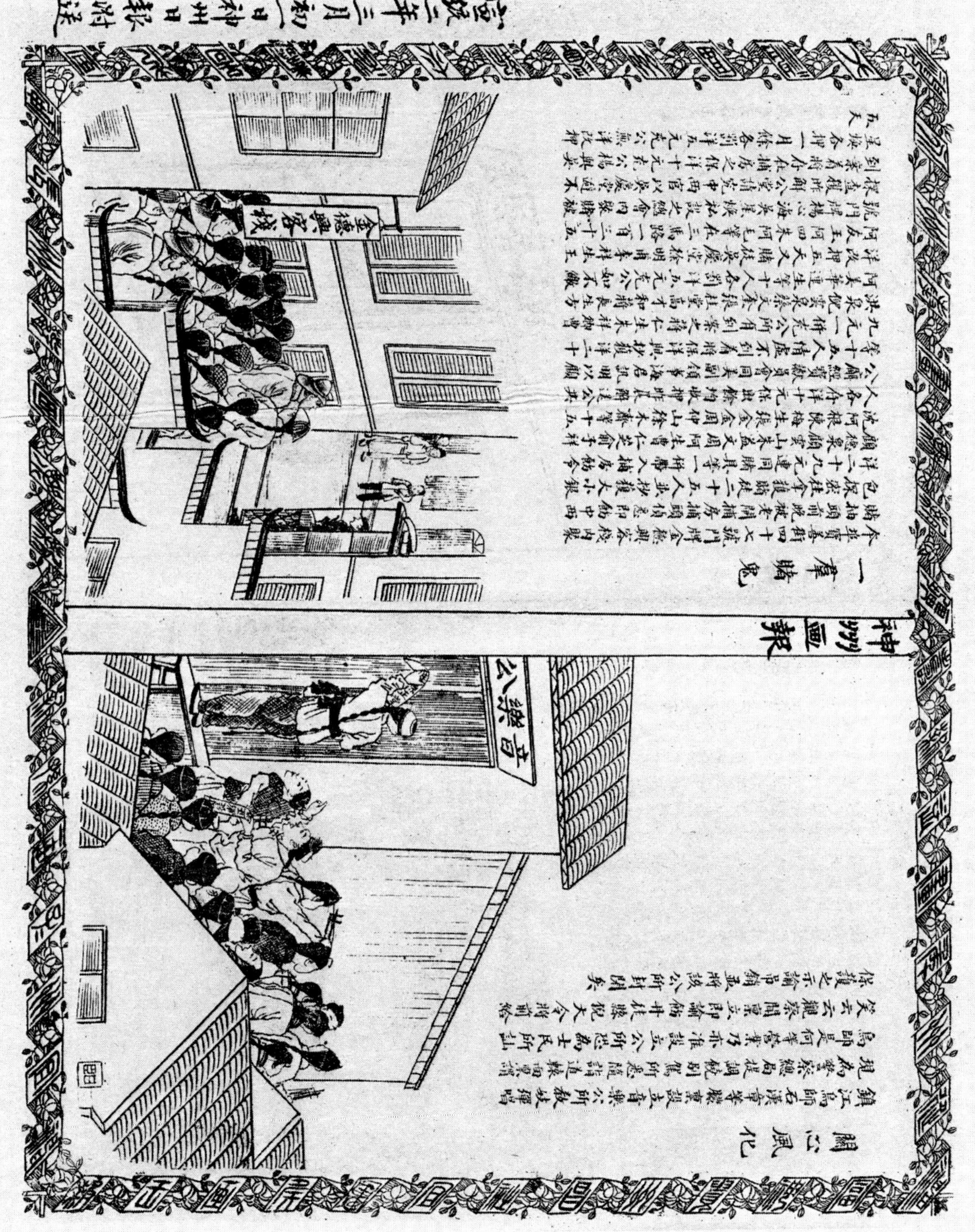

神州畫報

宣統二年三月初一日神州日報附送

關心風化

鎮江烏師石漢章等稟設立音樂公所教妓彈唱現為警察總局提調饒別駕所悉隨詣道轅面稟謂烏師是何等營業乃亦准設立公所恐為士民所訕笑云云觀察聞稟立即諭飭丹徒縣從大令將前給保護之示諭吊銷並將該公所封閉矣

一羣賭鬼

本埠寶善街四十七號門牌金德興客棧內聚賭抽頭前晚被老閘捕房捕頭偵悉即飭中西包探密往拿獲賭徒二十五人並抄獲大小銀洋二十九元連同賭具等一併帶入捕房飭令顧德泉顧雲山朱益文周阿生曹仁榮俞子祥沈阿根陳梅生張金金周仲山徐木齋等十五人各存洋十元保出餘均收押昨晨解送公共公廨經寶讞員會同美副領事海君訊明以顧等十五人情虛不到着將保洋與抄獲洋二十九元一併充公所有到案之蔣仁生朱祥卿曹洪泉倪雲泉蔡文奎張桂堂高才和蔣長生方阿美華連生等十人各罰洋五元充公如不繳洋改押五天又賭徒吳慶堂徐明甫李祥生王阿友王阿四朱阿毛等在三馬路一百三十五號門牌楊心海吳星煥私設之總會內聚賭被探查獲昨解公堂請究中西官以吳慶堂避不到案着將存在捕房之保洋十元充公楊與吳星煥各押一月餘各罰洋五元充公無洋改押五天

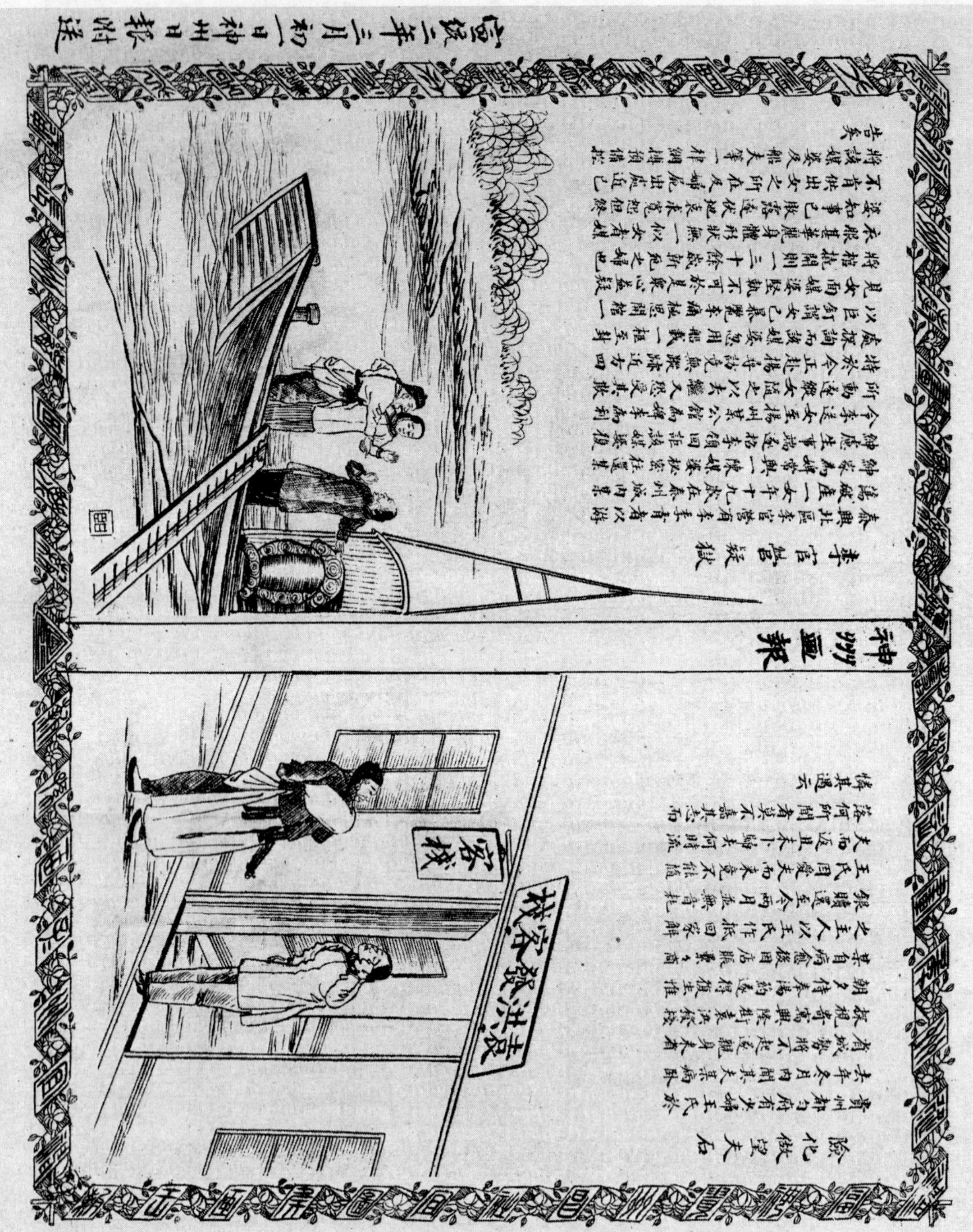

神州畫報

險化做望夫石

貴州都匀府有少婦王氏於去年冬月內聞其夫某病臥省城勢將不起遂親身來省探視寄寓興隆街袁洪發棧朝夕侍奉湯藥遂得復生惟某自病愈後因店賬累累商之主人以王氏作抵回家觧銀贖還至今兩月並無音耗王氏因愛夫而來竟不能隨夫而返且未卜歸夫何時流落何所聞者莫不嘉其志而憐其遇云

李官營疑獄

泰興北區李官營有李青者以游蕩破產一女年十九歲在泰州城內某紳家為婢常與一陳媒婆秘密往還某紳慮生事端遂招李領回詎該媒婆復令李送女至揚州某公館為婢李為利所動遂縱女隨之以去繼又恐受其欺特於今正赴揚尋訪竟無蹤跡近方四處探詢而該媒婆忽用船載一柩至封以巨釘謂女已暴斃李痛極思開棺一見女面媒婆堅執不可於是衆心益疑將棺撬開則一三十餘歲新死之婦也衣服甚華麗身體形狀無一似女者媒婆知事已敗露遂伏地哀求寬恕但終不肯供出女之所在及婦屍出處近已將該媒婆及船夫等一律綑縛預備控告矣

宣統二年三月初一日神州日報附送

神州雜俎

二十三

擲買胭脂鶼鶼比翼兩相依大彩蹁躚世亦稀誰料風濤生洛浦鍛翎又逐野雞飛自憐薄命更誰如蘭蕙當門竟被鋤回首五年成底事風流好似夢華胥無端昔日慕金夫也是貪痴女子愚寄語故園諸姊妹釵荊裙布自堪娛白雲飄渺望中迷獨倚窗前掩面啼萬里飄零親念否碧梧不是鳳凰棲積雨污泥盡沒階行行濕透小弓鞋遥知多少侯門女指點青鬟次第排騾車陣陣響如雷門外風吹百尺灰可惜春葱纖似玉自生爐火鎮烟煤土砌茅簷撲面塵偶然觸目也傷神看他赫赫司晨牝也是奴儂一樣人炎天斗室穢難聞酒蒜生葱盡日薰記得故園風景好白羅衫襯石榴裙獅子容他吼獨尊卻將奴去配司閽兒郎薄倖真堪恨不記添香枕畔溫憶昔雙雙倚畫欄名家曾對並頭看何期棄置同秋葉忍使琵琶別調彈哮聲狺語聽多般翻道他人鴃舌蠻悵望夕陽芳樹外嬌鶯喚囀話家山挑燈含淚疊雲箋萬里緘封報可憐為問生身親母氏賣兒還剩幾多錢淡淡春山蹙蹙腰菱花自對亦魂消如何顧食鴆鷸婦相見雖憐竟不饒無奈鳴鳩占鵲巢啄將紅蕊出林梢堪嗟薄命愁如織卻與詩人作解嘲自悔當初望太高今成明月水中撈風箏本是隨風性莫怪煞絲絲不牢摩挲雙眼蹙雙蛾搔首呼天怎奈何俗子不知人意懶燈前只管唱燕歌想後思前恨轉加誤人都是浣溪紗既然負卻當年意何必尋春到若耶良宵爭奈酒人狂惡雨愁雲總斷腸一枕正成鄉國夢門前又喚賣甜漿五載紅妝窄袖輕人人盡道妾傾城郎心何似春江水一任桃花逐浪萍蜀魄啼殘不忍聽斷腸最是雨淋鈴紅顏一樣同悽惻知否人間有小青冢園雖栖暑氣蒸嗡嗡滿屋鬧青蠅有人水閣珠簾裏猶說今朝熱不勝十里西湖憶舊游而今無復汎輕舟自憐冷落看花眼日對烟熜雨淚流不須重賦白頭吟入骨愛煎死易尋贏得芳魂歸去好一坏黃土百年心柳色青青詠漢南樹猶如此我何堪輸他隣婦無思慮碗大葵花滿鬢簪北地風高氣凜嚴滿天飛雪壓前簷炕頭不是金爐火馬糞如香細細添袴褪郎當配短衫高籠頭髻更巉巖教人依樣成妝束滿漢平分道不凡或取其詩中述北地風景者為燕臺詞然亂其次矣語雜沓而多怨聞者傷之

宣統二年三月初三日神州日報附送

浙杭新組織清泰第二旅館廣告

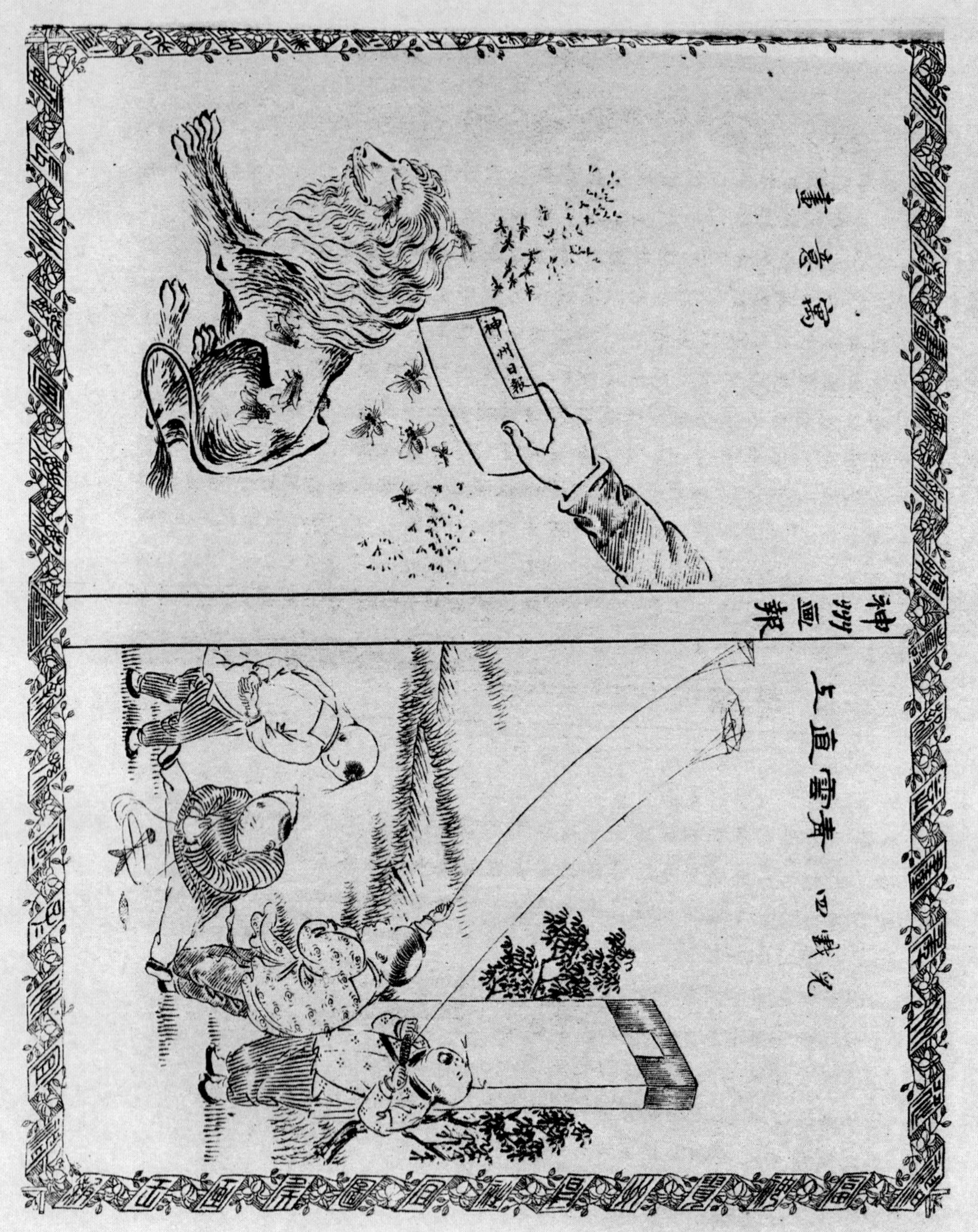
神州畫報
青雲直上
兒戲 四
寓意畫
神州日報

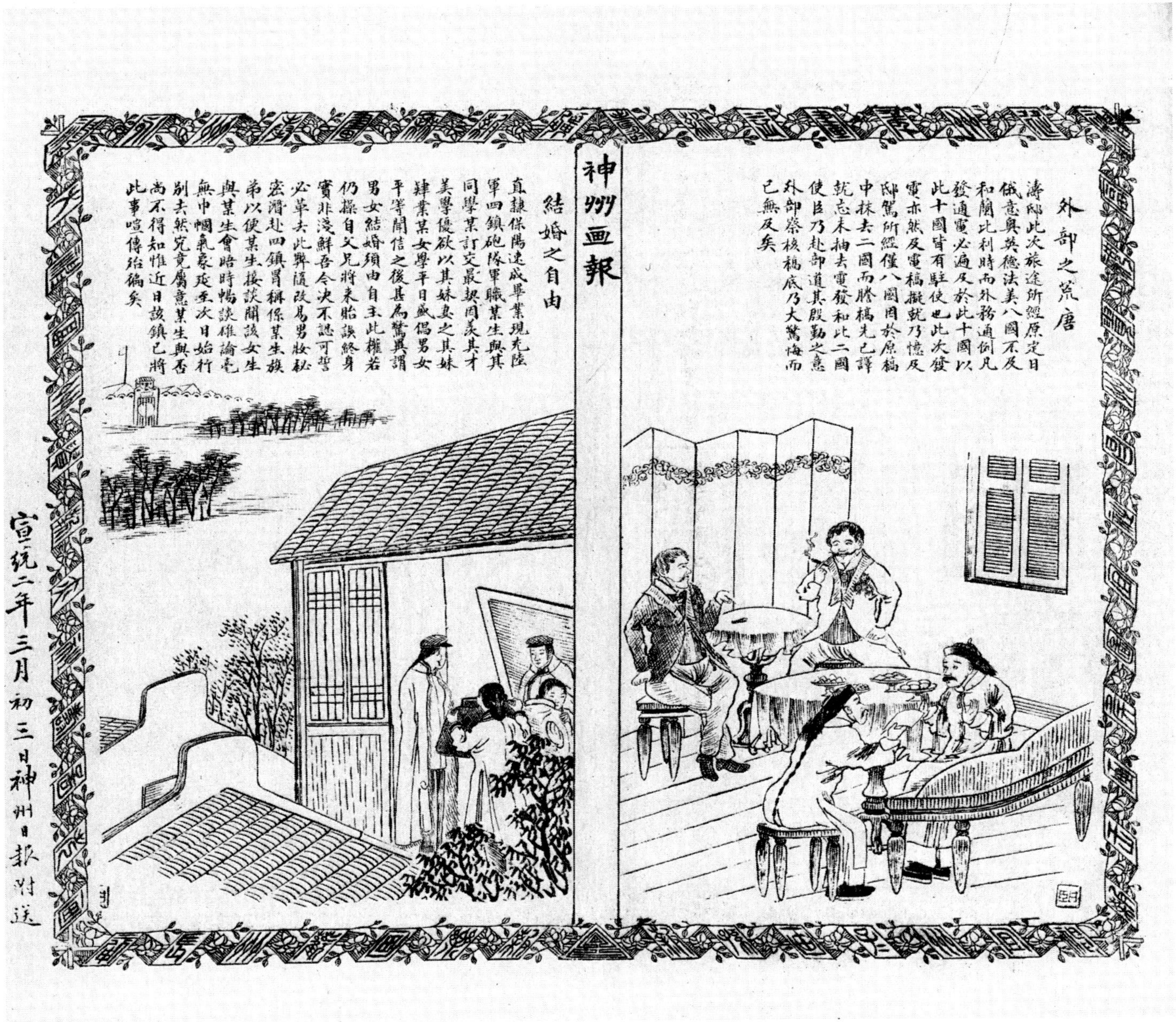
神州画報
外部之荒唐
濤邸此次旅途所經原定日
俄意奥英德法美八國不及
和蘭比利時而外務通例凡
發通電必遍及於此十國以
此十國皆有駐使也此次發
電亦然及電稿擬就乃憶及
邸駕所經僅八國因於原稿
中抹去二國而謄稿先已譯
就忘未抽去電發和比二國
使臣乃赴部道其殷勤之意
外部察核稿底乃大驚悔而
已無及矣
結婚之自由
直隸保陽速成畢業現充陸
軍四鎮砲隊軍職某生與其
同學某訂交最契因羨其才
美學優欲以其妹妻之其妹
肄業某女學平日盛倡男女
平等聞信之後甚爲驚異謂
男女結婚須由自主此權若
仍操自父兄將來貽誤終身
實非淺鮮吾今決不認可誓
必革去此弊隨改易男妝秘
密潛赴四鎮冒稱係某生族
弟以便某生接談聞該女生
與某生會晤時暢談雄論毫
無巾幗氣象延至次日始行
別去然究竟屬意某生與否
尚不得知惟近日該鎮已將
此事喧傳殆徧矣
宣統二年三月初三日神州日報附送

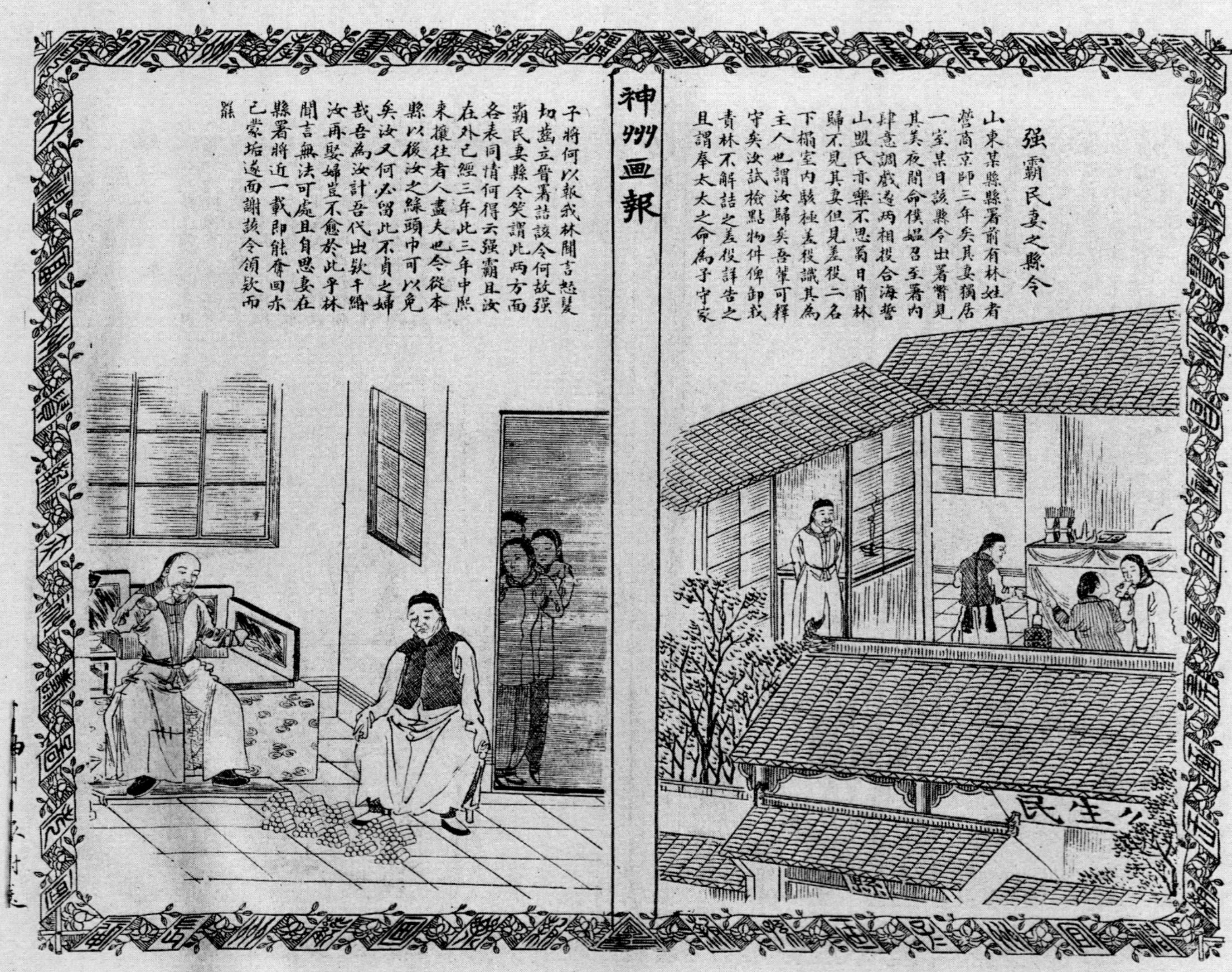

神州画報

强霸民妻之縣令

山東某縣縣署前有林姓者營商京師三年矣其妻獨居一室某日該縣令出署瞥見其美夜間命僕媼召至署內肆意調戲遂两相投合海誓山盟氏亦樂不思蜀日前林歸不見其妻但見差役二名下榻室内駭極差役識其爲主人也謂汝歸矣吾輩可釋守矣汝試檢點物件俾卸我責林不解詰之差役詳告之且謂奉太太之命爲子守家子將何以報我林聞言怒髮切齒立晉署詰該令何故强霸民妻縣令笑謂此兩方面各表同情何得云强霸且汝在外已經三年此三年中熙來攘往者人盡夫也今從本縣以後汝之綠頭巾可以免矣汝又何必留此不貞之婦哉吾爲汝計吾代出款千緡汝再娶婦豈不愈於此乎林聞言無法可處且自思妻在縣署將近一載即能奪回亦已蒙垢遂面謝該令領款而歸

神州畫報

賭近盜

前晚滬南太平馬頭錦記鷄鴨行寓甯江北販鷄客等聚衆賭博事後忽失竊賬箱內大小洋錢鈔票共計五百元之譜又金戒兩只並寄存之當票等物至昨晨始將箱上之銅鎖在比前檢出蹤係在行內賭負之人所為即由股東倪家驥偕同賬錢子良將接客之行夥江三及在場同賭之客人周清羅學仁與司閽之李大一併扭控總工程局請究奉飭留候解請裁判員訊核

鷄鴨老行

姦近殺

事詳初三日本報 海州通信

百子覌

宣統二年三月初五日報附送

浙杭新組織清泰第二旅館廣告

本館主人為補助交通機關起見特在杭州清泰車站之左地名中羊市街新建三層高大洋房數十幢開設清泰第二旅館形式極為雅觀內容亦極精美其鐵床紬被浴室花園閱報室抛球場會客廳種種設備繁不勝載食品點心等件尤為講求務合衛生藉副　諸公之雅意倘蒙　賜顧當極歡迎現已組織粗成擇於正月十七日先行交易俟完備後再謹告正式開張之期此佈

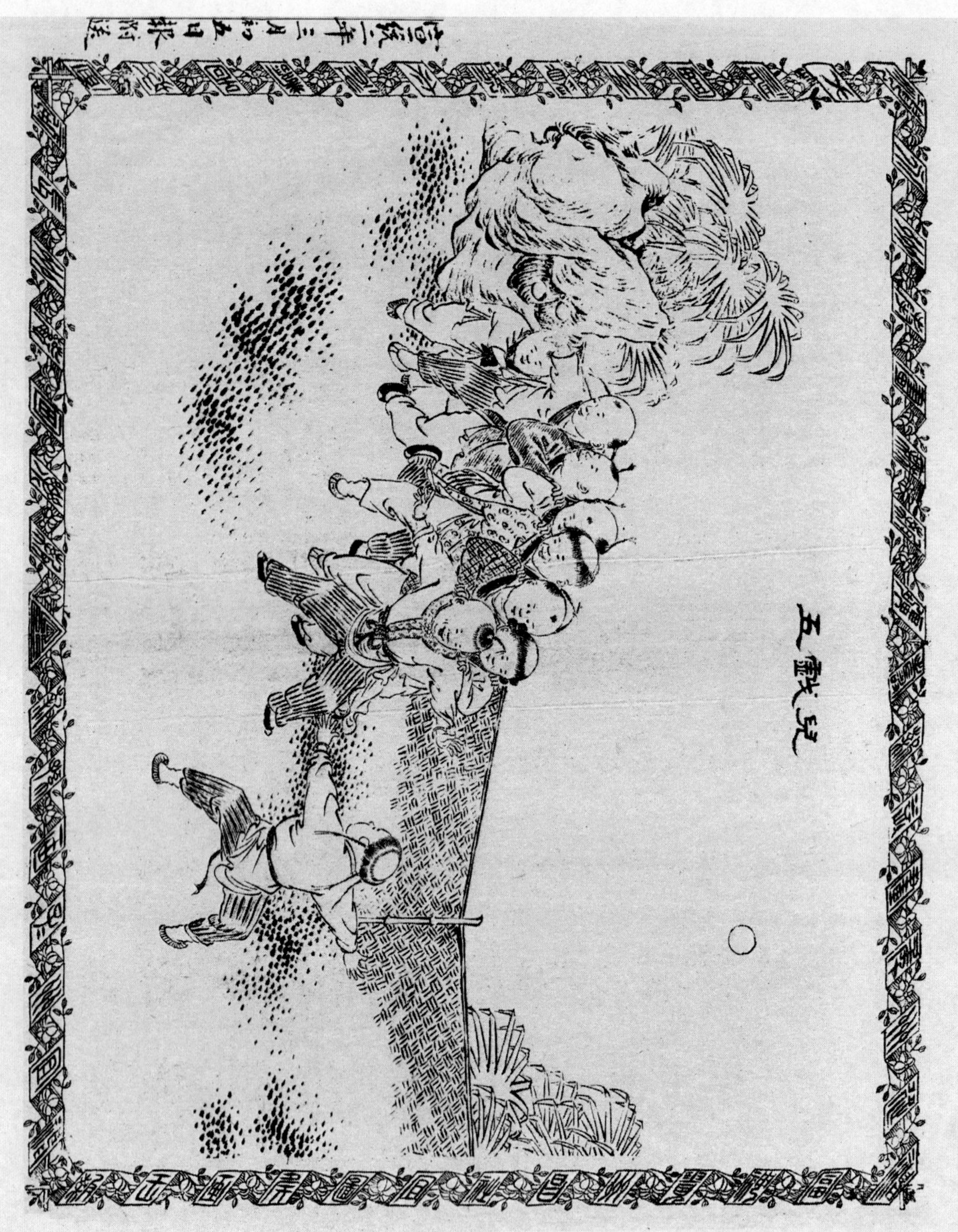
宣統二年三月初五日報附送
五戲兒

由察院還詞館乞歸養親留別都中知
己七律三首
朱雲汲黯昔稱賢戇直蓋將譽並延葵
藿有心空向日芻蕘無力可回天放歸
田里原應爾得返蓬瀛豈偶然宮錦舊
袍萊子服雷霆雨露總矜全
一別家山又九年俸餘只剩買書錢久
無甘旨供堂上獨有平安報客邊班列
神仙知不賤老來母子料應憐他時
聖主如垂問為道之推已隱緜
殷勤樽酒足留連驪唱還兼寫鳳箋俊
逸清新今鮑庾悲歌慷慨古幽燕良朋
何日重攜手事　主同時半比肩莫怨
別離六千里北來南去信能傳
宣統二年歲次庚戌仲春之月莆田
梅陽山人江春霖呈稿

後如賜函請寄福建涵江自鄣里江義泉轉交附啟

神州雜俎

二十四

周某

湖南周某忘其名市民也與錢某友善同貿易有利平分之無欺僞往四川販穀得大利錢病將歿謂周曰吾病亟矣脫不幸不能歸鄉里箱中物盡取之惟君還其半亦惟君妻少不可守君當娶之俾老母幼子無凍餒鬼將為報周泣且慰錢力起作家書如所言數日醫無效遂卒周取錢所有者封貯之以己財為斂匿錢書以贗書報母略曰兒客死老母無苦妻當守撫我兒貲財付周無取還有不給悉告之母與妻慟而安焉周貨屋於旁為小營運以贍足之每晨拜錢母於堂錢妻出即走避錢子六歲赴鄉塾朝往暮歸親抱持之或見周不娶貲未還以為疑周不與辯錢子稍長為娶婦乃取前所封貯者悉付之曰守此可以養二孀矣並出錢原書示之曰隱忍十餘年今可以明吾之志矣錢子哭拜于地周年五十餘娶老女生一子及其死也錢子服其喪三年

星曰一死一生乃見交情而况送死養生任勞任謗此士大夫之所難不圖於市民見之

宣統二年三月初七日神州日報附送

宣統二年三月初七日神州日報附送

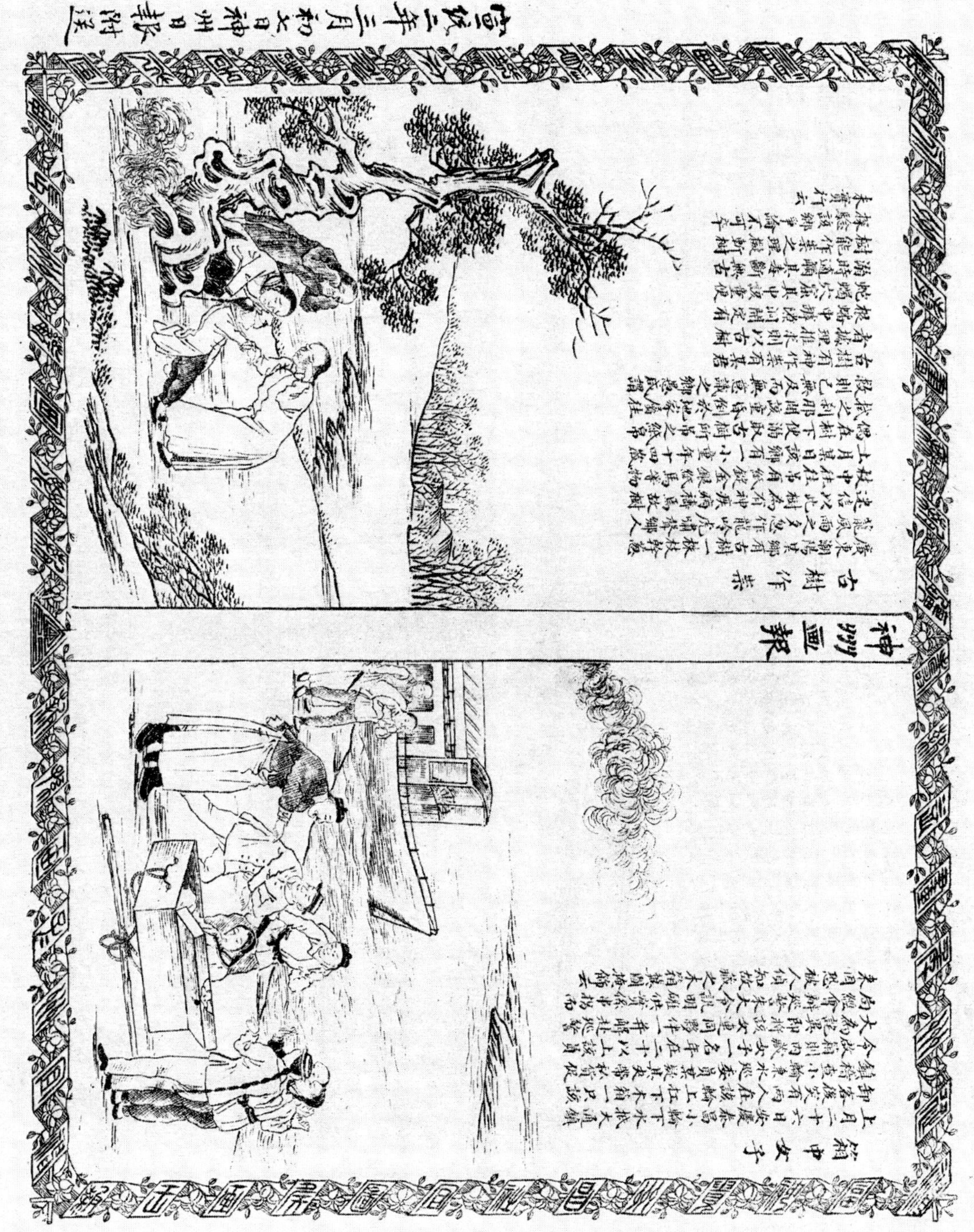
宣統二年三月初七日神州日報附送
神州畫報
古樹作祟
箱中女子

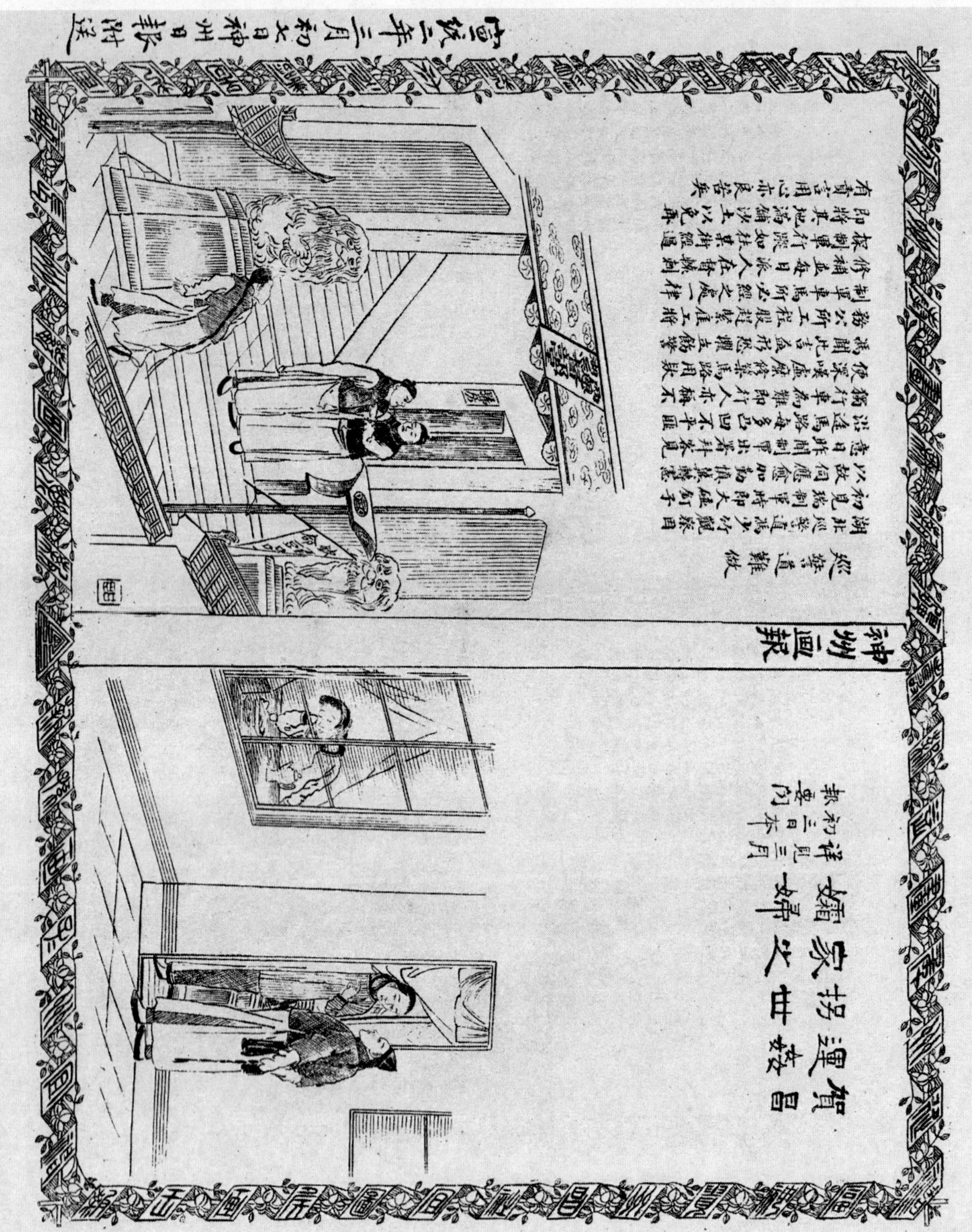
神州画報
賀昌運姦拐世家之孀婦
詳見三月初三日本報要聞
巡警道難做
湖北巡警道馮少竹觀察因
初見瑞制軍時即大碰釘子
以故伺應愈加勤慎兢兢憲
意日昨聞制軍出署拜客見
沿途馬路每多凸凹不平匪
獨行車為難即行人亦稱不
便深嘆虛糜修築馬路用款
馮聞此言益形恐懼立飭警
務公所工程股趕緊雇工將
制軍車馬所必經之處一律
修補並每日派人在督轅刺
探制軍行蹤如往某街經過
即將其地滿鋪沙土以免再
有責言用心亦良苦矣
宣統二年三月初七日神州日報附送

神州雜俎

二十五

明武宗遺事

正德二年丁卯秋大比之年士子雲集星卜之流皆在前門營趁有相士自命許管之能凡朝官微服而來一見即能指其現居品級係何出身歷試無誤是以就相者衆帝知之亦微服在人叢中觀聽時八月初八日午刻突一士人吼奔而來扭結相士曰汝誤我功名當與汝性命相博衆爲排解不開帝使衛士分之入問何如此急急相士曰是人前數日來問科名我以今科解元許彼自不入場反賴我誤之真書獃也士人曰因汝以元許我親朋預作賀筵飲入醉鄉家人喚醒入場門已閉矣豈有場外解元哉非汝誤我而誰二人爭執不休帝曰毋譁使有人送渠入場不得發解汝認何罰相士曰撻我臀子去帝曰言出無悔即取案上紙筆書條鈐以身佩小璽命衛士送去帝謂相士曰半月後

宣統二年三月初九日神州日報附送

宣統二年三月初九日神州日報附送
兒戲六
星池畫

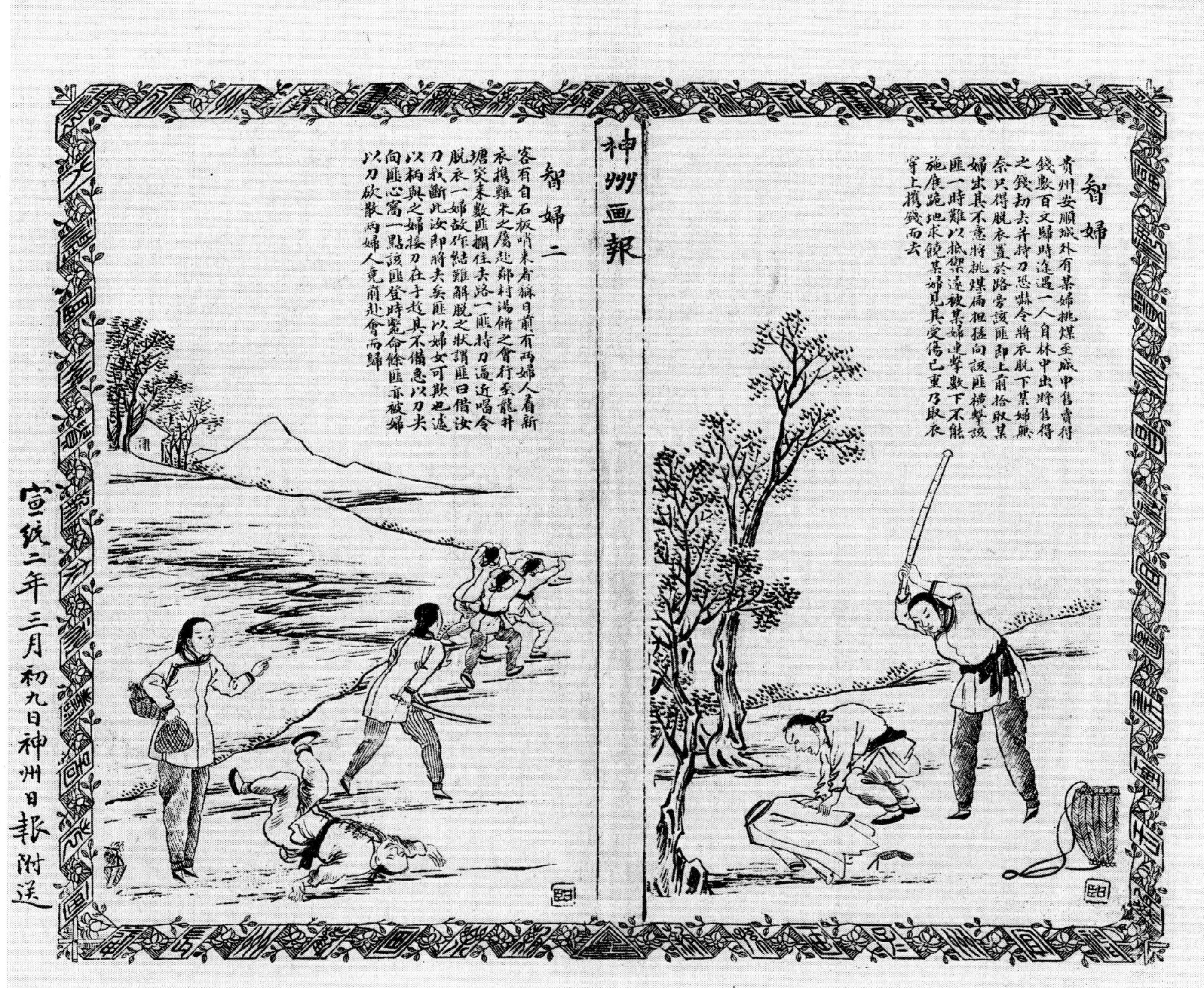

神州画報

智婦

貴州安順城外有某婦挑煤至城中售賣得錢數百文歸時途遇一人自林中出將售得之錢刦去并持刀恐嚇令將衣脫下某婦無奈只得脫衣置於路旁該匪即上前拾取某婦出其不意將挑煤扁担猛向該匪橫擊該匪一時難以抵禦遂被某婦連擊數下不能施展跪地求饒某婦見其受傷已重乃取衣穿上攜錢而去

智婦二

客有自石板哨來者稱日前有兩婦人着新衣攜雞米之屬赴鄉村湯餅之會行至龍井塘突來數匪攔住去路一匪持刀逼近喝令脫衣一婦故作結難解脫之狀謂匪曰借汝刀截斷此汝即將去矣匪以婦女可欺也遂以柄與之婦接刀在手趁其不備急以刀尖向匪心窩一點該匪登時斃命餘匪亦被婦以刀砍散兩婦人竟前赴會而歸

宣統二年三月初九日神州日報附送

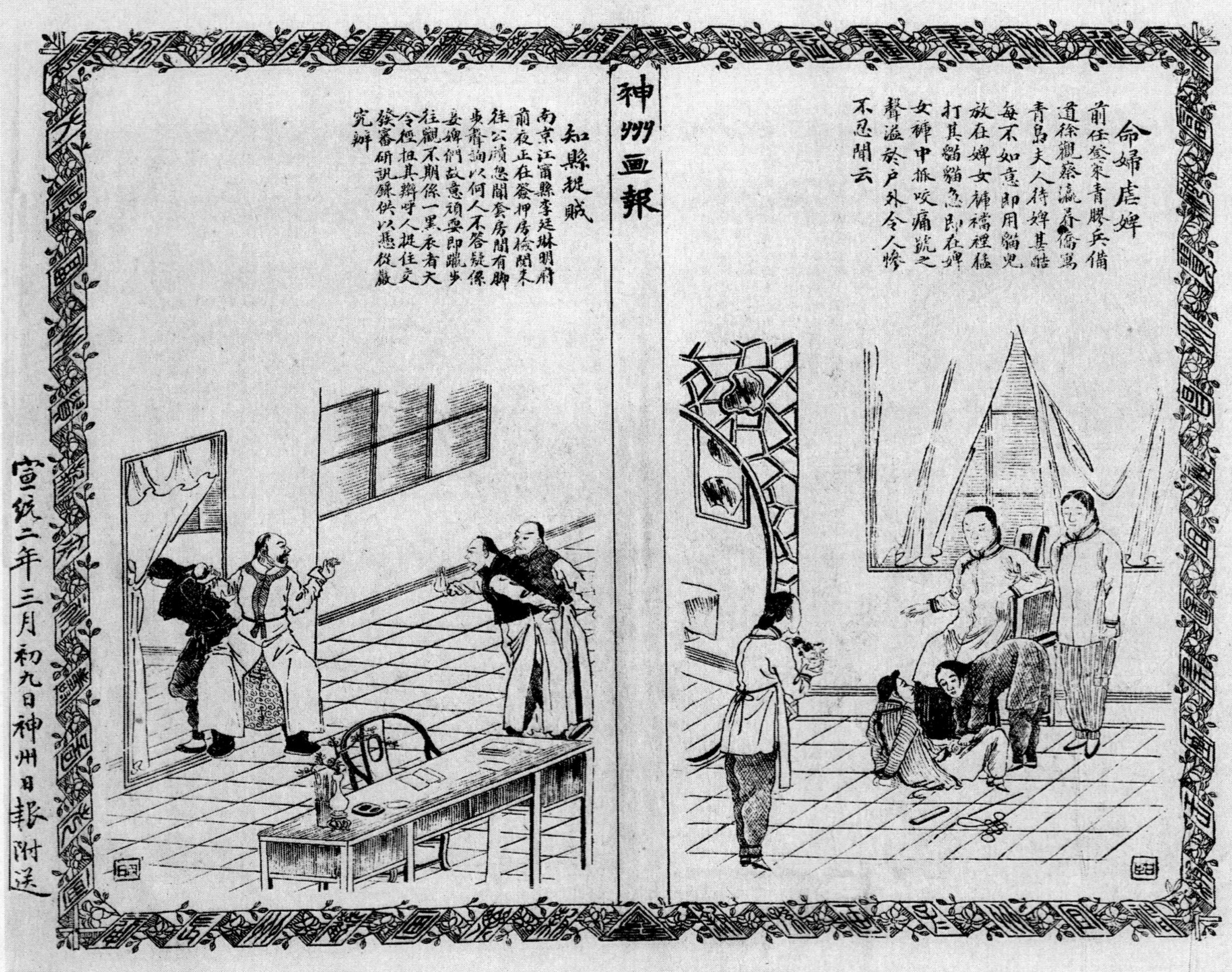

神州畫報

命婦虐婢

前任登萊青膠兵備道徐觀察瀛春僑寓青島夫人待婢甚酷每不如意即用貓兒放在婢女褲襠裡係打其貓貓急即在婢女褲中抓咬痛號之聲溢於戶外令人慘不忍聞云

知縣捉賊

南京江甯縣李廷琳明府前夜正在簽押房檢閱卷往公牘忽聞套房間有腳步聲詢以何人不答疑係妾婢們故意頑耍即躡步往觀不期係一黑衣者大令經扭其辮呼人捉住交發審研訊錄供以憑從嚴究辦

宣統二年三月初九日神州日報附送

來驗汝言也相士知機唯唯而退當衛士送士人至場外傳鼓稱聖旨降門官揭封去鎖内即傳點開門偕士人直入至公堂知貢舉各官跪接衛士西南宣讀畢即去覆命御史檢卷恭送士人入號内外關傳皇帝送朋友進場主考亦留心閱卷見其文亦尚穩妥與各官公議皆曰此公既為當今議拔不可作第二人以掛上意竟中解元試官覆命力獎其文才出衆賀帝得人帝大笑曰命也命也蓋帝本欲使入場而不取以難相士因豹房新得美人戀色而忘後命令竟發解益覺相士可畏着錦衣衛追尋杳不知其所之矣

其二

武會試之年帝亦揭巾佩刀作武士裝遊觀於市時已黃昏見一老提燈踽踽而來一壯役撞滅其燈老者曰我與君前本鄉隣亦曾周濟今我年邁無能君

二十六

神州雜俎

見必欺我是何意見役曰韓老我惡汝動稱周濟何得掃我顔面韓曰我非妄言也十年前飯君幾皆助若干君令充役大班我本不欺君反以為怨世有如此負心人哉役愈怒捽韓老於地伏而毆之環觀之人拉勸甚雜帝怒由人叢中抽佩刀刺入役腹而去役轉身仰跌旋斃不知刀從何來卡兵縛韓老報司坊送入刑部承審官以韓老鍜鍊成獄擬抵秋獄時帝閱至是獄命提兇犯廷訊韓老呼冤帝笑曰汝果大冤問誰承審此獄者尚書以某郎中對帝召之來命衛士脱韓老刑具以着郎官曰殺人者我也汝屈人問抵獄中冤濫者不知多少矣今即以汝作抵我為衆冤魂稍舒其怨郎官以兇刀出自韓老並非無據為辯帝命取鞘來納之適符遂伏辜乃釋韓老賞以百金曰償汝所費且命是年停句擇御史之能者名曰郵刑分赴各省提獄覆按而後報可果多所平反也

宣統二年三月十一日神州日報附送

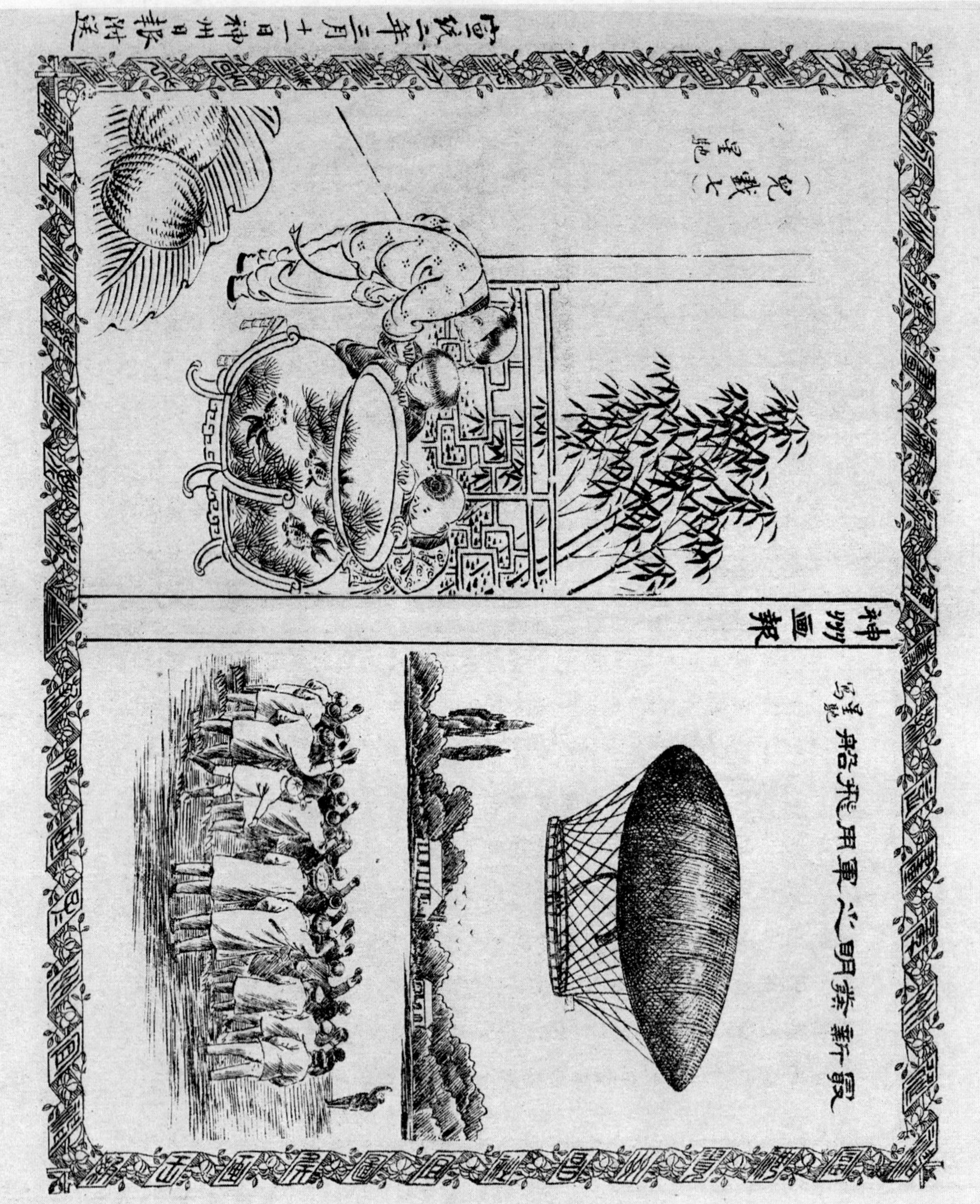

神州畫報
最新發明之軍用飛船
星艇寫
兒戲之一
星艇
宣統二年三月十一日神州日報附送

宣統二年三月十一日神州日報附送

神州畫報

楊度難堪

楊京卿度由籍赴京路過漢口與湘路拒款代表遇即避於既濟水電公司內又為鄂路代表張伯烈偵獲欲用鐵血主義對付旅鄂湘人亦以楊此舉有玷鄉人聲譽爰於初二日在鄂垣湖南會館議將其除籍及對待方法茲聞湘人會議後欲將楊拘解回籍請其戶族處以死刑特舉定旅鄂中學堂諸生十餘人偕同拒款代表粟戡時等於初三日上午十一句鐘齊至水電公司內搜索被該公司命人攔住吵鬧終日楊終伏不敢出漢上人士聞信往觀戶幾為穿直至下午五句餘鐘時該學生等尚不肯散必欲得楊而甘心水電公司宋偉臣君知非口舌所能解散乃用電話請英領事及會審公所派人彈壓不一時英領派捕頭率印華巡捕數十會審公所亦派差役至將楊度及學生人等一併拉入捕房拘留後事若何續採再聞

老鴇便宜

天津日租界同慶部高翠寶之領家高侯氏令其夥計張永發為媒說定靜海縣獨流鎮人杜張氏之女丫頭為子媳於光緒三十四年十月間過帖以包金鐲一付銀洋七十元為定禮彼時杜張氏不知高侯氏係開妓館之領家嗣杜張氏全家移住天津日租界周家坑於今年正月二十九日高侯氏飭人往杜張氏家言現在家中無人接丫頭前去看家杜張氏信以為真當即允許不意高侯氏居心不良將丫頭接到伊家即逼令接客稍拂其意非打即罵虐待異常嗣因杜張氏聞悉設計接回詢悉情形於二月三十日喊稟四局二區巡警帶局查驗丫頭右眉尖有踢傷一處弁供當死不願為娼等情當即飭傳高侯氏及媒人張永發到案質訊均供認不諱經該區一併稟送總局昨經讞員訊明飭令杜張氏將丫頭領回高侯氏保釋未免太便宜也

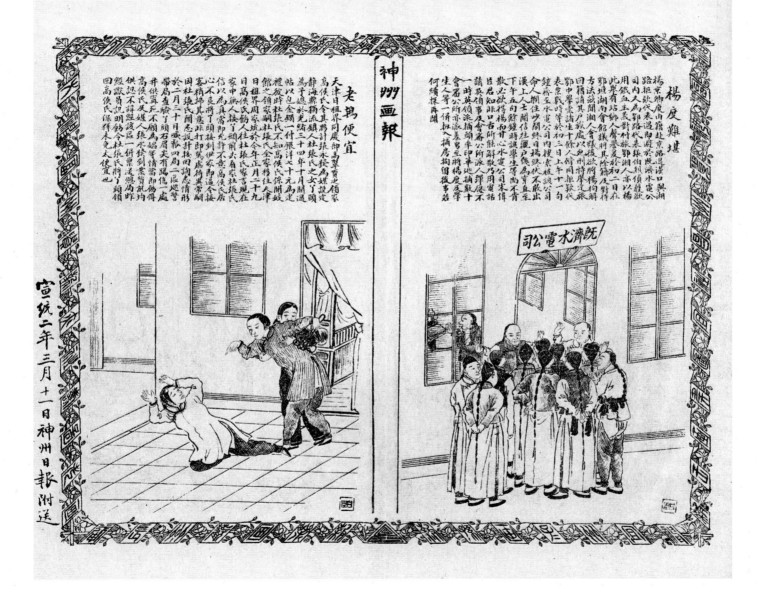

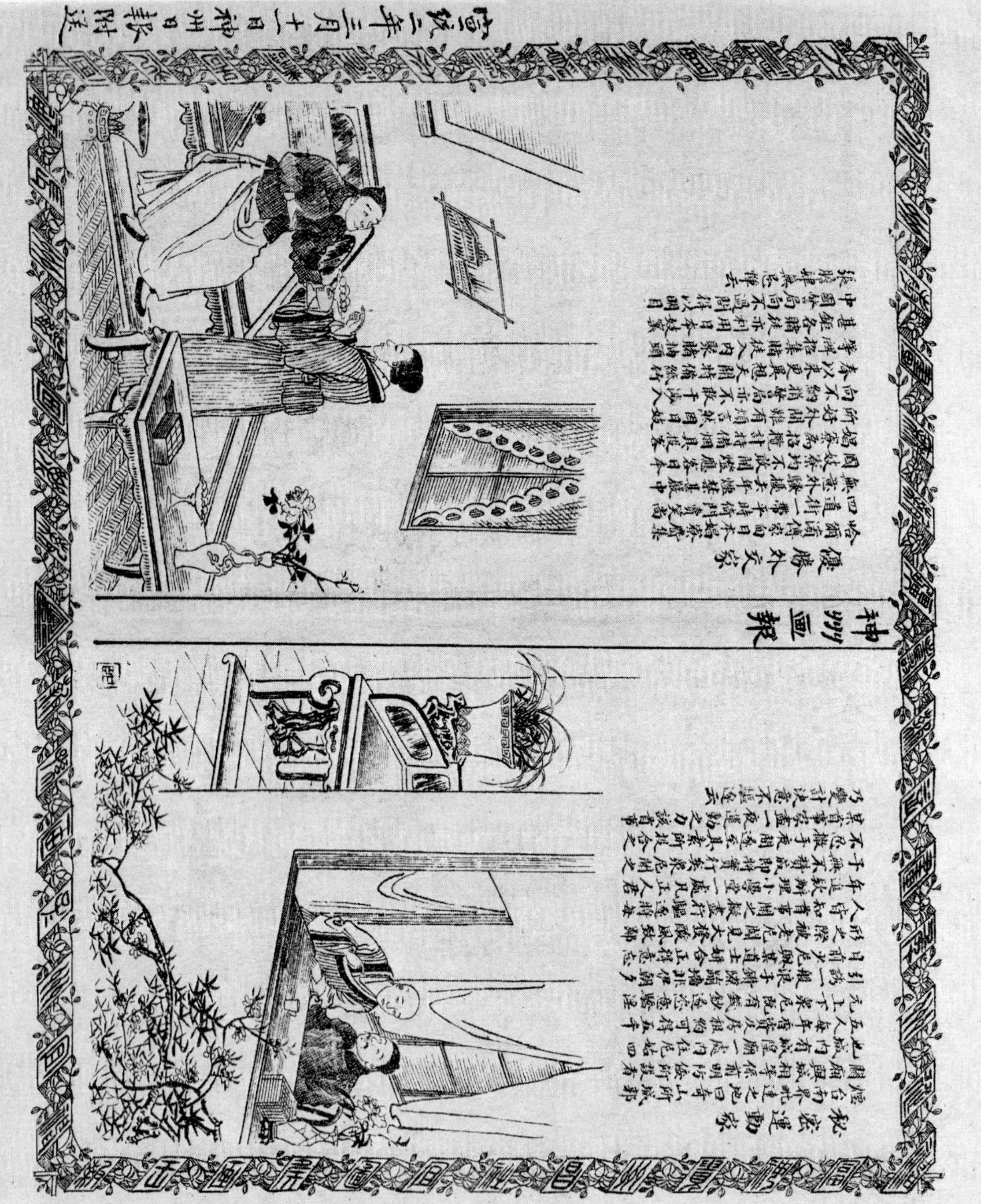
神州画報
秘密運動家
煙台南界毗連之地曰奇山所城郭
關廟與城相等係前明防倭所設者
也城內有城隍廟一處內住尼姑四
五人每年香資及房租約可得五千
元上下衆尼既有錢鈔遂恣意驕淫
引誘一般浪子鑽隙踰墻非伊朝夕
日前少尼與某道士姘合正得意忘
形之際被老尼闖見大發醋風致鄰
人皆知首事聞之擬盡行驅逐將每
年進款辦理小學堂一處凡正人君
子無不贊成即將實行矣衆尼聞之
不忍撒手夜間遂至其素所投合之
某首事家盡一夜運動之力該首事
乃變計決意不驅逐云
優勝外交家
哈爾濱傅家甸日本娼寮麕集
四道街一帶平時倚門賣笑尚
無意外騷擾去年煙禁甚嚴中
國妓寮均不敢開燈應客日本
娼寮為招攬計特備烟具投客
所好外間雖有煩言然因日妓
向不納捐警局亦不敢干涉入
春以來更異想天開特備紙竹
等牌招集賭徒入內聚賭抽頭
甚鉅各賭徒亦利用日本妓寮
中國警局向不過問得以明目
張膽肆無忌憚云
宣統二年三月十一日神州日報附送

神州雜俎

李枘機

李枘機者不知何許人前明鼎革後常行乞於漢皋不畏寒暑不擇飲食喜啖生肉其語塞澀不可辨至人家輒取紙筆亂書不已字亦多不可識間有一二成句者時人以為奇輿疑有乩仙降筆乃稱為仙人李枘機歟又見其所書多宗門語則以為禪客也漢皋小草中有李異人傳記其事曾有人在漢上遇之立一木凳店前群兒圍數匝常戴笠衣綠布棉襖口喃喃作聲眼睛頻睫不已手持烟筒連吸數十筒猶不止常有人見其所書二紙其一云鬅鬆頭髮黑白眼睛天童法子金粟的孫其後字多不可識蓋真禪客語也每觸之後必有南京報恩寺數字意必為金陵遺老逃而之禪而別成心疾者亦殊可憐而世人乃竟以仙目之誤矣

宣統二年三月十三日神州日報附送

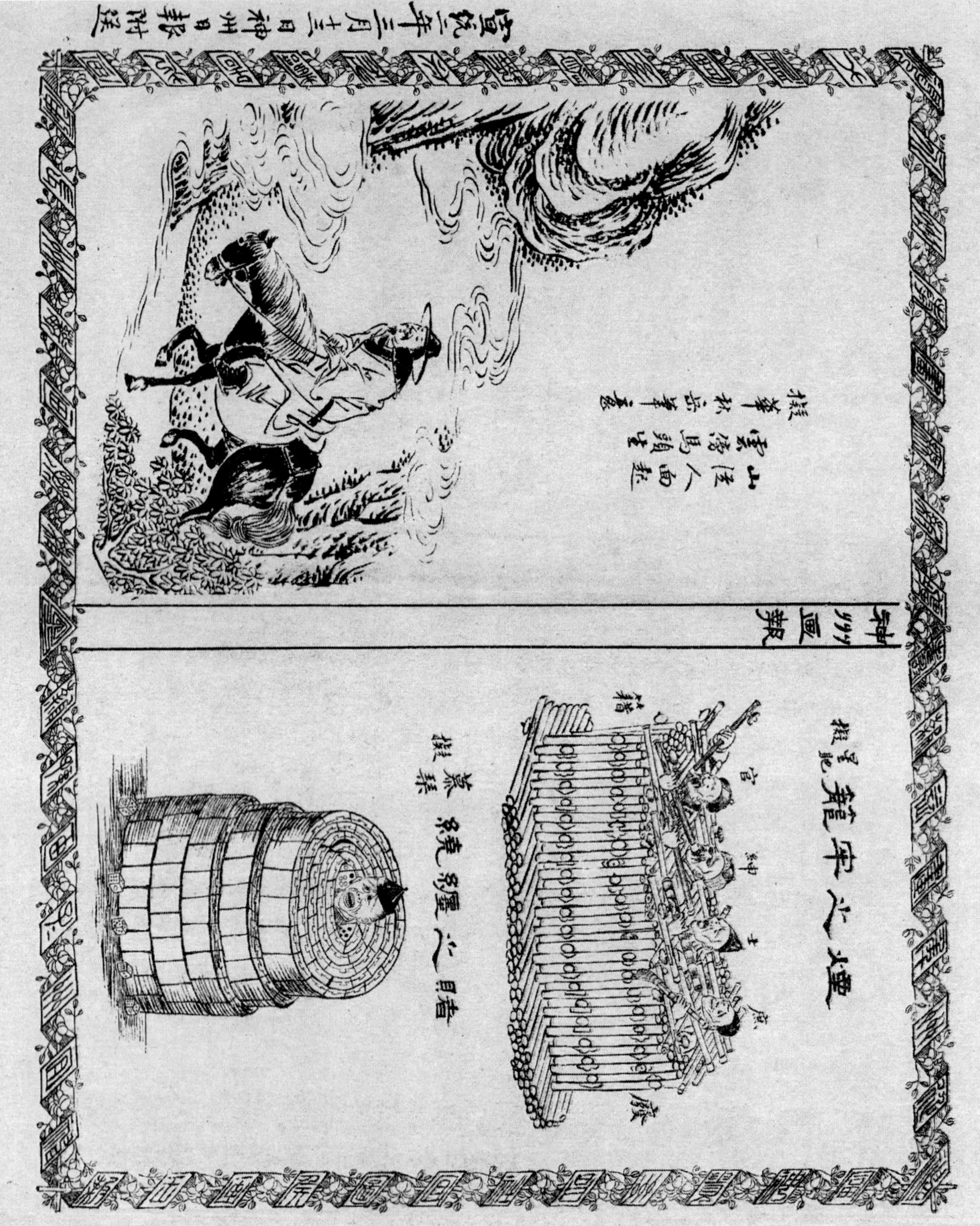

神州画報
煙之牢籠
星肥擬
官
紳
士
庶
廢
籍
賭之纏繞
慕琹擬
山陰人面起
雲傍馬頭生
擬華秋岳筆意
宣統二年三月十三日神州日報附送

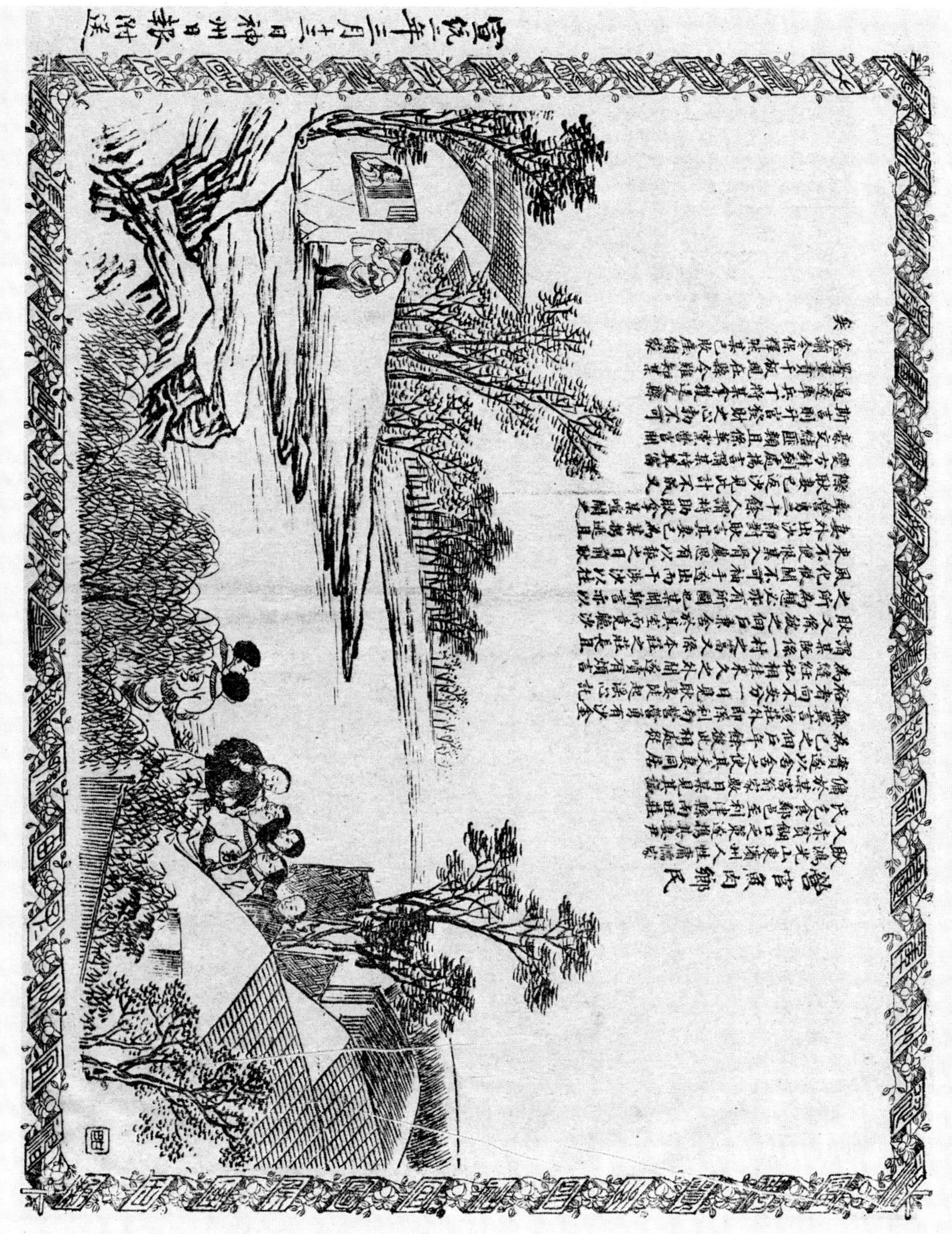
宣統二年三月十三日神州日報附送

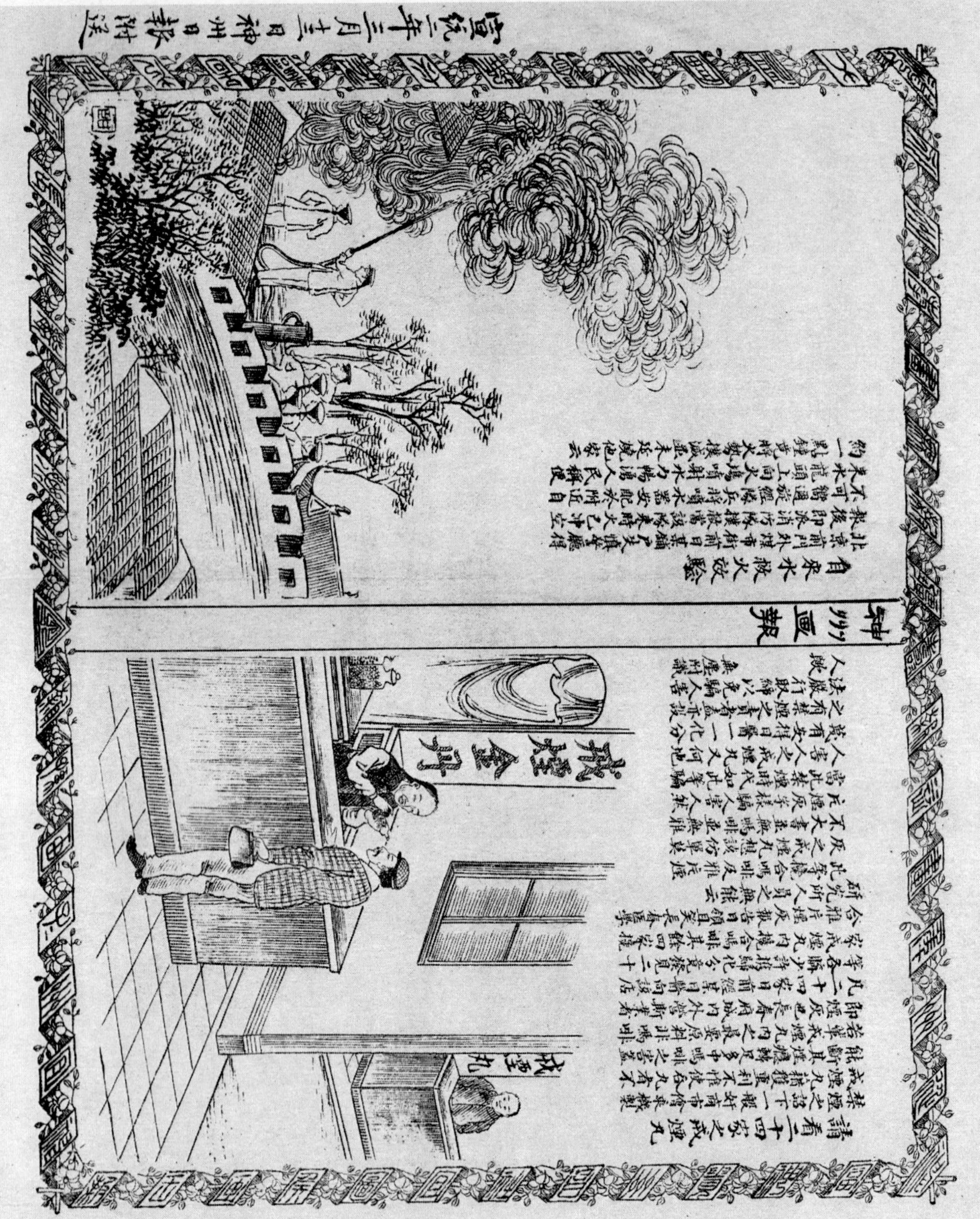

神州畫報
請看二十四家之戒煙丸
禁煙之詔下一般奸商市儈乘機製戒煙丸藉獲重利不惟彼各丸者不能斷其煙癮轉足多中嗎啡之害蓋若輩戒煙丸內之最要原料非嗎啡卽煙灰也長春府城內外營斯業者凡二十四家日前經某日醫向該店等各購少許攜歸化分竟發見二十家戒煙丸內攙合嗎啡其餘四家攙合雅片煙灰報告日領且笑長春醫學研究所人員之無能云
此等攙合嗎啡及雅片煙灰之戒煙丸想該仿單莫不大書並無嗎啡並無雅片煙灰等樣騙人害人然當此禁煙時代如此等騙人害人之戒煙丸又何地蔑有安得日醫一一化分之有禁煙之責者盍亦設法嚴行取締以免騙人害人歟
無塵附識
戒煙金丹
戒煙丸
自來水救火效驗
北京前門外煤市街前日某舖戶失愼警廳得報後卽派消防隊撲救當該隊來時火已沖空不可嚮邇旋經隊兵將噴水器安配於附近自來水龍頭上向火燄噴射水力暢湧人民稱便約一點鐘竟將火勢撲滅並未延燒他家云
宣統二年三月十三日神州日報附送

神州雜俎

吳汝貞

吳汝貞農夫也隨父耕山中母來餉將及田遇虎曳之去汝貞遥望見之持鋤奔逐虎虎負嵎而踞其母汝貞以鋤擊虎頭虎躍起搏之汝貞却蔽大樹後虎怒嚙樹汝貞叱曰汝害吾母吾不與汝俱生力舉鋤擊虎頸虎奮而搏汝貞返奔失足墮於澗虎哮於上取沙石擊虎虎傷目循澗行數十步得徑逐達隅負母行虎大哮林葉颯颯作聲汝貞返顧曰母恐我我與汝俱死置母於山側前墮澗時失鋤遂徒手迎虎虎躍而搏入虎腹得卵急握之虎再躍再哮力漸盡盤旋於豐草間適其父率群農鼓譟來救汝貞釋虎虎逸去母子皆無恙

兒戲八
同稱飛將
一決雌雄
漫言兒戲
不奏膚功
（匯三）
宣統二年二月十五日神州日報附送

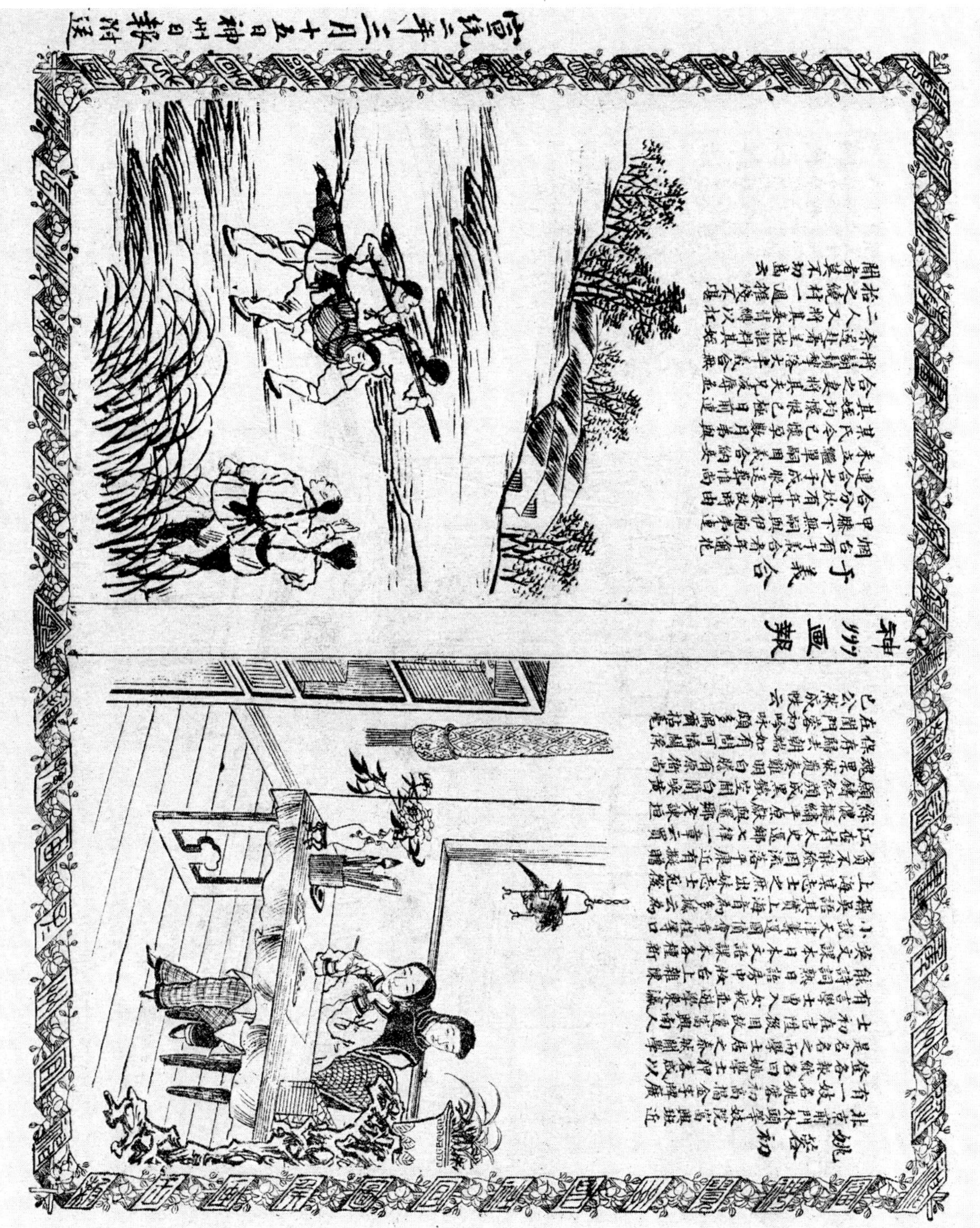
神州畫報
宣統二年三月十五日神州日報附送

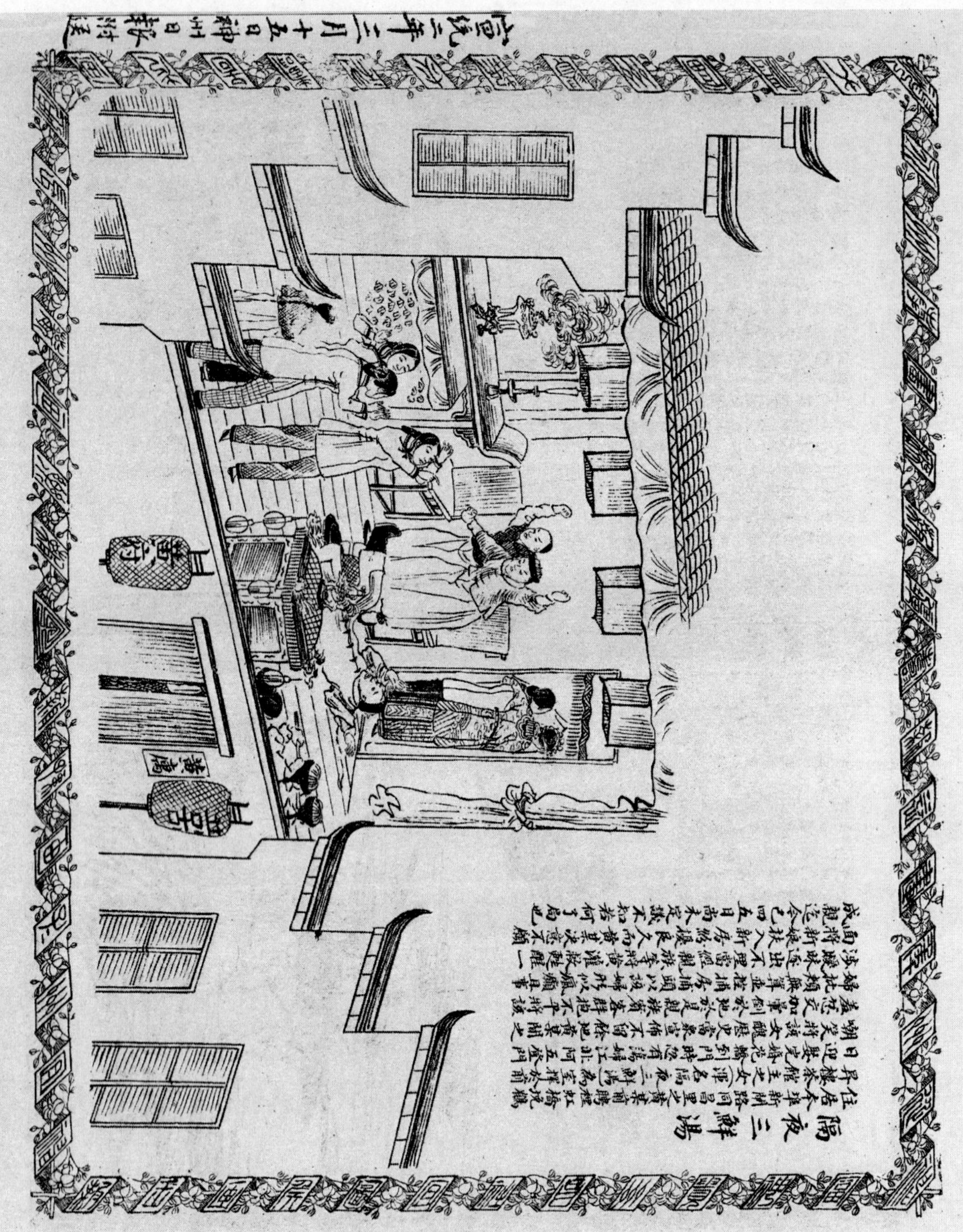
隔夜三鮮湯
住居本埠新閘路同昌里之黃某前聘裡虹橋坑鶴
昇樓茶館主之女(渾名隔夜三鮮湯)為室擇於前
日迎娶完婚花轎到門時忽有蕩婦江北阿五登門
嘲笑將該女醜歷史當衆宣佈不留餘地黃某聞之
羞怒交加暈倒於地於是親族賓客群抱不平將該
婦批頰無算並控捕房捕頭以該婦形似瘋癲且事
涉曖昧遂出不理當經親族等將黃灌救甦醒一
面將新娘扶入新房紛擾良久而黃某決意不願
成親迄今已四五日尚未定議不知若何了局也
黃府
黃寓
宣統二年三月十五日神州日報附送

賣餅叟

神州雜俎

賣餅叟

賣餅叟失其姓名賣餅其業也世居江陰城北叟年九十餘修髯鶴髮雙眸炯炯然日負一筐餅入市賣賣已即沽酒一壺坐君山巔對長江獨酌微醺即鼓掌歌蘇東坡大江東去詞時中原亂起歌已輒北望燕雲嗚咽而歸叟有五子十二孫曾孫二十人萃而居皆知孝讓嘗歎曰太平垂三百年兆姓富庶極矣盛極必衰零落之慘將至吾邑多尚義者亦不免乎命子孫各一人率其屬遷梁溪曰存吾祖宗祀未幾明亡叟呼天號泣乃集子孫告曰吾世受國家水土恩今年已及百雖生何為汝儕勉旃遂投揚子江死後江陰城破其子若孫皆戰死城下而梁溪一支獨存

二十九

浙杭新組織清泰第二旅館廣告

本館主人為補助交通機關起見特在杭州清泰車站之左地名中羊市街新建三層高大洋房數十幢開設清泰第二旅館形式極為雅觀內容亦極精美六鐵床細被浴室花園閣非常撫球場會客廳種種設備整不勝載食品點心等件尤為講求格合衛生精副 諸公之雅意倘蒙 賜顧當極歡迎現已組織粗成擇於正月十七日先行交易俟完備後再謹告正式開張之期此佈

宣統二年三月十七日神州日報附送

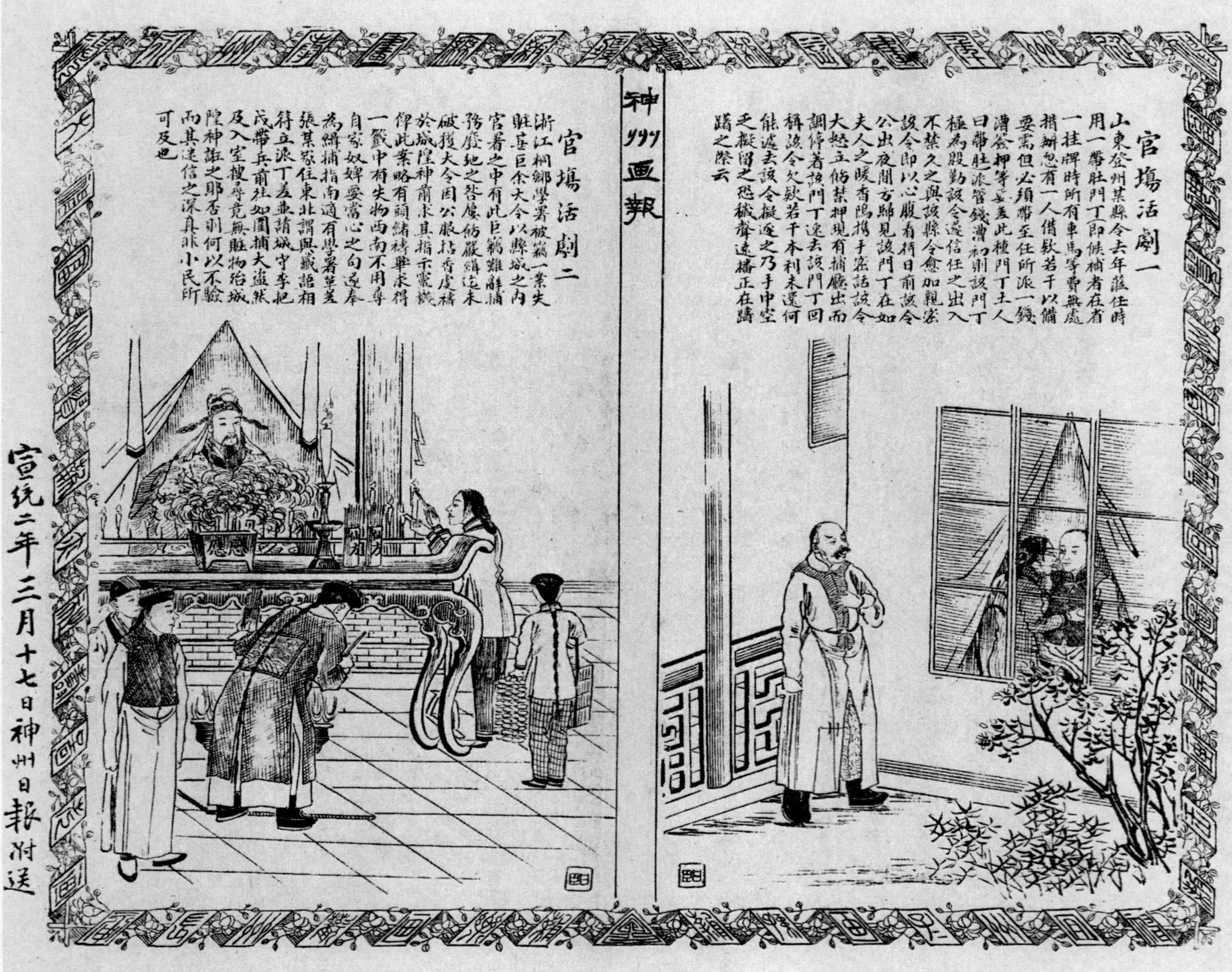

神州畫報

官塲活劇一

山東登州某縣令去年蒞任時用一帶肚門丁(即候補者在者一挂牌時所有車馬等費無處措辦忽有一人借欵若干以備要需但必須帶至任所派一錢漕簽押等差此種門丁土人曰帶肚派管錢漕初則該門丁極為殷勤該令遂信任之出入不禁久之與該縣令愈加親密該令即以心腹看待日前該令公出夜間方歸見該門丁在如夫人之暖香隝携手密話該令大怒立飭禁押現有捕廳出而調停着該門丁速去該門丁回稱該令欠欵若干本利未還何能遽去該令擬逐之乃手中空乏擬留之恐穢聲遠播正在躊躇之際云

官塲活劇二

浙江桐鄉學署被竊一案失贓甚巨余大令以縣城之内官署之中有此巨竊難辭捕務廢弛之咎屢飭嚴緝迄未破獲大令因公服拈香虔禱於城隍神前求其指示案機俾此案略有頭緒禱畢求得一籤中有失物西南不用尋自家奴婢要當心之句遂奉為緝捕指南適有學署草差張某家住東北謂與籤語相符立派丁差並請城守李把戎帶兵前往如圍捕大盜然及入室搜尋竟無贓物始城隍神誑之耶否則何以不驗而其迷信之深真非小民所可及也

宣統二年三月十七日神州日報附送

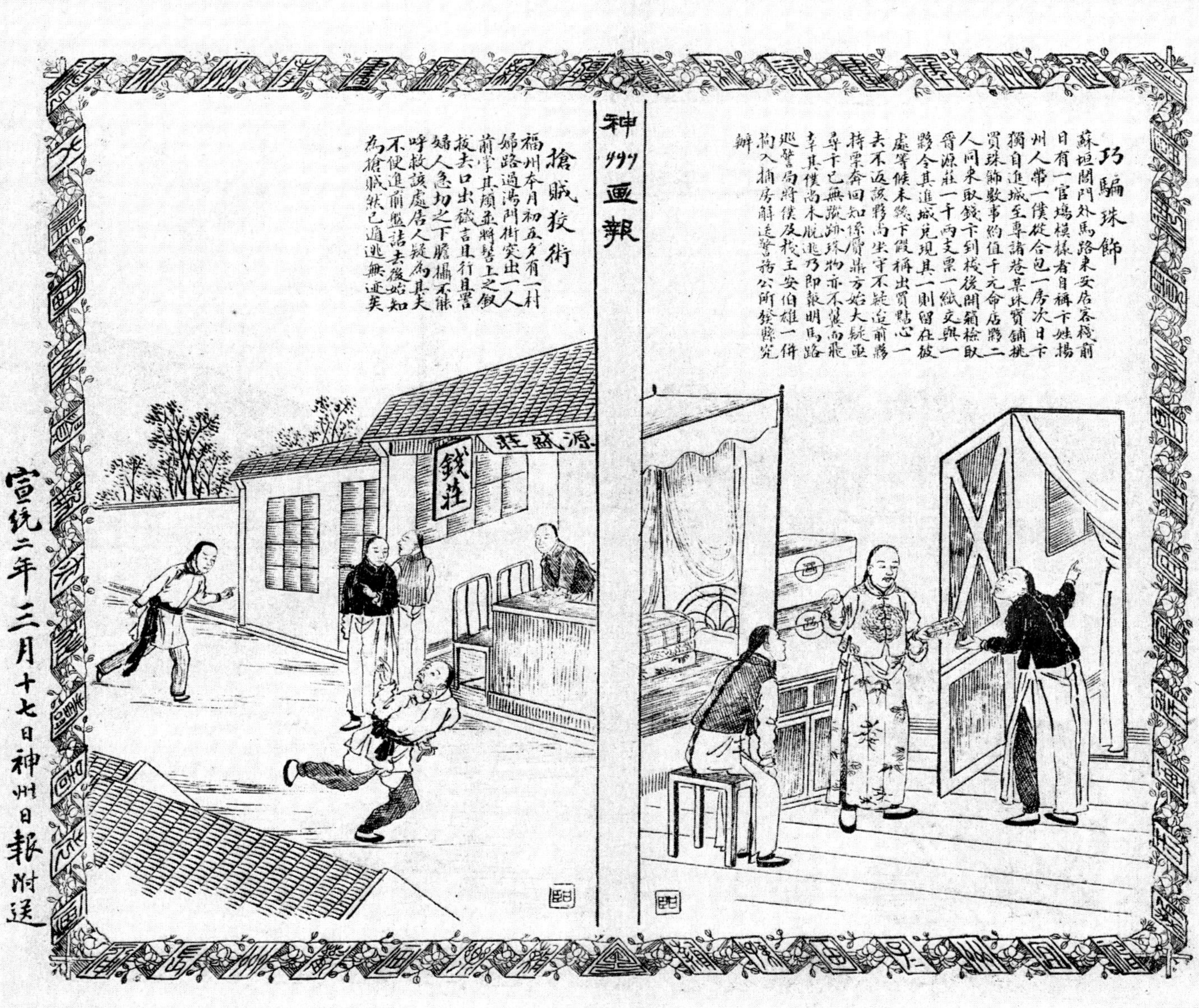

神州畫報

巧騙珠飾

蘇垣閶門外馬路東安店客棧前日有一官場模樣者自稱卞姓揚州人帶一僕從合包一房次日卞獨自進城至專諸巷某珠寶鋪挑買珠飾數事約值千元命店夥二人同來取錢卞到棧後開箱檢取晉源莊一千兩支票一紙交與一夥令其進城兌現其一則留在彼處等候未幾卞假稱出買點心一去不返該夥尚坐守不疑迨前夥持票奔回知係贗鼎方始大疑亟尋卞已無蹤跡珠物亦不翼而飛幸其僕尚未脫逃乃即報明馬路巡警局將僕及棧主安伯雄一併拘入捕房解送警務公所發縣究辦

搶賊狡術

福州本月初五夕有一村婦路過湯門街突出一人前掌其頰並將髻上之釵拔去口出穢言且行且詈婦人急切之下瞻顧不能呼救該處居人疑為其夫不便進前盤詰去後始知為搶賊然已逍逃無迹矣

宣統二年三月十七日神州日報附送

長沙府之寫真
星馳繪
宣統三年三月十七日神州日報附送

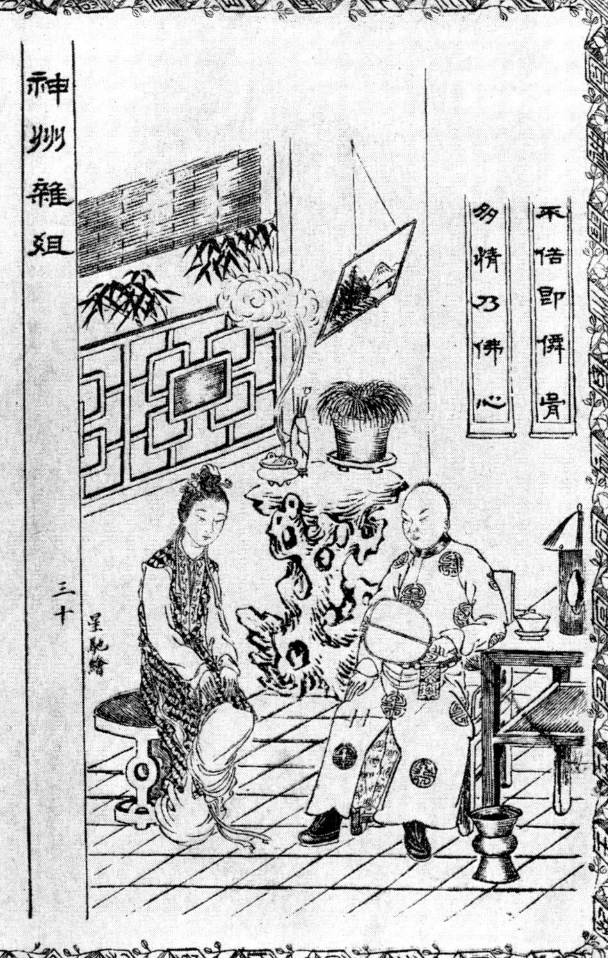

宣統二年三月十九日神州日報附送

神州雜俎

三十

陳圓圓軼事

國初名妓陳圓圓人皆知其從吳三桂終老於滇而不知尚有一段軼聞也陳從吳入滇凡數年見吳所行多不軌蓄異志知吳難令終陳素慧思避之以免禍而艱於啟齒一日聞王府外有一尼菴缺住持陳聞之喜因請於吳願移居菴中修梵行且謂令世隨女子身早歲備歷艱苦孽海茫茫回頭是岸願皈依三寶以懺前因吳允其請陳遂居尼菴吳於公務之暇時時至菴中作清話並婉轉請於吳謂此身已為住持應於王府人名簿籍中將己名除去吳亦允之陳至八十餘方坐化大軍破滇吳族老幼皆斬惟陳以不列名簿籍得免論者稱之

打箭爐之街市
宣統二年三月十九日神州日報附送

宣統二年三月十九日神州日報附送
天平山與留園
蘇州因米價騰貴民間甚形恐慌而官紳若無事者第一名勝天平山於十三至十五為琵琶會期顯宦鉅紳均雇妓艇往游沿河桃花夾岸雜以笙歌不減晉桃源之樂也留園復於十五日開名蘭雅集青衫紅袖聯袂偕來尤為韻事其妝飾之華麗席珍之羅列固爭奇鬥勝浪費尤多使移此款以助賑則造福多矣然而不為者何也

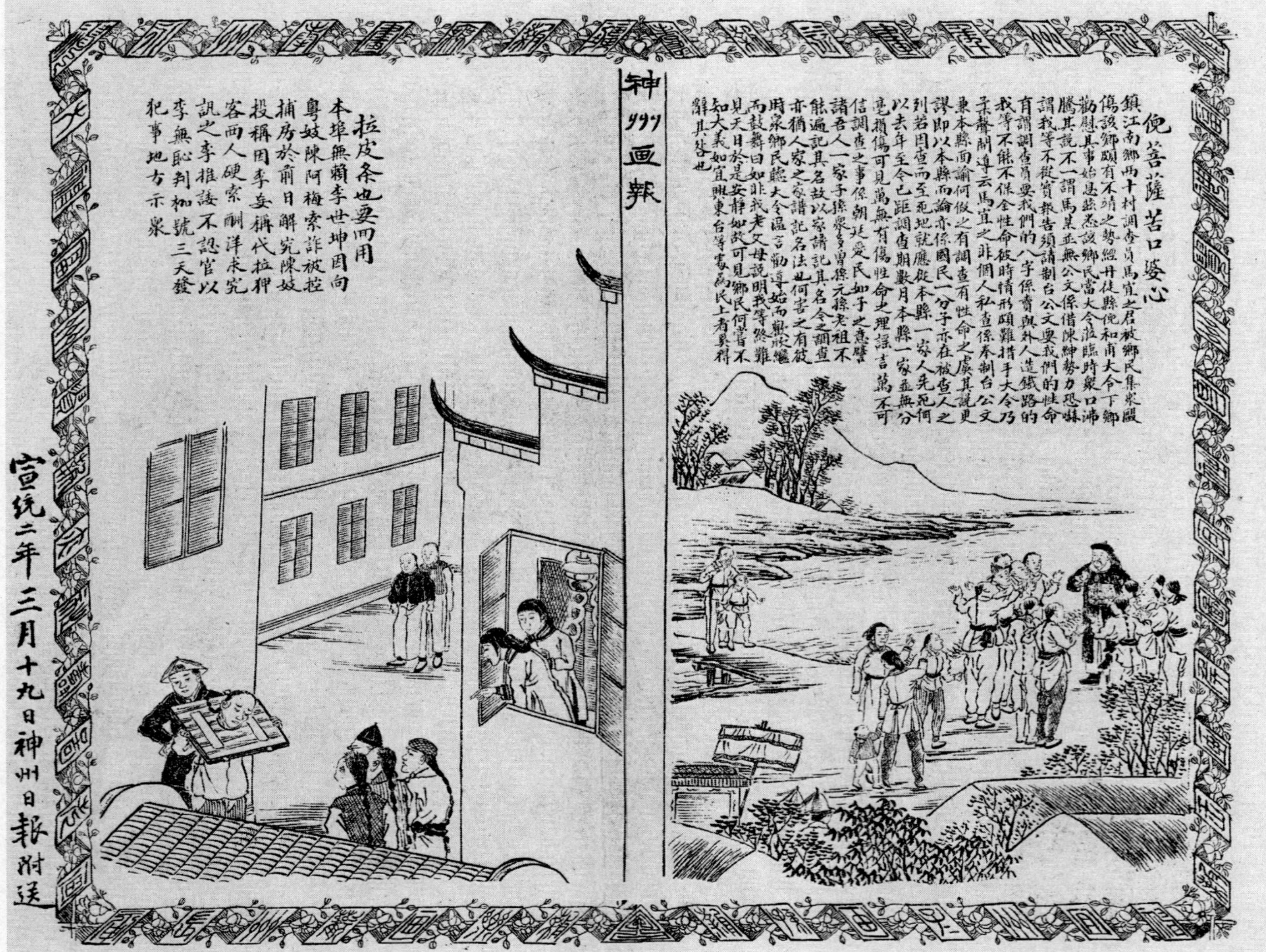
神州畫報
俛菩薩苦口婆心
鎮江南鄉西十村調查員馬宜之君被鄉民集衆毆傷該鄉頗有不靖之勢經丹徒縣俛和甫大令下鄉勸慰其事始息茲悉該鄉民當大令蒞臨時衆口沸騰其說不一謂馬某並無公文係借陳紳勢力恐嚇謂我等不從實報告須請制台公文要我們的性命有謂調查員要我們的八字係賣與外人造鐵路的我等不能不保全性命彼時情形頗難措手大令乃柔聲開導云馬宜之非個人私查係奉制台公文秉本縣而論何傚之有調查有性命之虞其說更謬即以本縣而論亦係國民一分子亦在被查人之列若因查而至死地就應從本縣一家人先死何以去年至今已距調查期數月本縣一家並無分毫損傷可見萬無有傷性命之理謠言萬不可信調查之事係朝廷愛民如子之意譬諸吾人一家子孫衆多曾孫元孫老祖不能遍記其名故以家譜記其名今之調查亦猶人家之家譜記名法也何害之有彼時衆鄉民聽大令溫言勸導始而歡欣繼而鼓舞曰如非我老父母說明我等終難見天日於是安靜如故可見鄉民何嘗不知大義如宜興東台等處爲民上者奚得辭其咎也
拉皮条也要回用
本埠無賴李世坤因向粵妓陳阿梅索詐被控捕房於前日解究陳妓投稱因李妄稱代拉押客西人硬索酬洋未究訊之李推諉不認官以李無恥判枷號三天發犯事地方示衆
宣統二年三月十九日神州日報附送

神州雜俎

三十一

巴黎雙豔

法京巴黎有兩少女一年十六一年十七色並殊麗尤蓋於修飾見者咸為之魂銷然兩人素性絶奇從不與男子晉接惟彼此則互相憐愛寢處與共形影不離雖姊妹莫是過也兩家父母咸異之一日兩人忽相約各衣甚潔白之衣滿室皆以鮮花點綴其平日共寢之鐵床亦以花圈圍之如死人墳墓然然後各飲最濃烈之酒以酣醉為度先是豫以堅炭寘火爐中爇之至熱又密閉窗牖使無一隙之罅兩人乃擁衾互抱沉沉鼾睡卒以炭氣過度并死室中次晨其家人怪異其室門久鍵閉闢而視之則一對可憐蟲兩相偎抱已同游於極樂世界矣一時聞者咸嘖嘖驚異卒無能言其致死之故者

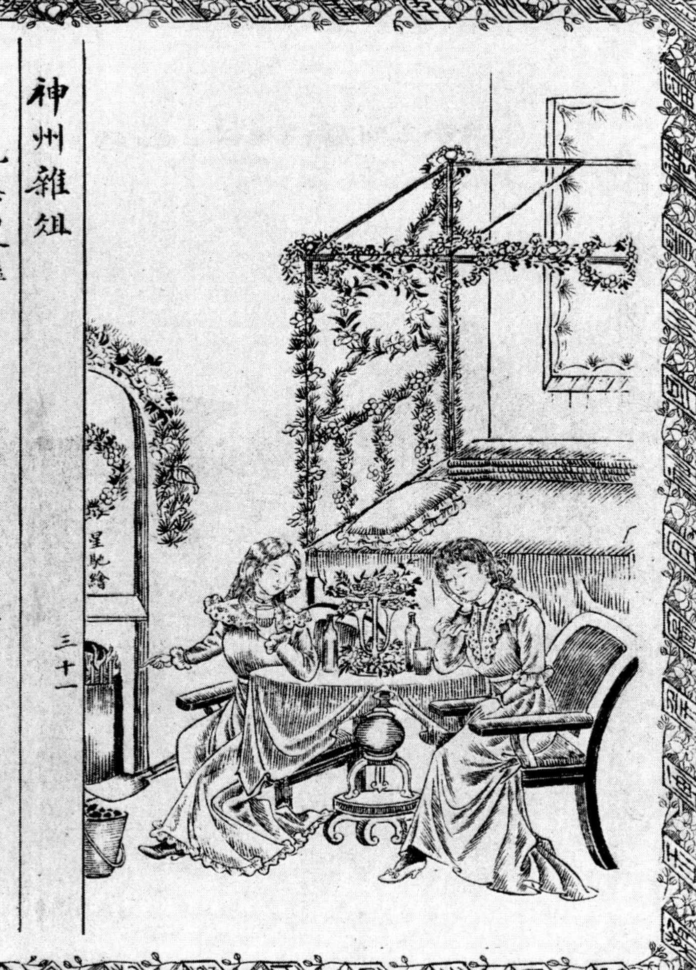

宣統二年三月二十一神州日報附送

峨眉山之銅廟銅塔
宣统二年三月二十一神州日報附送

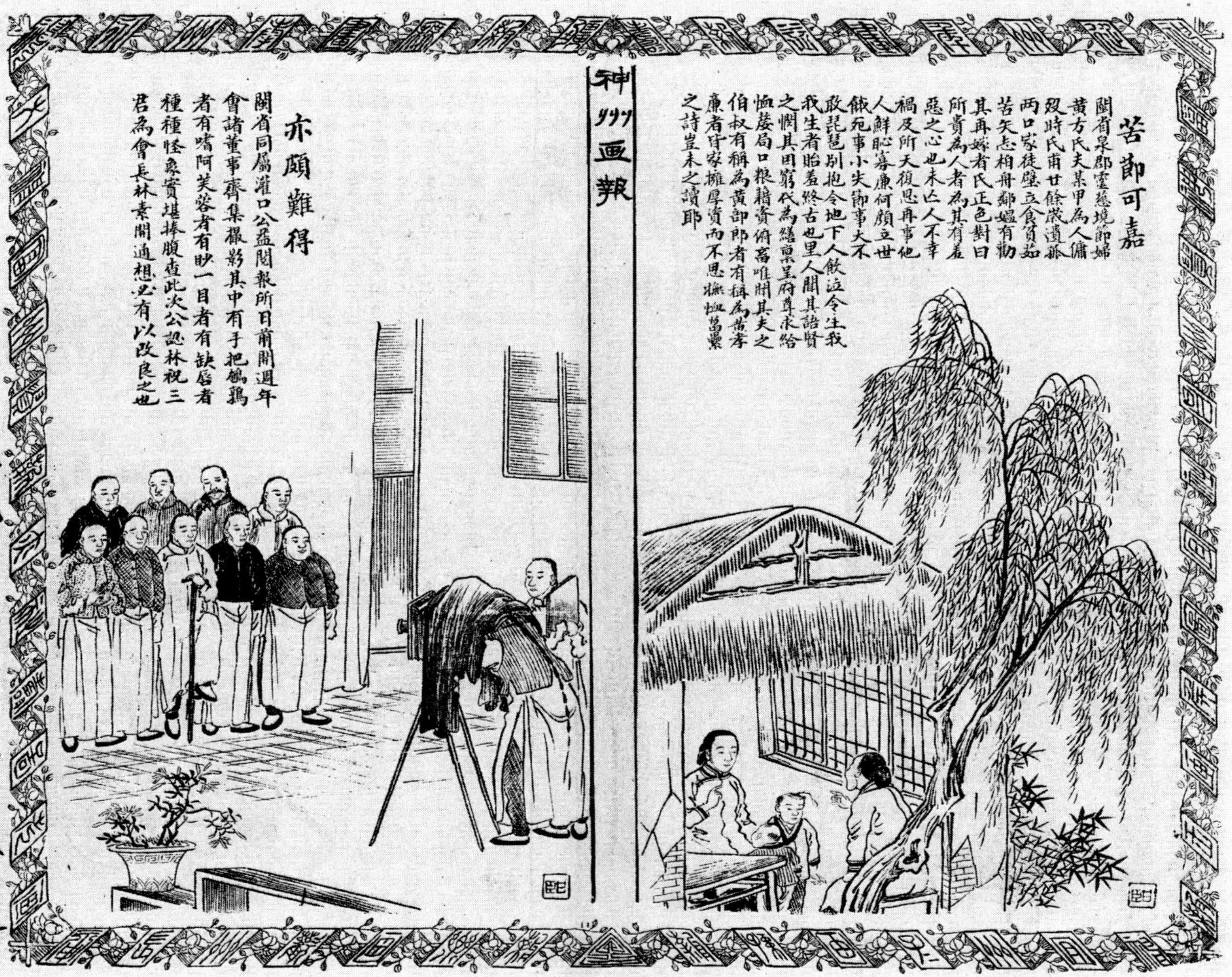
苦節可嘉
閩省泉郡靈慈境節婦黃方氏夫某甲爲人傭殁時氏甫廿餘歲遺孤兩口家徒壁立食貧茹苦矢志撫育鄰媼有勸其再嫁者氏正色對曰所貴爲人者爲其有羞惡之心也未亡人不幸禍及所天復思再事他人鮮恥寡廉何顏立世餓死事小失節事大不敢琵琶別抱令地下人飲泣令生我我生者貽羞終古也里人聞其語賢之憫其困窮代爲繕稟呈府尊求給恤嫠局口糧籍資俯畜唯聞其夫之伯叔有稱爲黃部郎者有稱爲黃孝廉者守家擁厚資而不思撫恤蔦蘿之詩豈未之讀耶
神州画報
亦頗難得
閩省同屬灌口公益閱報所日前開週年會諸董事齊集攝影其中有手把鵪鶉者有嗜阿芙蓉者有眇一目者有缺唇者種種怪象實堪捧腹查此次公認林祝三君爲會長林素開通想必有以改良之也

宣統二年三月二十一神州日報附送

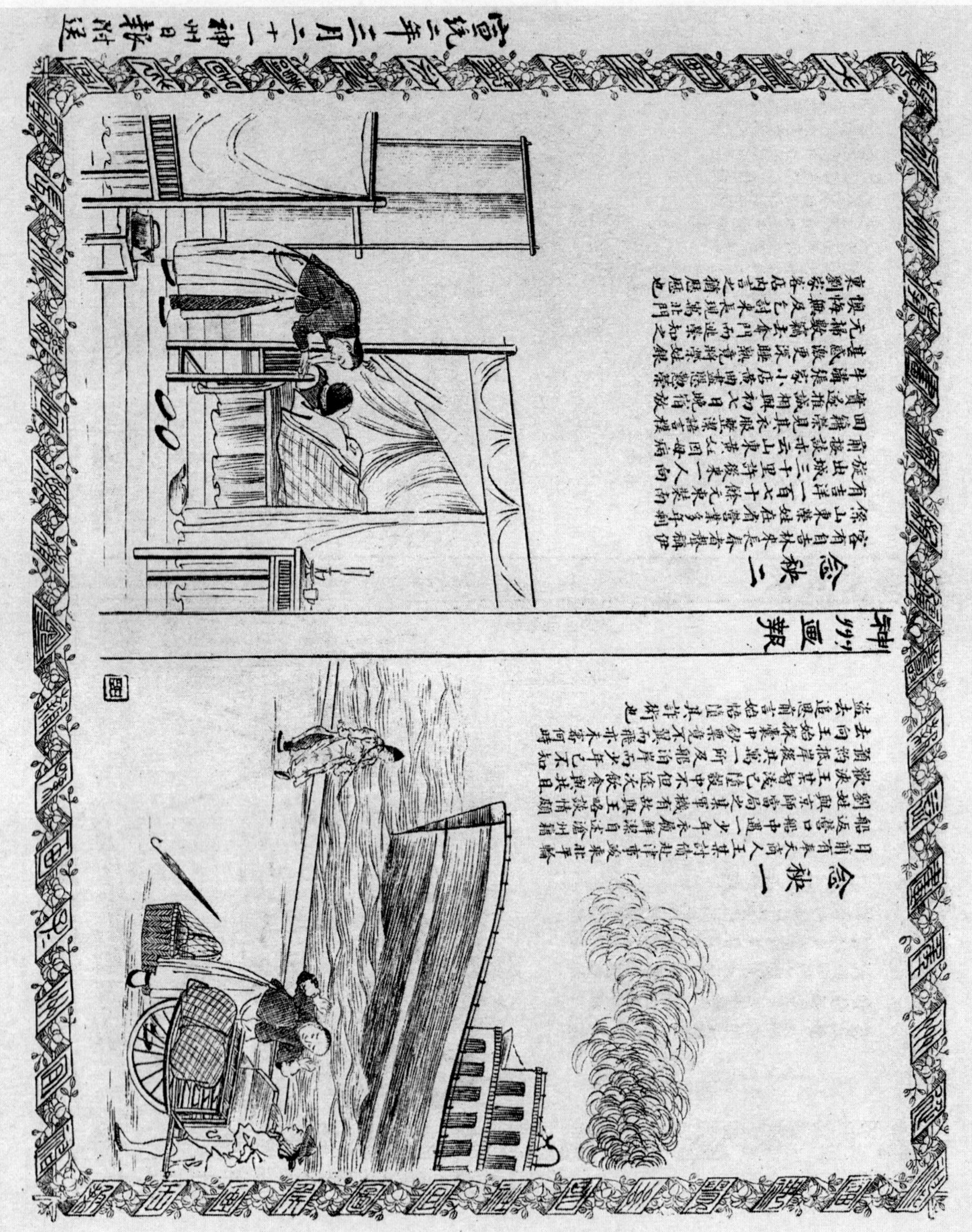
神州畫報
念秧一
日前有奉天商人王某討債赴津事竣乘北平輪船返營口船中遇一少年衣履鮮潔自述滄州籍劉姓與京師當局之某軍機有故與王略談情頗歡浹王某智淺已墮彀中不但途次飲食與共且預約抵岸後共寓一所及船泊岸而少年已不知去向王始探囊中鈔票竟不翼而飛亦未審何時盜去追思前言始悟墮其詐術也
念秧二
客有自吉林來長春者聲稱伊係山東榮姓在省營業多年剩有吉洋一百七十餘元束裝南旋出城三十里許後來一人向前接談亦云山東黃姓因母病回籍榮見其衣服整潔語言樸實遂推誠相與初七日晚宿放牛溝張家小店黃曲盡慇懃榮甚感激更深睡熟竟將榮姓銀元捲數竊去奪門而逃榮知之懊悔無及乞討來長現寓北門東劉家客店內言之猶歷歷也
宣統二年三月二十一神州日報附送

神州雜俎

汪容甫(一)

汪容甫為乾隆朝一代大儒學問淵博所為文字能合漢魏六朝為一手學者多宗尚之然一生落拓不得意客死杭州聞父老有述汪遺事者汪性褊急無容人量且恃才傲物娶某氏不相洽偶因小事爭詐用靴尖踢死其妻由是每入場輒見其妻在左右恒不完卷而出某科又入闈恍惚中見其妻又至謂汪曰君今歲當中我不能與帝命爭且將聯翩得上位但求君得意後勿忘結髮情可已汪允之其妻曰口言無憑請書之以為息壤乃以裙幅就汪令書汪大書一品夫人四字與之妻忽不見再一審視則所書者非裙幅乃卷面也是科以犯規被帖汪悔恨欲死由是絕意科舉

宣統二年三月二十三神州日報附送

東印之風景
宣統二年三月二十三神州日報附送

神州画報
烟
貴州省城西局總巡長有盧
邦俊者酔遊府後街見一幼
童手持洋烟盒從蕭某門内
走出盧即擅入大呼蕭妻劉
氏曰快挑煙來與本委員燒
氏以未賣煙對盧即暴怒不
由分訴拳足交加劉氏大呼
饒命嗣經鄰舍哀求盧始釋
手繼恐惹起公憤遲赴西四
區飭雜役拿蕭送局懲辦鄰
舍聞之咸抱不平云
賭
貴州新軍賭博近聞棚
棚皆是其用技巧有足
令上官無從查覺者緣
該軍人等賭博時不在
桌凳而在林席前賭博
則必命二三人在外瞭望
如長官到來即佯作吐
痰以為暗號故雖日日
聚賭而上官不能查覺
其術可謂獨工矣
宣统二年三月二十三神州日報附送

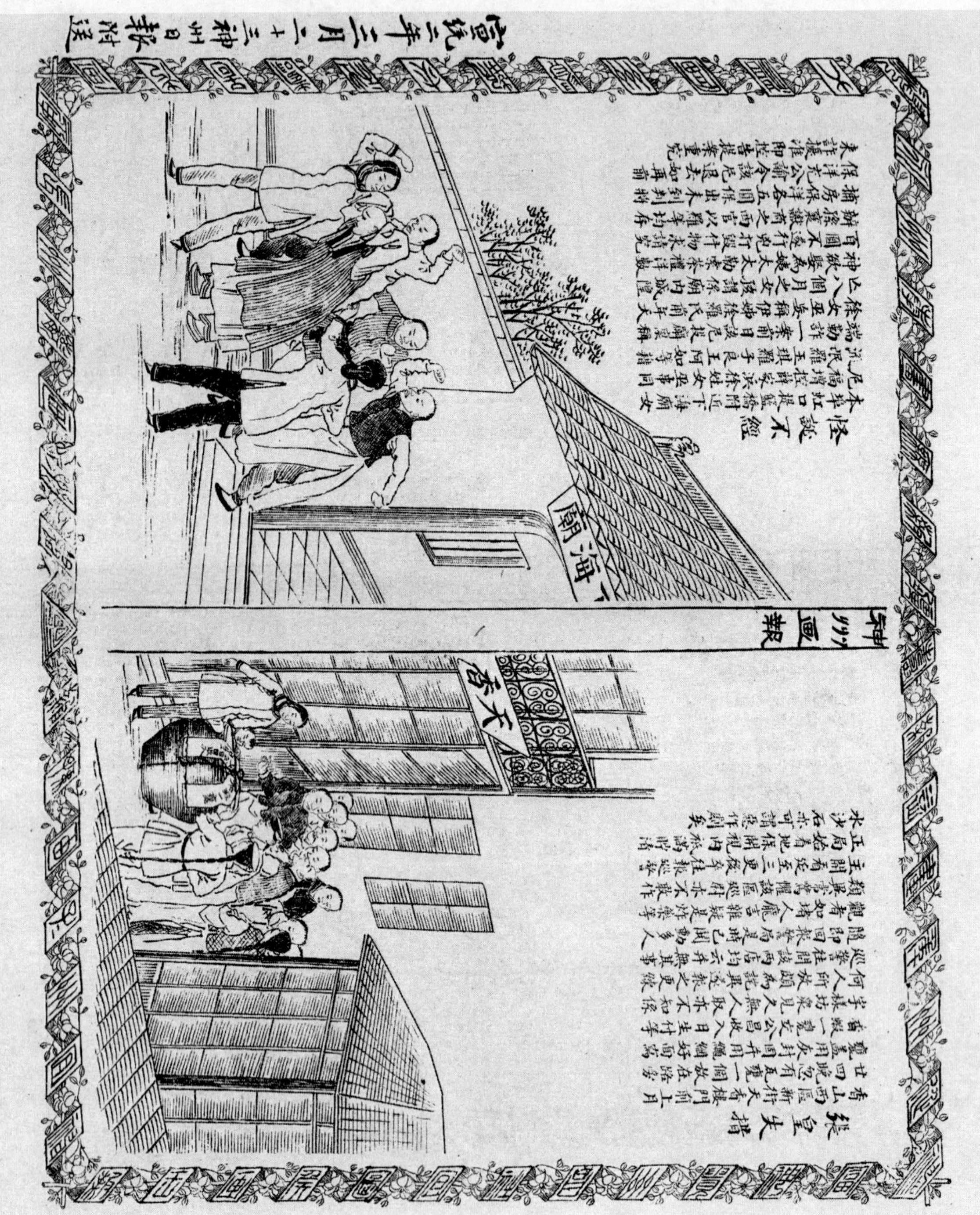
神州画報
張皇失措
香山西區新街天香樓門前上月
廿四晚忽有瓦甕一個放在路旁
甕蓋用灰封固並用繩綑好面寫
香蝦一甕交公昌收入日生付等
字樣坊衆見久無人取亦不知係
何人所放頗為詫異遂報之更練
巡警往問該兩店均云並無其事
隨即回報警局是時已聞動多人
觀者如堵人龐言雜疑是炸藥等
類異常驚懼該區巡尉亦不敢作
主開看延至三更後卒往報巡警
正局始着地保開視內祇滿貯清
水沙石亦可謂惡作劇矣
天香
怪誕不經
本埠虹口提籃橋附近下海廟女
尼福增控薛家浜徐姓女巫串同
流氓羅玉琪羅子良王阿如等藉
端勒詐一案前日該尼投廟稟稱
徐女巫妄稱伊姊徐羅氏前年夭
亡八個月之女孩謂係廟內城隍
神欲娶為姨太太勒索茶禮洋數
百圓不遂行兇打毀什物求請究
辦除稟縣商之西官以羅等均存
捕房保洋各五圓保出未到判將
保洋充公諭令該尼退去如再前
來詐擾准即控告提案重究
下海廟
宣統二年三月二十三神州日報附送

神州雜俎

三十三

虹橋血影

星馳

虹橋血影

葉生浙人年弱冠美丰儀善畫能文竊喜自負某年春買棹北上至揚州舟泊虹橋下日垂暮矣偶在鷁首佇立忽見岸上一少女倚樓窗注目視已盈盈欲語葉微睇之蓋絕色也默念此女子平日素未識面何為流盼不已既而自語曰是家得非倡樓耶遂入艙後復啟舟窗視之則女子猶倚樓前未入也葉疑女與己有緣將往訪之會舟子欲趁潮夜行遂不果既抵京猶眷念此女不已久之乃漸忘旅京年餘忽作歸計歸途經揚州又泊舟於虹橋下葉忽有所觸憶女不置亟登岸訪其家則女方病殁舉家痛哭葉却步適為其家人所瞥見曰是矣是矣力挽之入女母方撫尸啜泣舉目視葉曰貌類甚乃命人持一血塊影片來令葉觀之血塊長闊俱寸許光平如鏡諦辨之中有一船船首立一少年宛然己之小影也嗅之無血腥而隱有香粉氣葉捧之以泣曰我雖不殺伯仁伯仁由我而死冥冥之中負此膩友矣乃問血塊所自來則女自見葉後一病年餘自言所思不見吾病決無生理醫藥百易卒罔效及彌留時乃從口中嘔出此血塊葉復潸然曰情之所至銘心篆肺不圖今日竟親見之乃祝於女前願為立木主奉於家且以子女為之嗣女死後貌如生淚眼熒熒至是乃瞑既葬葉迎女母歸遂終養焉

宣統二年三月二十五 神州日報附送

山海關圖
星馳寫真
天下第一關
宣統二年三月二十五神州日報附送

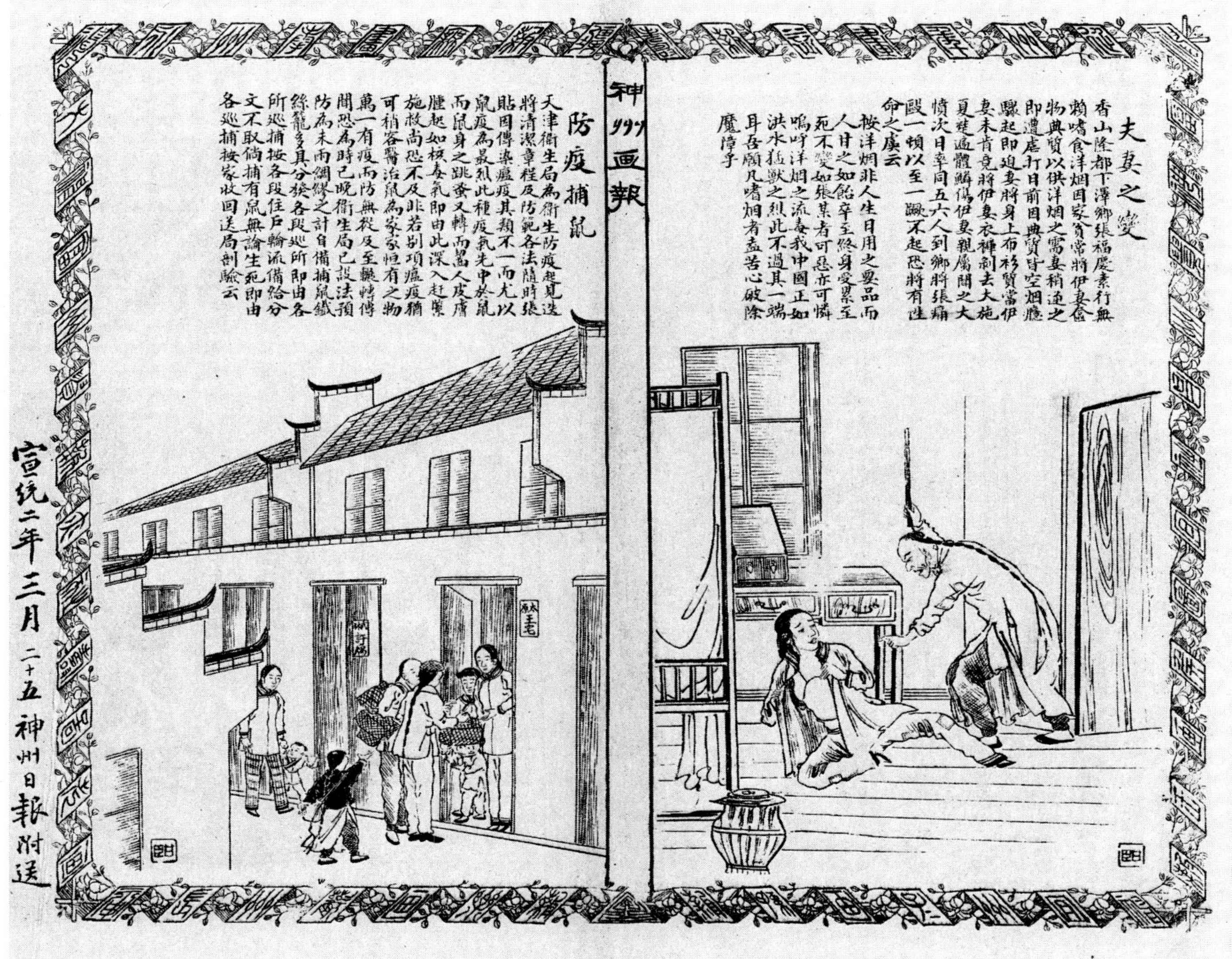

神州畫報

夫妻之變

香山隆都下澤鄉張福慶素行無賴嗜食洋烟因家貧常將伊妻衣物典質以供洋烟之需妻稍逆之即遭虐打日前因典質皆空烟癮驟起即迫妻將身上布衫質當伊妻未肯竟將伊妻衣褲剝去大施夏楚遍體鱗傷伊妻親屬聞之大憤次日率同五六人到鄉將張痛毆一頓以至一蹶不起恐將有性命之虞云

按洋烟非人生日用之要品而人甘之如飴卒至終身受累至死不變如張某者可惡亦可憐嗚呼洋烟之流毒我中國正如洪水猛獸之烈此不過其一端耳吾願凡嗜烟者蚤苦心破除魔障乎

防疫捕鼠

天津衛生局為衛生防疫起見迭將清潔章程及防範各法隨時張貼因傳染瘟疫其類不一而尤以鼠疫為最烈此種疫氣先中於鼠而鼠身之跳蚤又轉而齧人皮膚腫起如核毒氣即由此深入赶緊施救尚恐不及非若別項瘟疫猶可稍容醫治鼠為家家恒有之物萬一有疫而防無從及至蔓轉傳聞恐為時已晚衛生局已設法預防為未雨綢繆之計自備捕鼠鐵絲籠多具分發各段巡所即由各所巡捕按各段住戶輪流備給分文不取倘捕有鼠無論生死即由各巡捕按家收回送局剖驗云

宣統二年三月二十五神州日報附送

神州画報

家族之變

鄂紳陳康訪欽滋曾任江西臬司茲已年逾古稀因無子嗣乃於去歲購得某家婢女為妾日前幸舉一子詎族人等窺覷其富謂枯楊豈能生稊必係借種決非嫡脈特公同會議不准留養以免異姓亂宗陳見衆口一詞莫可如何遂允給銀萬兩求族衆無生異言不料若輩分贓不均於日前又起爭鬧竟將該嬰孩搶出到處鳴鑼謂此私生子也嗣經某紳出為調停始將嬰孩送回然已受驚不小矣

父子之變

吉林巴爾虎門外有父殺子一案探其詳細原因係某有二子長子現在某學堂肄業已經娶媳某人面獸心垂涎其媳多方調戲終與私通而某之妻又與某觀之老道私通其少子年將十歲天眞爛漫見其父與嫂母與老道任意言笑習以為常門首不遠有巡警兵站崗其少子前日游玩至巡崗處該巡兵問其家中之事該兒童即將此情說出後經伊父聞知恐醜象敗露即與其妻媳及老道謀假作齋戒由老道誣指其少子為鬼魅令其用刀殺去尚未斃命後又將該兒用釘釘死擬埋之荒野無人知覺不料該處崗兵是日見其家人將該死兒抬出即向前問死者何人某即以其兒答該警兵謂昨日此兒尚與我說話毫無病容得何急病而夭某瞪對支吾該警兵見此情形即報知警局經警局移知審判廳一同前往查驗始知該兒乃是謀死即將某拘往審判廳如何懲處續探再聞

宣統二年三月二十五 神州日報附送

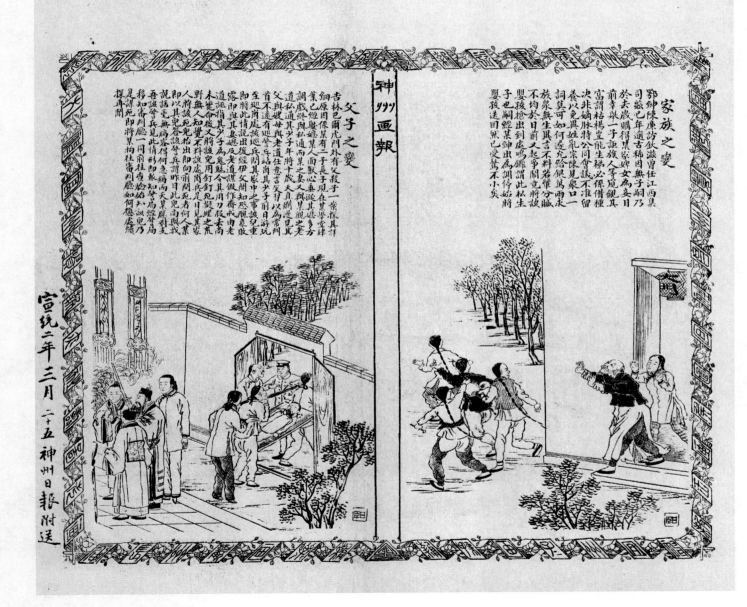

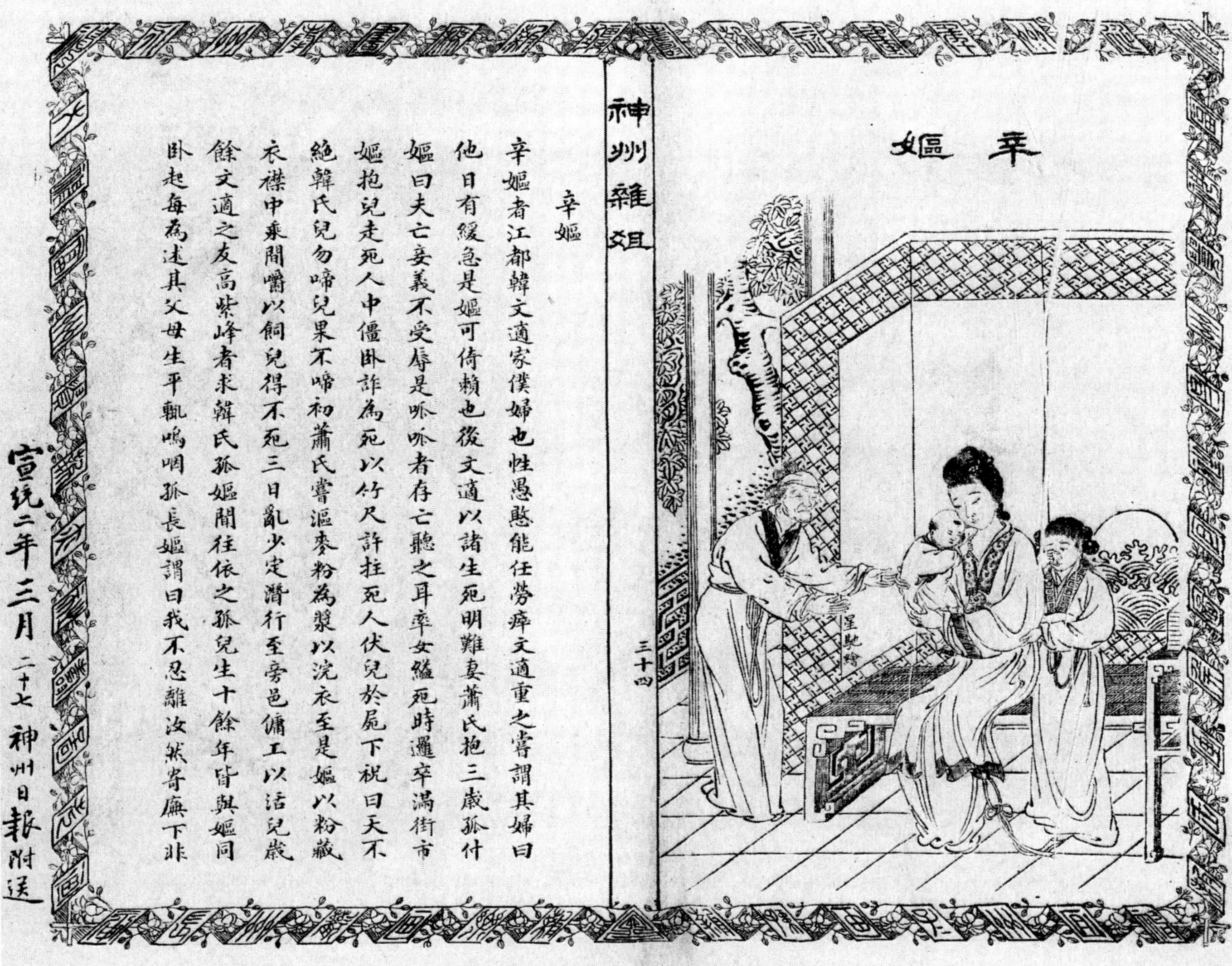

辛嫗

神州雜俎　三十四

辛嫗

辛嫗者江都韓文適家僕婦也性愚憨能任勞瘁文適重之嘗謂其婦曰他日有緩急是嫗可倚賴也後文適以諸生死明難妻蕭氏抱三歲孫付嫗曰夫亡妾義不受辱是呱呱者存亡聽之耳卒女縊死時邏卒滿街市嫗抱兒走死人中僵卧詐爲死以竹尺許拄死人伏兒於屍下祝曰天不絕韓氏兒勿啼兒果不啼初蕭氏嘗漚麥粉爲漿以浣衣至是嫗以粉藏衣襟中乘間嚼以飼兒得不死三日亂少定潛行至旁邑傭工以活兒歲餘文適之友高紫峰者求韓氏孫嫗聞往依之孫兒生十餘年皆與嫗同卧起每爲述其父母生平輒嗚咽孫長嫗謂曰我不忍離汝然寄廡下非

星馳繪

宣统二年三月二十七　神州日報附送

兒戲九
宣統二年三月二十七神州日報附送

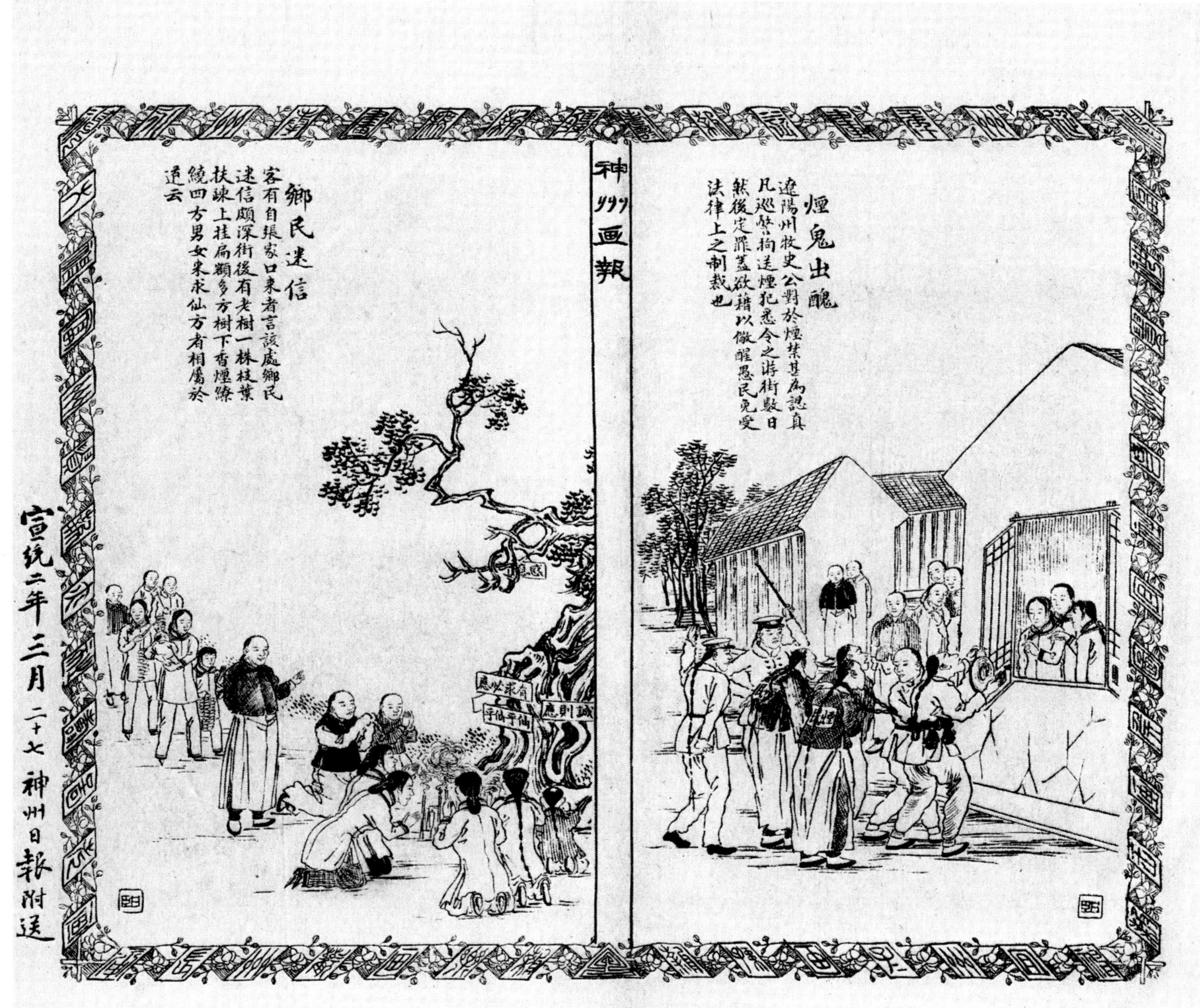

神州畫報
煙鬼出醜
遼陽州牧史公對於煙禁甚爲認真凡巡警拘送煙犯悉令之游街數日然後定罪蓋欲藉以儆醒愚民免受法律上之制裁也
鄉民迷信
客有自張家口來者言該處鄉民迷信頗深街後有老樹一株枝葉扶疎上挂扁額多方樹下香煙繚繞四方男女來求仙方者相屬於道云
宣統二年三月二十七神州日報附送

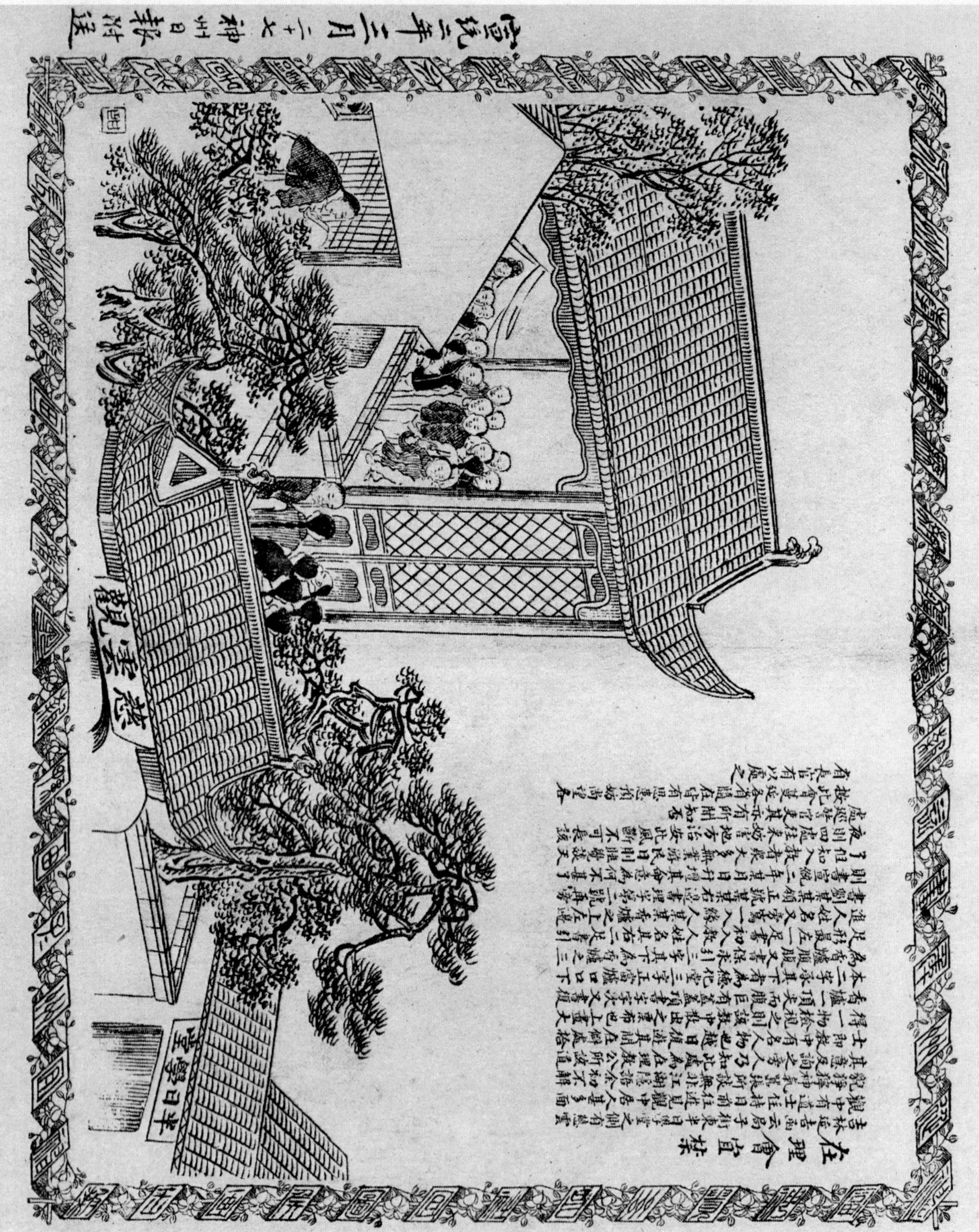
在理會宜禁
吉林延吉函云局子街東半日學堂之側有慈雲觀中有道士住持日前往遊見觀中居人甚多面貌獰獰神氣囂張所談無非江湖隱語余初不解其意及詢之旁人乃知此處為在理教公所該道士即教中有名人物也越日復遊其間在僻處拾得一物檢視之則該教中散出之票布也上畫大香爐一頂尖而腹巨有蓋蓋項書字字次又書復本二字承其下者為德化堂三字正當爐口口下為香爐腹腹又書保求引三字其下為香爐之三足形最左一足書和入教人姓名其右二足書引進人姓名又旁寫一入緣人某某香爐之上左邊書劉某某領正號某某右邊書理字第二號再旁則書宣統二年某月日升壇其命意為何不甚了了但知入教者衆大多無業游民日則睡覺談天夜則四處往來妨害地方治安此風斷不可長該處巡警官吏其亦有所聞知否
按此會蔓延各省隨在皆有恩患預防尚望各有長官有以處之
慈雲觀
半日學堂
宣統二年三月二十七 神州日報附送

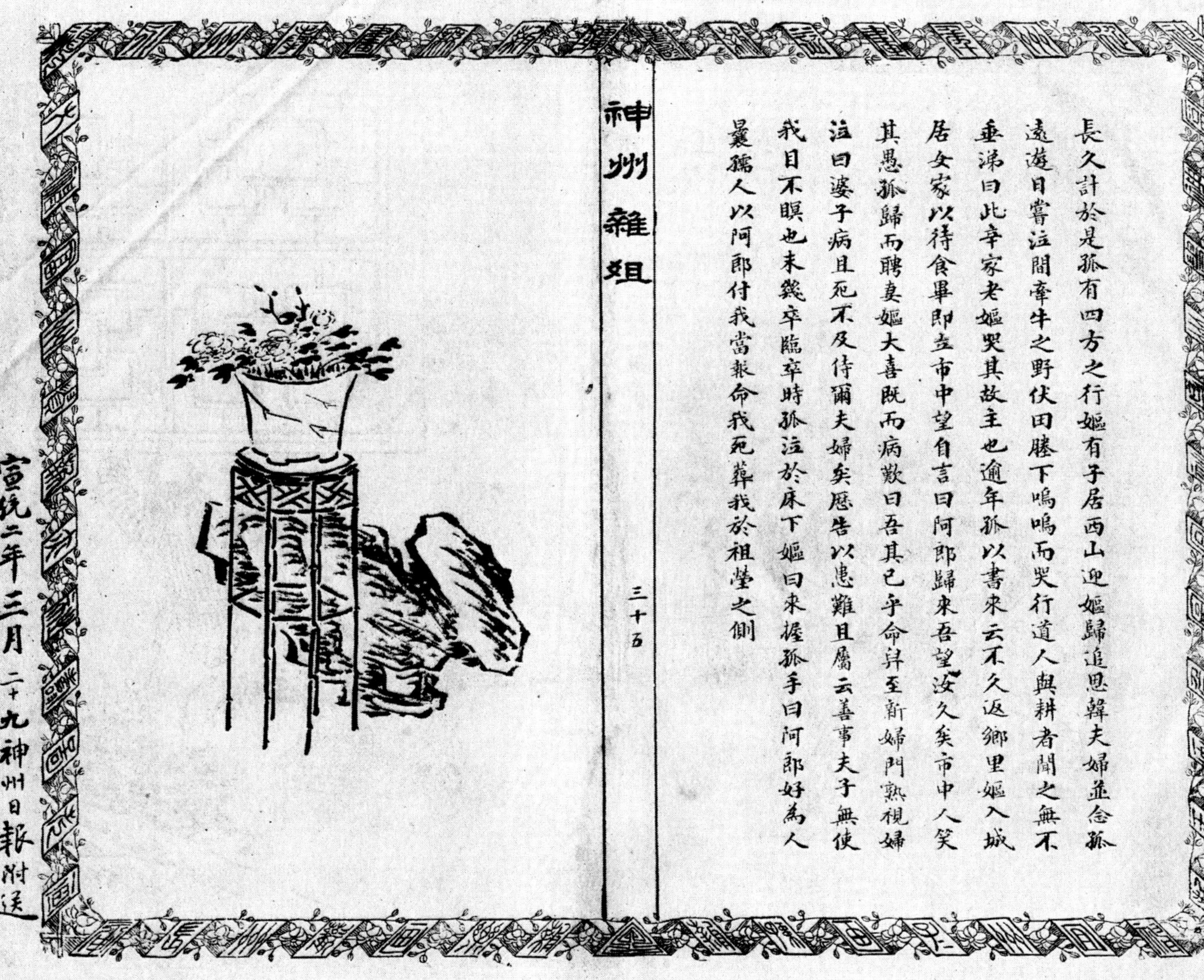

神州雜俎

三十五

長久計於是孫有四方之行嫗有子居西山迎嫗歸追思韓夫婦並念孫遠遊日嘗泣閭牽牛之野伏田塍下嗚嗚而哭行道人與耕者聞之無不垂涕曰此辛家老嫗哭其故主也逾年孫以書來云不久返鄉里嫗入城居女家以待食畢即立市中望自言曰阿郎歸來吾望汝久矣市中人笑其愚孫歸而聘妻嫗大喜既而病歎曰吾其已乎命舁至新婦門熟視婦泣曰婆子病且死不及待爾夫婦矣歷告以患難且屬云善事夫子無使我目不瞑也未幾卒臨卒時孫泣於床下嫗曰來握孫手曰阿郎好為人曩孺人以阿郎付我當報命我死葬我於祖塋之側

宣統二年三月二十九神州日報附送

（十戲兒）
童子解
啣環
王孫休
挾彈
宣統二年三月二十九神州日報附送

神州畫報

婚媾變為仇讐

杭州已革游擊徐富春困苦異常曾將幼女許字雷游擊庭瑞外甥現充江干二等巡記黃煜昌為妻由楊潤之作伐親迎有日矣詎黃先私識孩兒巷陳姓女生子已四齡該女聞黃擬娶逕造徐宅備告前情云倘置不理俟屆吉期當用野蠻手段對付徐聞大恐以雷倚勢欺凌誘良為妾已稟控各當道雷擊統亦自呈親供未知如何了結也

響沙

美國東部大西洋之濱有多處地方之沙自能發聲其沙愈乾響愈大土人迷信者多以為鬼哭所致聞聽之下驚惶萬分目下據多數地質學家研究大率謂此種沙粒或為海湖水浸透之後漸變乾燥則有氣質一層裹其外部凹凸之力因之而生故能震動作聲云

宣統二年三月二十九神州日報附送

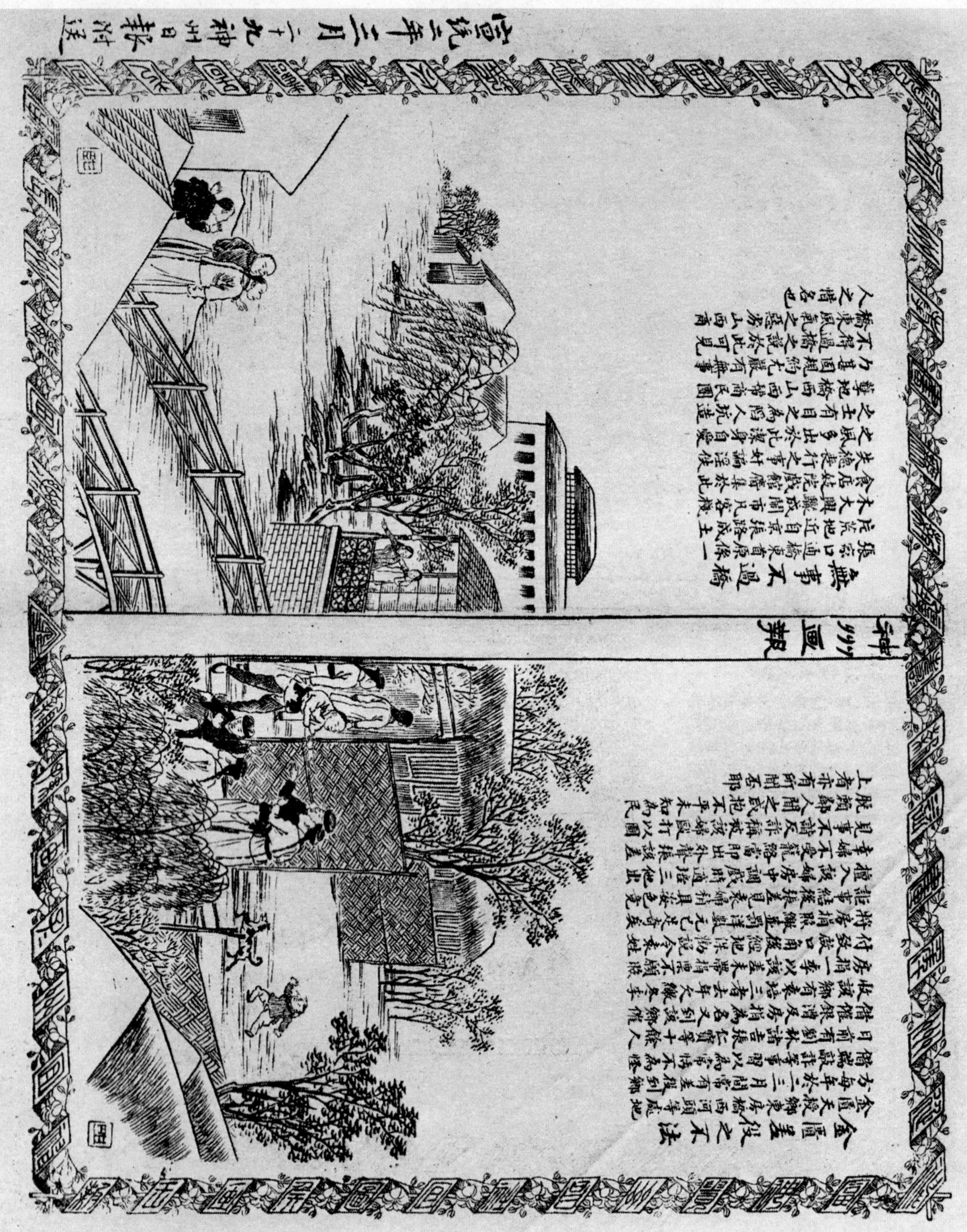
神州畫報
金匱差役之不法
金匱天授鄉東房橋西河頭等處地
方每年於二三月間常有差役到鄉
借端敲詐等事習以為常恬不為怪
日前有劉林諸吉張仁寶等十餘人
借催銀漕及房捐為名又到該鄉催
收該鄉有袁培三者去年欠繳冬季
房捐一季以該差未帶捐票不願繳
付致啟口角後經地保勸說令袁姓
將房捐照繳並罰洋數元已足奇矣
詎事結後張差見袁婦稍具姿色竟
擅入該婦房中調戲時適培三他出
幸婦不受籠絡當即出外聲張該差
見事不諧反誣稱被該婦毆打以圖
脫賴鄰人聞之咸抱不平未知為民
上者亦有所聞否耶
無事不過橋
張家口通橋東首原係一
片荒地近自京張路成土
木大興驟成鬧市凡客棧
食店妓院戲館膺集於此
失德喪行之事奸謀淫佚
之風多出於此潔身自愛
之士有目之為陷人坑造
孽地橋西山西幫商民團
力甚固規約尤嚴有無事
不得過橋之說於此可見
橋東風氣之惡劣山西商
人之惜名也
宣統二年三月二十九神州日報附送

神州雜俎

三十六

（星）

汪容甫（二）

汪容甫少時家綦貧欲讀書苦無貲本賺置約冠入泮始入安定書院得徧覩藏書遂為通儒然性卞急無容人量與同學多不洽惟與洪稚存友善一日午後洪與汪至書院門首散步各據一石獅相向坐方辨論經義忽見某鹽商乘肩輿着二品服往謁山長甫下輿適院內一生走出見某商足恭甚拱手曰昨日奉謁適台駕公出某商如未之見昂然直入汪見之怒甚直前捋其鬚商大駭汪指某生問之曰爾知此人乎曰不知又自指曰爾識我乎曰不識曰我乃汪先生彼乃某先生也以後在我輩前慎勿再作此態商喪氣而返又商總某嘗報效十萬金得賞二品銜汪瞰其每出拜客也乘驢從其後戴草製暖帽以紅蘿卜為頂以松枝為孔雀翎於項間挂冥鏹一串商行亦行止亦止商恨甚而無如何以五千金為壽始寢其事

宣統二年四月初一日神州日報附送

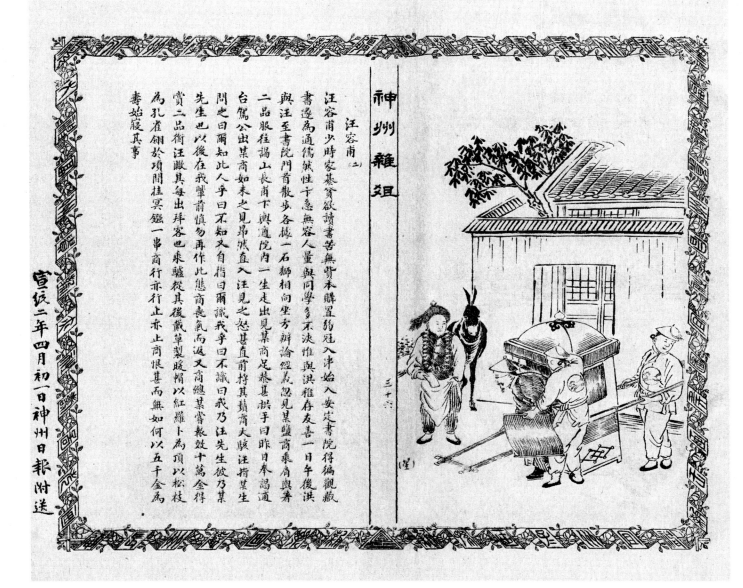

神州畫報
英皇愛德華第七世之遺像

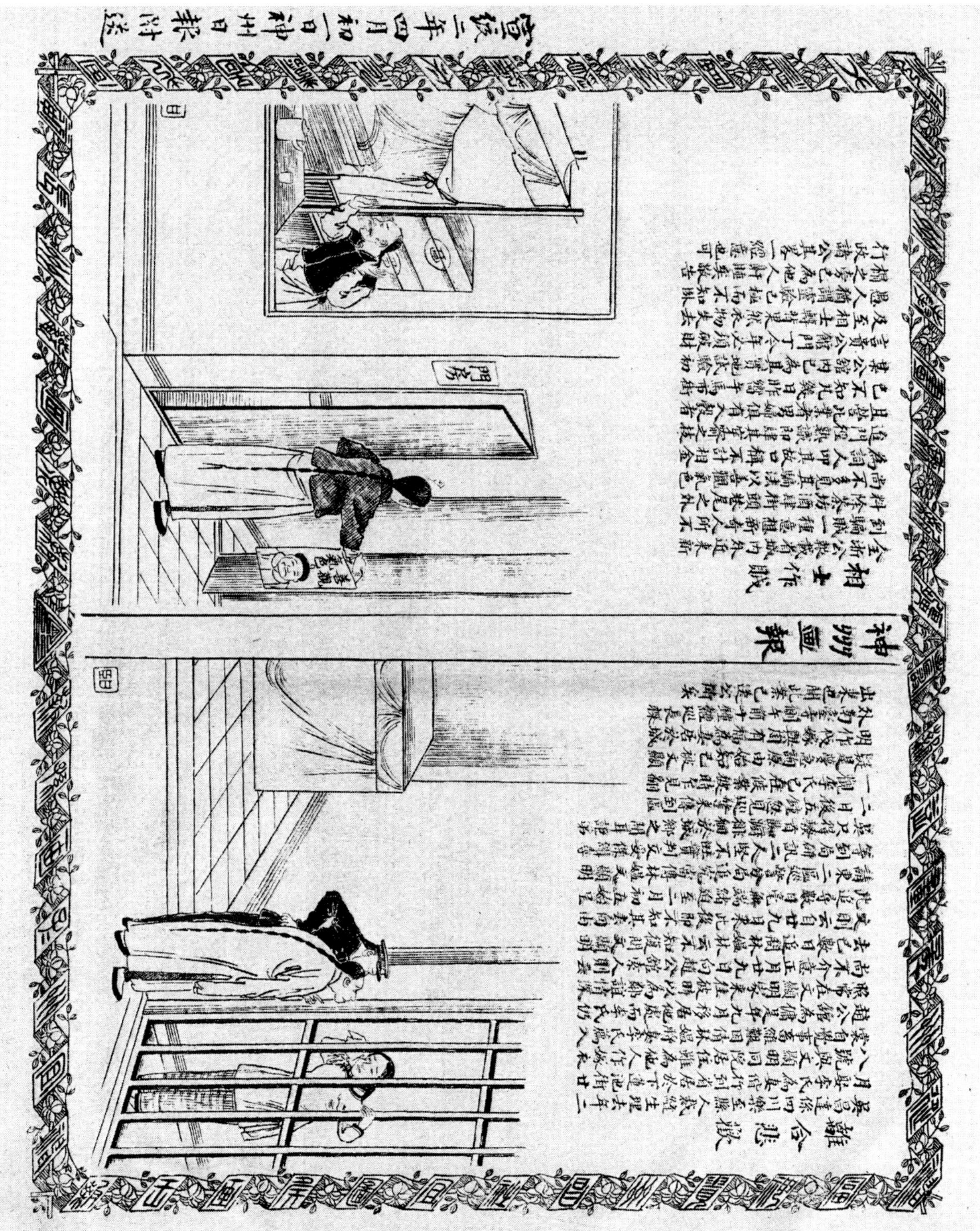
宣統二年四月初一日神州日報附送
神州畫報
相士作賊
雖合悲歡

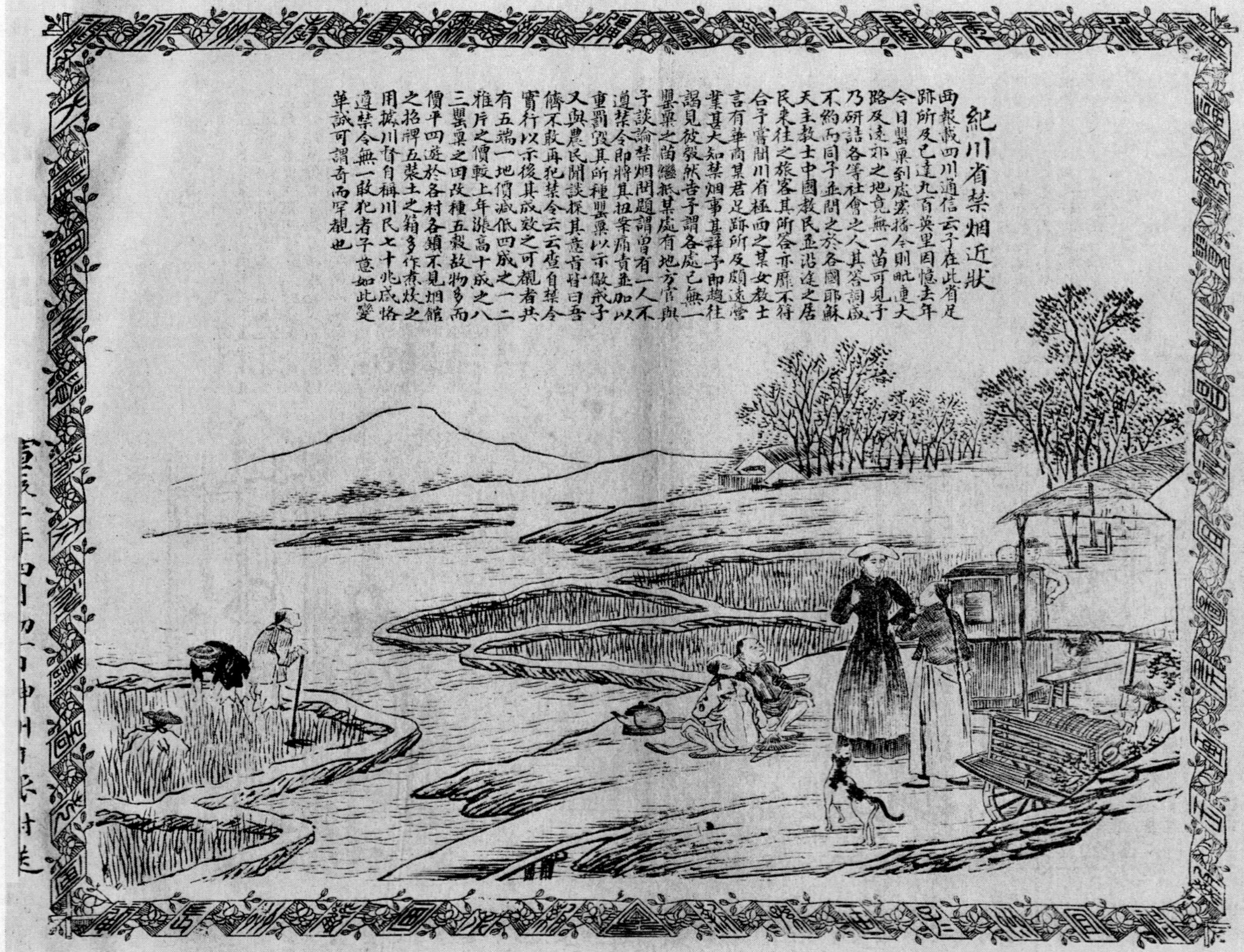
紀川省禁烟近狀
西報載四川通信云予在此省足跡所及已達九百英里回憶去年今日罌粟到處蕃播今則毗連大路及遠郊之地竟無一苗可見予乃研詰各等社會之人其答詞咸不約而同予並聞之於各國耶穌天主教士中國教民並沿途之居民來往之旅客其所答亦靡不符合予嘗聞川省極西之某女教士言有華商某君足跡所及頗遠嘗業甚大知禁烟事甚詳予即趨往謁見彼發然告予謂各處已無一罌粟之苗繼抵某處有地方官與予談論禁烟問題謂曾有一人不遵禁令即將其扭案痛責並加以重罰毀其所種罌粟以示儆戒予又與農民閒談探其意皆曰吾儕不敢再犯禁令云云查自禁令實行以示後其成效之可觀者共有五端一地價減低四成之一二雅片之價較上年漲高十成之八三罌粟之田改種五穀故物多而價平四遊於各村各鎮不見烟館之招牌五裝土之箱多作煮炊之用據川督自稱川民七十兆咸恪遵禁令無一敢犯者予意如此變革誠可謂奇而罕覯也
宣統二年四月初一日神州日報附送

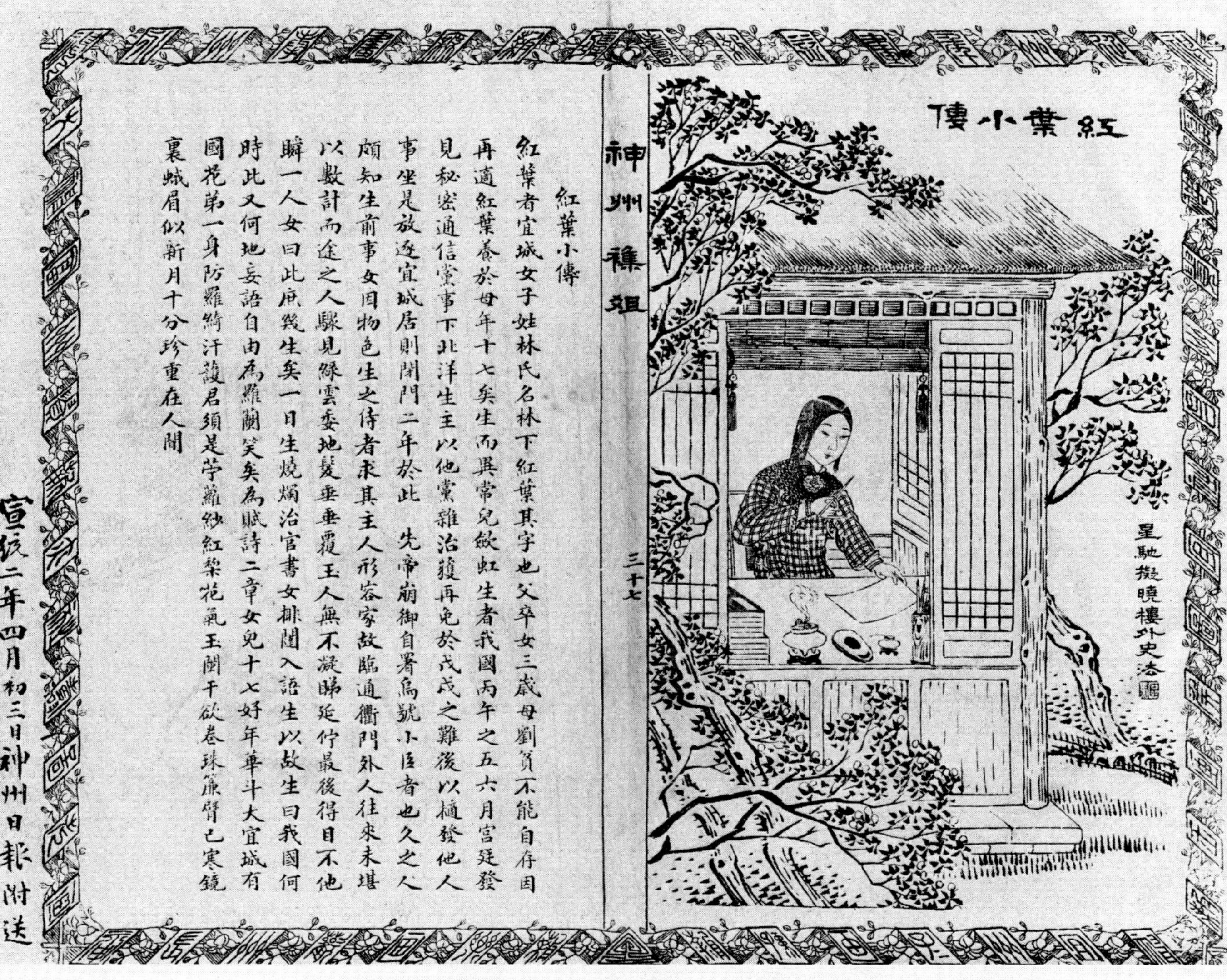
紅葉小傳

星馳擬曉樓外史涂

神州襍組

三十七

紅葉小傳

紅葉者宜城女子姓林氏名林下紅葉其字也父卒女三歲母劉貧不能自存因再適紅葉養於母年十七矣生而異常兒歛虹生者我國丙午之五六月宮廷發見秘密通信黨事下北洋生主以他黨雜治獲再免於戊戌之難後以檻發他人事坐是放逐宜城居則閉門二年於此　先帝崩御自署爲號小臣者也久之人頗知生前事女因物色生之侍者求其主人形容家故臨通衢門外人往來未堪以數計而途之人驟見綠雲委地髮垂垂覆玉人無不凝睇延佇最後得目不他瞬一人女曰此庶幾生矣一日生燒燭治官書女排闥入語生以故生曰我國何時此又何地妄語自由爲羅蘭笑矣爲賦詩二章女兒十七好年華斗大宜城有國花第一身防羅綺汗護君須是苧蘿紗紅梨花氣玉闌干欲卷珠簾臂已寒鏡裏蛾眉似新月十分珍重在人間

宣統二年四月初三日神州日報附送

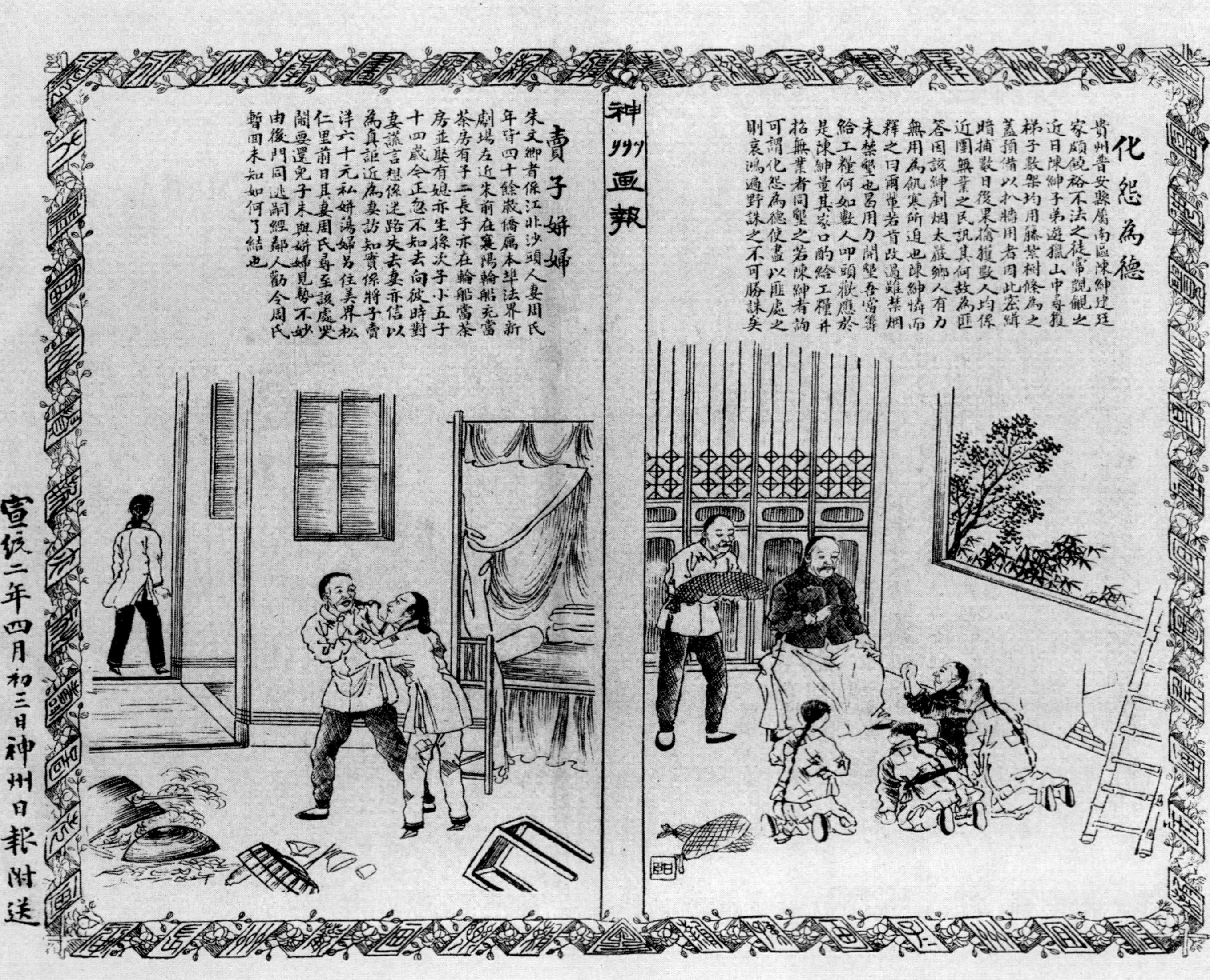
神州畫報
化怨為德
貴州普安縣廣南區陳紳建廷家頗饒裕不法之徒常覬覦之近日陳紳子弟遊獵山中尋獲梯子數架均用籐紮樹條為之蓋預備以扒牆用者因此密緝暗捕數日後果擒獲數人均係近團無業之民訊其何故為匪答因該紳劇烟太嚴鄉人有力無用為飢寒所迫也陳紳憐而釋之曰爾輩若肯改過雖禁烟未禁墾也盡用力開墾吾當籌給工糧何如數人叩頭歡應於是陳紳量其家口酌給工糧并招無業者同墾之若陳紳者詢可謂化怨為德使盡以匪處之則哀鴻遍野誅之不可勝誅矣
賣子姘婦
朱文卿者係江北沙頭人妻周氏年守四十餘歲僑寓本埠法界新劇場左近朱前在襄陽輪船充當茶房有子二長子亦在輪船當茶房並娶有媳亦生孫次子小五子十四歲今正忽不知去向彼時對妻謊言想係迷路走失妻亦信以為真詎近為妻訪知賣係將子賣洋六十元私姘鴇婦另住美界松仁里前日其妻周氏尋至該處哭鬧要還兒子朱與姘婦見勢不妙由後門同逃嗣經鄰人勸令周氏暫回未知如何了結也
宣統二年四月初三日神州日報附送

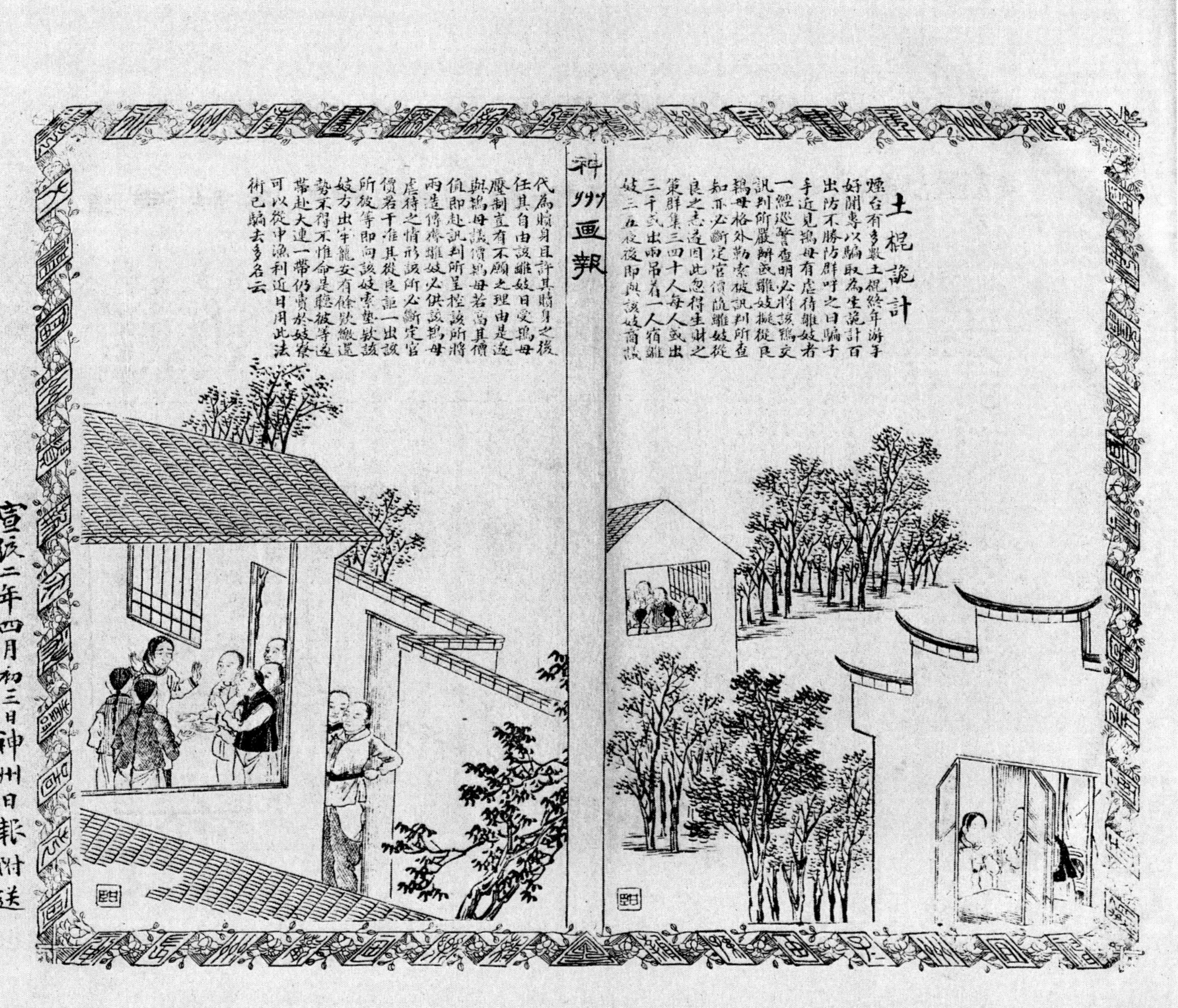

宣統二年四月初三日神州日報附送

神州畫報

土棍詭計

煙台有多數土棍終年游手好閑專以騙取為生詭計百出防不勝防群呼之日騙子手近見鴇母有虐待雛妓者一經巡警查明必將該鴇交訊判所嚴辦或雛妓擬從良鴇母格外勒索彼訊判所查知亦必斷定官價雛妓從良之志遂因此忽得生財之策群集三四十人每人或出三千或出兩吊着一人宿雛妓三五夜後即與該妓商議代為贖身且許其贖身之後任其自由該雛妓日受鴇母壓制宜有不願之理由是遂與鴇母議價鴇母若高其價値即赴訊判所呈控該所將兩造傳齊雛妓必供該鴇母虐待之情形該所必斷定官價若干准其從良詎一出該所彼等即向該妓索墊款該妓方出牢籠安有餘款繳還勢不得不惟命是聽彼等遂帶赴大連一帶仍賣於妓寮可以從中漁利近日用此法術已騙去多名云

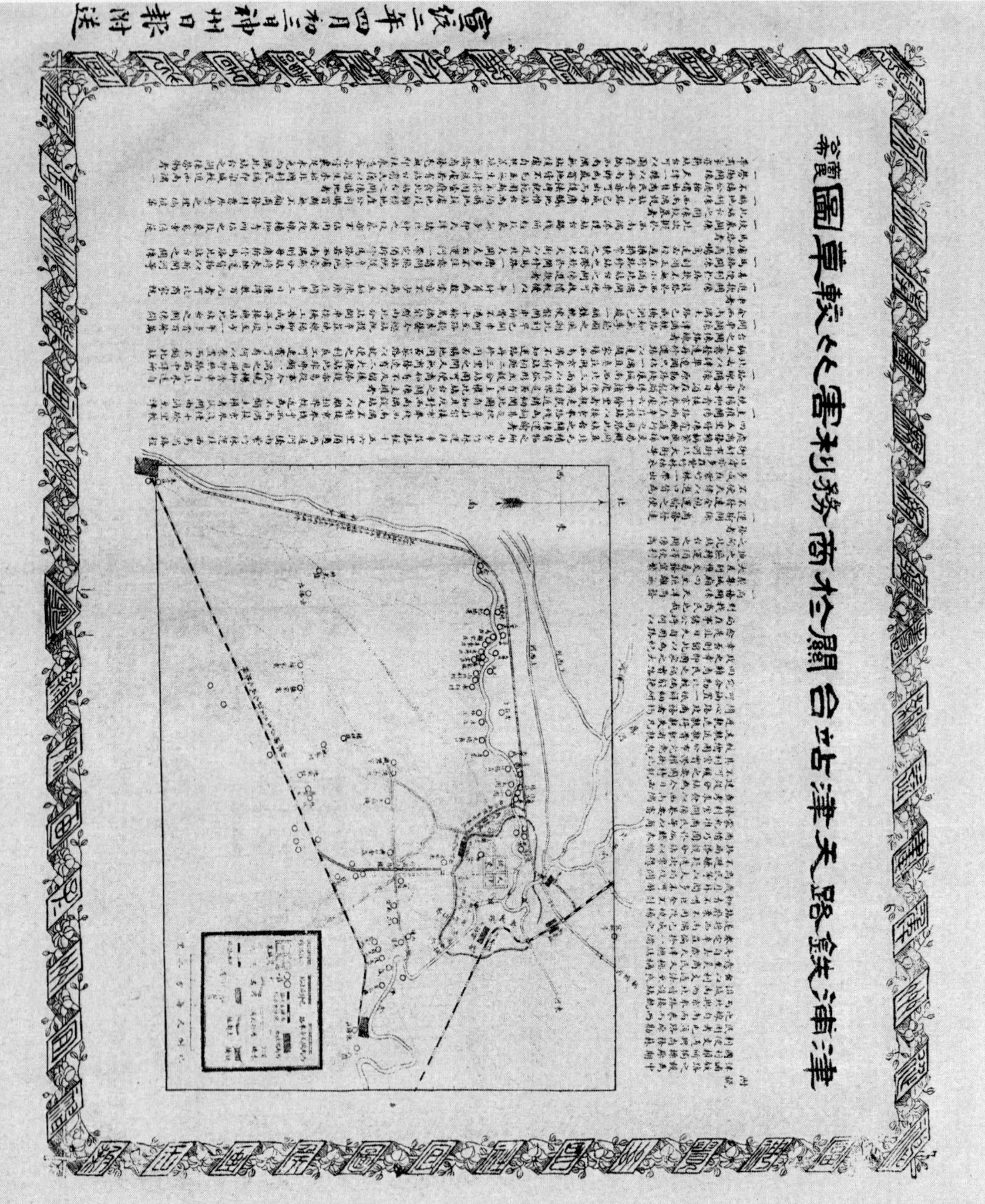

津浦鐵路天津站合關商務利害比較草圖

宣統三年四月初三日神州日報附送

神州雜俎

三十八

梁慧貞

明季女子梁慧貞貌甚麗年十九將于歸矣值鼎革禍起城陷家破大兵至擄之至舟中貢諸首領首領喜將汚之女紿之曰妾國破家亡得從君終身幸也然君貴人妾良家女不應苟合雖無人執伐亦必擇吉成禮首領笑曰天朝不習斯禮女曰請以三錢卜之單則即夕成禮雙則翌日方可首領愛憐甚不忍遽逼使卜之果單女忿極無何請書婚約首領以不識字對囑女代筆遂啟篋出黃絹一束授女女援筆書七律一首首領莫之辨第笑曰虎帳中又多一先生矣先是女於城未破時以利匕首置袖衣中是夕綺筵肆設女携首領跪舟前行奠雁禮甫下跪霍然一聲首領已仆地上喉際血出如縷女亦大呼隨波而下衆皆股慄援之不及後女屍逐浪漂流為隔江乘朝者所得雖已淹斃而刃猶在乎懷中微露黃絹一角即其所書七律也字跡已沾水溶化惟殺首稍泯君王恨盡節聊酬夫婿恩江水夜流沉弱質月明天遠弔孤魂數語尚可辨漁人出以示衆其同舟有被擄而得逃歸者為詳述其事

宣統二年四月初五日神州日報附送

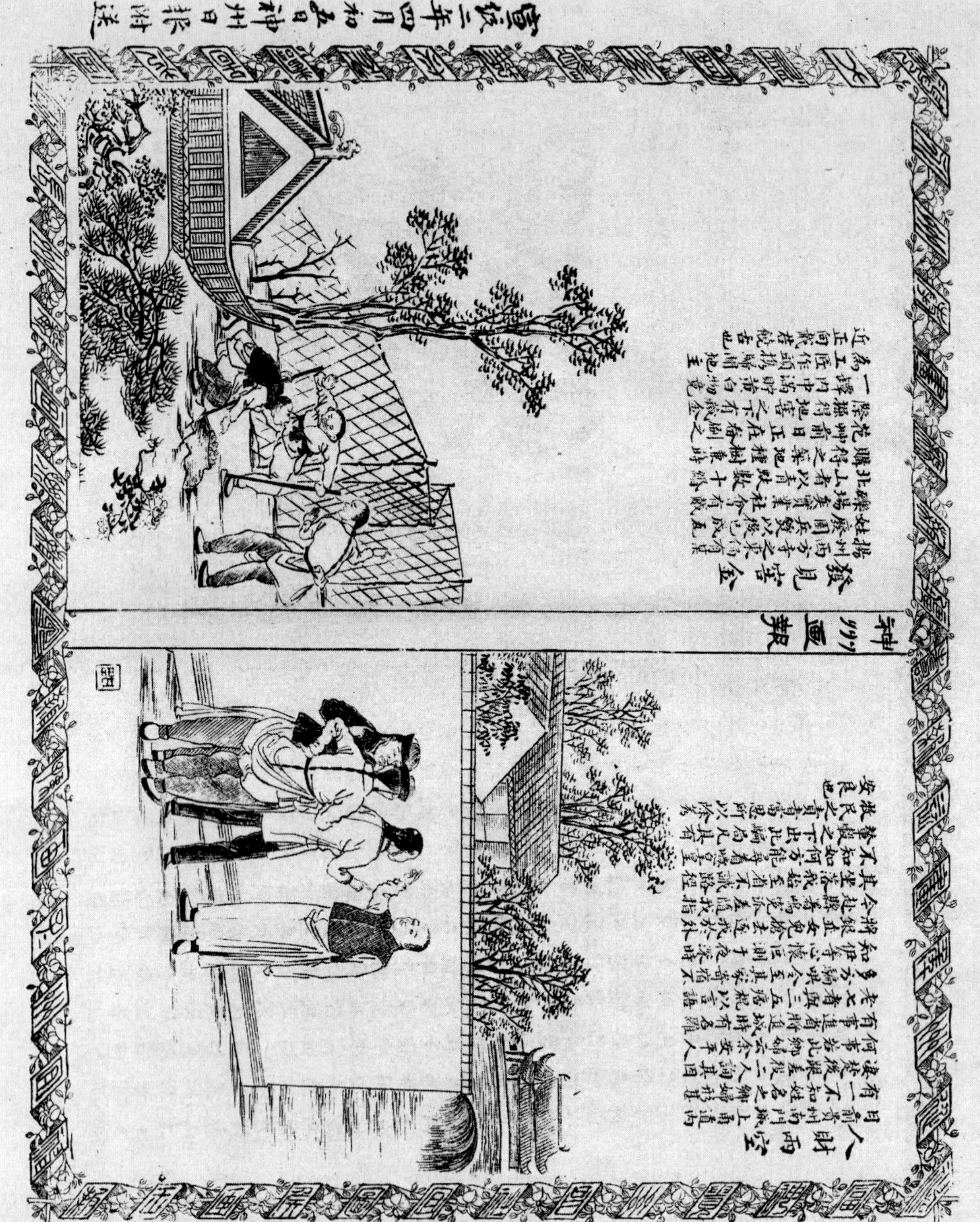

神州畫報

人財兩空

日前貴州南門城上甬道內有一不知姓名之鄉婦形甚淒楚後跟差役二人詢其因何事若此鄉婦云余安平人有事進省將進城時有名羅老七者與三五痞棍以言語多方騙哄令至其家寄宿不知伊等心懷叵測于夜深時將銀並女兒搶去逐我於外令赴縣着嗚冤派差隨我指其坐落我始至省不識路徑不知如何方能尋着噫皇皇輦轂之下出此騙局凡具有牧民之責者當思所以除莠安良也

發見窖金

揚州西方寺之東偏有某姓廢園兵燹以後已成瓦礫場矣實業社會有戴北山者以青蚨數十緡購得之築地種樹兼蒔花艸前日正在春鋤之際掘得地窖之下有藏金一罈內中滿貯黃白物竟為工匠作頭携歸聞地主近正向戴君饒舌也

宣統二年四月初五日神州日報附送

神州画報
宣統二年四月初五日神州日報附送
奇聞奇事
廣東容縣東一老婦年可五六十口操外江口音聲稱鄧令是其第四子適鄧令已往自良驗屍婦俟鄧令歸面述鄧生辰年月甚悉據云時家貧多子恐難撫養汝養父求撫為己子只得許之時汝生已十四月矣令知汝貴顯特來相尋鄧叱以當問老太爺我何知婦云汝養父蹤跡無常難於尋覓即使相遇彼亦不肯認鄧不聽將婦掌嘴枷號且擬解回原籍婦罵曰我家有三子產已數千金非有求於汝也所以不惜數百金間關千餘里而來相尋者以親生骨血欲一認識耳令若此眞勸世間人有子不能養須妥講契勿令悉梟反噬云
救火鐘樓之工竣
上海救火聯合會在南門内建造警鐘樓後前日假南市信成銀行樓上開職員會集議一切善後辦法到者四十餘人議得瞭望夫役四時一班分班輪值晝夜看守倘有火警先鳴亂鐘後分數目如城内聲家浜北鳴鐘一下浜南二下城外十六鋪至董家渡大街兩旁者三下面北至蘇路火東界綠四下西門外西區界五下按段報警以通告自在火初起時責成近段崗巡借用就近電話達至電話總局通達救火各社地段上之有電話者即鐘樓電話亦須總局傳信瞭望人新木請歸自治公所認貼管理一切仍歸救火會担限所有建築等費尚缺近萬雖荷田春宣大令照會各董各團體分投勸募現仍煩費躊躇即散會時已紅日西墜矣

金山圖
宣統二年四月初五日神州日報附送

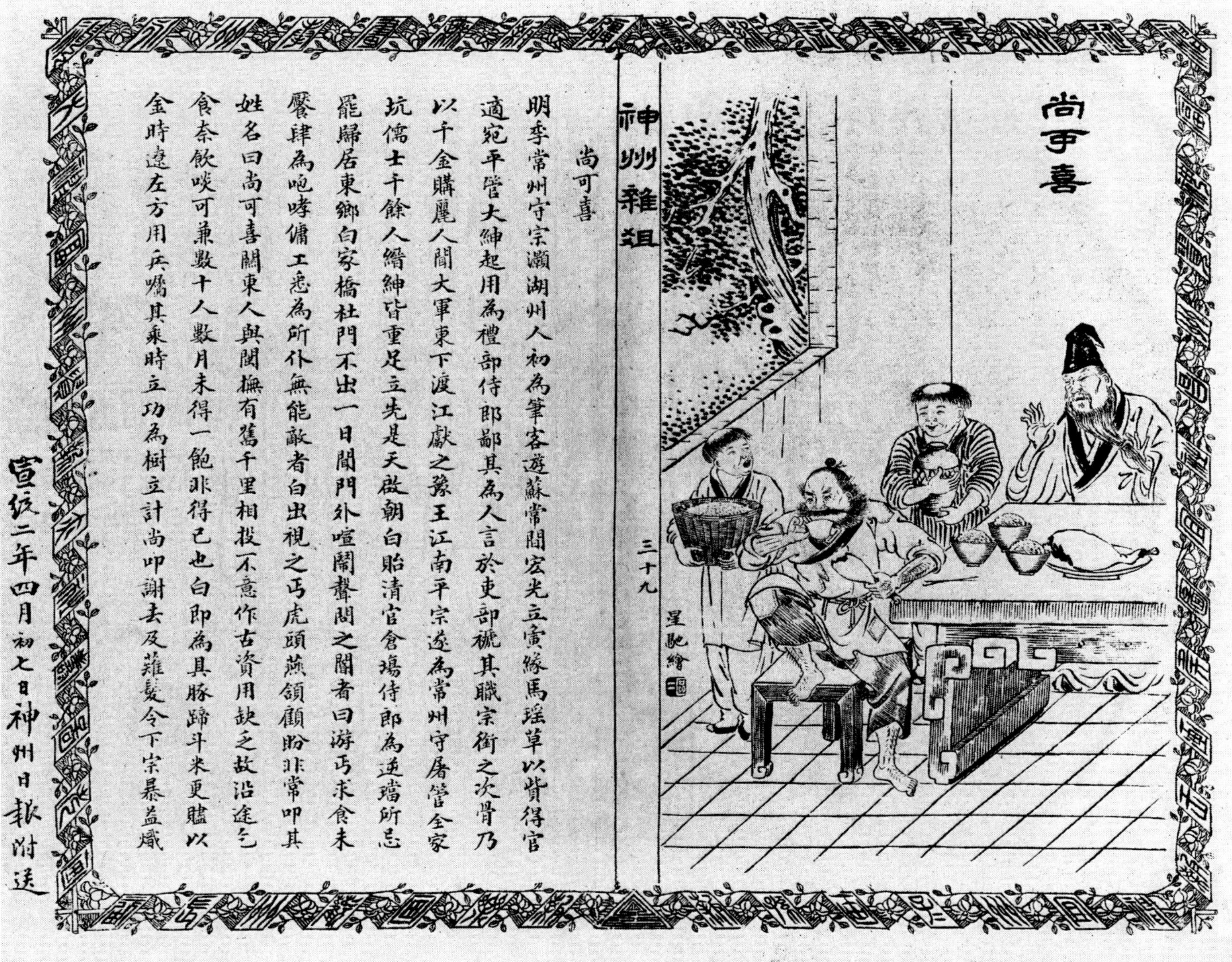

尚可喜

神州雜俎

尚可喜

明季常州守宗灝湖州人初為筆客遊蘇常間宏光立寅緣馬瑤草以貲得官適宛平管大紳起用為禮部侍郎鄙其為人言於吏部褫其職宗銜之次骨乃以千金購麗人閻大軍東下渡江獻之豫王江南平宗遂為常州守屠管全家坑儒士千餘人縉紳皆重足立先是天啟朝白貽清官倉塲侍郎為逆璫所忌罷歸居東鄉白家橋杜門不出一日閭門外喧鬧聲聞之閽者曰游丐求食未饜肆為咆哮傭工悉為所仆無能敵者白出視之丐虎頭燕頷顧盼非常叩其姓名曰尚可喜關東人與閻撫有舊千里相投不意作古資用缺乏故沿途乞食奈飲啖可兼數十人數月未得一飽非得已也白即為具豚蹄斗米更贈以金時遼左方用兵囑其乘時立功為樹立計尚叩謝去及薙髮令下宗暴益熾

三十九

星馳繪

宣統二年四月初七日神州日報附送

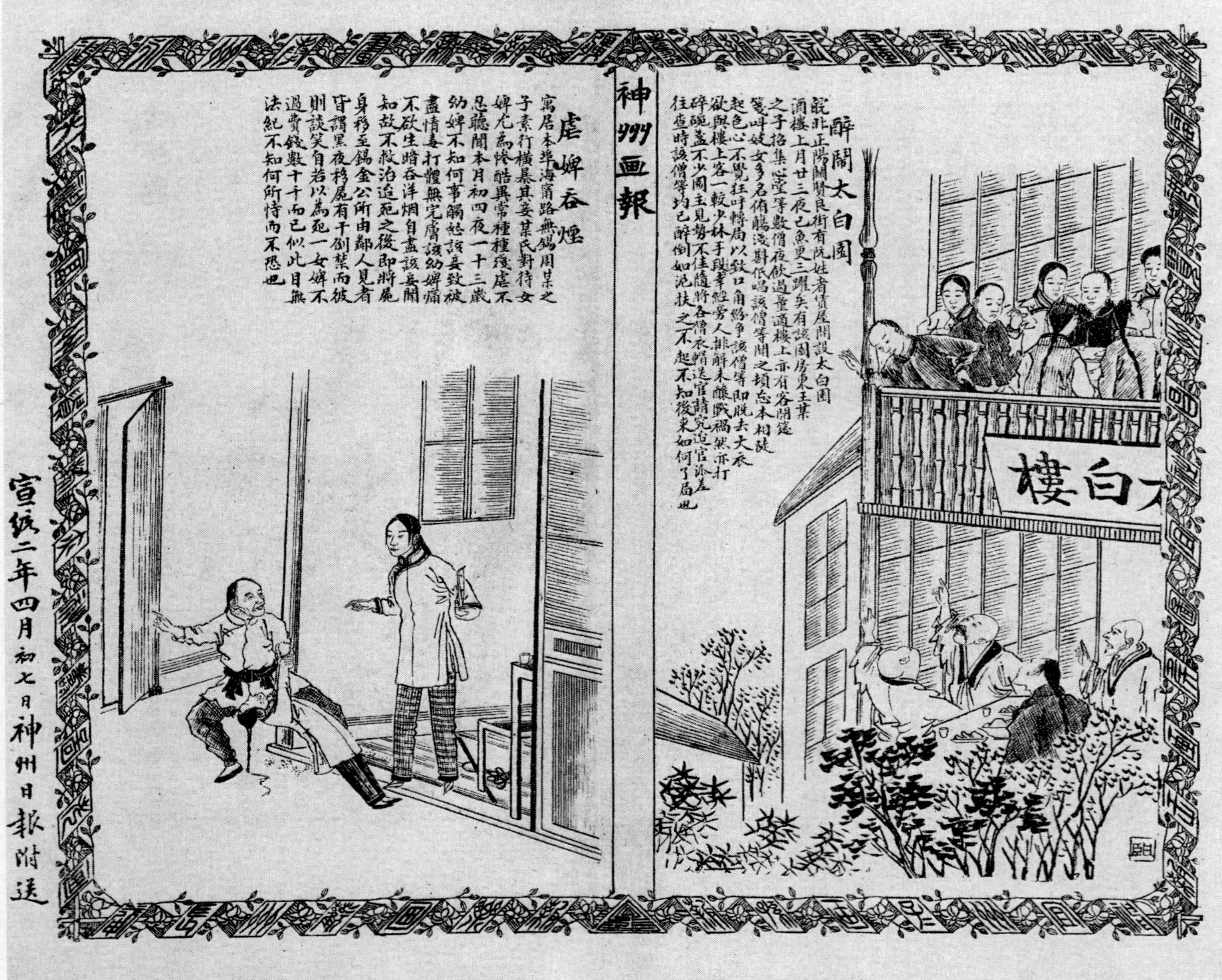

神州画報

醉鬧太白園

皖北正陽關賢良街有阮姓者賃屋開設太白園酒樓上月廿三夜已魚更三躍矣有該園房東王某之子偕集心堂等數僧夜飲過量適樓上亦有客開筵箋叫妓女多名侑觴淺斟低唱該僧等聞之頓忘本相陡起色心不覺狂呼轉局以致口角紛爭該僧等即脫去大衣欲與樓上客一較少林手段幸經旁人排解未釀戰禍然亦打碎碗盞不少園主見勢不佳隨將各僧衣帽送官請究迨官派差往查時該僧等均已醉倒如泥扶之不起不知後來如何了局也

虐婢吞煙

寓居本埠海甯路無錫周某之子素行橫暴其妾某氏對待女婢尤為慘酷異常種種殘虐不忍聽聞本月初四夜一十三歲幼婢不知何事觸怒該妾致被盡情毒打體無完膚該幼婢痛不欲生暗吞洋烟自盡該妾聞知故不救治迨死之後即將屍身移至錫金公所由鄰人見者皆謂黑夜移屍有干例禁而彼則談笑自若以為死一女婢不過費錢數十千而已似此目無法紀不知何所恃而不恐也

宣統二年四月初七日神州日報附送

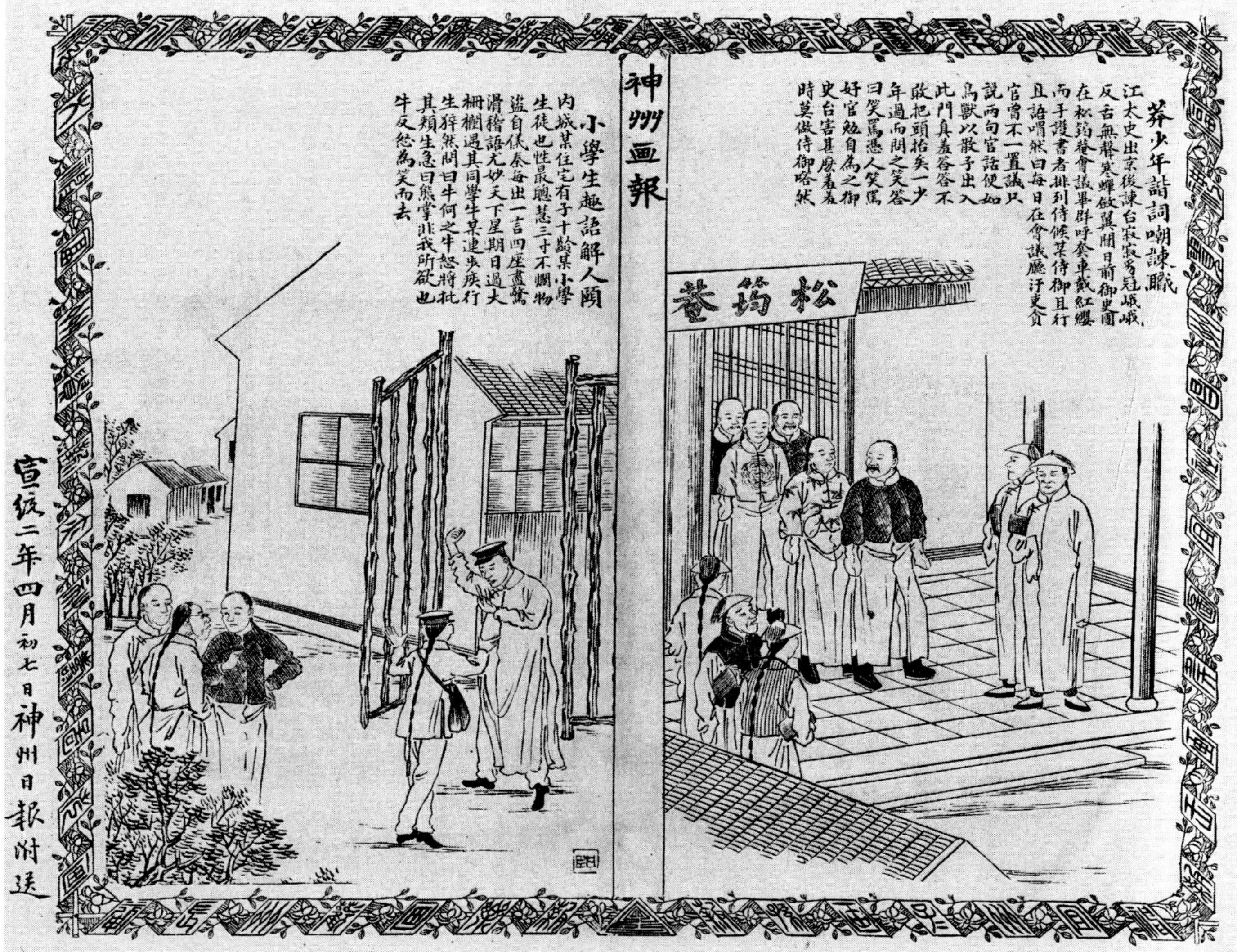
神州画報
莽少年諂詞嘲諫[illegible]
江太史出京後諫台寂寂豸冠峨峨反舌無聲寒蟬斂翼闕日前御史團在松筠菴會議畢群呼套車戴紅纓而手護書者排列侍候某侍御且行且語喟然曰每日在會議廳汙吏貪官曾不一置議只說兩句官話便如鳥獸以散予出入此門真羞答答不敢把頭抬矣一少年過而聞之笑答曰笑罵憑人笑罵好官勉自為之御史台害甚麼羞羞時莫做侍御啥然
松筠菴
小學生趣語解人頤
內城某住宅有子十齡某小學生徒也性最聰慧三寸不爛物溢自俟泰每出一言四座盡驚滑稽語尤妙天下星期日過大柵欄遇其同學牛某建步疾行生猝然問曰牛何之牛怒將批其頰生急曰熊掌非我所欲也牛反怒為笑而去
宣统二年四月初七日神州日報附送

紐約哥侖比亞大學之藏書樓
星期寫真
宣統二年四月初九日神州日報附送

白乃以磚壘門冀以紓禍一日傳某王統大軍至橋下問白所在發磚徑入白疑為宗之邏卒積薪欲自焚王至出謁王令家將掖白上坐再拜曰昔年殘丐自分流落得荷拯援始有今日願以所有奉報且勸出山白始憶為尚辭曰亡國衰朽不堪世用願終老林泉耳尚以巨金為壽亦力辭固請所欲白具述宗守戚虐士民喘息能易他守則獲報多矣王憤曰賊奴乃爾立出令箭命偏裨往一飯頃宗已戮西門外懸尸通衢闔郡稱快從白獨得以不薙髮終其身尚可喜之力也

尚之信（附）

尚可喜之長子之信酗酒嗜殺壺樽盤盞與弓刀戟矛之屬隨其所至必兼攜以行輙喜飲每醉則必殺人深宮靜室無以解醒即引佩刀刺其侍者雖寵婢豔姬瘢痏恒徧體也又喜蓄狗築狗房設狗監監之下隸以健兒數十人聞白必縱之出府所過屠肆須給豕肉飽之其過市時狗塞途行者辟易一夕聞狗鬭聲亟呼監往視監遇瘈狗而奔不敢往之信怒命左右割監肉啖狗肉盡而止又取民間子十五以下者為把竿之戲竿長二丈以篔簹為之鬄節瑩皮其光可鑑教之攀緣上下盤舞竿頭已則把盞觀之以為笑樂其習技未熟者多至顛殞或穿腹折肢而死之信殊不介意可謂忍矣

宣統二年四月初九日神州日報附送

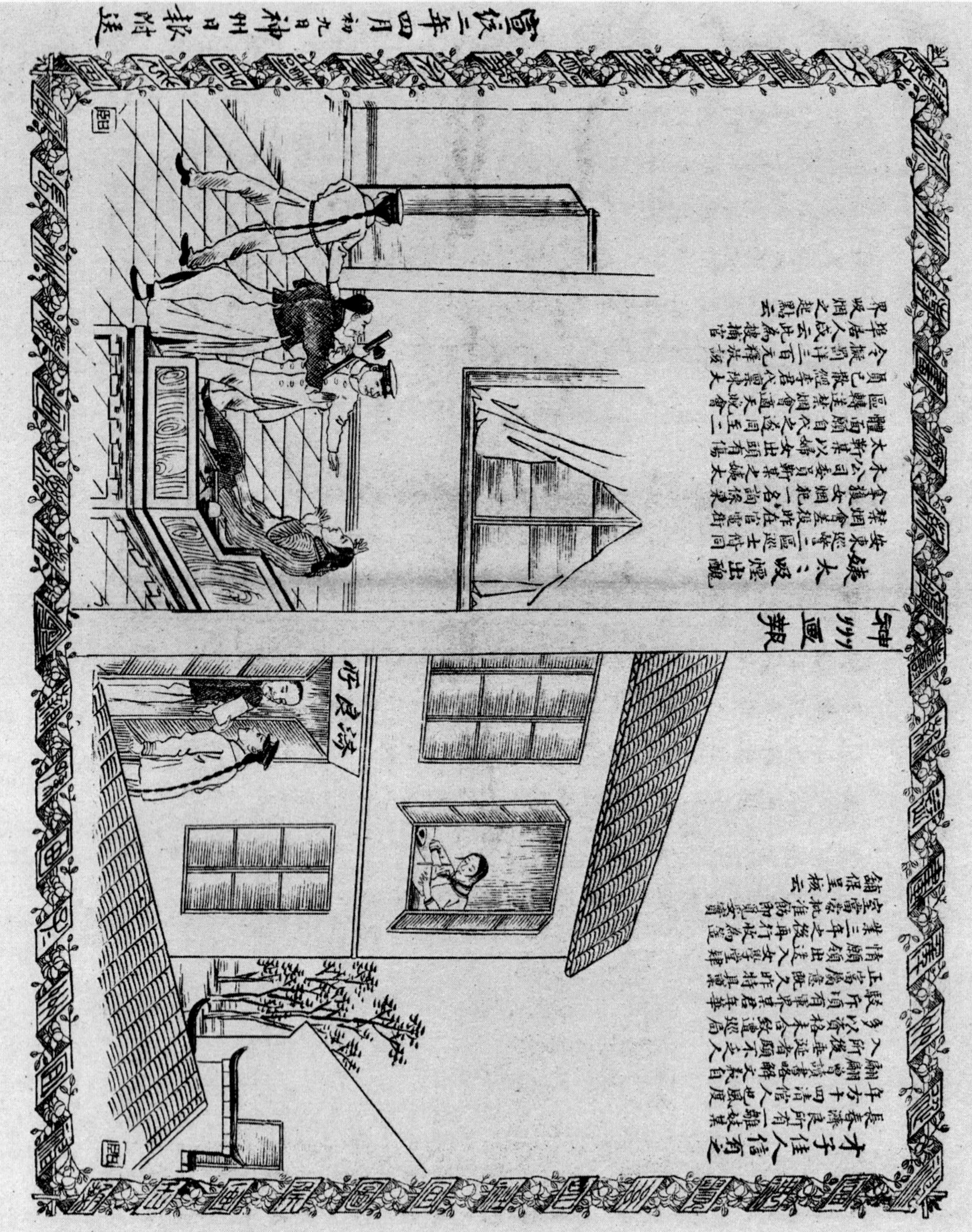
神州畫報
才子佳人信有之
長春濟良所有一雛妓某年方十四清倌人也風度翩翩曾讀書略解文義自入所後垂涎者頗不乏人多以資格未合致遭巡局駁斥頃有軍界某君年華正富屬意既久昨特具稟情願領出送入女學堂肄業三年之後再行收為簉室當蒙批准飭即覓妥實舖保呈核云
濟良所
婊太太吸煙出醜
安東巡警二區巡士偕同禁烟會差役昨在官電街拿獲女烟犯一名詢係東木公司委員靳某之婊太太靳某以婦女出頭有傷體面願自代之遂同至二區轉送禁烟會適天晚會員已散經李君代禀陳大令擬罰洋三百元釋放該埠居人咸云此為捜捕官界吸烟之起點云
宣統二年四月初九日神州日報附送

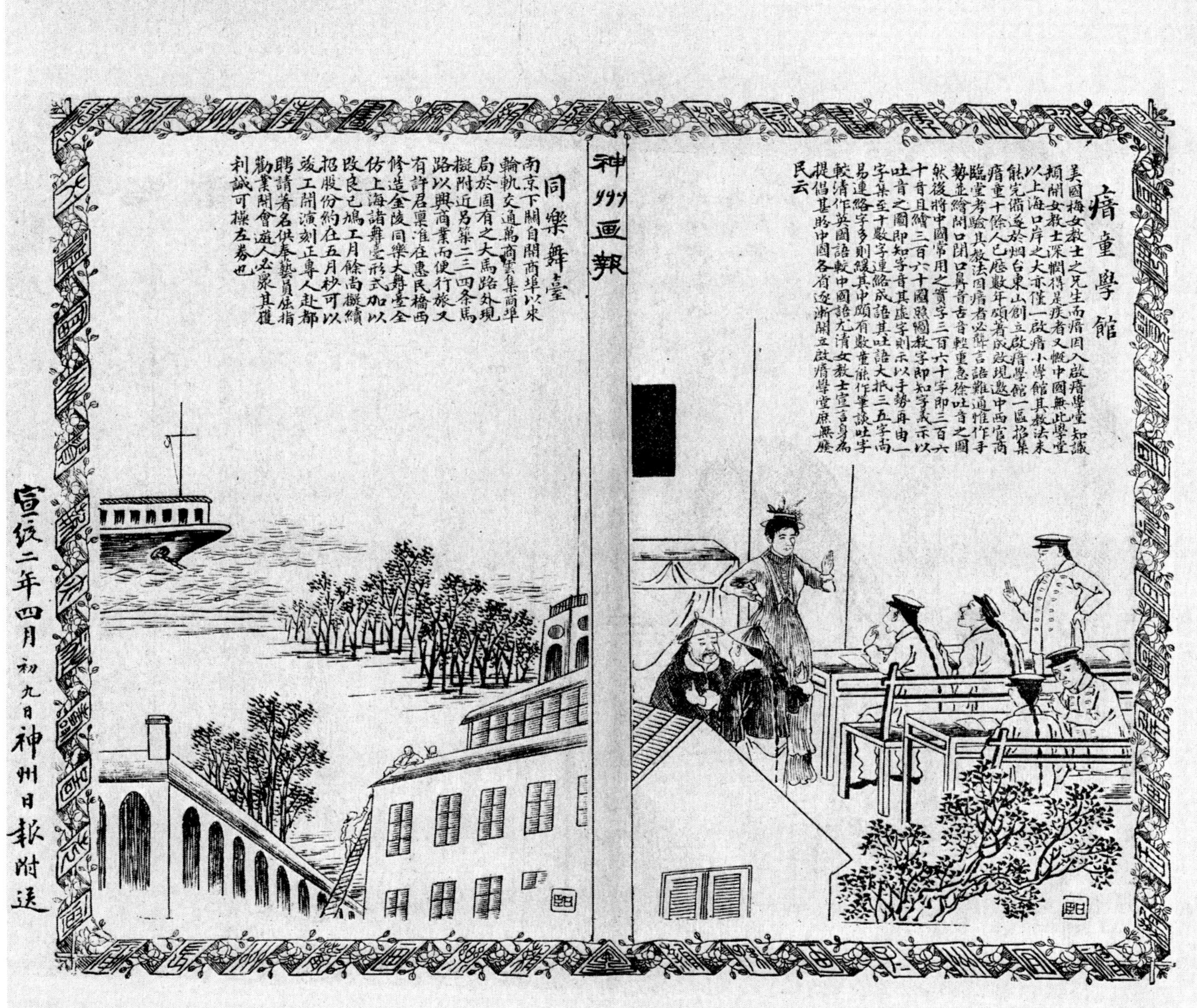
神州畫報
瘖童學館
美國梅女教士之兄生而瘖因入啟瘖學堂知識頗開女教士深憫得是疾者又慨中國無此學堂以上海口岸之大亦僅一啟瘖小學館其教法未能完備遂於烟台東山創立啟瘖學館一區招集瘖童十餘人已歷數年頗著成效現邀中西官商臨堂考驗其教法因瘖者必聾言語難通惟作手勢並繪開口閉口鼻音舌音輕重急徐吐音之圖然後將中國常用之實字三百六十字即三百六十音且繪三百六十圖照圖教字即知字義示以吐音之圖即知字音其虛字則示以手勢再由一字集至十數字連絡成語其吐語大抵三五字尚易連絡字多則緩其中頗有數童能作筆談吐字較清作英國語較中國語尤清女教士宣言身為提倡甚盼中國各省逐漸開立啟瘖學堂庶無廢民云
同樂舞臺
南京下關自開商埠以來輪軌交通萬商雲集商埠局於固有之大馬路外現擬附近另築二三四条馬路以興商業而便行旅又有許君稟准在惠民橋西修造金陵同樂大舞臺全仿上海諸舞臺形式加以改良已鳩工月餘尚擬續招股份約在五月杪可以竣工開演刻正專人赴都聘請著名供奉藝員俟指勸業開會遊人必衆其獲利誠可操左劵也
宣統二年四月初九日神州日報附送

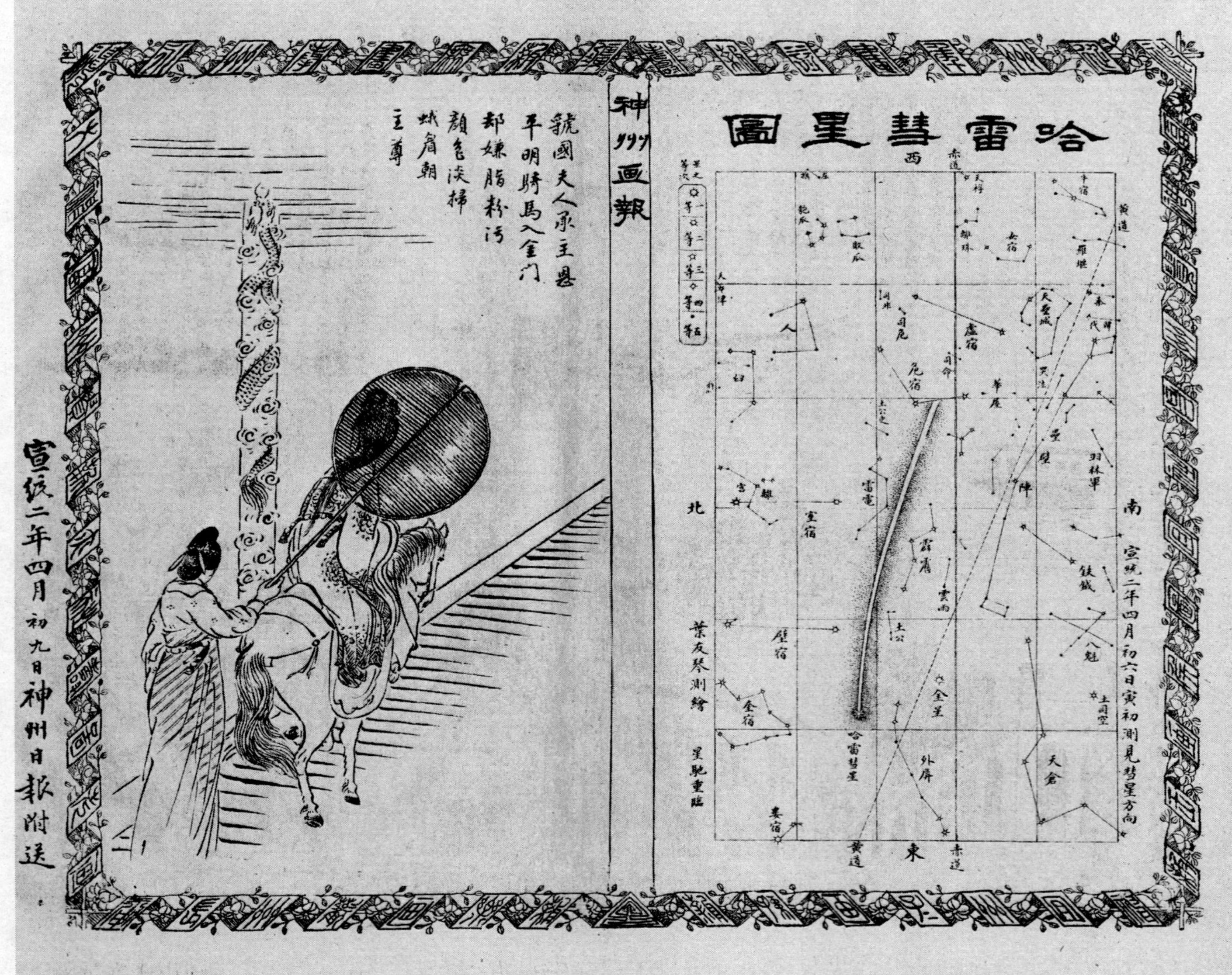
哈雷彗星圖
宣統二年四月初六日寅初測見彗星方向
南
北
東
西
葉友琴測繪
星馳重臨
哈雷彗星
神州畫報
虢國夫人承主恩
平明騎馬入金門
卻嫌脂粉污
顏色淡掃
蛾眉朝
至尊
宣統二年四月初九日神州日報附送

神州雜俎

四十一

葛衣人

金陵江孝廉之京師止逆旅小飲時朔風凜冽遍地皆雪忽見戶外一葛衣人過體碩而貌揚跣足行雪中無寒色江異之趨叩其姓氏弗答問寒乎亦弗答復問飲乎乃頷首者再江邀肅之入飲以三斗酒不醉食以兩彘肩亦不飽終席都無一語類啞者愈奇之翌日江將行請客與俱不許遂辭去江行至某驛客忽至謂江曰君見寬衣大笠短棒荷燈籠逐立道周者乎江曰見之一僧人也詢彼胡為曰今夕三鼓飛劍取君首者即其人也江大恐伏地求救客曰吾在彼惡能為彼來徒膏吾斧耳乃戒江偽寢以俟夜半客忽提僧頭擲地上曰莽禿無禮吾已殺之然亦因君挾資太重致招渠來耳江初諱之客曰君篋中非貯有鈔箋千葉金幣百枚裹以西洋巾藏諸榻下耶江大驚失色乃曰唯唯客曰君旅行奚挾此纍纍者為江曰欲投謁某邸以此為贄耳客大怒叱曰咄汝固王寇之流亞歟恨吾目盲不教禿奴砍汝頭投諸溷流也言已提僧頭越屋徑去倏忽而杳江懟且懼遂不復往京改道而返

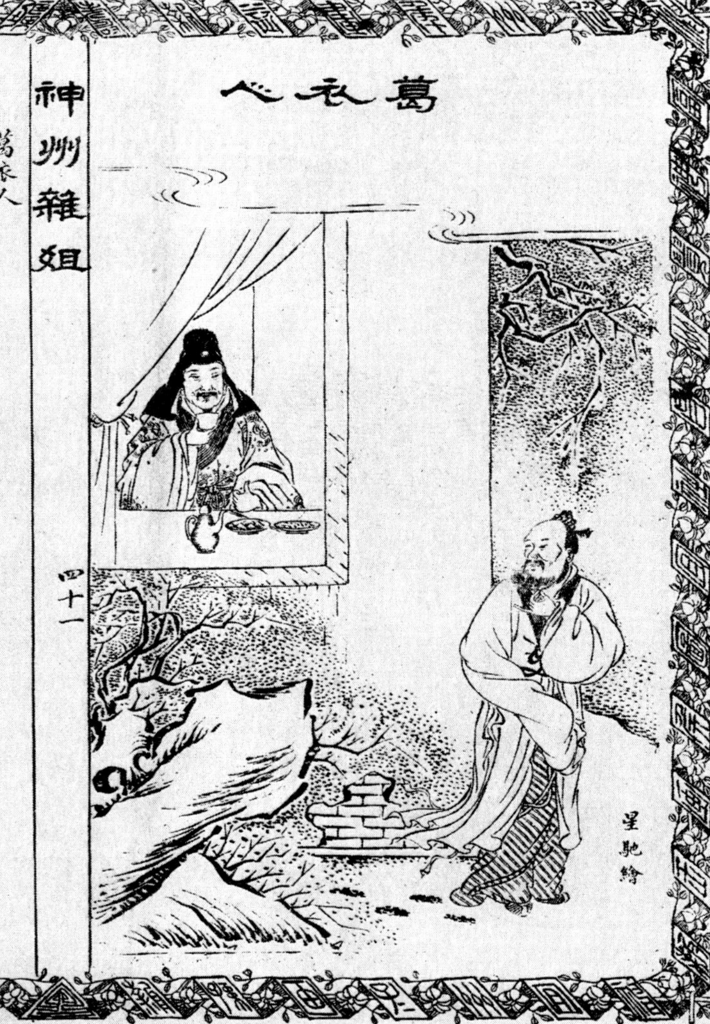

宣統二年四月十一日神州日報附送

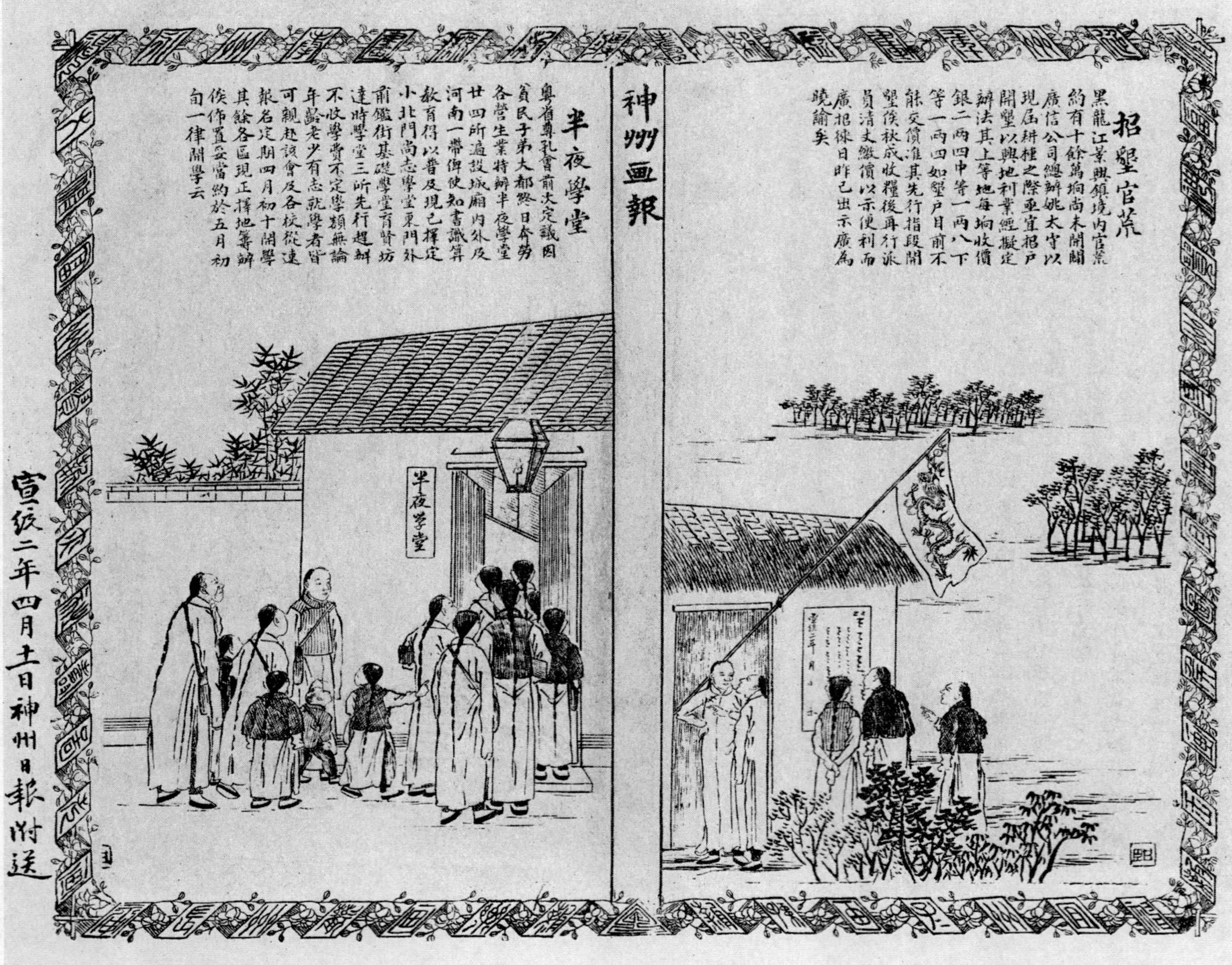
神州畫報
招墾官荒
黑龍江景興鎮境内官荒約有十餘萬垧尚未開闢廣信公司總辦姚太守以現屆耕種之際亟宜招戶開墾以興地利業經擬定辦法其上等地每垧收價銀二兩四中等一兩八下等一兩四如墾戶目前不能交價准其先行指段開墾俟秋成收糧後再行派員清丈繳價以示便利而廣招徠日昨已出示廣爲曉諭矣
半夜學堂
粵省尊孔會前次定議因貧民子弟大都終日奔勞各營生業特辦半夜學堂廿四所遍設城廂内外及河南一帶俾使知書識算教育得以普及現已擇定小北門尚志學堂東門外前鑑街基礎學堂育賢坊達時學堂三所先行趕辦不收學費不定學額無論年齡老少有志就學者皆可親赴該會及各校從速報名定期四月初十開學其餘各區現正擇地籌辦俟佈置妥當約於五月初旬一律開學云
半夜學堂
宣統二年四月十一日神州日報附送

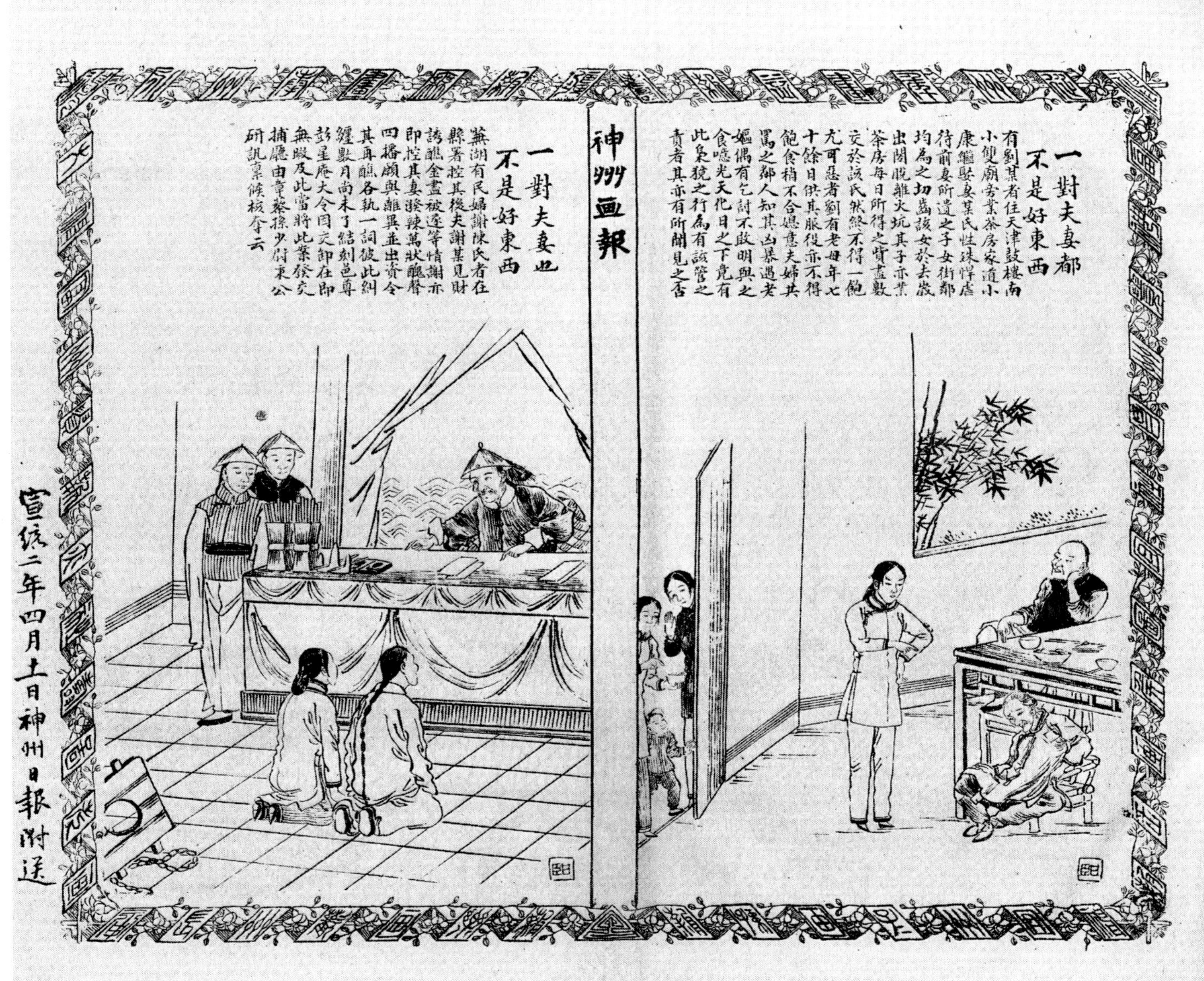
神州畫報
一對夫妻都
不是好東西
有劉某者住天津鼓樓南小雙廟旁業茶房家道小康繼娶妻某氏性殊悍虐待前妻所遺之子女街鄰均為之切齒該女於去歲出閣脫離火坑其子亦業茶房每日所得之貲盡數交於該氏然終不得一飽尤可惡者劉有老母年七十餘日供其服役亦不得飽食稍不合媳意夫婦共罵之鄰人知其凶暴遇老嫗偶有乞討不敢明與之食噫光天化日之下竟有此梟獍之行為有該管之責者其亦有所聞見之否
一對夫妻也
不是好東西
蕪湖有民婦謝陳氏者在縣署控其後夫謝某見財誘醮全盡被逐等情謝亦即控其妻潑辣萬狀醜聲四播願與離異並出資令其再醮各執一詞彼此糾纏數月尚未了結刻邑尊彭星庵大令因交卸在即無暇及此當將此案發交捕廳由章蔡孫少尉東公研訊禀候核奪云
宣統二年四月十一日神州日報附送

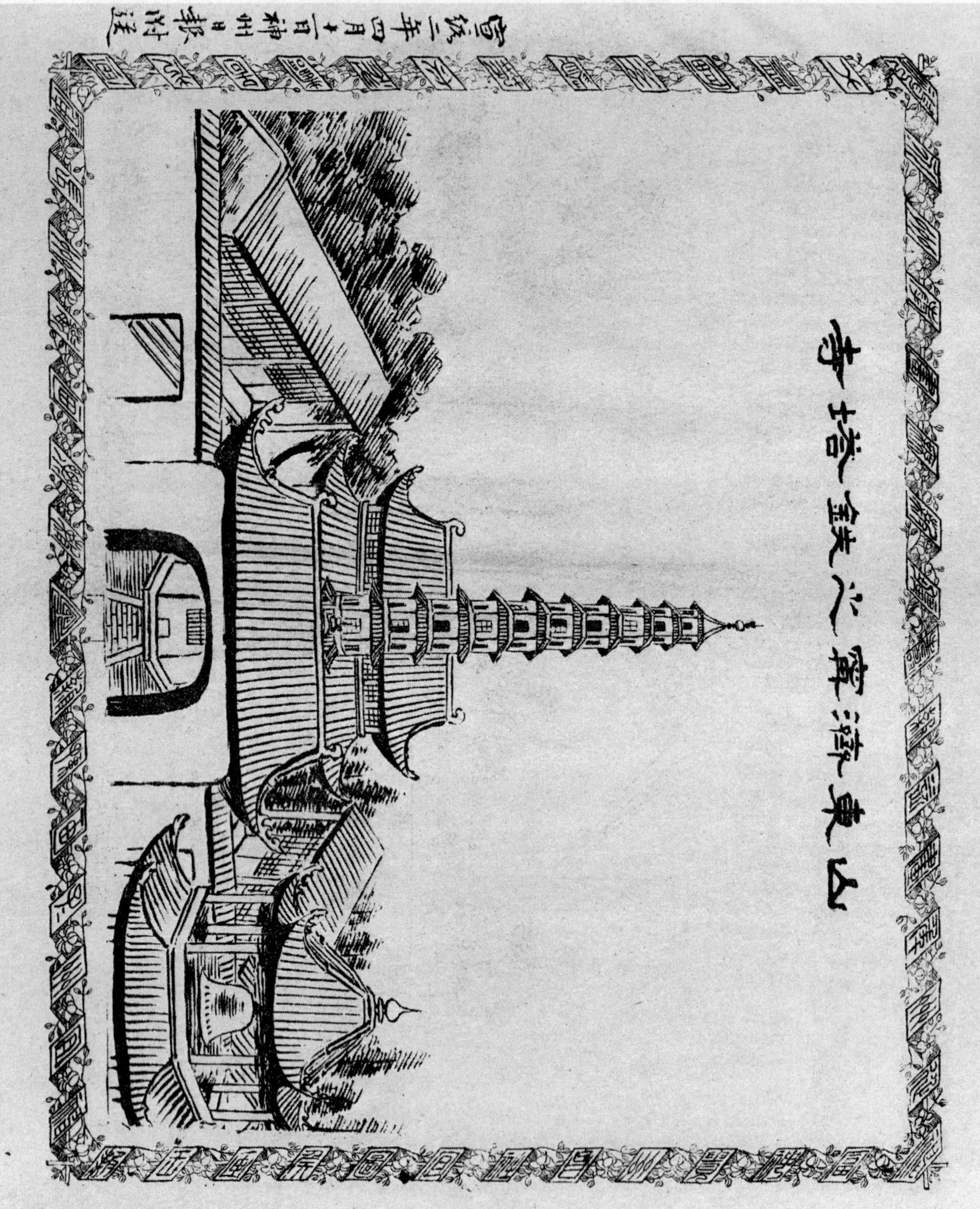
山東濟寧之鐵塔寺
宣統二年四月十一日神州日報附送

郭月容

神州雜俎

四十二

郭月容

甲午一役某公以身許國請當纓敵遂拜督師之命旣登程置軍事於不問日以詩酒金石自隨娛孟嘗食客以數百計某武員以征捻有功荐擢總兵投閒已久諂某公頗有以自効某公漫應而未果用武員焦灼甚訪諸節府幕僚知某公夙嗜乃盡以田園易資購一古鼎以獻某公鑒賞之辨爲三代時物屬名人繪圖廣徵題識檄武員分統勁旅俾爲前鋒武員募兵江北行次揚州遂以所挾軍需徵歌選舞流連風月請纓壯志凋喪殆盡名妓郭月容者雪膚花貌傾倒一時瞰武員多金曲意媚之武員惑之甚勉强割愛假裝將行郭請與偕武員狂喜即日量珠聘歸挈之渡江擬居郭於滬上再賦北征然武員行年六十許自與郭俱精神已憊止潤州旅館中疾作而殁郭即移幗重逸去滑稽者爲之語曰爲國捐軀蓋以郭與國同音也

星馳繪

宣統二年四月拾叁日神州日報附送

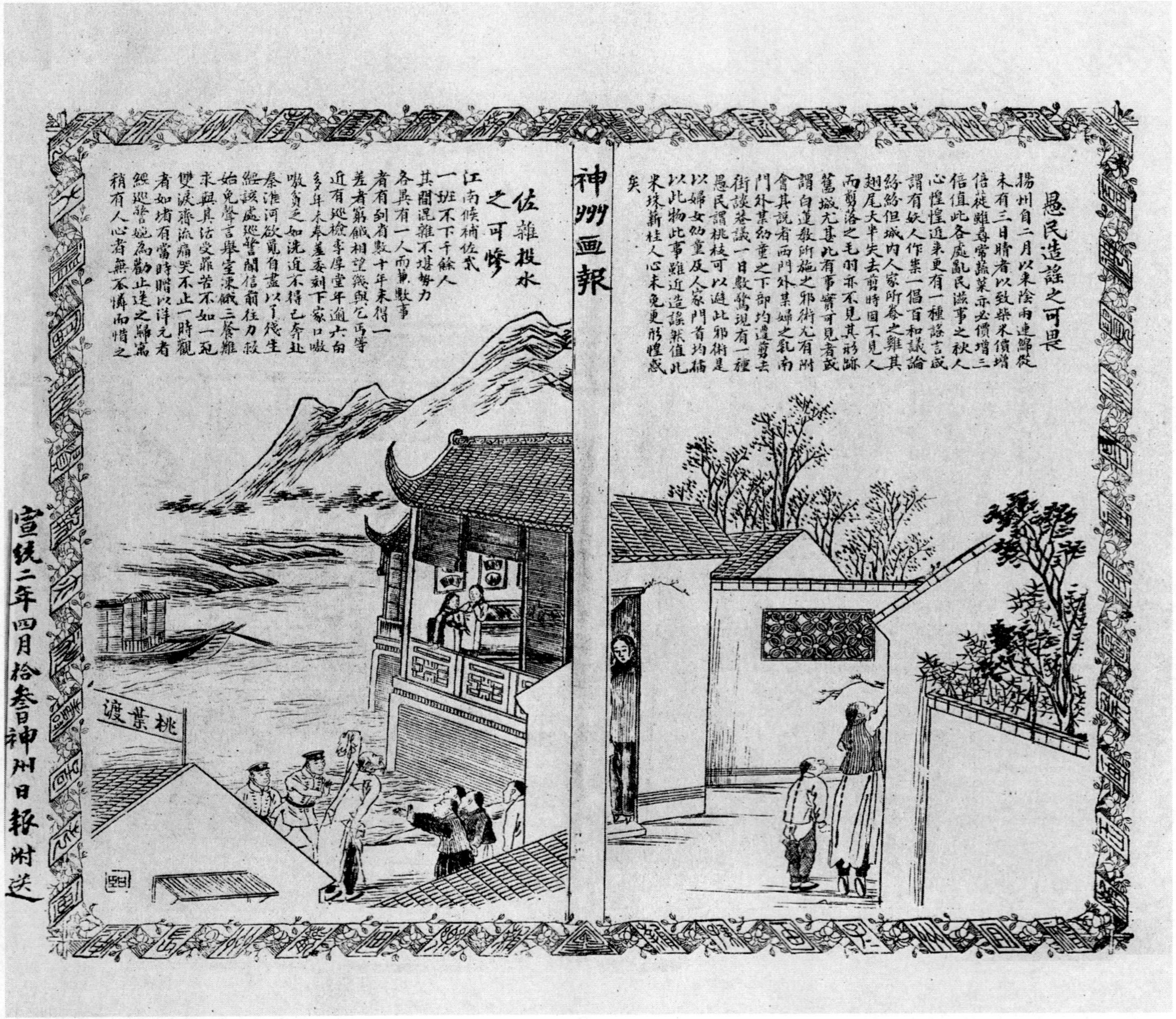
神州画報
愚民造謠之可畏
揚州自二月以來陰雨連綿從未有三日晴者以致柴米價增倍蓰雖尋常蔬菜亦必價增三倍值此各處亂民滋事之秋人心惶惶近來更有一種謠言咸謂有妖人作祟一倡百和議論紛紛但城内人家所畜之雞其翅尾大半失去剪時固不見人而剪落之毛羽亦不見其形跡舊城尤甚此有事實可見者或謂白蓮教所施之邪術尤有附會其説者西門外某婦之乳南門外某幼童之下部均遭剪去街談巷議一日數驚現有一種愚民謂桃枝可以避此邪術是以婦女幼童及人家門首均插以此物此事雖近造謠然值此米珠薪桂人心未免更形惶惑矣
佐雜投水之可慘
江南候補佐貳一班不下千餘人其間混雜不堪勞力各異有一人而兼數事者有到省數十年未得一差者窮餓相望幾與乞丐等近有巡檢李厚堂年逾六旬多年未奉差委刻下家口嗷嗷貧之如洗逼不得已奔赴秦淮河欲覓自盡以了殘生經該處巡警聞信前往力救始免聲言舉室凍餓三餐難求與其活受罪苦不如一死雙淚齊流痛哭不止一時觀者如堵有當時贈以洋元者經巡警婉爲勸止送之歸寓稍有人心者無不憐而惜之
桃葉渡
宣統二年四月拾叁日神州日報附送

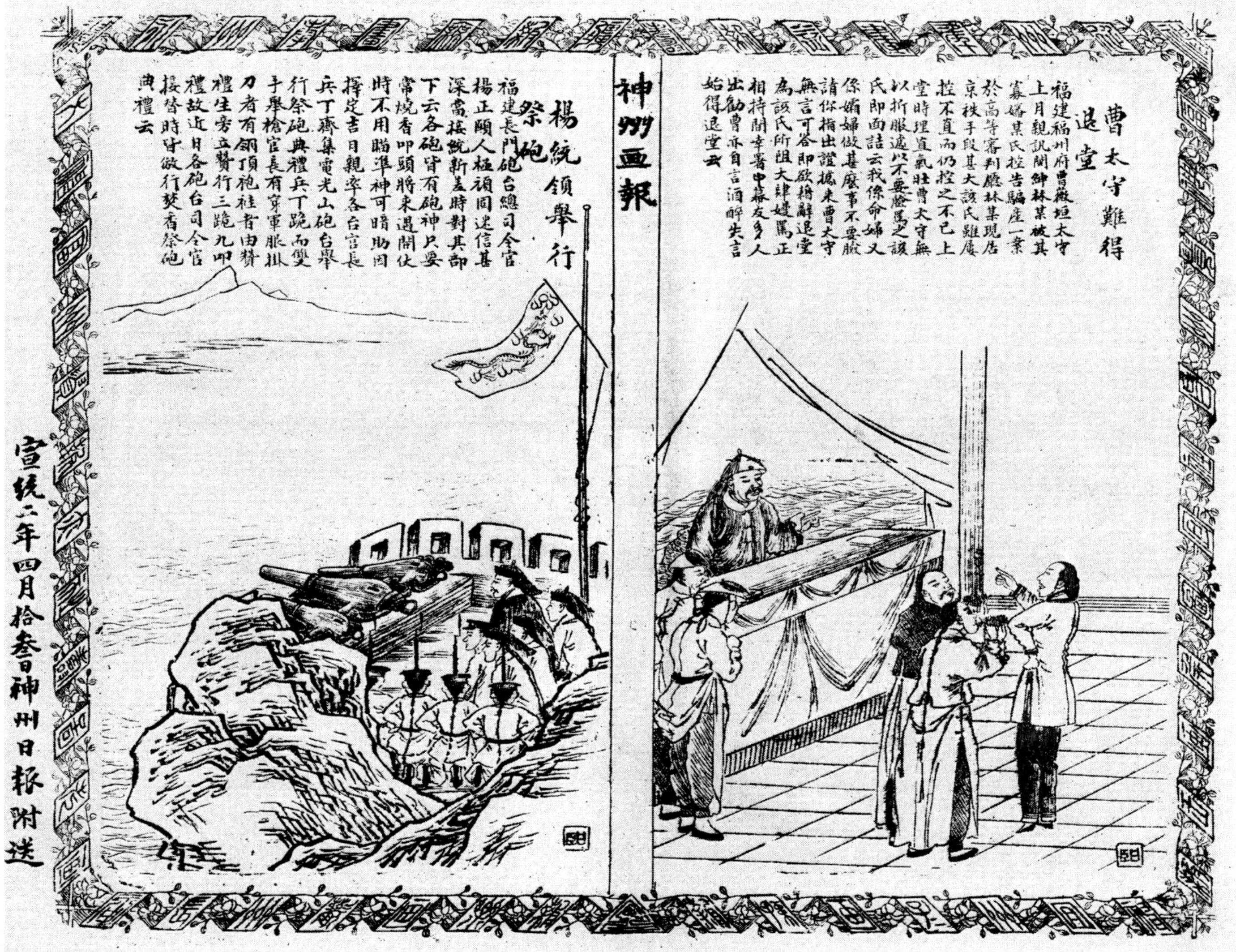
神州画報
曹太守難得退堂
福建福州府曹薇垣太守上月親訊閩紳林某被其寡婦某氏控告騙產一案於高等審判廳林某現居京秩手段甚大該氏雖屢控不直而仍控之不已上堂時理直氣壯曹太守無以折服遂以不要臉罵之該氏即面詰云我係命婦又係孀婦做甚麼事不要臉請你指出證據來曹太守無言可答即欲稍辭退堂為該氏所阻大肆嫚罵正相持間幸署中幕友多人出勸曹亦自言酒醉失言始得退堂云
楊統領舉行祭砲
福建長門砲台總司令官楊正顯人極頑固迷信甚深當接統新差時對其部下云各砲皆有砲神只要常燒香叩頭將來遇開仗時不用瞄準神可暗助因擇定吉日親率各台官長兵丁齋集電光山砲台舉行祭砲典禮兵丁跪而雙手舉槍官長有穿軍服掛刀者有翎頂袍褂者由贊禮生旁立贊行三跪九叩禮故近日各砲台司令官接替時皆倣行焚香祭砲典禮云
宣統二年四月拾叁日神州日報附送

姑蘇之寒山寺
宣統三年四月拾叁日神州日報附送
寒山寺

神州雜俎

四十三

劉壯肅遺事

合肥劉壯肅公銘傳督師台灣與法人相持于基隆軍中秘事屢爲台中奸民所洩一日章鎮軍高元獲奸民二送至節府壯肅親訊之供出黨人甚多專探我軍動作報告法人問每人得酬幾何曰數十番耳公笑曰此易與耳因釋二人縛而告之曰吾今日每人與你百金轉告同黨有能得法人首級一顆者予白金百兩自是二人返後呈送首級者日必數起法人之偵探消息遂斷故滬尾一戰我軍人不及千數台中百姓約三千餘皆持刀隨大軍後殺入敵陣爭取首級敵遂披靡是役也敵之損失甚巨水師中將孫拔被殺失聯隊旗二兵士死傷約四五百人戰既罷諸將問不殺奸民之策公曰吾到台後兵只數百奸民遍地多殺必變兩面受敵故訊奸民時問以得洋幾何彼云數十番吾則倍之台民爲利是趨必捨敵而就我一可斷消息二可使敵人不敢登岸三可壯我之兵威今日之戰即前日之效力非爲二人惜性命也諸將乃大歎服

宣統二年四月拾七日神州日報附送

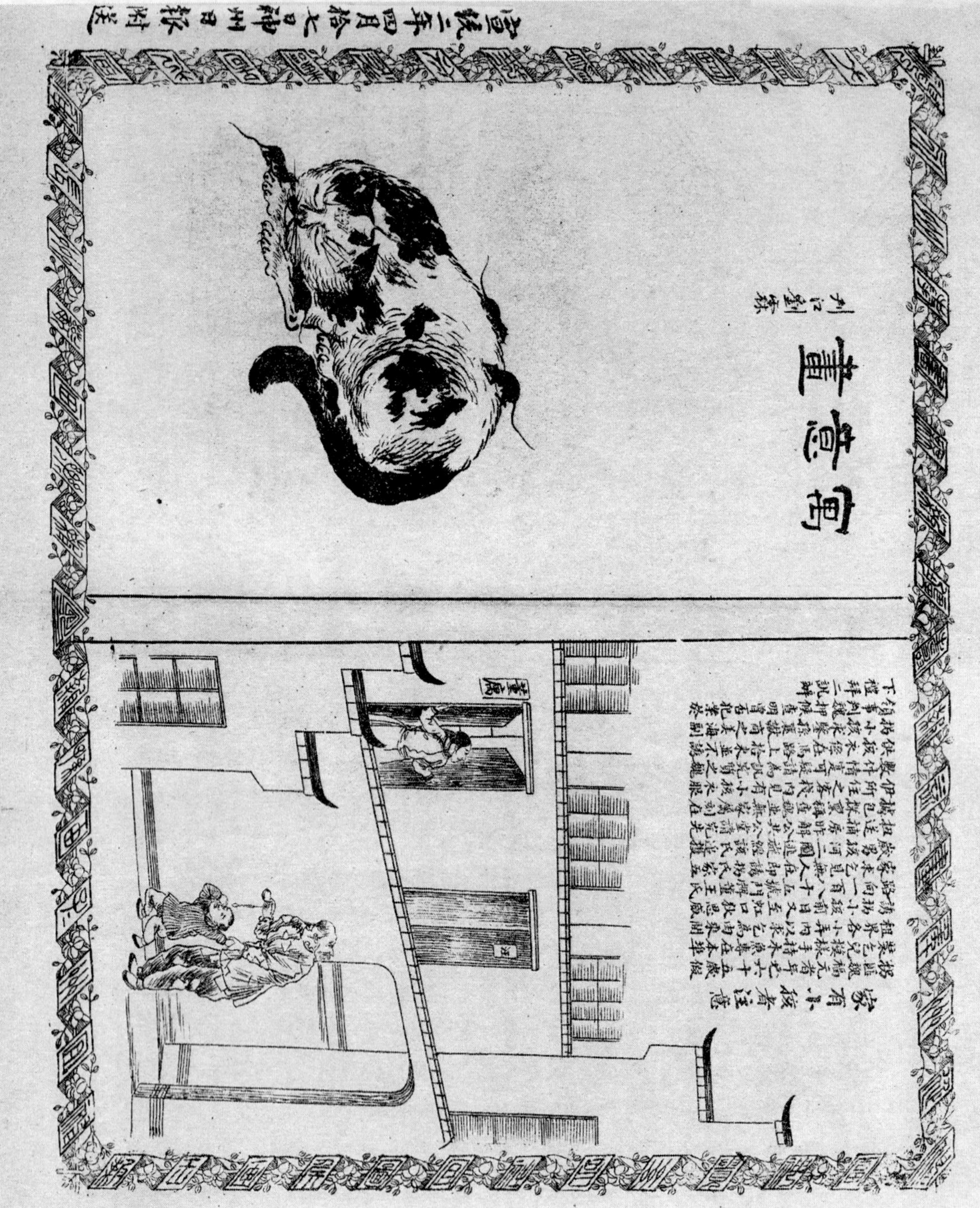
家有小孩者注意
拐匪魏福元者年已六十五歲假裝乞兒模樣手持木魚專在本埠租界各小弄內以求乞為由乘間誘拐小孩前日又至虹口狄思威路向一百八十五號門牌董王氏家求乞見無人在即誘拐氏家五歲男孩河二圖逃旋經該氏追獲扭送捕房昨解公共公堂請究先據包探稟稱查魏並無家屬刻在伊所住之客棧內見有小孩衣服數件情寔可疑請為訊究質之魏供孩衣係在馬路上拾來並不誘拐小孩求鑒孫襄讞商之美海副領事判魏押候查明曾否犯案於下禮拜二訊辦
董腐
寓意畫
刈江劉霖
宣統二年四月拾七日神州日報附送

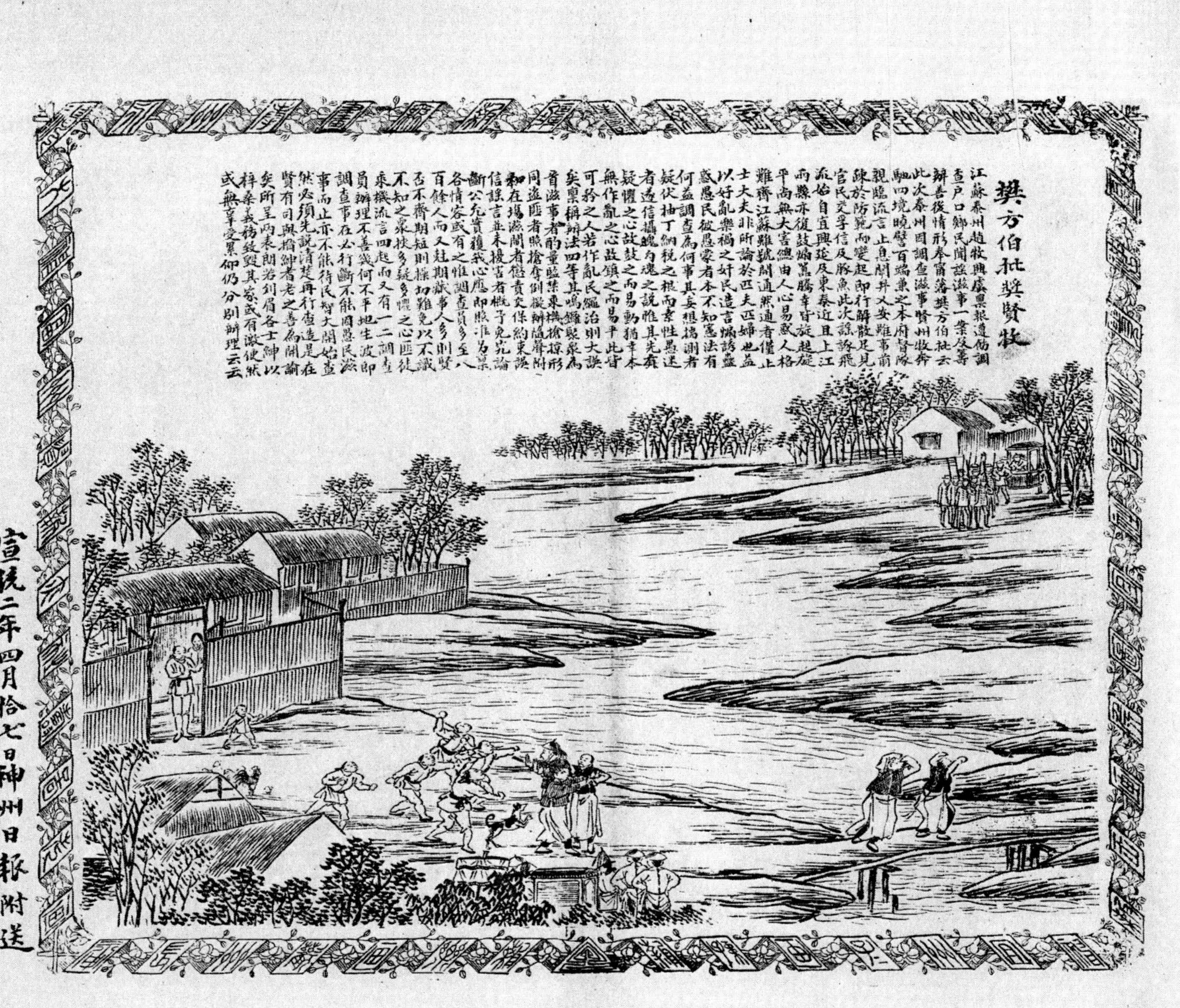

宣統二年四月拾七日神州日報附送

樊方伯批趙賢牧

江蘇泰州趙牧興廣稟報遵飭調查戶口鄉民聞謠滋事一案及籌辦善後情形奉甯藩樊方伯批云此次泰州因調查滋事賢州牧奔馳四境曉譬百端兼之本府督隊親臨流言止息閭井又安雖事前疎於防範而變起即行解散足見官民交孚信及豚魚此次謠諑飛流始自宜興延及東泰近且上江兩縣亦復鼓煽蔦騰幸皆旋起旋平尚無大害總由人心易惑人格難齊江蘇雖號開通然通者僅上士大夫非所論於匹夫匹婦也益以好亂樂禍之奸民造言煽誘蠱惑愚民彼愚蒙者本不知憲法有何益調查為何事其妄想揣測者疑伏抽丁納稅之根而素性愚迷者遂信攝魄勾魂之說惟其先有疑懼之心故鼓之而易動猶幸本無作亂之心故鎮之而易平此皆可矜之人若作亂民繩治則大誤矣稟稱辦法四等其鳴鑼聚衆為首滋事者酌量監禁乘機搶掠形同盜匪者照搶奪例擬辦隨聲附和在場滋鬧者從責交保約束誤信謠言並未擾害者概予免究論斷公允實獲我心應即照准為要各情容或有之惟調查員多至八百餘人而又赶期蕆事人多則賢否不齊期短則操切難免以不識不知之衆挾多疑多懼之心匪徒乘機流言四起而又有一二調查員辦理不善幾何不平地生波即調查事在必行斷不能因愚民滋事而止亦不能待民智大開始查然必須先說清楚再行查造是在賢有司與搢紳耆老之善為開諭矣所呈兩表閱若列眉各士紳以梓桑義務致毀其家或有激使然或無辜受累仰仍分別辦理云云

宣統二年四月拾七日神州日報附送
孔林之古柏

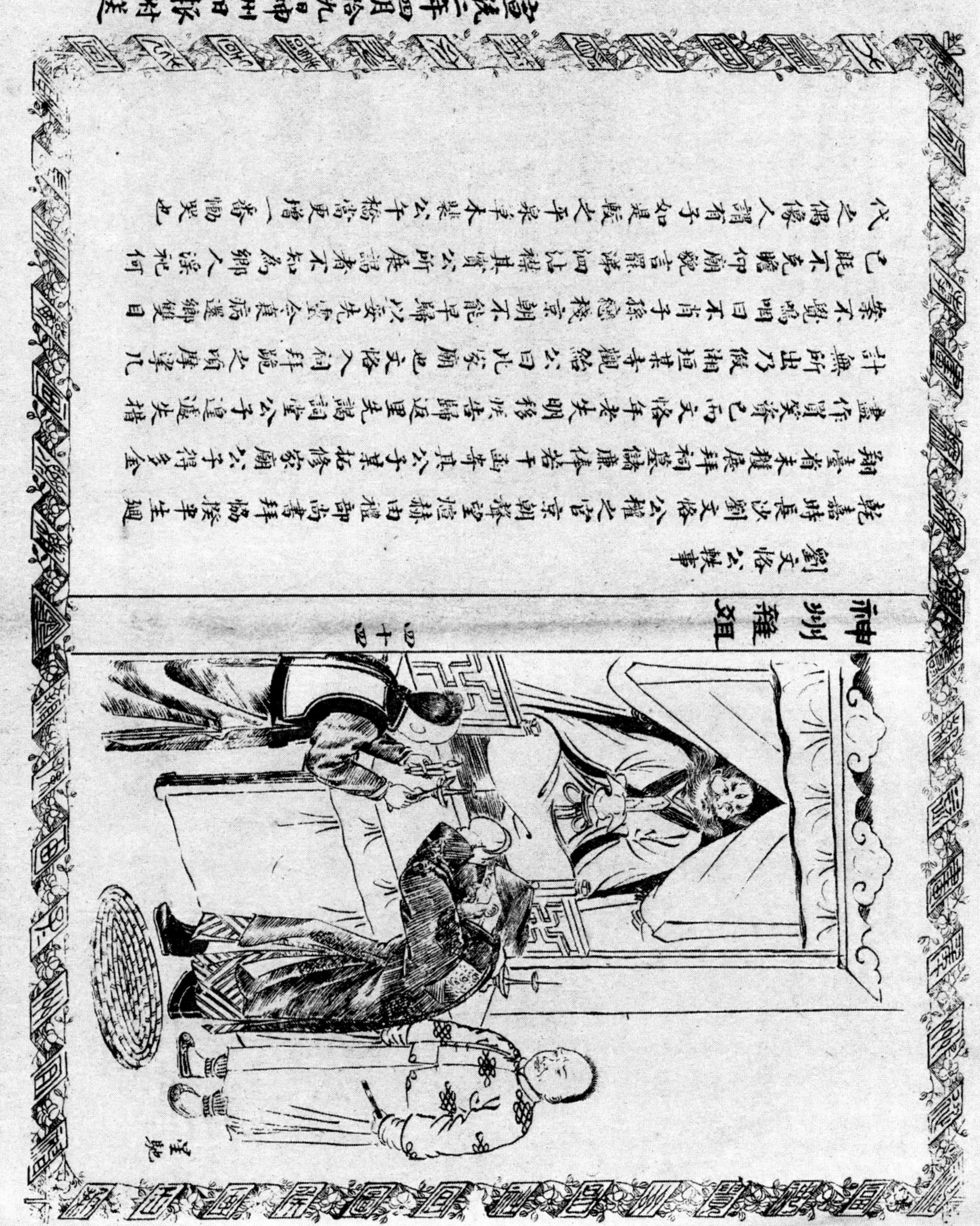

神州雜俎

四十四

劉文恪公軼事

乾嘉時長沙劉文恪公權之官京朝聲望煊赫由禮部尚書拜協揆平生廻翔臺省未獲展拜祠墓儲廉俸若干函寄其公子某拓修家廟公子得多金盡作買笑資已而文恪年老失明移疾告歸返里先謁祠堂公子遑遽失措計無所出乃假湘垣某寺觀紿公曰此家廟也文恪入祠拜跪之頃摩挲几案不覺嗚咽曰不肖子孫戀棧京朝不能早歸以妥先靈今衰病還鄉雙目已眊不克瞻仰廟貌言罷涕泗沾襟其實公所展謁者不知為鄉人淫祀何代之偶像人謂有子如是較之平泉草木裴公午橋當更增一番慟哭也

宣統二年四月拾九日神州日報附送

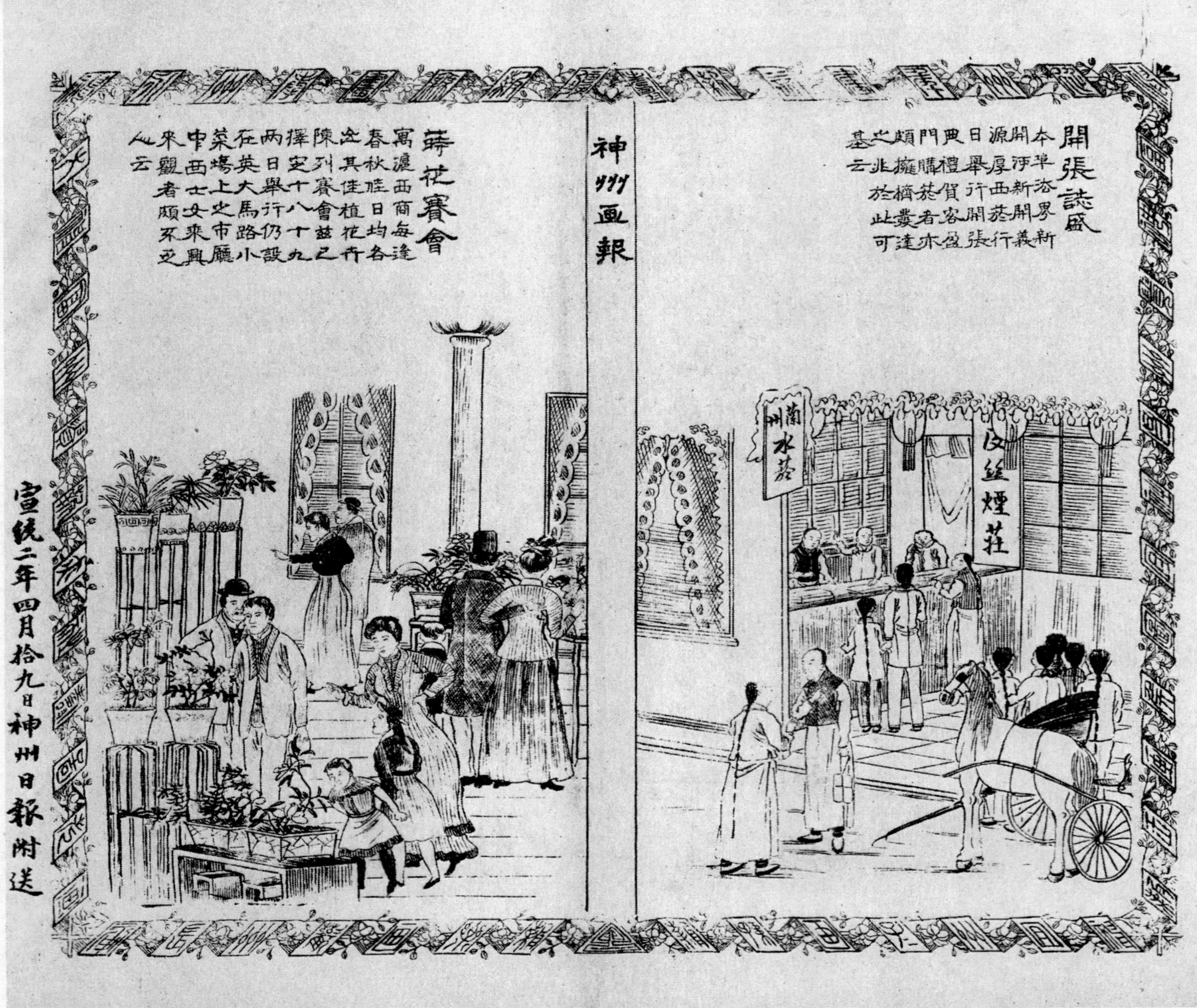
神州畫報
開張誌盛
本埠法界新開淨新開義源厚西茶行日舉行開張典禮賀客盈門購茶者亦頗擁擠發達之兆於此可基云
蘭州水菸
皮絲煙莊
蒔花賽會
寓滬西商每逢春秋佳日均各出其佳植花卉陳列賽會茲之擇定十八十九兩日舉行仍設在英大馬路小菜場上之市廳中西士女來興來觀者頗不乏人云
宣統二年四月拾九日神州日報附送

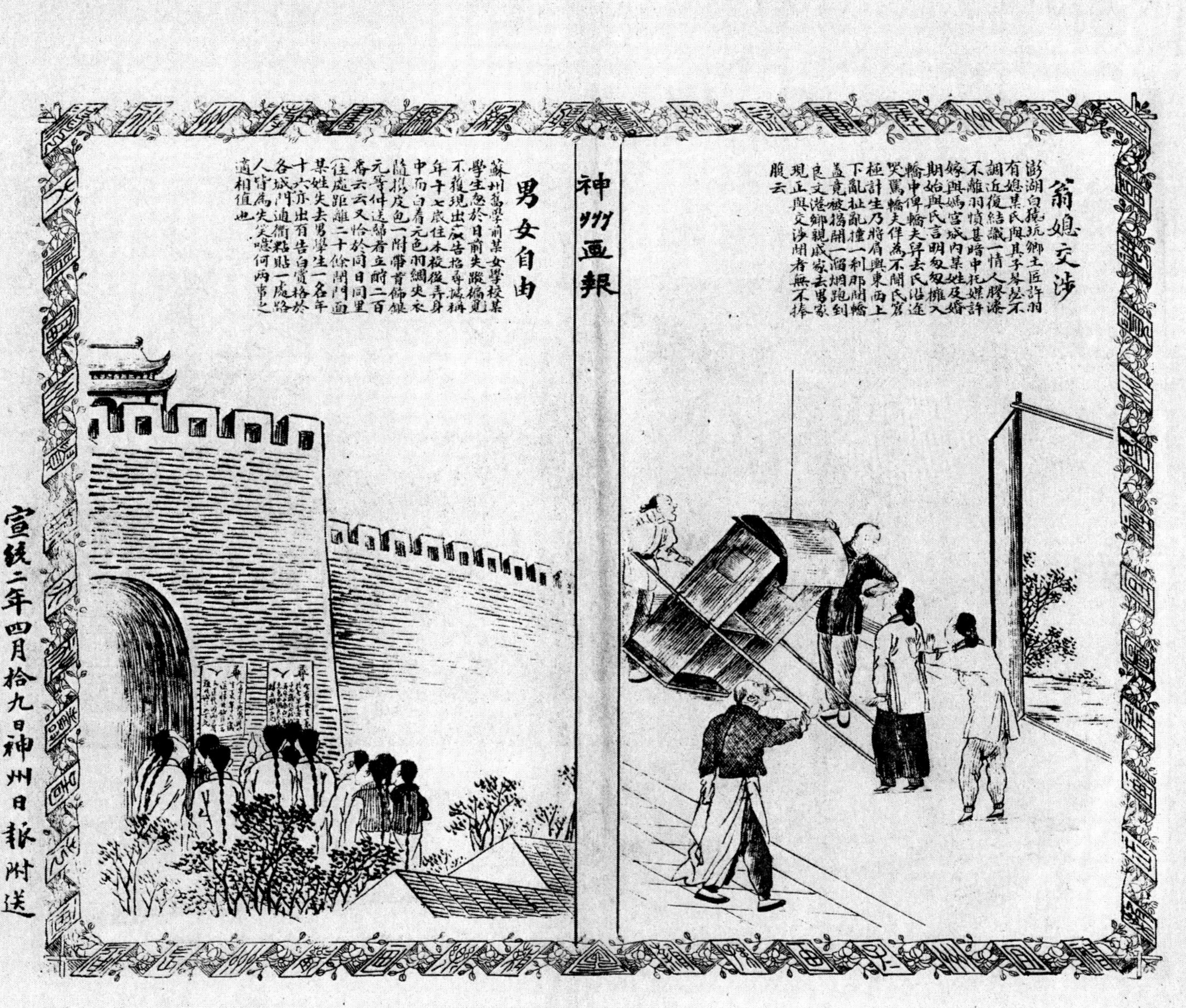
宣統二年四月拾九日神州日報附送
神州畫報
男女自由
蘇州高等學前某女學校某學生忽於日前失蹤遍覓不獲現出廣告招尋據稱年十七歲住本校後弄身中而白着元色羽綢夾衣隨摃皮包一附帶首飾鍵元等件送歸者立酬二百番云云又恰於同日同里往處距離二十餘開門面某姓失去男學生一名年十六亦出有告白賞格於各城門通衢黏貼一處路人皆為失笑噫何兩事之適相值也
翁媳交涉
澎湖白撓坑鄉土匠許羽有媳某氏與其子琴瑟不調近復結識一情人膠漆不離羽憤甚暗中托媒許嫁與媽宮城內某姓及婚期始與氏言明忽忽擁入輪中俾輪夫舁去氏沿途哭罵輪夫佯為不聞氏窘極計生乃將肩輿東西上下亂扯亂撞一剎那間輪蓋竟被搗開一溜烟跑到良文港鄉親戚家去男家現正與交涉鬧者無不捧腹云

滄浪亭
星馳寫真
宣統三年四月十九日神州日報附送

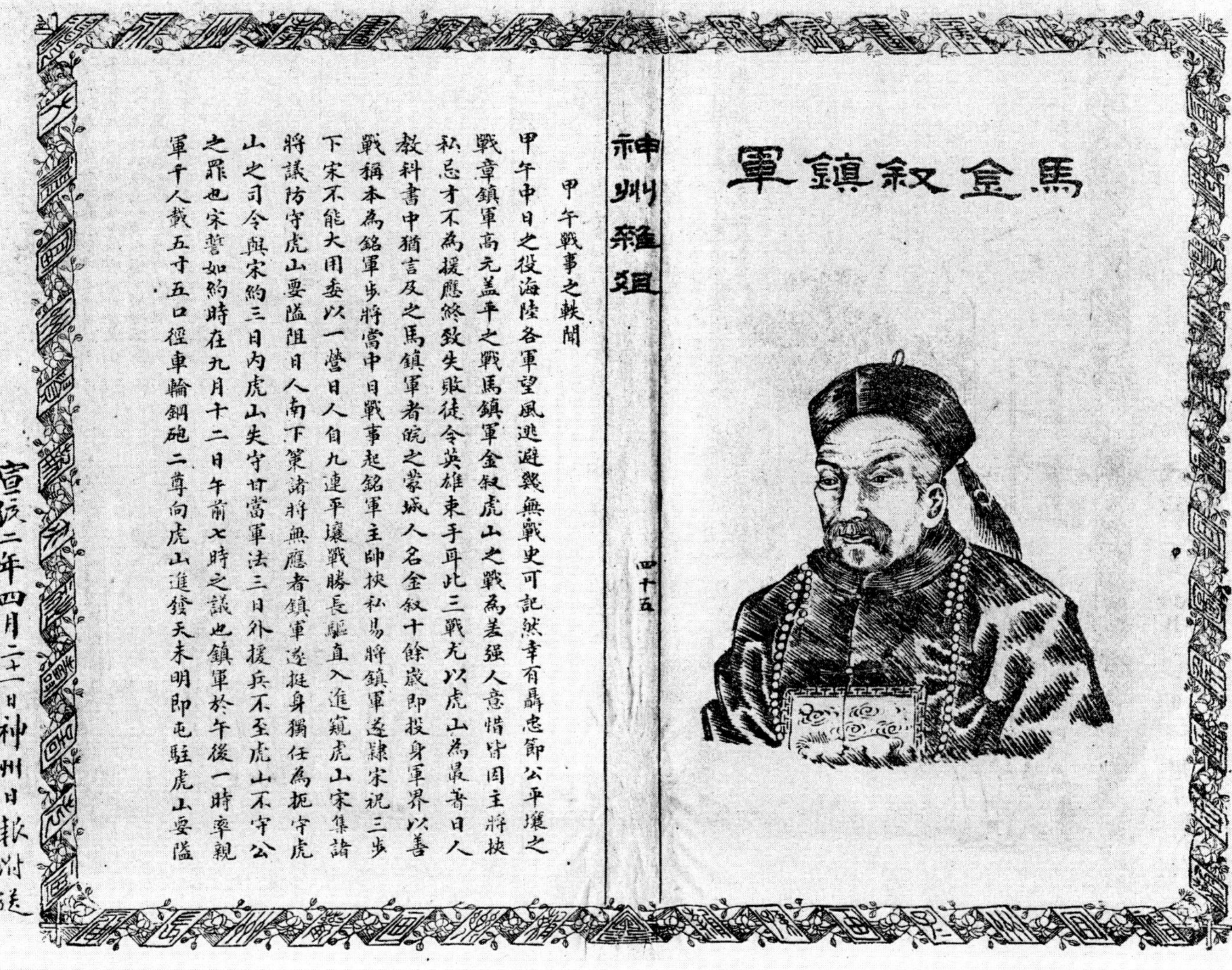

馬金敘鎮軍

神州雜俎

四十五

甲午戰事之軼聞

甲午中日之役海陸各軍望風逃避幾無戰史可記然幸有聶忠節公平壤之戰章鎮軍高元蓋平之戰馬鎮軍金敘虎山之戰為差強人意惜皆因主將挾私忌才不為援應終致失敗徒令英雄束手耳此三戰尤以虎山為最著日人教科書中猶言及之馬鎮軍者皖之蒙城人名金敘十餘歲即投身軍界以善戰稱本為銘軍步將當中日戰事起銘軍主帥挾私易將鎮軍遂隸宋祝三步下宋不能大用委以一營日人自九連平壤戰勝長驅直入進窺虎山宋集諸將議防守虎山要隘阻日人南下策諸將無應者鎮軍遂挺身獨任為扼守虎山之司令與宋約三日內虎山失守甘當軍法三日外援兵不至虎山不守公之罪也宋警如約時在九月十二日午前七時之議也鎮軍於午後一時率親軍千人載五寸五口徑車輪鋼砲二尊向虎山進發天未明即屯駐虎山要隘

宣統二年四月二十一日神州日報附送

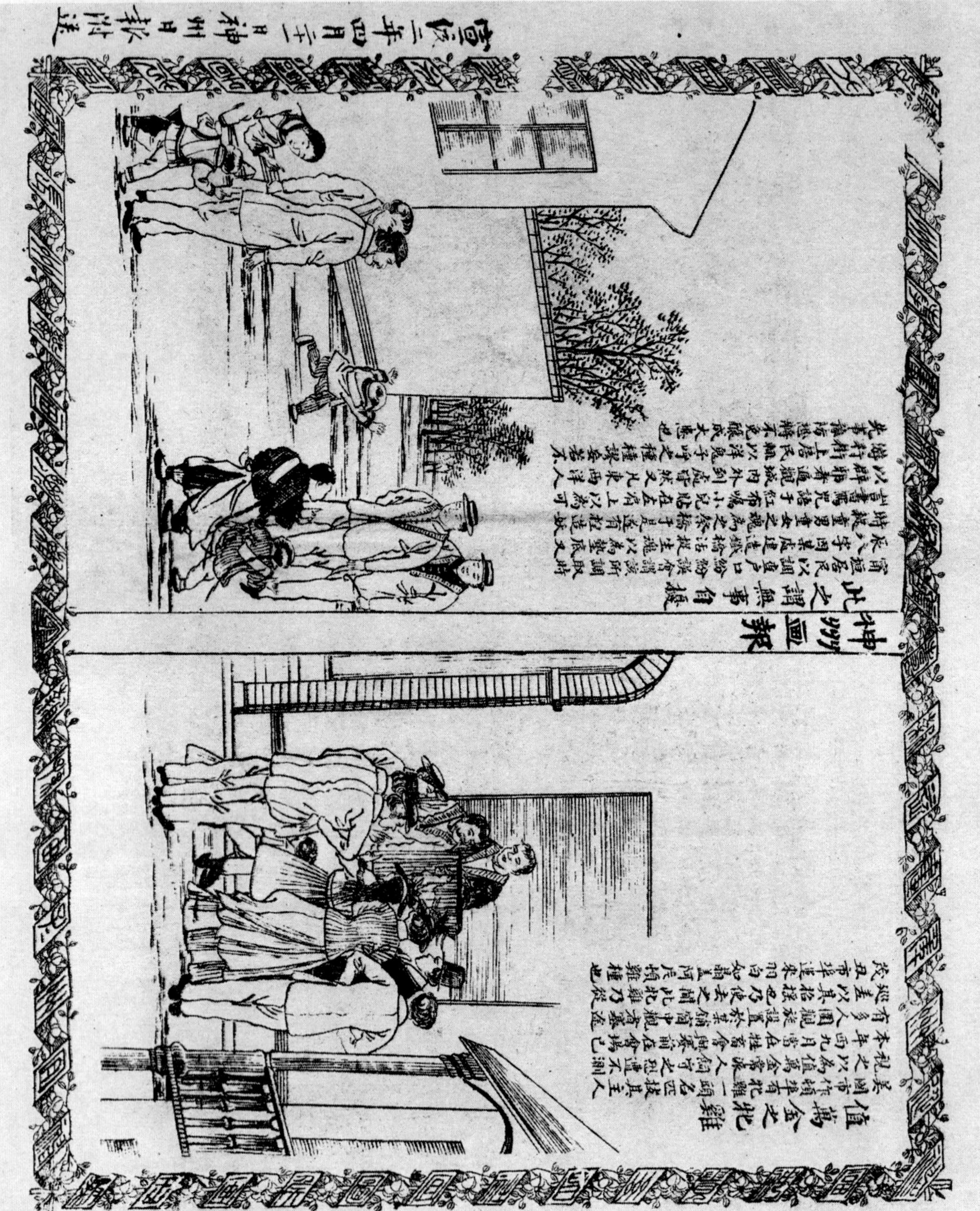
神州画報
此之謂無事自擾
甯垣居民以調查戶口紛紛誤會謂該所調取時
辰八字因某處建造鐵橋活捉生魂以為墊底又
時擬童男童女之魂為之祭橋于是遂有捏造妖
言書寫咒語于紅布嘱小兒貼在左肩上以為可
以辟邪者遍觀城內外到處皆然又凡東西洋人
游行街上居民輒以洋鬼子呼之種種謬妄若不
先事豫防恐將不免釀成大患也
值萬金之牝雞
美國市作頓埠有牝雞一頭名匹拔其主人
視之以為值萬金常派人飼守之恐遭不測
本年西九月當在牲畜會與賽前在會場已
有多人圍觀旋設置於某舖窗中觀者塞途
巡差以其招搖也乃使去之聞此牝雞乃從
茂丑市埠運來羽白如霜蓋阿戹頓雞種也
宣統二年四月二十一日神州日報附送

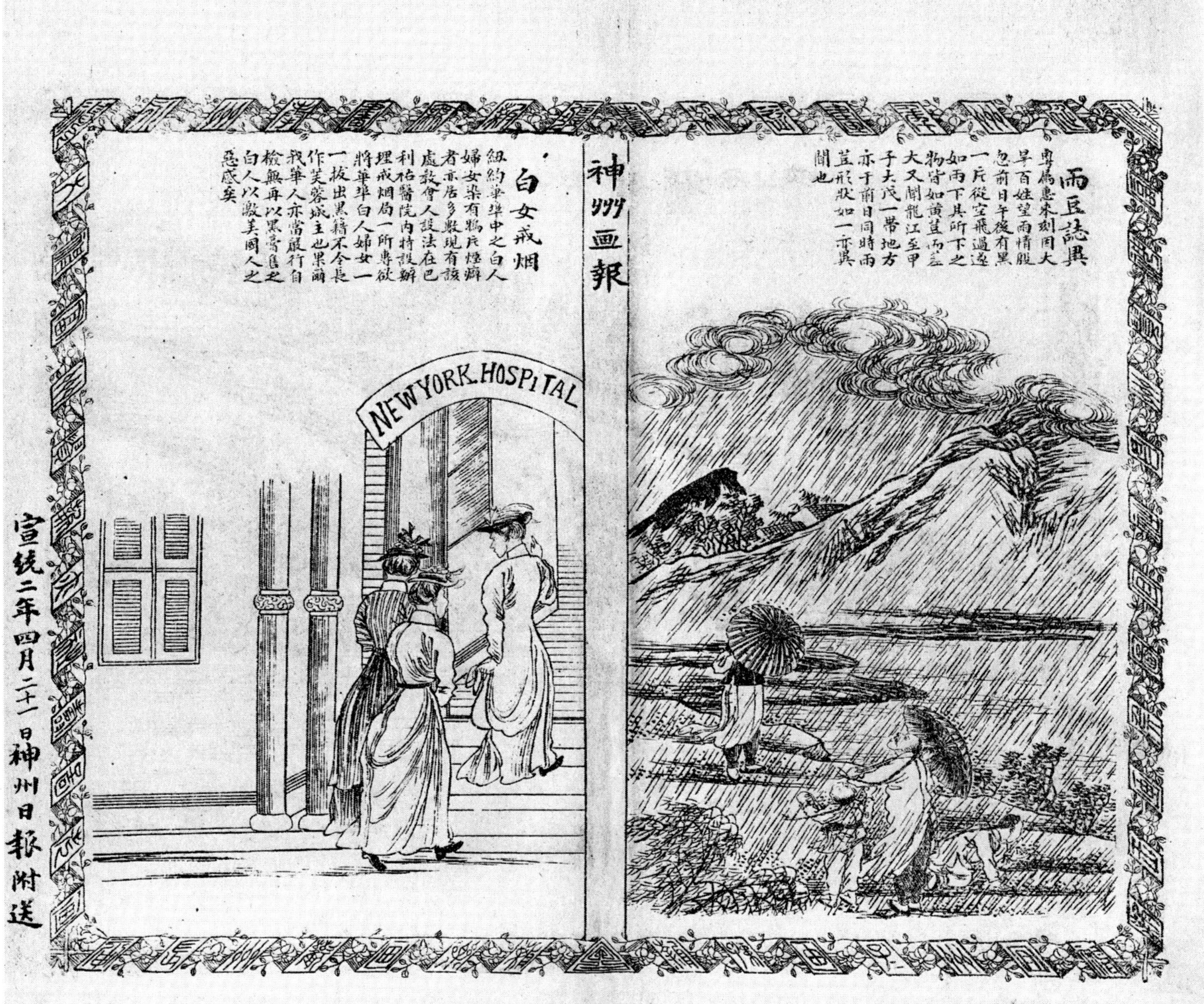
神州畫報
雨豆誌異
粤屬惠來刻因大旱百姓望雨情殷忽前日午後有黑一片從空飛過遂如雨下其所下之物皆如黃荳而差大又聞龍江至甲子大戊一帶地方亦于前日同時雨荳形狀如一亦異聞也
白女戒烟
紐約華埠中之白人婦女染有鴉片煙癖者亦居多數現有該處教會人設法在巴利枯醫院內特設辦理戒烟局一所專欲將華埠白人婦女一一拔出黑籍不令長作芙蓉城主也果爾我華人亦當嚴行自檢無再以黑膏毒之白人以激美國人之惡感矣
NEW YORK. HOSPITAL
宣統二年四月二十一日神州日報附送

日本下之關海峽
宣統二年四月二十一日神州日報附送

神州雜俎

四十六

戰濠堡壘布置井然鎮軍諭其步下曰令日之戰關係甚大虎山存亡悉賴爾等須戮力同心以報國家士卒皆大呼願効死保守此山十三日午前八時日本砲兵約一聯隊步兵約三聯隊將虎山四面圍困用十二珊米加農砲猛攻鎮軍亦還擊之日兵幾次奮勇猛撲皆為我軍擊退如是苦戰三日至十六日午後四時士卒死傷幾盡子彈糧食俱絕宋竟負約不為救援鎮軍雖不得援兵然久抱與此山共存亡之志督戰益力不為稍動士卒勸曰公雖勇敢如無彈何與其同歸於盡不如留此身以圖恢復且三日已過救兵不至非公之罪也鎮軍遂率殘卒百餘人持短兵護此二尊無彈之砲向日軍衝去日人見鎮軍之勇敢遂紛紛避讓而鎮軍終能率百餘殘卒並無彈之砲以生還或云此砲已無彈可棄之鎮軍曰軍械豈可以遺敵哉當退出虎山時鎮軍有姓旗二面當敵前鋒日人遂誤為馬忠武而忠武遂得勇將之名噫忠武往矣而勇敢善戰之馬鎮軍尚困處於福建之漳州鎮大有李廣不封侯之慨可為英雄不得志者悲也

宣統二年四月二十三日神州日報附送

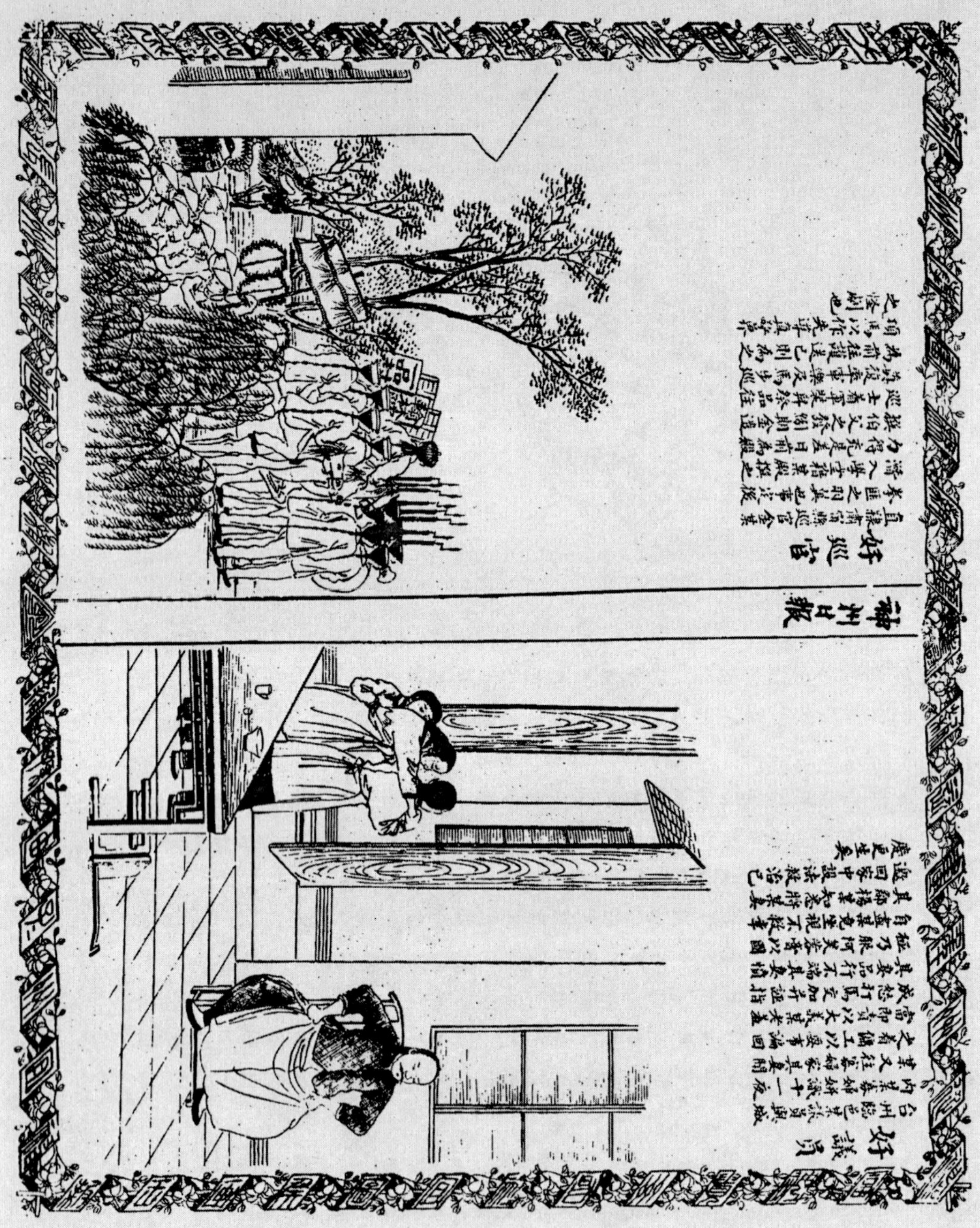
神州日報
好議員
台州臨邑某議員與城
內某孀婦姘識十一夜
某又往寡婦家其妻聞
之着傭工以要事論回
當即責以大義某老羞
成怒打罵交加并誣指
其妻品行不端其妻憤
極乃服阿芙蓉膏以圖
自盡某竟坐視不救幸
其鄰楊某知悉將其妻
邀回家中設法救治已
慶更生矣
好巡官
直隸肅甯縣巡官金某
拳匪之羽翼也事定後
潛入學堂藉某殿撰之
力得充是差日前為殿
撰伯父之發靷期金遣
巡士着軍裝舁祭品往
並復率軍樂及馬步巡
為前往護送已則為之
頂馬以作先導真髣髴
之怪劇也
宣統二年四月二十三日神州日報附送

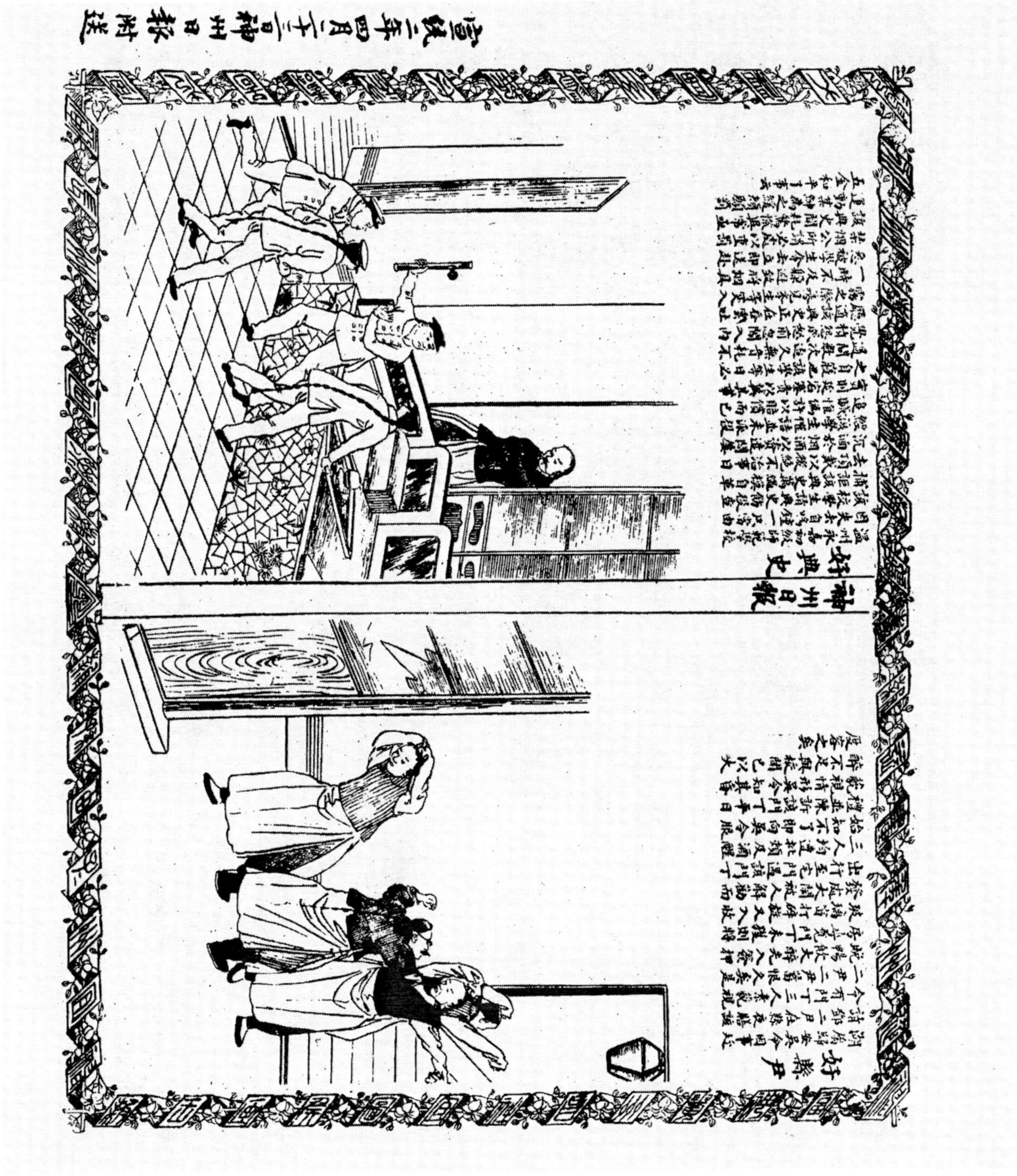

神州日報

好典史

溫州永嘉初級師範學校因失去自鳴鐘一只當由該校學生請典史飭役查捕詎該典史萬鴻模自革去頂戴以後絕不治事日沉湎於烟酒以資遣悶晏經該學生催詰並未派役追賊惟偽許以賠償而已實則延宕塞責以冀其事之自寢也該學生等日必過問數次遂久無音耗不覺憤怨成愁前忽闖入內廳適該典史正在吞雲吐霧之際遂見學生等突入一時不及躲避致將烟具悉被學生令去立即送赴禁烟公所請必處以重罰該典史聞耗驚慌異常亟運動某紳為之緩頰願罰五金和平了事云

好縣尹

湖屬歸安吳令因事赴請鄧二尹在縣夜膳該令有門丁三人素藐視二尹二尹蓄恨久矣是晚暢飲大醉先入簽押房尋覓門丁未獲則將玻璃窗打碎旋又入收發處大鬧被人解勸而出行至宅門遇該門丁三人均遭批頰及酒醒始知不了即向吳令服禮並陳訴該門丁平日藐視情形吳令知其昏醉不足與校聞已以大度容之矣

宣統二年四月二十三日神州日報附送

宣統二年四月二十三日神州日報附送

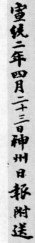

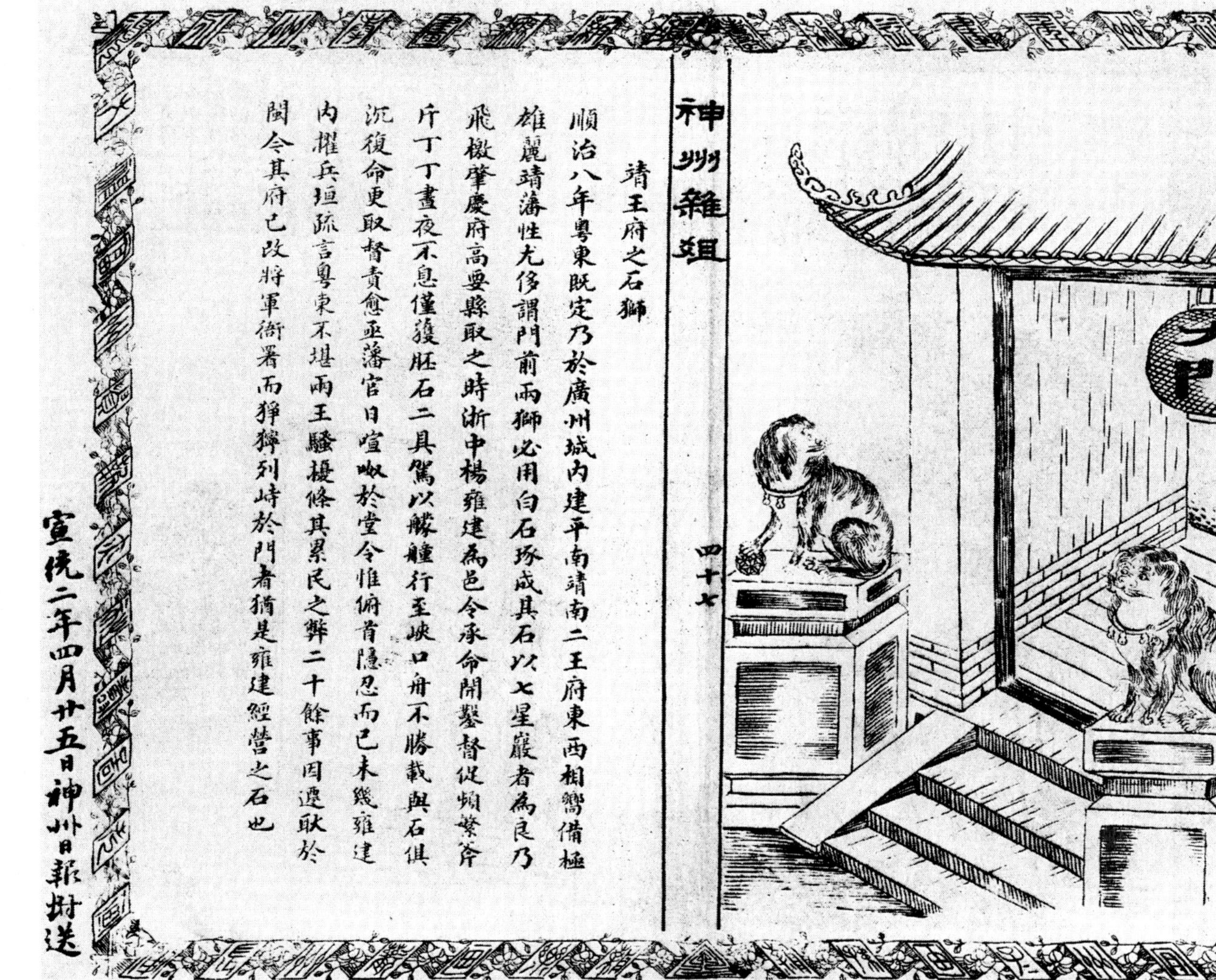

神州雜爼

四十七

靖王府之石獅

順治八年粵東既定乃於廣州城內建平南靖南二王府東西相嚮備極雄麗靖藩性尤侈謂門前兩獅必用白石琢成具石以七星巖者為良乃飛檄肇慶府高要縣取之時浙中楊雍建為邑令承命開鑿督促頻繁斧斤丁丁晝夜不息僅獲胚石二具駕以艨艟行至峽口舟不勝載與石俱沉復命更取督責愈亟藩官日喧呶於堂令惟俯首隱忍而已未幾雍建內擢兵垣疏言粵東不堪兩王騷擾條其累民之弊二十餘事因遷耿於閩令其府已改將軍衙署而猙獰列峙於門者猶是雍建經營之石也

宣統二年四月廿五日神州日報附送

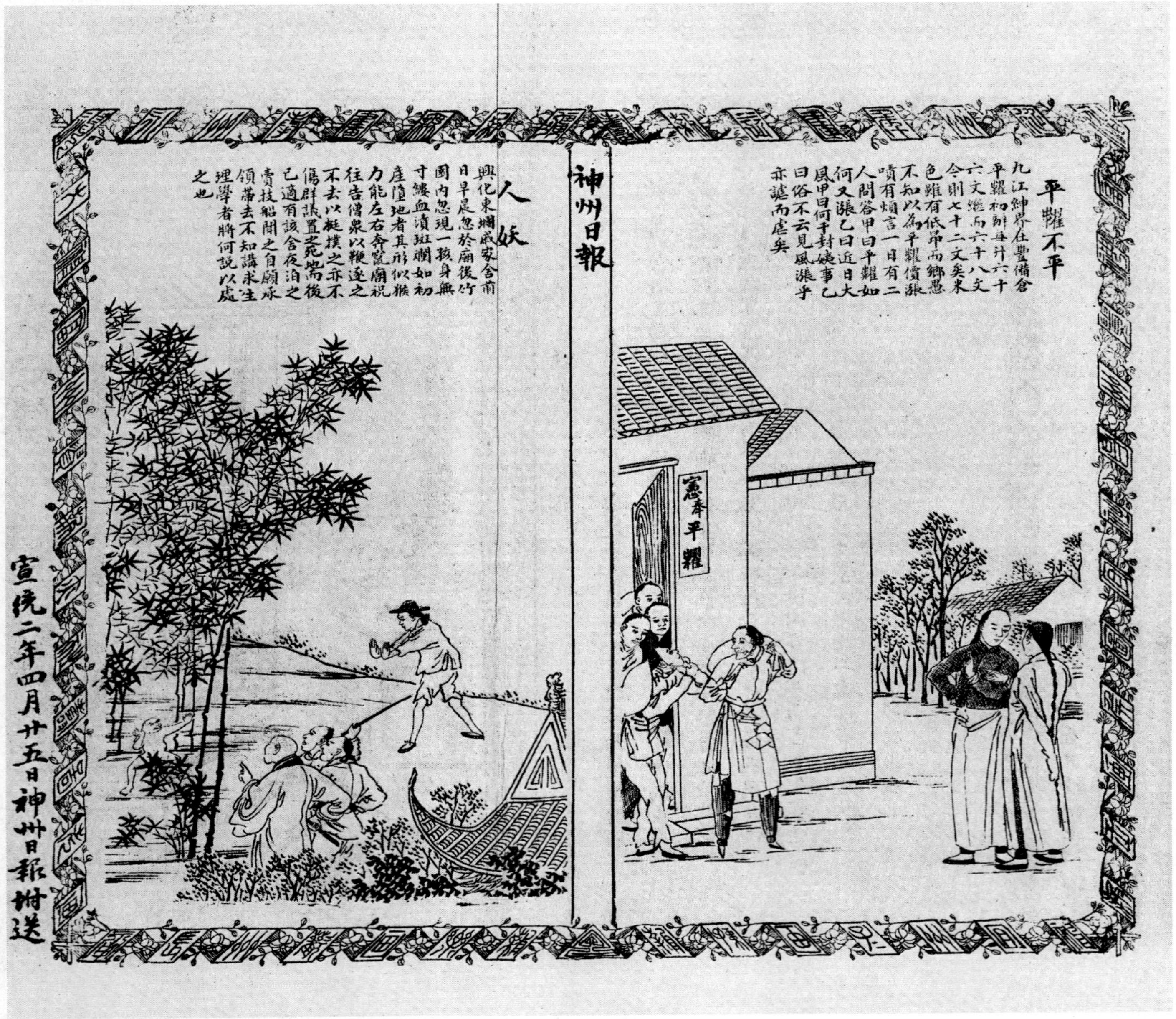
神州日報
平糶不平
九江紳界在豐備倉平糶和辦每升六十六文繼而六十八文今則七十二文矣米色雖有低昂而鄉愚不知以為平糶價漲嘖有煩言一日有二人問答甲曰平糶如何又漲乙曰近日大風甲曰何干封姨事乙曰俗不云見風漲乎亦謔而虐矣
憲奉平糶
人妖
興化東門戚家舍前日早晨忽於廟後竹園內忽現一猴身無寸縷血漬斑斕如初產墮地者其形似猴力能左右奔竄廟祝往告僧眾以鞭逐之不去以梃撲之亦不傷群議置之死地而後已適有該舍夜泊之賣技船聞之自願承領帶去不知講求生理學者將何說以處之也
宣統二年四月廿五日神州日報附送

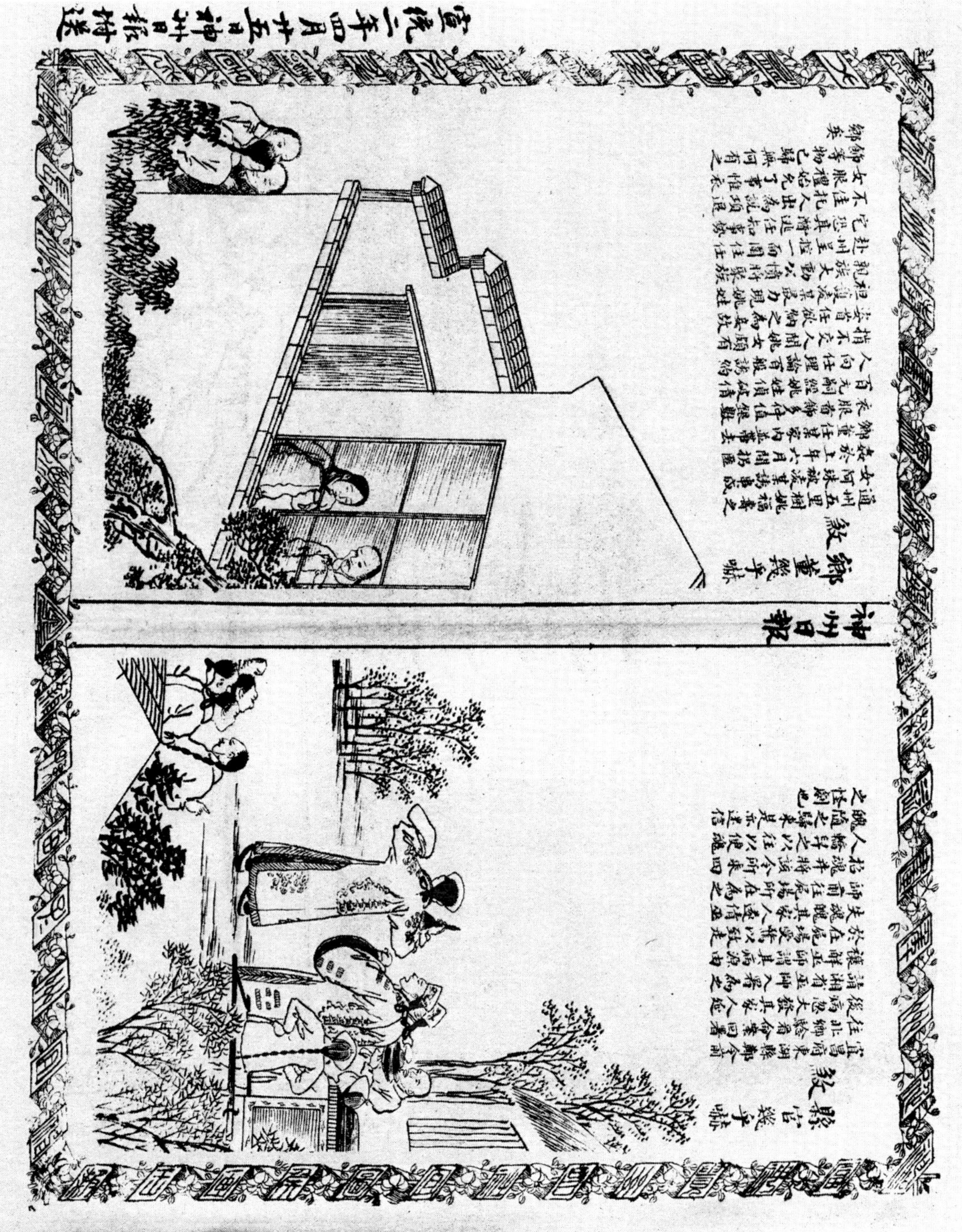

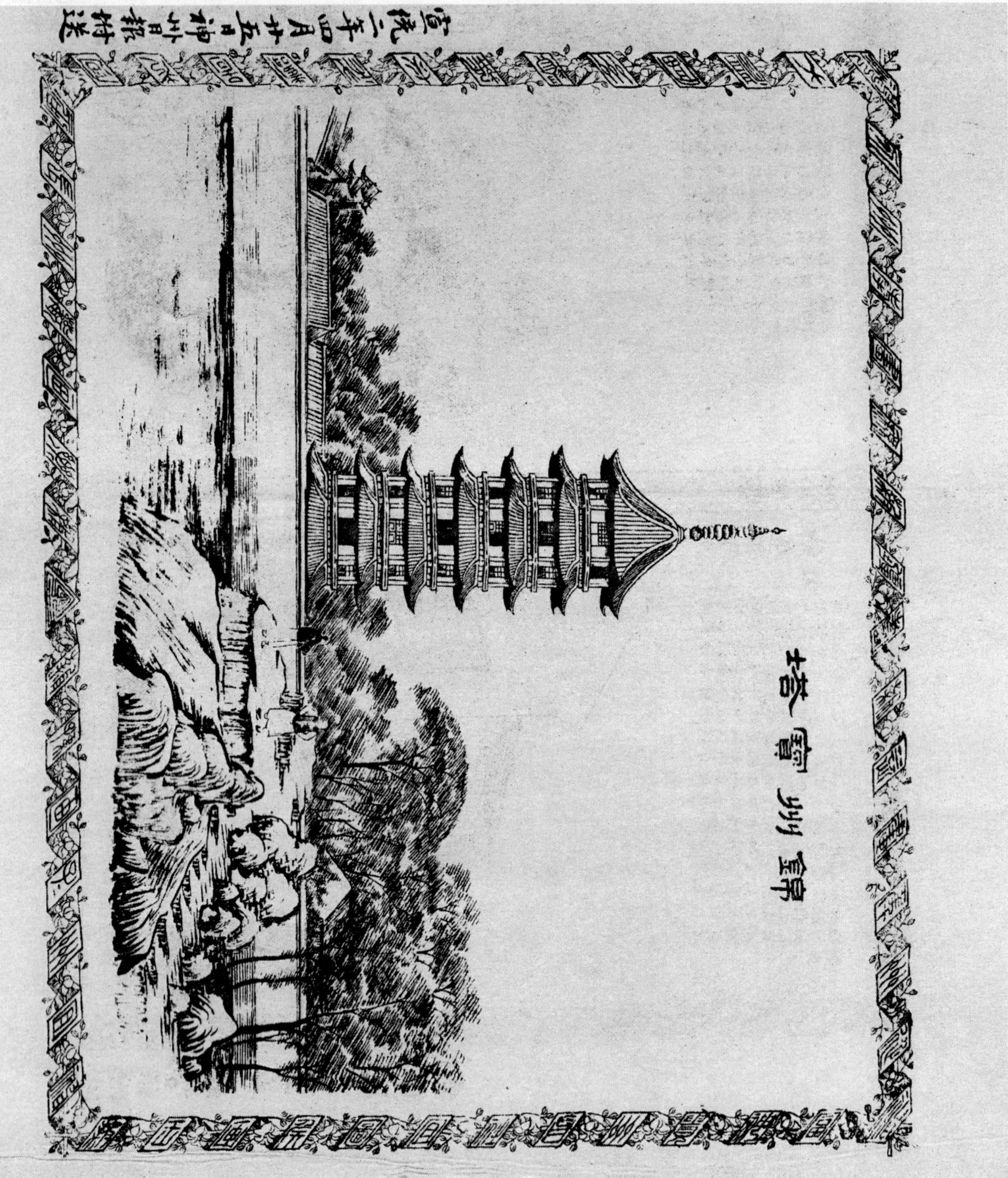
寶刹雲塔
宣統二年四月廿五日神州日報附送

神州雜爼　四十八

瓊枝曼仙

明崇禎時張獻忠陷荆州召惠府樂户數十行酒有瓊枝者色藝出群獻忠命之歌曰我雖賤豈肯以歌侑賊觴毅然弗從以刃抉之曰汝技止此耳我不畏死其奈我何獻忠臠之以其肉喂犬同時有曼仙者獻忠亦召至刻意逢迎獻忠大悦寵幸無比獻忠每夜將寢必豪飲曼仙侍其側是夕曼仙置毒於酒滿斟以奉獻忠睨之手挽其頭曰汝先飲此卻之不得立飲而斃獻忠始覺砕磔其屍噫獻忠猖獗時守土諸臣皆望風逃潰或納款稱臣瓊枝曼仙一娼妓耳而能憤不顧身視死如飴若此不更賢於忠臣義士之所爲耶

宣統二年四月廿七日神州日報附送

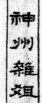

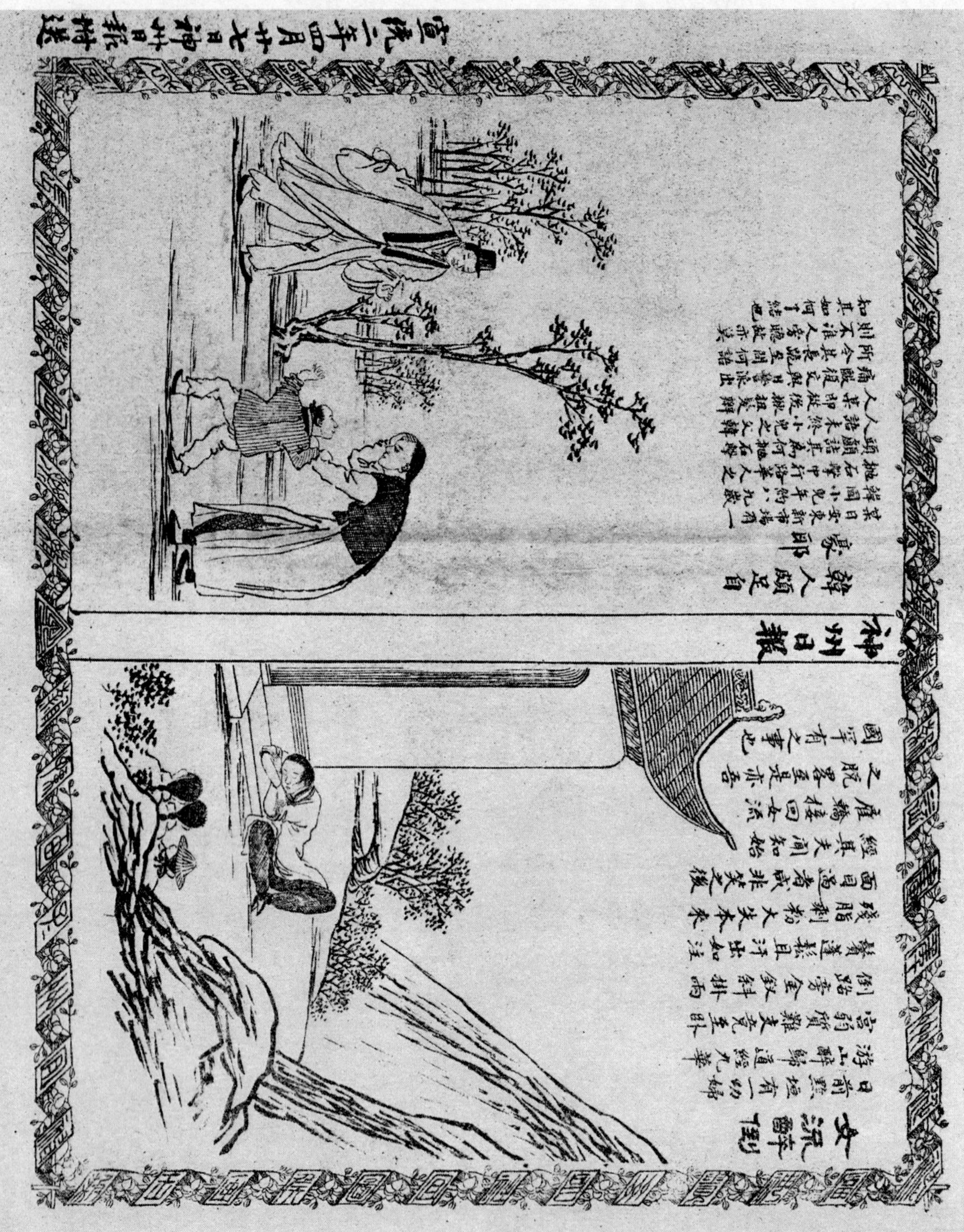
神州日報
女流醉倒
日前黟垣有一幼婦
游山醉歸道經九華
宮弱質難支竟至卧
倒路旁金釵斜掛兩
鬢蓬鬆且汗出如注
殘脂剩粉大失本來
面目過者咸非笑之後
經其夫聞知始
雇轎接回女流
之貺嚣至是亦吾
國罕有之事也
韓人頗足自
豪耶
某日安東新市場有一
韓國小兒年約八九歲
拋石聲中行路華人之
頭顱詰其爲何拋石擊
人詰未終小兒之父韓
人某即從後揪扭髮辮
痛毆復交與日警派出
所令其長跪至問何語
則不准人旁聽故亦莫
知其如何了結也
宣統二年四月廿七日神州日報附送

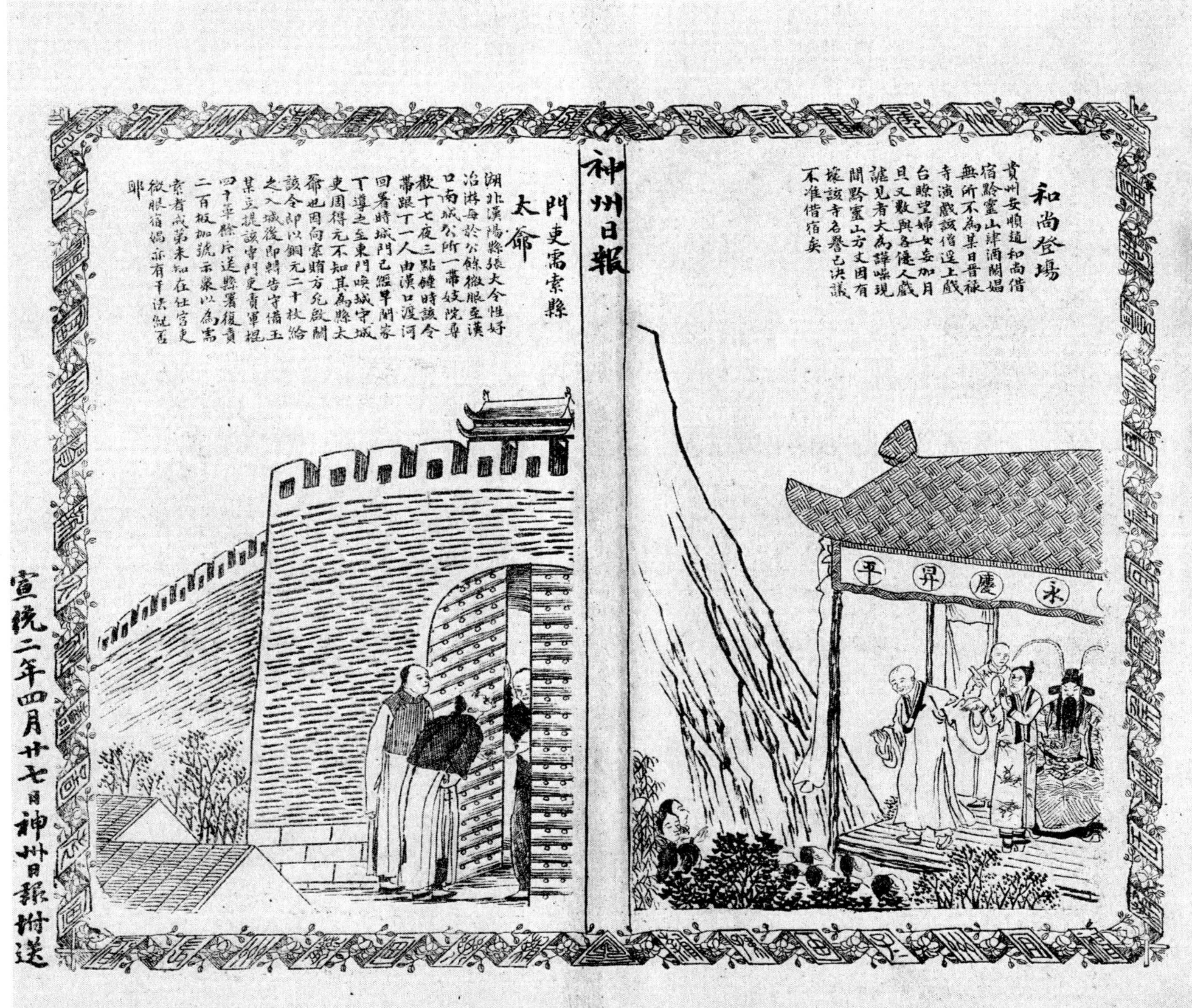

神州日報

和尚登場

貴州安順鎮和尚借宿黔靈山肆酒闔娼無所不為某日晉祿寺演戲該僧逞上戲台瞭望婦女妄加月旦又數與各優人戲謔見者大為譁噪現聞黔靈山方丈因有壞該寺名譽已決議不准借宿矣

門吏需索縣太爺

湖北漢陽縣張大令性好冶游每於公餘微服至漢口南城公所一帶妓院尋歡十七夜三點鐘時該令帶跟丁一人由漢口渡河回署時城門已經早閉家丁導之至東門喚城守城吏周得元不知其為縣太爺也因向索賄方允啟關該令即以銅元二十枚給之入城後即轉告守備王某立提該守門吏責軍棍四十革除斥送縣署復責二百板枷號示衆以為需索者戒第未知在仕宦吏微服宿娼亦有干法紀否耶

宣統二年四月廿七日神州日報附送

宣統二年四月廿七日神州日報附送
金聲玉振
金聲玉振坊
星馳寫真

神州雜俎

四十九

賀逢聖

賀逢聖湖廣江夏人丙辰第二及第先是爲應城縣教諭課士供職外于聖殿丹墀几席必躬親拭掃肅衣冠焚香四拜風雨寒暑無閒後崇禎十年大拜十一年乞骸骨歸里隱于鄂渚之南城竹籬茅舍讀書聲時徹戶外其自署堂聯云當年鷄豆無忘念此日兒孫莫妄思蓋其未遇時除夕無米以一鷄易豆聊以度歲也十六年六月張獻忠破武昌省城官民五六萬人悉驅投江水賀聞凶耗先乘小艇入墩子湖心後數日寇從水陸並進無可捍禦賀乃肅衣冠北向四拜鑿舟以殉七八月閒鄰賊極猖狂死者漂流生者逃徙千里無人烟至十一月距賀死時一百七十日其家人在籍夢見賀云我在某處橋下須來接歸明晨往視橋傍有直立之屍舉之果是不變不腐膚色如生但失手腕耳噫可以風矣

宣統二年四月廿九日神州日報附送

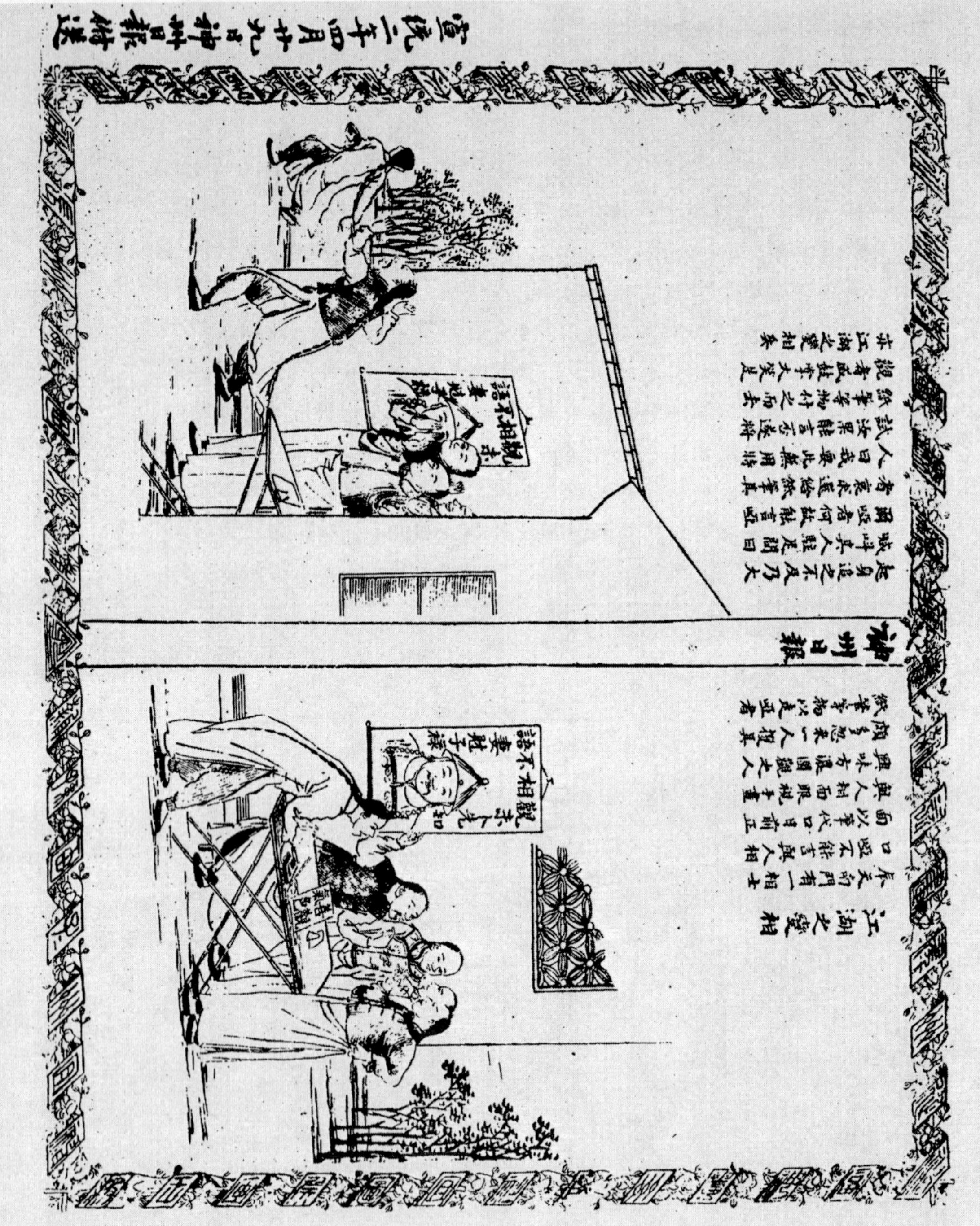
神州日報
江湖之變相
春天前門有一相士口啞不能言與人相面以筆代口日前正與人相面眼視手畫興味方濃圍觀之人頗多忽來一人攫其紙筆等物以走啞者起身追之不及乃大喊呼其人駐足聞曰爾啞者何故能言啞者哀求還給紙筆其人曰我要此無用特試汝果能言否遂將紙筆等物付之而去觀者咸鼓掌大笑是亦江湖之變相矣
觀相不語
未卜先知
妻財子祿
宣統二年四月廿九日神州日報附送

神州日報
雅賊
杭州忠清巷閔公館家藏書畫頗多前夜被賊撬入上房竟將古硯及書畫等件撬懷而出次晨主人察覺檢查各件失去鈔票洋蚨二百五十元餘皆古董玩器其中以所失之價值最鉅者有出使各國日記九本何子貞手卷兩軸業已報明採訪公所暨巡警局查緝矣
畢竟能賣私煙否
九江德化縣新港地方有土妓名劉金定者母女頗具姿首其夫劉某開設烟館長江砲船哨弁某與劉母女有染劉乃恃之為護符日前德化縣差役到該地方稽查烟館見劉賣烟欲帶縣懲究劉母女使人到哨弁船中求救哨弁遂着勇丁將差役毒打差役回縣稟報華令華令飭即帶同兵差前往新港劉母女均已避匿僅將其夫拘縣管押至行兇勇丁亦即向砲船索交聞已允於日內交出矣
宣統二年四月廿九日神州日報附送

宣統二年四月廿九日神州日報附送

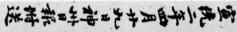

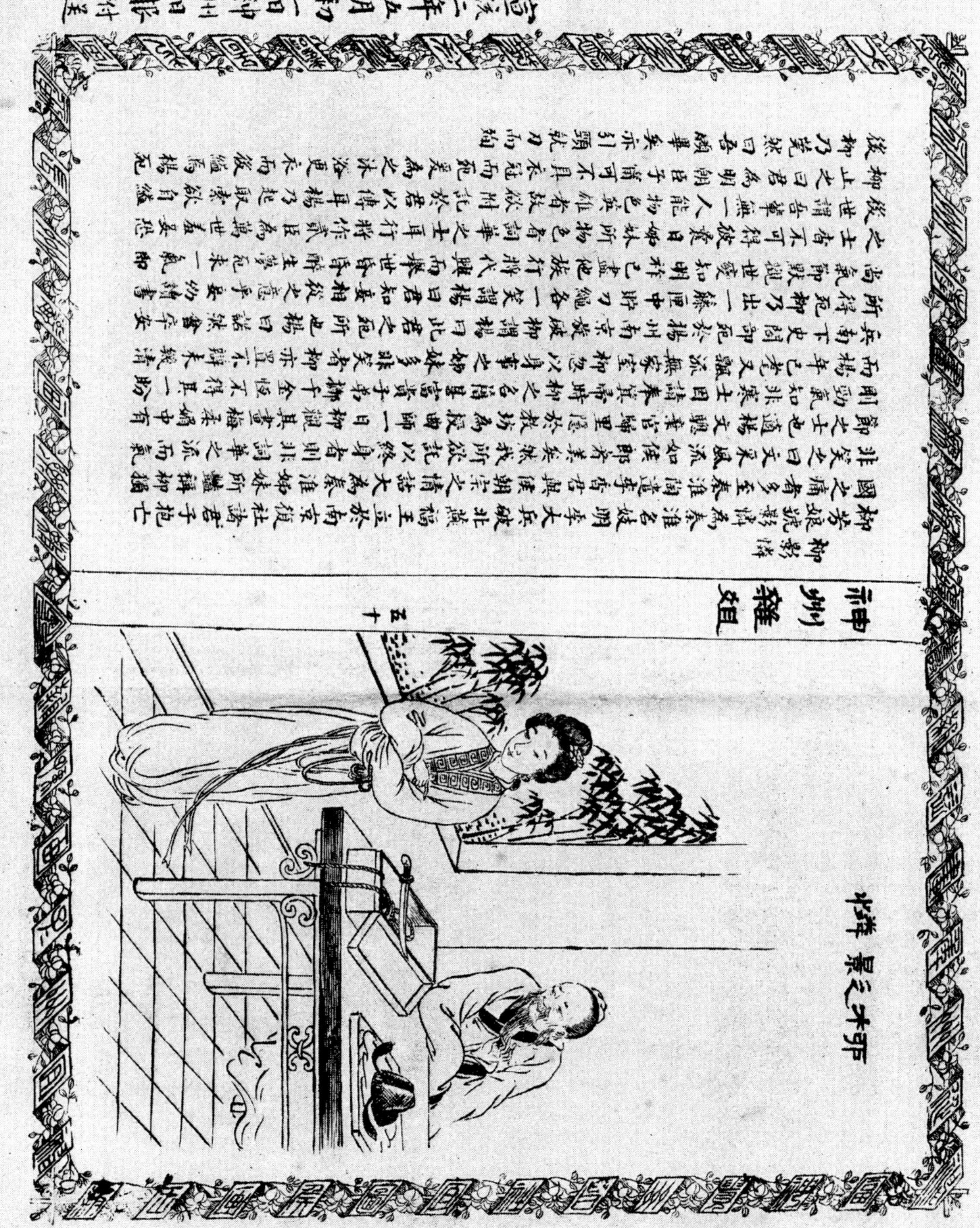

神州雜俎

五十

柳影憐

柳芳娘號影憐為秦淮名妓明季大兵破北燕福王立於南京復社諸君子抱亡國之痛者多至秦淮陶遣李香君與侯朝宗之情話大為秦淮姊妹所豔稱柳獨非笑之曰文采風流如侯郎者美矣然我所欲託以終身者則非詞華之流而氣節之士也適楊文驄棄官歸里隱於教坊為授曲師一日柳覩其畫梅柔媚中有剛勁氣知非寒士因請奉箕帚時柳之名藉甚富貴子弟擲千金恆不得其一盼而楊年已耄又飄流無家室柳忽以身事之姊妹多非笑者柳亦置不辯未幾清兵南下史閣部死於揚州南京旋破柳謂楊曰此君之死所也楊曰諾然書卒安所得死柳乃出一藤匣中貯刀繩各一笑謂楊曰君知妾相從之意乎妾幼讀書尚氣節默覩世變知明祚已盡他族行將代興而舉世昏昏醉生夢死求一氣節之士杳不可得彼曩日姊妹所物色者詞華之士耳行將作貳臣為萬世羞妾恐後世謂吾輩無一人能物色英雄者故欲附託於君以傳耳楊乃起取索欲自縊柳止之曰君為明朝臣子寧可不具衣冠而死爰為之沐浴更衣而後縊焉楊死後柳乃莞然曰吾願畢矣亦引頸就刀而殉

宣統二年五月初一日神州日報附送

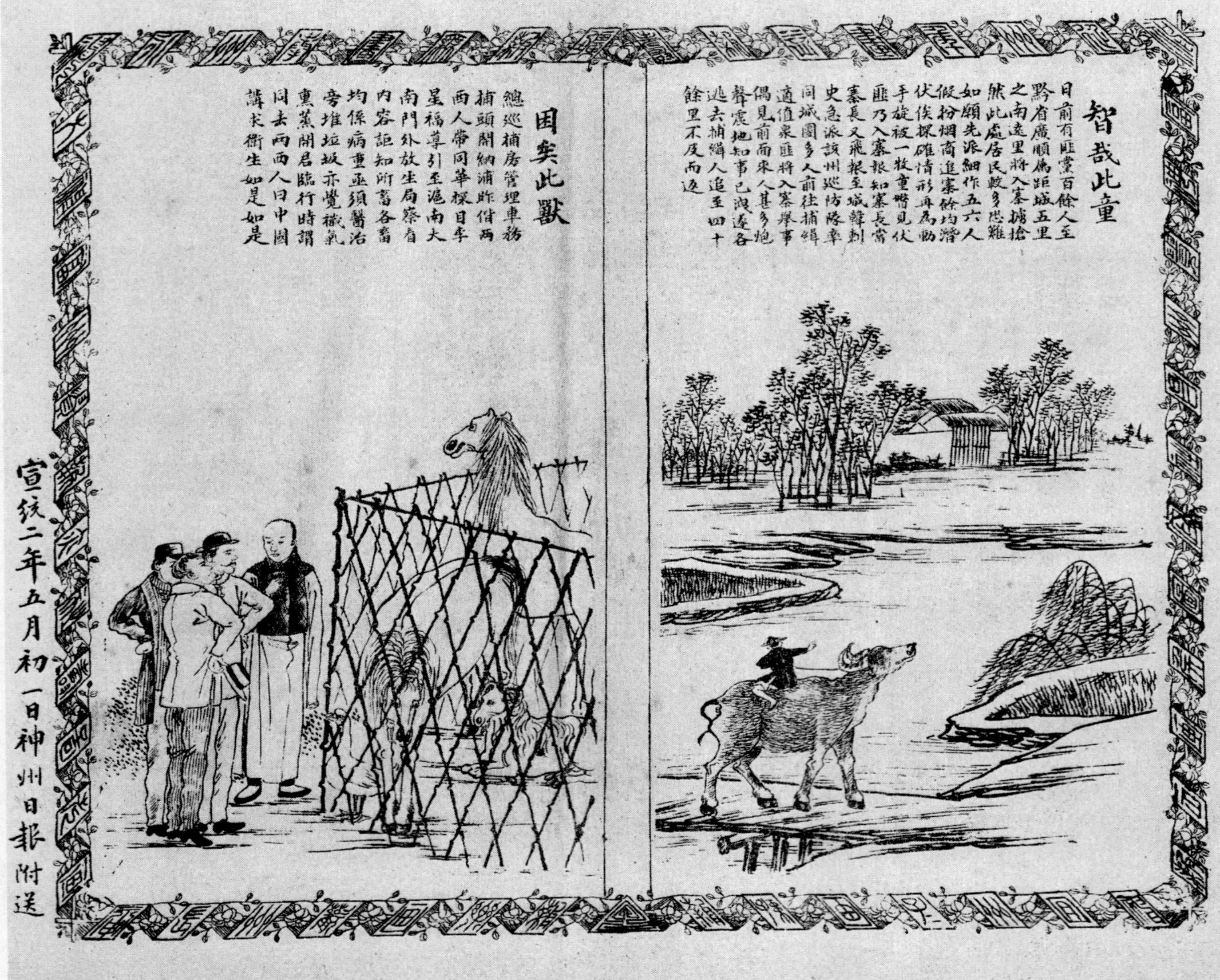
智哉此童
日前有匪黨百餘人至
黔省廣順屬距城五里
之南遠里將入寨擄搶
然此處居民較多恐難
如願先派細作五六人
假扮烟商進寨徐均潛
伏偵探確情形再為動
手旋被一牧童瞥見伏
匪乃入寨報知寨長當
寨長又飛報至城韓刺
史急派該州巡防隊率
同城團多人前往捕緝
適值衆匪將入寨舉事
偶見前而來人甚多炮
聲震地知事已洩遂各
逃去捕緝人追至四十
餘里不及而返
困矣此獸
總巡捕房管理車務
捕頭閼納浦昨偕兩
西人帶同華探目李
星福導引至滬南大
南門外放生局察看
內容詎知所畜各畜
均係病重亟須醫治
旁堆垃圾亦覺穢氣
熏蒸閼君臨行時謂
同去兩西人曰中國
講求衛生如是如是
宣統二年五月初一日神州日報附送

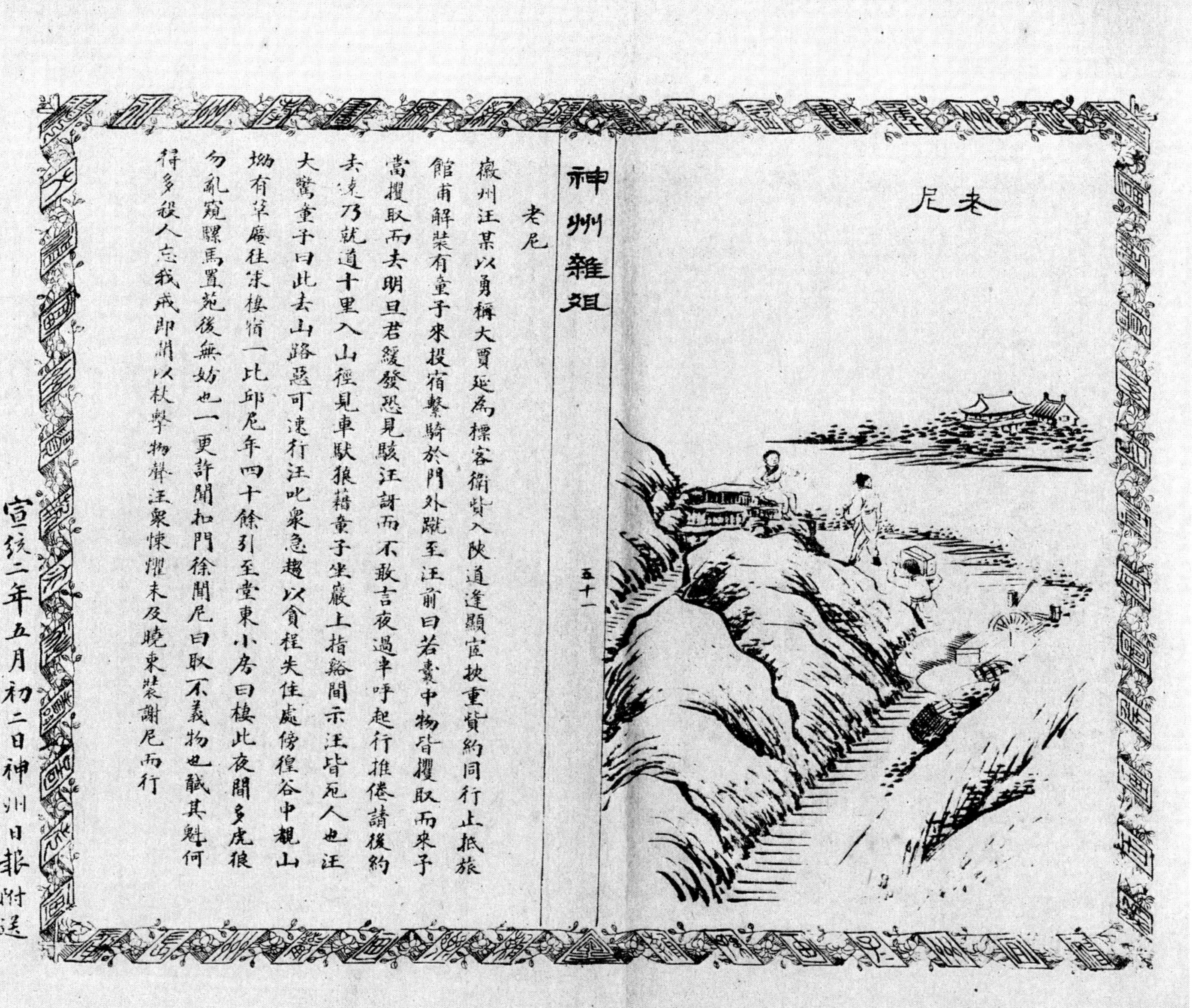
神州雜俎　五十一

老尼

徽州汪某以勇稱大賈延爲標客衛貲入陝道逢顯宦挾重貲約同行止抵旅館甫解裝有童子來投宿繫騎於門外蹴至汪前曰若橐中物皆攫取而來予當攫取而去明旦君緩發恐見駭汪訶而不敢言夜過半呼起行推僕請後約去遠乃就道十里入山徑見車馱狼藉童子坐巖上指谿間示汪皆死人也汪大驚童子曰此去山路惡可速行汪叱衆急趨以貪程失住處徬徨谷中覩山坳有草庵往求棲宿一比邱尼年四十餘引至堂東小房曰棲此夜間多虎狼勿亂窺騾馬置苑後無妨也一更許聞扣門徐聞尼曰取不義物也馘其魁何得多殺人忘我戒即開以杖擊物聲汪衆悚懼未及曉束裝謝尼而行

宣统二年五月初二日神州日報附送

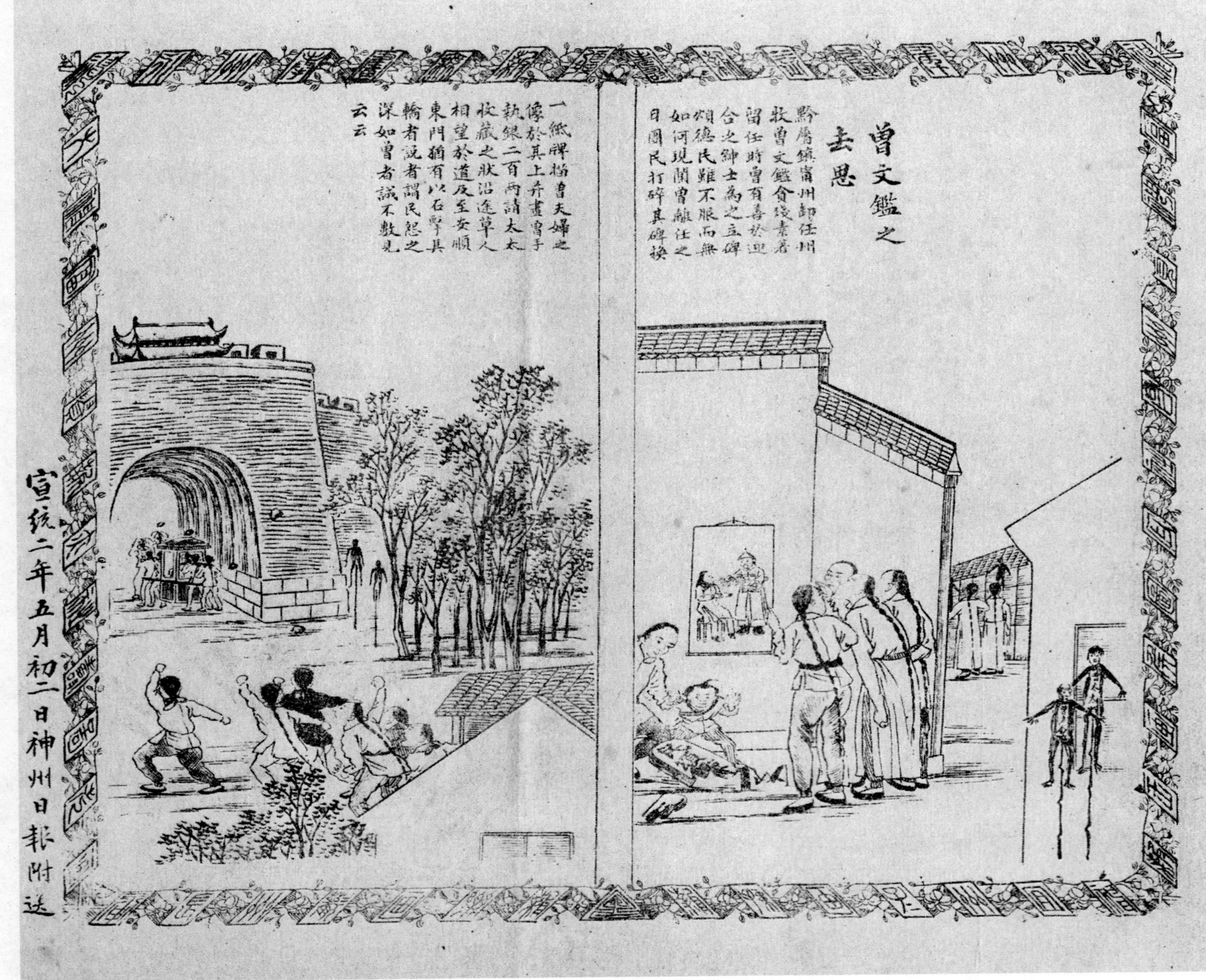
曾文鑑之去思
黔屬鎮甯州卸任州牧曾文鑑貪殘素著留任時曾有喜於迎合之紳士為之立碑頌德民雖不服而無如何現聞曾離任之日闔民打碎其碑換一紙碑繪曾夫婦之像於其上并畫曾手執銀二百兩請太太收藏之狀沿途草人相望於道及至安順東門猶有以石擊其輪者說者謂民怨之深如曾者誠不數見云云
宣統二年五月初二日神州日報附送

王輔卿

星馳

神州雜俎 五十二

王輔卿

王輔卿廣西雒容人明季諸生清兵南下孔有德定粵西輔卿偽投誠有德信任之明師謀恢復約輔卿為內應故有德兵機明師悉先知之遂復桂林誅有德無何桂林再陷輔卿知事不可為祝髮為僧其妻偵知之豔妝携子女往謁之歸輔卿不可妻再三往輔卿不為動妻曰忍哉君也然君之事妾悉知之君今不歸妾將首君矣乃強之歸使蓄髮且嚴防之輔卿曰今清人下薙髮令吾誓死不從卿逼令蓄髮是速吾死也今有一策卿如不從則有死而已妻問何策輔卿曰吾欲往某觀為道士可以往來自如亦不苦卿卿其思之妻無奈從之乃易裝為道士妻信之縱令出入乃得乘間遁於廣東旋闖關入浙輔卿有口辯又豪於飲既與浙士遊談論時事慷慨激昂每當文人雅集時輒佯作醉態朗誦文天祥正氣歌聞者感之久之遂得同志二十餘人闢會稽山之破寺為通德觀人莫之疑也於是分佈黨眾奔走四方術中勤王之師四起輔卿之力為多輔卿衣破衲往來兵間為義師斥候卒為敵軍所得加以酷刑使供同黨輔卿遍受諸刑卒無供敵無如之何遂殺之

宣統二年五月初三日神州日報附送

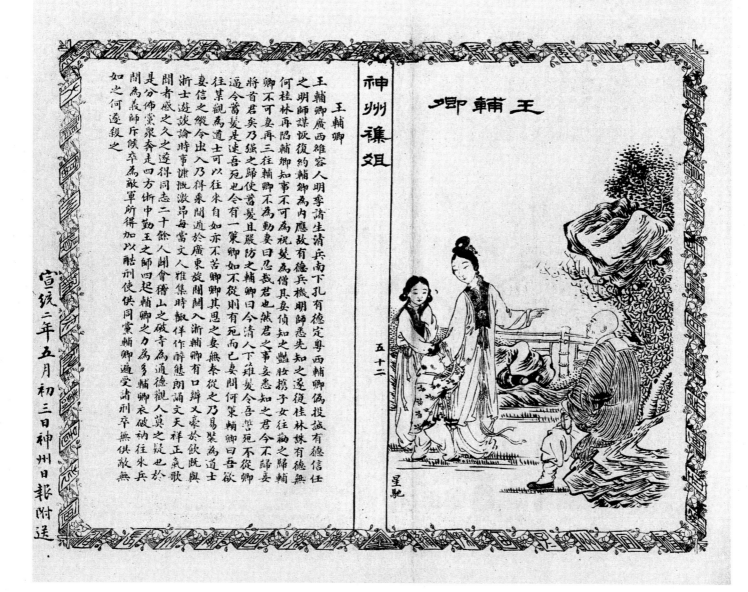

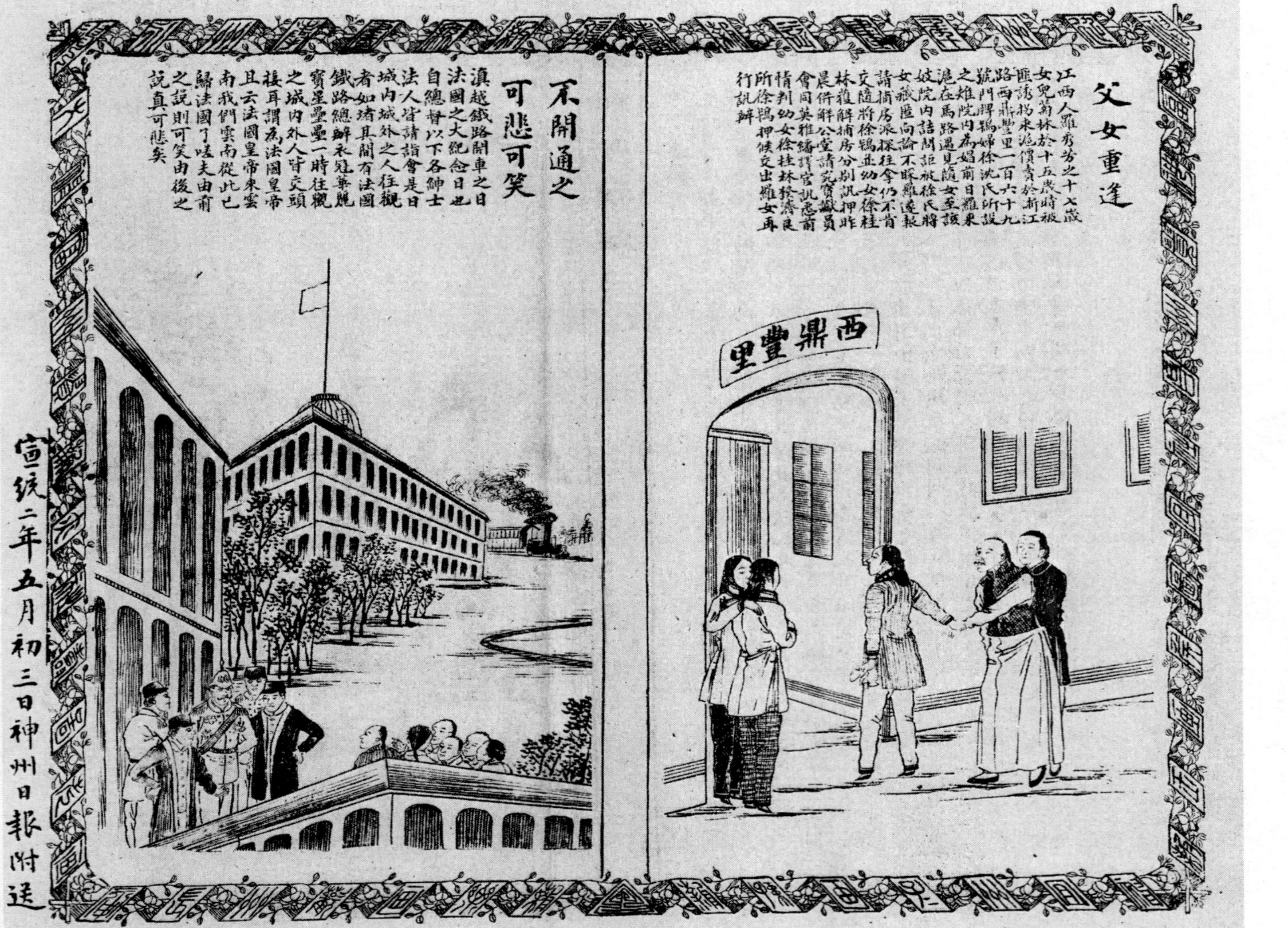
父女重逢
江西人羅秀芳之十六歲女兒菊林於十五歲時被匪誘拐來滬價賣於浙江路西鼎豐里一百六十九號門牌鴇婦徐沈氏所設之雉院內為娼前日羅來滬在馬路遇見隨女至該妓院內詰問詎被徐氏將女藏匿向論不睬羅遂報請捕房派探往拿仍不肯交隨將徐鴇並幼女徐桂林獲解捕房分別訊押昨晨併解公堂請究寶讞員會同英雅繙譯官訊悉前情判幼女徐桂林發濟良所徐鴇押候交出羅女再行訊辦
西鼎豐里
不開通之可悲可笑
滇越鐵路開車之日法國之大紀念日也自總督以下各紳士法人皆請詣會是日城內城外之人往觀者如堵其間有法國鐵路總辦衣冠華麗寶星壘壘一時往觀之城內外人皆交頭接耳謂為法國皇帝且云法國皇帝來雲南我們雲南從此已歸法國了咗夫由前之說則可笑由後之說真可悲矣
宣統二年五月初三日神州日報附送

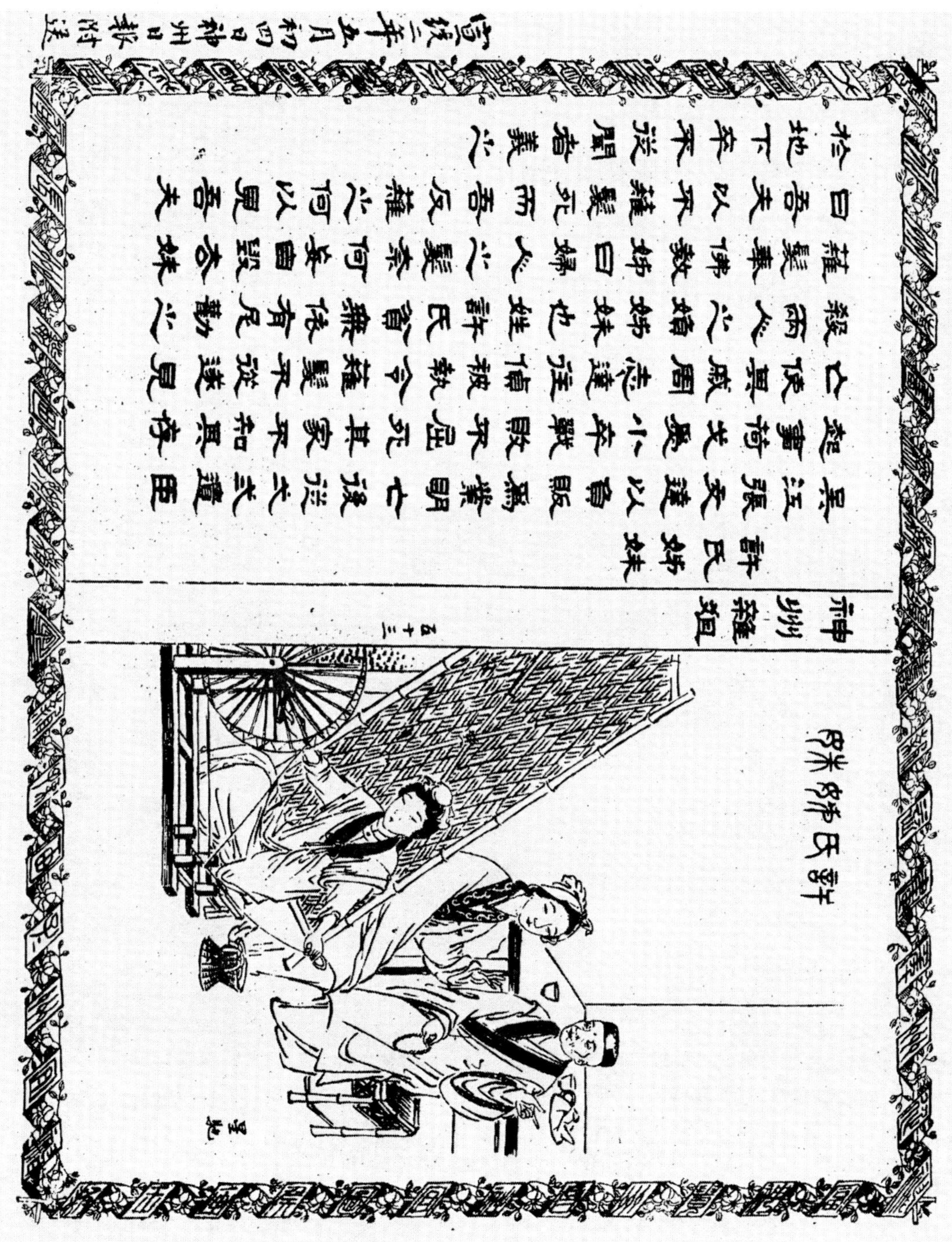

神州雜俎

五十三

許氏姊妹

吳江張文達以負販爲業明亡後從戎武遺臣起事荷戈爲小卒戰敗不屈死其家不知其存亡使其戚周志達往偵被執令薙髮不從遂見殺兩人之婦姊妹也姓許氏貧無依有尼勸之薙髮奉佛教姊曰婦人之髮奈何妄自毀否妹曰吾夫以不薙髮死而吾反薙之何以見吾夫於地下卒不從聞者義之

宣統二年五月初四日神州日報附送

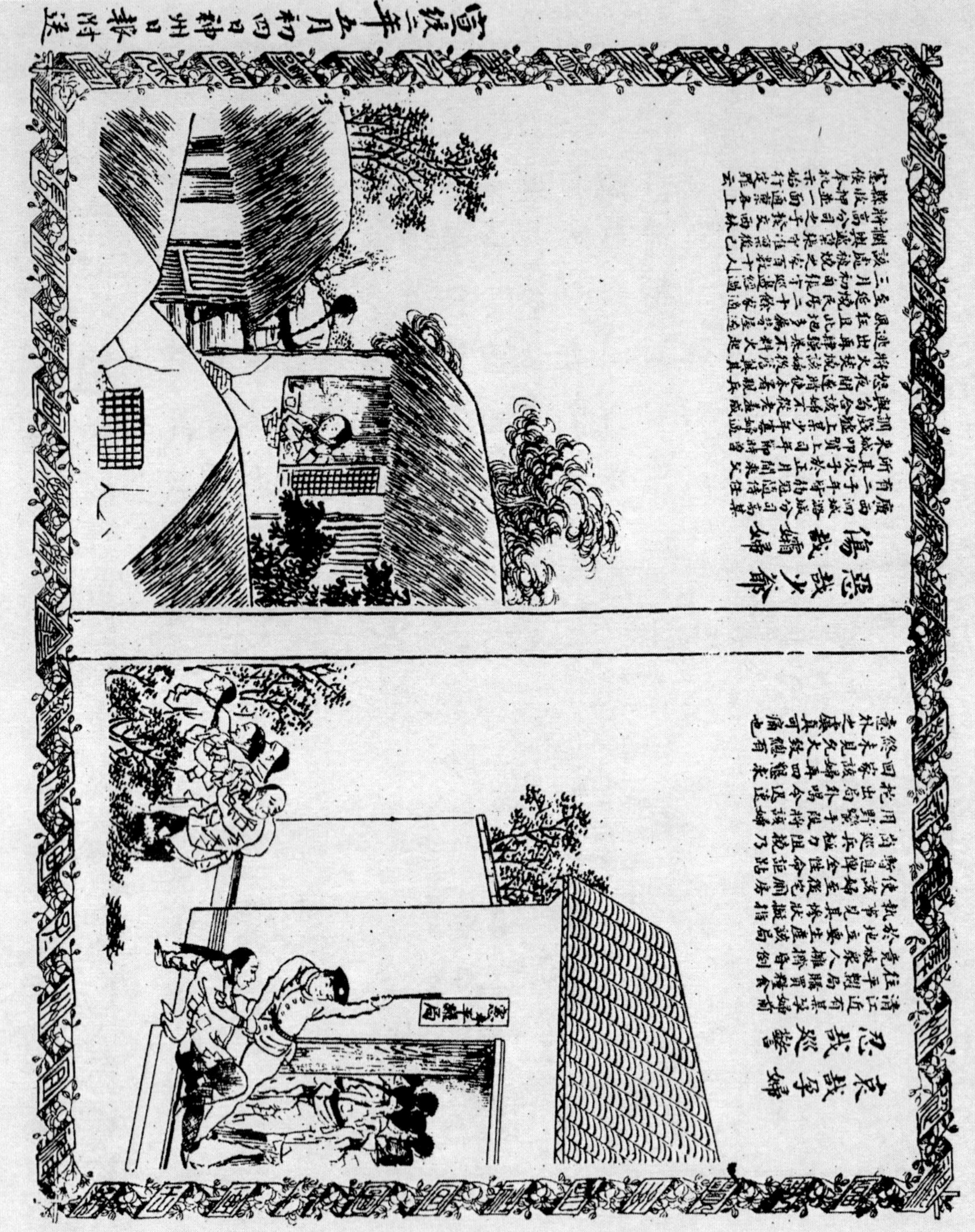
哀哉孕婦
忍哉巡警
清江近有某孕婦前往平糶局購買糧食竟被衆人擁擠昏倒於地立要生産該局執事見其慘狀擬指使該婦至從宅厠房暫息俾全性命詎站崗巡兵極力阻撓乃用野蠻手段將該婦拖出局外喝令迅速回家該婦再四懇求終未見允大致總有意外之虞真可痛也
惡哉少爺
傷哉孀婦
廣西泗城潞城分司高某有二子年皆弱冠隨侍任所其次子於正月間來父來城叩賀上司年節將曾調戲潞上某少年寡婦遂與苟合該婦不從老羞成怒夜間遣僕使本署親兵將火焚燒該婦從窗與其逃出再肆强暴不料火起風狂且此地多竊茅屋遂至延燒民居二十餘家適三月初旬張守巡邊經過該處被燒之家百數十人攔輿遮禀張守准禀後已將高分司之子發交西林縣收押並一面通禀各上憲俟奉批示始行定罪云
宣統二年五月初四日神州日報附送

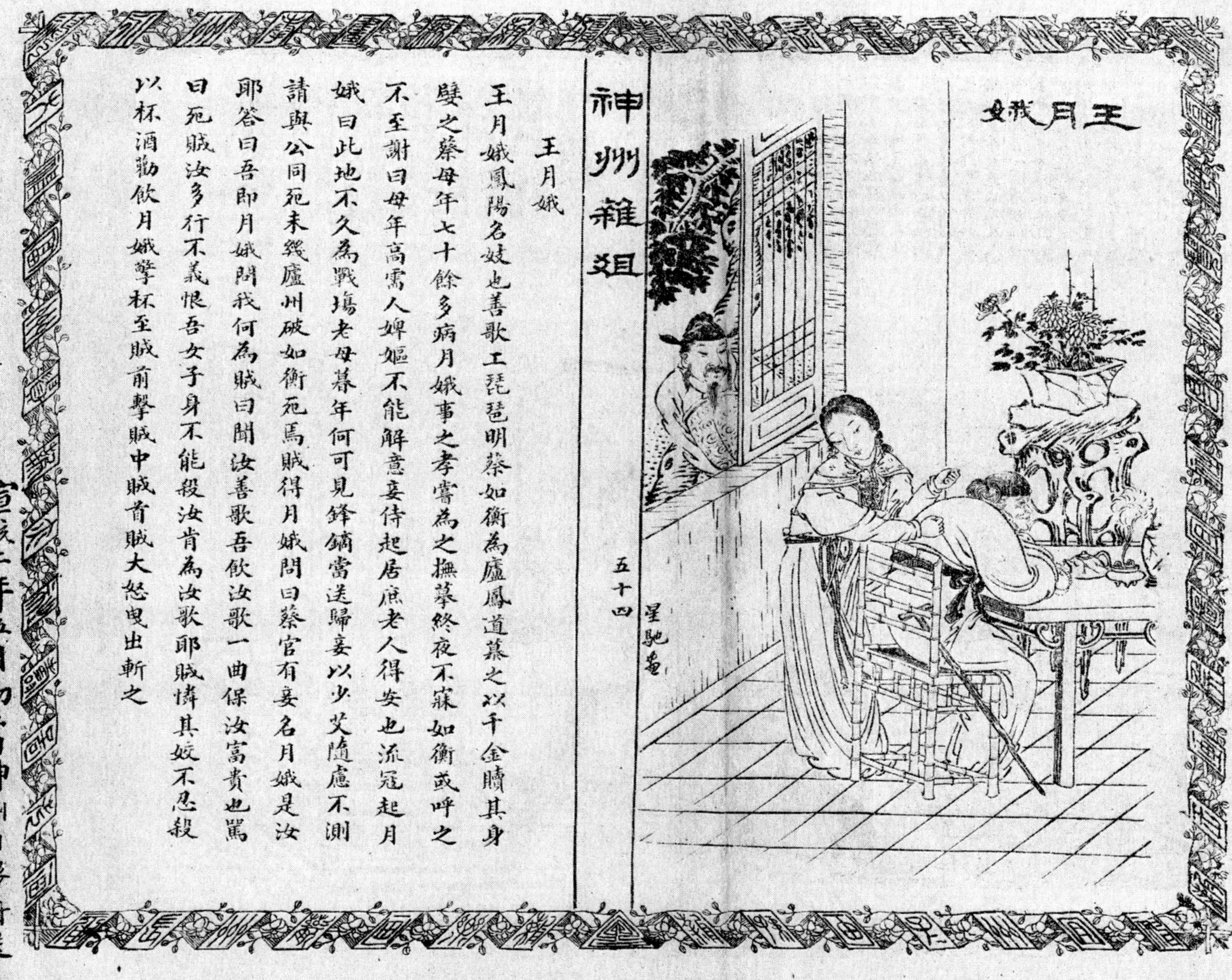

神州雜俎

王月娥

王月娥鳳陽名妓也善歌工琵琶明蔡如衡為廬鳳道慕之以千金贖其身娶之蔡母年七十餘多病月娥事之孝嘗為之撫摩終夜不寐如衡感呼之不至謝曰母年高需人婢嫗不能解意妾侍起居庶老人得安也流寇起月娥曰此地不久為戰場老母暮年何可見鋒鏑當送歸妾以少艾隨虜不測請與公同死未幾廬州破如衡死焉賊得月娥問曰蔡官有妾名月娥是汝耶答曰吾即月娥問我何為賊曰聞汝善歌吾飲汝歌一曲保汝富貴也罵曰死賊汝多行不義恨吾女子身不能殺汝肯為汝歌耶賊憐其妓不忍殺以杯酒勸飲月娥擎杯至賊前擊賊中賊首賊大怒曳出斬之

宣統二年五月初五日神州日報附送

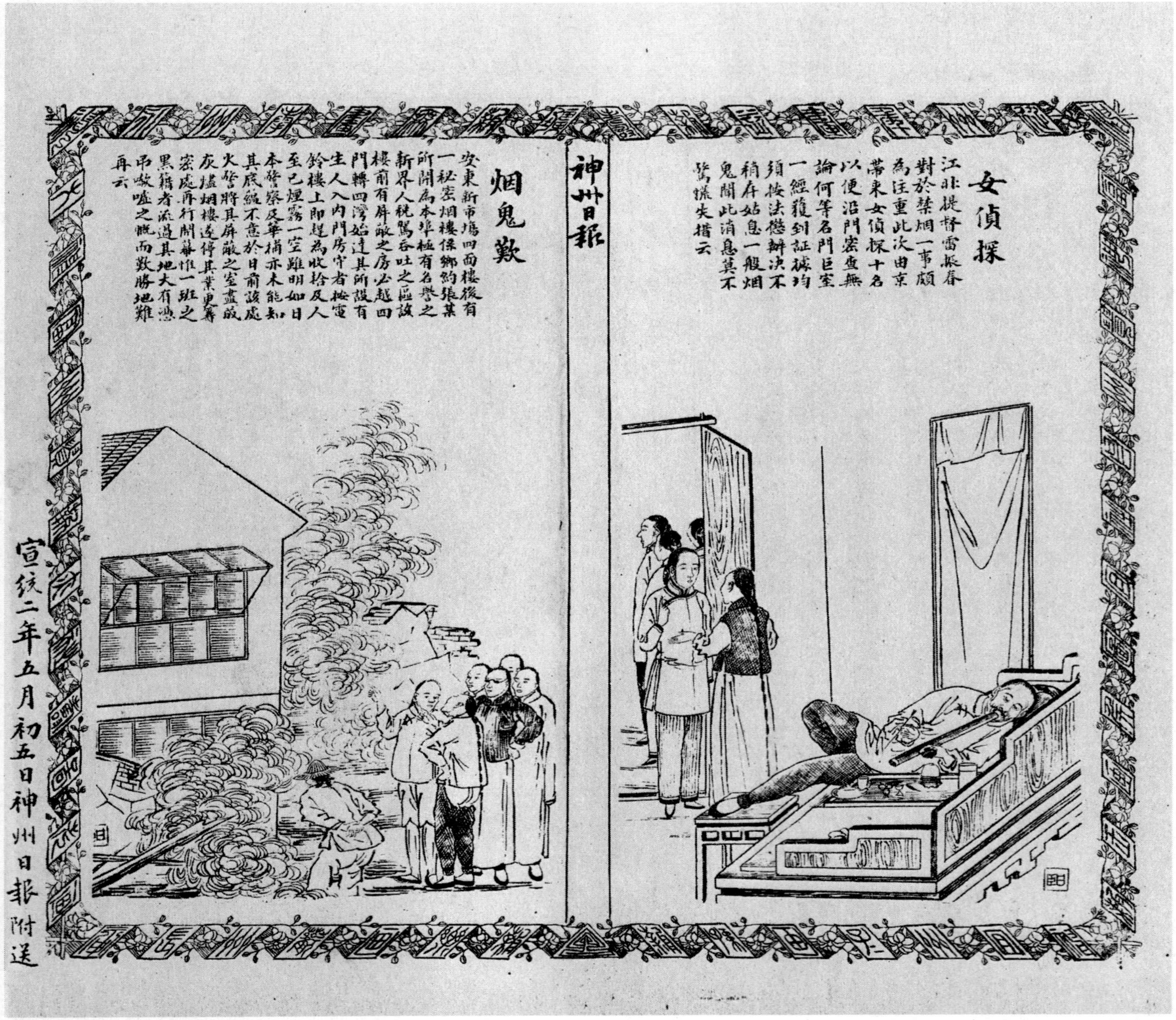
女偵探
江北提督雷振春對於禁烟一事頗為注重此次由京帶來女偵探十名以便沿門密查無論何等名門巨室一經獲到証據均須按法懲辦決不稍存姑息一般烟鬼聞此消息莫不驚慌失措云
神州日報
烟鬼歎
安東新市塲四面樓後有一秘密烟樓係鄉約張某所開為本埠極有名譽之新界人耽驚吞吐之區該樓前有屏蔽之房必越四門轉四灣始達其所設有生人入內門房守者按電鈴樓上即趕為收拾及人至已煙霧一空雖明如日本警察及華捕亦未能知其底蘊不意於日前該處火警將其屏蔽之室盡燬灰燼烟樓遂停其業更籌密處再行開幕惟一班之黑籍者流過其地大有憑弔嗷噓之慨而數勝地難再云
宣統二年五月初五日神州日報附送

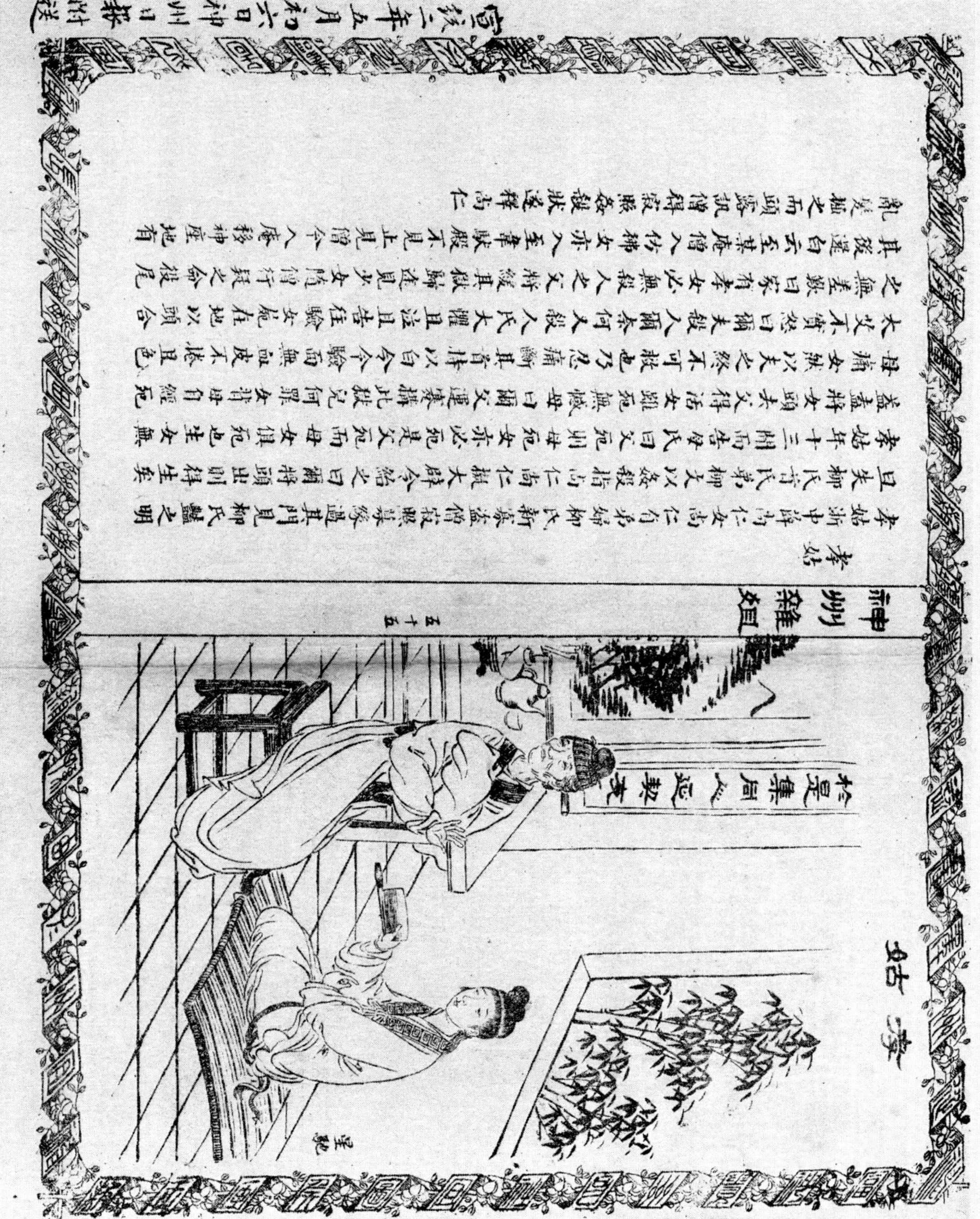

神州雜俎

五十五

孝姑

孝姑浙中薛尚仁女尚仁有弟婦柳氏新寡盜僧寂照募緣過其門見柳氏豔之明旦失柳氏旹氏弟柳文以姦殺指尚仁尚仁械大辟令紿之曰爾將頭出則得生矣孝姑年十三聞而告母氏曰父死則母死女亦必死是父死而母女俱死也生女無益盍將女頭去父得活女雖死無憾母曰爾父運蹇搆此獄兒何罪女背母自經死母痛女然以夫之終不可救也乃忍痛斷其首持以白令令驗面無血皮不捲且色太艾不實怒曰爾夫殺人爾奈何又殺人氏大懼且泣且告往驗女屍在地以頭合之無差歎曰家有孝女必無殺人之父將緩其獄歸途見少女隨僧行疑之命役尾其後還白云至某庵僧入彷彿女亦入至韋馱殿不見止見僧令入庵移神座地有亂髮掘之而頭露訊僧得寂照姦殺狀遂釋尚仁

宣統二年五月初六日神州日報附送

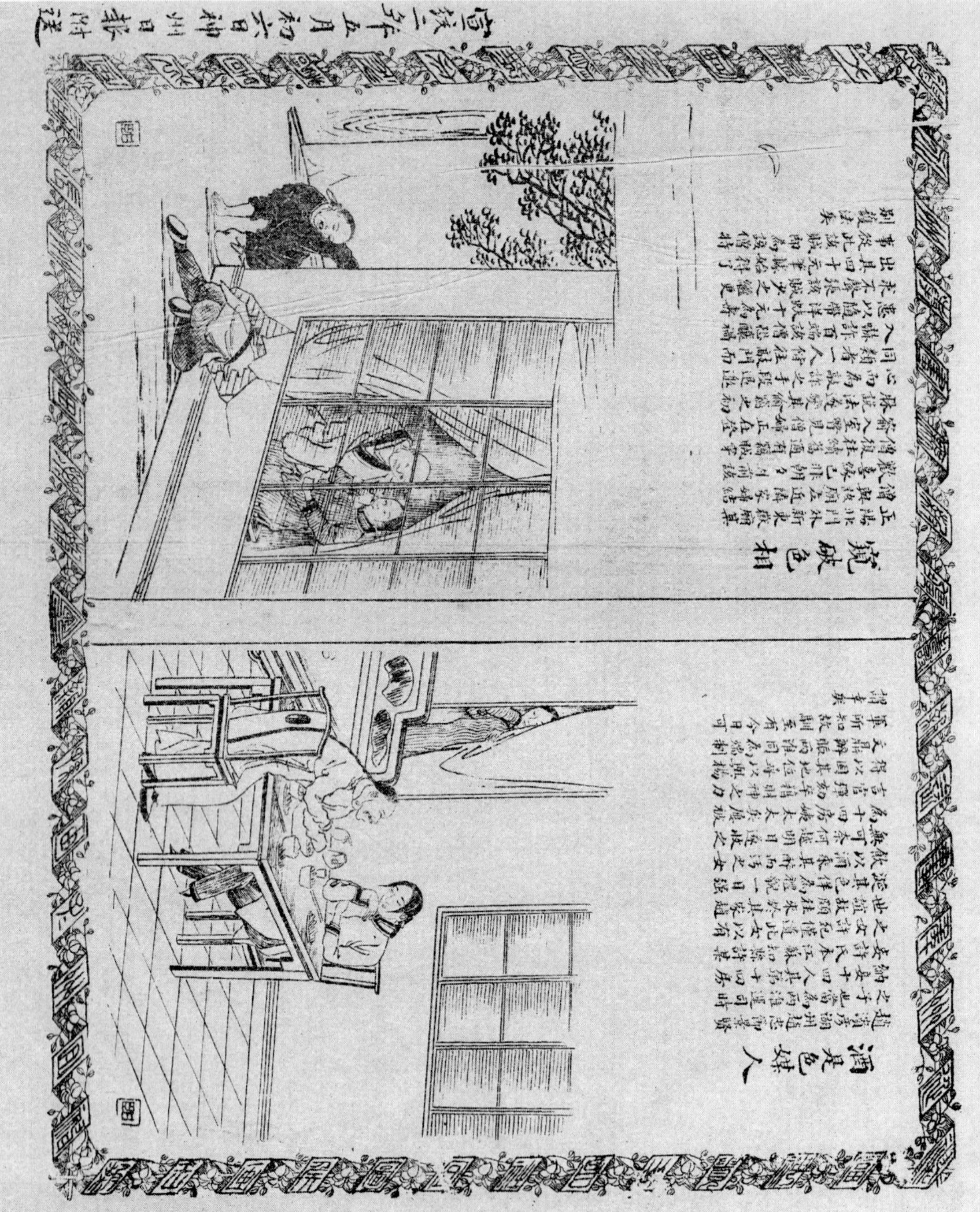
酒是色媒人
趙濱彥湖州趙忠節景賢之子也嘗為兩淮運司時納妾十四人其第十四房妾許氏本江蘇知縣許某之女許死僅遺此女以有世誼故頗往來於其家趙涎其色佯為禮貌一日強飲以酒乘其醉而污之女無可奈何趙明日遂收之為十四房姨太太矣應被言官彈劾卒藉財神之力得以圓其地位尋以與楊文鼎辦賑兩淮同為端制軍所知故馴至有今日可謂幸矣
窺破色相
正陽門外新東嶽廟某僧與該廟左近鄰家婦結歡喜緣已非朝夕日前該僧復往續舊適有竊賊穿窬入室瞥見僧婦正在登牀說法遂變其偷竊之初心而為敲詐之手段退邀同類者一人偕往敲門而入嚇詐百端該僧恐釀禍患以隨帶洋蚨十元為壽求不聲張該賊少之繼更出具四十元筆據始得了事從此該賊即為該僧特别護法矣
宣統二年五月初六日神州日報附送

東京之觀月橋
宣統二年五月初七日神州日報附送

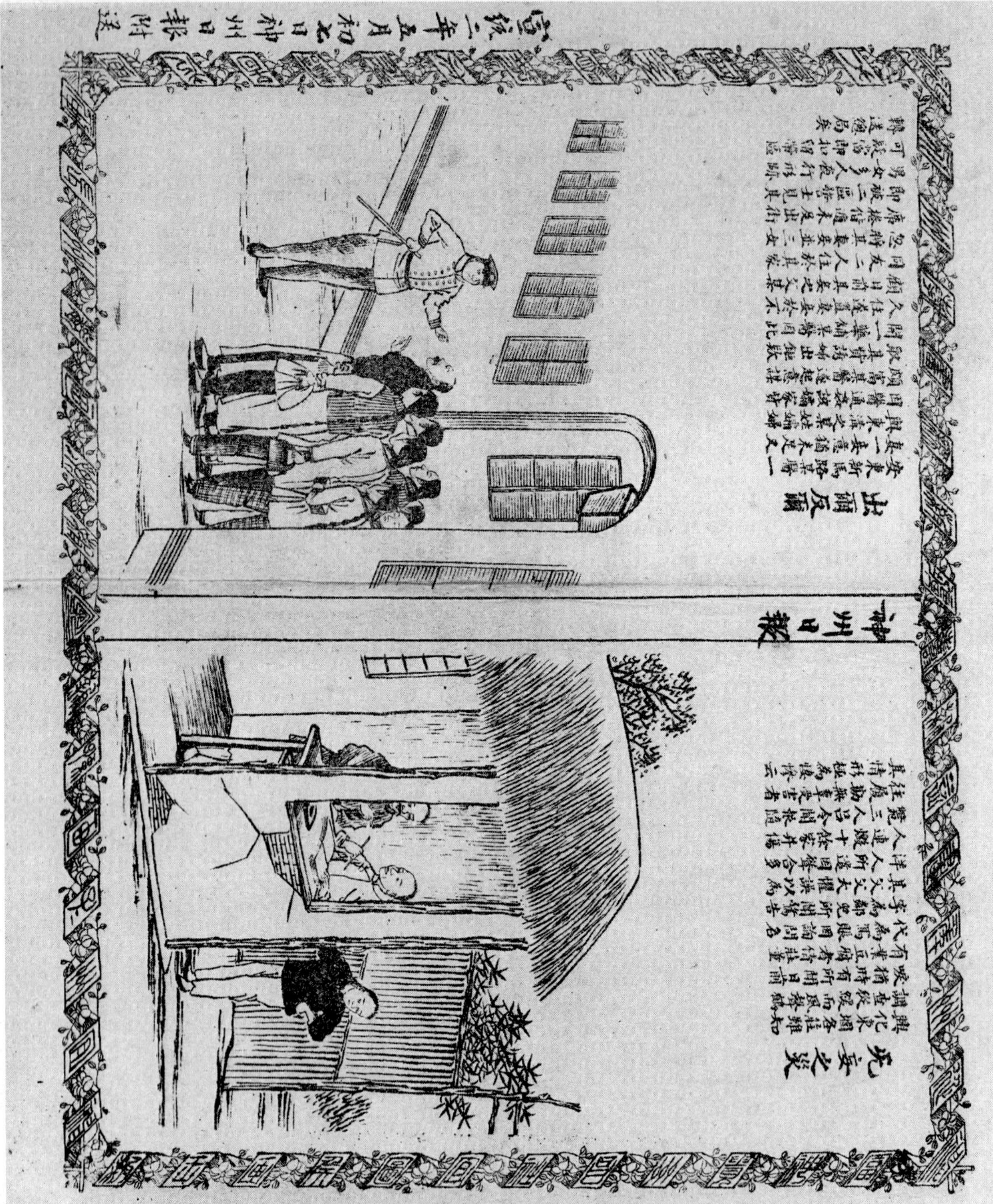
神州日報
死妄之災
興化東烟各莊雖知調查從緩而風聲鶴唳猶時有所聞日前有業豆腐者倩莊董代爲寫賬因詢問名字爲鄰兒所聞驚告其父父大懼誤以爲洋人所遣因聲合多人連燬十餘家并傷斃三人呂令聞報隨往履勘無辜受害者其情形極爲悽慘云
出爾反爾
安東新馬路某醫一妻一妾意猶未足又與東清之某姓孀婦因醫通姦該孀家貲頗富某醫遂起意謀取其貲誘婦出鉅欵開一藥舖某醫因此久住遂置妻妾於不顧日前其妻之父某同友二人住於其家忽將其妻妾並三女席捲偕遁未及出街即被二區警士見其男女多人夜行形跡可疑當即扣留帶區轉送總局矣
宣統二年五月初七日神州日報附送

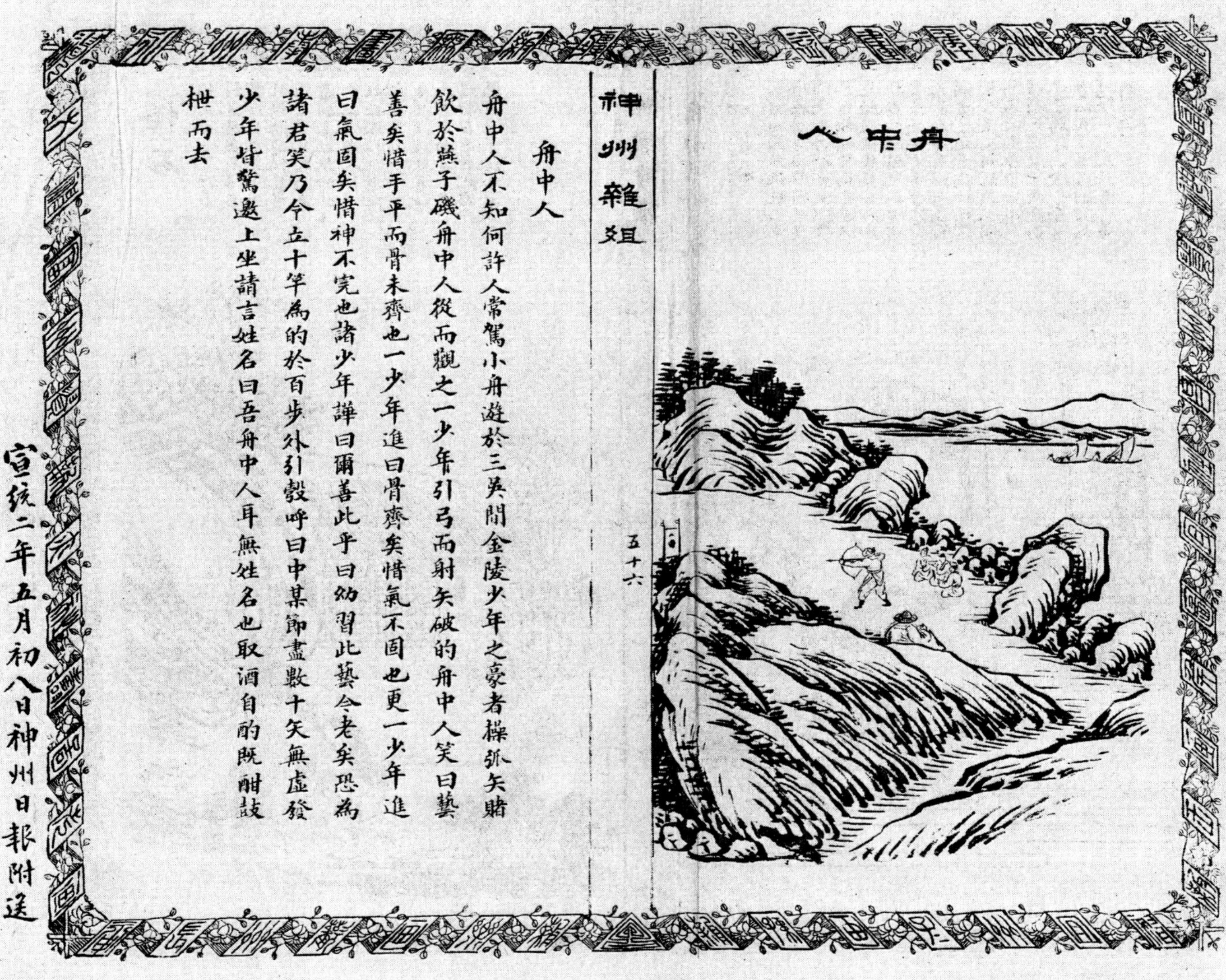

舟中人

神州雜俎

五十六

舟中人

舟中人不知何許人常駕小舟遊於三吳間金陵少年之豪者操弧矢賭飲於燕子磯舟中人從而觀之一少年引弓而射矢破的舟中人笑曰藝善矣惜手平而骨未齊也一少年進曰骨齊矣惜氣不固也更一少年進曰氣固矣惜神不完也諸少年譁曰爾善此乎曰幼習此藝今老矣恐為諸君笑乃令立十竿為的於百步外引彀呼曰中某節盡數十矢無虛發少年皆驚邀上坐請言姓名曰吾舟中人耳無姓名也取酒自酌既酣鼓枻而去

宣统二年五月初八日神州日報附送

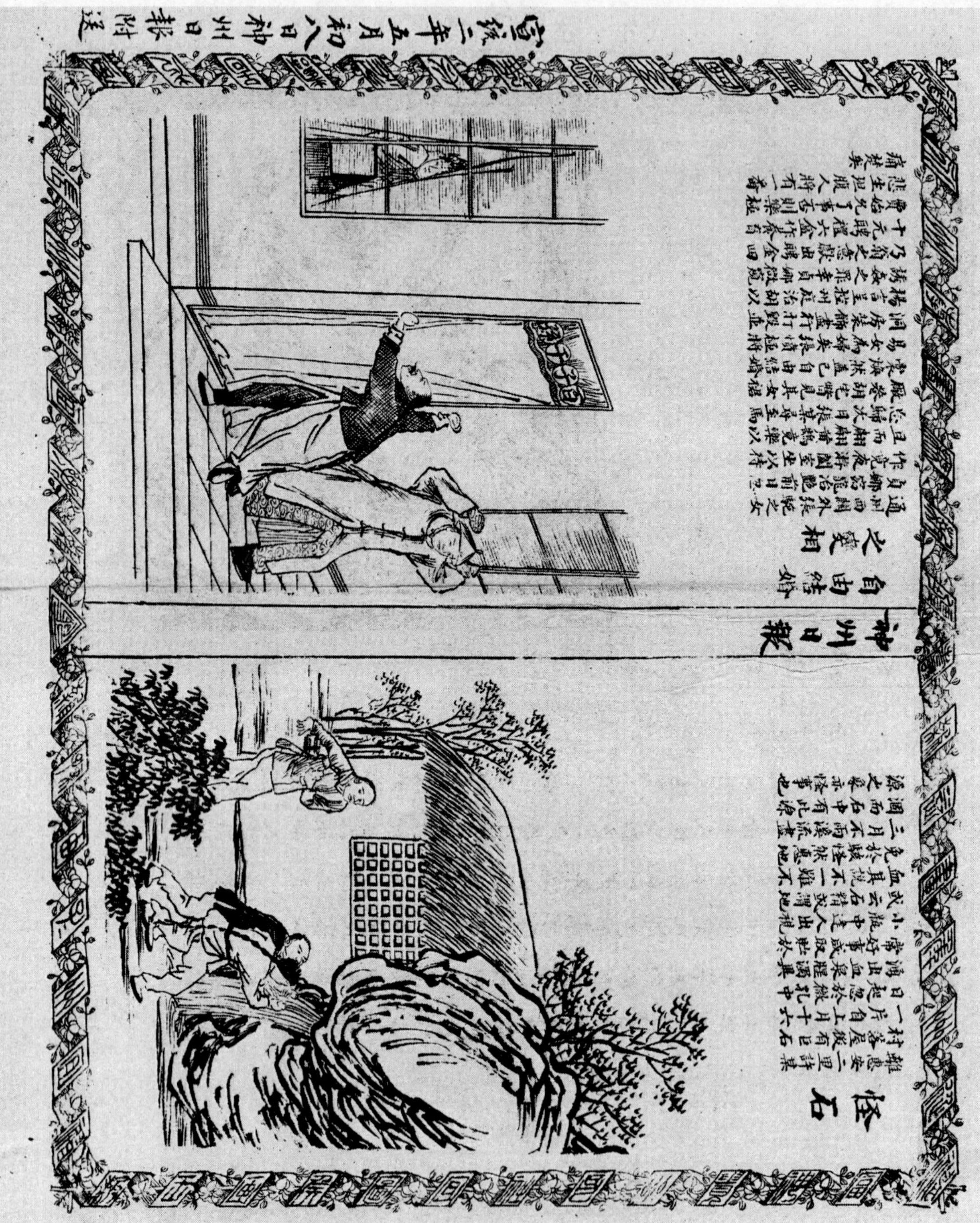
神州日報
怪石
離惠安二里許某村落屋後有巨石一片自上月十六日起忽於微孔中湧出血泉腥濁異常好事或取貯於小瓶中違人出視或云石精或謂地血其說不一雖不免於駭怪然惠地三月不雨溪流盡涸而石中有此源源之象亦怪事也
自由結婚之變相
通州西關外張駝之女貞卿窈窕冶艷前日忽作竟夜游闔室坐以待旦而翩翩黄鶴竟樂以忘歸次日張某尋至馬廠巷胡宅瞥見其女裙裳煥然蓋已自由結婚易女為婦矣張憤極將洞房裝飾盡行打毀並揚言呈控州庭治胡以誘姦之罪幸貞卿微窺乃翁之意獻出聘金四十元聘禮六盒作養育費始允了事否則樂極悲生坦腹人將有一番痛楚矣
宣統二年五月初八日神州日報附送

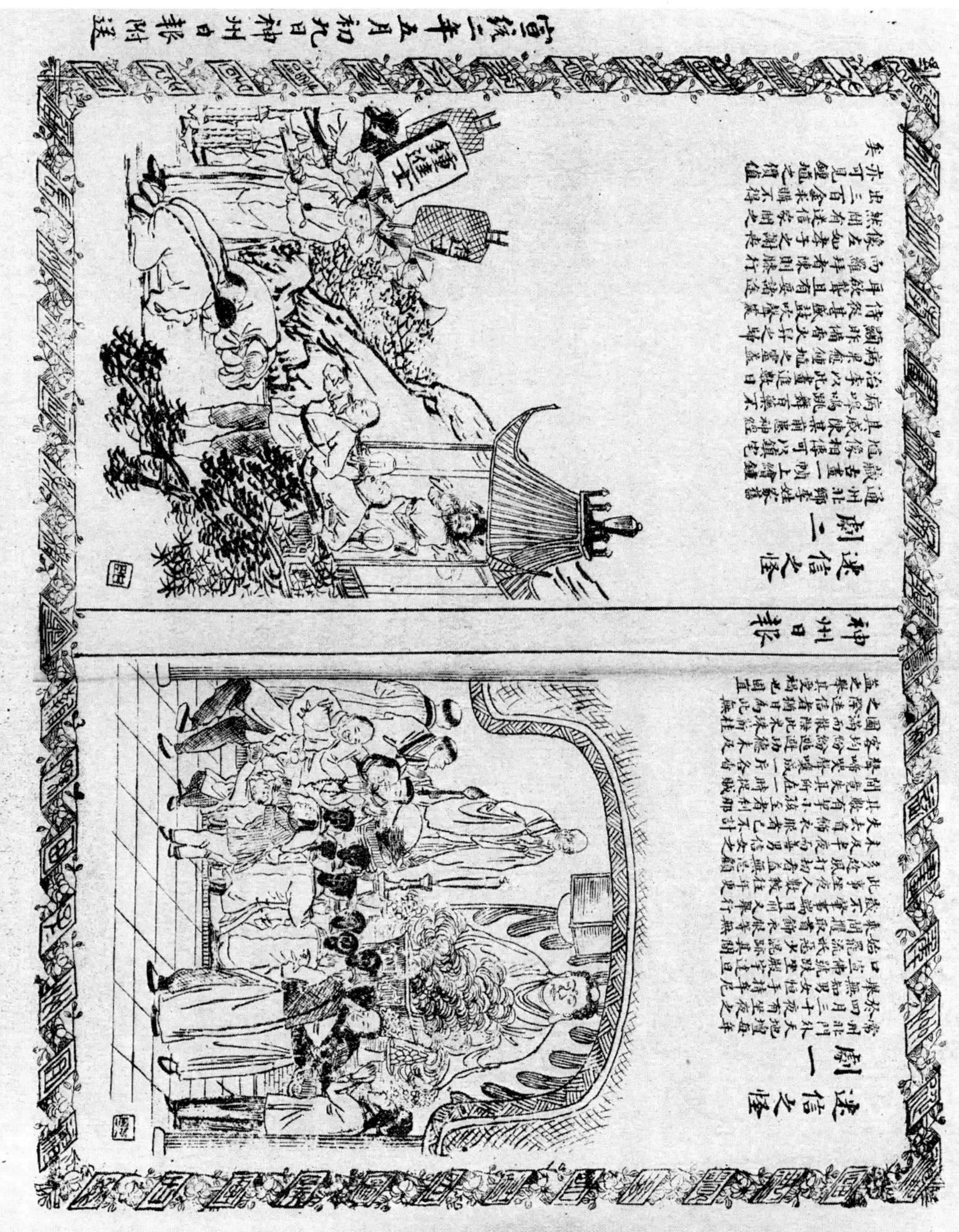
神州日報
迷信之怪
劇一
常州北門外天地壇每年於四月三十夜有坐夜之舉無知男女恒手持年尺口宣佛號跌坐殿宇達旦始罷流氓惡少混跡其間乘間攫取首飾衣服等無歲不肇事端日前又舉行此事坐夜人數較往年更多旋風打刼者益無忌顧未及半夜而善男信女之失去首飾衣服者已不計其數有單小孩至者剎那間竟失其所在一時捉賊聲啼哭聲喧成一片各香客均紛紛逃避功德未及圓滿而散際此米珠薪桂之際迷信者猶日爲此無益之舉其受禍也固宜
迷信之怪
劇二
通州北鄉李姓家舊藏古畫一幀上繪鍾馗像相傳可以鎮宅其威陳某前患神經病嘷嗚跳舞百藥不治李以此畫進數日病果愈鍾馗之靈益顯昨備香火舁之歸侍從甚盛鼓吹聲震耳欲聾且有要諸途而羅拜者陳則膝行像左如孝子之謝喪然聞有迷信家聞之出三百金求購不得亦可見鍾馗之價值矣
鍾進士
宣統二年五月初九日神州日報附送

宣統二年五月初九日神州日報附送
行宮（西湖風景之一）
寫真呈貺

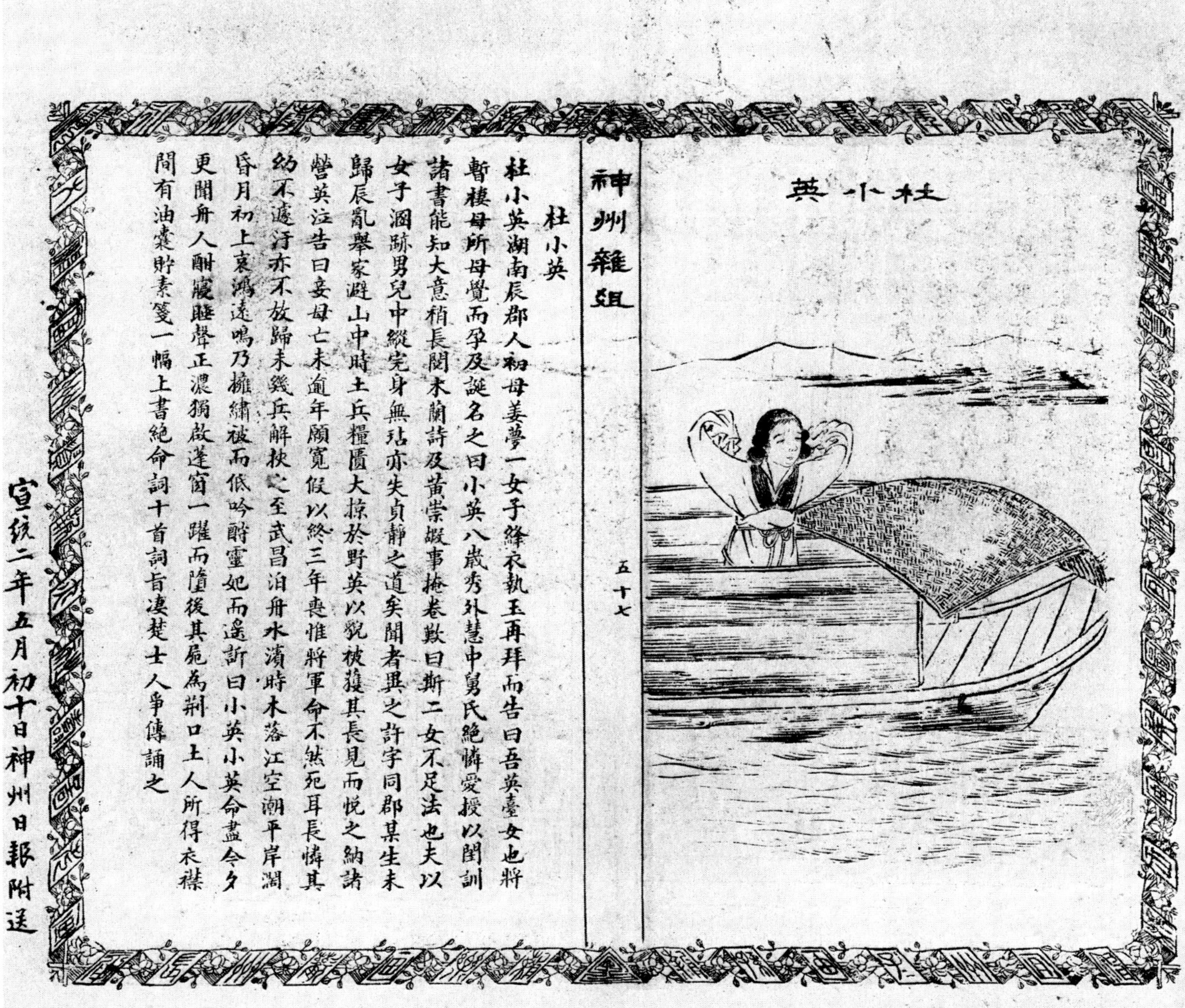

神州雜俎

五十七

杜小英

杜小英湖南辰郡人初母姜夢一女子絳衣執玉再拜而告曰吾英臺女也將暫棲母所母覺而孕及誕名之曰小英八歲秀外慧中舅氏絕憐愛授以閨訓諸書能知大意稍長閱木蘭詩及黃崇嘏事掩卷歎曰斯二女不足法也夫以女子溷跡男兒中縱完身無玷亦失貞靜之道矣聞者異之許字同郡某生未歸辰亂舉家避山中時土兵糧匱大掠於野英以貌被獲其長見而悅之納諸營英泣告曰妾母亡未逾年願寬假以終三年喪惟將軍命不然死耳長憐其幼不遽汚亦不放歸未幾兵解挾之至武昌泊舟水濱時木落江空潮平岸闊昏月初上哀鴻遠鳴乃擁繡被而低吟酹靈妃而遙訴曰小英小英命盡今夕更聞舟人酣寢鼾聲正濃獨啟蓬窗一躍而墮後其屍為荊口土人所得衣襟間有油囊貯素箋一幅上書絕命詞十首詞旨凄楚士人爭傳誦之

宣統二年五月初十日神州日報附送

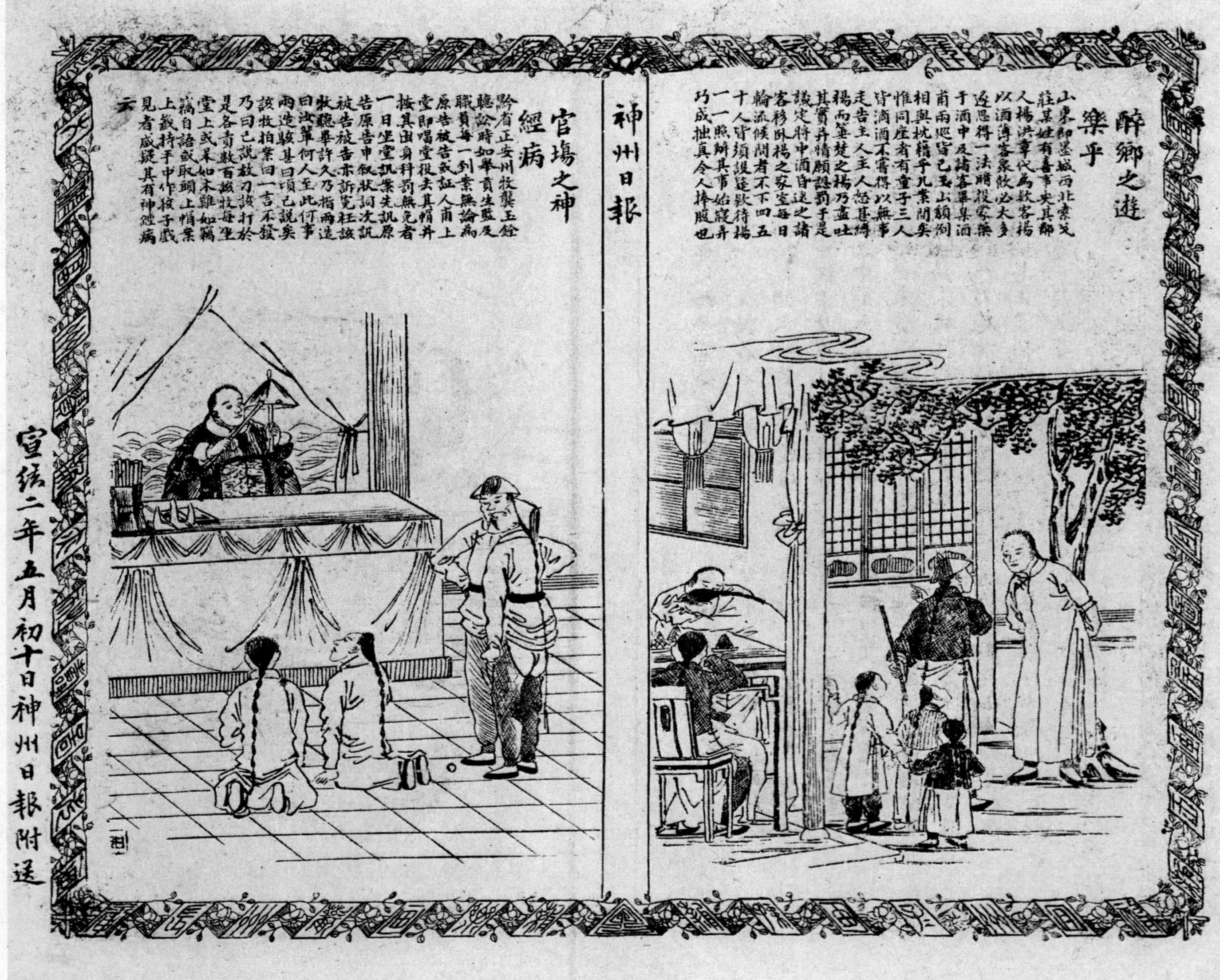
神州日報
醉鄉之遊樂乎
山東即墨城西北索戈莊某姓有喜事央其鄰人楊洪章代爲款客楊以酒薄客衆飲必太多逐思得一法暗投蒙藥于酒中及諸客畢集酒甫兩巡皆已玉山頹倒相與枕籍乎几案間矣惟同座者有童子三人皆滴酒不嘗得以無事走告主人主人怒甚將楊而箠楚之楊乃盡吐其實并情願認罰于是議定將中酒自迷之諸客移卧楊之家室每日輪流候問者不下四五十人皆須設筵款待楊一一照辦其事始寢弄巧成拙真令人捧腹也
官場之神經病
黔省正安州牧龔玉銓聽訟時如舉貢生監及職員每一到案無論爲原告被告或証人甫上堂即喝堂役去其帽并摘其出身科罰無免者一日坐堂訊案先訊原告原告申敘狀詞次訊被告被告亦訴冤枉該牧聽畢許久乃指兩造曰汝輩何人至此何事兩造駭甚曰頃已說矣該牧拍案曰一言不發乃曰已說敖刁該打於是各責數百板牧每坐堂上或呆如木雞如癡癡自語或取頭上帽案上截持手中作披子戲見者咸疑其有神經病云
宣統二年五月初十日神州日報附送

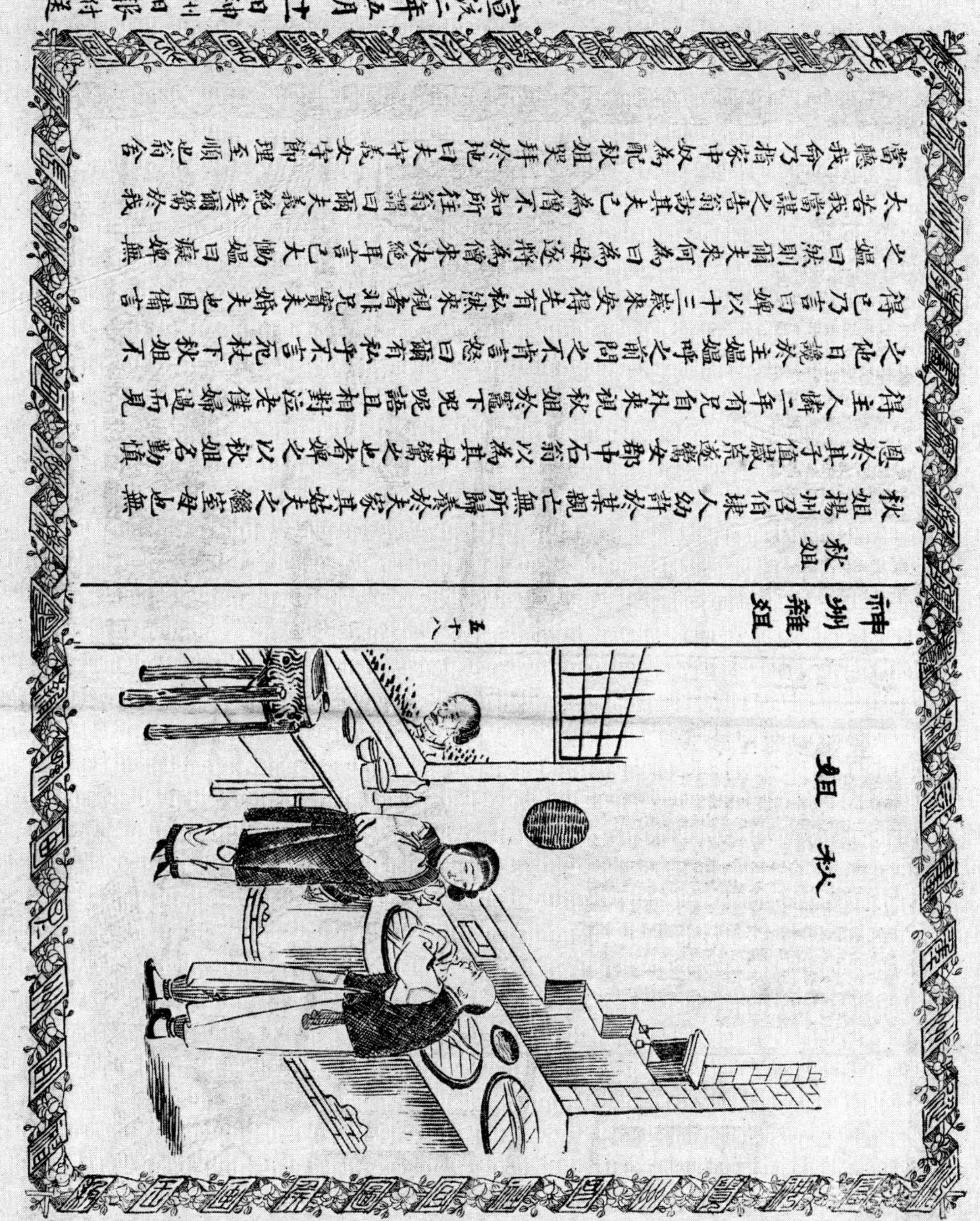

神州雜俎

五十八

秋姐

秋姐揚州召伯埭人幼許於某親亡無所歸養於夫家其姑夫之繼室母也無恩於其子值歲荒遂鬻女郡中石翁以為其母鬻之也者婢之以秋姐名勤慎得主人憐二年有兄自外來視秋姐於竈下呢呢語且相對泣老僕婦過而見之他日譏於主媪媪呼之前問之不肯言怒曰爾有私乎不言死杖下秋姐不得已乃言曰婢以十三歲來安得先有私然來視者非兄實未婚夫也因備言之媪曰然則爾夫來何為曰為母逐將為僧來決絕耳言已大慟媪曰癡婢無太苦我當謀之告翁訪其夫已為僧不知所往翁謂曰爾夫義絕矣爾鬻於我當聽我命乃指家中奴為配秋姐哭拜於地曰夫守義女守節理至順也翁含

宣統二年五月十一日神州日報附送

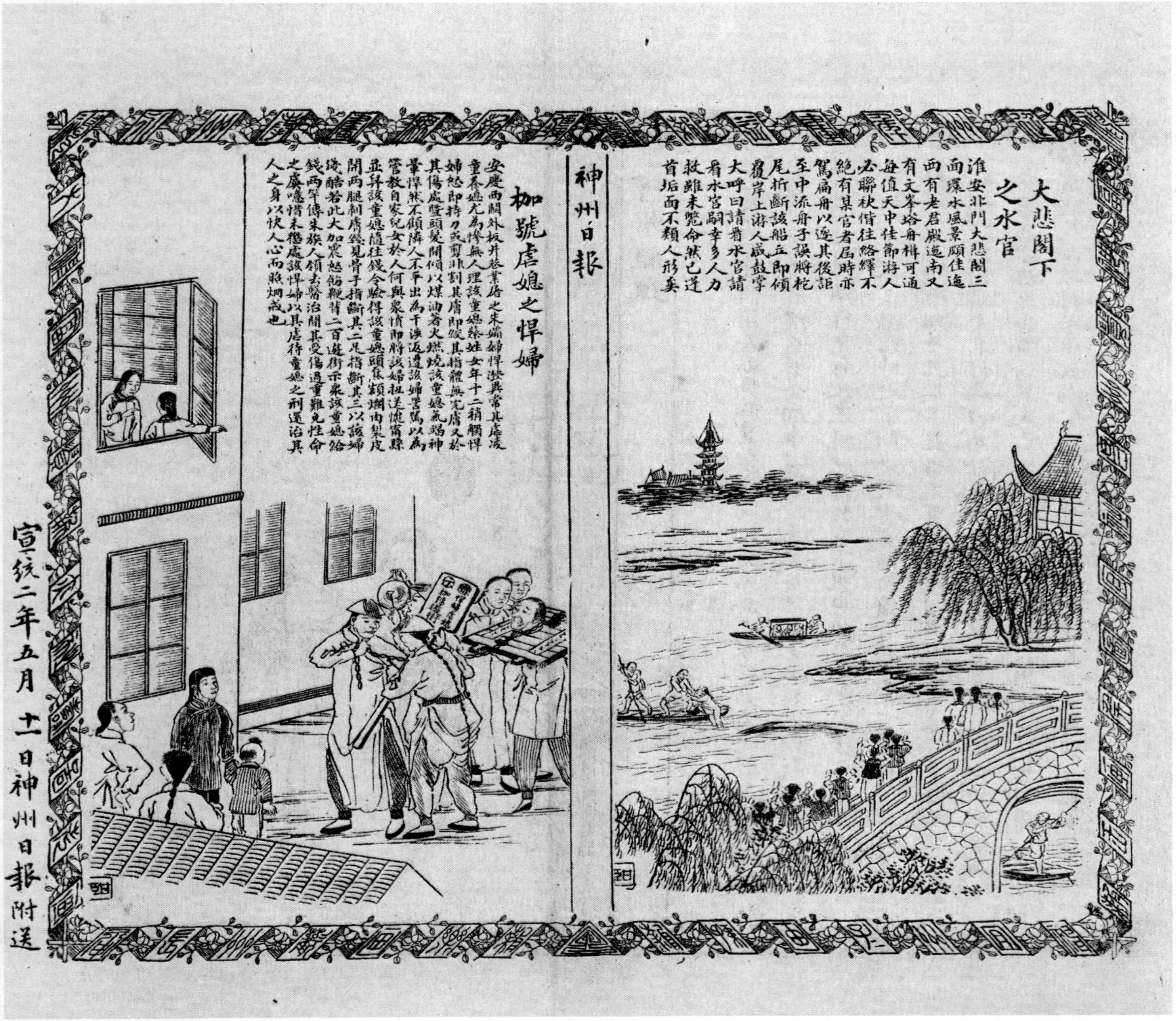
神州日報
大悲閣下之水官
淮安北門大悲閣三面環水風景頗佳邇西有老君殿邇南又有文峯塔舟楫可通每值天中佳節游人必聯袂偕往絡繹不絕有某官者屆時亦駕扁舟以遊其後詎至中流舟子誤將柁尾折斷該船立即傾覆岸上游人咸鼓掌大呼曰請看水官請看水官嗣幸多人力救雖未斃命然已蓬首垢面不類人形矣
枷號虐媳之悍婦
安慶西關外板井巷業居之朱孀婦悍潑異常其虐凌童養媳尤為慘無人理該童媳蔡姓女年十二稍觸悍婦怒即持刀或剪非割其膚即鉸其指體無完膚又於其傷處暨頭髮間傾以煤油着火燃燒該童媳氣竭神暈悍然不顧隣人不平出為干涉返遭該婦詈罵以為管教自家兒女於人何與衆憤即將該婦扭送懷甯縣並舁該童媳隨往鐙令驗得該童媳頭焦額爛肉綻皮開兩腿剝膚幾見骨手指斷其二足指斷其三以該婦殘酷若此大加震怒飭鞭背二百游街示衆該童媳給錢兩竿俾朱族人領去醫治聞其受傷過重難免性命之虞噫惜未懲處該悍婦以其虐待童媳之刑還治其人之身以快人心而昭炯戒也
宣統二年五月十一日神州日報附送

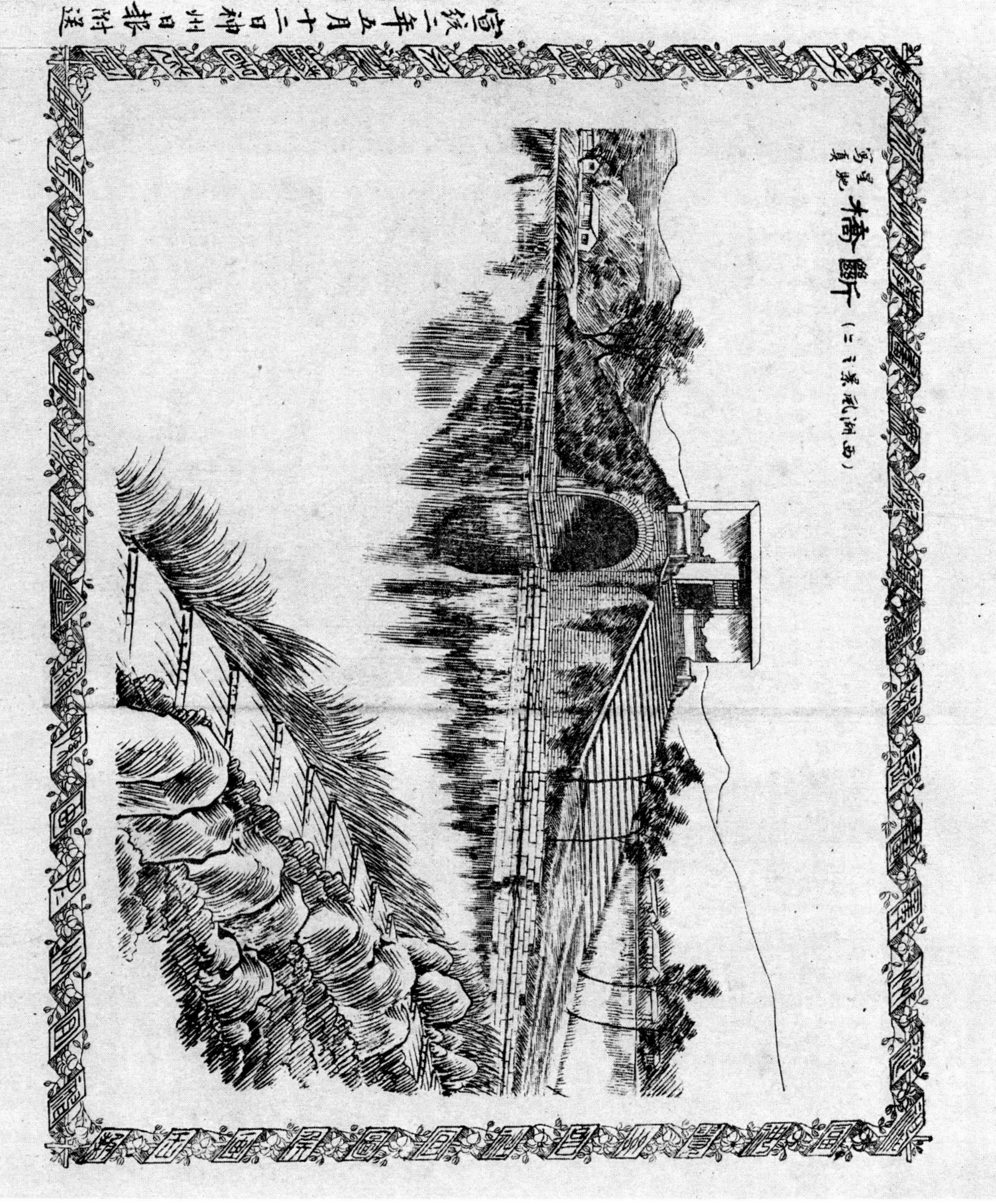
宣統二年五月十二日神州日報附送

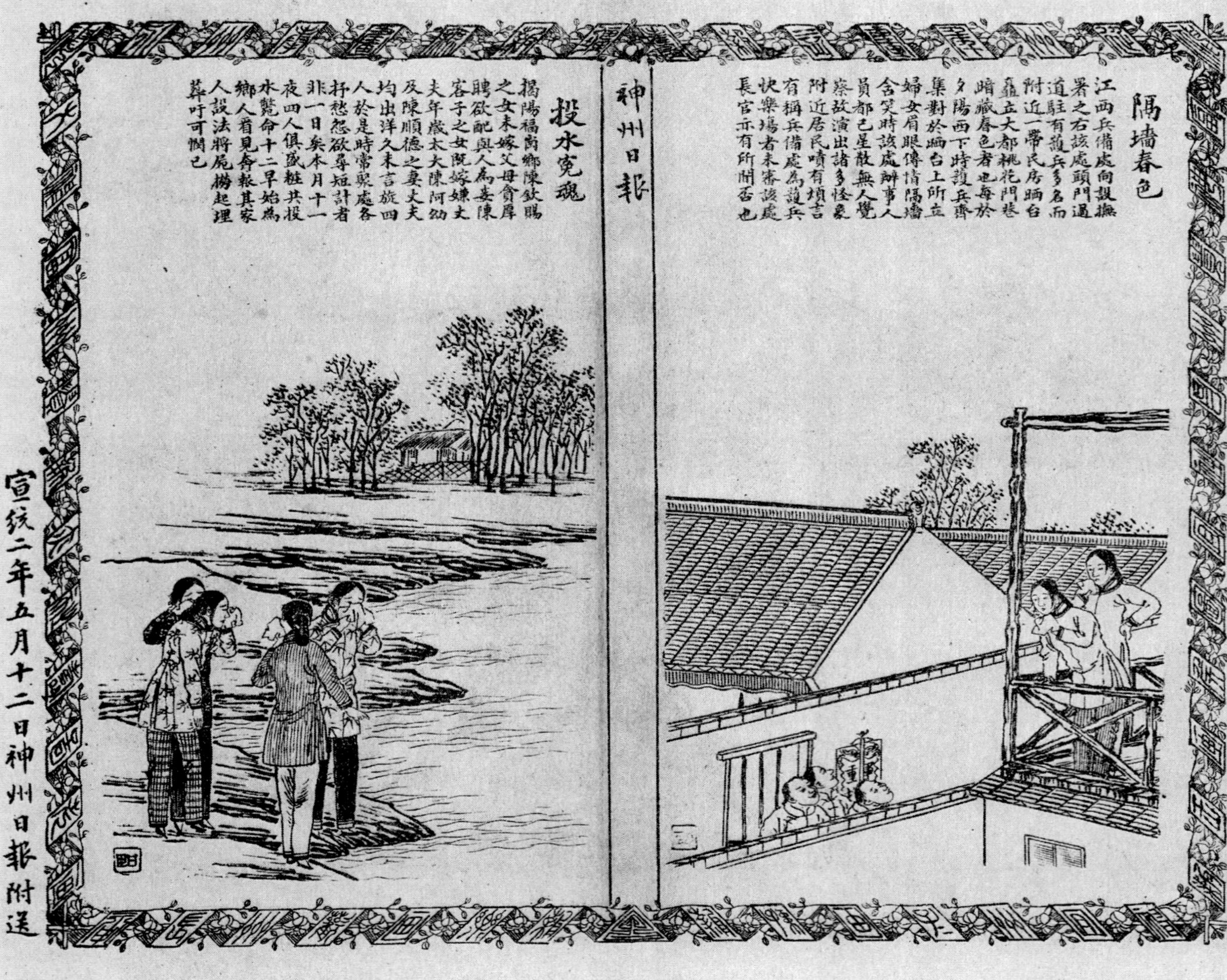
神州日報
隔墻春色
江西兵備處向設撫署之右該處頭門逼道駐有護兵多名而附近一帶民房晒台矗立大都桃花門巷暗藏春色者也每於夕陽西下時護兵齊集對於晒台上所立婦女眉眼傳情隔墻含笑時該處辦事人員都已星散無人覺察故演出諸多怪象附近居民嘖有煩言有稱兵備處為護兵快樂場者未審該處長官亦有所聞否也
投水冤魂
揭陽福南鄉陳欽賜之女未嫁父母貪厚聘欲配與人為妾陳客子之女既嫁嫌丈夫年歲太大陳阿幼及陳順德之妻丈夫均出洋久未言旋四人於是時常聚處各抒愁怨欲尋短計者非一日矣本月十一夜四人俱盛粧共投水斃命十二早始為鄉人看見奔報其家人設法將屍撈起埋葬吁可憫已
宣統二年五月十二日神州日報附送

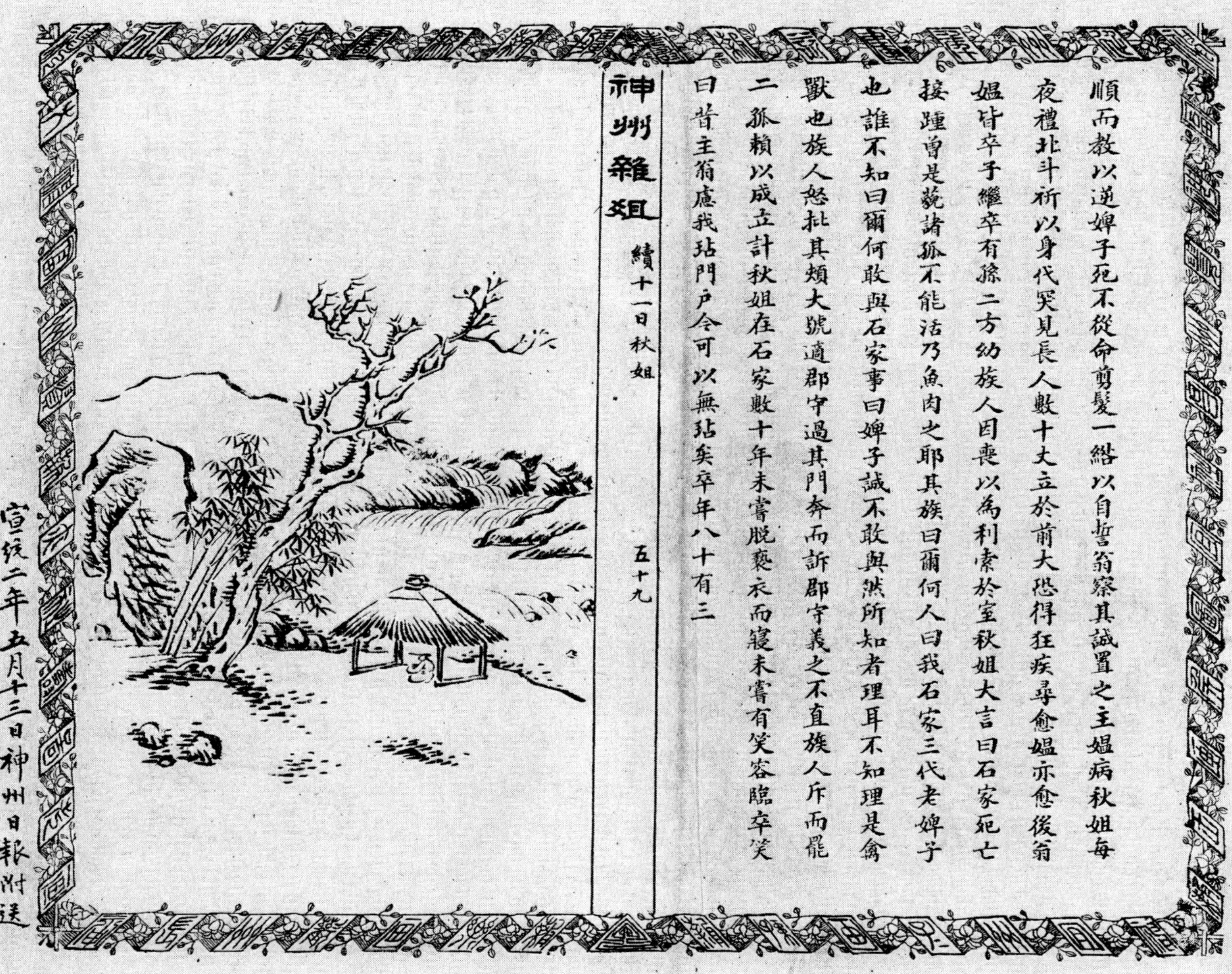

神州雜俎

續十一日 秋姐

五十九

順而教以逆婢子死不從命剪髮一綹以自誓翁察其誠置之主媪病秋姐每夜禮北斗祈以身代哭見長人數十丈立於前大恐得狂疾尋愈媪亦愈後翁媪皆卒子繼卒有孫二方幼族人因喪以爲利索於室秋姐大言曰石家死亡接踵曾是藐諸孤不能活乃魚肉之耶其族曰爾何人曰我石家三代老婢子也誰不知曰爾何敢與石家事曰婢子誠不敢與然所知者理耳不知理是禽獸也族人怒批其頰大號適郡守過其門奔而訴郡守義之不直族人斥而罷二孤賴以成立計秋姐在石家數十年未嘗脫褻衣而寢未嘗有笑容臨卒笑曰昔主翁慮我玷門戶今可以無玷矣卒年八十有三

宣統二年五月十三日神州日報附送

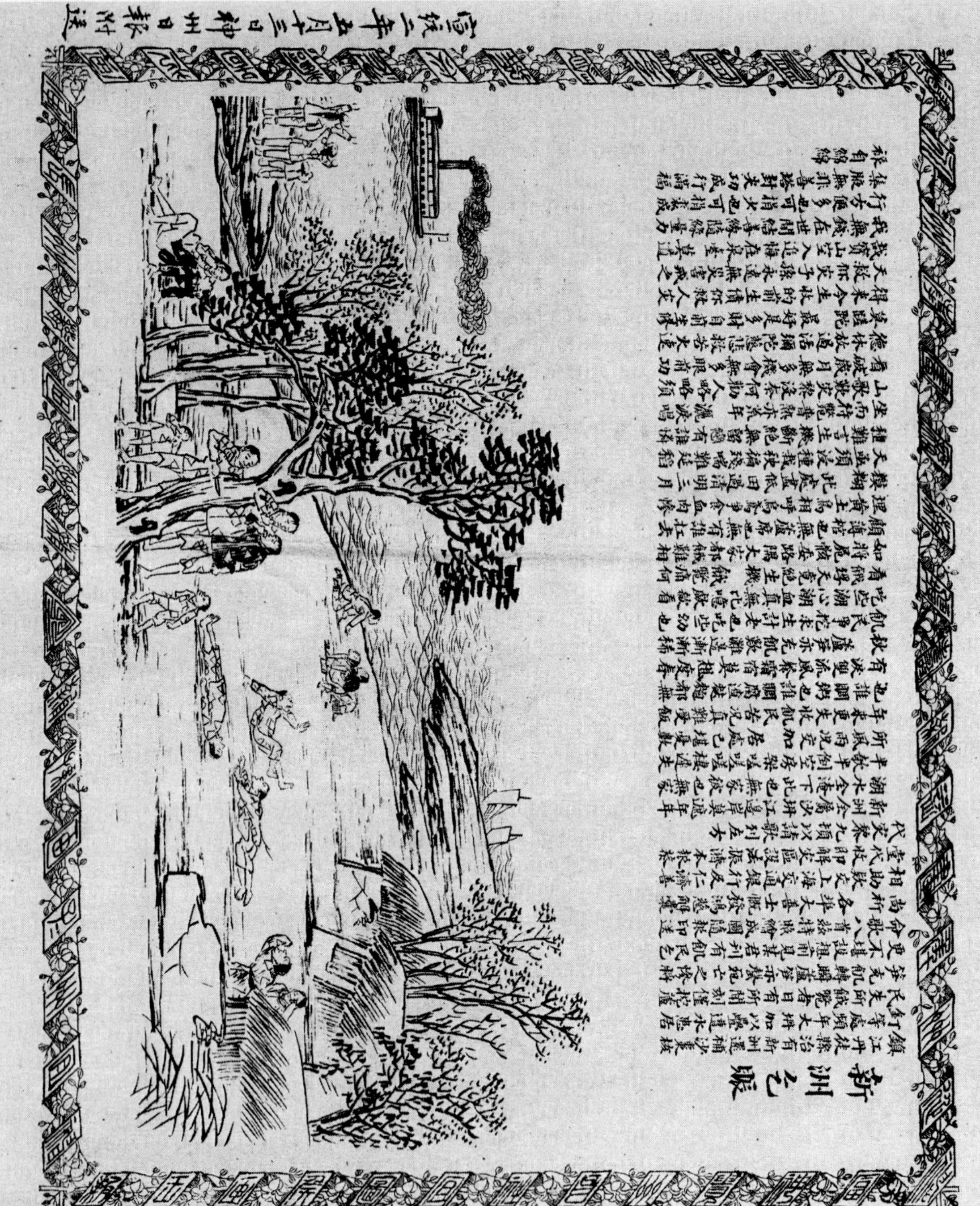
新洲乞賑
宣統三年五月十三日神州日報附送

宣統二年五月十四日神州日報附送
孤山（西湖風景之三）
星馳寫真

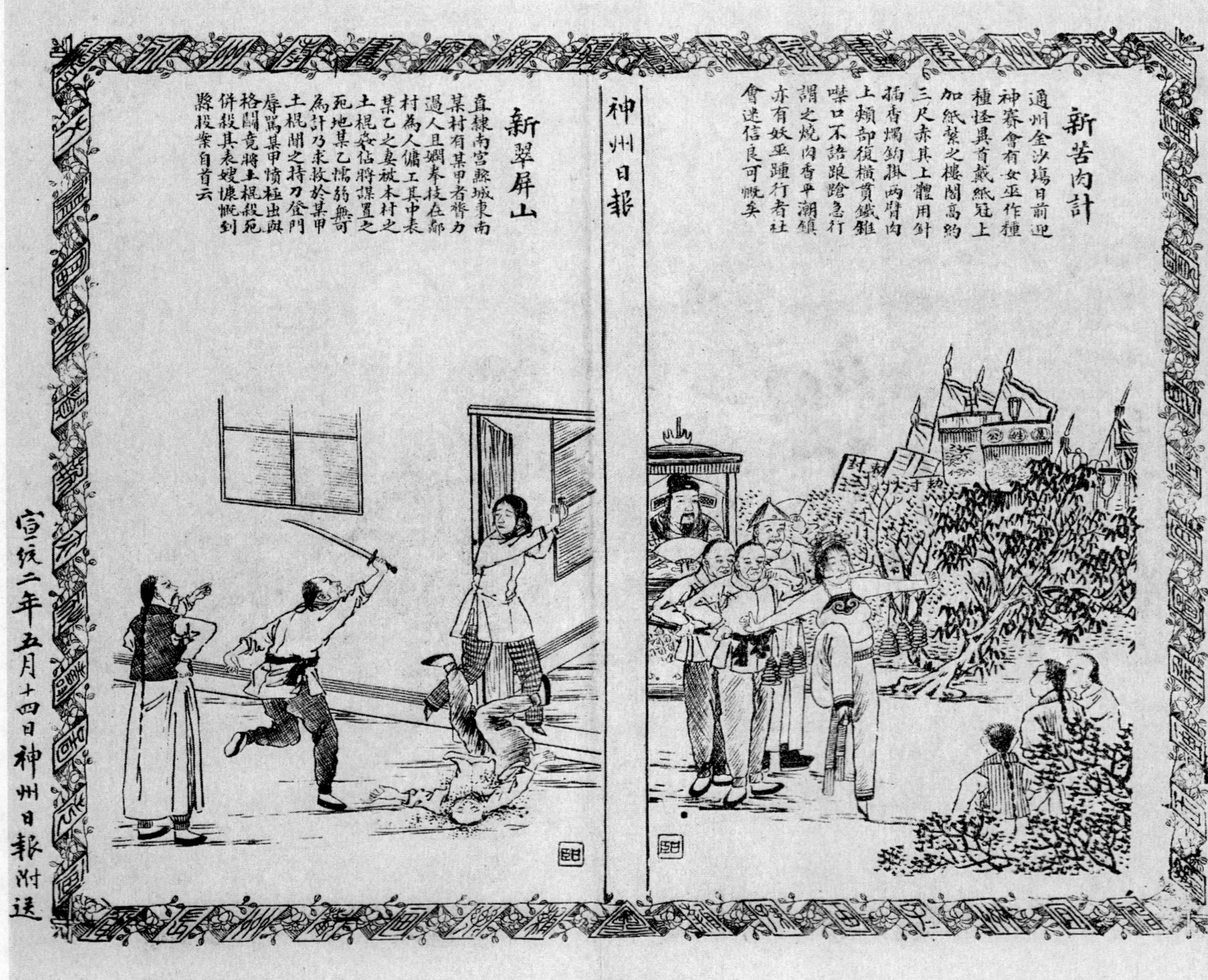
新苦肉計
通州金沙塢日前迎
神賽會有女巫作種
種怪異首戴紙冠上
加紙紮之樓閣高約
三尺赤其上體用針
插香燭鈎掛兩臂肉
上頰部復橫貫鐵錐
噤口不語踉蹌急行
謂之燒肉香平潮鎮
亦有妖巫踵行者社
會迷信良可慨矣
神州日報
新翠屏山
直隸南宮縣城東南
某村有某甲者膂力
過人且嫻拳技在鄰
村為人傭工其中表
某乙之妻被本村之
土棍姦佔將謀置之
死地某乙懦弱無可
為計乃求救於某甲
土棍聞之持刀登門
辱罵某甲憤極出與
格鬭竟將土棍殺死
併殺其表嫂慷慨到
縣投案自首云
宣統二年五月十四日神州日報附送

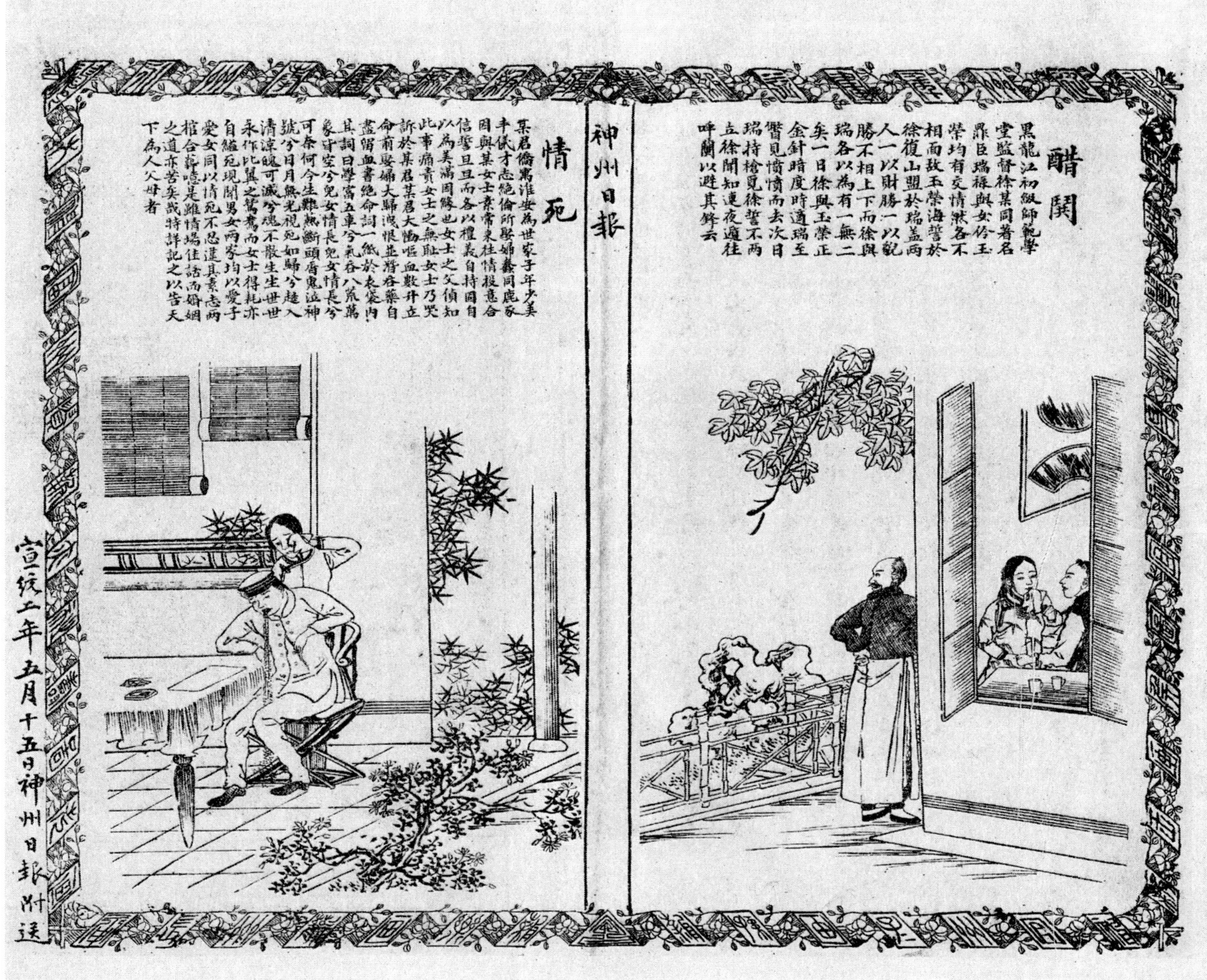

神州日報

醋鬧

黑龍江初級師範學堂監督徐某同著名鼎臣瑞禄與女伶玉榮均有交情然各不相面致玉榮海誓於徐復山盟於瑞蓋兩人一以財勝一以貌勝不相上下而徐與瑞各以為有一無二矣一日徐與玉榮正金針暗度時適瑞至瞥見憤憤而去次日瑞持槍覓徐誓不兩立徐聞知連夜遁往呼蘭以避其鋒云

情死

某君倫萬淮安為世家子年少美丰儀才志絕倫所娶婦蠢同鹿豕因與某女士素常來往情投意合信誓旦旦而各以禮義自持因自以為美滿因緣也女士之父偵知此事痛責女士之無恥女士乃哭訴於某君某君大慟嘔血數升立命前娶婦大歸滅恨並將吞藥自盡留血書絕命詞一紙於衣袋內其詞曰學富五車兮氣吞八荒萬象守空兮兒女情長兒女情長兮可奈何今生難熱斷頭香鬼泣神號兮日月無光視死如歸兮趨入清涼魄可滅兮魂不散生生世世永作比翼之鴛鴦而女士得耗亦自縊死現聞男女兩家均以愛子愛女同以情死不忍遣其素志兩棺合葬噫是雖情場佳話而婚姻之道亦苦矣哉特詳記之以告天下為人父母者

宣統二年五月十五日神州日報附送

《神州日報》第一一五五號　一九一〇年六月二十一日

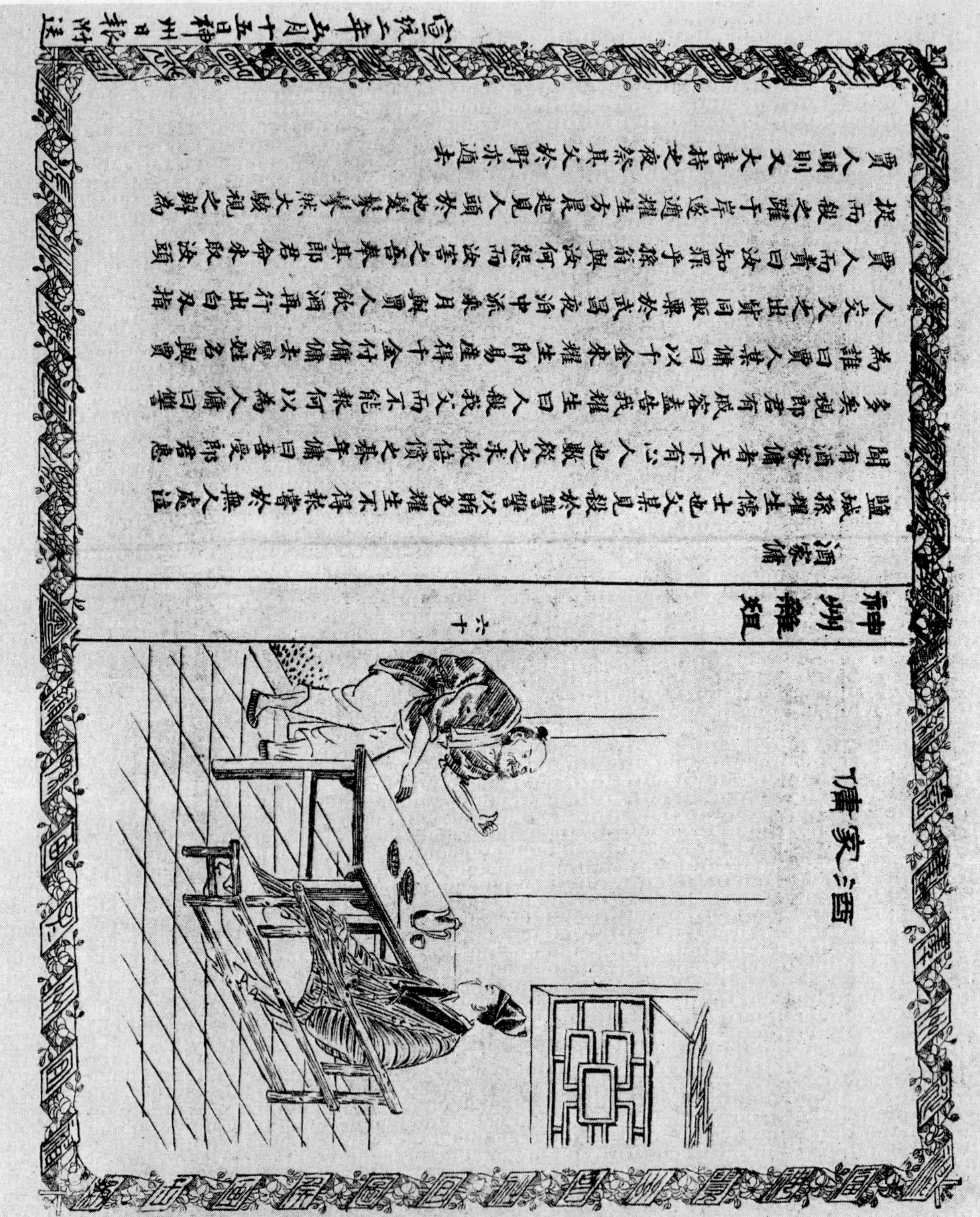
酒家傭
神州雜俎
六十
酒家傭
鹽城孫耀生儒士也父某見殺於讐讐以賄免耀生不得報嘗於無人處泣聞有酒家傭者天下有心人也歔欷從之求飲倍償之朞年傭曰吾受郎君惠多矣視郎君有戚容盍告我耀生曰人殺我父而不能報何以為人傭曰讐為誰曰賈人某傭曰以千金來耀生即易産得千金付傭傭去變姓名與賈人交久之出貲同販粟於武昌夜泊中流乘月與賈人飲酒再行出白刃指賈人而責曰汝知罪乎孫翁與汝何怨而汝害之吾奉其郎君命來取汝頭捉而殺之躍于岸遂遁耀生方晨起見人頭於地髮鬖鬖然大駭視之辨為賈人頭則又大喜持之夜祭其父於野亦遁去
宣統二年五月十五日神州日報附送

白堤垂柳（西湖風景之四）
宣統二年五月十六日神州日報附送

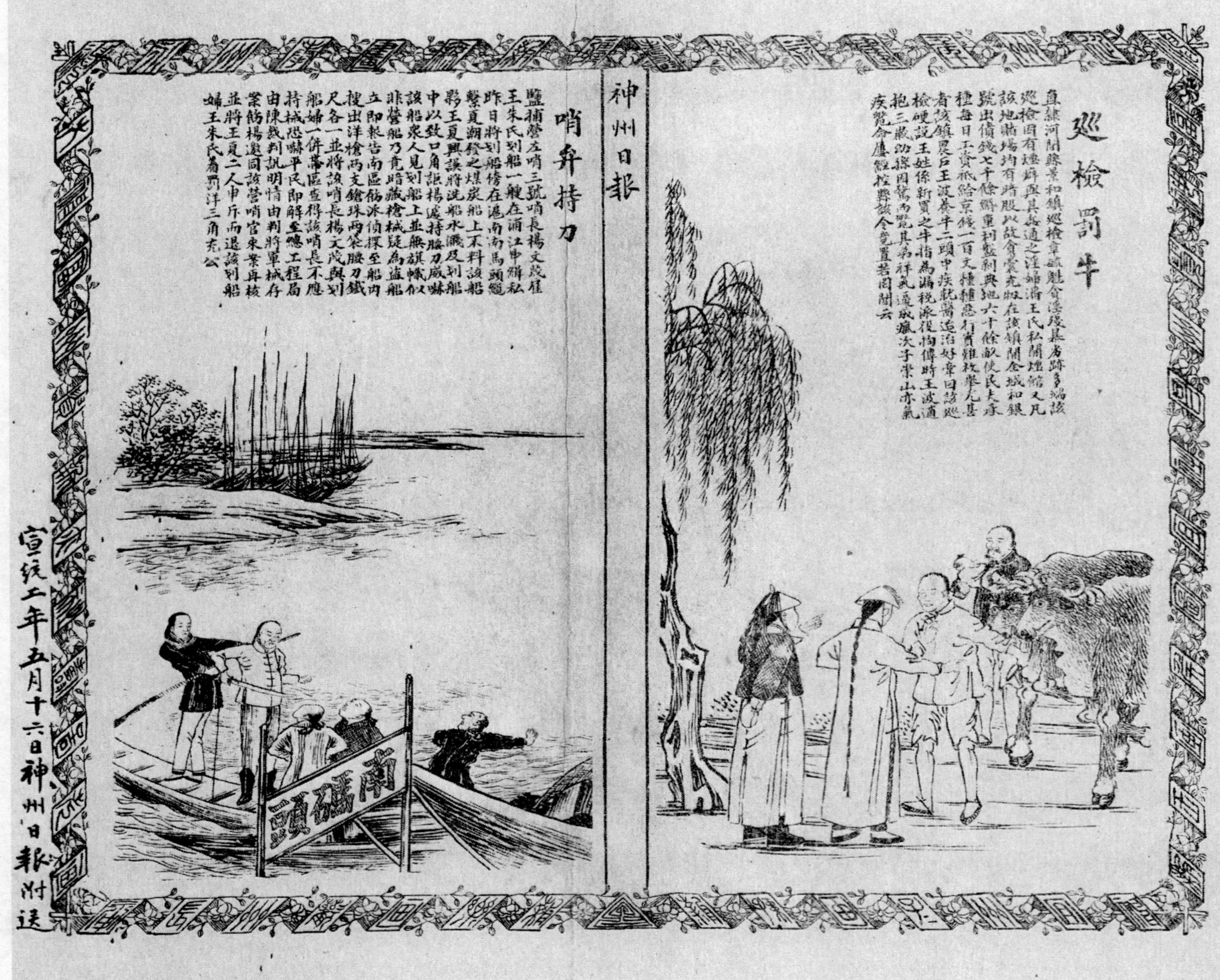
神州日報
巡檢罰牛
直隸河間縣景和鎮巡檢章毓魁貪婪殘暴劣跡多端該巡檢因有煙癖與其姦通之淫婦滿王氏私開煙館又凡該地賭場均有贈股以故貪囊充盈在該鎮開金城和銀號出債錢七千餘緡重利盤剝與巡六十餘畝使民夫承種每日不資祇給京錢一百文種種惡行實難枚舉尤甚者該鎮農戶王波養牛二頭中疾就醫適治好章回該巡檢硬說王姓係新買之牛指爲漏稅派役拘傳時王波適抱三歲幼孫因驚而躉其孫祥氣遂成癲次子棠山亦氣疾嚮命應罰控縣該令竟置若罔聞云
哨弁持刀
鹽捕營左哨三號哨長楊文茂往王朱氏划船一艘在浦江中緝私昨日將划船傍在滬南南馬頭纜繫值潮發之煤炭船上不料該船夥王夏興誤將洗船水濺及划船中以致口角詬楊遂持腰刀威嚇該船衆人見划船上並無旗幟似非營船乃竟暗藏槍械疑爲盜船立即報告南區飭派偵探至船內搜出洋槍兩支鎗珠兩袋腰刀鐵尺各一並將該哨長楊文茂與划船婦一併帶區查得該哨長不應持械恐嚇平民即解至總工程局由陳裁判訊明情由判將軍械存案飭楊邀同該營哨官來案再核並將王夏二人申斥而退該划船婦王朱氏着罰洋三角充公
南碼頭
宣統元年五月十六日神州日報附送

元志和尚

神州雜俎

六十一

元志和尚

元志和尚俗姓孫名耀生父見殺於仇有俠士酒家傭者慨然以報仇自任殆父仇既復耀生遂遁竄於荒日暮豺狼四號心悚惕不敢前見爨烟起趨之竹籬間一老人扶僮而望貌偉如耀生識為非常人乃揖而跪言曰小子舅氏外甥也在外數年矣今特來老人熟視曰是也吾望汝久今始歸來乎携之入命僮扃其戶抵密室呼耀生跪以杖擊之曰咄若何人斯吾素不識若乃冒呼我將欲詐老子耶耀生曰然則翁以我為何如人老人曰逋逃客耳不言故當殺汝耀生頓首告之故老人曰能父事我乎曰諾老人子匿之數年一日呼耀生前曰我少為俠老隱於此有藏金無所用今付汝天下方平可至京師圖仕進也耀生遂行道出六安山中為盜執以儒士不殺命掌文籍三年乘間遁歸而老人已死大慟服如親之喪既除乃自嘆曰吾有真父而不能養有假父而不能報何以為人薙髮依釋氏名元志以釋學顯今吳越間多有知其名者

宣統二年五月十七日神州日報附送

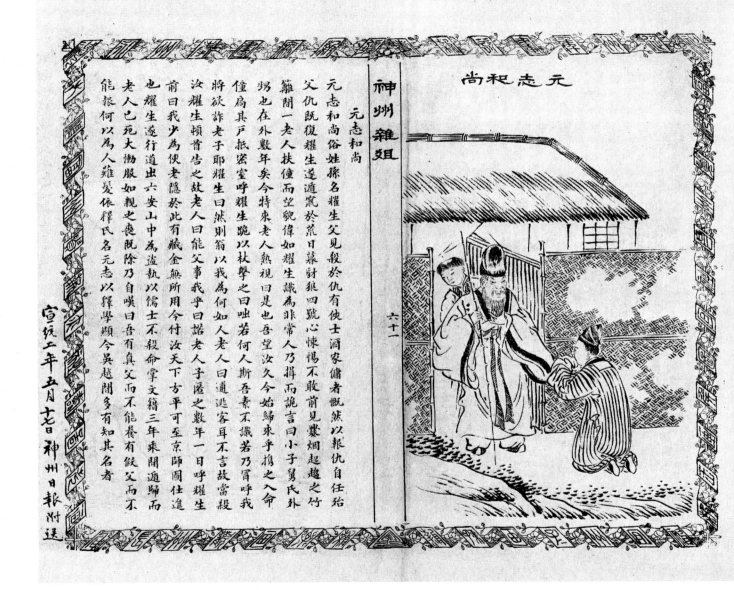

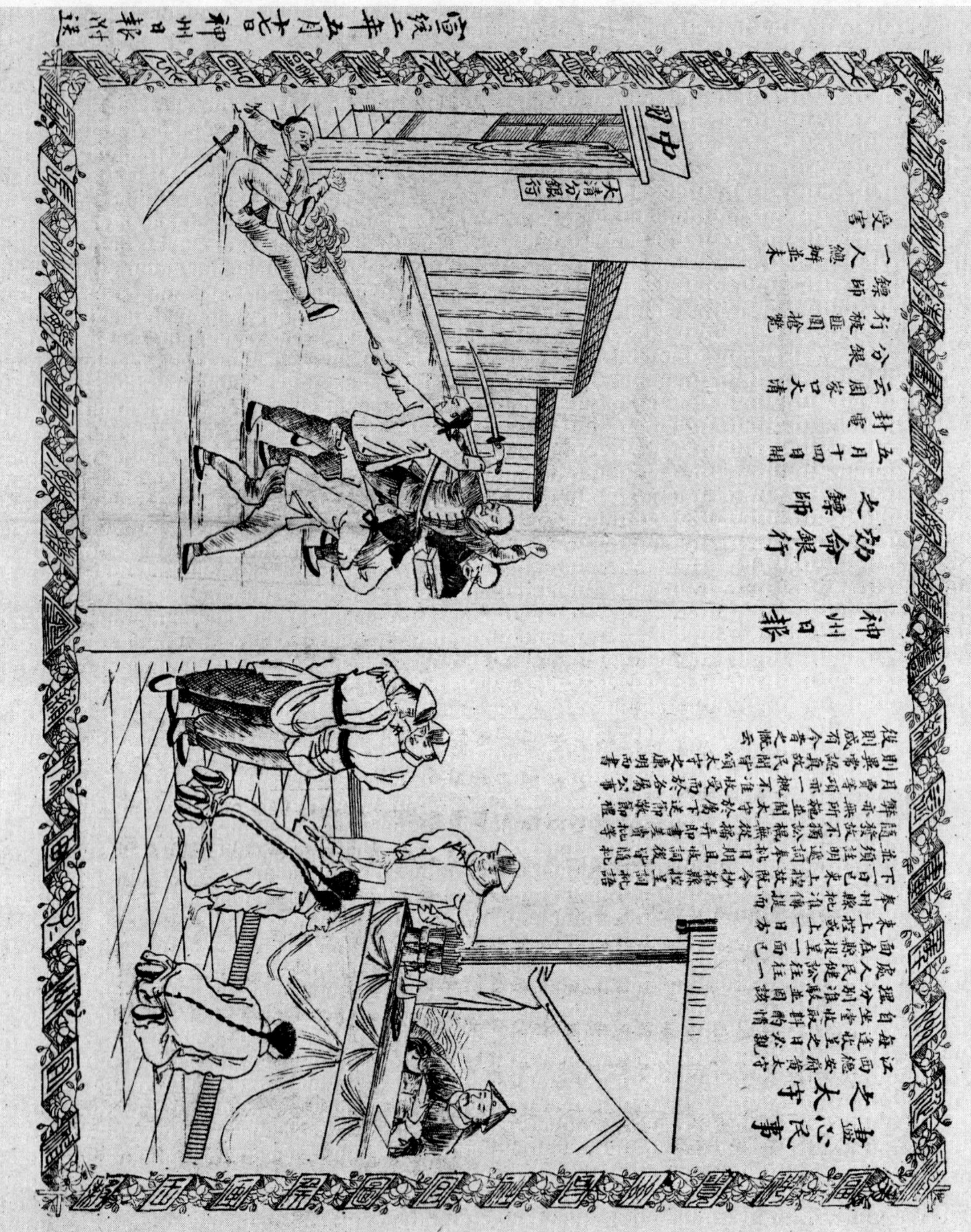
盡心民事之太守
江西德安府黄太守每逢收呈之日必親自坐堂收取斟酌情理分别准駁並因該處人民健訟往往一面在縣投呈一面已来上控或上一日方奉州縣批准傳提而下一日已来上控故既令抄粘縣控呈詞批語並須註明遞詞奉批日期且收詞後皆隨批隨發故不獨訟棍無從播弄即書差貴批等弊亦無所施並聞太守於屬下送節敬節禮月費等項亦一概不准收受而於各屬公事則異常認真故民間皆頌太守之廉明而書役則咸有今昔之慨云
神州日報
劫命銀行之鏢師
五月十四日開封電云周家口大清分銀行被匪圍搶鏢師一人總辦並未受害
大清分銀行
中
宣統二年五月十七日神州日報附送

宣統二年五月十八日神州日報附送
蘇小墓
（西湖風景之五）

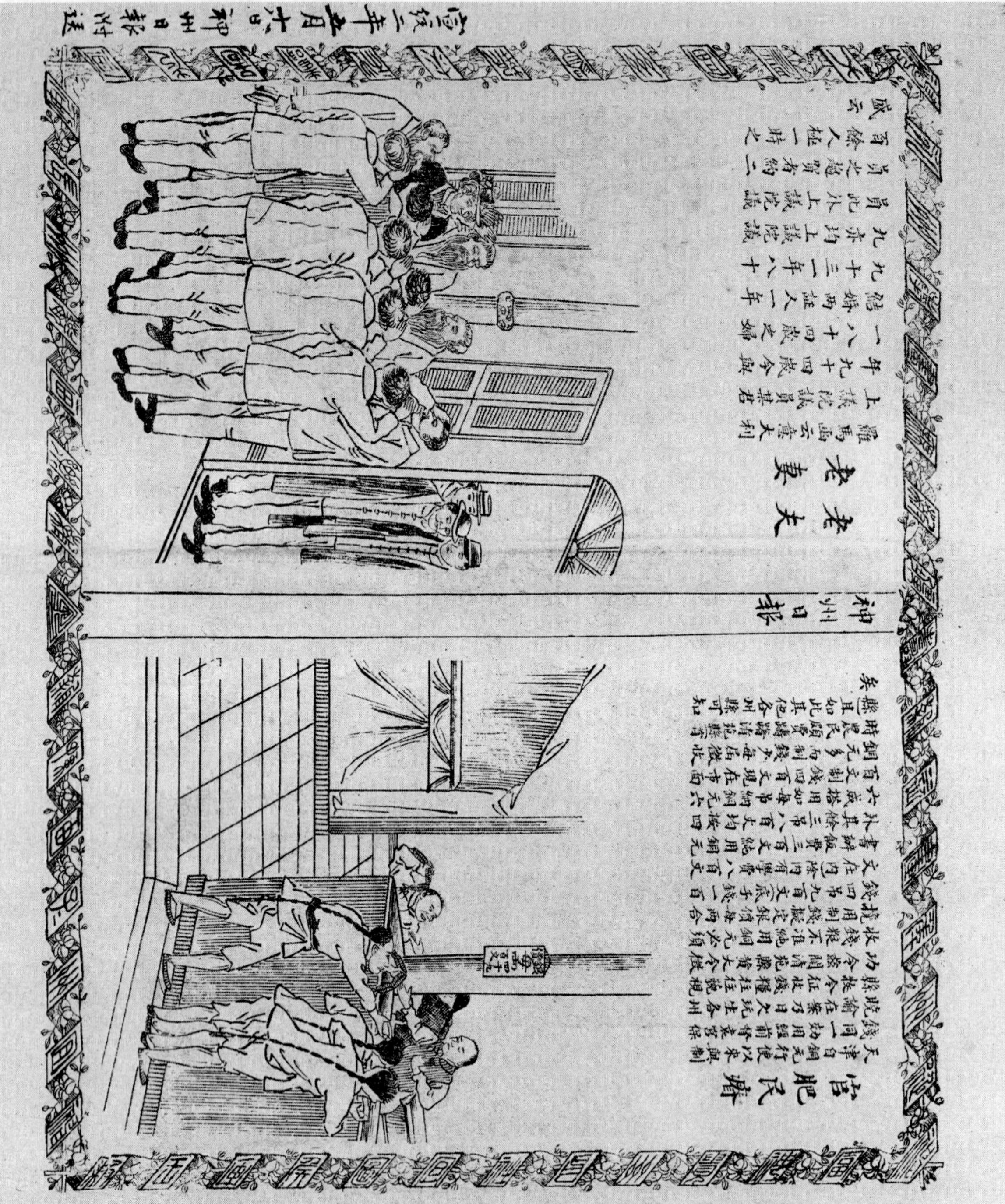
官肥民瘠
天津自銅元行使以來與制錢同一効用經前督袁宮保曉諭在案乃日久玩生各州縣牧令征收錢糧往往藐視功令茲聞清苑縣黃大令徵收錢糧不准純用銅元必須攙用制錢擬定銀價每兩合錢四吊九百文(底子錢一百文在內)除內有學費八百文書辦飯費三百文純用銅元外其餘三吊八百文均按四六成搭用如每吊納銅元六百文制錢四百文現在市面銅元多而制錢少每屆徵收時農民頗費躊躇清苑縣(首縣)且如此其他各州縣可知矣
神州日報
老夫老妻
羅馬函云意大利上議院議員某君年九十四歲今與一八十四歲之婦結婚兩証人一年九十三一年八十九亦均上議院議員此外上議院議員之趨賀者約二百餘人極一時之盛云
宣統二年五月十六日神州日報附送

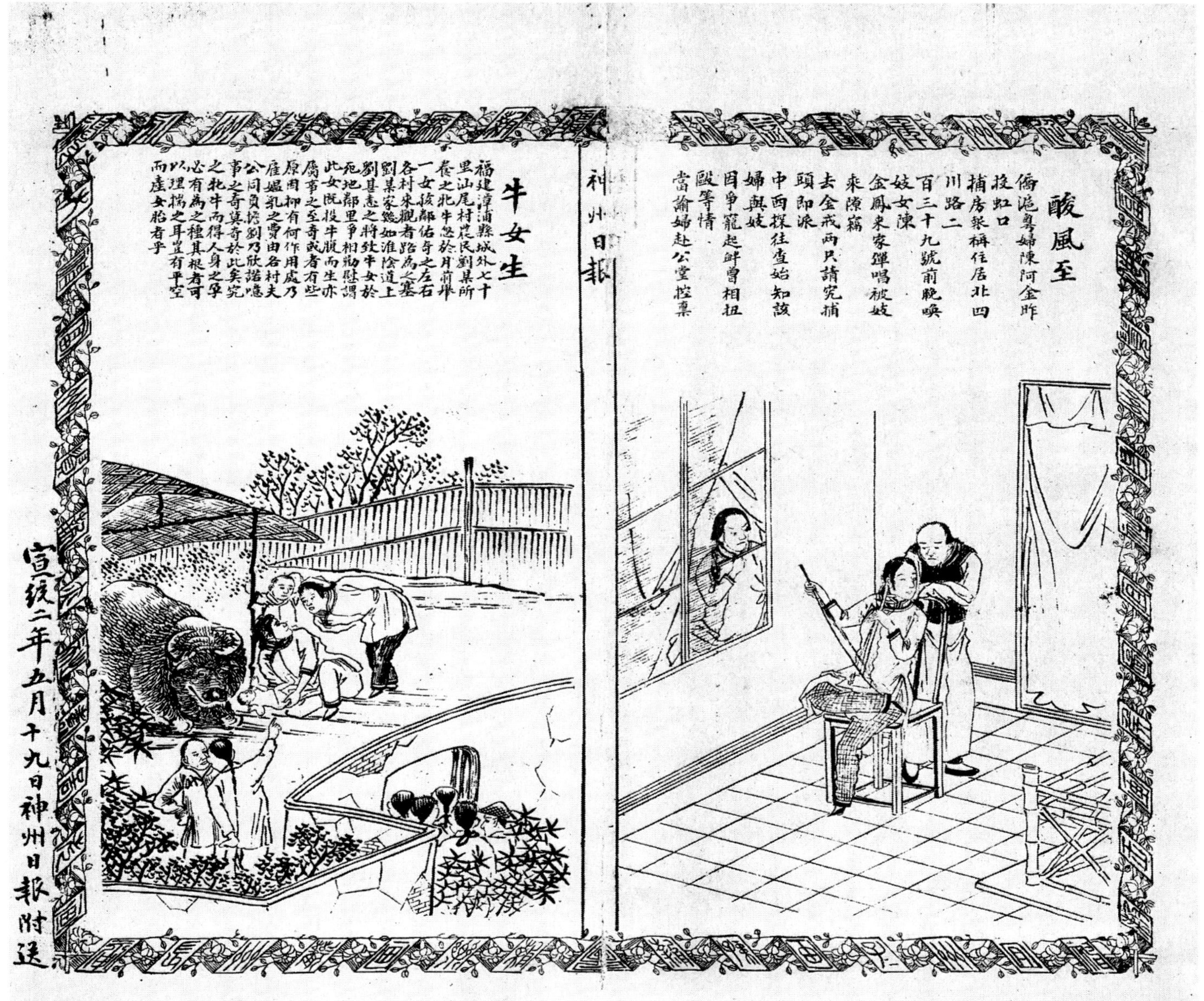
牛女生
福建漳浦縣城外七十里汕尾村農民劉某所養之牝牛忽於月前舉一女孩鄰佑奇之左右各村來觀者路為之塞劉某家貧如淮陰道上劉某恚之將致牛女於死地鄰里爭相勸慰謂此女既投牛腹而生亦屬事之至奇或者有些原因抑有何作用處乃雇媼乳之費由各村夫公同負擔劉乃欣諾噫事之奇莫奇於此矣究之牝牛而得人身之孕必有為之種其根者可以理揣之耳豈有平空而產女胎者乎
神州日報
酸風至
僑滬粵婦陳阿金昨投虹口捕房報稱住居北四川路二百三十九號前晚喚妓女陳金鳳來家彈唱被妓來隙竊去金戒兩只請究捕頭即派中西探往查始知該婦與妓因爭寵起衅曾相扭毆等情。當諭婦赴公堂控稟
宣統二年五月十九日神州日報附送

平湖秋月（西湖風景之六）
宣統二年五月十九日神州日報附送

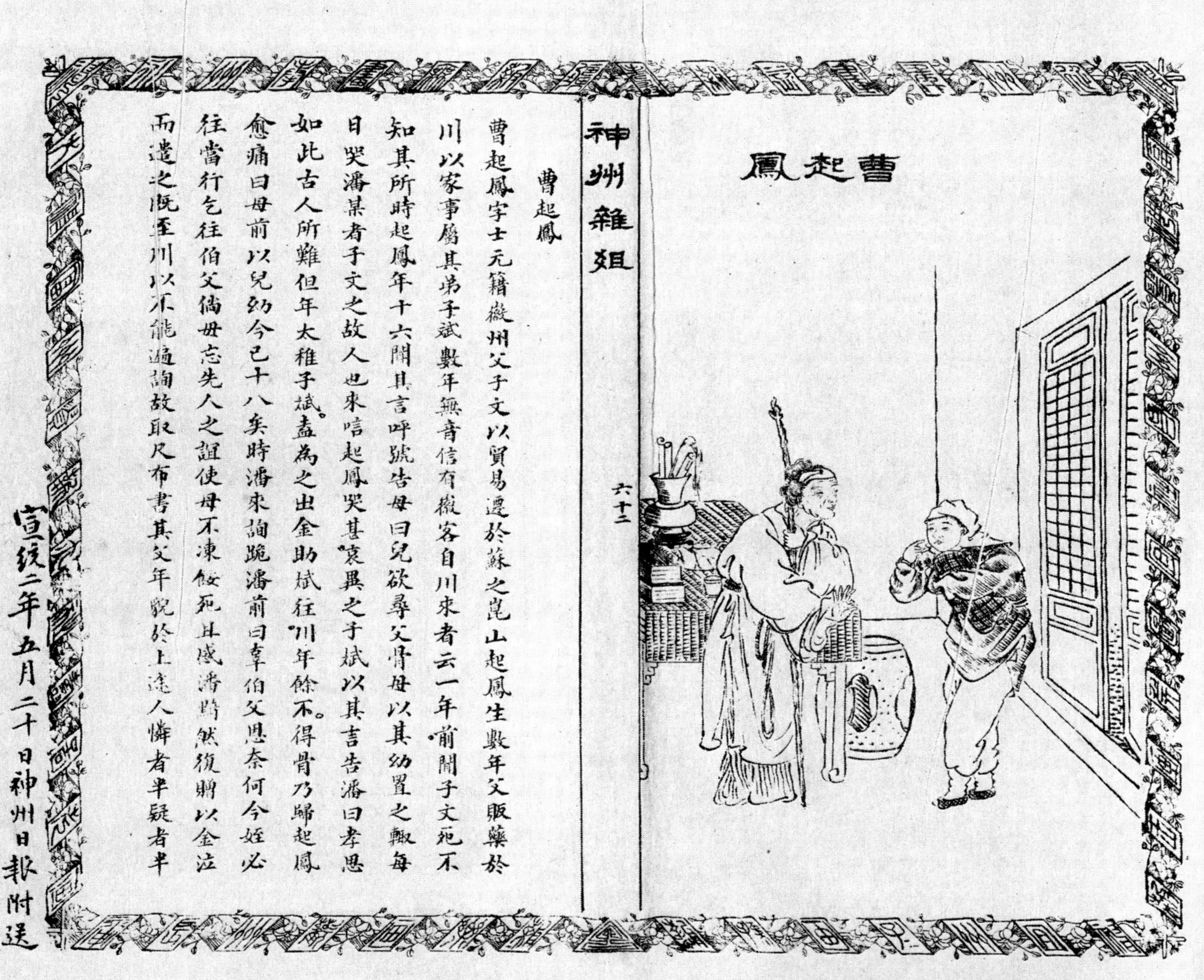

曹起鳳

神州雜俎

六十二

曹起鳳

曹起鳳字士元籍徽州父子文以貿易遷於蘇之崑山起鳳生數年父販藥於川以家事屬其弟子斌數年無音信有徽客自川來者云一年前聞子文死不知其所時起鳳年十六聞其言呼號告母曰兒欲尋父骨母以其幼置之輒每日哭潘某者子文之故人也來唁起鳳哭甚哀異之子斌以其言告潘曰孝思如此古人所難但年太稚子斌盍為之出金助斌往川年餘不得骨乃歸起鳳愈痛曰毋前以兒幼今已十八矣時潘來詢跪潘前曰韋伯父恩奈何今姪必往當行乞往伯父倘毋忘先人之誼使母不凍餒死且感潘曉然復贈以金泣而遣之既至川以不能遍詢故取尺布書其父年貌於上遠人憐者半疑者半

宣統二年五月二十日神州日報附送

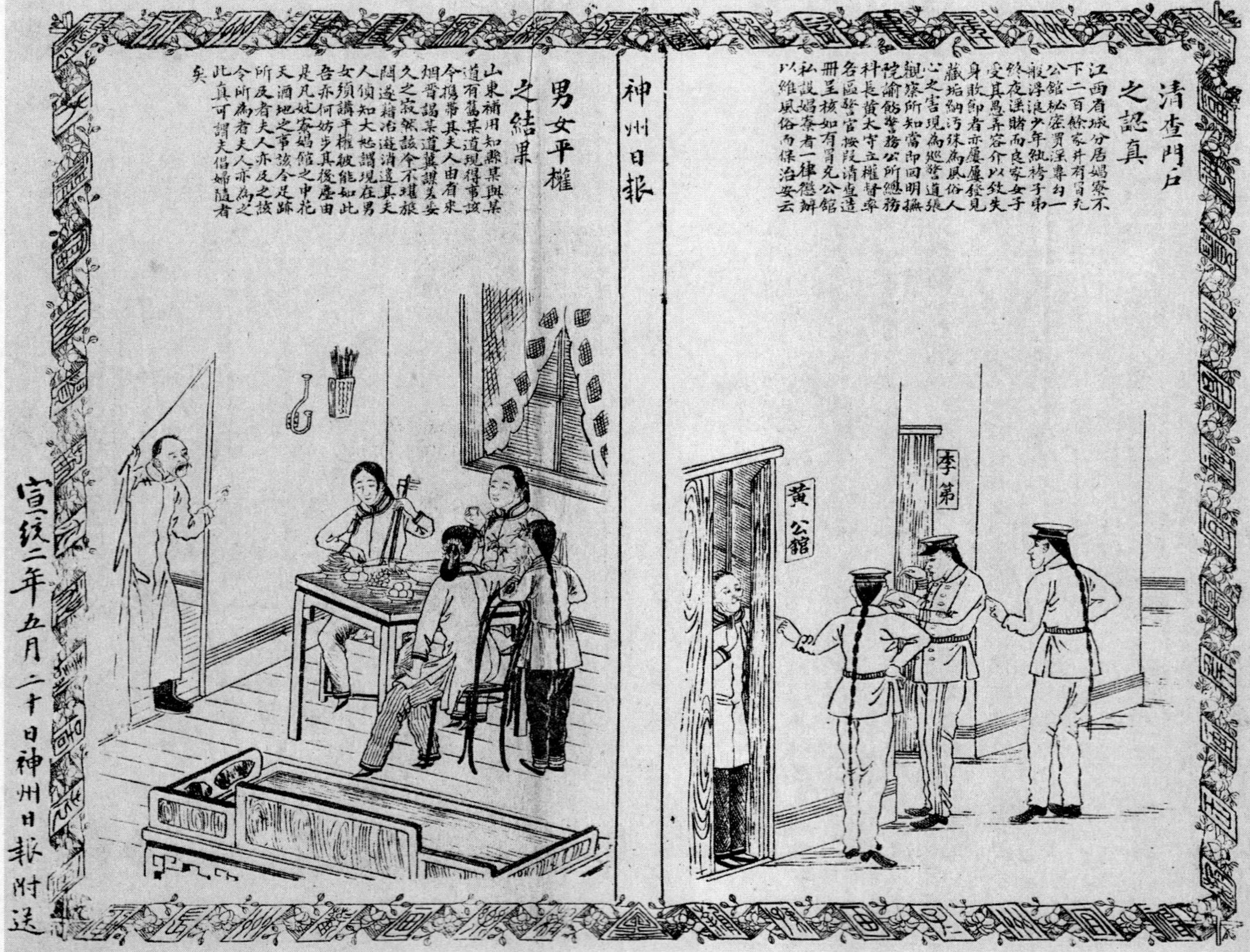
清查門戶之認真
江西省城分居娼寮不下二百餘家并有冒充公館秘密賣淫專勾一般浮浪少年紈袴子弟終夜淫賭而良家女子受其愚弄容介以致失身敗節者亦屢屢發見藏垢納污爲風俗人心之害現爲巡警道張觀察所知當即回明撫院諭飭警務公所總務科長黃太守立權督率各區警官按段清查造冊呈核如有冒充公館私設娼寮者一律懲辦以維風俗而保治安云
黃公館
李第
神州日報
男女平權之結果
山東補用知縣某與某道有舊某道現得事該令攜帶其夫人由省來烟晉謁某道冀謀美差久之寂然該令不堪旅閙遂藉冶遊消遣其夫人偵知大怒謂現在男女須講平權彼能如此吾亦何妨步其後塵由是凡妓寮娼館之中花天酒地之事該令足跡所及者夫人亦及之該令所爲者夫人亦爲之此眞可謂夫倡婦隨者矣
宣統二年五月二十日神州日報附送

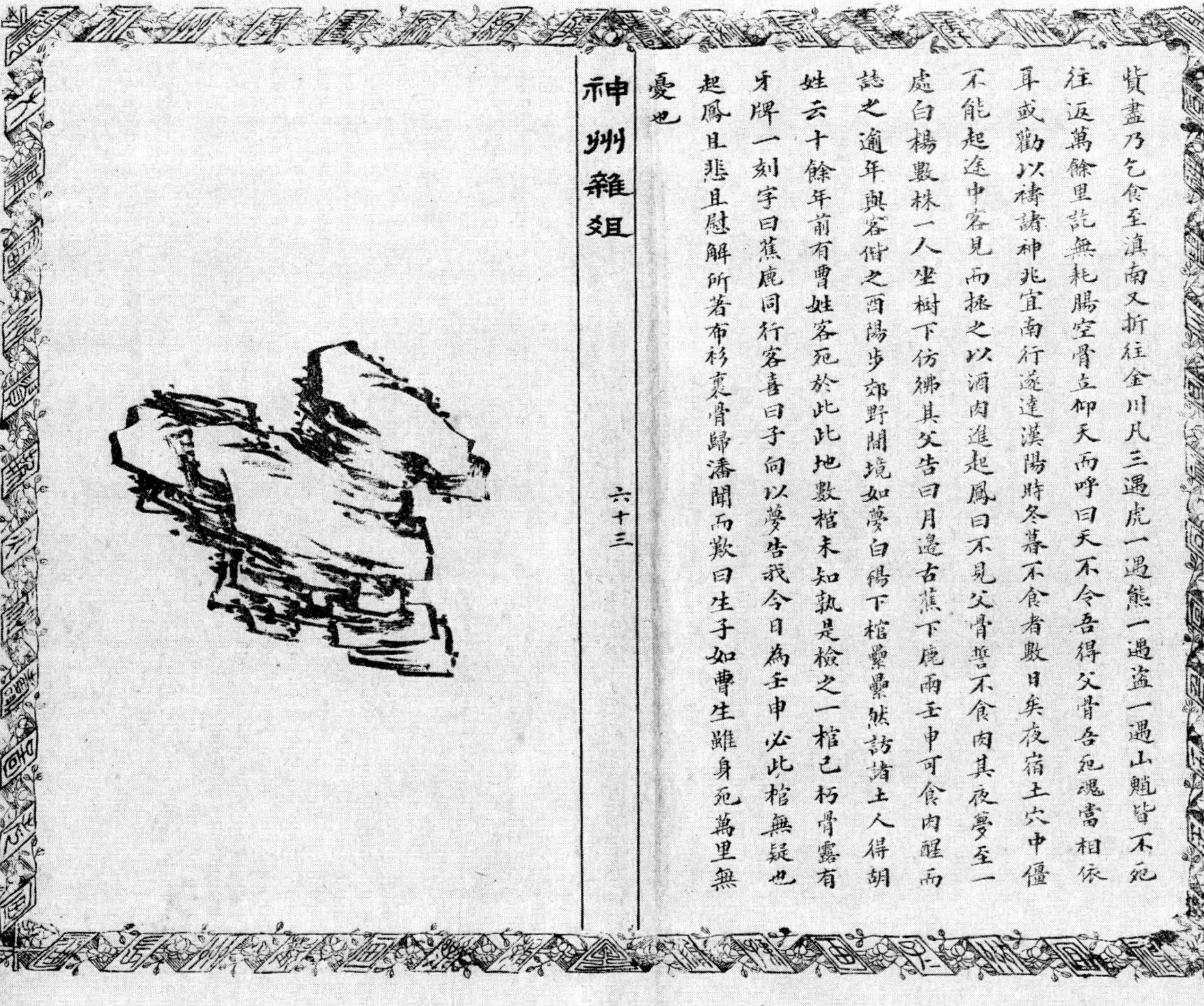

貲盡乃乞食至滇南又折往金川凡三遇虎一遇熊一遇盜一遇山魈皆不死往返萬餘里訖無耗腸空骨立仰天而呼曰天不令吾得父骨吾死魂當相依耳哉勸以禱諸神兆宜南行遂達漢陽時冬暮不食者數日矣夜宿土穴中僵不能起逢中客見而拯之以酒肉進起鳳曰不見父骨誓不食肉其夜夢至一處白楊數株一人坐樹下彷彿其父告曰月邊古蕉下鹿兩壬申可食肉醒而誌之適年與客偕之酉陽步郊野閒境如夢白楊下棺纍纍然訪諸土人得胡姓云十餘年前有曹姓客死於此此地數棺未知孰是檢之一棺已朽骨露有牙牌一刻字曰蕉鹿同行客書曰子向以夢告我今日為壬申必此棺無疑也起鳳且悲且慰解所著布衫裹骨歸潘聞而歎曰生子如曹生雖身死萬里無憂也

神州雜俎

六十三

宣統二年五月廿一日神州日報附送

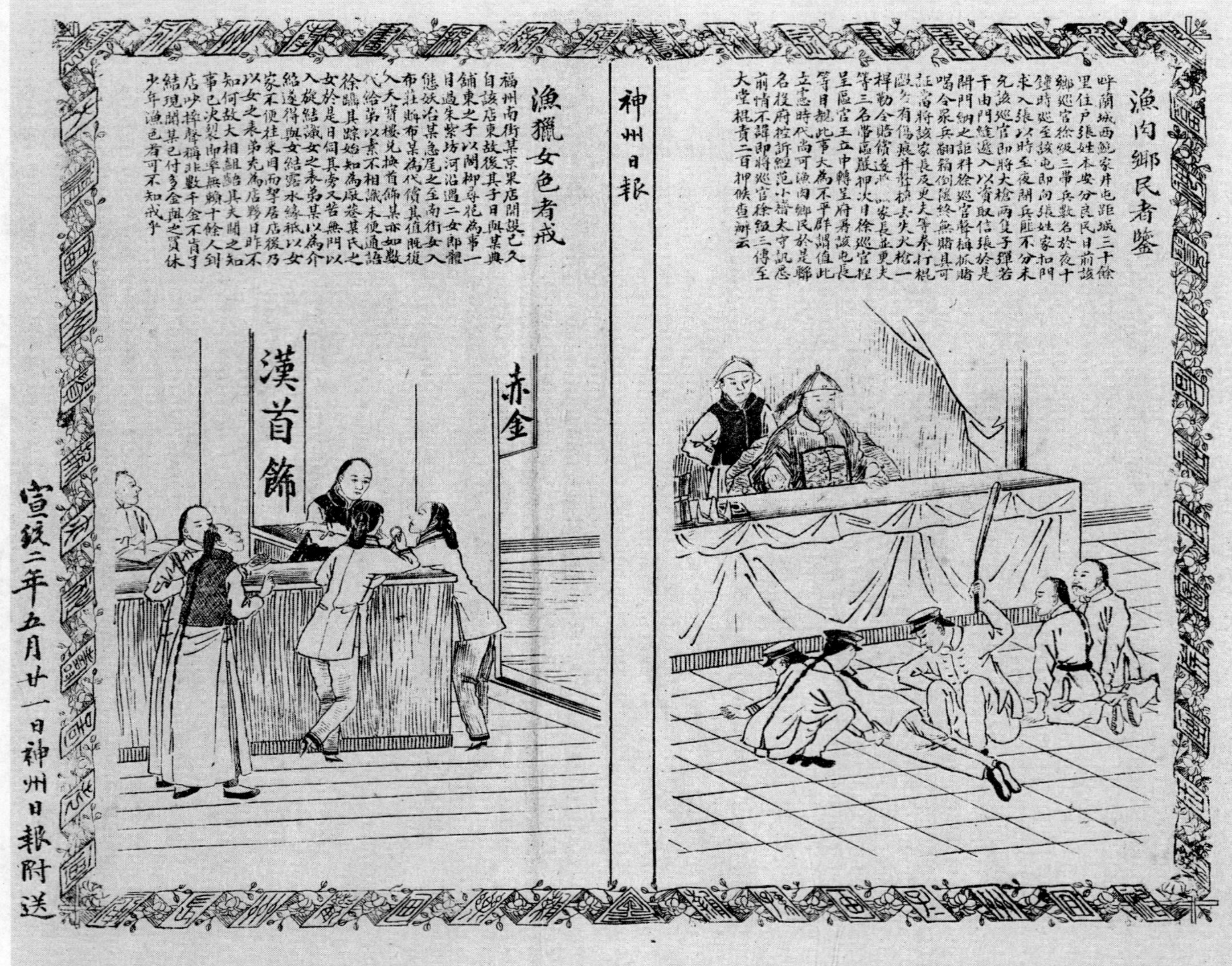

漁肉鄉民者鑒

呼蘭城西鮑家屯距城三十餘里住戶張姓本安分良民日前該鄉巡官徐級三帶兵數名於夜十鐘時巡至該屯即向張姓家扣門求入張以時至夜開兵匪不分未允該巡官即將大槍兩隻子彈若干由門縫遞入以資取信張於是開門納之詎料徐巡官聲稱抓賭喝令衆兵翻箱倒篋終無賭具可証當將該家長及更夫等拳打棍毆各有傷痕并將去失火槍一桿勒令賠償遂將家長並更夫等三名帶區嚴押次日徐巡官捏呈區官王立中轉呈府署該屯長等目覩此事大為不平群謂值此立憲時代尚可漁肉鄉民於是聯名投府控訴經范小嵓太守訊悉前情不諱即將巡官徐級三傳至大堂棍責二百押候查辦云

神州日報

漁獵女色者戒

福州南街某京果店開設已久自該店東故後其子日與某典舖東之子以閒柳尋花為事一日過朱紫坊河沿遇二女郎體態妖冶某急尾之至南街女入布莊躡布某為代償其值既復入天寶樓兄換首飾某亦如數代給弟以素不相識未便通語徐躡其蹤始知為廠巷某氏之女於是日伺其旁又苦無門以入旋結識女之表弟某以為介紹遂得與女結露水緣祇以女家不便往來因而挈居店後乃以女之表弟充為店夥日昨不知何故大相齟齬其夫聞之知事已決裂即率無賴十餘人到店吵擾聲稱非數千金不肯了結現聞某已付多金與之買休少年漁色者可不知戒乎

宣統二年五月廿一日神州日報附送

宣統二年五月廿二日神州日報附送
野渡無人

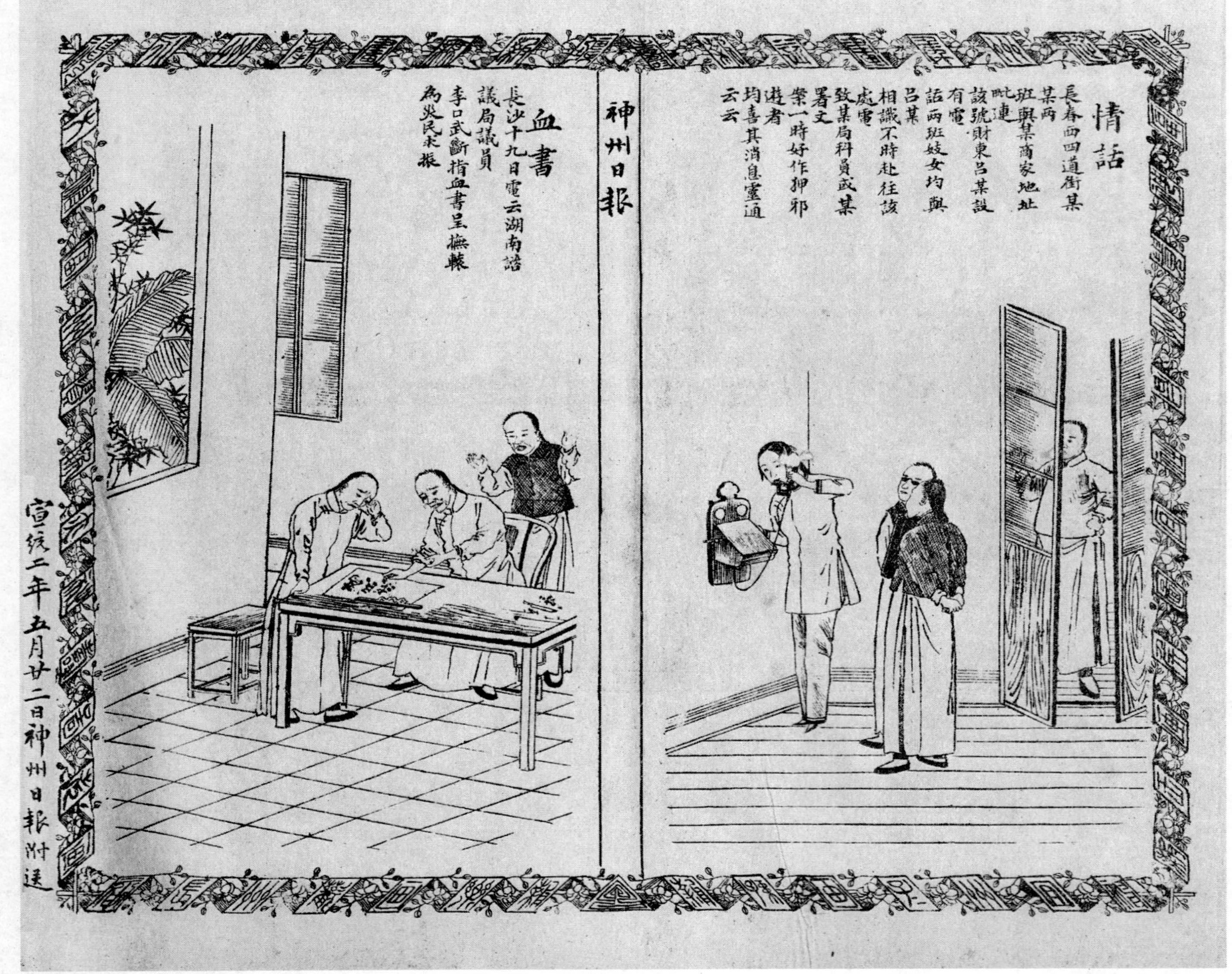

神州日報
情話
長春西四道街某某兩班與某商家地址毗連該號財東呂某設有電話兩班妓女均與呂某相識不時赴往該處電致某局科員或某署文案一時好作狎邪遊者均喜其消息靈通云云
血書
長沙十九日電云湖南諮議局議員李口武斷指血書呈撫轅為災民求振
宣統二年五月廿二日神州日報附送

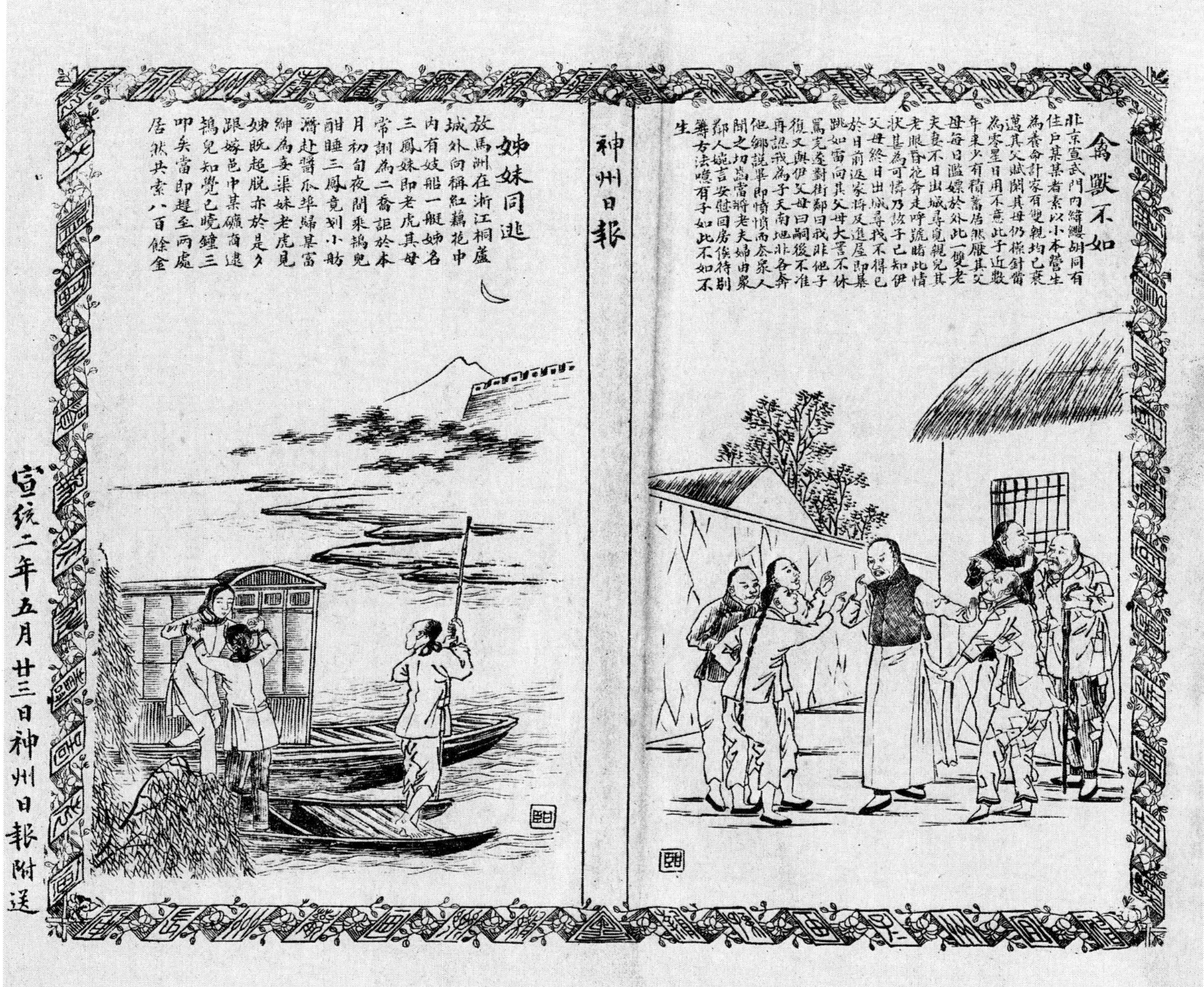
宣統二年五月廿三日神州日報附送
神州日報
姊妹同逃
放馬洲在浙江桐盧城外向稱紅藕花中內有妓船一艇姊名三鳳妹即老虎其母常謝為二喬詎於本月初旬夜間乘鴇兒酣睡三鳳竟刈小舫潛赴嚴瓜埠歸某富紳為妾渠妹老虎見姊既趨脫亦於是夕跟嫁邑中某礦商遠鴇兒知覺已曉鐘三叩矣當即趕至兩處居然共索八百餘金
禽獸不如
北京宣武門內繩匠胡同有住戶某某者素以小本營生為養命計家有雙親均已衰邁其父賦閒其母仍操針黹為零星日用不意此子近數年來少有積蓄居然厭其父母每日濫嫖於外此一雙老夫妻不日出城尋覓親兒其老眼昏花奔走呼號睹此情狀甚為可憐乃該子已知伊父母終日出城尋找不得已於日前返家將及進屋即暴跳如雷向其父母大詈不休罵竟遂對街鄰曰我非他子復又與伊父母曰嗣後不准再認我為子天南地北各奔他鄉說畢即憤憤而去衆人聞之切齒當將老夫婦由衆鄰人婉言安慰回房俟待別籌方法噫有子如此不如不生

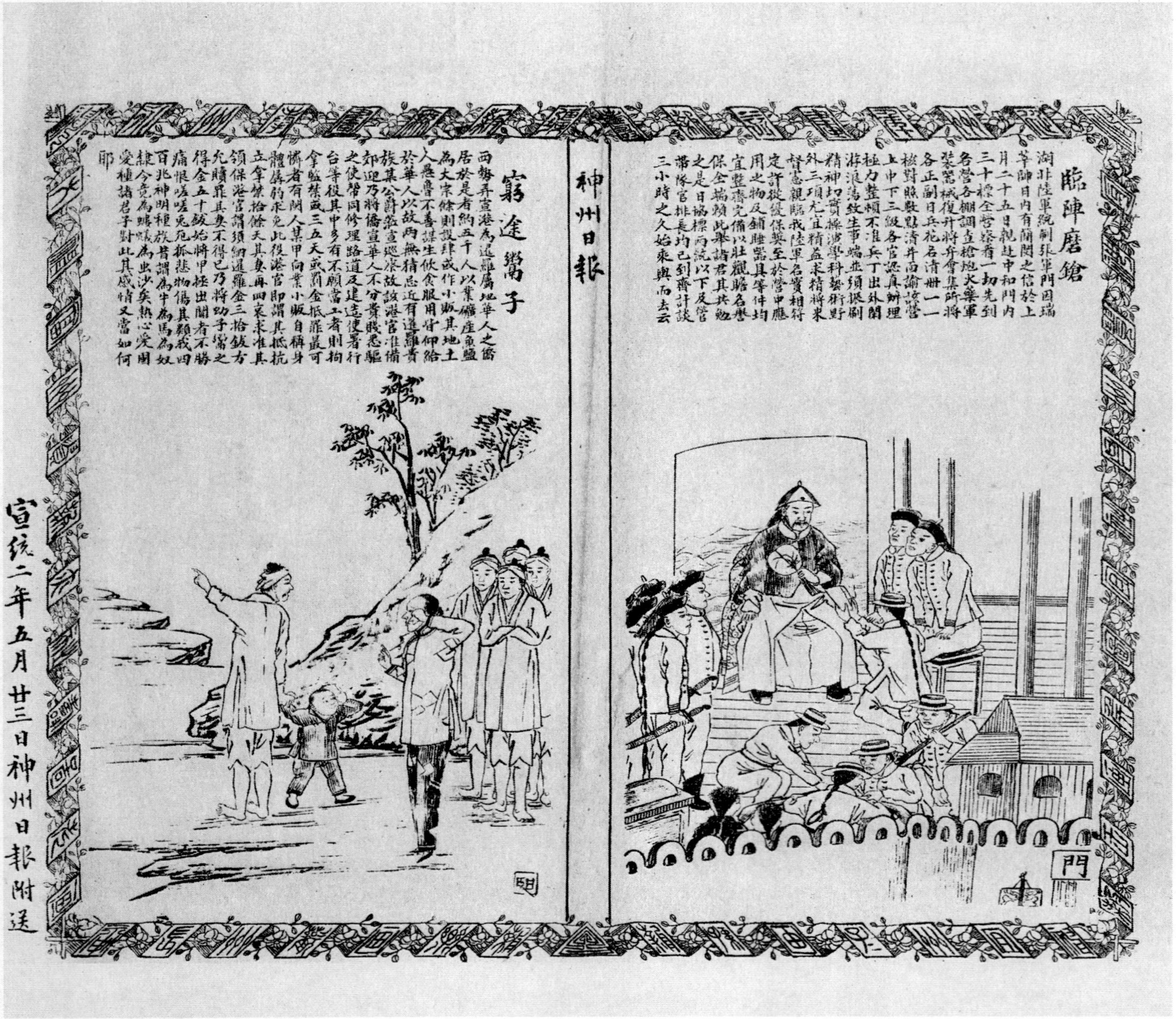
神州日報
臨陣磨鎗
湖北陸軍統制張軍門因瑞莘帥日內有簡閱之信於上月二十五日親赴中和門內三十標全營察看一切先到各營各棚調查槍炮火藥軍裝器械復升將弁會集所將各正副目兵花名清冊一一核對點數點清并面諭該營上中下三級各官認真辦理極力整頓不准兵丁出外閒游浪蕩致生事端并須振刷精神切實操演學科藝術野外三項尤宜精益求精將來督憲親臨我陸軍名實相符定許從優保奬至於營中應用之物及鋪睡器具等件均宜整齊完備以壯觀瞻名譽保全端賴此舉諸君其共勉之是日協標兩統以下及管帶隊官排長均已到齊計談三小時之久始乘輿而去云
門
窮途鬻子
西勢弄宣港為暹羅屬地華人之僑居於是者約五千人以業礦產魚鹽為大宗餘則設肆或作小販其地土人悉魯不善謀生飲食服用皆仰給於華人以故兩無猜忌近有暹羅貴族某公爵蒞宣巡港故該港官准備郊迎乃將僑宣華人不分貴賤悉驅之使幫同修理路道及建造使署行台等役其中多有不願當工者則拘拿監禁或三五天或罰金抵罪最可憐者有閩人某甲向業小販自稱身體孱弱求免此役港官即謂其抵抗立拿禁拾餘天其身再四哀求准其領保港官謂須納暹羅金三拾銖方允贖罪其身不得已乃將幼子鬻之得金五十銖始將甲釋出聞者不勝痛恨嗟嗟兎死狐悲物傷其類我四百兆神明種族昔謂為牛為馬為奴隸今竟為蠕蠕為虫沙矣熱心愛國愛種諸君子對此其感情又當如何耶
明
宣統二年五月廿三日神州日報附送

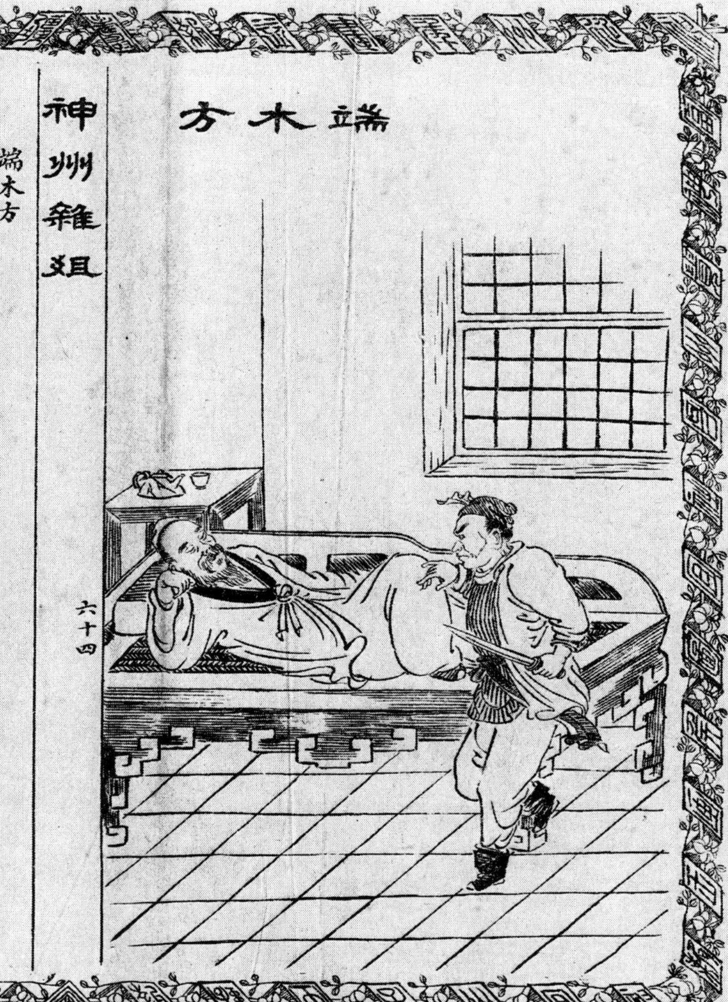

神州雜俎

端木方

端木方字正男家閩中生而頎碩數歲與羣兒戲羣兒持巨梃擊其頭頭無恙羣呼以鐵頭而鐵頭亦自命稍長習爲無賴或忤之輒以頭擊人當之者仆人皆避之嘗爭於市有癰翁從旁睨之曰豎兒太橫哉鐵頭瞋目視翁曰爾何人敢侮我擊以頭翁手一揮而鐵頭仆再擊再仆凡三仆鐵頭跽地罵曰老奴敢侮我必殺老奴翁廻顧曰我張長公也偶遊於此棲嶽廟豎兒其來至夕鐵頭袖短刃達長公所門闢長公寢登其牀左據項右抽刃而刺之如堅革刃不得入力刺之刃折鐵頭隮牀下長公開目視曰豎兒何敢惡作謔鐵頭拜且言曰某無狀當死然公操何術乃至此長公起欠伸言曰子好勇而無勇自賊之道也我無異術能養氣耳能侍我乎鐵頭曰侍公捷數十叟之起自是鐵頭朝夕侍長公數折辱之無愧色又陰使人詬之於塗走避去長公曰可教也出一卷書曰世所稱易筋經即此今所傳皆贋本昔岳武穆得之番僧予得之異人以授子遂乃調習精氣吞吐二曜百日盡得其傳焉

宣統二年五月廿四日神州日報附送

三潭印月
（西湖風景之八）
星槎寫真
宣統二年五月廿四日神州日報附送

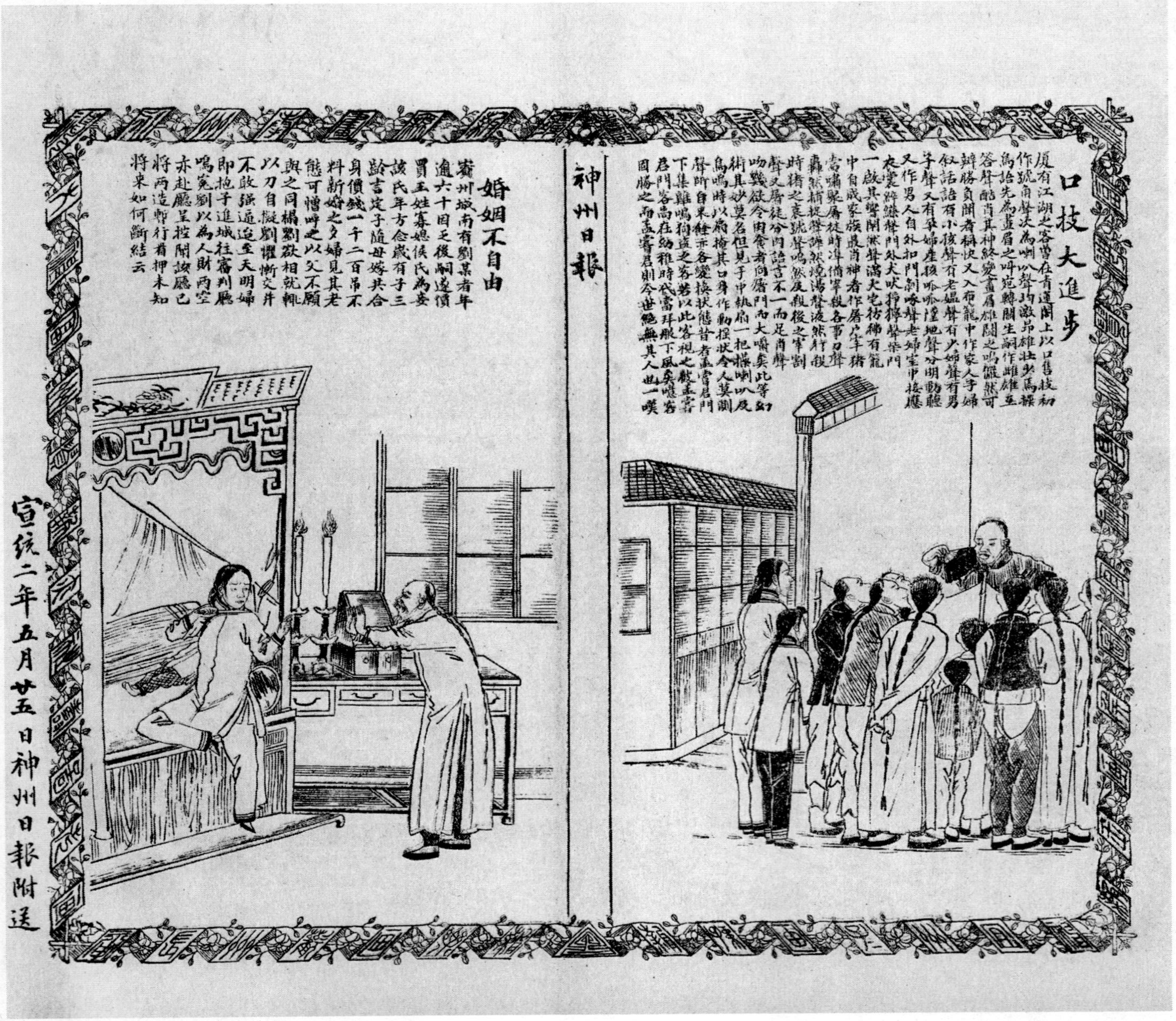
口技大進步
廣有江湖之客曾在青蓮閣上以口售技初
作號角聲次為喇叭聲均激昂雄壯步馬操
為詒先為畫眉之叫宛轉關生嗣作雌雄互
答聲酷肖其神終變畫眉雄鬪之鳴儼然可
辨勝負聞者稱快又入布籠中作家人爭婦
叙話語有小孩聲有老媼聲有少婦聲有男
子聲又有孕婦產孩哌哌墮地聲分明動聽
又作男人自外扣門剝啄聲老婦室中接應
衣裳綷縩聲門外犬吠狺狺聲柴門
一啟其聲閙然聲滿大宅彷彿有籠
中自成家族最肖神者作屠户宰猪
嘗端聚屠徒時准備宰殺各事口聲
轟然捕捉聲譁然燒湯聲波然行殺
時猪之哀號聲嗚然度殺後之宰割
聲又屠徒分肉語言不一而足肖聲
吻戳欲令肉食者向屠門而大嚼矣此等幻
術其妙莫名但見手中執扇一把攏喇以及
烏鳴時以扇掩其口身作動搖狀令人莫測
聲所自來雖亦各變換狀態昔者孟嘗君門
下集雞鳴狗盜之客皆以此客視之殺孟嘗
君門客尚在幼稚時代當拜服下風矣噫客
固勝之而孟嘗君則今世絕無其人也一嘆
神州日報
婚姻不自由
蘇州城南有劉某者年
逾六十因乏後嗣遂價
買王姓寡媳侯氏為妾
該氏年方念歲有子三
齡言定子隨母嫁共合
身價錢一千二百吊不
料新婚之夕婦見其老
態可憎呼之以父不願
與之同牀劉欲相就輒
以刀自擬劉懼惭交并
不敢强逼迨至天明婦
即抱子進城往審判廳
鳴冤劉以為人財兩空
亦赴廳呈控閱該廳已
將兩造暫行看押未知
將來如何斷結云
宣統二年五月廿五日神州日報附送

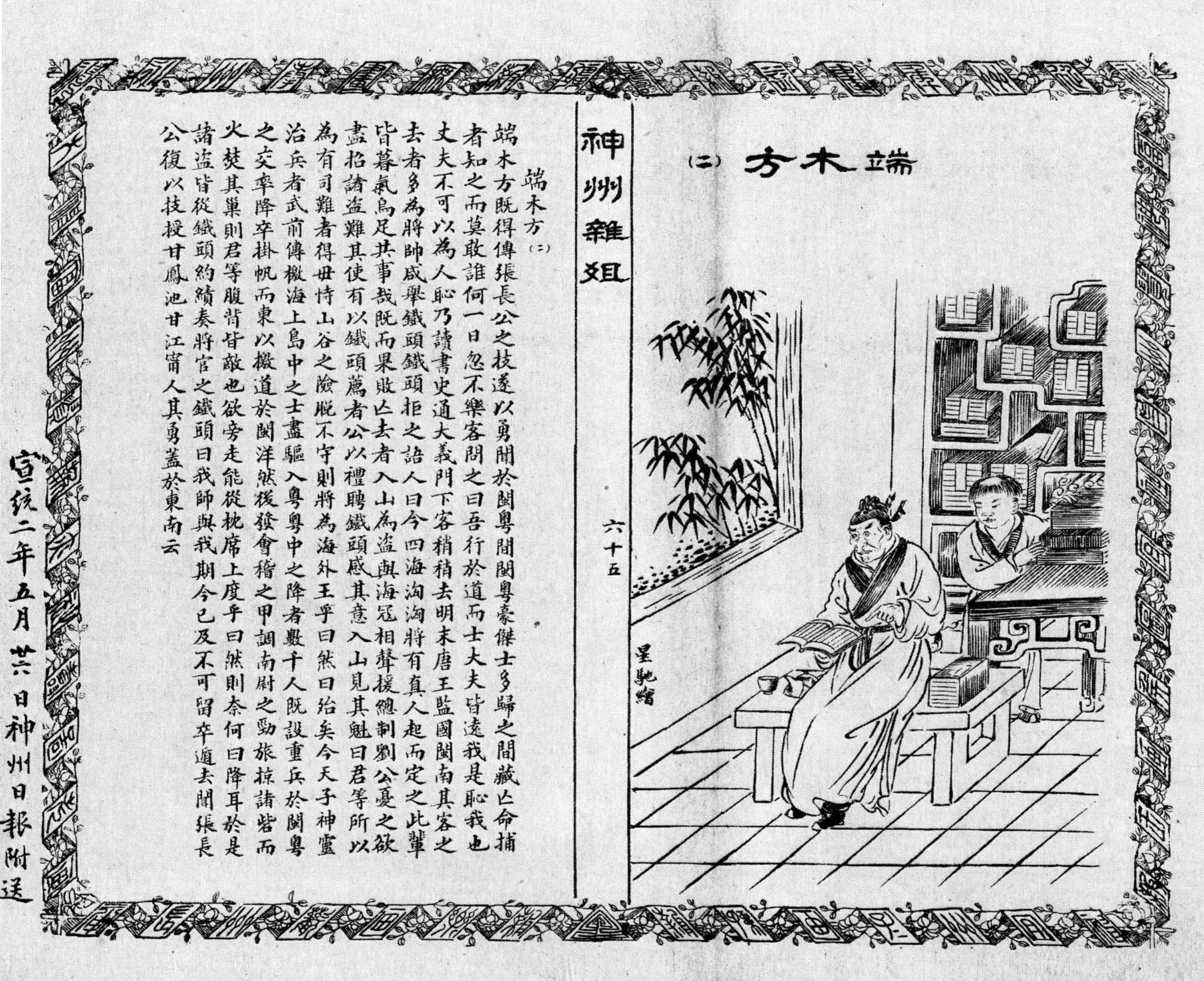

端木方（二）

端木方既得傳張長公之技遂以勇聞於閩粵間閩粵豪傑士多歸之間藏亡命捕者知之而莫敢誰何一日忽不樂客問之曰吾行於道而士大夫皆遠我是恥我也丈夫不可以為人恥乃讀書史通大義門下客稍稍去明末唐王監國閩南其客之去者多為將帥咸舉鐵頭鐵頭拒之語人曰今四海洶洶將有真人起而定之此輩皆暮氣烏足共事哉既而果敗亡去者入山為盜與海冠相聲援總制劉公憂之欲盡招諸盜難其使有以鐵頭薦者公以禮聘鐵頭感其意入山見其魁曰君等所以為有司難者得毋恃山谷之險阨不守則將為海外王乎曰然曰殆矣今天子神靈治兵者武前傳檄海上島中之士盡驅入粵粵中之降者數千人既設重兵於閩粵之交率降卒掛帆而東以檄道於閩洋然後發會稽之甲調南尉之勁旅掠諸砦而火焚其巢則君等腹背皆敵也欲旁走能從枕席上度乎曰然則奈何曰降耳於是諸盜皆從鐵頭約績奏將官之鐵頭曰我師與我期今已及不可留卒遁去閩張長公復以技授甘鳳池甘江甯人其勇蓋於東南云

兩個村婦合捉三個毛賊
福州北門外某店某夕祇婆媳二人對房而居隣村竊賊偵其家中無備竟邀同夥伴三人闖入其家媳在夢中驚醒甲賊以刀嚇之媳不怕以手拉其辮甲賊遂為所擒乙賊乘勢脫其褲冀媳手鬆甲賊可以幸脫詎媳褲雖為所扯不將其手不肯稍鬆并將右手順勢兼拉乙賊之辮丙賊見此時勢急欲逸去詎媳之婆在對房聞聲開門濟出適丙賊方到廳中轉為所抱現已捉送警局究辦惟以二村婦而捉三賊殊可為女界之一佳話也
兩個和尚合姘一個蕩婦
本埠大東門內大悲閣僧人長明與智明因爭風撕毆暨與婦人徐沈氏口角巡士拘解一路一區經穗正巡官於前晚提訊以兩僧均非安分判各責三百與徐沈氏一併斥釋
大悲閣
宣統二年五月廿六 神州日報附送

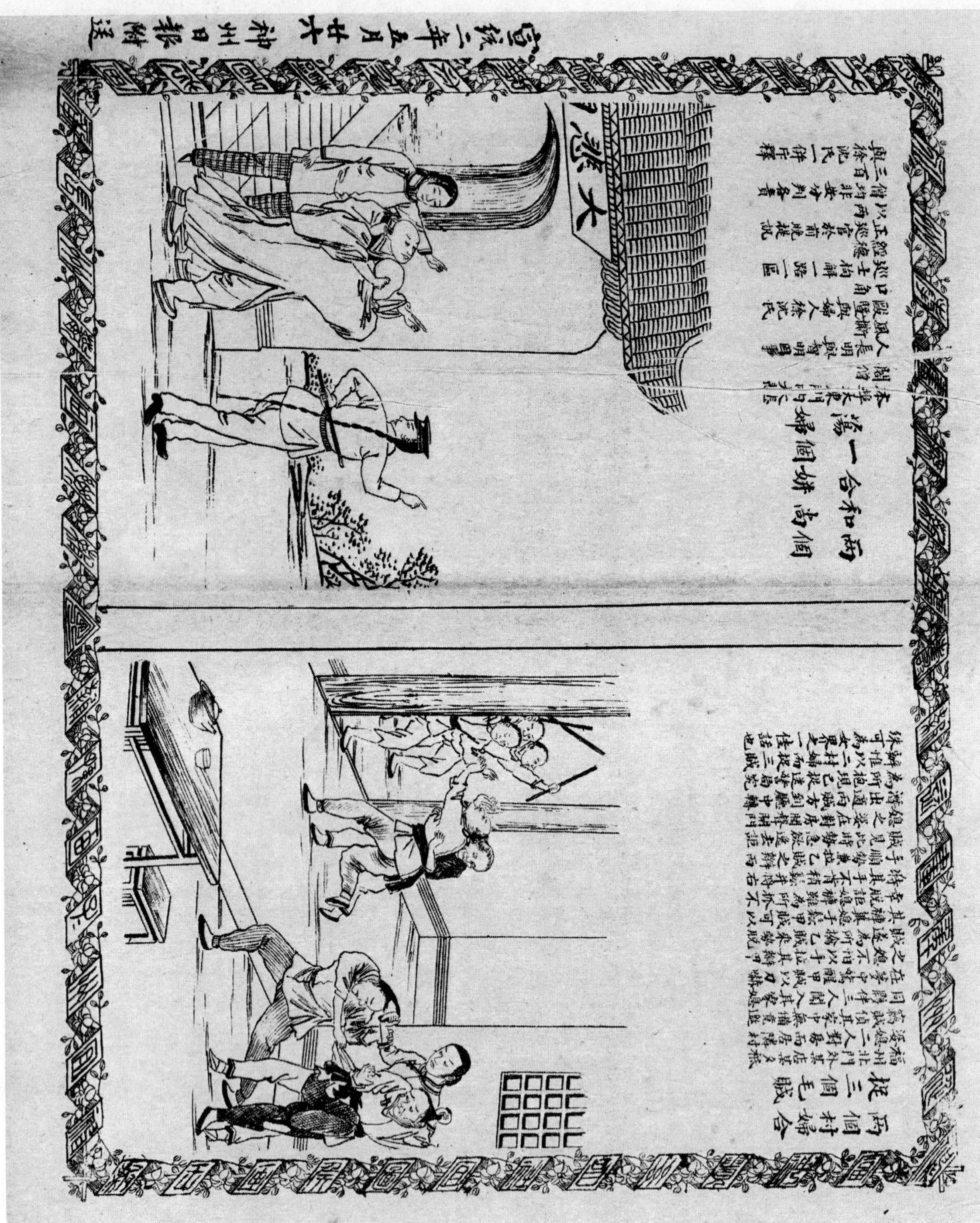

宣統二年五月廿五日神州日報附送
曲院風荷
（西湖風景之十）
星馳寫真

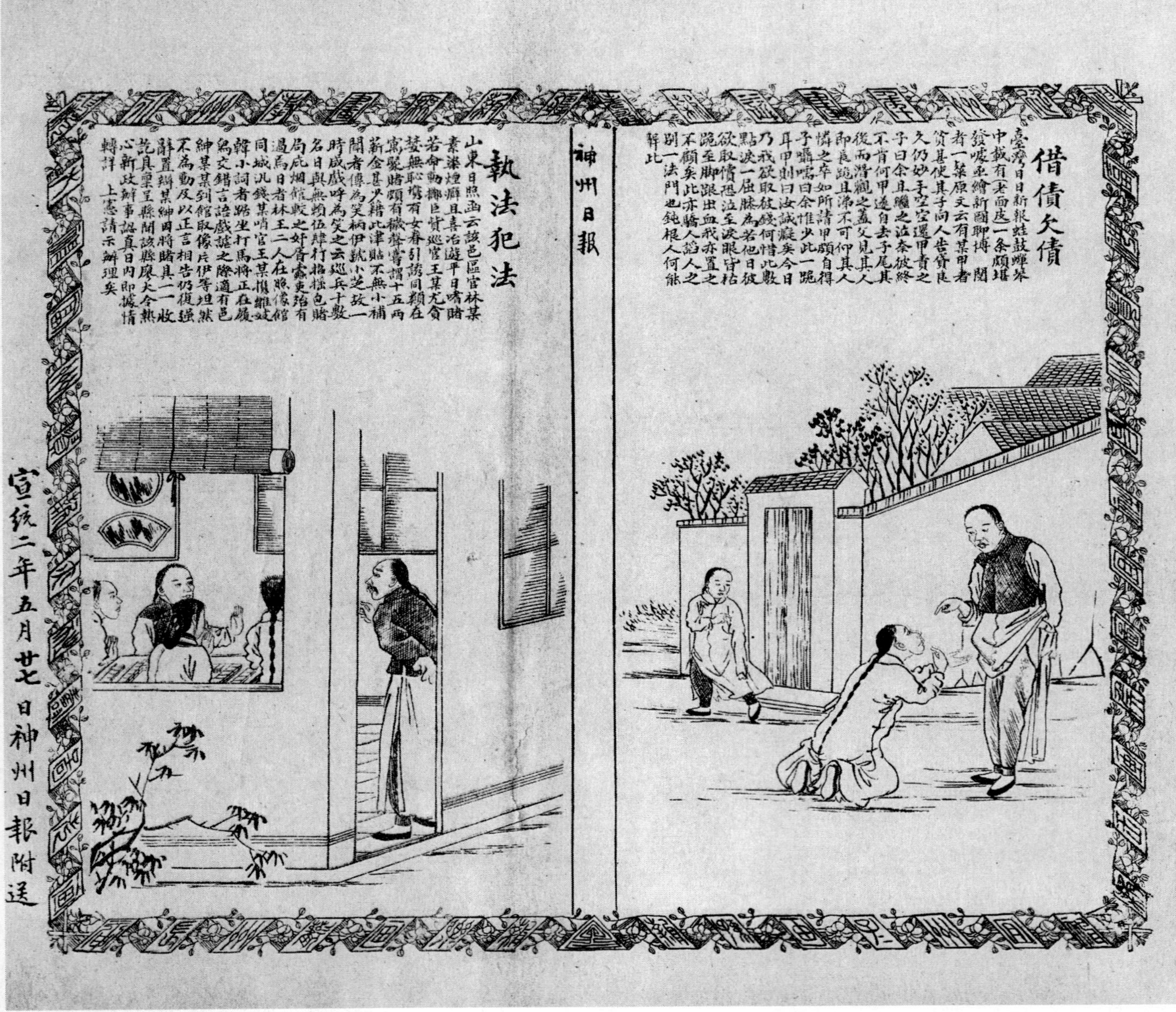

神州日報

借債欠債

臺灣日日新報蛙鼓蟬琴中載有(老面皮)一条頗堪發噱亟繪新圖聊博閱者一粲原文云有某甲者貧甚使其子向人告貸良久仍妙手空空還甲責之子曰余且觀之泣奈彼終不肯何甲遂自去乎尾其後而潛觀之蓋欠見其人即長跪且涕不可仰其人憐之卒如所請甲頗自得予囑曰余惟少此一跪耳甲則曰汝誠癡矣今日乃我欲取彼錢何惜此數點淚一屈膝為若他日彼欲取償恐泣至淚眼皆枯跪至腳跟出血我亦置之不顧矣此亦騙人謟人之別一法門也鈍根人何能辨此

執法犯法

山東日照函云該邑區官林某素染煙癖且喜冶遊平日嗜賭若命動輙巨貲巡官王某尤貪婪無恥携有女眷引誘同類在寓聚賭頗有徵逐嘗謂十五兩薪金甚少藉此津貼不無小補聞者傳為笑柄伊猷小芝孜一時成戲呼為笑之云巡兵十數名日與無賴伍肆打抽摇包賭局庇烟館較之奸胥蠹吏殆有過焉日者林王二人在照像館同城汎錢某哨官王某攜妓韓小詞者踞坐打馬將正在履舄交錯言語戲謔之際適有邑紳某某到館取像兵伊等坦然不為動及以正言相告仍復强辭置辯某紳因將賭具一一收訖具稟呈縣聞該縣廖大令熱心新政辦事認真日內即據情轉詳上憲請示辦理矣

宣統二年五月廿七日神州日報附送

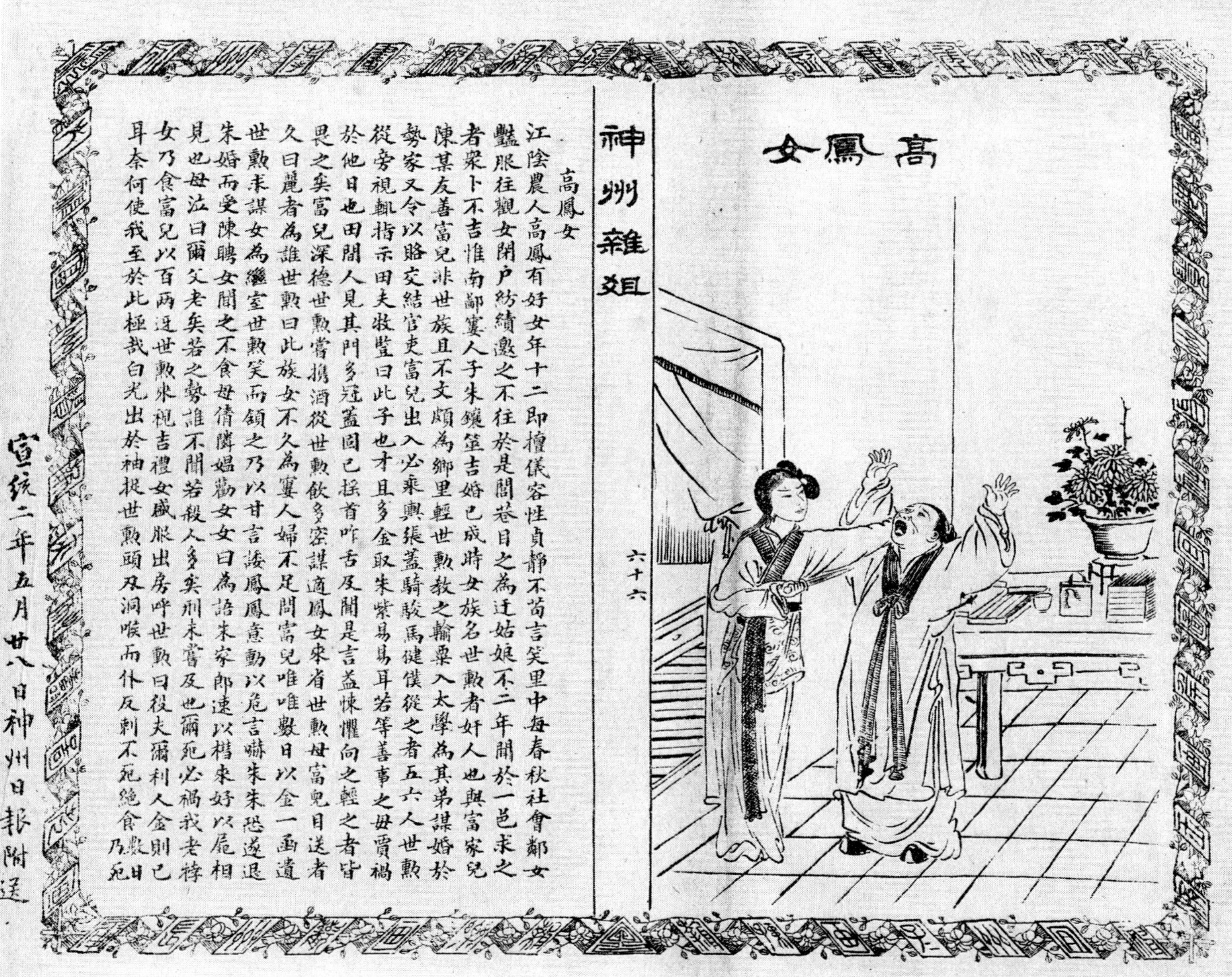

高鳳女

神州雜俎

六十六

高鳳女

江陰農人高鳳有好女年十二即擅儀容性貞靜不苟言笑里中每春秋社會鄰女豔服往觀女閉戶紡績邀之不往於是閭巷目之為迂姑娘不二年聞於一邑求之者衆卜不吉惟南鄰寠人子朱鑣筮吉婚已成時女族名世勳者奸人也與富家兒陳某友善富兒非世族且不文頗為鄉里輕世勳教之輸粟入太學為其弟謀婚於勢家又令以賂交結官吏富兒出入必乘輿張蓋騎駿馬健僕從之者五六人世勳從旁視輒指示田夫妝豎曰此子也才且多金取朱紫易易耳若等善事之毋貽禍於他日也田間人見其門多冠蓋固已搖首咋舌及聞是言益悚懼向之輕之者皆畏之矣富兒深德世勳嘗攜酒從世勳飲多密謀適鳳女來者世勳母富兒目送者久曰麗者為誰世勳曰此族女不久為寠人婦不足問富兒唯唯數日以金一函遺世勳求謀女為繼室世勳笑而頷之乃以甘言誘鳳鳳意動以危言嚇朱朱恐遂退朱婚而受陳聘女聞之不食母倩鄰媼勸女女曰為語朱家郎速以棺來好以屍相見也母泣曰爾父老矣若之勢誰不聞若殺人多矣刑未嘗及也爾死必禍我老悖女乃食富兒以百兩迓世勳來視吉禮女盛服出房呼世勳曰殺夫爾利人金則已耳柰何使我至於此極哉白光出於袖捉世勳頭刄洞喉而仆反刺不死絕食數日乃死

宣統二年五月廿八日神州日報附送

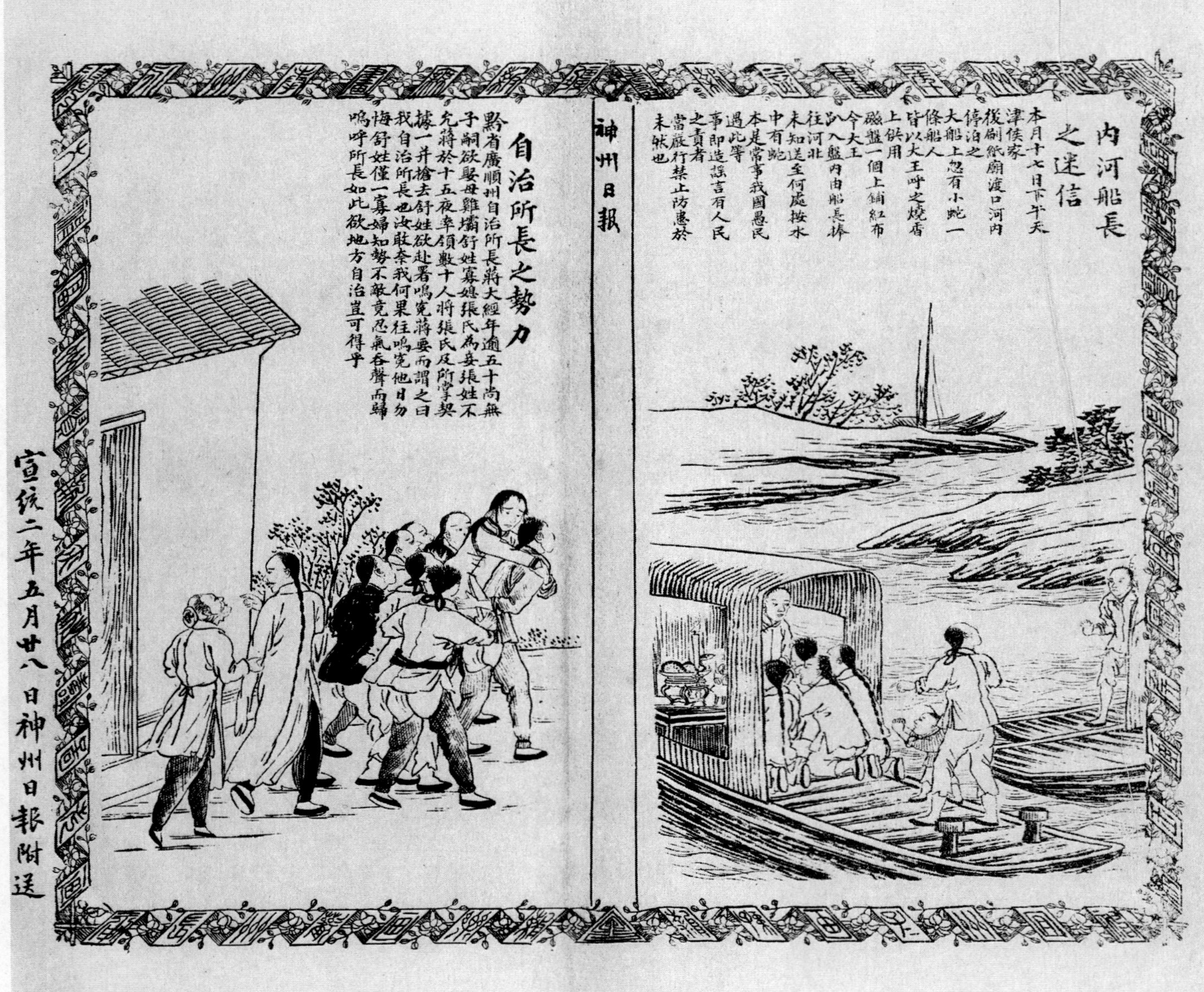

神州日報

內河船長之迷信

本月十七日下午天津侯家後劇紙廟渡口河內停泊之大船上忽有小蛇一條船人皆以大王呼之燒香上供用磁盤一個上鋪紅布令大王卧入盤內由船長捧往河北未知送至何處按水中有蛇本是常事我國愚民遇此等事即造謠言有人民之責者當嚴行禁止防患於未然也

自治所長之勢力

黔省廣順州自治所長蔣大經年逾五十尚無子嗣欲娶毋雞墻舒姓寡媳張氏為妾張姓不允蔣於十五夜率領數十人將張氏及所掌契據一并搶去舒姓欲赴署鳴寃蔣要而謂之曰我自治所長也汝敢奈我何果往鳴寃他日勿悔舒姓僅一寡婦知勢不敵竟忍氣吞聲而歸嗚呼所長如此欲地方自治豈可得乎

宣統二年五月廿八日神州日報附送

宣統二年五月廿九日神州日報附送
白堤之側面
（西湖風景之十二）

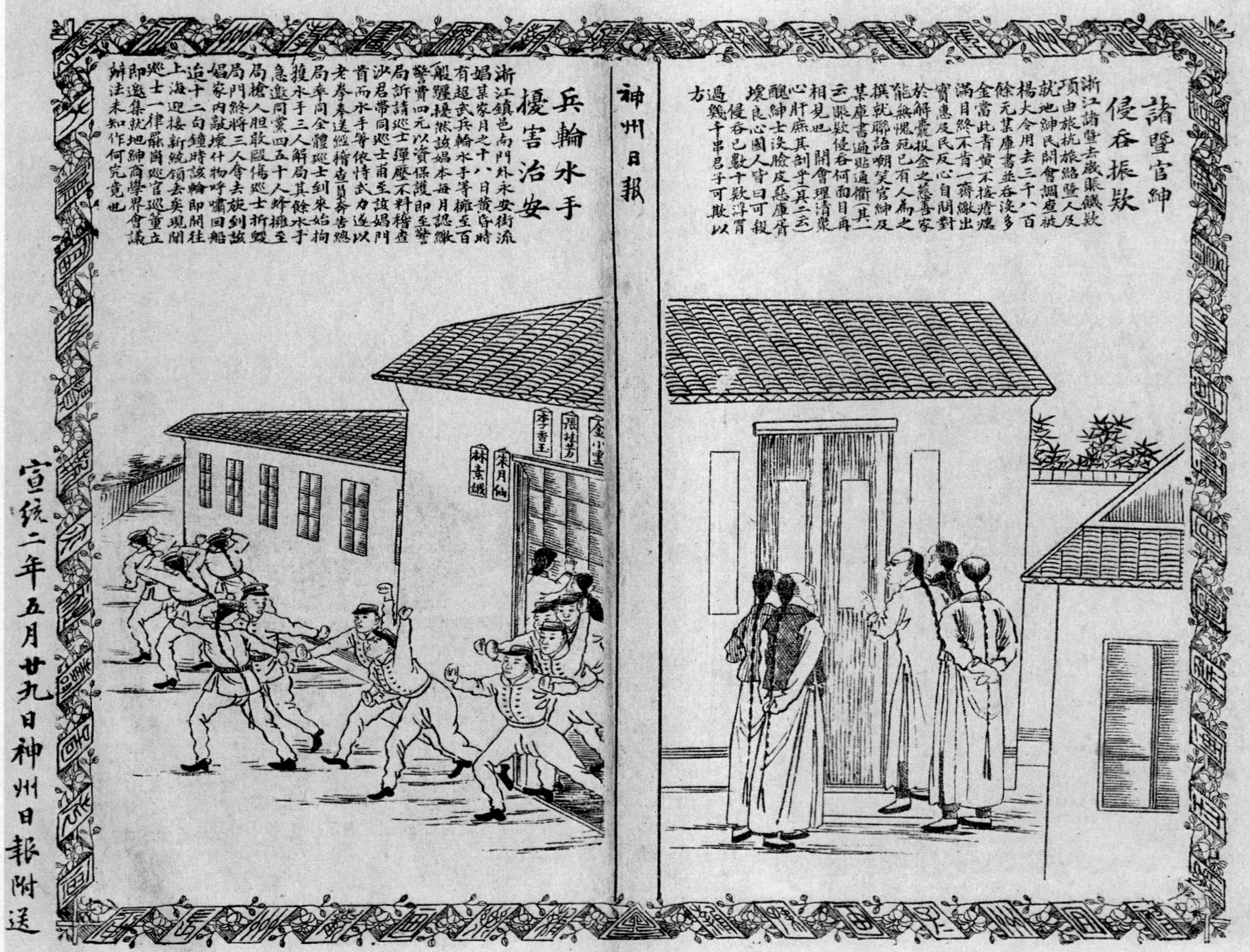
諸暨官紳侵吞振款
浙江諸暨去歲賑饑款項由旅杭旅紹暨人及就地紳民開會調查被楊大令用去三千八百餘元某庫書並吞洋多金當此青黃不接塘濾滿目終不肯一齊繳出實惠及民反心自開對於解囊捐金之慈善家能無愧死已有人爲之撰就聯語嘲笑官紳及某庫書遍貼通衢(其一云賑款侵吞何面目再相見也開會理清衆心肝庶其剖乎(其二云醜紳士沒臉皮惡庫胥壞良心國人皆曰可殺侵吞已數十款洋胃過幾千串邑子可欺以方
神州日報
兵輪水手擾害治安
浙江鎮邑南門外永安街流娼某家月之十八日黃昏時有超武兵輪水手等擁至百般騷擾然該娼本每月認繳警費四元以資保護即至警局訴請巡士彈壓不料稽查汎君帶同巡士甫至該娼門首而水手等依恃武力遂以老拳奉送經稽查員奔告總局率同全體巡士到來始拘獲水手三人解局其餘水手急邀同黨四五十人蜂擁至局搶人胆敢毆傷巡士折毀局門終將三人奪去旋到該娼家内敲壞什物呼嘯回船迨十二句鐘時該輪即開往上海迎接新統領去矣現聞巡士一律罷崗巡官巡董立即邀集就地紳商學界會議辦法未知作何究竟也
張桂芳
李香玉
宋月仙
林素娥
宣統二年五月廿九日神州日報附送

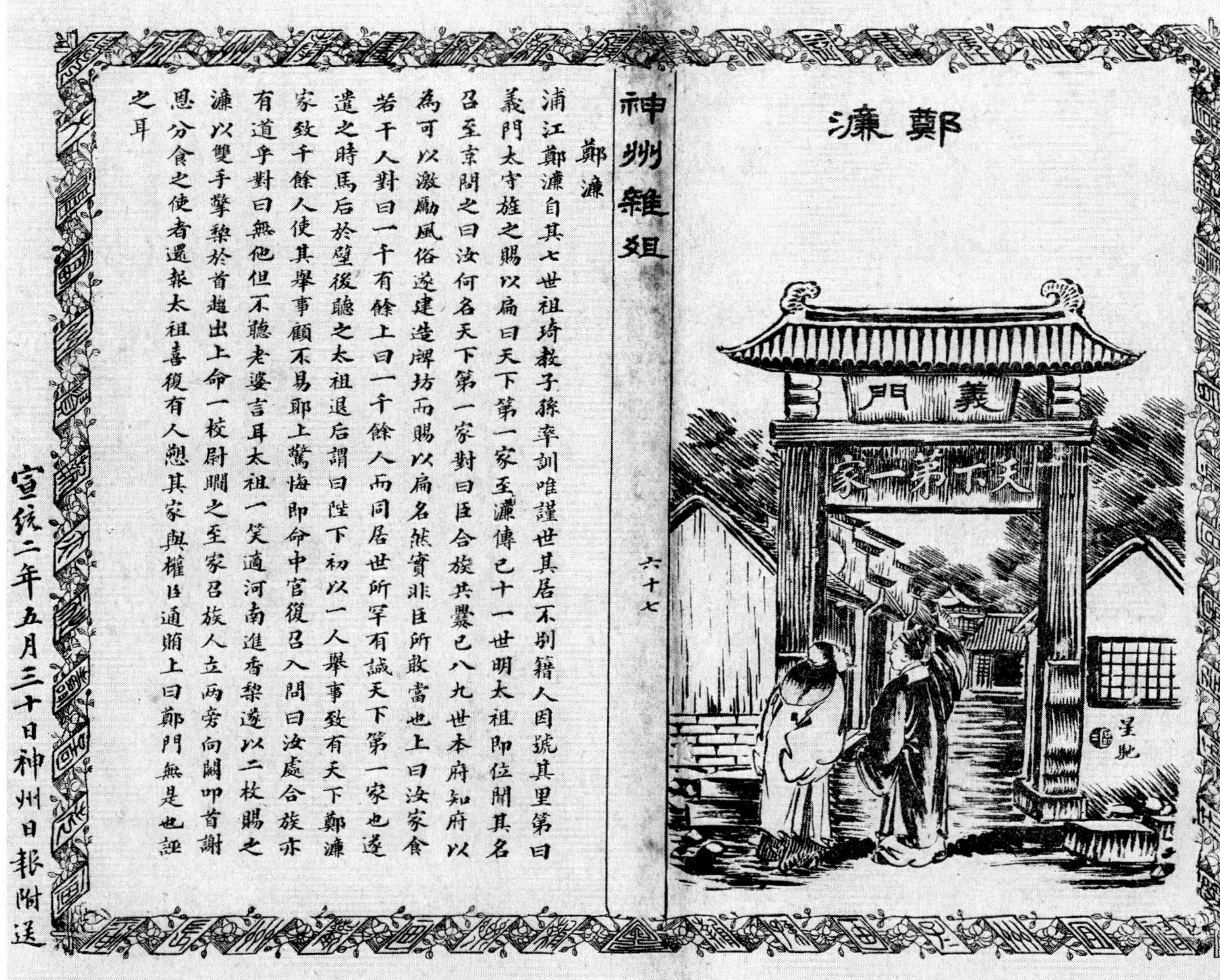

神州雜俎

鄭濂

浦江鄭濂自其七世祖琦教子孫率訓唯謹世其居不別籍人因號其里第曰義門太守旌之賜以扁曰天下第一家至濂傳已十一世明太祖即位聞其名召至京問之曰汝何名天下第一家對曰臣合族共爨已八九世本府知府以為可以激勵風俗遂建造牌坊而賜以扁名然實非臣所敢當也上曰汝家食若干人對曰一千有餘上曰一千餘人而同居世所罕有誠天下第一家也遂遣之時馬后於壁後聽之太祖退后謂曰陛下初以一人舉事致有天下鄭濂家致千餘人使其舉事顧不易耶上驚悔即命中官復召入問曰汝處合族亦有道乎對曰無他但不聽老婆言耳太祖一笑適河南進香梨遂以二枚賜之濂以雙手擎梨於首趨出上命一校尉瞯之至家召族人立兩旁向闕叩首謝恩分食之使者還報太祖喜復有人愬其家與權臣通賄上曰鄭門無是也誣之耳

六十七

宣統二年五月三十日神州日報附送

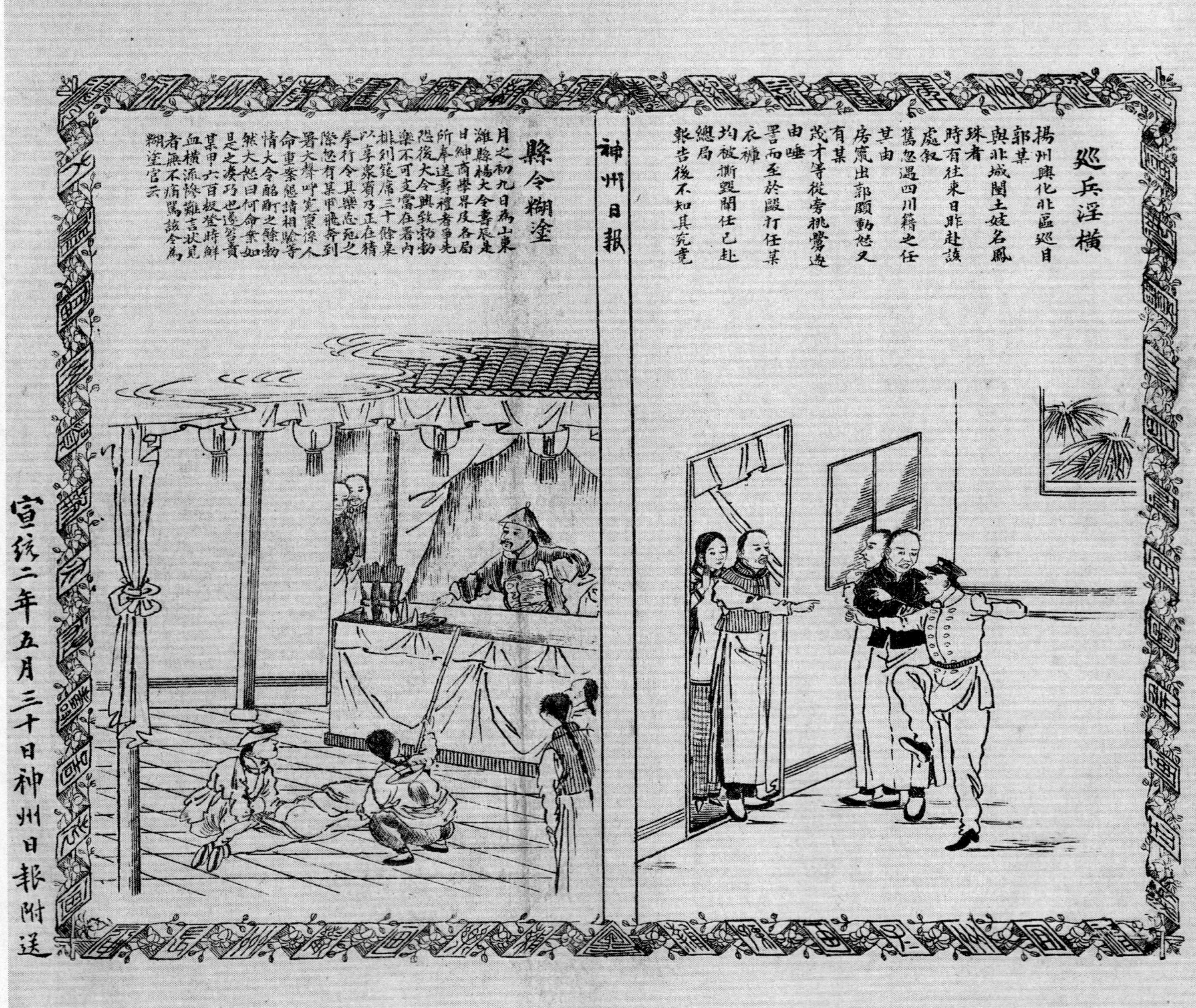
巡兵淫横
揚州興化北區巡目
郭某
與北城閣土妓名鳳
珠者
時有往來日昨赴該
處敘
舊忽遇四川籍之任
其由
房窟出郭頓動怒又
有某
茂才等從旁挑釁遂
由睡
罵而至於毆打任某
衣褲
均被撕毀閣任已赴
總局
報告後不知其究竟
神州日報
縣令糊塗
月之初九日爲山東
濰縣楊大令壽辰是
日紳商學界及各局
所奉送壽禮者爭先
恐後大令興致勃勃
樂不可支當在署內
排列筵席三十餘桌
以享衆賓乃正在精
拳行令其樂忘死之
際忽有某甲飛奔到
署大聲呼冤稟係人
命重案懇請相驗等
情大令酩酊之餘勃
然大怒曰何命案如
是之湊巧也遂笞責
某甲六百板登時鮮
血橫流除難言狀見
者無不痛罵該令爲
糊塗官云
宣統二年五月三十日神州日報附送

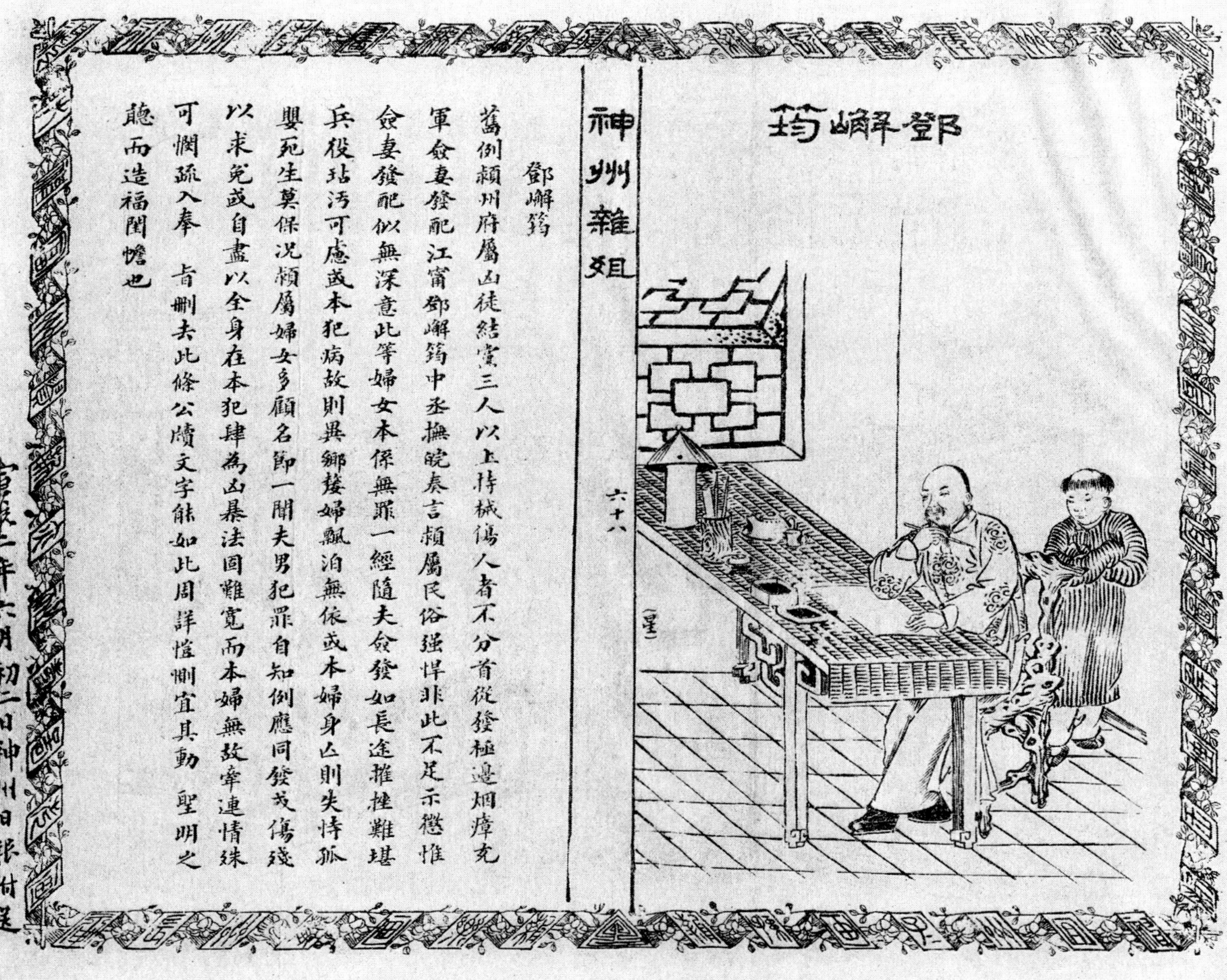

鄧嶰筠

神州雜俎

六十八

（星）

鄧嶰筠

舊例潁州府屬凶徒結黨三人以上持械傷人者不分首從發極邊烟瘴充軍僉妻發配江甯鄧嶰筠中丞撫皖奏言潁屬民俗强悍非此不足示懲惟僉妻發配似無深意此等婦女本係無罪一經隨夫僉發如長途摧挫難堪兵役玷污可慮或本犯病故則異鄉嫠婦飄泊無依或本婦身亡則失恃孤嬰死生莫保況潁屬婦女多顧名節一聞夫男犯罪自知例應同發或傷殘以求免或自盡以全身在本犯肆為凶暴法固難寬而本婦無故牵連情殊可憫疏入奉　旨刪去此條公牘文字能如此周詳愷惻宜其動　聖明之聽而造福閨幃也

宣統二年六月初二日神州日報附送

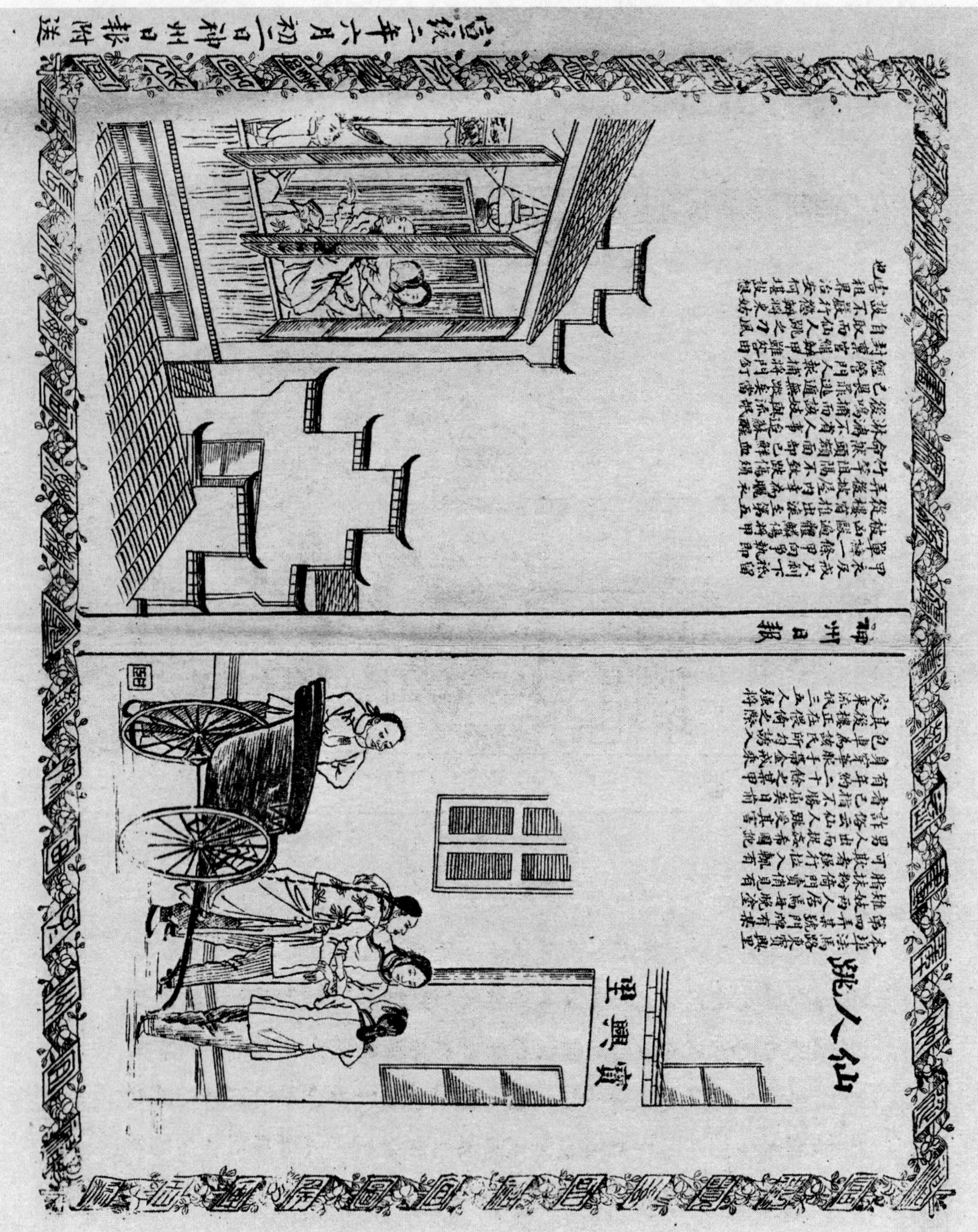
仙人跳
寶興里
本埠法馬路東寶興里第四弄某號門牌有某雉妓兩人居焉每晚塗脂抹粉倚門賣俏見有可欺者强行拉入輒有男人出而提姦希圖詐詐俗云仙人跳受其害者已指不勝屈矣日前有年約二十餘之某甲身穿華服手帶金戒乘包車爲該氏所勾誘入其後樓正在偎倚之際突來流氓三五人强將
神州日報
甲衣反戒尺剝下祇留單褲一條甲向爭執即被凶毆遍體鱗傷將甲從樓窗推出滾至第五弄後披屋內幸爲曬衣竹竿阻隔不致跌傷頸命然頭額面部已鮮血淋漓不省人事迨蘇醒後鳴捕而該妓與流氓已畏罪逃遁無蹤矣當經管門人報捕將門釘封稟官緝辦甲雖咎由自取而仙人跳之刁風設不嚴行懲辦將來妨害租界治安何堪設想也
宣統二年六月初二日神州日報附送

宣統二年六月初三日神州日報附送
江西之風景
白鹿洞

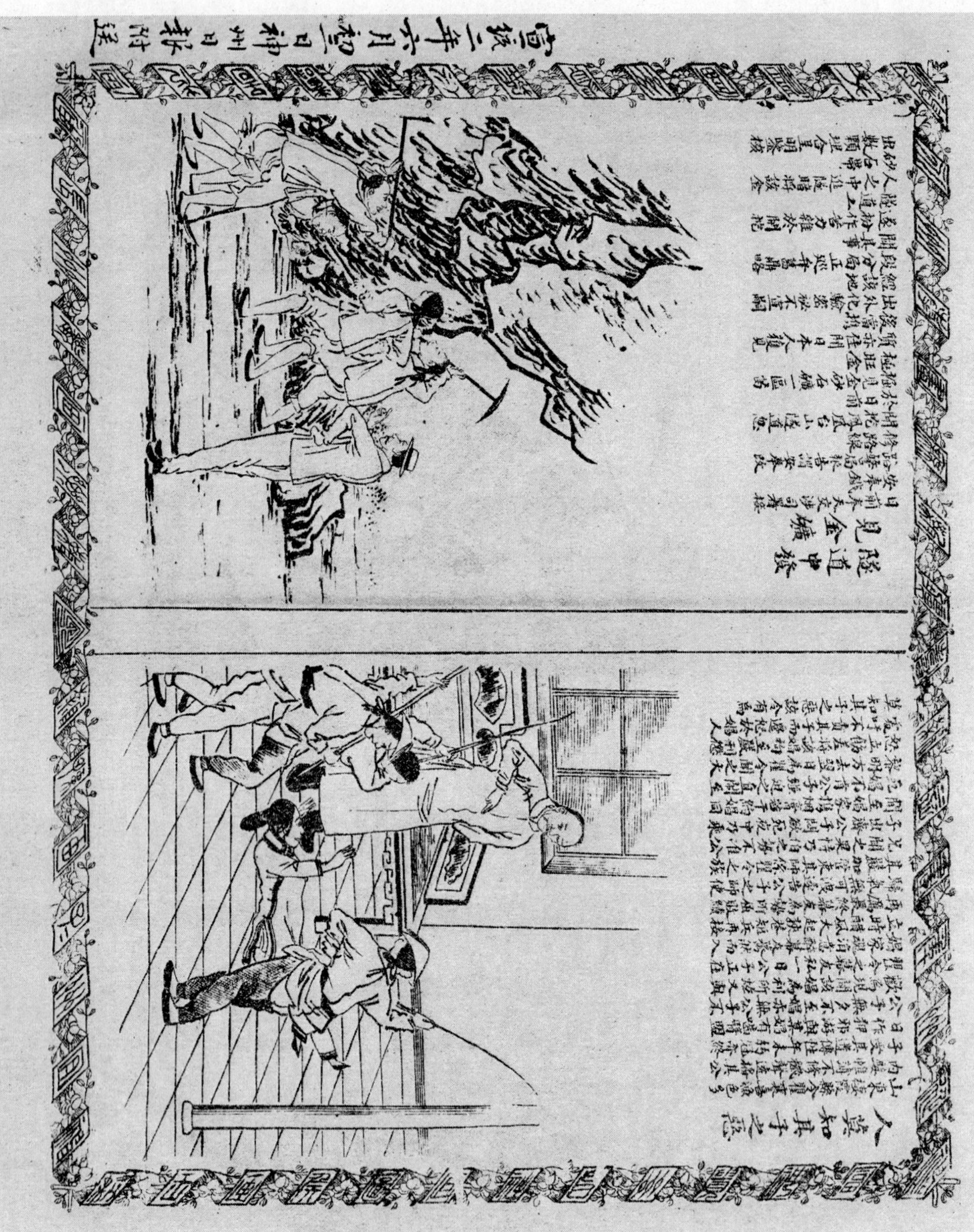
人莫知其子之惡
山東棲霞縣令雅裏善漁色多内嬖帷薄不修穢聲遠播其公子受其遺傳性年未弱冠齊終日作狎邪游與某娼有嚙臂盟公子無夕不至娼亦無公子不歡為現聞該娼為利所炫又與署令之幕友私一日公子正在娼家觀酒意酣幕友藹然而入立時醋風大起孰巷短兵再接再厲最終幕友為縣所僱毆續歸氣無可洩遂告公子之師使其嚴加管束其師係署令之族兄聞之果惜乃伯之勞不准公子出齋公子悶欲死夜中乃乘間至娼家攜烟膏若干約娼同死娼不肯公子強迫之旦聞至黎明方去翌日為署令聞之大怒立飭差將該娼拘至嚴刑懲處吁不責其子而遷怒於娼人莫知其子之惡該令有焉
隧道中發見金礦
日前奉天交涉司署接安奉鐵路華局報告謂安奉改修路線開挖鳳凰台山隧道忽於日前掘見金砂石礦一區苗極旺金質亦佳聞日本人獲見後當攜出外化驗密祕不宣嗣經該地段分局正巡弁葛鼎略聞其事遂扮作苦力雜於開挖隧道工人之中進隧暗將該金砂石帶出數顆埋合呈明鑒核
宣統二年六月初五日神州日報附送

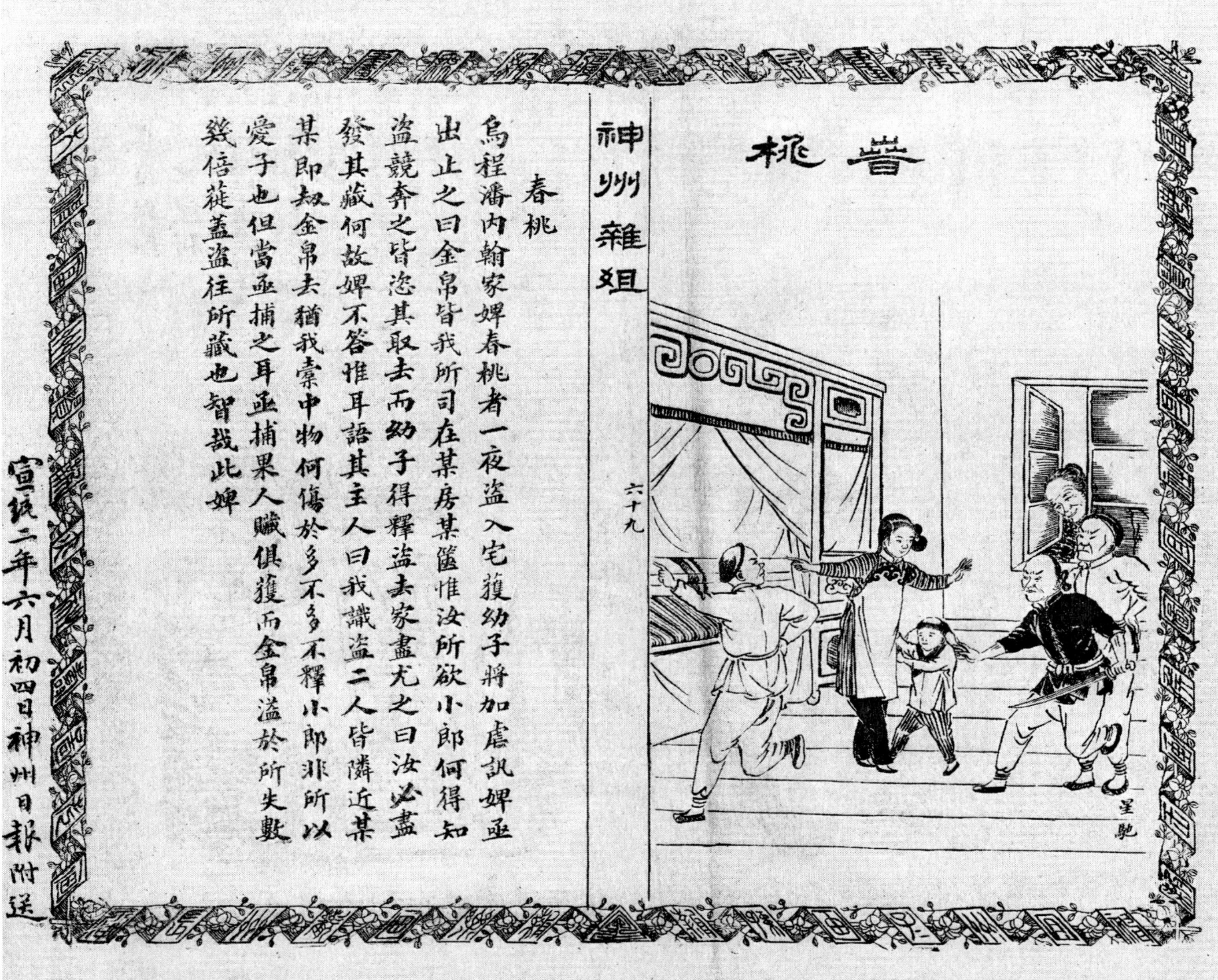

神州雜俎

六十九

春桃

烏程潘內翰家婢春桃者一夜盜入宅擭幼子將加虐訊婢亟出止之曰金帛皆我所司在某房某篋惟汝所欲小郎何得知盜競奔之皆恣其取去而幼子得釋盜去家盡尤之曰汝必盡發其藏何故婢不答惟耳語其主人曰我識盜二人皆隣近某某即叔金帛去猶我橐中物何傷於多不多不釋小郎非所以愛子也但當亟捕之耳亟捕果人贓俱獲而金帛溢於所失數幾倍蓰蓋盜往所藏也智哉此婢

宣統二年六月初四日神州日報附送

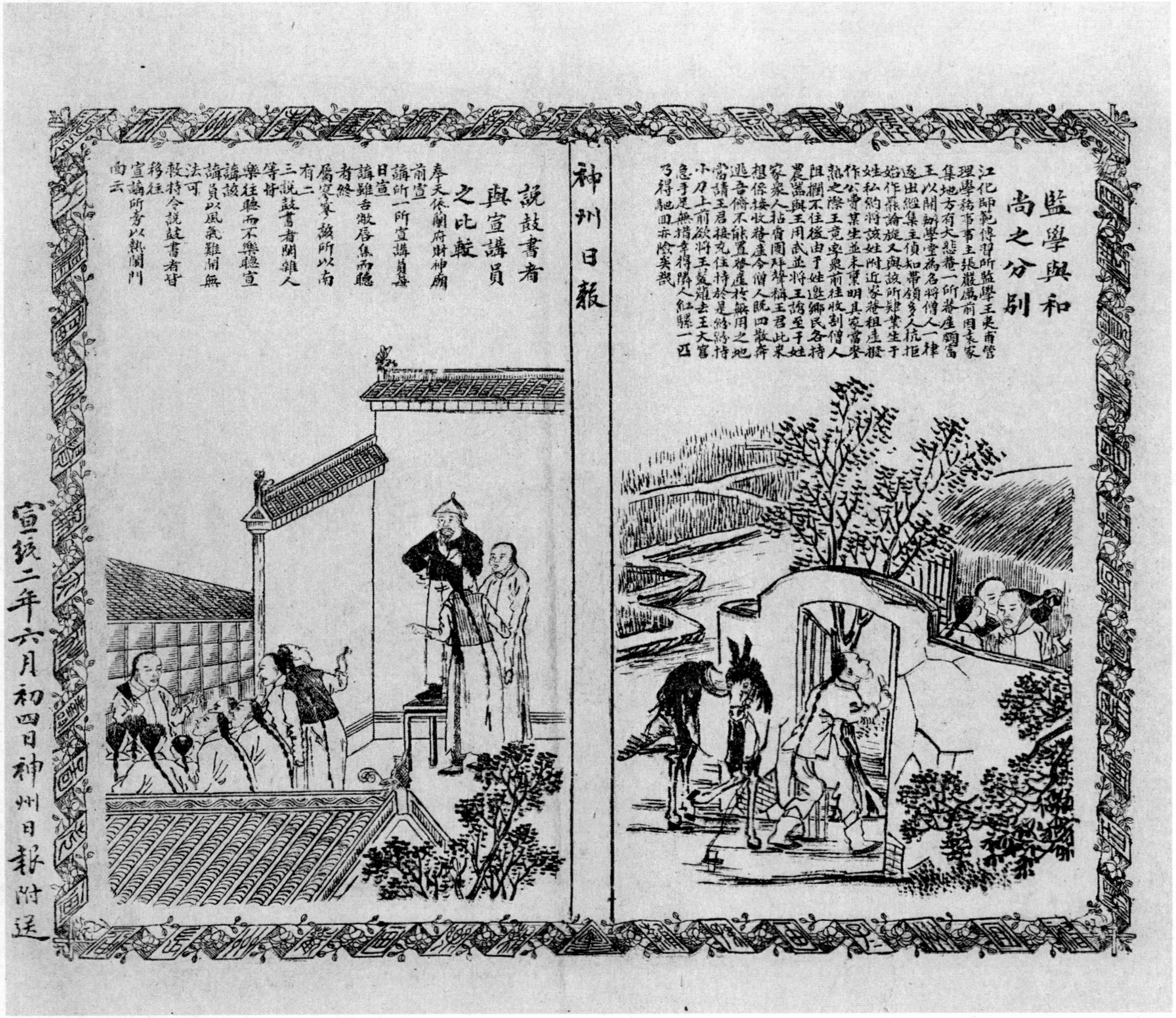
神州日報
監學與和尚之分別
江化師範傳習所監學王長甫管理學務事主張嚴厲前因袁家集地方有大悲菴一所菴產頗富王以開辦學堂爲名將僧人一律逐出經集主偵知帶領多人抗拒始作罷論旋又與該所肄業生于姓私約將該姓附近冢菴租產撥作公費某生並未禀明具家當麥熟之際王竟率衆前往收割僧人阻攔不住後由于姓邀鄉民各持農器與王用武並將王詬至于姓家衆人拈香圍拜聲稱王君此來想係接收菴產令僧人既四散奔逃吾儕不能置菴產於無用之地當請王君接充住持於是紛紛持小刀上前欲將王髮薙去王大窘急手足無措幸得隣人紅驢一匹乃得馳回亦險矣哉
說鼓書者與宣講員之比較
奉天依蘭府財神廟前宣講所一所宣講員每日宣講雖舌敝唇焦而聽者終屬寥寥該所以南有二三說鼓書者閙雜人等皆樂往聽而不樂聽宣講該講員以風氣難開無法可設特令說鼓書者皆移往宣講所旁以熱閙門面云
宣統二年六月初四日神州日報附送

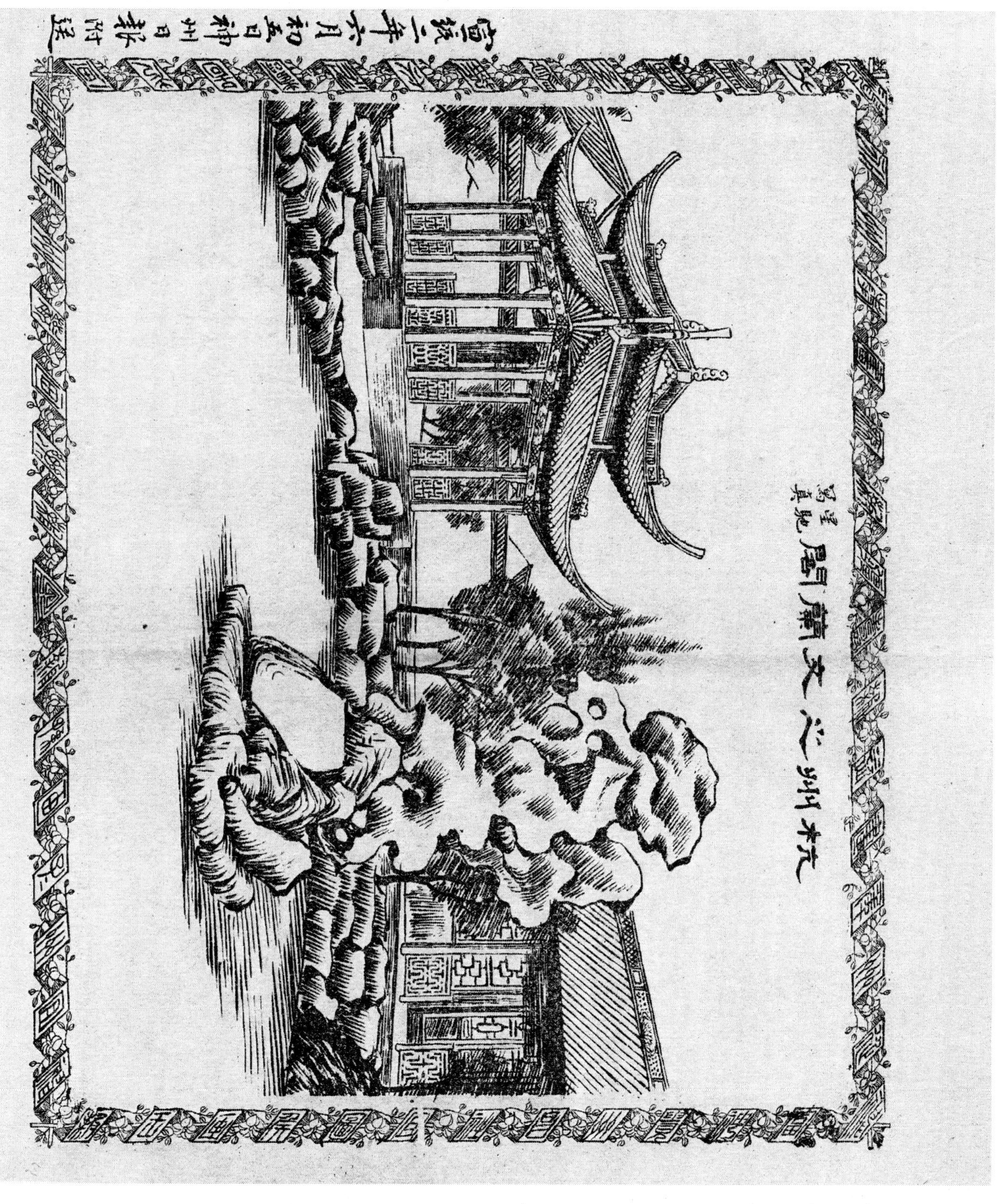
宣統二年六月初五日神州日報附送
杭州之文瀾閣
星馳寫真

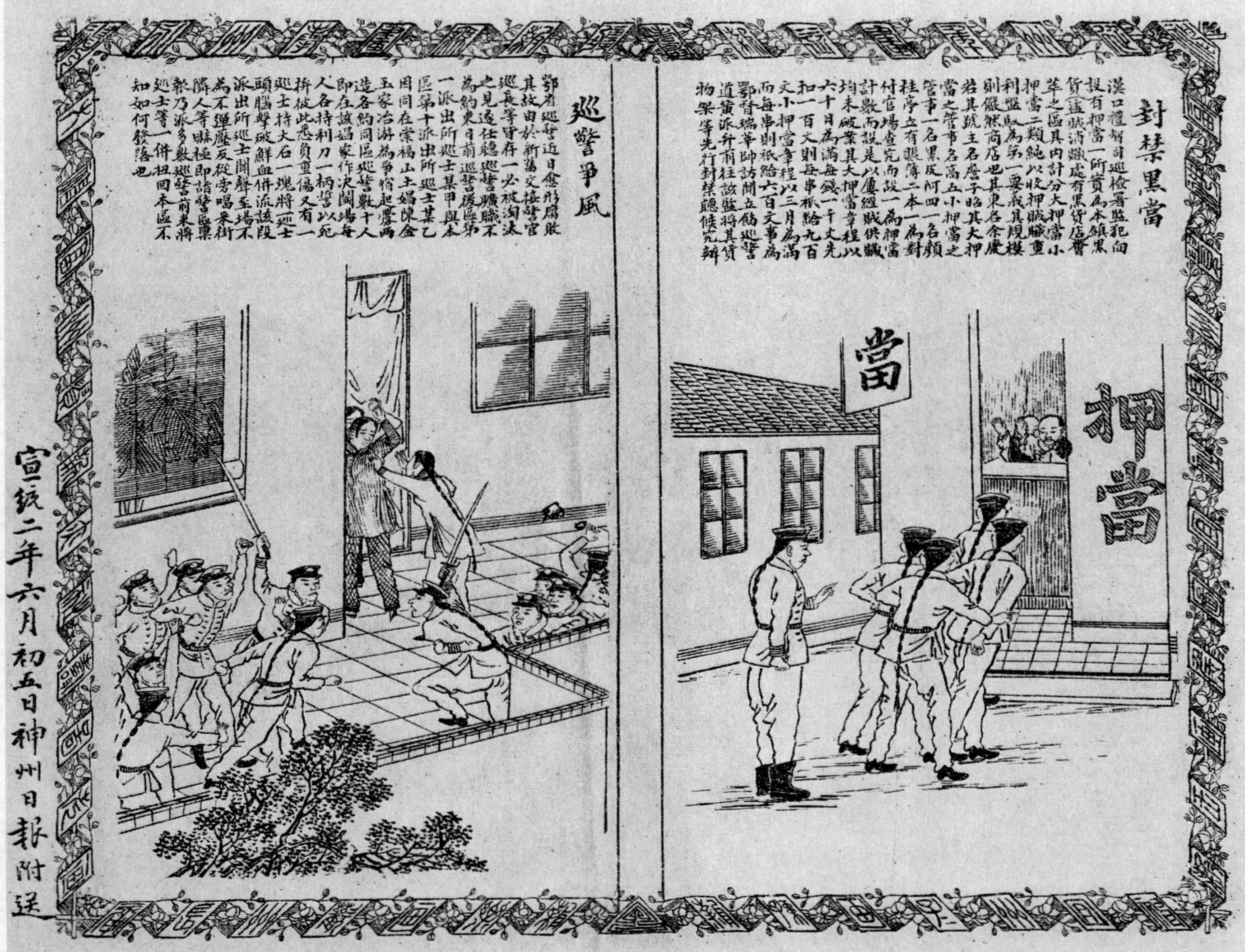
封禁黑當
漢口禮智司巡檢署監犯向設有押當一所實爲本鎭窠貨盜賊消贓處有黑貨店曹革之區其內計分大押當小押當二類純以收押賊贓重利盤剝爲第一要義其規模則儼然商店也其東各余慶若其號主名詹子昭其大押當之管事名高五小押當之管事一名黑皮阿四一名顏桂亭立有賬簿二本一爲對付官場查究而設一爲押當計數而設是以屢經賊供贓均未破案其大押當章程以六十日爲滿每錢一千文先扣一百文則每串祇給九百文小押當章程以三月爲滿而每串則祇給六百文事爲鄂督瑞莘帥訪聞立飭巡警道黃派弁前往該監將其贓物架等先行封禁聽候究辦
當
押當
巡警爭風
鄂省巡警近日愈形腐敗其故由於新舊交接警官巡長等皆存一必被淘汰之見遂任聽巡警曠職不爲約束日前巡警後區第一派出所巡士某甲與本區第十派出所巡士某乙因同在棠福山土娼陳金玉家冶游爲爭宿起釁兩造各約同區巡警數十人即在該娼家作決鬬場每人各持利刀一柄誓以一死拚彼此悉負重傷又有一巡士持大石一塊將一巡士頭腦擊破鮮血併流該段派出所巡士聞聲至場不爲不彈壓反從旁喝彩街隣人等嚇極即詣警區稟報乃派多數巡警前來將巡士等一併扭回本區不知如何發落也
宣統二年六月初五日神州日報附送

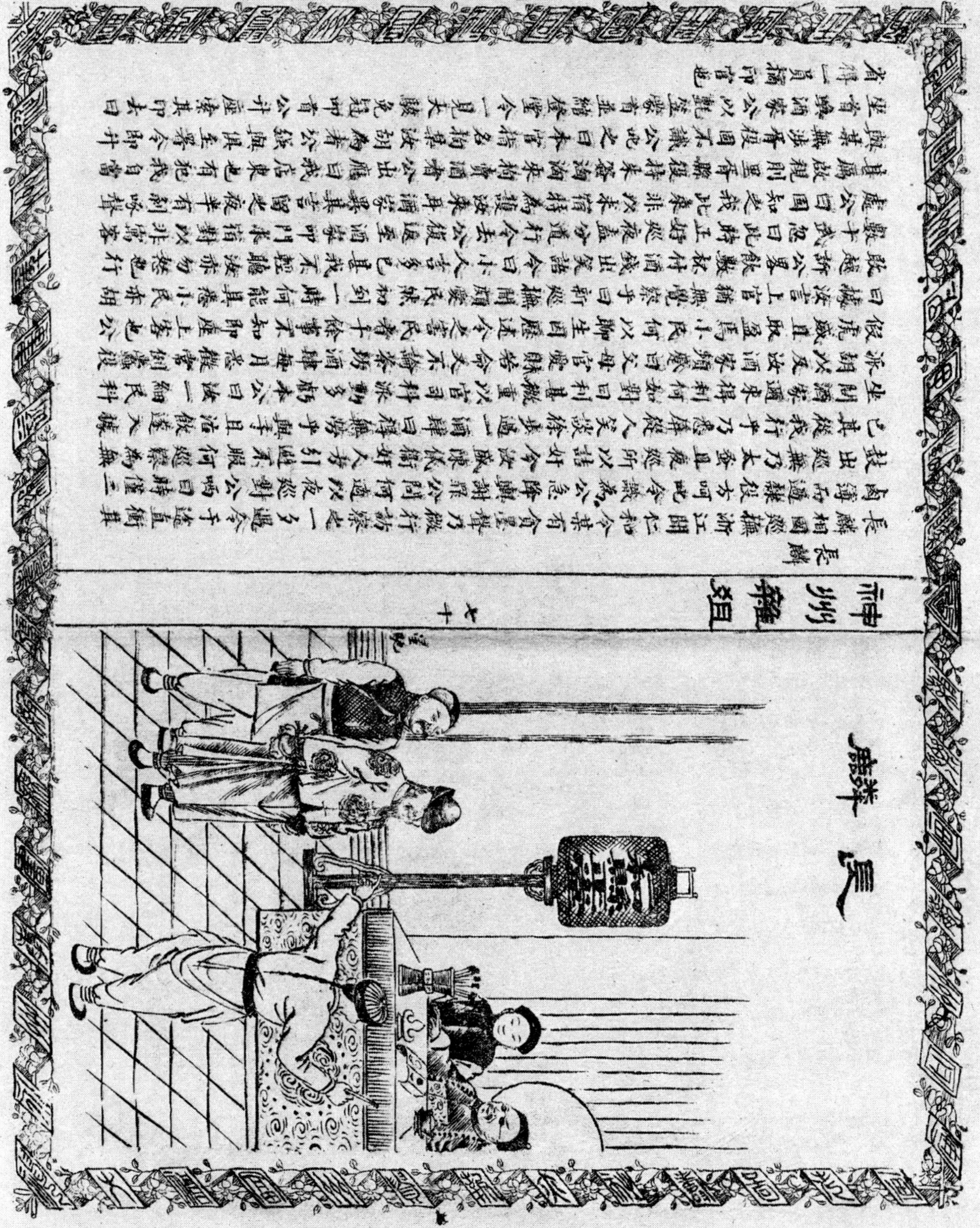

長麟

神州雜俎 七十

長麟

長麟相國巡撫浙江聞仁和令某有貪墨聲乃微行訪察之一夕遇令于途直衝其鹵簿而過隸役方呵叱令識爲。公急降輿謝罪公問何適以夜巡對公哂曰時僅三鼓出巡無乃太蚤且夜巡所以詰奸今汝威儀衛奸人方引避不暇何巡察爲無已其從我行乎乃悉屏從人笑談徐步過一酒肆曰得無勞乎與子且沽飲遂入據坐問酒家邇來得利何如對曰利甚微重以官司科派動多虧本公曰汝一細民科派胡以及汝酒家頻蹙曰父母官愛財若命又不論茶坊酒肆每月悉徵常例蠹役假虎威且取盈焉小民何以聊生因歷述令之害民者千餘事不知卽座上客也公曰據汝言上官猶無覺察乎曰新巡撫聞頗愛民然初到一時何能具悉小民亦胡敢越訴公畧飲數杯付酒錢出笑語令曰小人言多已甚我不輕聽汝亦勿懟也行數十武忽曰此時正好巡夜盍分道行令去公復返至酒家叩門求宿對以非常客處公曰固知之我此來非以求宿特爲護汝來耳酒家異其言留之夜半有剝啄聲且厲啟視則里胥縣役持朱簽洶洶來拘賣酒者公出應曰我店東也有犯我自當與某無涉胥役固不識公叱之曰本官指名拘某汝胡爲者公遂與俱至署令卽升坐首喚酒家公以氈笠蒙首並縮登堂令一見大駭免冠叩首公升座索其印去曰省得一員摘印官也

宣統二年六月初六日神州日報附送

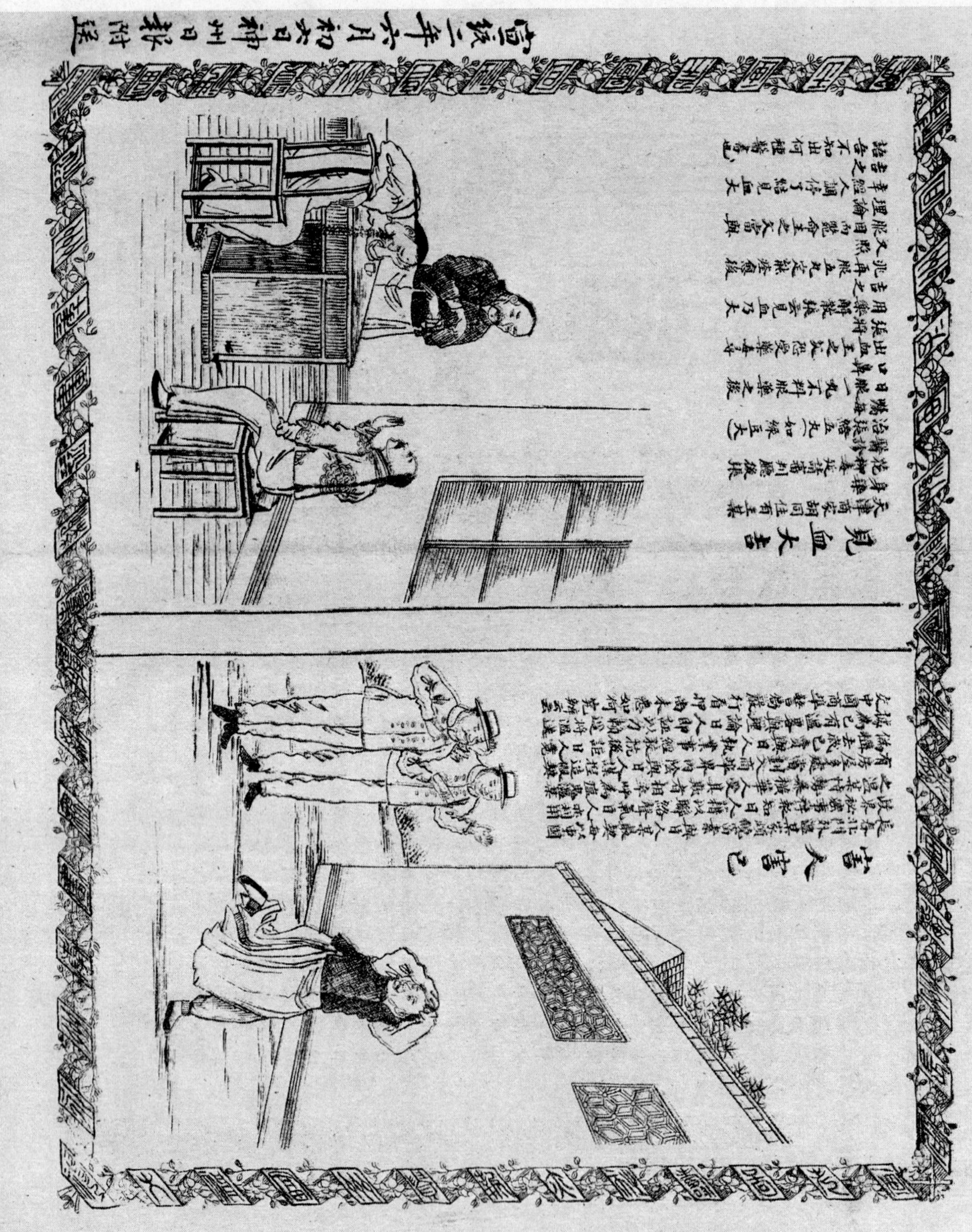
害人害己
長春北門外溫某家頗饒富素與日人某最契每以東國政界秘密事件報知日人藉以聯絡聲氣日人亦利用之溫某恃勢桀橫華人受其欺者相率呼為漢奸溫某有房屋多處當割入商埠界內陰與日人謀捏造假契偽據去歲已賣與日人執業事經發覺後詎日人竟諉為已有溫某與理論日人即証以力賴遂將溫送交中國商埠警局嚴行看押尚未悉如何究辦云云
見血大吉
天津商家胡同住有王某身染花柳毒延請審判廳後張醫診治張給五丸（如綠豆大）囑每日服一丸不料服藥之後口鼻出血王之父恐受藥毒尋張將用藥解散張云見血乃大吉之兆再服五丸定能痊愈後又照服因而斃命王之父當與理論幸經人調停了結見血大吉之語不知出何種醫書也
宣統二年六月初六日神州日報附送

神州雜俎

七十一

劉統勳

劉統勳之以宰相督中牟河工也一夕出館舍微行河干見鄉民輿送秫稭者數十車俱露宿河干人牛皆饑疲莫能興老少相對飲泣異而詢之則對曰吾等皆某縣民也去此三日程奉縣官檄輸送秫稭至此而收料某委員每車索錢數緡錢不出料不入吾輩窶人安所得錢淹留已將旬日所齎已罄即欲逃歸亦不可得是以泣耳公聞言疑信參半乃語之曰吾亦來輸料者與某官手下人素相知頃已繳矣今當為汝等代繳之乃驅其一車去至料廠詣某委員處某見公面目光澤衣履鮮潔疑為鄉間富室也乃倍索錢十餘緡公略與辯輒大怒令從者以鞭笞之出而扣留其車牛公急馳回館立命材官持令箭縛某委員至一面召河師議事某至略詰數語即命牽出斬之河師亟長跽為緩頰良久乃命釋回重杖數十並枷號示衆河干諸廠委員悉震懾失次而鄉民輸料者隨到隨收無敢稍與留難矣

宣統二年六月初八日神州日報附送

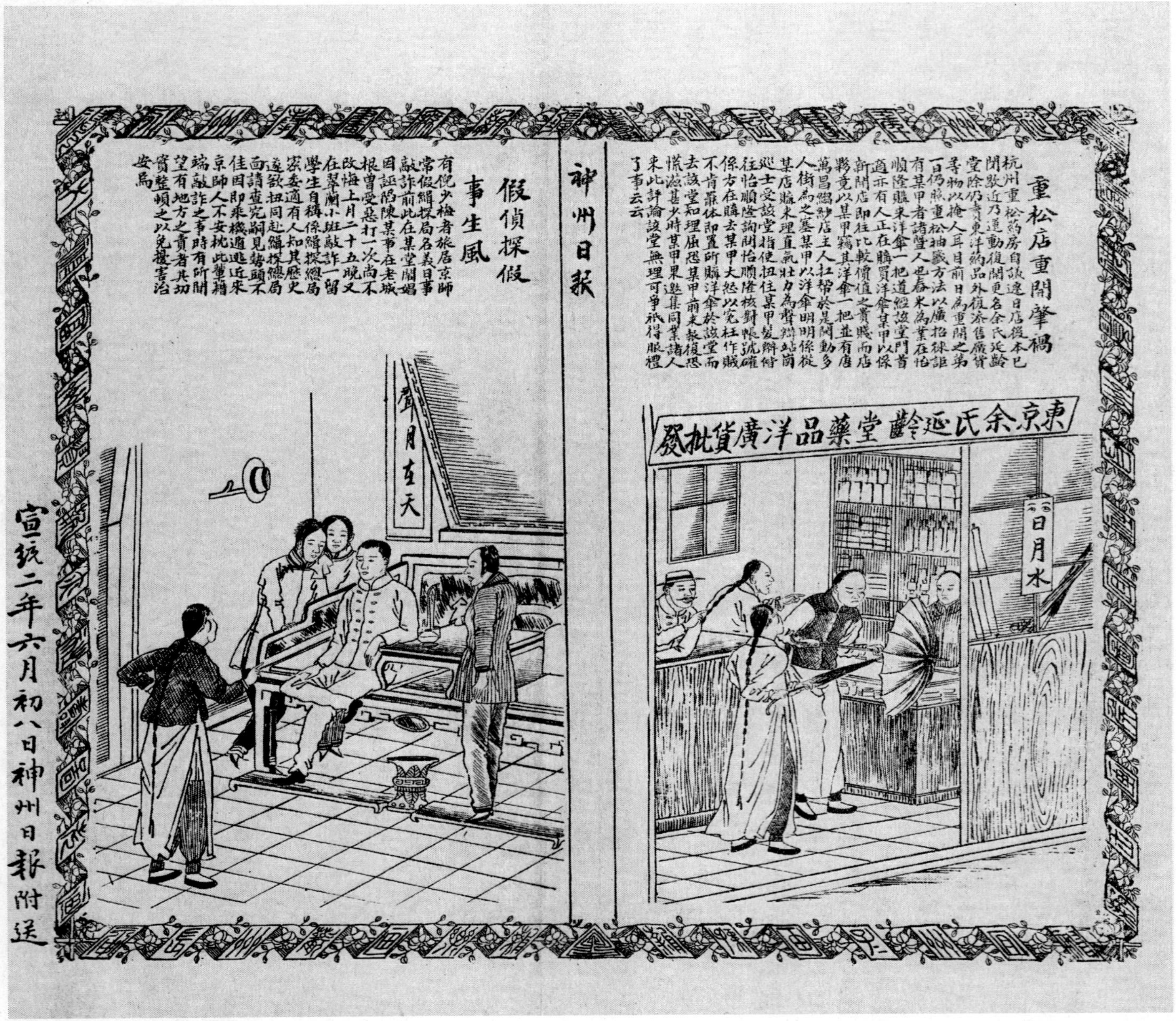
神州日報
重松店重開肇禍
杭州重松藥房自改遷日店後本已閉歇近乃運動復開更名余氏延齡堂除仍賣東洋藥品外復添售廣貨等物以掩人耳目前日爲重開之第百仍照重松抽籤方法以廣招徠詎有某甲者諸暨人也春米爲業在怡順隆賬來洋傘一把道經該堂門首適亦有人正在購買洋傘某甲以係新開店即往比較價值之貴賤而店夥竟以某甲竊其洋傘一把並有店萬昌綢紗店主人扛帮於是鬨動多人街爲之塞某甲以洋傘明明係從某店賒來理直氣壯力爲聲辯站崗巡士受該堂指使扭住某甲髮辮解往怡順隆詢問怡順隆核對帳號確係方在購去某甲大怒以冤枉作賊不肯罷休即置所購洋傘於該堂而去該堂知理屈恐某甲前來報復恐慌滋甚少時某甲果邀集同業諸人來此評論該堂無理可爭祇得服禮了事云云
東京余氏延齡堂藥品洋廣貨批發
日月水
假偵探假事生風
有倪少梅者旅居京師常假緝探局名義日事敲詐前此在某堂闞娼因誣陷陳某事在老城根曾受惡打一次尚不改悔上月二十五晚又在琴蘭小班敲詐一留學生自稱係緝探總局案委適有人知其歷史遂欲扭同赴緝探總局面請查究詎見勢頭不佳因即乘機逃遁近來京師人不安枕此輩藉端敲詐之事時有所聞望有地方之責者其切實整頓之以免擾害治安焉
歲月在天
宣統二年六月初八日神州日報附送

宣統二年六月初九日神州日報附送
北極閣

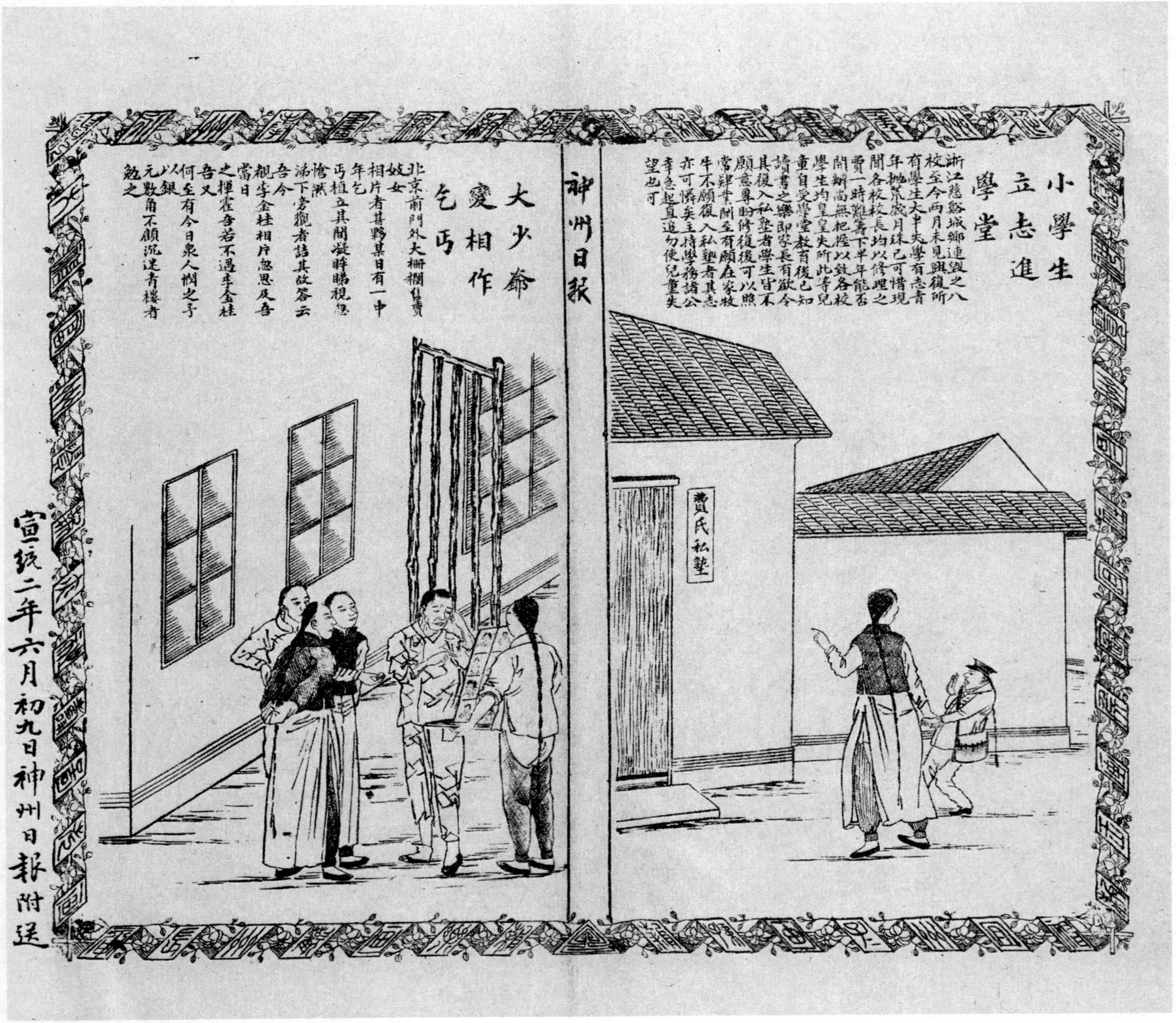
小學生立志進學堂
浙江慈谿城鄉連毀之八校至今兩月未見興復所有學生大半失學有志青年抛荒歲月殊已可惜現聞各校校長均以修理之費一時難籌下半年能否開辦尚無把握以致各校學生均皇皇失所此等兒童自受學堂教育後已知讀書之樂即學長有欲令其復入私塾者學生皆不願意專盼修復後可以照常肄業聞至有願在家牧牛不願復入私塾者其志亦可憐矣主持學務諸公幸急起直追勿使兒童失望也可
費氏私塾
神州日報
大少爺變相作乞丐
北京前門外大柵欄售賣妓女相片者甚夥某日有一中年乞丐植立其間凝眸睇視忽愴然淚下旁觀者詰其故答云吾今觀李金桂相片忽思及吾當日之揮霍吾若不遇李金桂吾又何至有今日衆人憫之予以銀元數角不顧沉迷青樓者勉之
宣統二年六月初九日神州日報附送

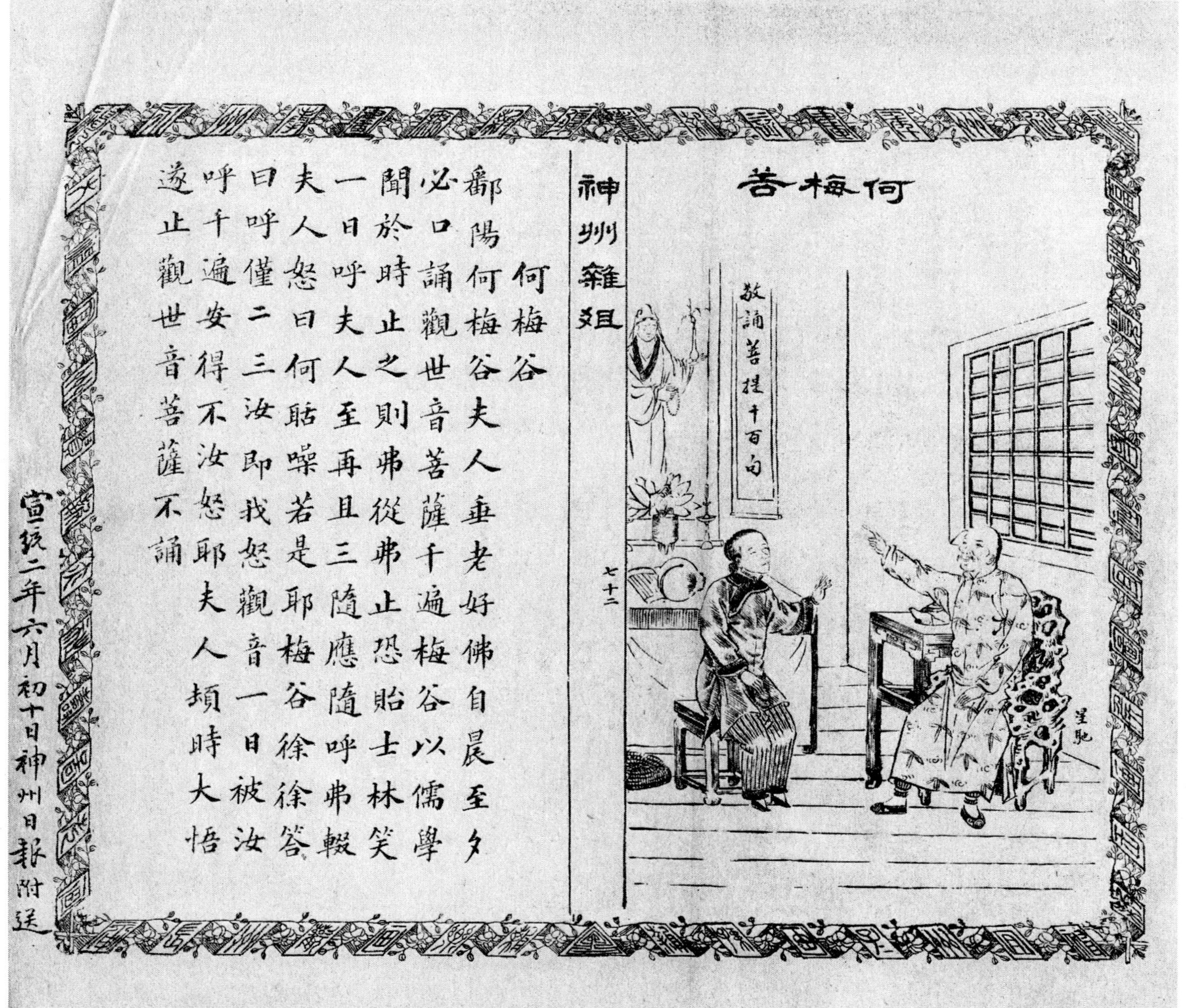

何梅苦
神州雜俎
何梅谷
鄱陽何梅谷夫人垂老好佛自晨至夕必口誦觀世音菩薩千遍梅谷以儒學聞於時止之則弗從弗止恐貽士林笑一日呼夫人至再且三隨應隨呼弗輟夫人怒曰何聒噪若是耶梅谷徐徐答曰呼僅二三汝即我怒觀音一日被汝呼千遍安得不汝怒耶夫人頓時大悟遂止觀世音菩薩不誦
敬誦菩提千百句
七十二
星馳
宣統二年六月初十日神州日報附送

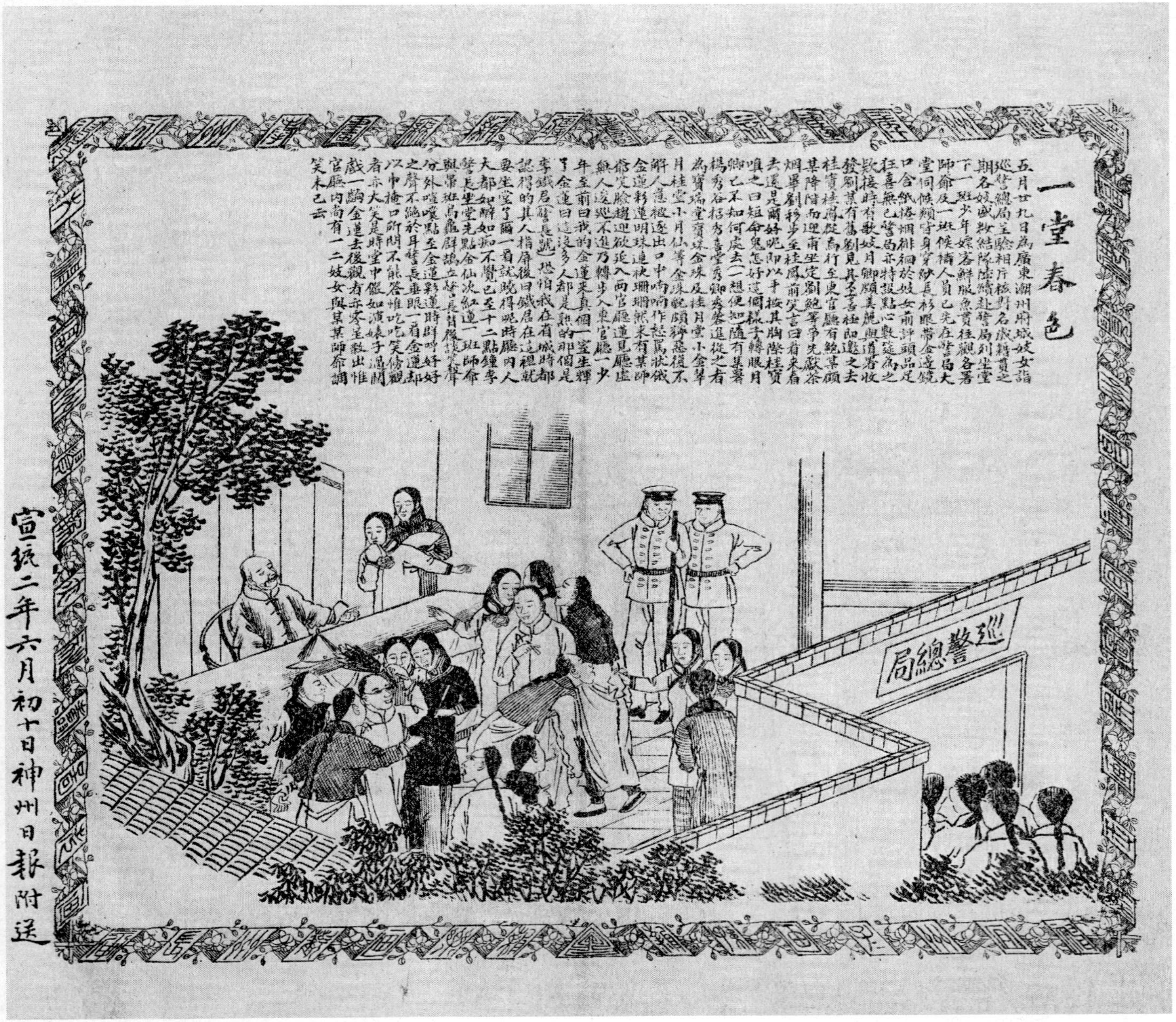
一堂春色
五月廿九日爲廣東潮州府城妓女詣巡警總局呈驗相片核對名歲籍貫之期各妓或數結隊陸續赴警局列坐堂下一班少年嫖客鮮服急貫往觀各著師爺及一班候補人員已先在警局大堂伺候賴皆身穿紗長衫眼帶金邊鏡口含紙捲烟細於妓女前評頭品足狂喜無已警局亦特設點心數筵爲之款接時有歌妓月卿顧美麗與消着收發劉某有舊劉見其至喜極即邀之去桂寶桂蘭從爲行至東官廳有絶某顧某降階而迎甫坐定劉絶等爭先獻茶烟畢劉移步至桂風前笑言曰看來看去還是爾好呢即以手撫其胸際桂寶唯之曰短命鬼怎好這個樣子轉眼月卿已不知何處去（一想便知）隨有某著楊秀谷裕秀喜堂秀卿秀蓉進從之者爲寶瑞堂寶珠金珠及桂月堂小金翠月桂堂小月仙等金珠乾顧猙惡很不解人意被逐出口中喃喃作怒罵狀俄金蓮彩蓮明珠連枝珊珊紙來有某師爺笑臉趨迎欲延入西官廳蓮見廳虛無人遂逡巡不進乃轉步入東官廳一步年至前曰我的金蓮來真個一室生輝了金蓮曰這多人都是熟的那個是李鐵君（警長號）恐怕我在省城時都認得的其人指屏後曰鐵君在這裡就要坐堂了爾一看就曉得晚時廳內人大都如醉如痴不覺已至十二點鐘李警長坐堂先點金仙次紅蓮一班師爺與帶班爲龜群趨立後指背後謔笑聲分外喧嘩點至金蓮彩蓮時群呼好好之聲不絶於耳警長垂眼一看金蓮却以巾掩口所問不能答惟吃吃笑傍觀者亦大笑是時堂中儼如演娘子過關戲一齣金蓮去後觀者亦零星散出惟官廳內尚有一二妓女與某某師爺調笑未已云
巡警總局
宣統二年六月初十日神州日報附送

神州日報

蛟水爲災

距鎮江西南八十餘里之溧水縣地方於月前陡發蛟水淹沒田地衝壞房屋並傷人不少該處禾苗盡死秋收絕望加以今春雨雹爲災二麥不實聞有收穫奈登場後又被洪水漂失刻下災民無家蓋藏忍饑露宿無門托鉢斂錢載途該縣已據情稟報省憲矣

吃喝逼命

日前午後三點鐘杭州菜市橋龍興館飯店有一客吃後算帳共需三百餘文客付帳不敷將身上馬褂解下抵押店中不允且將請其吃菓客不肯并將其褲脫下客羞忿之餘竟赴菜市橋河中自盡嗣經旁人打撈起已無及矣查其馬褂中尚有信一封係姓鄒信將寄與兄者用鉛筆寫刻下地方已經報縣定於初七前往相驗以便訊辦云

宣統二年六月十一日神州日報附送

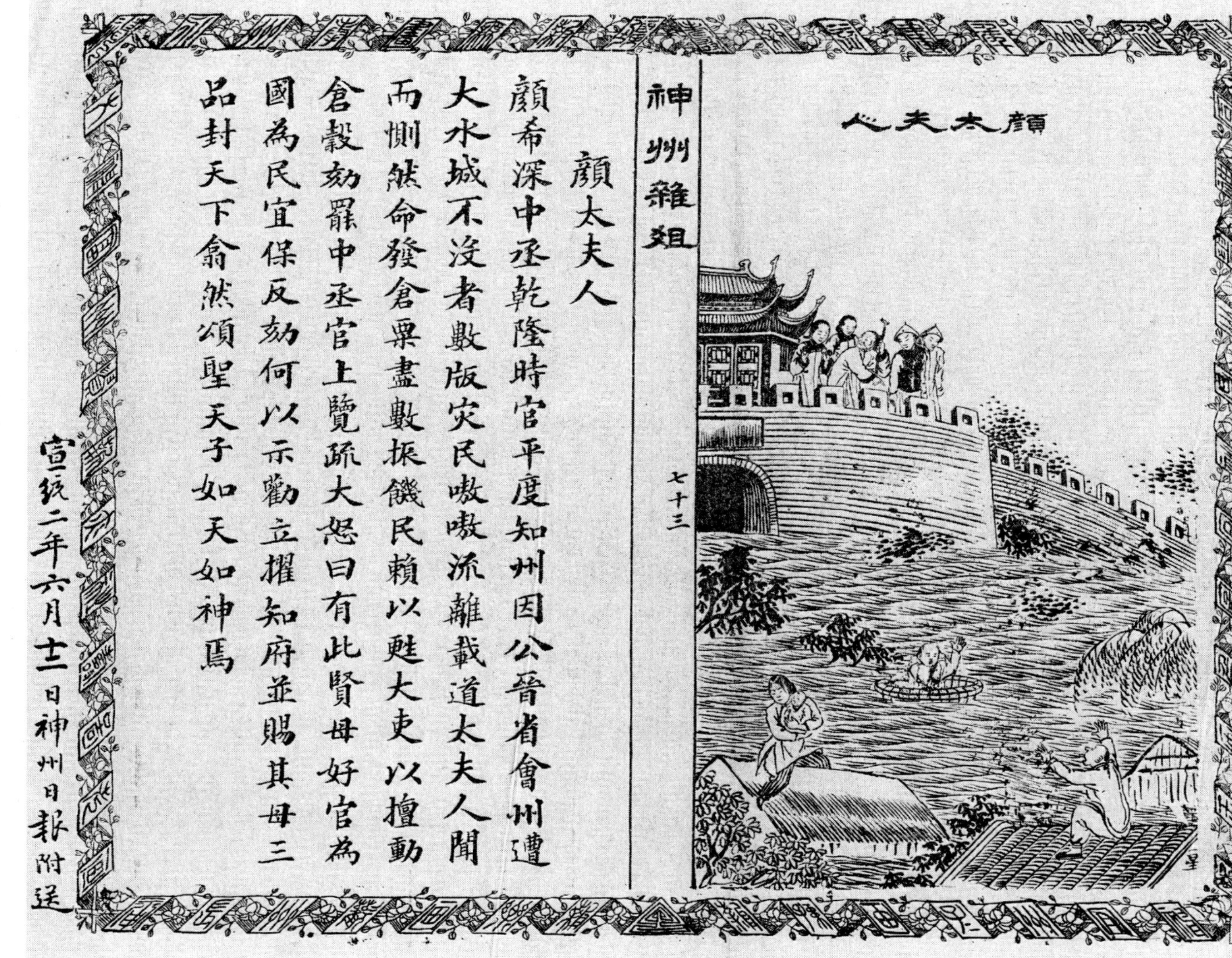

神州雜俎

七十三

顏太夫人

顏太夫人

顏希深中丞乾隆時官平度知州因公晉省會州遭大水城不沒者數版災民嗷嗷流離載道太夫人聞而惻然命發倉粟盡數振饑民賴以甦大吏以擅動倉穀劾罷中丞官上覽疏大怒曰有此賢母好官為國為民宜保反劾何以示勸立擢知府並賜其母三品封天下翕然頌聖天子如天如神焉

宣統二年六月十二日神州日報附送

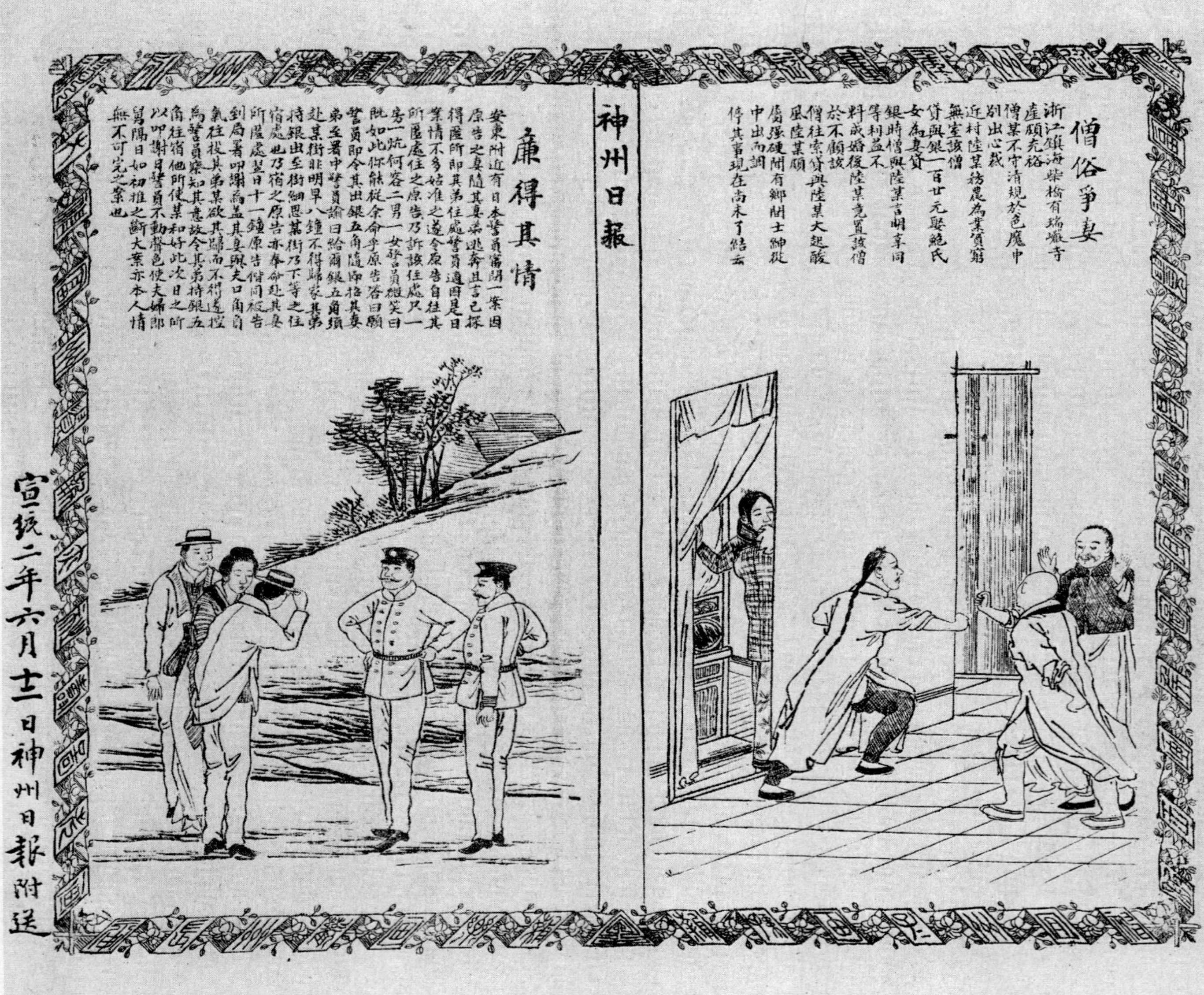
神州日報
僧俗爭妻
浙江鎮海柴橋有瑞巖寺產頗充裕僧某不守清規於色魔中別出心裁近村陸某務農為業貧窮無室該僧貸與銀一百廿元娶施氏女為妻貸銀時僧與陸某言明享同等利益不料成婚後陸某竟置該僧於不顧該僧往索貸與陸某大起醋風陸某頗屬強硬聞有鄉閒士紳從中出而調停其事現在尚未了結云
廉得其情
安東附近有日本警員偵聞一案因原告之妻隨其妻弟逃奔且言已探得匿所即其弟住處警員適因是日案情不多姑准之遂令原告自往其所匿處住之原告乃訴該住處只一房一炕何容二男一女警員微笑曰既如此你就從命乎原告答曰願警員即令其出銀五角隨仰指其妻弟至署中警員諭曰給爾銀五角須赴某街非明早八鐘不得歸家其弟持銀出至街細思某街乃下等之住宿處也乃宿之原告亦奉命赴其妻所匿處翌日十一鐘原告偕同被告到局署叩謝為蓋其妻與夫口角負氣往投其弟某欲其歸而不得遂控為警員察知其意故令其弟持銀五角往宿他所使某和好此次日之所以叩謝日警員不動聲色使夫婦即會隔日如初推之斷大案亦本人情無不可完之案也
宣統二年六月十二日神州日報附送

宣統二年六月十三日神州日報附張
弍千餘年之古蹟
先師手植檜（寫真）
先師手植檜

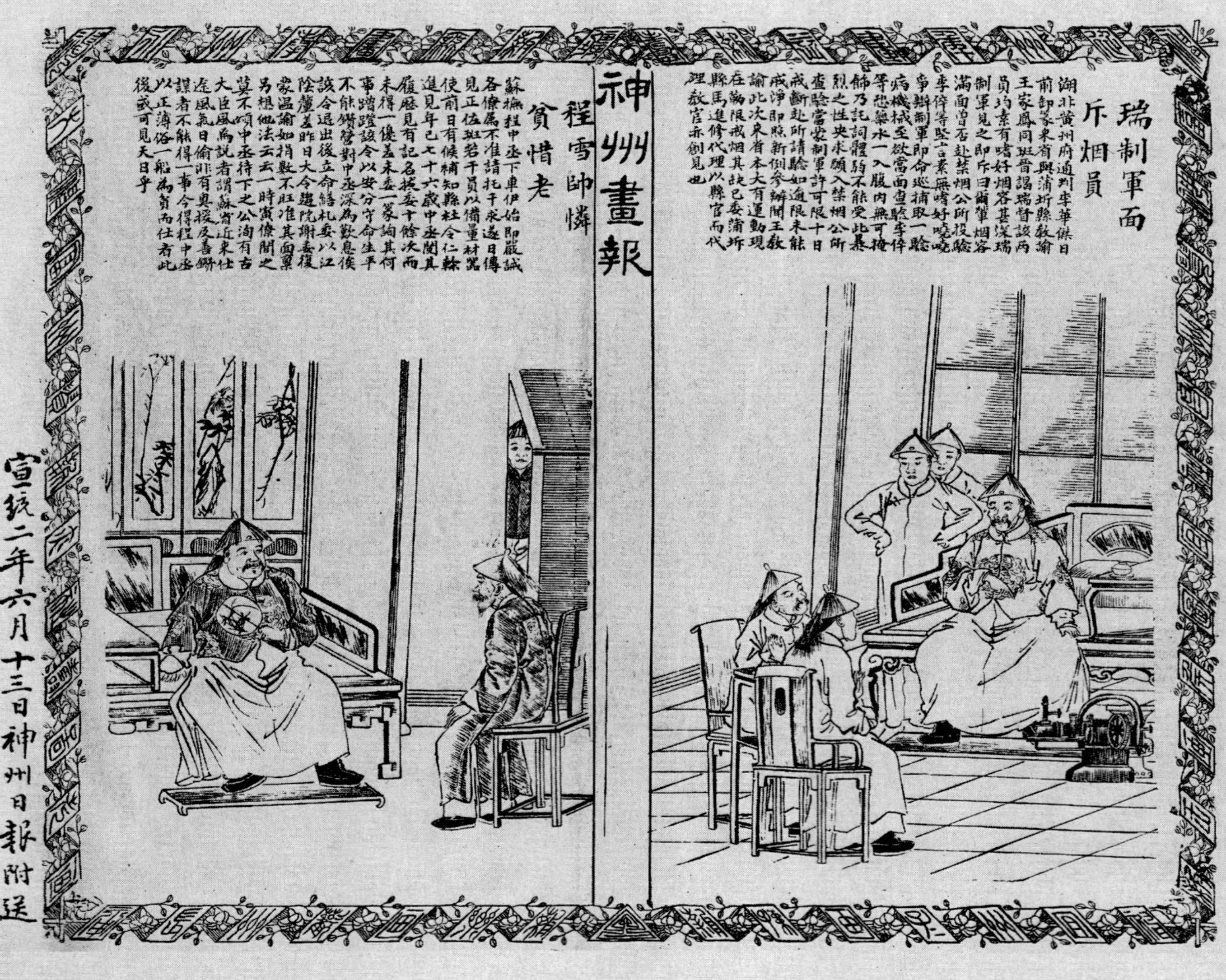
神州畫報
瑞制軍面斥烟員
湖北黃州府通判李華供日前卸篆來省與蒲圻縣教諭王家鳳同班晉謁瑞督該兩員均素有嗜好烟容甚深瑞制軍見之即斥曰爾輩烟容滿面曾否赴禁烟公所投驗李倖等堅言素無嗜好嘵嘵爭辯制軍即命巡捕取一驗病機械至欲當面查驗李倖等恐藥水一入腹內無可掩飾乃託詞體弱不能受此暴烈之性央求願入禁烟公所查驗當蒙制軍許可限十日戒斷赴所請驗如逾限未能戒淨即照新例參辦聞王教諭此次來省本大有運動現在勒限戒烟其缺已委蒲圻縣馬進修代理以縣官而代理教官亦創見也
程雪帥憐貧惜老
蘇撫程中丞下車伊始即嚴誡各僚屬不准請托干求逐日傳見正佐班若干員以備量材器使前日有候補知縣杜令仁蘇進見年已七十六歲中丞閱其履歷見有記名接委十餘次而未得一優差未委一篆詢其何事蹭蹬該令以安分守命生平不能鑽營對中丞深爲歎息俟該令退出後立命繕札委以江陰釐差昨日大令趨院謝委復蒙溫諭如捐數不旺准其面稟另想他法云云一時寅僚聞之莫不頌中丞待下之公洵有古大臣風爲說者謂蘇省近來仕途風氣日偷非有奧援及善鑽謀者不能得一事今得程中丞以正薄俗一船爲貧而仕者此後或可見天日乎
宣統二年六月十三日神州日報附送

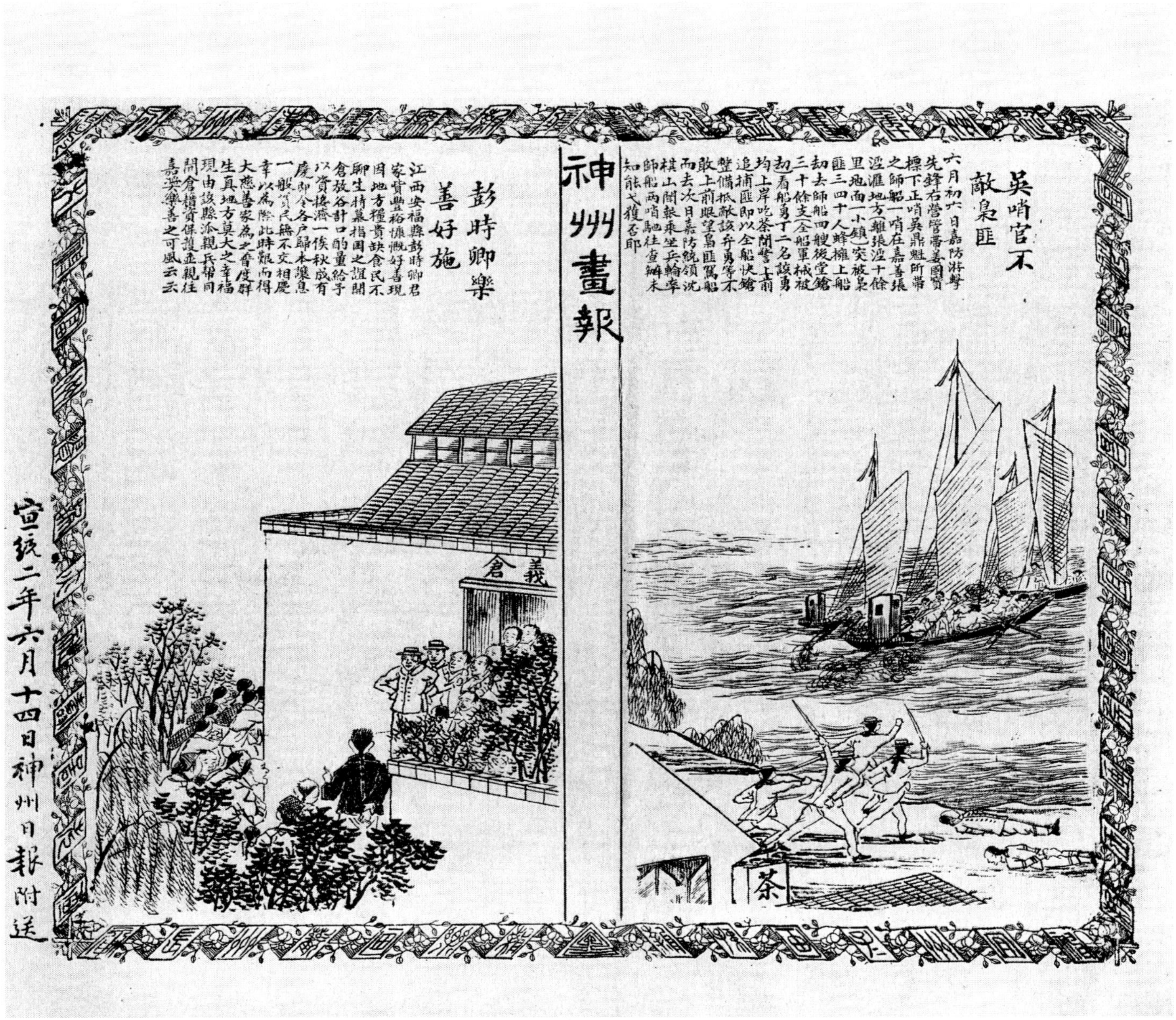

神州畫報

吳哨官不敵梟匪

六月初六日嘉防游擊先鋒右營管帶姜國賢標下正哨吳鼎魁所帶之師船一哨在嘉善張涇滙地方（離張涇十餘里地面一小鎮）突被梟匪三四十人蜂擁上船劫去師船四艘後堂鎗三十餘支（全船軍械被劫）看船勇丁二名該勇均上岸吃茶聞警上前追捕匪即以全船快鎗盤備抵敵該弁勇等不敵上前眼望梟匪駕船而去次日嘉防統領沈棋山聞報乘坐兵輪率師船兩哨馳往查辦未知能弋獲否耶

彭時卿樂善好施

江西安福縣彭時卿君家貲豐裕慷慨好善現因地方糧貴缺食民不聊生特慕指囷之誼開倉放谷計口酌量給予以資接濟一俟秋成有慶即令各户歸本藻息一般貧民無不交相慶幸以為際此時艱而得大慈善家為之普度群生真地方莫大之幸福現由該縣添親兵幫同開倉措資保護並親往嘉奬樂善之可風云云

宣統二年六月十四日神州日報附送

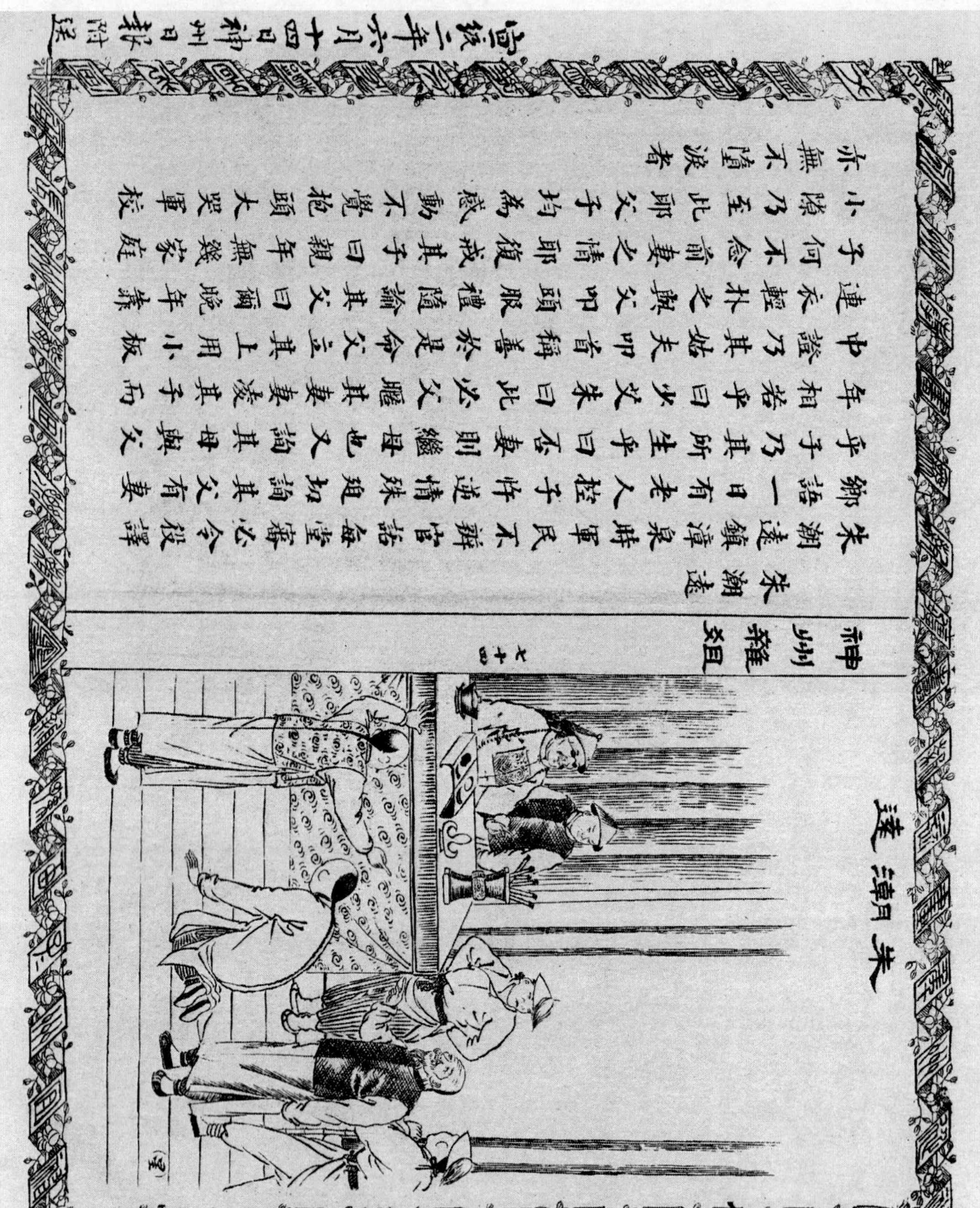

朱潮遠

神州雜俎

七十四

朱潮遠

朱潮遠鎮漳泉時軍民不辨官話每堂審必令役譯鄉語一日有老人控子忤逆情殊廹切詢其父有妻乎子乃其所生乎曰否妻則繼母也又詢其母與父年相若乎曰少艾朱曰此必父暱其妻妻凌其子而中證乃其姑夫叩首稱善於是命父立其上用小板連衣輕扑之與父叩頭服禮隨諭其父曰爾晚年靠子何不念前妻之情耶復戒其子曰親年無幾家庭小隙乃至此耶父子均為感動不覺抱頭大哭軍校亦無不墮淚者

（星）

宣統二年六月十四日神州日報附送

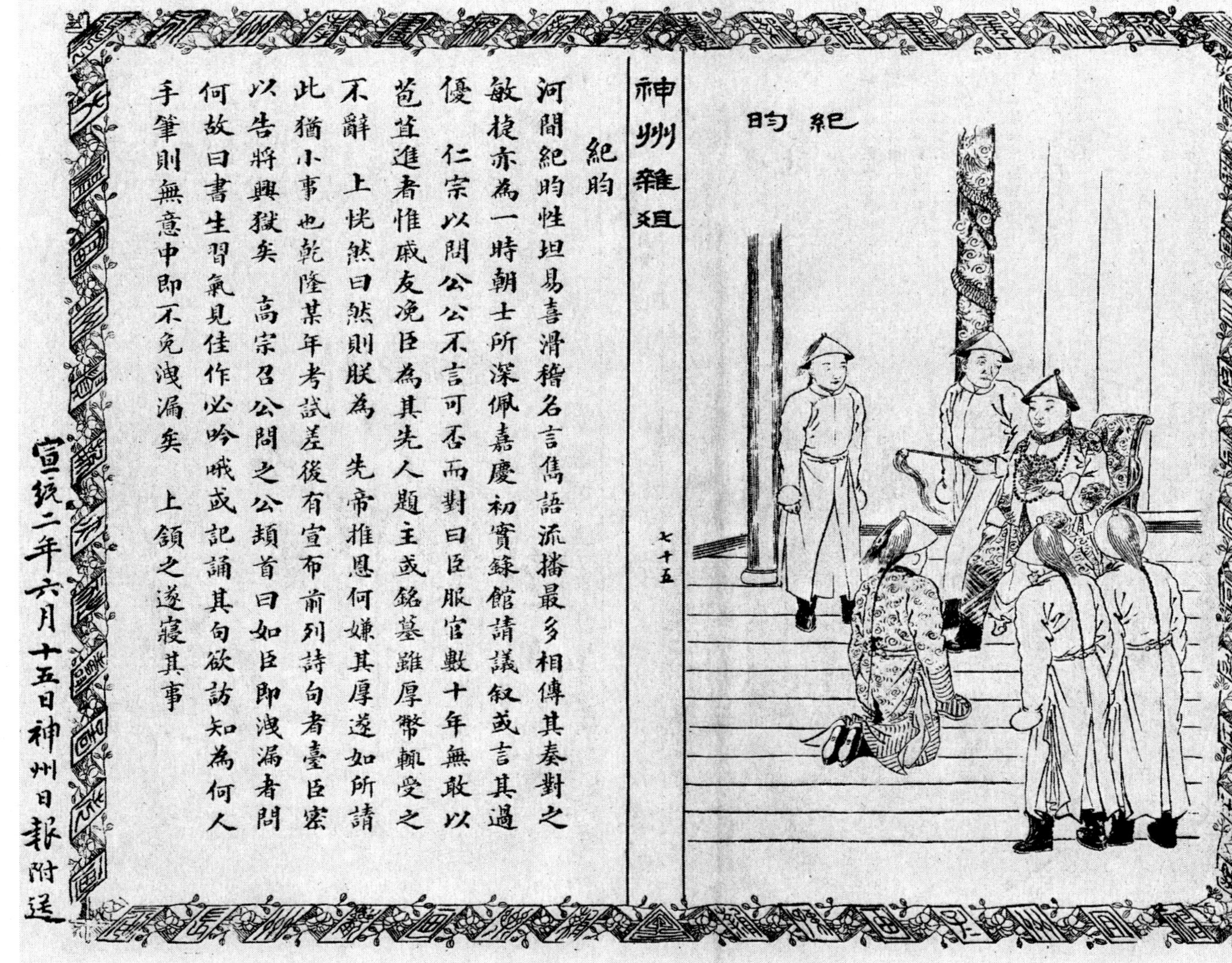

紀昀

河間紀昀性坦易喜滑稽名言雋語流播最多相傳其奏對之敏捷亦為一時朝士所深佩嘉慶初實錄館請議敘或言其過優　仁宗以問公公不言可否而對曰臣服官數十年無敢以苞苴進者惟戚友挽臣為其先人題主或銘墓雖厚幣輒受之不辭　上恍然曰然則朕為　先帝推恩何嫌其厚遂如所請此猶小事也乾隆某年考試差後有宣布前列詩句者臺臣密以告將興獄矣　高宗召公問之公頓首曰如臣即洩漏者問何故曰書生習氣見佳作必吟哦或記誦其句欲訪知為何人手筆則無意中即不免洩漏矣　上頷之遂寢其事

宣統二年六月十五日神州日報附送

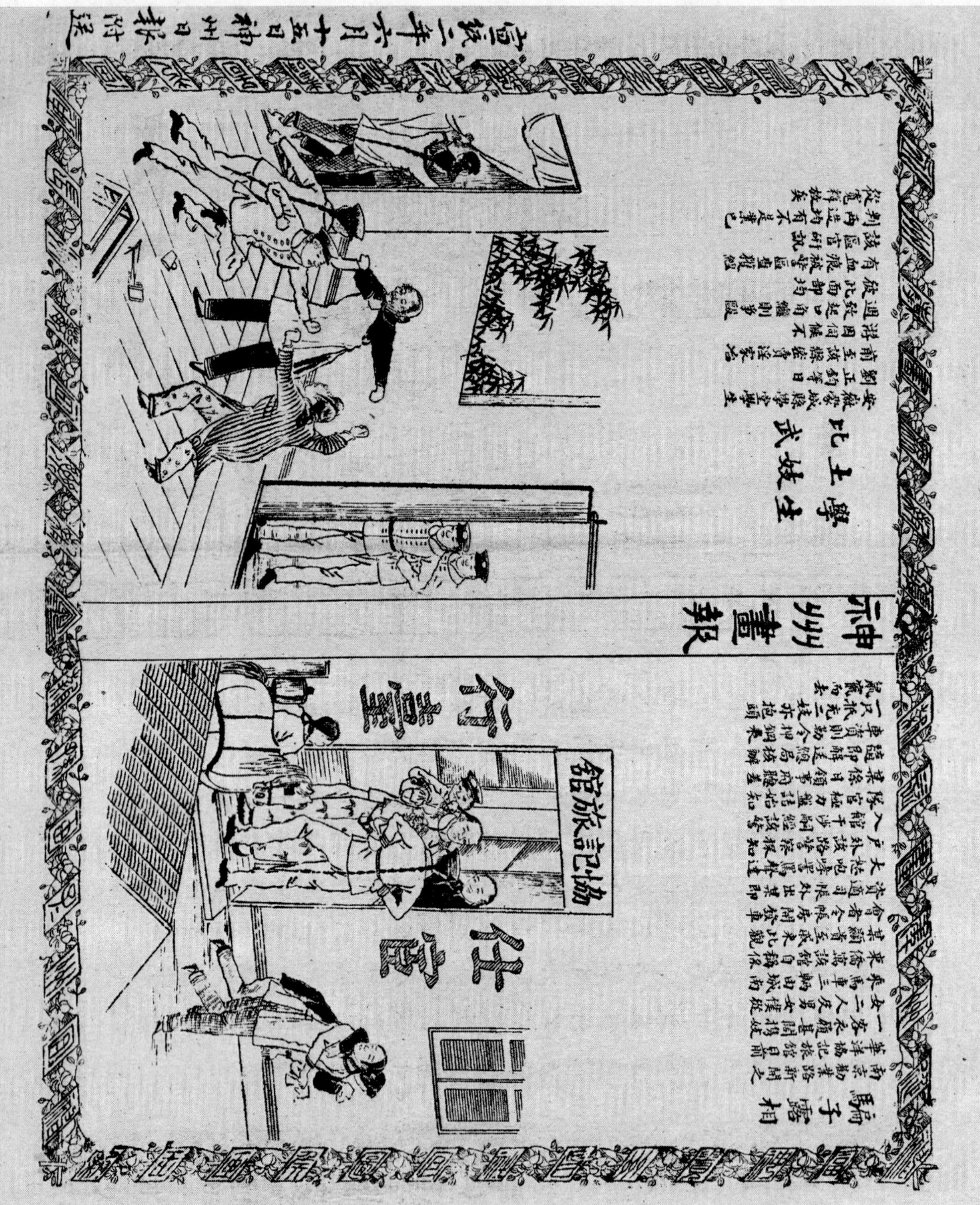
神州畫報
騙子露相
南京勸業路新開之華洋協記旅館日前一客衣履甚闊攜妓女二人及男女僕從乘馬車三輛由城南來僑寓該館自稱係某顯貴至戚來此觀會者令帳房開發車資適司帳外出某即大肆咆哮詈罵聲達戶外該路警察探知入館干涉嗣經該警隊官極力盤詰始知某係日領事府聽差隨即解送總局核辦車資則勒令押鋼表一只祇充二妓亦抱頭鼠竄而去
協記旅館
仕宦行臺
學生土妓比武
安徽蒙城縣學堂學生劉正鈞等日前至該縣密賣淫家冶游因伺候不週致起口角繼則爭毆彼此面部均有血痕被警區查獲經該區官研訊判兩造均有不是業已從寬釋放矣
宣統二年六月十五日神州日報附送

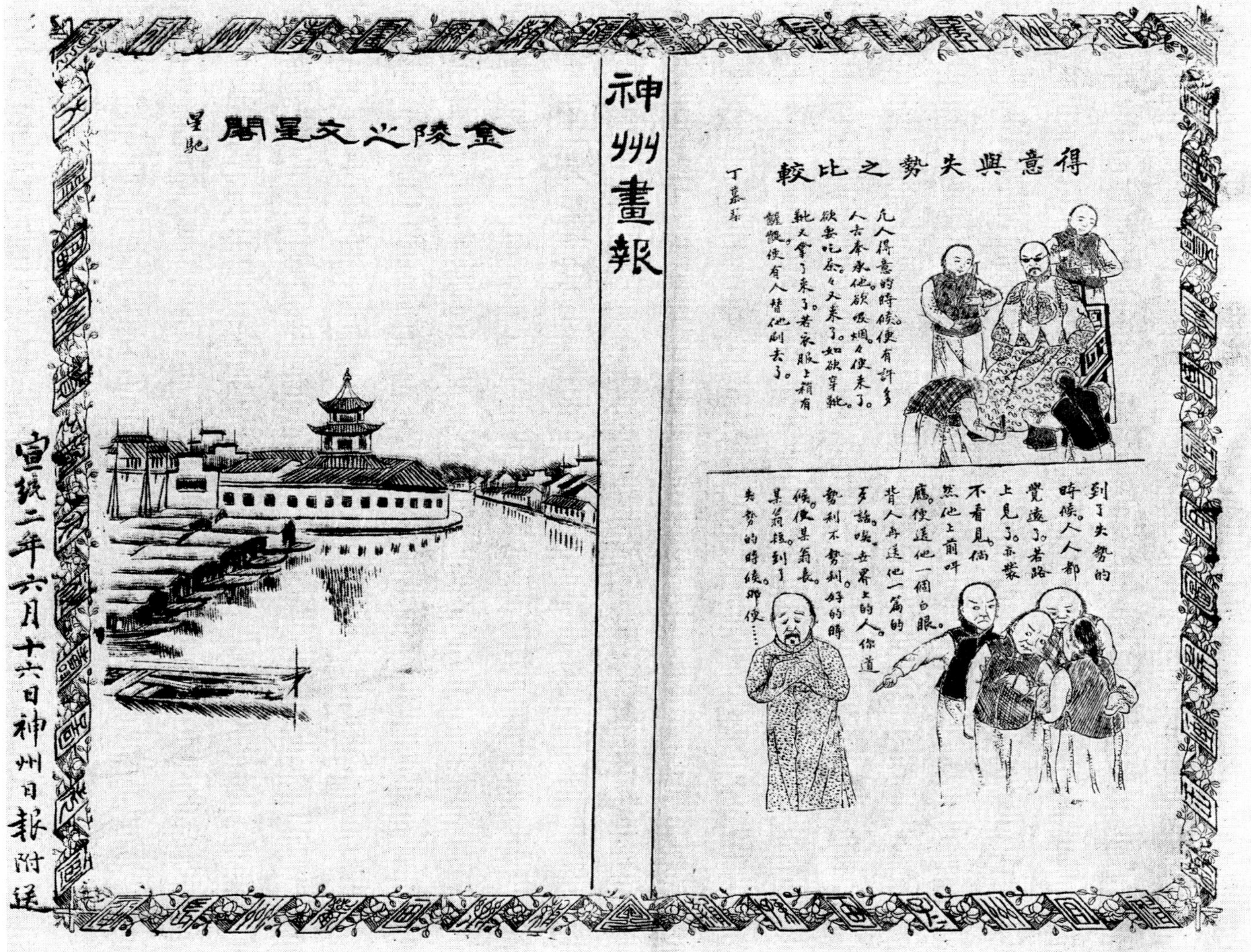
神州畫報
金陵之文星閣
星馳
得意與失勢之比較
丁慕琴
凡人得意的時候。便有許多人去奉承他。欲吸烟。々便來了。欲要吃茶。々又來了。如欲穿靴。靴又拿了來了。若衣服上稍有齷齪。便有人替他刷去了。
到了失勢的時候。人人都覺遠了。若路上見了。亦裝不看見。倘然他上前呼應。便送他一個白眼。背人再送他一篇的歹話。唉。世界上的人。你道勢利不勢利。好的時候。便某翁某長。某翁某短。到了失勢的時候。那便……
宣統二年六月十六日神州日報附送

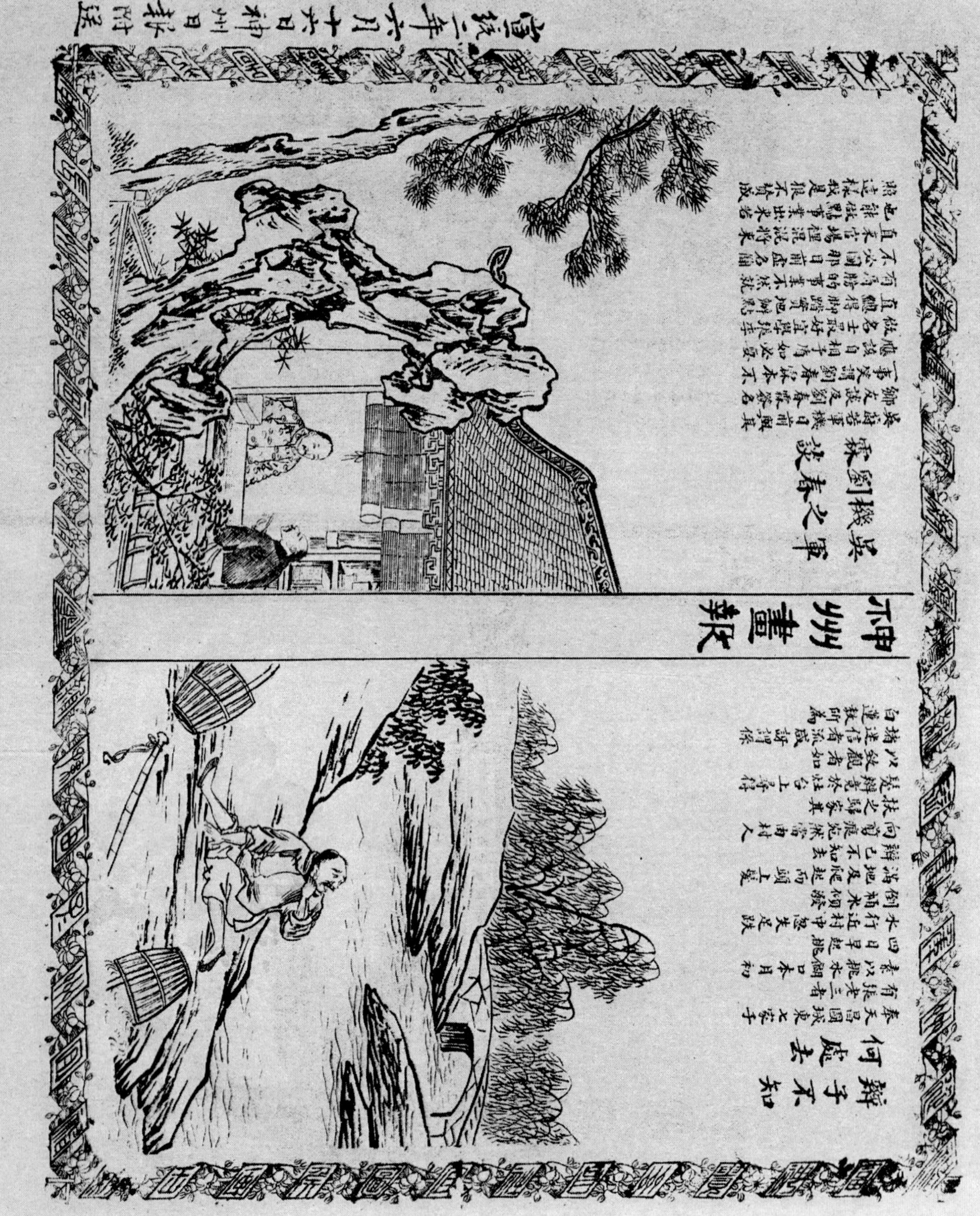
神州畫報
辮子不知何處去
奉天昌圖球東七家子有張老三者素以挑水餬口本月初四日早起挑水行近村中忽失足跌倒桶水傾潑滿地及爬起而頭上髮辮已不知去向剪痕宛然當由村人扶之歸家其髮辮竟於灶台上尋得以致觀者如堵迷信者泝咸訝謂係白蓮教所爲
吳軍機劉春霖之談
吳蔚若軍機日前與其鄉友談及劉春霖簽名一事笑謂劉春霖本不應該自相矛盾如必要做名士最好宜學張季直總得脚踏實地辦點有用膀的事業不然就不必圖那日前虛名簡直未官場裡混混將來也能做點事業出來若照這樣我是狠不贊成
宣統二年六月十六日神州日報附送

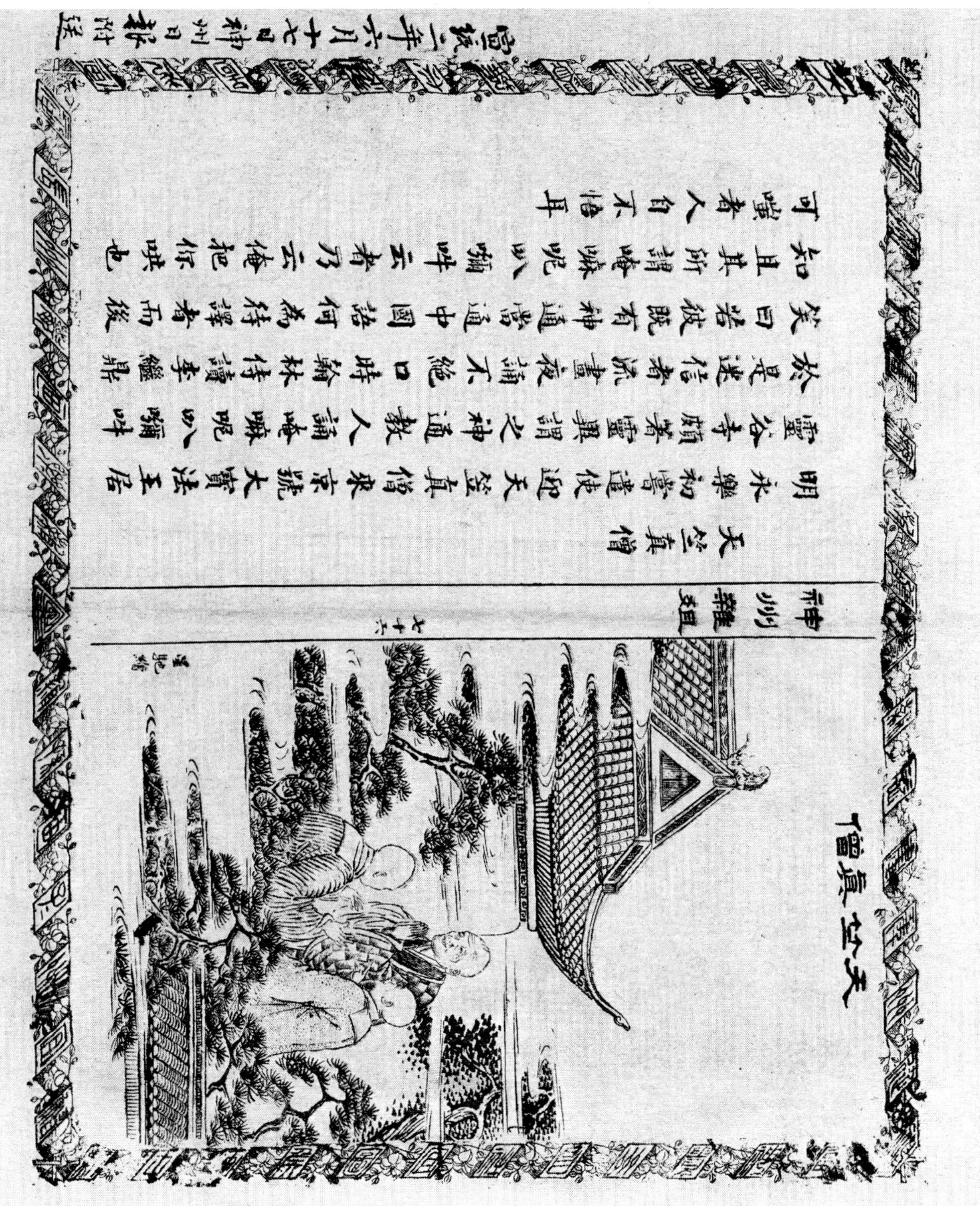

天竺真僧

神州雜俎　七十六

天竺真僧

明永樂初嘗遣使迎天竺真僧來京號大寶法王居靈谷寺頗著靈異謂之神通教人誦唵嘛呢叭彌吽於是迷信者流晝夜誦不絕口時翰林侍讀李繼鼎笑曰若彼既有神通當通中國語何爲待譯者而後知且其所謂唵嘛呢叭彌吽云者乃云俺把你哄也可嗤者人自不悟耳

星馳繪

宣統二年六月十七日神州日報附送

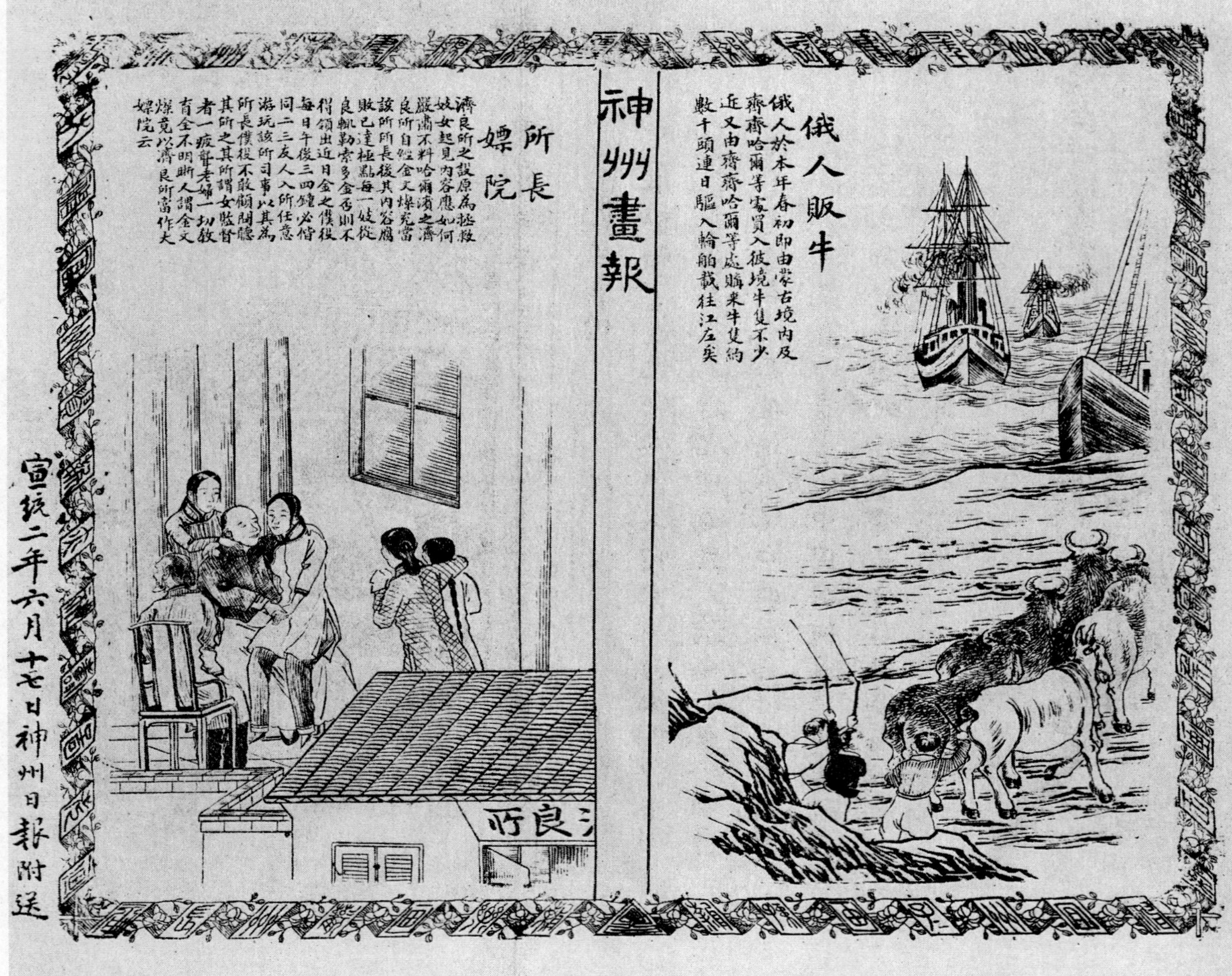
神州畫報
所長嫖院
濟良所之設原爲拯救妓女起見內容應如何嚴肅不料哈爾濱之濟良所自經金文燦充當該所所長後其內容腐敗已達極點每一妓從良輒勒索多金否則不得領出近日金之僕役每日午後三四鐘必偕同二三友人入所任意游玩該所司事以其爲所長僕役不敢顧問聽其所之其所謂女監督者一瘋聾老婦一切教育全不明晰人謂金文燦竟以濟良所當作大嫖院云
俄人販牛
俄人於本年春初即由蒙古境內及齊齊哈爾等處買入彼境牛隻不少近又由齊齊哈爾等處購來牛隻約數千頭連日驅入輪船載往江左矣
宣統二年六月十七日神州日報附送

上海之新公園
宣統二年六月十八日神州日報附送

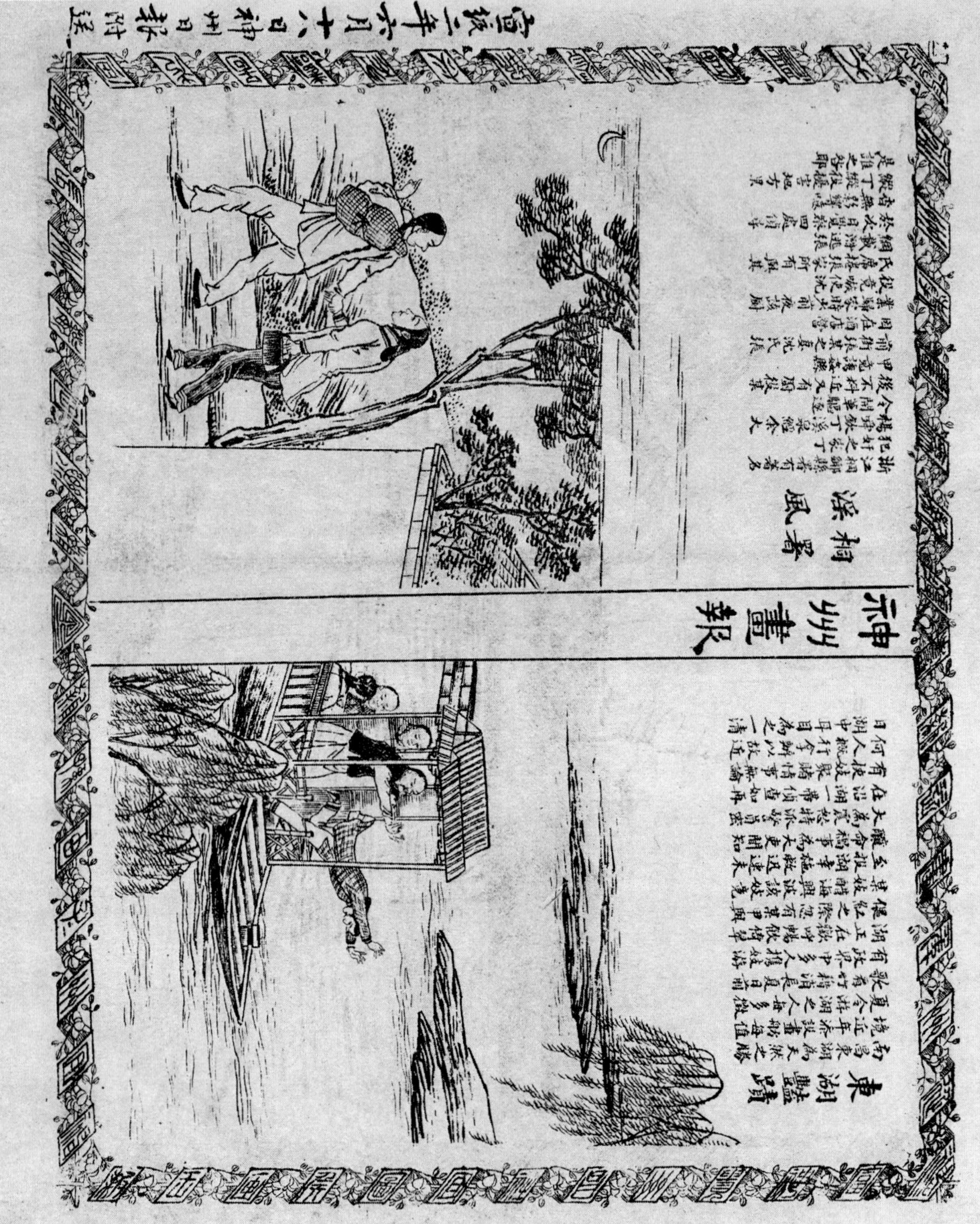
神州畫報
東湖豔蹟
南昌東湖為天然之勝境近年添設畫舫每值夏令游湖之人每多攜歌者竹稍消長夏日前有政界中多人攜妓游湖正在歡呼暢飲傳斝偎紅之際忽有某甲與某妓醋海興波該妓竟至投湖幸施救迅速未釀命禍事為大吏聞知大為震怒特派警員密在沿湖一帶偵查如再有挾妓聚賭情事無論何人概行拿辦以故近日湖中耳目為之一清
桐署溪風
浙江桐鄉縣署有著名犯奸之家丁楊舜欽丁溪泉經余大令開革驅逐後不料近又有廚役某甲竟誘姦縣前街張某之妻沈氏張因在酒店營業歸家時已前夜該廚役竟唆使沈氏席捲張家所有與其綢載游逃張於次日覺察四處偵尋杳無影響噫縱丁縱役擾害地方果是誰之咎耶
宣統二年六月十八日神州日報附送

漁肉鄉民者鑒

呼蘭城西鮑家井屯距城三十餘里住戶張姓本安分良民日前該鄉巡官徐級三帶兵數名於夜十鐘時巡至該屯即向張姓家扣門求入張以時至夜開兵匪不分未允該巡官即將大槍兩隻手彈若干由門縫遞入以資取信張於是開門納之詎料徐巡官聲稱拿賭喝令衆兵翻箱倒篋終無賭具可證當將該家長及更夫等拳打棍毆名有傷痕并聲稱丟失大槍一桿勒令賠償遂將該家長並更夫等三名帶區嚴押次日徐巡官捏呈區官王立中轉呈府署該屯長等目覩此事大爲不平群謂値此立憲時代尚可漁肉鄉民於是聯名稟府控訴經范小濤太守訊悉前情不諱即將巡官徐級三傳至大堂棍責二百押候查辦云

神州雜俎

女巫　陳五

女巫妄誕匹夫愚婦多信之甚至詩禮之家婦女亦不能免京師尤甚有武人陳五者家京師厭其家人崇信女巫莫能激悞一日含青李於腮中作患瘡狀不語亦不食呻吟竟日家人慌恐甚亟召女巫治之巫降神謂五之患素有口過此特神道降罰非倉卒可以解救家人羅拜哀求五更佯作痛楚狀手語欲家人招巫入視迨巫近身五突起批巫頰吐李使視之巫大愧恨而去從此家人無信巫者

宣統二年六月十九日神州日報附送

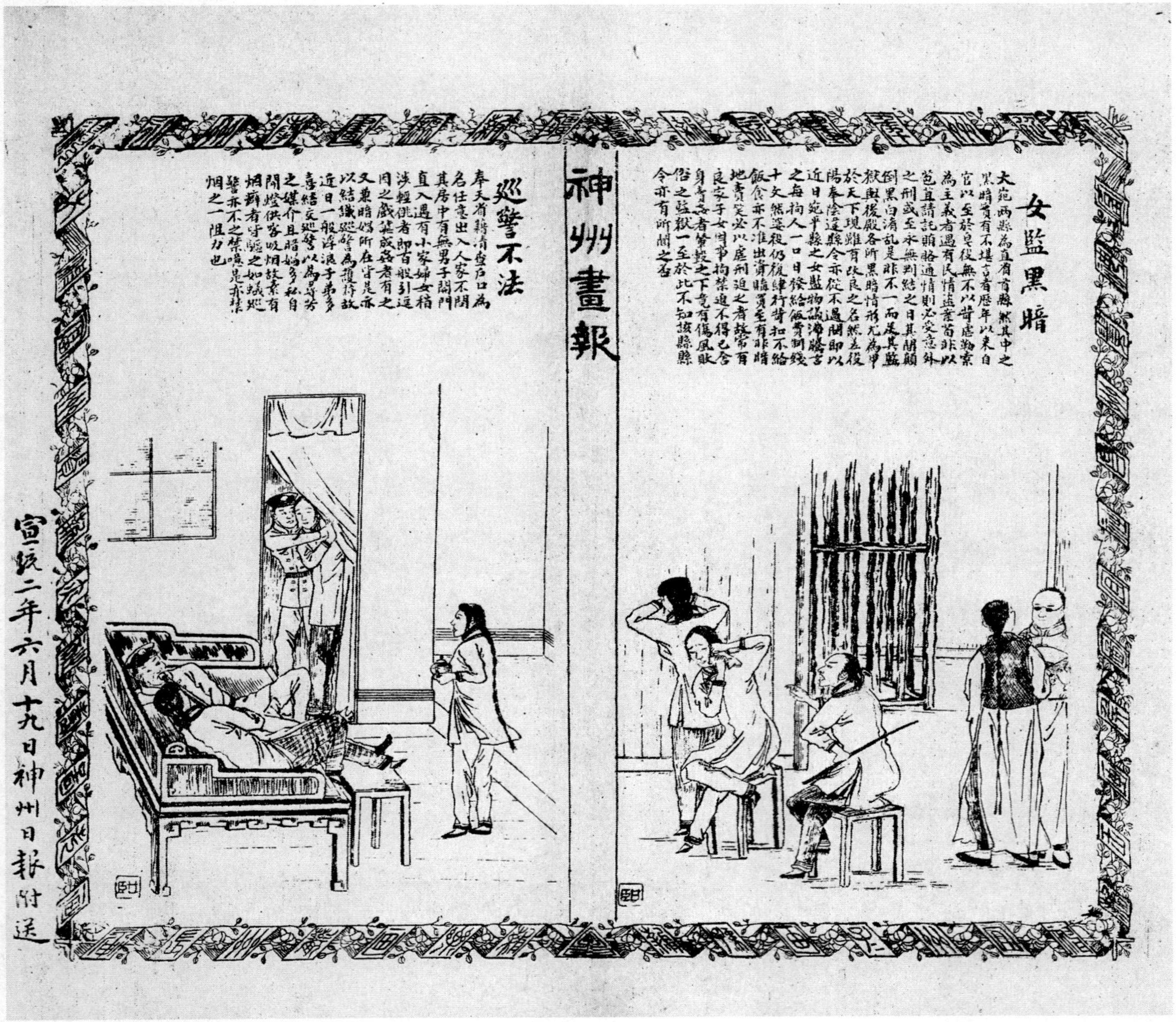
神州畫報
女監黑暗
大宛兩縣為直省首縣然其中之黑暗實有不堪言者歷年以來自官以至於皂役無不以苛虐勒索為主義者遇有民情並審苟非以苞苴請託賄賂通情則必受意外之刑或至永無判結之日其關顛倒黑白淆亂是非不一而足其監獄與後殿各所黑暗情形尤為甲於天下現雖有改良之名然差役陽奉陰違縣令亦從不過問即以近日宛平縣之女監物議滿騰言之每拘人一口日發給飯費制錢十文然差役仍復肆行背扣不給飯食亦不准出資購買至有非暗地賣笑必以虐刑迫之者蓋常有良家子女因事拘禁迫不得已含身賣姦者節毀之下竟有傷風敗俗之監獄一至於此不知該縣縣令亦有所聞之否
巡警不法
奉天省轄清查戶口為名任意出入人家不問其房中有無男子闖門直入遇有小家婦女稍涉輕佻者即百般引逗因之戲謔成姦者有之又兼暗娼所在皆是亦以結識巡警為護符故近日一般浮浪子弟多喜結交巡警以為尋芳之媒介且暗娼多私自開燈供客吸烟故素有烟癖者皆趨之如蟻烟警亦不之禁噫是亦禁烟之一阻力也
宣統二年六月十九日神州日報附送

宣統二年六月廿三神州日報附送

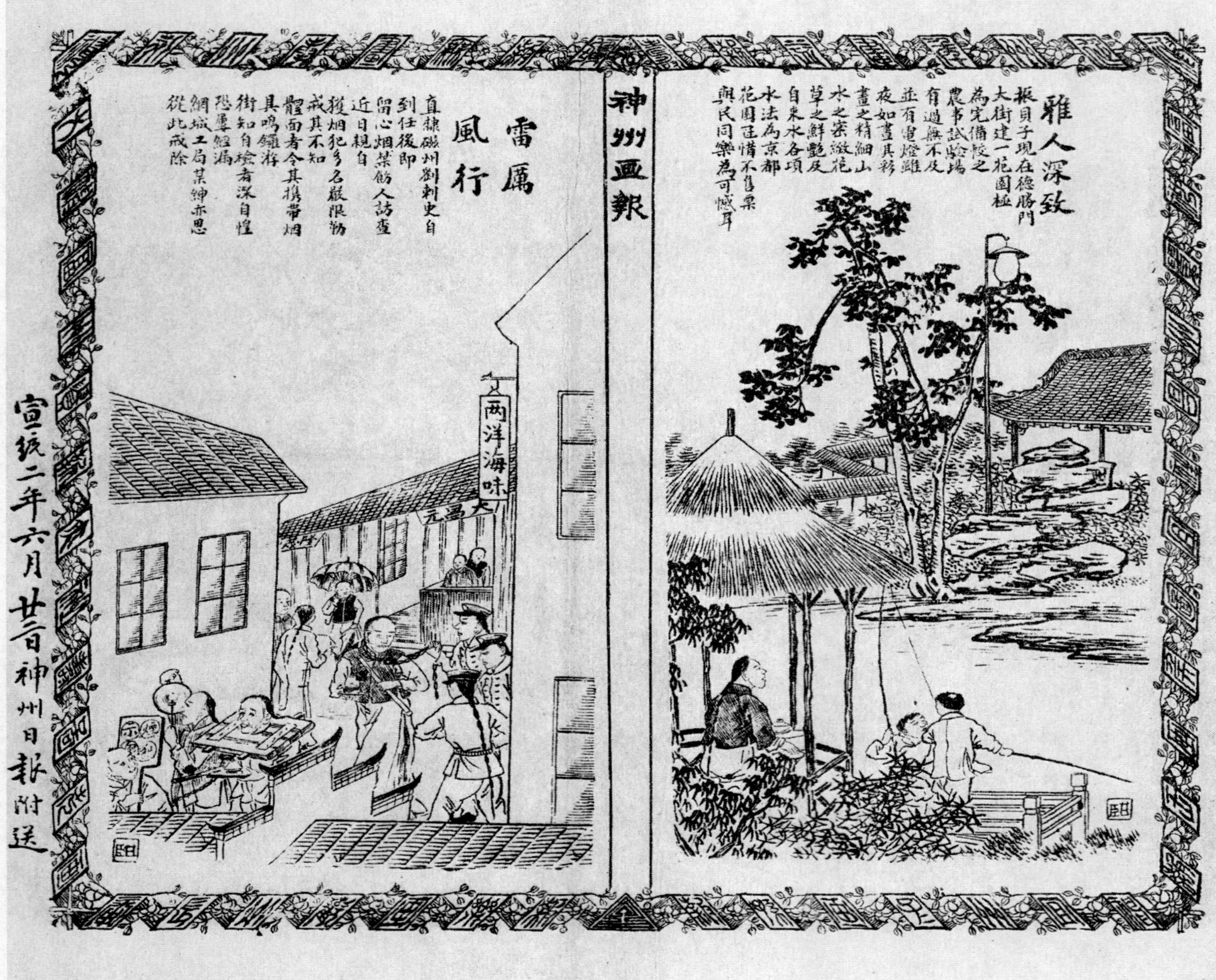
神州画報
雅人深致
振貝子現在德勝門大街建一花園極為完備較之農事試驗場有過無不及並有電燈雖夜如晝其彩畫之精細山水之密緻花草之鮮艷及自來水各項水法為京都花園冠惜不售票與民同樂為可憾耳
雷厲風行
直隸磁州劉刺史自到任後即留心烟禁飭人訪查近日親自獲烟犯多名嚴限勒戒其不知體面者令其携帶烟具鳴鑼游街知自檢者深自惶恐屢經漏網城工局某紳亦思從此戒除
兩洋海味
大昌元
宣統二年六月廿三日神州日報附送

神州雜俎

七十八

女丐

昊天不弔饑饉頻仍遍野哀鴻嗷嗷待哺一日朔風凜冽大雪亂飛荒村僻壤之中忽有一女丐沿途托鉢鶉衣百結瑟縮可憐首蒙以布帕引短杖挈提籃所過之家或臨軒而施小惠或踵門而乞其餘其富而驕者甚且以惡言拒絶困苦萬狀一農夫者寠人子孰視不忍延入溫室妻方爨杯酒塊肉而食之越翌日喧傳宮中大宴賓客舉前女丐所過之家悉以柬召咸愕然訝為千古未有之奇事於是相與就道入宮步至食堂中陳小桌一羅列珍錯芬芳撲鼻此外復有一大餐枱枱何所設則食器數事器何所陳若者為一合之乾麪若者為一角之薯芋若者為一撮之米粉而空無所有者亦雜陳其上一貴婦人從而申告於衆曰妾即前日微服之女丐也欲因無告之顛連察爾有衆之慈善故昔者以丐相見言次指農夫曰若而人者家雖貧能竭其力以施濟困一鄉不可多得之善士也此席專為君設會須痛飲且善無不報吾其戕撥庫帑若干以為勸嗟爾有衆其各認取器上之盛物去休此即爾有衆前日之先施於我者思之思之種瓜得瓜種豆得豆來生之苦樂直今日之因果女丐為誰邦君之妻加里也事見英吉利小史

宣統二年六月廿四日神州日報附送

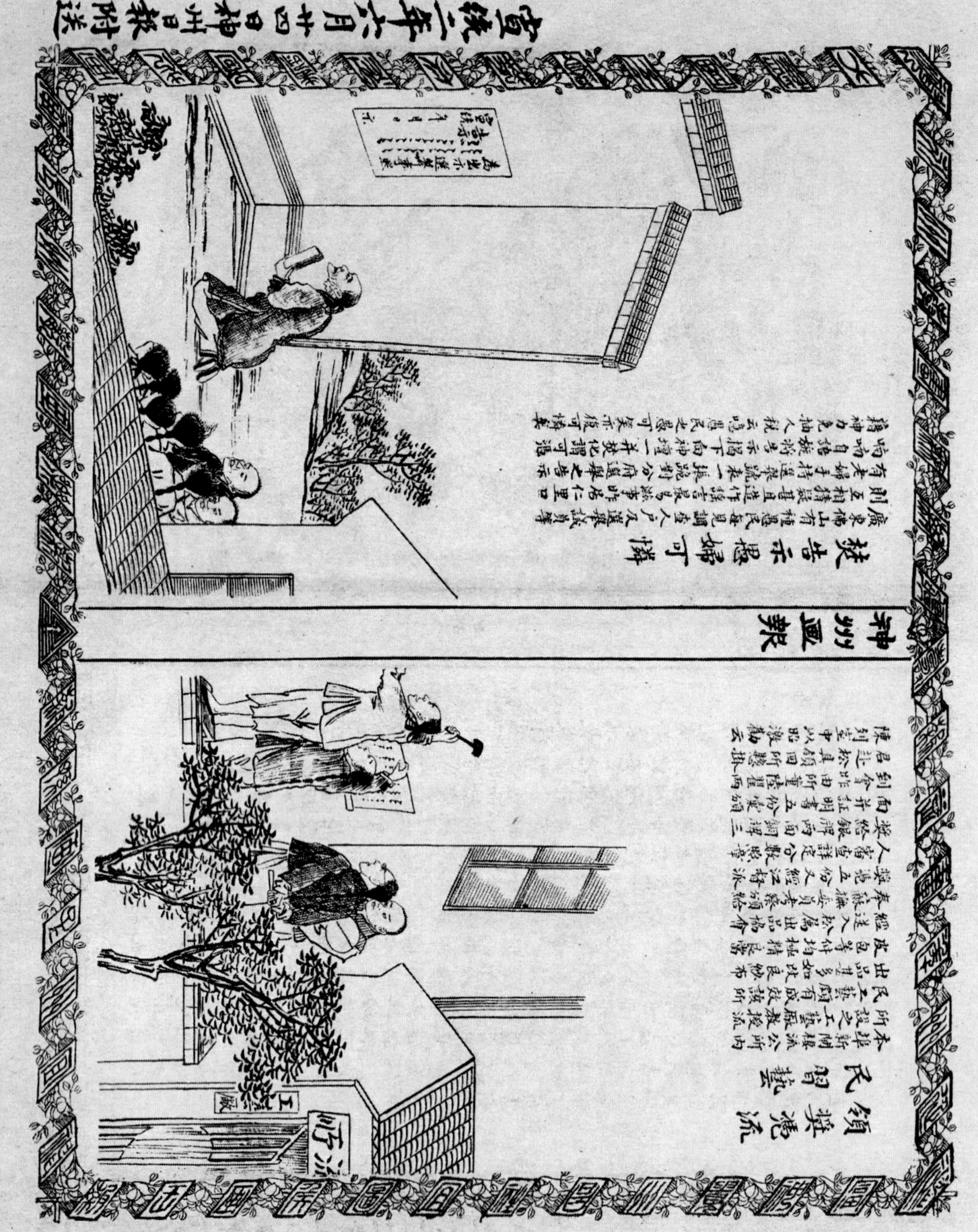
神州画報
領獎凴流民習藝
本埠新開槎流公所內所設之工藝廠教授流民工藝頗有成效該所出品甚多如改良紗布皮包等件均極精良當經送入松屬出品協會奉蘇撫委員考察頒給獎凴五份又經江督派人審查詳定分數照章獎給銀牌兩面銅牌三面并証明書五份業領到會昨由所董陸瞿兩君赴松具領回所懸掛陳列室中以昭激勸云
流所
工藝廠
焚告示愚婦可憐
廣東佛山有種愚民每見調查人戶及選舉議員等則互相猜疑甚且造作謠言最易滋事昨居仁里口有老婦手持選舉跪表一張跪對分府選舉之告示喃喃自語旋將告示揭下向神壇一并焚化謂可憑藉神力免抽人稅云噫愚民之愚可笑亦復可憐矣
宣統二年六月廿四日神州日報附送

宣統二年六月廿五日神州日報附送
世界之風景（日本心中山寺）

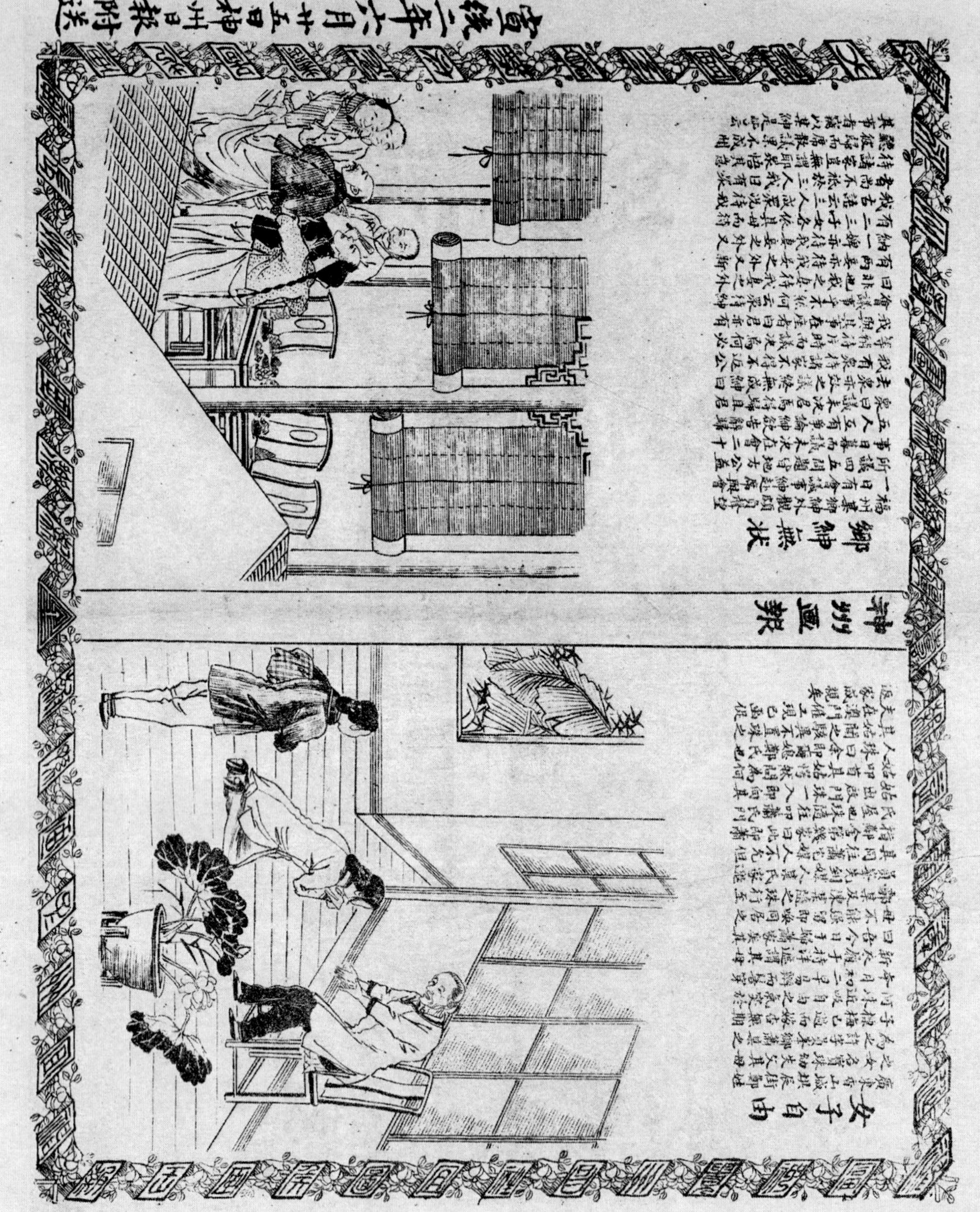

神州画報

女子自由

廣東香山城棋辰街鄭姓之女名賓珠幼失父其母爲之許字爲奉鄉蕭某之子棣梅已過而嫁杳無期閒亦近吸自由之氣究於本月初二早易辮而髻穿新衣履手持洋遮謂其母曰吾今日于歸蕭家矣其母不能强留即喚同居之鄭某及陳某隨之珠行至員岑先到媒人某氏家邀其同往蕭宅媒人不允但指鄭含第幾家曰此即蕭氏屋也珠隨往叩蕭氏門姑出啟門珠一入即向其姑叩首其姑愕然問爲何人珠曰余即爾媳鄭氏也其姑聞之駭異不置珠之夫在澳門傭工現已函促返家成親矣

鄉紳無状

福州某鄉紳外觀頗負聲望一日有會議事紳赴席與會所議四五問題皆地方公益事日暮而議未決在會二十五人互有爭論紳欲告辭歸衆曰議未決君焉得歸且君去衆亦散之議終無成紳曰我有衆待諸家不得不返公等稍待片時而議決爲何必我與其事在座者曰君亦有會議事乎不然何云衆待紳曰非也我之妻待我妻之外有兩妾亦待我妾之外又新納一婢亦待我婢婢之外又有二三子女各依其母而待我古語云三人成衆況待我者尚不祗於三人我日有衆待諸家豈無謂耶衆悟其意聽彼歸而席散議果不成嗣其事者竊以某紳是語云

宣统二年六月廿五日神州日報附送

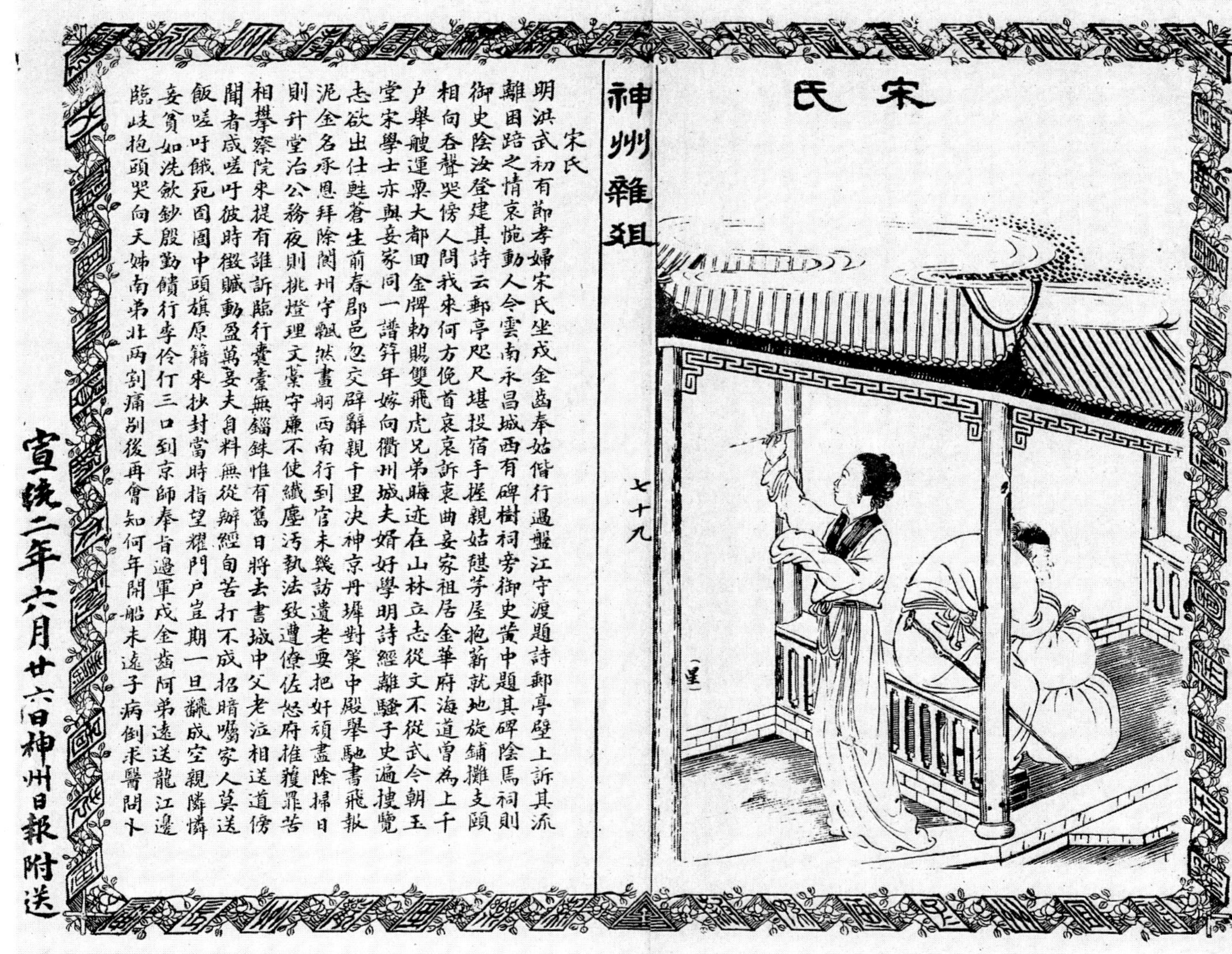

宋氏

神州雜俎

七十九

宋氏

明洪武初有節孝婦宋氏坐戍金齒奉姑偕行過盤江守渡題詩郵亭壁上訴其流
離困踣之情哀惋動人令雲南永昌城西有碑樹祠旁御史黃中題其碑陰馬祠則
御史陰汝登建其詩云郵亭咫尺堪投宿手握親姑憩茅屋抱薪就地旋鋪攤支頤
相向吞聲哭傍人問我來何方俛首哀哀訴衷曲妾家祖居金華府海道曾為上千
戶舉艘運粟大都回金牌勅賜雙飛虎兄弟晦迹在山林立志從文不從武令朝玉
堂宋學士亦與妾家同一譜笄年嫁向衢州城夫婿好學明詩經離騷子史遍披覽
志欲出仕魁蒼生前春郡邑忽交辟辭親千里決神京丹墀對策中殿舉馳書飛報
泥金名承恩拜除閬州守飄然畫舸西南行到官未幾訪遺老要把奸頑盡除掃日
則升堂治公務夜則挑燈理文案守廉不使纖塵汚執法致遭僚佐怒府推獲罪苦
相攀察院來提有誰訴臨行囊橐無錙銖惟有舊日將去書城中父老泣相送道傍
聞者咸嗟吁彼時徵贓動盈萬妾夫自料無從辦經旬苦打不成招暗囑家人莫送
飯嗟吁餓死囹圄中頭旗原籍來抄封當時指望耀門戶豈期一旦翻成空親隣憐
妾貧如洗斂鈔殷勤饋行李伶仃三口到京師奉旨邊軍戍金齒阿弟遠送龍江邊
臨歧抱頭哭向天姊南弟北兩割痛別後再會知何年開船未遠子病倒求醫問卜

宣統二年六月廿六日神州日報附送

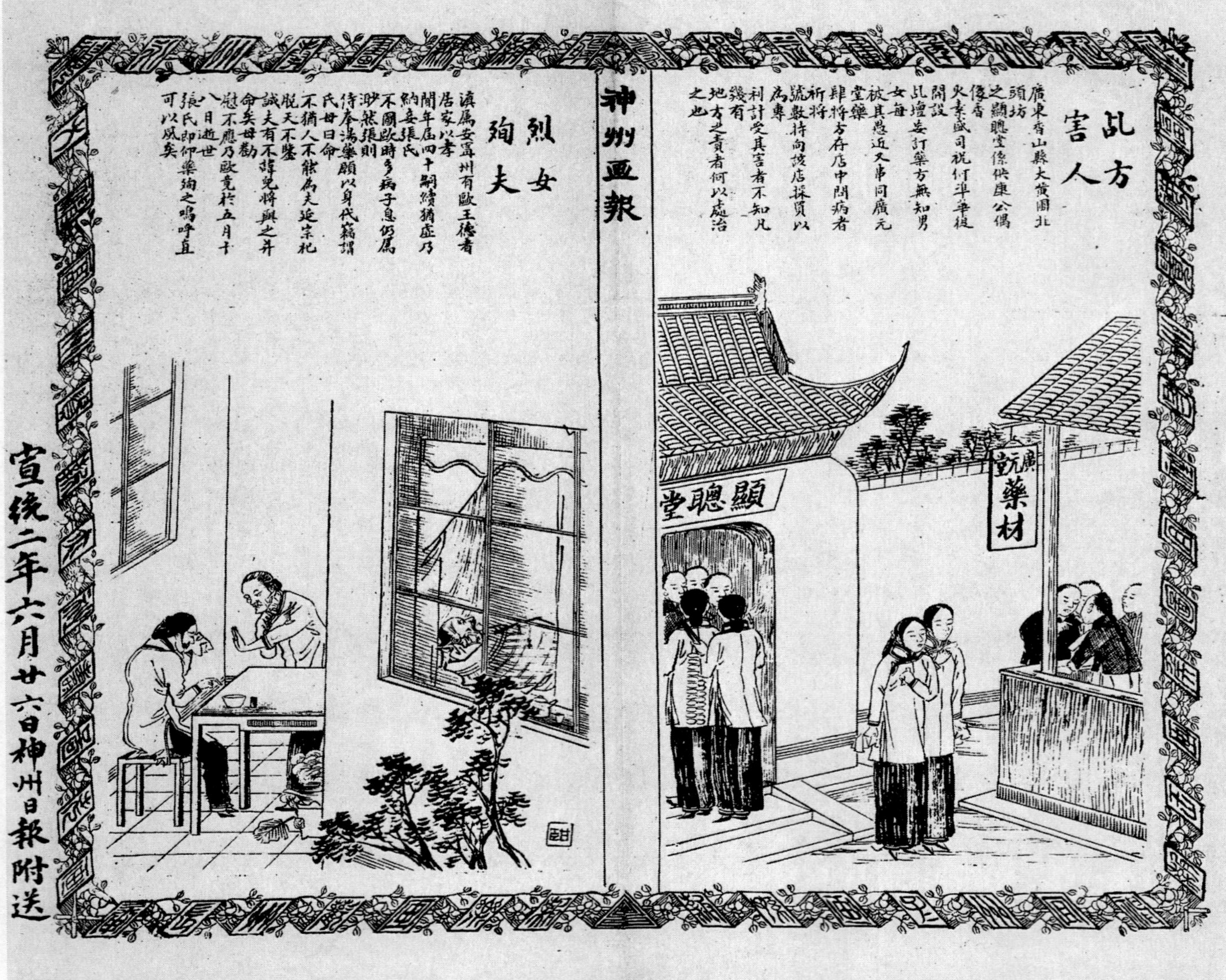
神州画報
乩方害人
廣東香山縣大黄圃北頭坊之顯聽堂係供康公偶像香火素盛司祝何準華後開設乩壇妄訂藥方無知男女每被其愚近又串同廣元堂藥肆將方存店中問病者祈將號數持向該店採買以為專利計受其害者不知凡幾有地方之責者何以處治之也
顯聽堂
廣元堂
藥材
烈女殉夫
滇屬安寧州有歐王德者居家以孝聞年屆四十嗣續猶虛乃納妾張氏不圖歐時多病子息仍屬渺然張則侍奉湯藥願以身代竊謂氏母日命不猶人不能為夫延宗祀脫天不鑒誠夫有不諱兒將與之并命矣母勸慰不應乃歐竟於五月十八日逝世張氏即仰藥殉之嗚呼直可以風矣
宣統二年六月廿六日神州日報附送

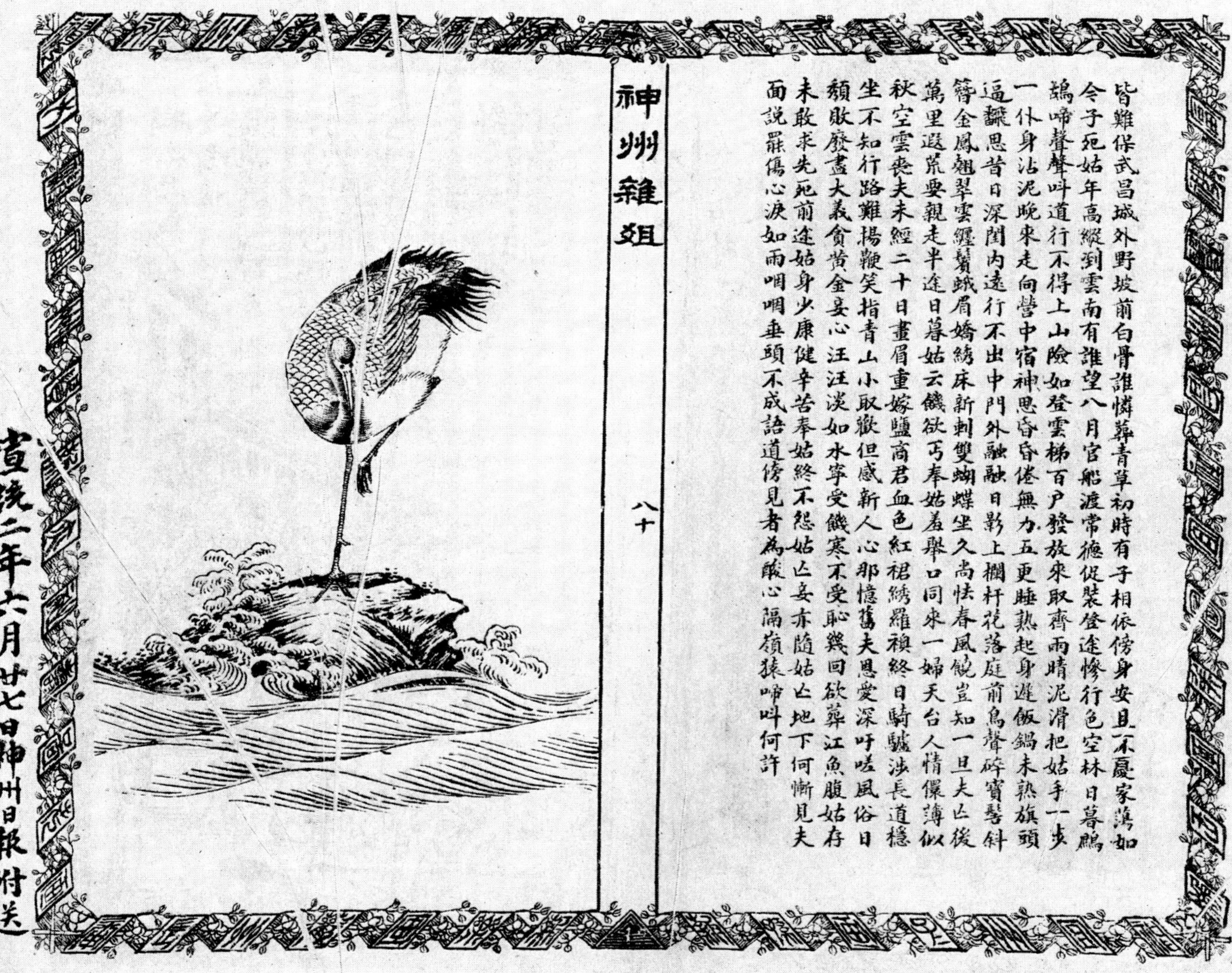

神州雜俎

八十

皆難保武昌城外野坡前白骨誰憐葬青草初時有子相依傍身安且不憂家蕩如
令子死姑年高縱到雲南有誰望八月官船渡常德促裝登途慘行色空林日暮鷓
鴣啼聲聲叫道行不得上山險如登雲梯百户發放來取齊雨晴泥滑把姑手一步
一休身沾泥晚來走向營中宿神思昏昏倦無力五更睡熟起身遲飯鍋未熟旗頭
逼飜思昔日深閨內遠行不出中門外融融日影上欄杆花落庭前鳥聲碎寶髻斜
簪金鳳翹翠雲纏鬢蛾眉嬌綉床新刺雙蝴蝶坐久尚怯春風饒豈知一旦夫亡後
萬里遐荒要親走半途日暮姑云饑欲丐奉姑羞舉口同來一婦天台人情儇薄似
秋空雲喪夫未經二十日畫眉重嫁鹽商君血色紅裙綉羅襖終日騎驢涉長道穩
坐不知行路難揚鞭笑指青山小取歡但感新人心那憶舊夫恩愛深吁嗟風俗日
頹敗廢盡大義貪黃金妾心汪汪淡如水寧受饑寒不受恥幾回欲葬江魚腹姑存
未敢求先死前途姑身少康健辛苦奉姑終不怨姑亡妾亦隨姑亡地下何慚見夫
面說罷傷心淚如雨咽咽垂頭不成語道傍見者為酸心隔嶺猿啼叫何許

宣統二年六月廿七日神州日報附送

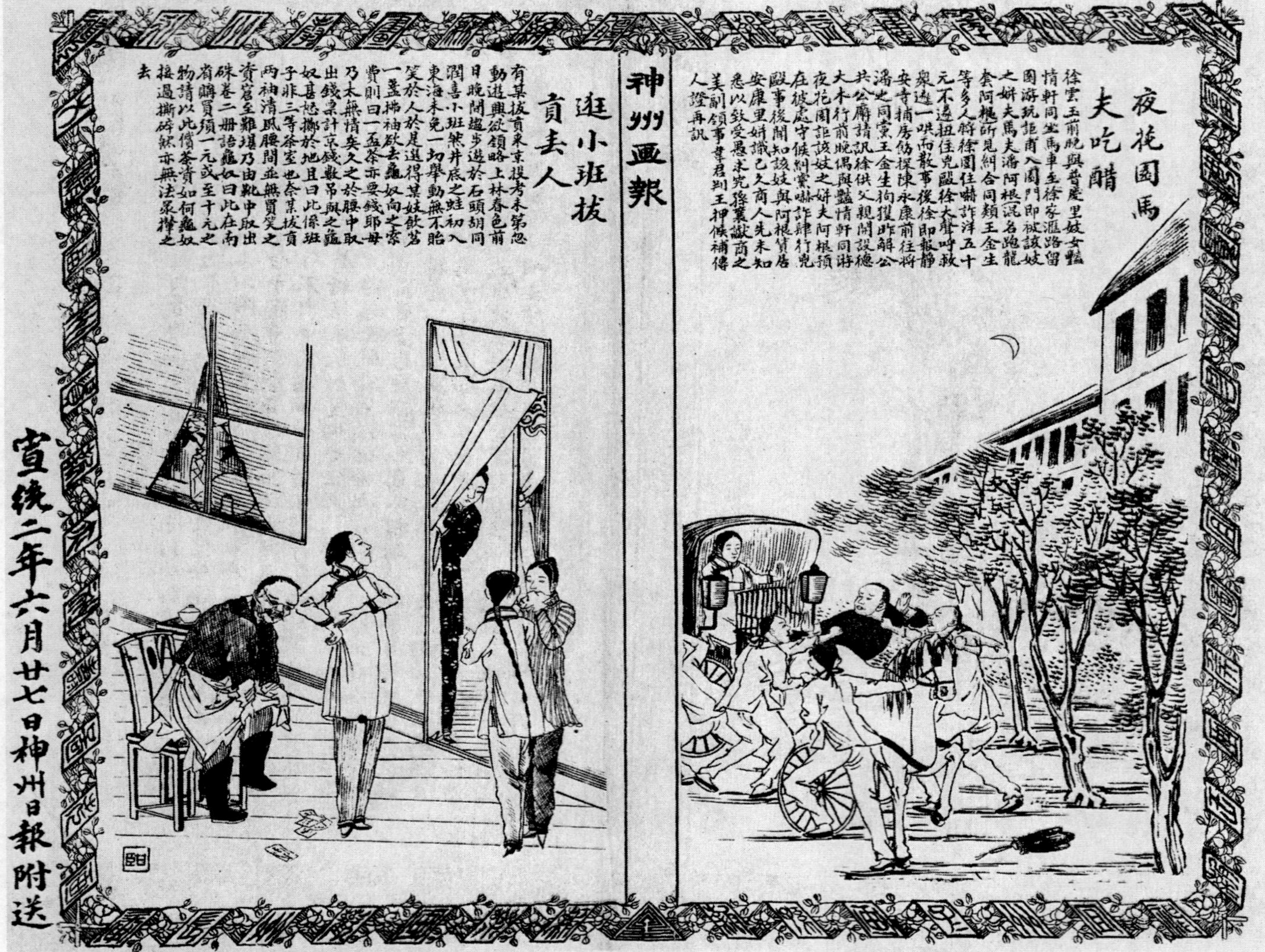
神州畫報
夜花園馬夫吃醋
徐雲玉前晚與普慶里妓女藍情軒同坐馬車至徐家滙路留園游玩詎甫入園門即被該妓之姘夫馬夫潘阿根混名跑龍套阿機所見糾合同類王金生等多人將徐圍住嚇詐洋五十元不遂扭住兇毆徐大聲呼救衆逃一哄而散事後徐即報靜安寺捕房飭探陳永康前往將潘之同黨王金生拘獲昨解公共公廨請訊徐供父親開設德大木行前晚偶與藍情軒同游夜花園詎該妓之姘夫阿根預在彼處守候糾黨嚇詐肆行兇毆事後聞知該妓與阿根賃居安康里姘識已久商人先未知悉以致受愚求究孫襄讞商之美副領事韋君判王押候補傳人證再訊
逛小班拔貢丟人
有某拔貢來京投考未第忽動游興欲領略上林春色前日晚間緩步遊於石頭胡同潤喜小班然井底之蛙初入東海未免一切舉動無不貽笑於人於是選得某妓飲茗一盞拂袖欲去龜奴向之索費則曰一盃茶亦要錢耶毋乃太無情矣久之於腰中取出錢鈔計京錢數吊擲之龜奴喜怒擲於地且曰此係班子非三等茶室也奈某拔貢兩袖清風腰間並無買笑之資窘至難堪乃由靴中取出硃卷二冊語龜奴曰此在南省爵買須一元或至十元之物請以此償茶資如何龜奴接過撕碎然亦無法衆擁之去
宣统二年六月廿七日神州日報附送

神州畫報
五百金
上月廿九日福建漳州府署提雲霄一案庭質之時太尊問被告郭某何以屢次抗傳不到郭以張羅錢項且謂今日得見大人一面已花了五百餘金太尊愕然問以如是之多郭則謂此五百餘金確係的數有郡之著名紳士某某經手太尊意欲根究將原案擱起不問遂即退堂比從來未有之訴訟法也
天道好還
漢口石熊氏赴審判見習所稟稱伊孫不孝其父實由伊子不孝其母所致請予提釋免究所長王木齋司馬批示氏子不孝母應罪在氏子氏孫不孝父應罪在氏孫該氏不能以子不孝母遂謂孫可不孝父即提釋不究惟人子以順親為孝該氏既愛孫情切氏子石明榮能悟格外恩全以順親之處應候差集訊奪
宣統二年六月廿八日神州日報附送

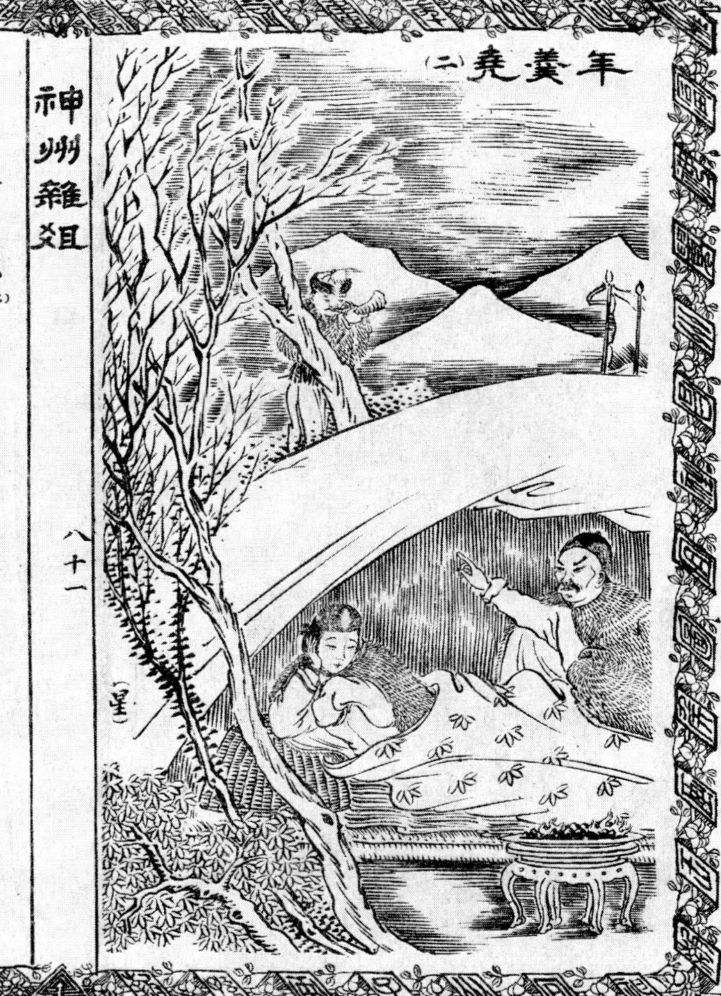

神州雜俎

八十一

年羹堯(二)

康雍間年大將軍羹堯驕矜跋扈卒與禍會前曾紀之聞其征青海時居行營中曾命某提督執刀斗通宵巡帳外朔風怒吼雪大如掌年已擁寵姬卧夜闌夢醒枕上聞柝聲意甚得口占一絕末云而今始識書生貴卧聽元戎報五更姬嫣然笑曰如此寒夜元戎豈無姬妾如吾輩繾綣者而必為將軍執騶卒役耶年怫然曰軍中惟吾命誰敢違者立傳某提督進帳中驗真贋至則某提督果歸寢乃一參將代役焉年大怒傳某提督至責以抗違軍令斬之

宣統二年六月廿九日神州日報附送

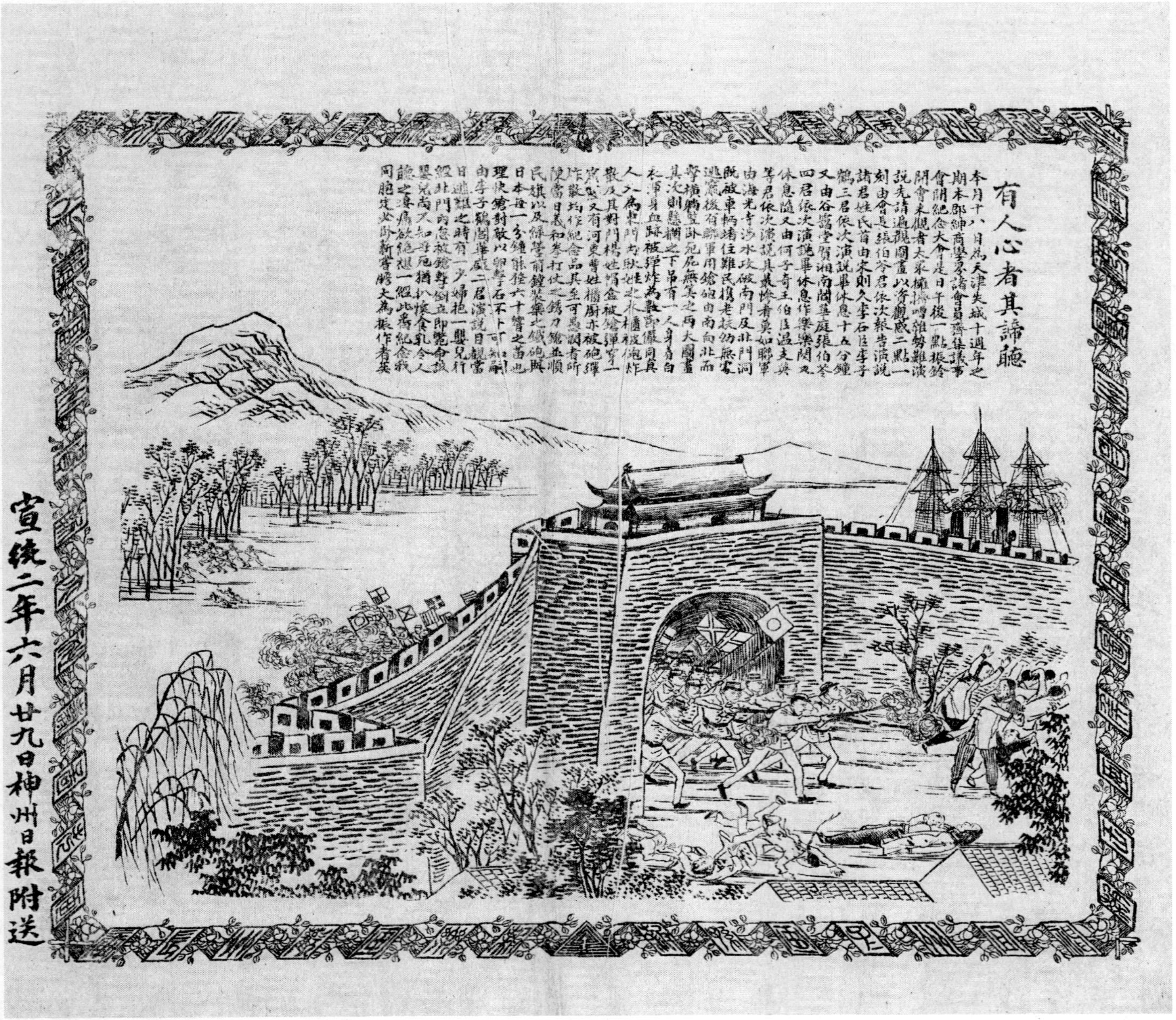
有人心者其諦聽
本月十八日為天津失城十週年之期本郡紳商學界諸會員齊集議事會開紀念大會是日午後一點振鈴開會來觀者太眾擁擠嘈雜勢難演說先請遍觀圖畫以資觀感二點一刻由會長張伯苓君依次報告演說諸君姓氏首由宋則久李石臣李子鶴三君依次演說畢休息十五分鐘又由谷靄堂賀湘南閻華庭張伯苓四君依次演說畢休息作樂樂闋又休息隨又由何子奇王伯臣溫支英等君依次演說其最慘者莫如聯軍由海光寺沙水攻破南門及北門洞既破車輛堵住難民攜老扶幼無處逃竄機有聯軍用鎗砲由南向北而擊橫躺豎臥死屍無算之兩大圖畫其次則懸欄之下吊有一人身着白衣渾身血跡被彈炸為數節儼同真人一為東門內耿姓之水櫃被砲炸散及其對門楊姓婦翁被鎗彈穿一竅又有河東曹姓櫥廚亦被砲彈炸散均作紀念品其至可惡聞者所陳當日義和拳打仗之銹刀鎗並順民旗以及綠營前鐘裝藥之鐵砲與日本每一分鐘能發六十響之苗也理快鎗對敵以卵擊石不卜可知矣由李子鶴閻華庭二君演說目睹當日逃難之時有一少婦抱一嬰兒行經北門內急被鎗彈倒立即斃命該嬰兒尚不知母死猶扒懷食乳令人睹之慘痛欲絕想一經此番紀念我同胞定必臥薪嘗膽大為振作者矣
宣統二年六月廿九日神州日報附送

神州雜俎

八十二

張汶祥

張汶祥初在髮逆軍中為李侍賢裨將金陵既下侍賢南竄閩廣數為官軍所敗汶祥知其必亡陰懷反正之志會有山東徐姓者仕為武職被賊掠去適與汶祥同營二人遂深相結納謀同逃誓富貴無相忘未幾竟得脱時馬已官浙撫矣徐與同鄉故相識遂留其幕下為材官而張則展轉至甯波開小押當自給一日張至杭訪徐徐留與飲酒酣徐忽慨然曰竊鉤者誅竊國者侯古人信不吾欺以堂堂節帥之尊而竟甘心外嚮曾無人發其覆者而吾儕小人不幸被擒伺便自脱官府猶以賊黨疑之或竟求生得死天下不公之事孰有甚于是者張異其言固詢之徐乃言旬月前撫帥得一無名書發視之新疆回部某叛王之偽詔也(馬新貽固回回種人)略云現大兵已定新疆不日入關東下所有江浙一帶征討事宜委卿便宜料理云云馬得書即為手疏以報畧言大兵果定中原則東南數省悉臣一人之責張聞言大憤拍案叫曰此等逆臣吾必手刃之以洩憤已而馬下令禁私開押店盤利害民而張肆遂被封益落魄無依殺馬之志益決未幾馬已擢任江督張適以事詣金陵遂謀行刺是日馬未

宣統二年七月初一日神州日報附送

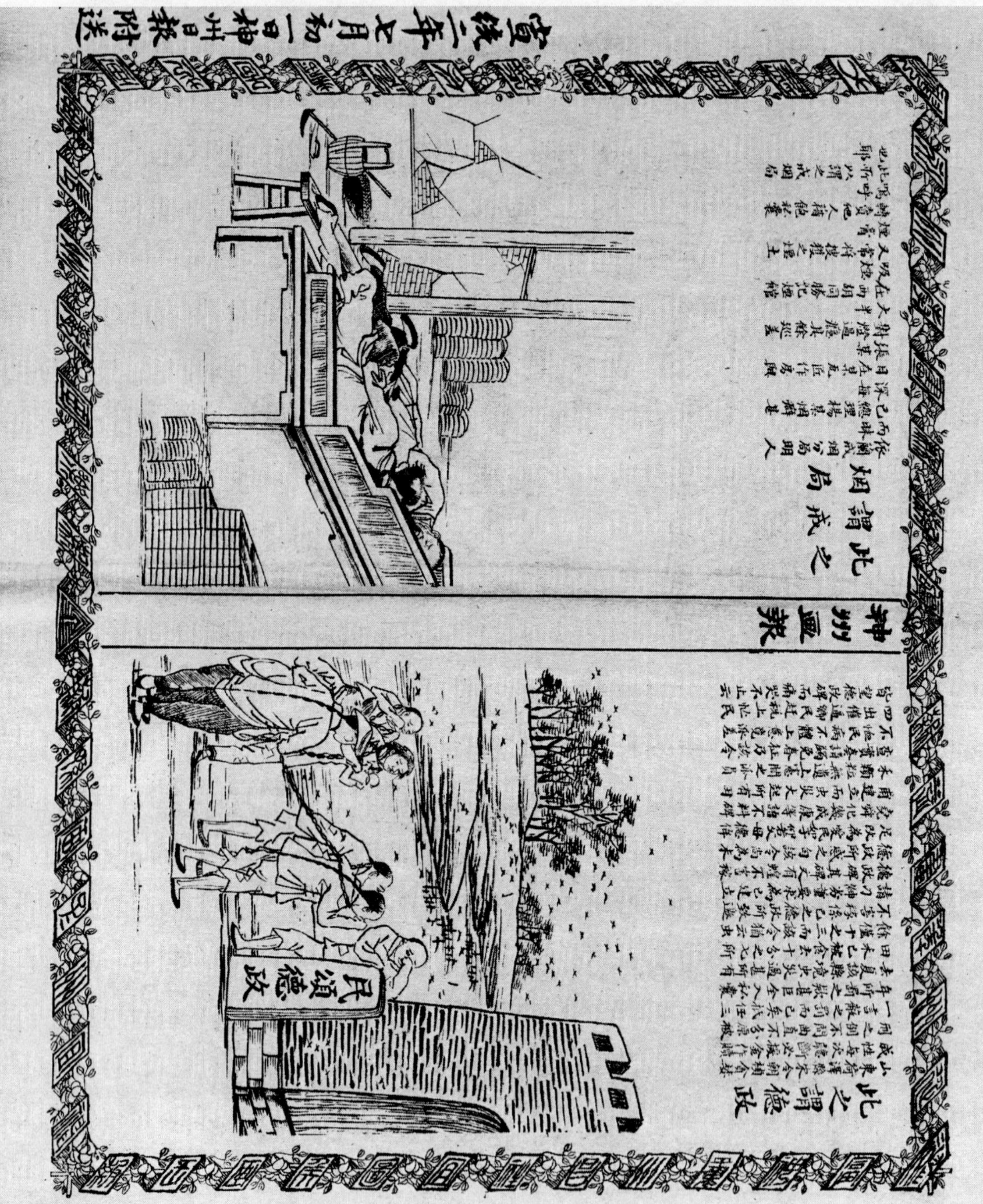
神州画報
此之謂德政
山東荷澤縣宋令朝楨貪婪
成性每次聽斷必援金作贖
刑之例不問曲直不分原被
一言蔽之罰而已矣抵任三
年所罰之款甚巨全入私囊
去夏該縣境虫災過甚所有
田禾已被食去十分之七所
餘僅十之三而該令猶云虫
不害稼係己之德政所致遂
請刁紳劣董要求爲己建立
德政碑其碑文有蝗不害稼
德政所感之句該令尚爲未
足改爲愛民如子父母德侔
堯舜化幾成康等語不料碑
甫建立而虫災大起所有耳
禾顆粒無遺上憲聞之派員
查覆奏請褫免春征乃該令
不恤民病不體上意竟派差
四出催通鄉民赶税上忙民
皆望德政碑而痛哭不止云
民頌德政
此之謂戒烟局
依蘭戒烟分局明人
而昧
已總理楊某烟癖甚
深每
日在某瓦匠作房與
張某
對燈過癮且餘巡差
大半
在西胡同勝記烟館
吸烟
又常將搜獲之烟土
烟膏
轉賣他人藉飽私囊
嗚呼
此所以謂之戒烟局
也耶
宣統二年七月初一日神州日報附送

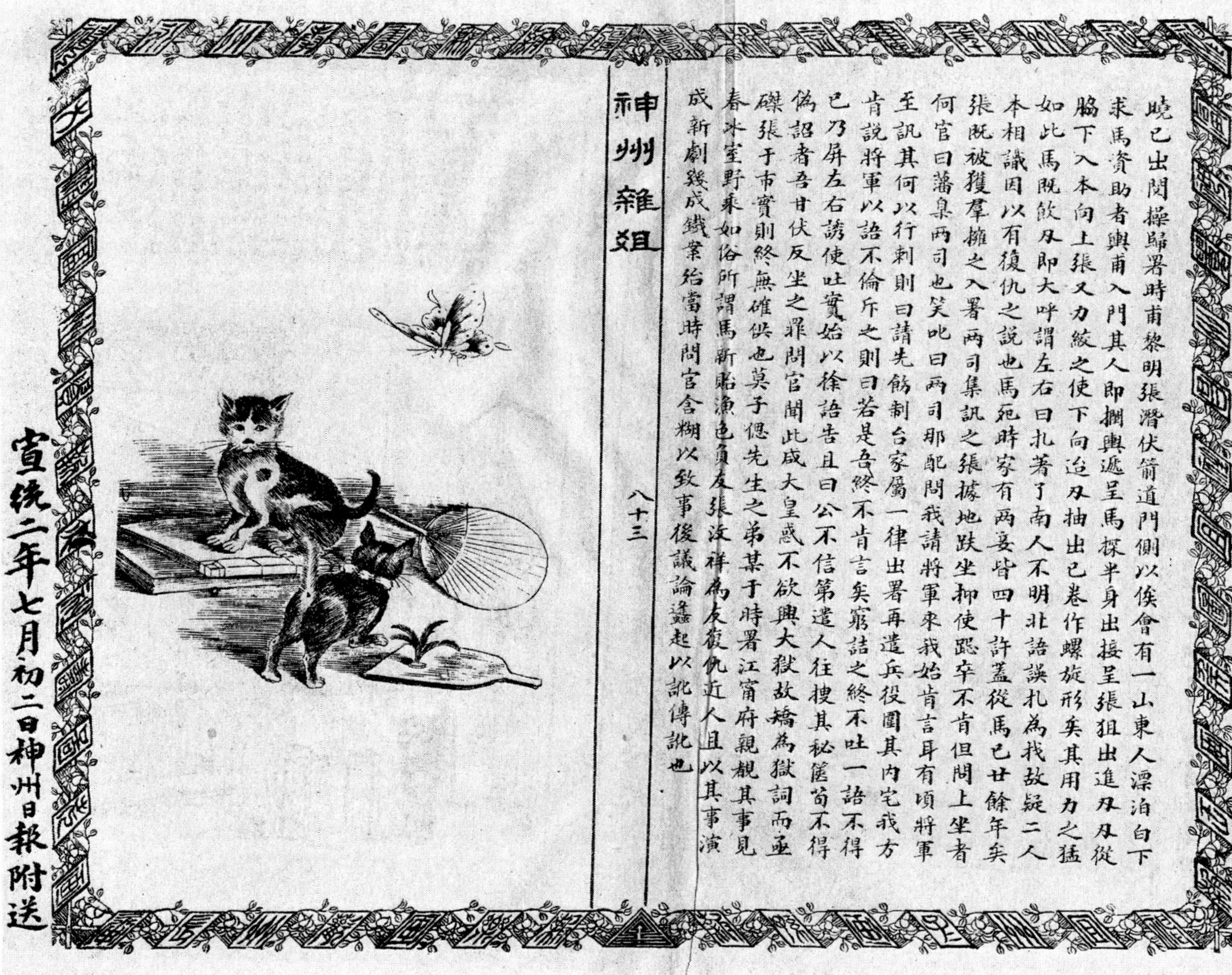

神州雜俎

八十三

曉已出閱操歸署時甫黎明張潛伏箭道門側以俟會有一山東人漂泊白下求馬資助者輿甫入門其人即攔輿遞呈馬探半身出接呈張狙出進刄刄從脇下入本向上張又力絞之使下向迨刄抽出已卷作螺旋形矣其用力之猛如此馬既飲刄即大呼謂左右曰扎著了南人不明北語誤扎為找故疑二人本相識因以有復仇之說也馬死時穿有兩妾皆四十許蓋從馬已廿餘年矣張既被獲羣擁之入署兩司集訊之張據地趺坐抑使跽卒不肯但問上坐者何官曰藩臬兩司也笑叱曰兩司那配問我請將軍來我始肯言耳有頃將軍至訊其何以行刺則曰請先飭制台家屬一律出署再遣兵役圍其內宅我方肯說將軍以語不倫斥之則曰若是吾終不肯言矣窮詰之終不吐一語不得已乃屏左右誘使吐實始以徐語告且曰公不信第遣人往搜其秘篋苟不得僞詔者吾甘伏反坐之罪問官聞此咸大皇惑不欲興大獄故矯為獄詞而亟磔張于市實則終無確供也莫子偲先生之弟某于時署江甯府親覯其事見春冰室野乘如俗所謂馬新貽漁色負友張汶祥為友復仇近人且以其事演成新劇幾成鐵案殆當時問官含糊以致事後議論蠭起以訛傳訛也

宣統二年七月初二日神州日報附送

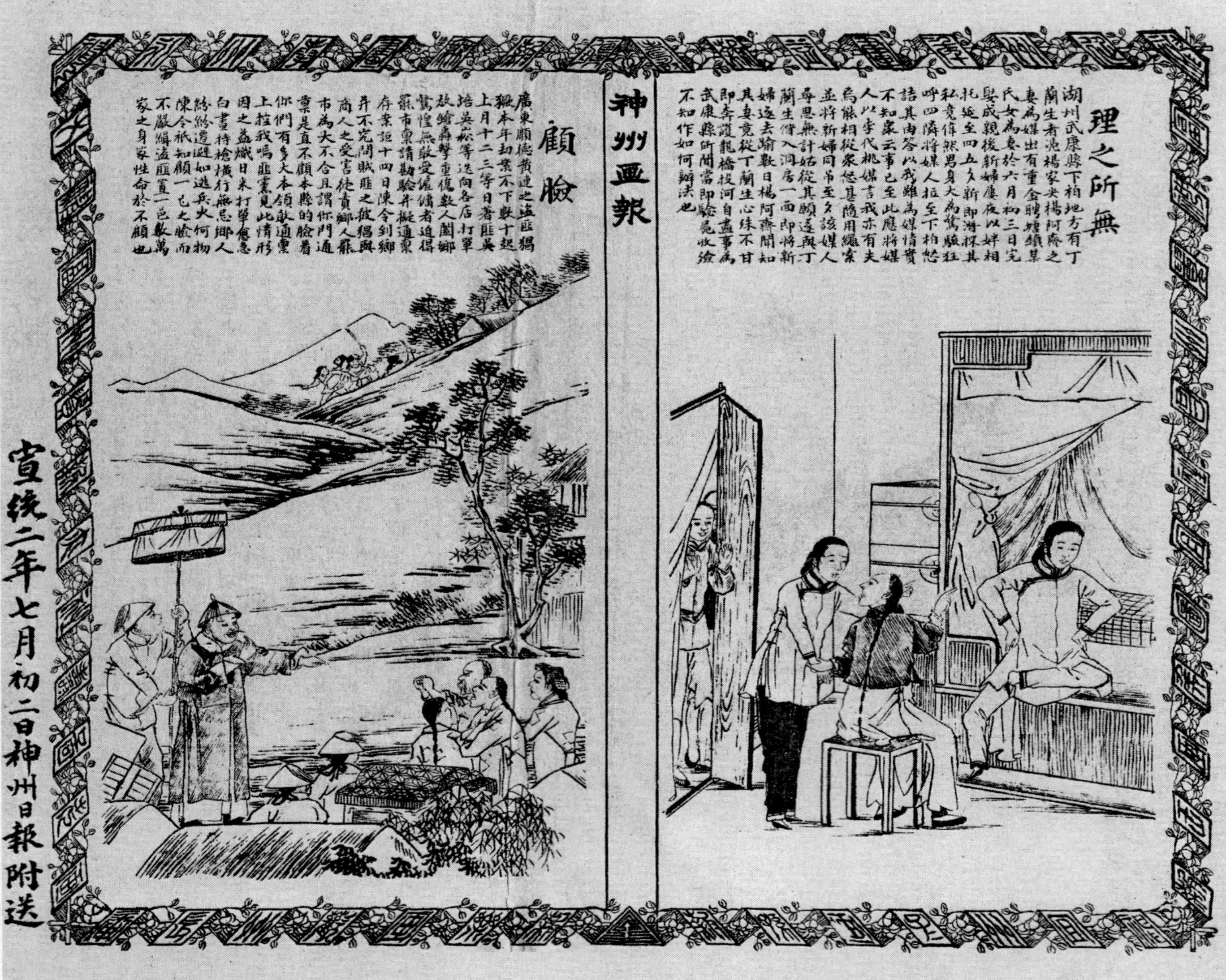

神州画報

理之所無

湖州武康縣下柏地方有丁蘭生者浼楊家央楊阿齋之妻為媒出有重金聘娘鎮某氏女為妻於六月初三日完娶成親後新婦屢夜以姘相托延至四五夕新郎潛探其私竟係然男身大為驚駭狂呼四隣將媒人拉至下柏慫詰其由答以我雖為媒情實不知象云事已至此應將媒人以李代桃媒言我亦有夫焉能相從衆怂甚隨用繩索並將新婦同吊至久該媒人尋思無計姑從其願遂與丁蘭生偕入洞房一面即將新婦逐去踰數日楊阿齋聞知其妻竟從丁蘭生心殊不甘即奔護龍橋投河自盡事為武康縣所聞當即驗屍收殮不知作如何辦法也

顧臉

廣東順德黃連之盜匪猖獗本年刼案不下數十起上月十二三等日著匪吳培吳松等迭向各店打單放槍轟擊重傷數人闔鄉驚惶無敢受僱傭者追得罷市稟請勘驗并擬通稟存案詎十四日陳令到鄉并不究問賊匪之猖獗與商人之受害徒責鄉人罷市為大不合且謂你們通稟是直不顧本縣的臉着你們有多大本領敢通稟上控我嗚匪黨見此情形因之益熾日來打單愈急白晝持槍橫行無忌鄉人紛紛遷避如逃兵火何物陳令祇知顧一己之臉而不嚴緝盜匪置一邑數萬家之身家性命於不顧也

宣統二年七月初二日神州日報附送

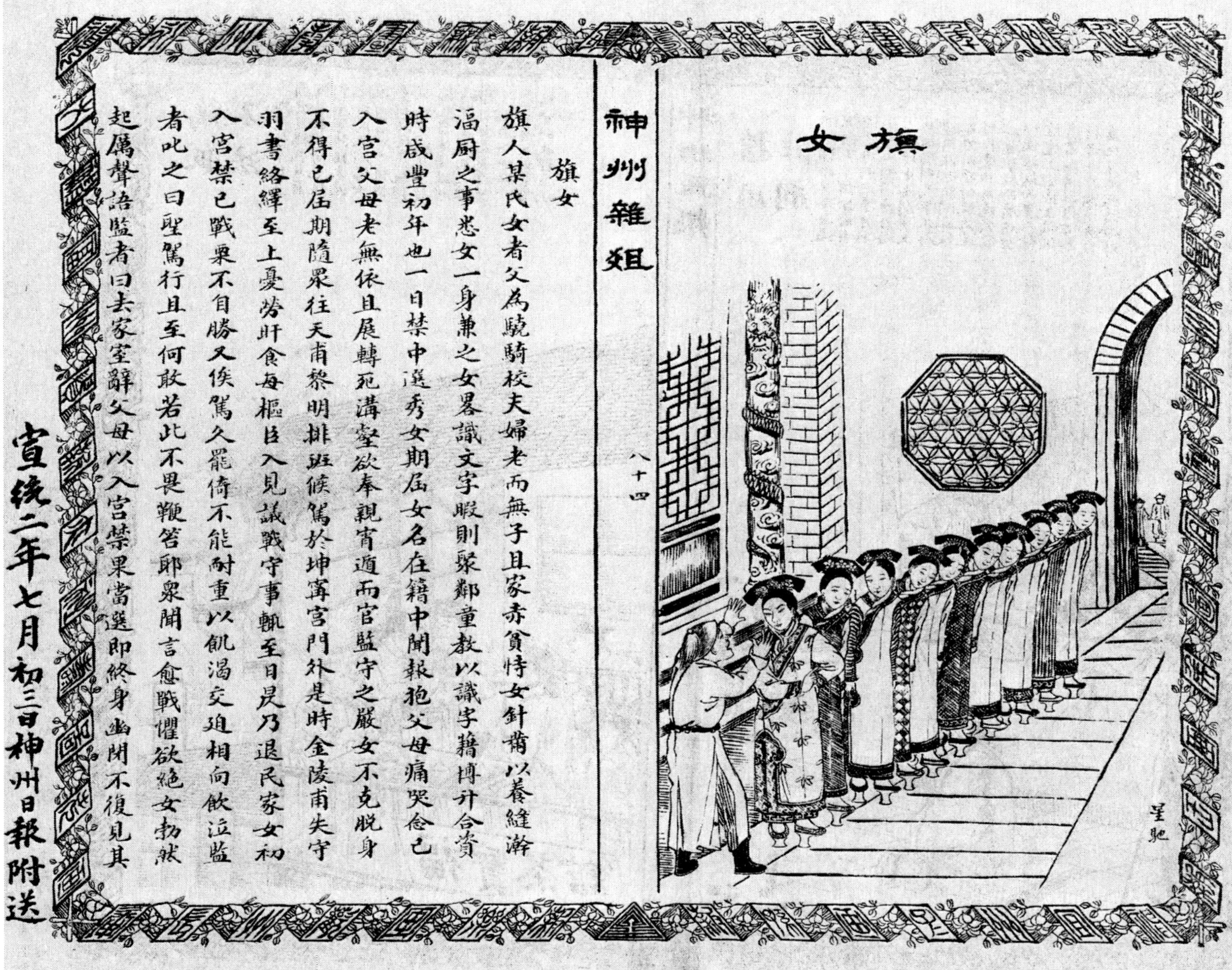

神州雜俎

八十四

旗女

旗人某氏女者父為驍騎校夫婦老而無子且家赤貧恃女針黹以養縫澣湢廚之事悉女一身兼之女畧識文字暇則聚鄰童教以識字藉博升合資時咸豐初年也一日禁中選秀女期屆女名在籍中閽報抱父母痛哭念已入宮父母老無依且展轉死溝壑欲奉親宵遁而宮監守之嚴女不克脫身不得已屆期隨衆往天甫黎明排班候駕於坤寧宮門外是時金陵甫失守羽書絡繹至上憂勞旰食每樞臣入見議戰守事輒至日昃乃退民家女初入宮禁已戰栗不自勝又候駕久罷倚不能耐重以飢渴交迫相向飲泣監者叱之曰聖駕行且至何敢若此不畏鞭笞耶衆聞言愈戰懼欲絕女勃然起厲聲語監者曰去家室辭父母以入宮禁果當選即終身幽閉不復見其

宣統二年七月初三日神州日報附送

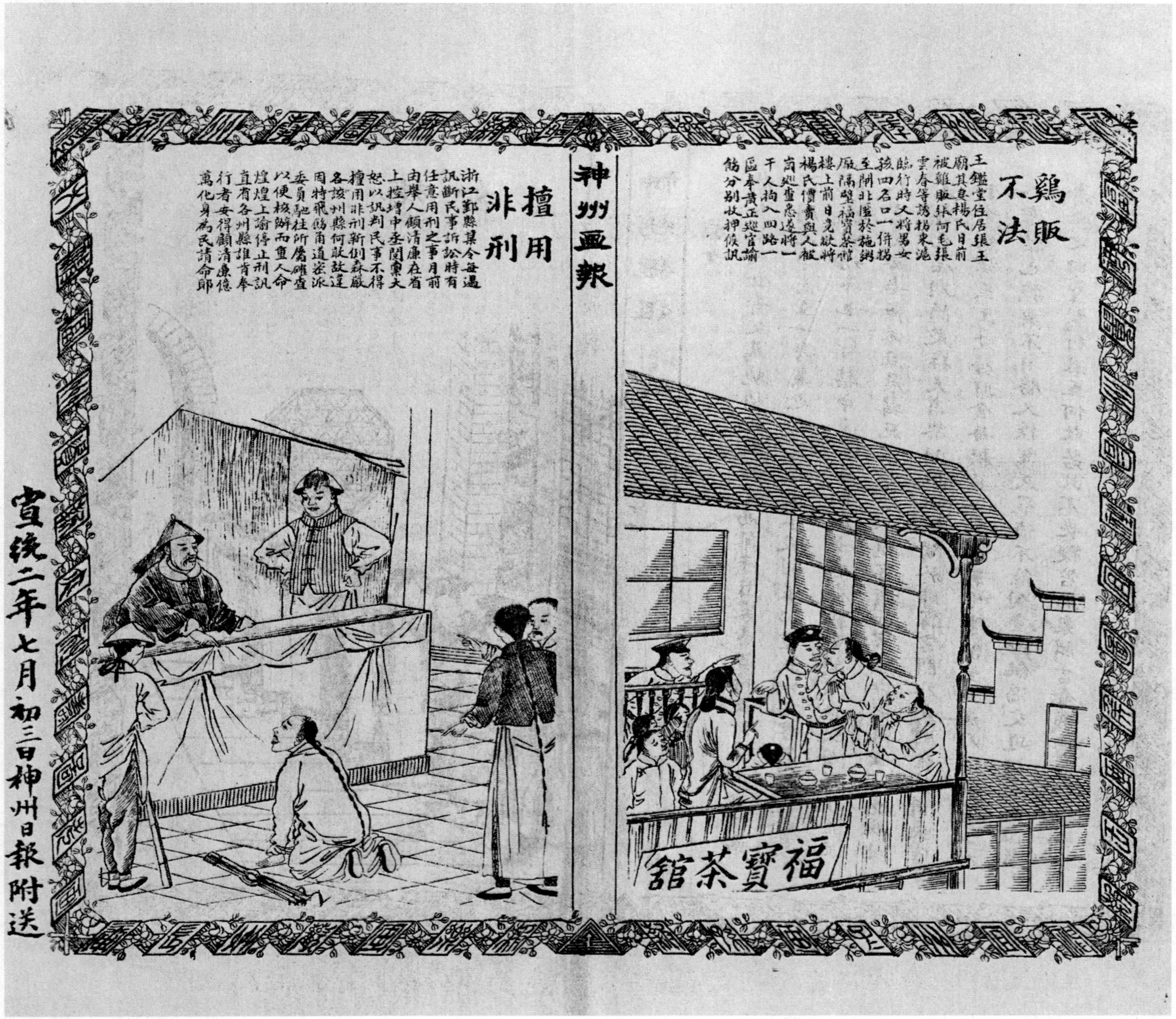
神州畫報
鷄販不法
王鑑堂住居張王廟其妻楊氏日前被雞販張阿毛張雲春等誘拐來滬臨行時又將男女孩四名口一併拐至閘北匯於施鄉廠隔壁福寶茶館樓上前日先欵將楊氏價賣與人被崗巡查悉遂將一干人拘入四路一區奉黃正巡官諭飭分別收押候訊
福寶茶館
擅用非刑
浙江鄞縣某令每遇訊斷民事詞訟時有任意用刑之事月前由舉人顧清廉在省上控撫中丞閱稟大怒以訊判民事不得擅用非刑新例森嚴各該州縣何敢故違因特飛飭甬道密派委員馳往所屬確查以便核辦而重人命煌煌上諭停止刑訊直省各州縣誰肯奉行者安得顧清廉德萬化身爲民請命耶
宣統二年七月初三日神州日報附送

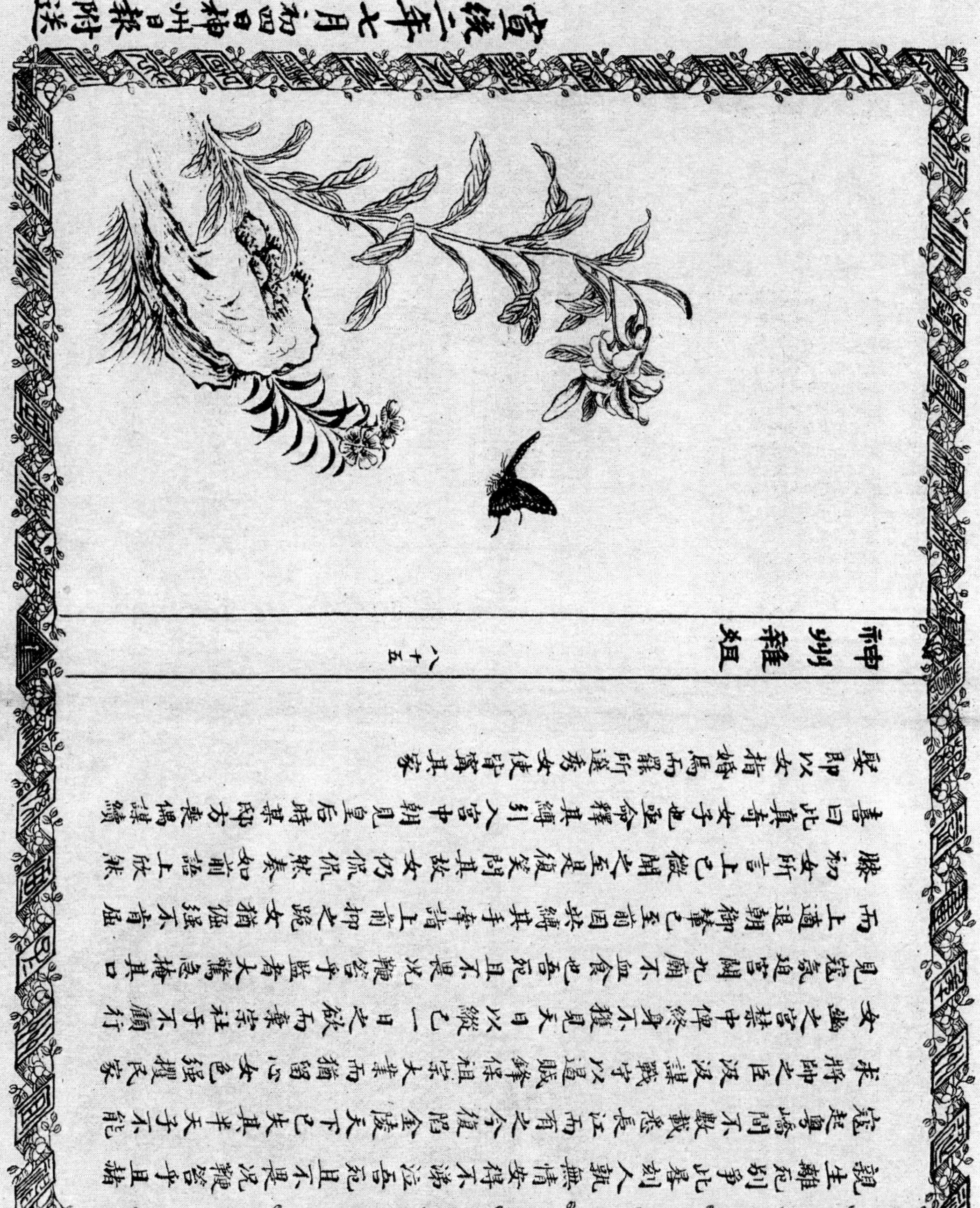

宣統二年七月初四日神州日報附送

神州雜俎

八十五

親生離死別爭此晷刻人孰無情安得不涕泣吾死且不畏況鞭笞乎且赭寇起粵嶠閒不數載悉長江而有之今復陷金陵天下已失其半天子不能求將帥之臣汲汲謀戰守以遏賊鋒保祖宗大業而猶留心女色强攫民家女幽之宮禁中俾終身不獲見天日以縱己一日之欲而棄宗社于不顧行見寇氛迫宮闕九廟不血食也吾死且不畏況鞭笞乎監者大驚急掩其口而上適退朝御輦已至前因共縛其手牽詣上前抑之跪女猶倔强不肯屈膝初女所言上已微聞之至是復笑問其故女仍侃侃然奏如前語上欣然喜曰此真奇女子也亟命釋其縛引入宮中朝見皇后時某邸方喪偶謀續娶即以女指婚焉而罷所選秀女使皆寧其家

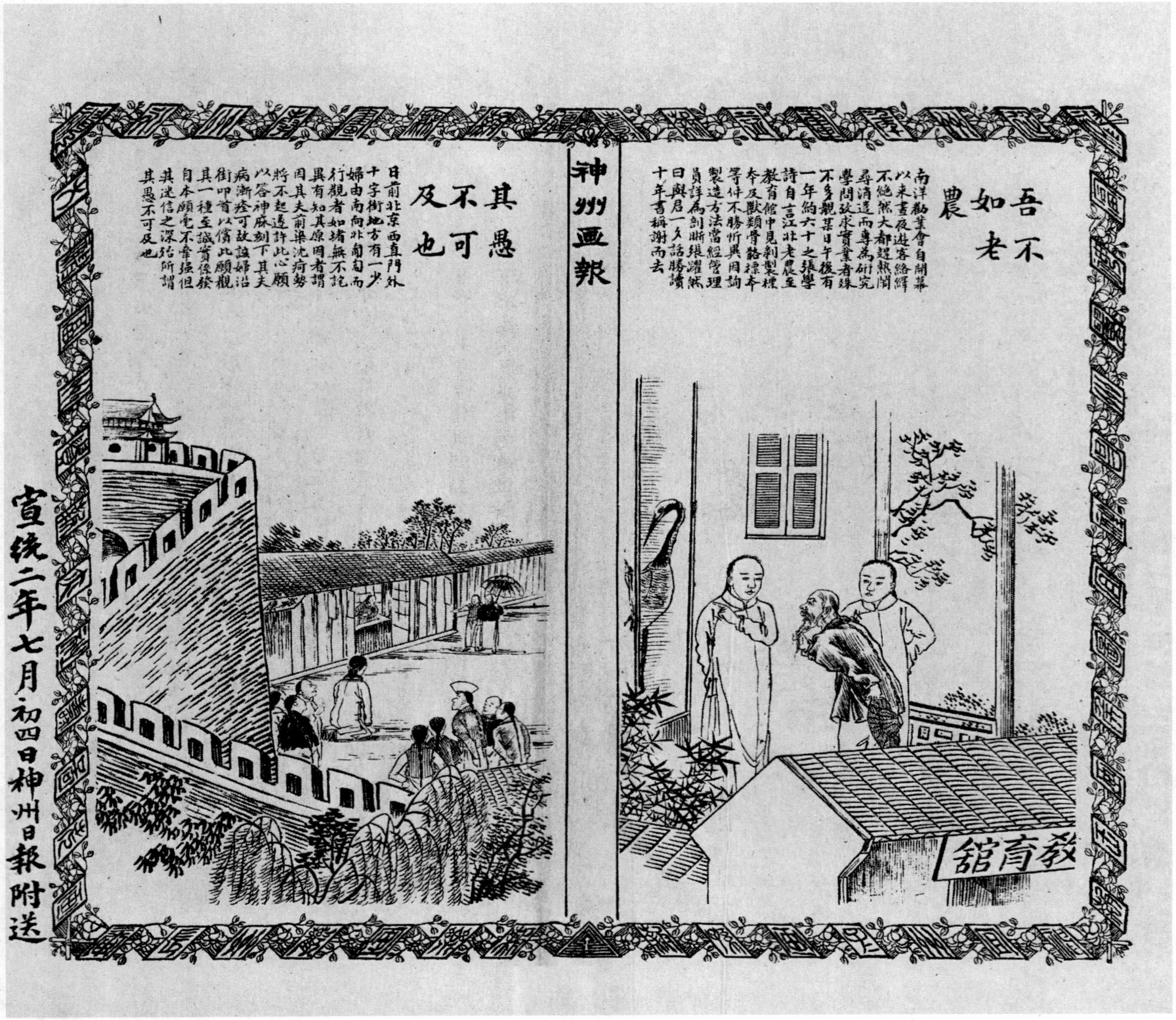
神州画報
吾不如老農
南洋勸業會自開幕以來晝夜遊客絡繹不絶然大都趨熱鬧尋消遣而專爲研究學問致求實業者殊不多覯某日午後有一年約六十之張學詩自言江北老農至教育館中見剝製標本及獸類骨骼標本等件不勝忻異因詢製造方法當經管理員詳爲剖斷纔躍然曰與君一夕話勝讀十年書稱謝而去
教育舘
其愚不可及也
日前北京西直門外十字街地方有一少婦由南向北匍匐而行觀者如堵無不詫異有知其原因者謂因其夫前染沈疴勢將不起遂許此心願以答神庥刻下其夫病漸痊可故該婦沿街叩首以償此願觀其一種至誠實係發自本願毫不牽强但其迷信之深殆所謂其愚不可及也
宣統二年七月初四日神州日報附送

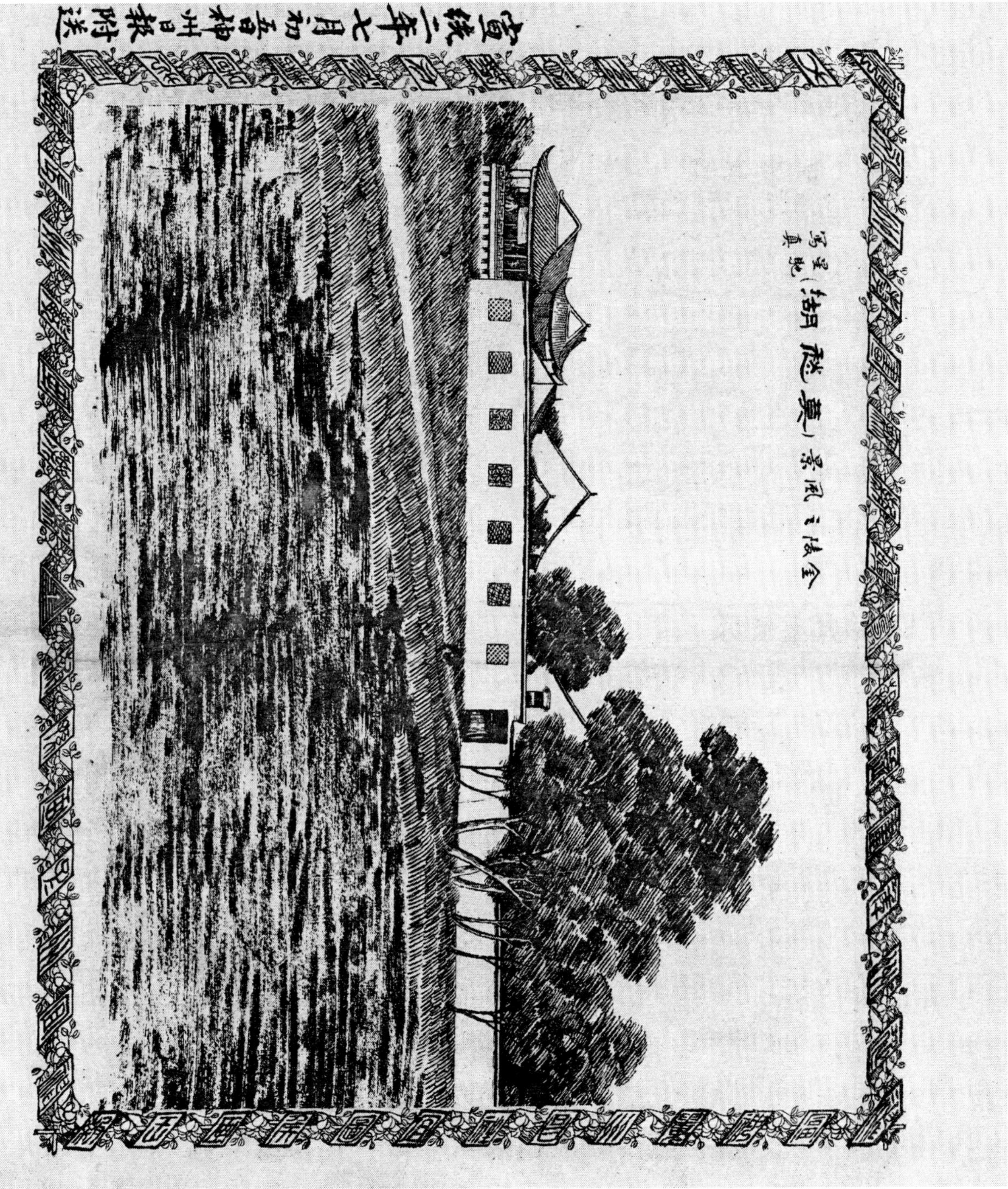
宣統二年七月初五日神州日報附送

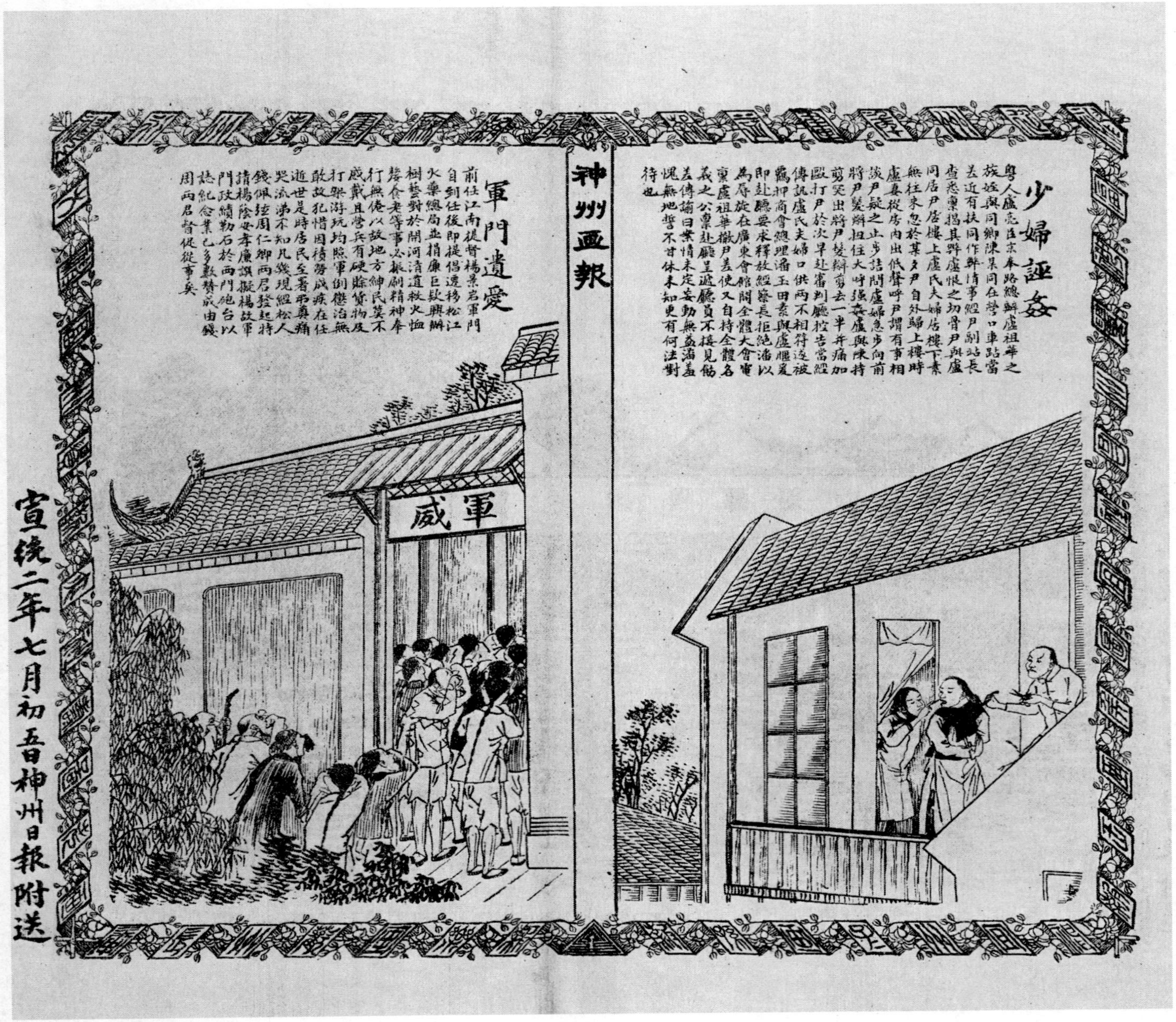
神州畫報
少婦誣姦
粵人盧亮臣來本路總辦盧祖華之
族姪與同鄉陳某同在營口車站當
差近有扶同作弊情事經尹副站長
查悉稟揭其弊盧恨之切骨尹與盧
同居尹居樓上盧氏夫婦居樓下素
無往來忽於某夕尹自外歸上樓時
盧妻從房內出低聲呼尹謂有事相
談尹疑之止步詰問盧婦急步向前
將尹髮辮扭住大呼強姦盧與陳持
剪突出將尹髮辮剪去一半并痛加
毆打尹於次早赴審判廳控告當經
傳訊盧氏夫婦口供兩不相符遂被
羈押商會總理潘玉田素與盧暱爰
即赴廳要求釋放經廳長拒絕潘以
為辱旋在廣東會館開全體大會電
稟盧祖華撤尹差使又自持全體名
義之公稟赴廳呈遞廳員不接見飭
差傳諭曰案情未定妄動無益潘羞
愧無地誓不甘休未知更有何法對
待也
軍門遺愛
前任江南提督楊景若軍門
自到任後即提倡遷移松江
火藥總局並捐廉巨款興辦
樹藝對於開河清道救火恤
嫠食老等事必振刷精神奉
行無倦以故地方紳民莫不
感戴且營兵有硬賒貨物及
打架游玩均照軍例懲治無
敢故犯惜因積勞成疾在任
逝世是時居民至署弔奠痛
哭流涕不知凡幾現經松人
錢佩弦周仁卿兩君發起特
請楊陰孝廉撰擬楊故軍
門政績勒石於西門砲台以
誌紀念業已多數贊成由錢
周兩君督促從事矣
軍威
宣统二年七月初五日神州日報附送

宣統二年七月初六日神州日報附送

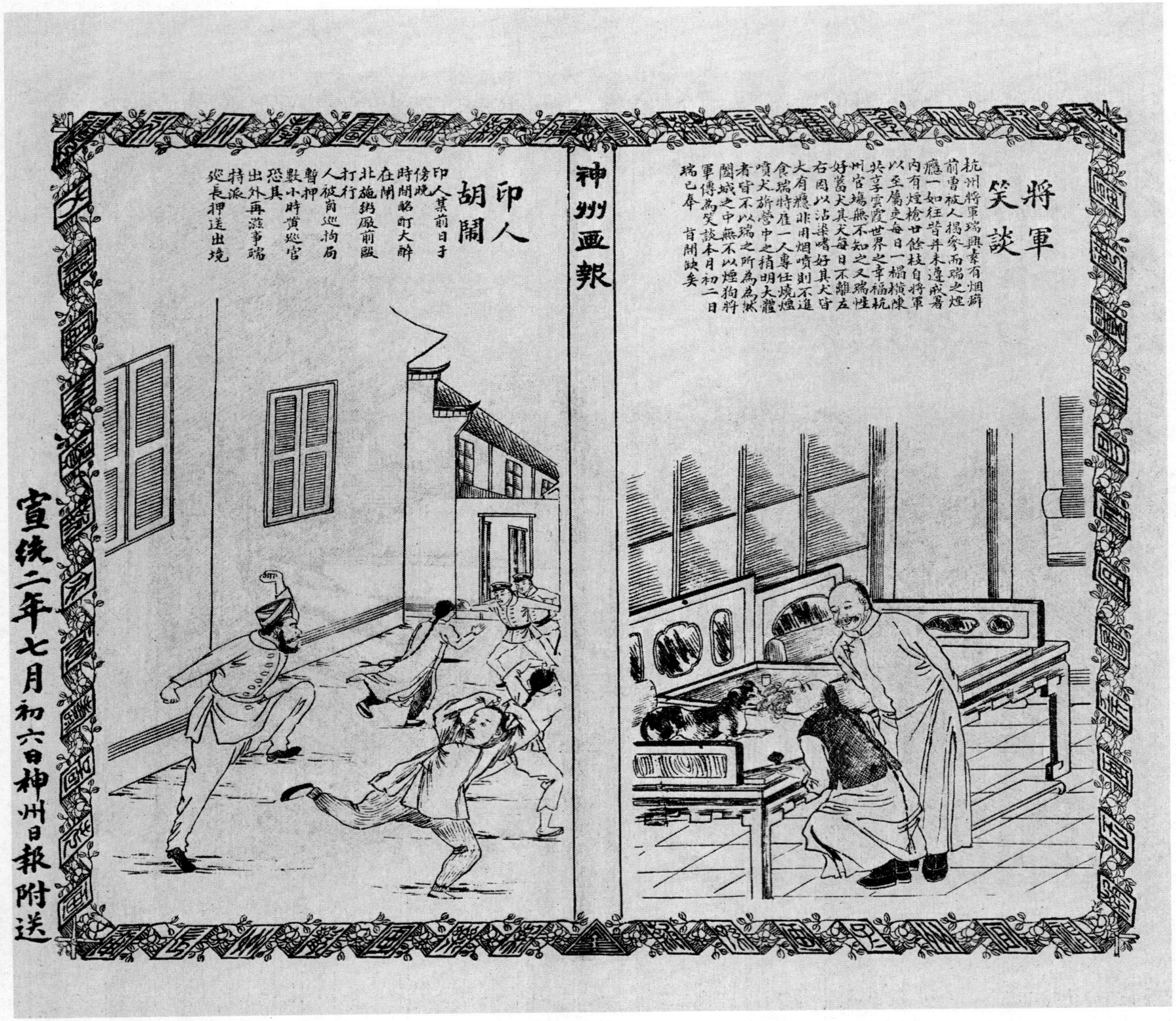
神州画報
將軍
笑談
杭州將軍瑞興素有烟癖
前曾被人揭參而瑞之煙
癮一如往昔并未遵戒著
內有煙槍廿餘枝自將軍
以至屬吏每日一榻橫陳
共享雲霞世界之幸福杭
州官場無不知之又瑞性
好畜犬其犬每日不離左
右因以沾染嗜好其犬皆
大有癮非用烟噴則不進
食瑞特雇一人專任燒煙
噴犬旂營中之精明大體
者皆不以瑞之所為為然
闔城之中無不以煙狗將
軍傳為笑談本月初二日
瑞已奉 旨開缺矣
印人
胡鬧
印人某前日子
傍晚
時間酩酊大醉
在閘
北施粥廠前毆
打行
人被前巡捕局
暫押
數小時黄巡官
恐其
出外再滋事端
特派
巡長押送出境
宣統二年七月初六日神州日報附送

河南之風景 禹皇台
星馳寫真
宣統二年七月初七日神州日報附送

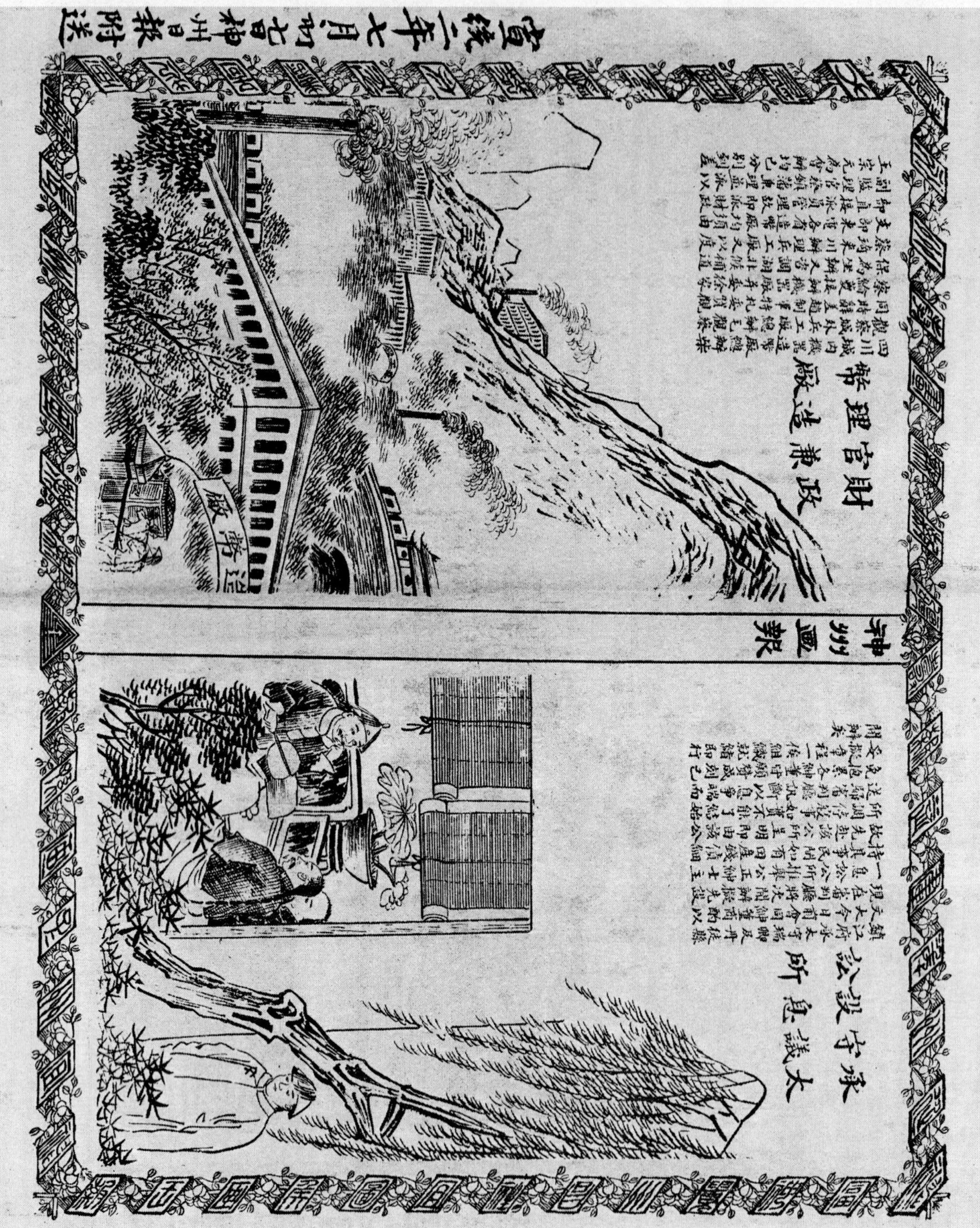
神州画報
丞太守議設息訟所
鎮江府丞太守瑞卿及丹徒縣
文大令日前會同紳董商酌以
現在省判廳將次開辦擬先設
一息訟公所推舉公正紳士主
持其事民間如有田産錢債細
故先赴該公所呈明即由該公
所調停該事如實不能了結始
送歸省判廳訊斷以息爭端而
免拖累各紳董均願贊成刻已
妥擬章程一俟組織就緒即行
開辦矣
財政官兼理造幣廠
四川城內機器造幣廠總辦柴
觀察城外兵工廠總辦毛觀察
同時辭差趙制軍特札委賀觀
察綸夔接辦機器廠并委徐守
保爲坐辦又咨調湖北候補道
蔡琦來川辦理兵工廠又以度
支部來電各省造幣廠均須由
部直接派員管理故即派財政
副監理官參鎮藩兼理並派以
王宗元爲會辦均已分別到差
造幣廠
宣統二年七月初七日神州日報附送

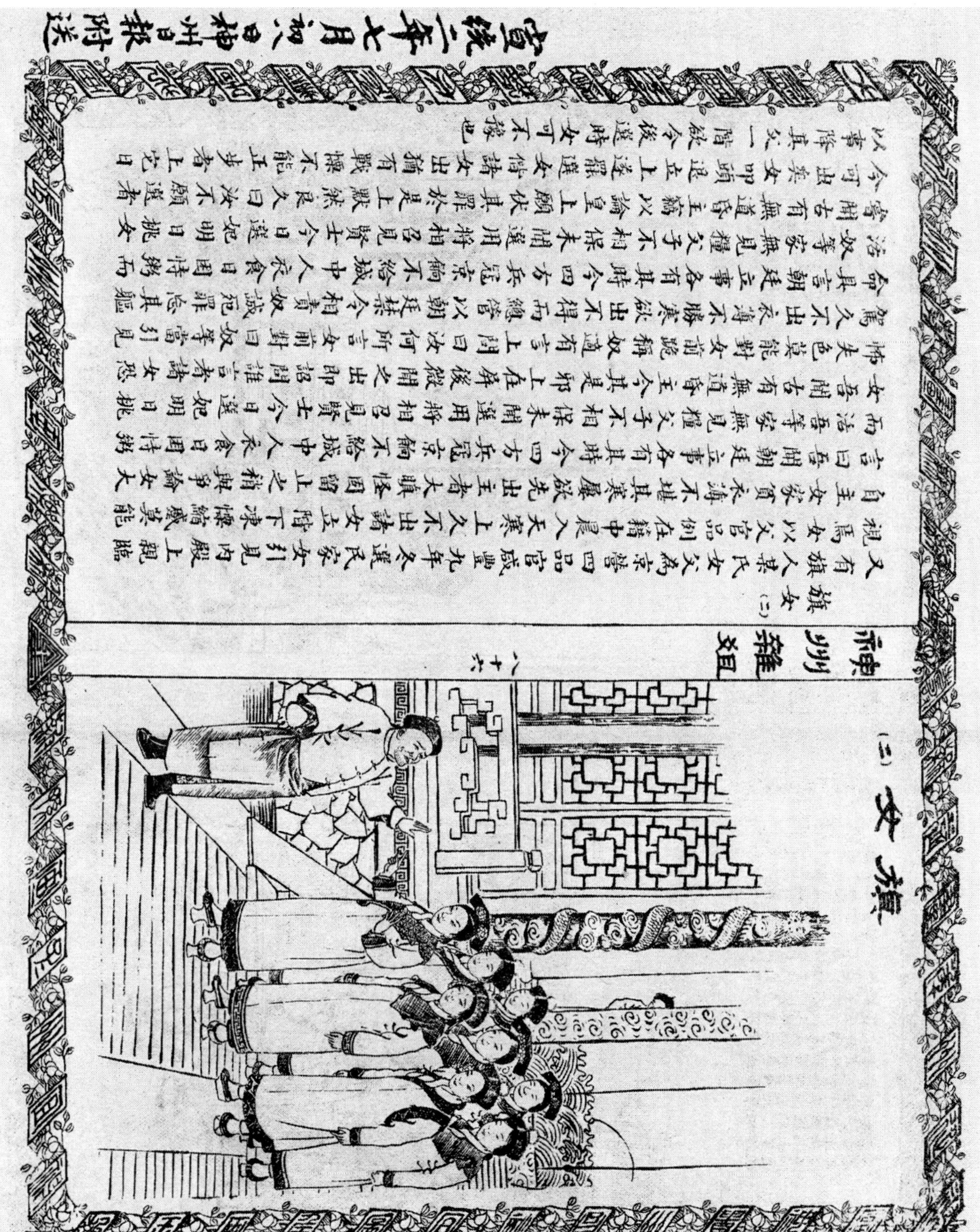

旗女（二）

神州雜俎

旗女（二）

又有旗人某氏女父為京營四品官咸豐九年冬選民家女引見內殿上親臨視焉女以父官品例在籍中晨入天寒上久不出諸女立階下凍慄縮蹙莫能自主女家貧衣薄不堪其寒屢欲先出主者大瞋怪固留止之稍與爭論女大言曰吾聞朝廷立事各有其時今四方兵寇京餉不給城中人衣食日困恃粥而活吾等家無見糧父子不相保未聞選用將相召見賢士今日選妃明日挑女吾聞古有無道昏主今其是邪上在屏後微聞之出即詔問誰言者諸女恐怖失色莫能對女前跪稱奴適有言上問曰汝何所言女前對曰奴等當引見駕久不出衣薄不勝寒欲出不得而總管以朝廷禁令相責奴誠死罪念其軀命具言朝廷立事各有其時今四方兵寇京餉不給城中人衣食日困恃粥而活奴等家無見糧父子不相保未聞選用將相召見賢士今日選妃明日挑女嘗聞古有無道昏主竊以論皇上顧伏其罪於是上默然良久曰汝不願選者今可出矣女叩頭退立上遂罷選女偕諸女出猶有戰慄不能正步者上它日以事降其父一階欲令後選時女可不豫也

八十六

宣统二年七月初八日神州日報附送

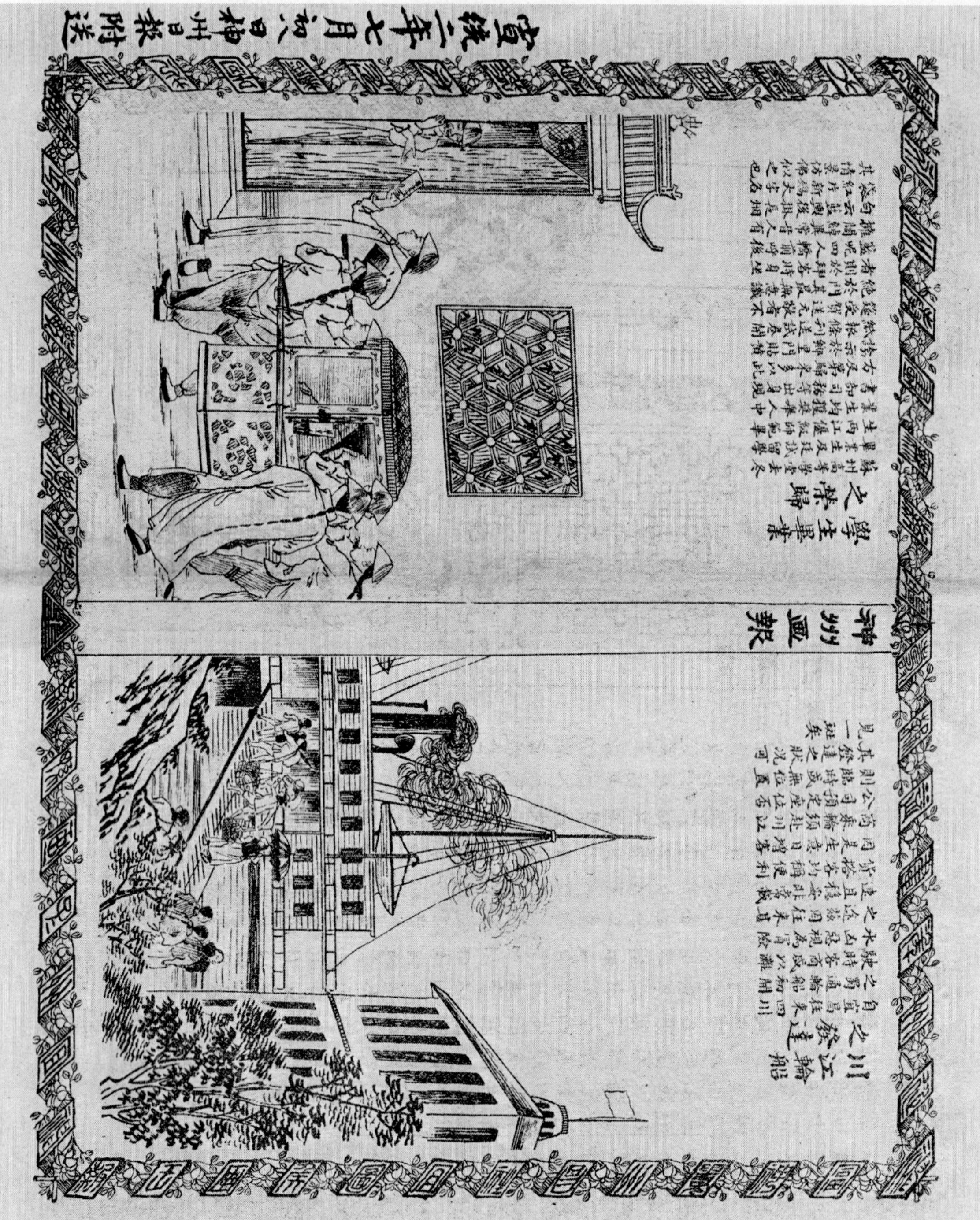
神州画報
川江輪船之發達
自宜昌往來四川之蜀通輪船初開駛時客商咸以灘水凶惡視爲冒險之途茲因往來甚速且穩妥非常載貨搭客均稱便利因是生意日增客商乘輪須赴川江公司預定座位否則臨時或無位置其發達之狀況可見一斑矣
學生畢業之榮歸
蘇州高等學堂去冬畢業生及廷試留學生兩江優級師範畢業生均獲獎舉人中書部司務等出身現方及第歸來多以此誇示於鄉里門貼捷紙報條刊送試卷開筵受賀送元敬者不絕於門其最無意識者則於拜客時身坐藍呢四人轎前呼後擁闊綽異常昔人有句云藍輿後掛長烟袋紅片新鐫大字名其情景彷彿似之也
宣統二年七月初八日神州日報附送

神州雜俎

八十七

輪廻

有人盛譚輪廻報應凡一犬一豕愼勿輕殺犯即罰來生作犬豕以償即小至螻蟻亦罔不然許文穆笑辨之曰然則莫如殺人衆駭問故曰來生罰償猶得作人也

宣統二年七月初九日神州日報附送

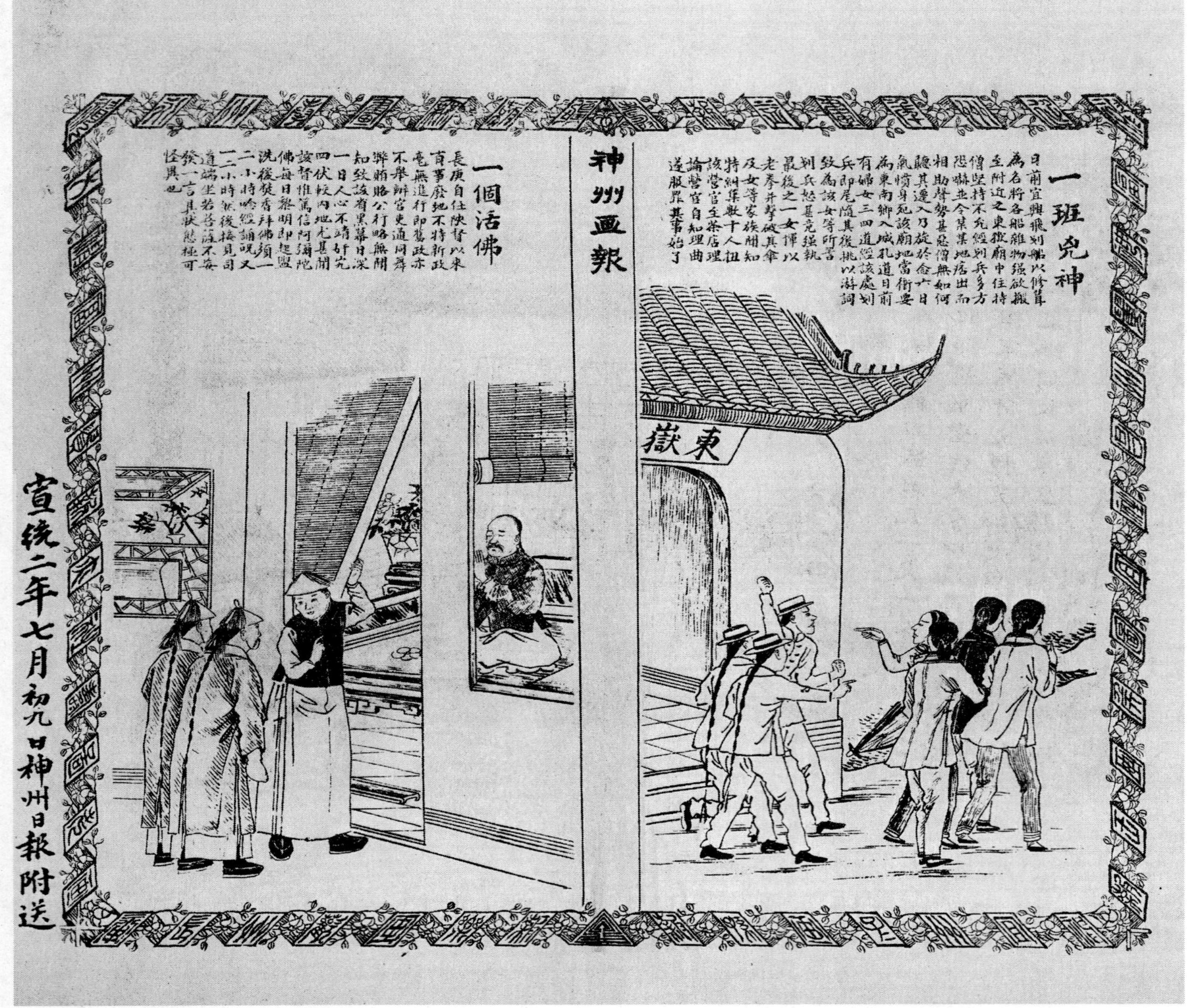
神州畫報
一班兇神
東嶽
一個活佛
宣統二年七月初九日神州日報附送

大明湖上之古歷亭
星馳寫真
宣統二年七月初十日神州日報附送

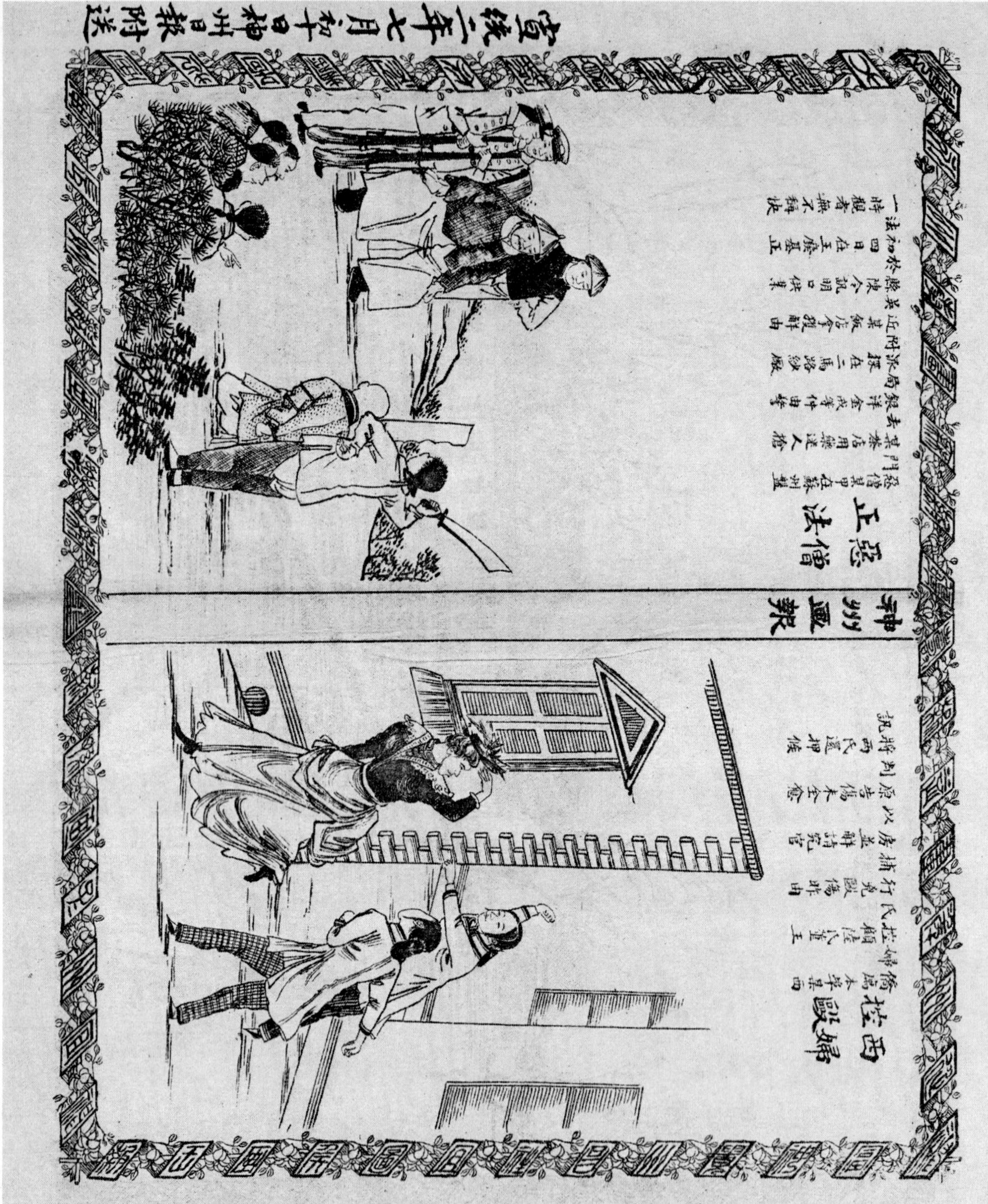
神州畫報
惡僧正法
惡僧某甲在蘇州盤門某茶店用藥迷人搶去銀洋金戒等件由警局派探在二馬路紗廠附近某飯店拿獲解由吳縣陳令訊明口供某於初四日在王廢基正法一時觀者無不稱快
西婦控毆
僑寓本埠某西婦控顧陸氏董王氏行兇毆傷昨由捕房並解請究官以原告傷未全愈判將兩氏還押候訊
宣統二年七月初十日神州日報附送

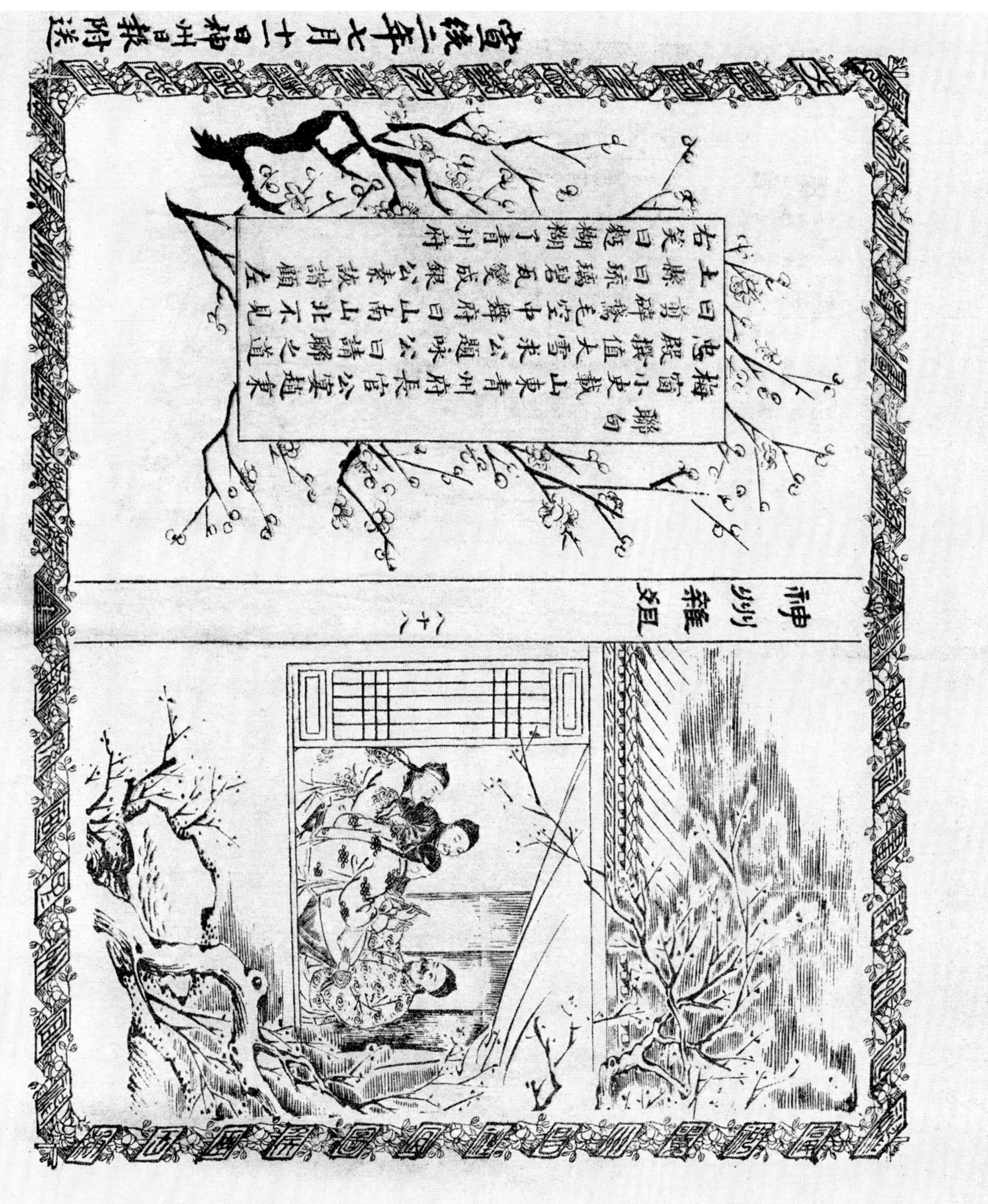
宣統二年七月十一日神州日報附送
神州雜俎
八十八
聯句
梅窗小史載山東青州府長官公宴趙秉
忠殿撰值大雪求公題咏公曰請聯之道
曰剪碎鵞毛空中舞府曰山南山北不見
土縣曰琉璃碧瓦變成銀公素詼諧顧左
右笑曰麪糊糊糊了青州府

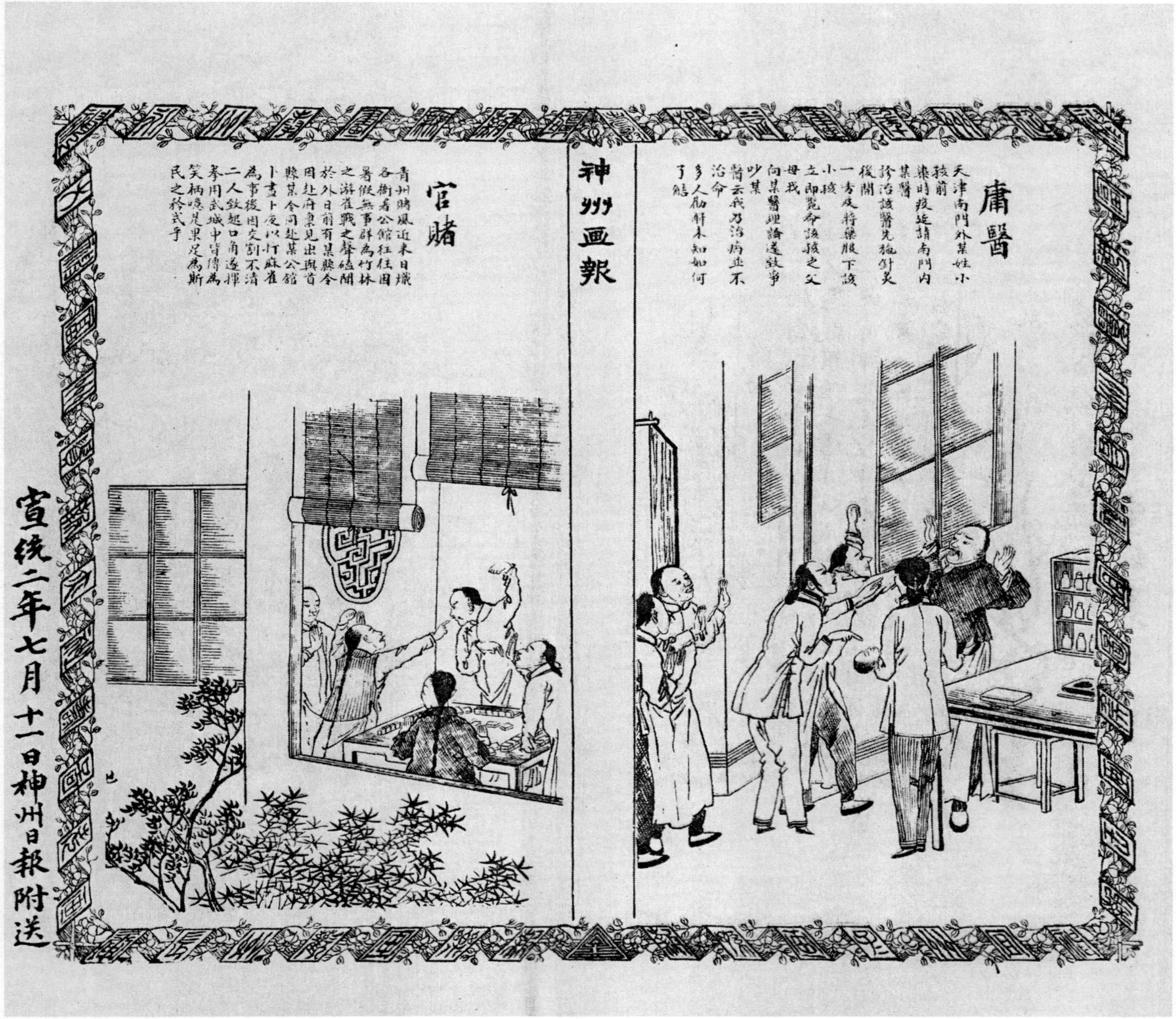
神州画報
庸醫
天津南門外某姓小孩前染時疫延請南門內某醫診治該醫先施針灸後開一方及將藥服下該小孩立即斃命該孩之父母找向某醫理論遂致爭吵某醫云我乃治病並不治命多人勸解未知如何了結
官賭
青州賭風近來日熾各衙署公館往往因暑假無事群為竹林之游雀戰之聲盈聞於外日前有某縣令因赴府稟見與首縣某令同赴某公館卜晝卜夜以打麻雀為事後因交割不清二人致起口角遂揮拳用武城中皆傳為笑柄噫是果足為斯民之矜式乎
宣統二年七月十一日神州日報附送

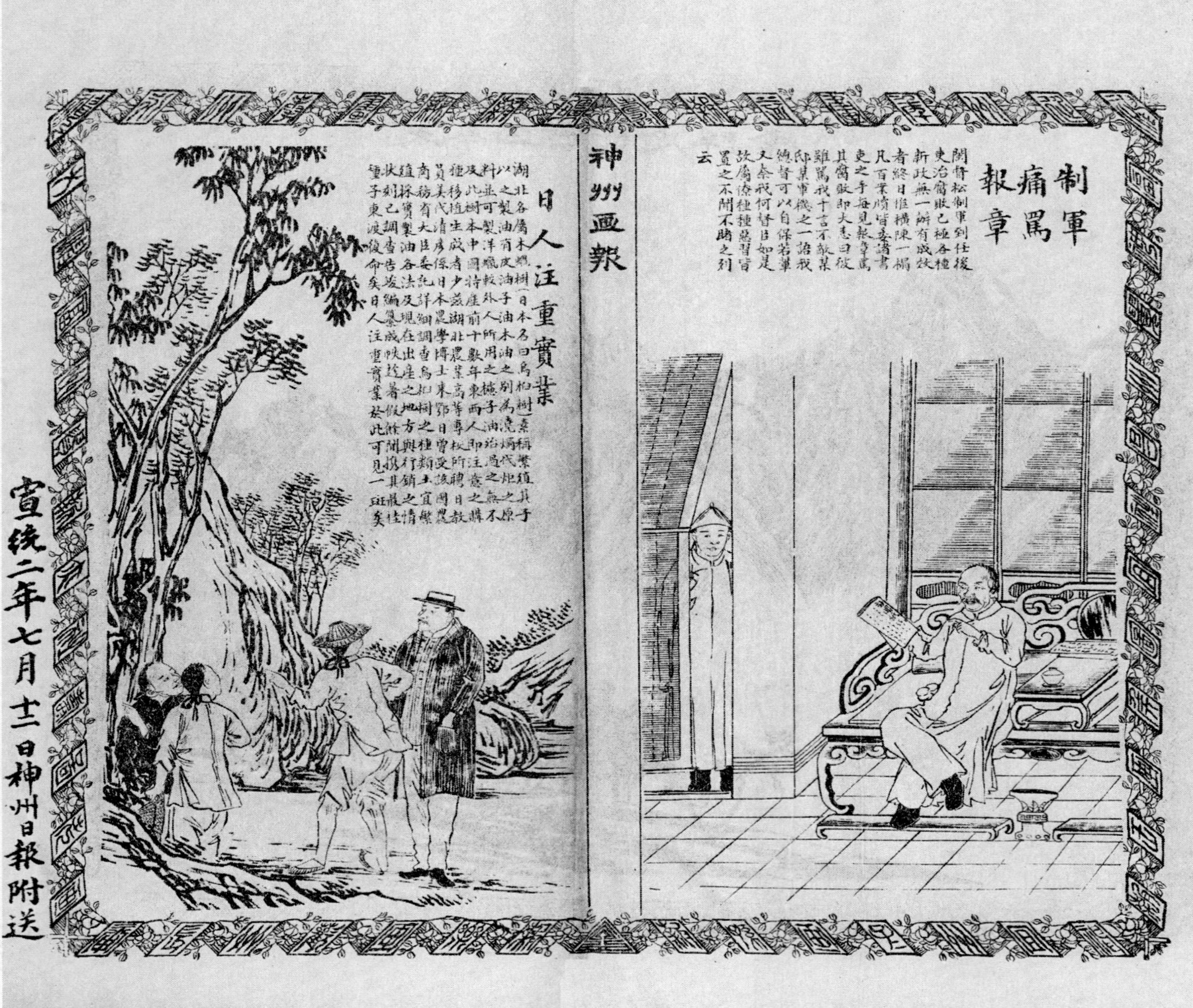

神州畫報

制軍痛罵報章

閩督松制軍到任後，吏治腐敗已極，各種新政無一辦有成效者。終日惟橫陳一榻，凡百案牘皆委諸書吏之手。每見報章罵其腐敗，即大恚曰：彼雖罵我十言，不敢某即某事機之一語，我總督可以自保，若輩又奈我何。督且如是，故屬僚種種惡習皆置之不聞不睹之列云。

日人注重實業

湖北各屬木燉樹（日本名曰烏桕樹）素稱繁殖，其子以之製油，有皮油、子油、木油之別，為澆燭代炬之原料，並可製洋蠟，較外人所用之橡子油殆過之無不及。此樹本中國特產，前十數年東西人即注意之，購種移植生成者少。茲湖北農業高等專校所聘日教員美代清彥，係日本農學博士，來鄂日曾受該國農商務省大臣委託，詳細調查烏桕樹之種類、土宜、繁殖、採實、製油各法及現在出產之地方與行銷之情狀，刻已調查告竣，編纂成帙，送著假餘閒，擬其最佳種子東渡復命矣。日人注重實業，於此可見一班矣。

宣統二年七月十二日神州日報附送

宣統二年七月十三日神州日報附送

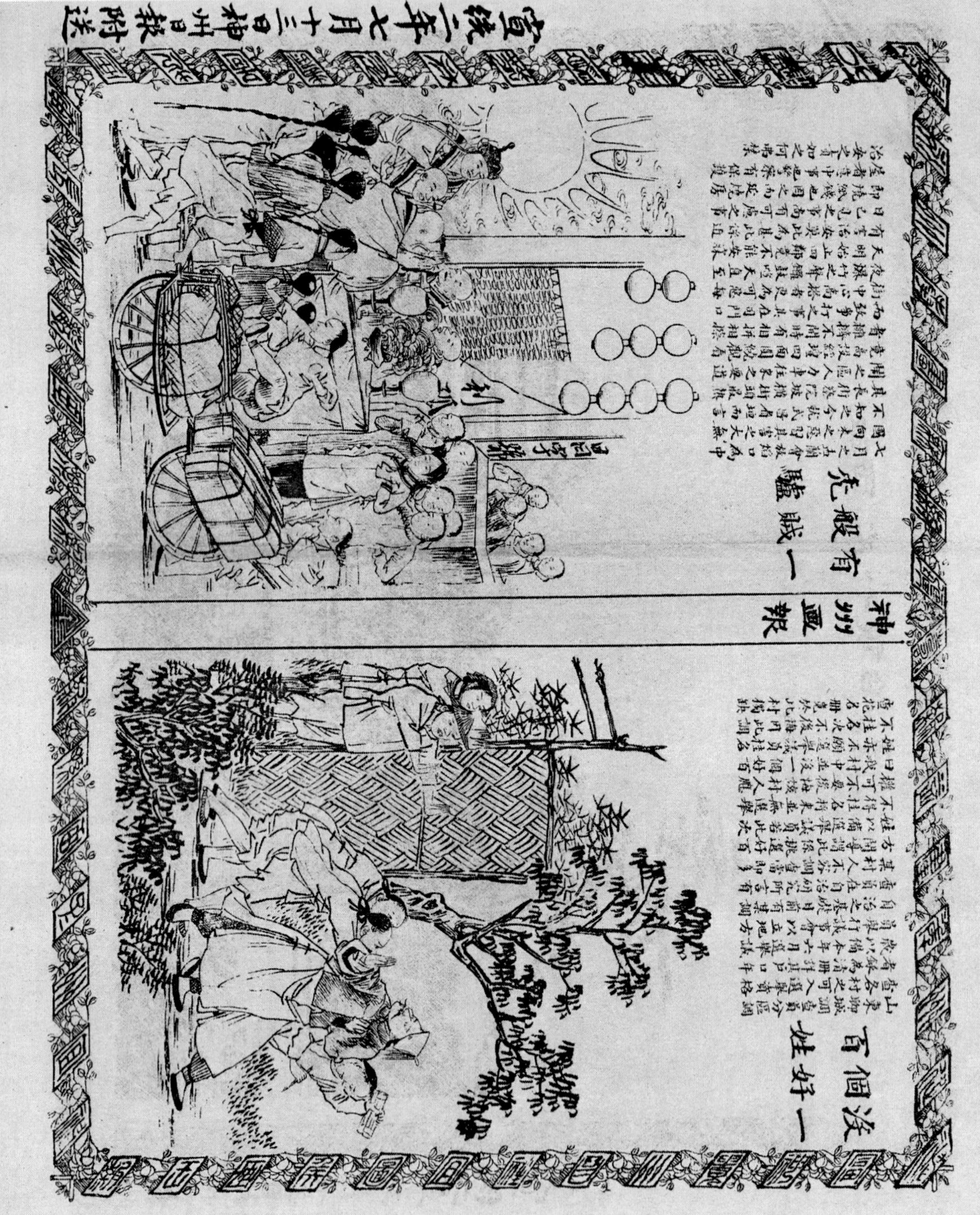
神州畫報
宣統二年七月十三日神州日報附送

中國社會科學院近代史研究所　編

神州畫報

上

國家圖書館出版社

圖書在版編目(CIP)數據

神州畫報:全二册/中國社會科學院近代史研究所編.--北京:國家圖書館出版社,2024.10(2025.4 重印).--ISBN 978-7-5013-8238-5

Ⅰ. G239.295.2

中國國家版本館 CIP 數據核字第 2024B0Z859 號

書　　名 神州畫報(全二册)
著　　者 中國社會科學院近代史研究所　編
責任編輯 陳　卓
封面設計 一瓢設計

出版發行 國家圖書館出版社(北京市西城區文津街 7 號　100034)
(原書目文獻出版社　北京圖書館出版社)
010-66114536　63802249　nlcpress@nlc.cn(郵購)
網　　址 http://www.nlcpress.com
印　　裝 河北三河弘翰印務有限公司
版次印次 2024 年 10 月第 1 版　2025 年 4 月第 2 次印刷

開　　本 880×1230　1/16
印　　張 63
書　　號 ISBN 978-7-5013-8238-5
定　　價 980.00 圓

出版説明

鴉片戰争以降，中國的内憂外患不斷加劇。在這樣的歷史背景下，清朝末年，愛國志士們反帝反封建的革命活動層出不窮。一九〇五年，孫中山在日本東京成立中國同盟會。次年，于右任赴日本進行報業考察時，經人引薦，與孫中山相見。兩人一見如故，志同道合。不久後，于右任正式加入中國同盟會。

在此之前，于右任便與震旦學院學友葉仲裕等人商議在上海籌辦進步報紙之事。于右任希望這份報紙可以作爲革命輿論的陣地，鼓舞進步學生、開明士紳及青年軍人。旅日期間，孫中山對報紙的籌辦給予了大力支持，并希望這份報紙能夠在革命活動中起到機關報的作用。經多方努力，于右任從旅日學生處募集到三萬餘銀元，并通過參觀考察日本各報館，吸取了辦報的相關經驗，同盟會會員楊篤生等亦表示願回國辦報。

一九〇七年四月二日，于右任在上海英租界四馬路創辦了現代化的大型日報——《神州日報》。報名中的『神州』二字，寄托了于右任『以祖宗締造之艱難和歷史遺産之豐富，唤起中華民族之祖國思想』，『激發潛伏的民族意識』的願景。《神州日報》一改以往報刊的面貌，給當時的上海帶來一股全新的風氣，受到廣大讀者的歡迎，發行量在短時間内就超過萬份，迅速成爲當時上海、乃至國内最暢銷的報紙之一。此後，由於多種原因，于右任於同年六月辭任社長之職，《神州日報》改由葉仲裕、汪彭年等人主持。此時的《神州日報》，編撰者多爲革命黨人，具有較明顯的革命特徵，因而在辛亥革命之前，它一直被認爲是革命派的言論機關。中華民國成立以後，受時局影響，該報曾被袁世凱收買，後又屢次易主，全面抗戰時期甚至一度爲僞政權所控制，最終於一九四六年底停刊。

早期的《神州日報》除常規版面外，亦定期或不定期地隨報贈送副刊，《神州畫報》便是其中較知名的一種。《神州畫報》初名《神州五日畫報》，創刊於一九〇八年七月二十八日，至一九〇九年共出版五十一期，現有完整的藏本。一九〇九年七月十七日起，《神州五日畫報》改稱《神州畫報》，并不再單獨標列期號，而是直接使用《神州日報》總期號。《神州五日畫報》與初期的《神州畫報》均不使用光緒、宣統等清代年號紀年，而是使用干支與陰曆結合的形式標注出版時間，但宣統二年正月初五（一九一〇年二月十四日）起，又恢復使用清代年號紀年。這從一個角度體現出，當時的報館受各種因素的影響，立場上已略趨保守。就内容而言，《神州五日畫報》《神州畫報》均以圖畫的形式，介紹時人感興趣的時政動態、軍事消息及社會新聞等，其中不乏以詼諧幽默之語針砭時弊者。通過這些圖畫，我們可以瞭解當時的社會現象、思潮風貌，探尋近代中國圖像新聞的傳播模式。

中國社會科學院近代史研究所藏有全部五十一期的《神州五日畫報》及一九〇九年七月十七日—一九一〇年八月十八日的《神州畫報》，這些畫報保存較好，現歸藏於中國歷史研究院圖書檔案館。本次整理和出版，即以此本爲底本，部分缺期、缺頁則用中國國家圖書館藏本進行了配補。爲便於讀者使用，編製目録時，日期統一采用公元紀年。希望本書的出版，能夠爲相關領域的研究者、愛好者提供較爲可靠的文獻史料，同時也希望得到方家的指正。

國家圖書館出版社

二〇二四年九月

上册目録

神州五日畫報

神州畫報

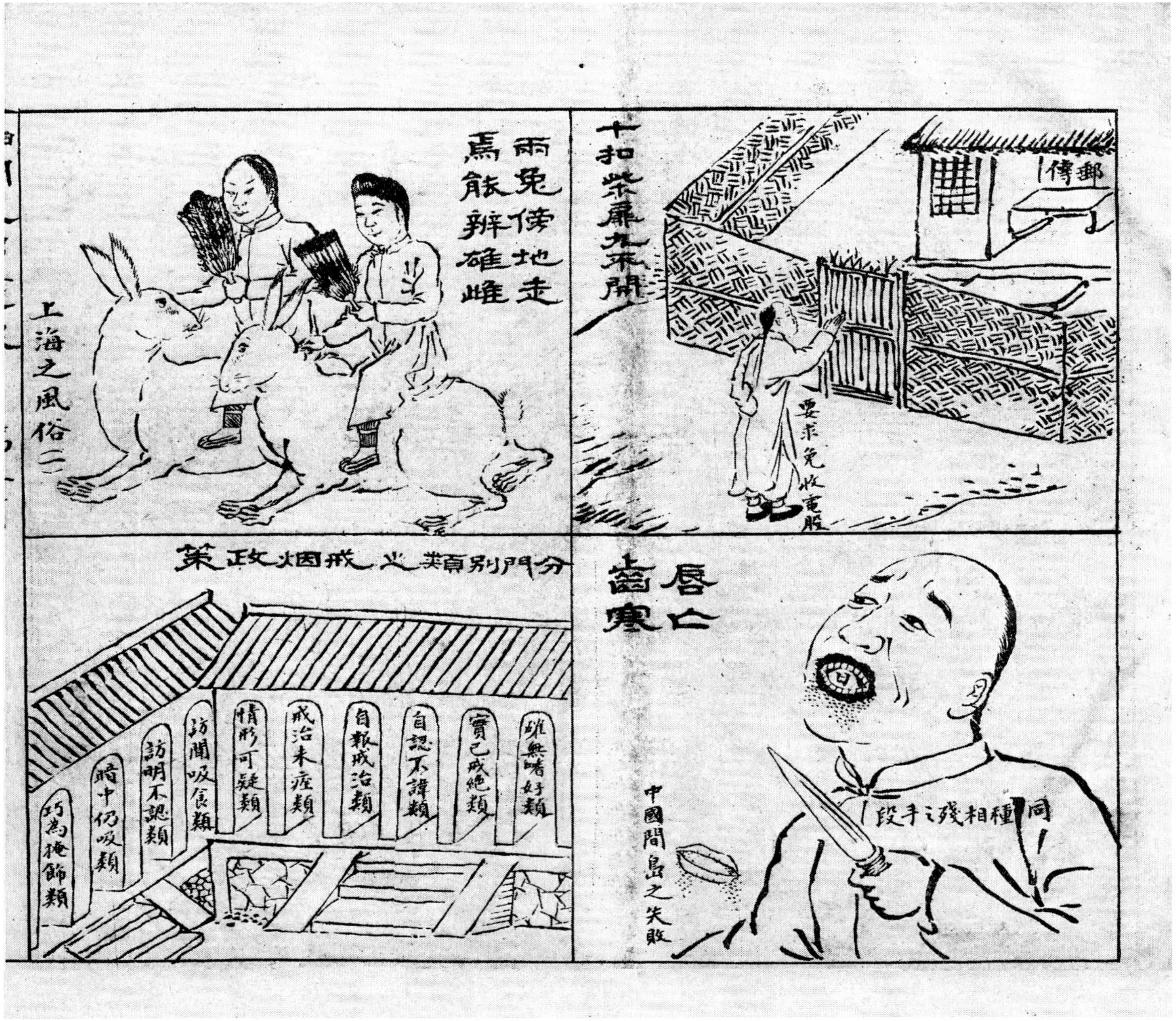
兩兔傍地走
焉能辨雄雌
上海之風俗二
十扣柴扉九不開
郵傳
要求免收電股
分門別類之戒烟政策
雖無嗜好類
實已戒絕類
自認不諱類
自報戒治類
戒治未痊類
情形可疑類
訪聞吸食類
訪明不認類
暗中仍吸類
巧為掩飾類
唇亡
齒寒
中國間島之失敗
同種相殘之手段

安徽水災之慘狀
五月下旬徽州霪雨為災蛟水陡漲田廬人畜均被淹没現在災黎遍野嗷嗷待哺其顛連流離之狀令人不忍注目今敬繪此圖為海內外諸同胞告尤望慨發仁慈縮食節衣以救此百萬無告之同胞則功德無量矣

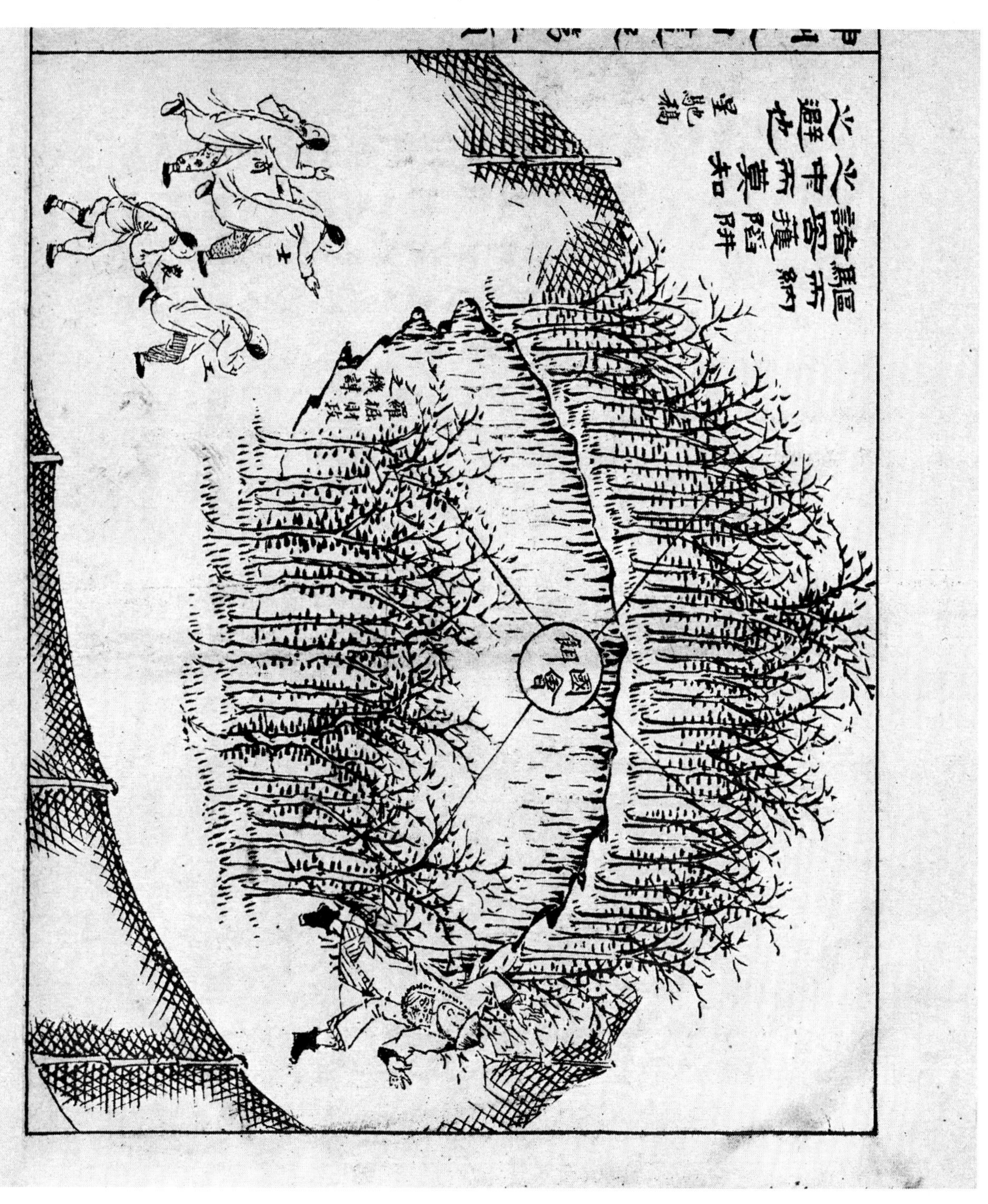

龍渾室詩話

友人鉄郎以補祝神州日報週年紀念之古見寄詩贊其忠壯其詩云

亞東文明四千歲上溯羲皇下漢魏五胡擾害竊中華蔭正塵途豫論臆識長江天塹判南北小朝廷比勾吳國無酒學佛有酒仙忍令神州無顏色笑汎歐潮捲地來江手我見叔作矣神鼇立柱山周倒女媧鍊石胡為哉梁燕一酣嬉釜魚尔存亡危急渾無覓海上雞尋回手歸閭风刖揉四生药到士捐生志士憂國賠償為即奏罷伊涼咸慟天誓於熱淚洗神州執筆為春硯瓦海朝霞染翰成五采亞鑪歐鉛冶一爐文章世界横川醒獨州一滴醍醐清夜吼喝棒癡聾驚梵音普渡大千界陽今大底蓮花生遠遮宣尼次太史男兒ㄗ業吉為喚菜衣寵榮奈餞豪貪康儒主祆知和祝者一詩君頌祝四百兆人生命係精術休矣填海心如操造化小兒忍再祝君為横海樓又銜蒿霧指南車越裳稽首書於臧此止葡萄入漢家

諷刺語

數年以前凡維新者必焉守舊而守舊者亦必焉維新以其勢之不能相容也今也不然守舊者忽入其腐敗極力主張維新維新者又忽入議其員品張反極力主張守舊 是誠一大變相也

議院年限之宣佈

宣佈議院年限之希望

應循之秩序

題浮屠

崖岸依然高七級祛斯幻象得何年試看封豕貪狼盡已算浮屠事一巔

戊申七月朔日

寐言 題

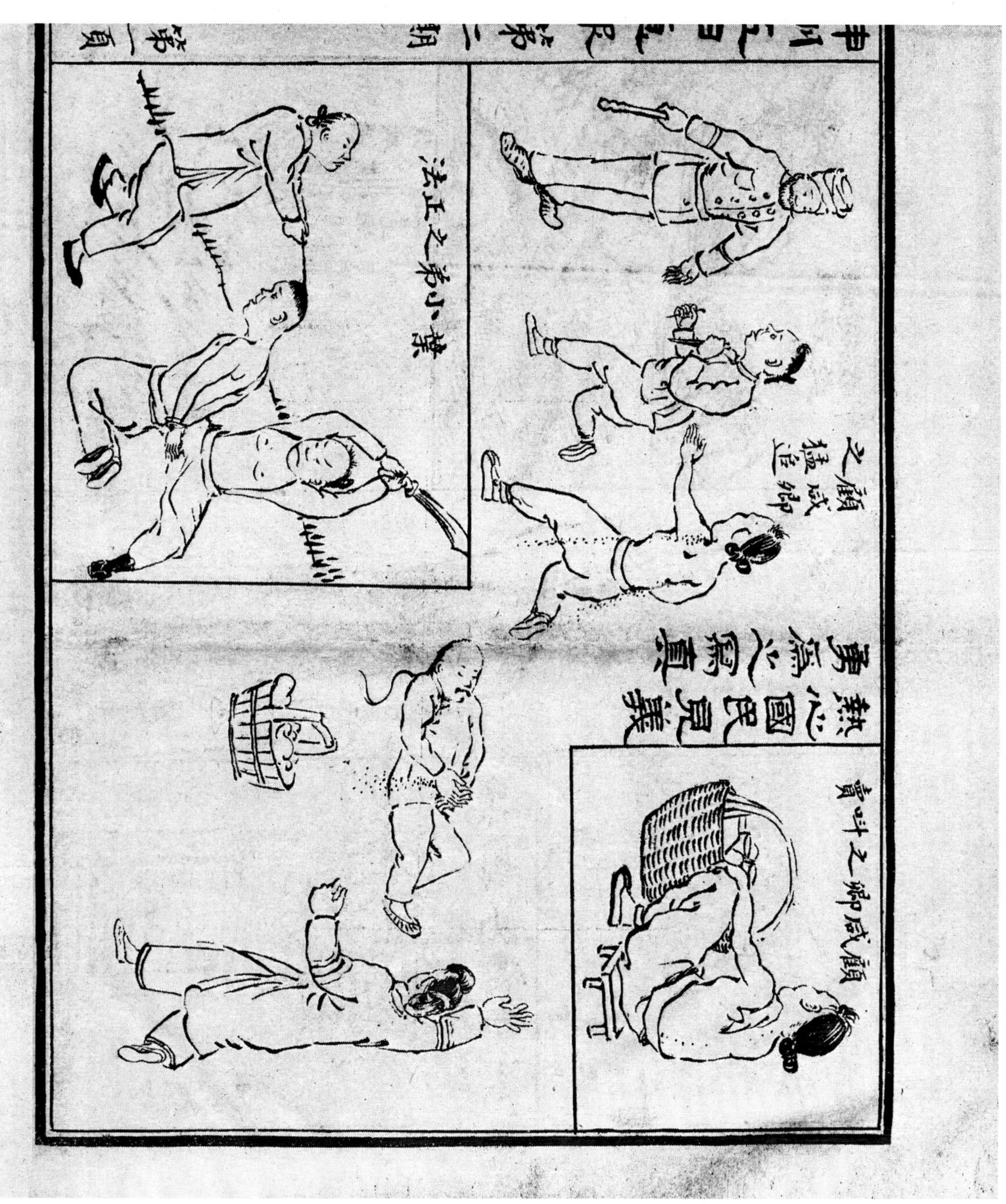

第二期
熱心國民見義勇爲之寫真
顧咸卿之叫賣
顧咸卿之猛追
葉小弟之正法
第一頁

草色遥看近却無
議院
舉直錯枉
香港颶風成災
强国予弱國予
滑稽字
請願國會之潮流

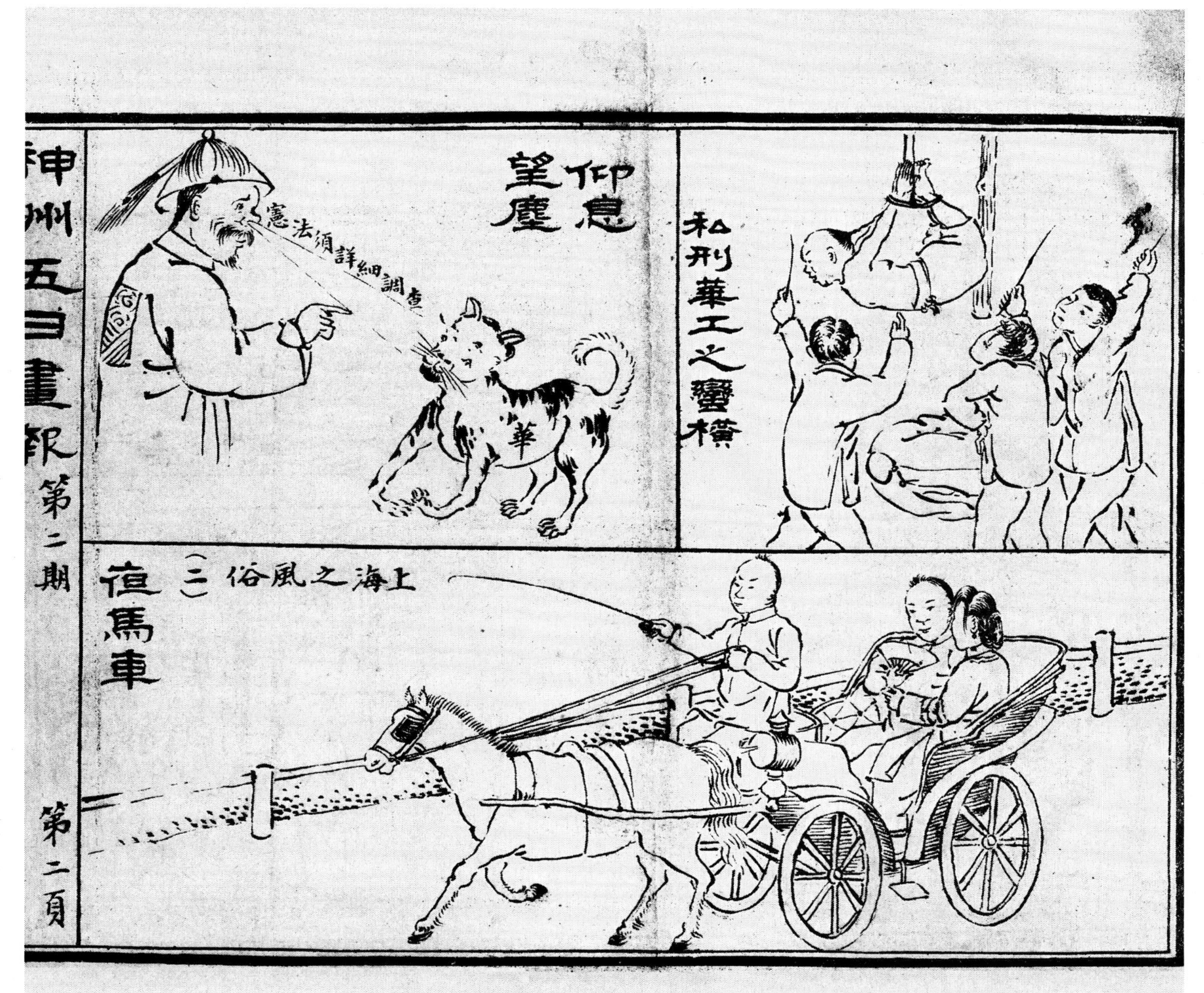
神州五日畫報 第二期
第二頁
仰息望塵
憲法須詳細調查
華
私刑華工之蠻橫
上海之風俗（三）
亶馬車

你們錢來的容易我們的錢來的難所以不肯賑濟
今日有酒今日醉管甚天災與水災
蘇州我們妓界要發起募賑各省水災哩
紳
官
官
紳
安慶救生
嗷嗷待哺之災民

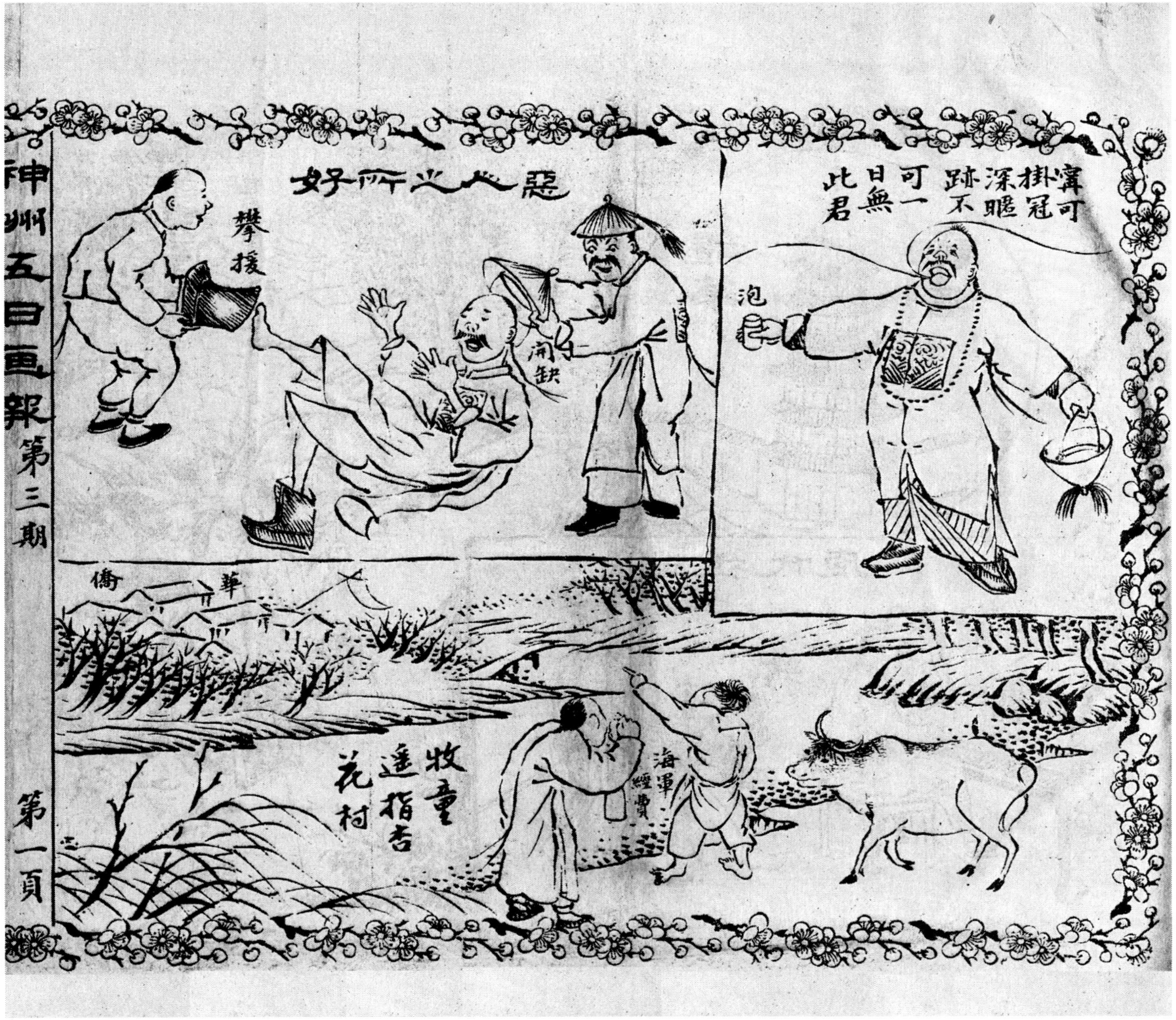

神州五日畫報
第三期
第一頁
惡人之所好
攀援
開缺
寧可掛冠深匿跡
不可一日無此君
泡
華
僑
牧童遙指杏花村
海軍經費

龍華寶塔
上海之風俗（三）龍華進香
越俎代庖
私鑄

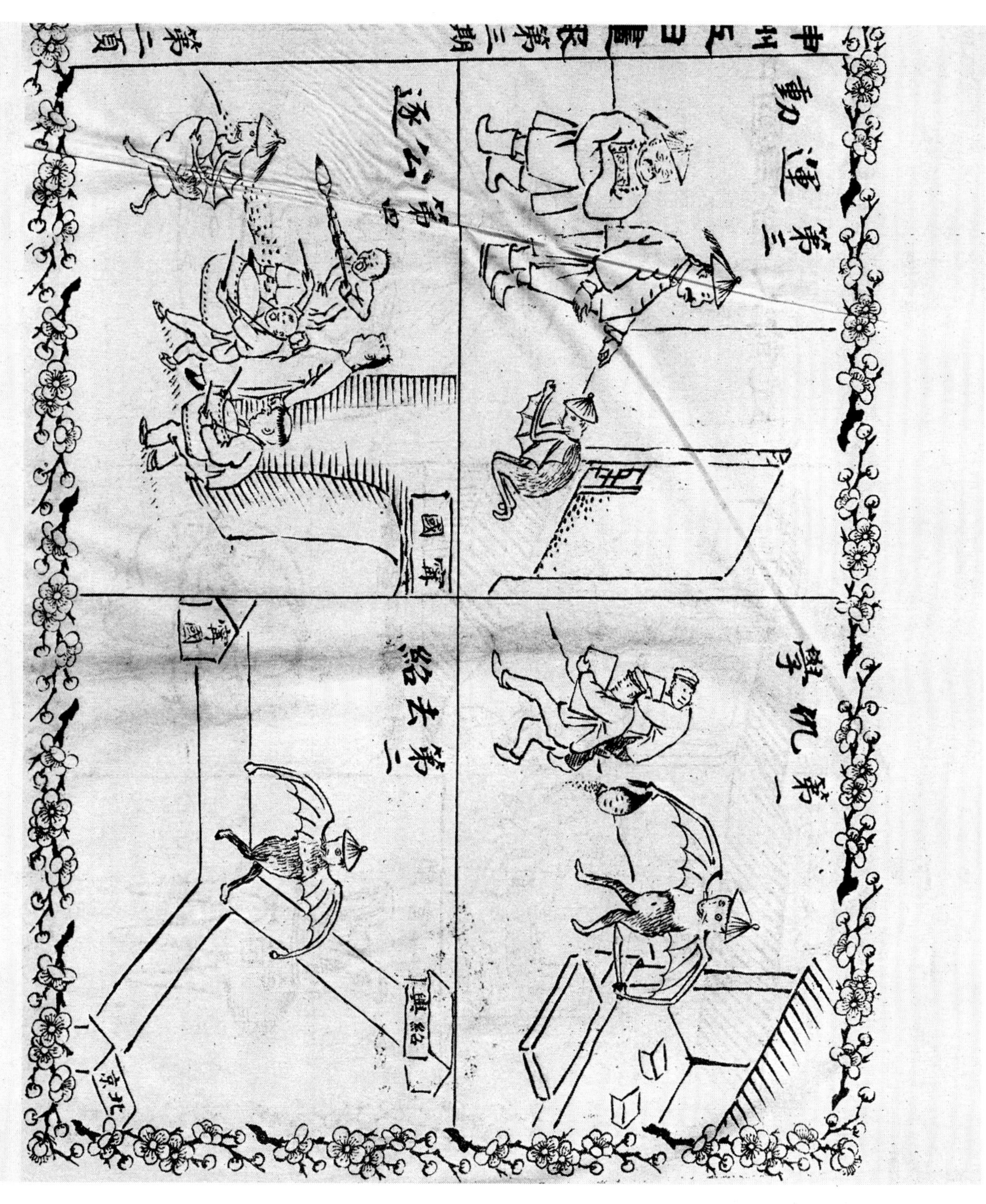

州五日畫報第三期
第三頁
第一
第二
第三　運動
第四
紹興
北京

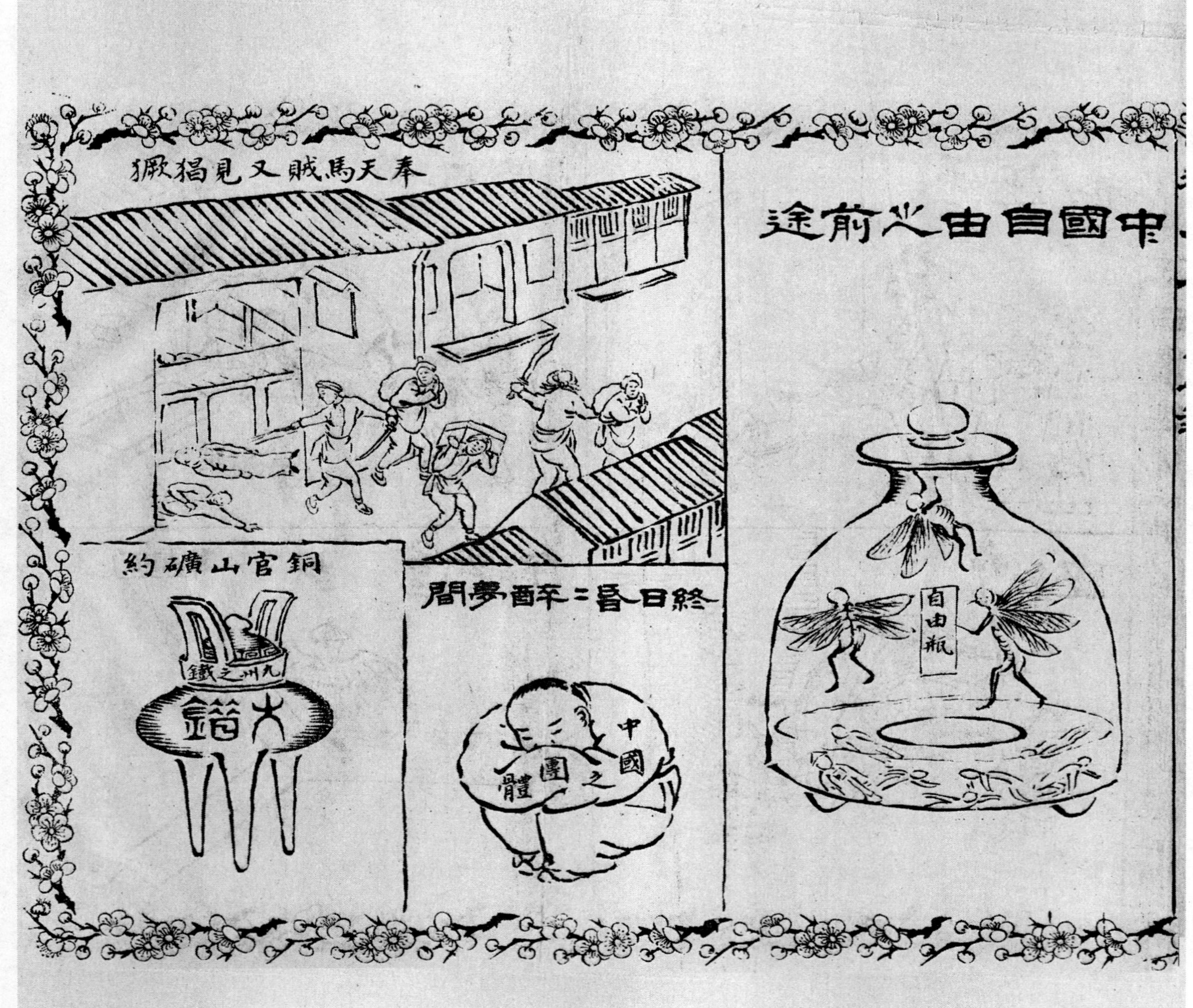
中國自由之前途
自由瓶
奉天馬賊又見猖獗
銅官山礦約
九州之鐵
大錯
終日昏昏醉夢間
中國之團體

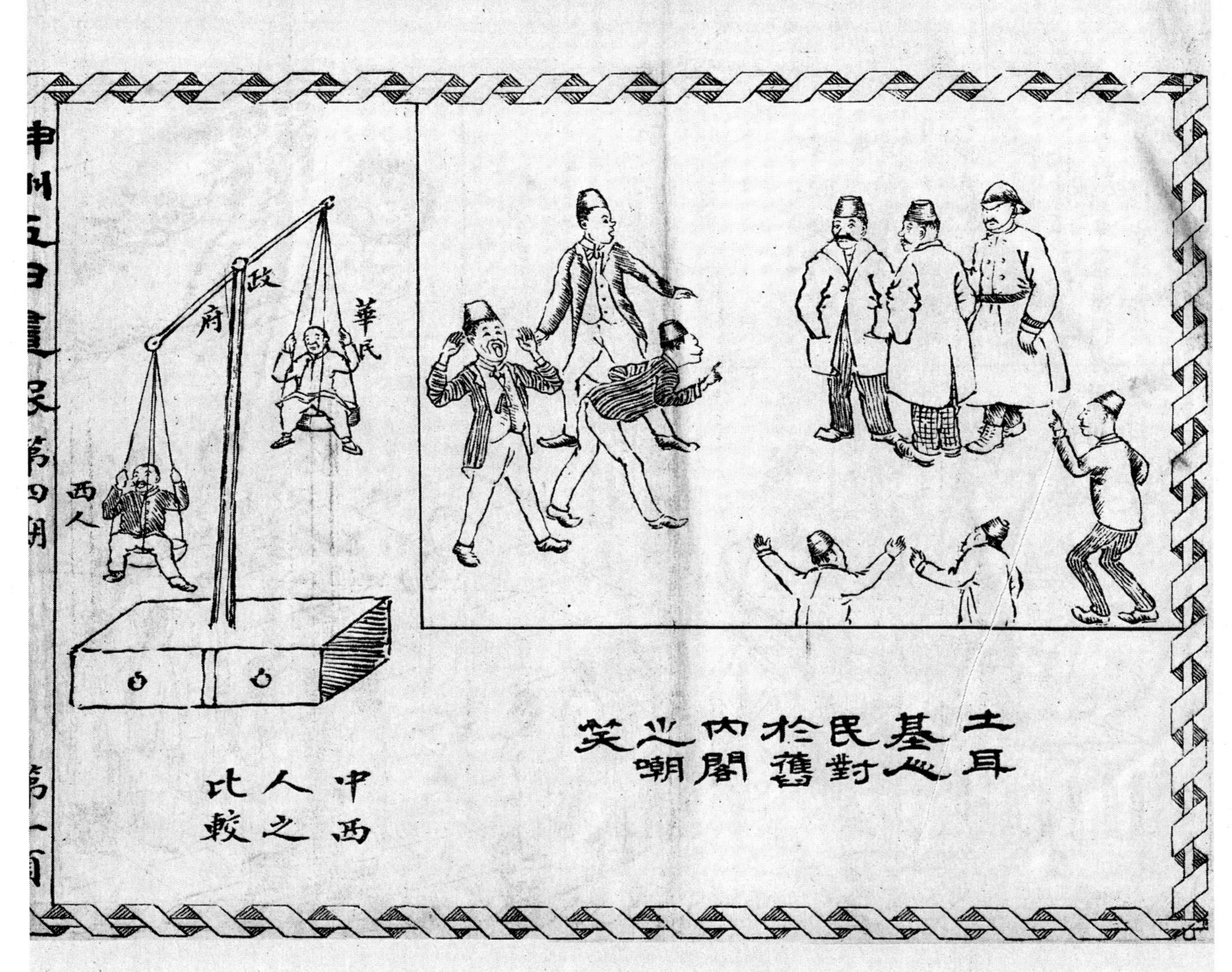
政府
西人
華民
中西人之比較
土耳基人民對於舊內閣之嘲笑

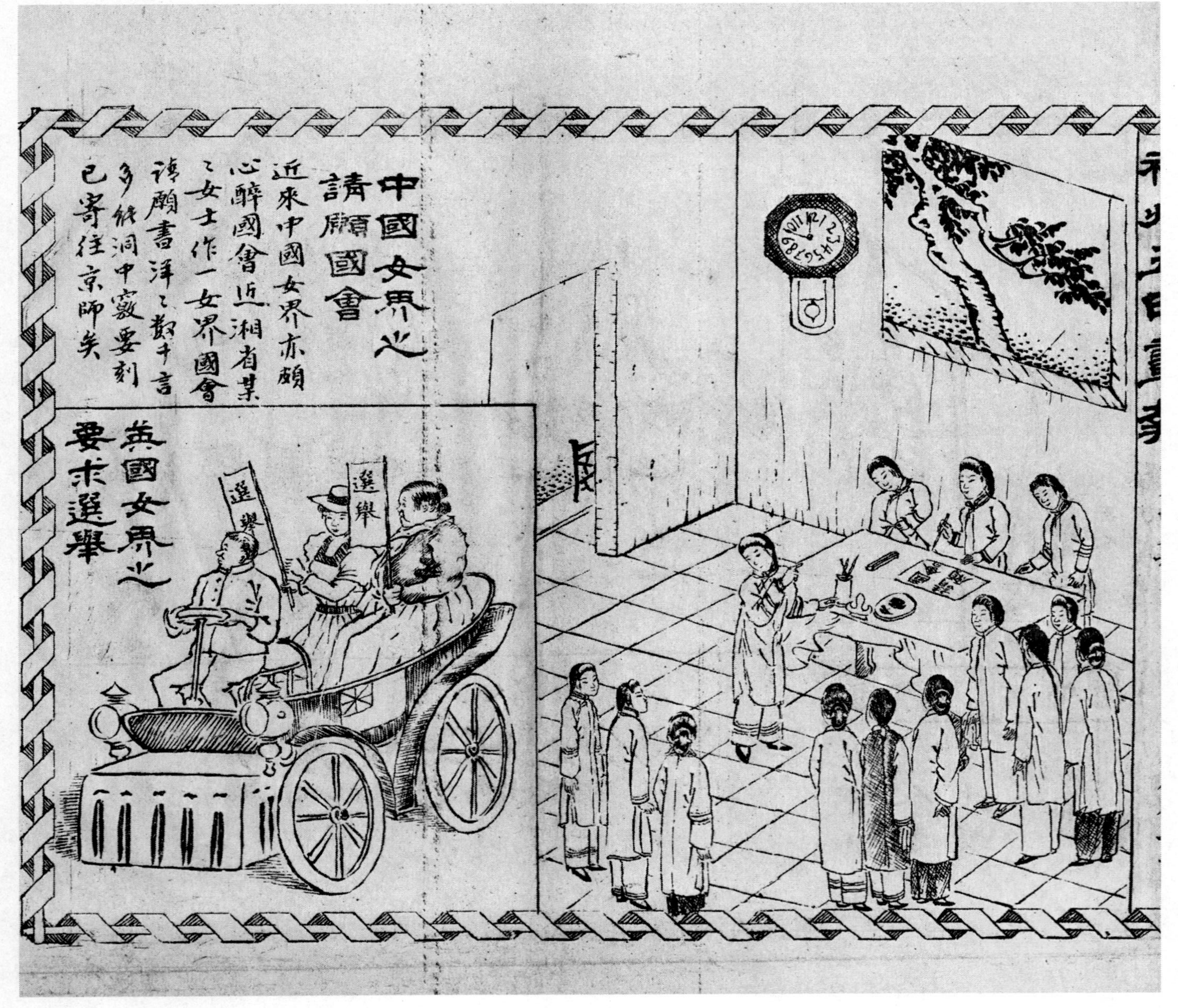
中國女界之
請願國會
近來中國女界亦頗
心醉國會近湘省某
某女士作一女界國會
請願書洋洋數千言
多能洞中竅要刻
已寄往京師矣
英國女界之
要求選舉
選舉
選舉

桐城練潭教民暴動
桐城縣屬練潭地方有天主聖公等教堂該教民汪姓因與船戶某口角被此扭赴練潭司署裁判該司官草率斷擬枷教袒民飭將汪掌責二百板即釋汪忿火中燒翌日招集教民數十人擁至練潭司署聲言非毆官戮差不可該司飛稟桐城縣一面央紳董排解詎汪復率衆尋船戶々々亦約黨民相抵禦名持器械大起爭鬥兩造受傷甚多毆斃二命闔鎮為之閉市

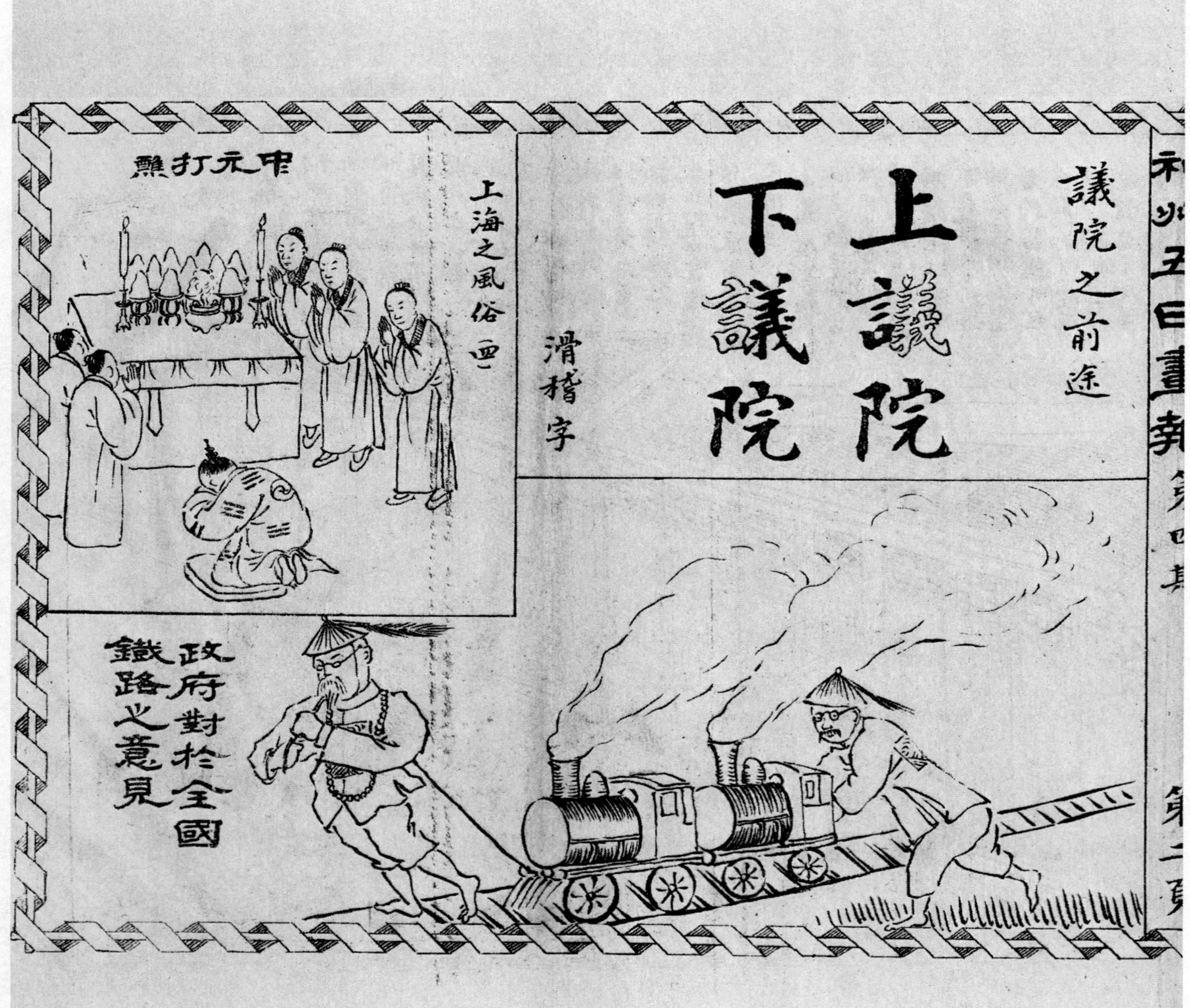
中元打醮
上海之風俗（四）
滑稽字
議院之前途
上議院
下議院
政府對於全國鐵路之意見

神州五日畫報　第五期
第一頁
增
招待美艦之預備
升降無常

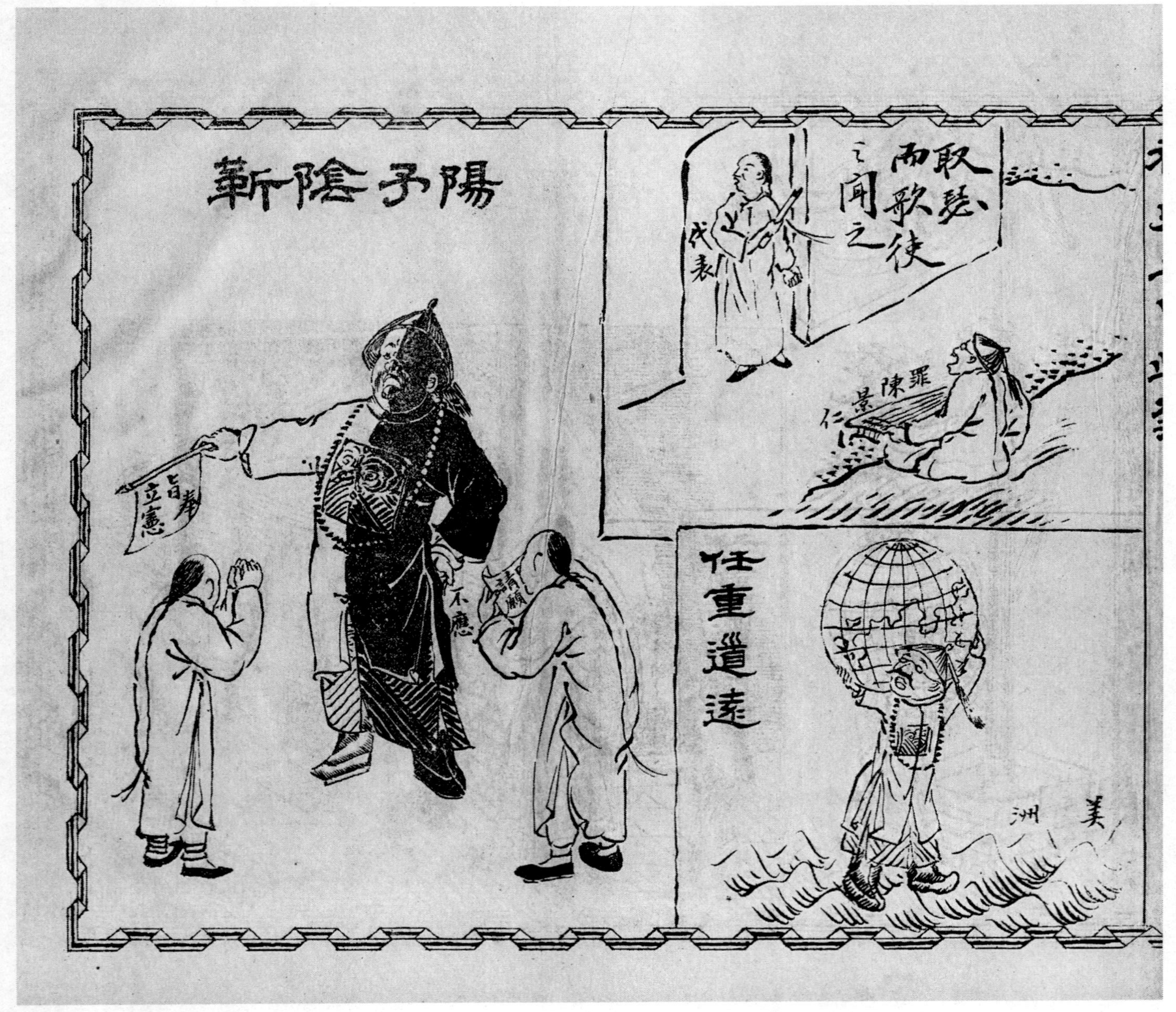
靳陰予陽
奉旨立憲
請願
不應
取瑟而歌使之聞之
代表
羅陳景仁
任重道遠
美洲

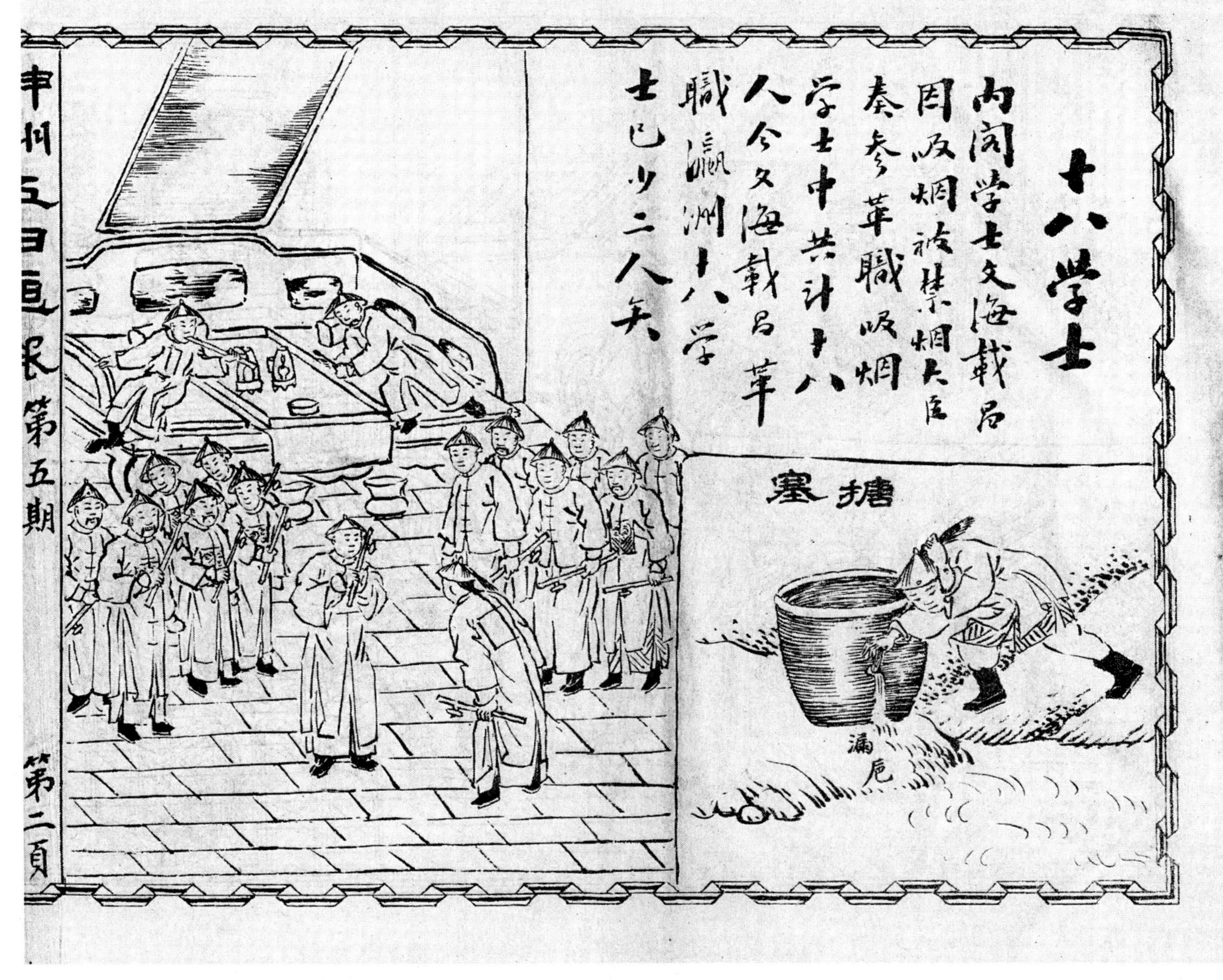
神州五日画报 第五期 第二页
十八学士
内阁学士文海载启
因吸烟被禁烟大臣
奏参革职吸烟
学士中共计十八
人今又海载启革
职瀛洲十八学
士已少二人矣
搪塞
漏卮

上海之風俗（五）

都郎度埠有
華人十八名到
國人美國抗於
奇例逼入大
桶上泥抵公命
閉時問負以大
鐵針探刺桶內
將華人十八名戕
斃嗚呼酷矣
傷心人語
稅花丁
鹽斤加價
糖捐
房捐
釐金
正稅

女總會被封之寫真
上海之風俗

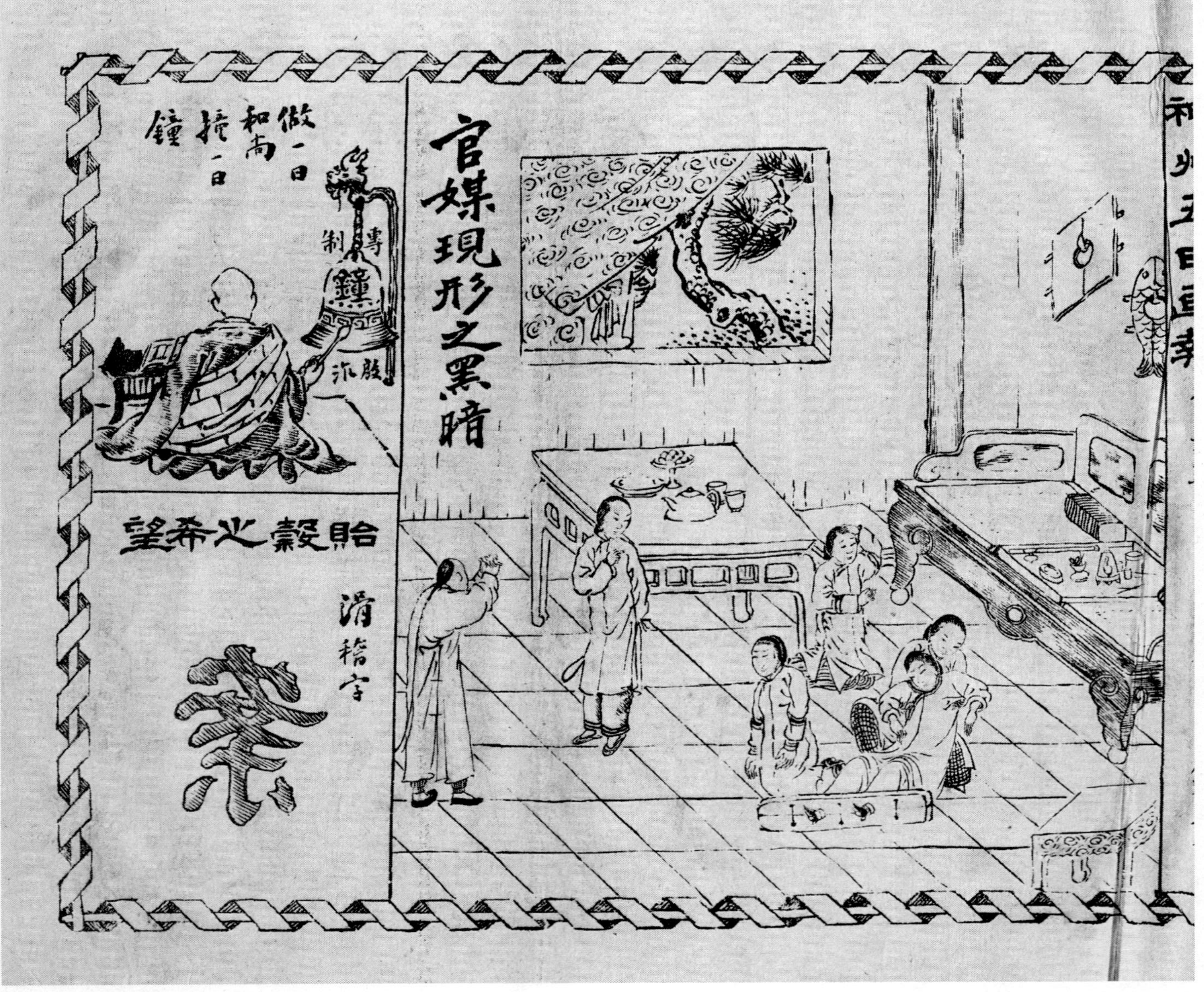
官媒現形之黑暗
做一日和尚撞一日鐘
專制
鐘
貽穀之希望
滑稽字

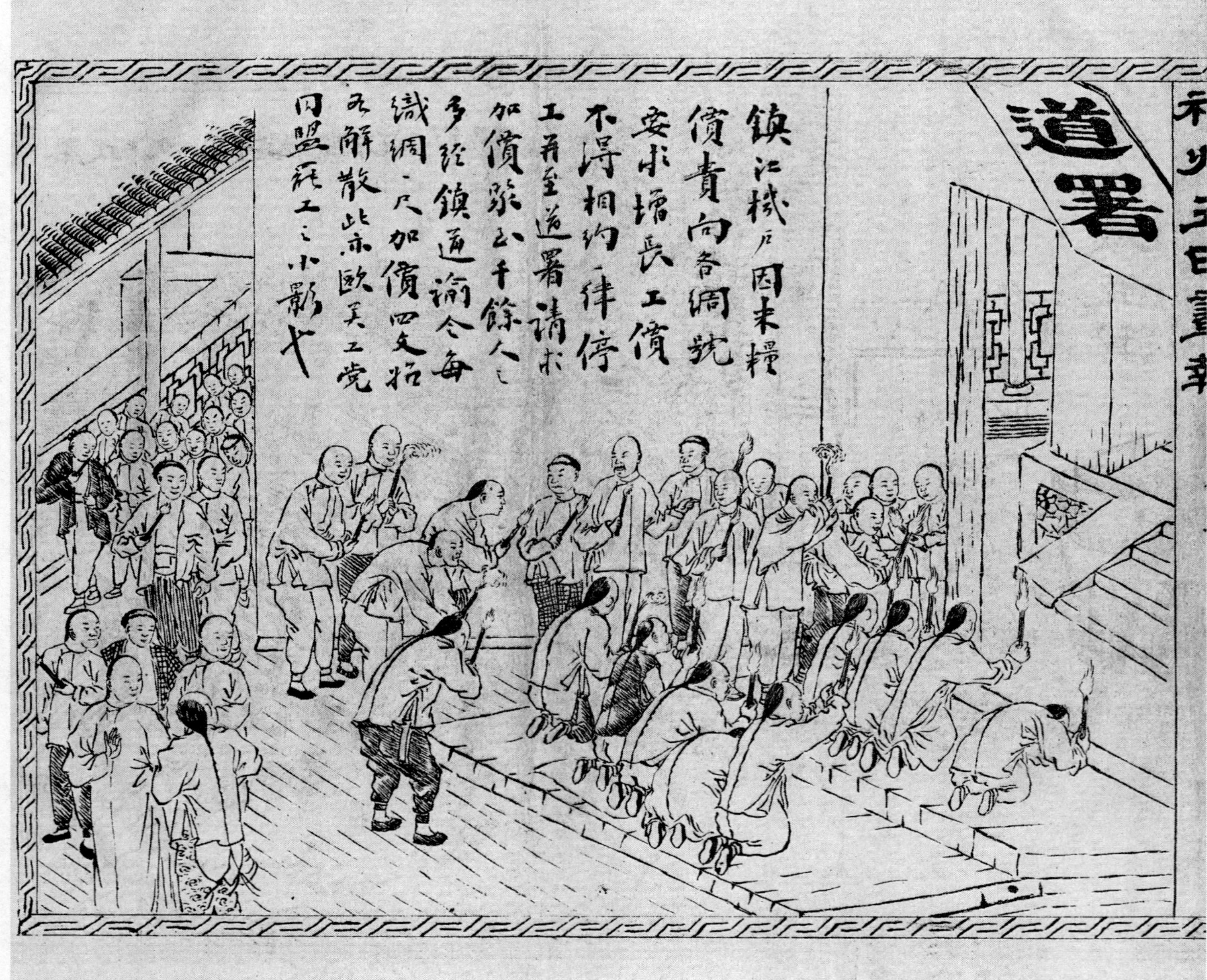
道署
鎮江絨戶因米糧
價貴向各綢號
要求增長工價
不得相約一律停
工齊至道署請求
加價聚至千餘人之
多經鎮道諭令每
織綢一尺加價四文始
允解散此亦歐美工黨
同盟罷工之小影也

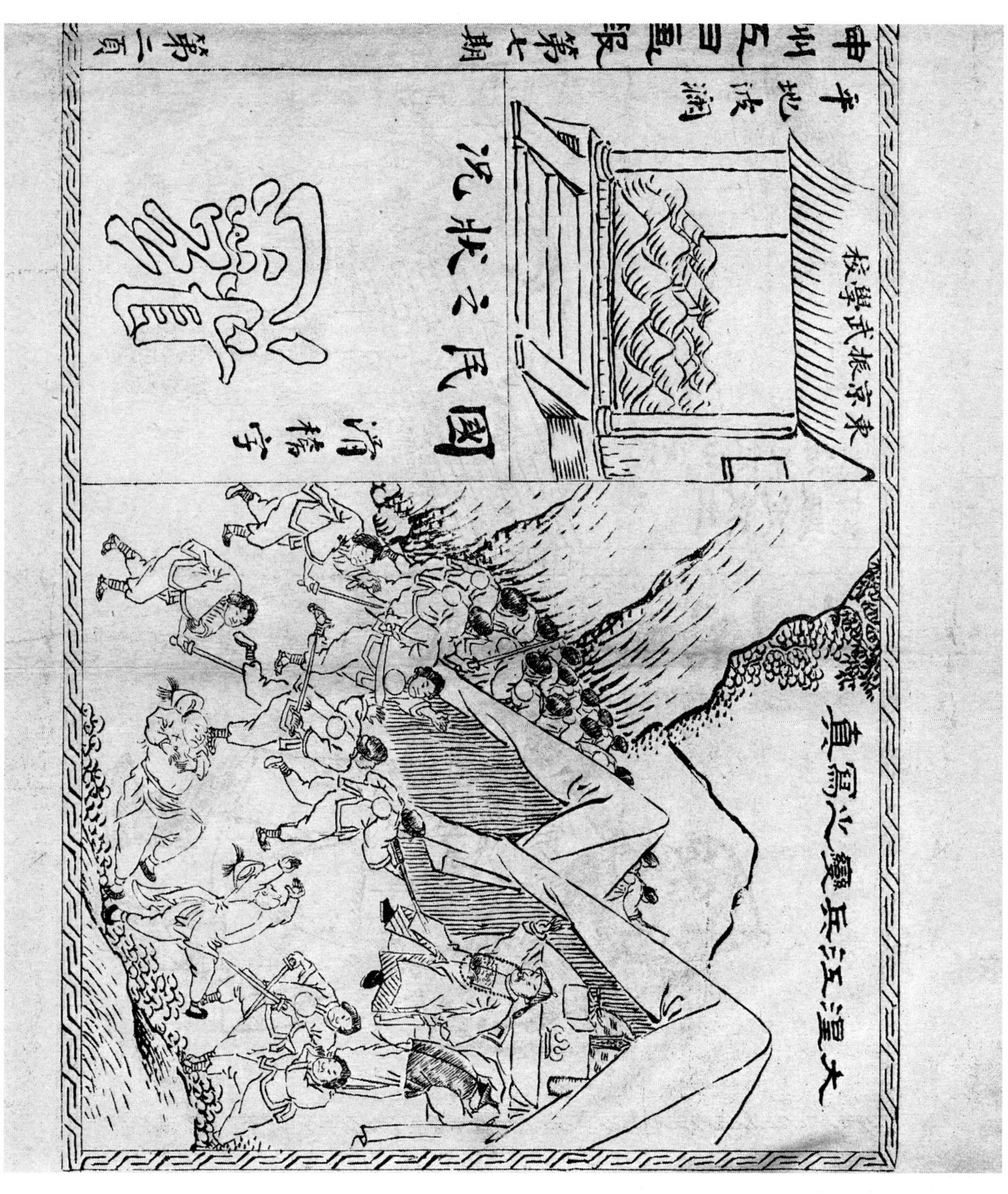
東京振武學校
國民之狀況
第七期

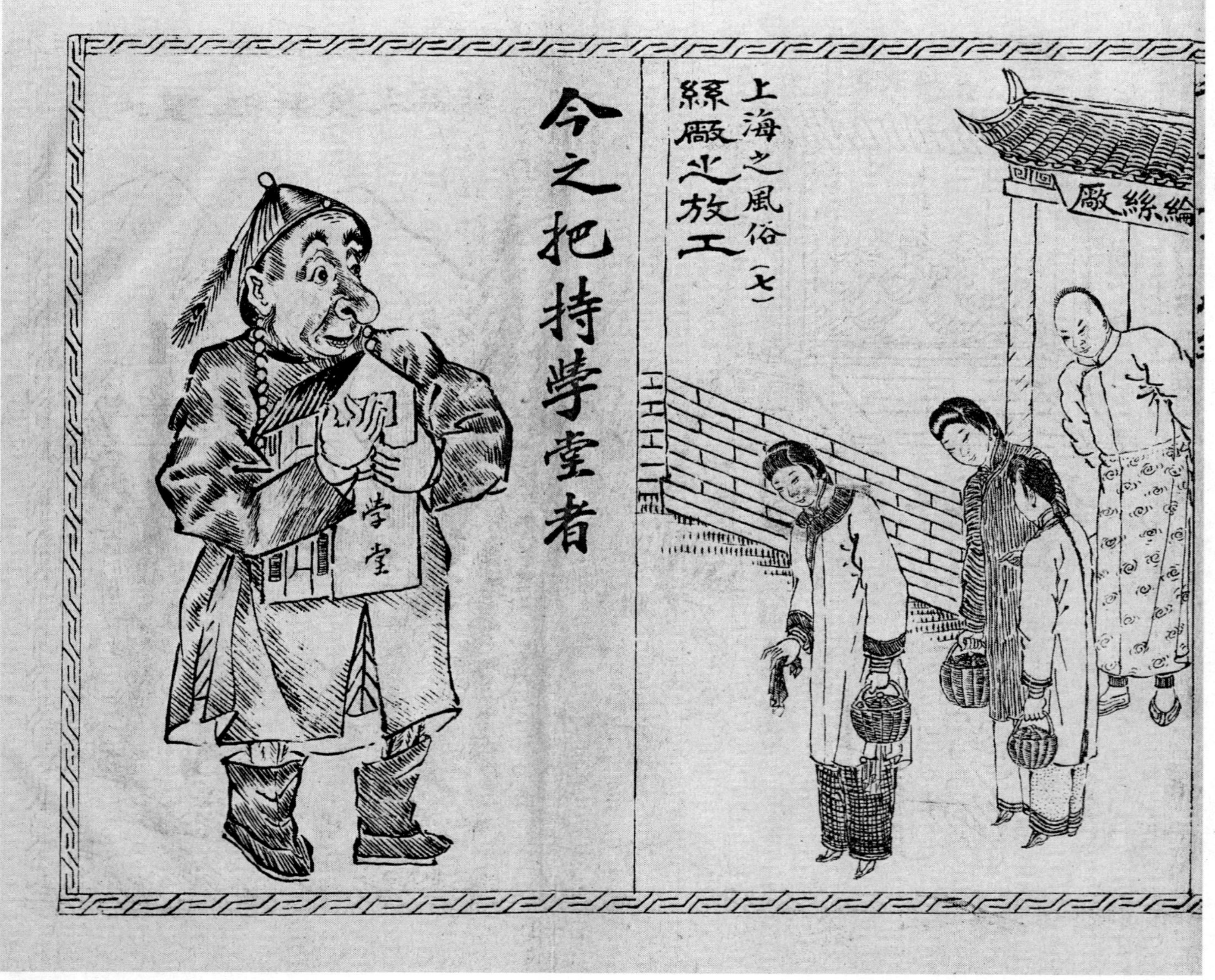
今之把持學堂者
學堂
上海之風俗(七)
繅絲廠之放工
繅絲廠

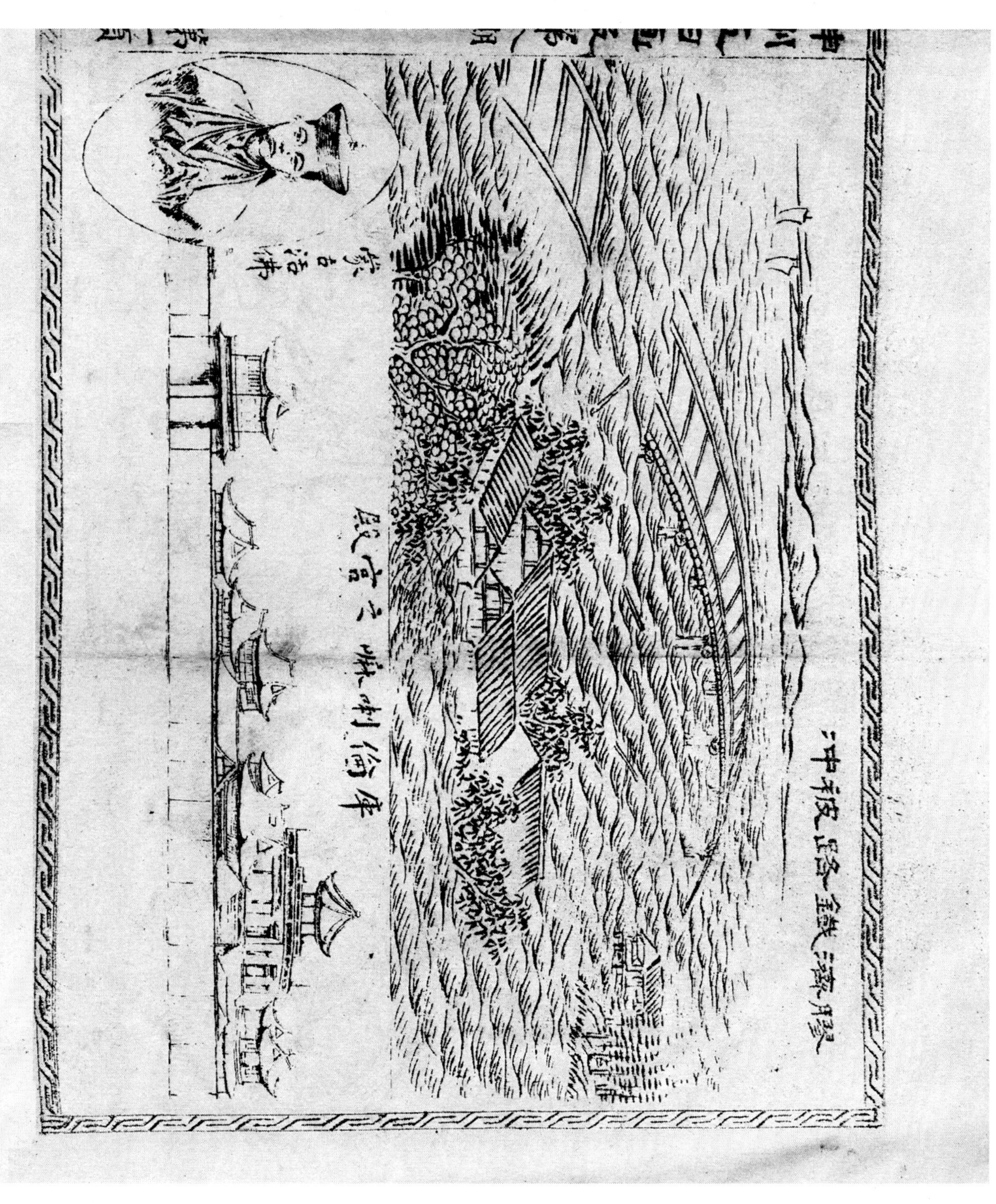

鬭械之民鄭安談

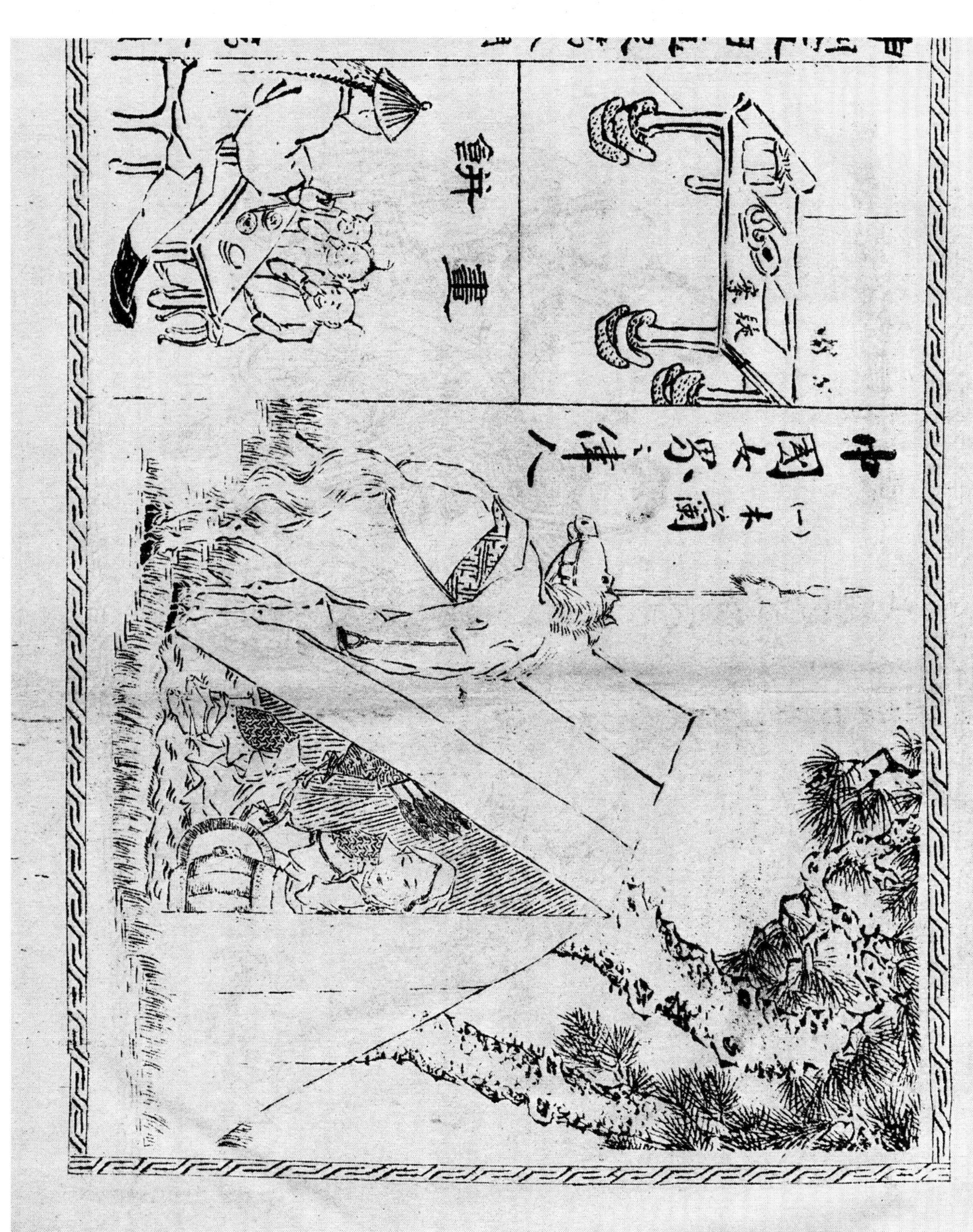

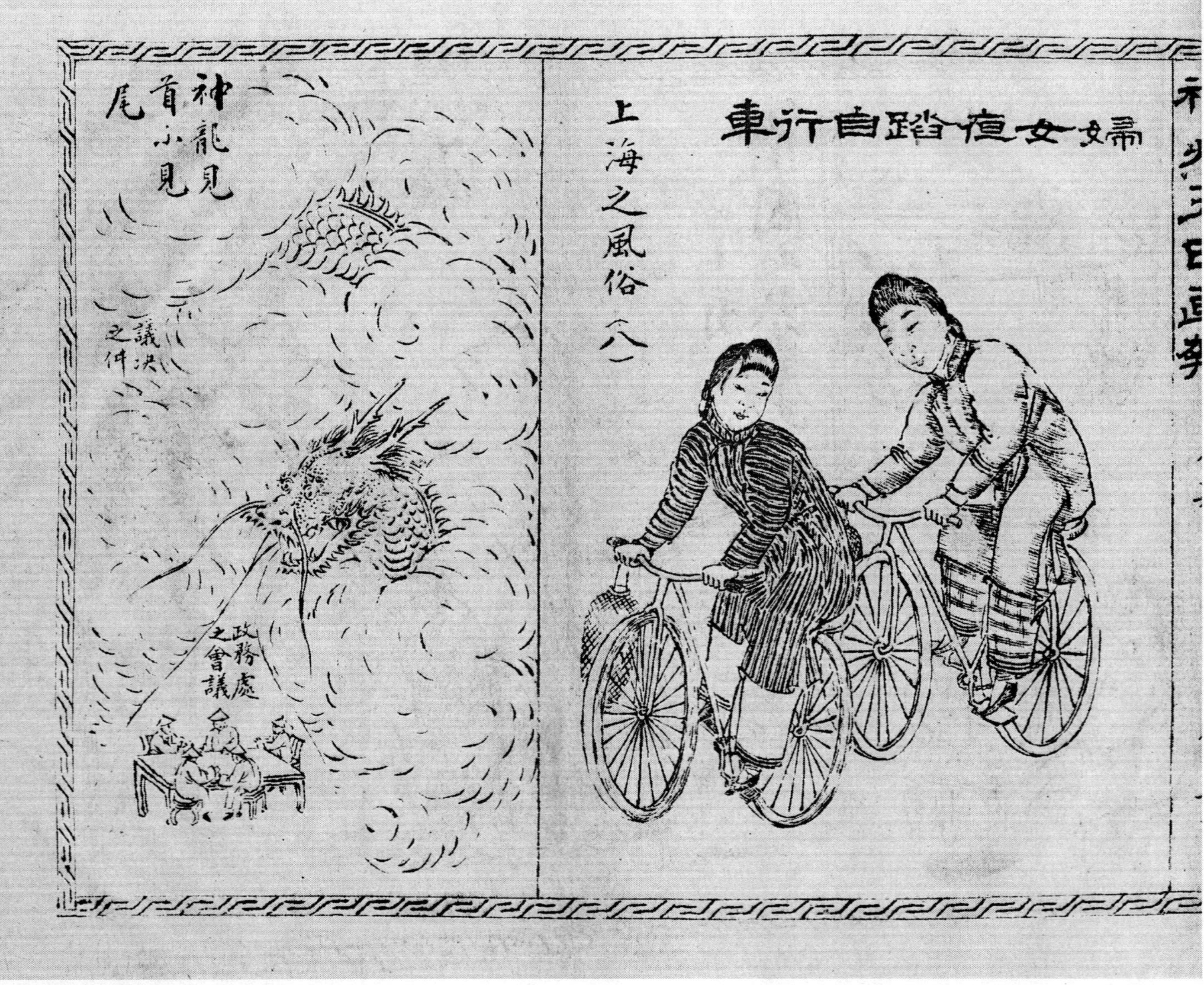
神龍見首不見尾
議決之件
政務處會議之
婦女偵踏自行車
上海之風俗（八）

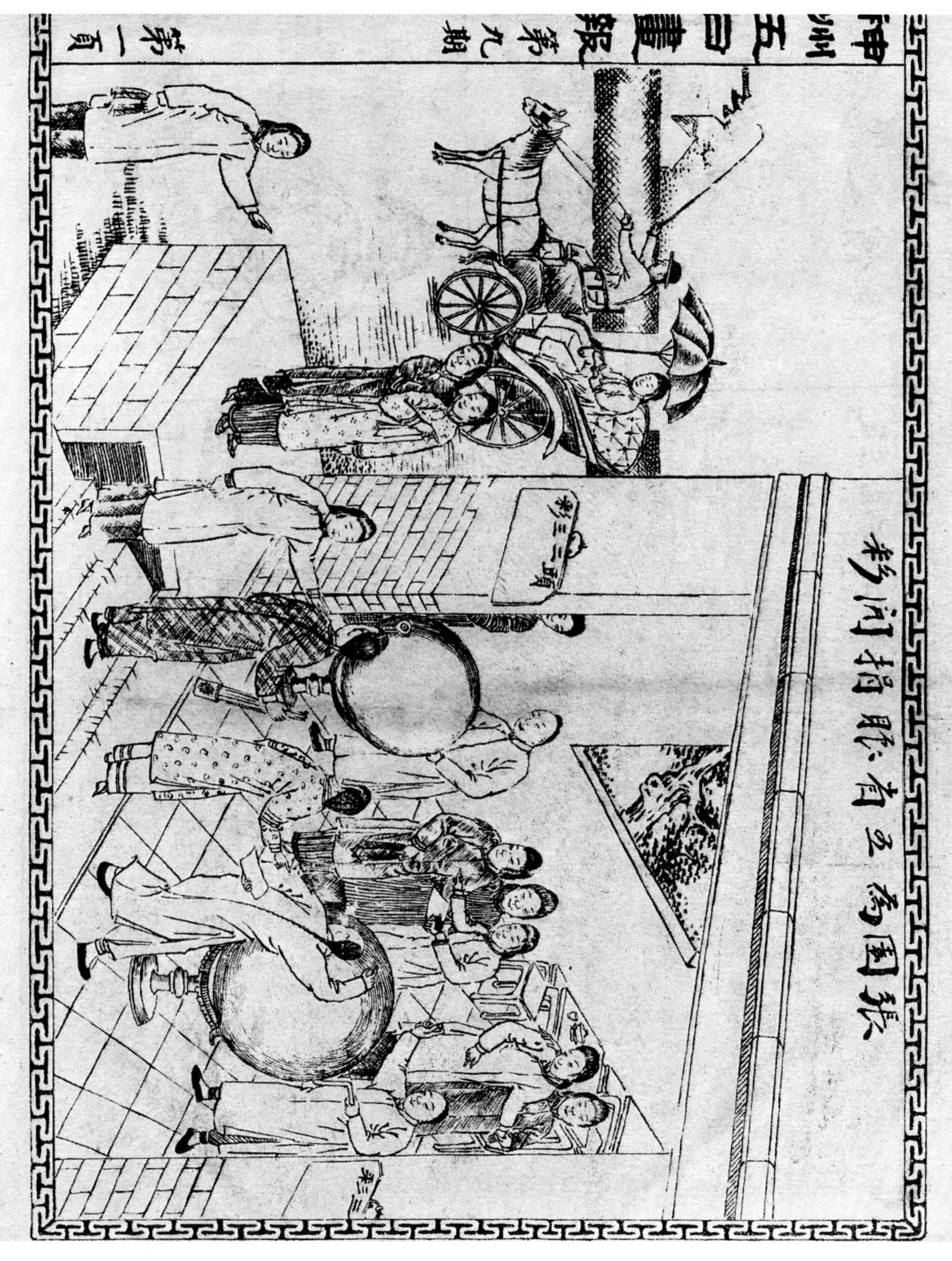
神州五日畫報
第九期
第一頁

錢塘觀潮
柳條之價值
萬元
上海之風俗（九）
女賣糖粥

神州五日畫報第九期
第二頁
國會之希望
國會
九年
外侮
內憂
蝗
疫
風
旱
水
美人試驗空中飛行器

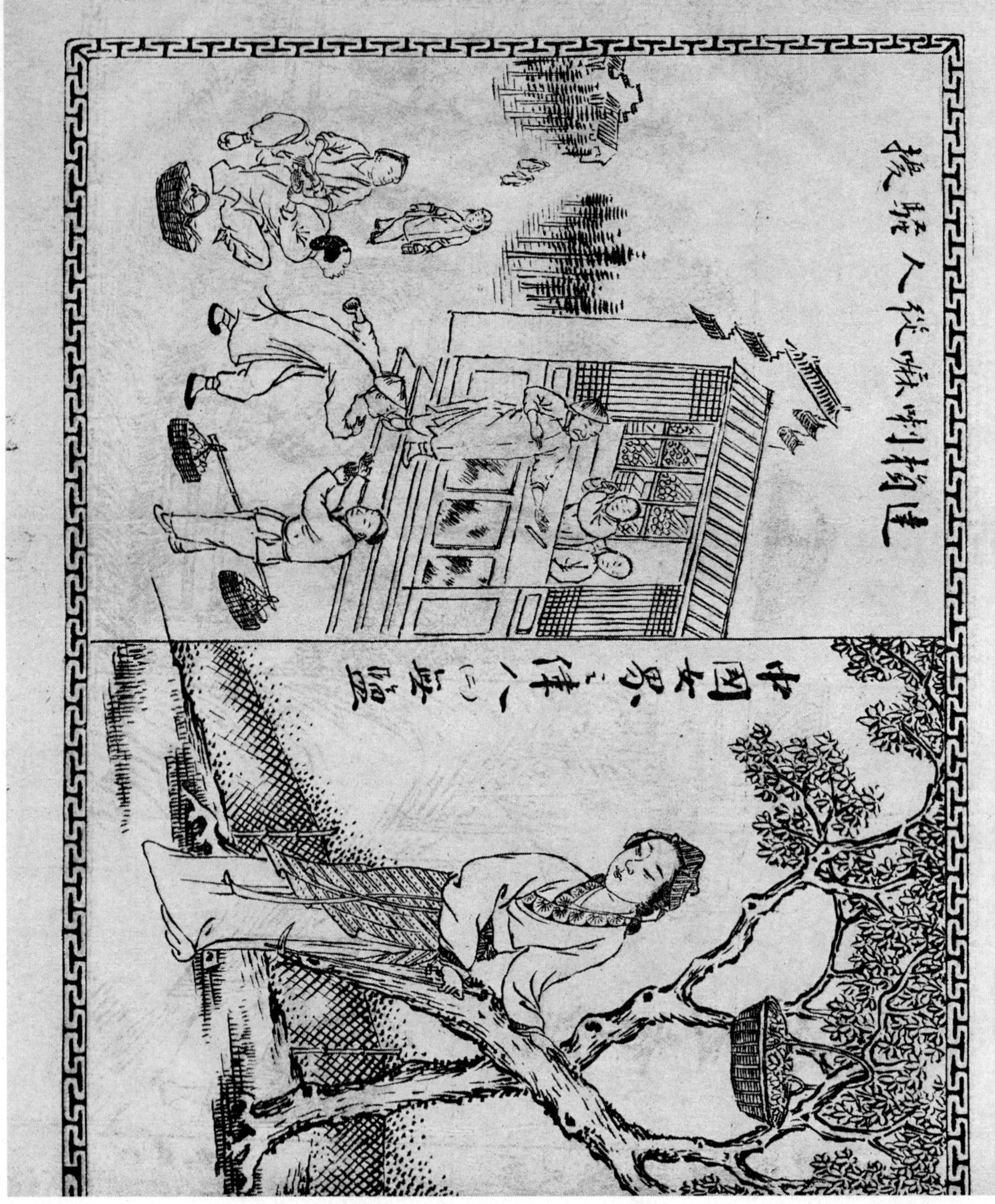

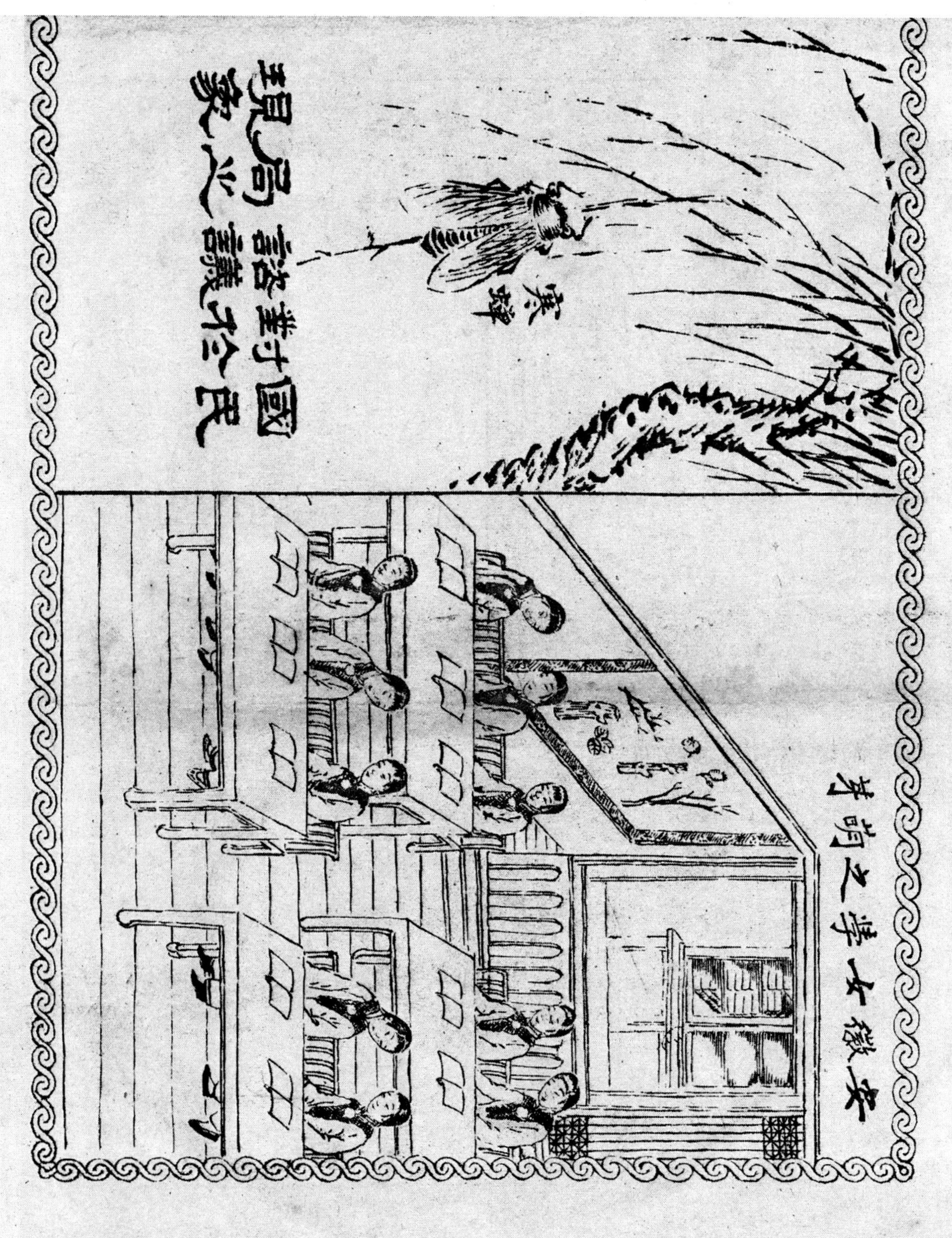
安徽女學之萌芽
寒蟬

神州五日畫報第十期
第一頁
女界之偉人（三）
孟母

盛宣懷氏之東渡
（日人之歡迎）
銀行御座
礦山御座
工廠御座
（歐人之疑慮）
盛

天津拆城邊之市況
中國土貨
倣造洋貨
上海未拆城之市況
風俗畫(十)
中秋拜月
上海縣
神州五日画報第十期
第二頁

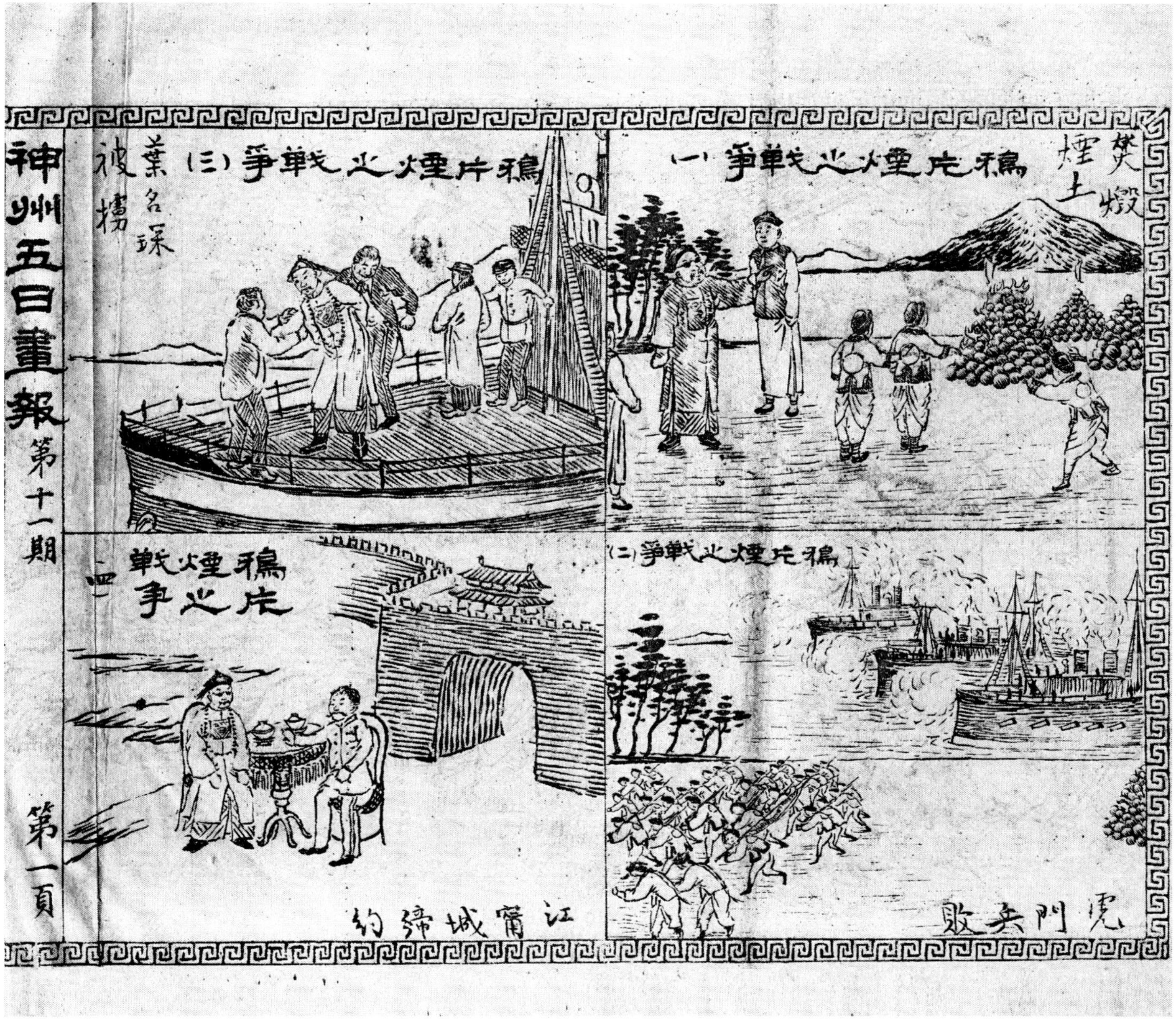
神州五日畫報
第十一期
第一頁
鴉片煙之戰爭(一)
焚燬煙土
鴉片煙之戰爭(二)
虎門兵敗
鴉片煙之戰爭(三)
葉名琛被擄
鴉片煙之戰爭(四)
江甯城締約

神州五日畫報
第十一期
第一頁
女界之偉人（四）曹大家
甯國鄉民毀學之暴動

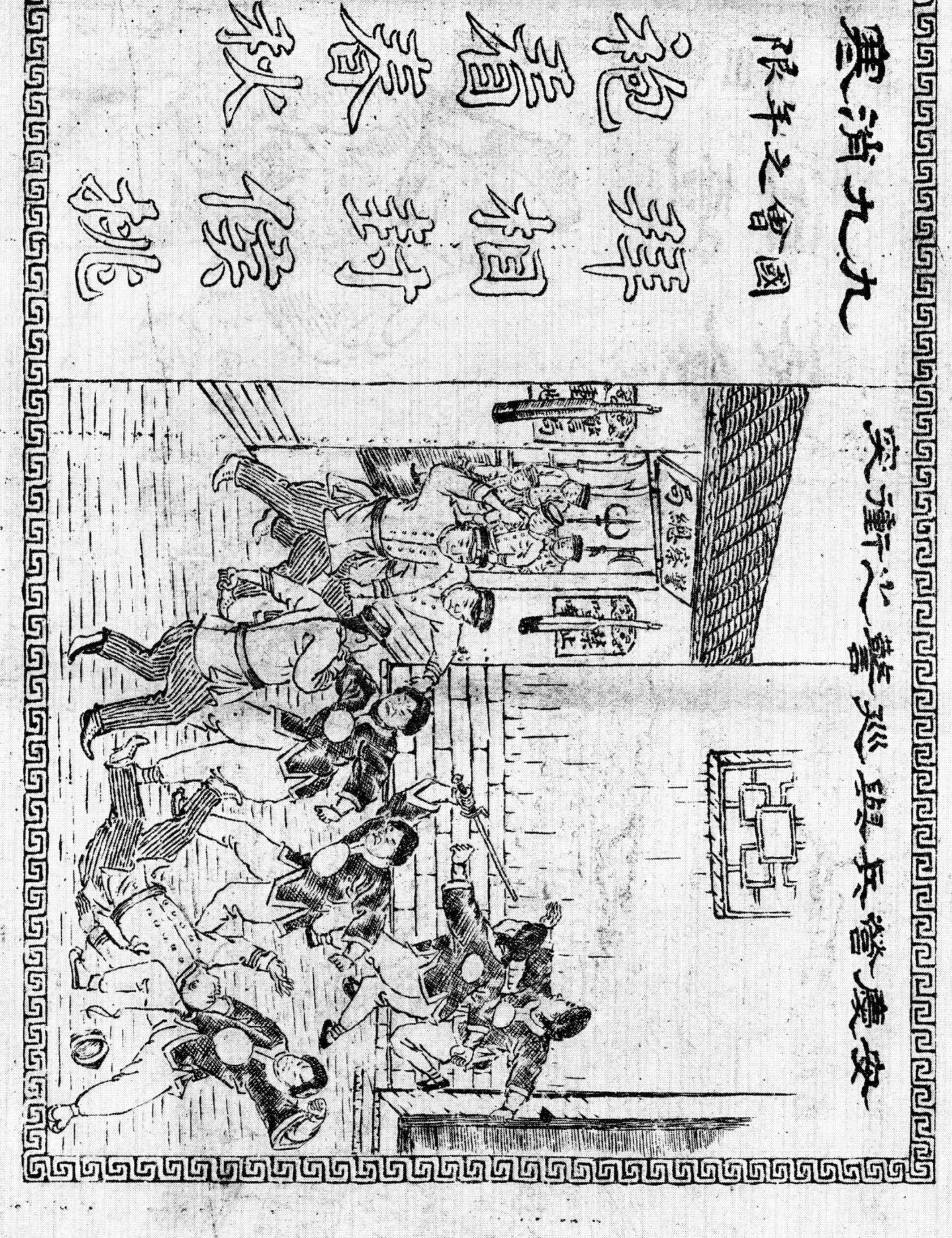
安慶營兵巡警之衝突

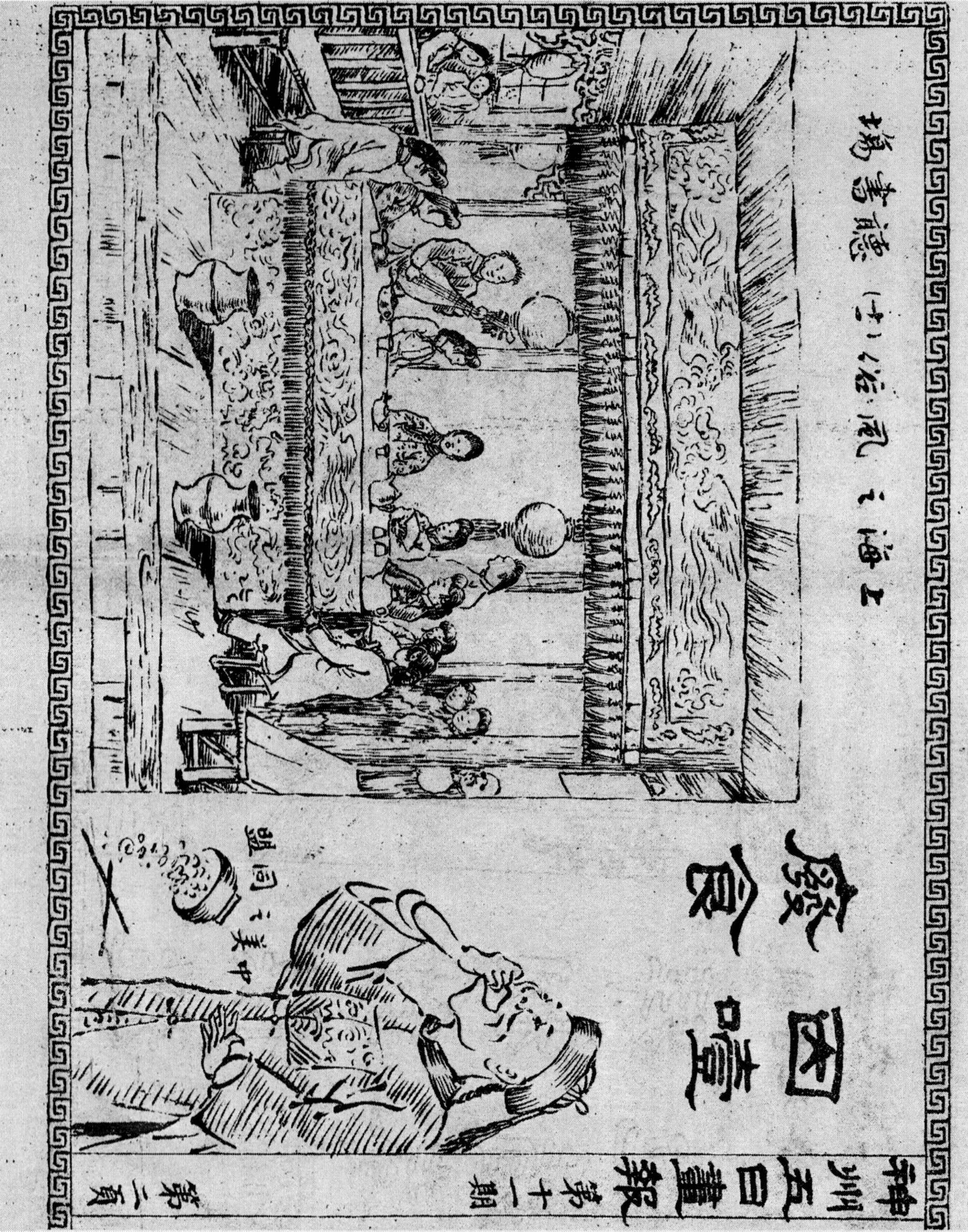
神州五日畫報
第十一期
第二頁
因噎廢食

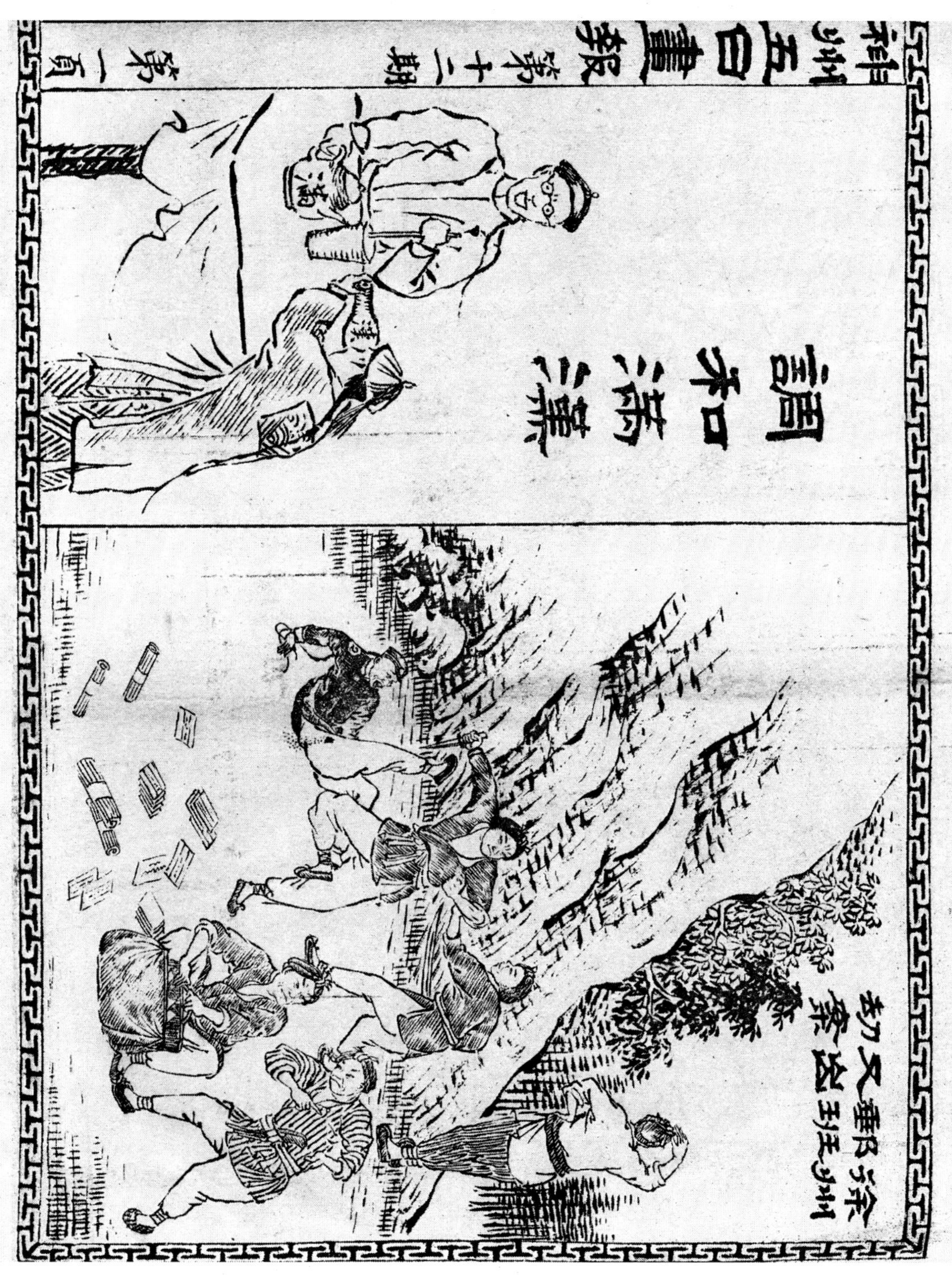
神州五日畫報
第十二期
第一頁
調和滿漢

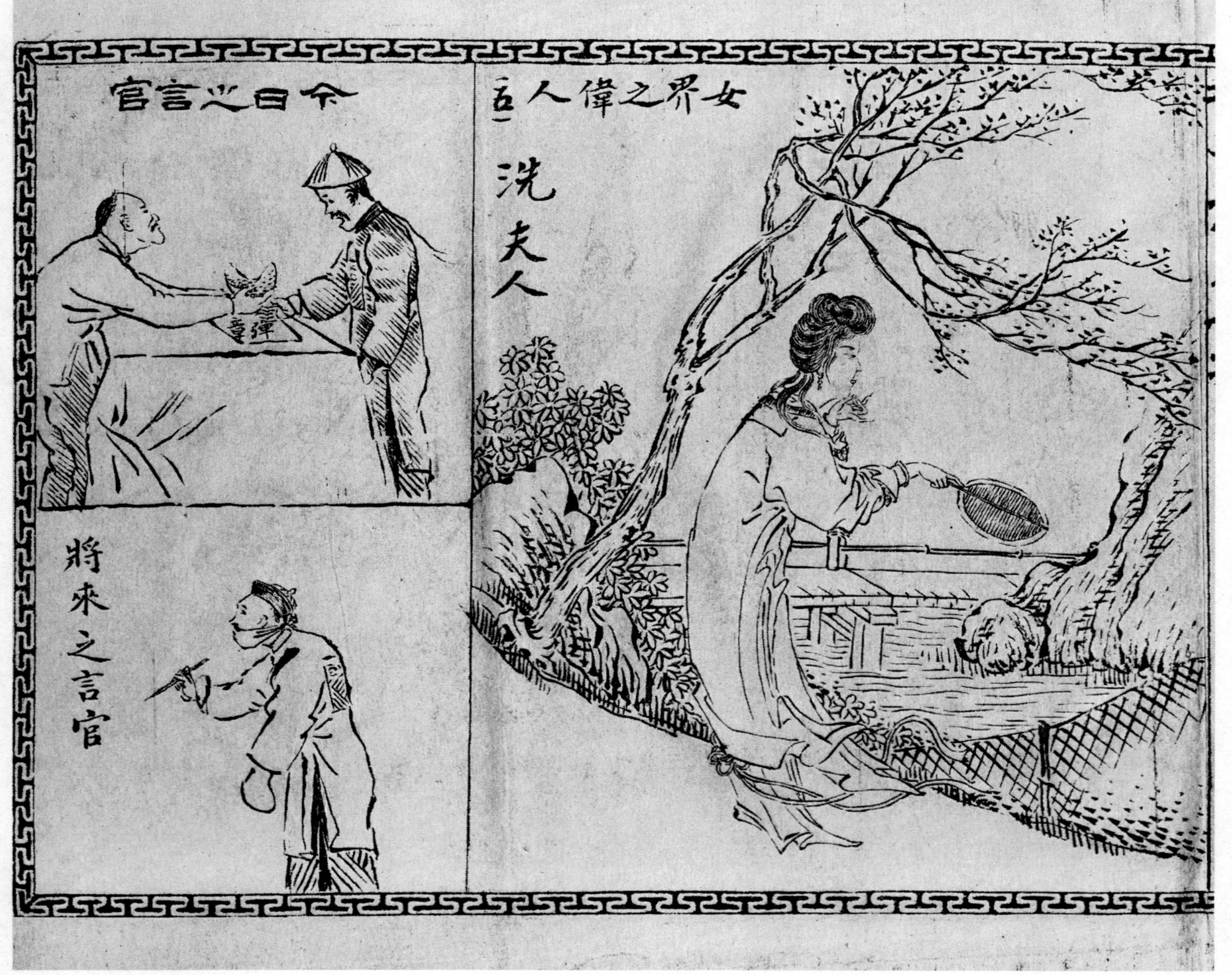
今日之言官
彈章
女界之偉人（五）
洗夫人
將來之言官

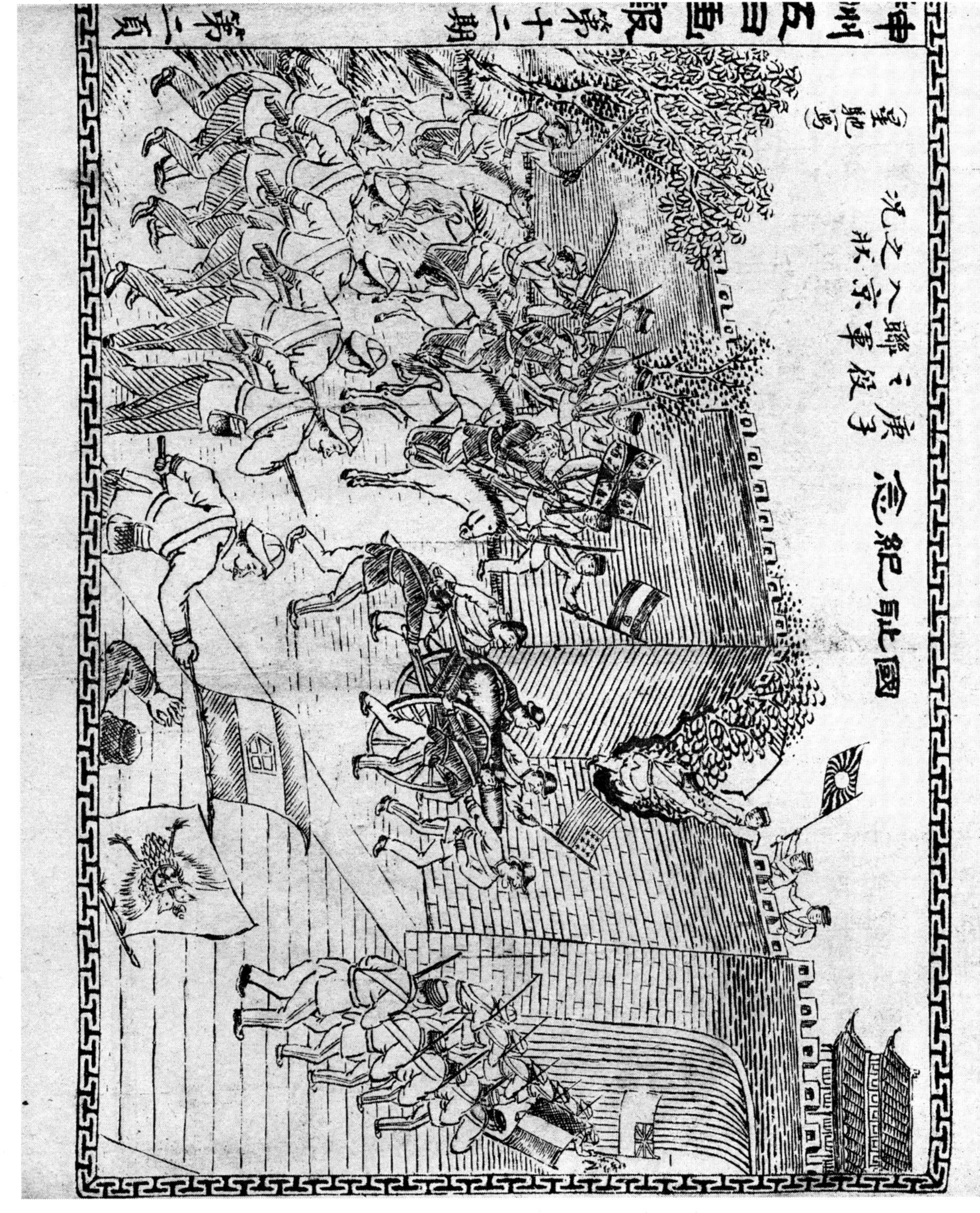
神州五日畫報第十二期
第一頁
國耻紀念
庚子之役聯軍入京之狀況
（星馳寫）

上海之風俗
（十三）
保安司徒廟
希臘匪徒在宜昌劫奪

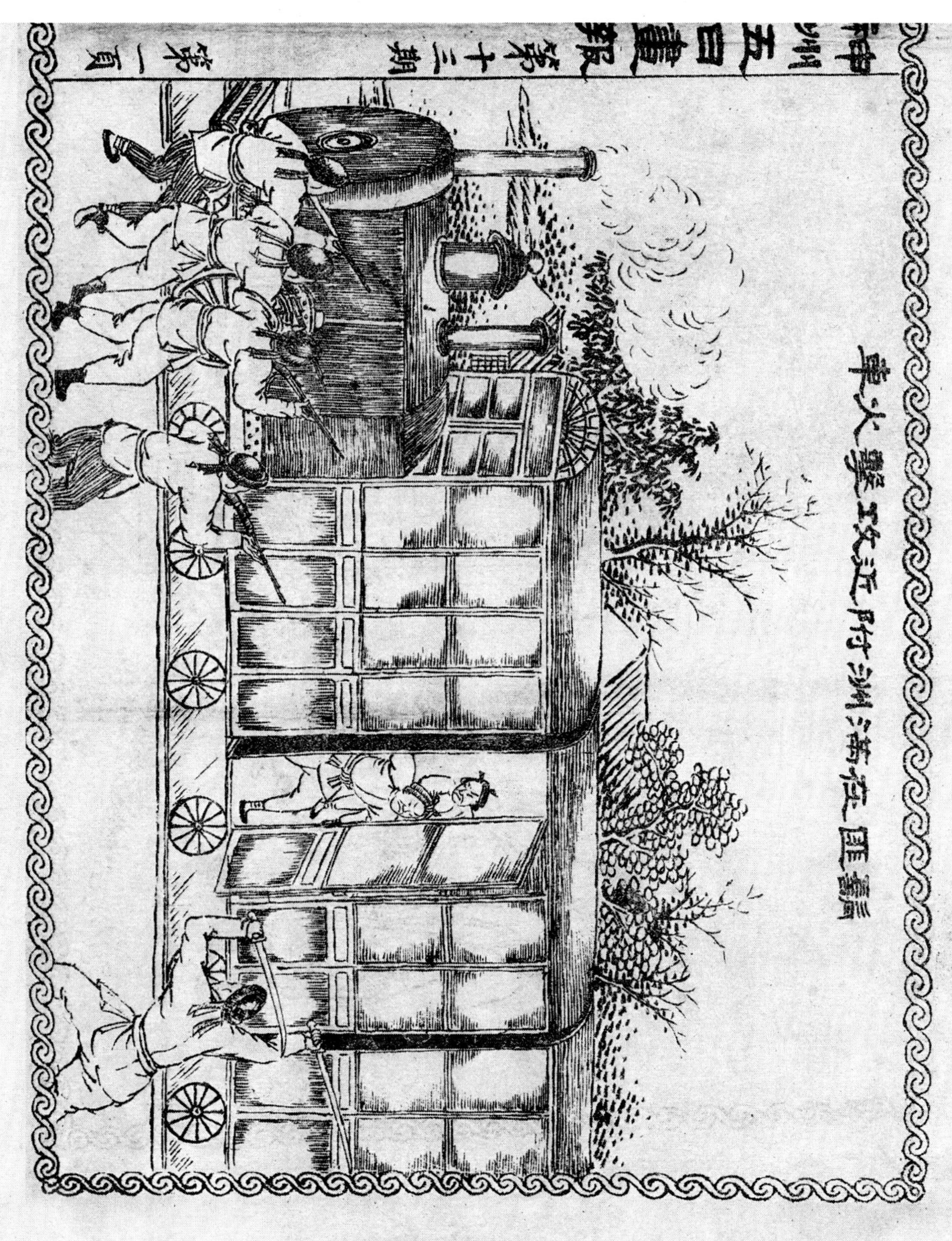
神州五日畫報
第十三期
第一頁
鬍匪在滿洲附近攻擊火車

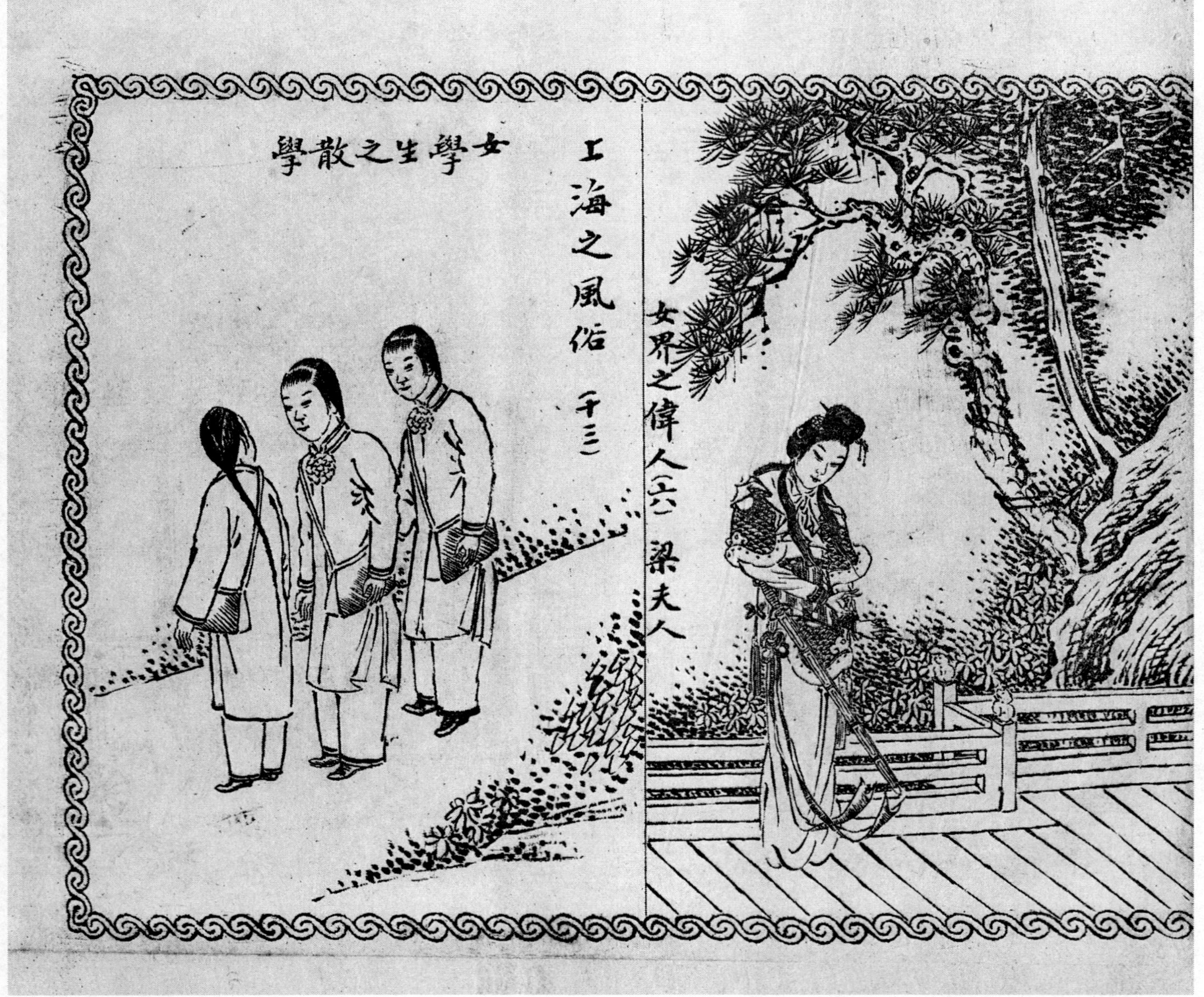
上海之風俗(十三)
女學生之散學
女界之偉人(六)
梁夫人

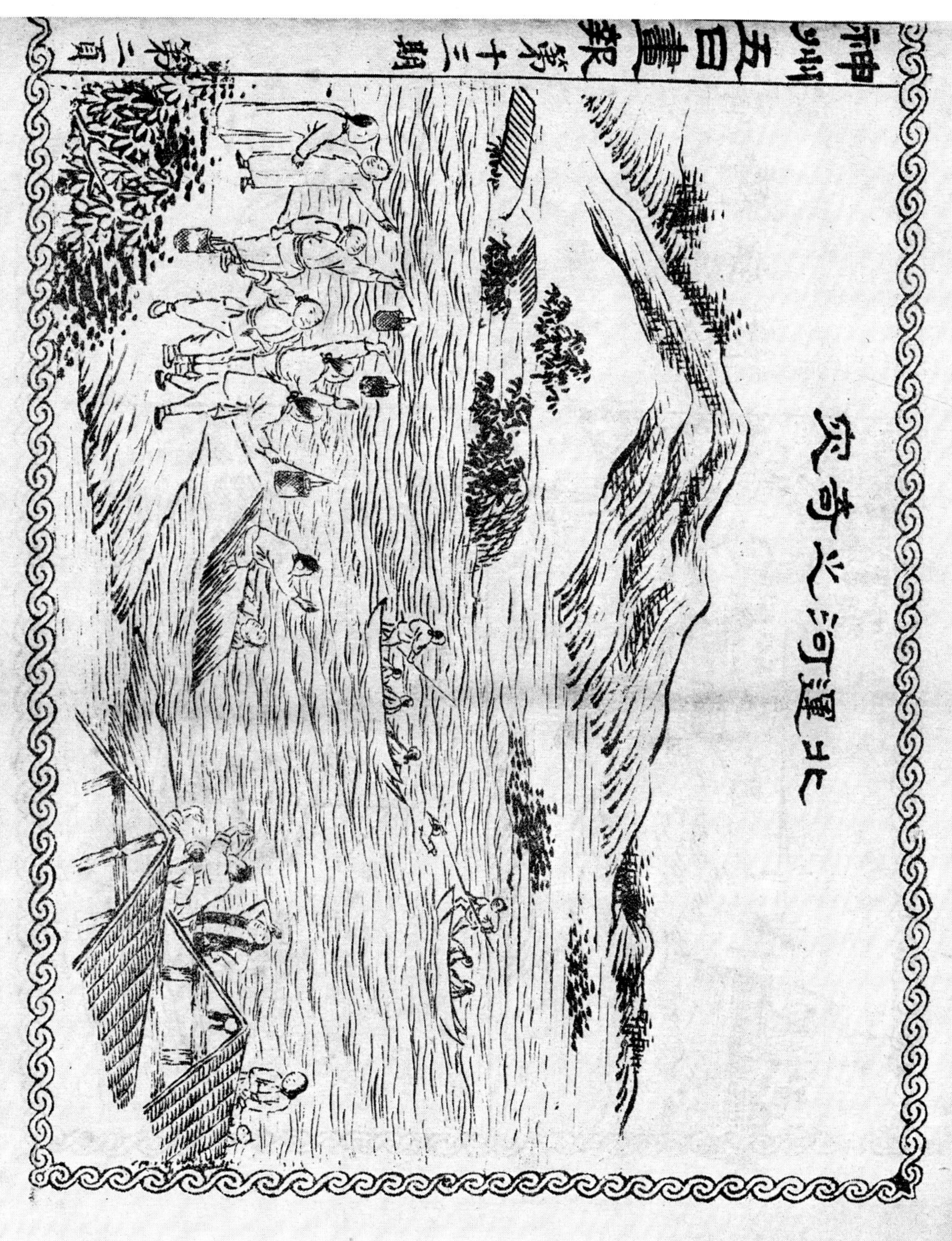
神州五日畫報
第十三期
第二頁
北運河之奇災

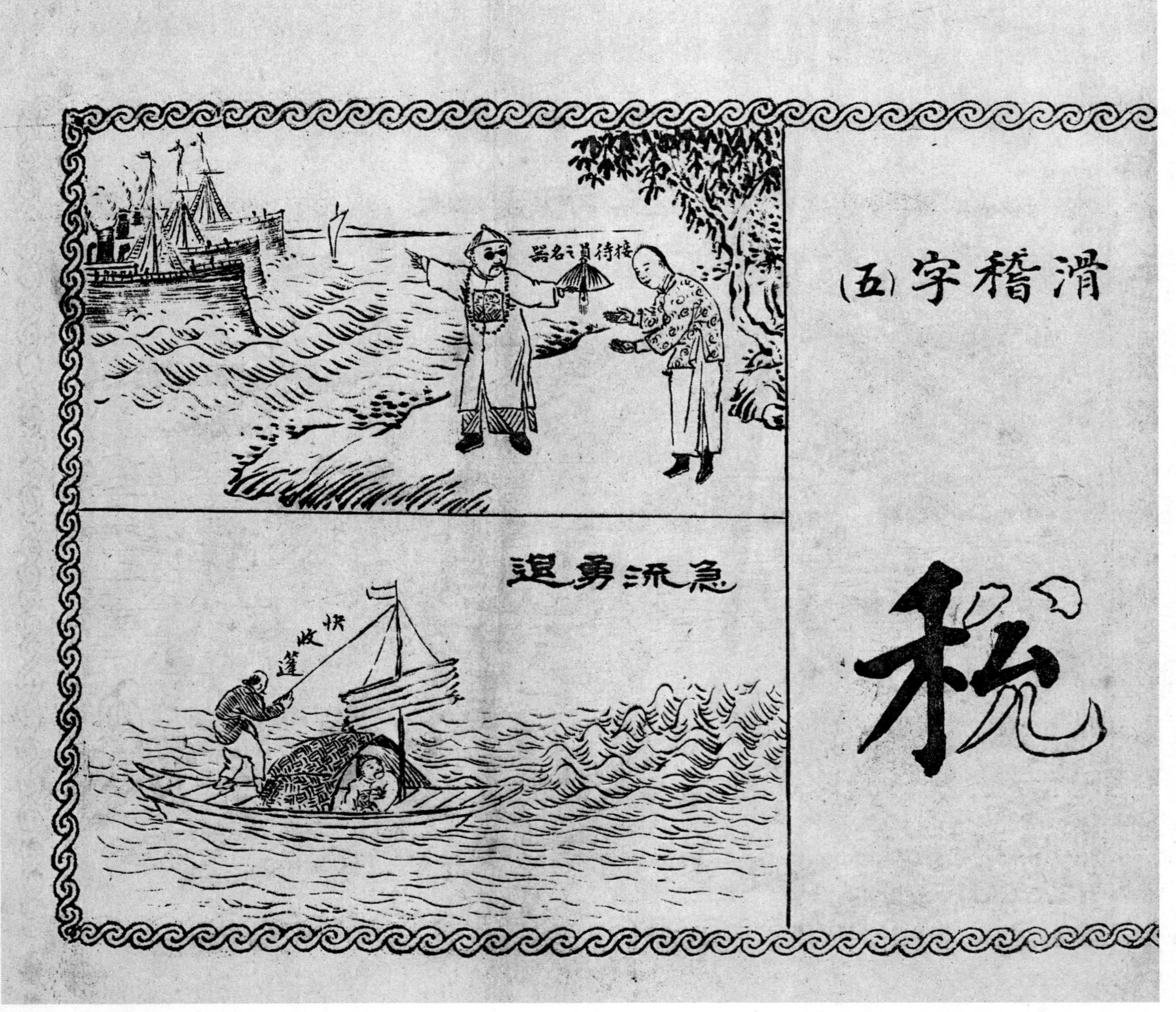
滑稽字(五)
急流勇退
快收篷

神州五日畫報
女界之偉人（七）公孫大娘
廈門大磨山之虎患

滑稽字（六）

滿城風雨
上海社會之狀態
風俗畫(十四)

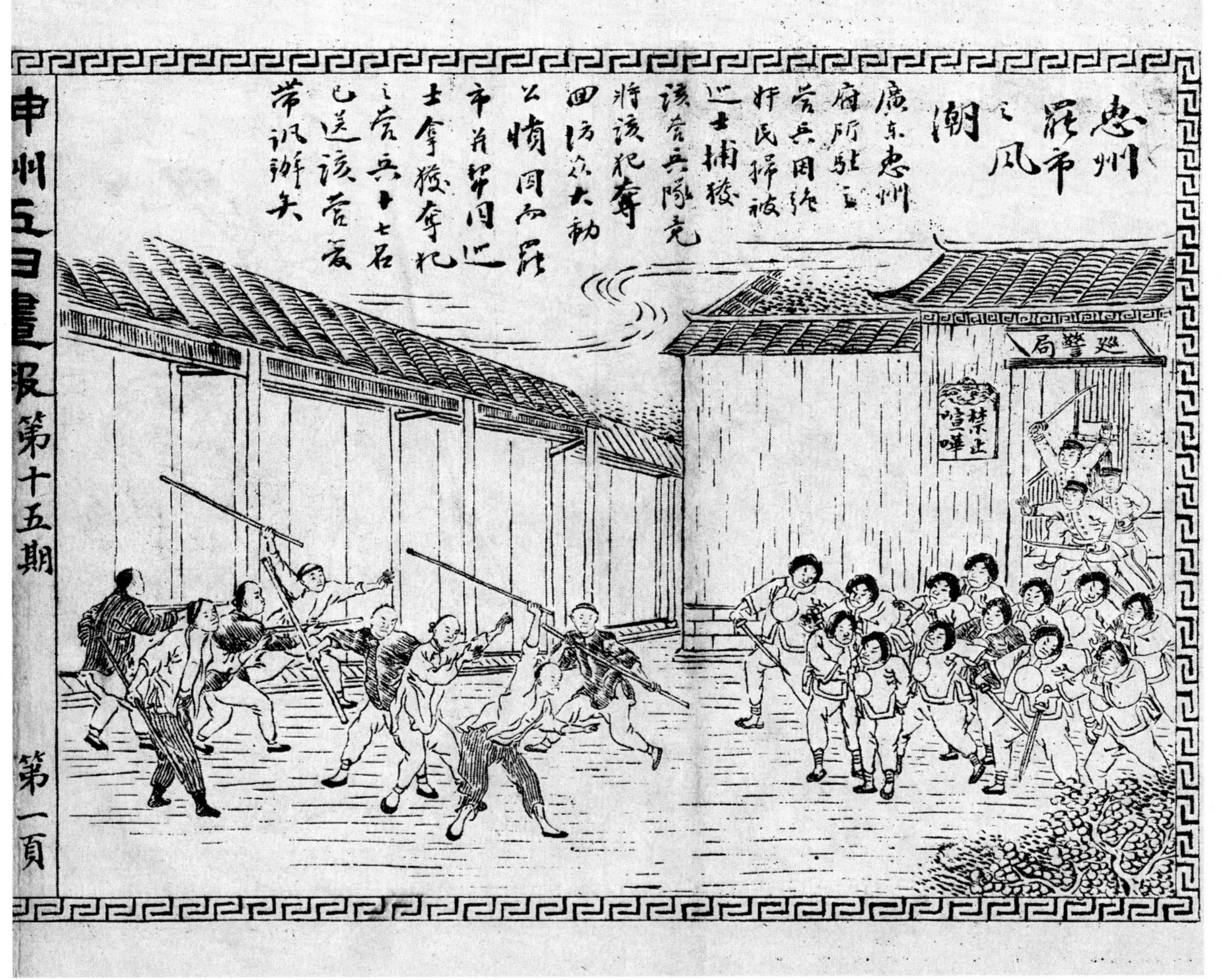
神州五日畫報 第十五期 第一頁

惠州罷市之風潮

廣東惠州府所駐之營兵因強奸民婦被巡士捕獲該營兵隊竟將該犯奪回防眾大動公憤因而罷市并帮同巡士拿獲奪犯之營兵十七名已送該營發帶訊辦矣

達賴喇嘛入京之聲勢
女界之偉人(八)蔡文姬

神州五日畫報
第十五期
第二頁
魯撫袁樹勛初三日起節先至曹州次詣曲阜謁孔陵重陽登泰山歸途由水道順查上游河工閲本月中旬即回省與岳大臣會商津浦事宜云
魯撫出巡

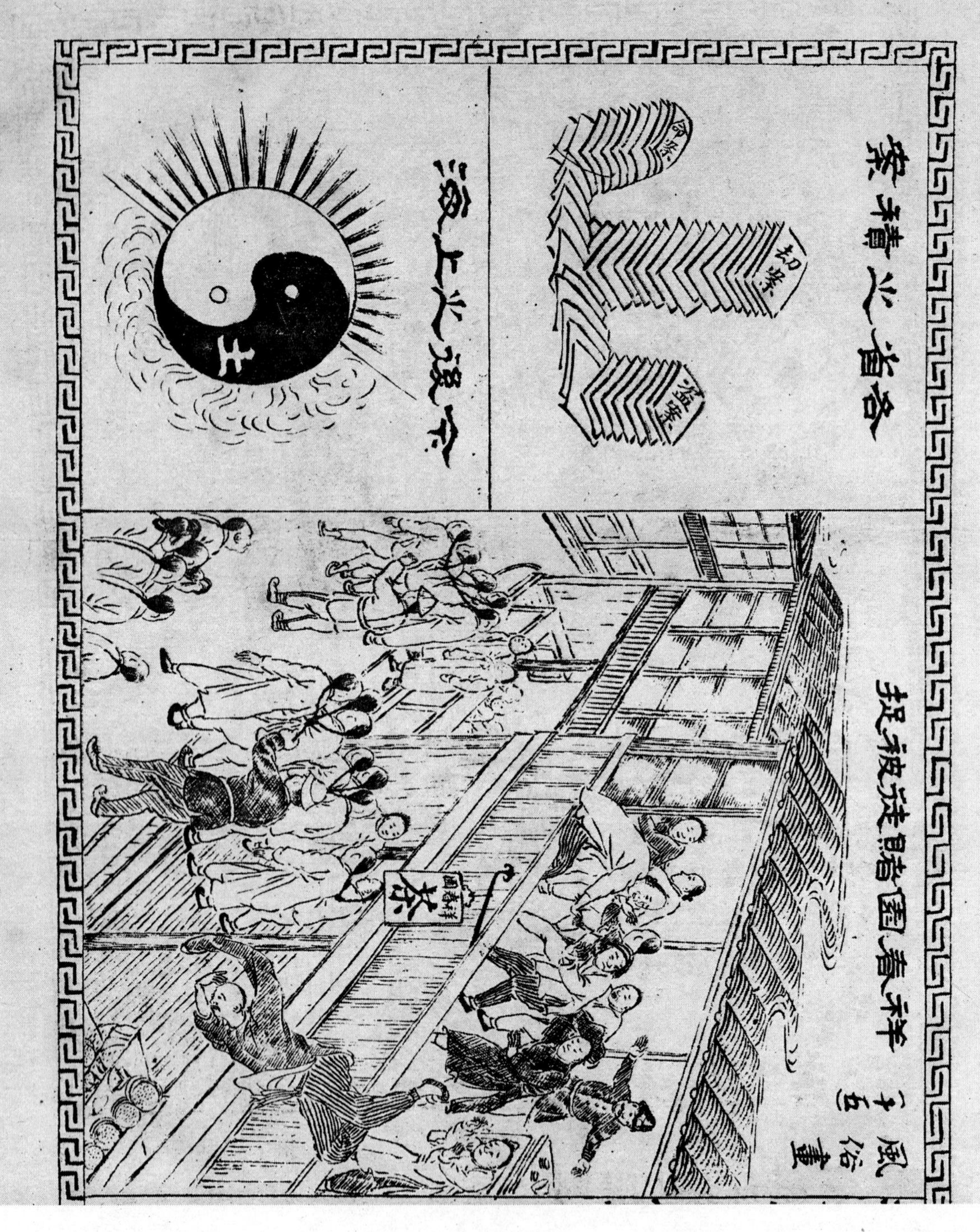
風俗畫
（十五）
茶

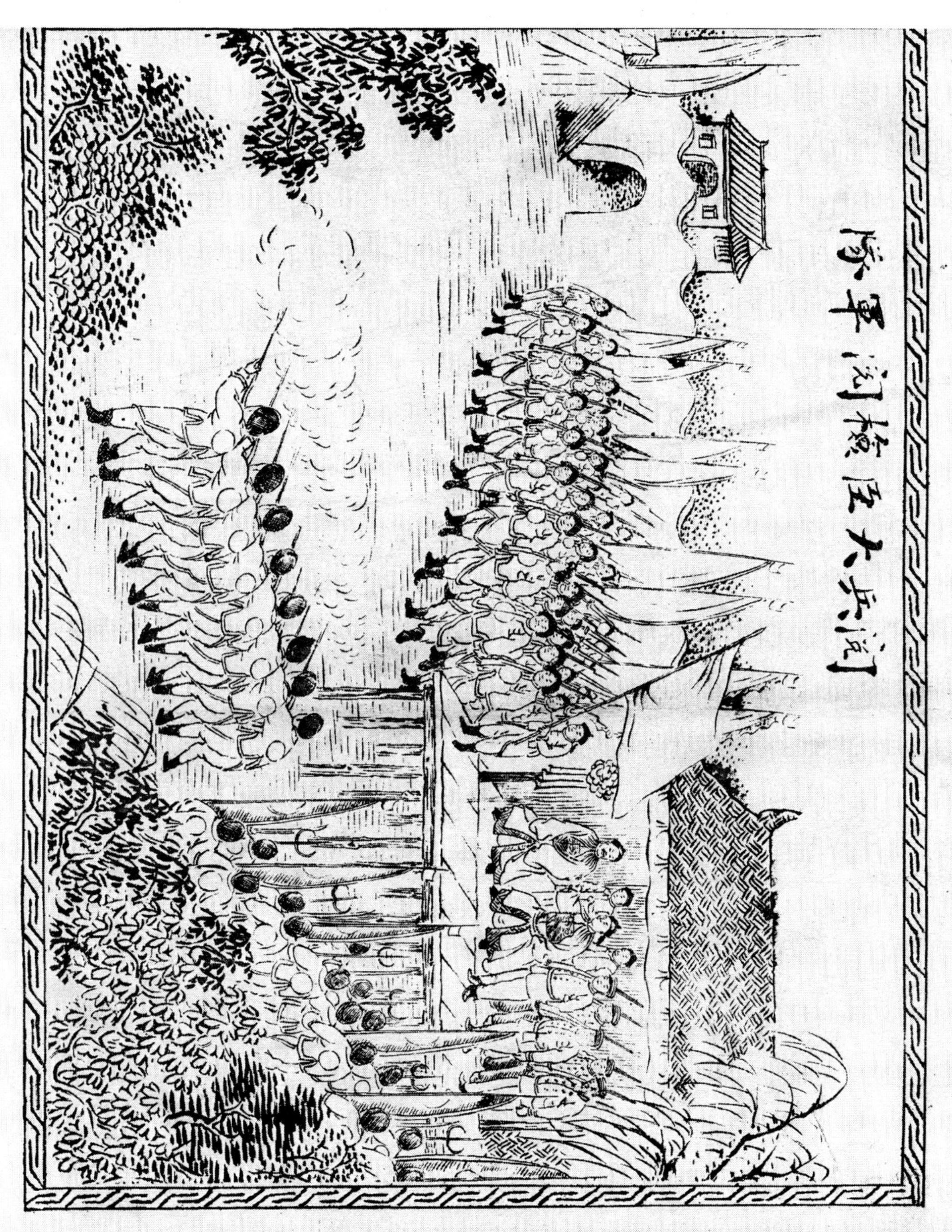

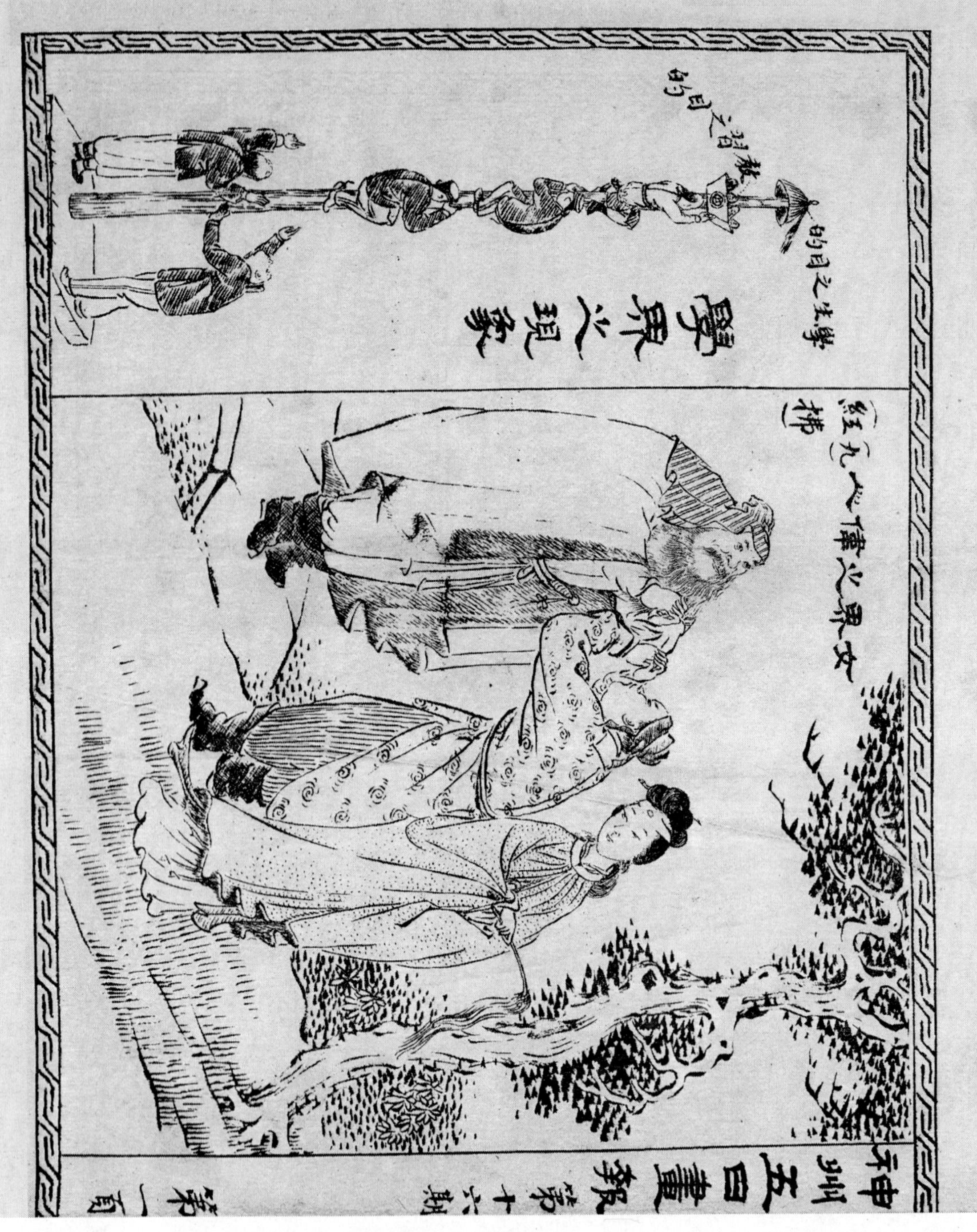
神州五日畫報
第十六期
第一頁
女界之偉人（九）紅拂
學界之現象
學生之目的
教習之目的

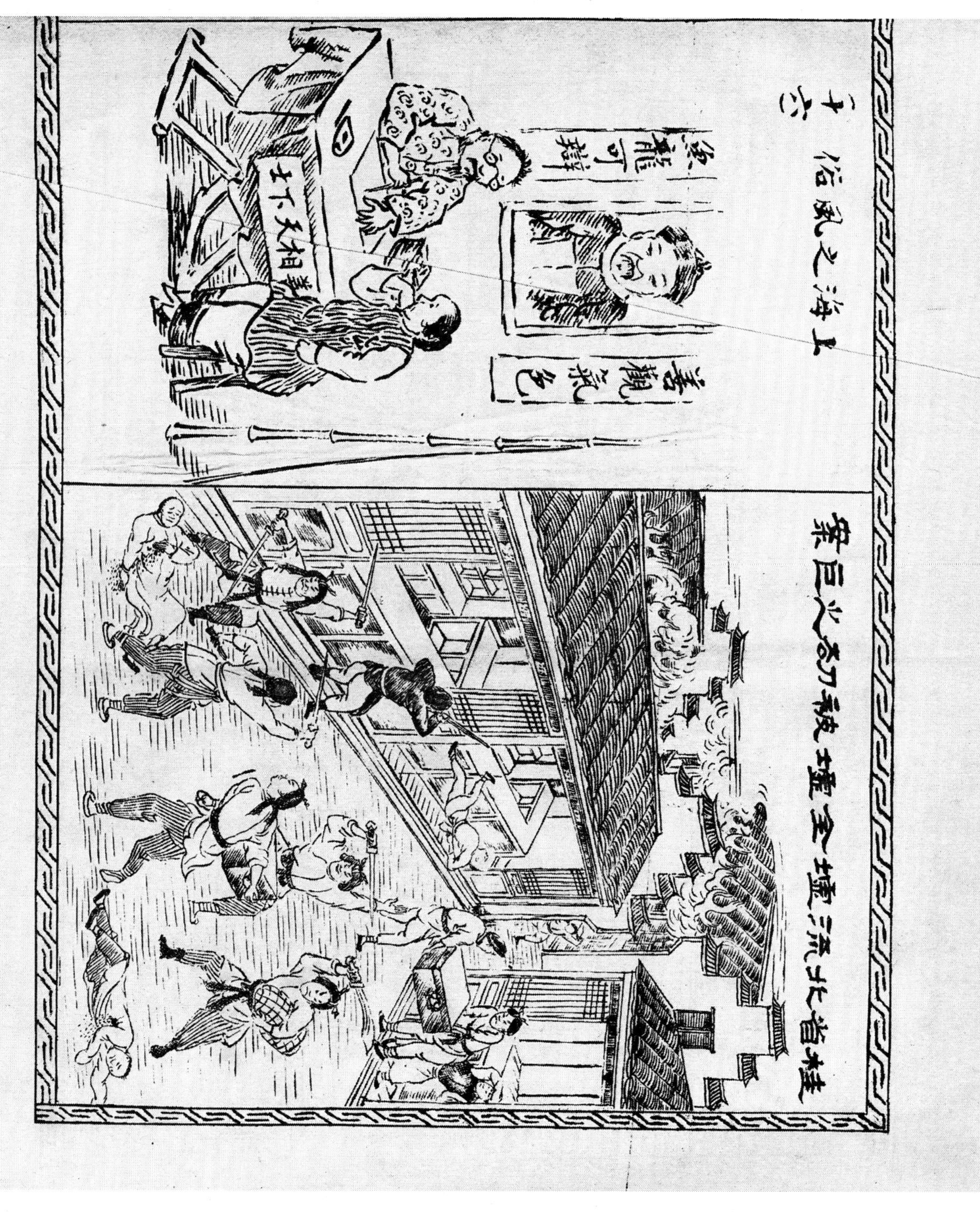
上海之風俗
十六
善觀氣色
桂省北流墟全墟被刧之巨案

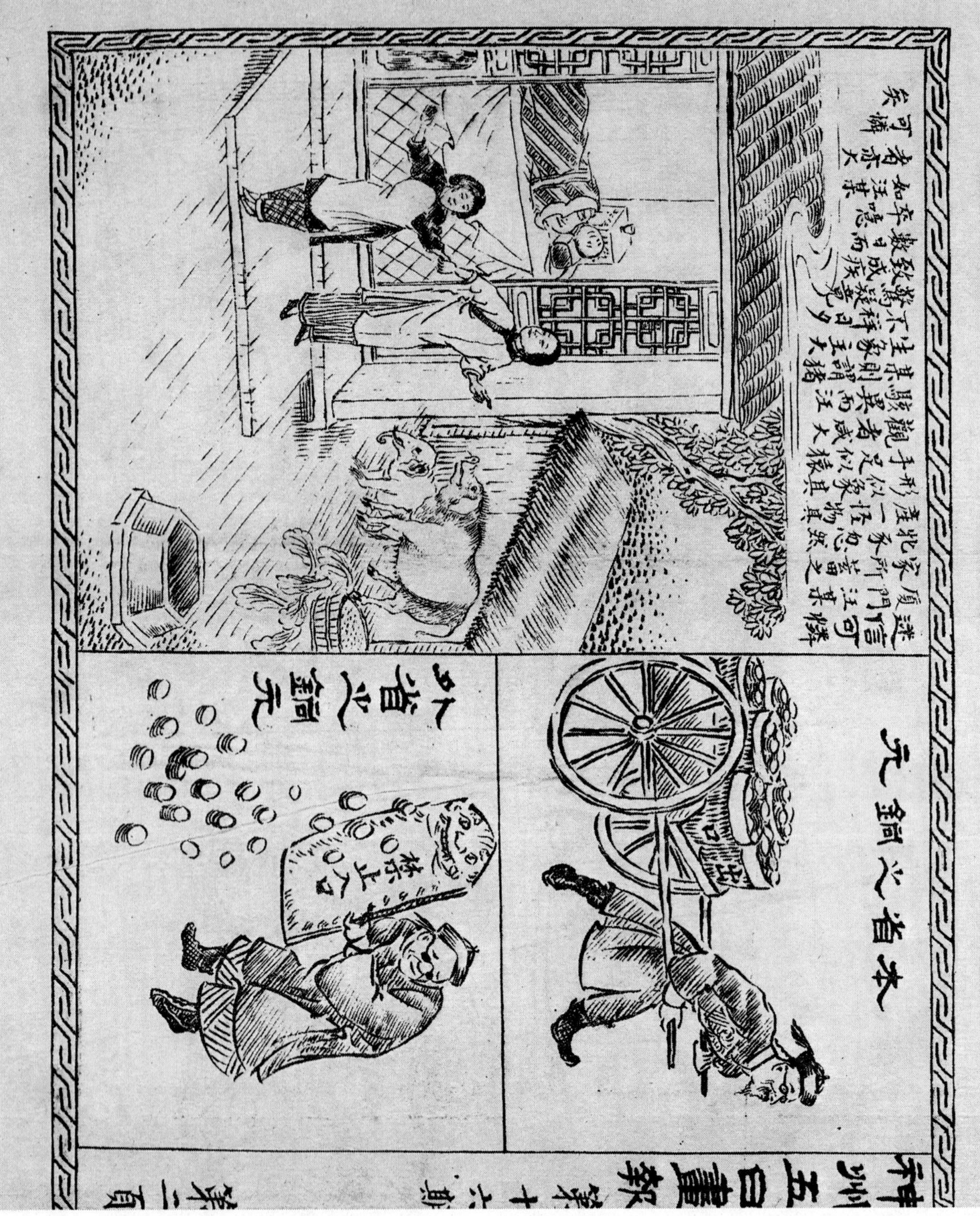
神州五日畫報第十六期
第二頁
本省之銅元
外省之銅元
禁止入口
迷信可憐廈門汪某家所畜之牝豕忽然產一怪物其形似象其手足似猿觀者咸大駭異而汪某則謂豬生象主大不祥日夕驚疑竟致成疾數日而卒噫如汪某者亦大可憐矣

南京獄兵之醜案

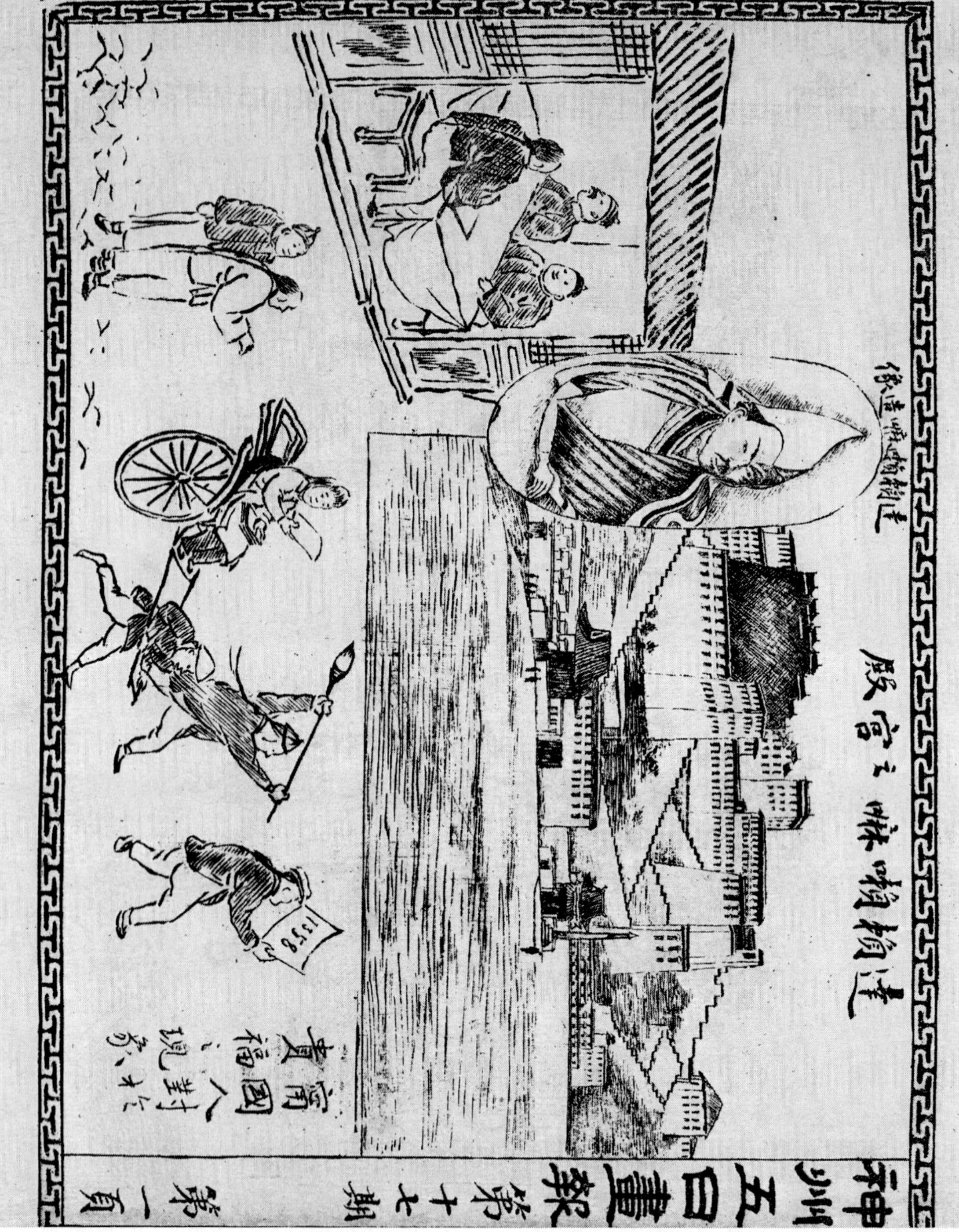
神州五日畫報
第十七期
第一頁
1358

留學生之等級
歐美 頭等
日本 二等
中國 三等

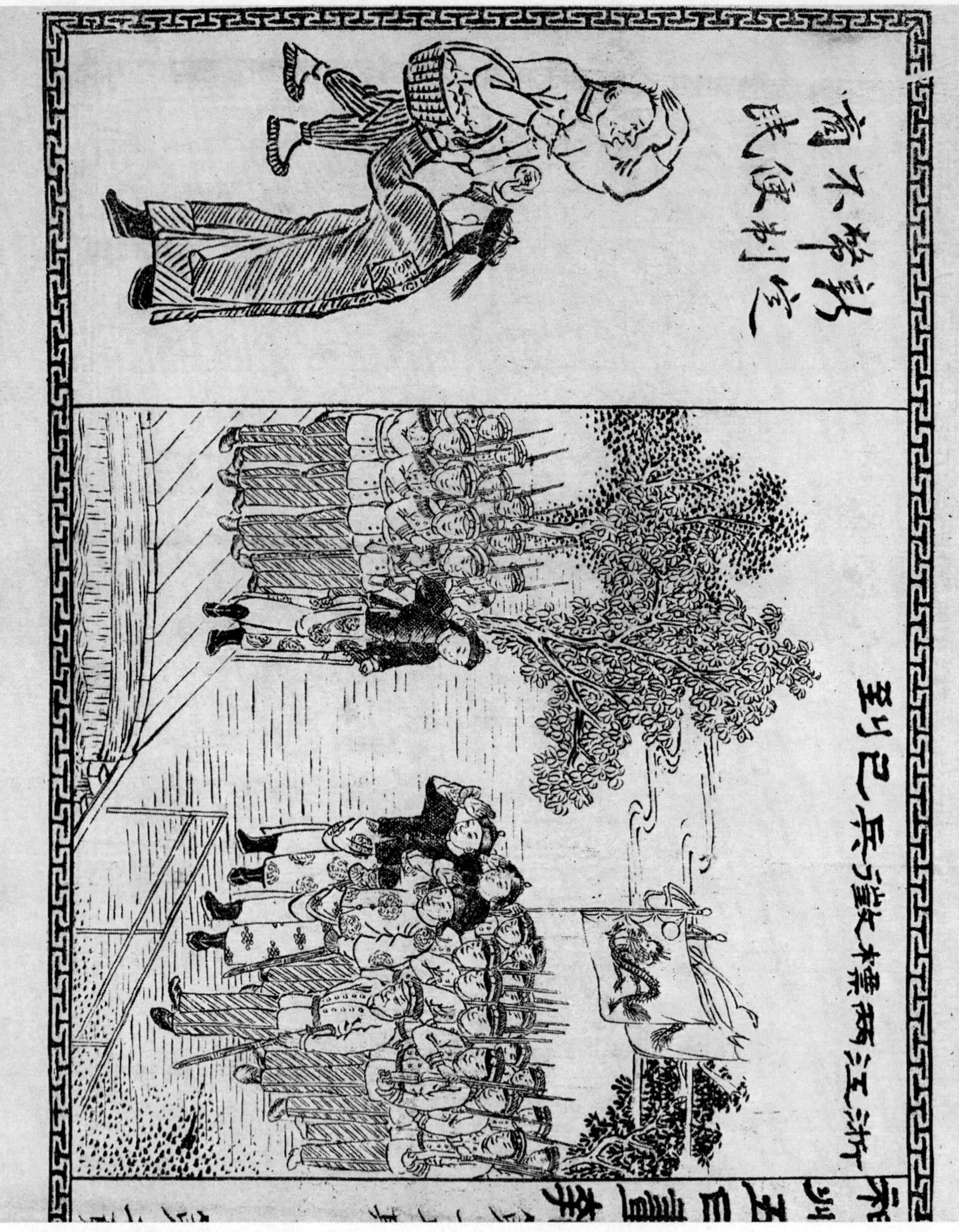
神州五日畫報
浙江兩標徽兵已到
新定幣制
不便商民

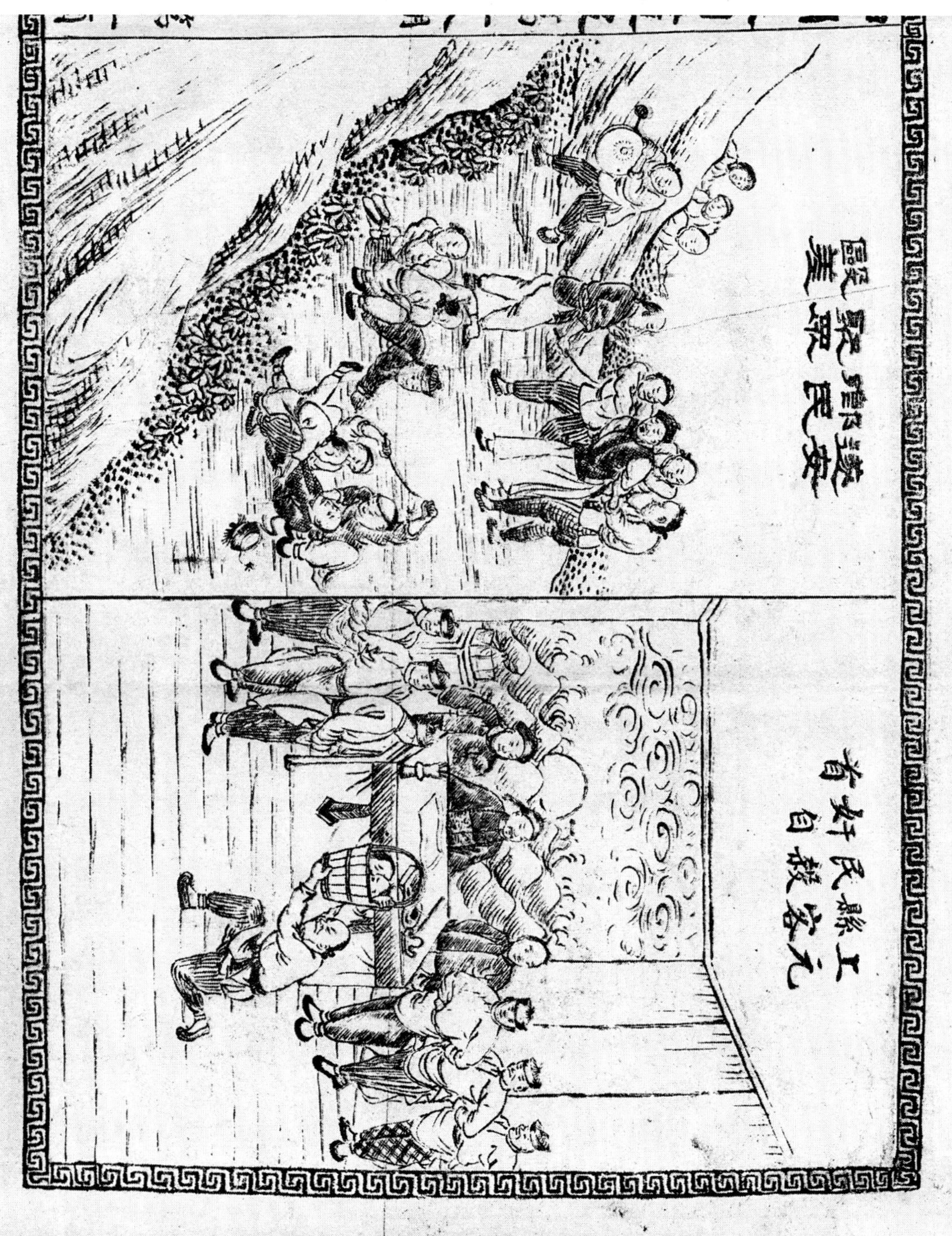

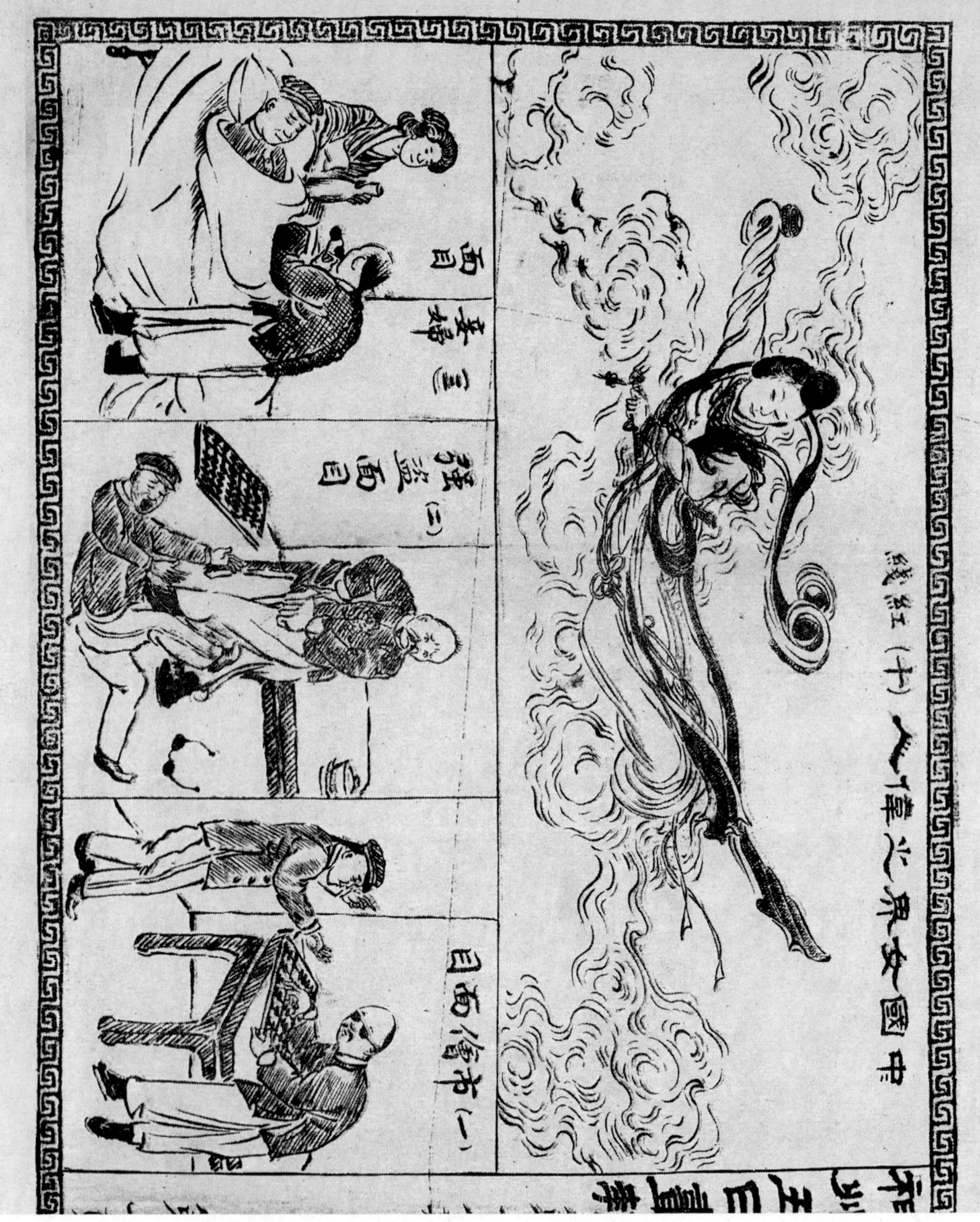
中國女界之偉人（十）紅綫
市儈面目（一）
強盜面目（二）
妾婦面目（三）

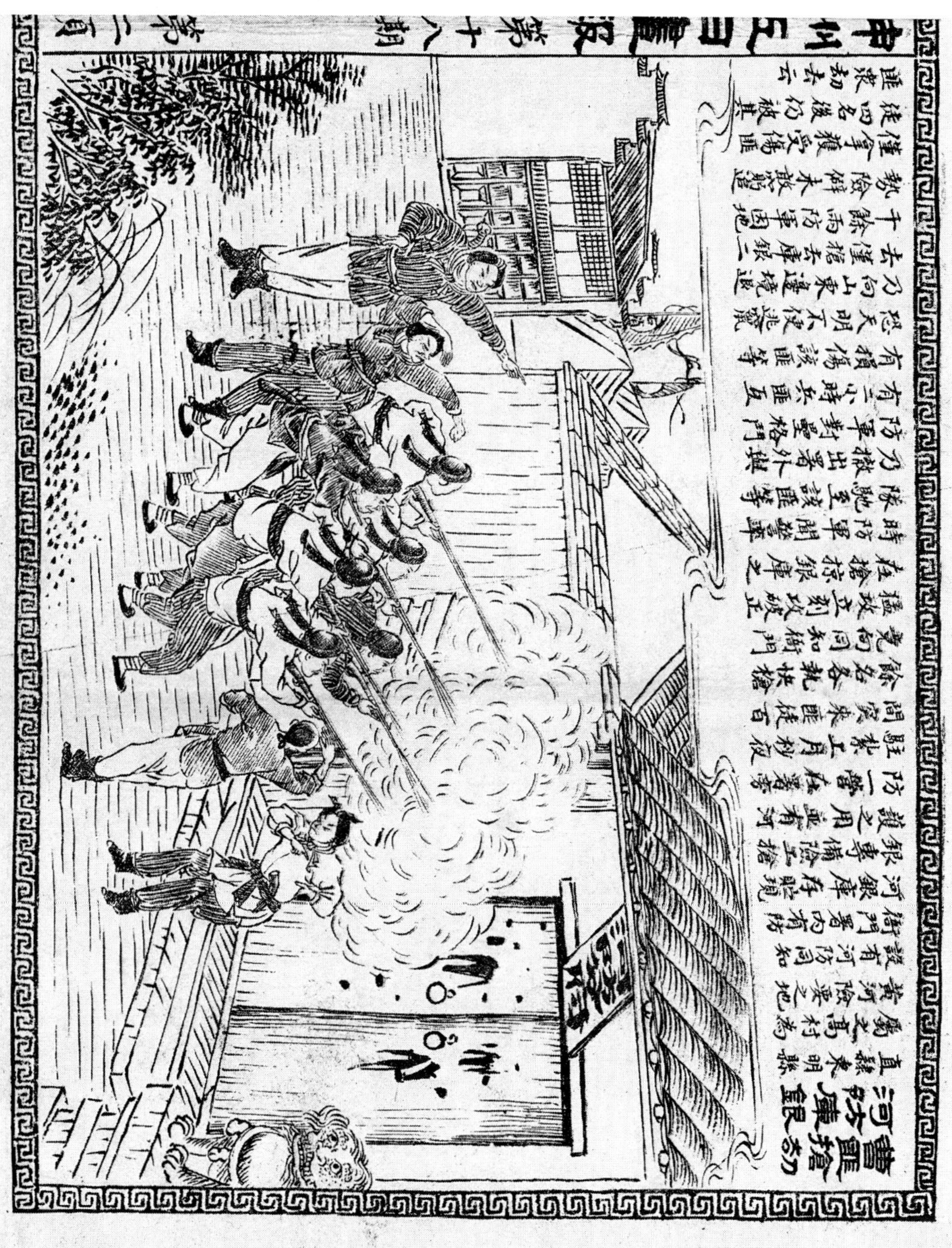
曹匪搶刦
河防庫銀
直隸東明縣屬之高村為黃河險要之地設有河防同知衙門署內有防河銀庫存貯現銀專備險工搶護之用並有河防一營在署旁駐紮上月杪夜間突來匪徒百餘名各執快槍竟向同知衙門猛攻立刻攻破正在搶掠銀庫之時防軍聞警率隊馳至該匪等乃撤出署外與防軍對壘格鬥有二小時兵匪互有損傷該匪等恐天明不使逃竄乃向山東邊境退去僅搶去庫銀二千餘兩防軍因地勢險僻未敢窮追僅拿獲受傷匪徒四名後仍被其匪衆刦去云
神州五日畫報
第十八期
第二頁

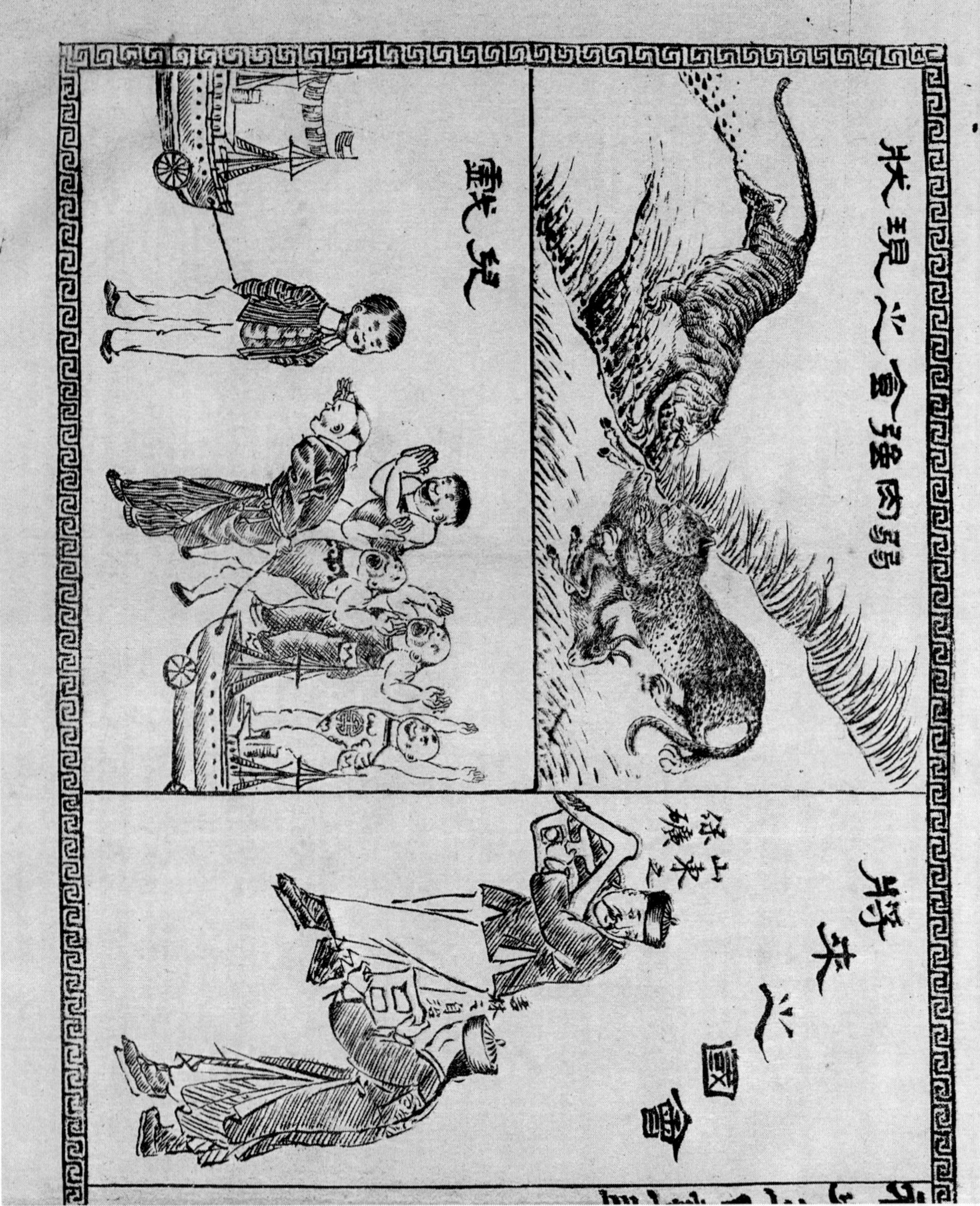
弱肉強食之現狀
兒戲
將來之國會
山東之保礦

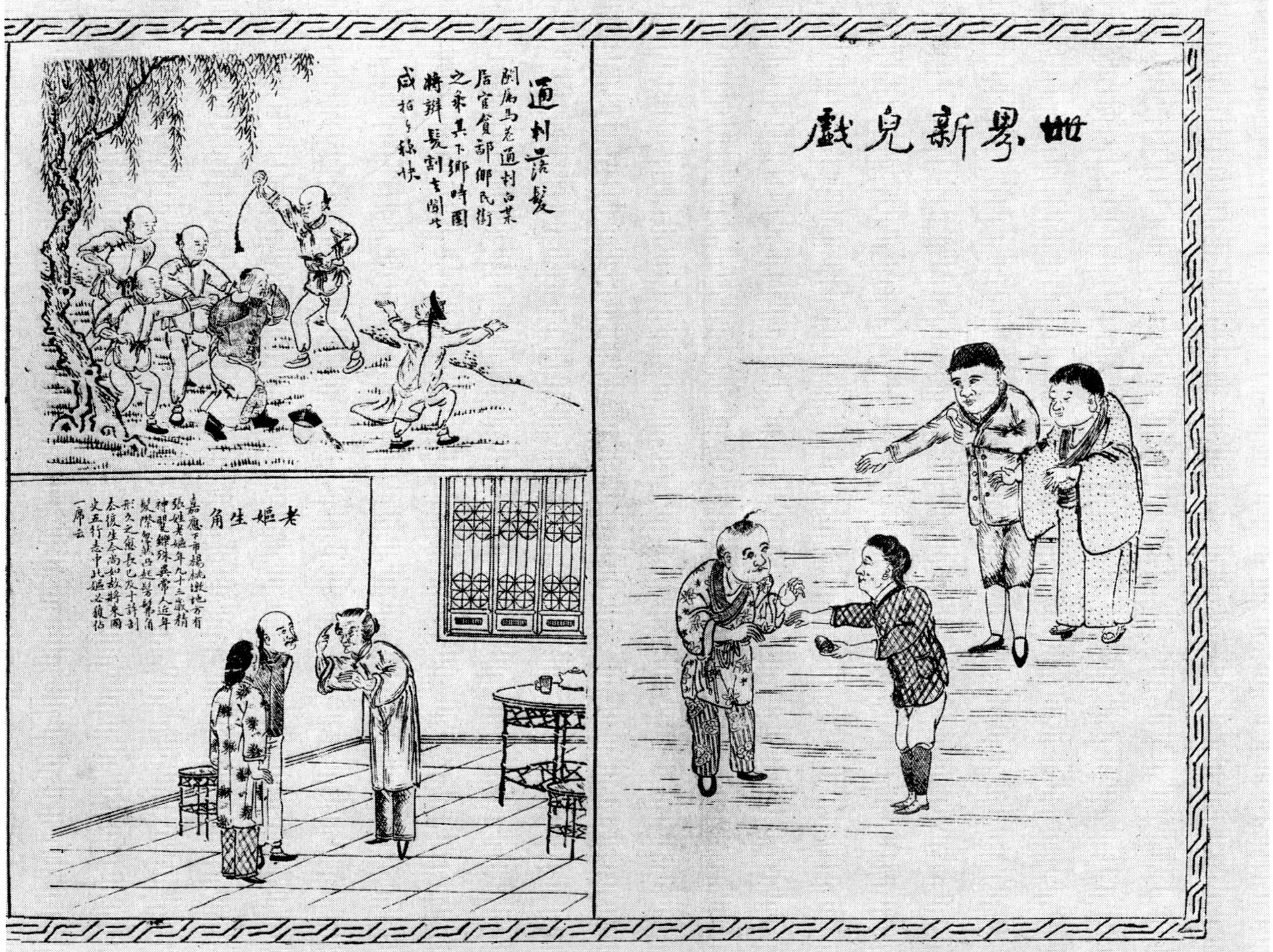

世界新兒戲
通州剪髮
剝病馬若通州白某
居官貪鄙鄉民銜
之柔其下鄉時圍
將辮髮割去閧之
咸拍手稱快
老嫗生角
嘉應下市楊桃墩地方有
張姓老嫗年九十三歲精
神矍鑠殊異常人近年
髮際忽然突起髻狀如角
形久之愈長已及寸許割
去復生今尚如故將來國
史五行志中此嫗必獲佔
一席云

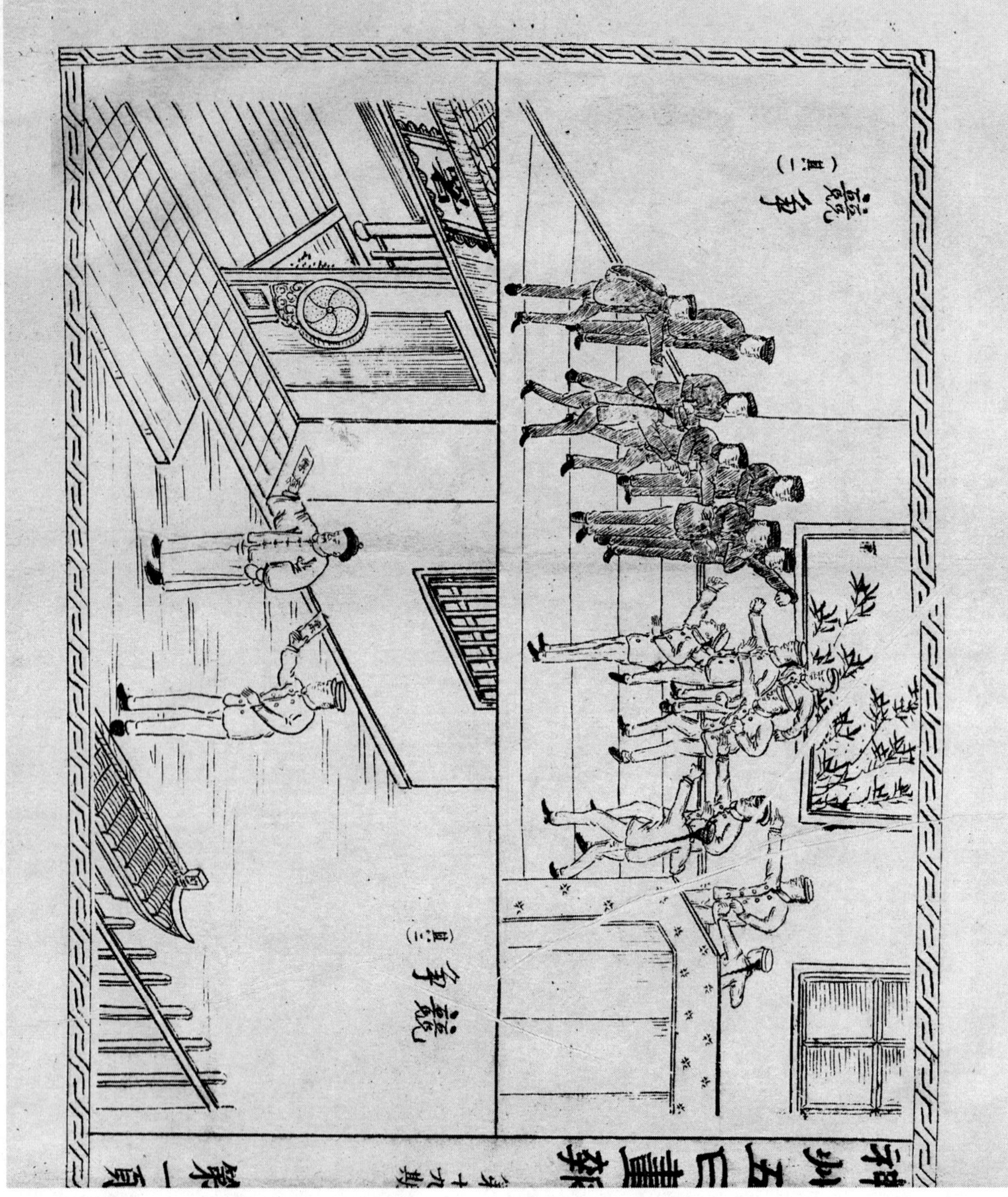

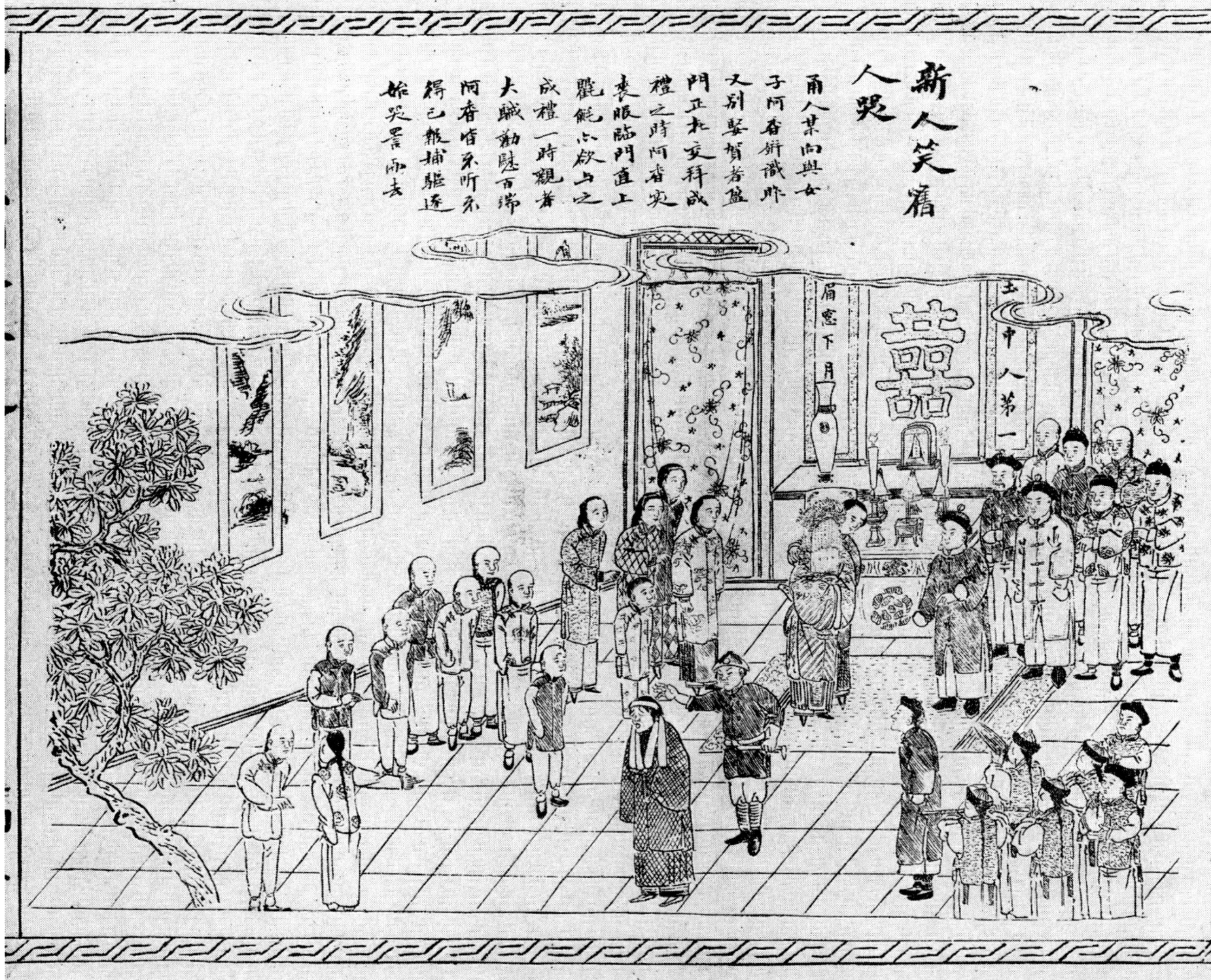
新人笑舊人哭
甬人某向與女子阿香姘識昨又別娶賀者盈門正在交拜成禮之時阿香突衰服臨門直上觀餞亦欲上之成禮一時觀者大駭勸慰百端阿香皆不听不得已報捕驅逐始哭詈而去
囍
眉窓下月
中人第一

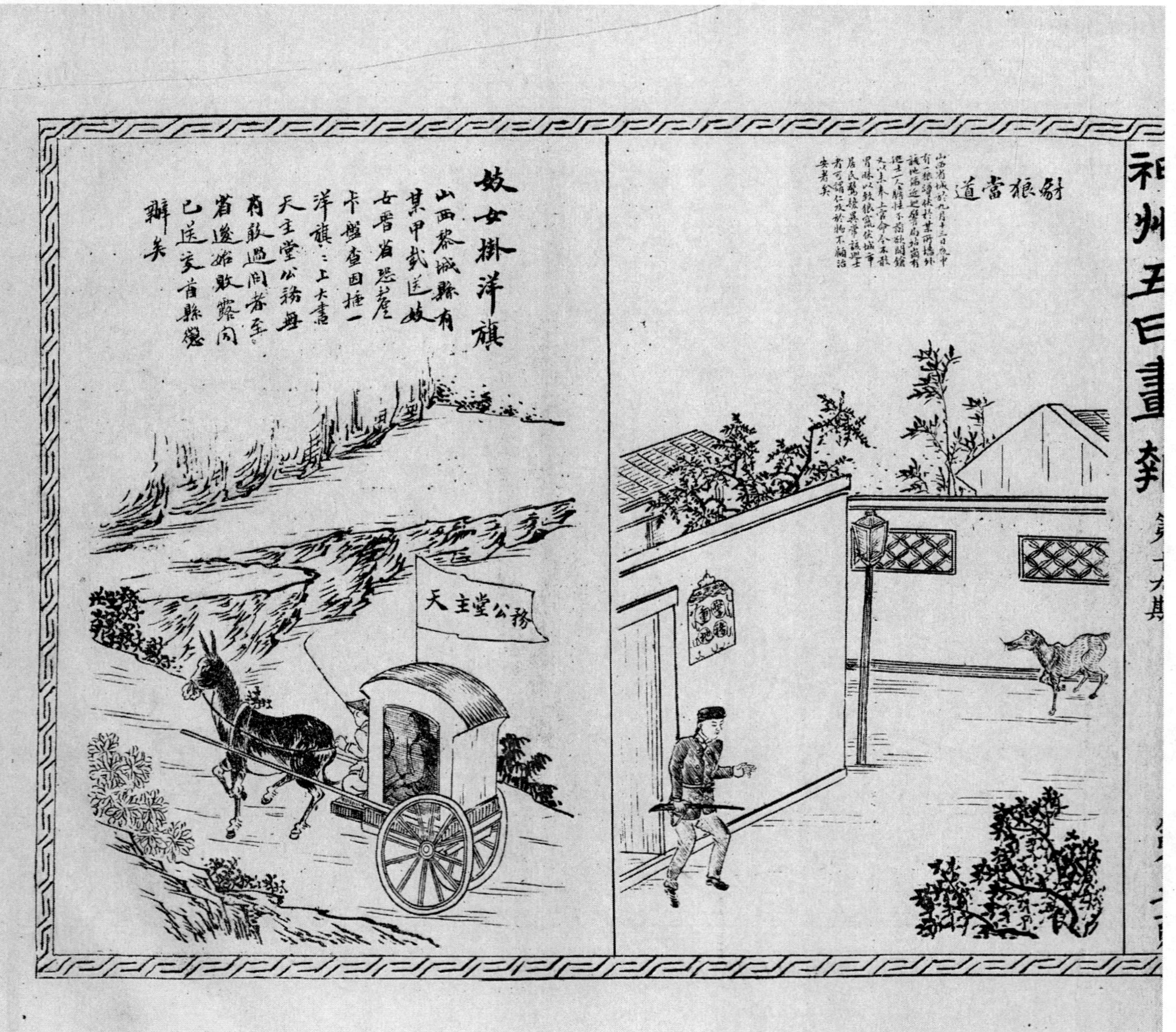
神州五日畫報
射狼當道
妓女掛洋旗
山西黎城縣有
其甲載送妓
女晋省悪虐
卡盤查因插一
洋旗：上大書
天主堂公務毋
有敢過問者至
省遂被敗露闵
已送交首縣懲
辦矣
天主堂公務

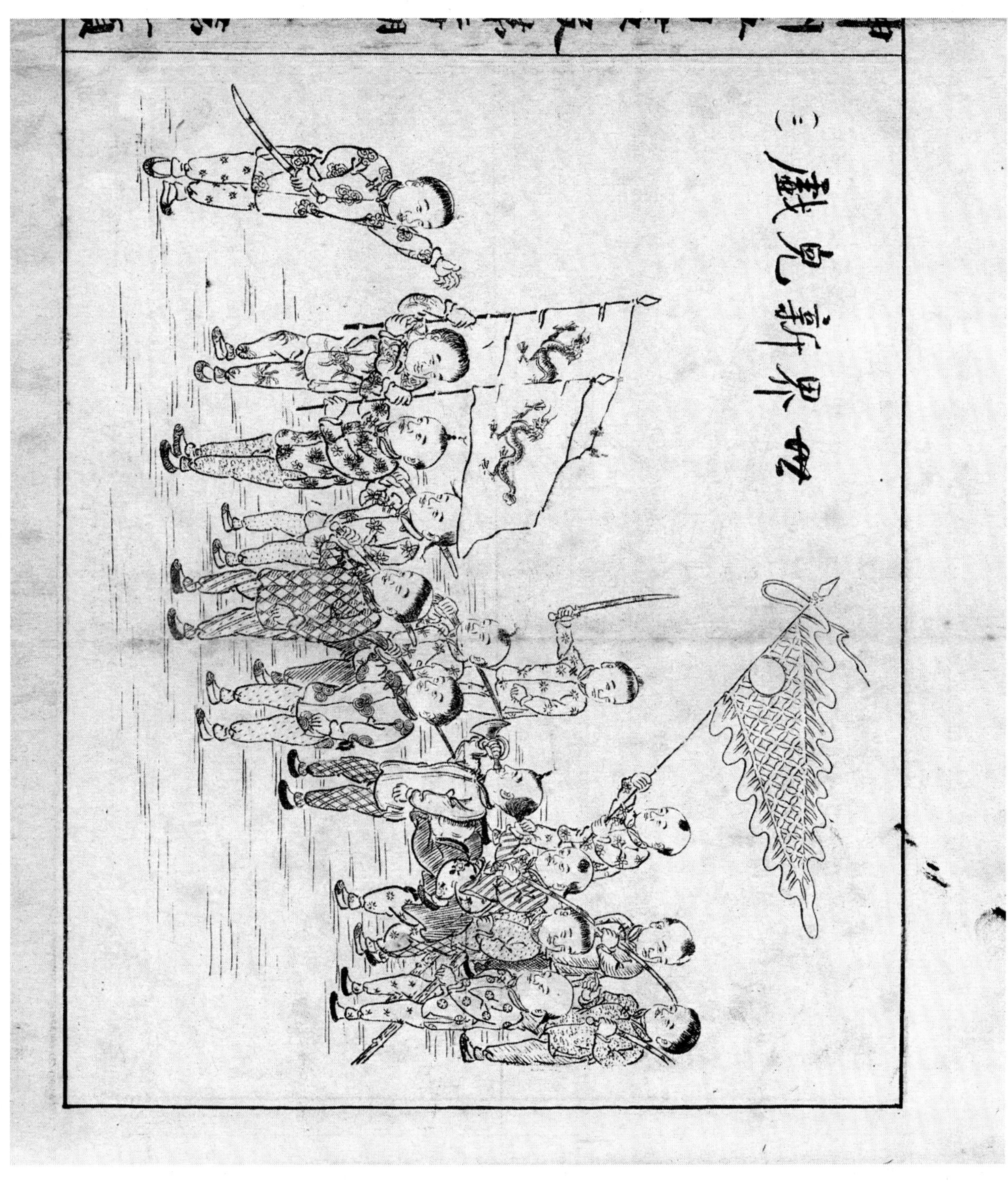
（三）戲兒新界

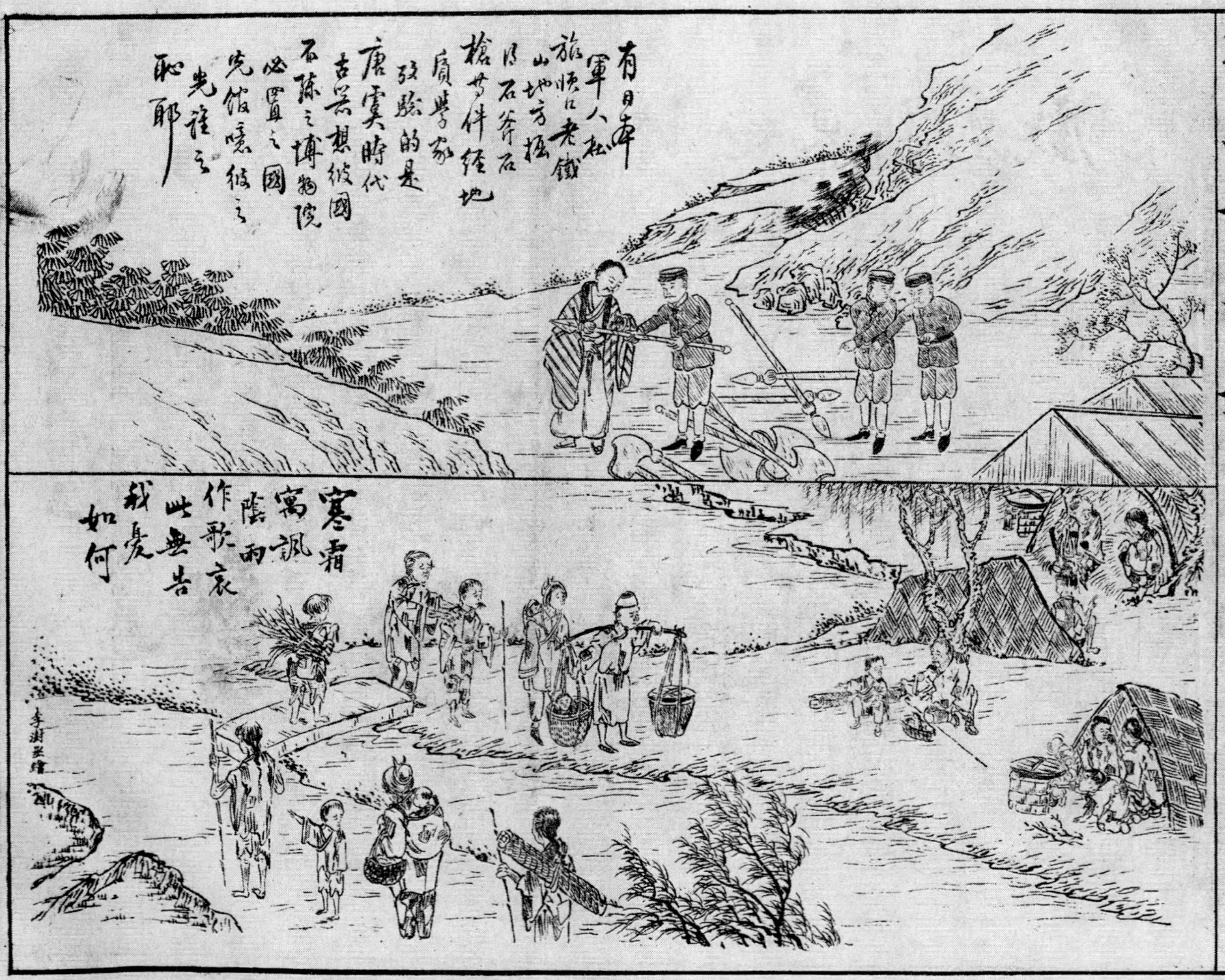
有日本
軍人在
旅順口老鐵
山地方拾
得石斧石
槍若干件經地
質學家
考驗的是
唐虞時代
古器想彼國
石器之博物院
必置之國
恥耶
寒霜
寓諷
陰雨
作歌哀
此無告
我處
如何

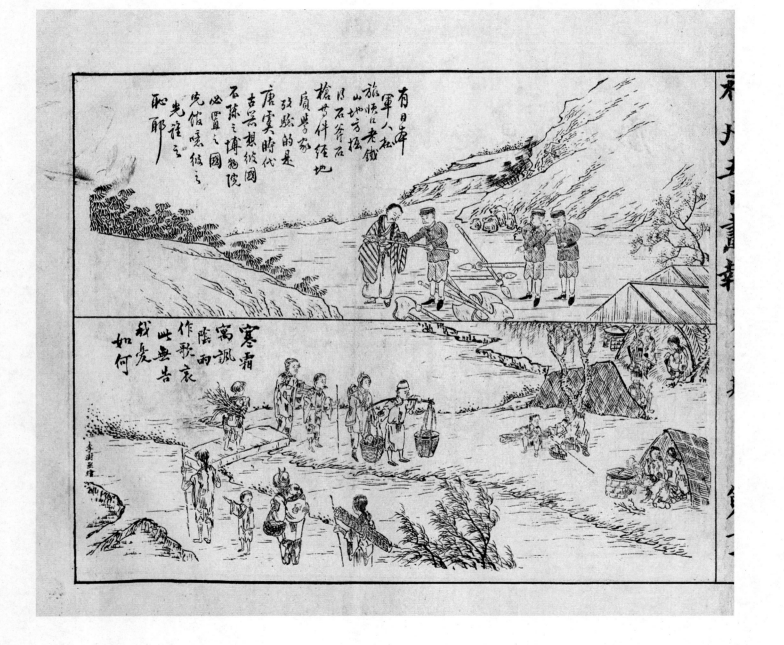

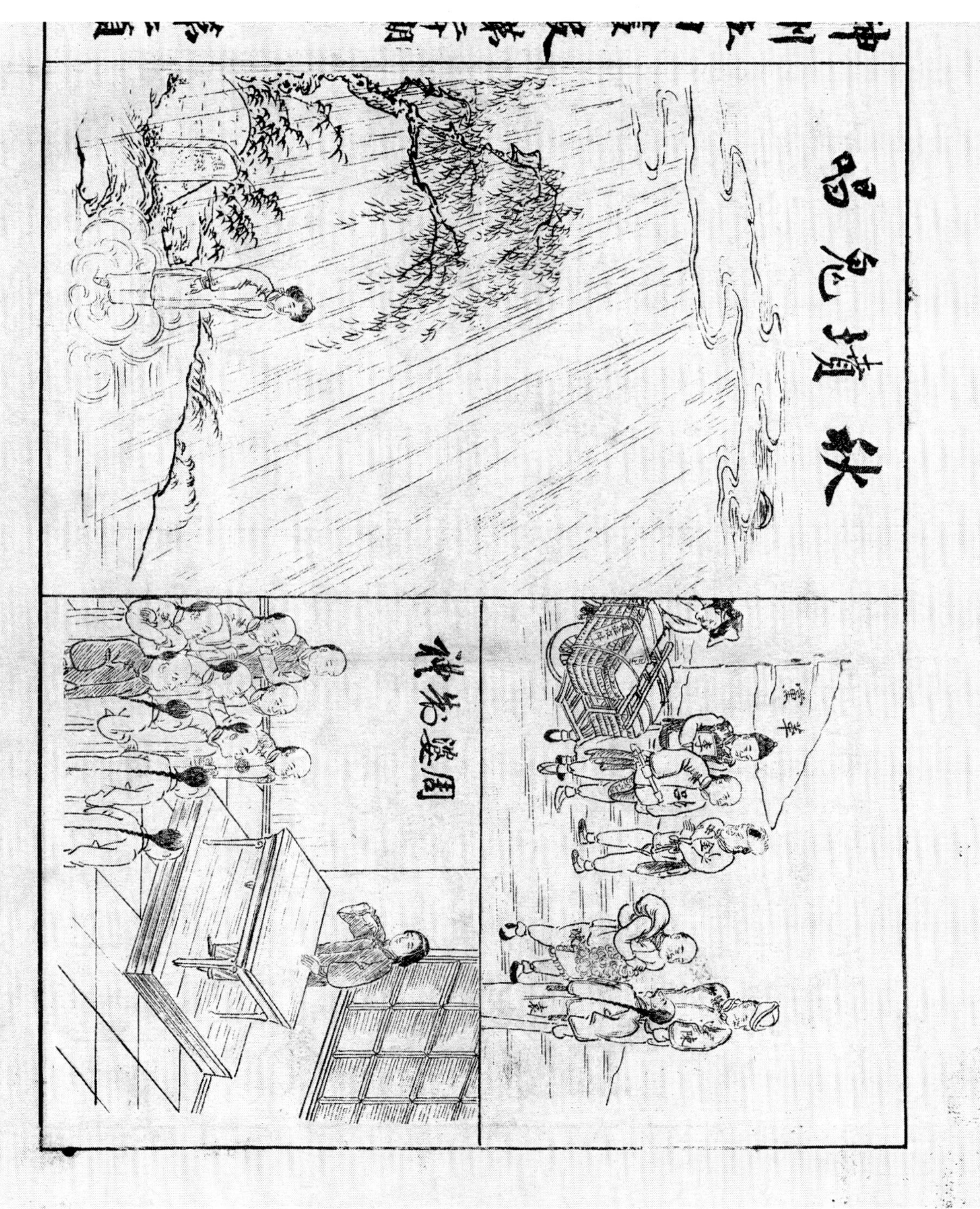

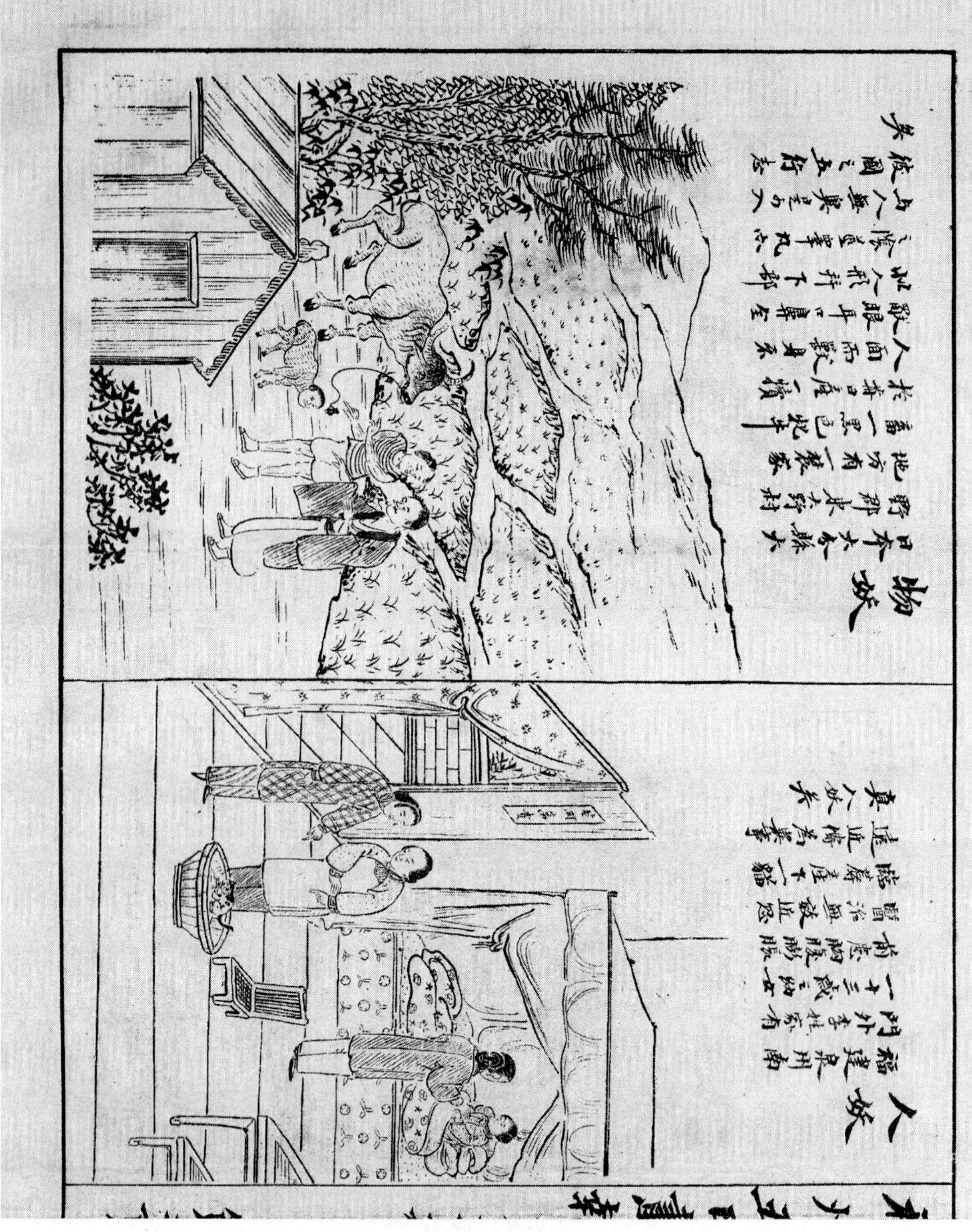
人妖
福建泉州南
門外李姓家有
一十三歲之幼女
前患胸膛膨脹
醫治無效近忽
臨蓐産下一貓
遠近傳爲異事
真人妖矣
物妖
日本大分縣大
野郡東大野村
地方有一農家
畜一黑色牝牛
於昔日産一犢
人面而獸身不
獸眼耳口鼻全
似人形并下部
之陰莖睾丸亦
與人無異是可入
彼國之五行志
矣

初十日
之儀式

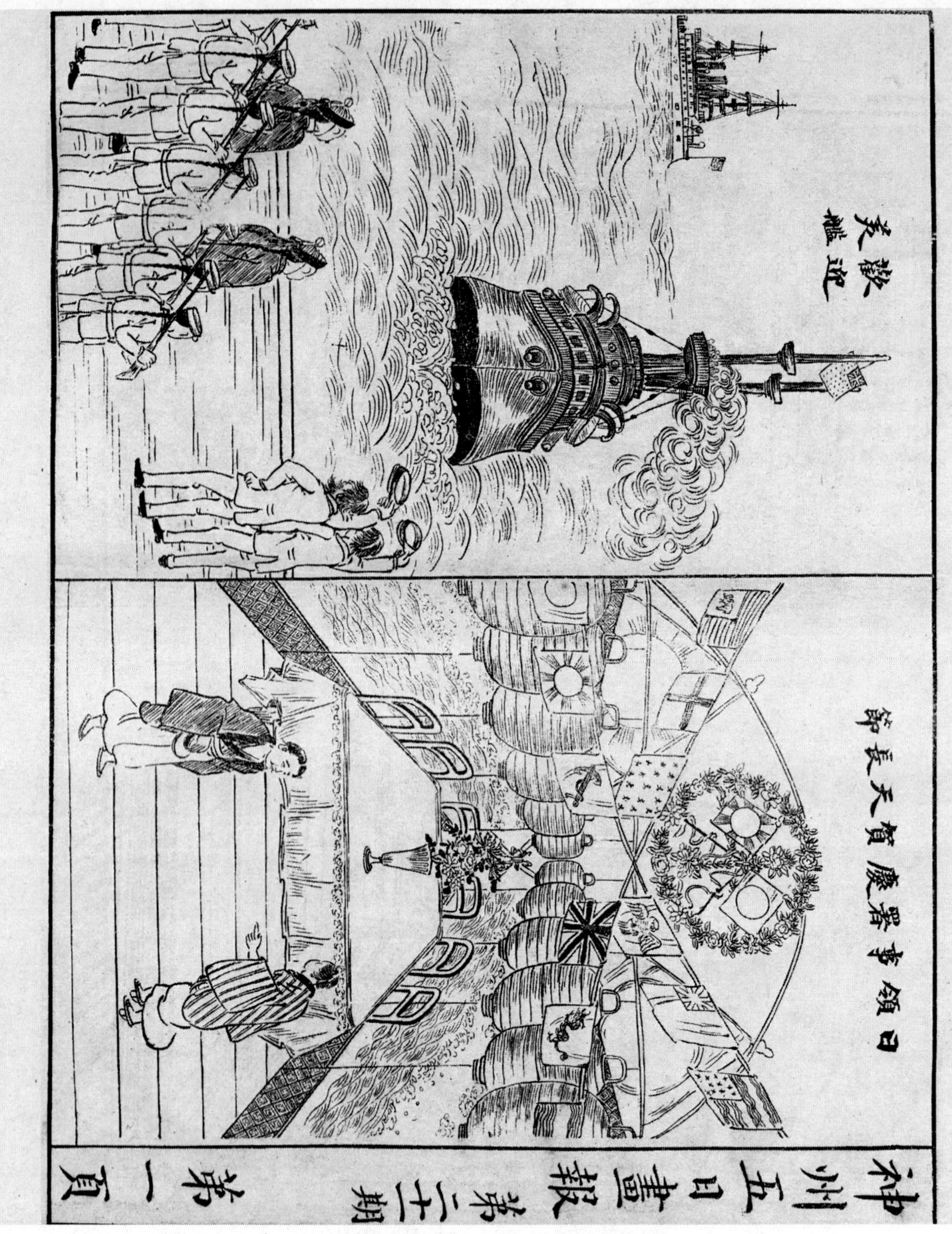
神州五日畫報第二十期第一頁
日領事署慶賀天長節
歡迎美艦

上海之秋賽

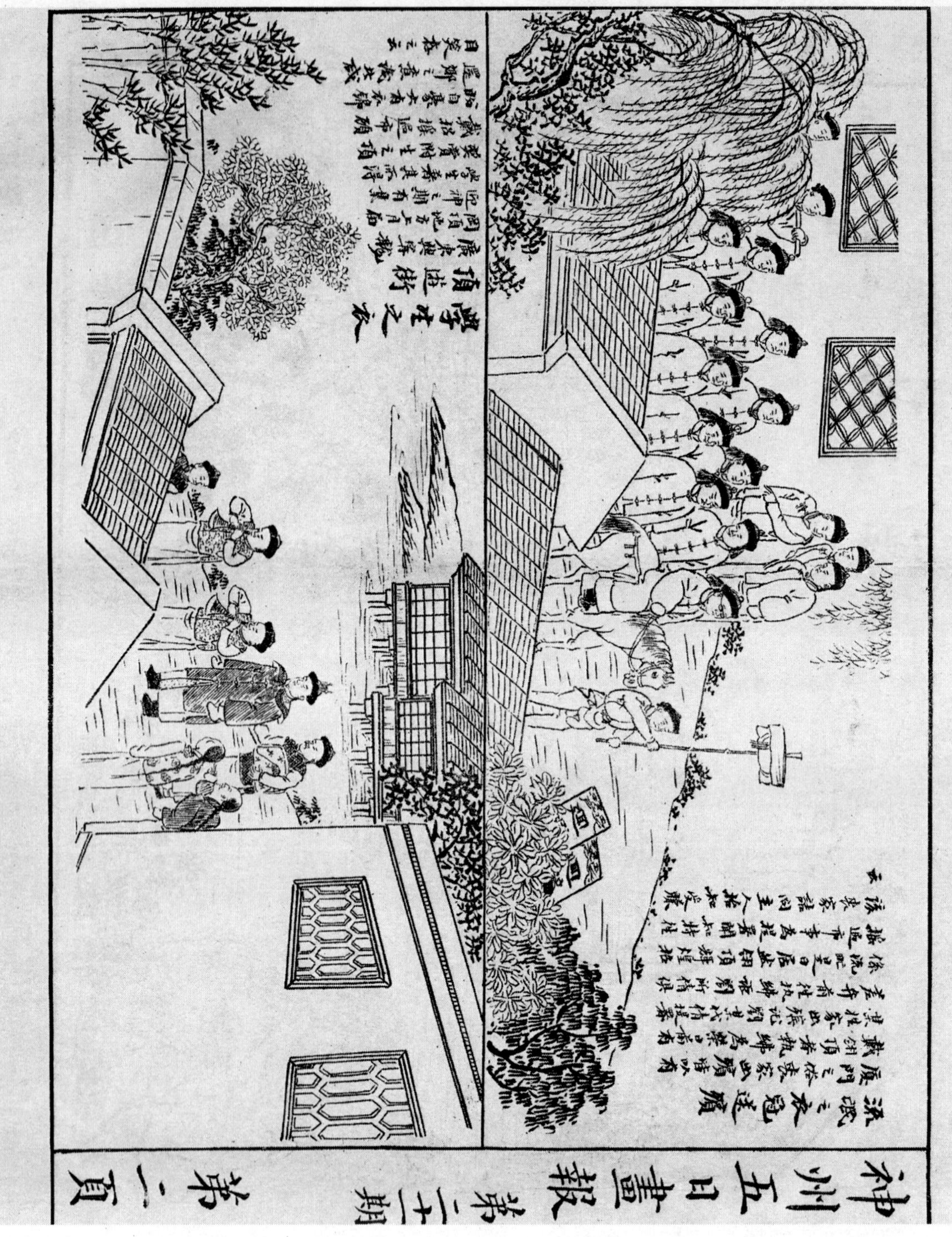
神州五日畫報
第二十一期
第二頁
流氓之衣冠送殯
廈門之俗喪家出殯皆以有戴銅頂者執紼為榮日前有某姓家出殯託劉某代請提署差弁前往執紼詎劉所請俱係流氓是日居然銅頂輝煌招搖過市事為提署聞知特往該喪家詰問主人始知受騙云
學生之衣頂遊街
廣東興寧縣岡頂地方上月届迎神之期有某學生着其所得奨賞附生之頂戴招搖過市頗盼自豪大有衣錦還鄉之意識者目笑存之云

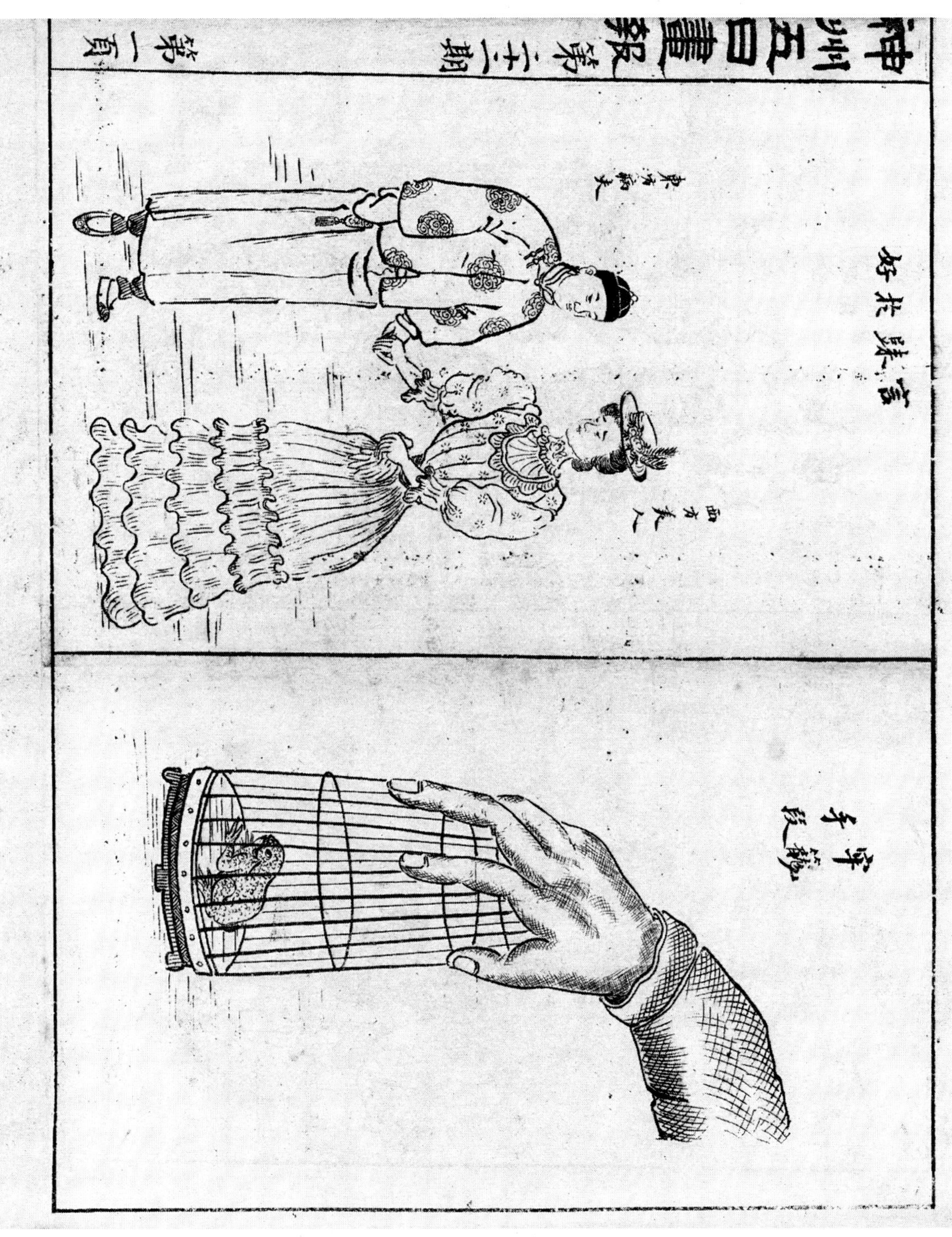
神州五日畫報
第二十二期
第一頁
言歸於好
東方病夫
西方美人
牢籠手段

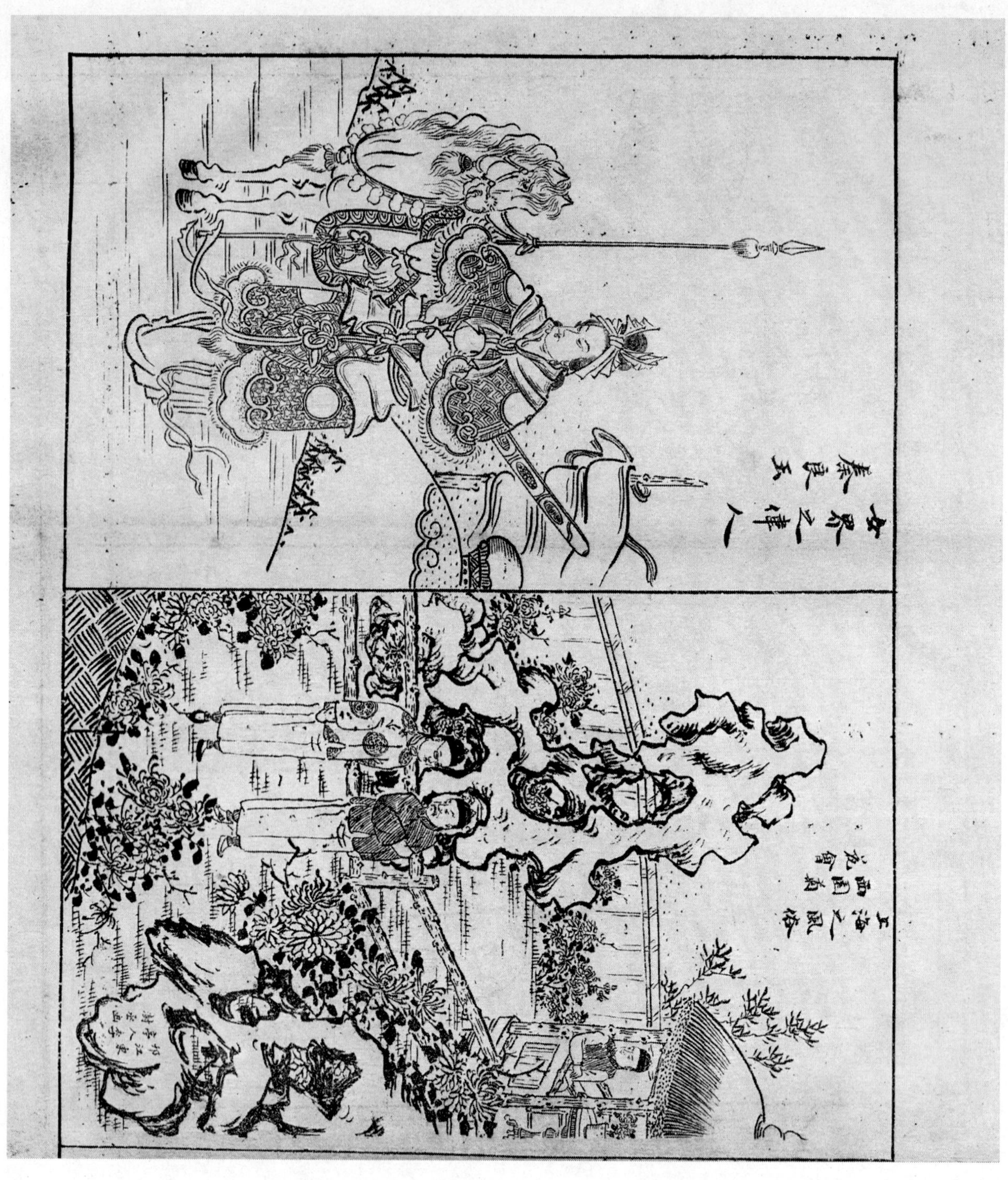
女界之偉人
秦良玉
上海之風俗
西園菊花會

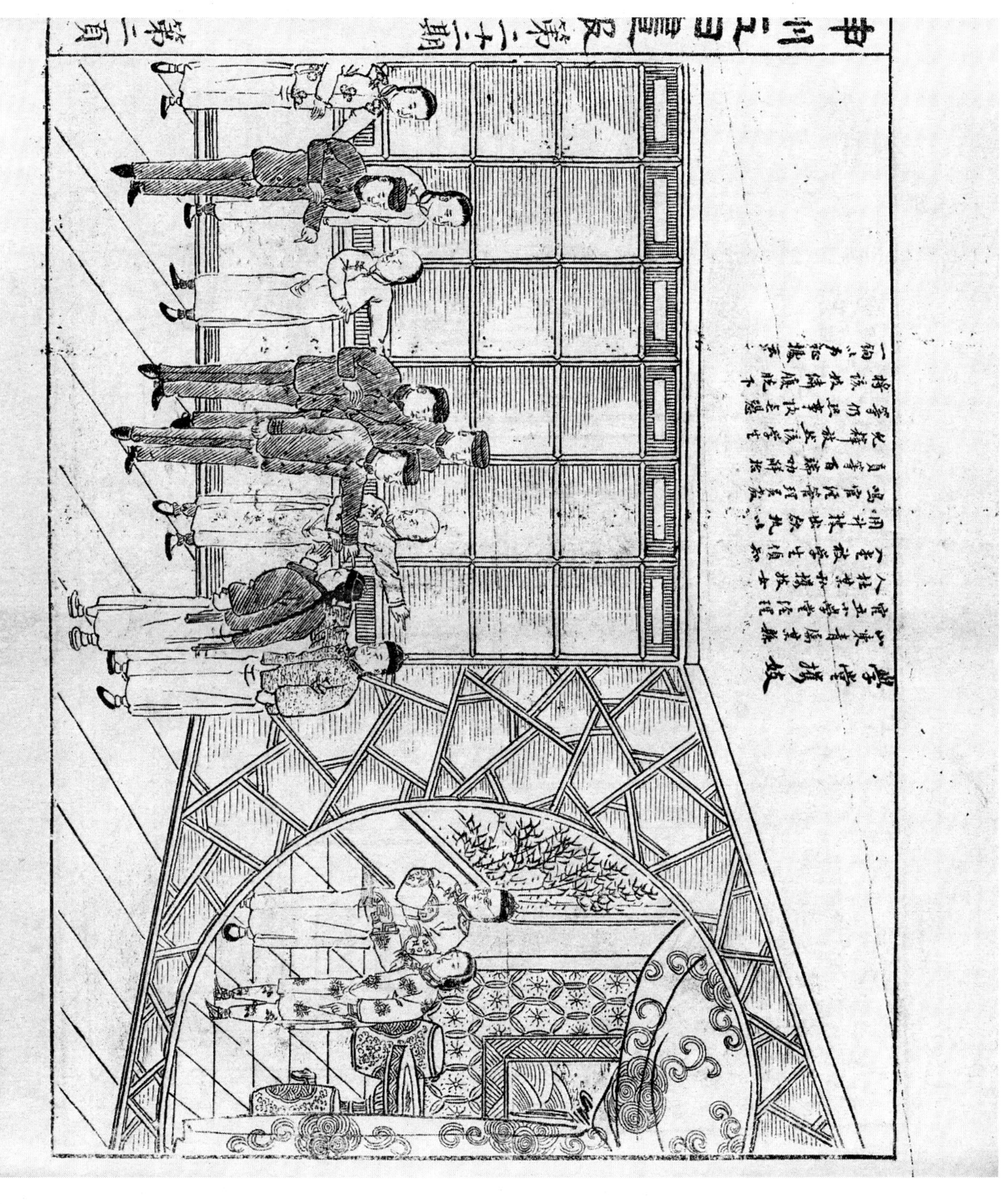
神州日畫報 第二十二期
第二頁
學堂攜妓
山東青屬某縣
官立小學堂經理
人杜某私攜妓女
入堂被學生偵知
用計捉出欲執以
鳴官經管理員教
員等百端劝解始
允釋放然該學生
等仍與事校長懇
將該妓繡履脫下
一鉤以存證據云

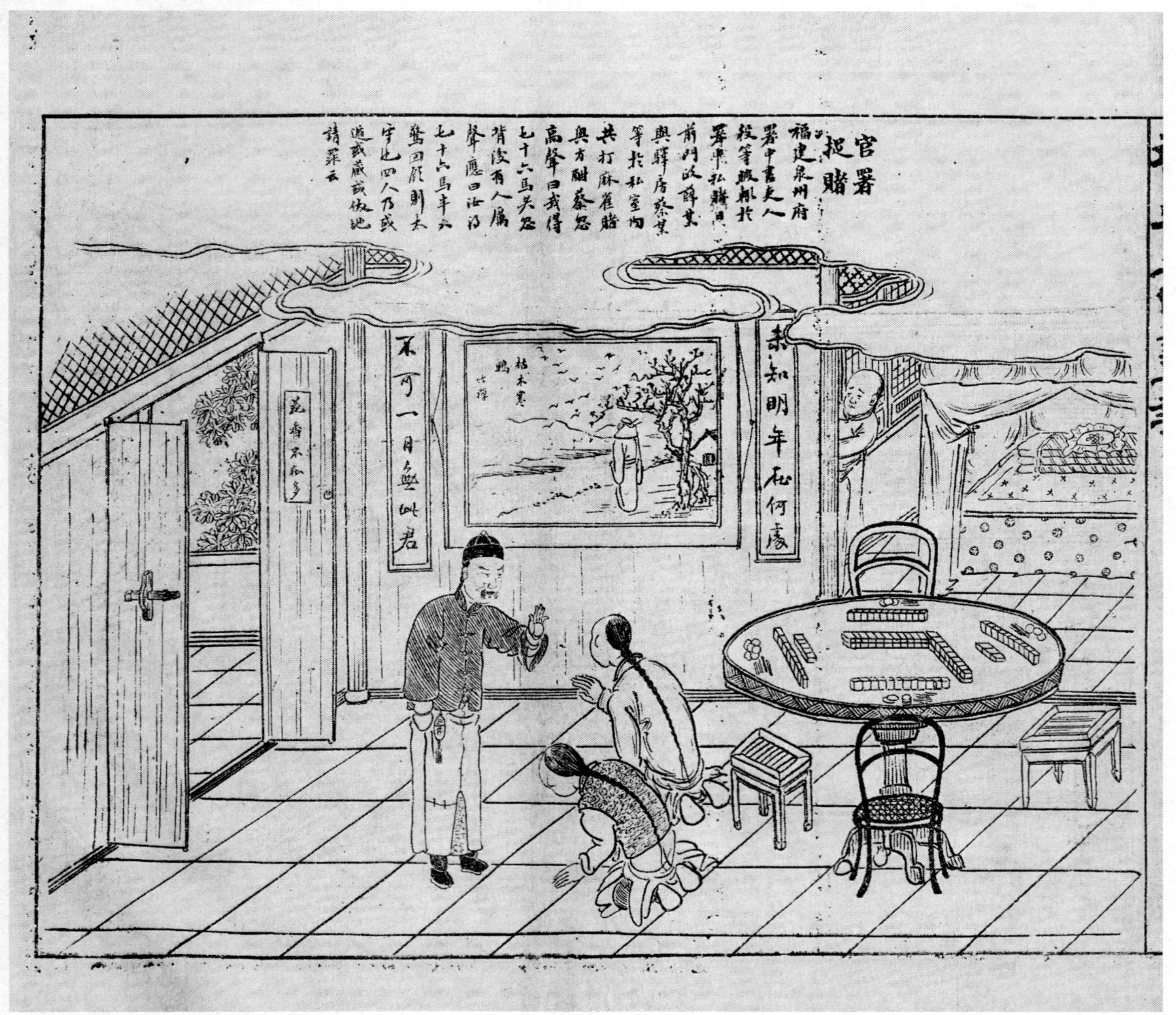

官署捉賭

福建泉州府署中書吏人役等輒於署東私賭。日前門政薛某與驛房蔡某等於私室內共打麻雀，賭興方酣，蔡忽高聲曰：我得七十六馬矣。忽背後有人厲聲應曰：汝得七十六馬耶？眾驚回顧，則太守也。四人乃或遁或藏，或伏地請罪云。

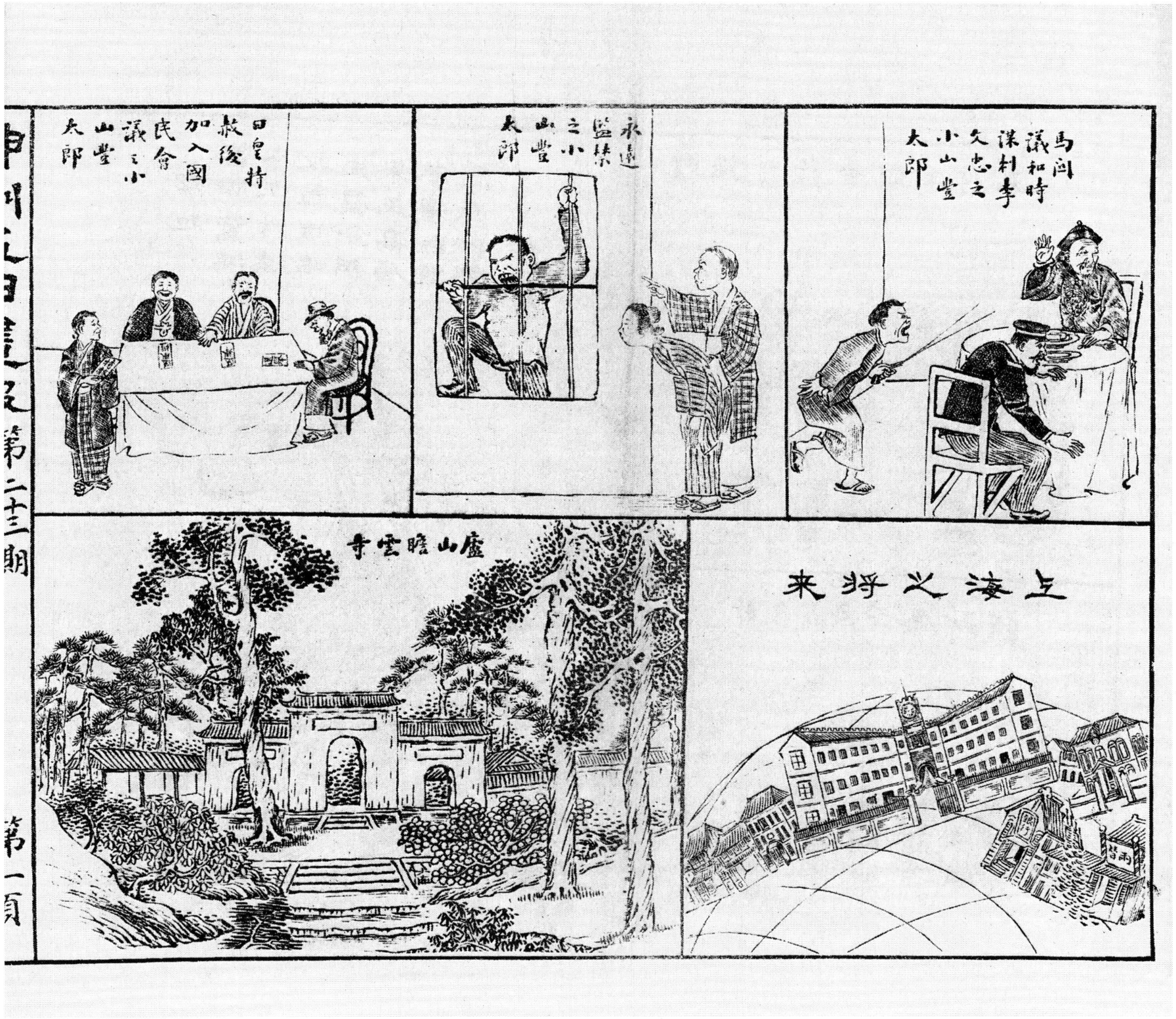
第二十三期
馬關議和時謀刺李文忠之小山豐太郎
永遠監禁之小山豐太郎
日皇特赦後加入國民會議之小山豐太郎
廬山暗雲寺
上海之將來

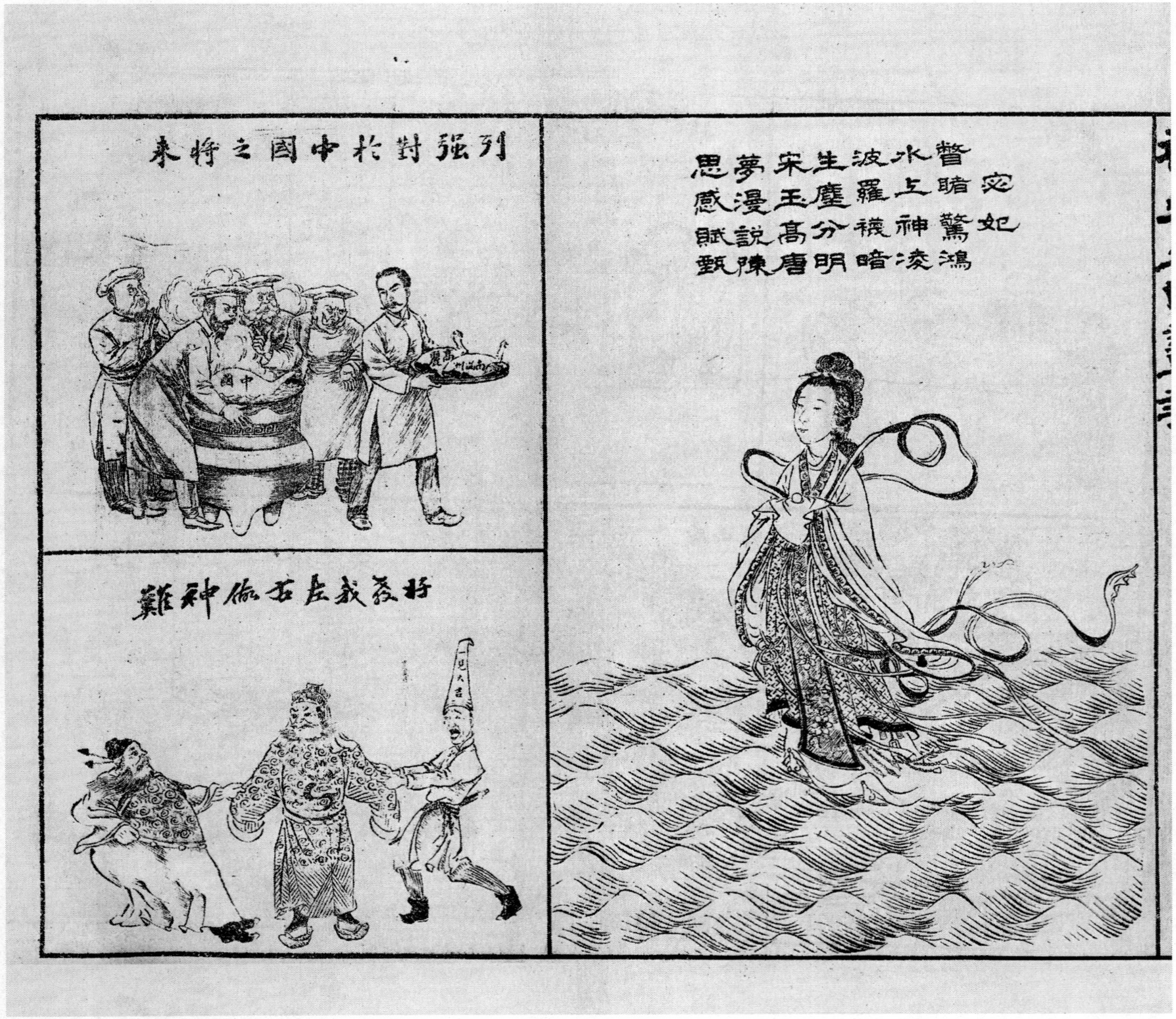
列强對於中國之將來
將發我左右偏神難
宓妃
暫睹驚鴻
水上神淩
波羅襪暗
生塵分明
宋玉高唐
夢漫說陳
思感賦甄

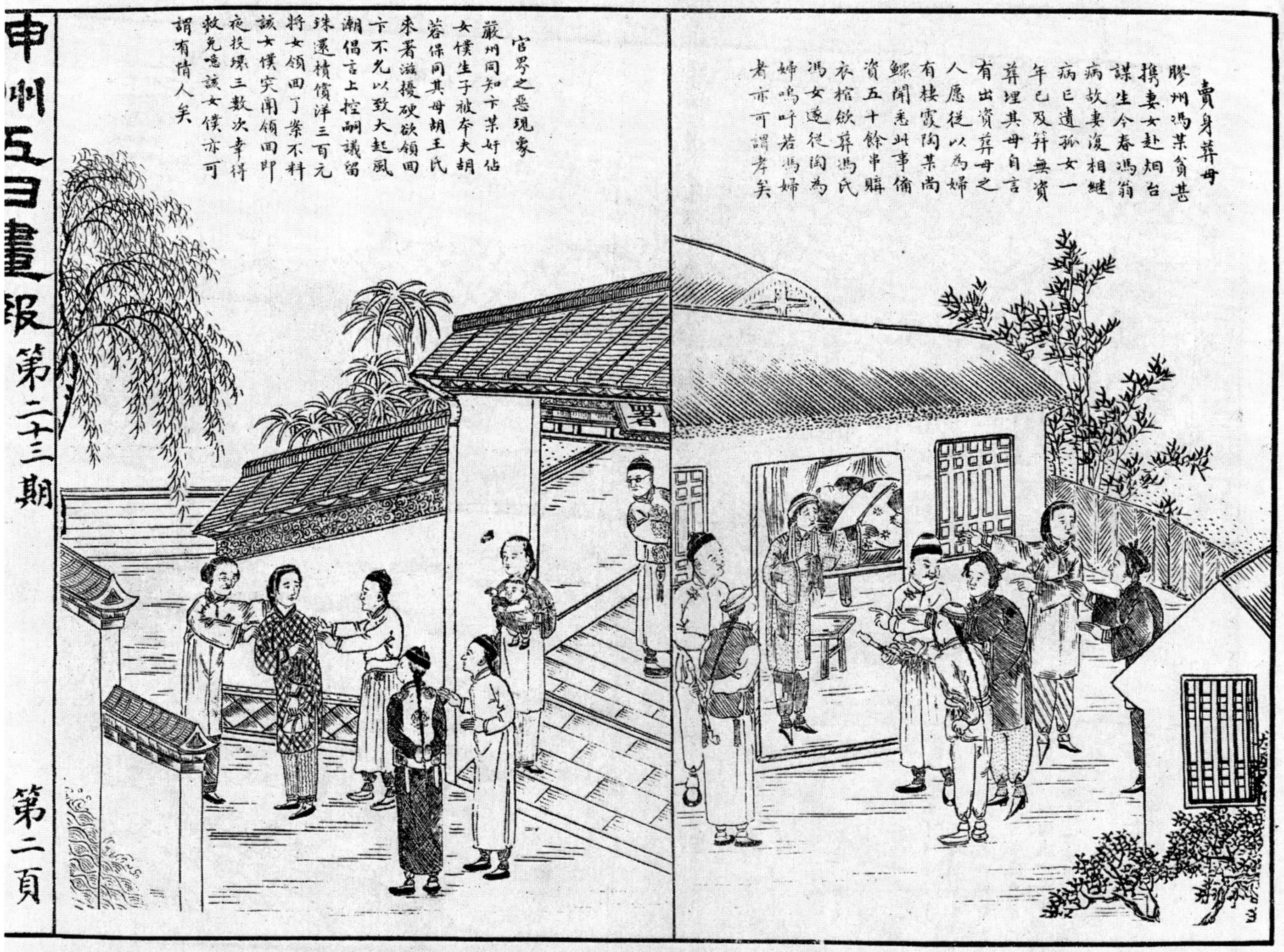

神州五日畫報
第二十三期
第二頁
賣身葬母
膠州馮某貧甚
携妻女赴烟台
謀生今春馮翁
病故妻復相繼
病巳遺孤女一
年已及笄無資
葬埋其母自言
有出資葬母之
人願從以為婦
有棲霞陶某尚
鰥聞悉此事備
資五十餘串購
衣棺歛葬馮氏
馮女遂從陶為
婦嗚呼若馮婦
者亦可謂孝矣
官界之惡現象
嚴州同知卞某好佔
女僕生子被本夫胡
蓉保同其母胡王氏
來署滋擾硬欲領回
卞不允以致大起風
潮倡言上控嗣議留
珠還櫝償洋三百元
將女領回了案不料
該女僕突闌領回即
夜投環三數次幸得
救免噫該女僕亦可
謂有情人矣
署

粤東巡警局製造烟人大木牌
粤東巡警總局於禁烟一事雷厲風行已催匠製造大木牌二萬面牌長八寸餘闊七寸餘厚約二分比前定格式尤大牌面書該人名姓住址及每日吸烟若干凡持牌挑烟時不許藏匿襟袖內違者罰洋五元

巨石飛行奇聞
惠邑惠安東门外鄉郵長蕭社之山有巨石長十餘丈於九月间此石被黑雲簇罩護送大石飛行約有三里之遠其聲隱隱如雷近山之村觀者絡繹莫不歎為奇云

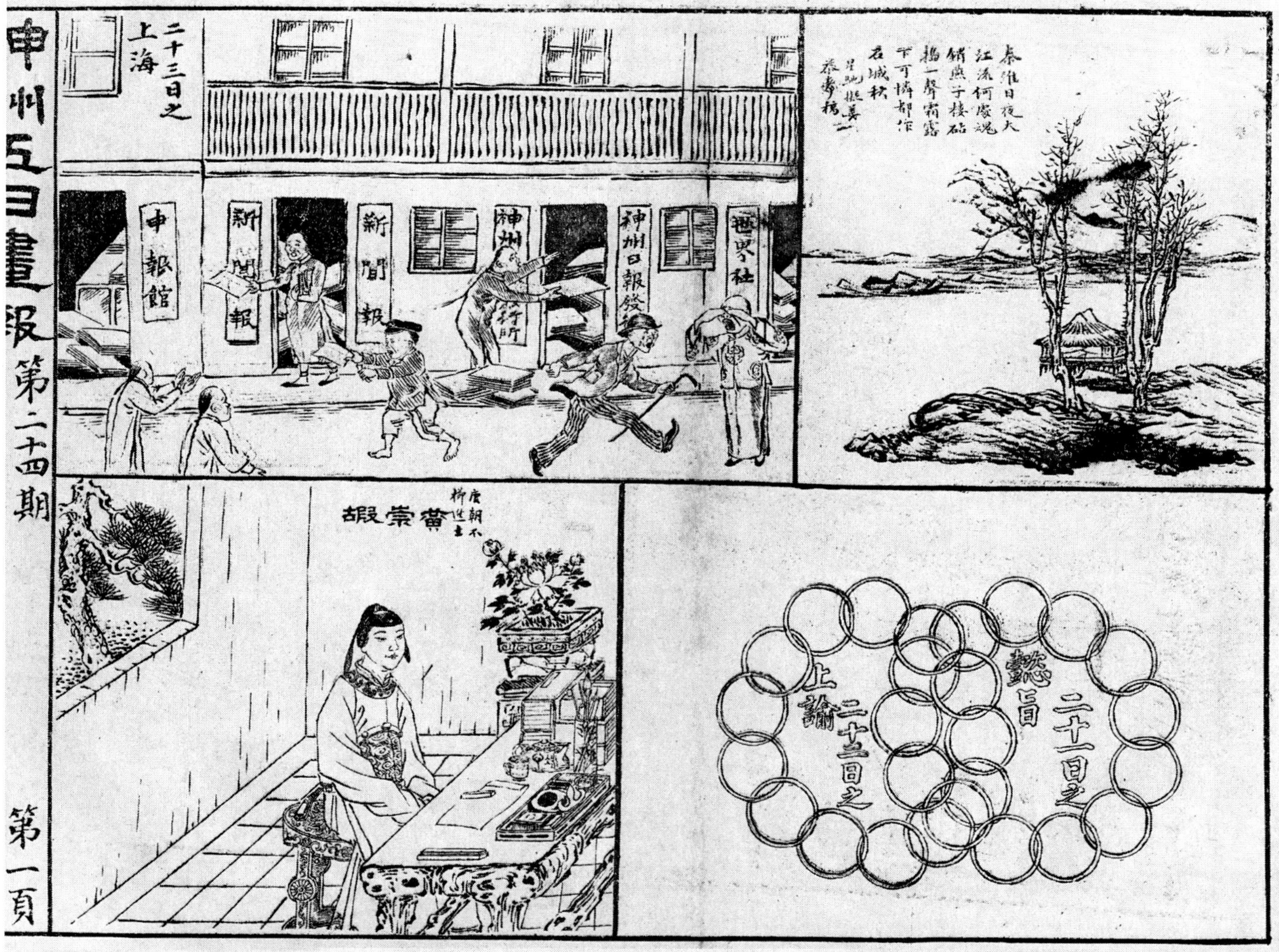

神州五日畫報 第二十四期
第一頁
二十三日之上海
申報館
新聞報
新聞報
神州日報發行所
世界社
秦淮日夜大
江流何處魂
銷燕子樓碣
石一聲霜露
下可憐都作
石城秋
恭壽稿
黃崇嘏
唐朝不
櫛進士
上諭 二十三日之
懿旨 二十一日之

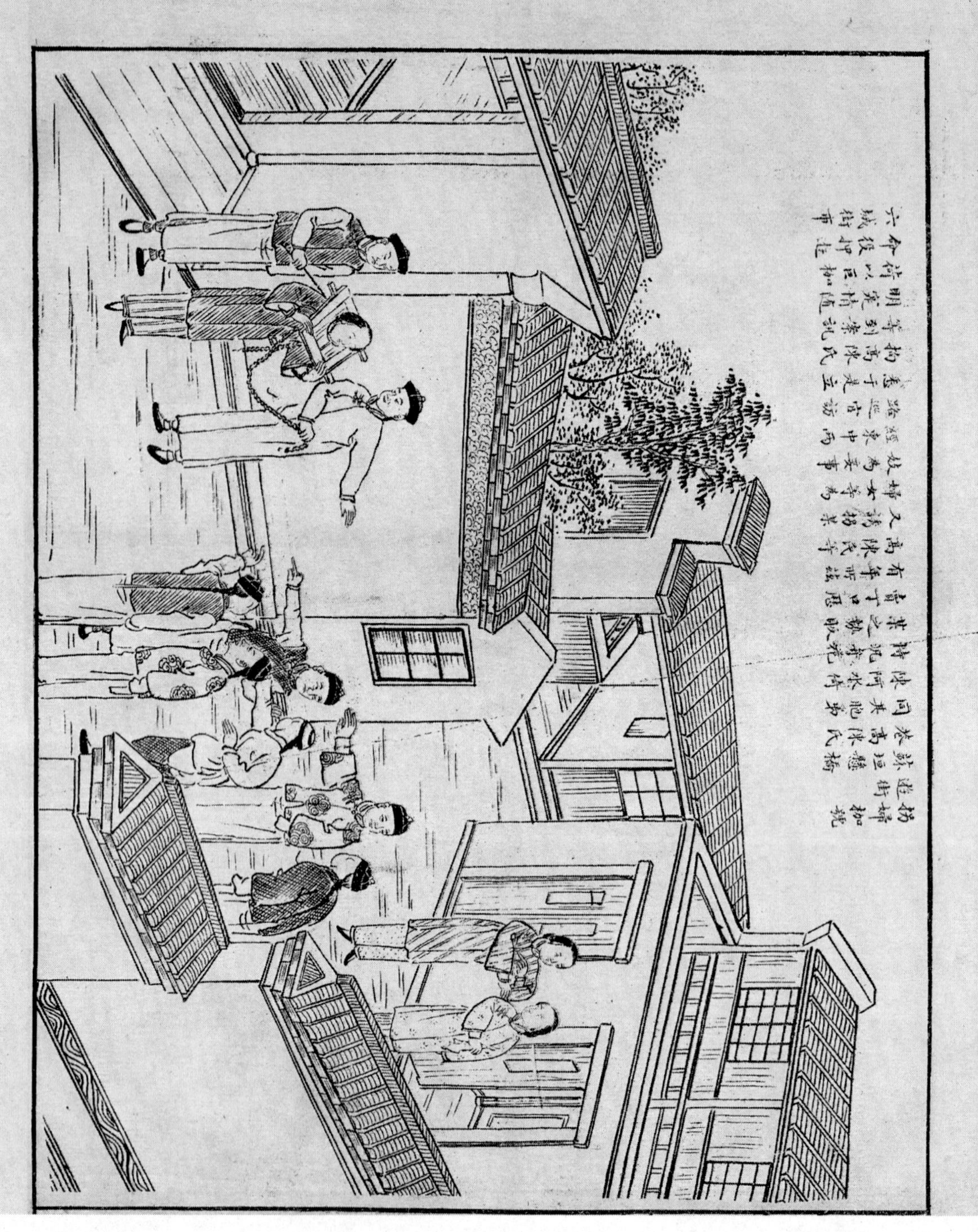
拐婦枷號
遊街
蘇垣懸橋
巷高陳氏
同其胞弟
陳阿水倚
恃汎弁蔣
某之勢販
賣丁口歷
有年所茲
高陳氏等
又誘拐某
婦女等為
妓為妾事
經東中兩
路巡官訪
悉于是立
拘高陳氏
等到案訊
明寔情隨
荷以巨枷
命役押遊
六城街市

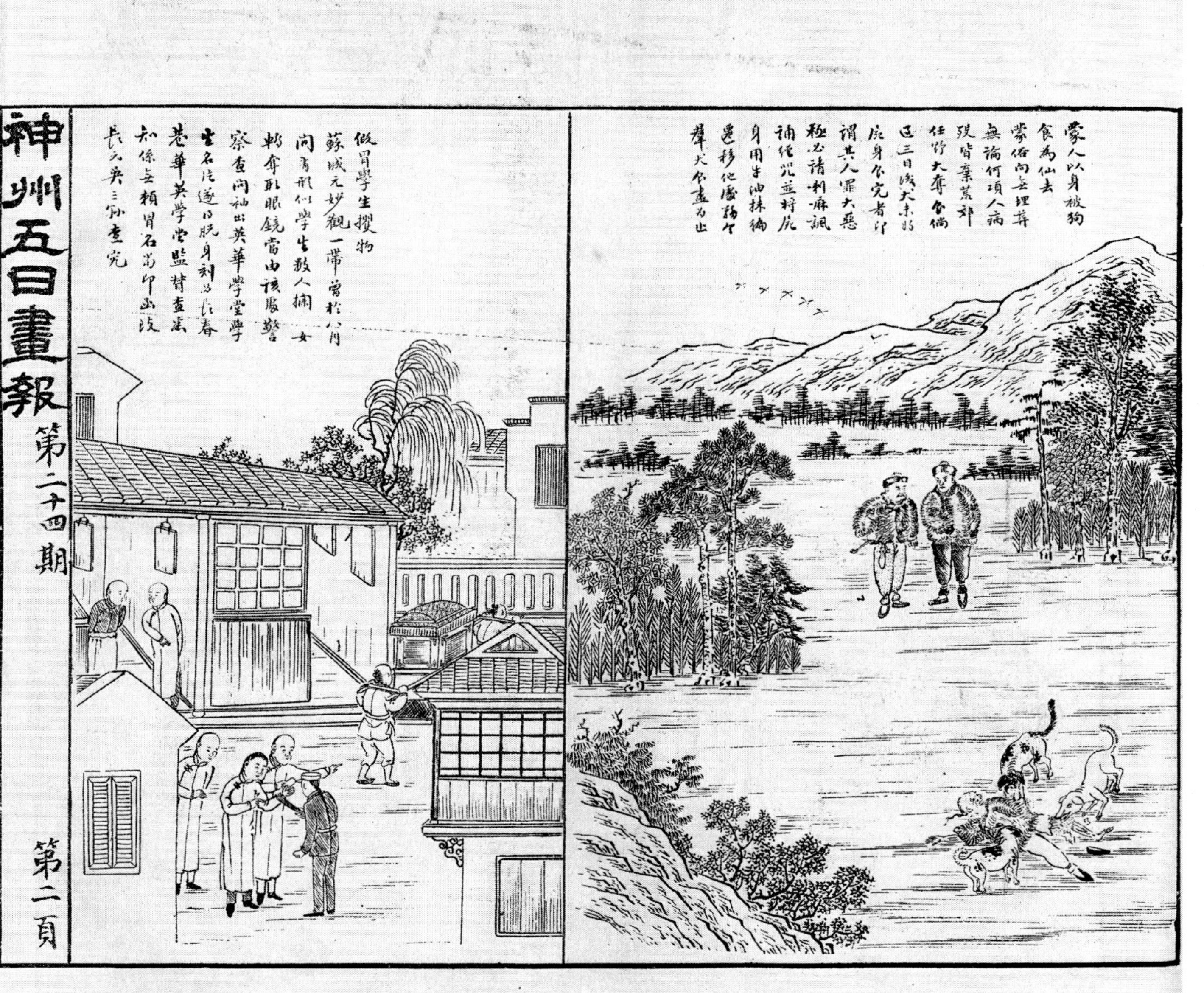
神州五日畫報
第二十四期
第二頁

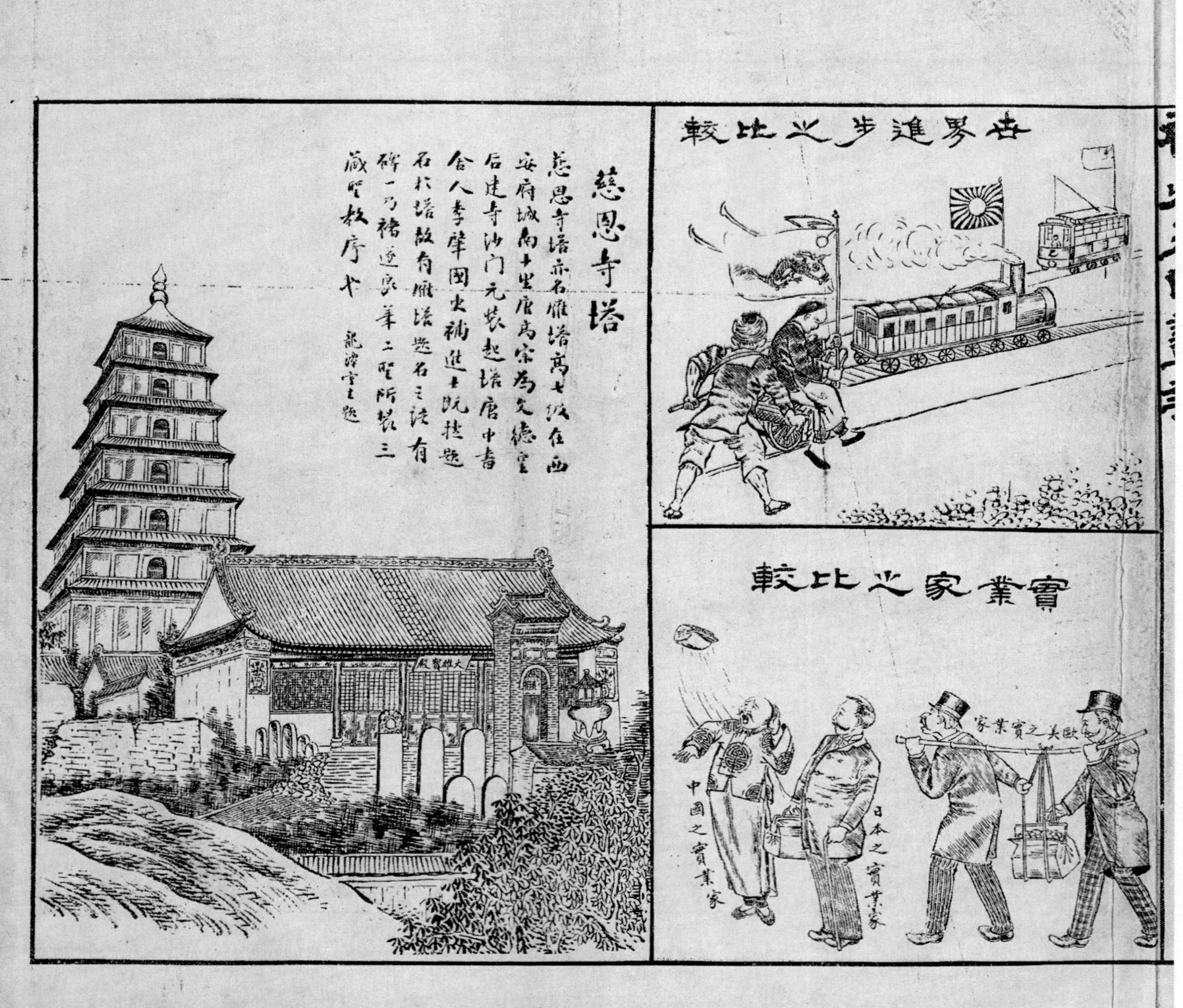
慈恩寺塔
慈恩寺塔亦名雁塔高七級在西安府城南十里唐高宗為文德皇后建寺沙门元奘起塔唐中書舍人李肇國史補進士既捷題名於塔故有雁塔題名之説有碑一乃禇遂良筆二聖所製三藏聖教序也
進步之比較
實業家之比較
中國之實業家
日本之實業家
歐美之實業家

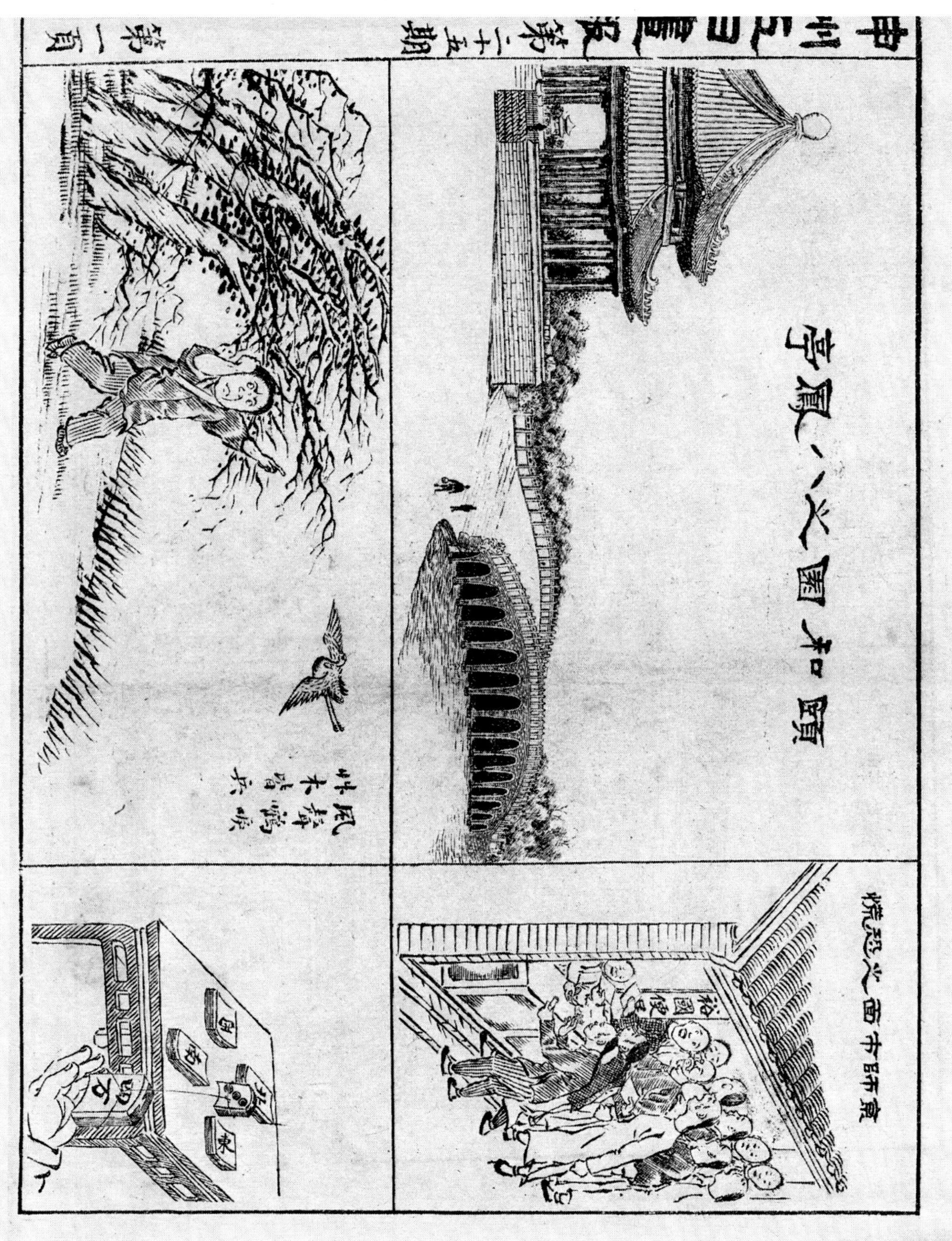
第二十五期
頤和園之八風亭
第一頁

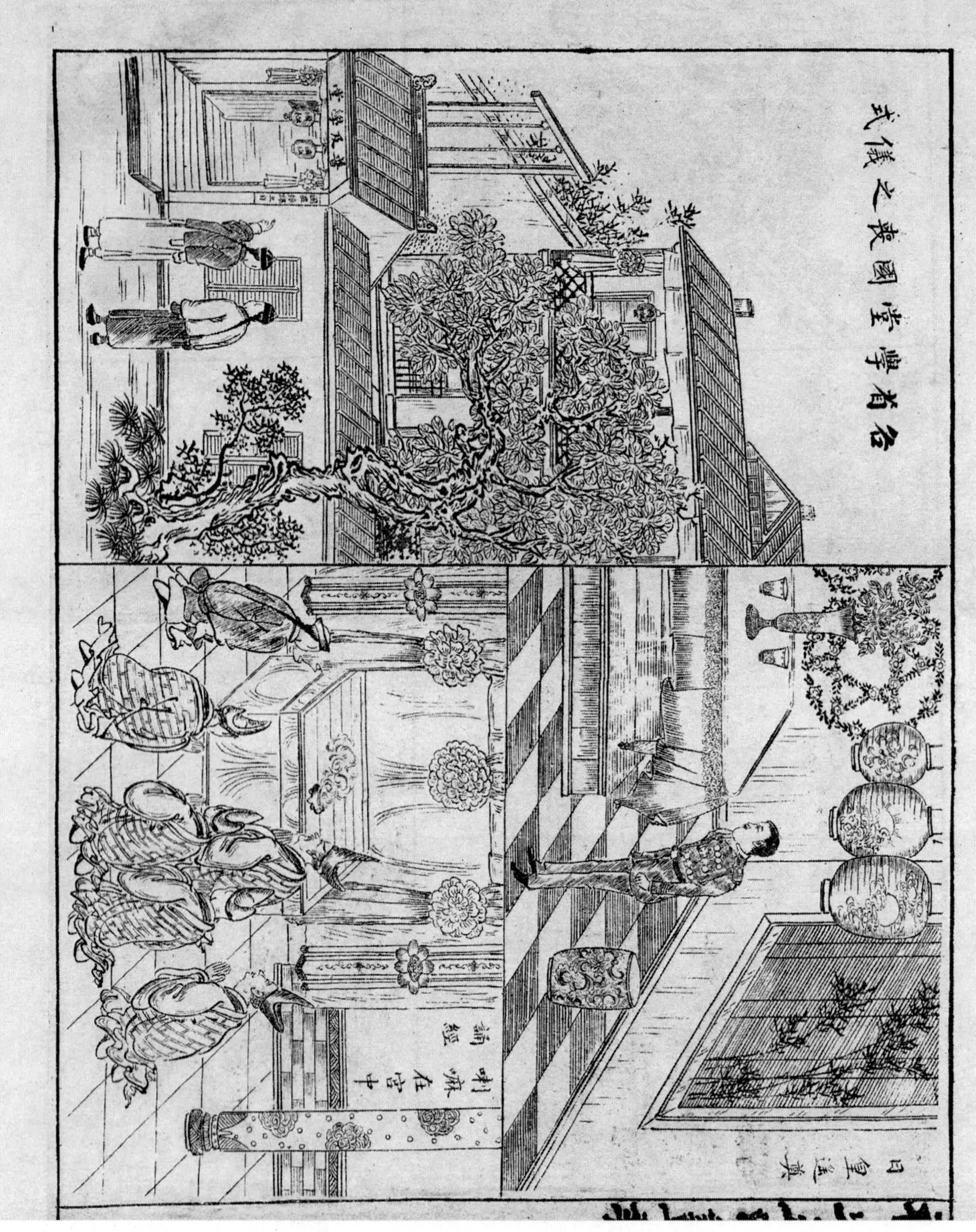

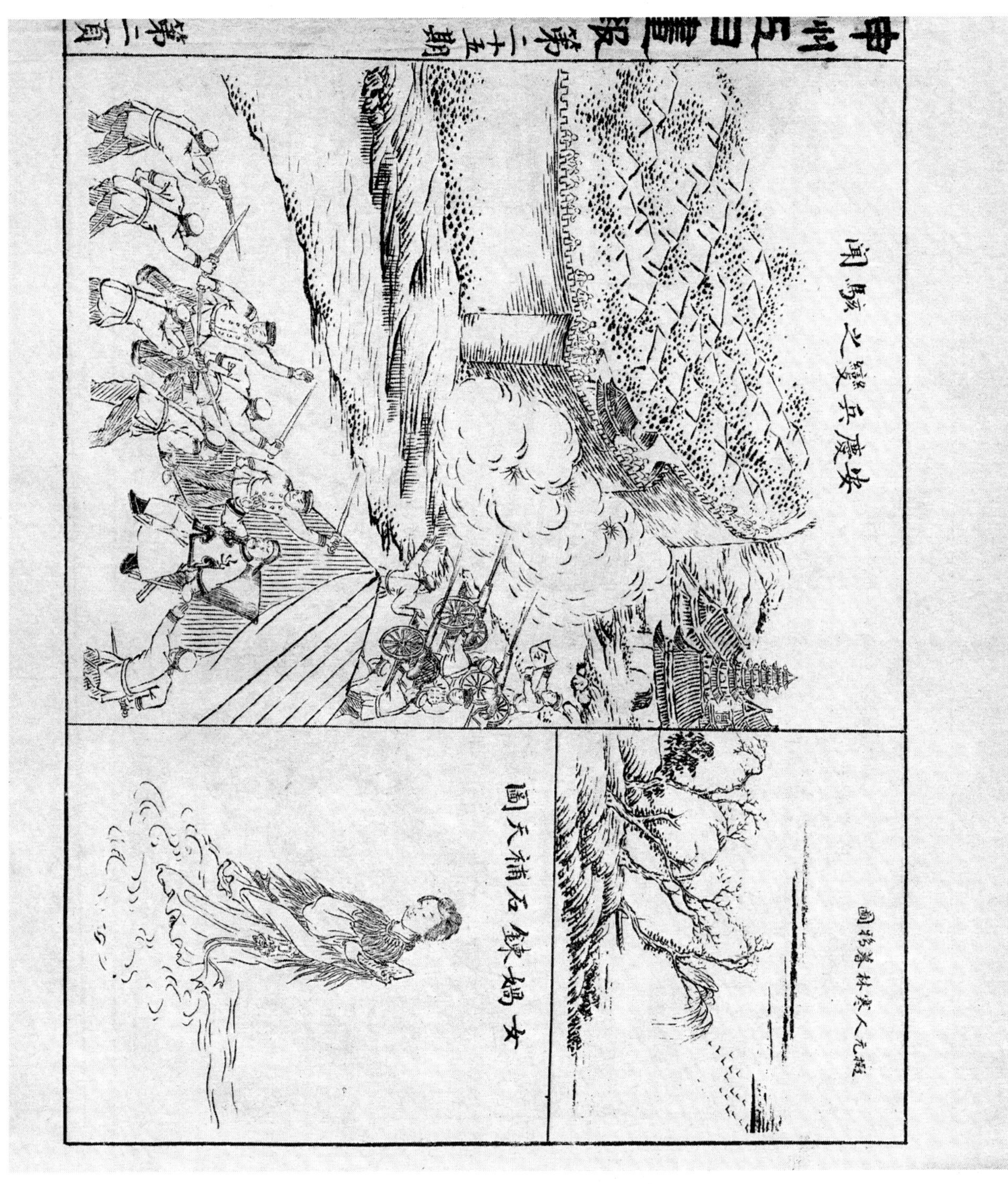
第二十五期
第二頁
安慶兵變之駭聞
女媧煉石補天圖

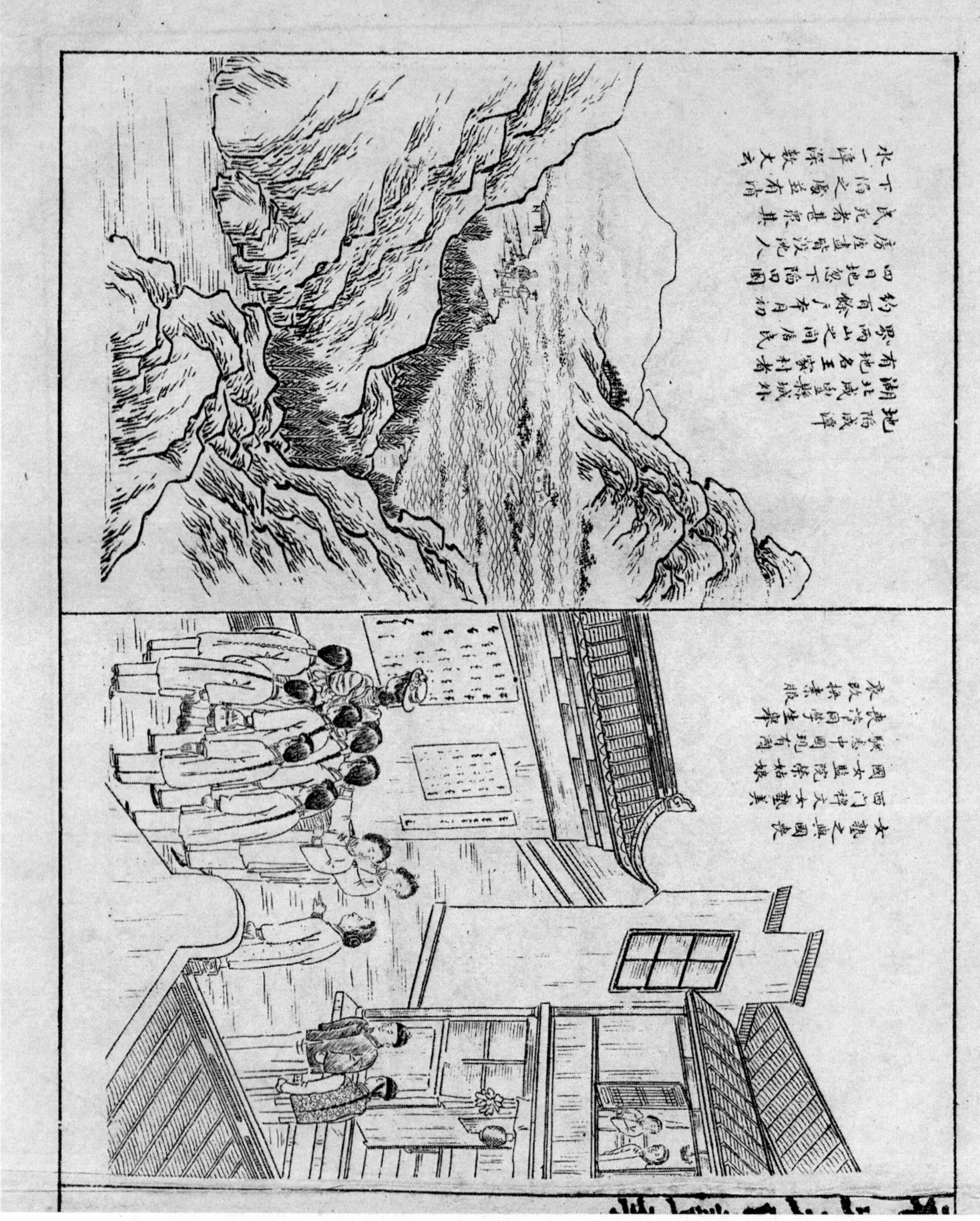
女塾之興國表
西门稗文女塾美
國女監院榮姑娘
賦志中國現有两
表皆同學生舉
哀改换素服
地陷成潭
湖北咸寧縣城外
有地名王家村者
界兩山之間居民
約百餘戶本月初
四日地忽下陷四圍
房屋盡皆沒地人
民死者甚衆其
下陷之處並有清
水一潭深數丈云

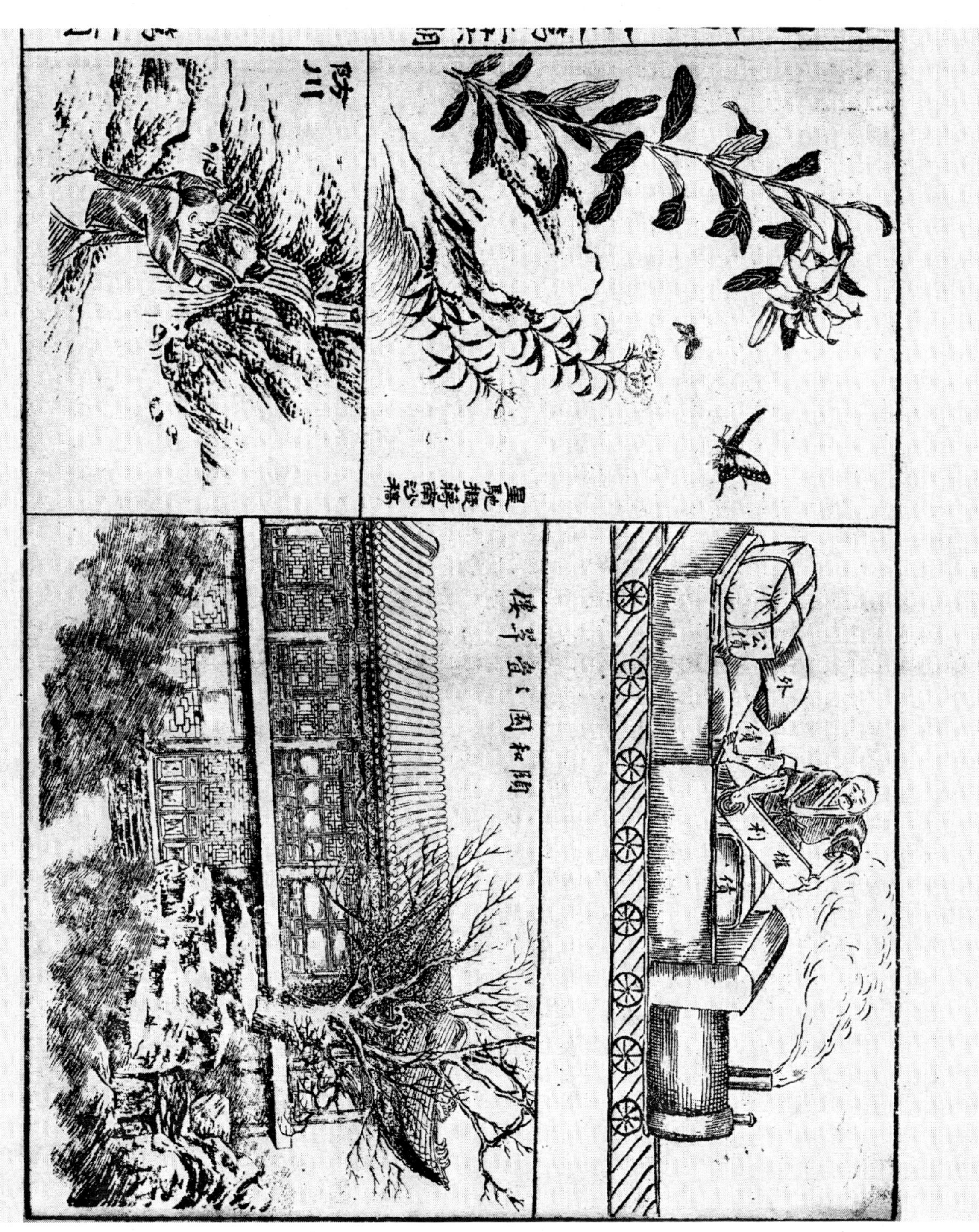

公債
外
債
權
利
債
頤和園之疊翠樓
星馳擬蔣南沙稿
防川

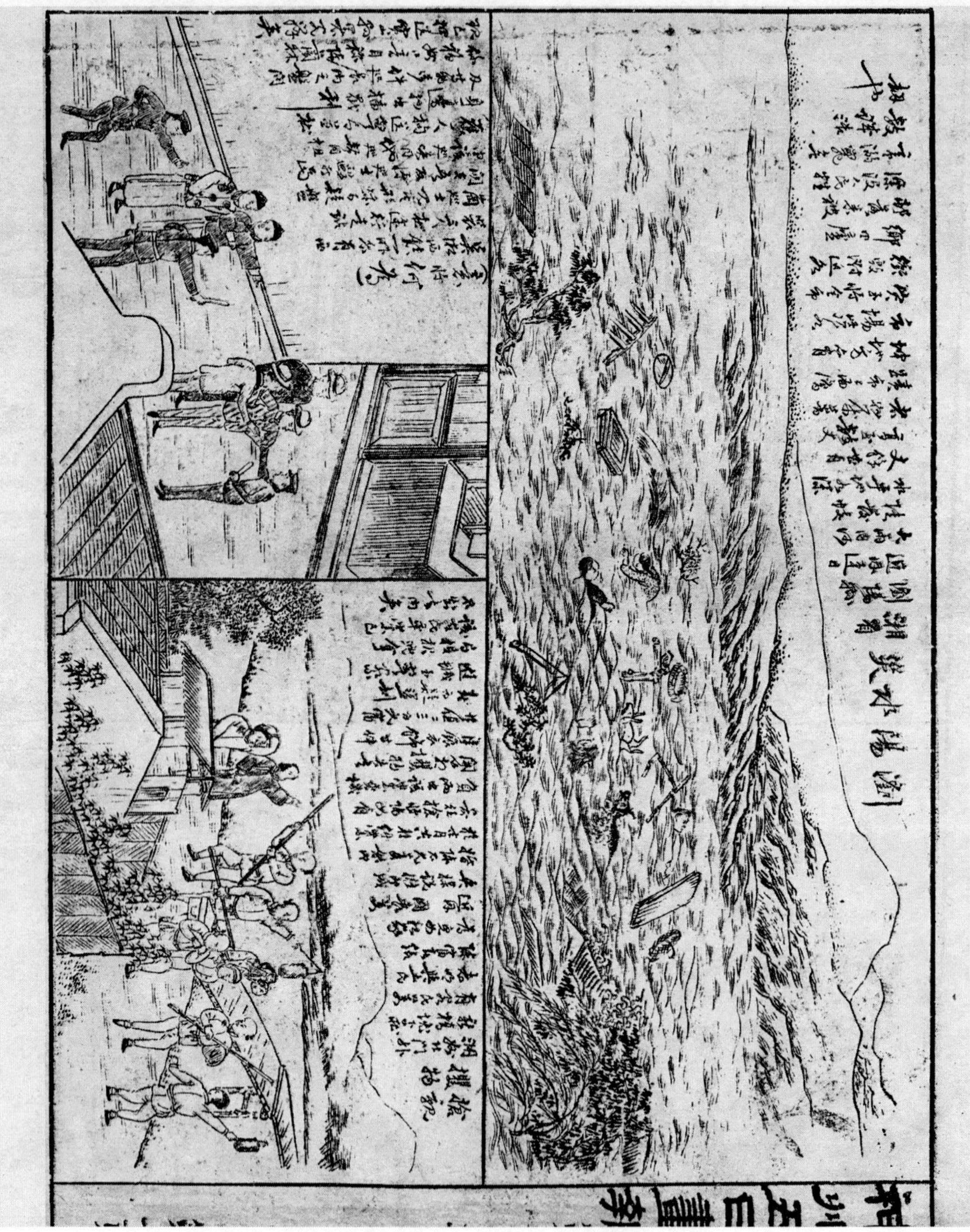

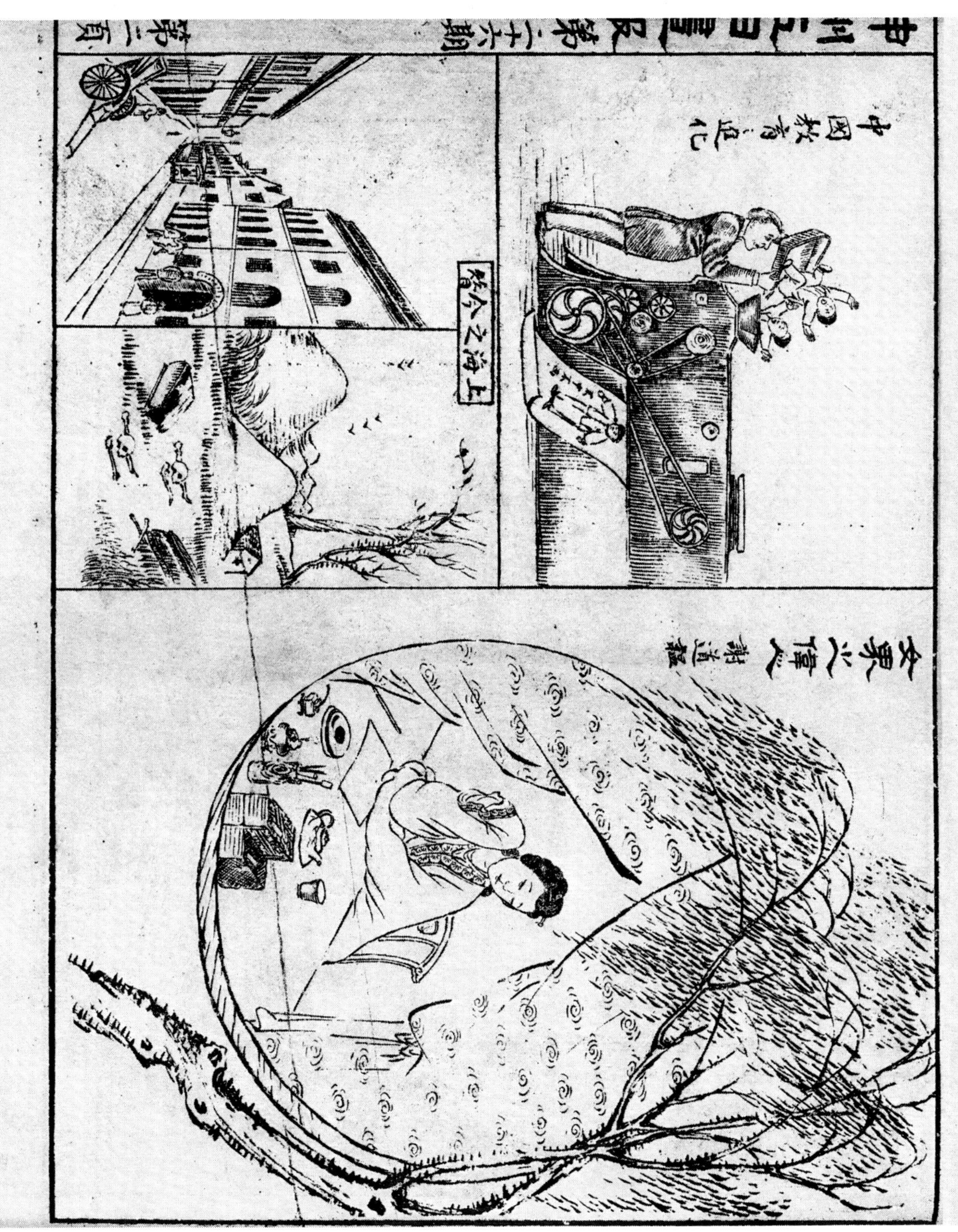
神州五日畫報 第二十六期
中國教育之進化
上海之今昔
女界之偉人 謝道韞

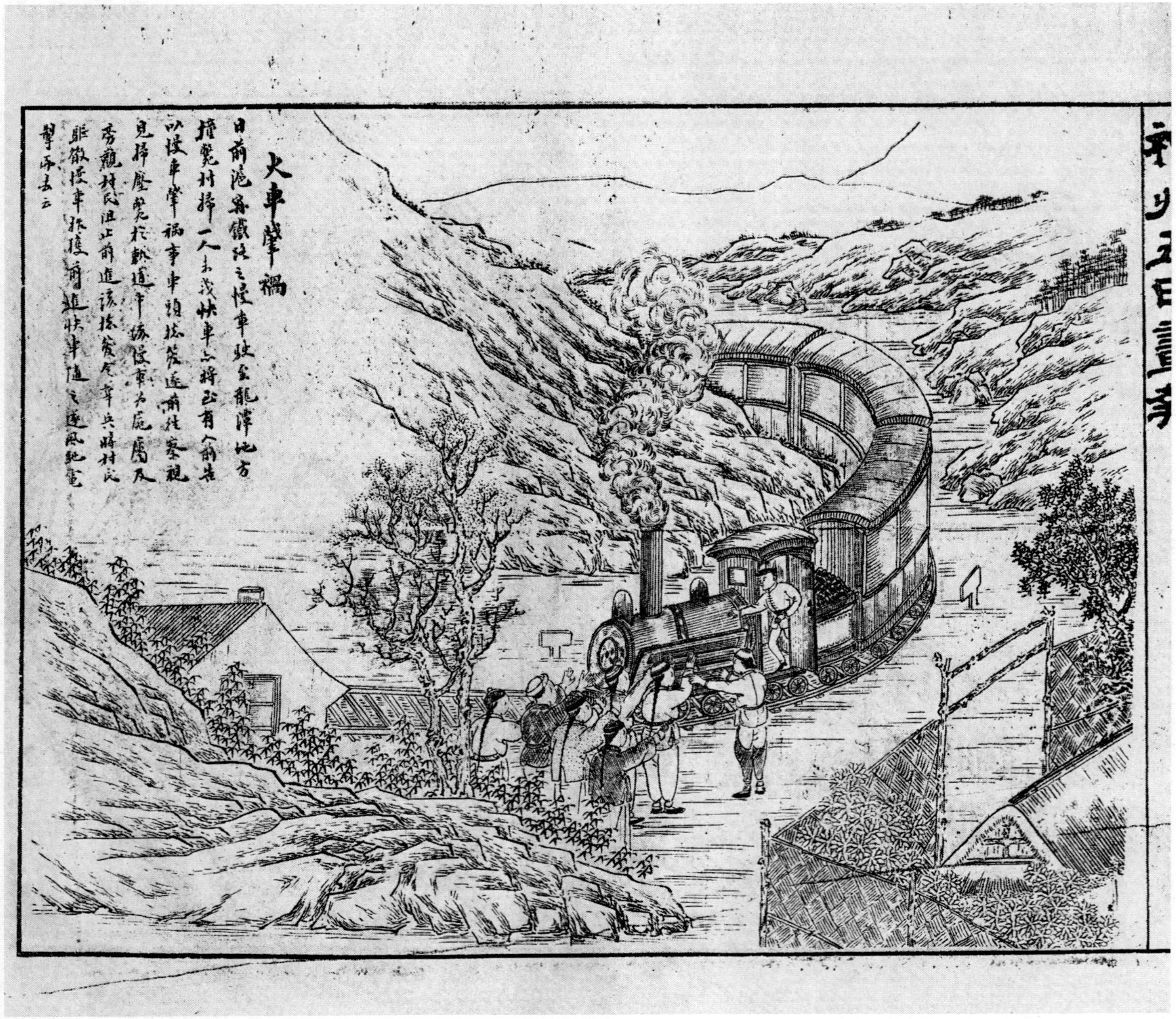
火車肇禍
日前滬寧鐵路之慢車駛至龍潭地方
撞斃村婦一人未幾快車亦將至有人前告
以慢車肇禍事申頭捻發迅前往察視
見婦屍壓斃於軌道中緣慢車為屍屬及
旁觀村民阻止前進該捻發氣忿率兵將村民
驅散慢車旋復前進快車隨之遂風馳電
掣而去云

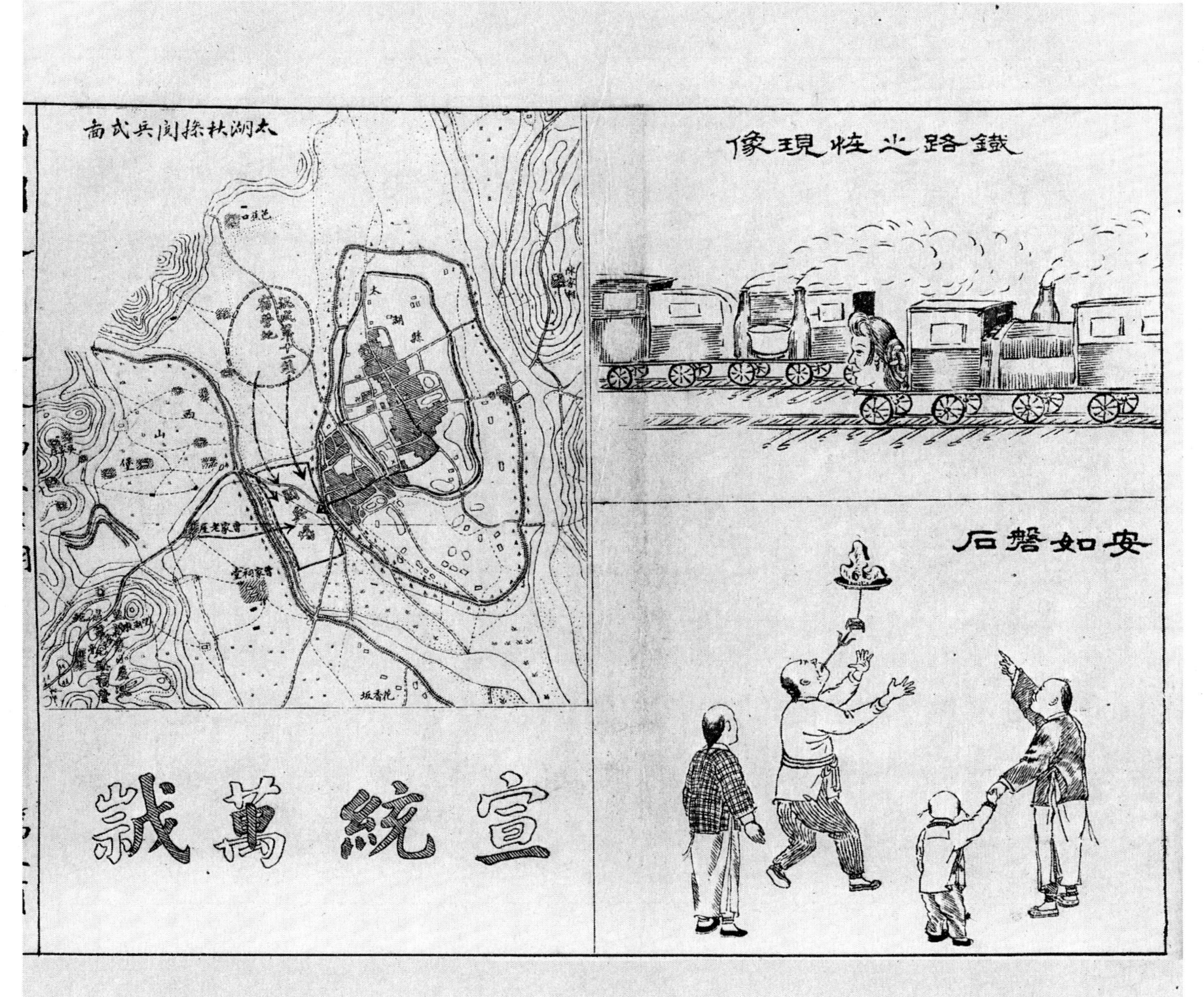
太湖秋操閱兵式圖
鐵路之怪現像
安如磐石
宣統萬歲

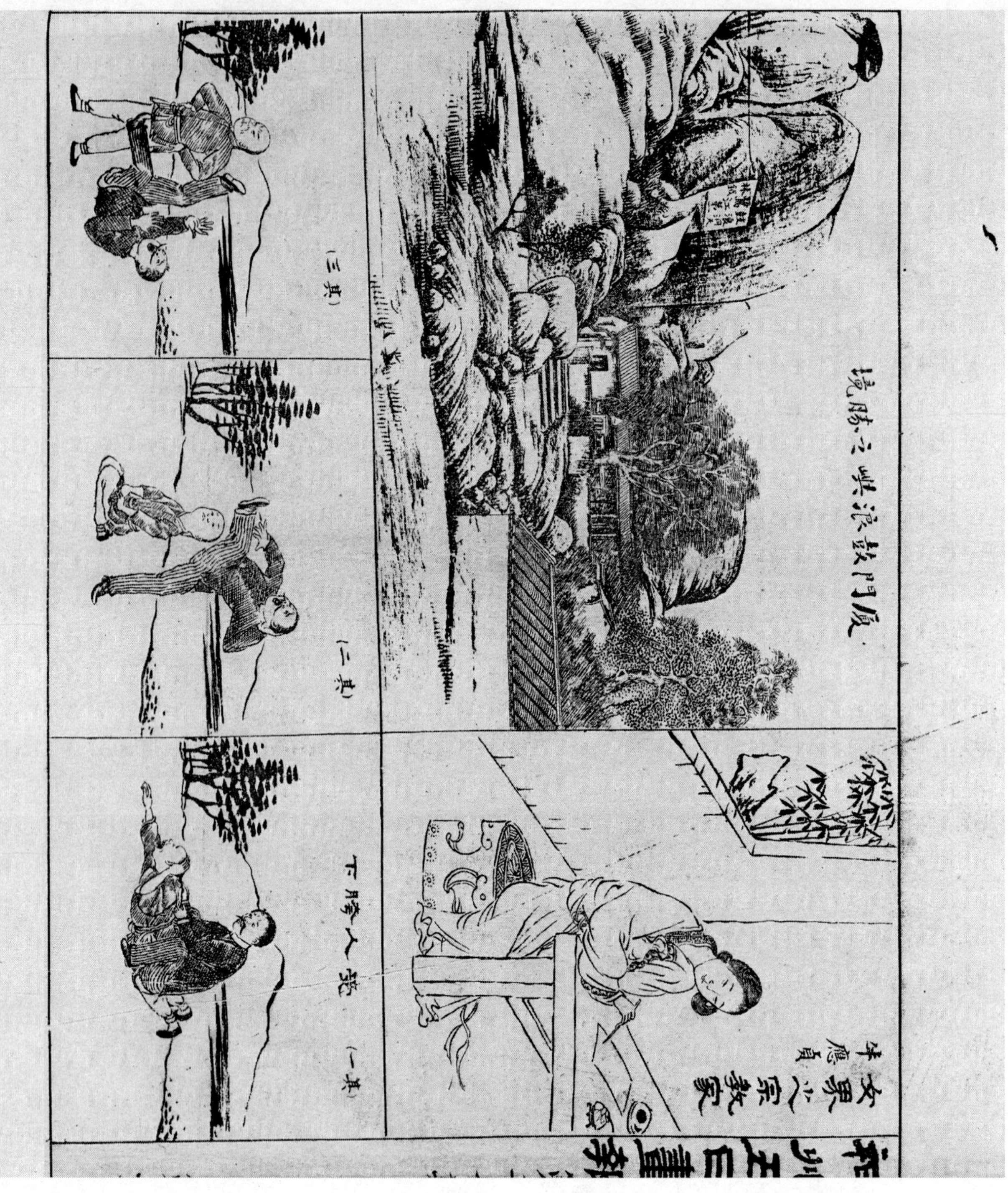
女界之宗教家
廈門鼓浪嶼之勝境

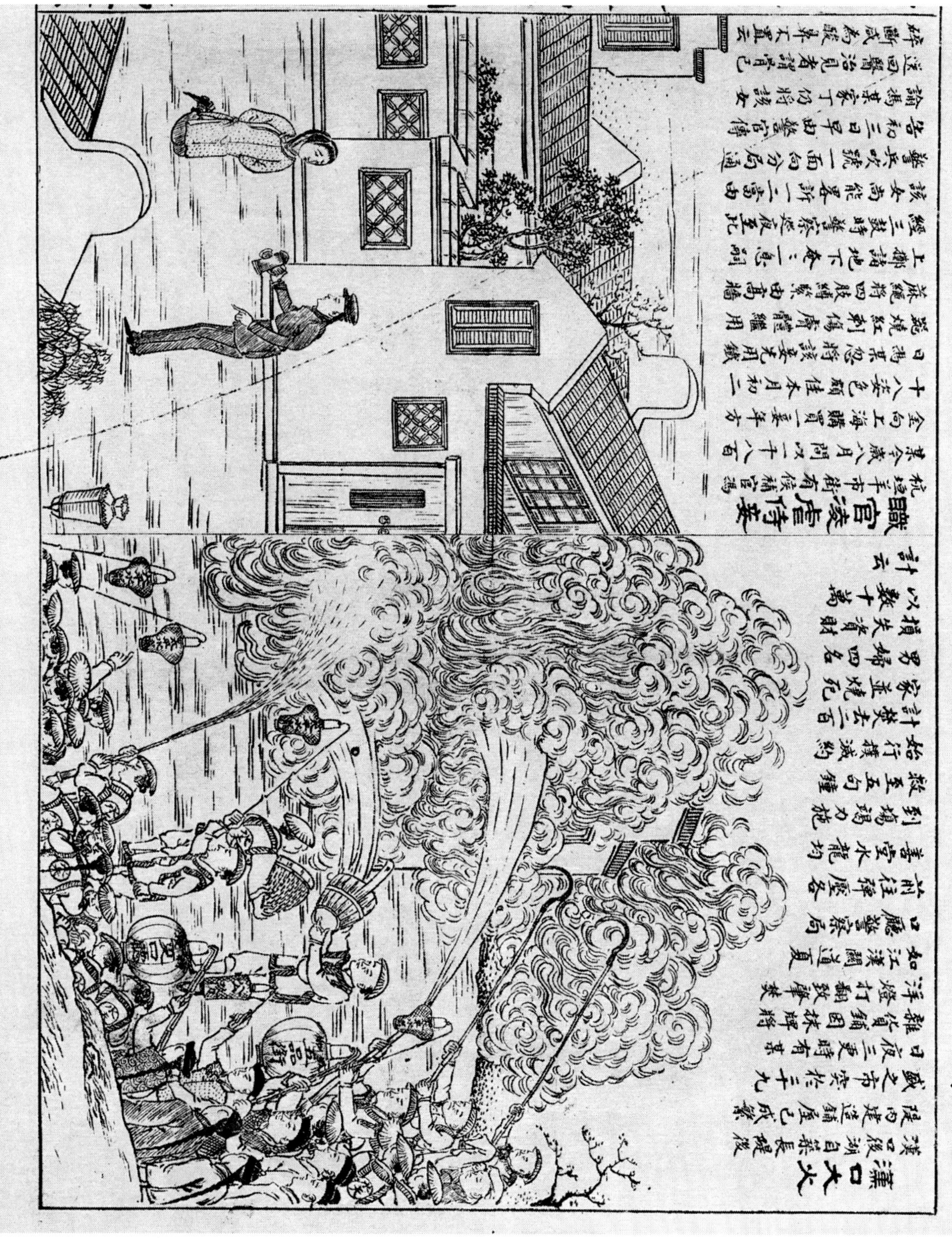
漢口大火
漢口後湖自築長隄後
隄內建造鋪屋已成繁
盛之市突於二十九
日夜三更時有某
雜貨鋪因抹牌將
洋燈打翻致肇焚
如江漢關道夏
口廳警察局
前往彈壓各
善堂水龍均
到場竭力施
救至五句鐘
始行撲滅約
計焚去二百
家並燒死
男婦四名
損失資財
以數十萬
計云
五品銜
夏口廳
職官凌虐侍妾
杭垣羊市街有候補官馮
某今歲八月間以一千八百
金向上海購買一妾年方
十八姿色頗佳本月初二
日馮某忽將該妾先用鐵
箸燒紅刺傷膚體繼用
蔴繩將四肢縛緊由高牆
上擲諸地下奄奄一息嗣
經三鼓時警察巡夜至此
該女尚能畧訴一二當由
警兵吹號一面向分局通
告初三日早由警官傳
諭馮某家丁仍將該女
送回醫治見者謂骨已
碎斷咸為髮指不置云

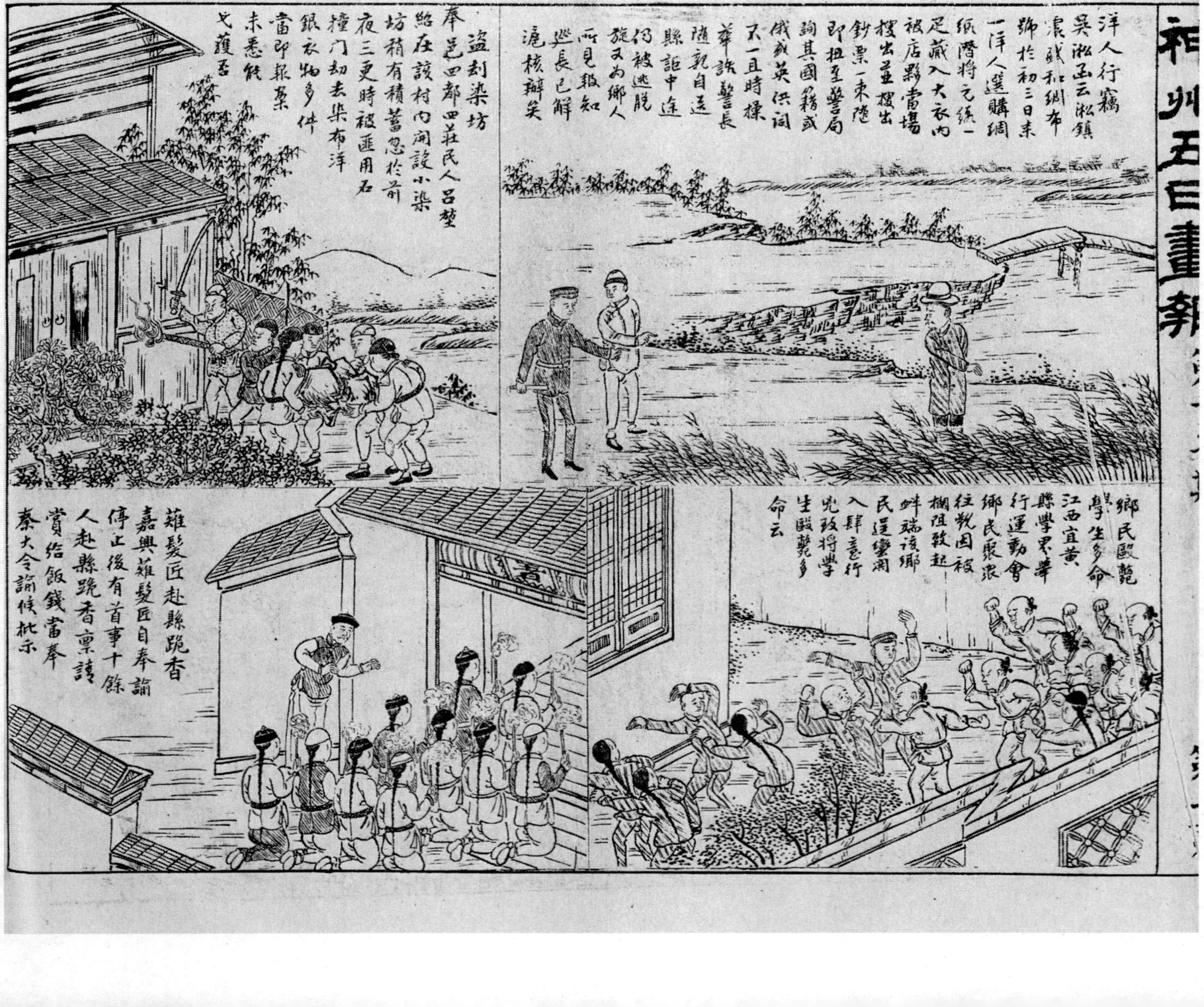
神州五日畫報
洋人行竊
吳淞函云淞鎮浪戚和綢布號於初三日來一洋人選購綢緞潛將元緞一疋藏入大衣內被店夥當場搜出並搜出鈔票一束隨即扭至警局詢其國籍或俄或英供詞不一且時操華語警長隨親自送縣詎中途仍被逃脫旋又為鄉人所見報知巡長已解滬核辦矣
盜刦染坊
奉邑四都四莊民人呂墊紹在該村內開設小染坊稍有積蓄忽於前夜三更時被匪用石撞門刦去染布洋銀衣物多件當即報案未悉能弋獲否
鄉民毆斃學生多命
江西宜黃縣學界舉行運動會鄉民衆浪往觀因被攔阻致起衅端該鄉民逞蠻鬧入肆意行兇致將學生毆斃多命云
薙髮匠赴縣跪香
嘉興薙髮匠自奉諭停止後有首事十餘人赴縣跪香稟請賞給飯錢當奉秦大令諭候批示

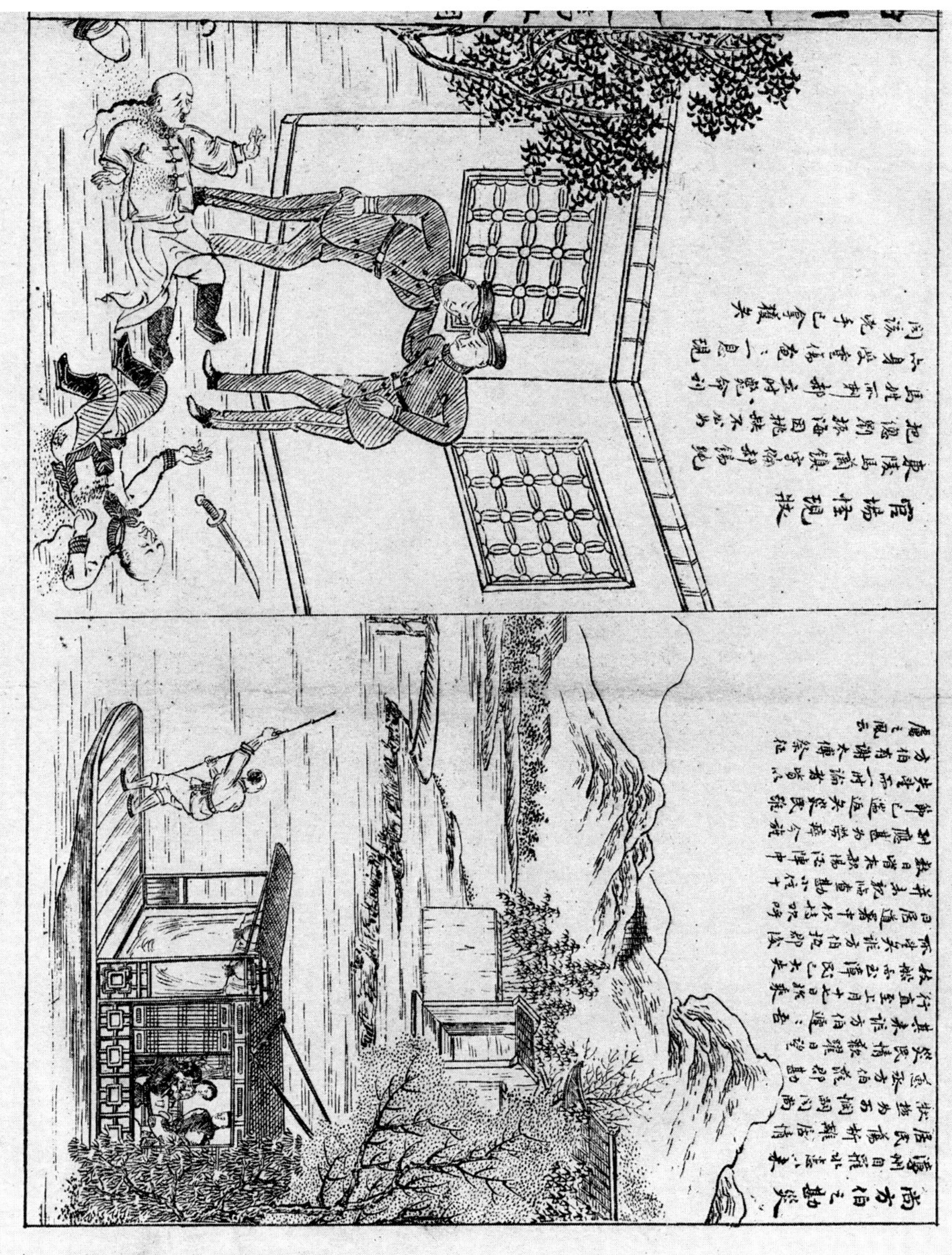
尚方伯之勘災
漳州自罹水患以來居民蕩析離居情狀極為可憫胡閩尚藩丞方伯蒞郡勘災民情歡躍日望其來詎方伯遲遲吾行直至上月十七日於來于船而至漳民已大失所望矣詎方伯抵郡後日居道署中惟恃吹呼并未親臨查勘小住十數日始於秋揚帆陣中到處甚為勞瘁今旋節已遄返矣災民雖失望而一時論者皆以方伯有謝太傅祭征虜之風云
官場怪現狀
東陵馬蘭鎮守備郝錫純把總劉振海因挑缺不公為馬姓所刺郝立時斃命劉亦身受重傷奄奄一息現聞該兇手已拿獲矣

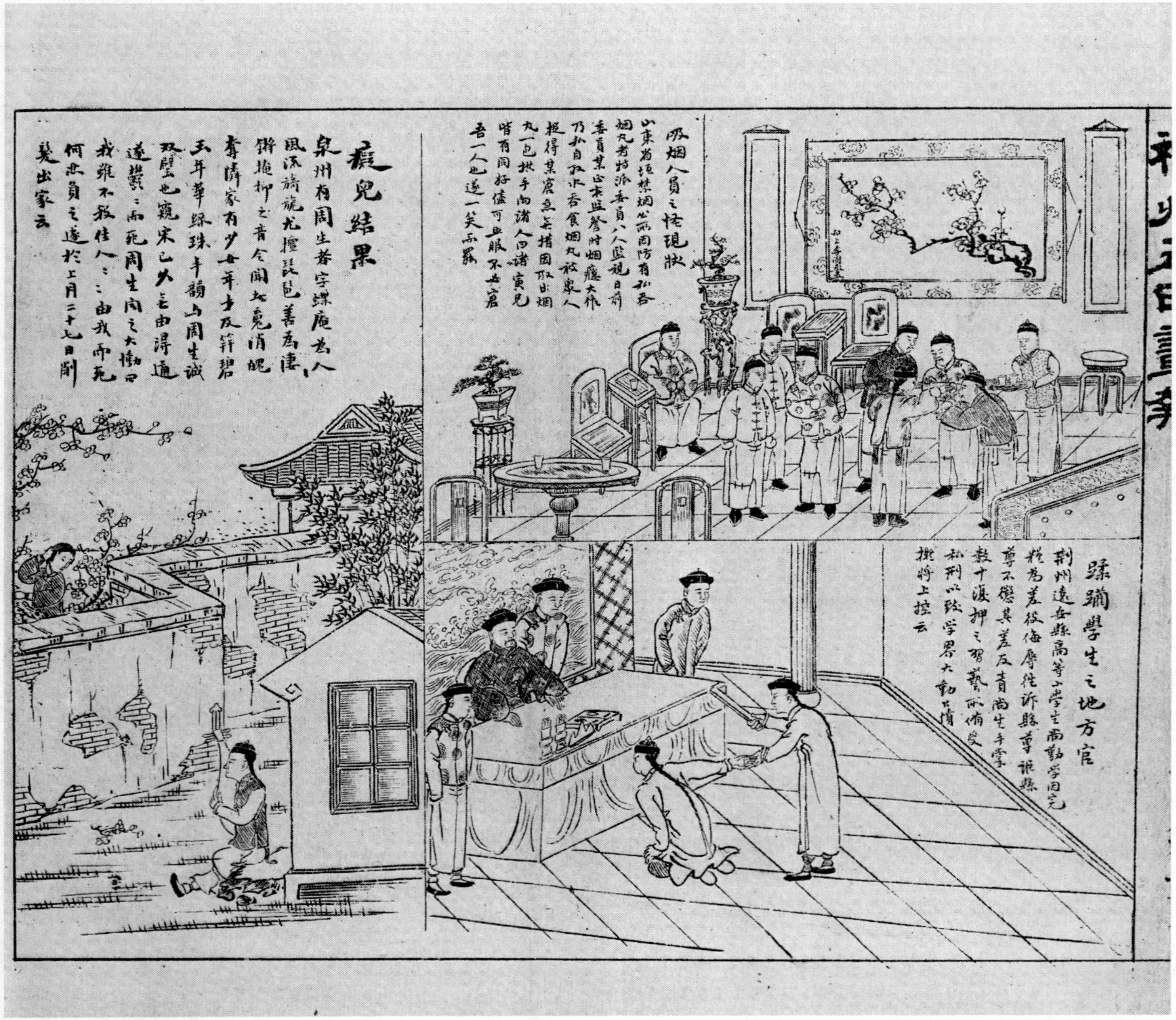
癡兒結果
泉州有周生蕃字蝶庵為人
風流旖旎尤擅琵琶善為凄
鏘掩抑之音令聞者消䰟
青倩家有少女年十及笄碧
玉年華綠珠丰韻與周生誠
雙璧也窺宋已久無由得通
遂鬱鬱而死周生聞之大慟曰
我雖不殺佳人佳人由我而死
何忍負之遂於上月二十七日削
髮出家云
吸烟人員之怪現狀
山東省拒禁烟公所因防有私吞
烟丸者特派委員八人監視日前
委員某甲未監督時烟癮大作
乃私自取所吞食烟丸被衆人
搜得某窘急無措因取出烟
丸一包拱手向諸人曰諸君兄
皆有同好儘可共服不必宣
吾一人也遂一笑而罷
蹂躪學生之地方官
荆州遠安縣高等小學生雨勤學因完
粮為差役侮辱往訴縣尊詠縣
尊不懲其差反責雨生手掌
數十復押之習藝所備受
私刑以致學界大動公憤
擬將上控云

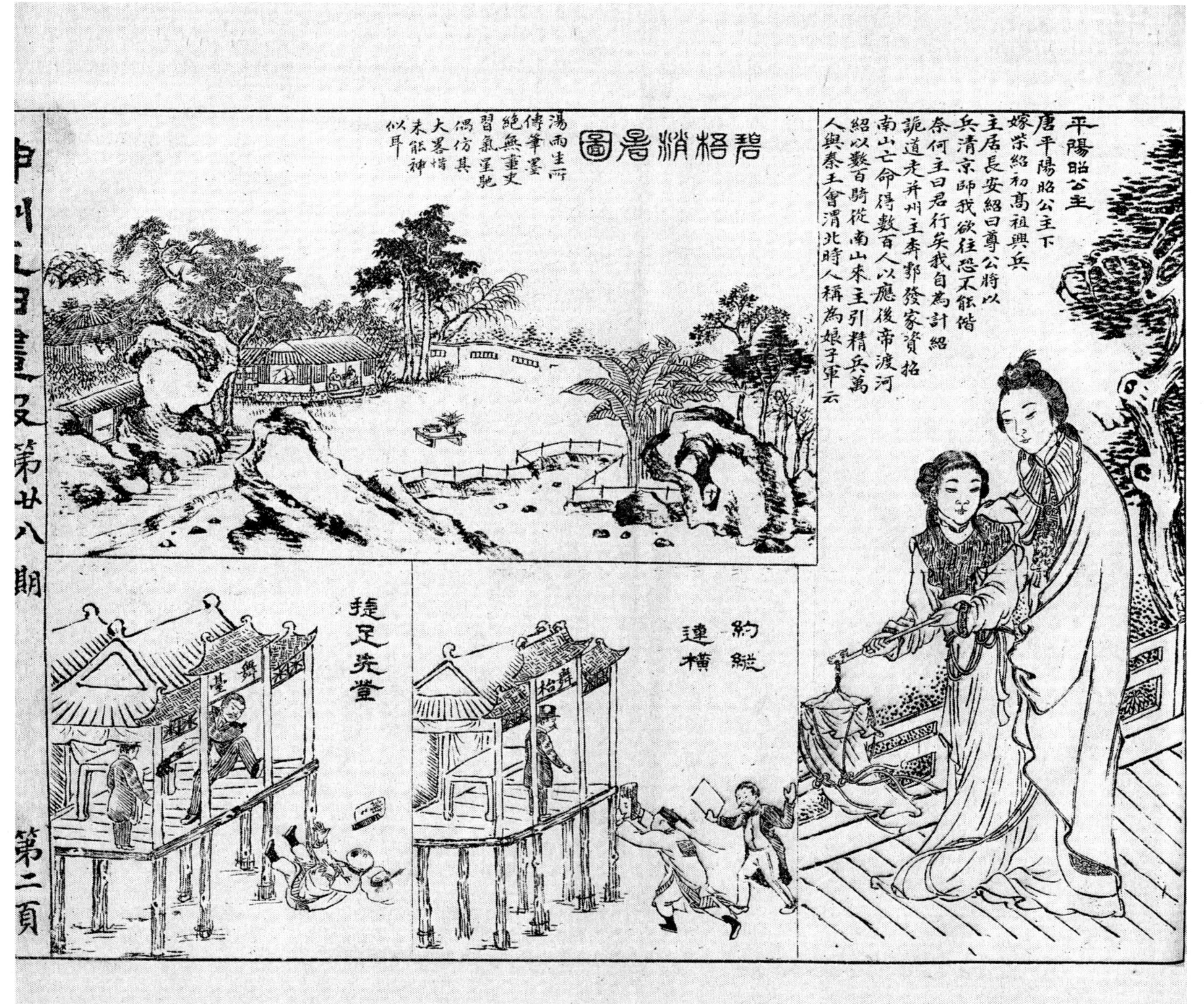
第廿八期
第二頁
平陽昭公主
唐平陽昭公主下嫁柴紹初高祖興兵主居長安紹曰尊公將以兵清京師我欲往恐不能偕奈何主曰君行矣我自為計紹詭道走并州主奔鄠發家資招南山亡命得數百人以應後帝渡河紹以數百騎從南山來主引精兵萬人與秦王會渭北時人稱為娘子軍云
碧梧消暑圖
湯雨生所傳筆墨絕無重史習氣星馳偶仿其大畧惜未能神似耳
約縱連橫
捷足先登

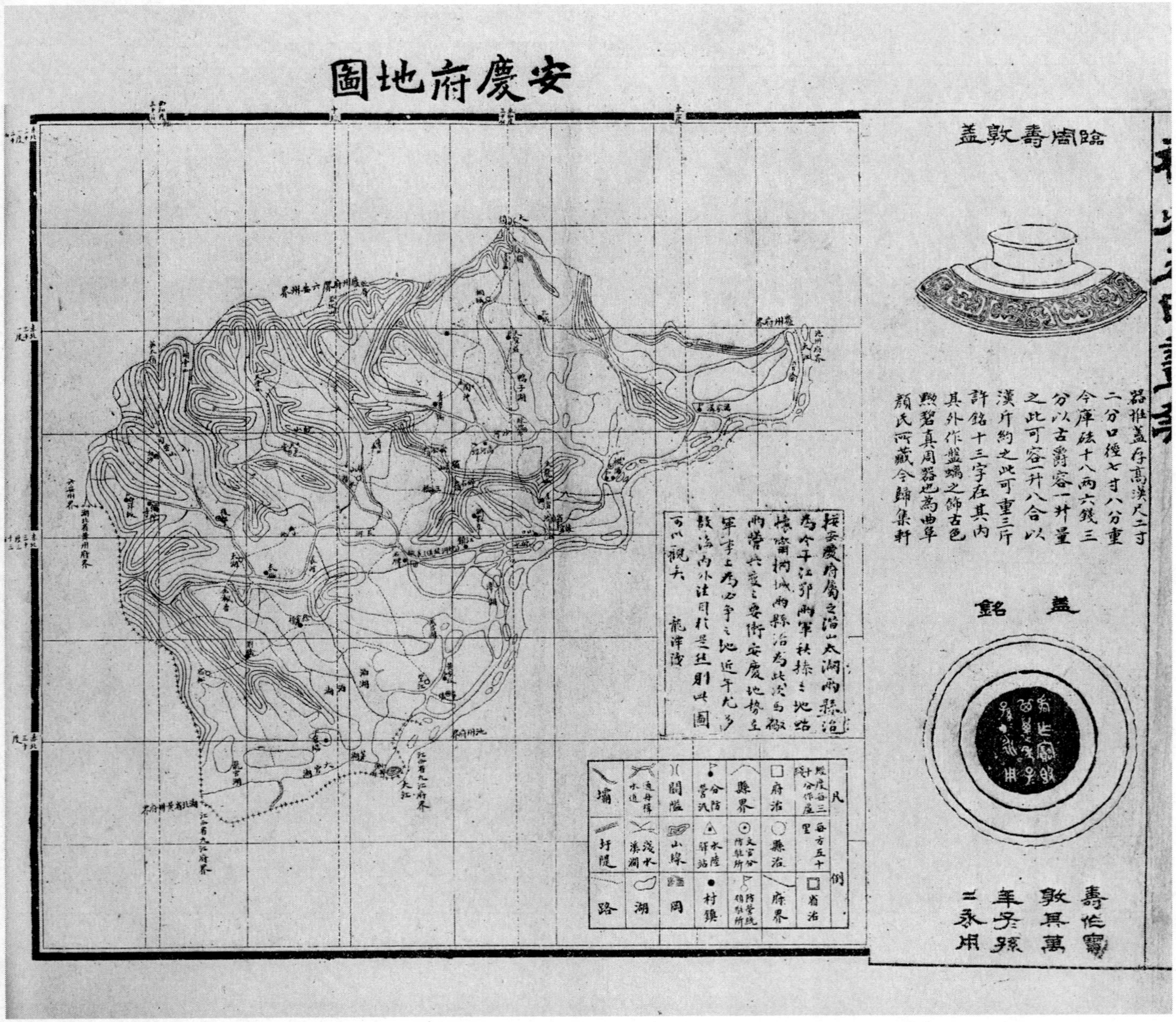
安慶府地圖
按安慶府屬之潛山太湖兩縣治
為今年江鄂兩軍秋操之地
軍事上為必爭之地近年尤多
故海內外注目於是茲別此圖
可以觀矣
凡例
府治
縣治
省治
縣界
府界
關隘
山脈
湖
路
村鎮
器椎盉存高漢尺二寸
二分口徑七寸八分重
今庫砝十八兩六錢三
分以古爵容一升量
之此可容一升八合以
漢斤約之此可重三斤
許銘十三字在其內
其外作盤螭之飾古色
黝碧真周器也為曲阜
顏氏所藏今歸集軒
盉銘
壽作寶
敦其萬
年子孫
二永用

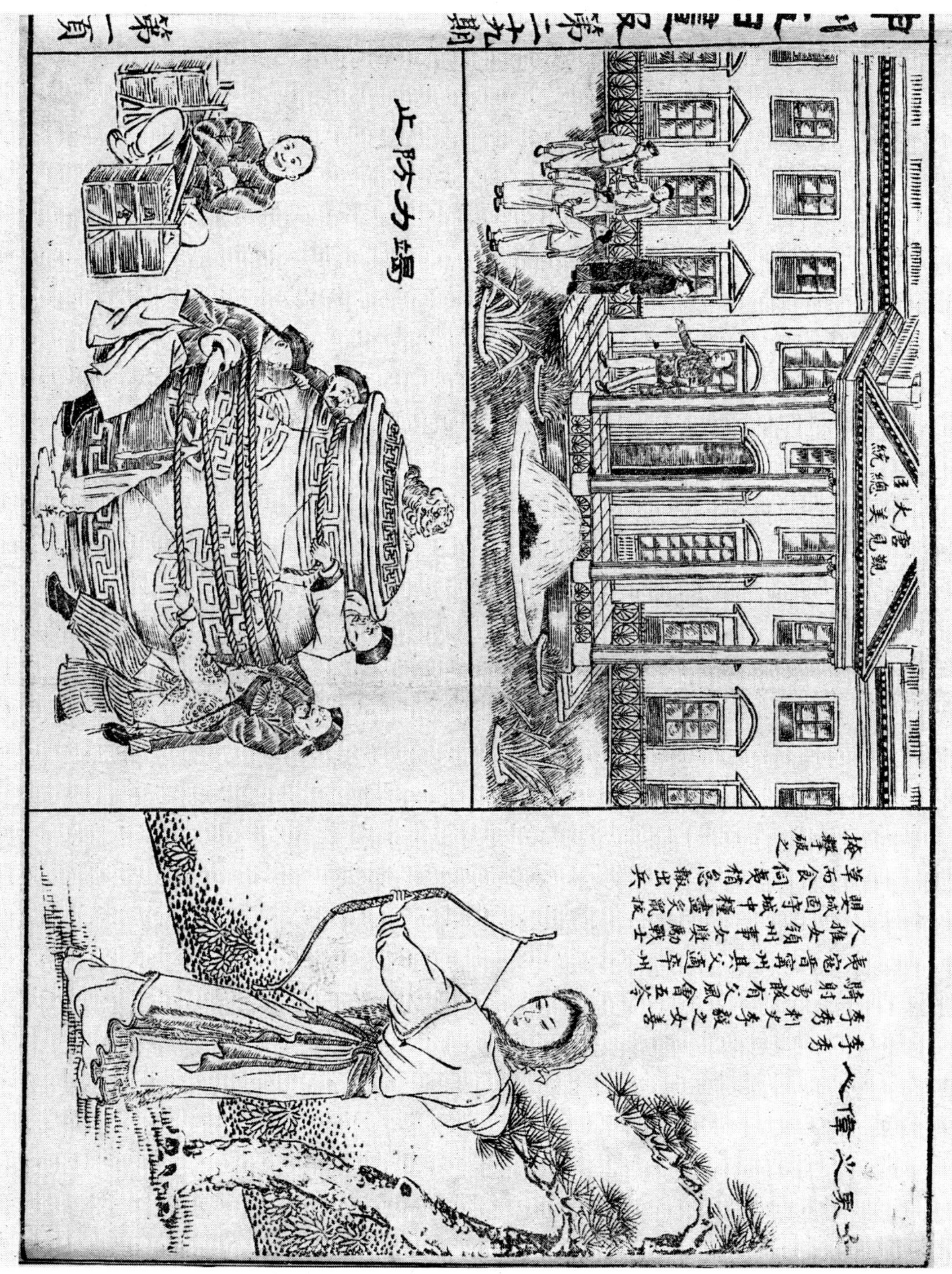
第二十九期
第一頁
唐大臣
覲見美總統
竭力防止
女界之偉人
李秀
李秀刺史李毅之女善
騎射勇敢有父風會五苓
夷寇晉寧州其父適卒州
人推女領州事女奬勵戰士
嬰城固守城中糧盡炙鼠拔
草而食伺夷稍怠輒出兵
掩擊破之

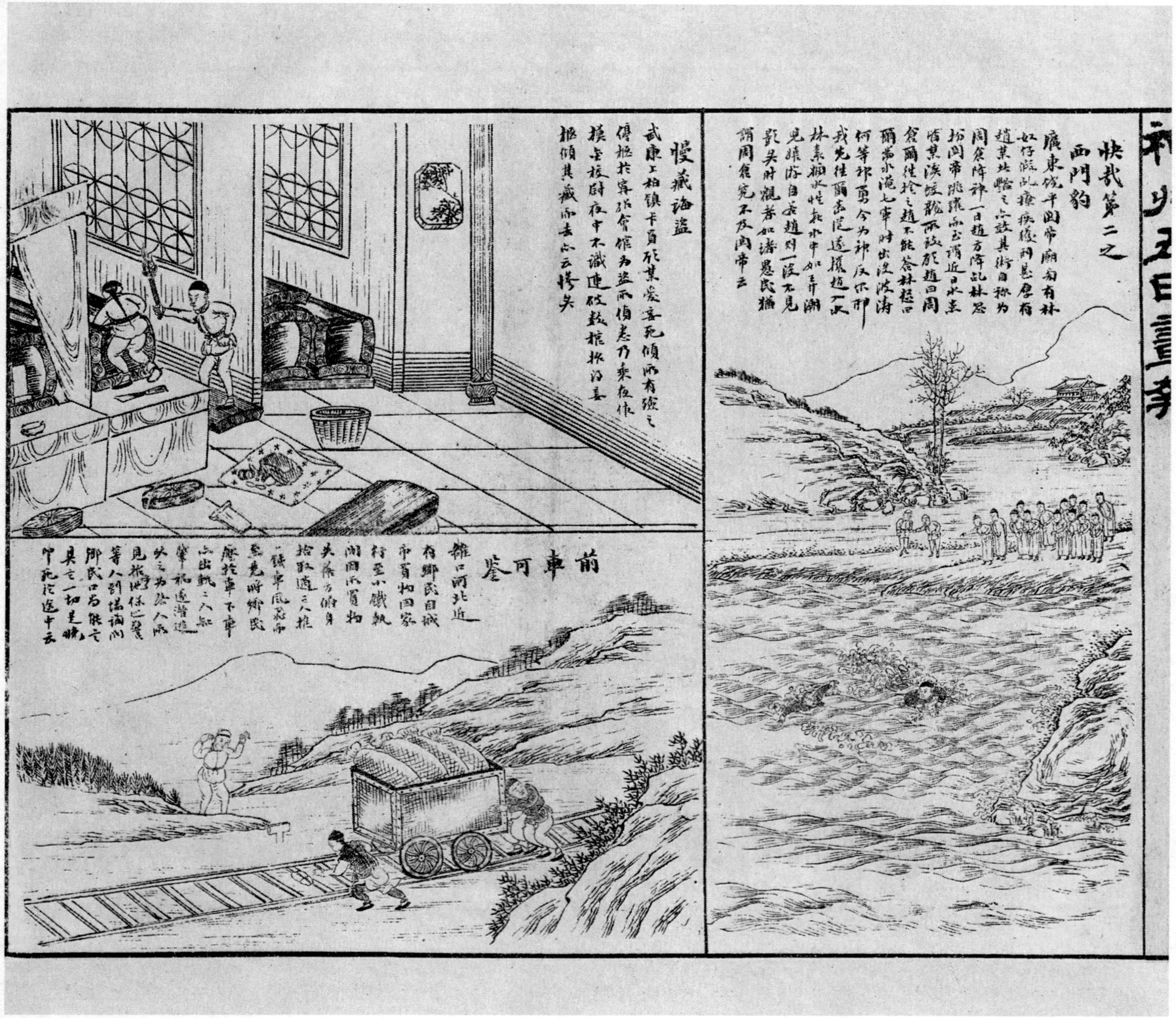
神州五日畫報
快哉第二之
西門豹
廣東饒平四帝廟向有林奴仔假此療疾獲利甚厚有趙某也黠之亦效其術自稱為關帝降神一日趙方降乩林忽扮周帝跳躍而出謂近日水患皆某淫祀所致所趙曰周倉爾往捨之趙不能答林怒曰爾為水淹七軍時出沒波濤何等神勇今為神反怯耶我先往爾當隨之趙不得已林素擅水性躍入水中如弄潮兒趙則自若趙則一沒不見觀者如堵然民猶謂周倉究不及關帝云
慢藏誨盜
武康上柏鎮卞氏某婆死頗有積儲柩於寄存會館為盜所偵悉乃乘夜撬其棺蔚夜中不識連破數棺搜柩傾其藏而去亦云慘矣
前車可鑒
雒口河北近有鄉民自城市買物回家行至小鐵軌頭因所買物太重乃俯身拾取適之人推一鐵車風馳而至鄉民避之不及壓於車下車已出軌之人知肇禍遂潛逃見者以為驚異鄉民口角流血具之一切是晚即死於途中云

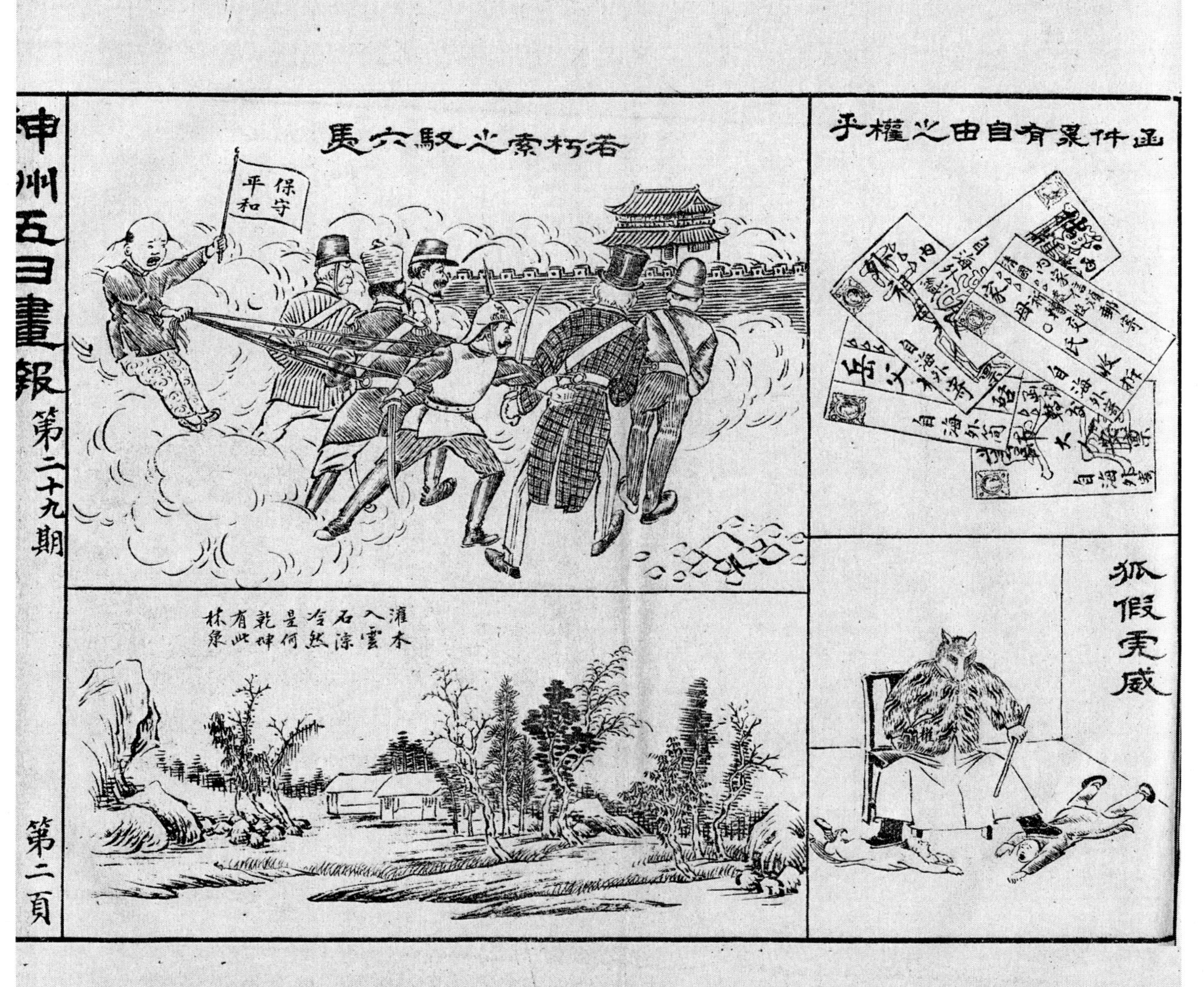
神州五日畫報
第二十九期
第二頁
若朽索之馭六馬
保守平和
函件果有自由之權乎
狐假虎威

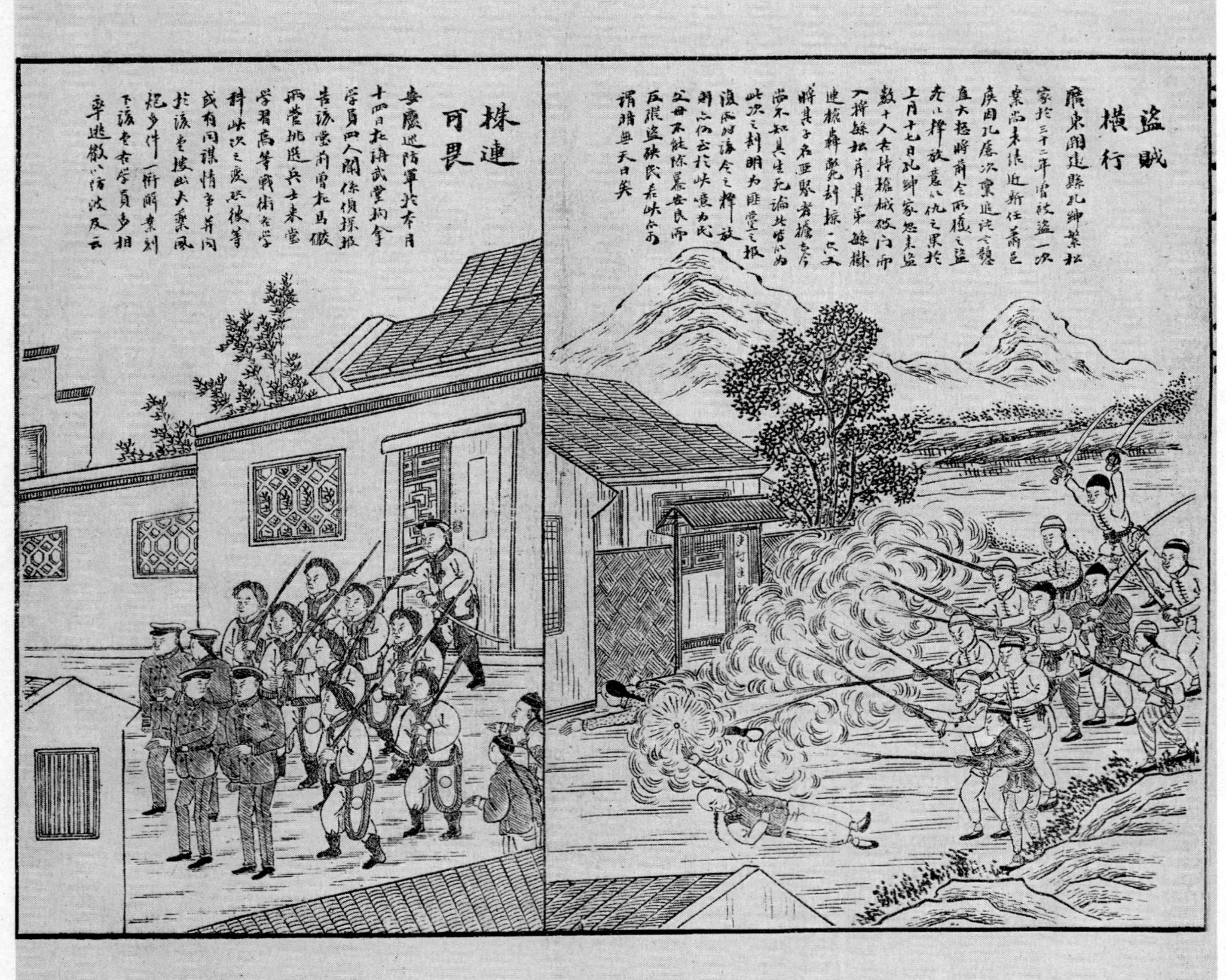
盗賊
横行
廣東開建縣孔紳紫松
家於三十二年曾被盜一次
案尚未結近新任蕭邑
侯因孔屢次稟追諭令譚
直大姪將前令所獲之盜
老以釋放意以仇之果於
上月十七日孔紳家忽來盜
數十人各持槍械破門而
入將紫松并其弟紫樹
連槍轟斃封掠一空又
將其子名亞聚者擄去
尚不知其生死論此皆以為
此次之封明明為匪黨之報
復所以諭令之釋一放
則亦何至於此噫為民
父母不能除暴安良而
反限盜殃民者此亦可
謂暗無天日矣
株連
可畏
安慶巡防軍於本月
十四日在講武堂拘拿
學員四人聞係偵探報
告該堂內曾在馬廠
兩營挑選兵士來堂
學習高等戰術者學
科此次之變已被等
或有同謀情事并同
於該堂搜出大稟風
犯多件一併解案刻
下該堂各學員多相
率逃散以防波及云

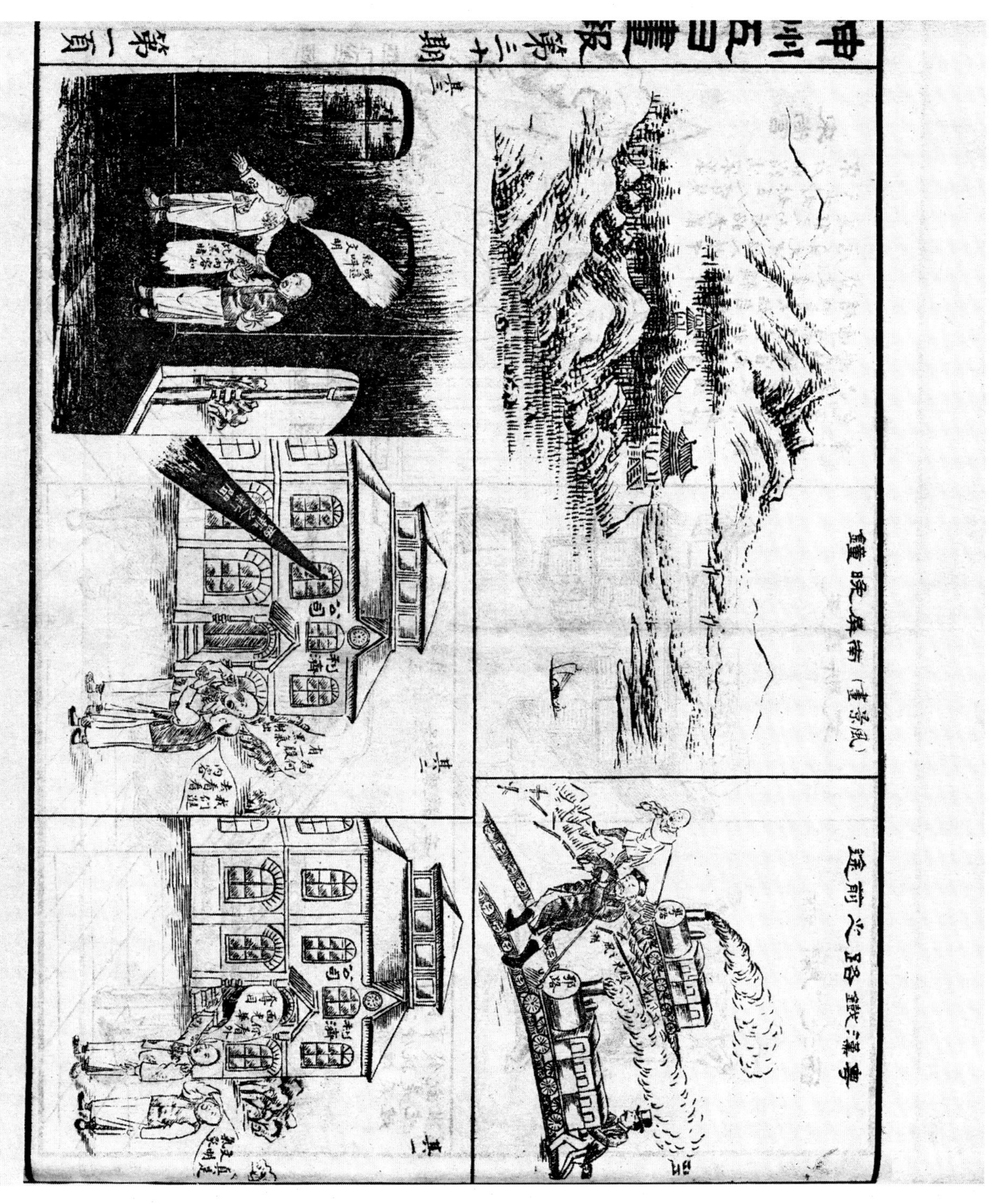
神州五日畫報
第三十期
第一頁

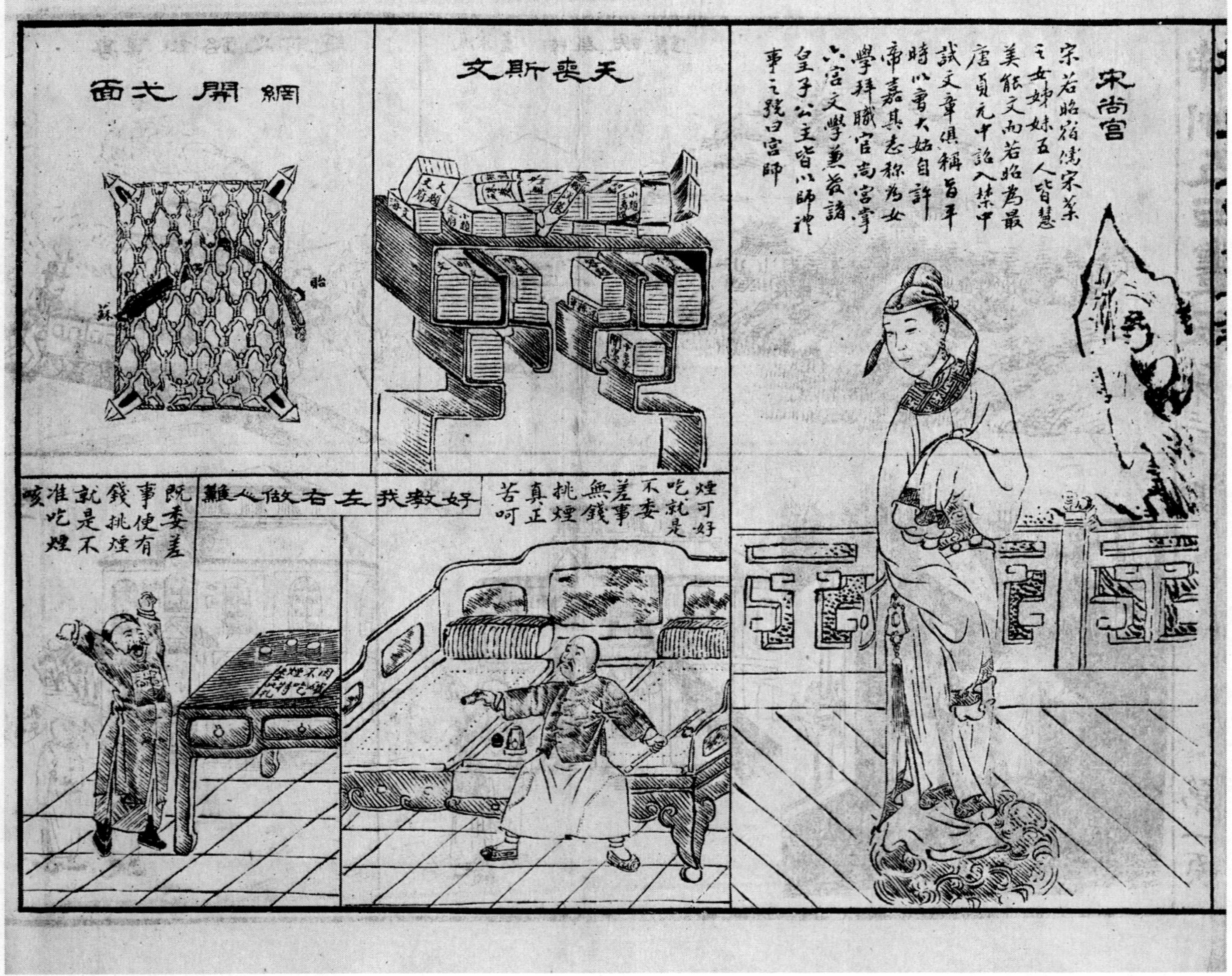
宋尚宫
宋若昭宿儒宋棻之女姊妹五人皆慧美能文而若昭為最唐貞元中詔入禁中試文章俱稱旨平時以書大姑自許帝嘉其志稱為女學士拜職官尚宮掌六宮文學兼教諸皇子公主皆以師禮事之號曰宮師
天喪斯文
網開弌面
好教我左右做人難
煙可吃就是不妥差事無錢挑煙真正苦呵
既委差事使有錢挑煙就是不准吃煙咳

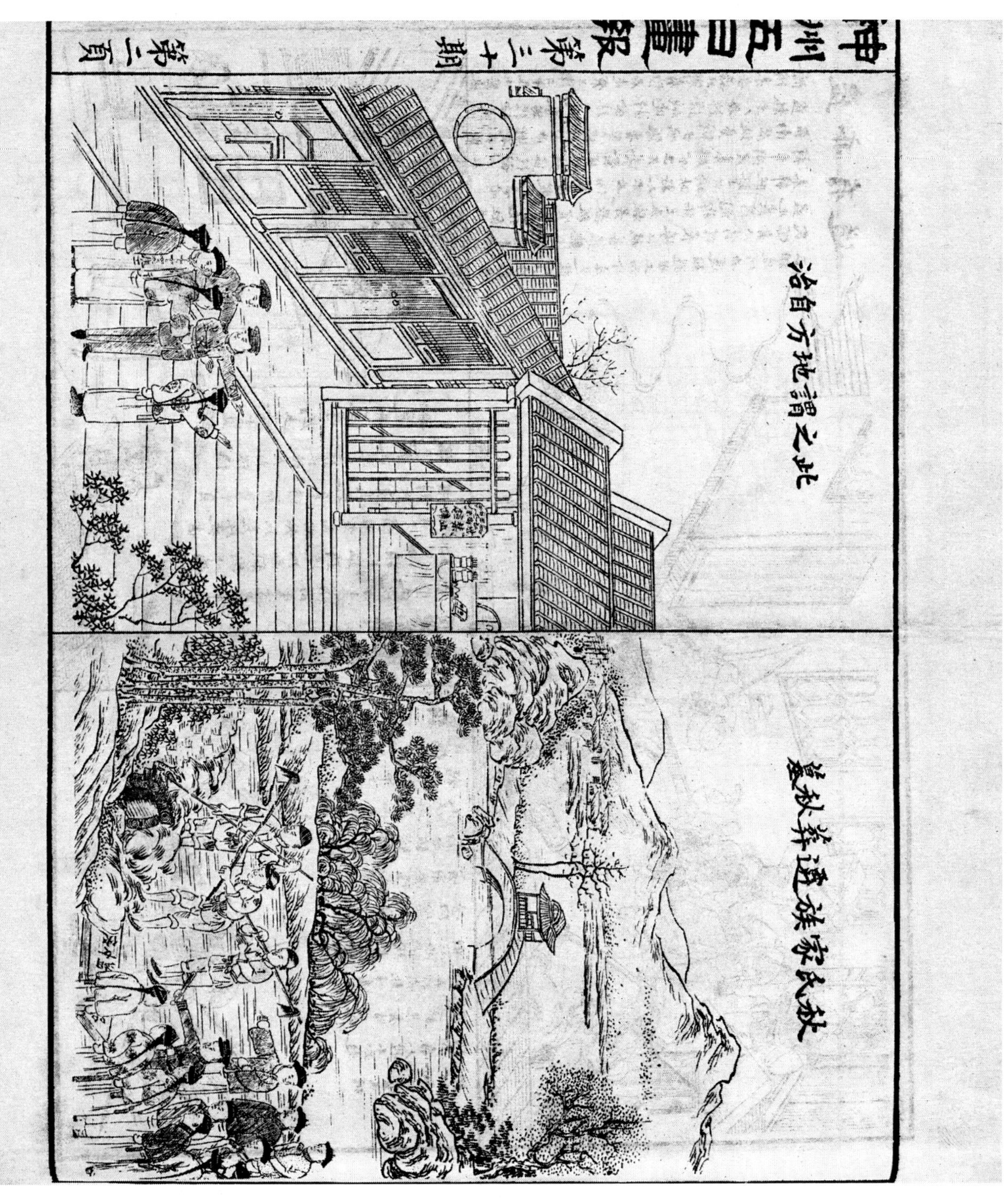
神州五日畫報
第三十期
第二頁
此之謂地方自治

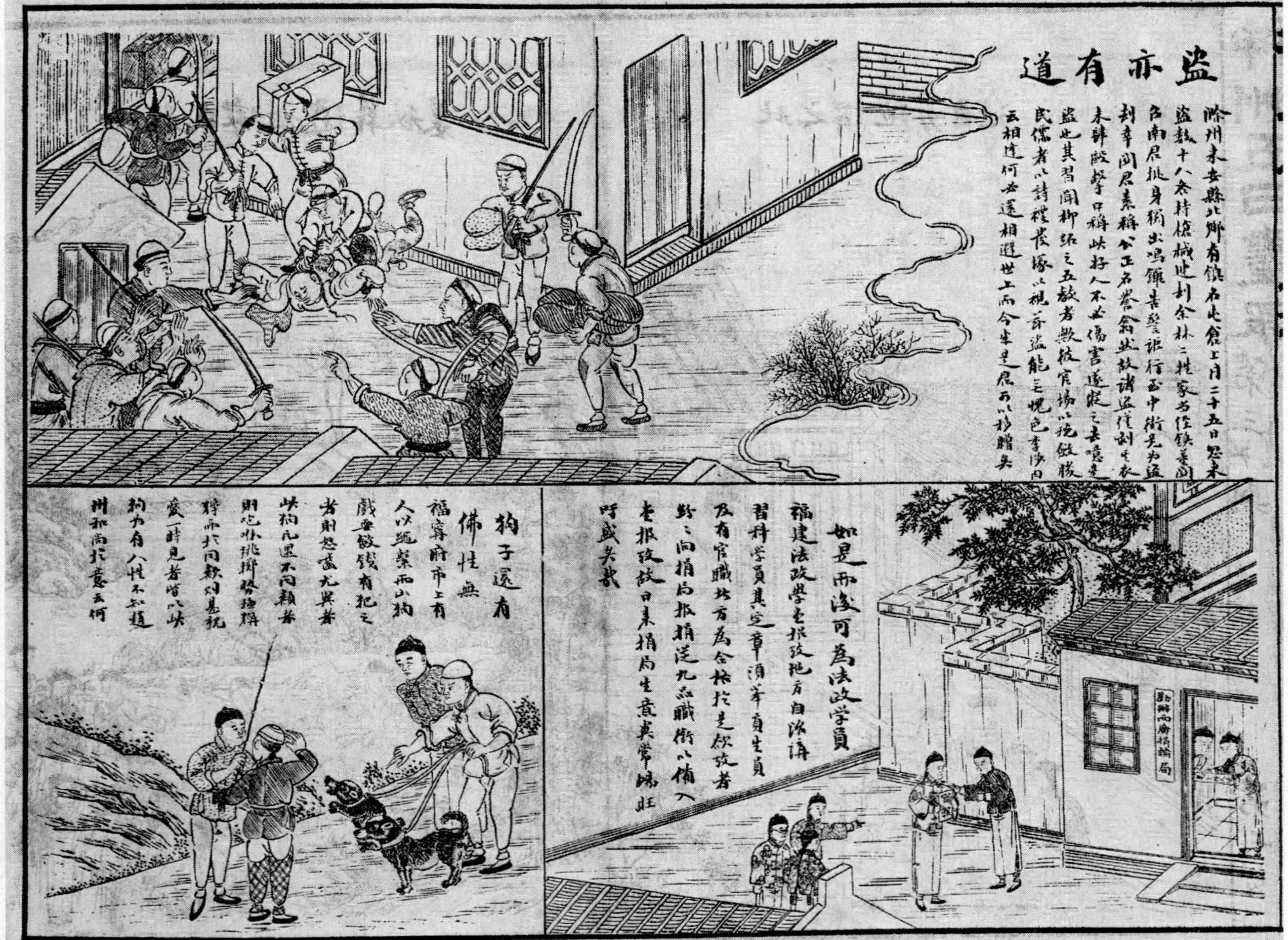
盗亦有道
滁州來安縣北鄉有鎮名屯倉上月二十五日忽來
盗數十人各持槍械進劫余林二姓家另往鎮東同
名南居挑身獨出鳴鑼告警詎行至中街竟為盗
劫幸同居素稱公正名誉翁出故諸盗僅剥其衣
未肆毆擊口稱某好人不必傷害遂從之去噫是
盗也其習聞柳跖之五教者歟彼官場以掊斂朘
民儒者以詩禮發冢以視亦盗能無愧色李涉有
云相逢何必逃相避世上而今半是君可以移贈矣
如是而後可為法政學員
福建法政學堂招考地方自治講
習科學員其定章須舉貢生員
及有官職者方為合格於是欲考者
紛紛向捐局报捐從九品職銜以備入
堂报考故日來捐局生意異常旺
吁盛矣哉
狗子還有
佛性無
福寧府市上有
人以繩繫兩小狗
戲耍斂錢有犯之
者則怒噬尤異者
此狗凡遇不同類者
則咆哮跳擲勢極猙
獰而於同教則甚親
愛一時見者皆以此
狗亦有人性不知趙
州和尚於意云何

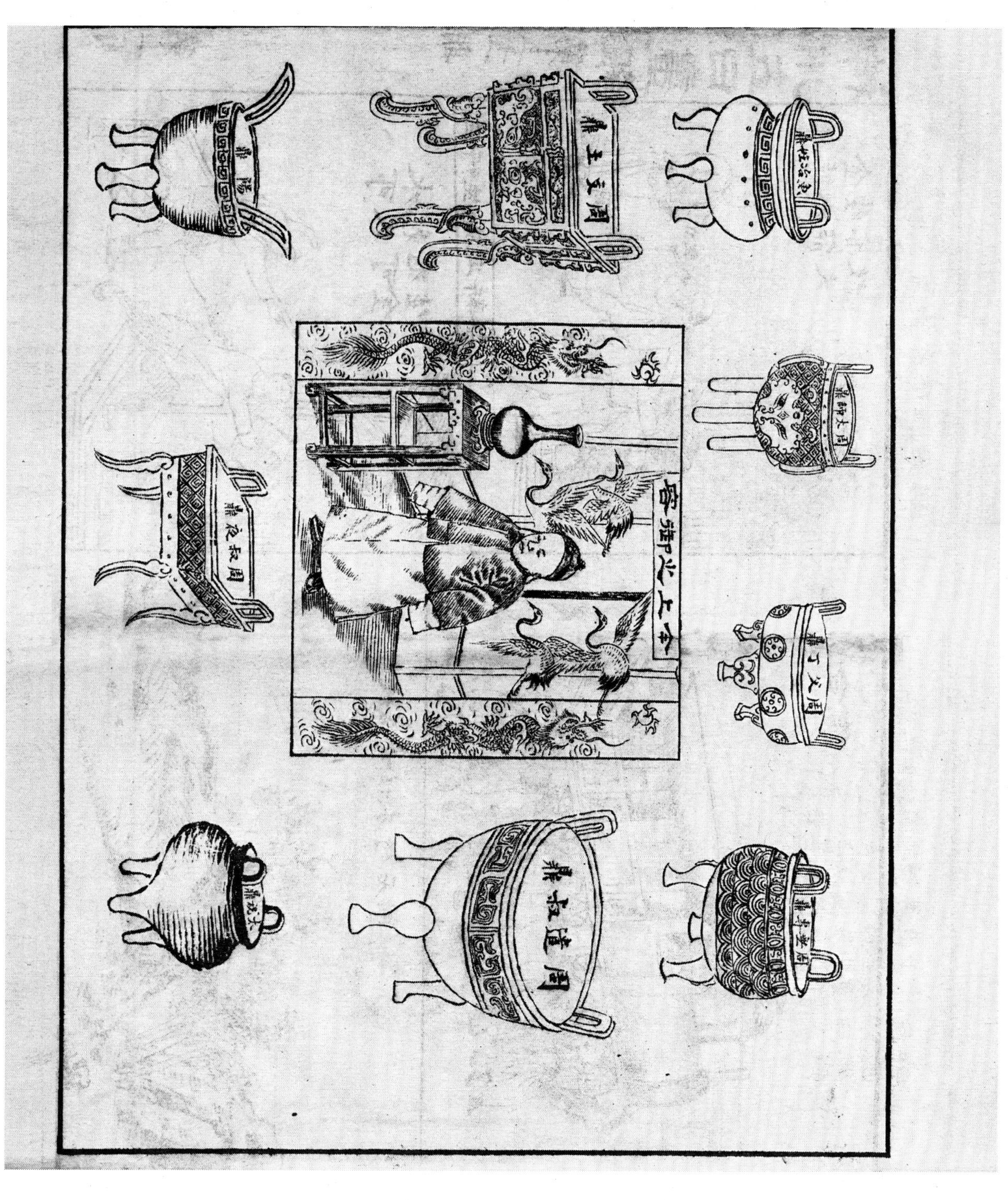

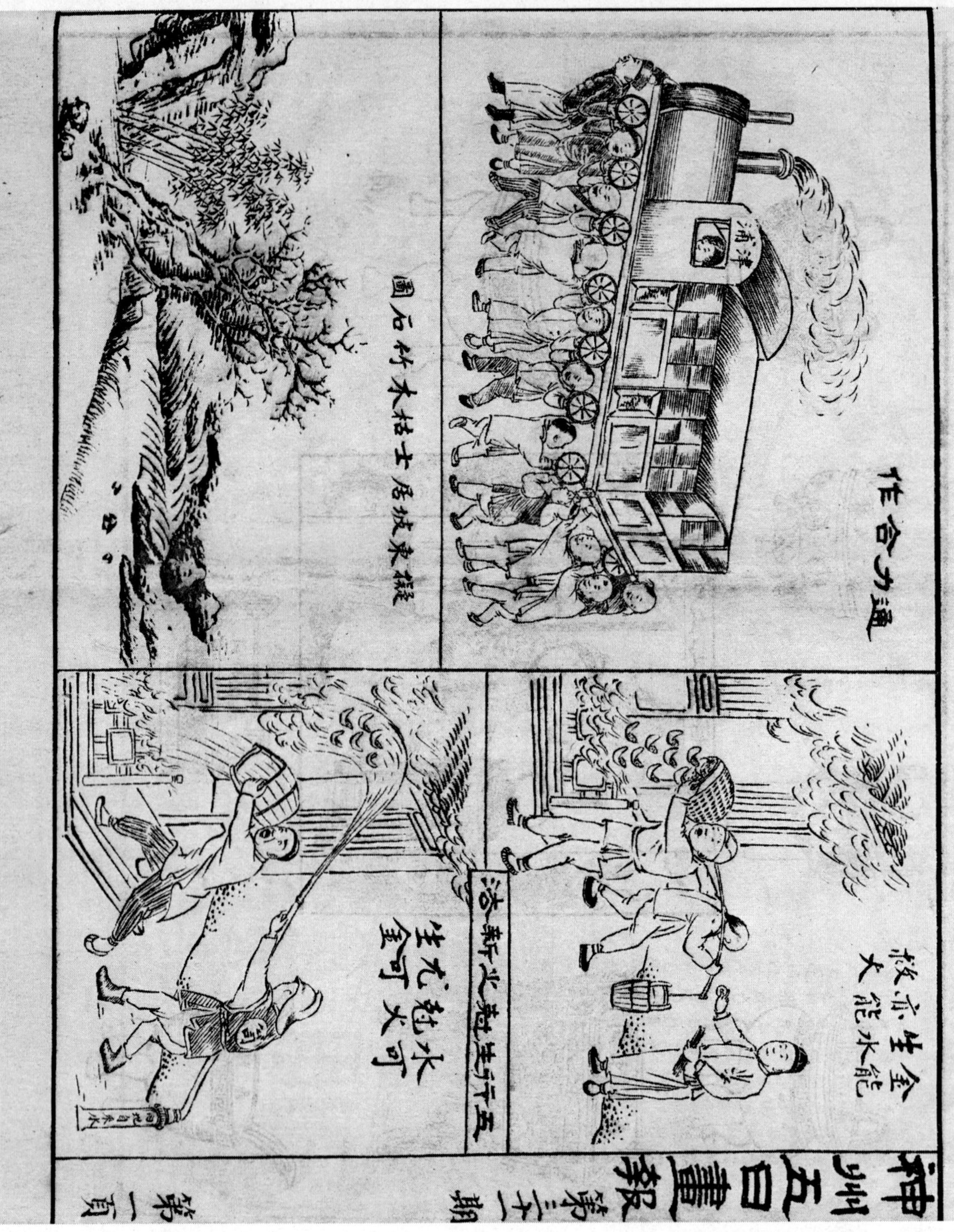
神州五日畫報
第三十一期
第一頁
金能生水亦能救大
五行生尅之新法
水可尅火尤可生金
通力合作
津浦
擬東坡居士枯木竹石圖

德國無鱗
魚渡日
日本水産講
習所今由德國
輸入鯉魚一種
全體無鱗不過
鰭下及腹部
略有而已據云
德國有三種
鯉魚一有鱗
者與日本同
二另種皆具異
形魚體之兩
側面中央如有
一文字引入
而全體無鱗云
難民赴南省覓食
德化縣封一鄉難民
船四十一艘日昨由江北
至九江到討詢將赴
南昌覓食經文
觀察免其關稅並
由德化縣給予護
照云

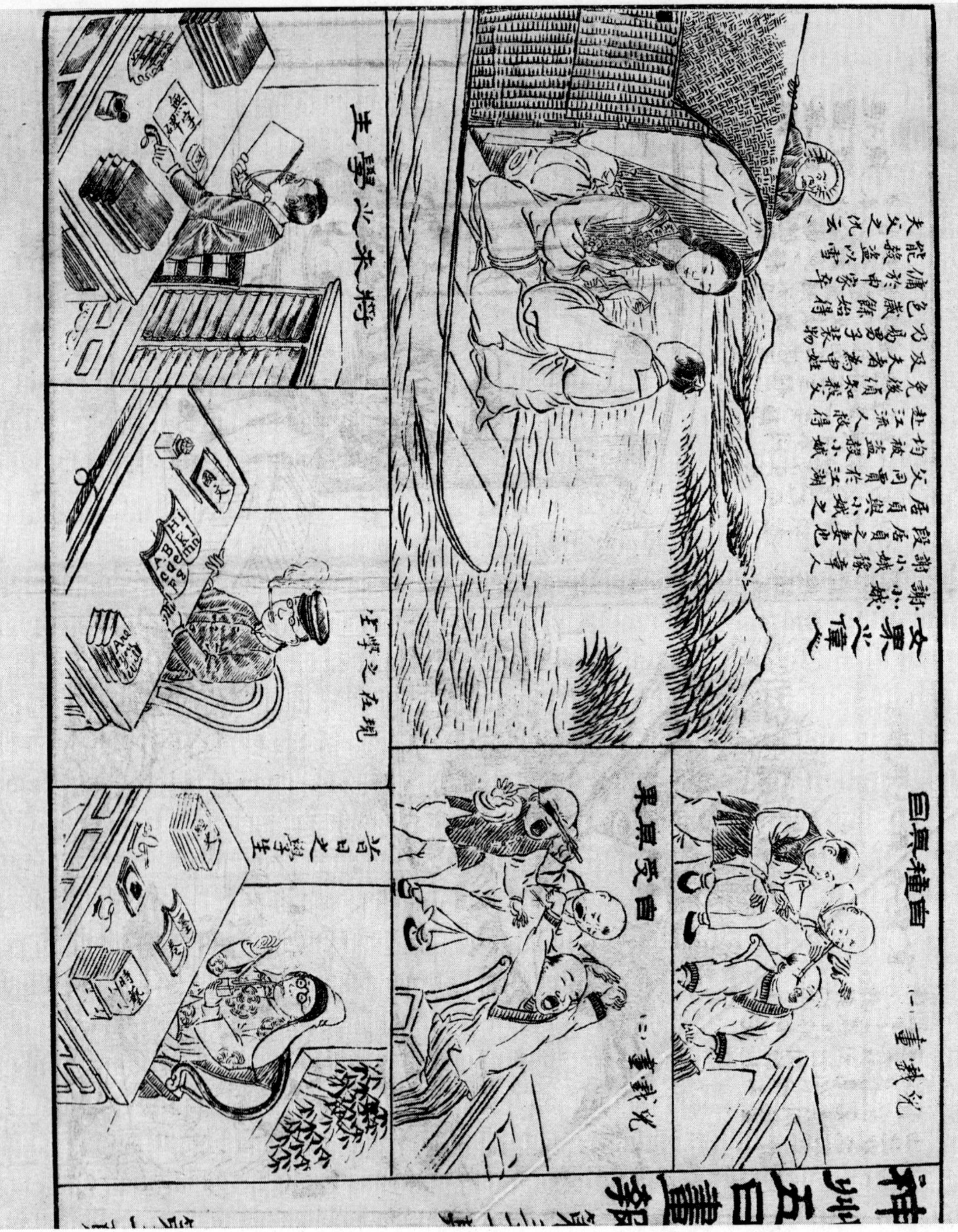
神州五日畫報
自種其因
光戡畫（一）
自受其果
光戡畫（二）
女界之偉人
謝小娥
謝小娥豫章人段居貞之妻也居貞與小娥之父同賈於江湖均被盜殺小娥赴江流人救得免後須知殺父及夫者為申蘭申春乃易男子裝物色歲餘始得傭於申家卒能殺盜以雪夫父之仇云、
將來之學生
現在之學生
昔日之學生

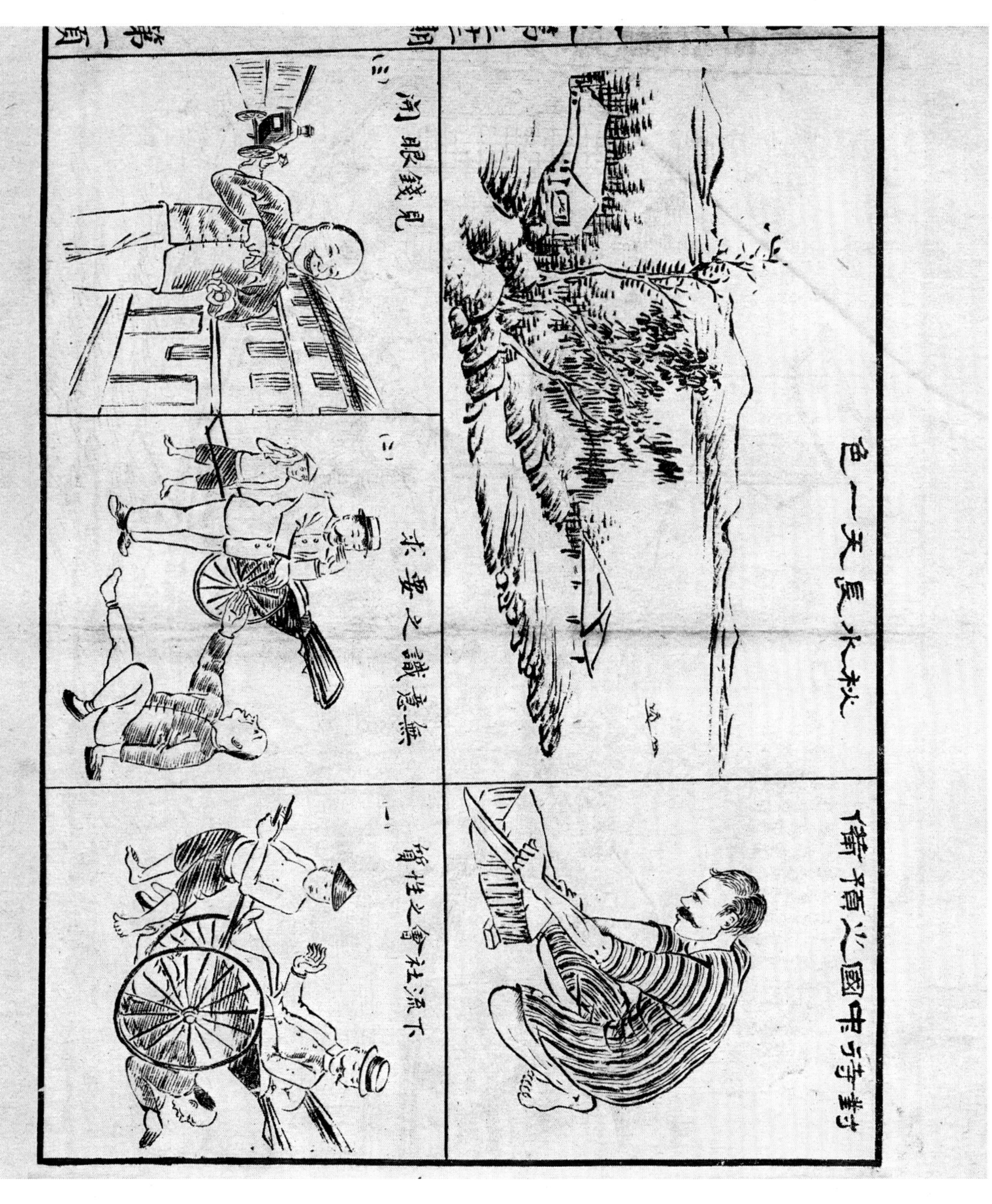
秋水長天一色
對于中國之講衛
下流社會之性質（一）
無意識之要求（二）
見錢眼開（三）

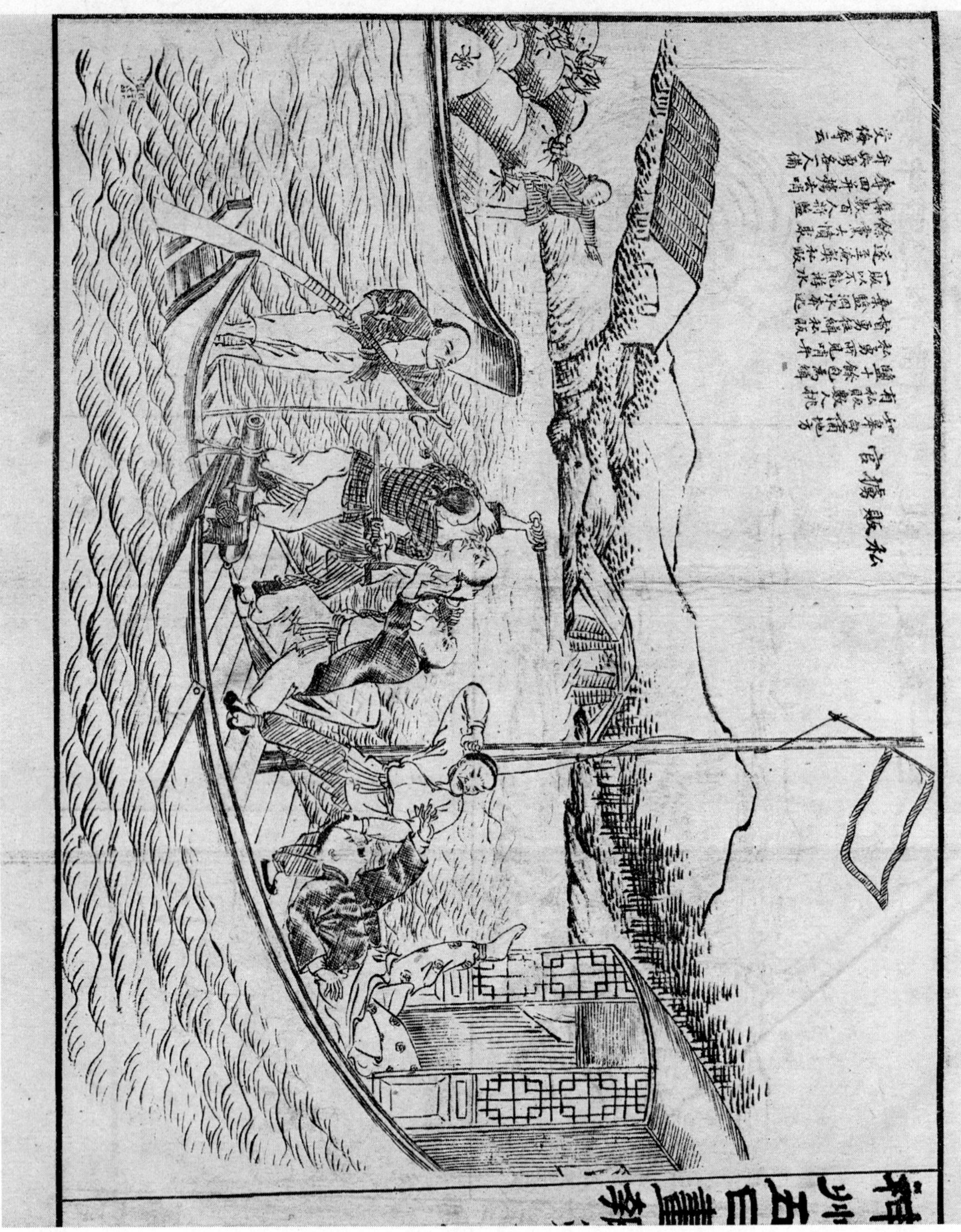
私販擄官
如皋白蒲地方有私販數人挑鹽十餘包爲緝私勇所見哨弁督勇往緝私販棄鹽泅水奔逃一販以不能游水遂至淹斃私販餘黨大憤聚集數百人將鹽奪回并擄去哨弁與勇各一人備受侮辱云
神州五日畫報

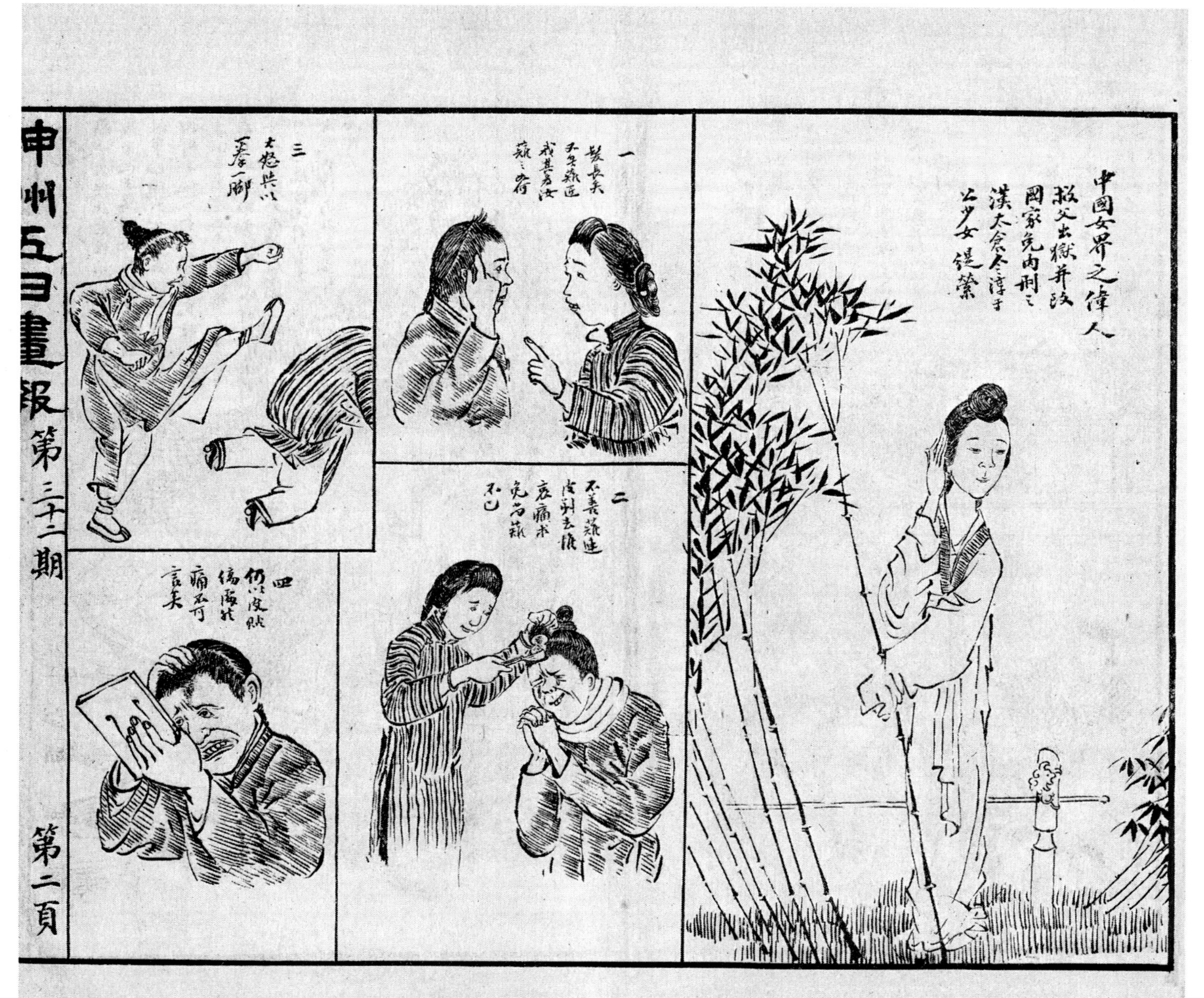
神州五日畫報
第三十二期
第二頁
中國女界之偉人
救父出獄并設
國家免肉刑之
漢太倉令淳于
公少女緹縈
一
二
三
大怒共以
拳一腳
四

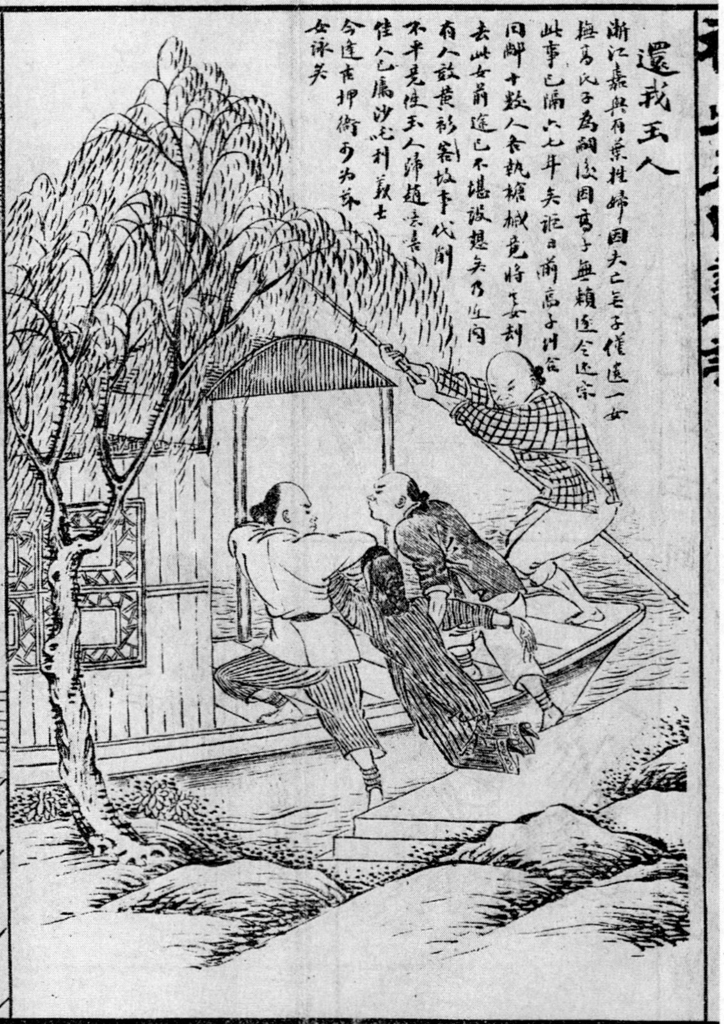
還我玉人
浙江嘉興有葉姓婦因夫亡乏子僅遺一女
撫高氏子為嗣後因高子無賴遂令退宗
此事已隔六七年矣詎日前高子糾合
同夥十數人各執槍械竟將是女劫
去此女前途已不堪設想矣乃近聞
有人效黃衫客故事代鳴
不平竟使玉人歸趙云喜
佳人已屬沙叱利義士
今逢古押衙可為葉
女詠矣

捕賊者反被賊打
蘇州胥門內趙公館日前
獲賊一名由戴子遜大令移
送吳縣究辦當奉王皓
國大令判笞數百板飭捕快
押送待質所詎該賊行至
中途私拾路旁石塊向捕
快當頭連擊數下捕快
仆地該賊遂飛身疾步
而去兎起鶻落其疾如
風云

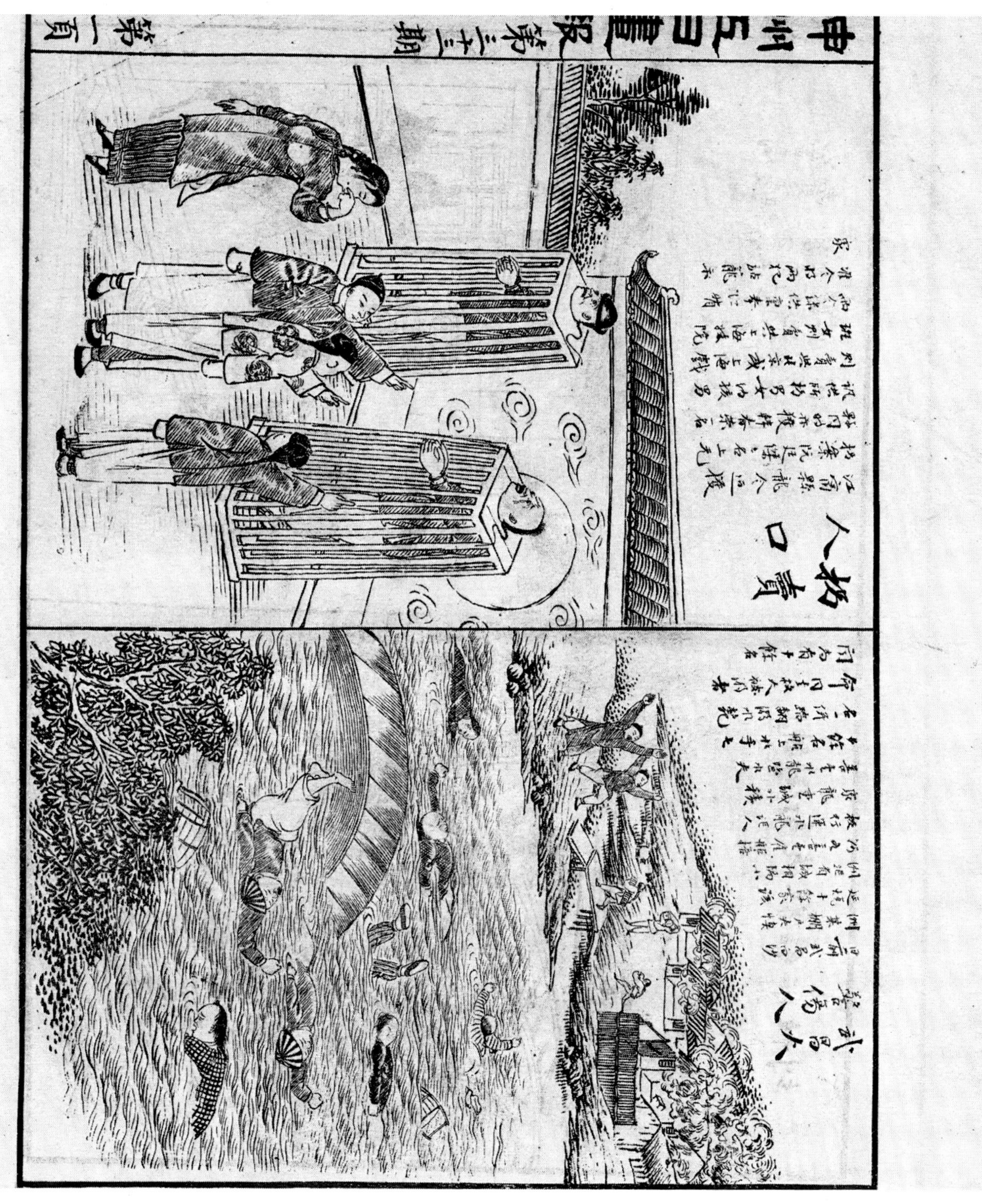
第三十三期
第一頁
拐賣人口

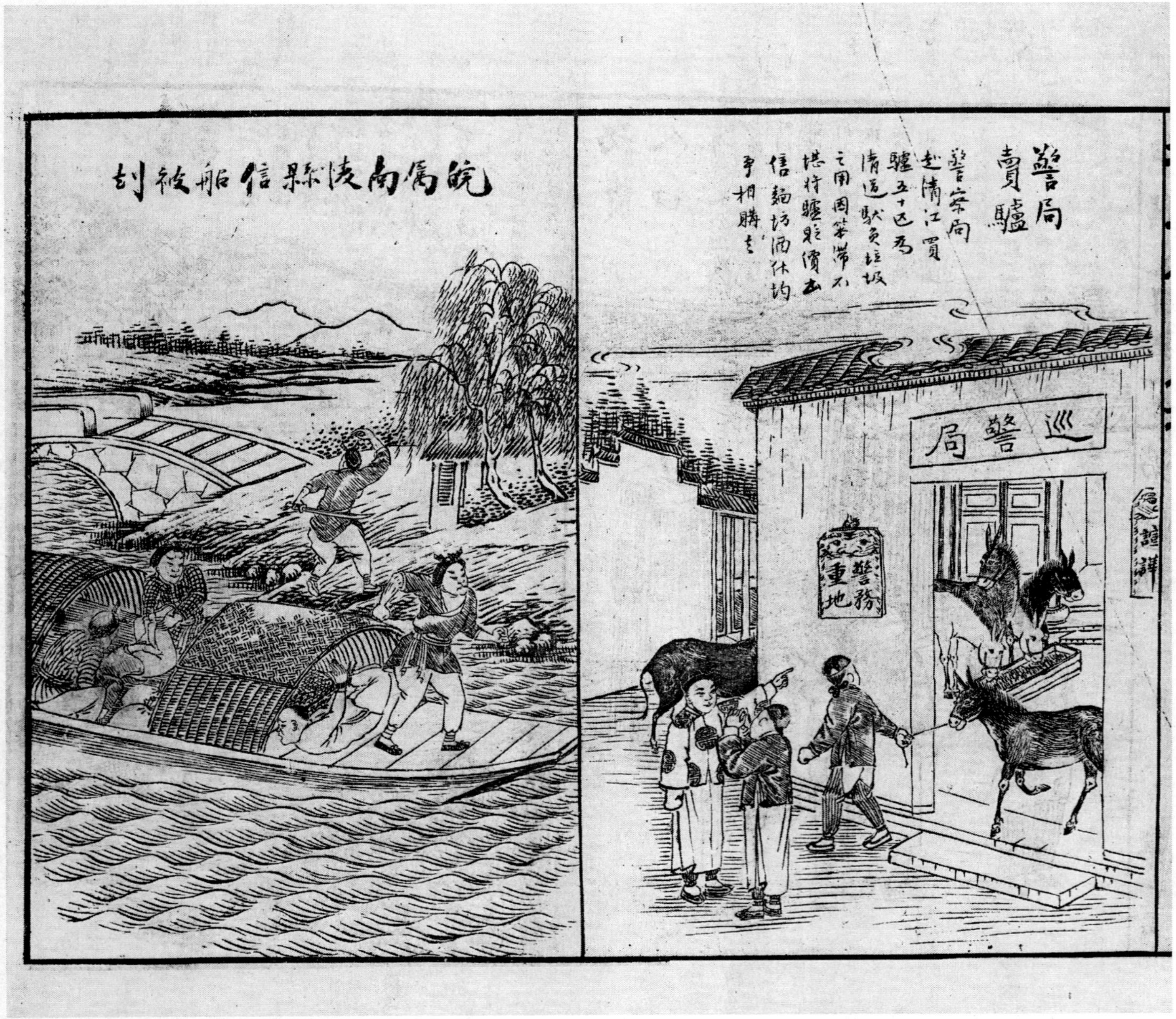
皖屬南陵縣信船被刦
警局賣驢
警察局赴清江買驢五十匹爲清道馱負垃圾之用因笨滯不堪特將驢貶價出售麵坊酒作均爭相購之
巡警局
警務重地

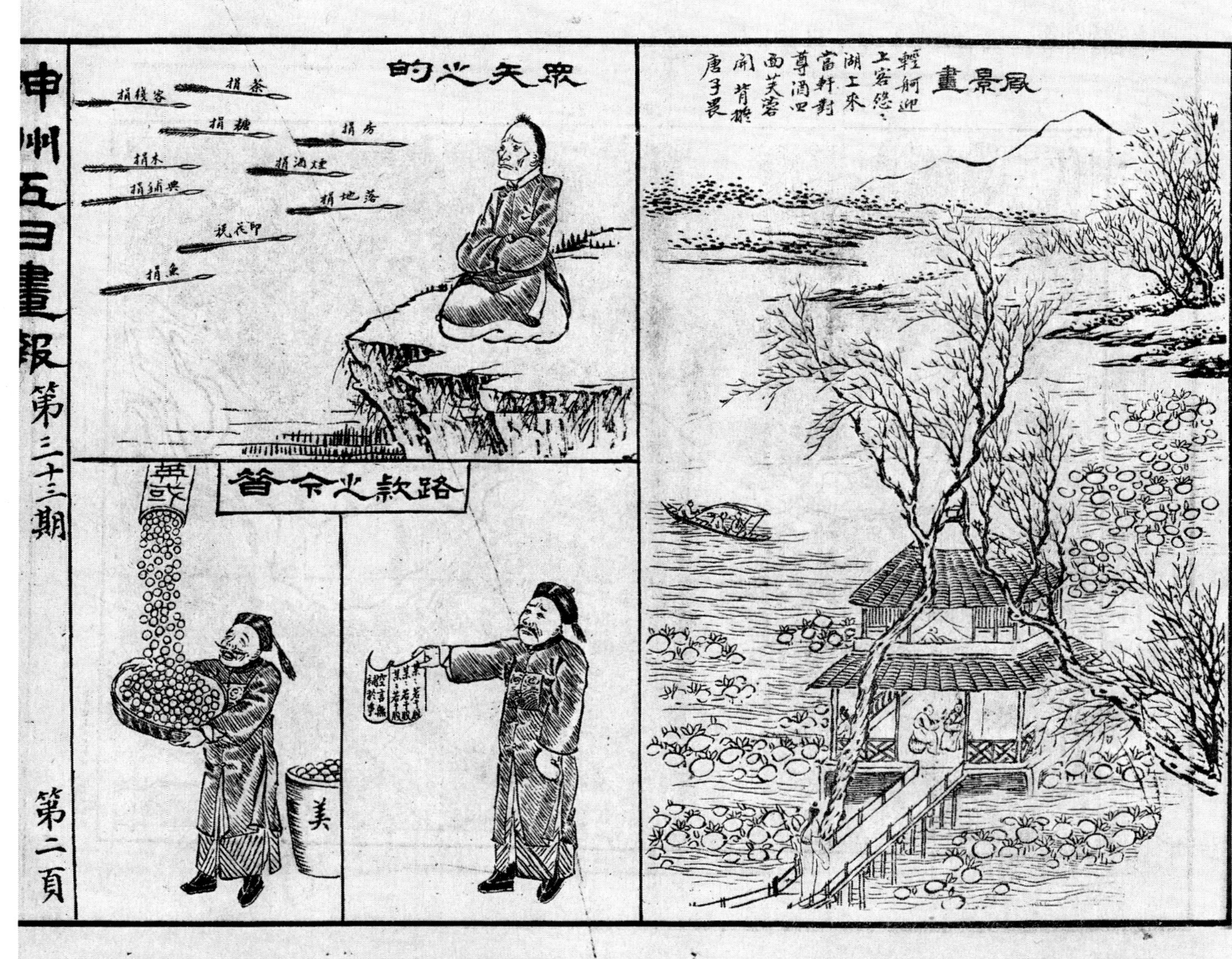

第三三期（《神州日報》第六三三四號）　一九〇九年一月二日

太湖縣

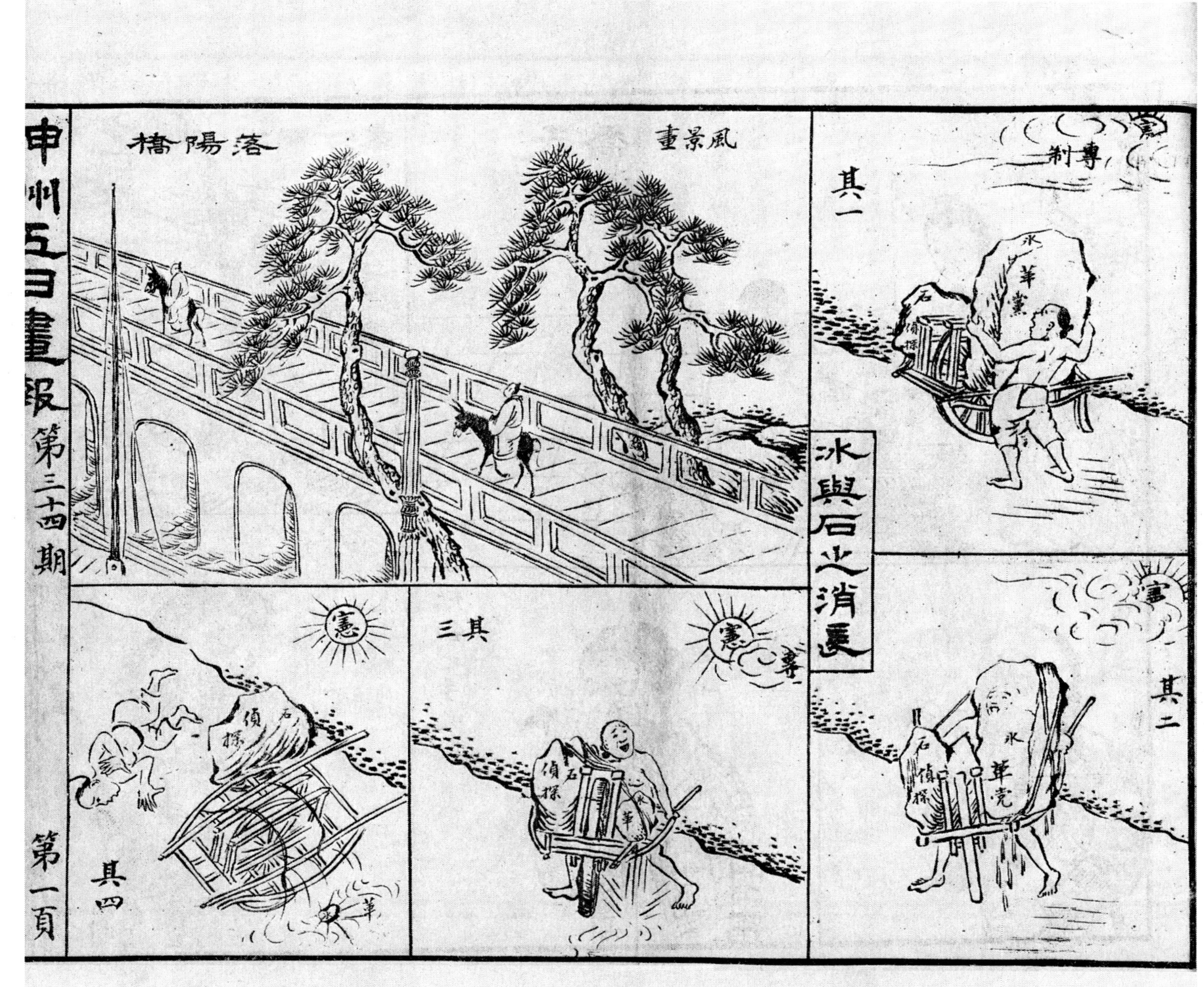
申州五日畫報第三十四期
落陽橋
風景畫
冰與石之消長
其一
專制
其二
其三
其四
第一頁

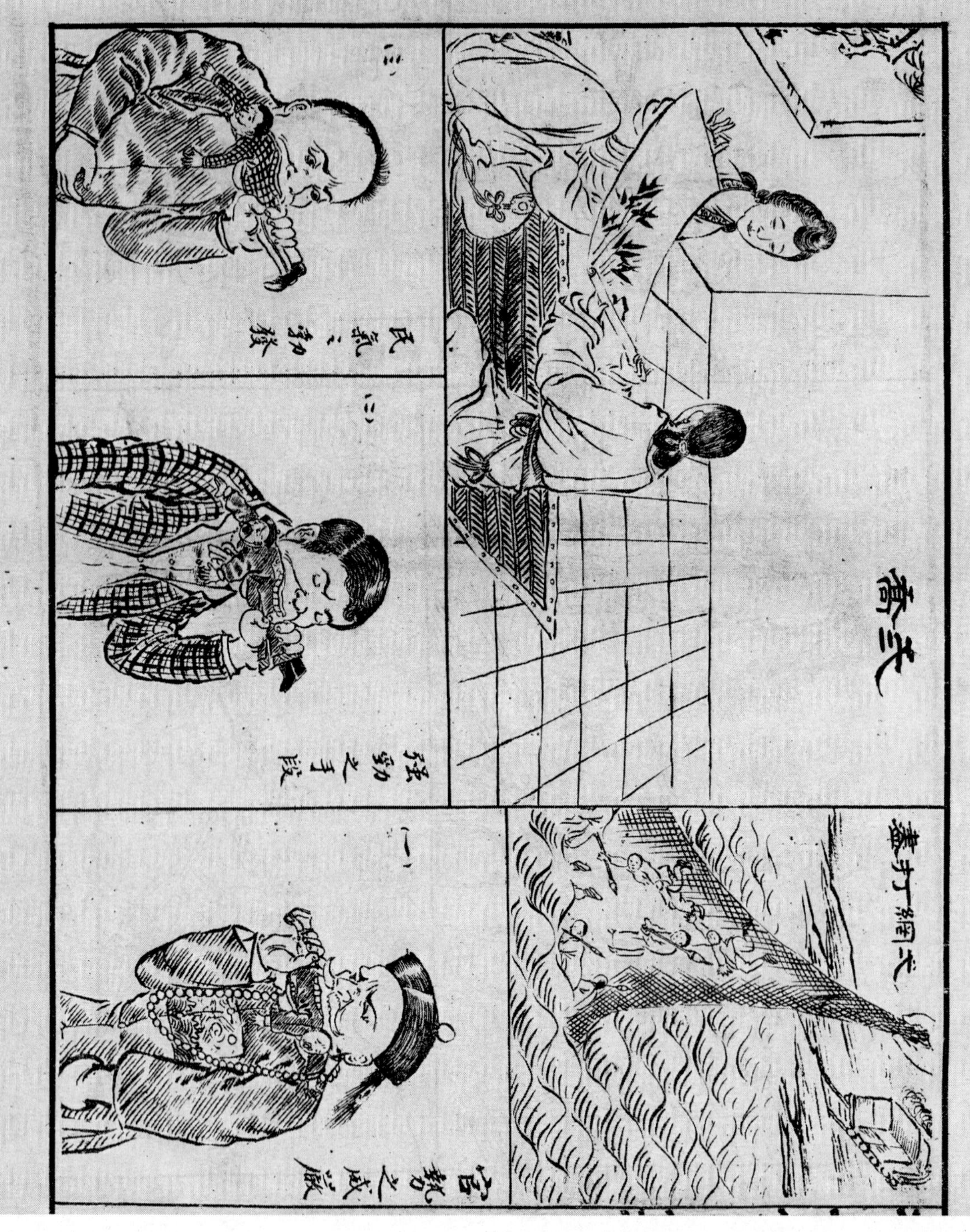
(一)
官勢之威嚴
(二)
强勁之手段
(三)
民氣之勃發

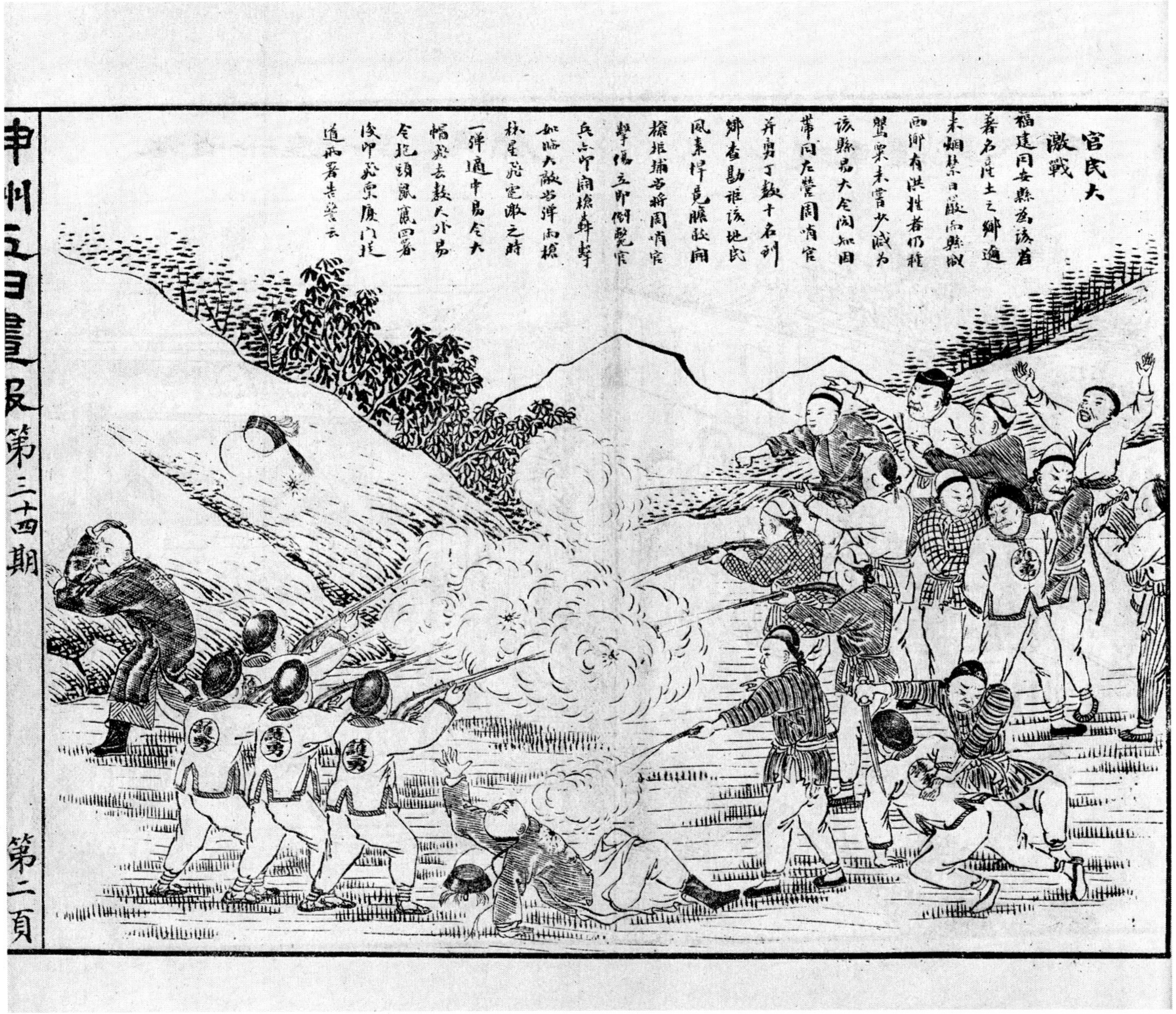

神州五日畫報第三十四期
第二頁
官民大激戰
福建同安縣為該省著名産土之鄉適來烟禁日嚴而縣屬西鄉有洪姓者仍種罌粟未嘗少減爲該縣呂大令聞知因帶同左營周哨官并勇丁數十名到鄉查勘詎該地民風素悍竟膽敢開槍拒捕呂將周哨官擊傷立即倒斃官兵亦即開槍轟擊如臨大敵呂彈雨槍林星飛電激之時一彈適中呂令大帽飛去數尺外呂令抱頭鼠竄回署後即飛稟廈門提道兩署告警云

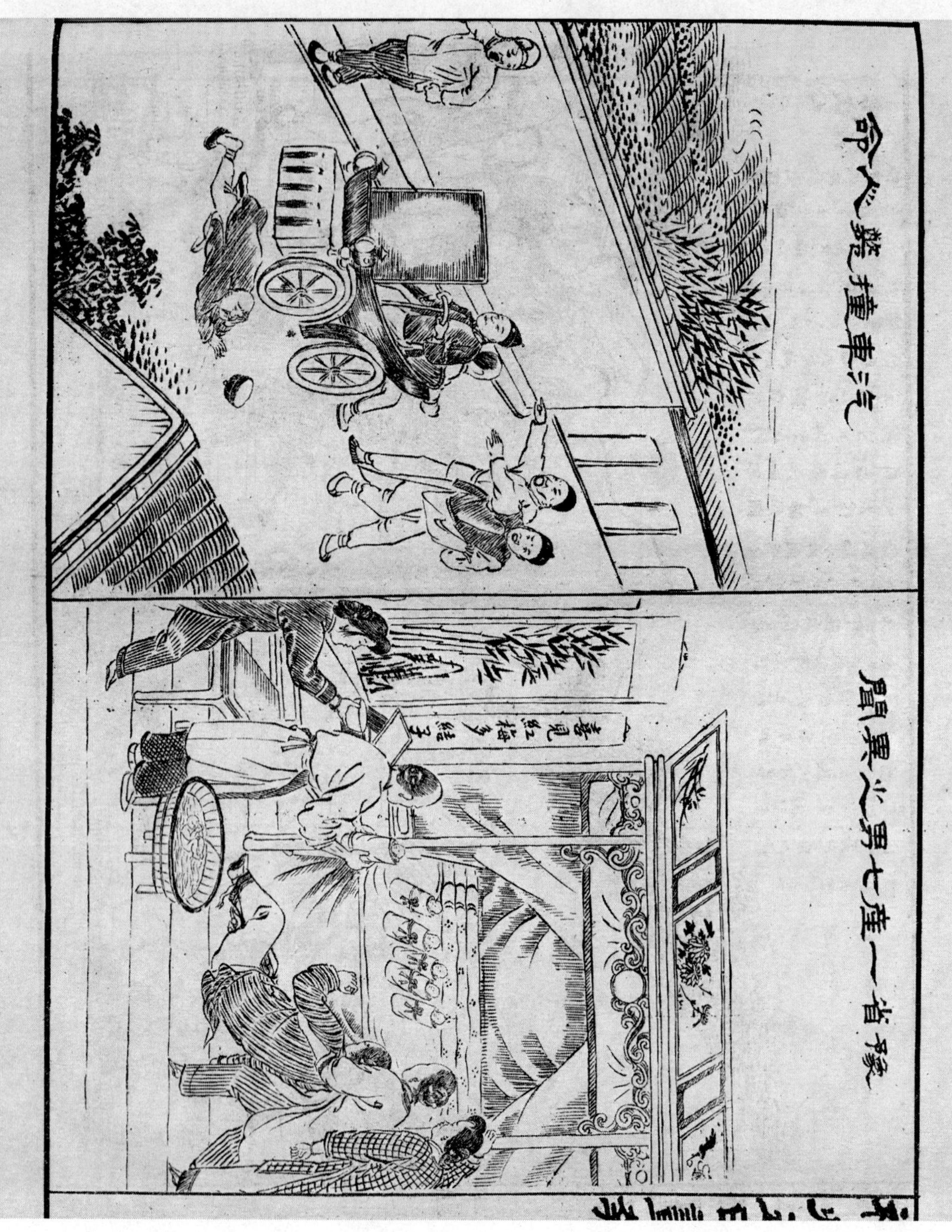
汽車撞斃人命
豫省一產七男之異聞

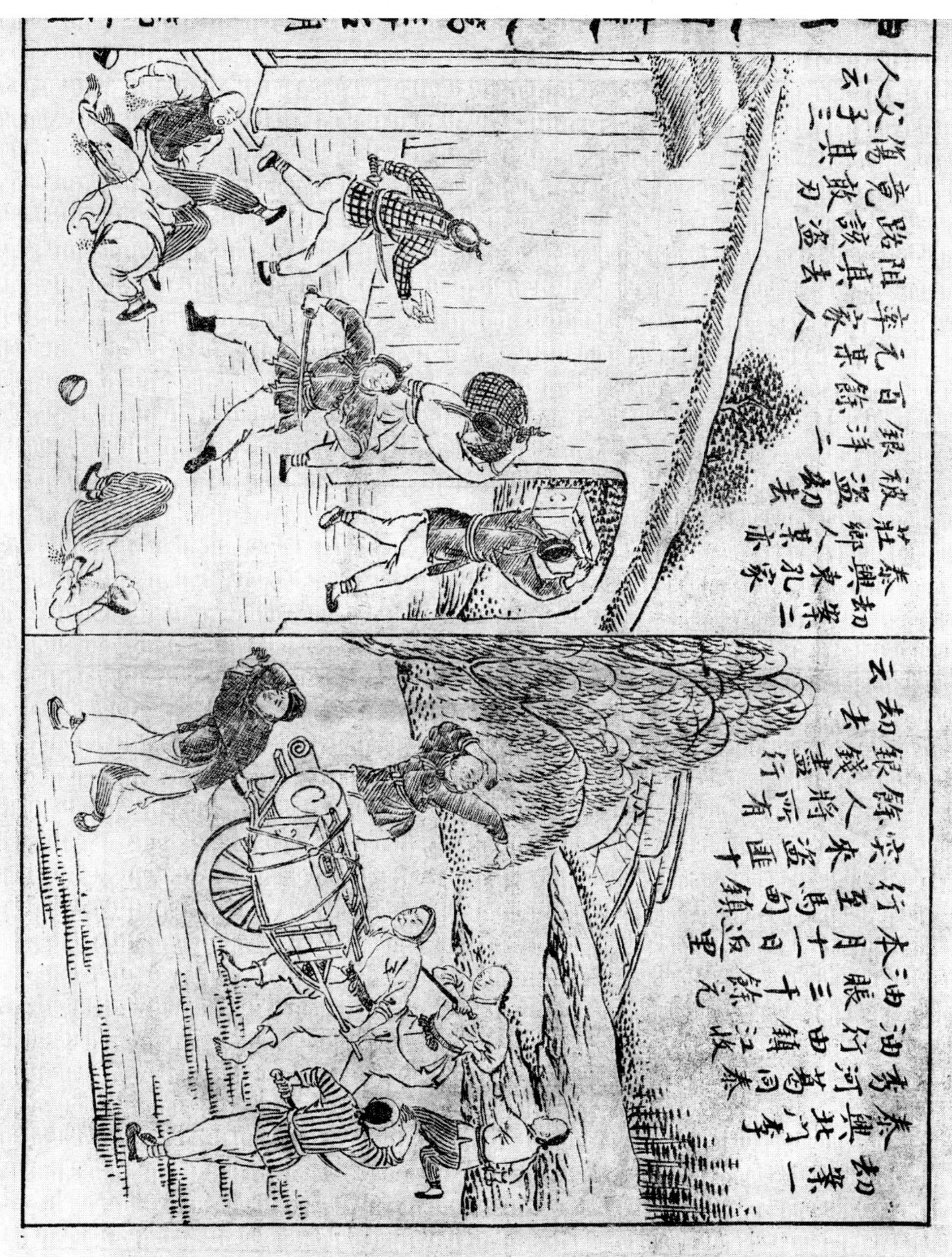
劫案一
泰興北門李
秀河葛同泰
油行由鎮江收
油賬三千餘元
本月十一日返里
行至馬甸鎮
突來盜匪十
餘人將所有
銀錢盡行
劫去
云
劫案二
泰興東孔家
莊鄉人某亦
被盜劫去
銀洋二
百餘
元某
率家人
阻其去
路該盜
竟敢刃
傷其
父子三
人云

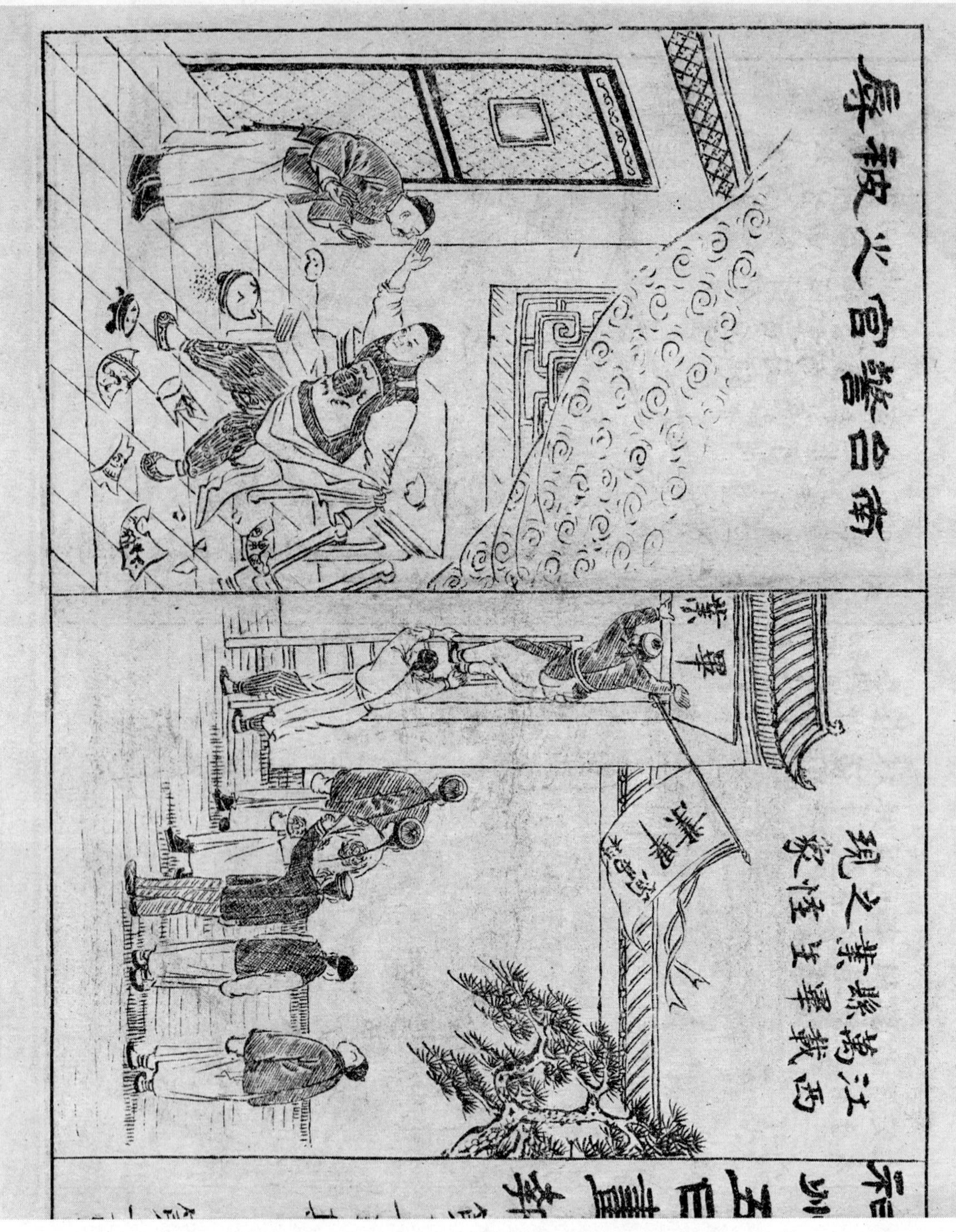
南台警官之被辱
江西萬載縣畢業生之怪現象
畢業
畢業
神州五日畫報

割雞焉用牛刀
滿漢全席

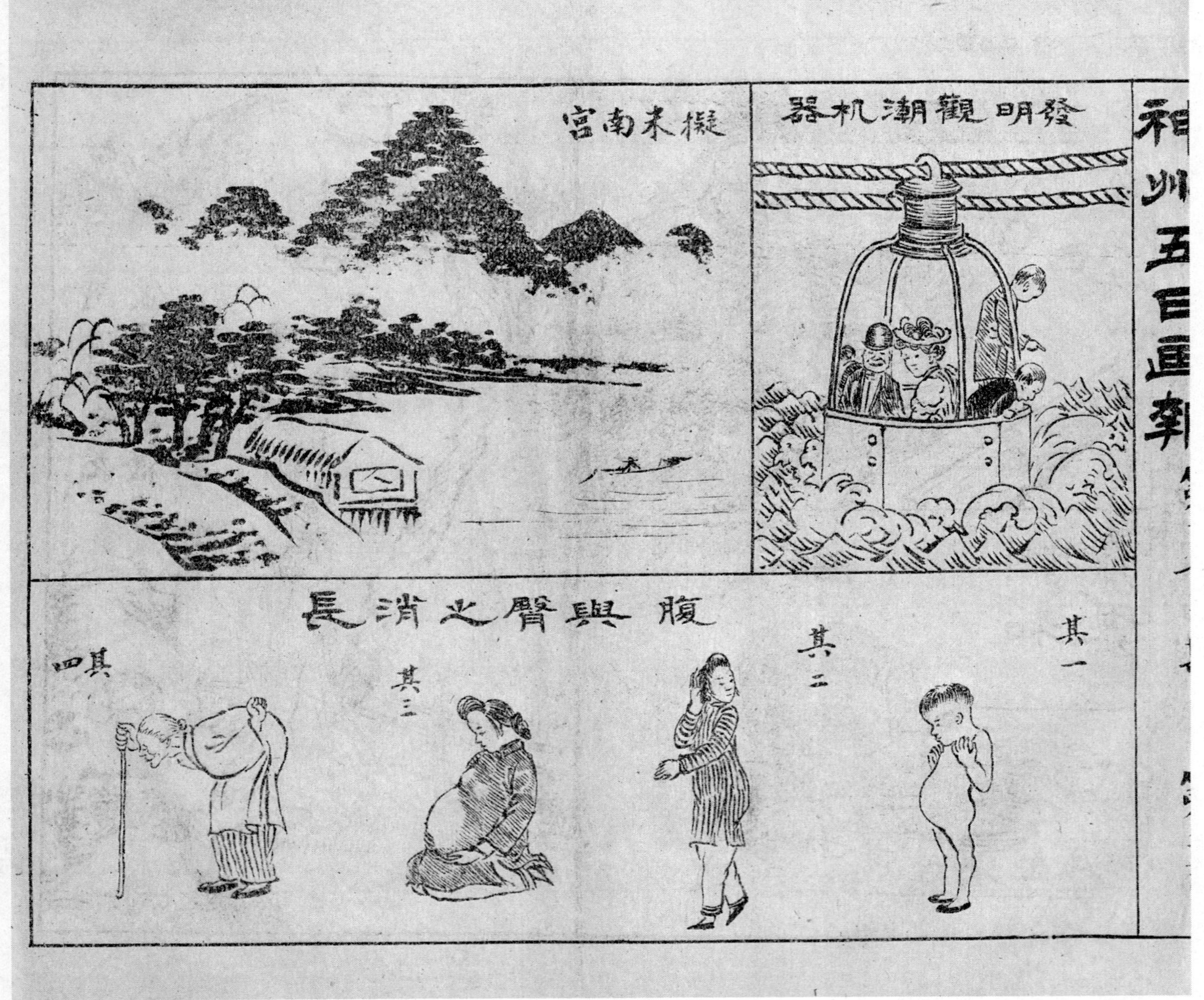
神州五日畫報
發明觀潮机器
擬未南宮
腹與腎之消長
其一
其二
其三
其四

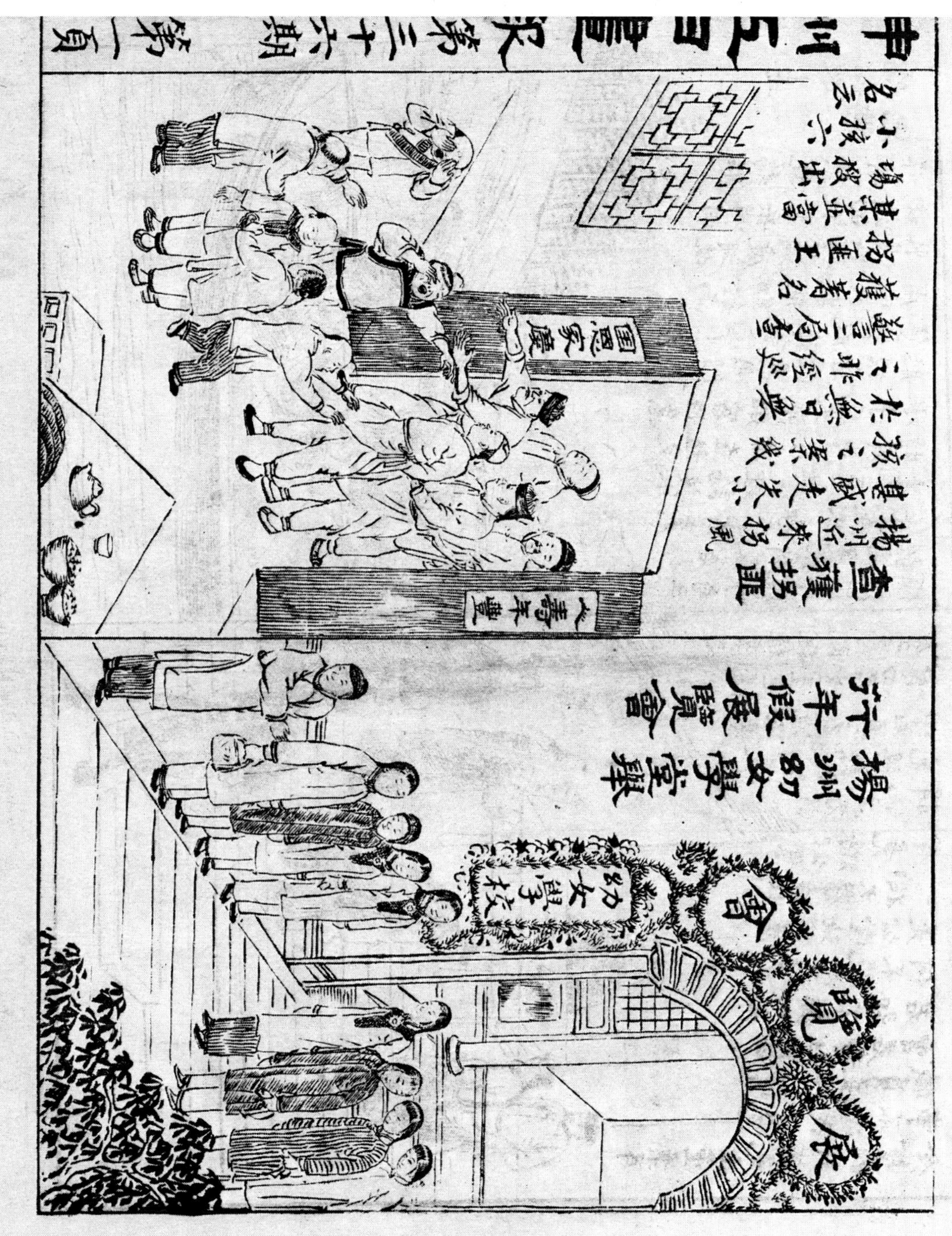

神州五日畫報第三十六期第一頁
揚州幼女學堂舉行年假展覽會
展覽會
幼女學校
查獲拐匪
揚州近來拐風甚盛走失小孩之案幾於無日無之非經巡警二局查獲著名拐匪王某並當場搜出小孩六名云
國恩家慶
壽年豐

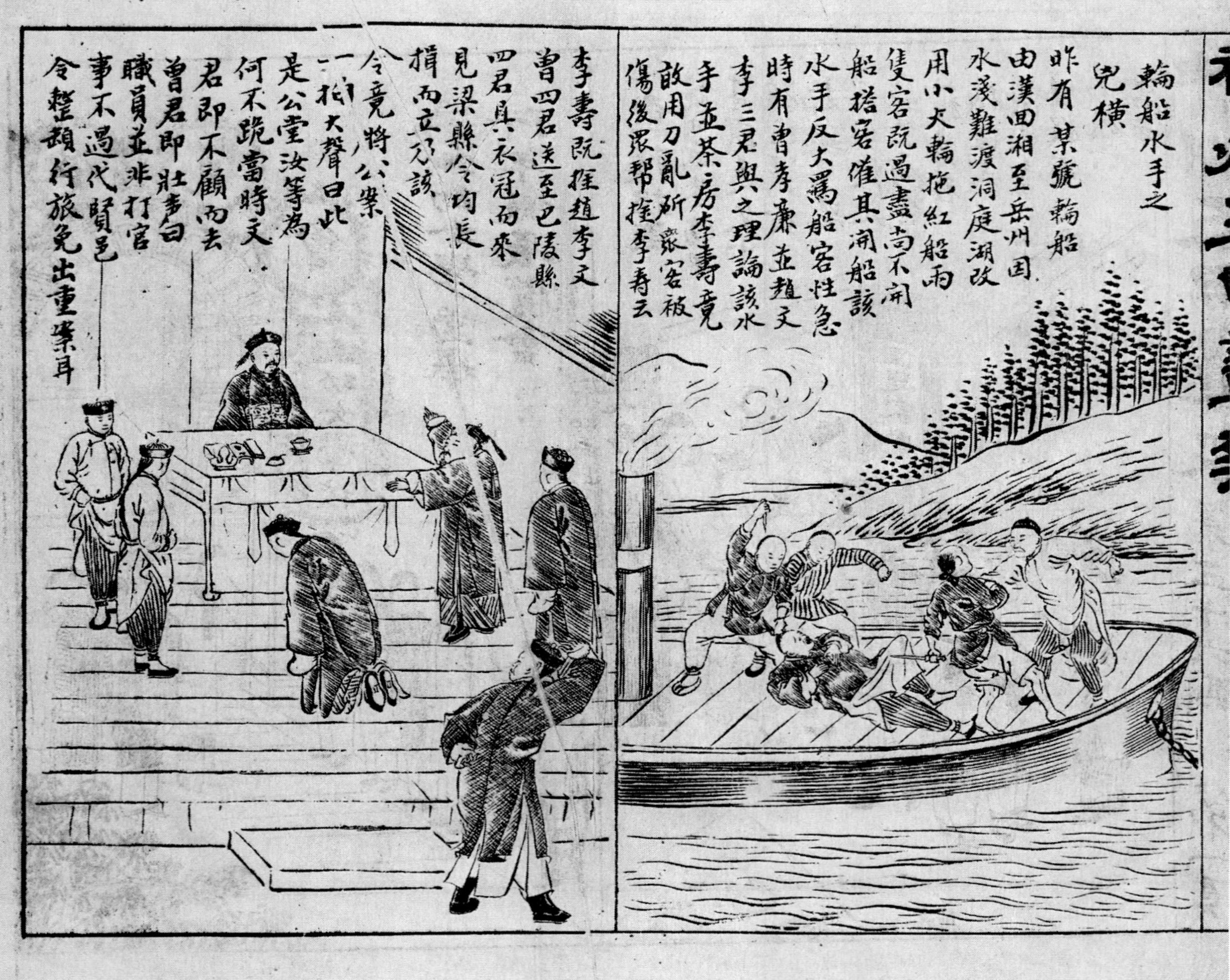
輪船水手之
兇橫
昨有某號輪船
由漢回湘至岳州因
水淺難渡洞庭湖改
用小火輪拖紅船兩
隻客既過盡尚不開
船搭客催其開船該
水手反大駡船客性急
時有曾孝廉並趙文
李三君與之理論該水
手並茶房李壽竟
敢用刀亂斫衆客被
傷後衆帮拴李壽云
李壽既拴趙李文
曾四君送至巴陵縣
四君具衣冠而來
見梁縣令均長
揖而立忍該
令竟將公案
一拍大聲曰此
是公堂汝等為
何不跪當時文
君即不顧而去
曾君即壯聲曰
職員並非打官
事不過代賢邑
令整頓行旅免出重案耳

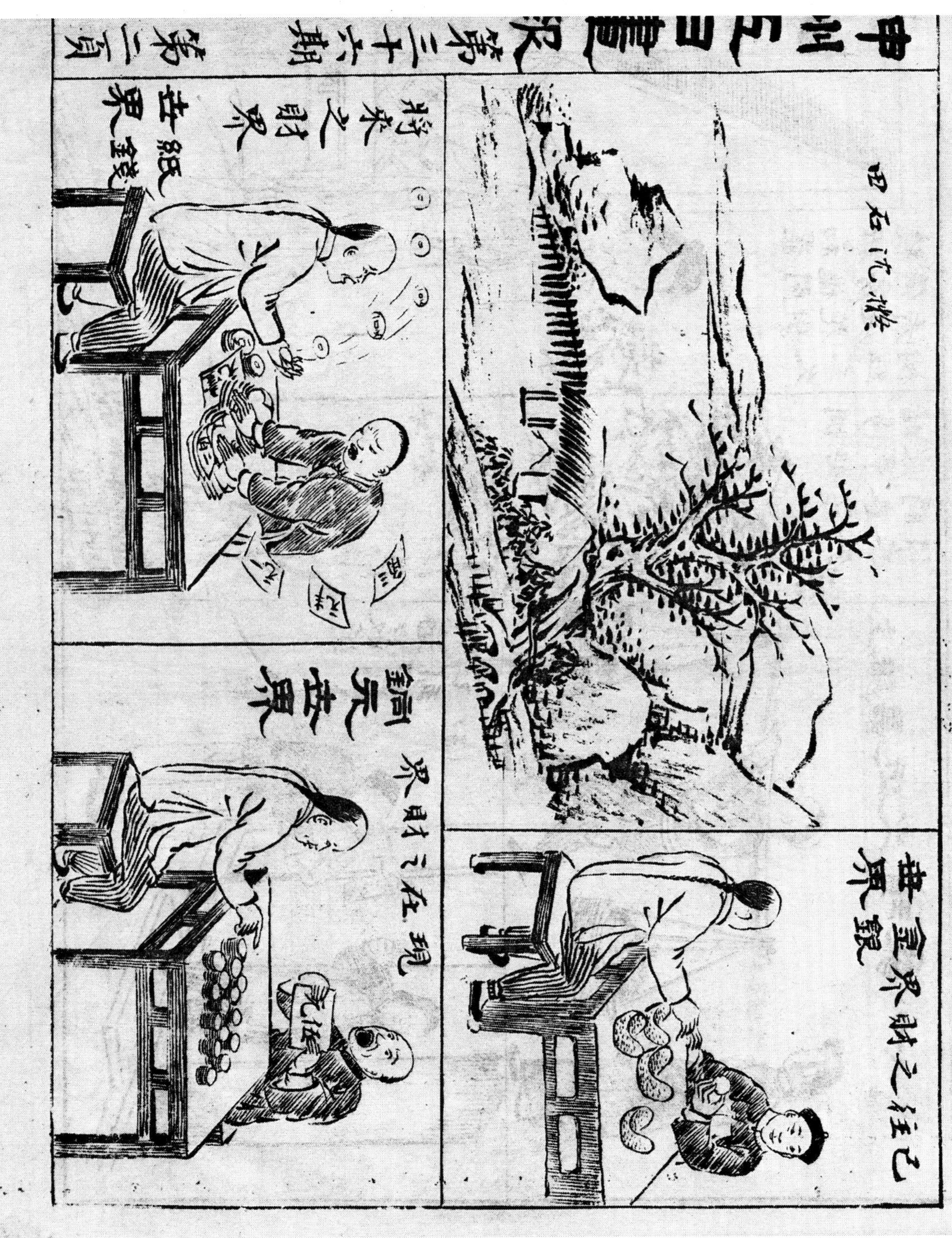
神州五日畫報
第三十六期
第二頁
已往之財界
金銀世界
現在之財界
銅元世界
將來之財界
紙幣世界

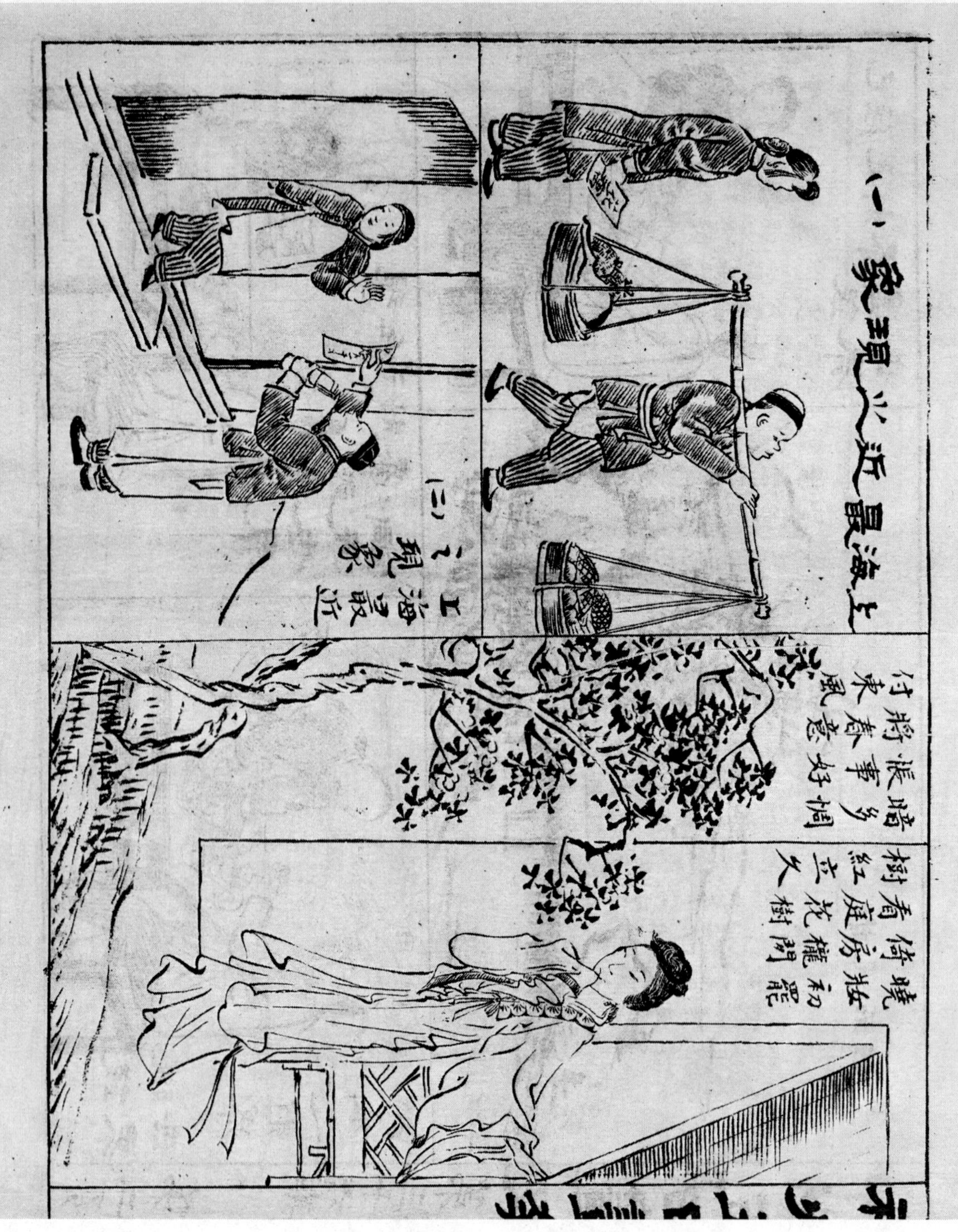
上海最近之現象（一）
（二）上海最近之現象

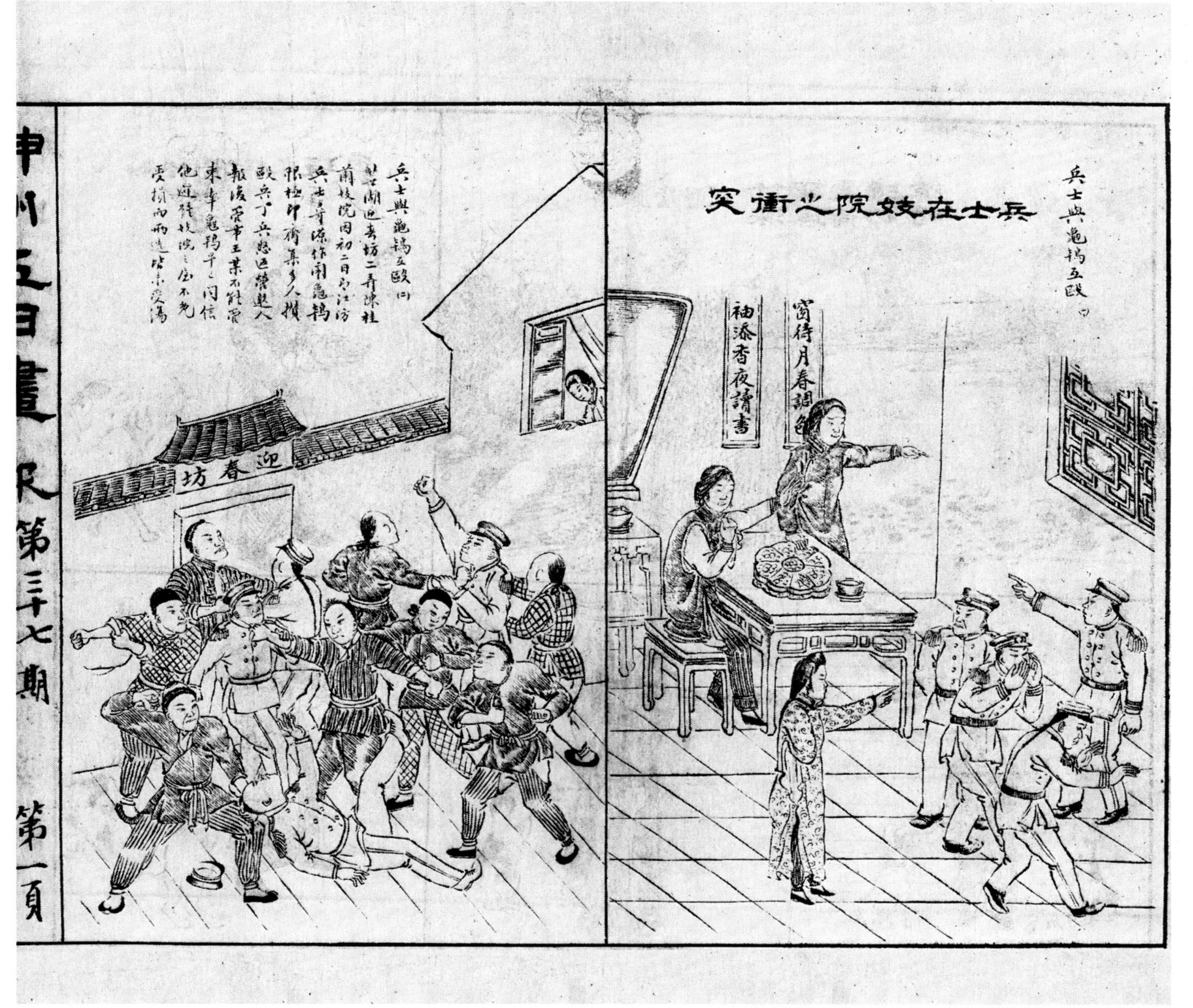
第三十七期
第一頁
兵士與龜鴇互毆(二)
迎春坊
兵士在妓院之衝突
兵士與龜鴇互毆(一)
窗待月春調色
袖添香夜讀書

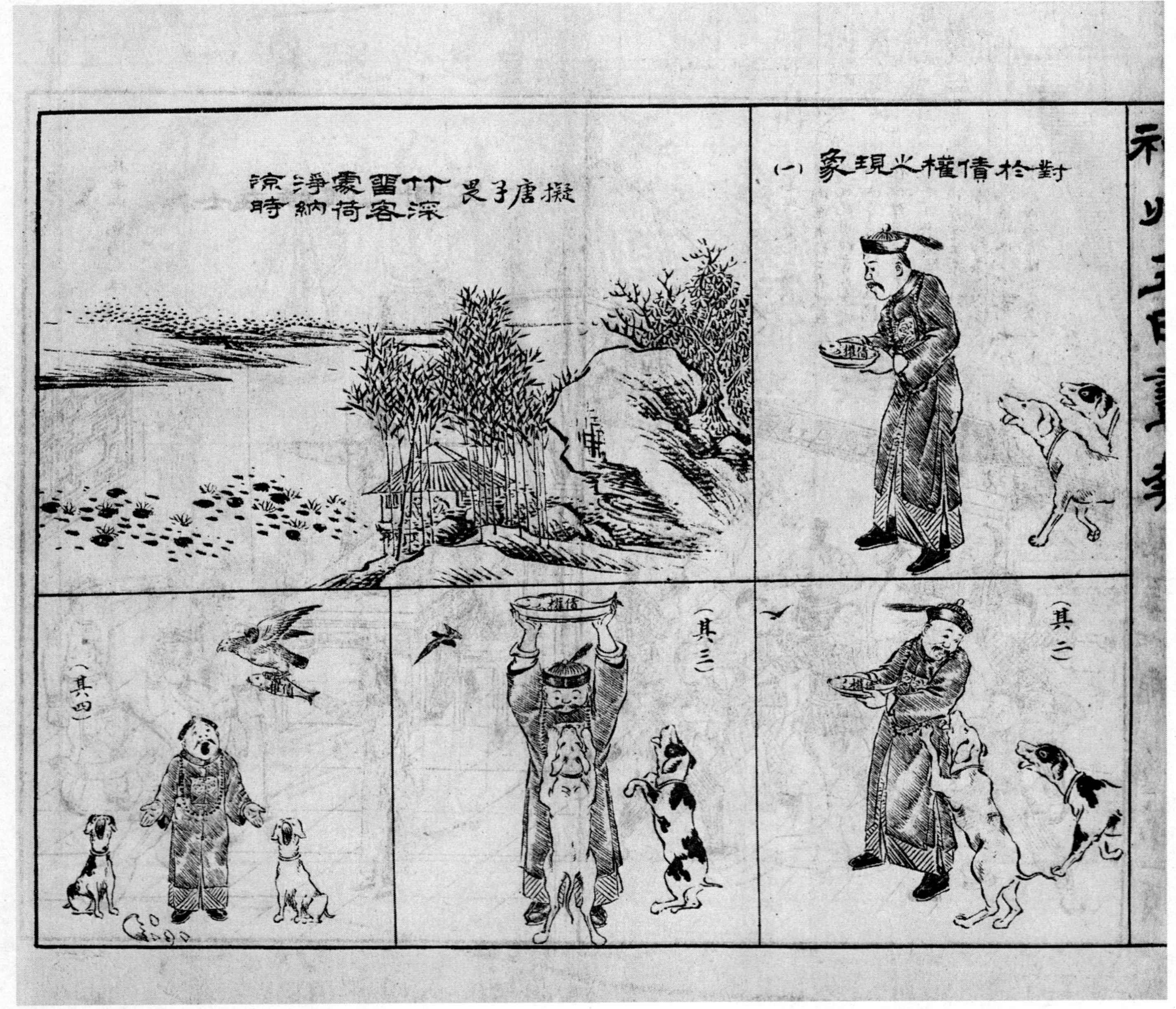
對於債權之現象(一)
擬唐子畏
竹留處淨涼
深客荷納時
(其二)
(其三)
(其四)

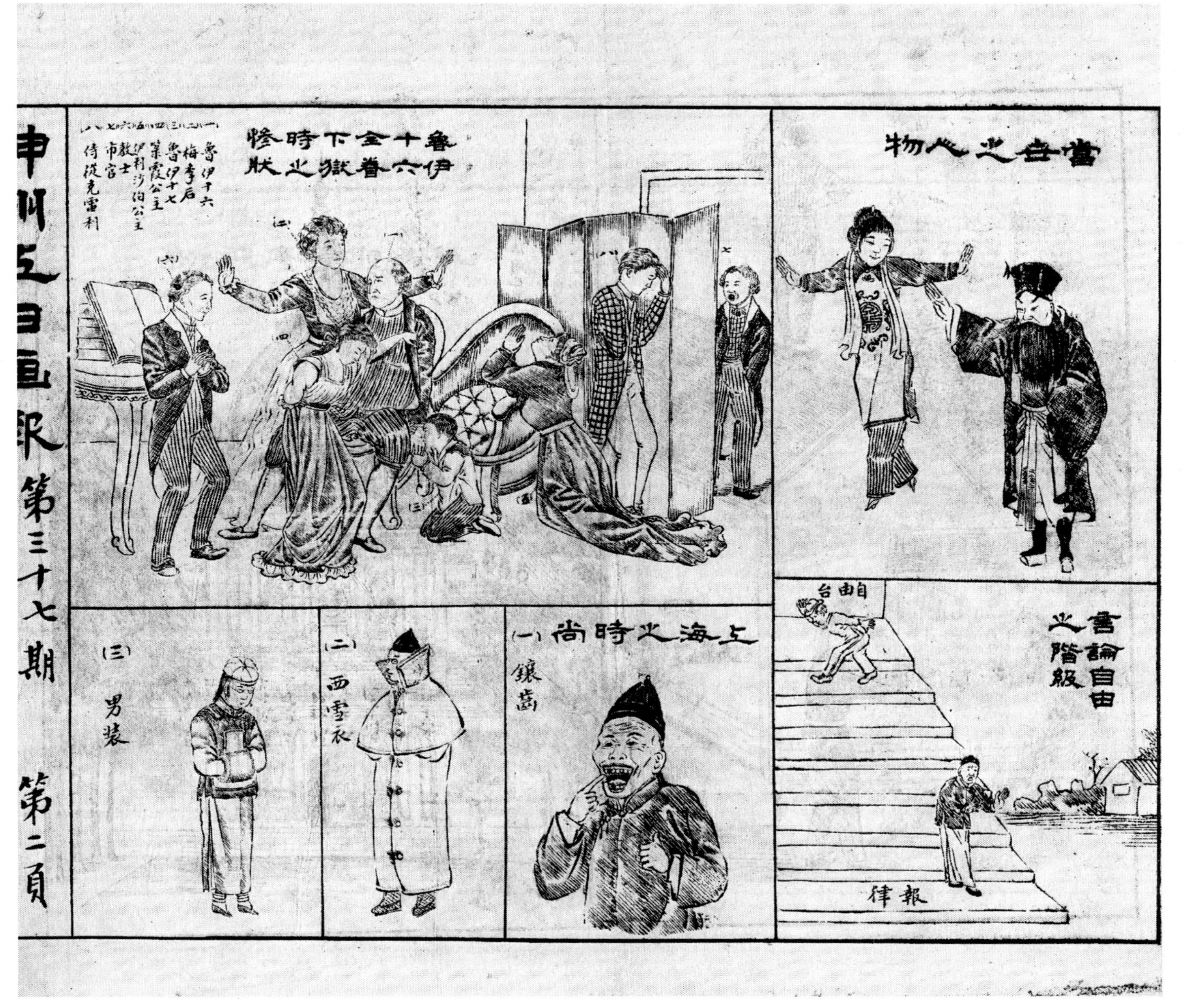
申州五日畫報 第三十七期 第二頁
魯伊十六全眷下獄時之慘狀
(一)魯伊十六 (二)梅李后 (三)魯伊十七 (四)業霞公主 (五)伊利沙伯公主 (六)教士 (七)市官 (八)侍從克雷利
舞台之人物
上海之時尚
(一)鑲齒
(二)西雪衣
(三)男裝
言論自由之階級
自由台
報律

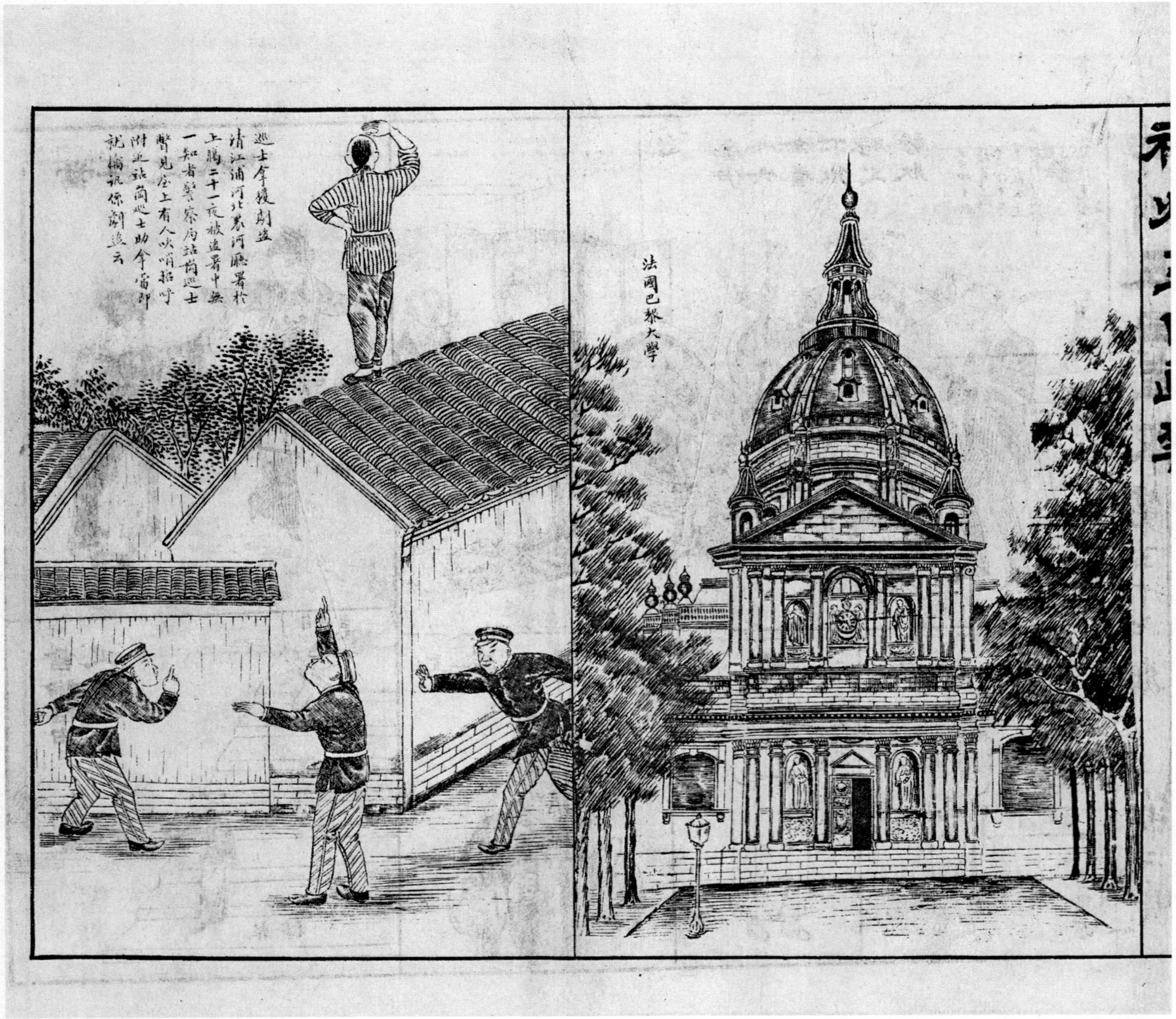
巡士拿獲劇盜
清江浦河北巷河廳署於
上臘二十一夜被盜署中無
一知者警察局站崗巡士
瞥見屋上有人吹哨招呼
附近站崗巡士助拿當即
就擒訊係劇盜云
法國巴黎大學

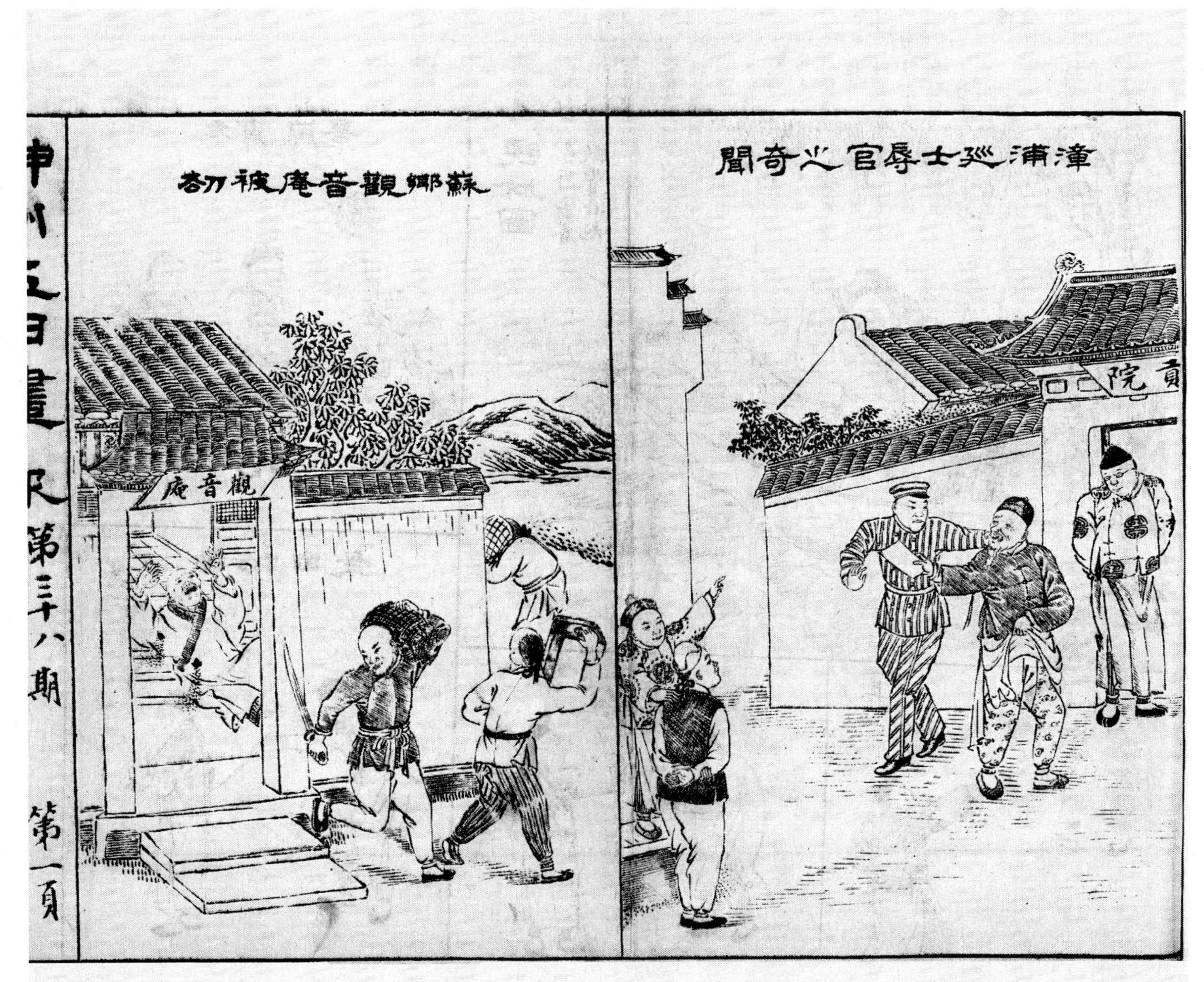
第三十八期
第一頁
蘇鄉觀音庵被刧
觀音庵
漳浦巡士辱官之奇聞
貢院

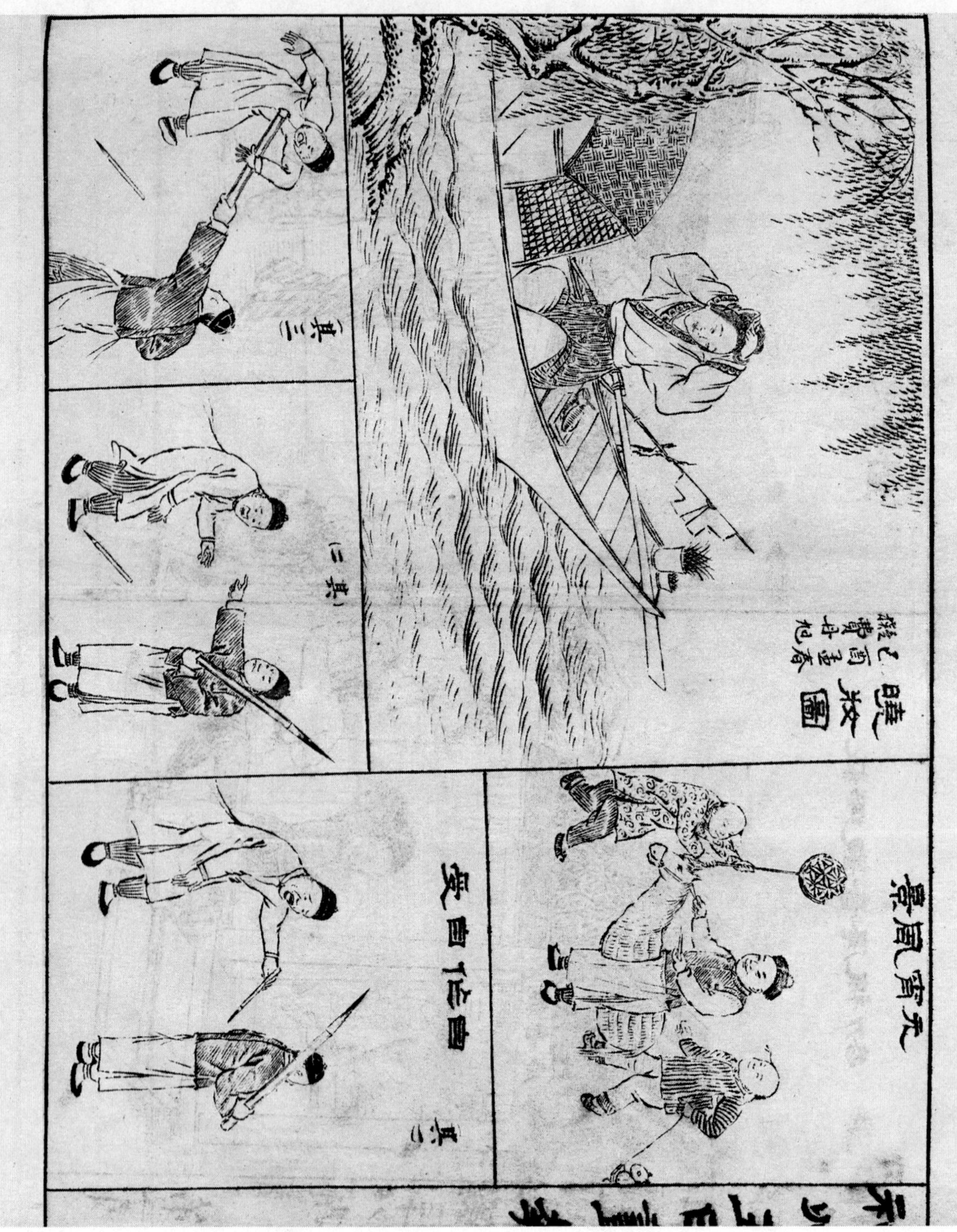
元宵風景
其一
其二
其三

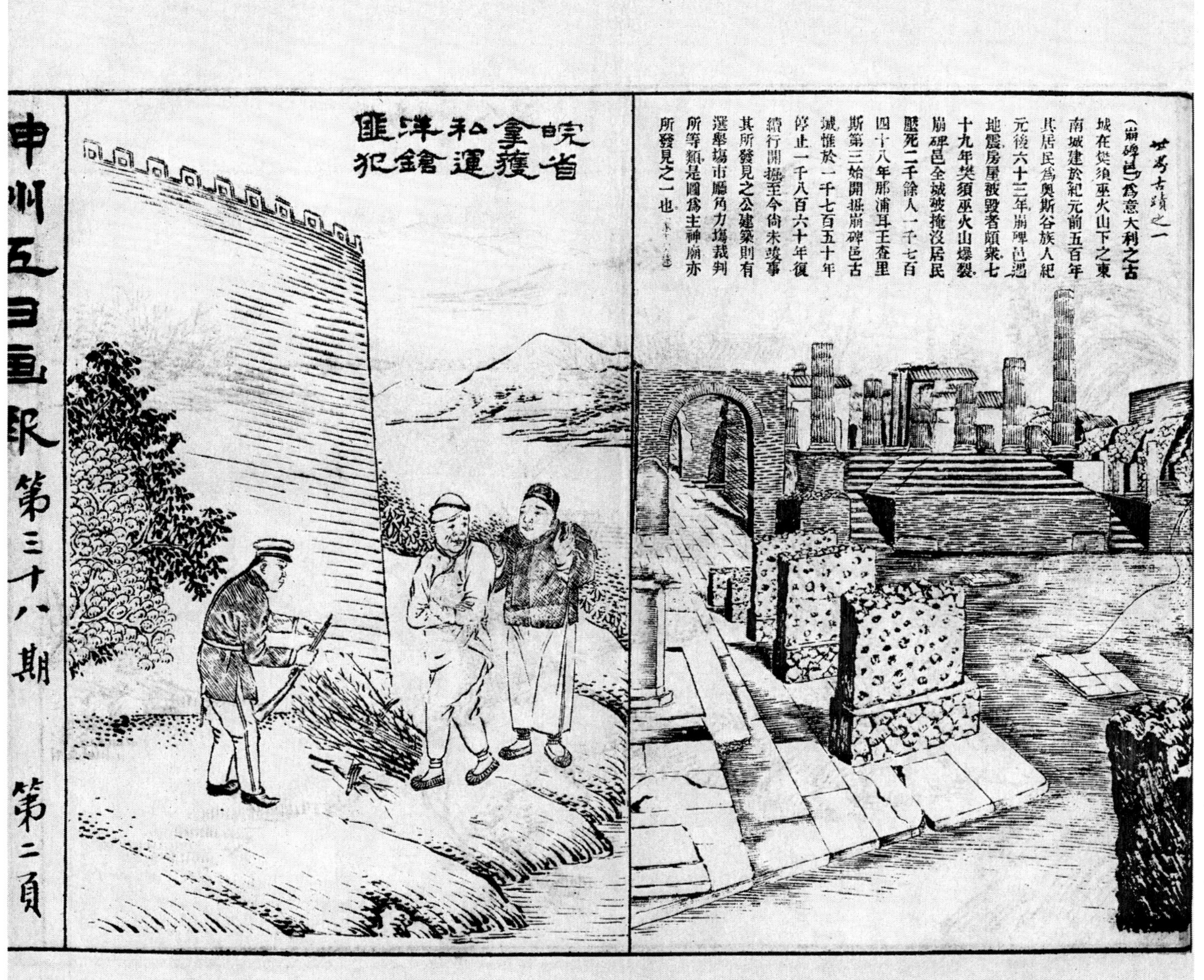
中州五日畫報第三十八期第二頁
皖省拿獲私運洋槍匪犯
世界古蹟之一
（崩碑邑）爲意大利之古城在樊須巫火山下之東南城建於紀元前五百年其居民爲奥斯谷族人紀元後六十三年崩碑邑遇地震房屋被毁者頗衆七十九年樊須巫火山爆裂崩碑邑全城被掩没居民壓死二千餘人一千七百四十八年那浦耳王查里斯第三始開掘崩碑邑古城惟於一千七百五十年停止一千八百六十年復續行開掘至今尚未竣事其所發見之公建築則有選舉場市廳角力場裁判所等類是圖爲主神廟亦所發見之一也

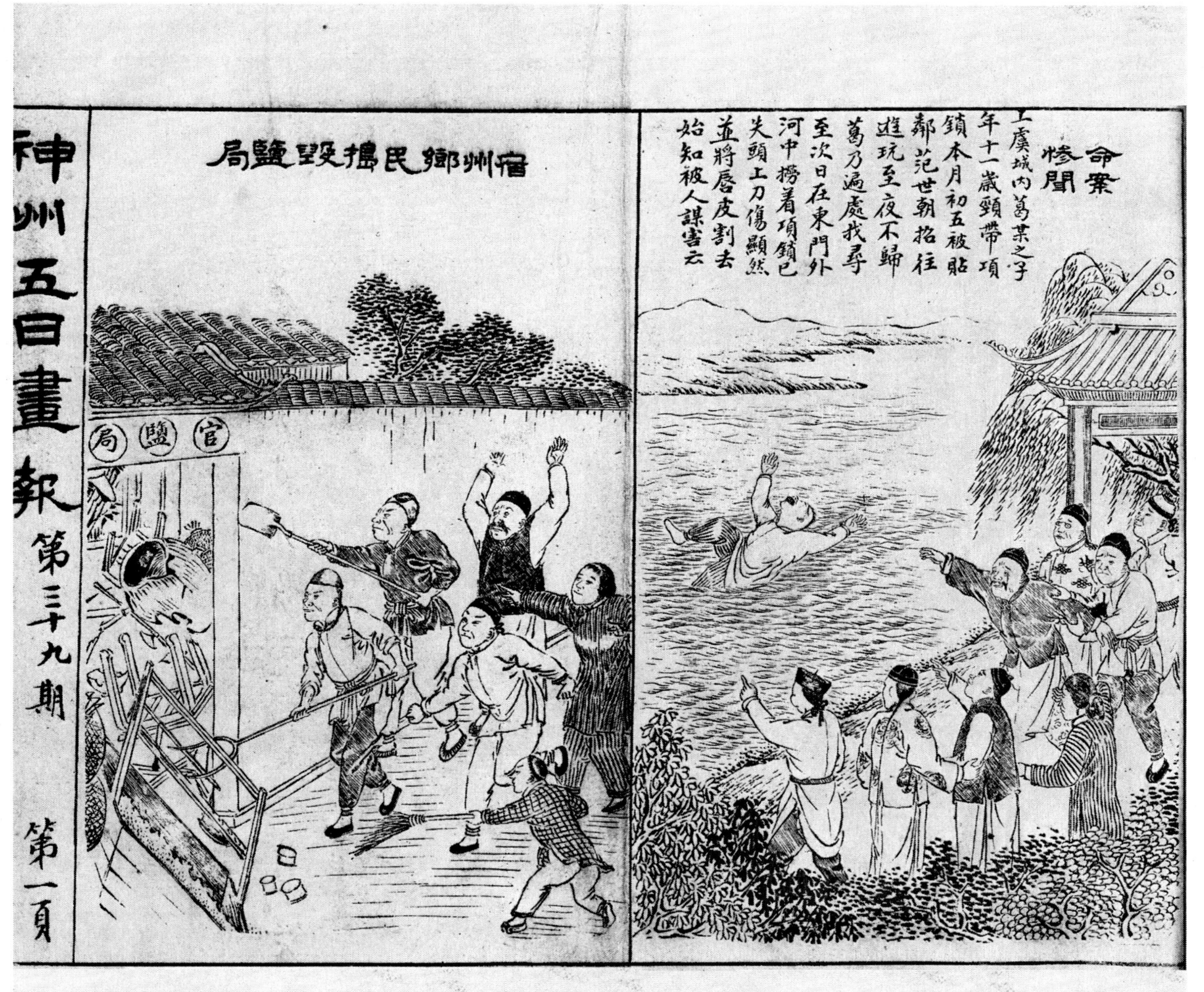
神州五日畫報
第三十九期
第一頁
宿州鄉民搗毀鹽局
官鹽局
命案慘聞
上虞城内葛某之子年十一歲頸帶項鎖本月初五被貽鄰范世朝招往遊玩至夜不歸葛乃遍處找尋至次日在東門外河中撈着項鎖已失頭上刀傷顯然並將唇皮割去始知被人謀害云

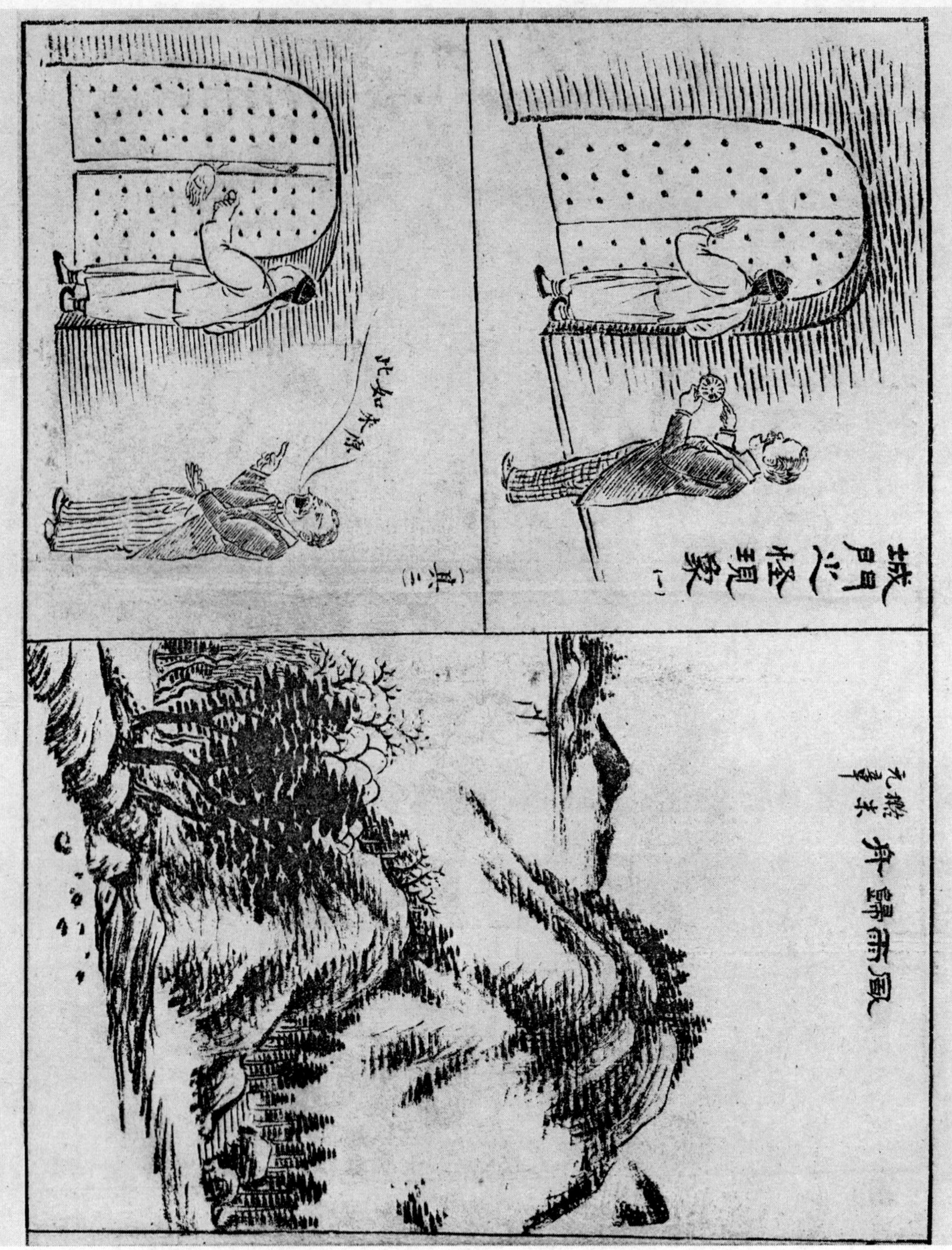
城門之怪現象（一）
風雨歸舟

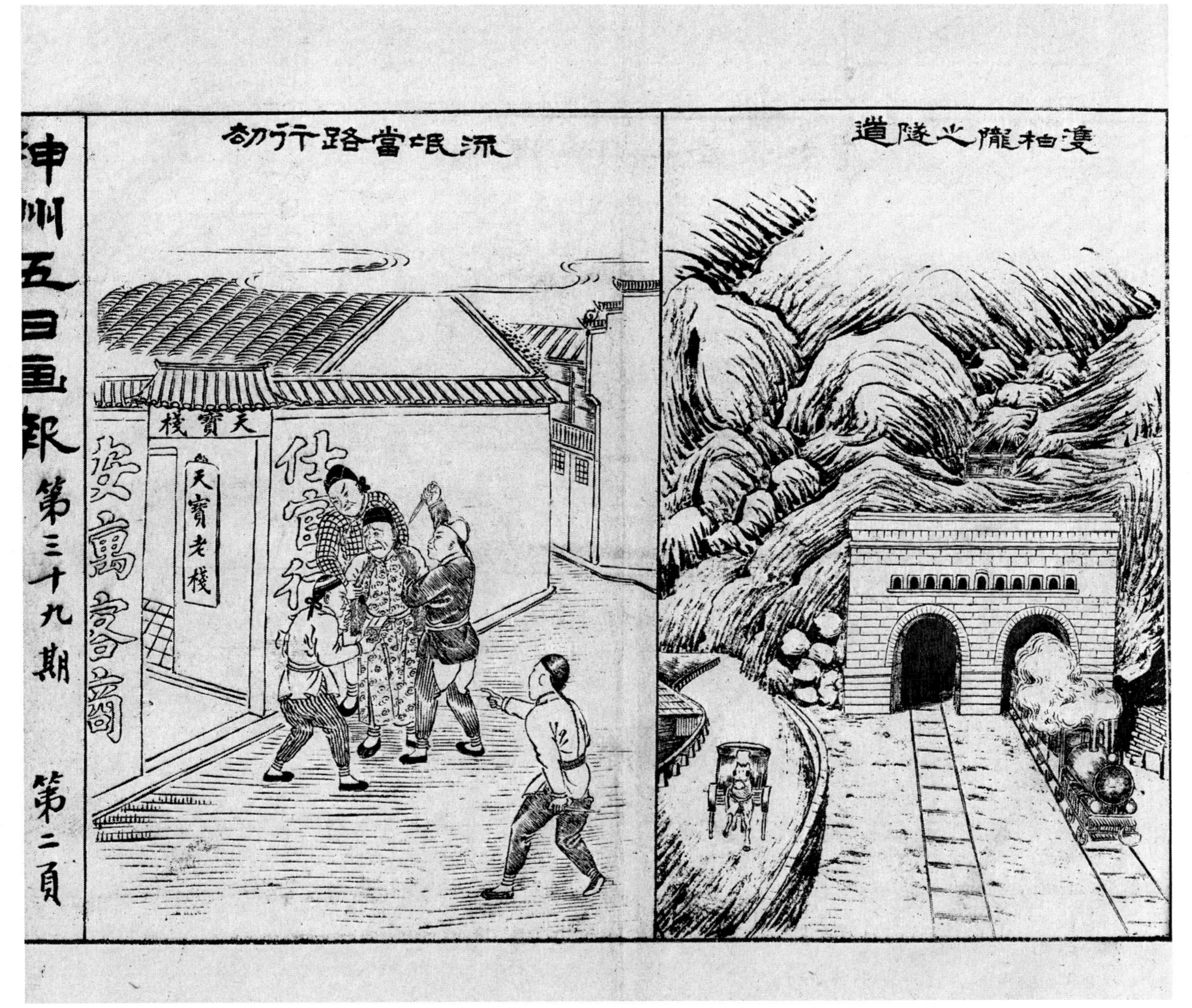
神州五日畫報
第三十九期
第二頁
流氓當路行劫
天寶棧
天寶老棧
安寓客商
漫柏隴之隧道

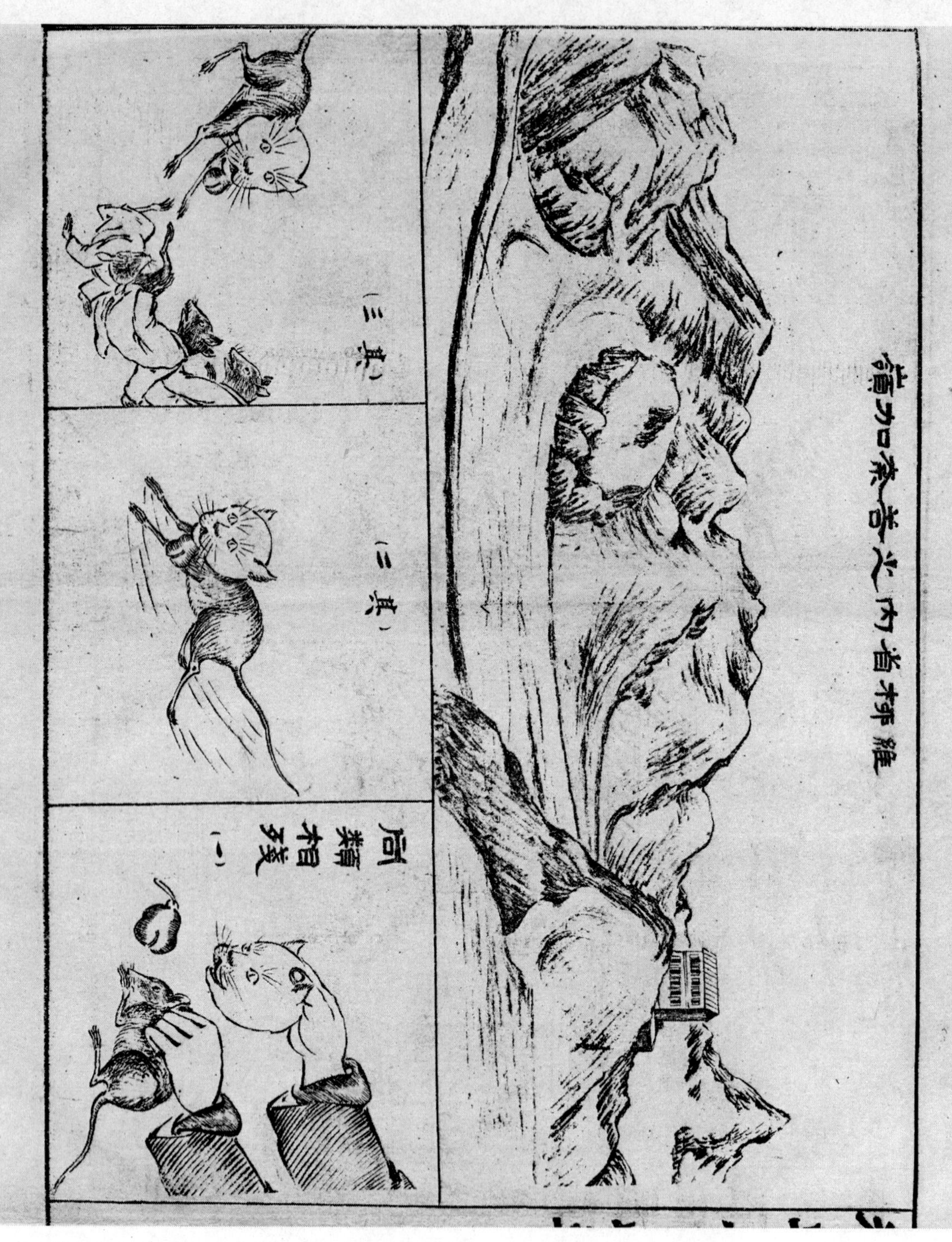
維栁省內之菩奈加嶺
同類相殘（一）
（其二）
（其三）

短篇小說　兩頭蛇　（文）

蛇之為物至毒能螫人人遇之者往往嬰其害古稱孫叔敖見兩頭蛇埋之獲大貴曩以為荒唐不經之說等諸齊東野語寧足為典要然攷歐洲十五世紀前日耳曼森林中嘗產一種異蛇黑質而黃章歧其首毒牙利吻狀至獰怪日嚙草根樹皮磨厲其齒以噬人殆所稱兩頭蛇者近是

其平日潛森林中恒出其兩首左右顧倀然莫知所從時而蟠踞左方不旋踵更蜿蜒而折於右遇人輒張其凶焰兩口交噬撻之則倉皇遁竄別出其涂徑以圖再噬凡居森林中人無故而遺毒螫者日必三數起

久之森林中之雄者奮然起曰吾必為居民鋤患於是日出捕蛇窮搜其穴蛇無所遁乃就漸滅森林之患遂絕

著者曰今之世有揭櫫文明為標幟而其心仍不忘勢力左顧右盼唯利是視者苟揭其隱則反出其口舌以狂噬人不勝則又遁而之他罕譬喻之斯亦兩頭蛇類矣雖然兩頭蛇者產十五世紀以前野蠻時代之物也物競天擇適者生存此野蠻之物類尋見其淘汰云爾寧能免於今之世歟

兩頭蛇害圖

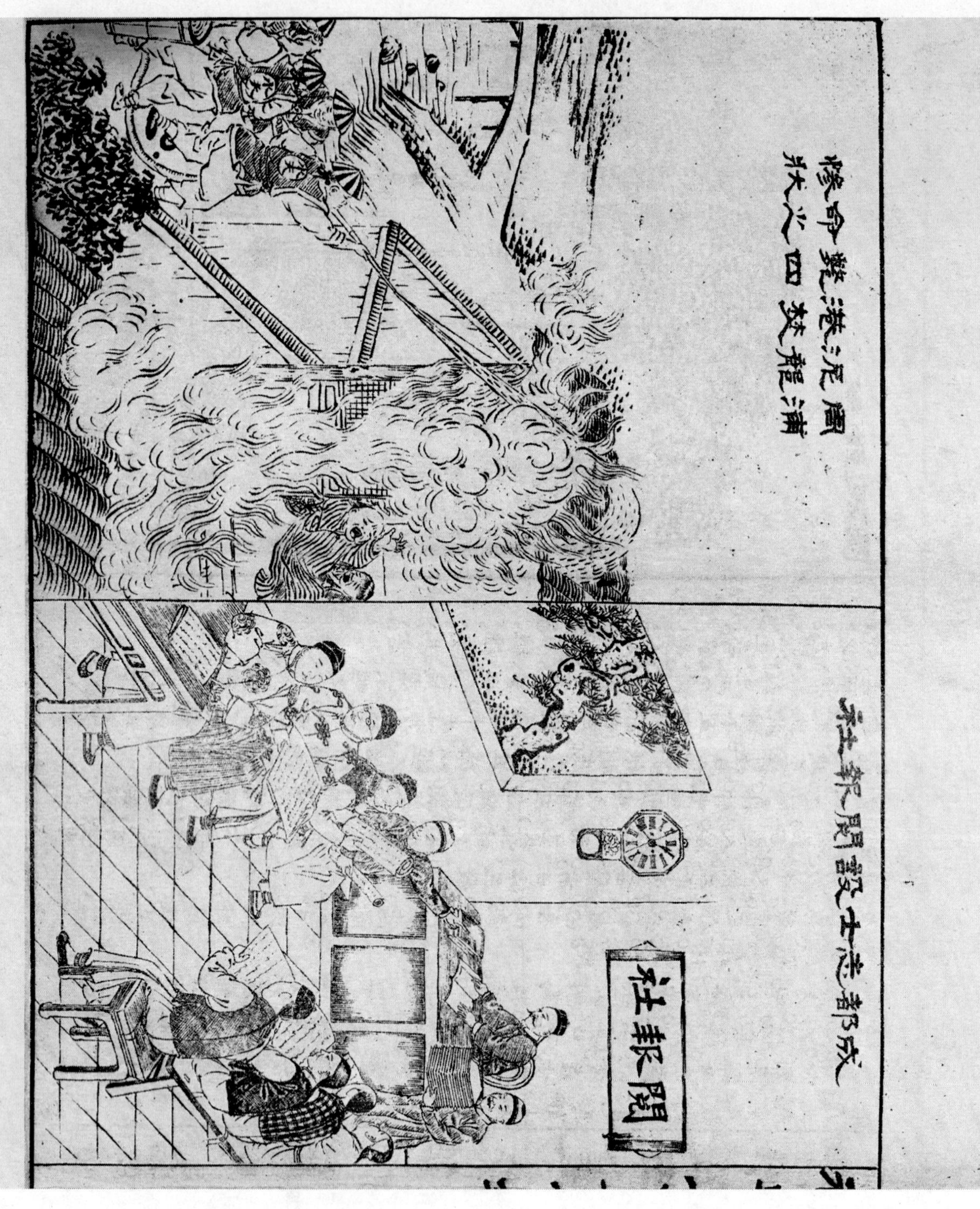
成都志士設閱報社
閱報社
閘浦泥龍港焚斃四命火慘狀

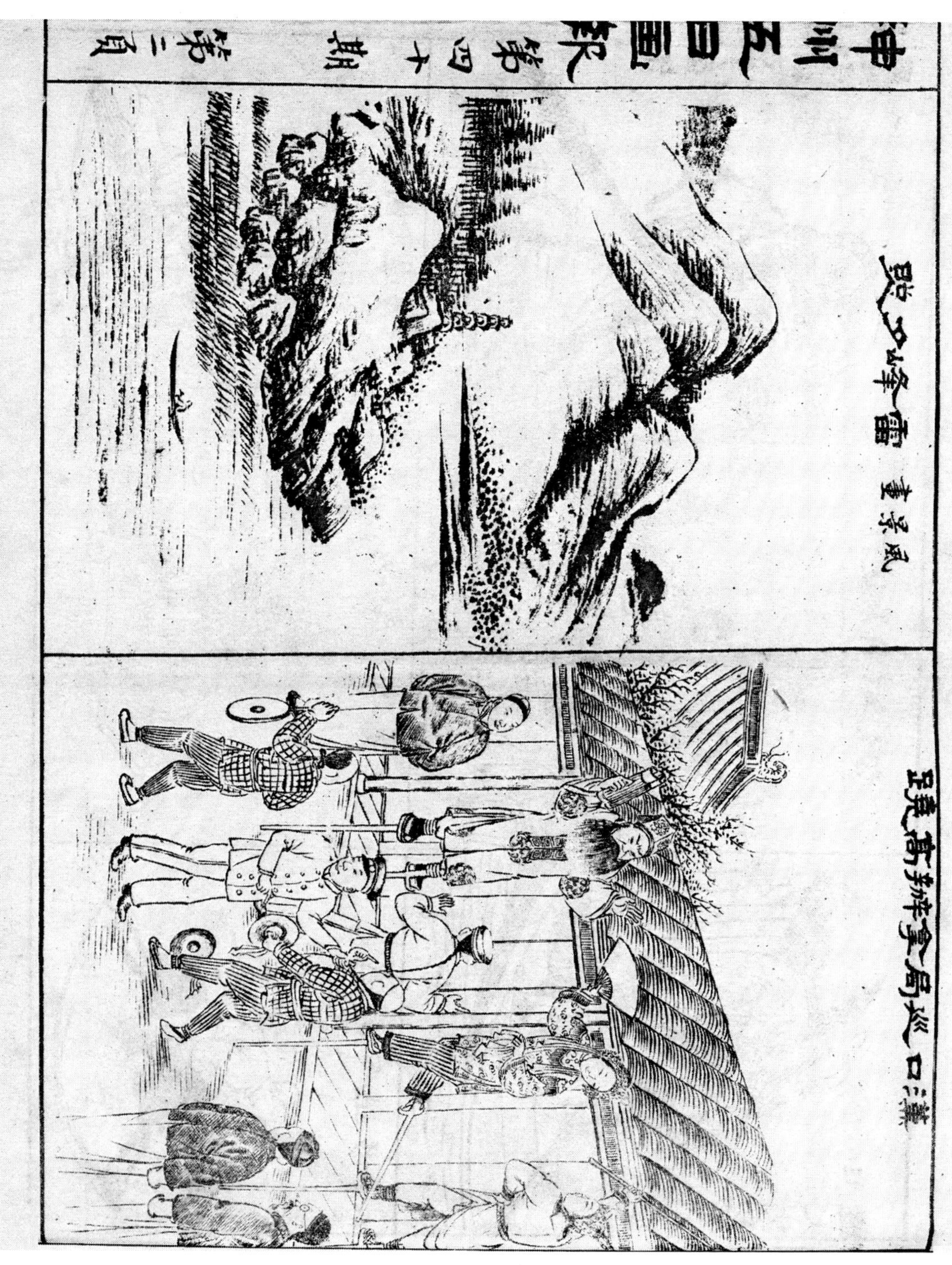
神州五日画報 第四十期 第二頁
風景畫 雷峰夕照
漢口巡局拿辦高蹺

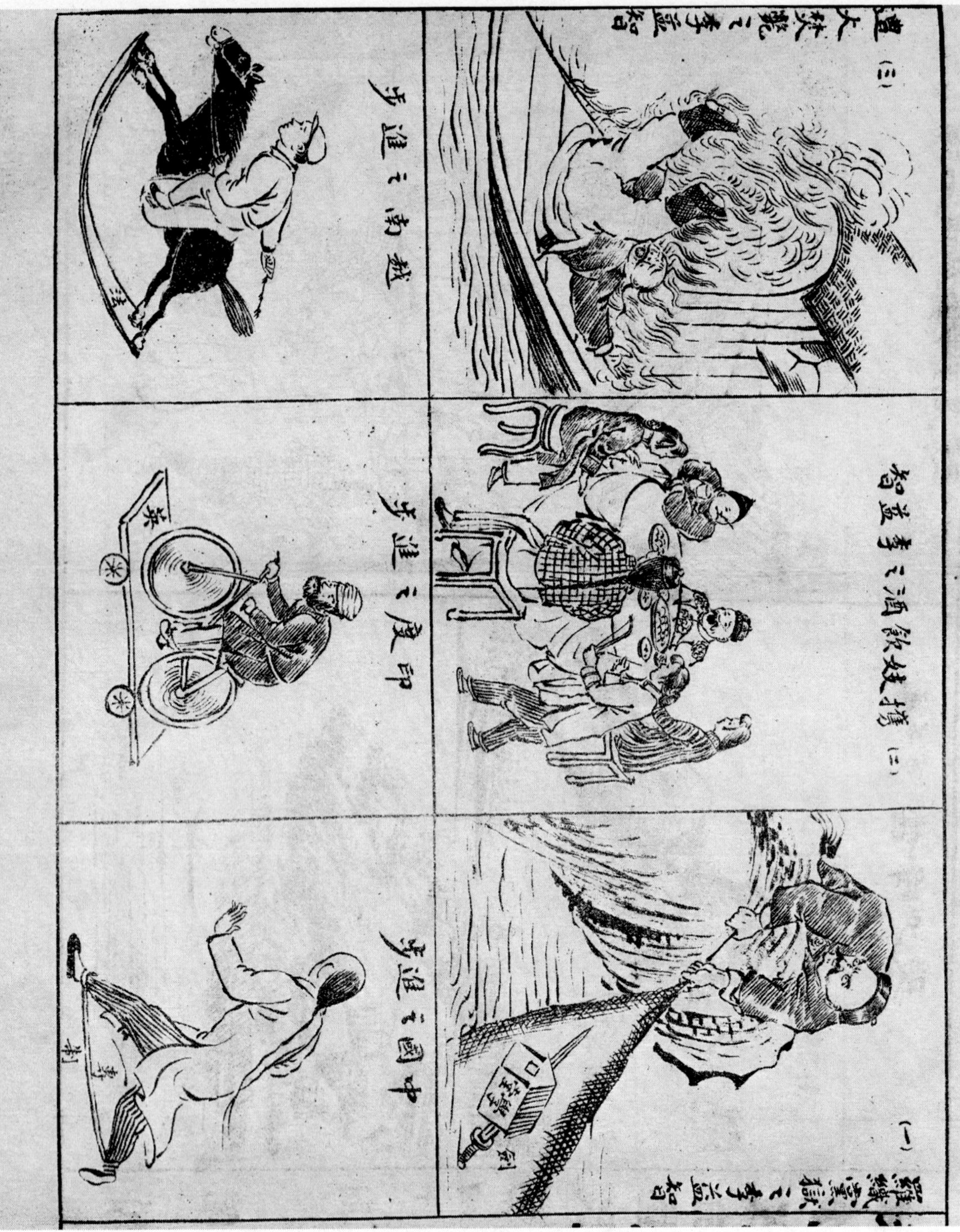
(一)羅織黨獄之李益智
劍
學堂
口
(二)攜妓飲酒之李益智
(三)遭大焚斃之李益智
中國之進步
專制
印度之進步
英
越南之進步
法

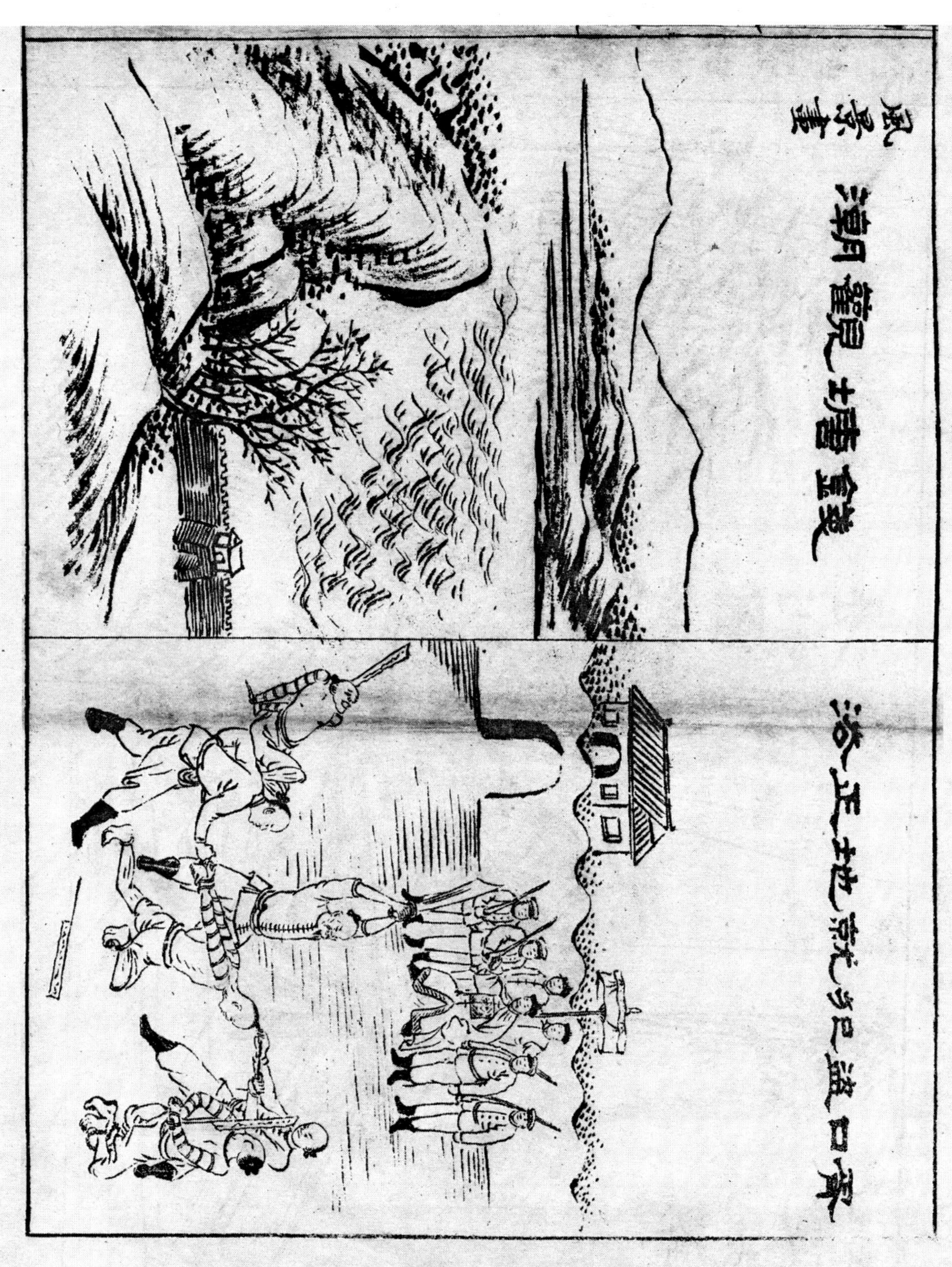
風景畫

班超投筆
得利圖
小蝶繪
神州五日畫報

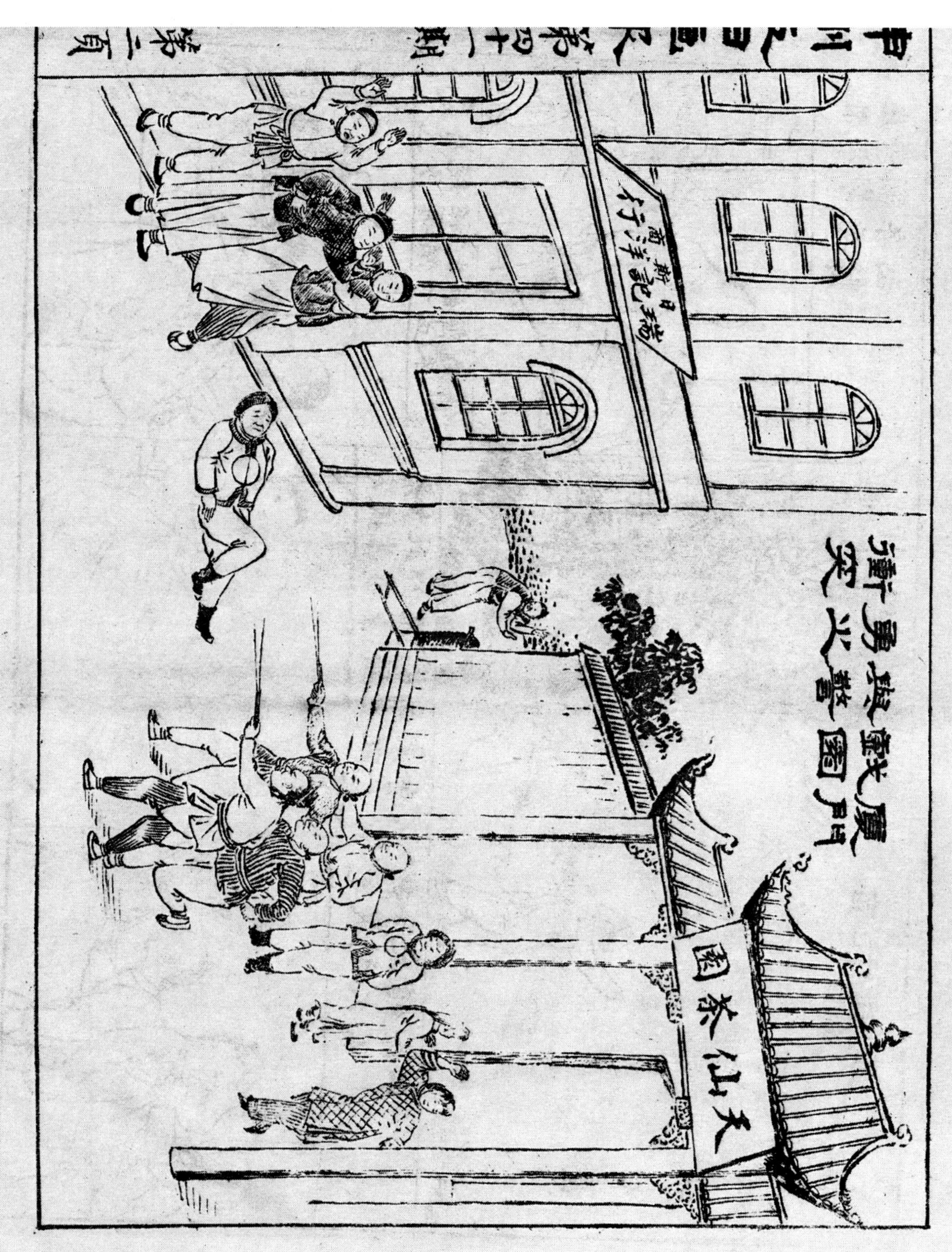
第四十一期
第二頁
厦門戲園與警勇之衝突
天仙茶園
日斯商
瑞記洋行

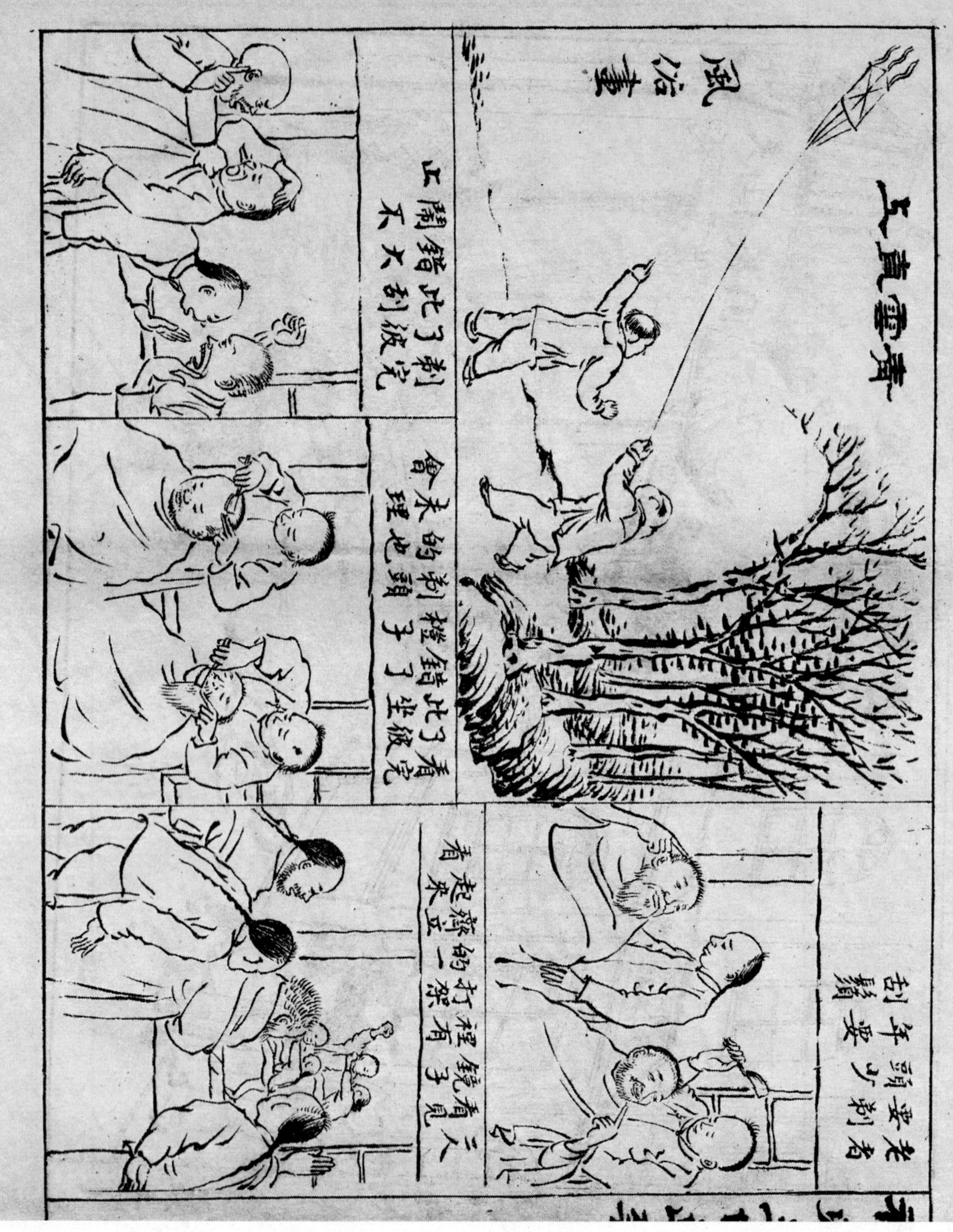
青雲直上
風俗畫
老者要剃頭少年要刮鬚
三人看見鏡子裡有打架的一齊立起來看
看完了彼此坐錯了櫈子剃頭的也未理會
剃完了彼此刮錯大鬧不止

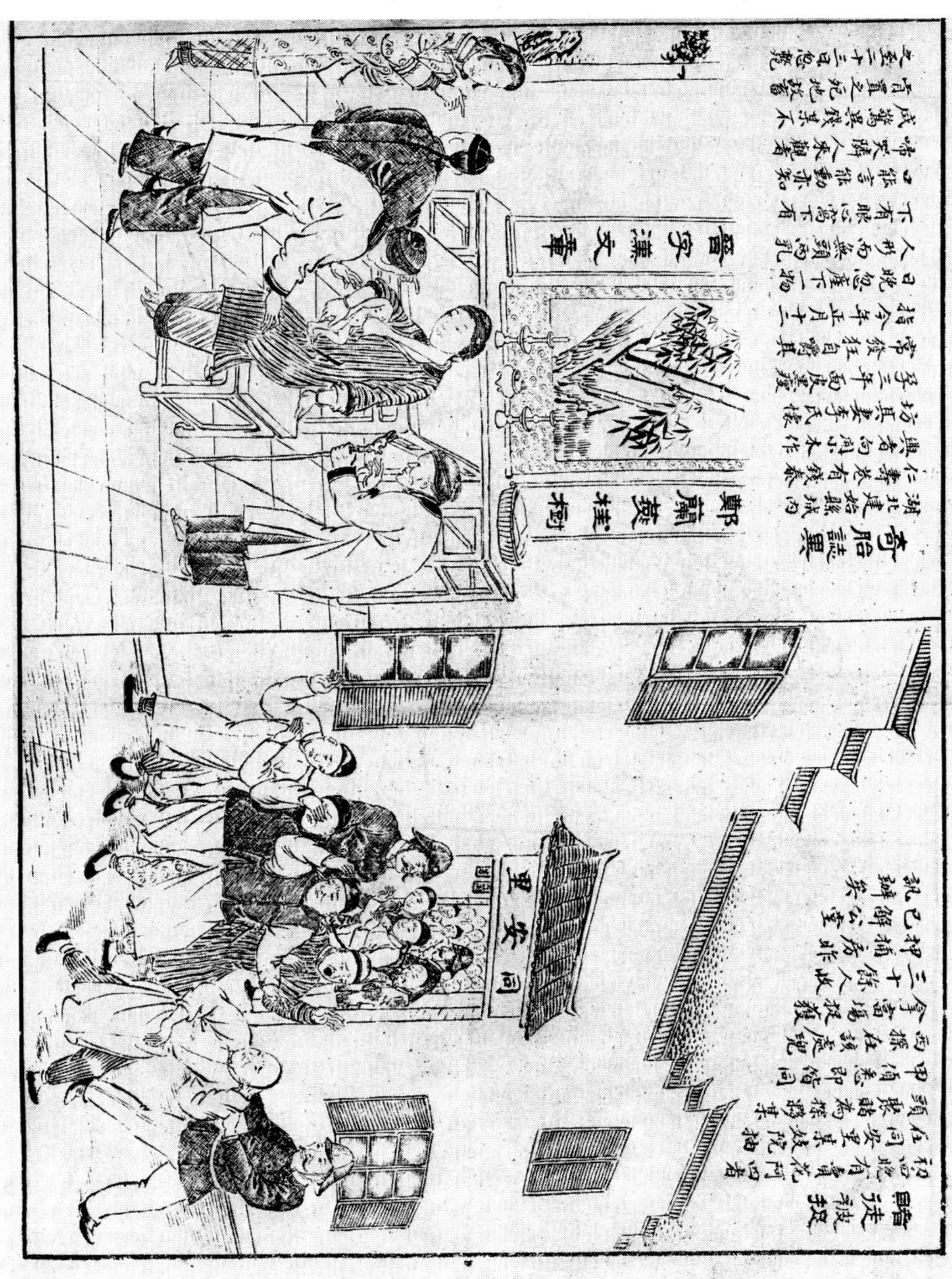
賭徒被拘
初四晚有賣花阿四者
在同安里某妓院抽
頭聚賭為探夥某
甲偵悉即偕同
西探在該處覘
拿當場捉獲
三十餘人收
押捕房昨
已解公堂
訊辦矣
同安里
奇胎誌異
湖北建始縣城内
仁壽巷有錢春
興者向開小木作
坊其妻李氏懷
孕三年面皮黑瘦
常發狂自嚼其
指今年正月十二
日晚忽產下一物
人形而無頭兩乳
下有眼心窩下有
口能言能動亦知
啼哭隣人來觀者
咸驚異錢某不
肯置之死地故畜
之至二十三日忽斃
鄭蘭燕桂樹
晉字漢文章

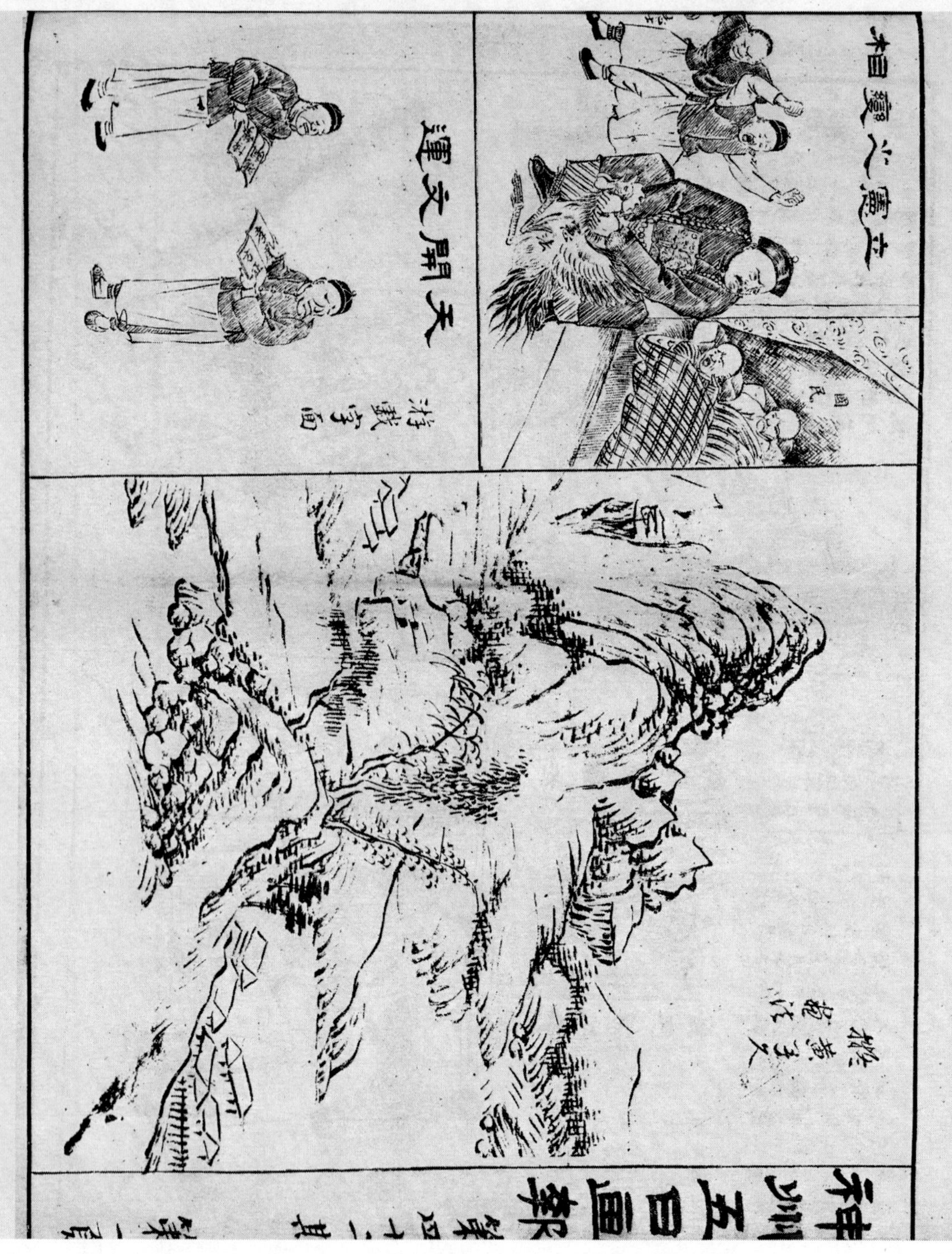
立憲之變相
天開文運
神州五日畫報

第四十二期 第二頁
因賭斃命
某甲者甯波人向在北市電燈廠為工前夜隨同流氓賣花阿三等在西門外聚賭被西區巡員查拿中途被巡士亂毆某甲已氣息奄奄殆舁至家中則已斃命某甲雖咎由自取然巡士草菅人命亦云甚已
漢鎮大火後之慘狀

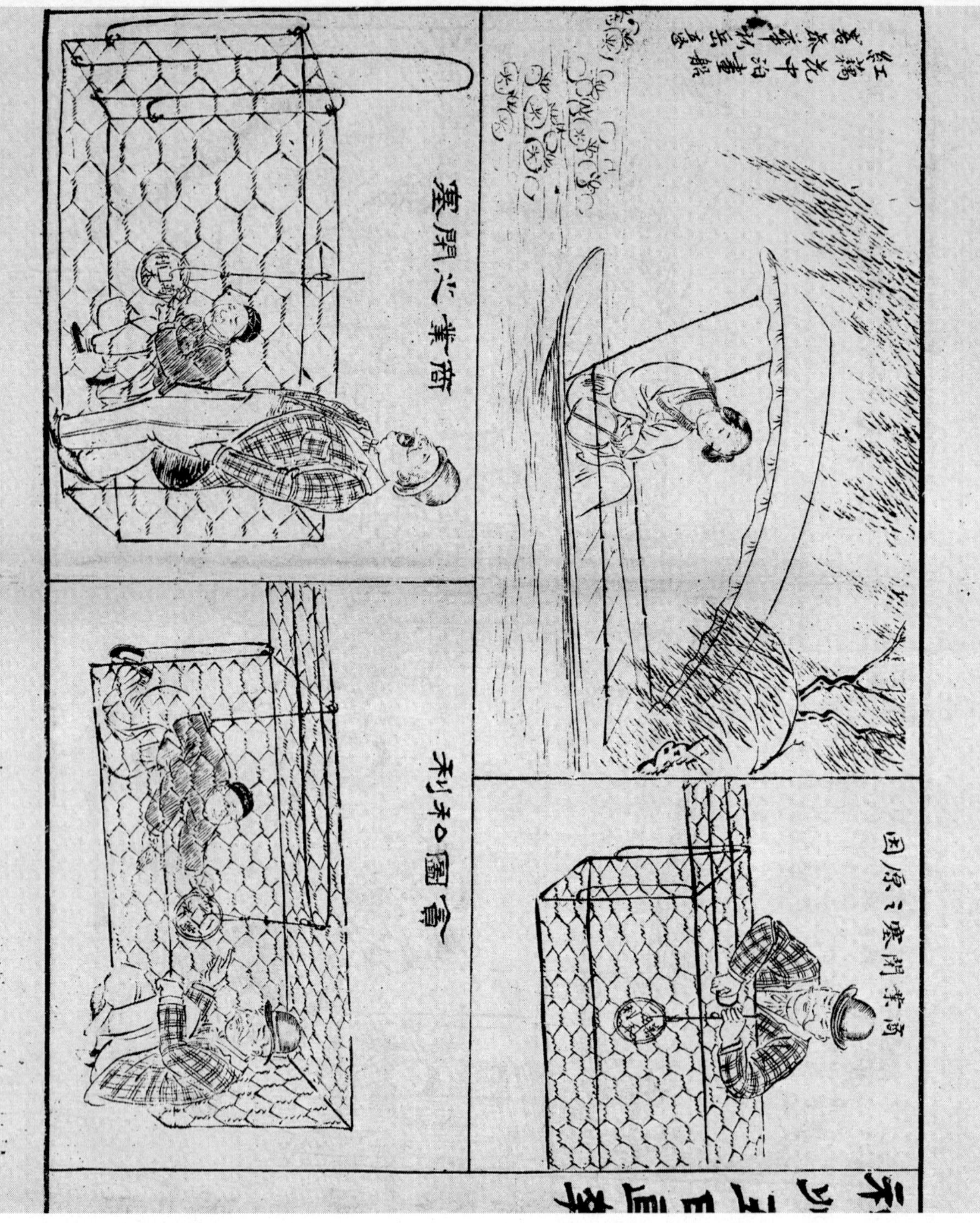

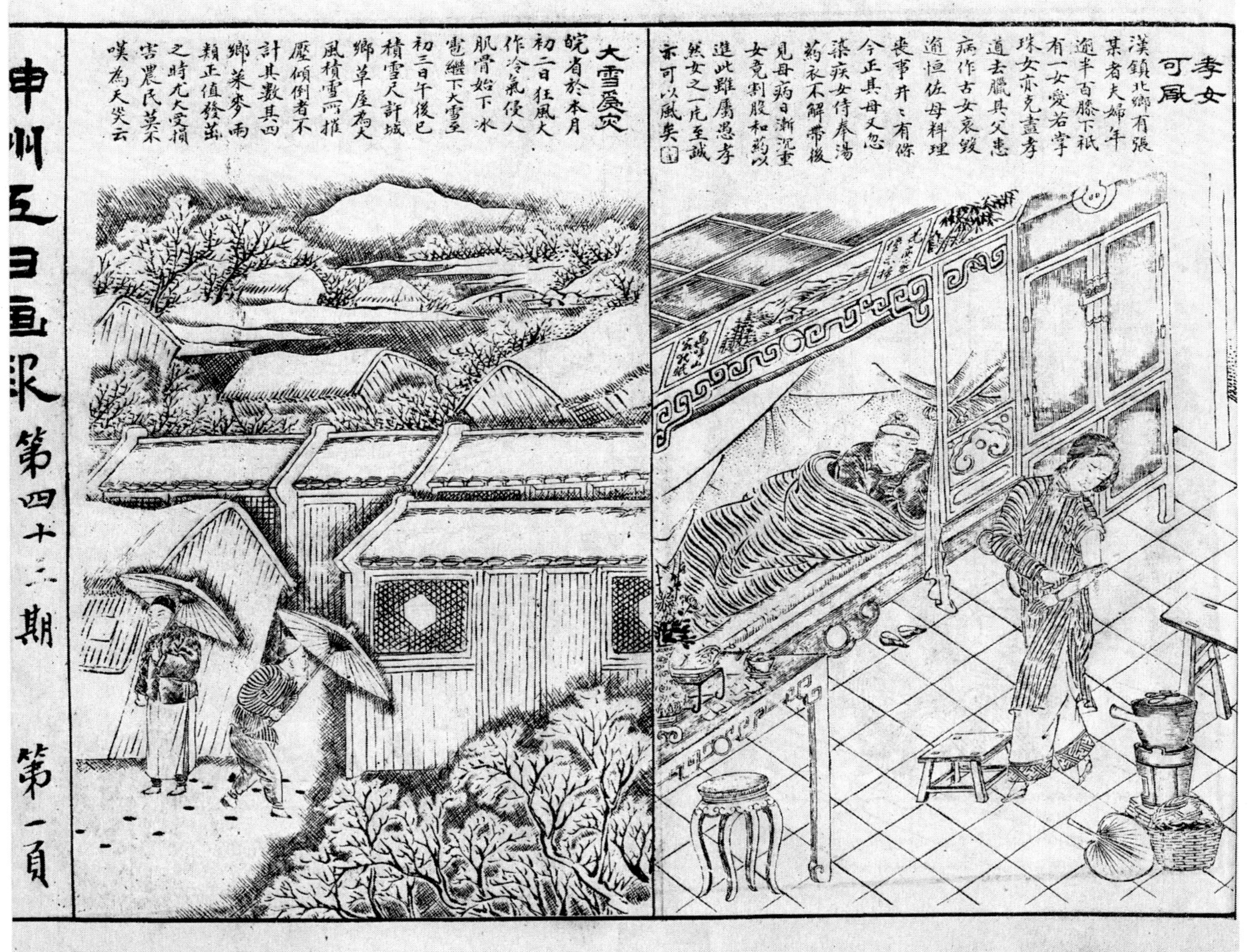

中州白話報　第四十二期　第一頁

孝女可風

漢鎮北鄉有張某者夫婦年逾半百膝下祇有一女愛若掌珠女亦克盡孝道去臘其父患病作古女哀毀逾恒佐母料理喪事井井有條今正其母又忽染疾女侍奉湯藥衣不解帶後見母病日漸沉重女竟割股和藥以進此雖屬愚孝然女之一片至誠亦可以風矣

大雪爲災

皖省於本月初二日狂風大作冷氣侵人肌骨始下冰雹繼下大雪至初三日午後已積雪尺許城鄉草屋爲大風積雪所推壓傾倒者不計其數其四鄉菜麥兩類正值發芽之時尤大受損害農民莫不嘆爲天災云

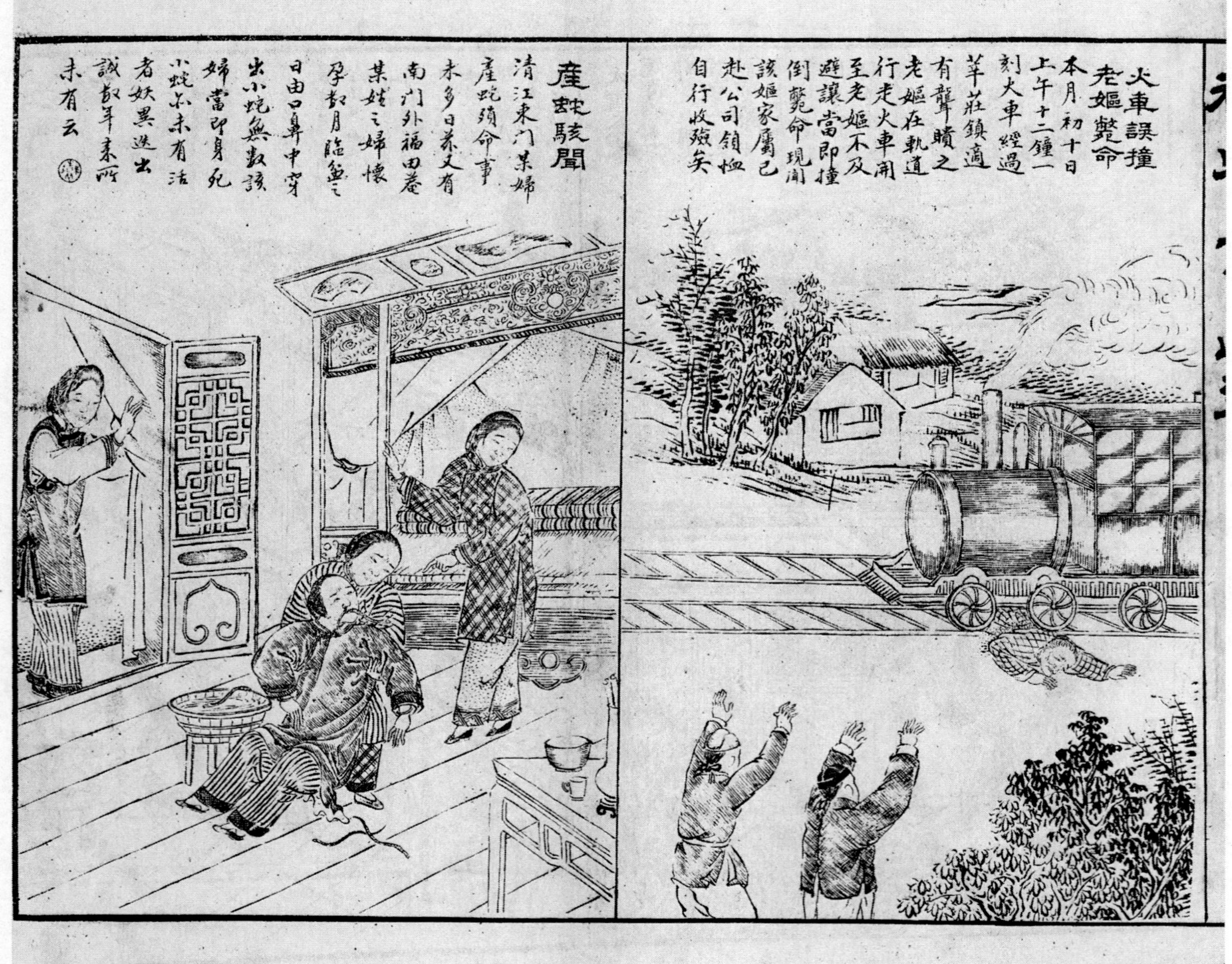
火車誤撞
老嫗斃命
本月初十日
上午十二鐘一
刻火車經過
莘莊鎮適
有聾瞶之
老嫗在軌道
行走火車開
至老嫗不及
避讓當即撞
倒斃命現聞
該嫗家屬已
赴公司領恤
自行收殮矣
產蛇駭聞
清江東門某婦
產蛇殞命事
未多日蔡丈有
南門外福田巷
某姓之婦懷
孕數月臨盆之
日由口鼻中穿
出小蛇無數該
婦當即身死
小蛇亦未有活
者妖異迭出
誠數年來所
未有云

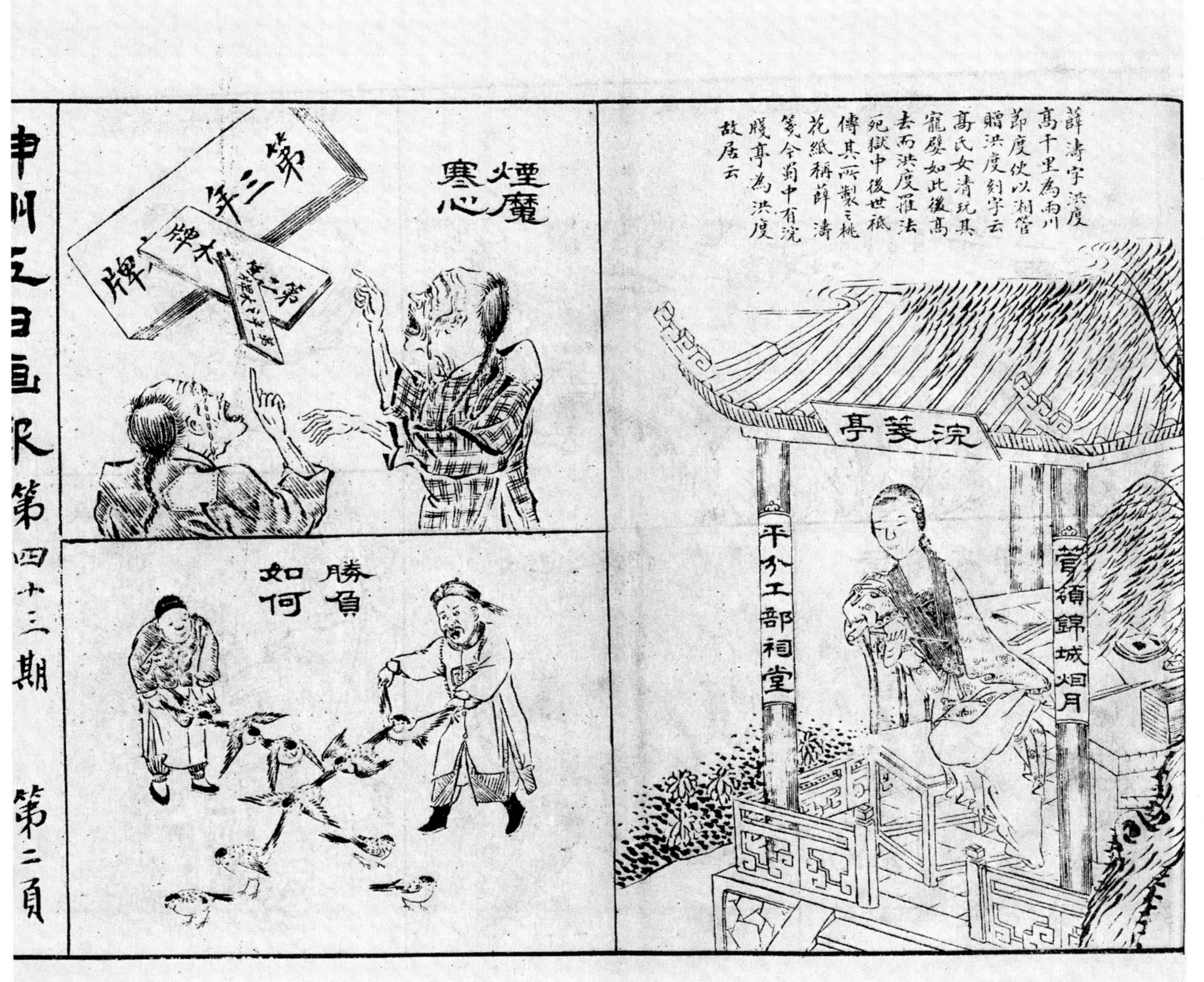
第四十三期 第二頁
煙魔寒心
第三年牌
勝負如何
浣箋亭
平分工部祠堂
管領錦城烟月
薛濤字洪度
高千里為西川
節度使以湘管
贈洪度刻字云
高氏女清玩其
寵嬖如此後高
去而洪度羅法
死獄中後世秖
傳其所製之桃
花紙稱薛濤
箋今蜀中有浣
牋亭為洪度
故居云

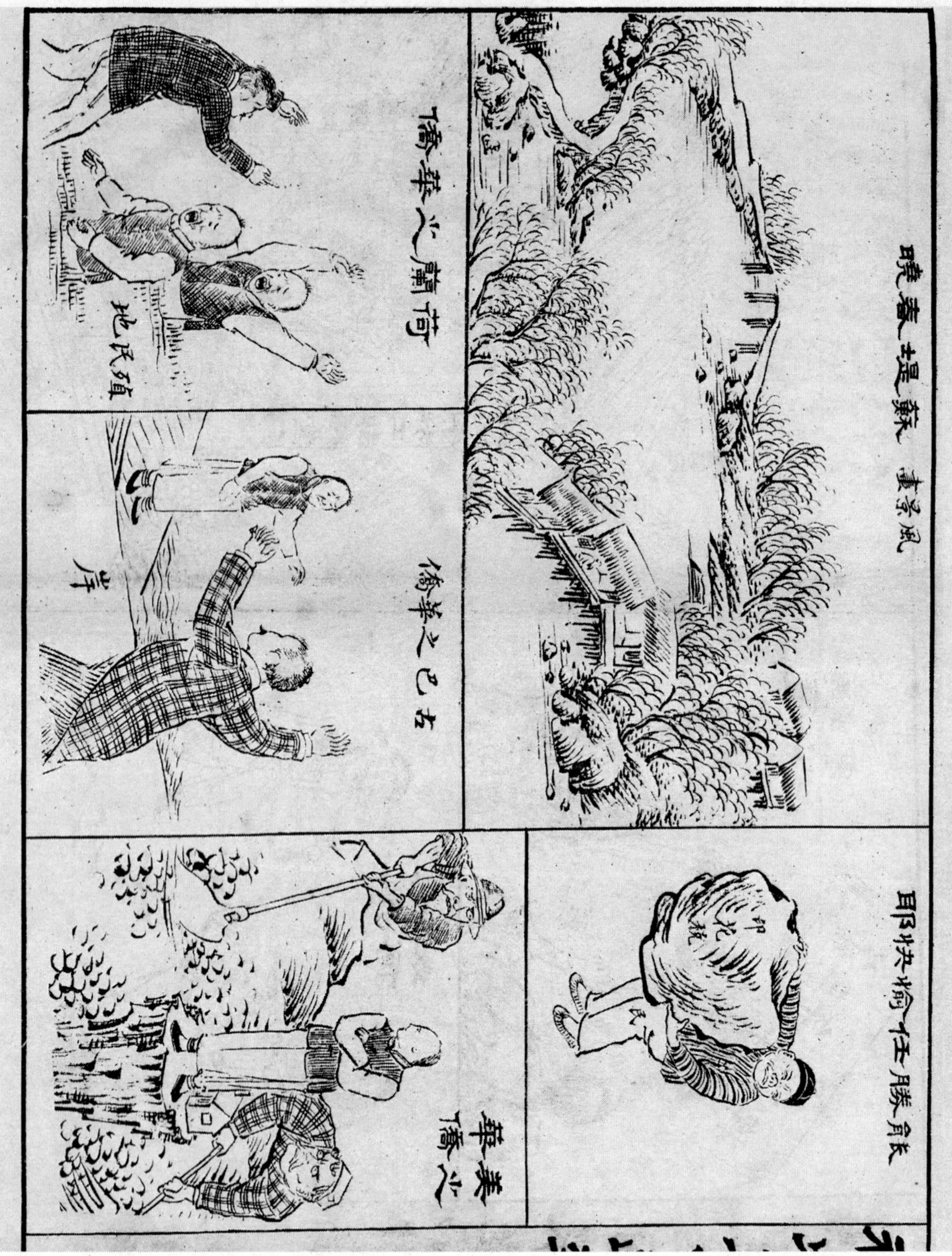

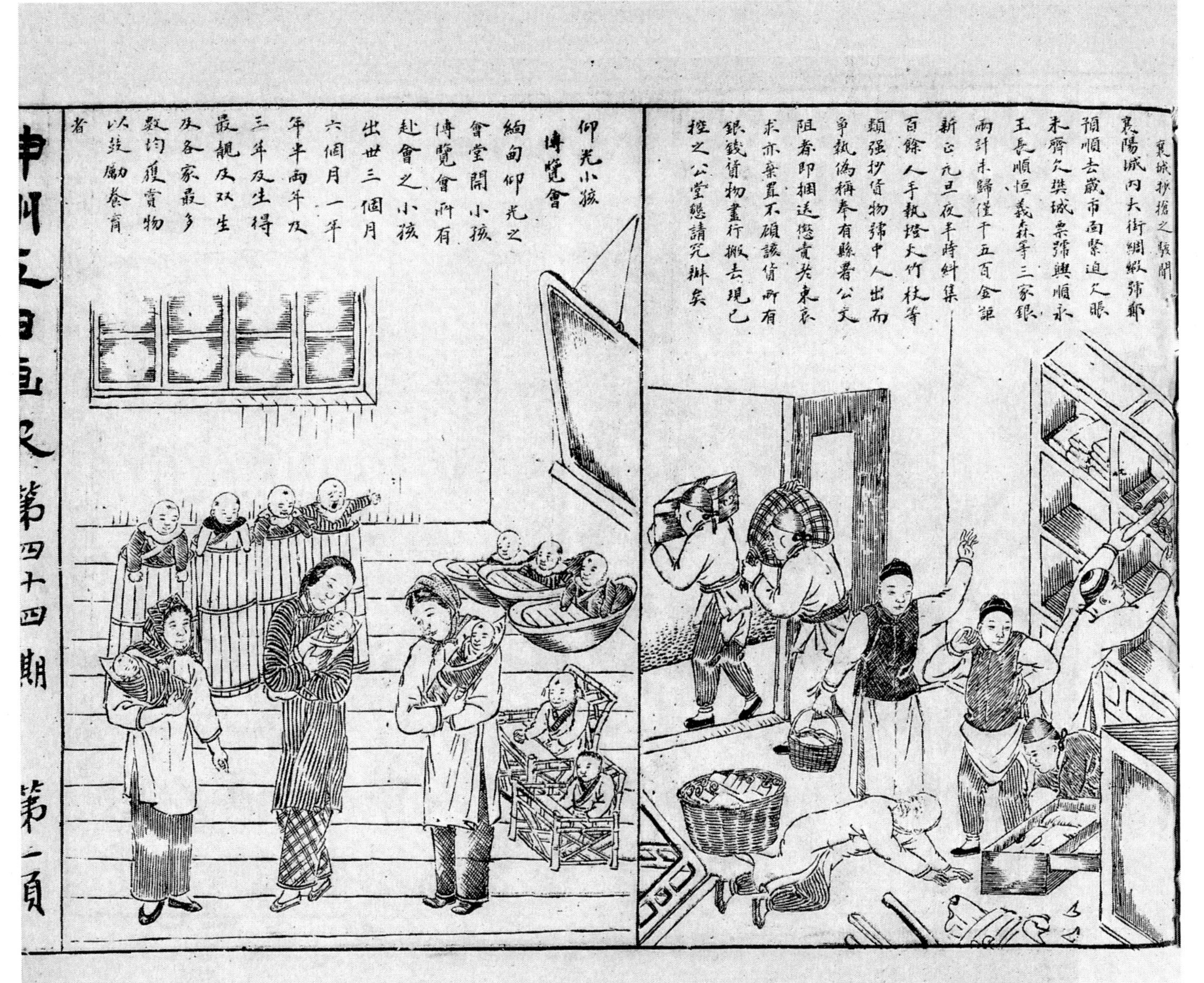
第四十四期
第二頁
襄城抄搶之駭聞
襄陽城內大街綢緞號鄭
預順去歲市面緊迫欠賬
未齊欠與誠票號興順永
王長順恒義森等三家銀
兩計未歸僅千五百金詎
新正元旦夜半時糾集
百餘人手執燈火竹杖等
類強抄貨物號中人出而
爭執偽稱奉有縣署公文
阻者即捆送懲責若東哀
求亦棄置不顧該貨所有
銀錢貨物盡行搬去現已
控之公堂懇請究辦矣
仰光小孩
博覽會
緬甸仰光之
會堂開小孩
博覽會所有
赴會之小孩
出世三個月
六個月一年
年半兩年及
三年及生得
最靚及双生
及各家最多
數均獲賞物
以鼓勵養育
者

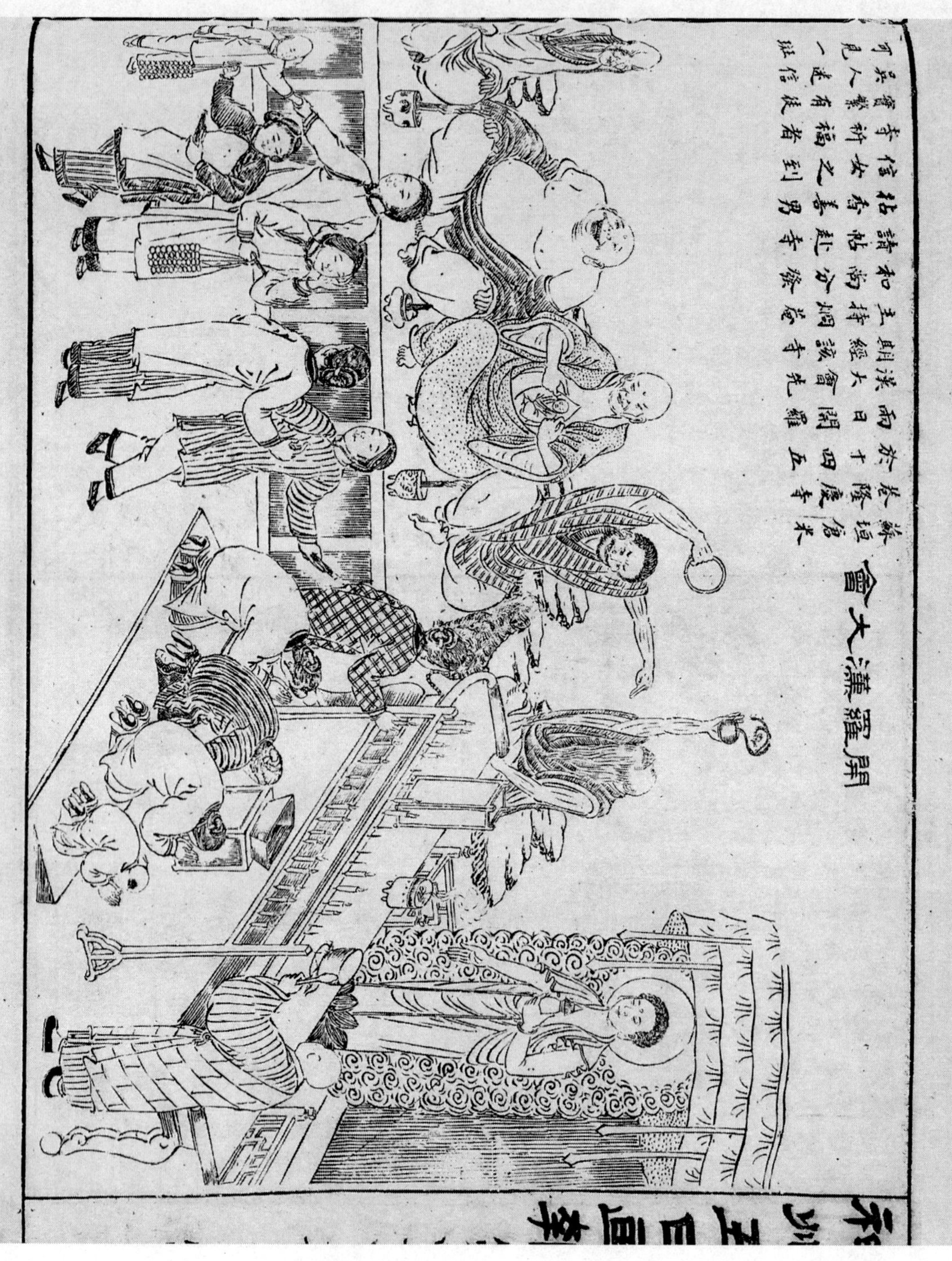
開羅漢大會
蘇垣倉米巷隆慶寺於十四五兩日開羅漢大會先期經該寺主持烱菴和尚分發請帖赴寺拈香善男信女之到寺祈福者實繁有徒吳人迷信可見一班

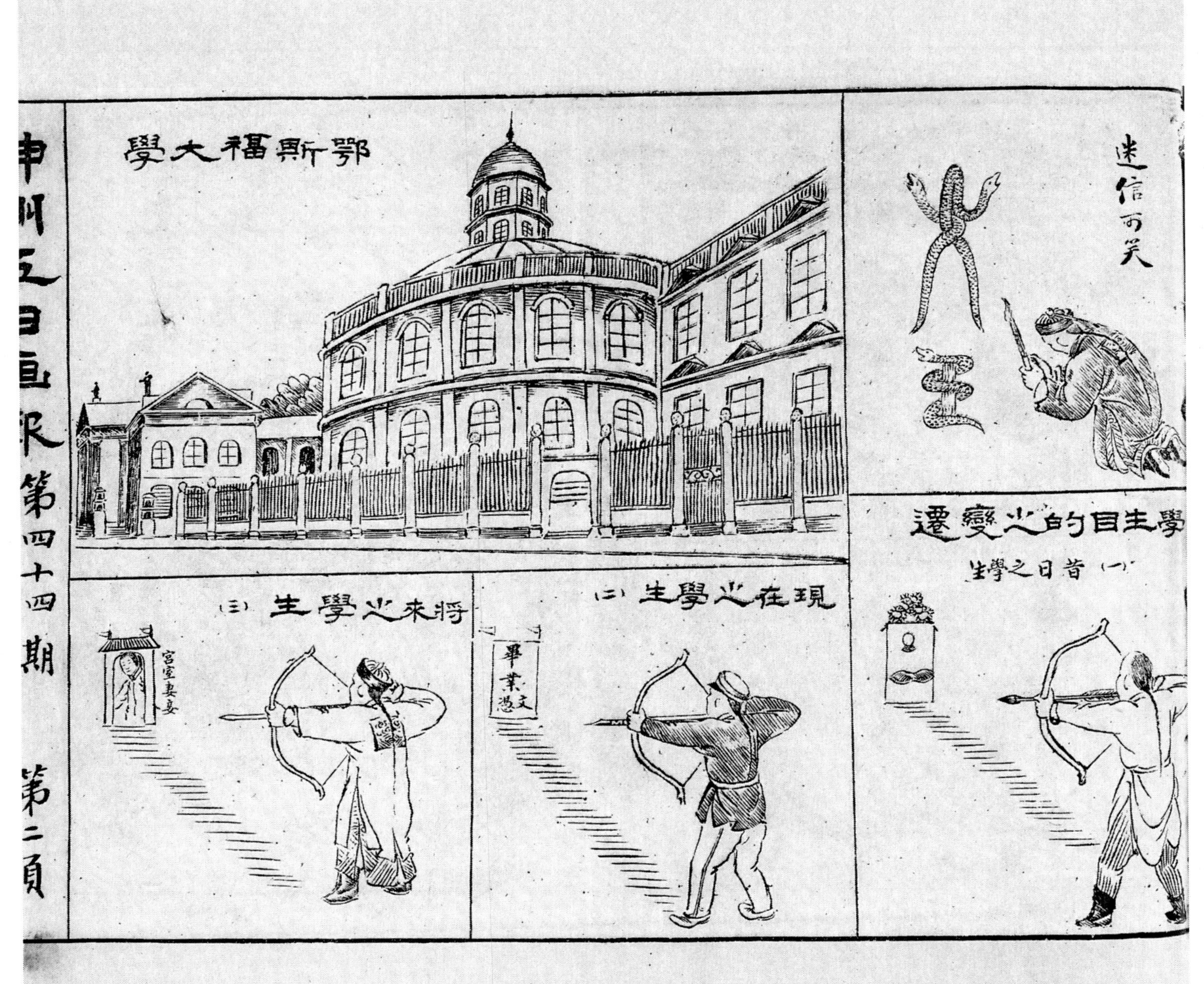
神州五日畫報第四十四期　第二頁
鄂斯福大學
迷信可笑
學生目的之變遷
（一）昔日之學生
（二）現在之學生
畢業文憑
（三）將來之學生
宮室妻妾

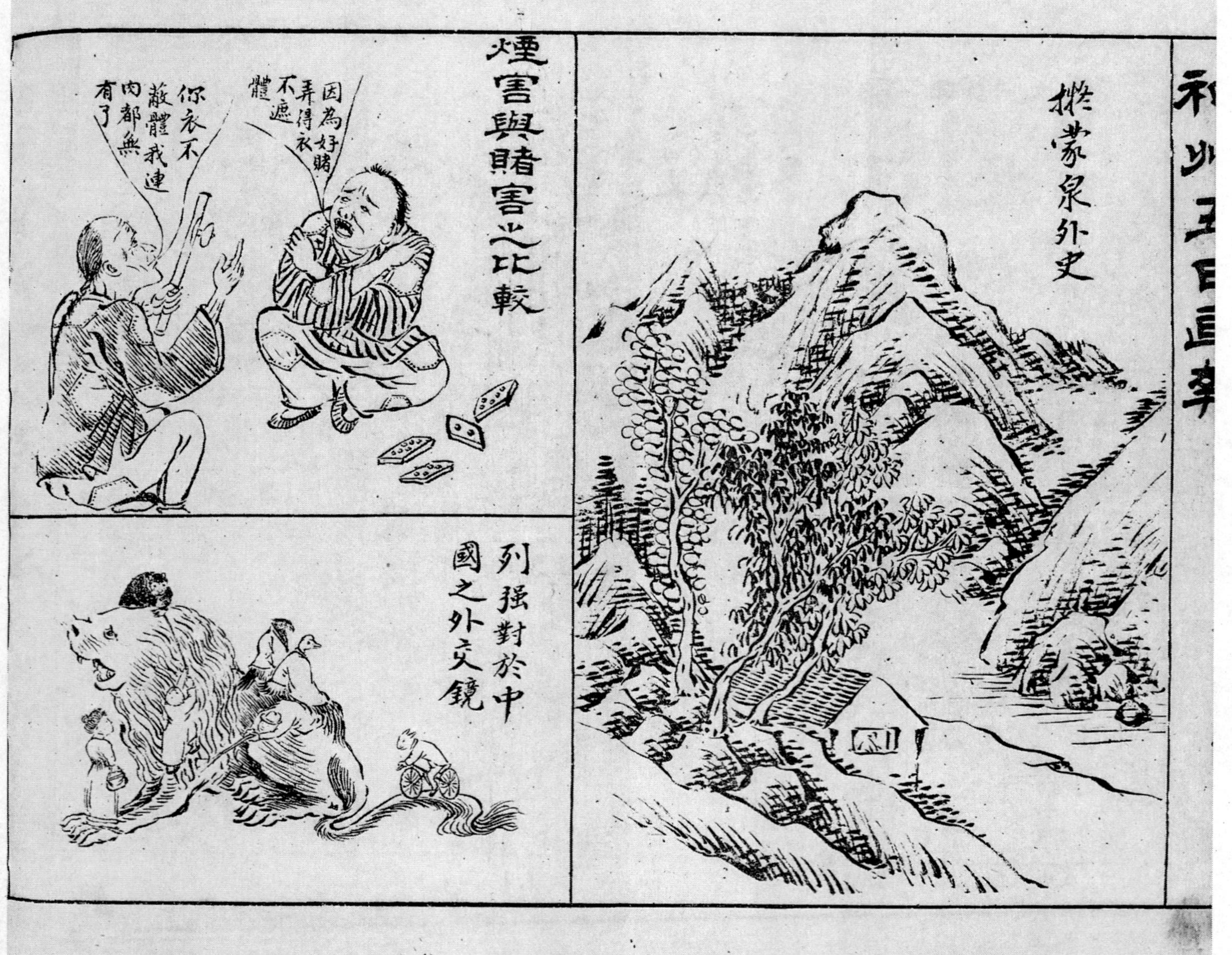
撚蒙泉外史
煙害與賭害之比較
因為好賭弄得衣不遮體
你衣不蔽體我連肉都無有了
列强對於中國之外交鏡

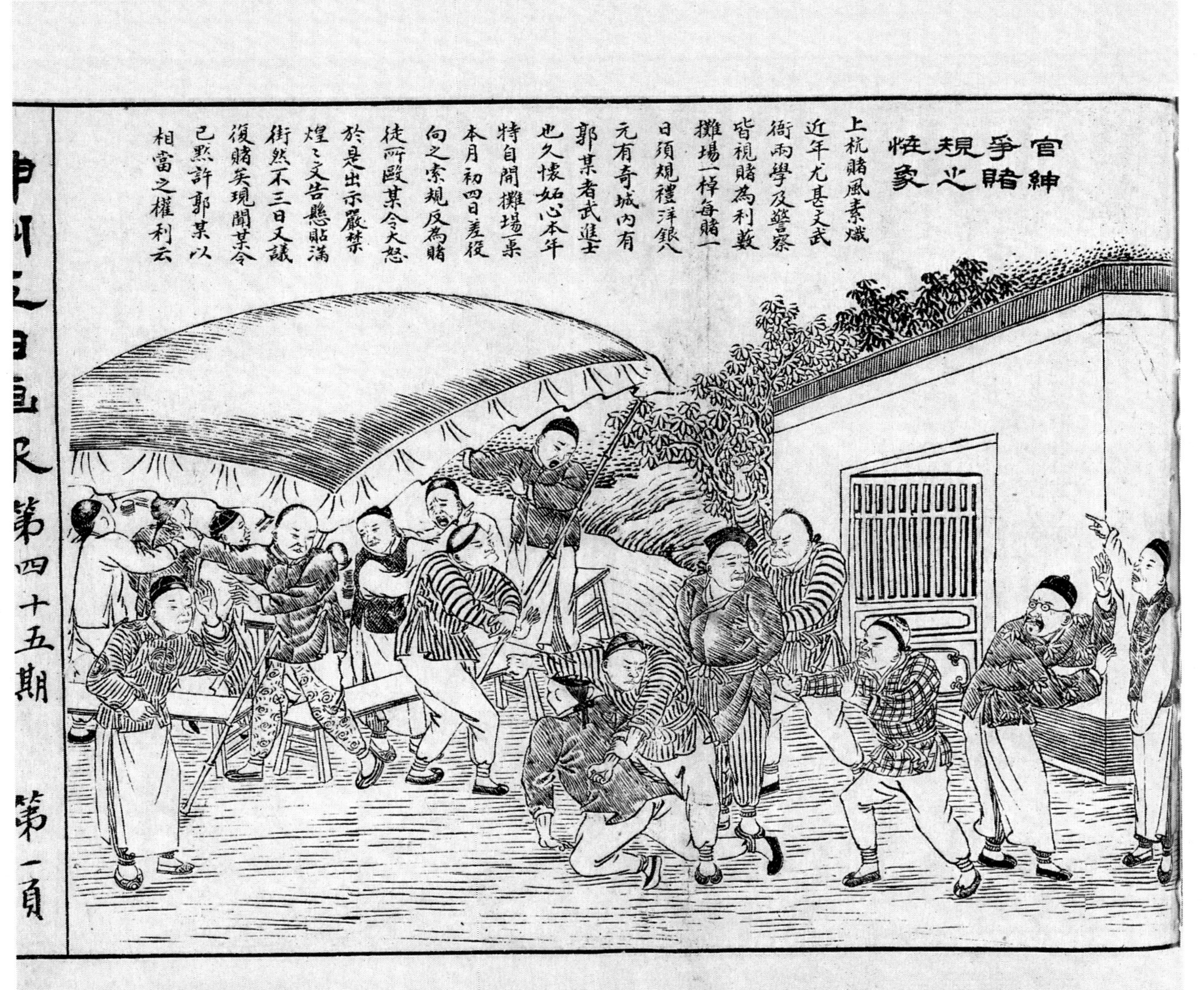
官紳爭賭規之怪象
上杭賭風素熾近年尤甚文武衙兩學及警察皆視賭為利藪攤場一桌每賭一日須規禮洋銀八元有奇城內有郭某者武進士也久懷妒心本年特自開攤場稟本月初四日差役向之索規反為賭徒所毆某令大怒於是出示嚴禁煌〻之文告懸貼滿街然不三日又議復賭矣現聞某令已默許郭某以相當之權利云
第四十五期　第一頁

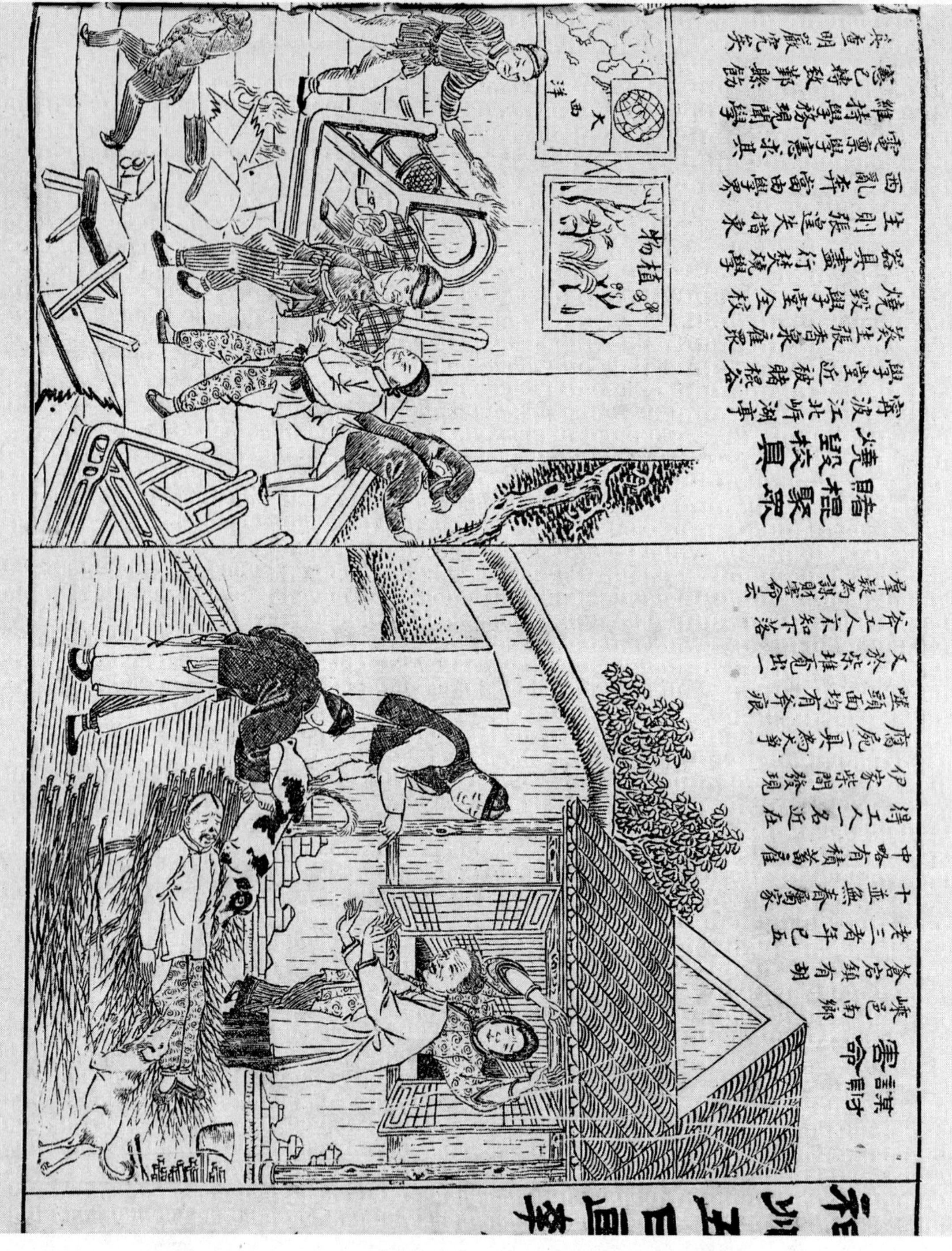
謀財害命
嵊邑南鄉蒼岩鎮有胡老三者年已五十並無眷屬家中略有積蓄雇得工人一名近在伊家柴間發現腐屍一具為犬爭噬頭面均有斧痕又於柴堆覓出一斧工人不知下落羣疑為謀財害命云
賭棍聚衆燒毁校具
寧波江北岸湖亭學堂近被賭棍谷葵生張香泉雇衆燒毁學堂全校器具盡行焚燒學生則張遑失措東西亂奔當由學界電稟學憲求其維持學務現聞學憲已轉致鄞縣飭兵查明嚴究矣
植物
大西洋

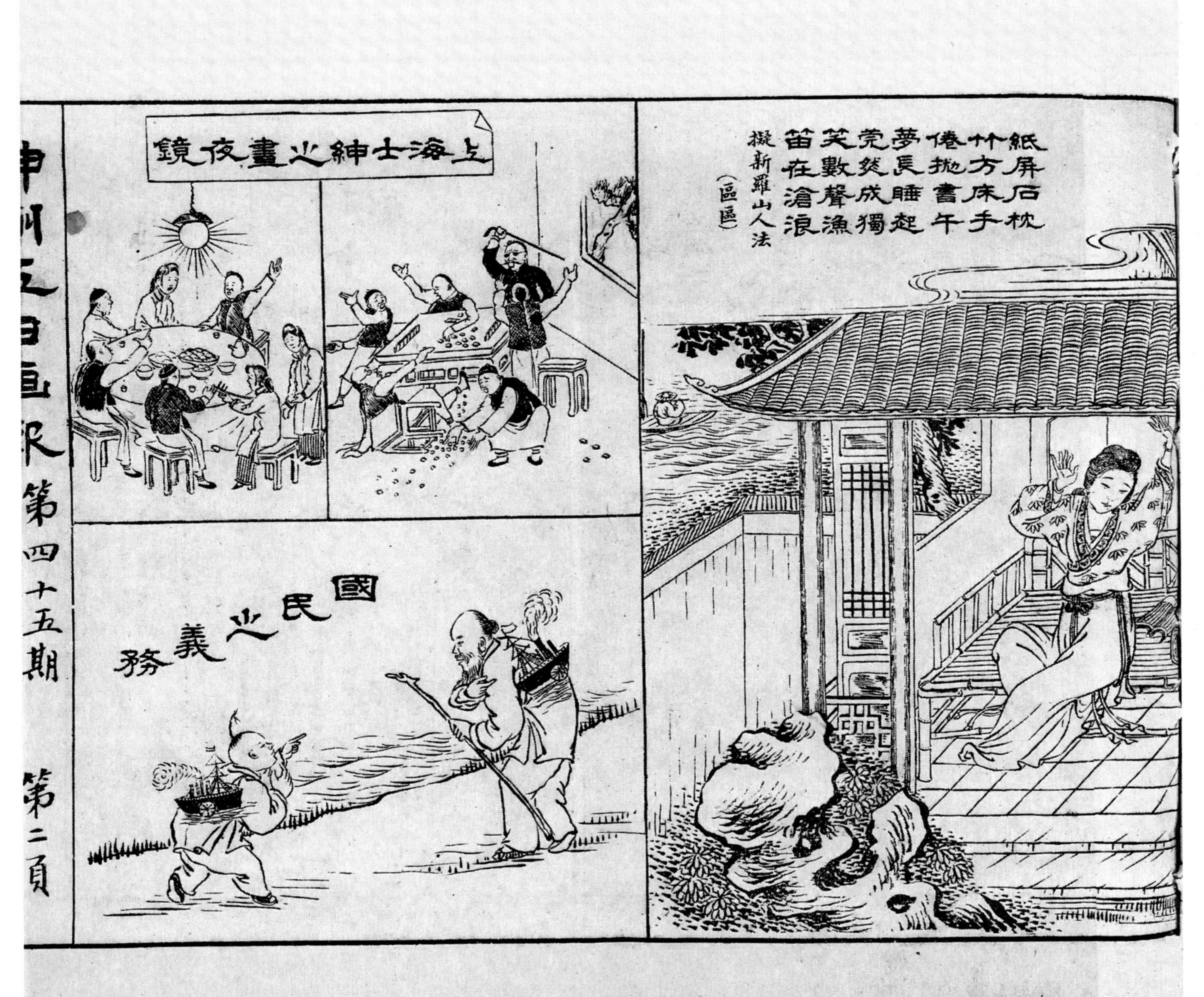
神州五日畫報 第四十五期 第二頁
上海士紳之晝夜鏡
國民之義務
紙屏石枕竹方床手倦抛書午夢長睡起莞然成獨笑數聲漁笛在滄浪
擬新羅山人法
（區區）

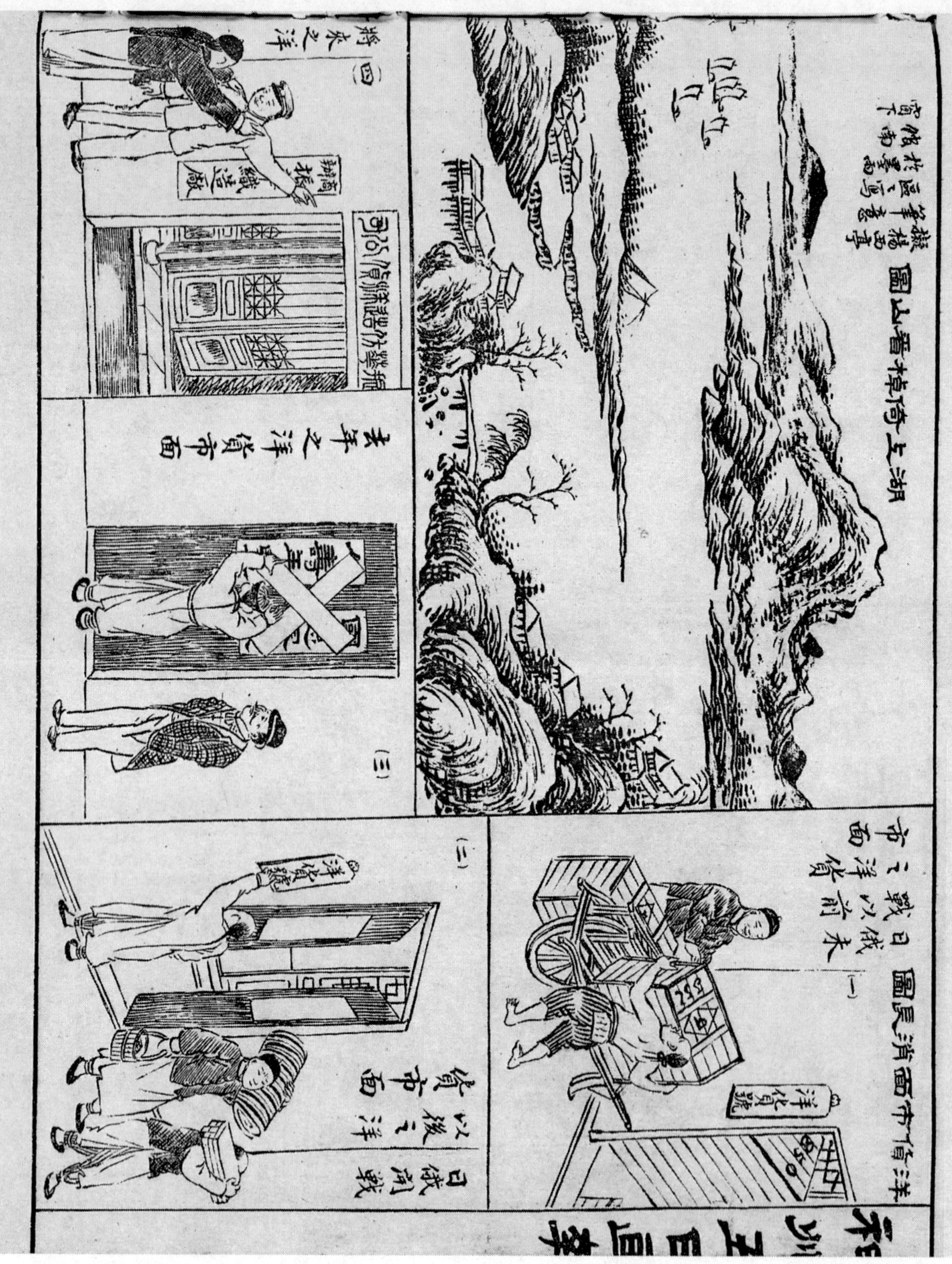
洋貨市面消長圖
（一）
日俄未戰以前之洋貨市面
洋貨號
（二）
日俄開戰以後之洋貨市面
洋貨號
湖上倚棹看山圖
（三）
去年之洋貨市面
（四）
將來之洋

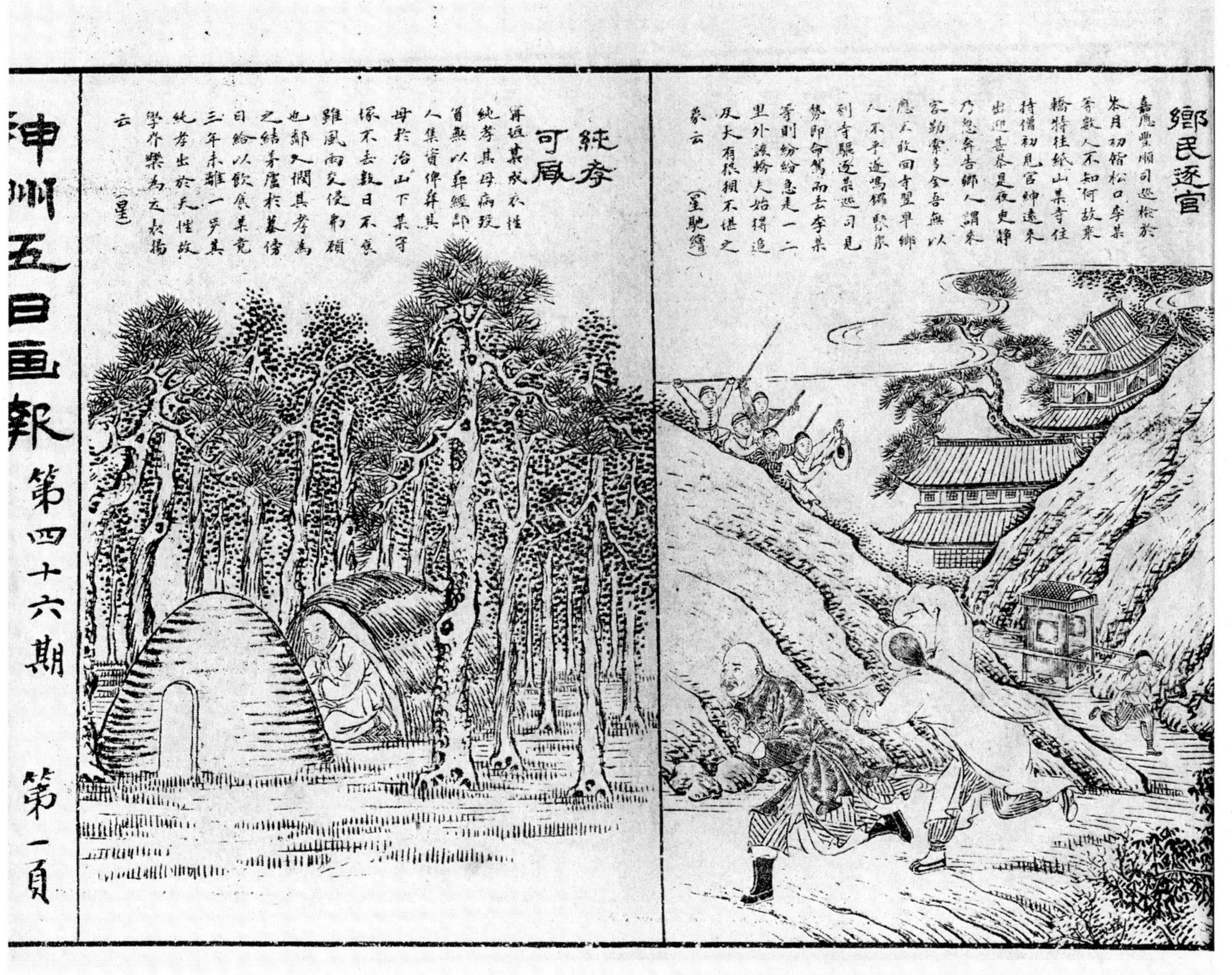
神州五日畫報　第四十六期　第一頁

鄉民逐官

嘉應豐順司巡檢於本月初館松口李某等數人不知何故來轎特往紙山某寺住持備初見官紳遠來出迎甚恭是夜史靜乃忽奔告鄉人謂來容勒索多金吾無以應不敢回寺翌早鄉人不平遂鳴鑼聚眾到寺驅逐某巡司見勢即命駕而去李某等則紛紛急走一二里外該轎夫始得追及大有狼狽不堪之象云（星馳繪）

純孝可風

省垣某成衣性純孝其母病殁貧無以葬經鄰人集資俾葬其母於冶山下某守塚不去數日不食雖風雨交侵弗顧也鄰人憫其孝為之結茅廬於墓傍日給以飲食某竟三年未離一步其純孝出於天性故學界樂為之表揚云（星）

山崩誌異
湖北鄖陽府屬之竹山縣有崖山俗謂大石山於本月初忽然崩裂其大石壓倒石脚毁房屋廿餘棟傷人廿餘口壓斃者十四人
天津某巨紳寵妾殺妻之駭聞
（區繪）

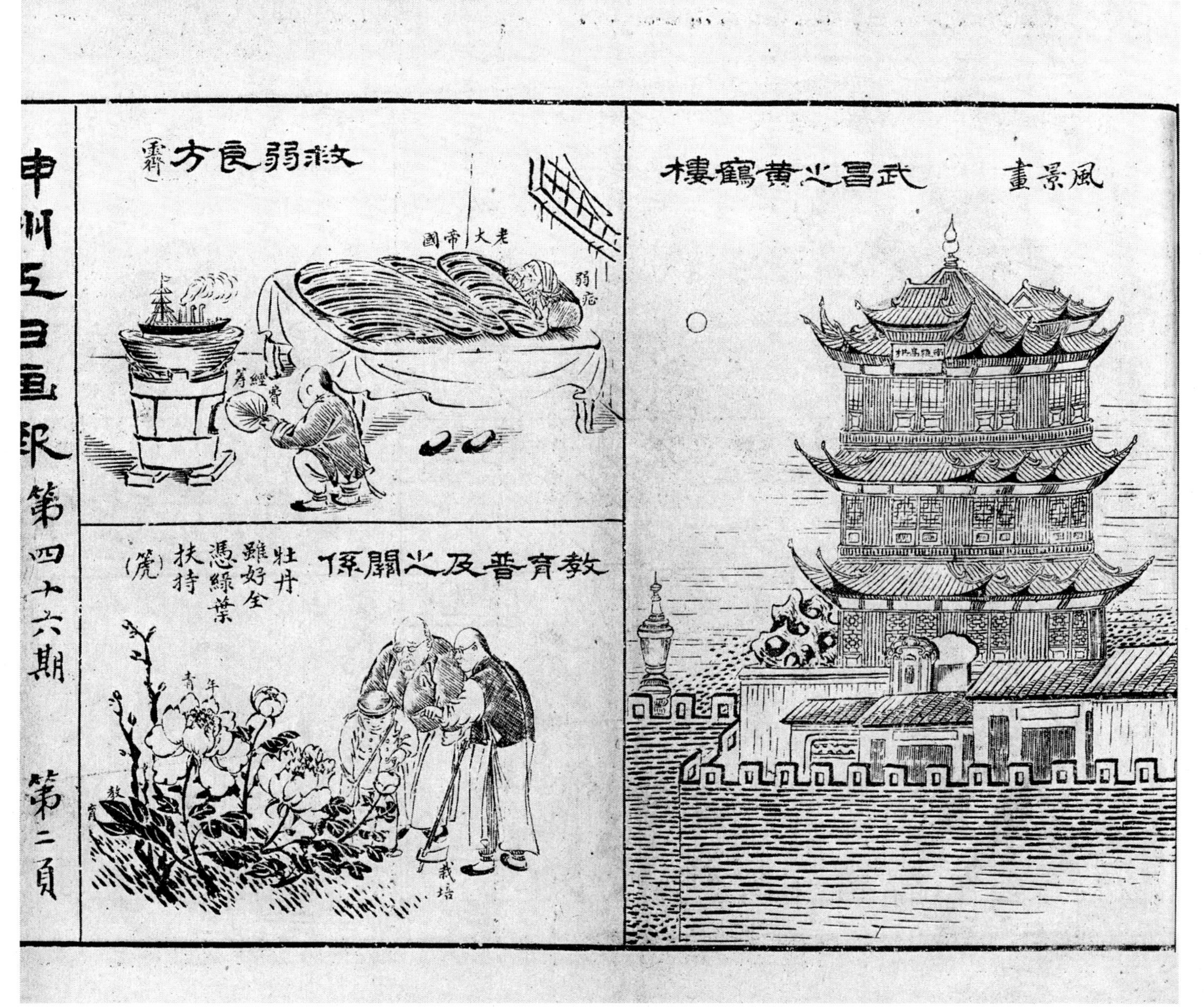
中州白話報第四十六期第二頁
救弱良方
（霽）
老大帝國
弱症
籌經費
教育普及之關係
牡丹雖好全憑綠葉扶持
（麗）
青年
教育
栽培
武昌之黃鶴樓
風景畫

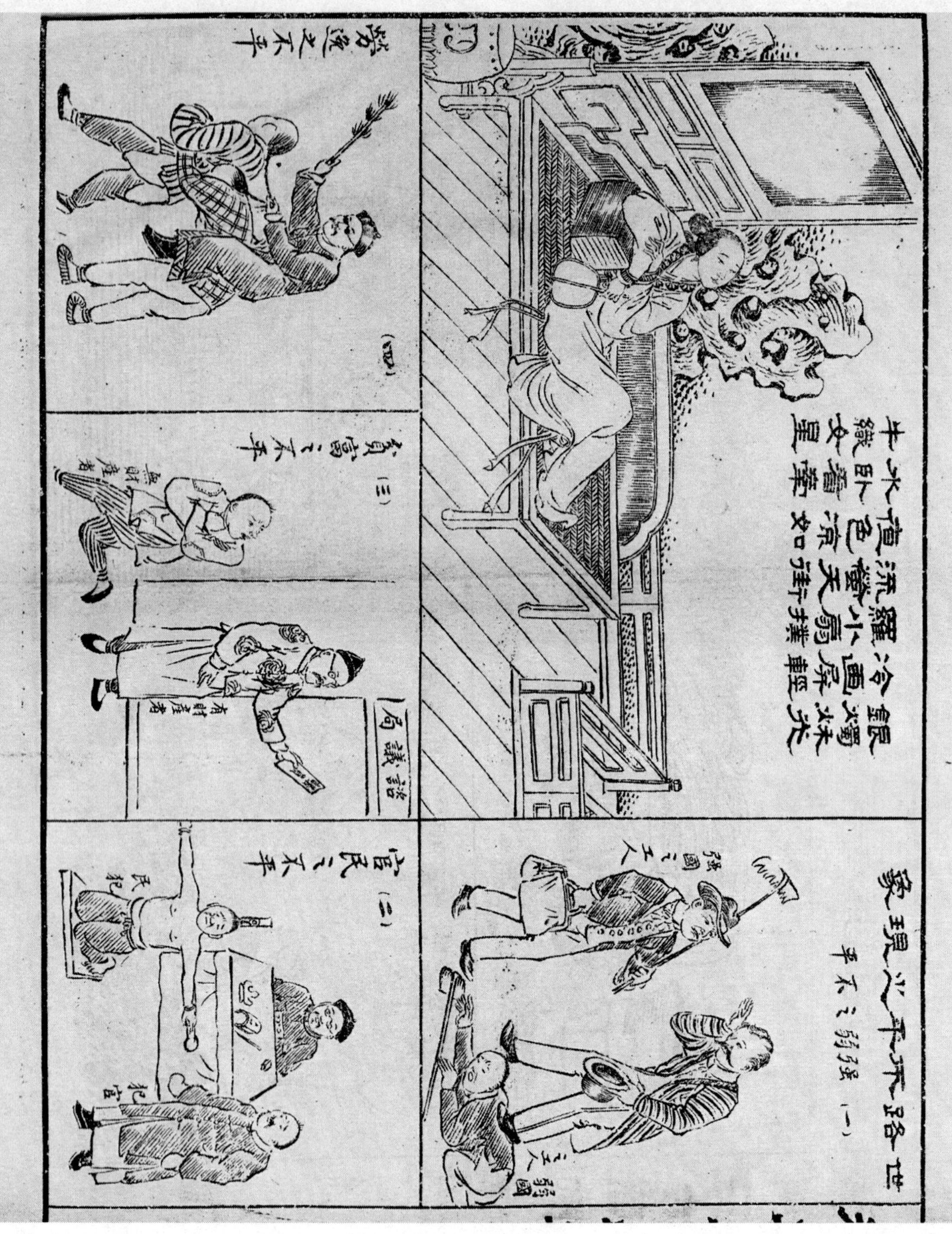
世路不平之現象
強弱之不平（一）
弱國之人
強國之人
官民之不平（二）
官
民
貧富之不平（三）
諮議局
有財產者
無財產者
勞逸之不平（四）
銀燭秋光冷畫屏
輕羅小扇撲流螢
天階夜色涼如水
臥看牽牛織女星

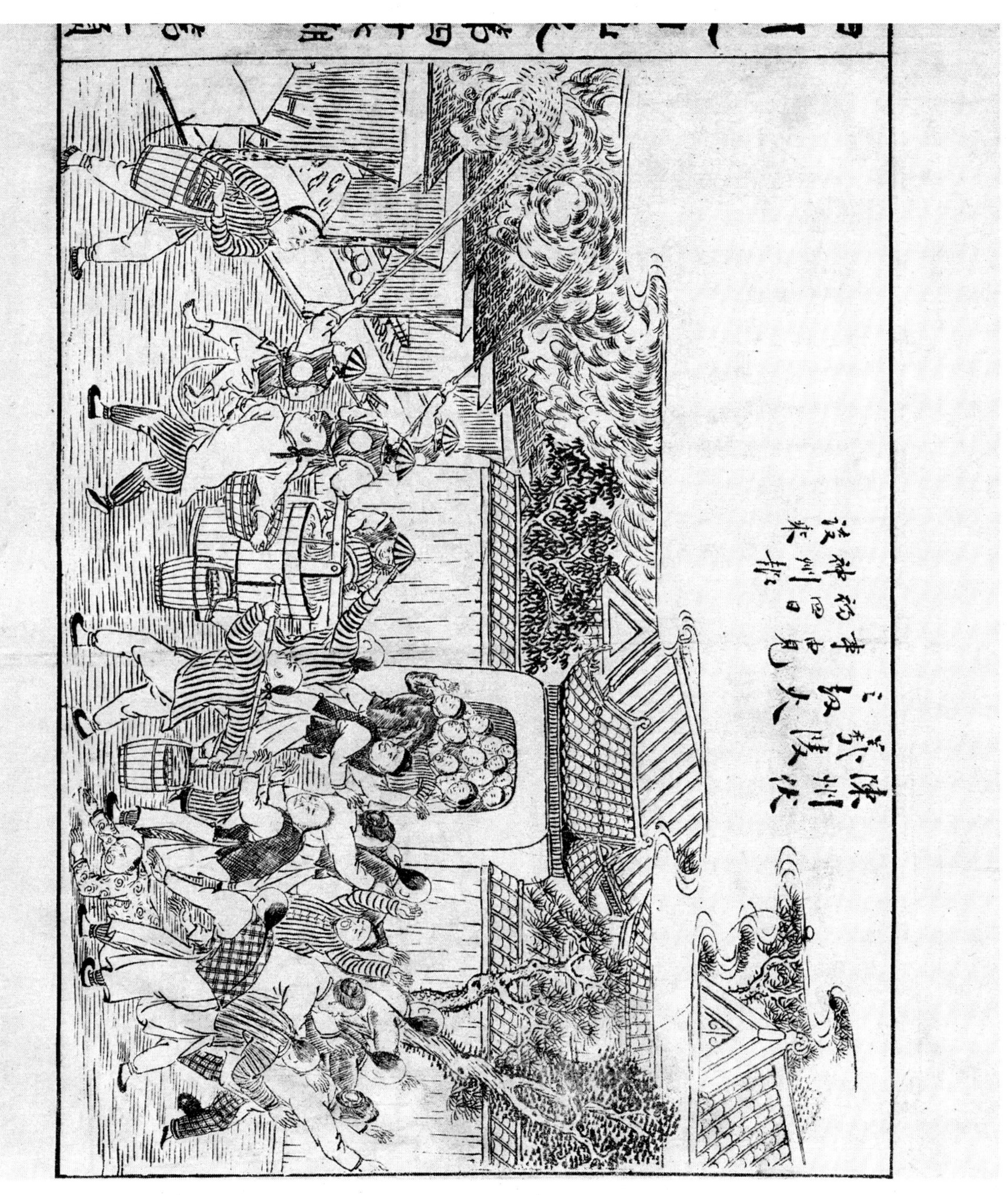

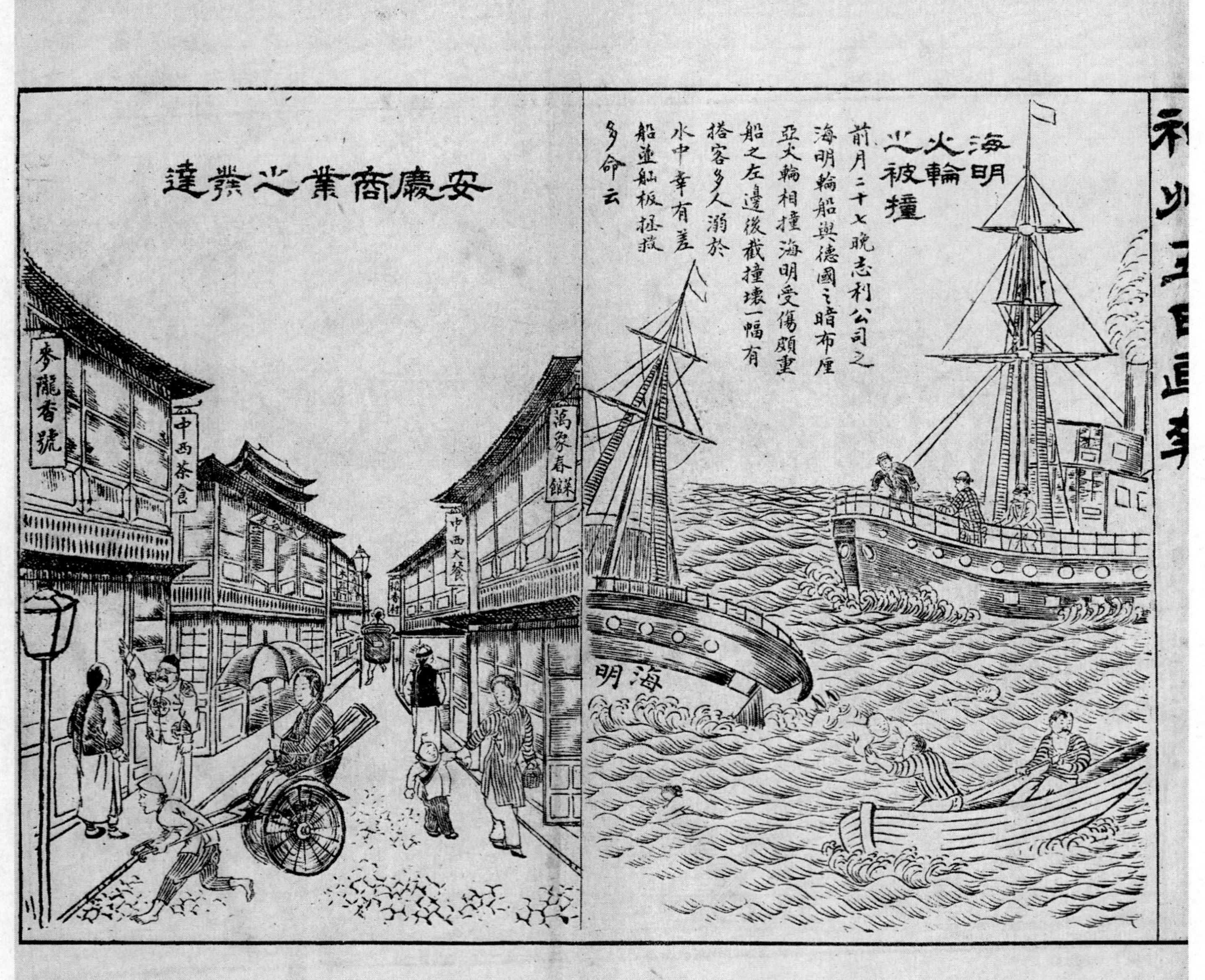
安慶商業之發達
中西茶食
中西大餐
海明火輪之被撞
前月二十七晚志利公司之海明輪船與德國之暗布厘亞火輪相撞海明受傷頗重船之左邊後截撞壞一幅有搭客多人溺於水中幸有差船並舢板拯救多命云
海明

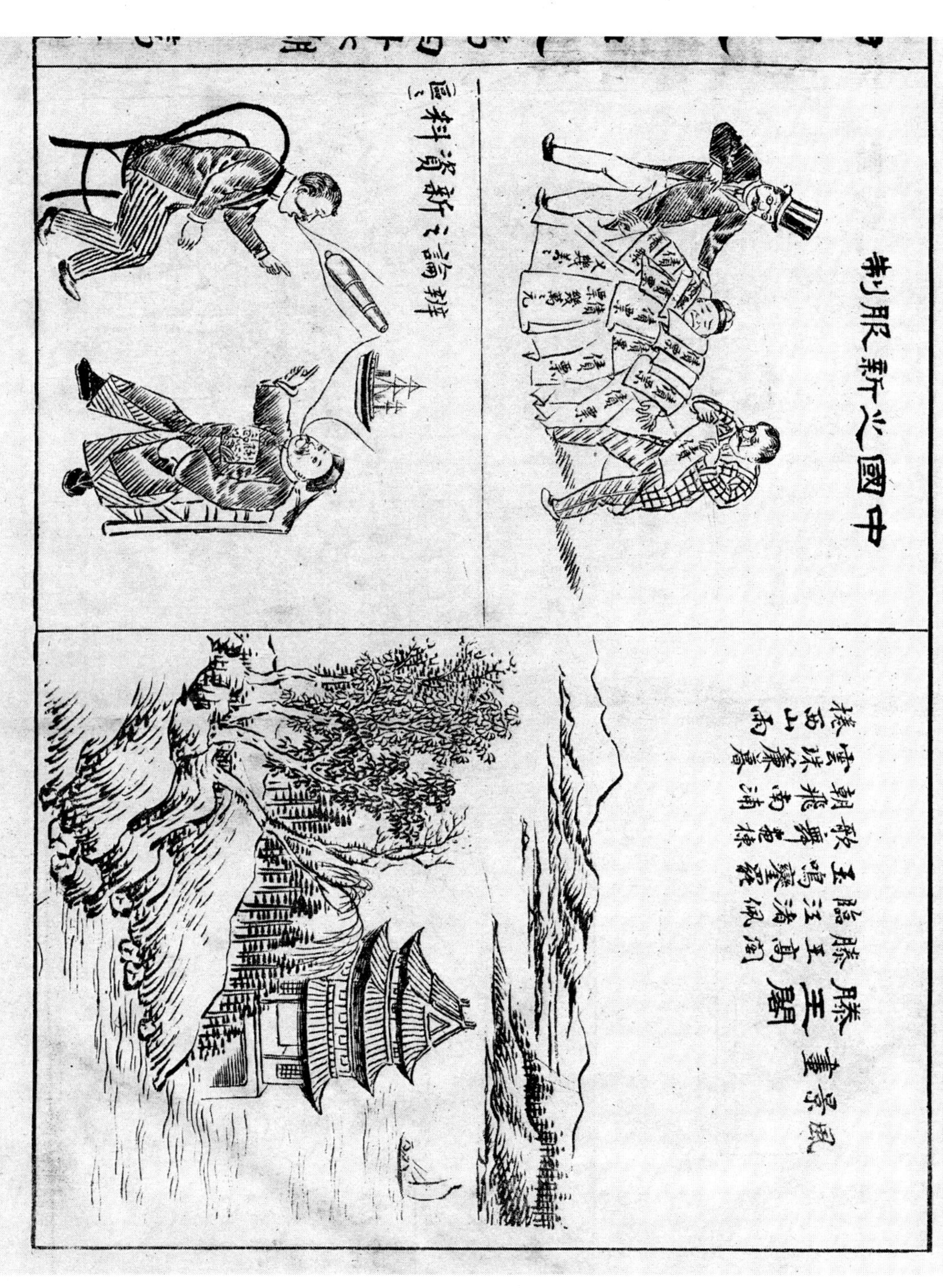
中國之新服制
辨論之新資料（二）
風景畫
滕王閣
滕王高閣臨江渚
佩玉鳴鸞罷歌舞
畫棟朝飛南浦雲
珠簾暮捲西山雨

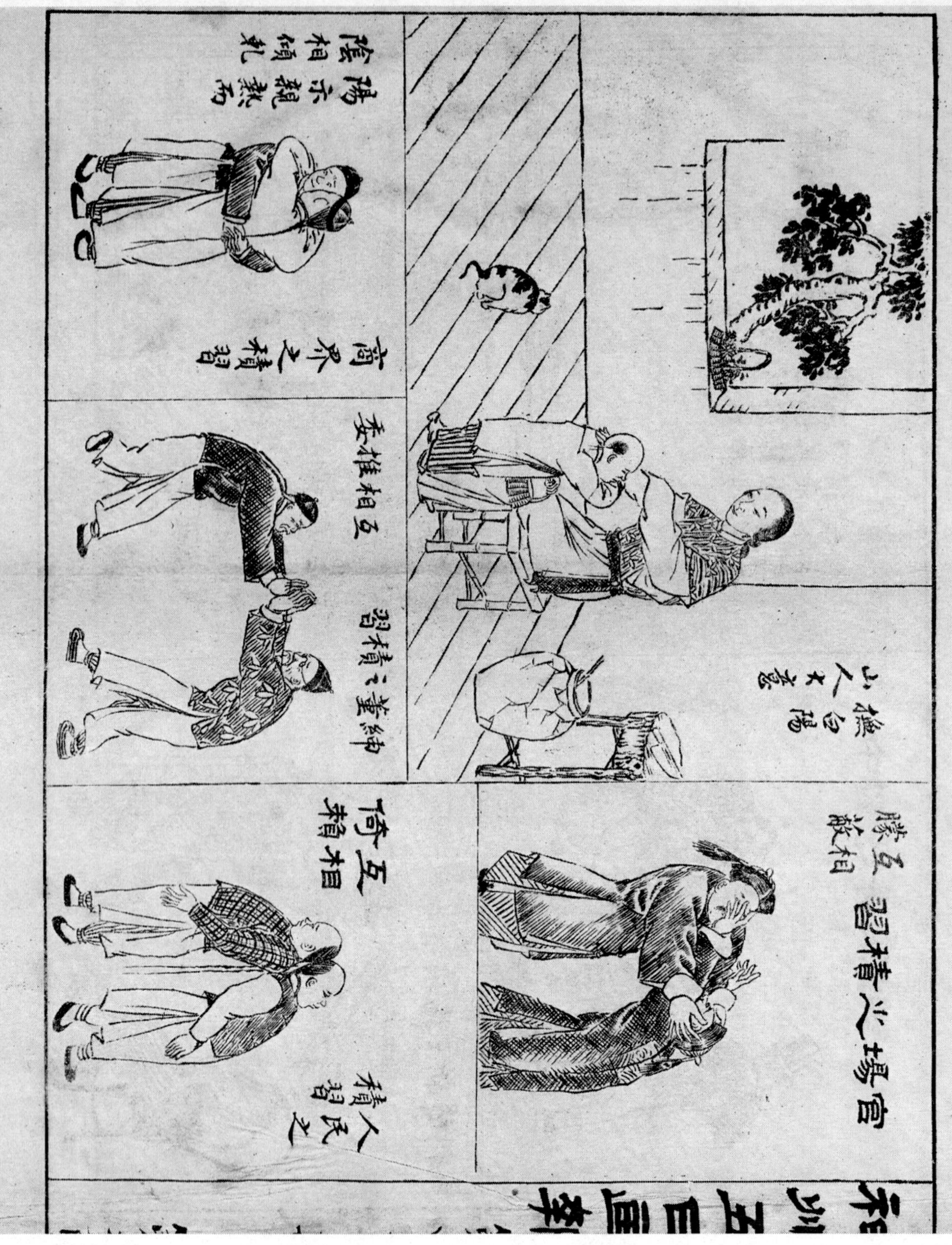
神州五日畫報
官場之積習
互相朦蔽
撫白陽山人大意
人民之積習
互相倚賴
紳董之積習
互相推委
商界之積習
陽示親熱而陰相傾軋

巡弁自戕
營口一局巡弁胡國恩於
上月廿六日登門尋敍
商會協理當由關道札
飭總局將胡撤委並交
海防廳訊辦胡至廳署
見道標管帶劉某率領
健兒數十人排列左右
知事已决裂立出手槍
轟擊劉因避讓得免胡
即連發三槍自行轟斃
當時營口道即電稟東
督東督得電後已派毛
燕孫觀察到營查辦矣
盜劫官局
安溪官運總
局於二月初
三夜三更時
被十餘人破
門直入刦去
現銀金器四
千餘金隆泉
莊票六百餘
元並細軟各
物件現未大
全已通移各
縣認真緝拿
官運總局

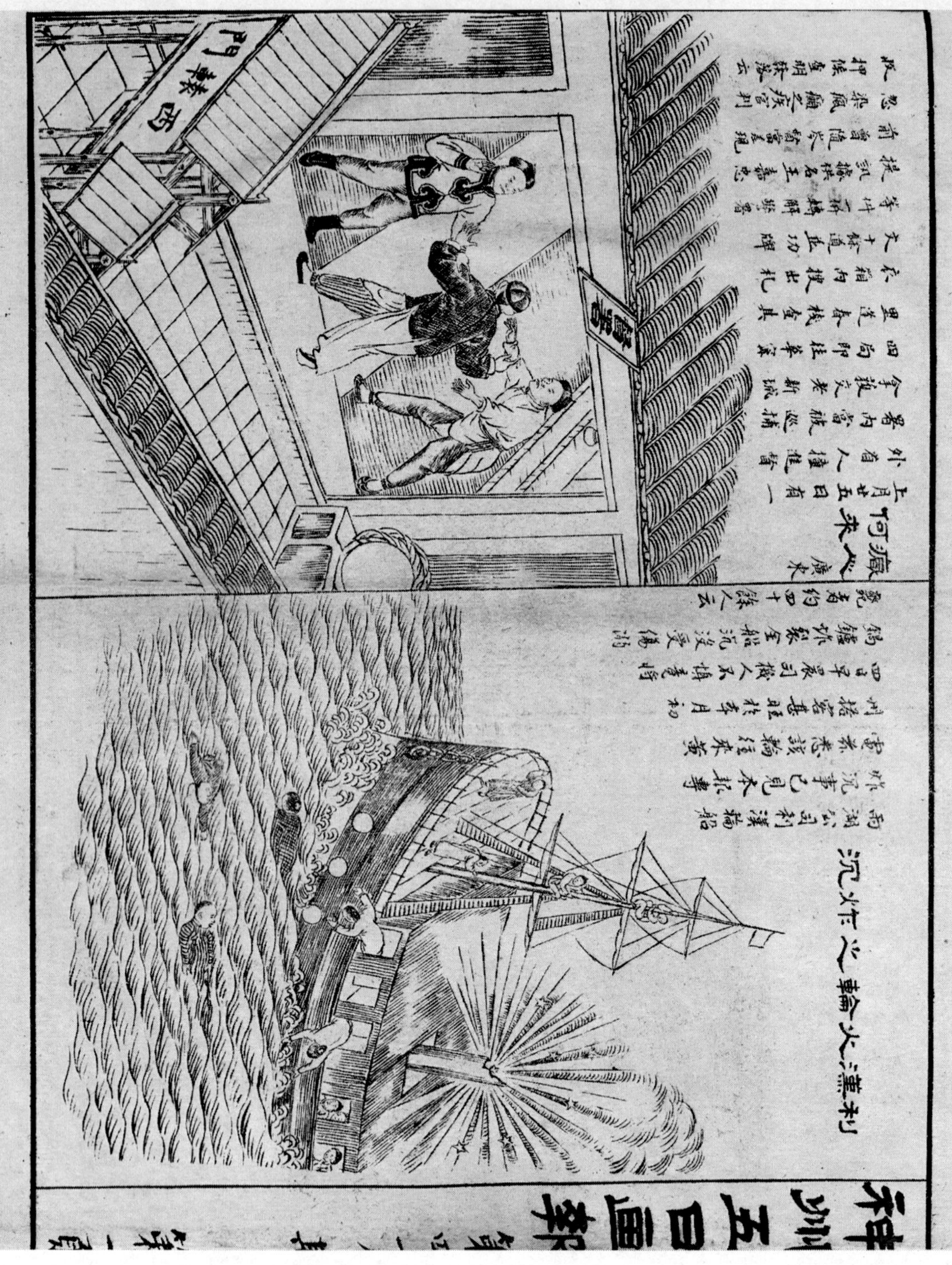
神州五日畫報
利漢火輪之炸沉
兩湖公司利漢輪船炸沉事已見本報專電茲悉該輪往來黄州搭客甚旺於本月初四日早晨司機人不慎竟將鍋鑪炸裂全船沉沒受傷溺斃者約四十餘人云
瘋人何來
廣東
上月廿五日有一外省人撞進督署內當被巡捕拿獲交老新城四局即往華寧里蓬春棧查其衣箱內搜出札文十餘道並功牌等件一併轉解撫署提訊據供名王嘉忠前曾隨岑督當差現忽染瘋癲之疾官判收押候查明發落云
督署
西轅門

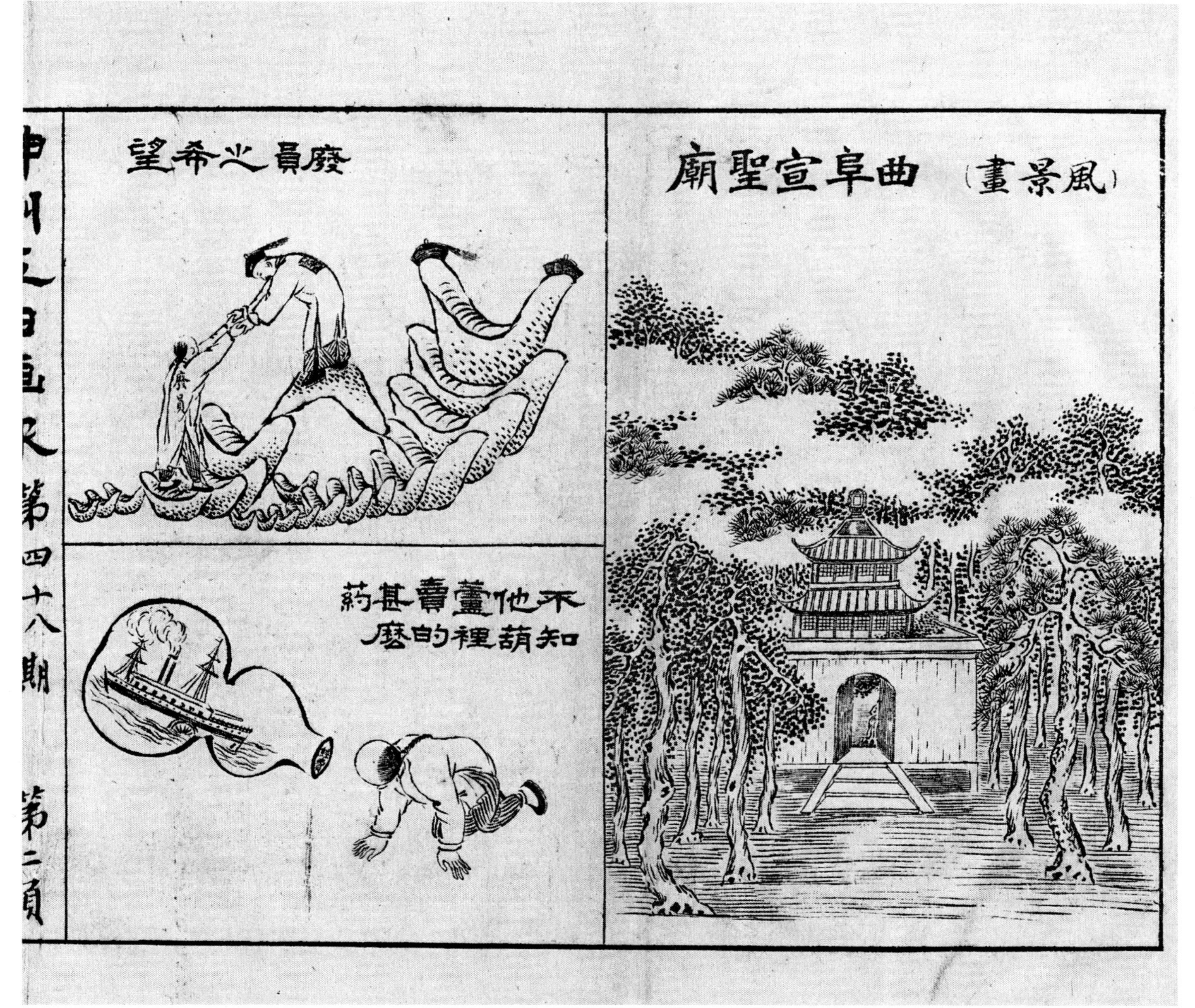
廢員之希望
不知他葫蘆裡賣的甚麼藥
曲阜宣聖廟
（風景畫）

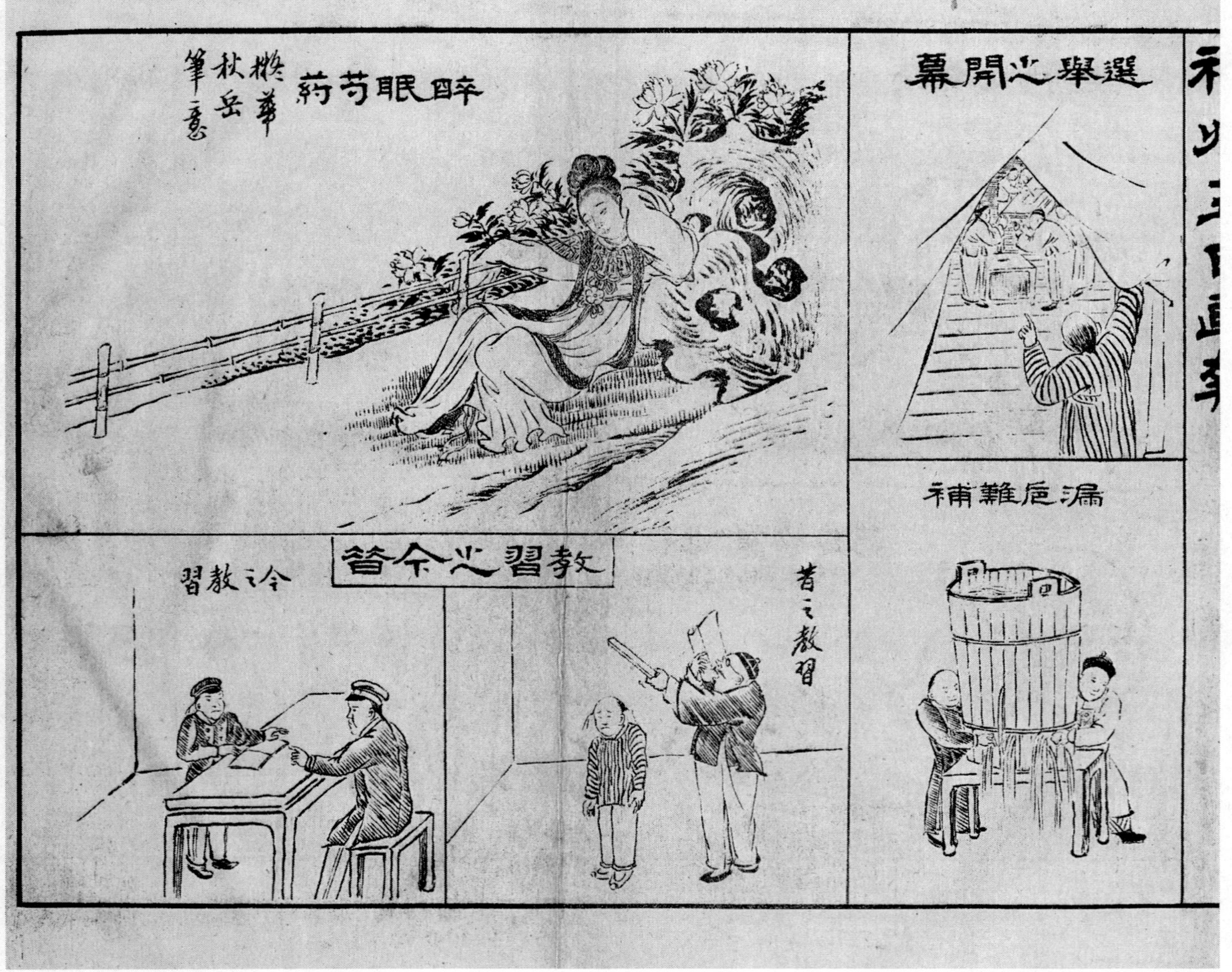
醉眠芍藥
撫華秋岳筆意
選舉之開幕
漏卮難補
教習之今昔
今之教習
昔之教習

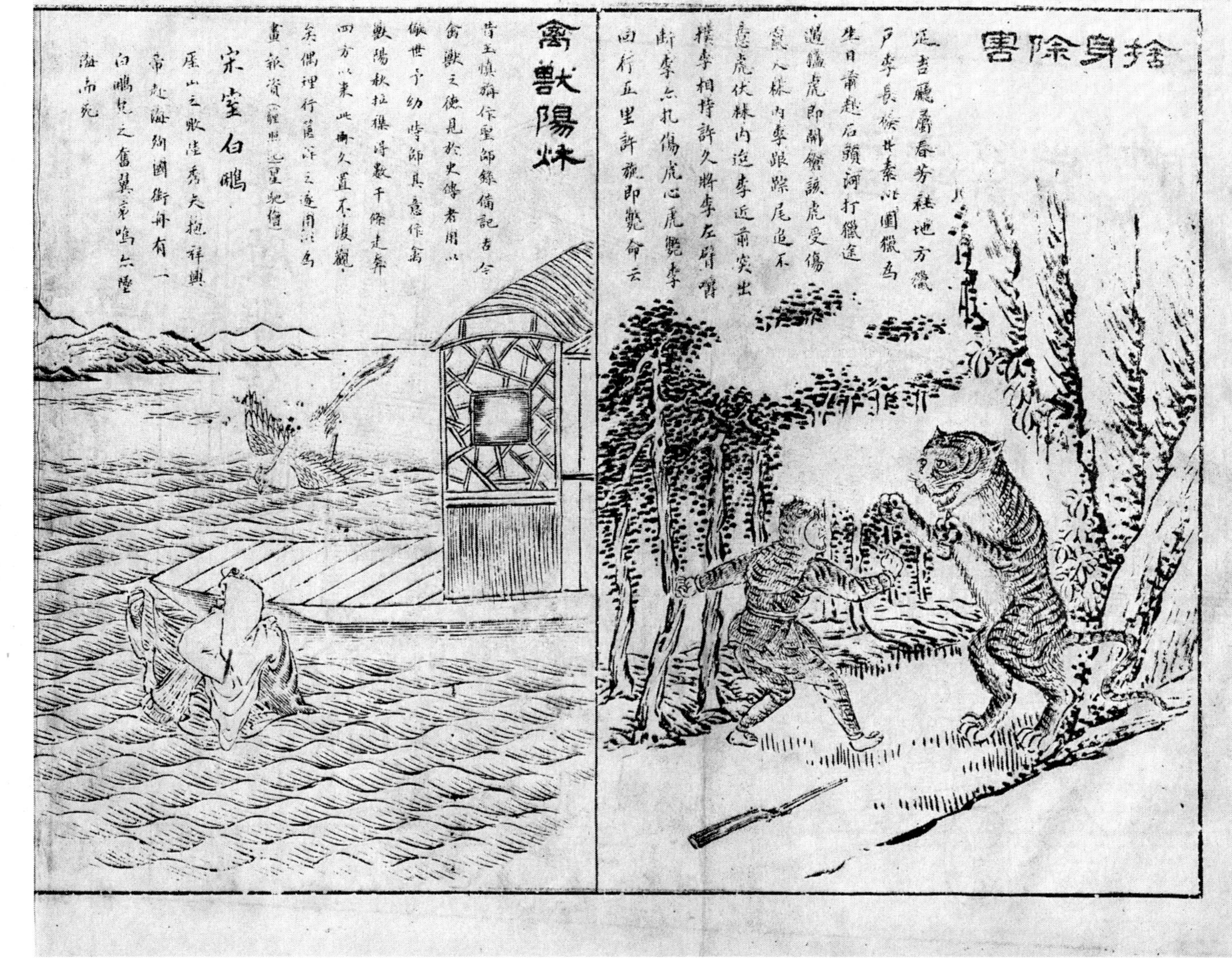
捨身除害
延吉廳屬春芳社地方獵
戶李長發世業以圍獵為
生日前赴石頭河打獵途
遇猛虎即開鎗該虎受傷
竄入林內李跟蹤尾追不
意虎伏林內迨李近前突出
撲李相持許久將李左臂嚙
斷李亦扎傷虎心虎斃李
回行五里許旋即斃命云
禽獸陽秋
昔王慎齋作聖師錄備記古今
禽獸之德見於史傳者用以
儆世予幼時即具意作禽
獸陽秋拉雜得數千條走奔
四方以來此稿久置不復觀
矣偶理行篋得之遂用以為
畫報資
宋室白鵰
厓山之敗陸秀夫抱祥興
帝赴海殉國御舟有一
白鵰見之奮翼哀鳴亦墜
海而死

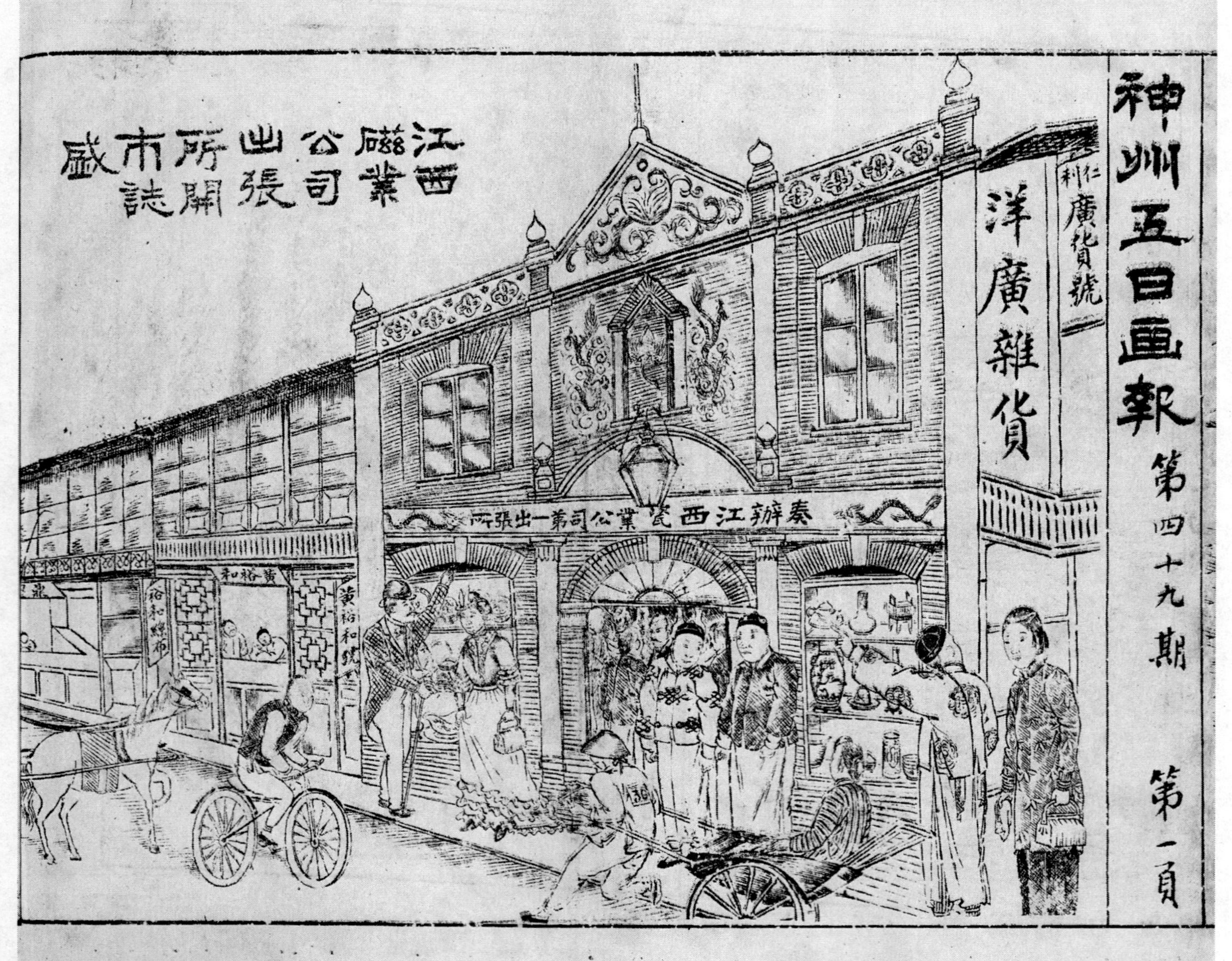
神州五日畫報
第四十九期
第一頁
江西磁業公司出張所開市誌盛
利仁廣貨號
洋廣雜貨
奏辦江西瓷業公司第一出張所
黃裕和
黃裕和號

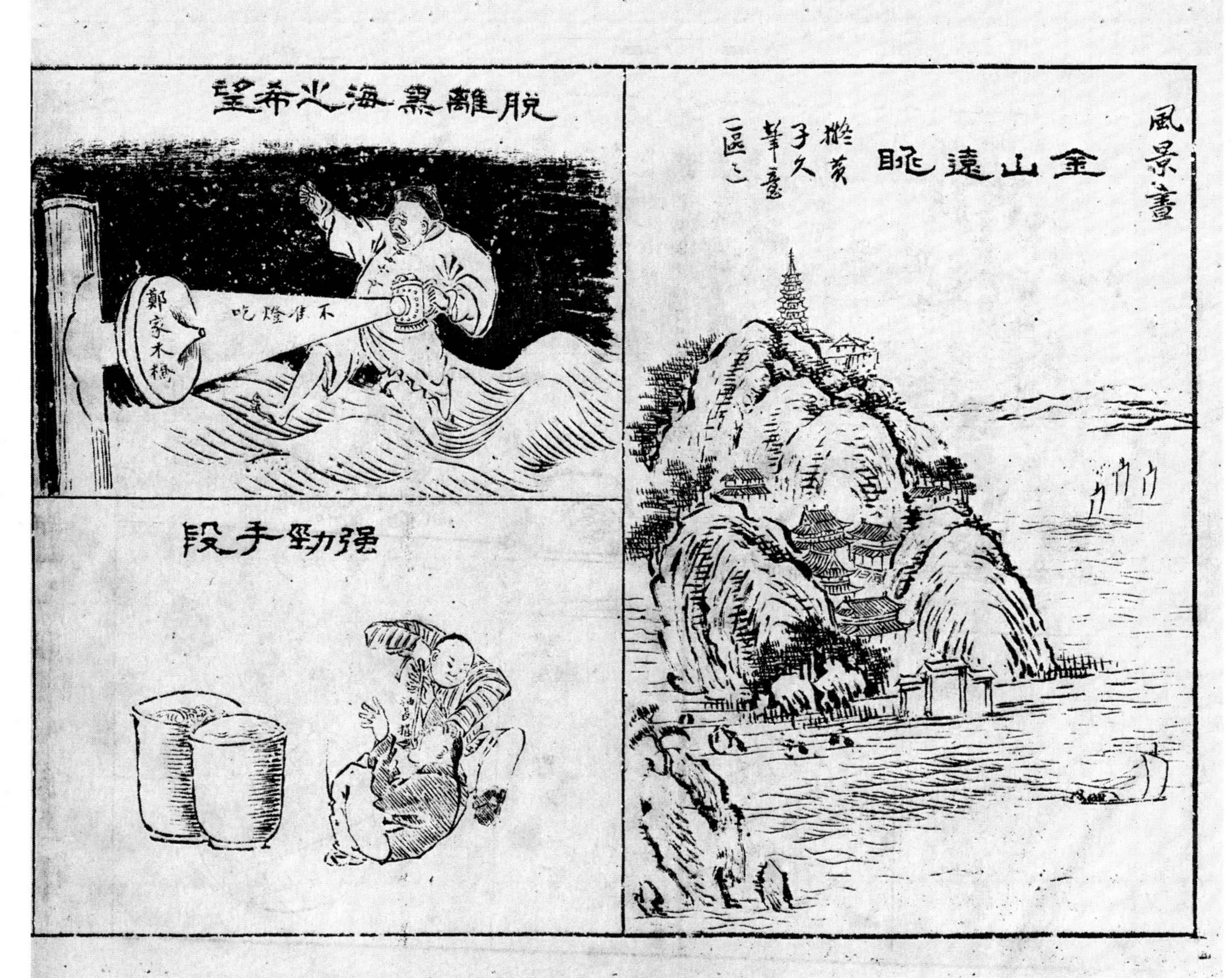
脱離黑海之希望
鄭家木橋
强勁手段
風景畫
金山遠眺
擬黄子久筆意

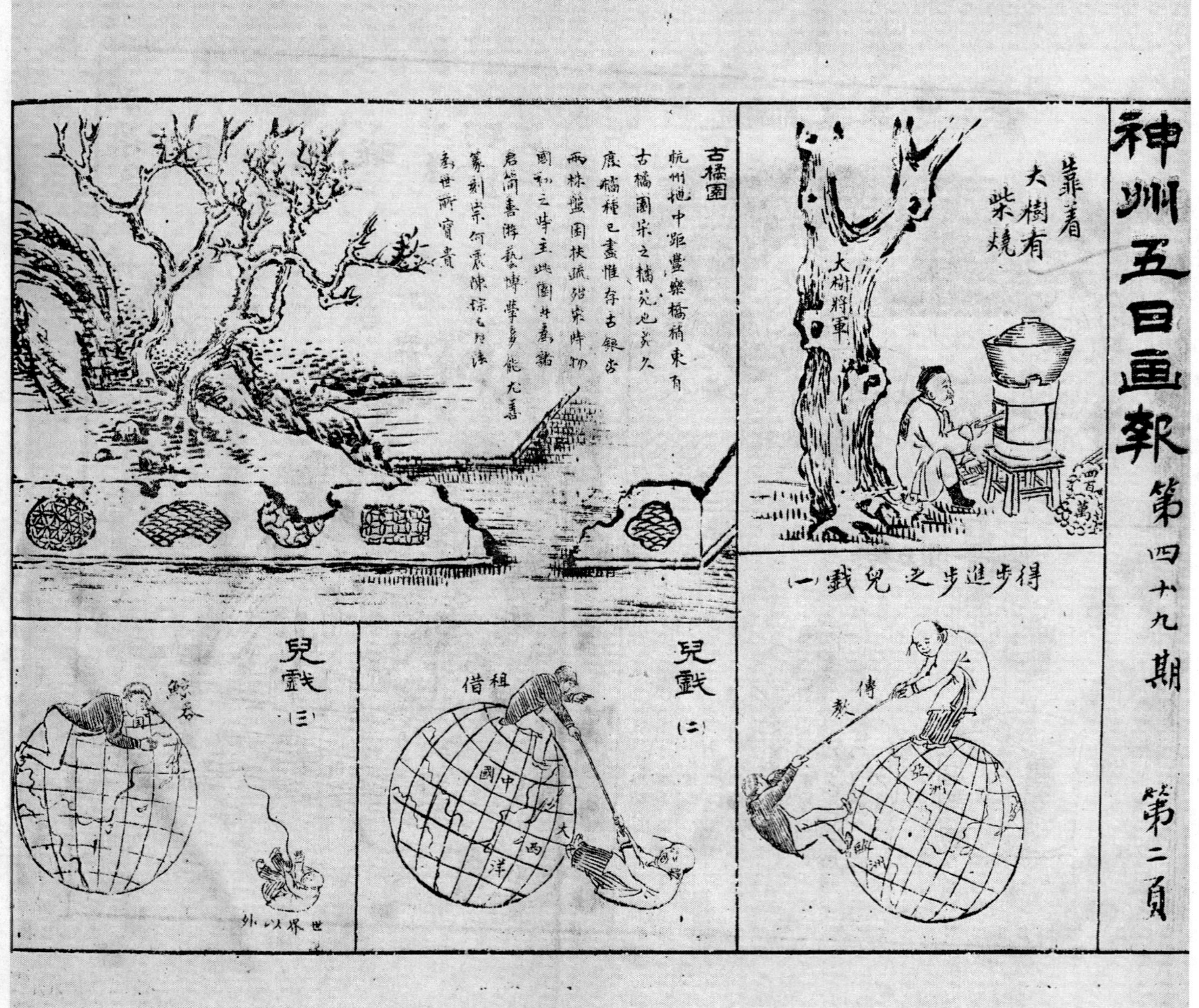
神州五日畫報
第四十九期
第二頁
靠着大樹有柴燒
大樹將軍
古橘圖
杭州城中距豐樂橋稍東有古橘園宋之橘苑也歲久廢橘種已盡惟存古銀杏兩株盤屈扶疏殆宋時物國初之時主此園者爲諸君簡香游藝博學多能尤善篆刻宗何震陳鍊之刀法爲世所寶貴
得步進步之兒戲（一）
傳教
兒戲（二）
租借
中國
大西洋
兒戲（三）
鯨吞
世界以外

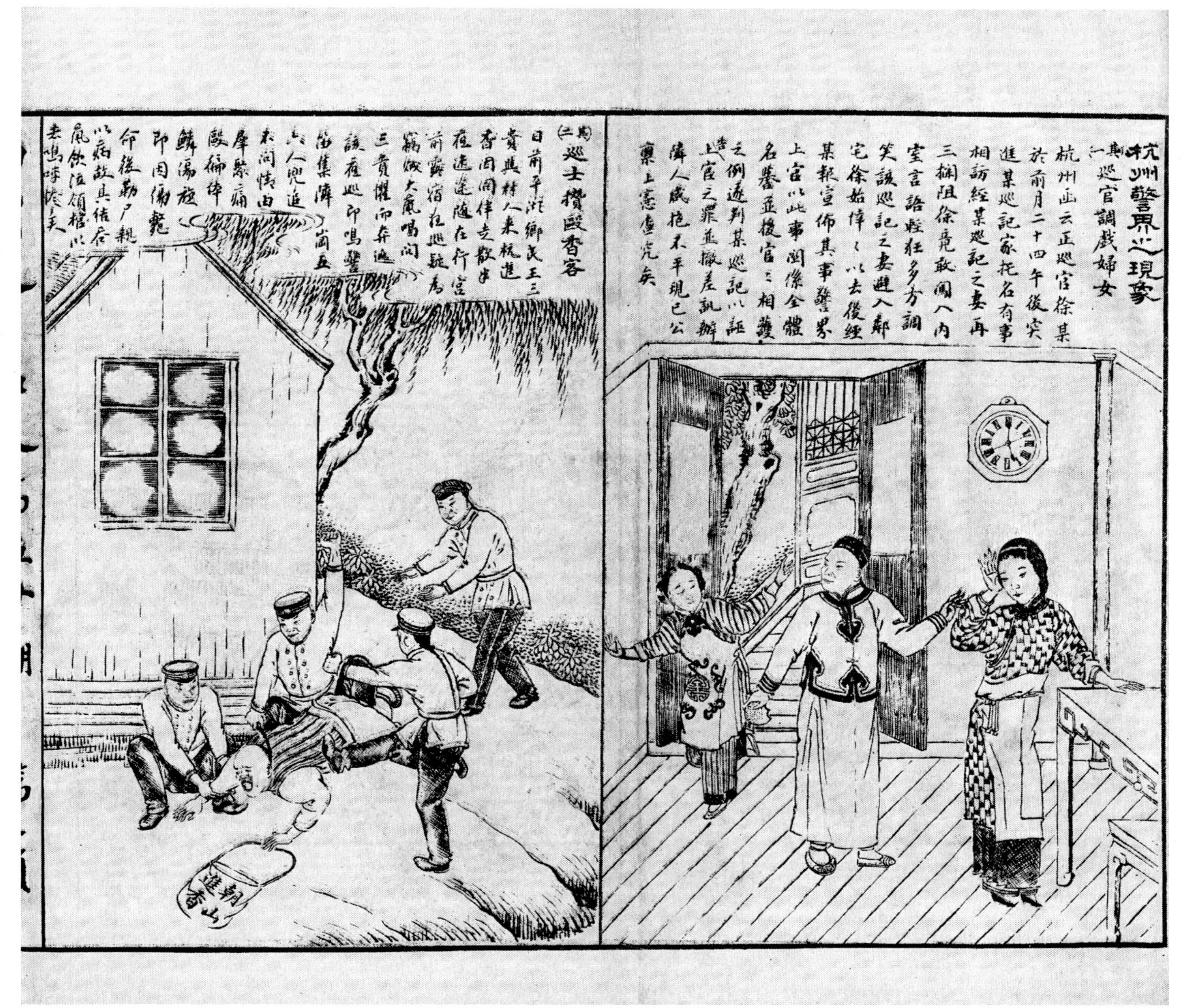

杭州警界之現象
其一 巡官調戲婦女
杭州函云正巡官徐某於前月二十四午後突進某巡記家托名有事相訪經某巡記之妻再三攔阻徐竟敢闖入內室言語輕狂多方調笑該巡記之妻避入鄰宅徐始悻悻以去後經某報宣佈其事警界上官以此事關係全體名譽並援官官相護之例遂判某巡記以誣告上官之罪並撤差訊辦輿人咸抱不平現已公稟上憲查究矣
其二 巡士攢毆香客
日前平湖鄉民王三貴與村人來杭進香因同伴走散半夜迷途隨在行宮前露宿經巡士疑為竊賊大聲喝問三貴懼而奔逃該巡士即鳴警笛集隣崗五六人兜追未問情由摩拳擦掌痛毆遍體鱗傷旋即因傷斃命後勒尸親以病故具結吞聲飲泣領棺以去嗚呼慘矣
朝山進香

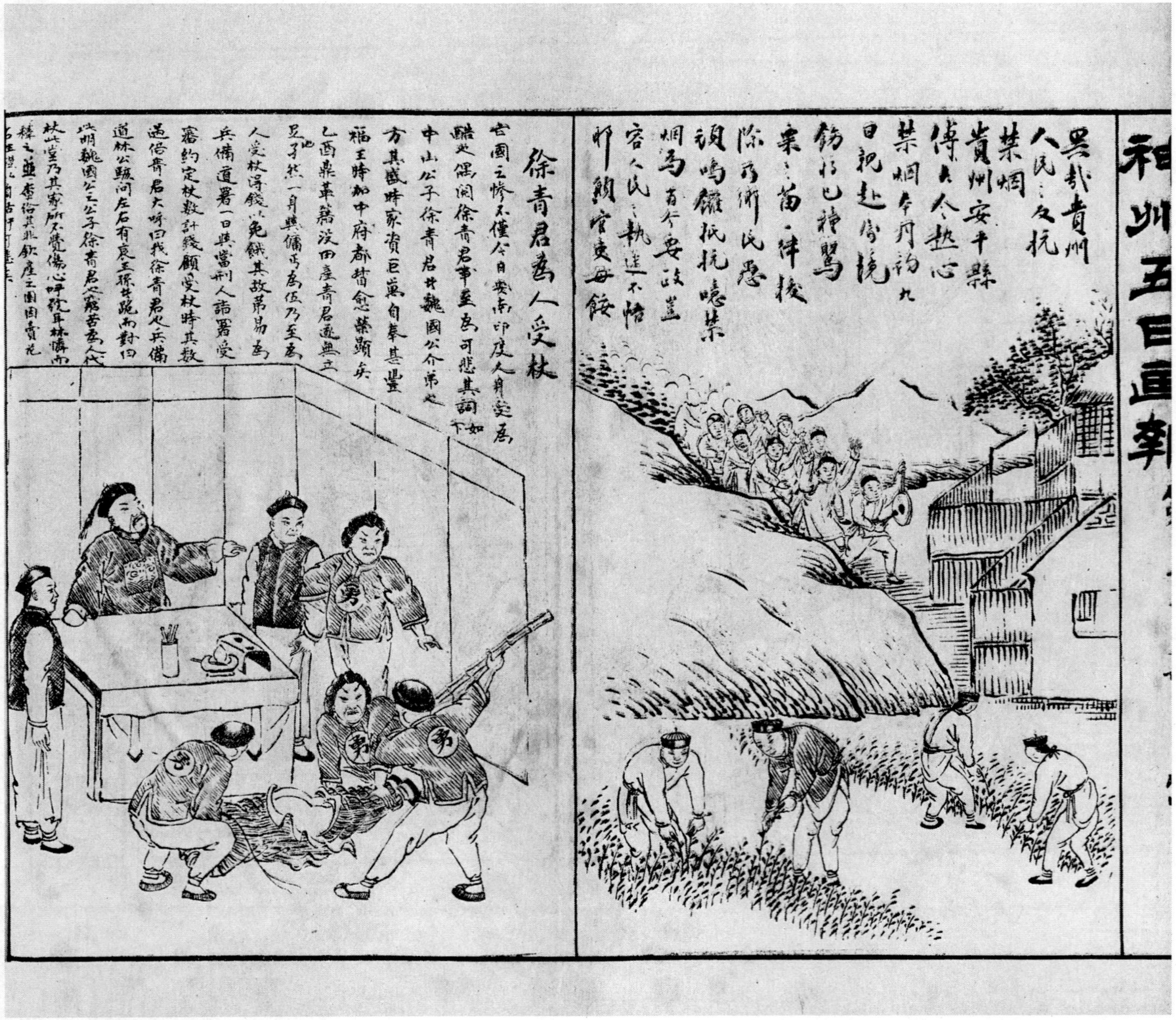
神州五日畫報
異哉貴州人民之又抗禁烟
貴州安平縣傅大令熱心禁烟本月初九日親赴鄉曉飭將已種罌粟之苗一律拔除乃術民惡頑鳴鑼抵抗噫禁烟為當今要政豈容人民之執迷不悟耶願官吏毋餒
徐青君為人受杖
亡國之慘不僅今日安南印度人身受者睹此偶閱徐青君事益為可悲其詞如下
中山公子徐青君其魏國公介弟也方其盛時家資巨萬自奉甚豐福王時加中府都督愈榮顯矣乙酉鼎革籍沒田產青君遂無立足地孑然一身與傭丐為伍乃至為人受杖得錢以免餓其故第易為兵備道署一日與當刑人講價受審約定杖數計錢願受杖時其數過倍青君大呼曰我徐青君也兵備道林公驗問左右有哀王孫者跪而對曰此明魏國公之公子徐青君也窮苦為人代杖此堂乃其家所不覺傷心呼號耳林憐而釋之並查給其非欽產之園圃

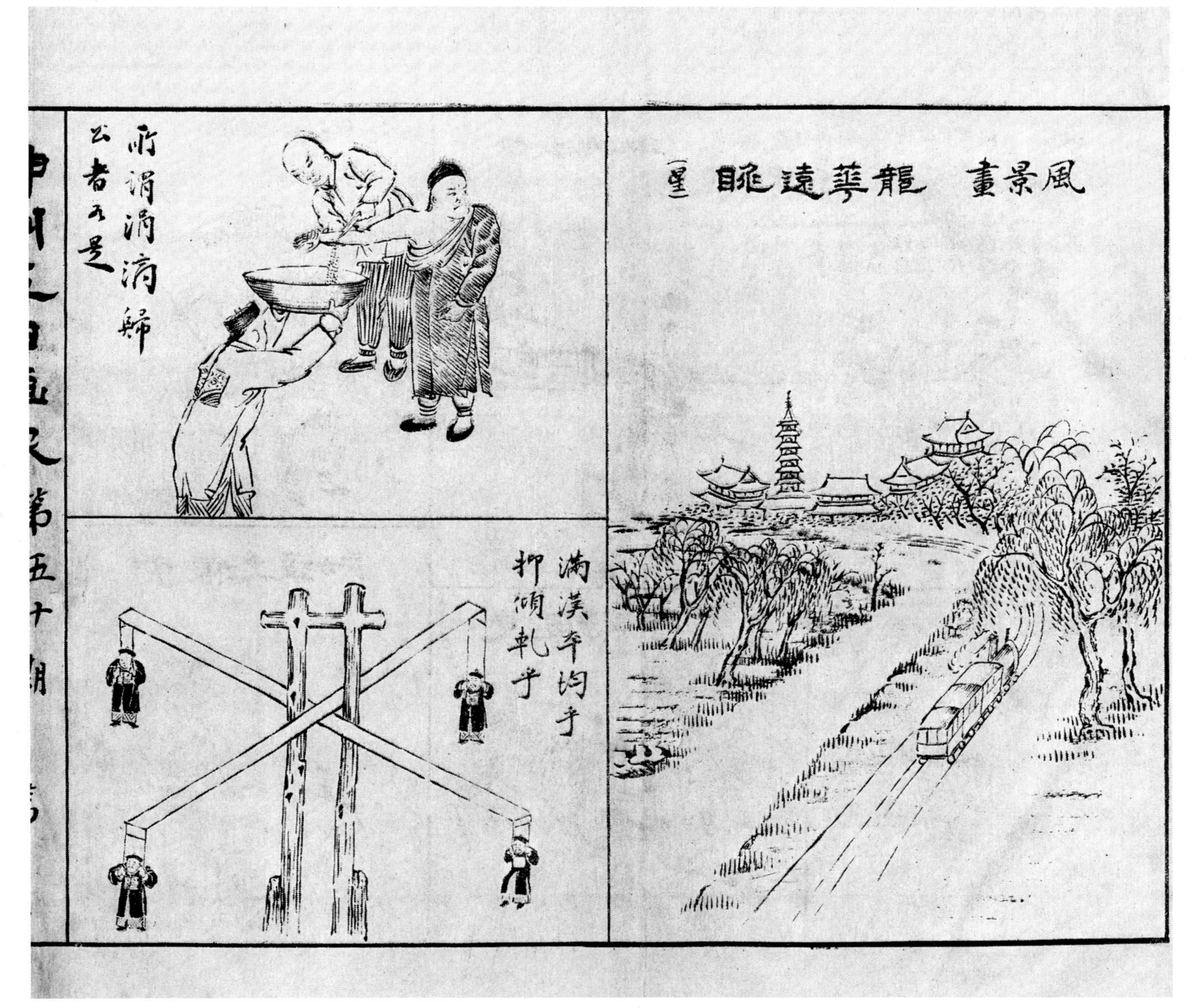
風景畫　龍華遠眺

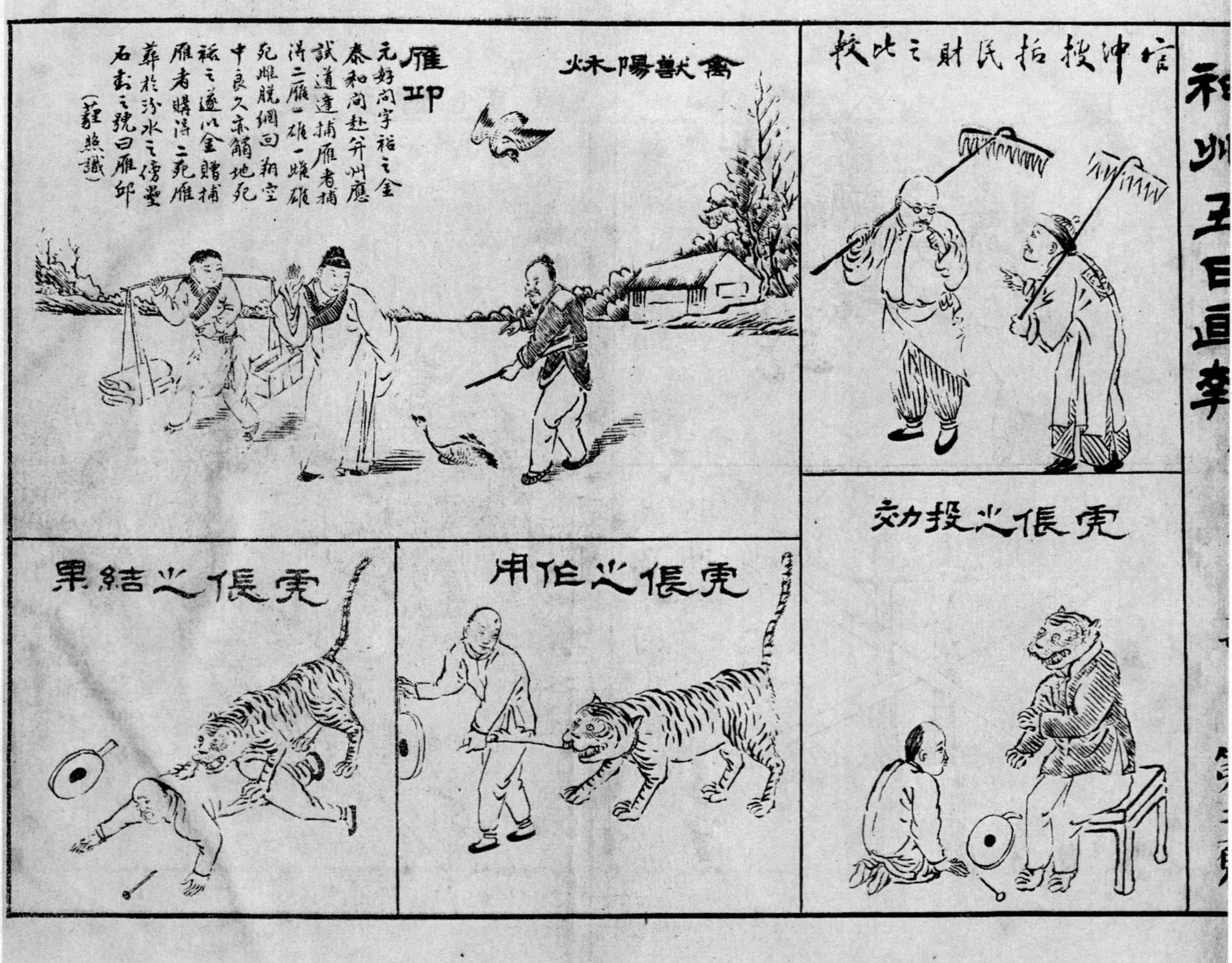
禽獸陽秋
雁邱
元好問字裕之金泰和間赴并州應試道逢捕雁者捕得二雁一雄一雌雄死雌脫網回翔空中良久亦觸地死裕之遂以金贈捕雁者購得二死雁葬於汾水之傍壘石志之號曰雁邱
（薛照識）
官紳搜括民財之比較
虎倀之投効
虎倀之作用
虎倀之結果

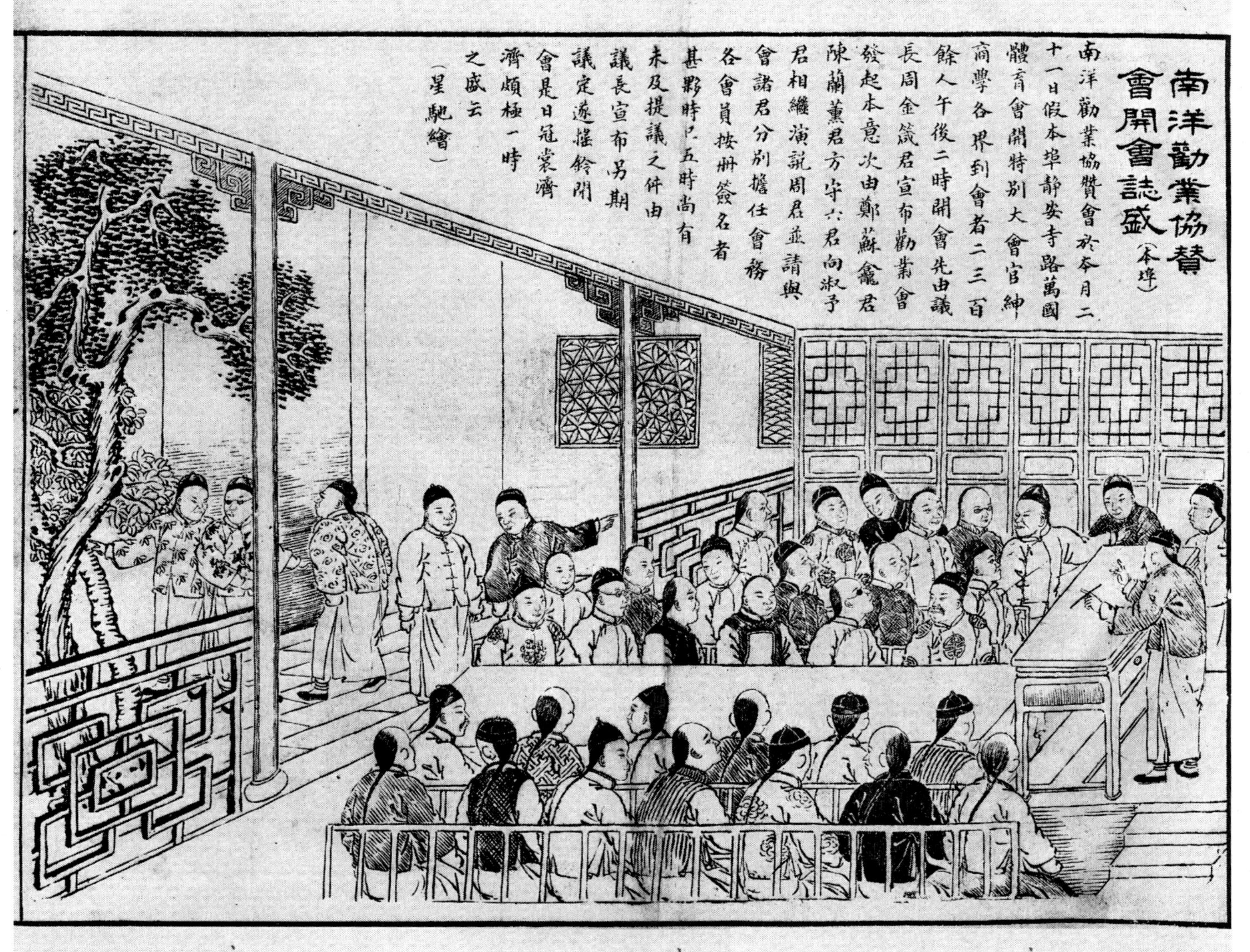
南洋勸業協贊會開會誌盛（本埠）
南洋勸業協贊會於本月二十一日假本埠靜安寺路萬國體育會開特別大會官紳商學各界到會者二三百餘人午後二時開會先由議長周金箴君宣布勸業會發起本意次由鄭蘇龕君陳蘭薰君方守六君向叔予君相繼演說周君並請與會諸君分別擔任會務各會員按冊簽名者甚夥時已五時尚有未及提議之件由議長宣布另期議定遂搖鈴閉會是日冠裳濟濟頗極一時之盛云
（星馳繪）

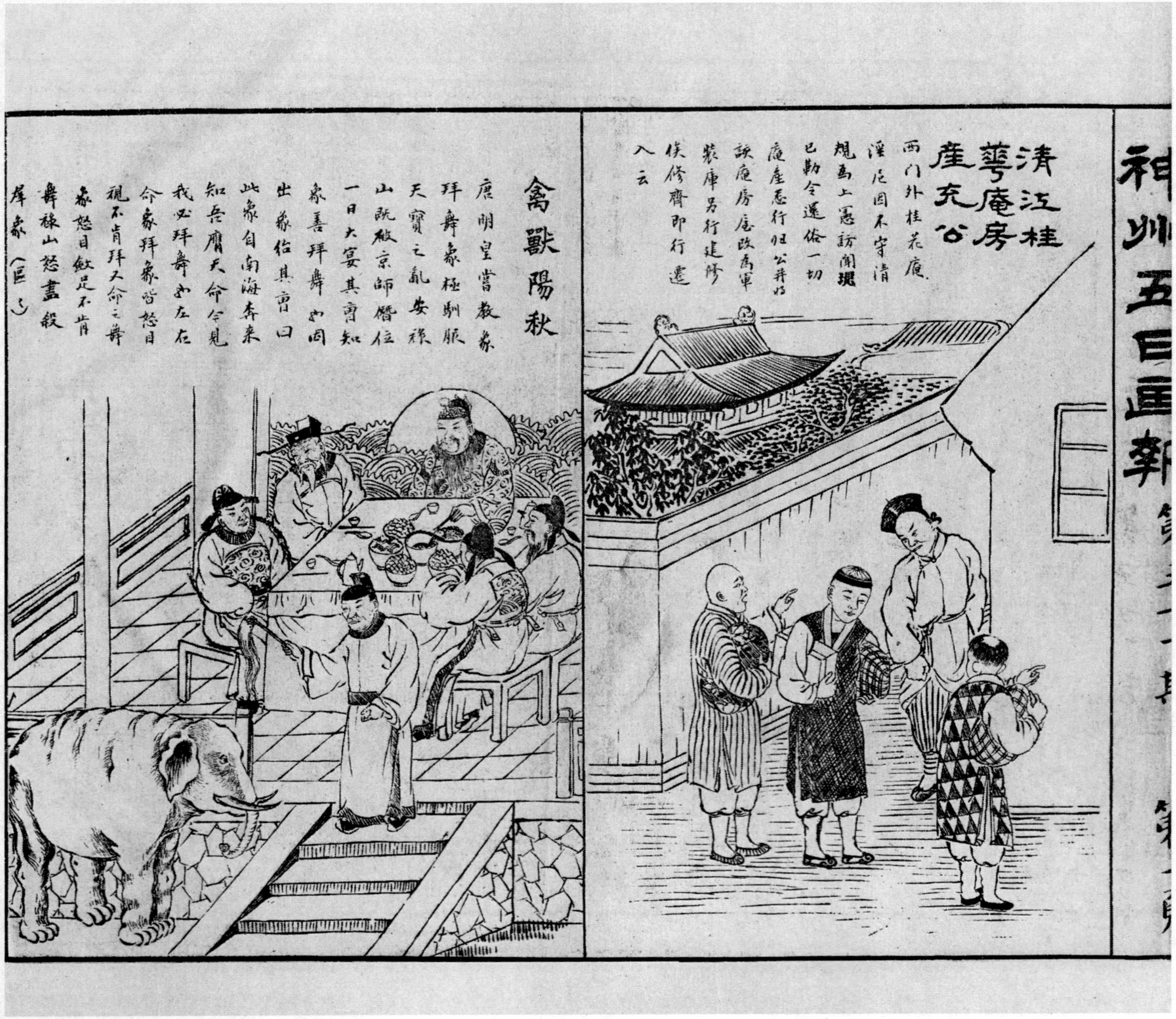
神州五日畫報
清江桂萼庵房產充公
西门外桂花庵淫尼因不守清規爲上憲訪聞現已勒令還俗一切庵產悉行归公并将該庵房屋改爲軍裝庫另行建修俟修齊即行遷入云
禽獸陽秋
唐明皇嘗教象拜舞象極馴服天寶之亂安祿山既破京師僭位一日大宴其曹知象善拜舞召同出象佑其曹曰此象自南海奔來知吾膺天命今見我必拜舞召左右命象拜象皆怒目視不肯拜又命之舞象怒目斂足不肯舞祿山怒盡殺群象（匡）

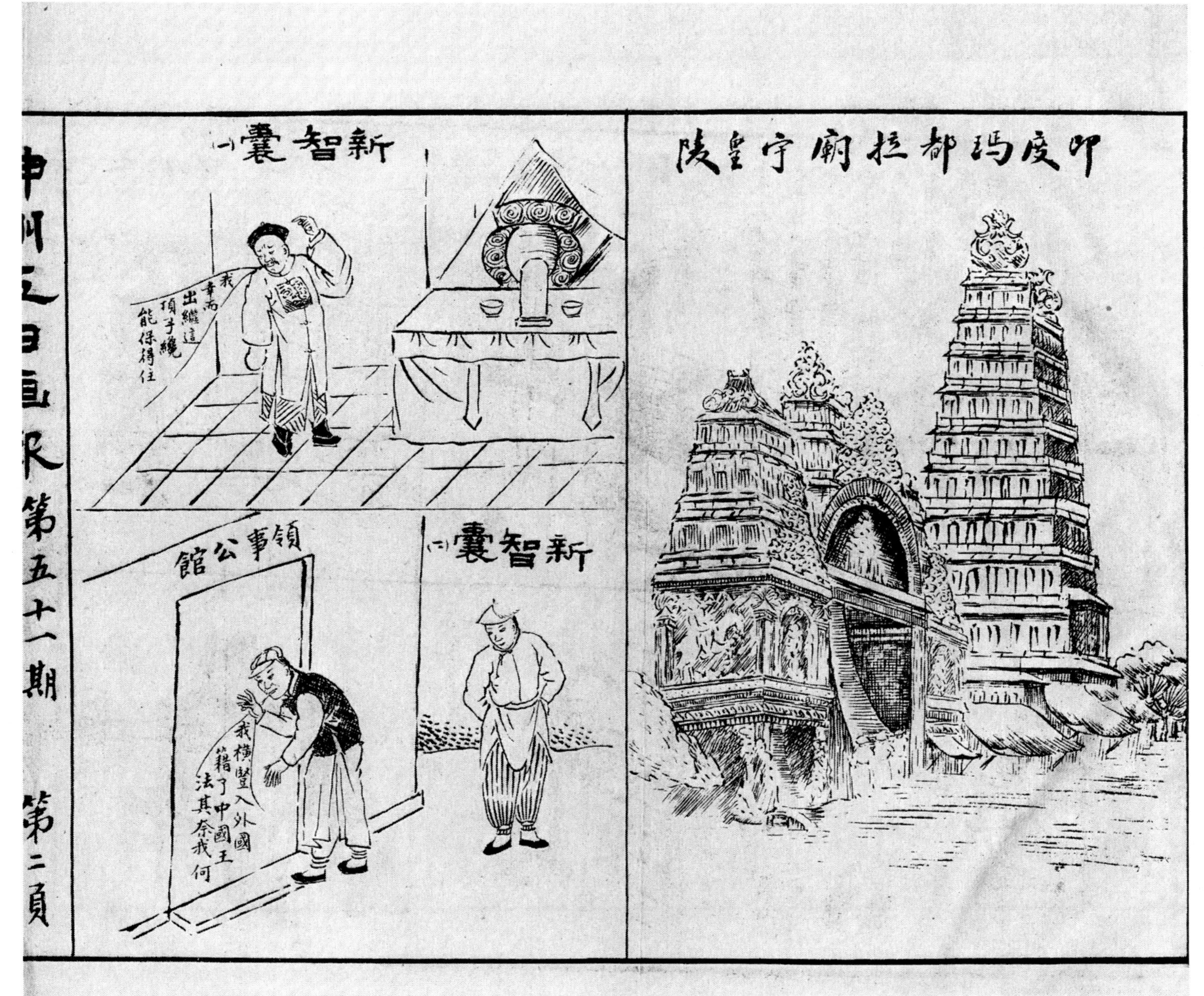
中州白話報第五十一期第二頁
新智囊(一)
我幸而出繼這項子纔能保得住
新智囊(二)
領事公館
我橫豎入了外國籍中國王法其奈我何
印度瑪都拉廟宇皇陵

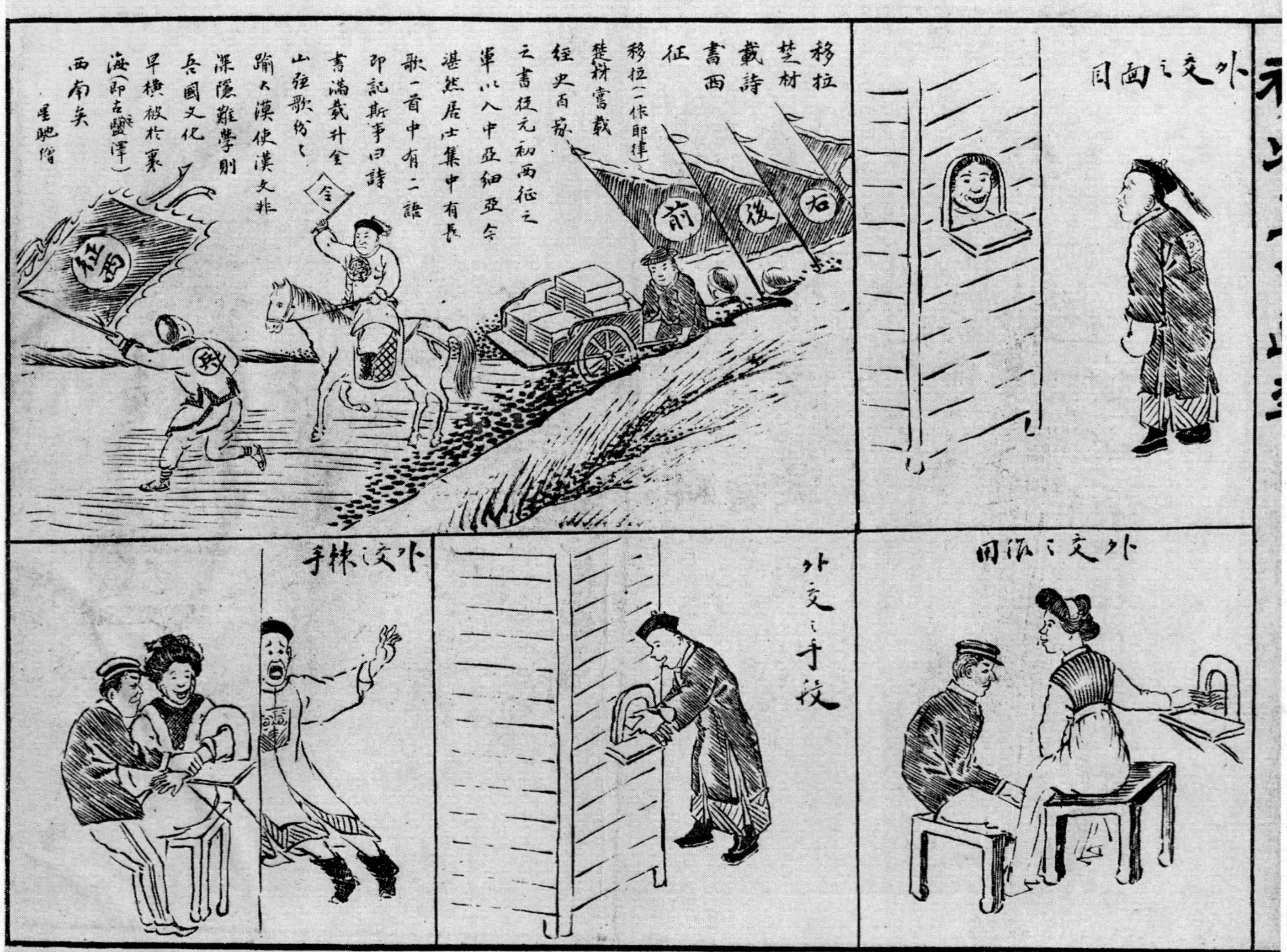
移拉楚材載詩書西征
移拉（一作耶律）楚材嘗載經史百家之書從元初西征之軍以入中亞細亞今湛然居士集中有長歌一首中有二語即記斯事曰詩書滿載升全山強歌彷彷踰大漢使漢文非深隱難學則吾國文化早橫被於裏海（即古鹽澤）西南矣
星馳僧
征西
兵
令
前
後
右
外交之面目
外交之假面
外交之手段
外交之辣手

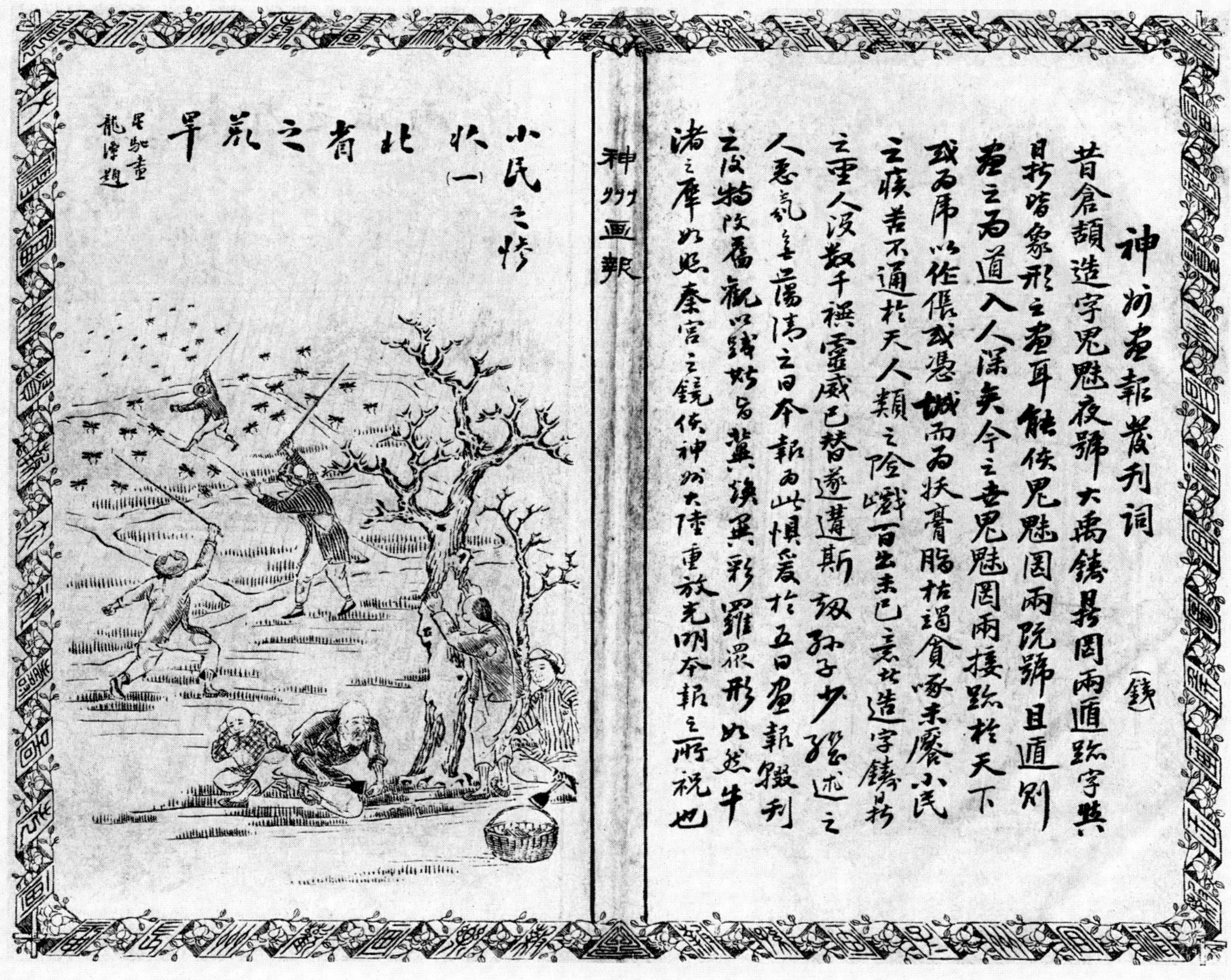

神州畫報發刊詞 （錢）

昔倉頡造字鬼魅夜號 大禹鑄鼎罔兩遁跡 字與鼎皆象形之畫耳 能使鬼魅罔兩號且遁 則畫之爲道入人深矣 今之世鬼魅罔兩接跡於天下 或爲虎以作倀 或憑城而爲狐 膏脂枯竭 貪噬未饜 小民之疾苦不通於天 人類之險巇百出未已 意非造字鑄鼎之聖人沒數千禩 靈威已替 遂遘斯劫 孫子少能述之 人惡氛未嘗清之日 今報爲此懼 爰於五日畫報輟刊之後 特改舊觀 以錢好爲 冀換異彩 羅衆形 如燃牛渚之犀 如照秦宮之鏡 俾神州大陸重放光明 本報之所祝也

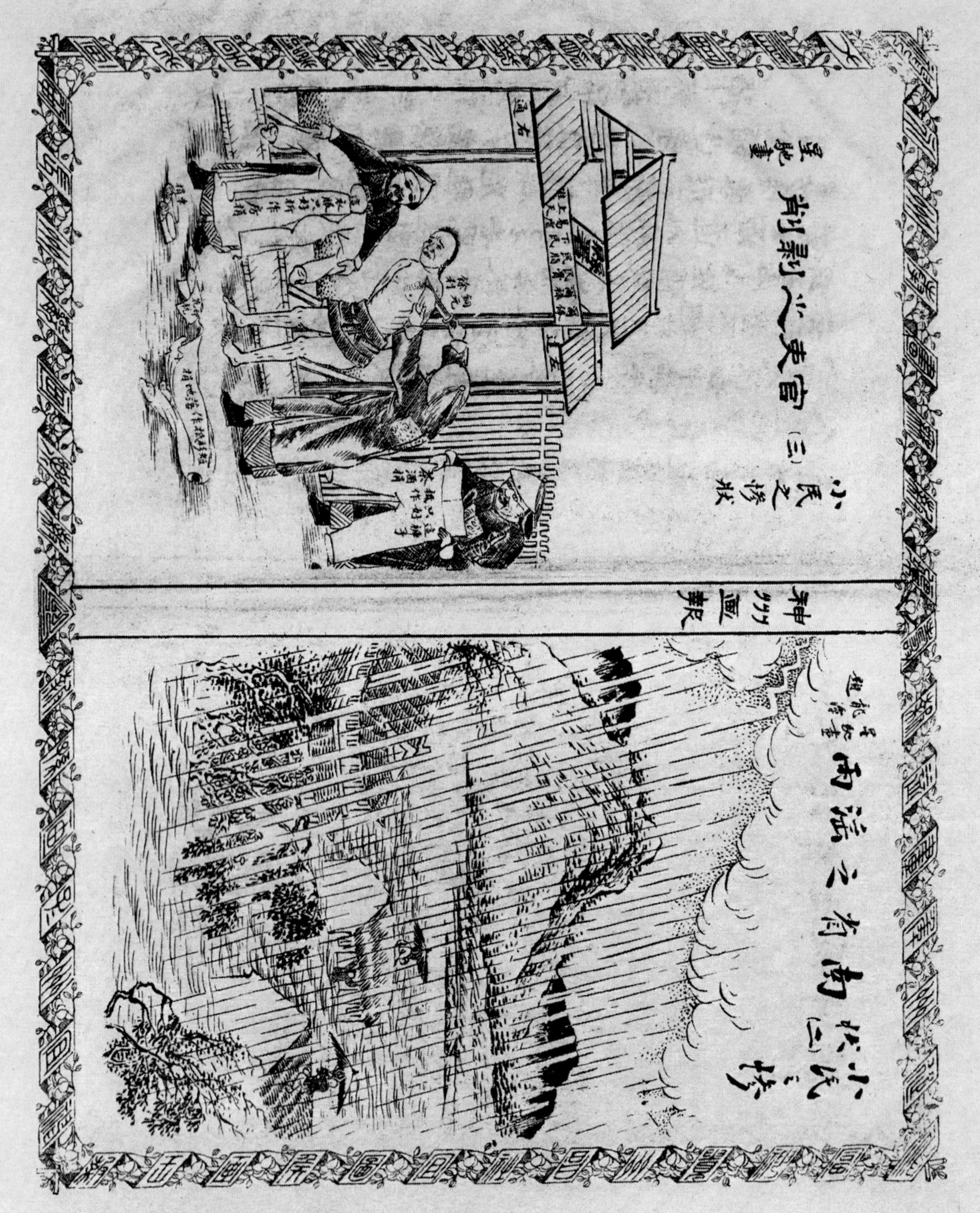

神州画報
小民之慘狀(二)
南省之淫雨
星馳畫
龍濟題
小民之慘狀
(三)官吏之剝削
星馳畫
這褲子只好板作茶酒捐
這衣服只好折作房捐

神州日報館

神州畫報
上海夜間馬車之現狀

六月初二日
西蘭島土人之跳舞

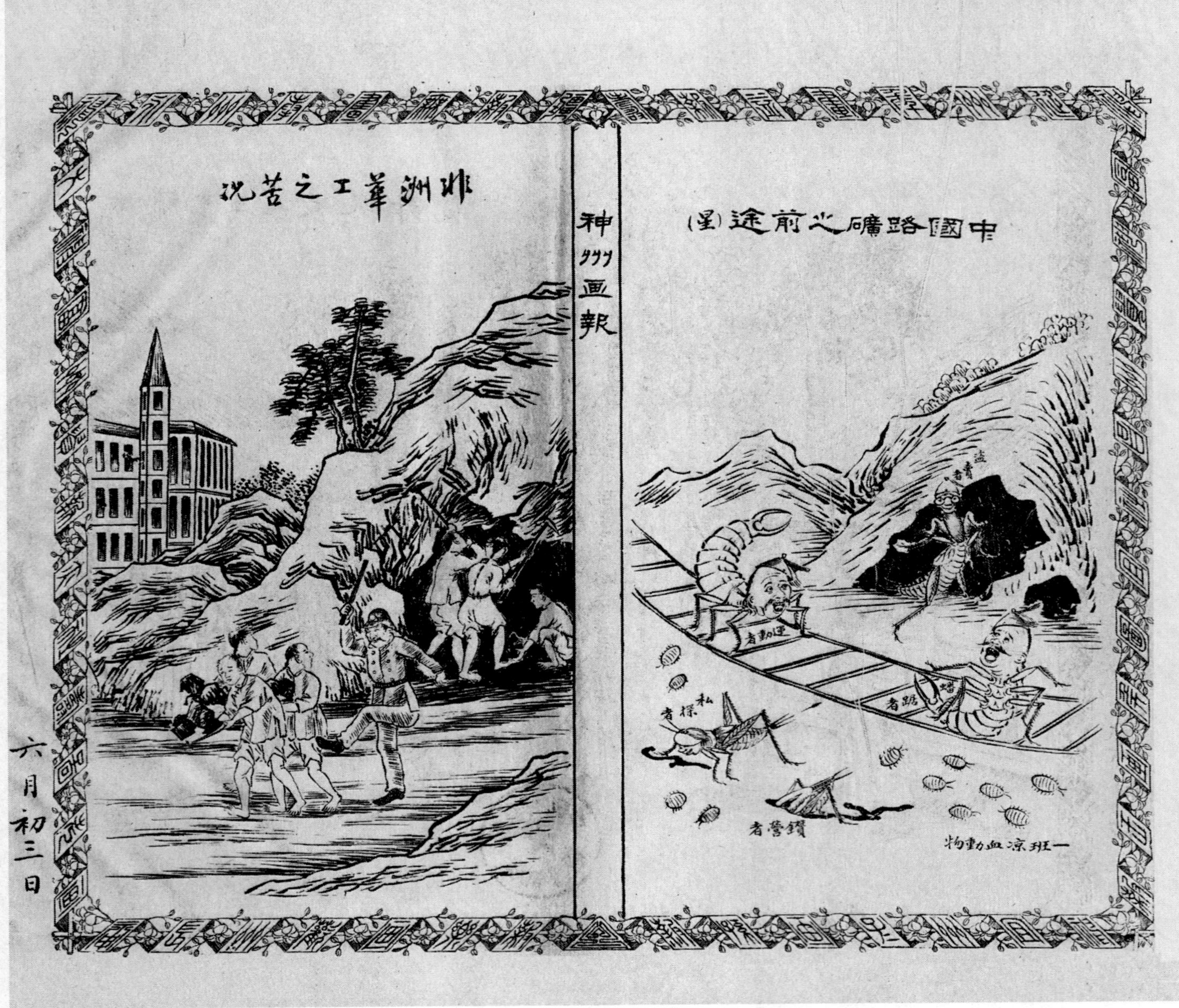
非洲華工之苦況
六月初三日
神州畫報
中國路礦之前途（三）
運動者
私探者
鑽營者
一班涼血動物

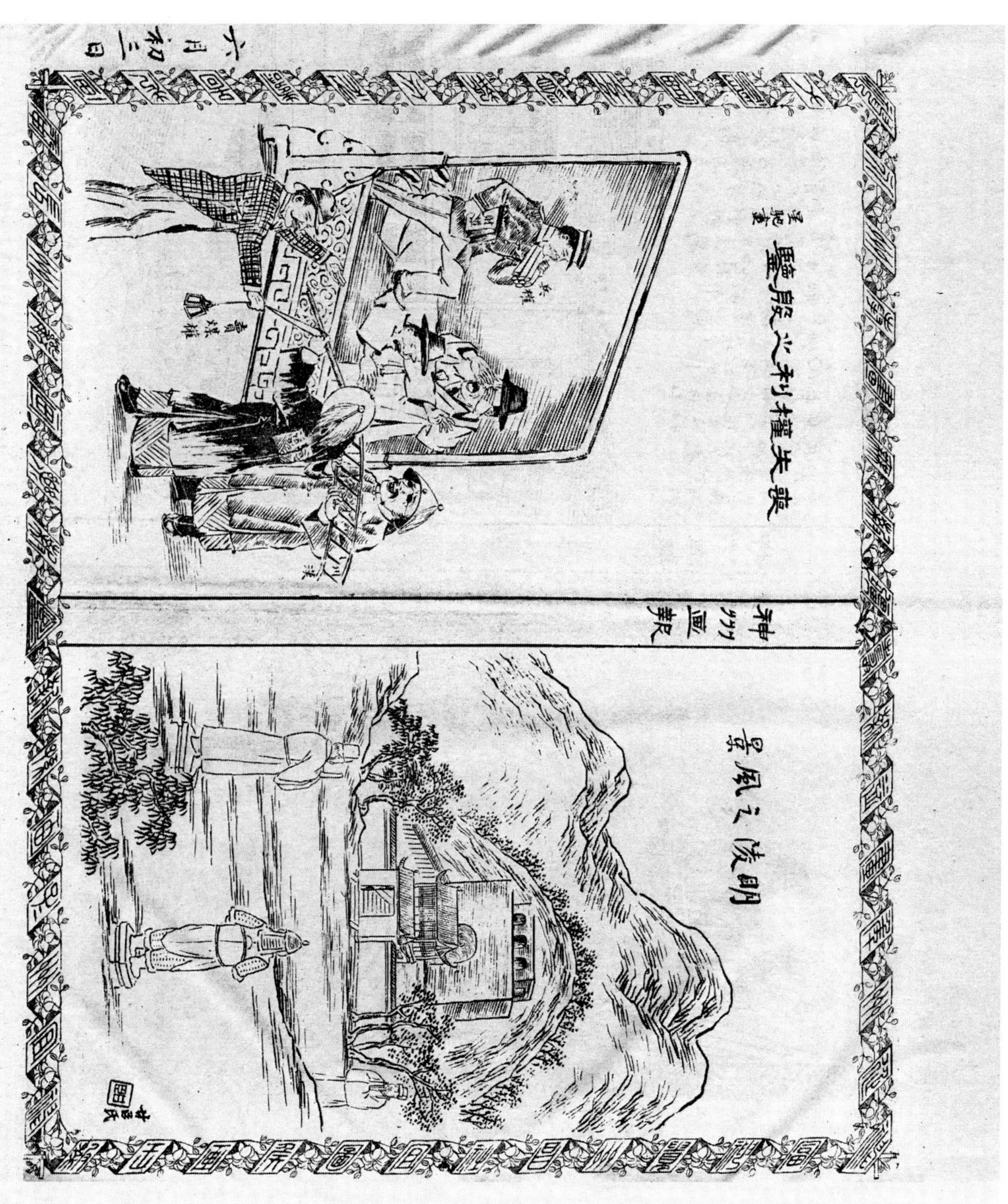
神州畫報
六月初三日

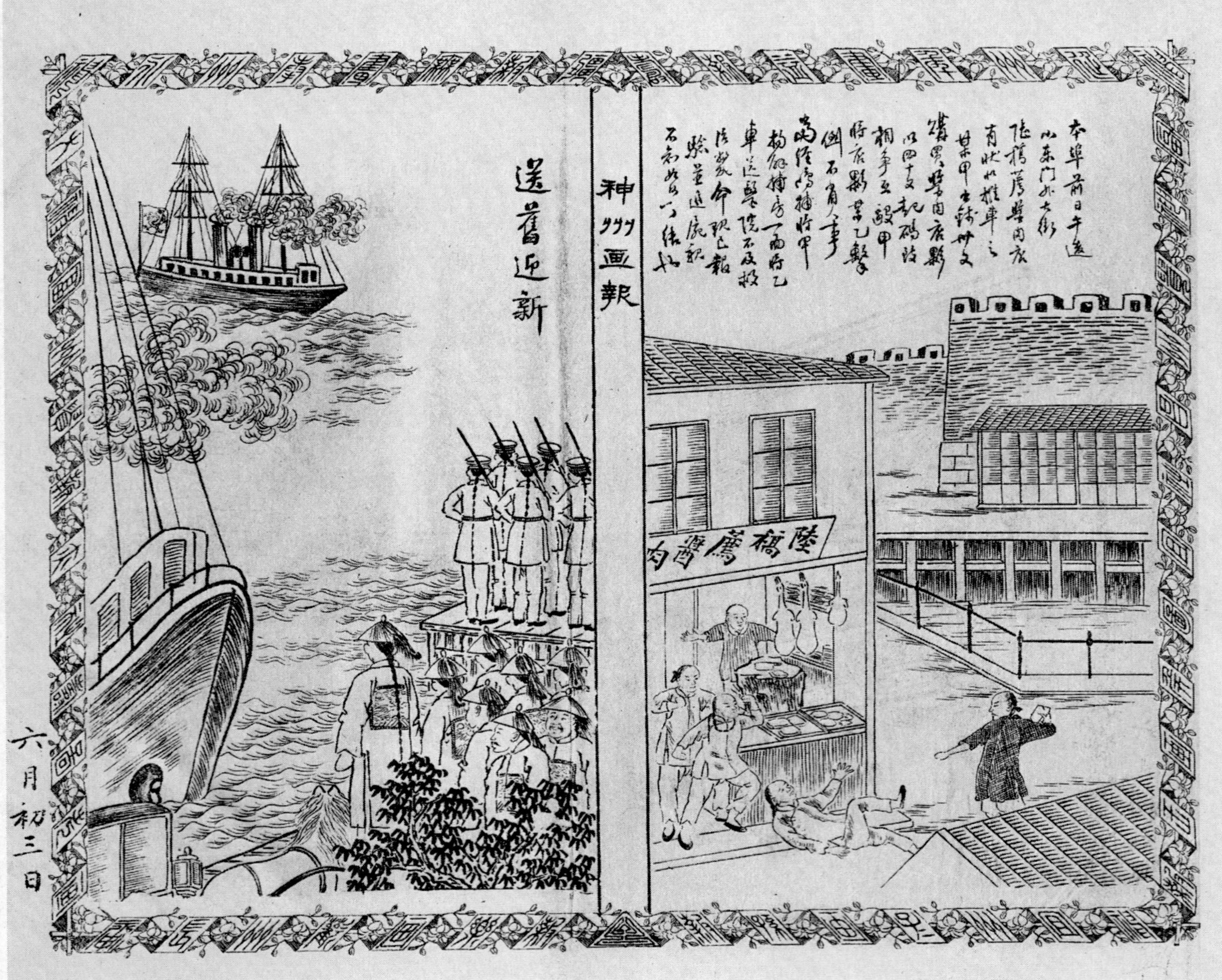
送舊迎新
神州画報
陸稿薦醬肉
六月初三日

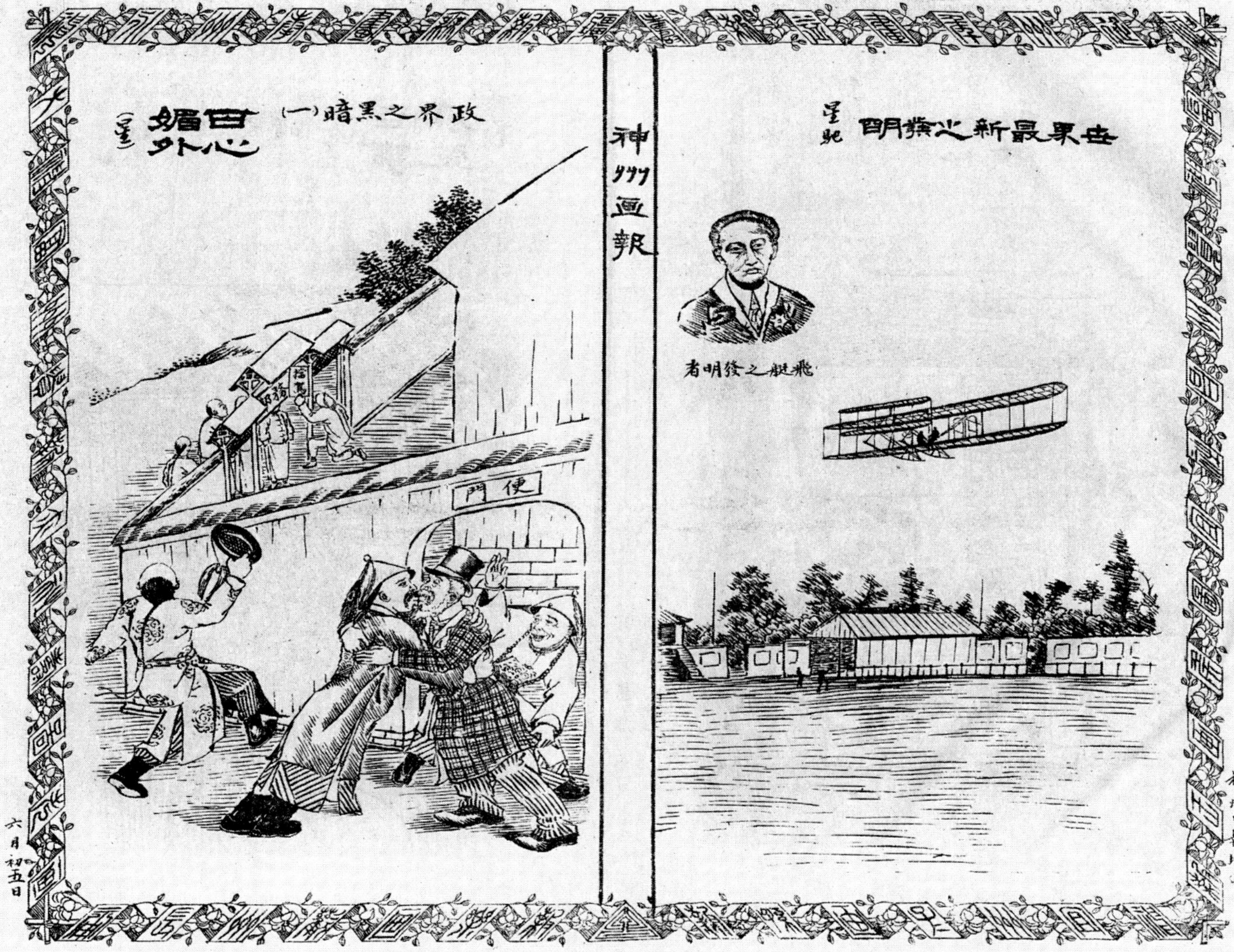
神州畫報
政界之黑暗(一)
日心
媚外
(星)
世界最新之發明
星虬
飛艇之發明者
便門
六月初五日
神州日報附送

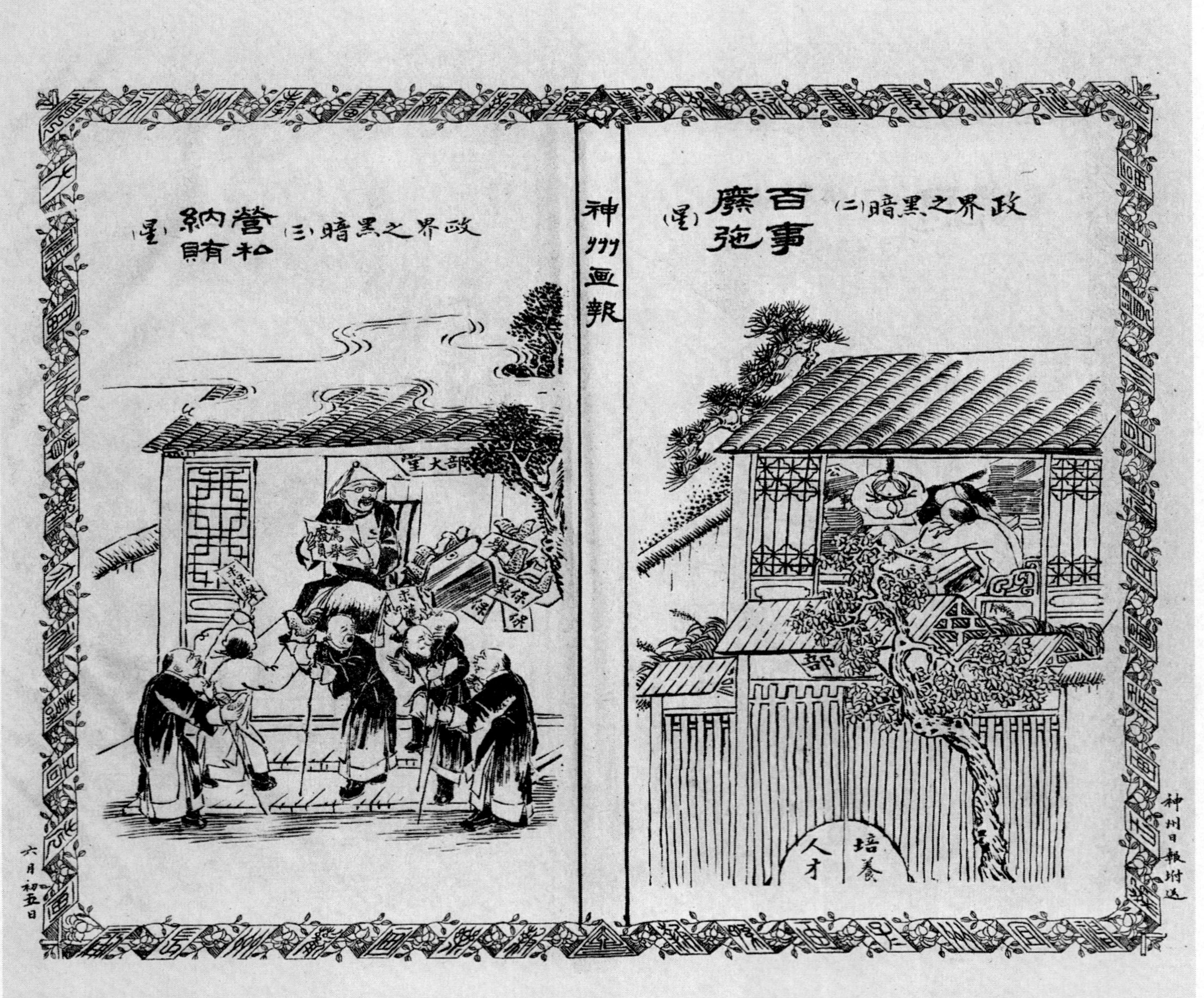
政界之黑暗(二)
百事廢弛
(星)
部
培養
人才
神州日報附送
神州画報
政界之黑暗(三)
營私納賄
(星)
部大堂
六月初五日

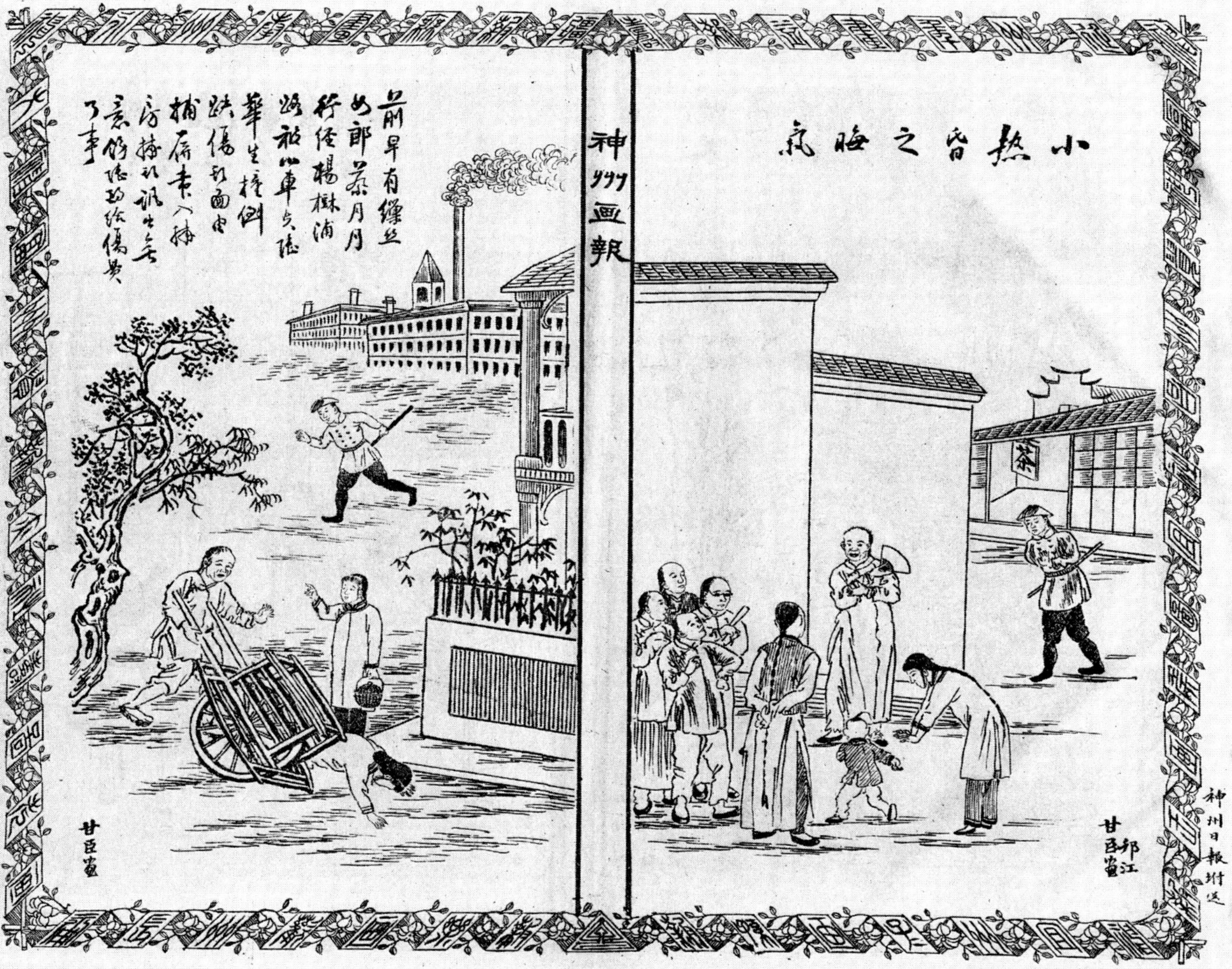
小熱昏之晦氣
神州畫報
前早有繅絲
女郎蔡月月
行經楊樹浦
路被小車夫陸
華生撞倒
跌傷頭面由
捕房責令捕
房捕扭訊生乞
意判陸勸給傷費
了事
甘臣畫
六月初五日
茶
邦江 甘臣畫
神州日報附送

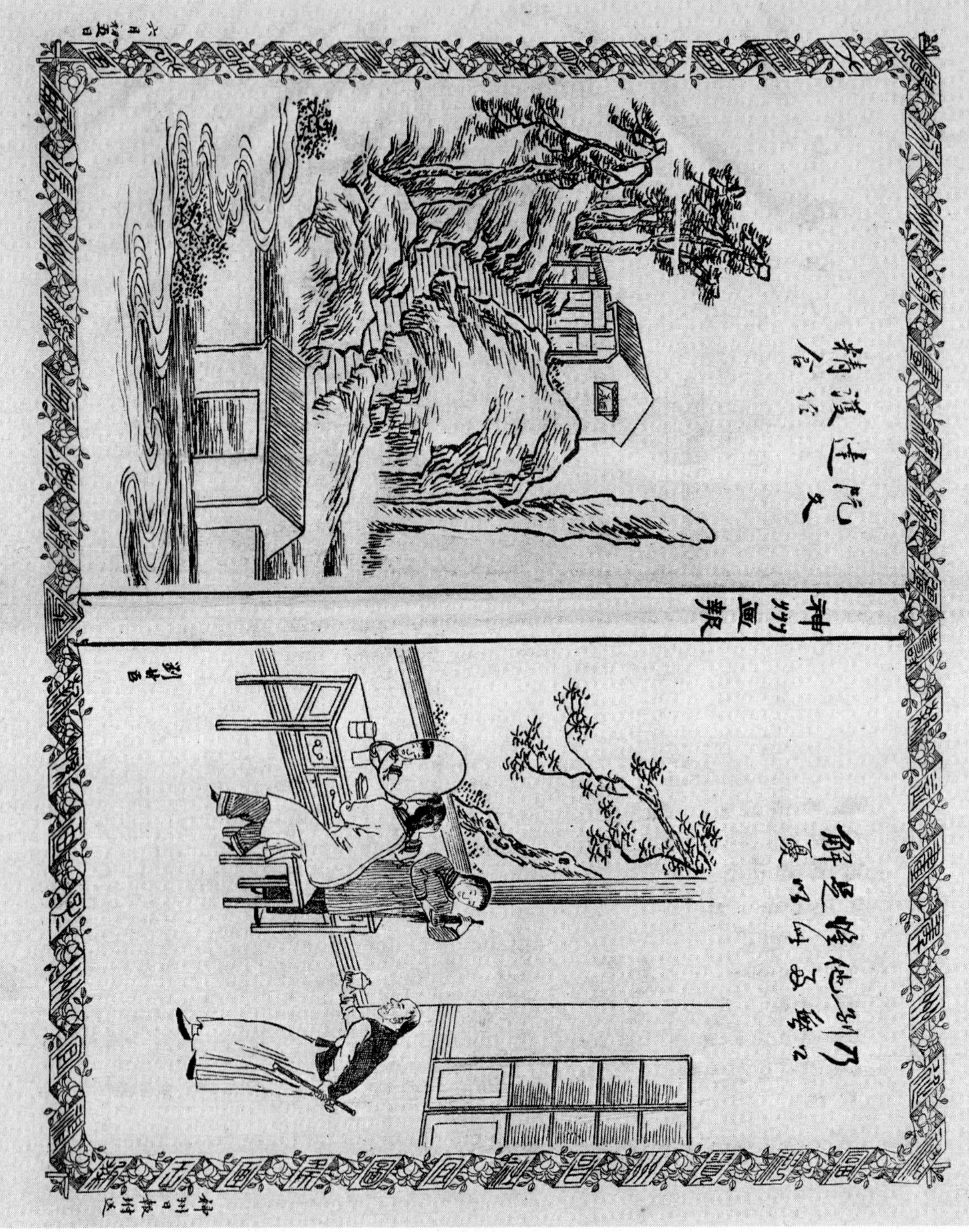
神州畫報

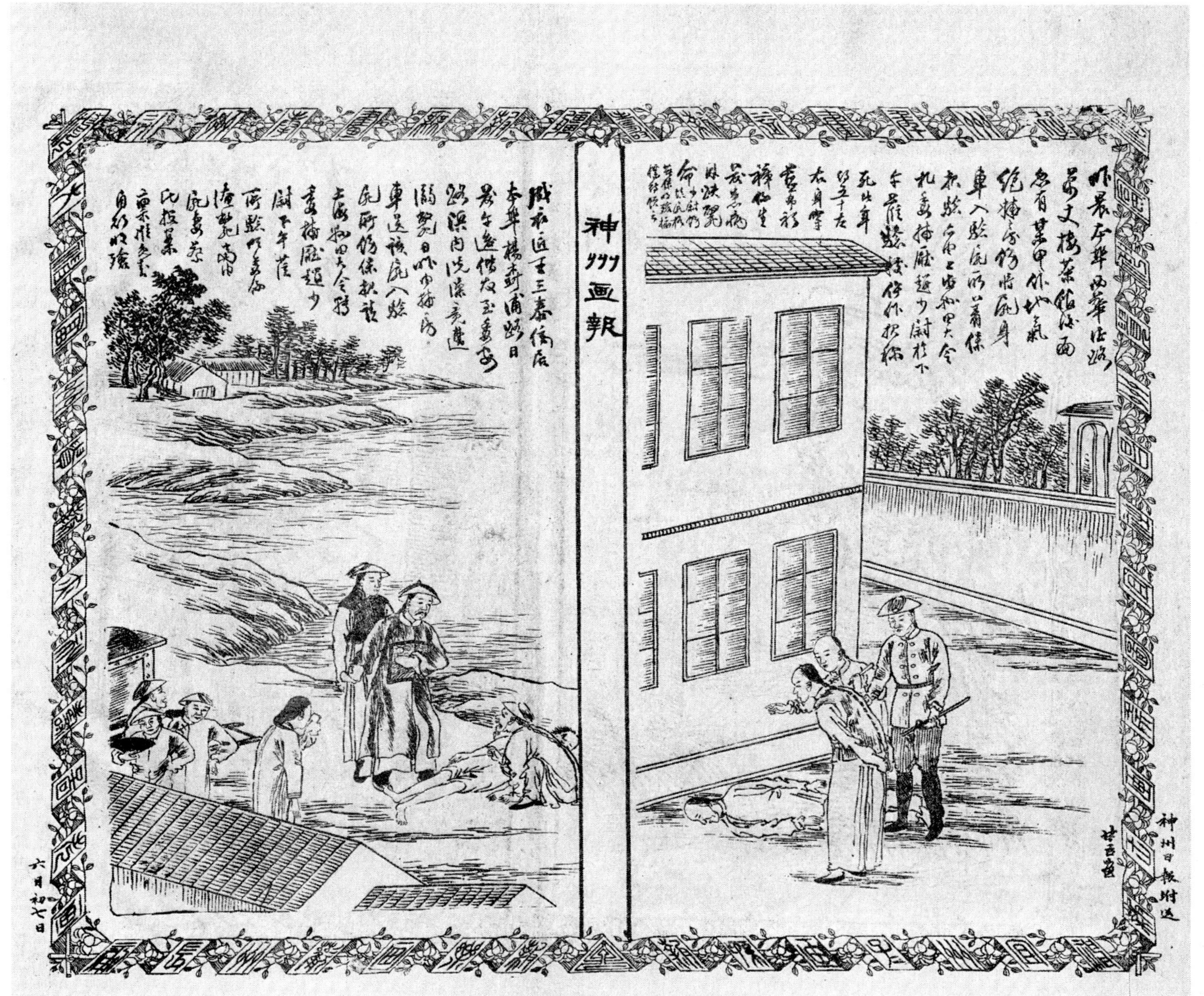
神州畫報
神州日報附送
六月初七日

神州画報
最近之優拔熱(一)
忙裏偷閒
放暑假
苦中作樂
考優拔
星馳題
最近之優拔熱(二)
胸中墨
似漆
額上汗
如漿
星馳
六月初七日
神州日報附送

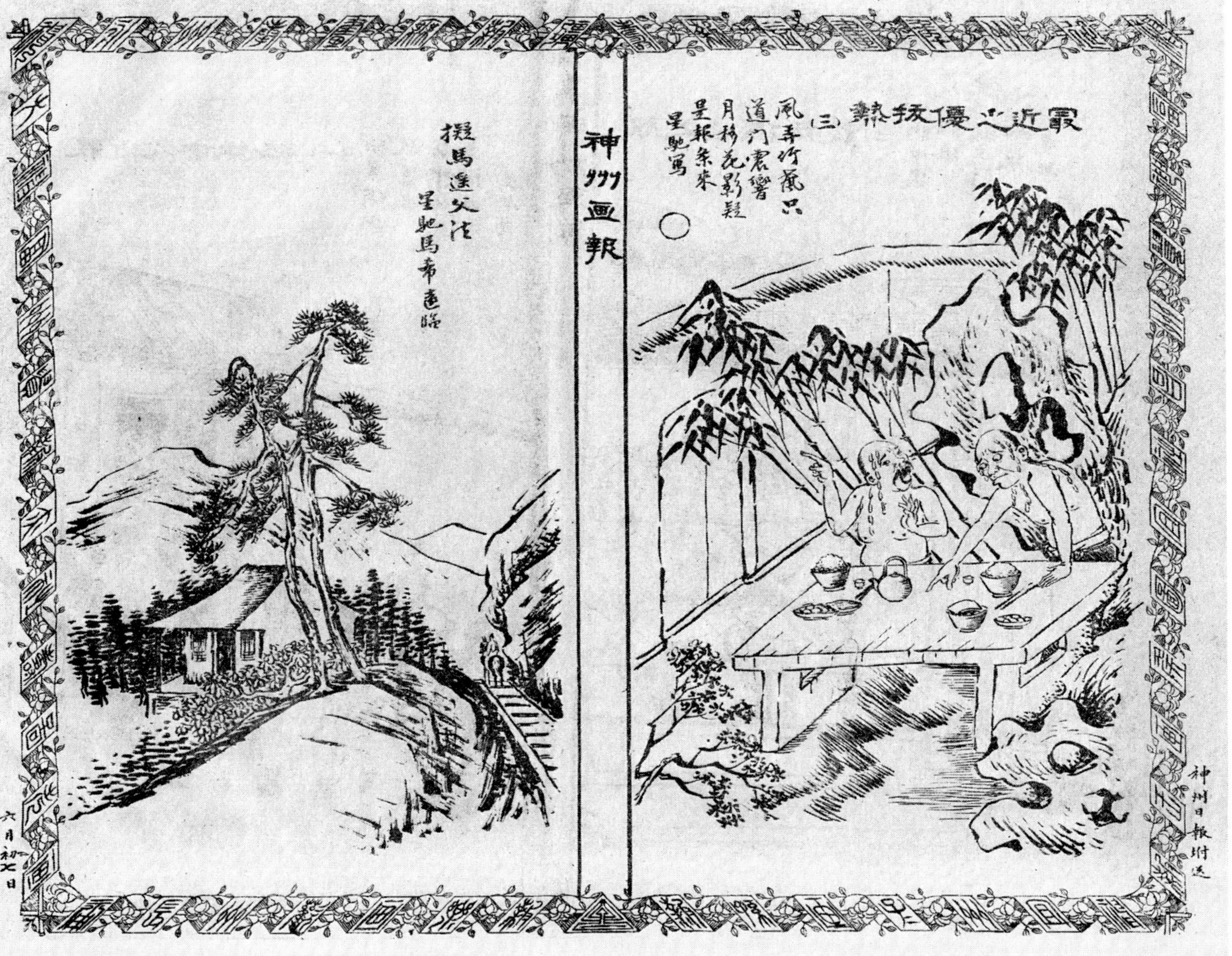
神州畫報
最近之優拔錄(三)
風弄竹聲只道門環響
月移花影疑是報條來
星馳寫
擬馬遙父法
星馳馬希畫臨
六月初七日
神州日報附送

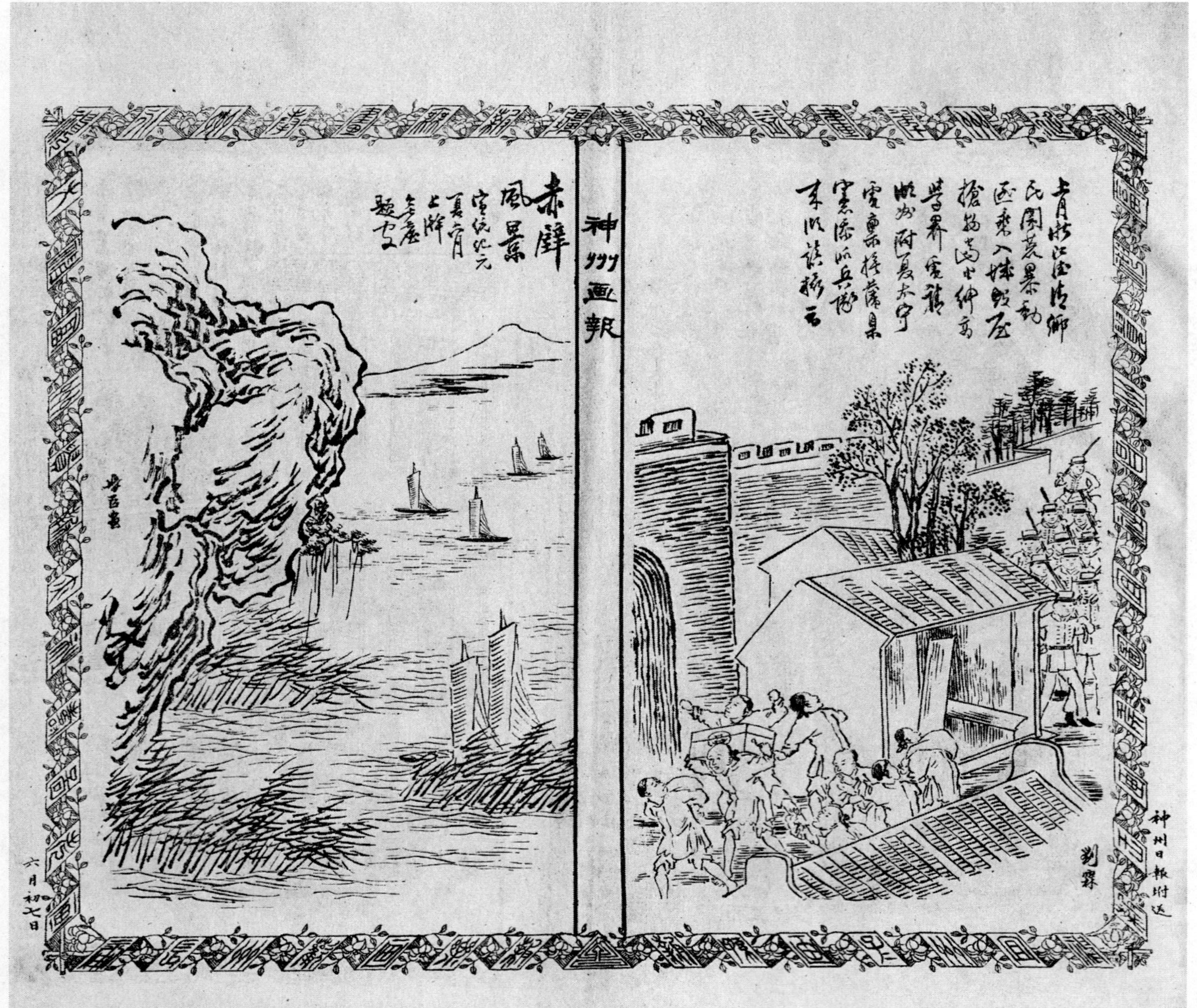
神州畫報
赤壁風景
神州日報附送
六月初七日

神州畫報

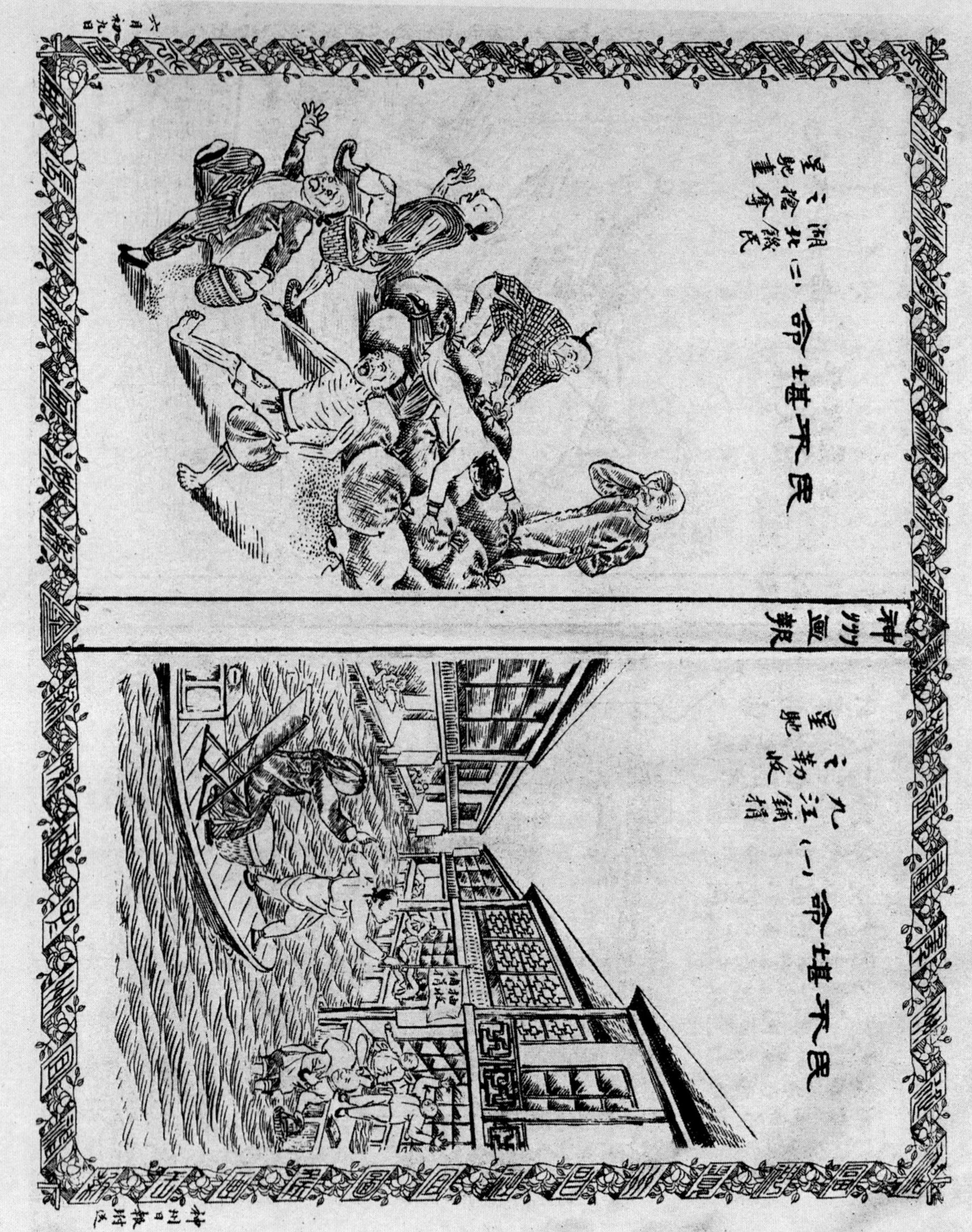
民不堪命（一）
神州畫報
民不堪命（二）

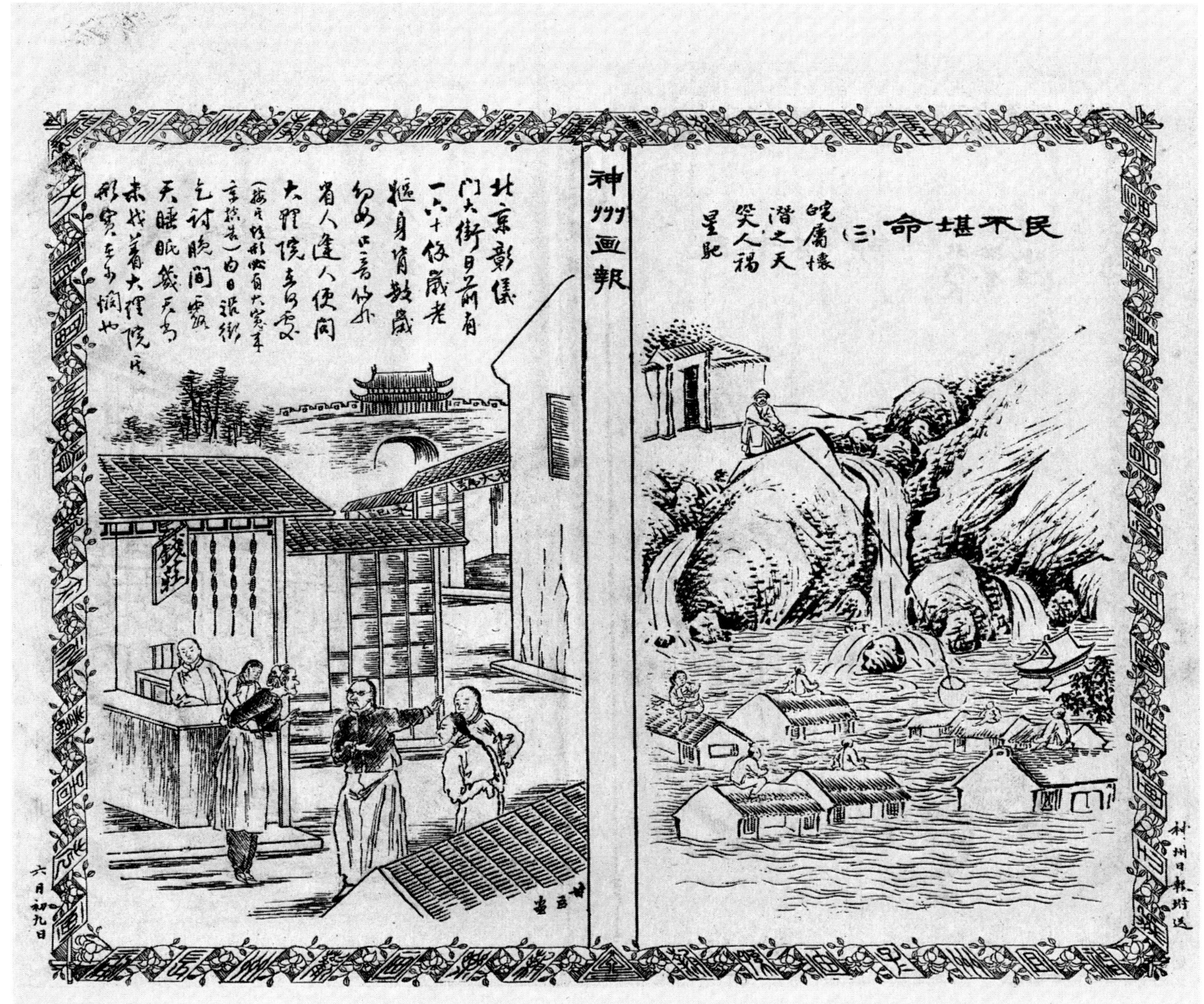
神州畫報
民不堪命（三）
神州日報附送
六月初九日

神州畫報

神州日報附送

新諧鐸

賈逢時者某富室日思作官有中表某雖不學無術亦滿身官氣兩人意甚相得會有父執為京官者遂挾萬金偕中表某北上抵都竊議曰余若行作吏人應呼我為老爺君為我之副不啻手足須何稱謂可耶某曰世人通稱表爺余以為俗甚不如稱二爺大稱也賈亦鼓掌稱善俄而入都出資付父執為之斡旋又執曰官如易作不可不先練習敢問汝要作何官汝之同行者又作麼生賈具以老爺二爺對父執曰

如是亦易得不將少住五六月以為練習地翌日即命幕友數輩背責賈又以長隨之背責中表之教賈共問如何遞手本如何請安如何磕響頭如何求差使等事教之中表者問如何裝水煙如何擺杌凳等事兩人退而私議曰似此卑賤奴顏我家何請此甚至作官原以求體面與快樂可今若此是豈為人之所為哉數日遂愈不能堪乃請於父執曰果竟教此何意父執曰此即作老爺作二爺之不二法門也中表某亦答請曰作二爺者實專伺候人而不為人伺候居公執曰欲得伺候必老爺有如奴才作奴才非可可中表某顧賈曰如此不如歸去

六月初九日

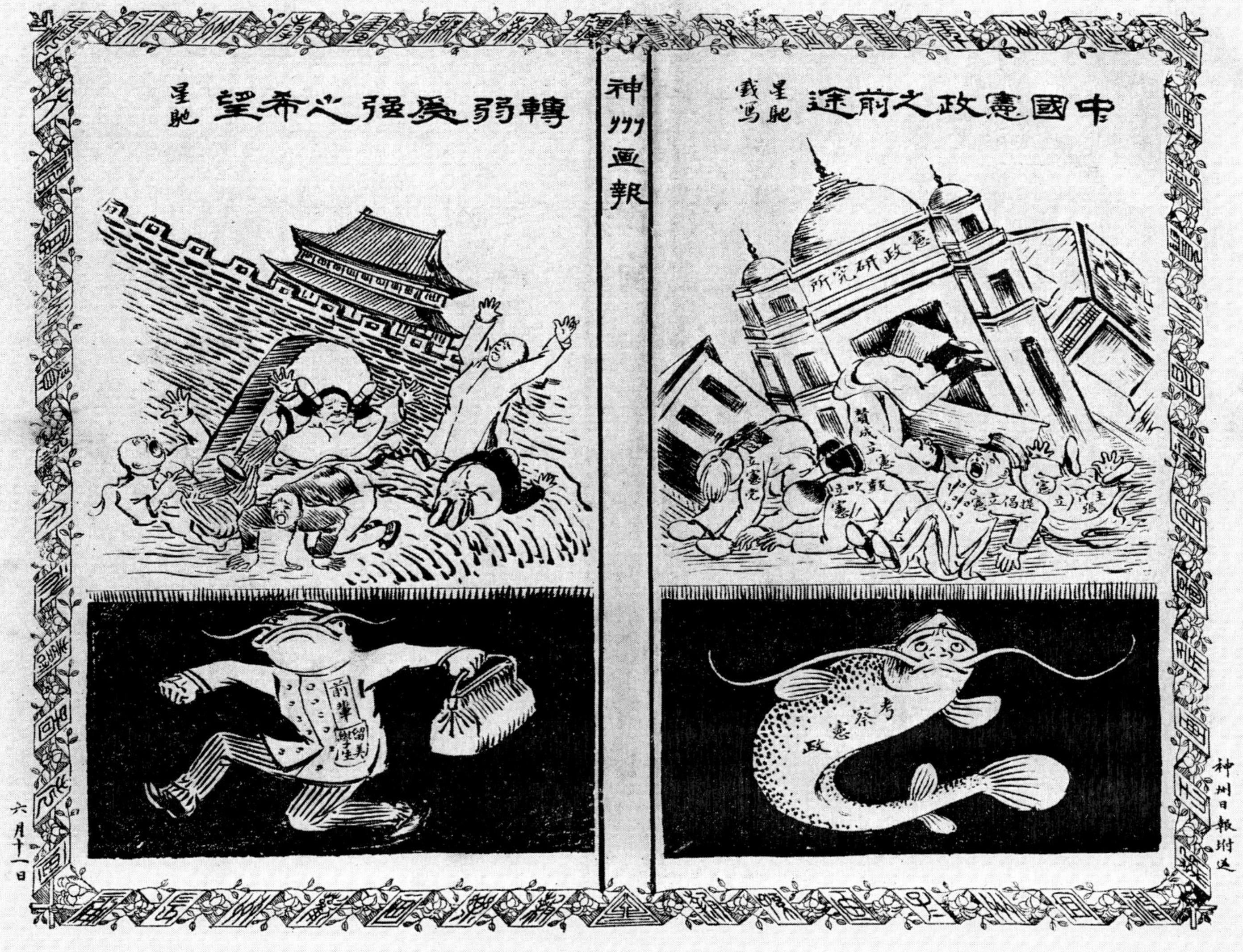
神州日報附送
神州画報
中國憲政之前途
星馳 戲寫
憲政研究所
贊成立憲
立憲黨
鼓吹立憲
提倡立憲
主張立憲
考察憲政
轉弱變強之希望
星馳
前輩
留美學生
六月十一日

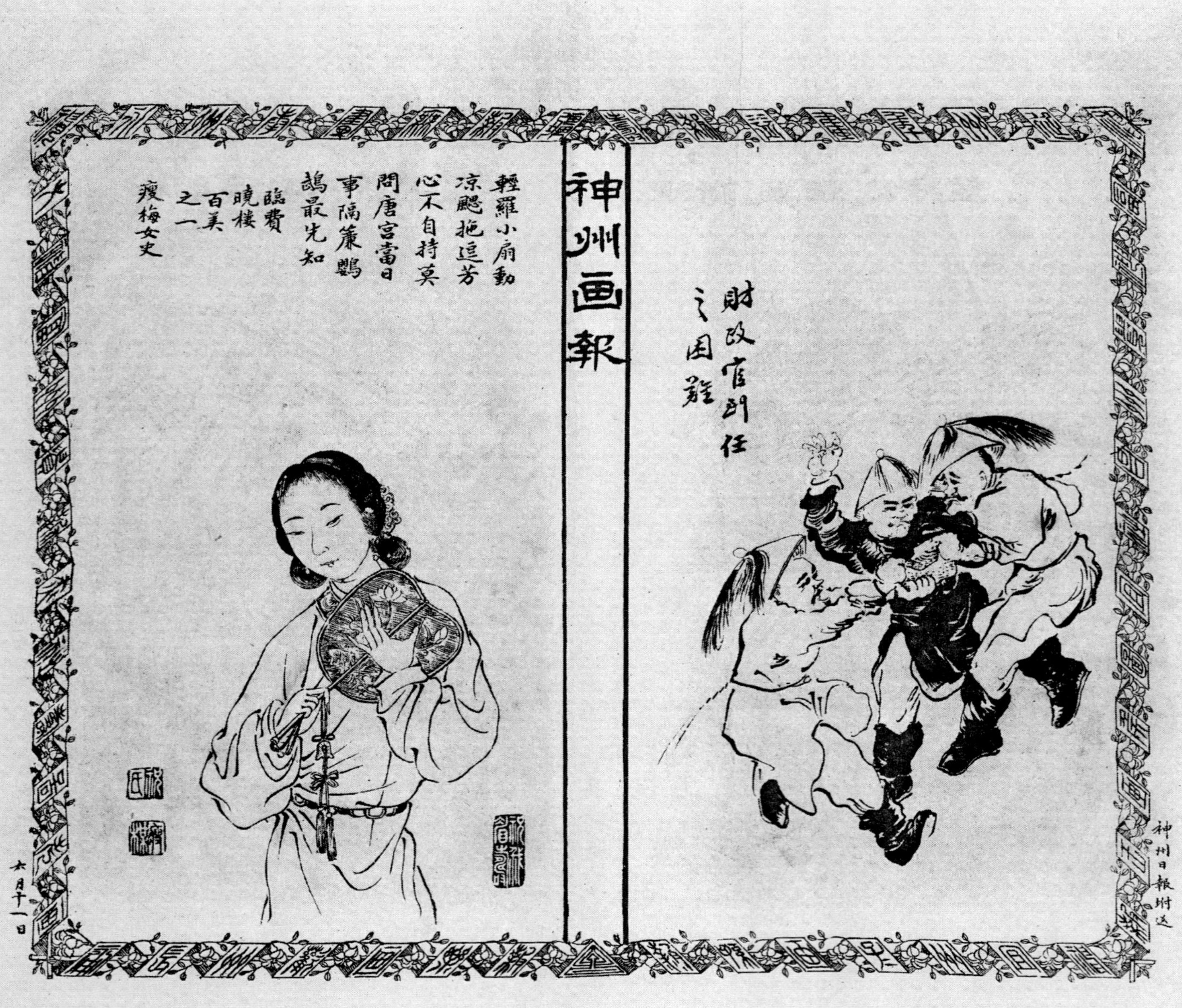
神州画報
財政官列任
之困難
輕羅小扇動涼颸拖逗芳心不自持莫問唐宮當日事隔簾鸚鵡最先知
臨費曉樓百美之一
瘦梅女史
六月十一日
神州日報附送

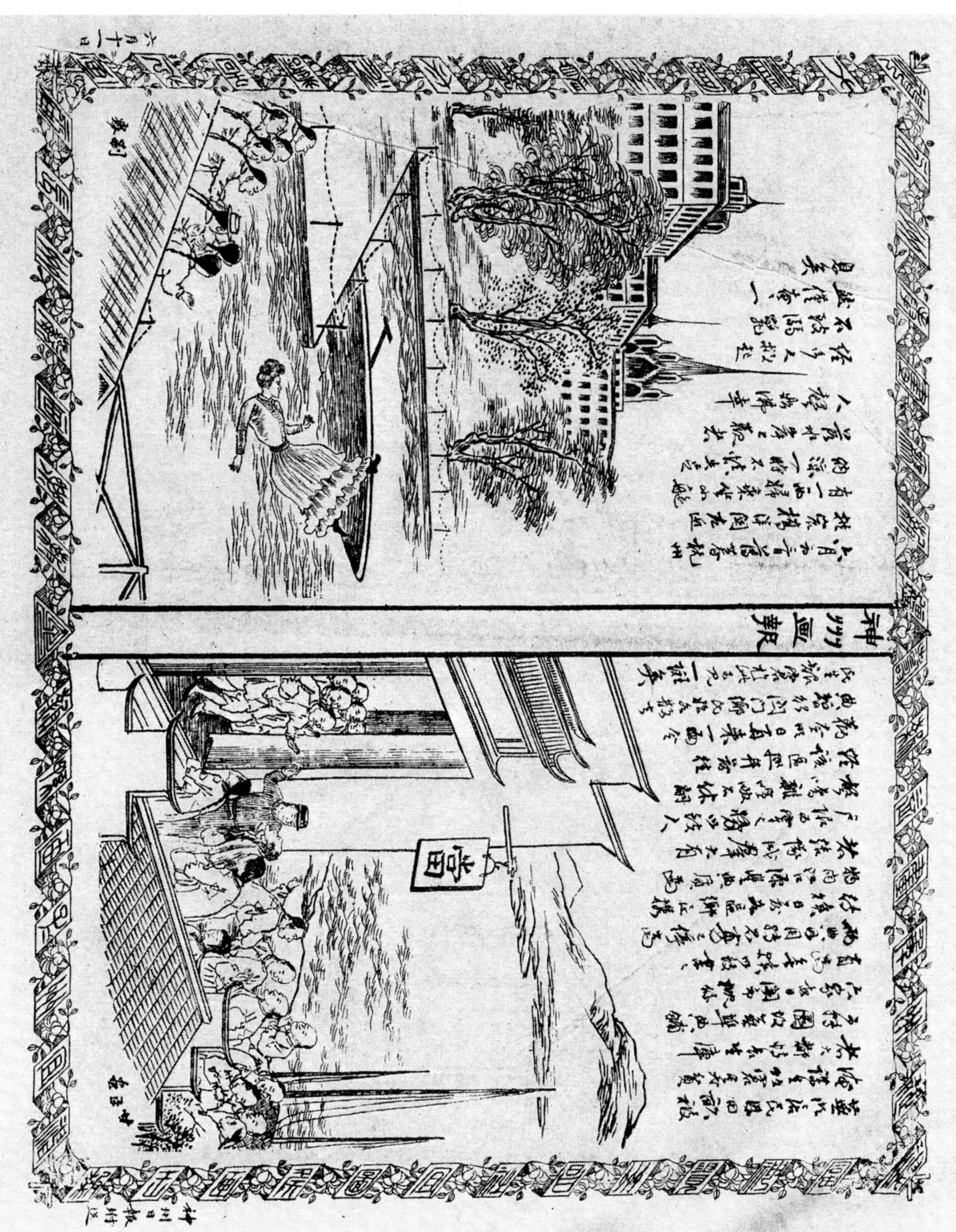
神州畫報

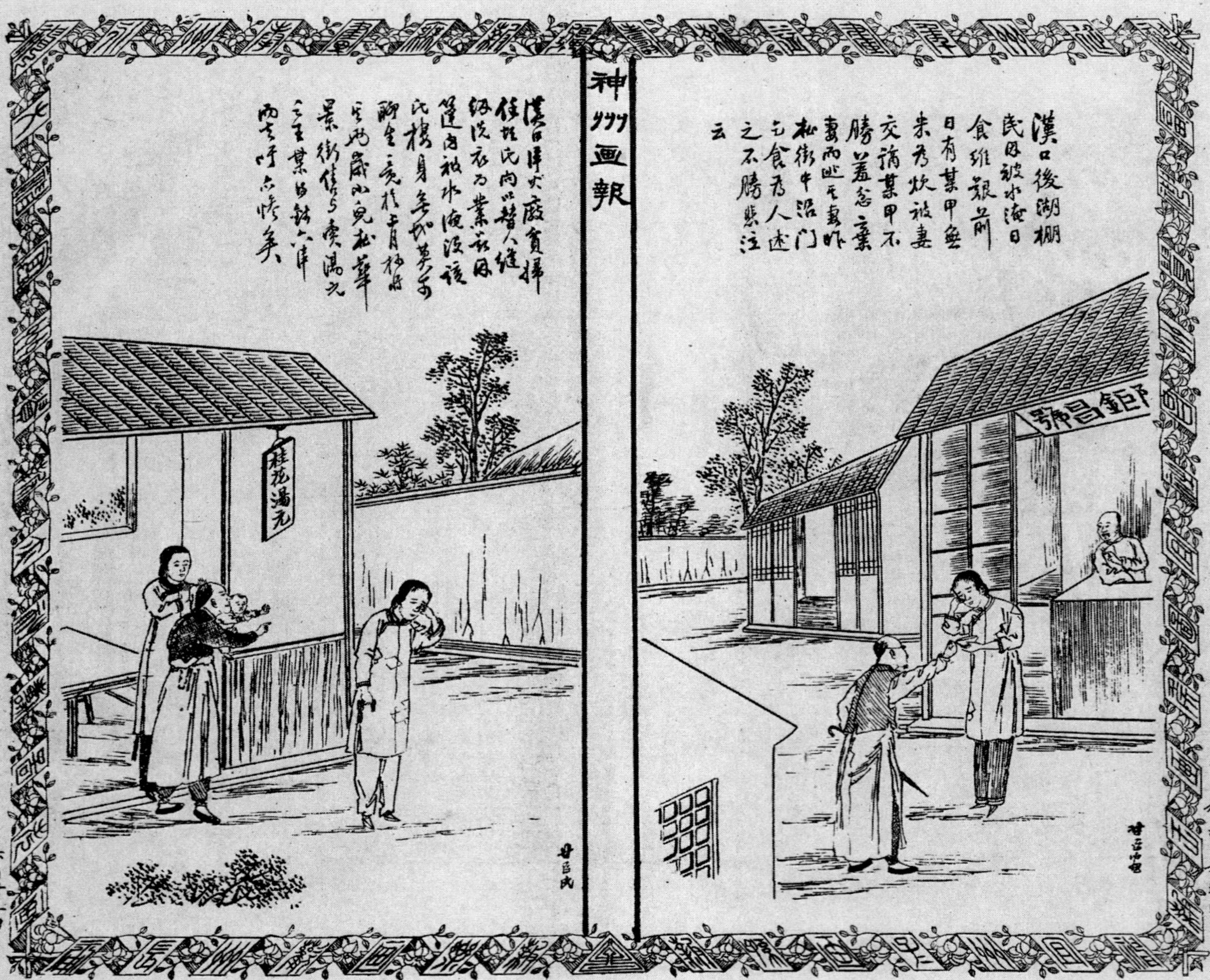
神州画報
桂花湯元
鉅昌號
漢口後湖棚
民因被水淹日
食維艱前
日有某甲無
米為炊被妻
交謫某甲不
勝其羞忿棄
妻而逃至東昨
私往中沼门
乞食為人述
之不勝悲泣
云
六月十一日
神州日報附送

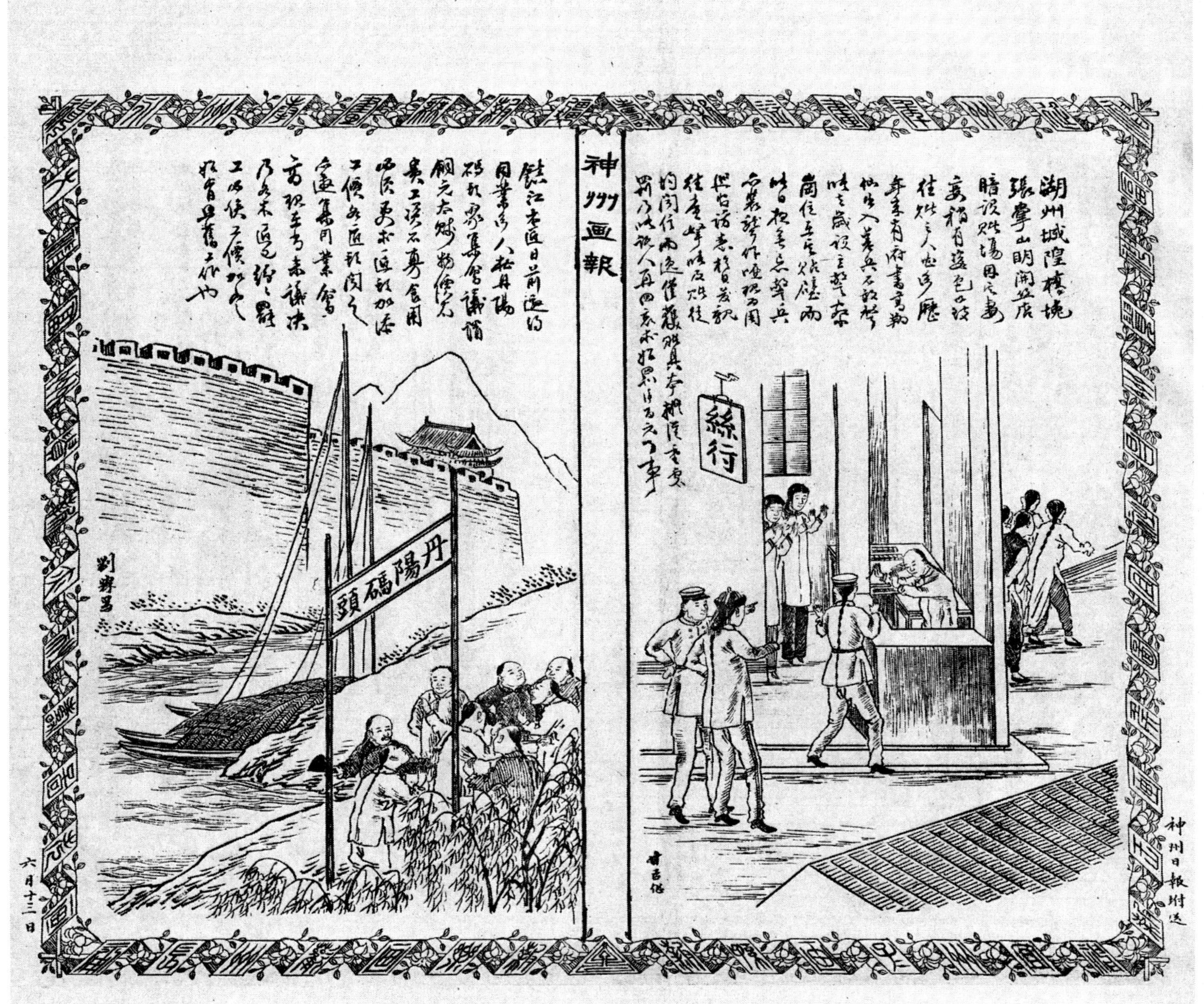
神州畫報
丹陽碼頭
絲行
六月十三日
神州日報附送

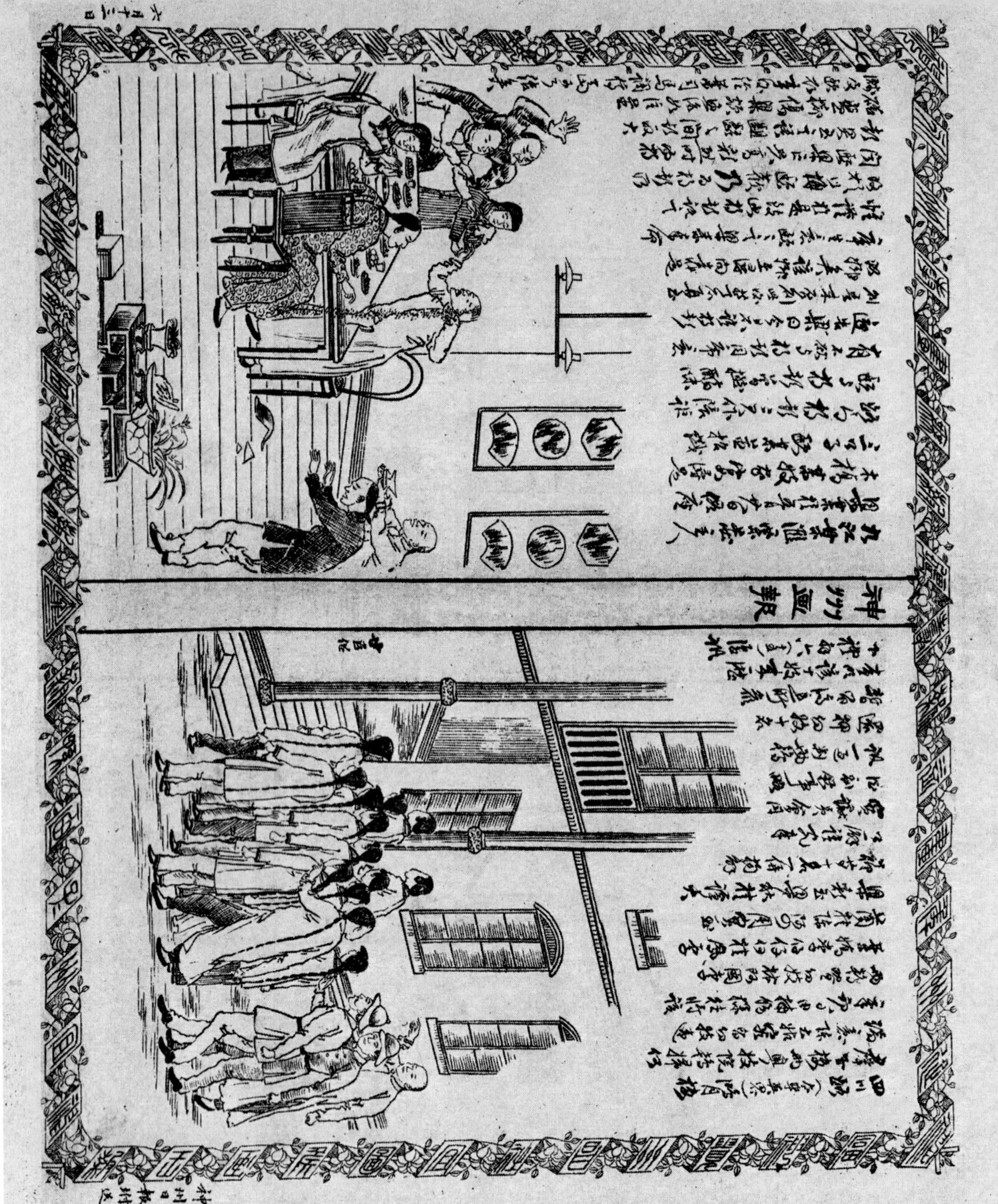
神州画報

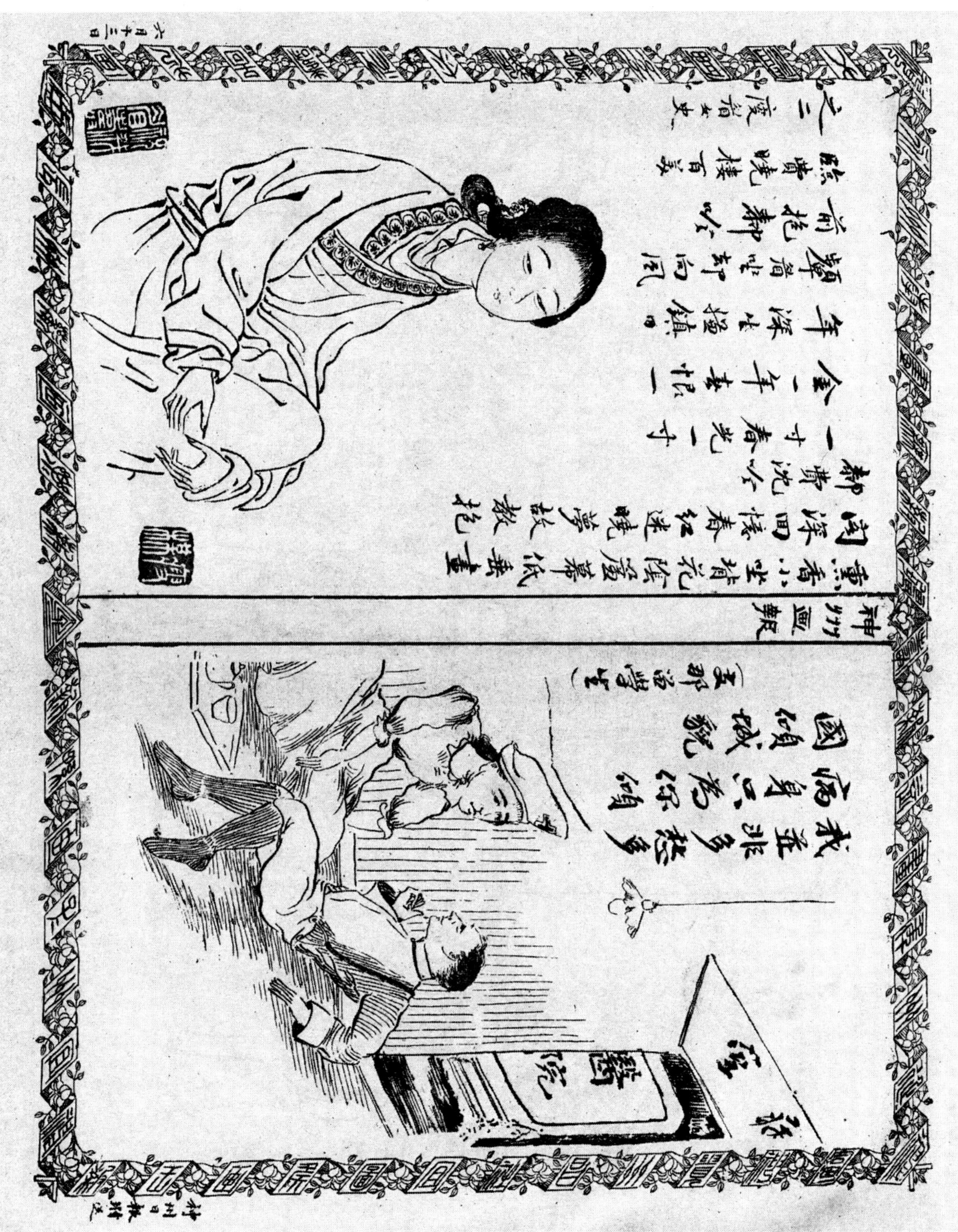
神州画報
我並非多愁多
病身只為保傾
國傾城貌
（支那留學生）
醫院
熏香小坐背花陰簾幕低垂晝
閑深田懷春紅迷曉夢故教抱
鬱費沈吟
一寸春光一寸
金一年春恨一
年深坐擁鎮日
顰眉坐卻向風
前抱鬱吟
臨貴曉樓百美
之二 慶眉女史
六月十三日
神州日報附送

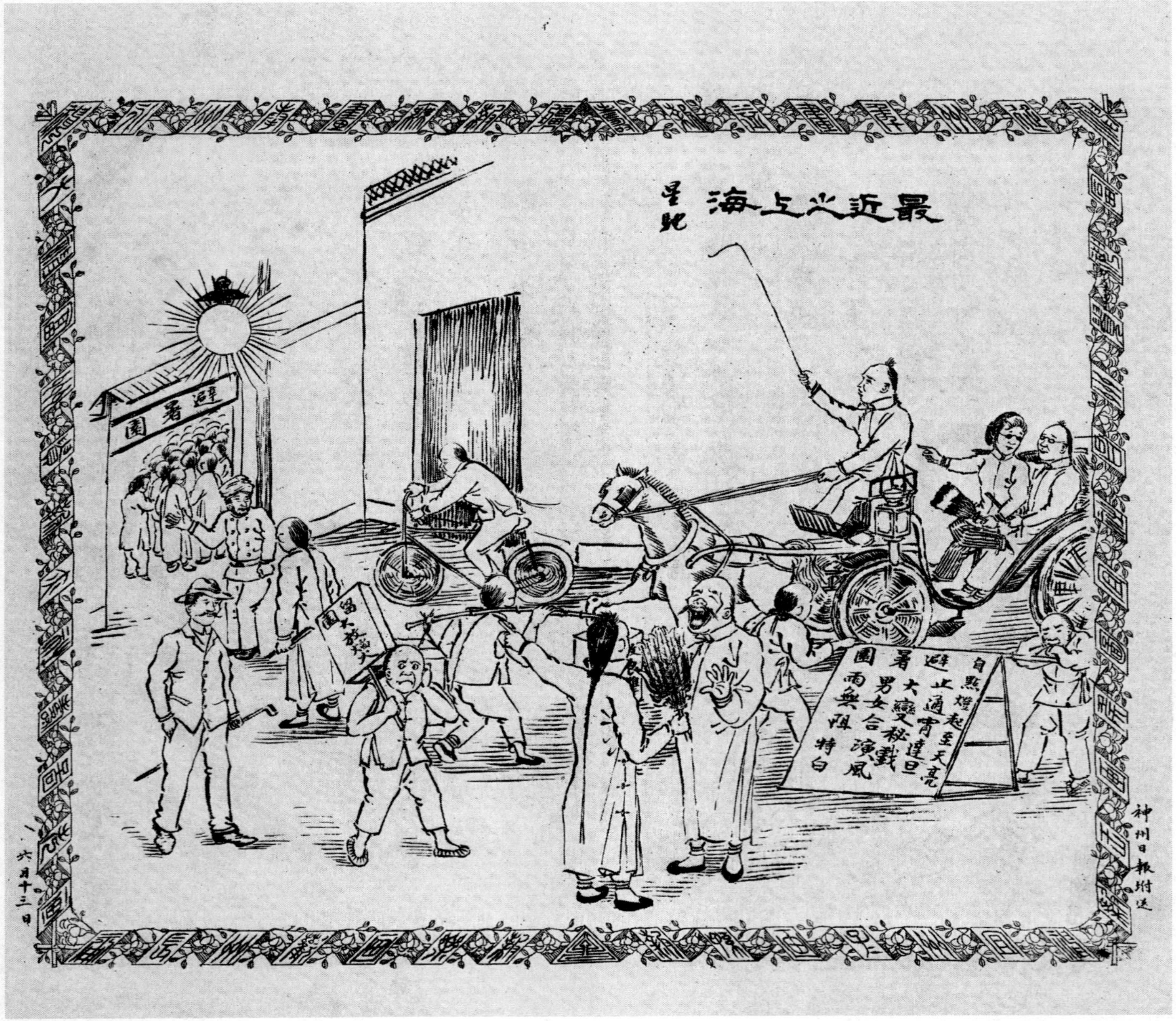
最近之上海
避暑園
自點燈起至天亮
避止通宵達旦
暑大變又秘戲
男女合演風
園雨無阻
特白
六月十三日
神州日報附送

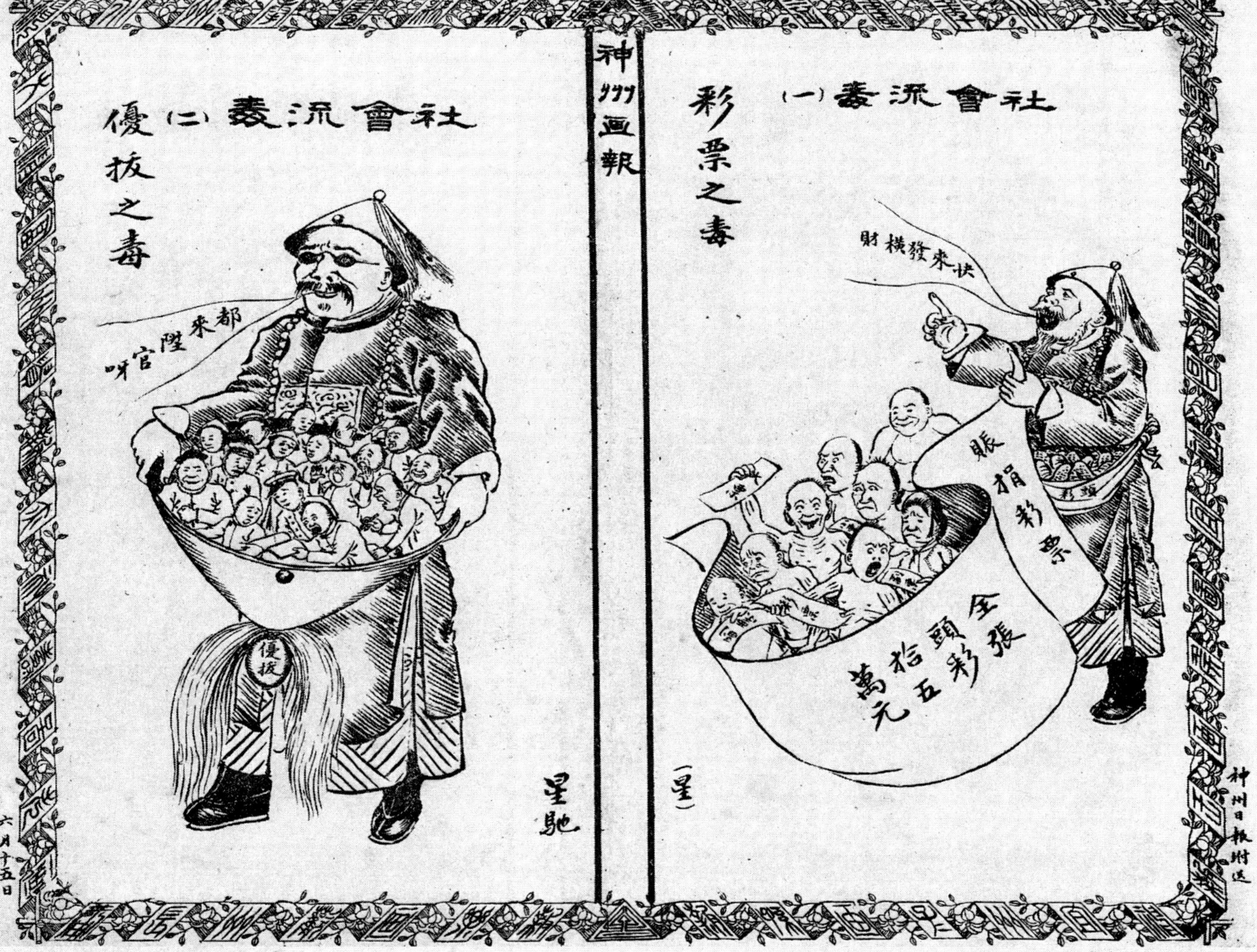
神州画報
社會流毒(一)
彩票之毒
快來發橫財
賑捐彩票
全張頭彩拾五萬元
(星)
神州日報附送
社會流毒(二)
優拔之毒
都來陞官呀
優拔
星馳
六月十五日

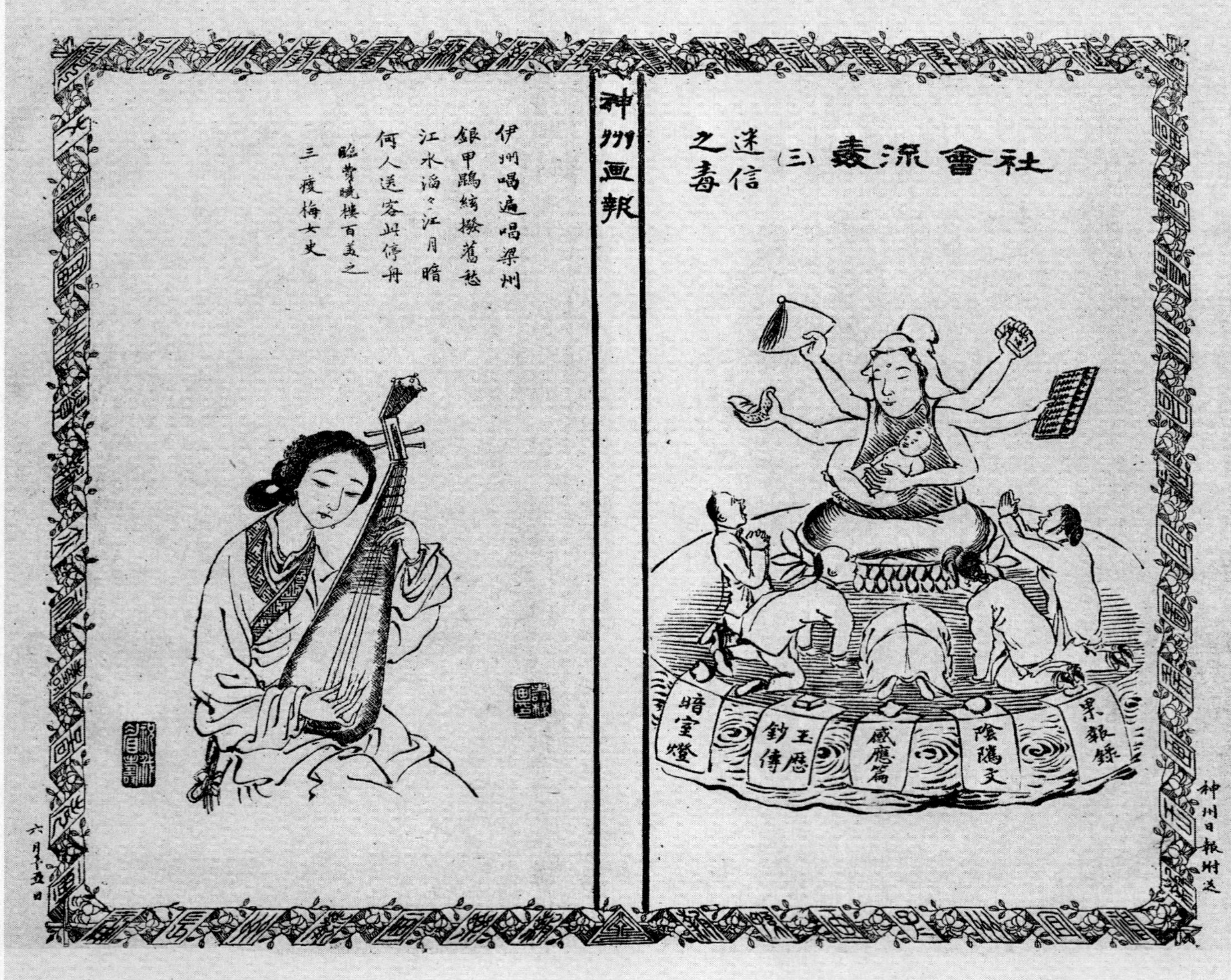
神州畫報
社會流毒（三）
迷信之毒
伊州唱遍唱梁州
銀甲鵾絃撥舊愁
江水滔滔江月暗
何人送客此停舟
臨費曉樓百美之
三 瘦梅女史
暗室燈
玉歷鈔傳
感應篇
陰隲文
果報錄
神州日報附送
六月十五日

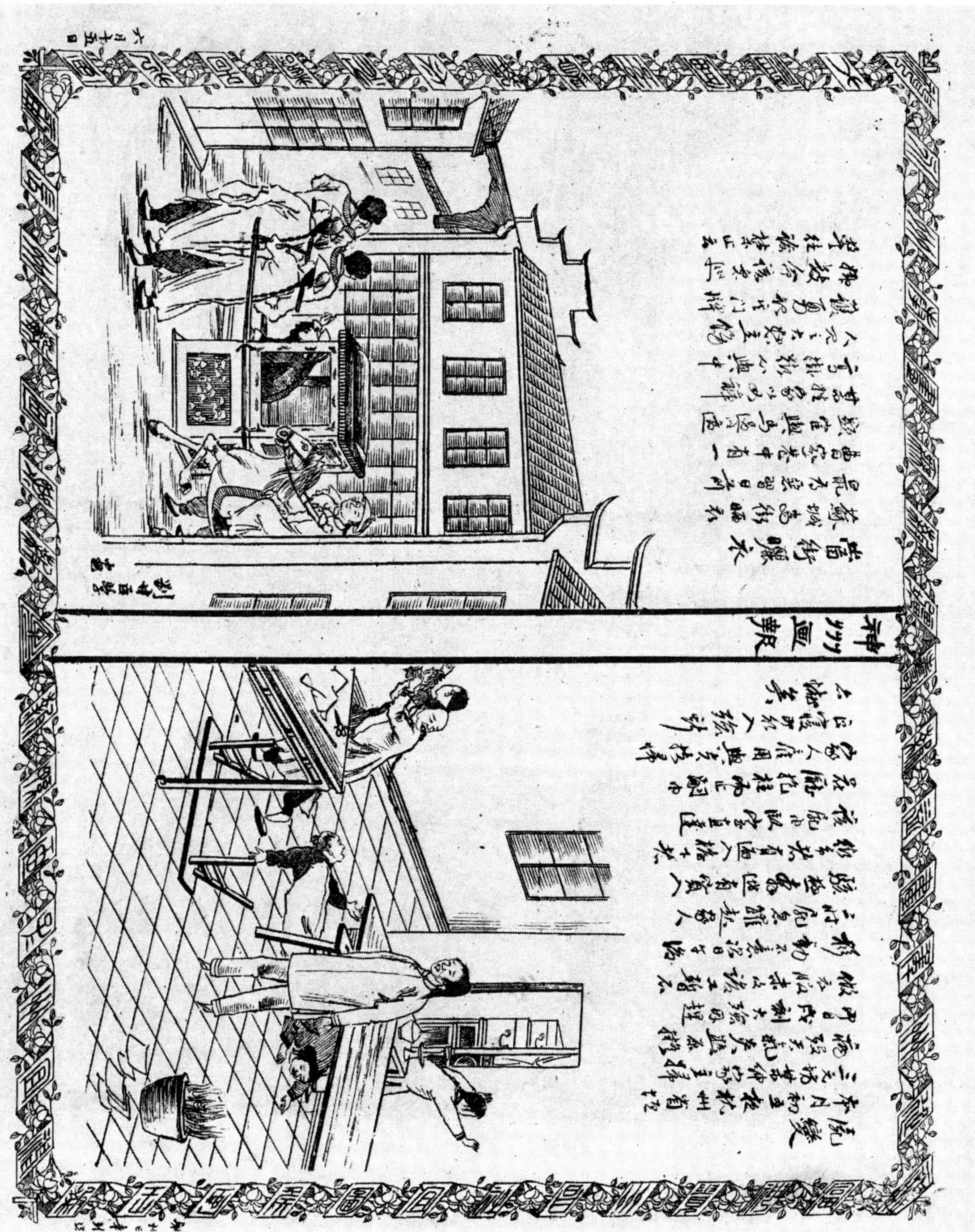
神州畫報

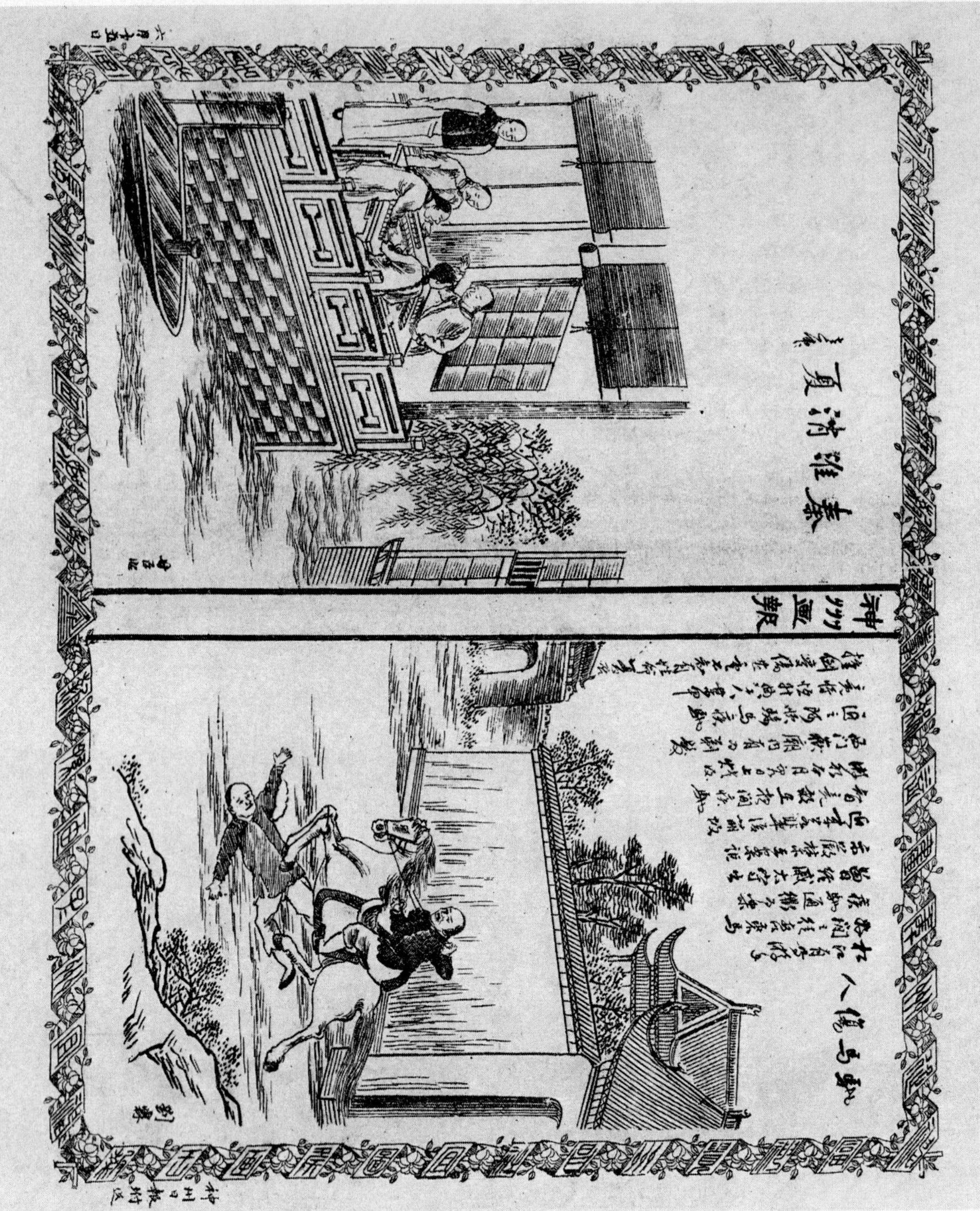
秦淮消夏
神州畫報

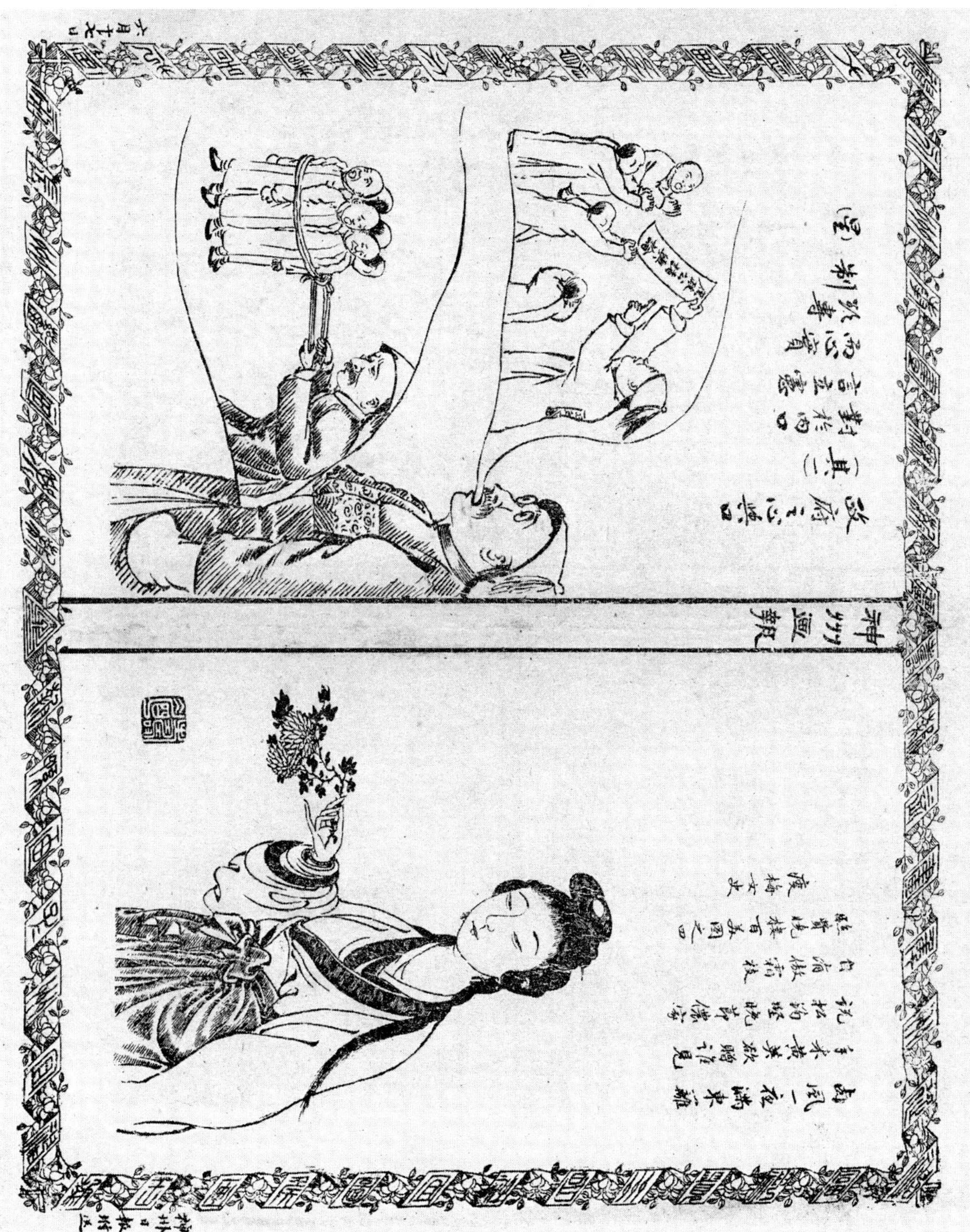
神州畫報
政府之心思曰
（其二）
對於內曰
言立憲
而心實
欲專制
（星）
西風一夜滿東籬
手采黃英欲贈誰見
說松筠堅晚節儀容
自有傲霜枝
臨費曉樓百美圖之四
瘦梅女史
六月十七日
神州日報附送

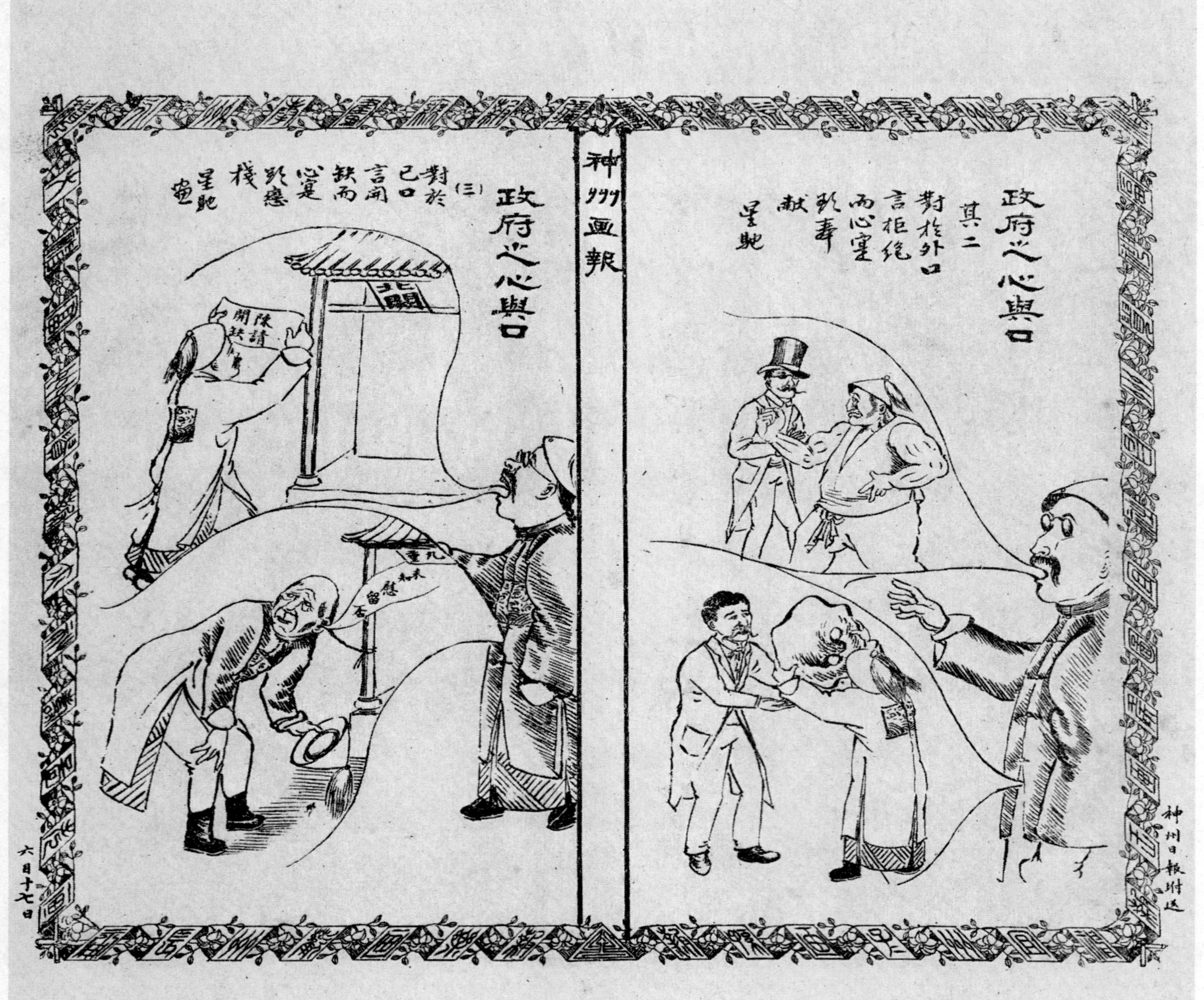
神州畫報
政府之心與口
其二
對於外口言拒絕而心實欲奉獻
星馳
神州日報附送
政府之心與口
(三)
對於己口言開鉄而心實欲戀棧
星馳畫
北闕
六月十七日

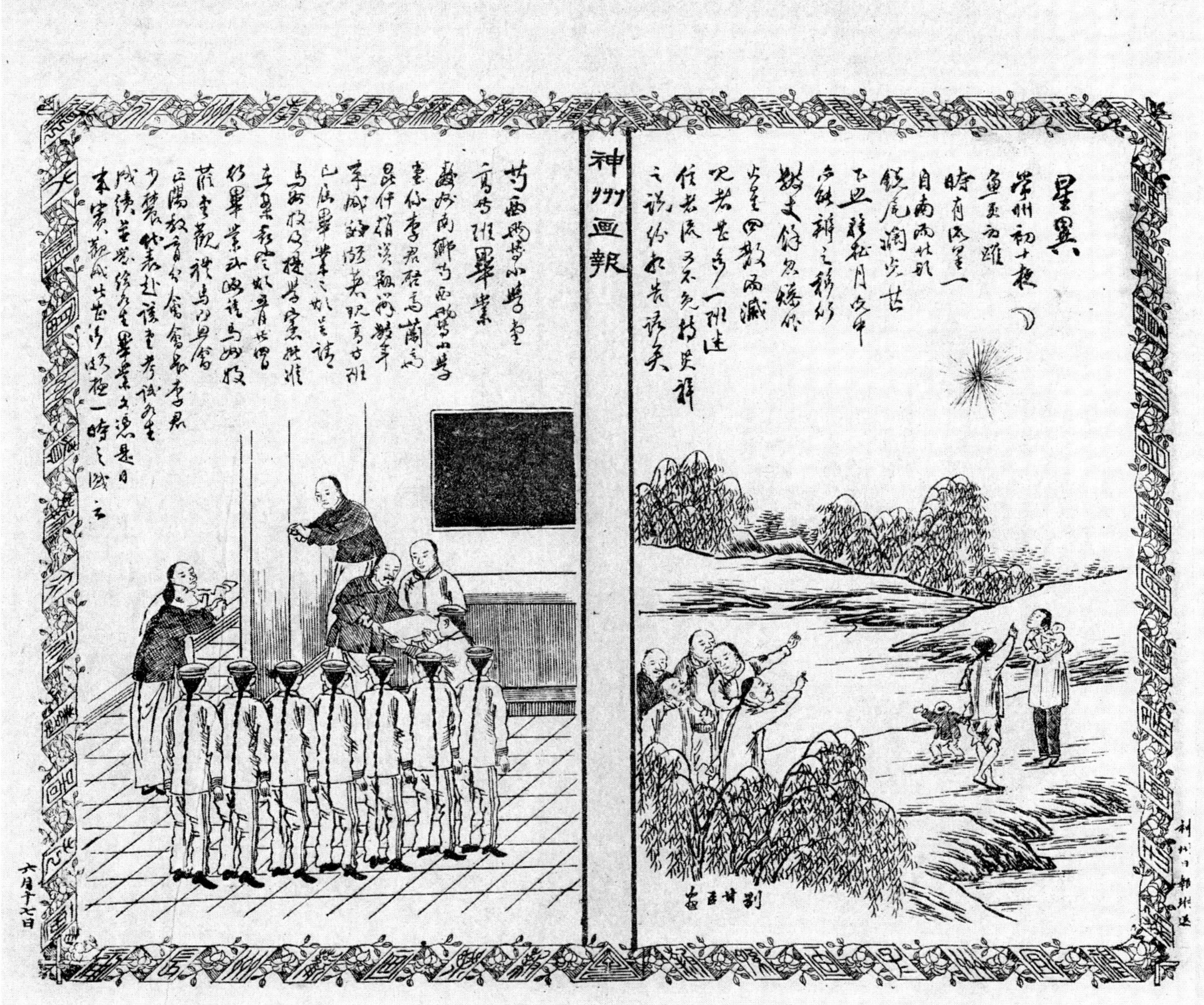
神州画報
星異
六月十七日

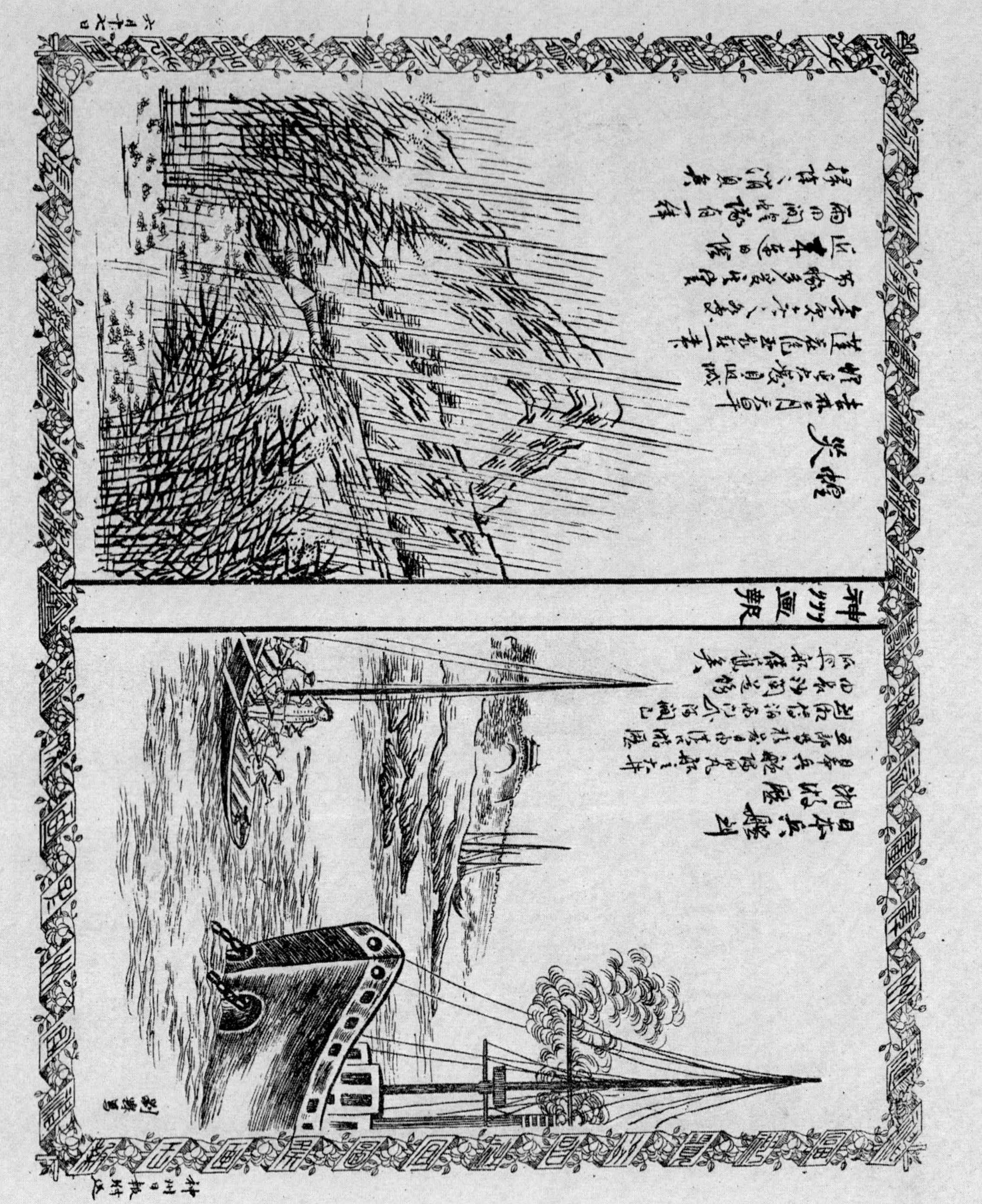
神州画報

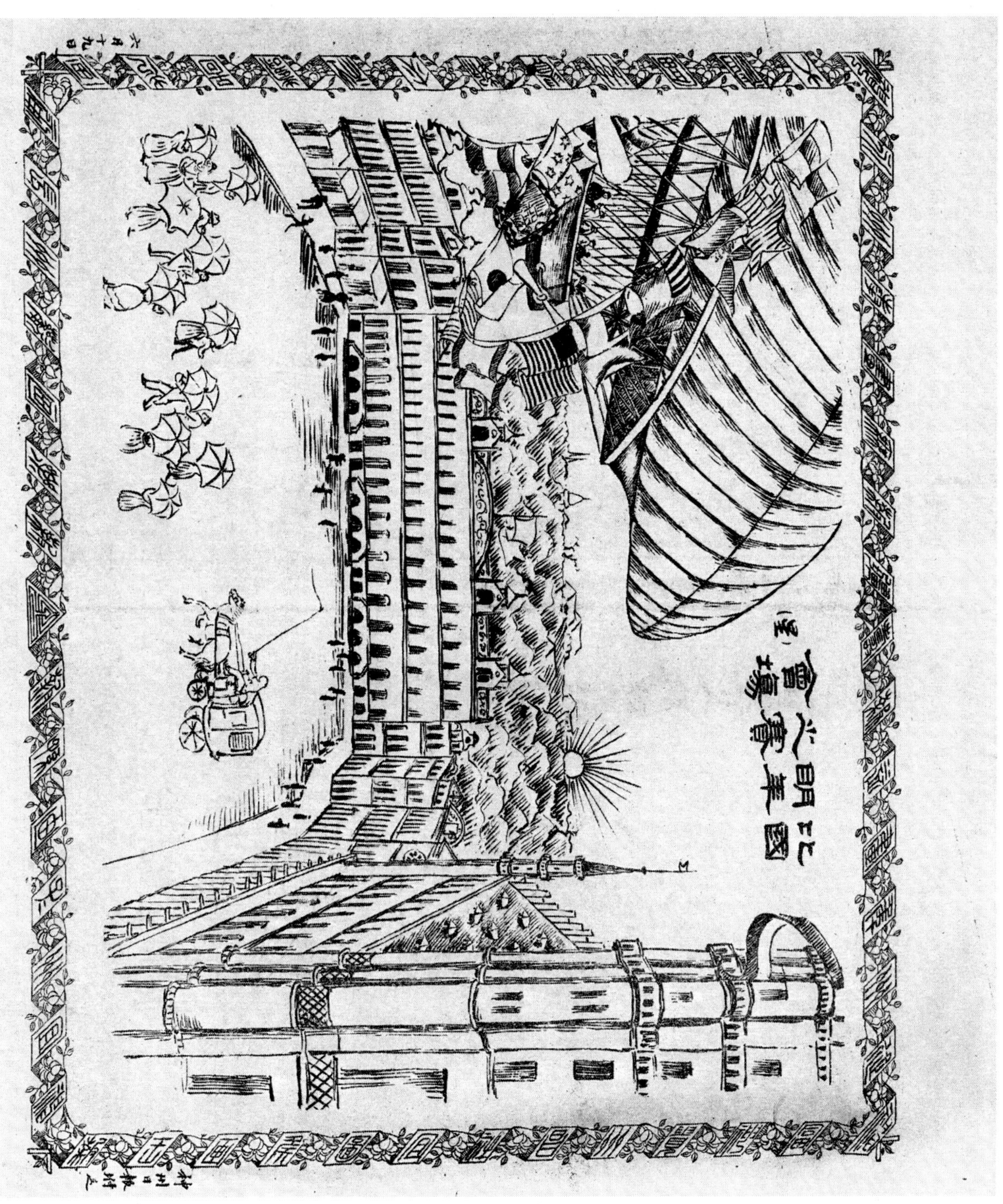

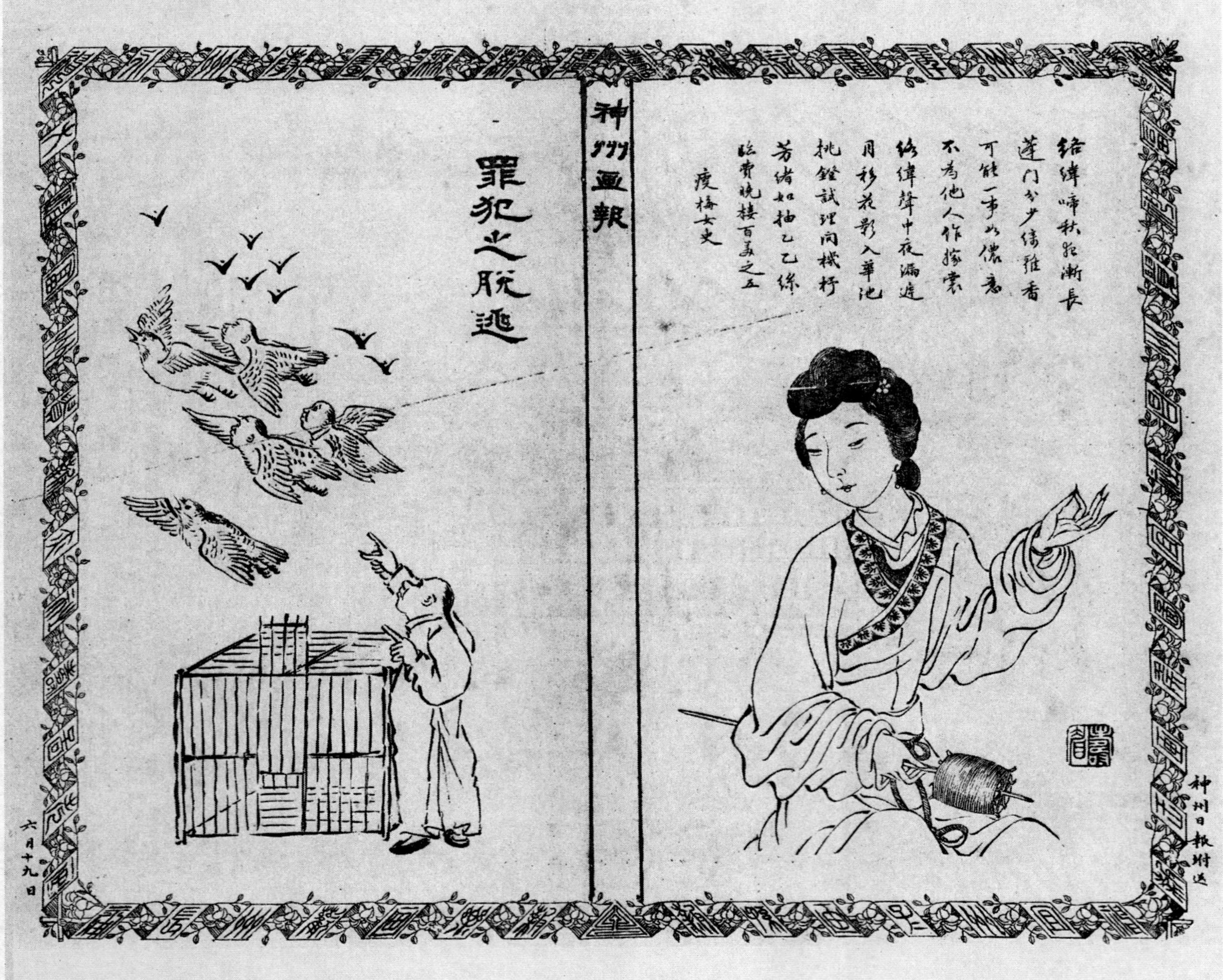
罪犯之脫逃
神州畫報
絡緯啼秋夜漸長
可能一事如儂意
不為他人作嫁裳
絡緯聲中夜漏遲
月移花影入華池
挑鐙試理閒機杼
芳緒如抽乙乙絲
瘦梅女史
六月十九日
神州日報附送

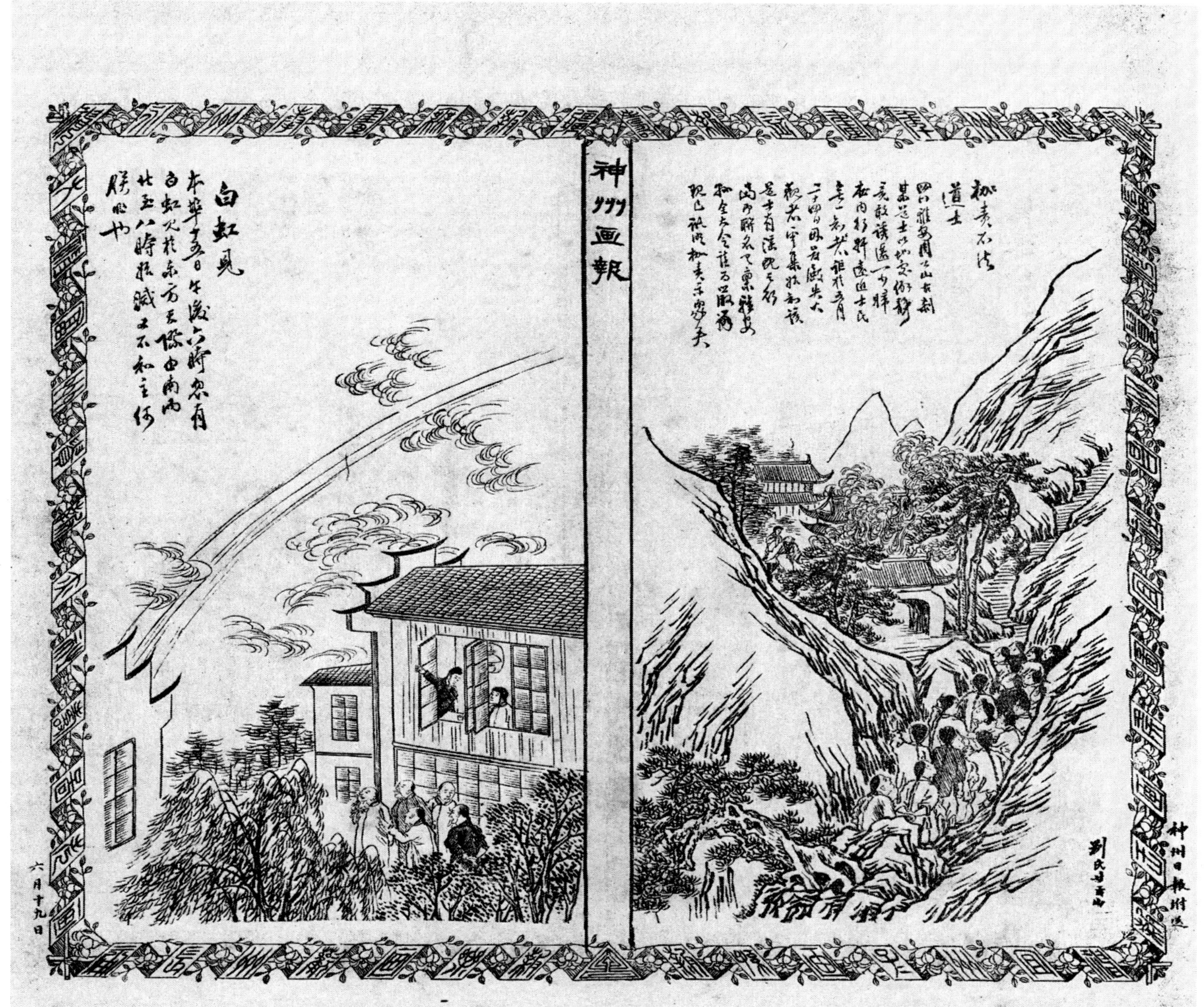
神州画報
白虹見
本埠十五日午後六時忽有
白虹見於東方天際由南而
北至八時始滅亦不知主何
朕兆也
六月十九日
神州日報附送

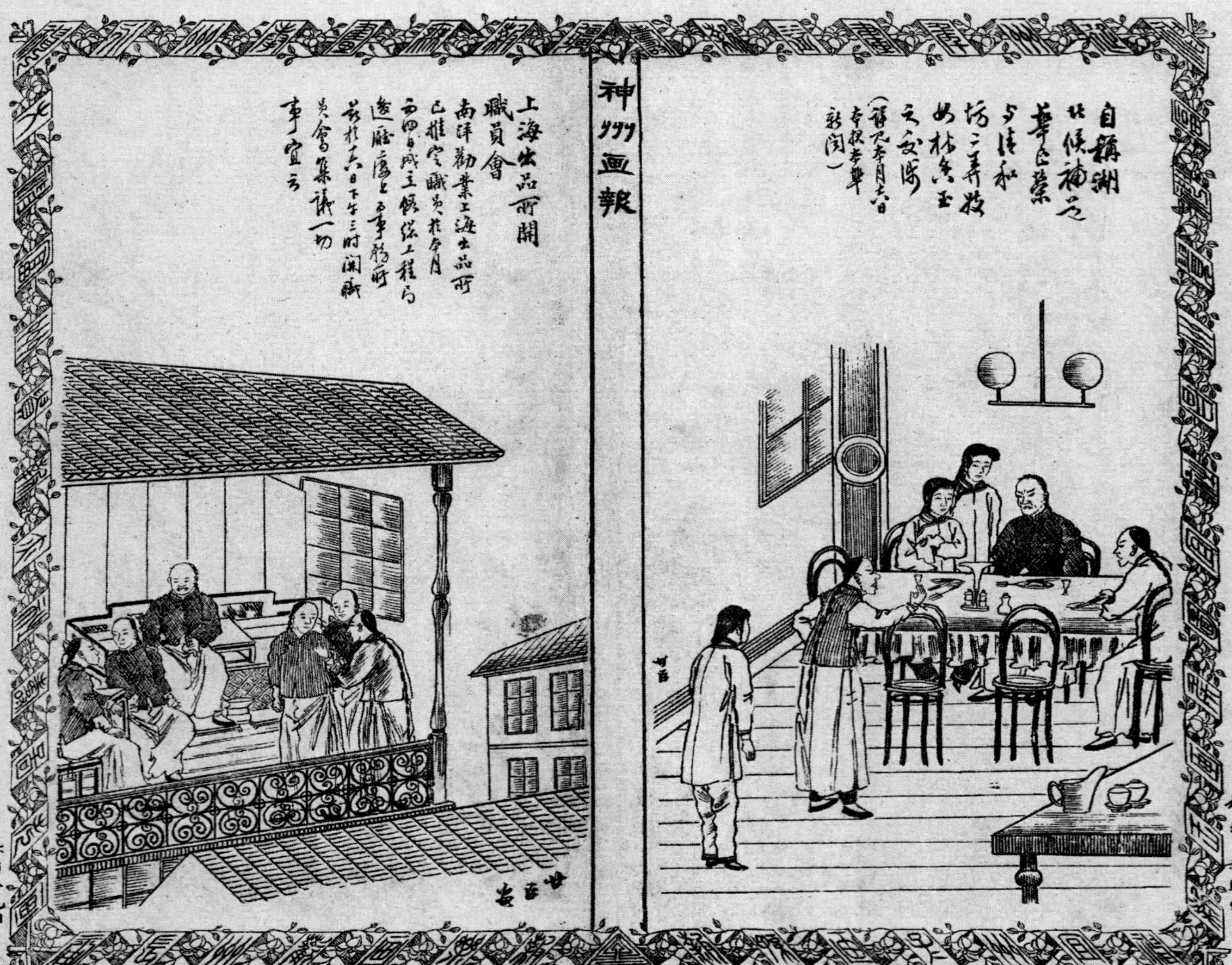
神州畫報
自稱湖北候補之華臣棠與清和坊二弄妓女林寶玉之案略
（詳見本月十六日本報本埠新聞）
上海出品所開職員會
南洋勸業上海出品所已推定職員於本月十四日成立借總工程局後廳樓上為事務所茲於六日下午三時開職員會集議一切事宜云
六月十九日
神州日報附送

浙人為葉君仲裕開追悼會
星馳
安定學堂
葉君仲裕之位
六月廿一日
神州日報附送

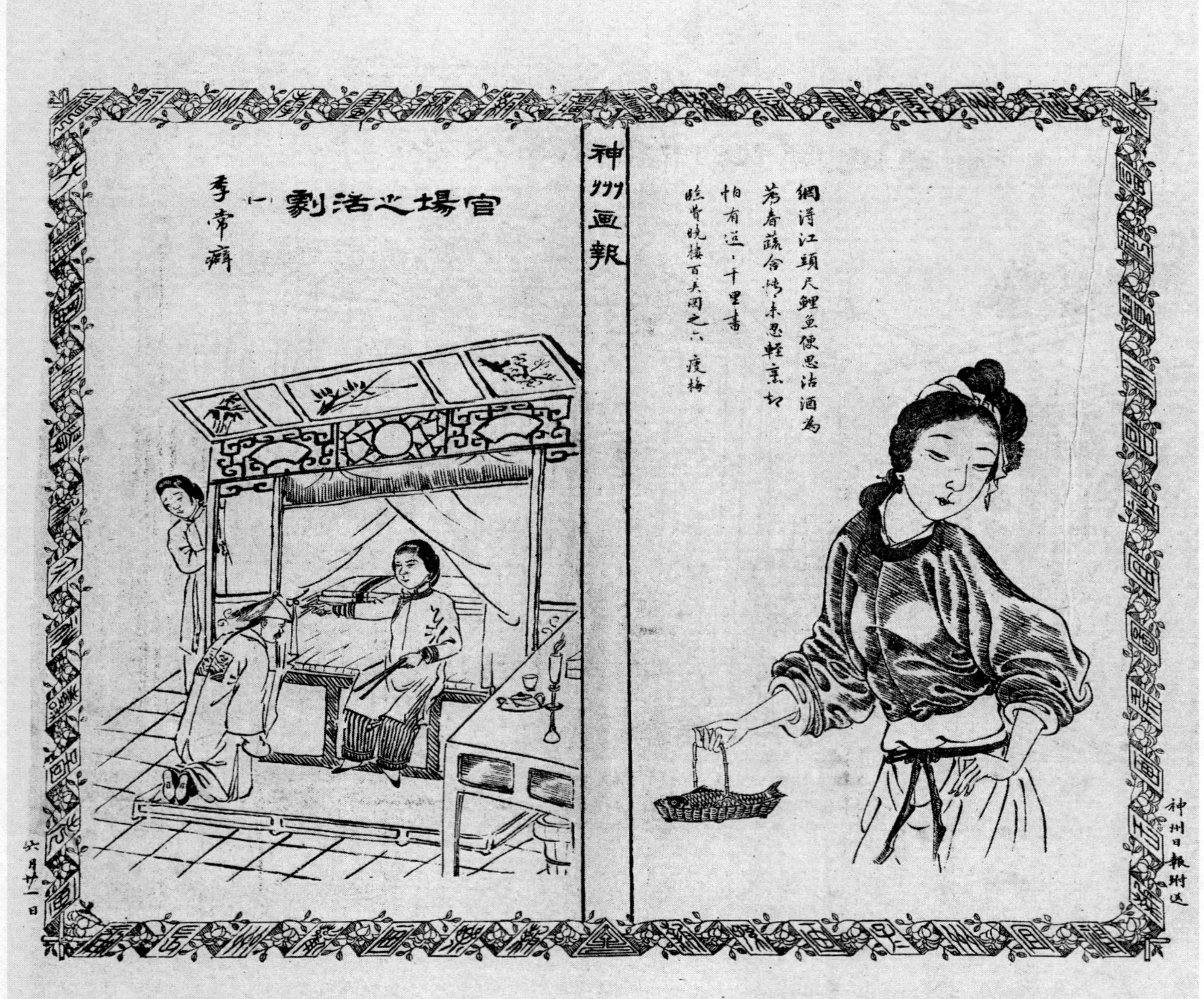

神州畫報
官場之活劇（一）
季常齋
網詩江頭尺鯉魚便思沽酒為
芳春蘇合恃未忍輕烹切
怕有遠人千里書
臨背晚梅百美圖之六 瘦梅
神州日報附送
六月廿一日

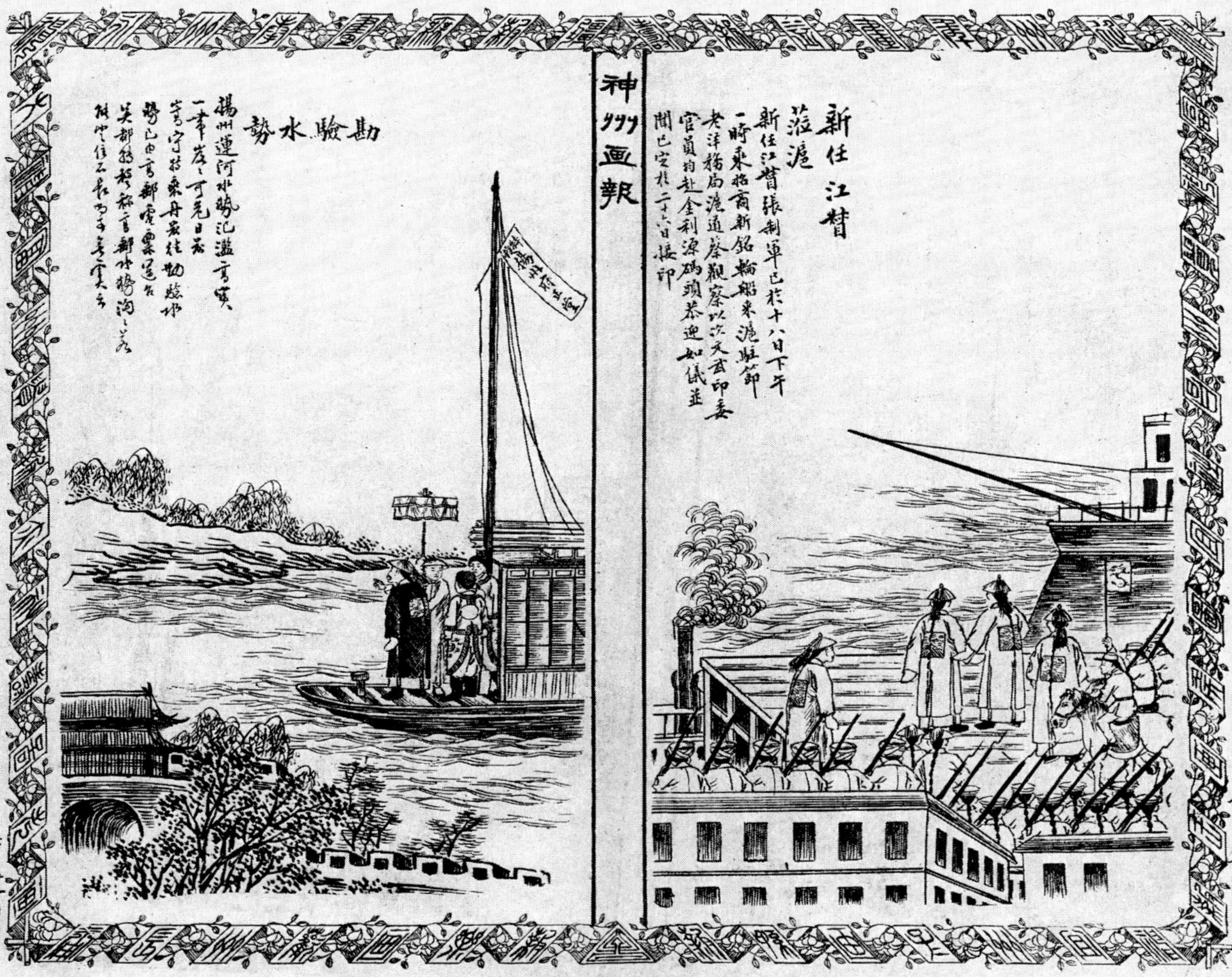
神州畫報
新任江督
蒞滬
新任江督張制軍已於十八日下午
二時乘招商新銘輪船來滬駐節
老洋務局滬道蔡觀察以次文武印委
官員均赴金利源碼頭恭迎如儀並
聞已定於二十六日接印
勘驗水勢
六月廿一日
神州日報附送

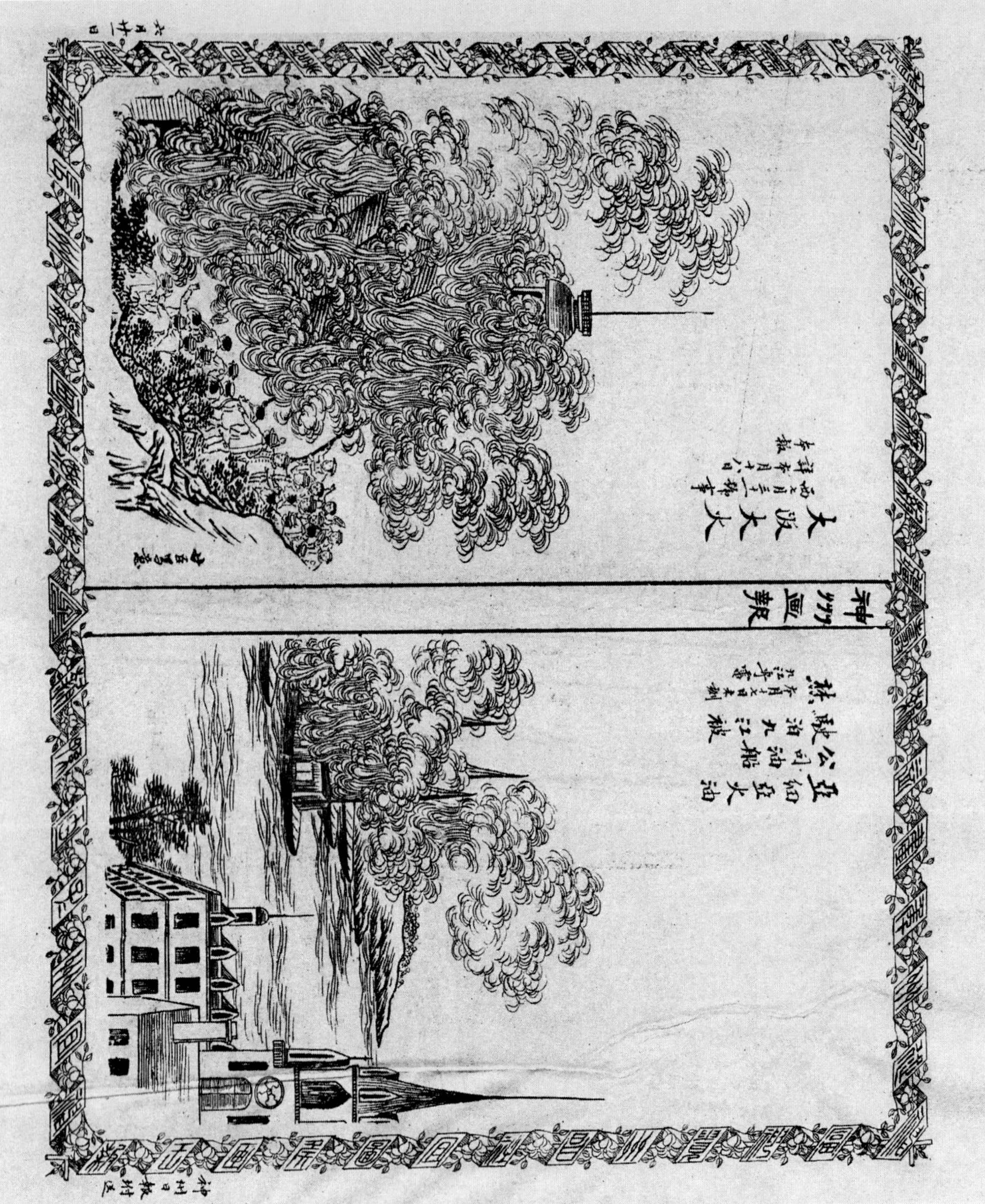
神州畫報
亞細亞火油公司油船駛泊九江被焚
大阪大火

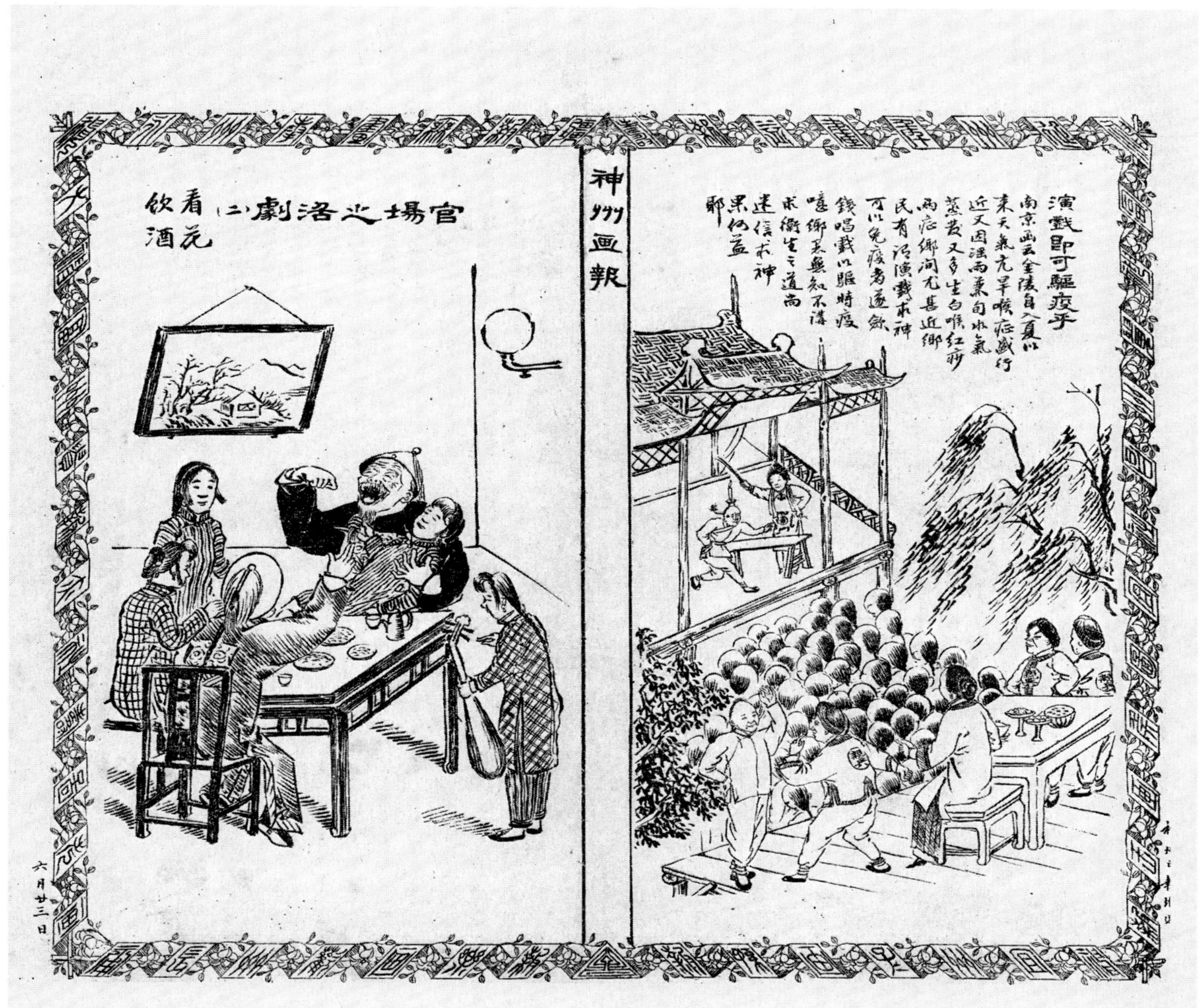
神州畫報
官場之活劇(二)
看花飲酒
六月廿三日
演戲即可驅疫乎
南京函云金陵自入夏以
來天氣亢旱喉痧盛行
近又因淫雨兼旬水氣
蒸發又多生白喉紅痧
兩症鄉間尤甚近鄉
民有沿演戲求神
可以免疫者遂歛
錢唱戲以驅時疫
噫鄉愚無知不講
求衛生之道而
迷信求神
果何益
耶

玉蕊瓊葩散滿天
臨風衣襪帶雲煙
原來一樣閒花草
飄到蓬萊便是仙
百美之七
錫山薛女士寫於滬江
六月廿三日
神州日報附送

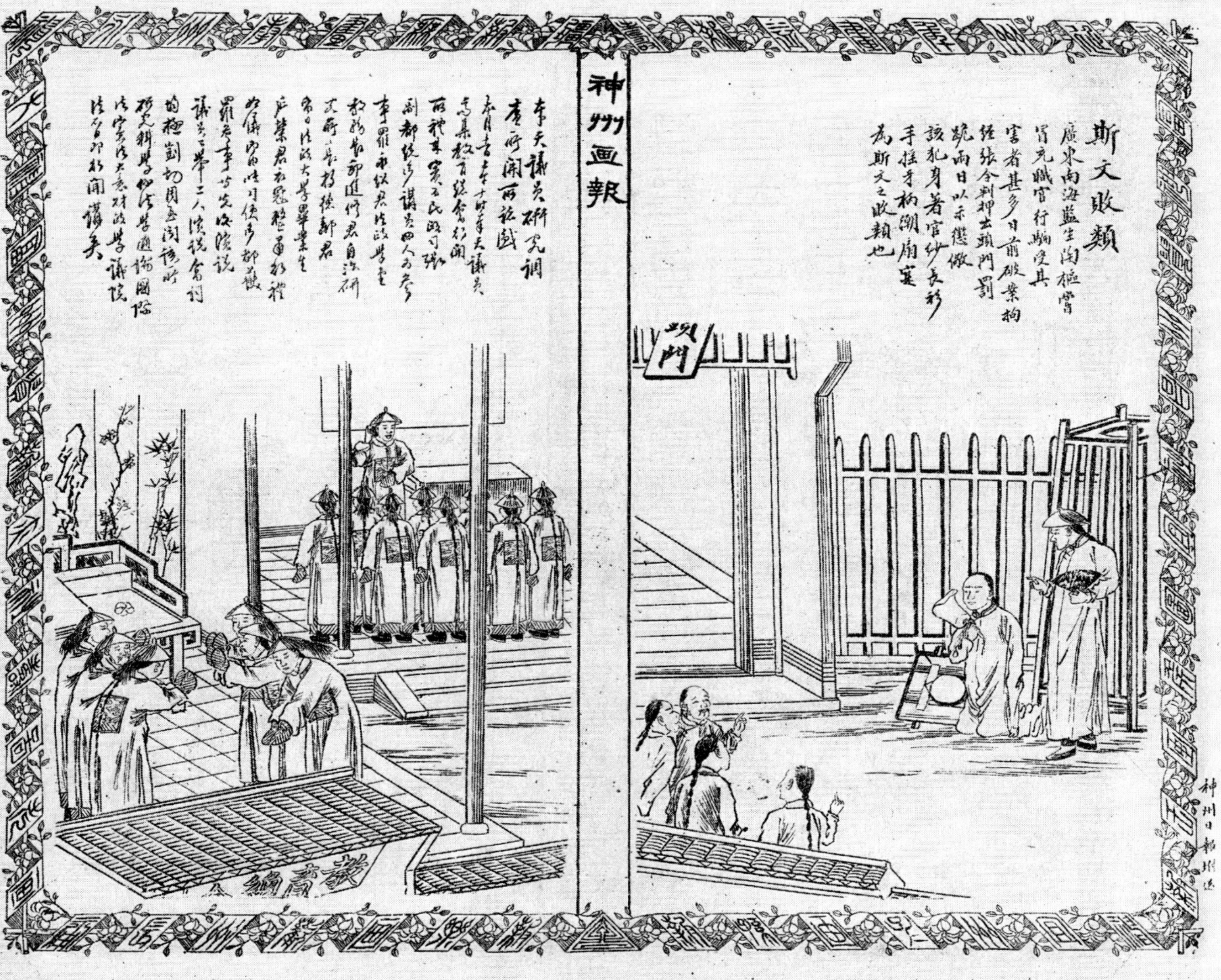
神州畫報
奉天議員研究調查所開所誌盛
斯文敗類
廣東南海監生陶極嘗冒充職官行騙受其害者甚多日前破案拘經張令判押出頭門罰跪兩日以示懲儆該犯身著官紗長衫手揺手柄潮扇寔為斯文之敗類也
頭門
六月廿三日
神州日報附送

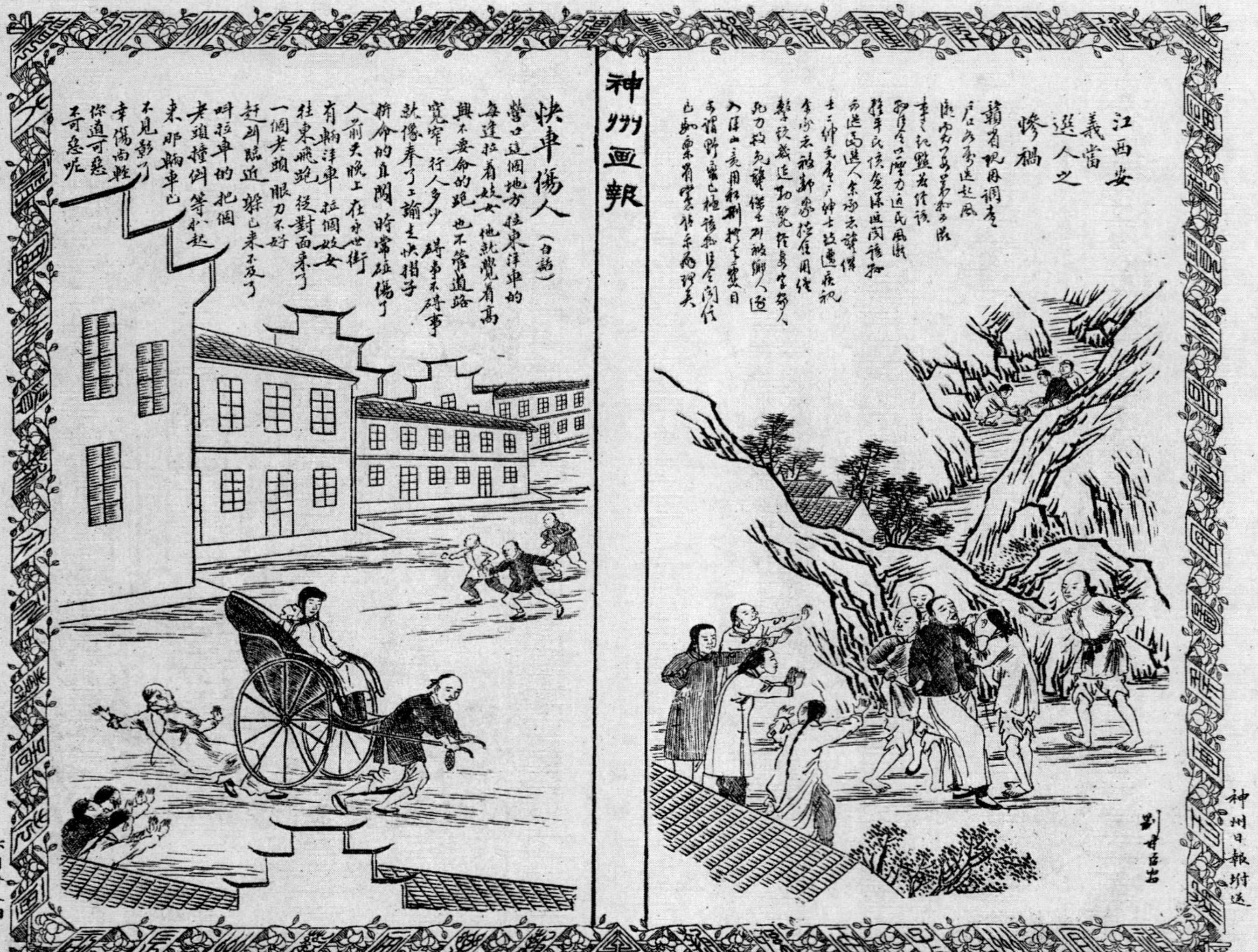
神州画報
快車傷人（白話）
營口這個地方拉東洋車的每逢拉着妓女他就覺着高興不要命的跑也不管道路寬窄行人多少碍事不碍事就像奉了上諭去快指子拼命的直闖時常碰傷了人前天晚上在西世街有輛洋車拉個妓女往東飛跑從對面來了一個老頭眼力不好赶到臨近躲也來不及了叫拉車的把個老頭撞倒等不起來那輛車已不見影了幸傷尚輕你道可惡不可惡呢
六月廿三日
江西安義當選人之慘禍
神州日報附送

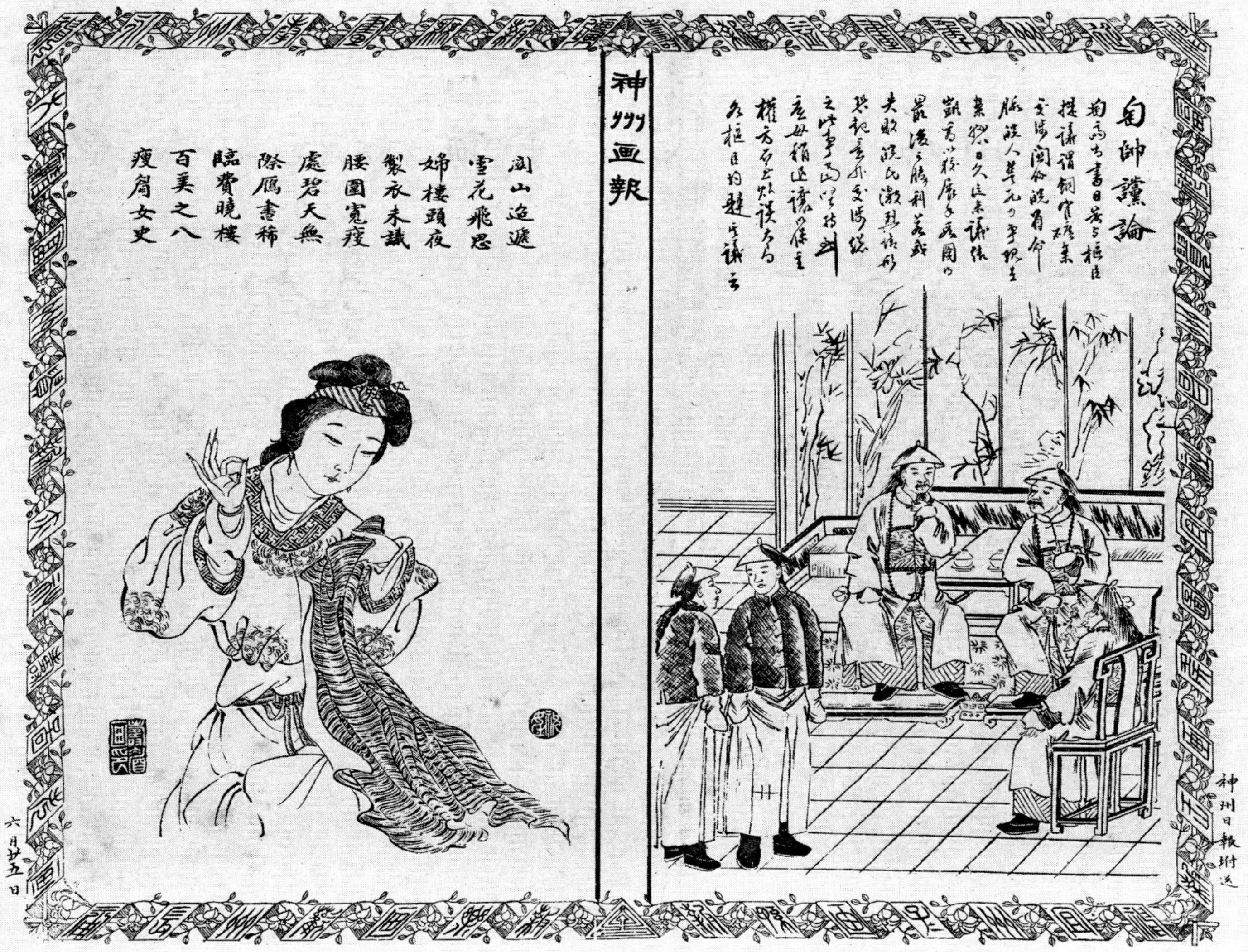
神州画報
匋帥讜論
關山迢遞雪花飛
思婦樓頭夜製衣
未識腰圍寬瘦處
碧天無際雁書稀
臨費曉樓百美之八
瘦肩女史
六月廿五日
神州日報附送

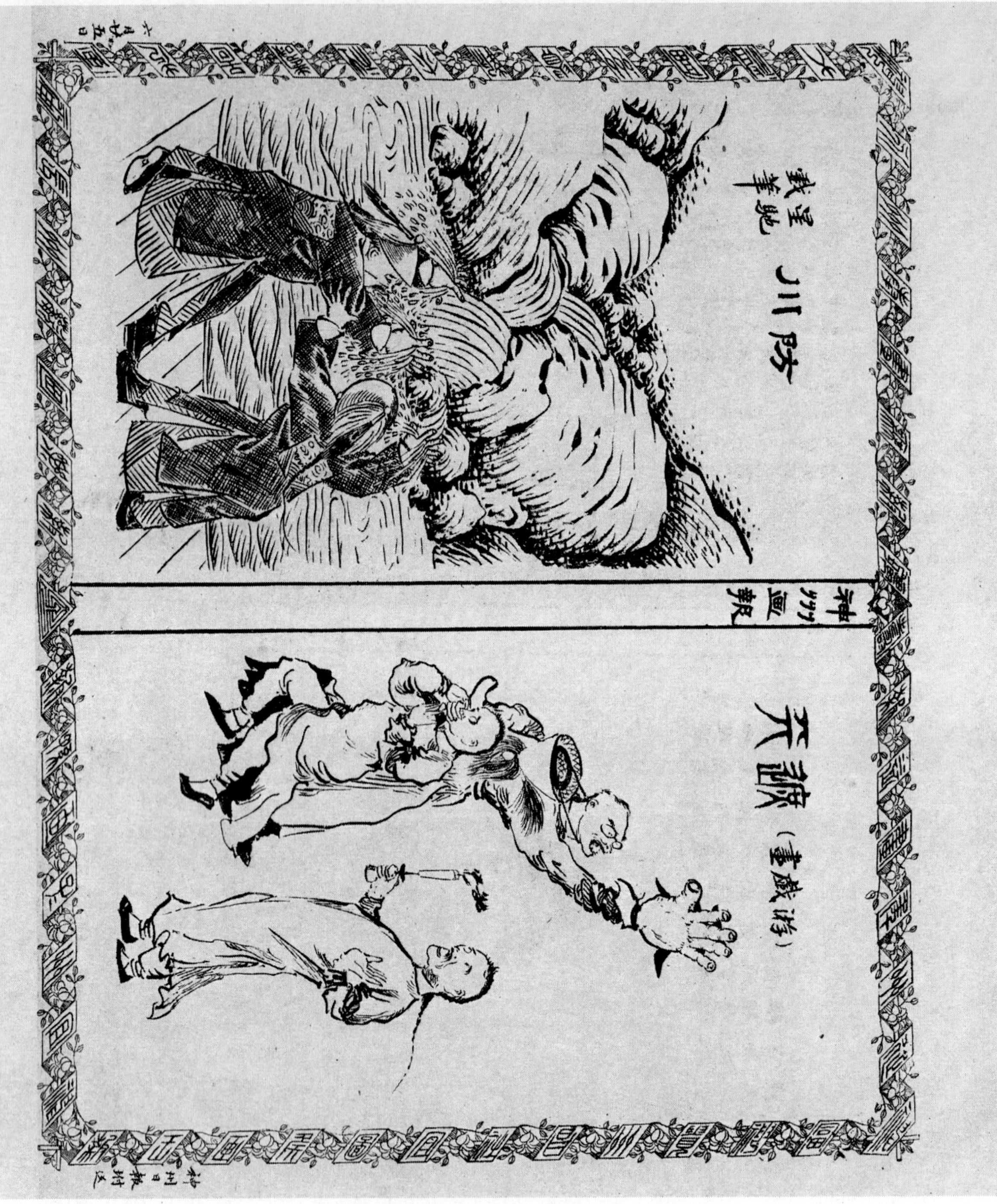

防川
神州畫報

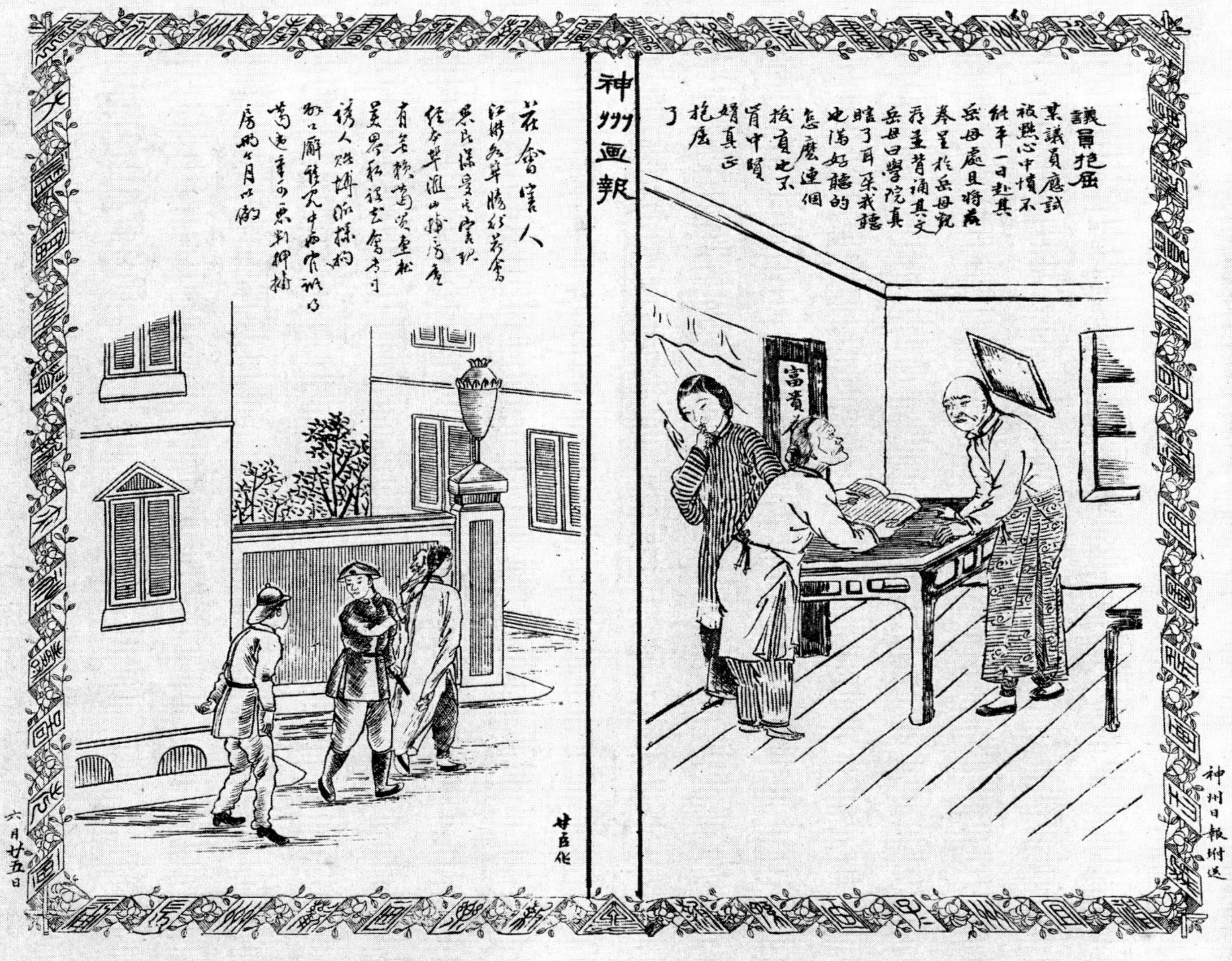
神州畫報
議員抱屈
某議員應試被黜心中憤不能平一日赴其岳母處且將落卷呈於岳母覽并當背誦其文岳母曰學院真瞎了耳朵我聽也滿好聽的怎麼連個拔貢也不肯中賢婿真正抱屈了
花會害人
甘臣作
六月廿五日
神州日報附送

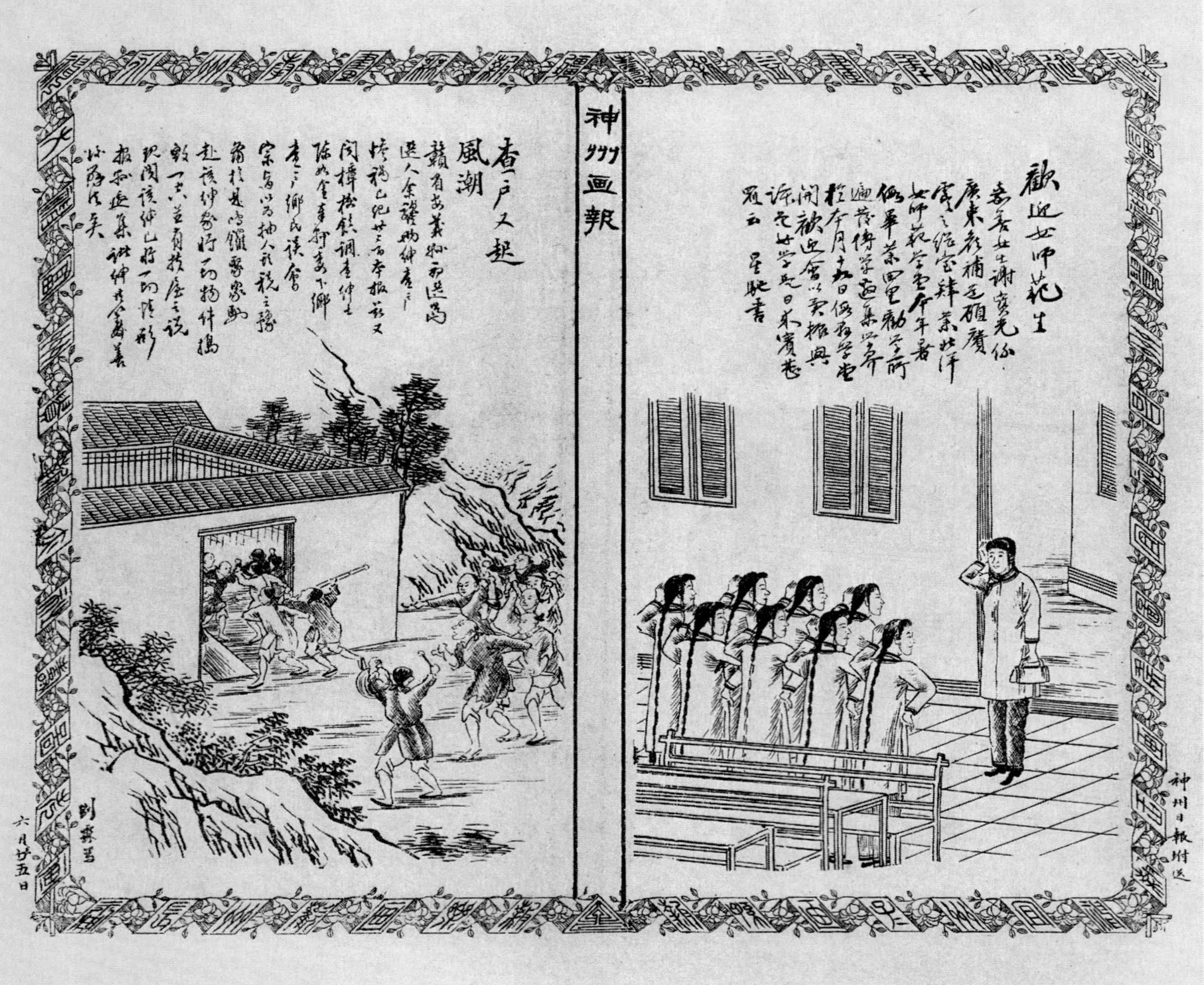
神州画報
風潮
歡迎女師範生
六月廿五日
神州日報附送

官塲之活動（三）
安奉路線之危象
神州画報

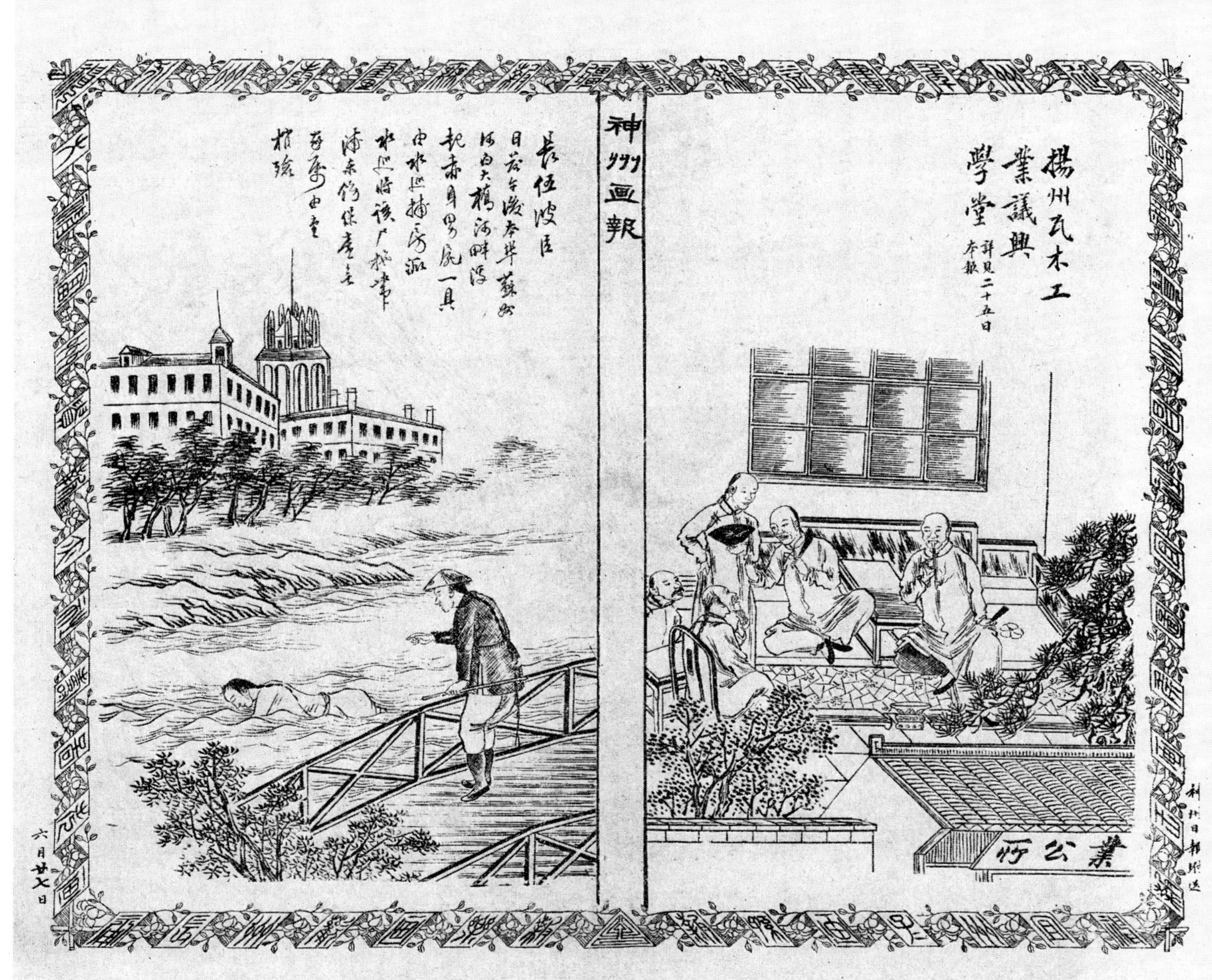
神州畫報
揚州瓦木工業議興學堂
詳見二十五日本報
業公所
長任波臣
六月廿七日
神州日報附送

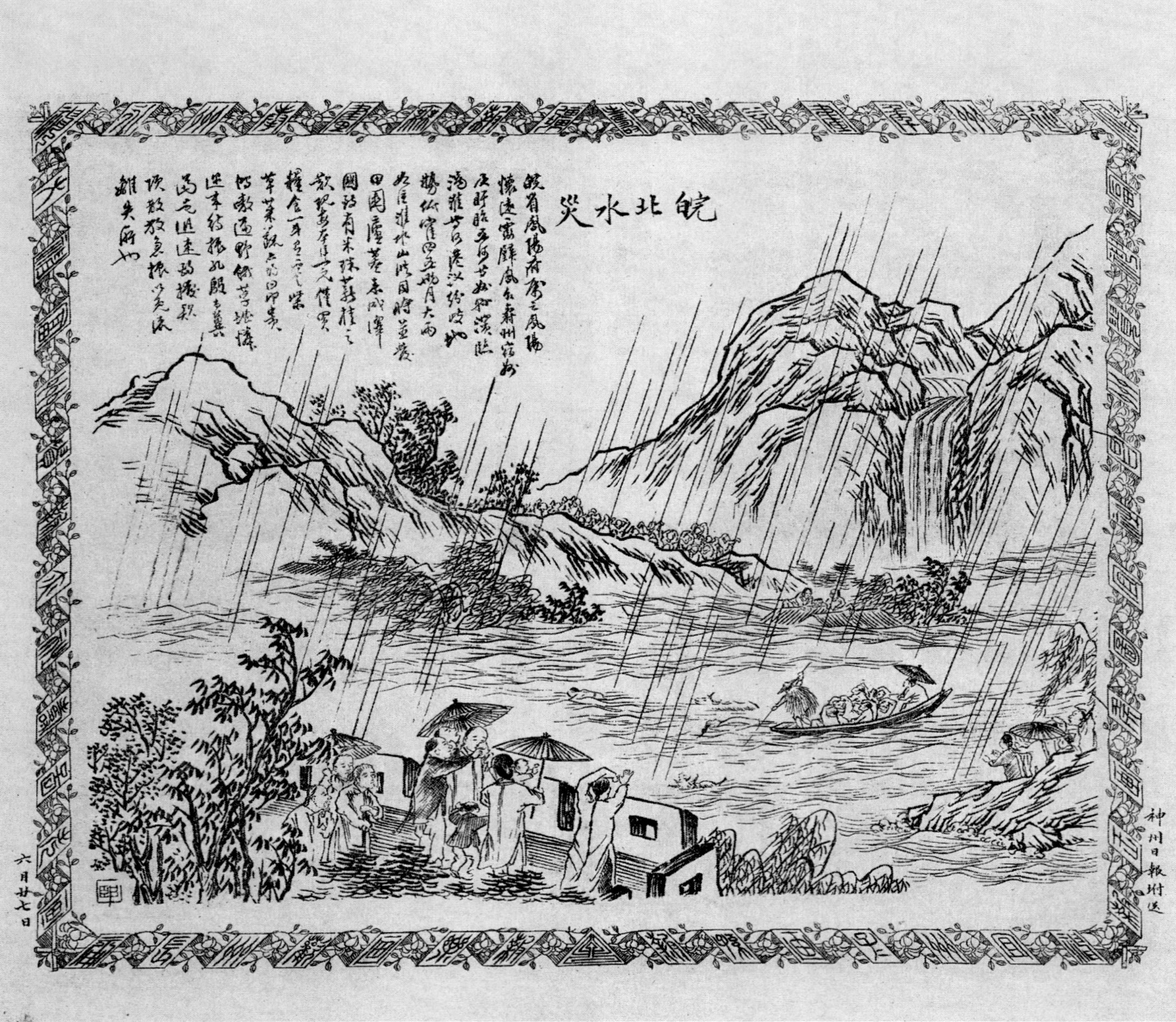
皖北水災
神州日報附送
六月廿七日

澧州之暗無天日
見本報念七日長沙要聞
星馳
六月廿九日
神州日報附送

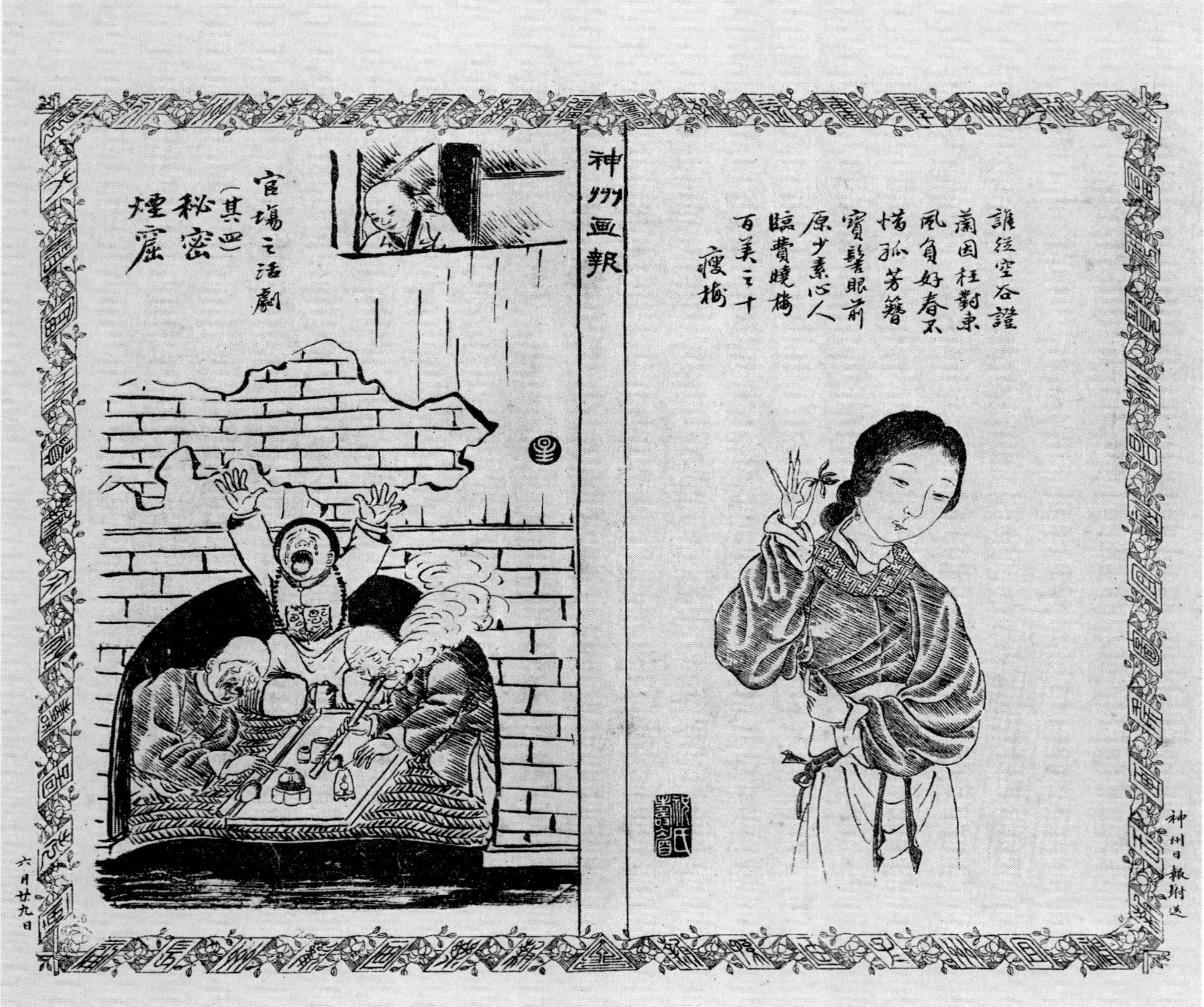

神州画報
官場之活劇
(其四)
秘密煙窟
誰從空谷證蘭因枉對東風負好春不惜孤芳簪寶髻眼前原少素心人
百美之十
瘦梅
六月廿九日
神州日報附送

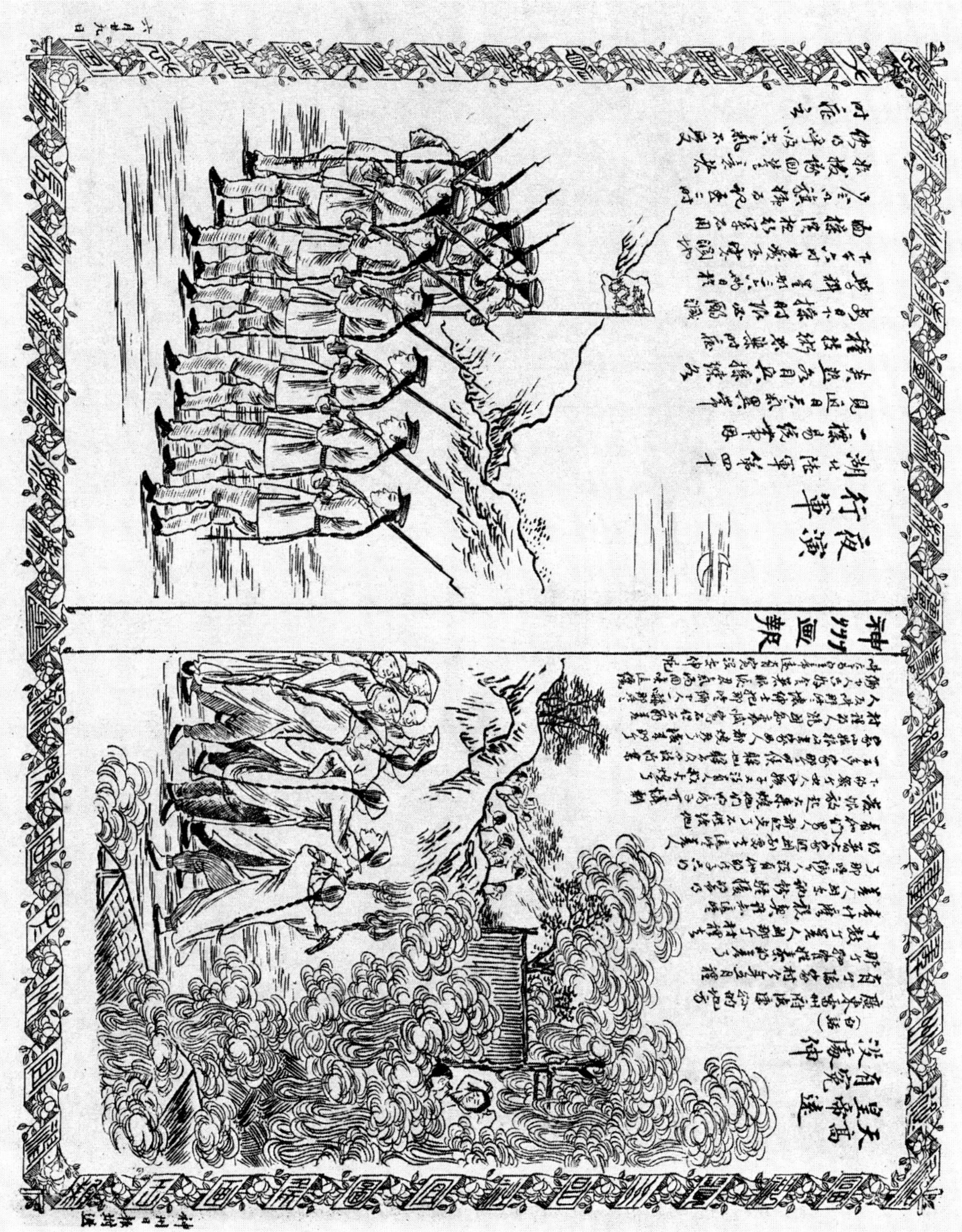
神州畫報

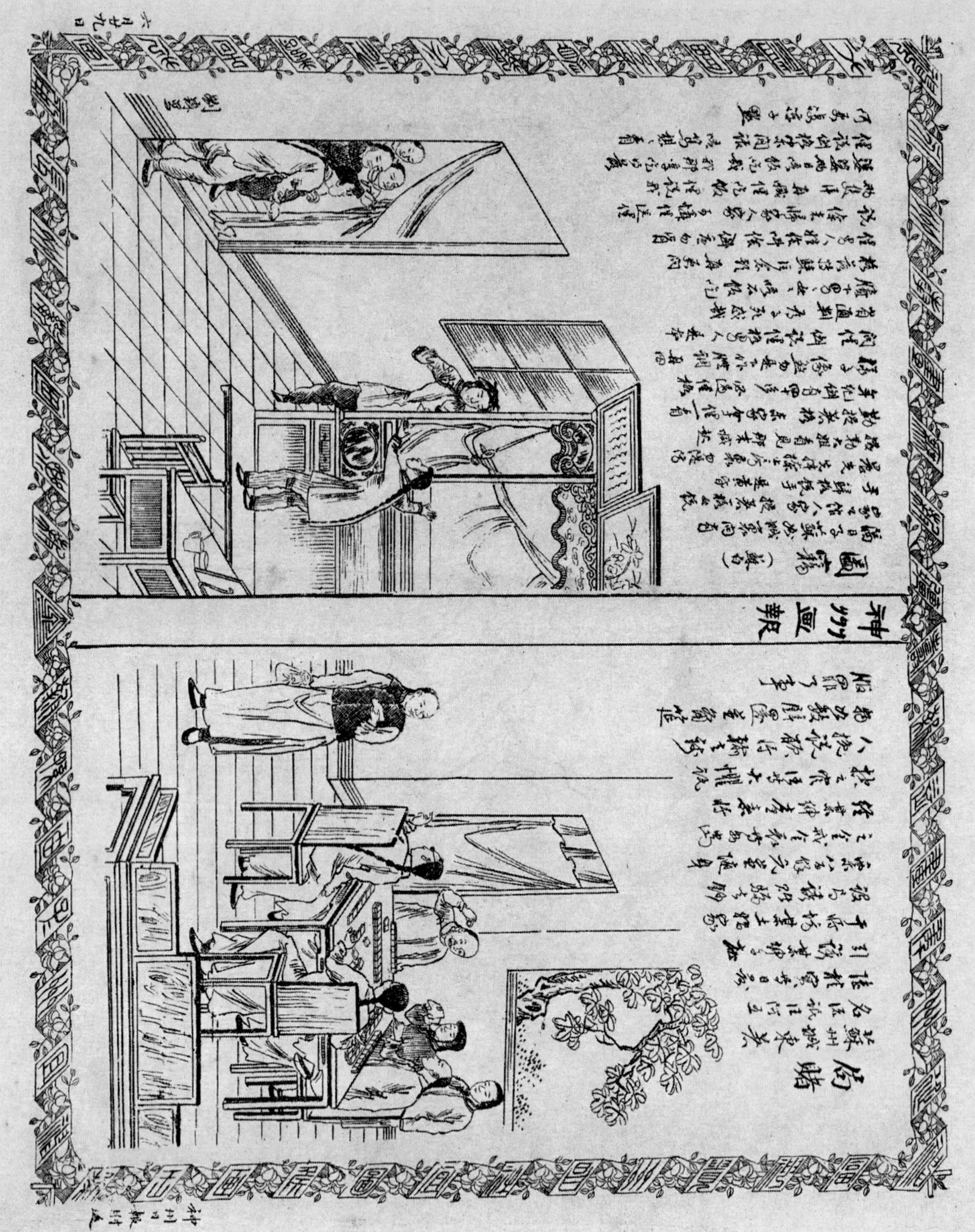
神州畫報

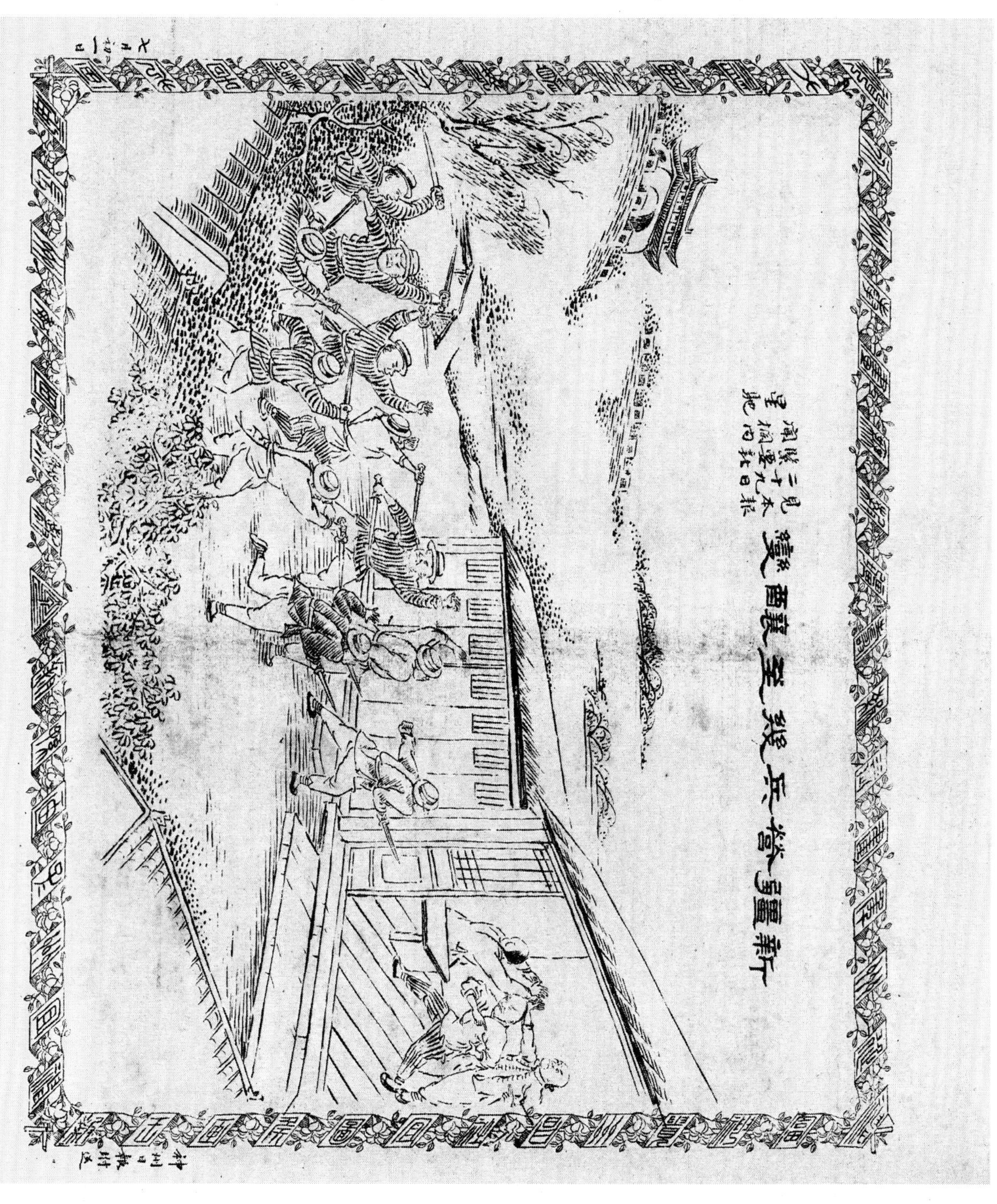

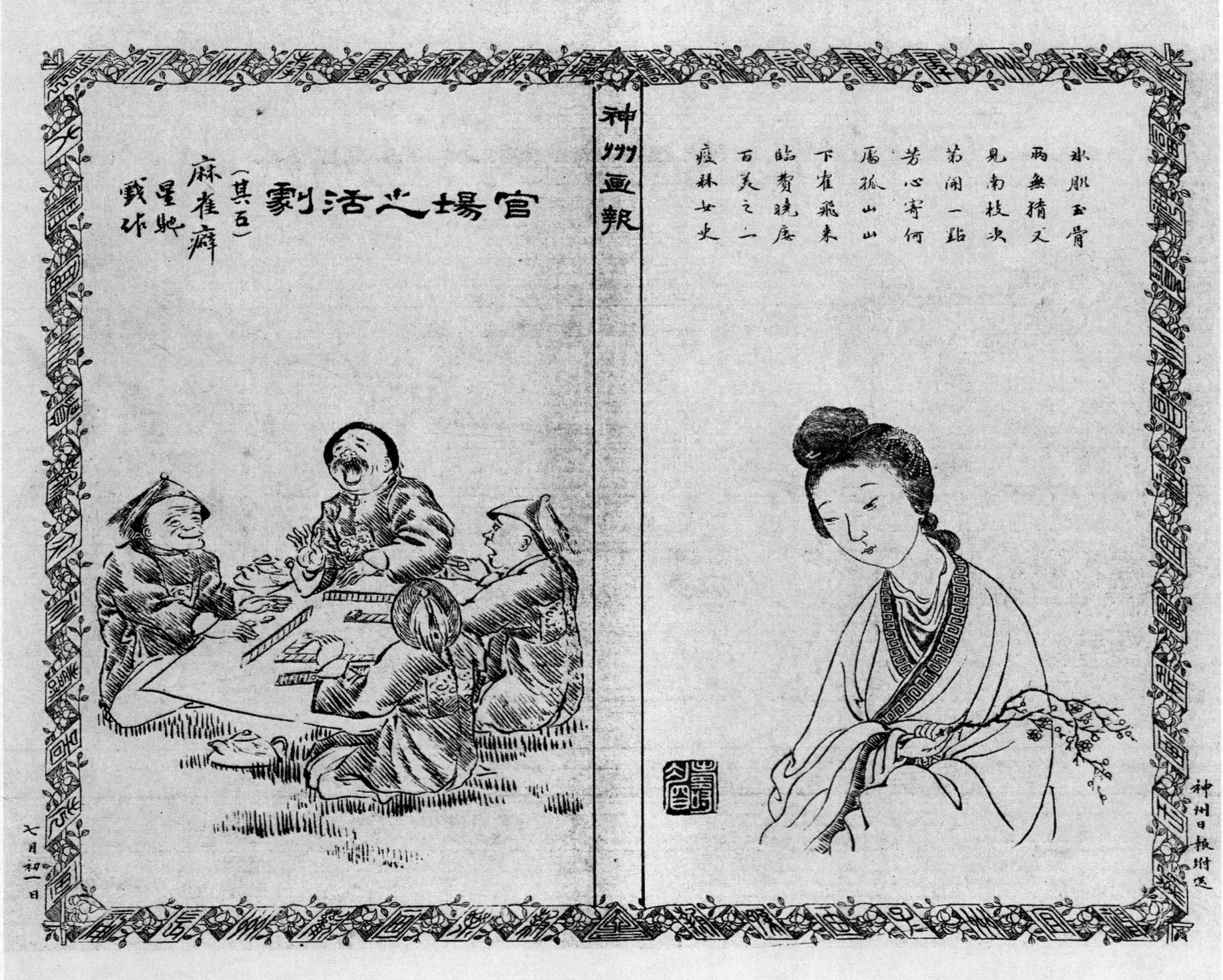
神州畫報
官場之活劇
（其五）
麻雀癖
星馳戲作
七月初一日
冰肌玉骨
兩無猜又
見南枝次
第開一點
芳心寄何
處孤山山
下雀飛來
臨費曉樓
百美之一
癡林女史
神州日報附送

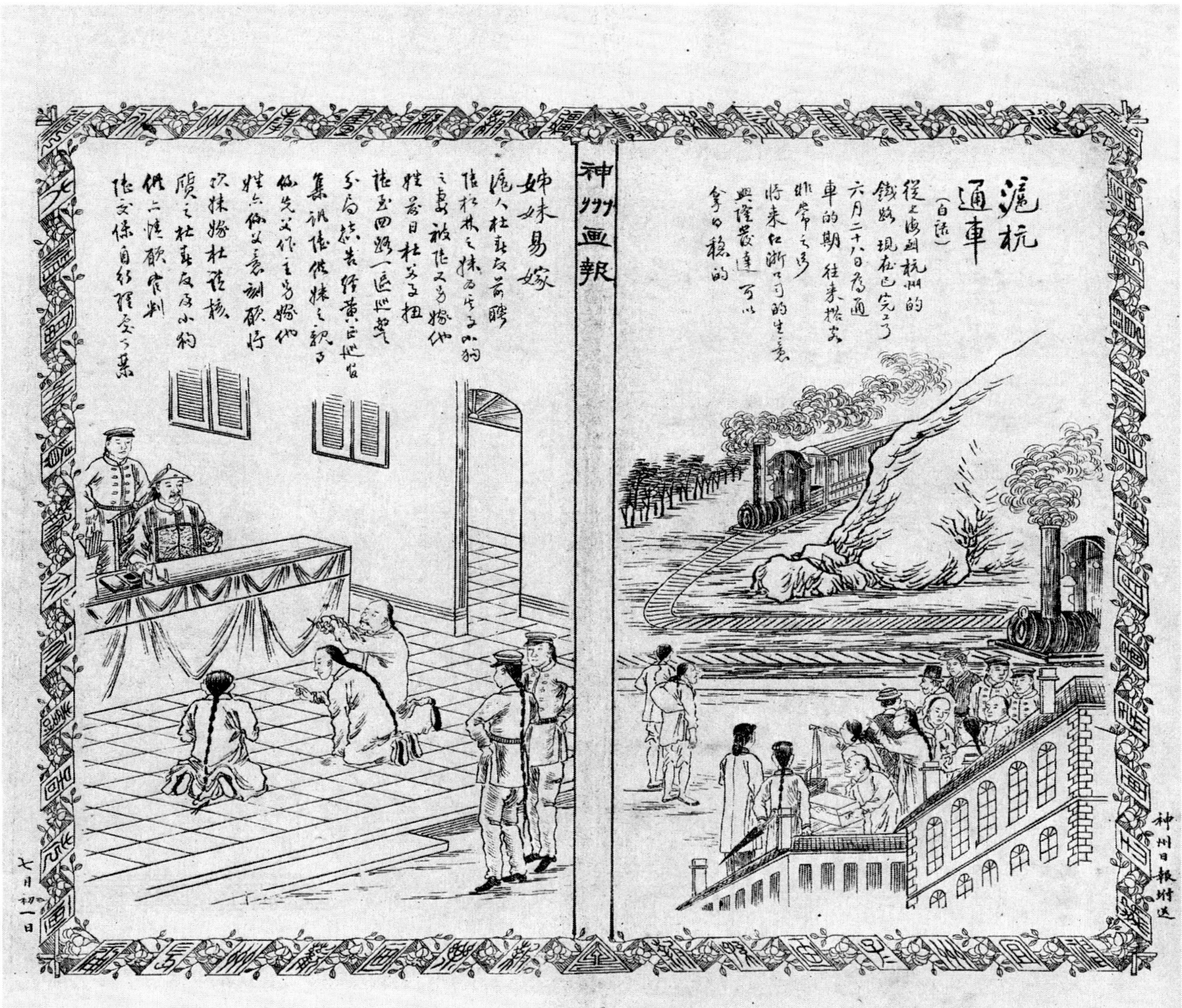
神州畫報
滬杭通車
（白話）
從上海到杭州的
鐵路現在已完工了
六月二十八日為通
車的期往來搭客
非常之多
將來江浙兩省的生意
興隆發達可以
拿得穩的
姊妹易嫁
七月初一日
神州日報附送

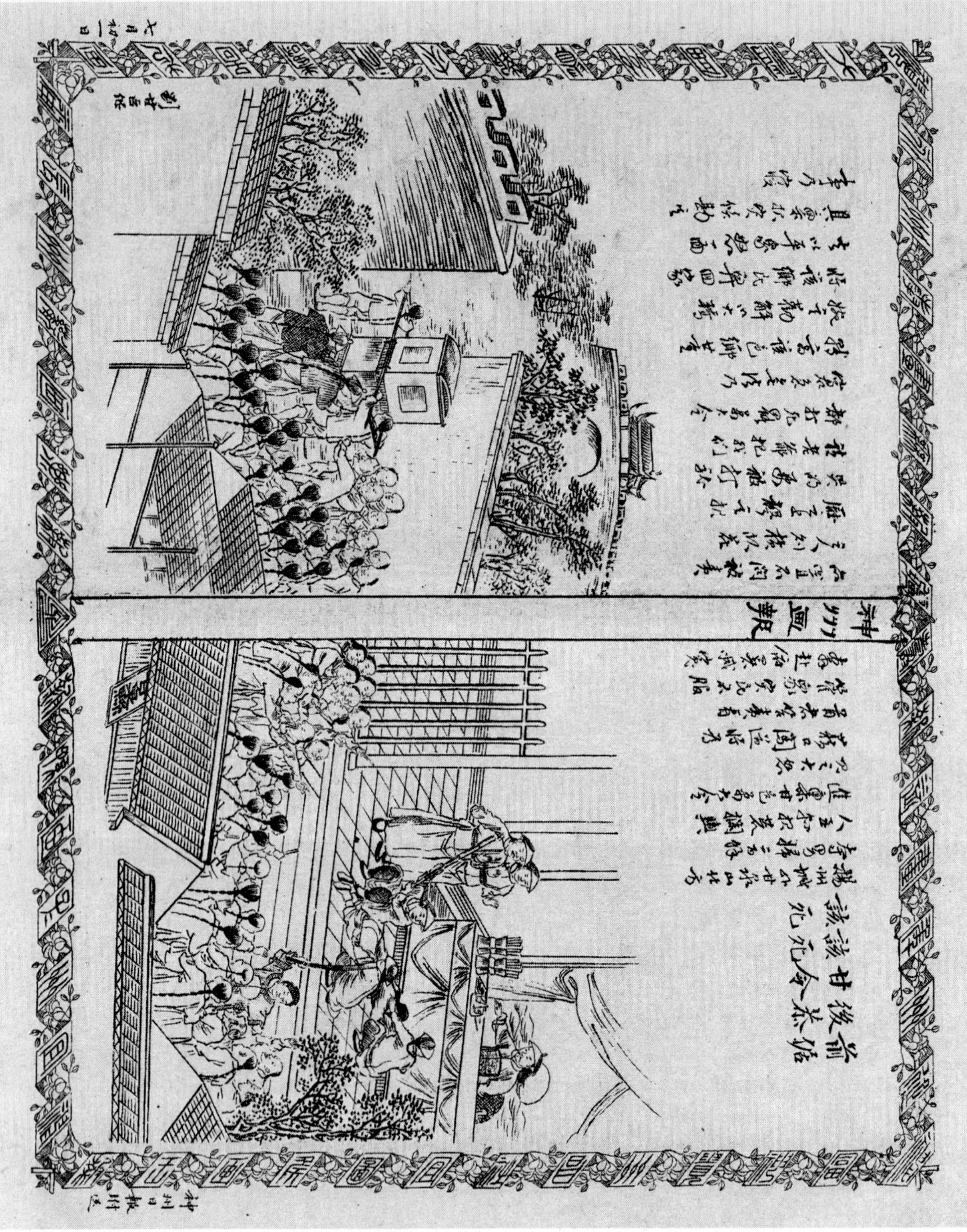
神州畫報

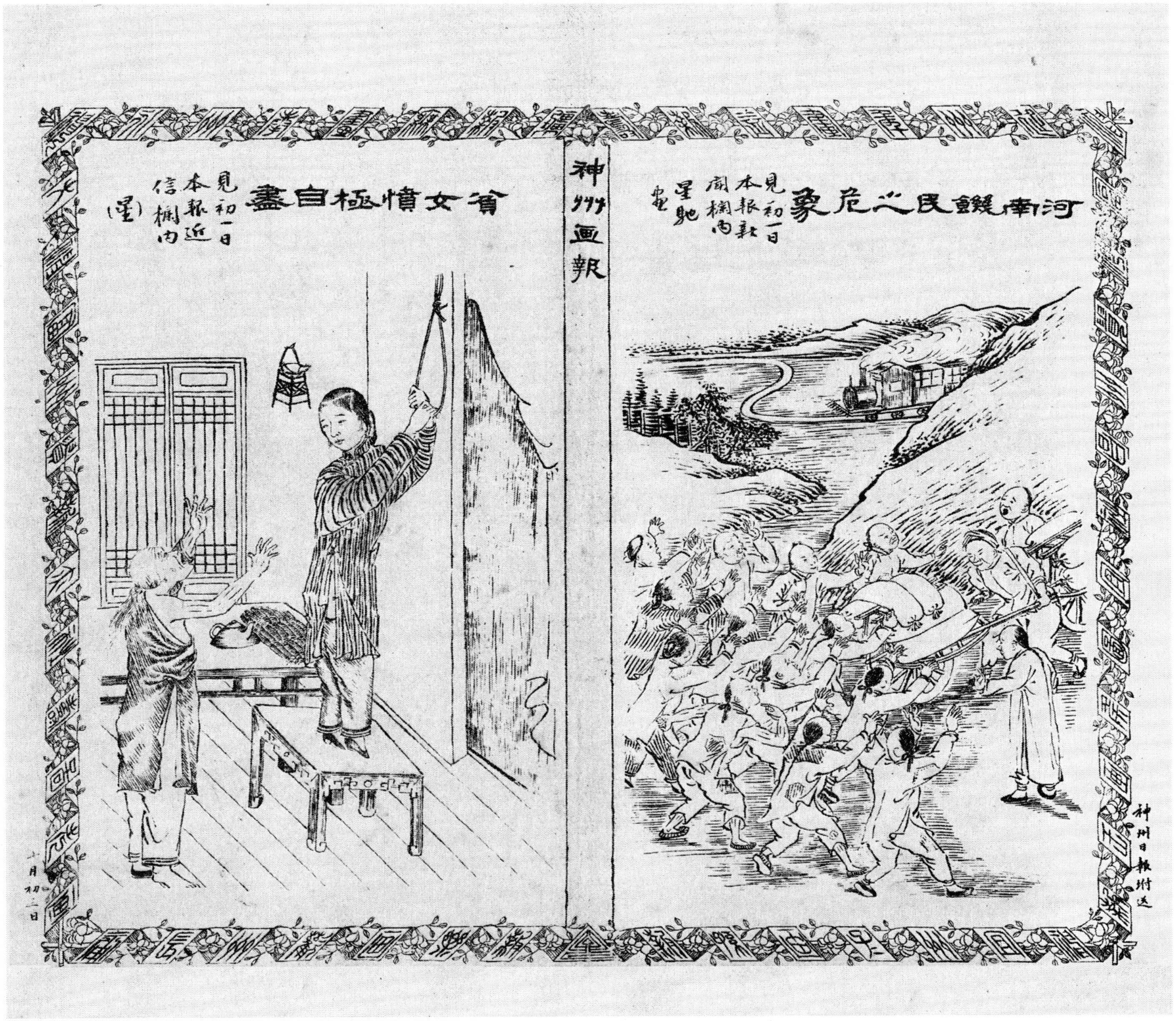

神州畫報
河南饑民之危象
見初一日本報新聞欄內
星馳畫
貧女憤極自盡
見初一日本報近信欄內
(星)
神州日報附送

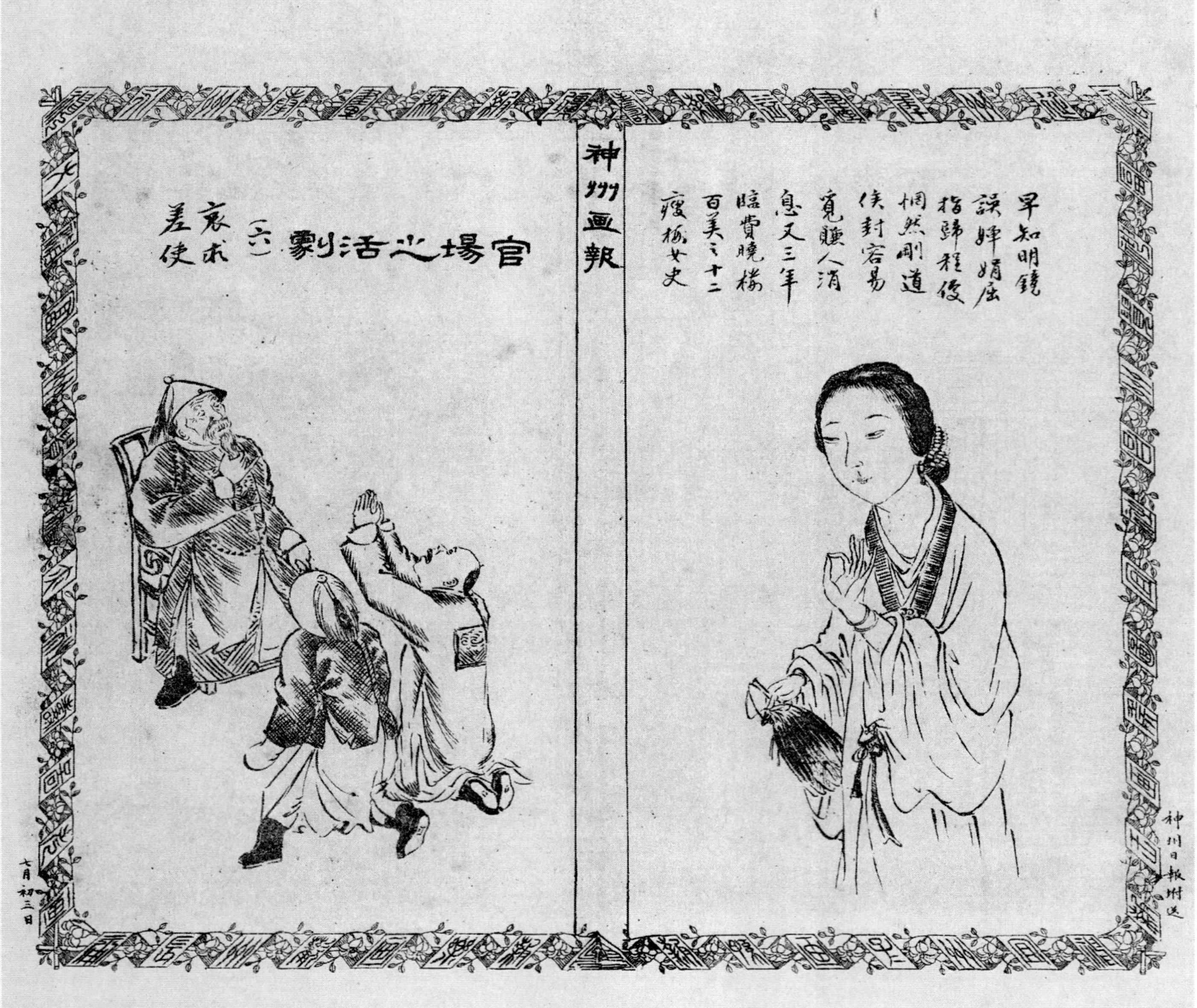
神州畫報
官場之活劇（六）
哀求差使
百美之十二
瘦梅女史
七月初三日
神州日報附送

六月廿日裕商局
股東在張園
舉行選舉董事
大會

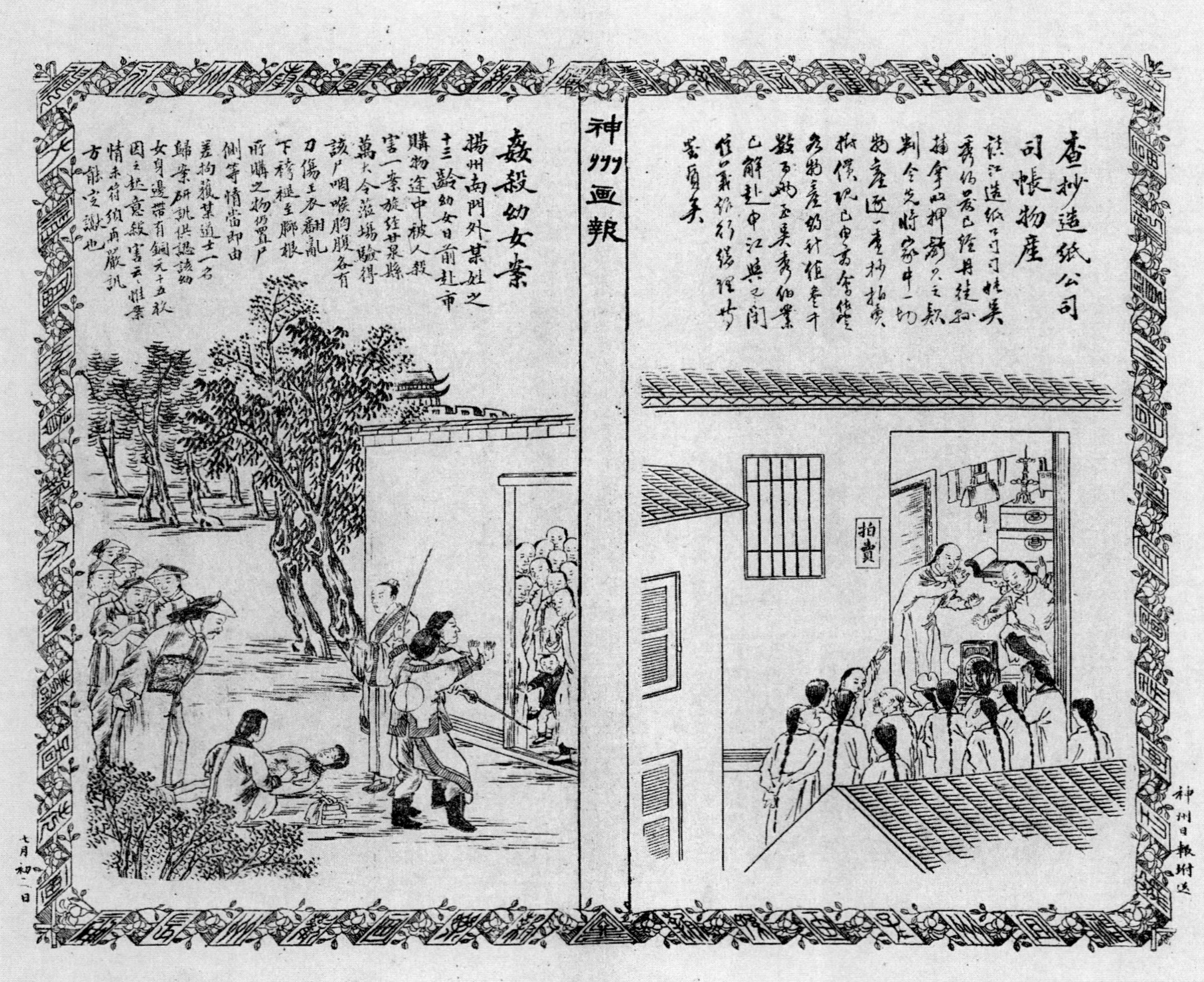
神州画報
查抄造紙公司帳物產
姦殺幼女案
拍賣
神州日報附送
七月初二日

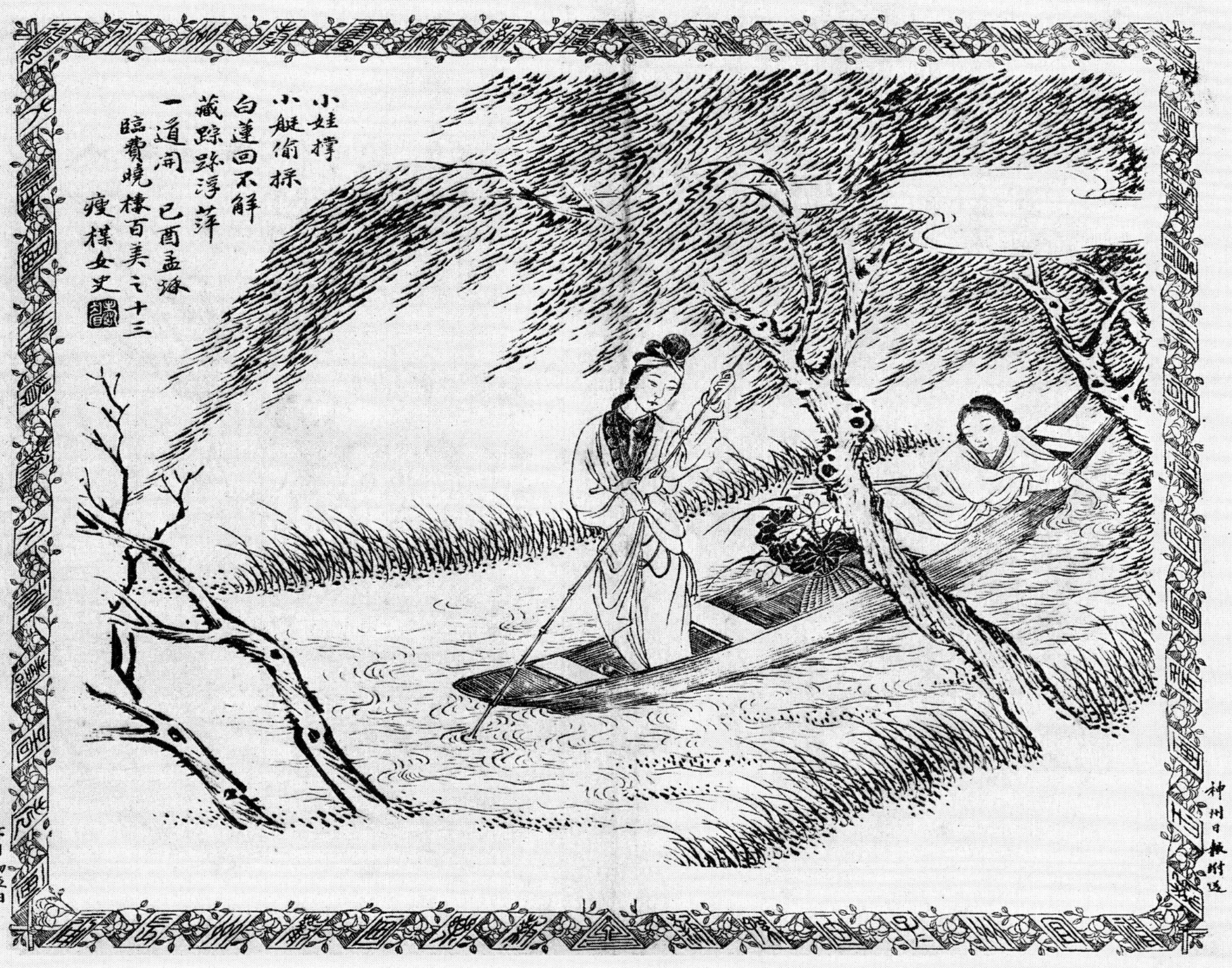
小娃撑
小艇偷採
白蓮回不解
藏蹤跡浮萍
一道開　己酉孟秋
臨費曉樓百美之十三
瘦梅女史
七月初五日
神州日報附送

神州画報
官場之活劇(七)
七月初五日
水蒂出現
成都函云綿竹縣东閏外近出一大蛇約長丈餘粗如水桶云列云尾云目云口云呈形同蚯蚓横川水上傳物常謂即山海經所載之水弟出現必有水災現警察局已出示居民預為防範云
神州日報附送

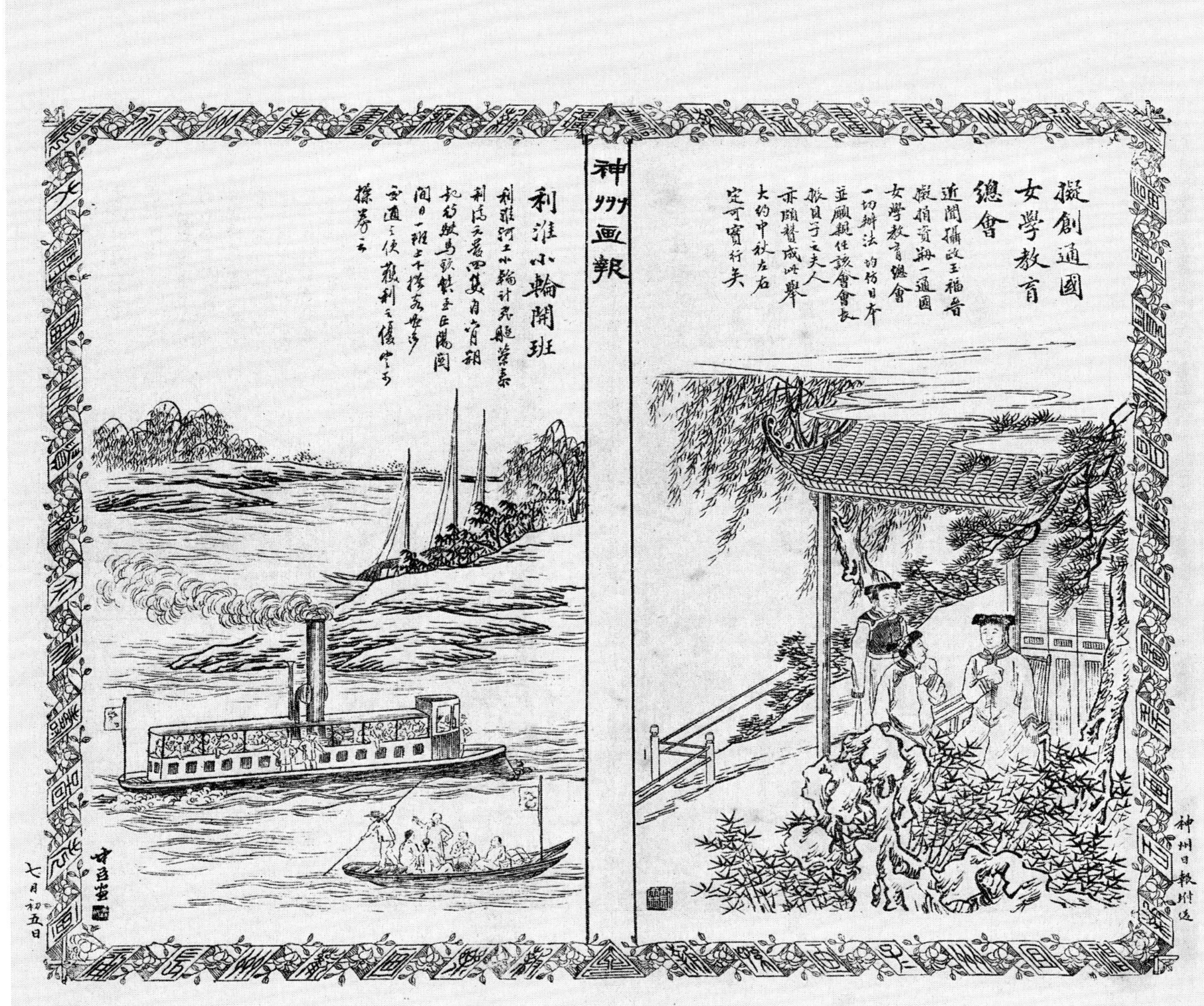
神州画報
擬創通國
女學教育
總會
利淮小輪開班
神州日報附送
七月初五日

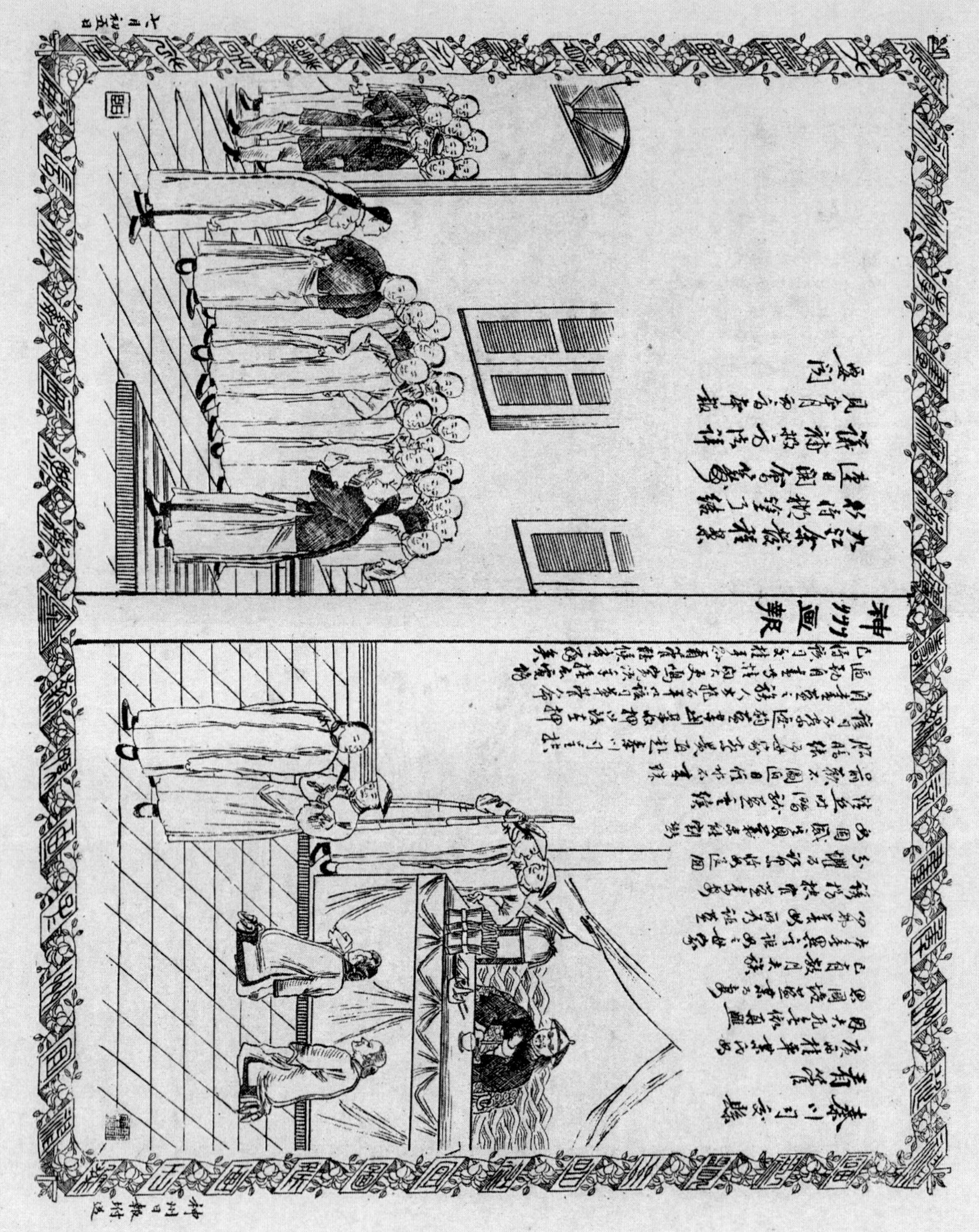

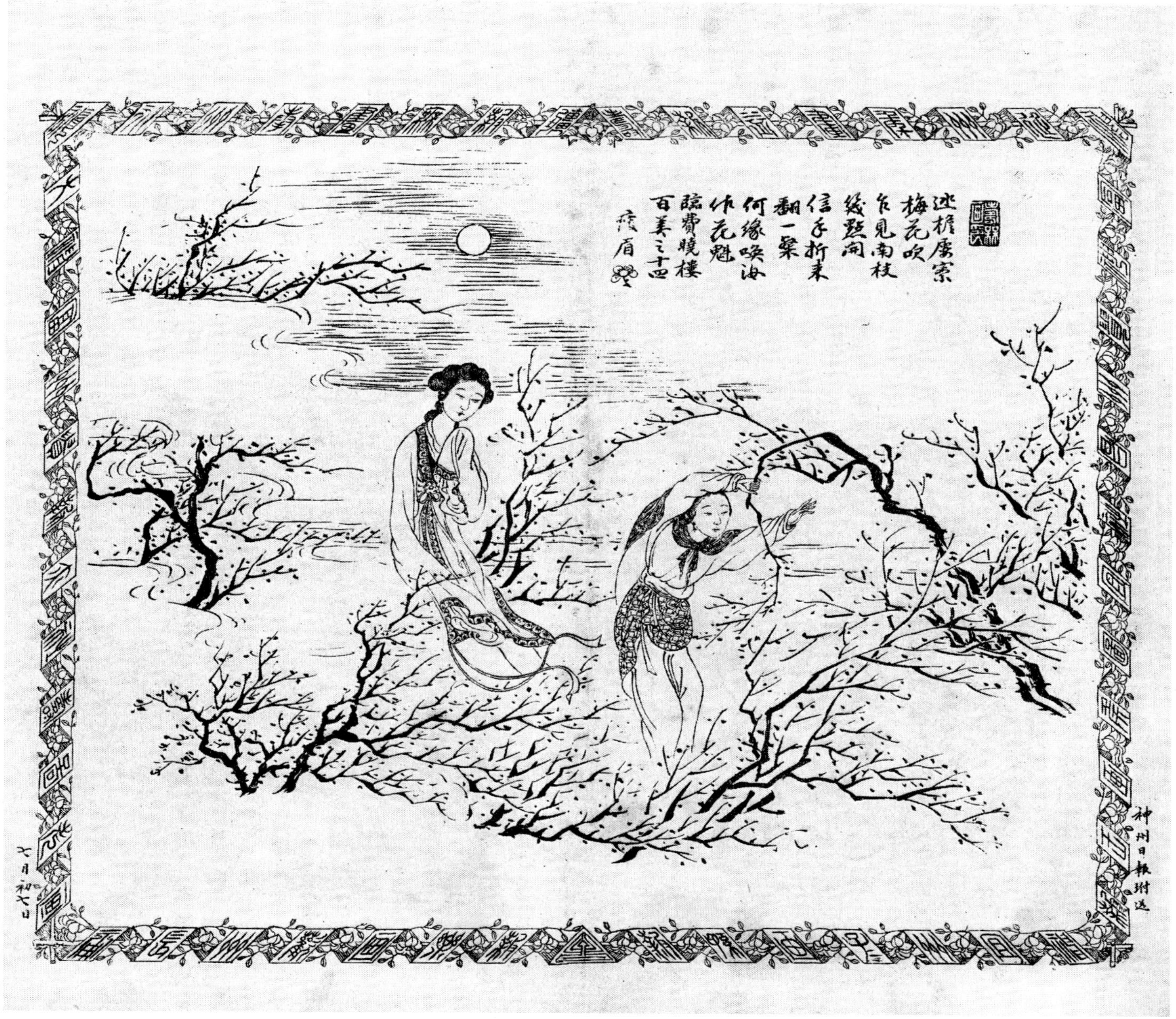
迷樓廣寒
梅花吹
纔見南枝
幾點開
信手折來
翻一朵
何緣喚海
作花魁
臨費曉樓
百美之十四
瘦眉
神州日報附送

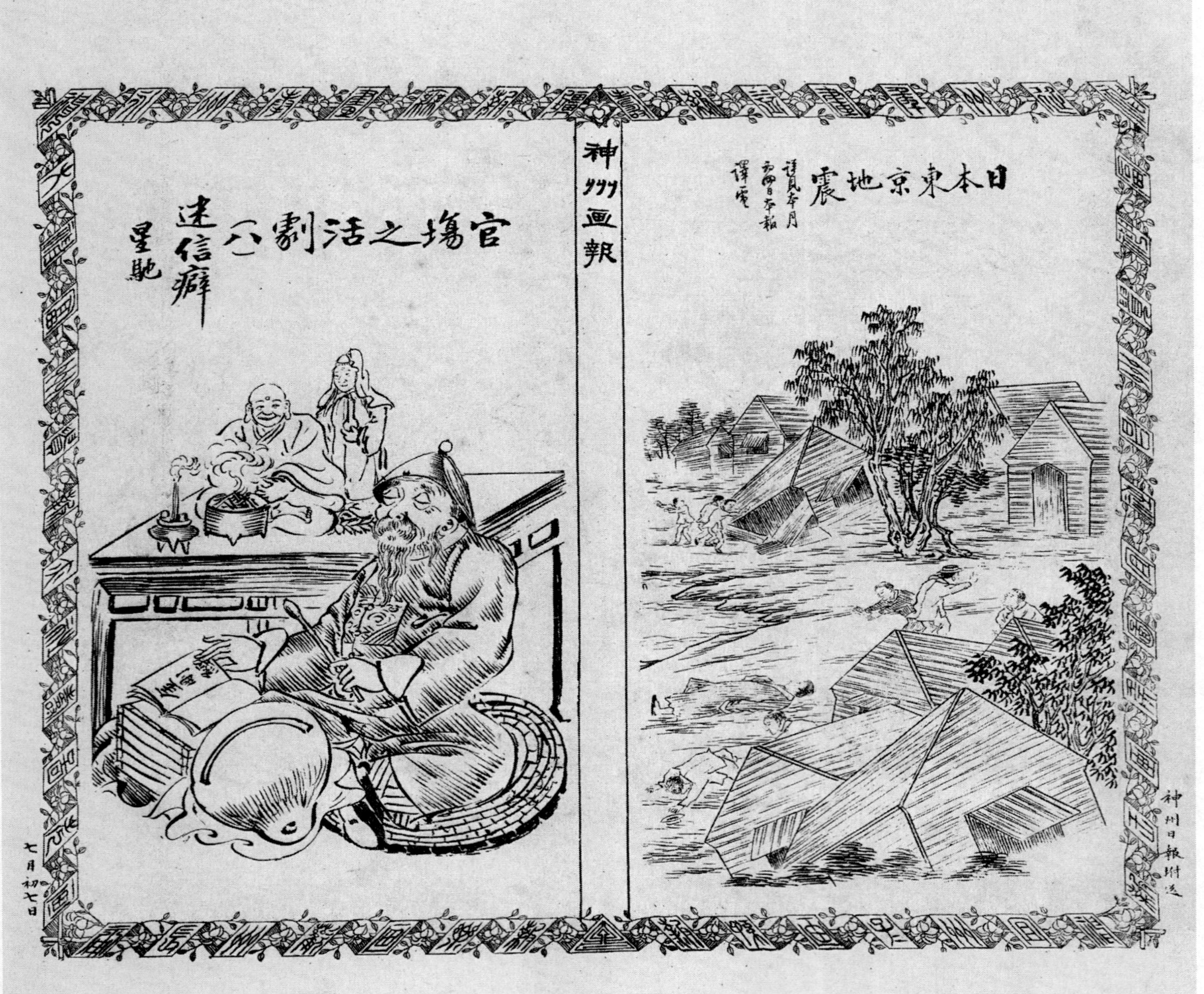
神州画報
官場之活劇 八
迷信癖
星馳
日本東京地震
七月初七日
神州日報附送

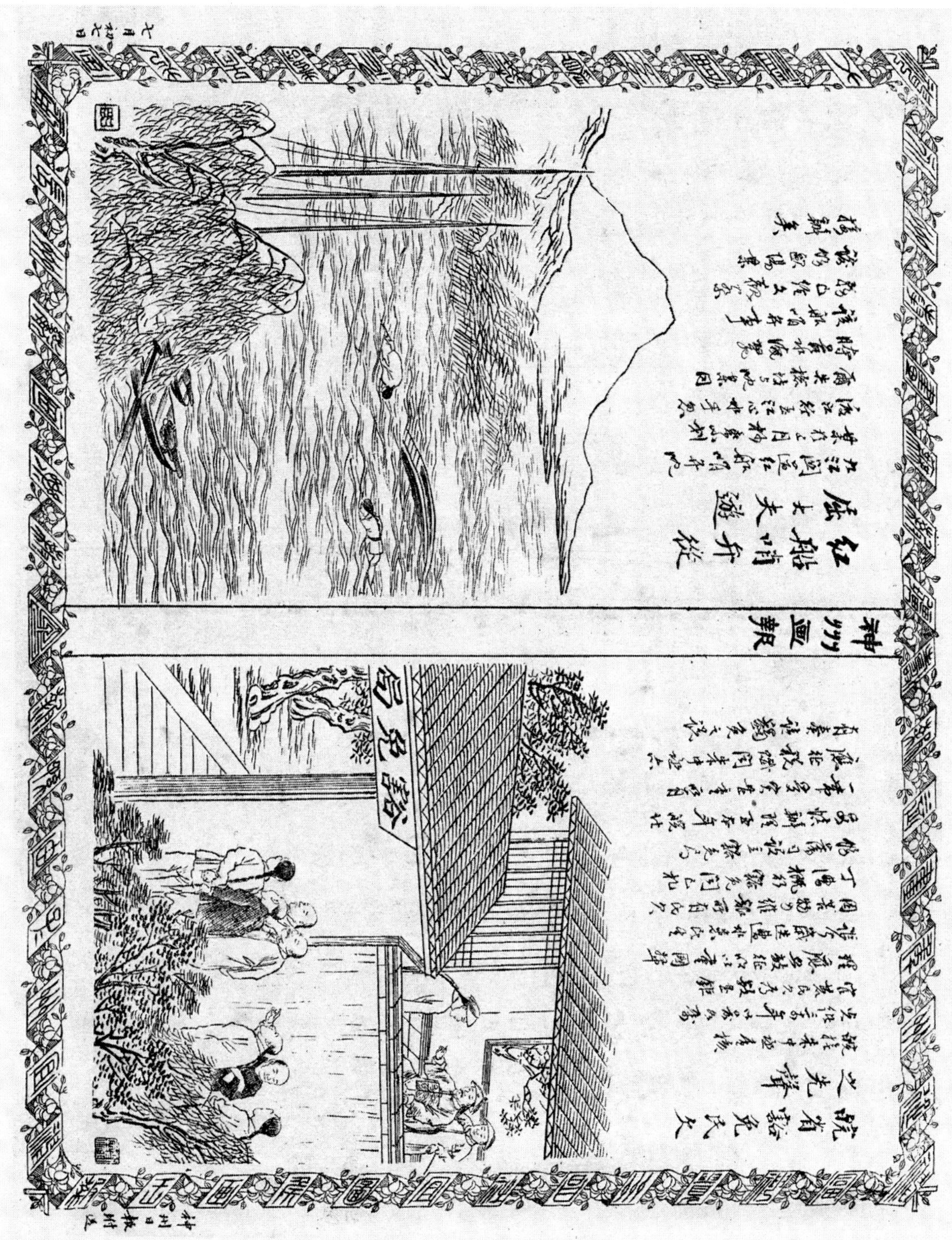
神州畫報

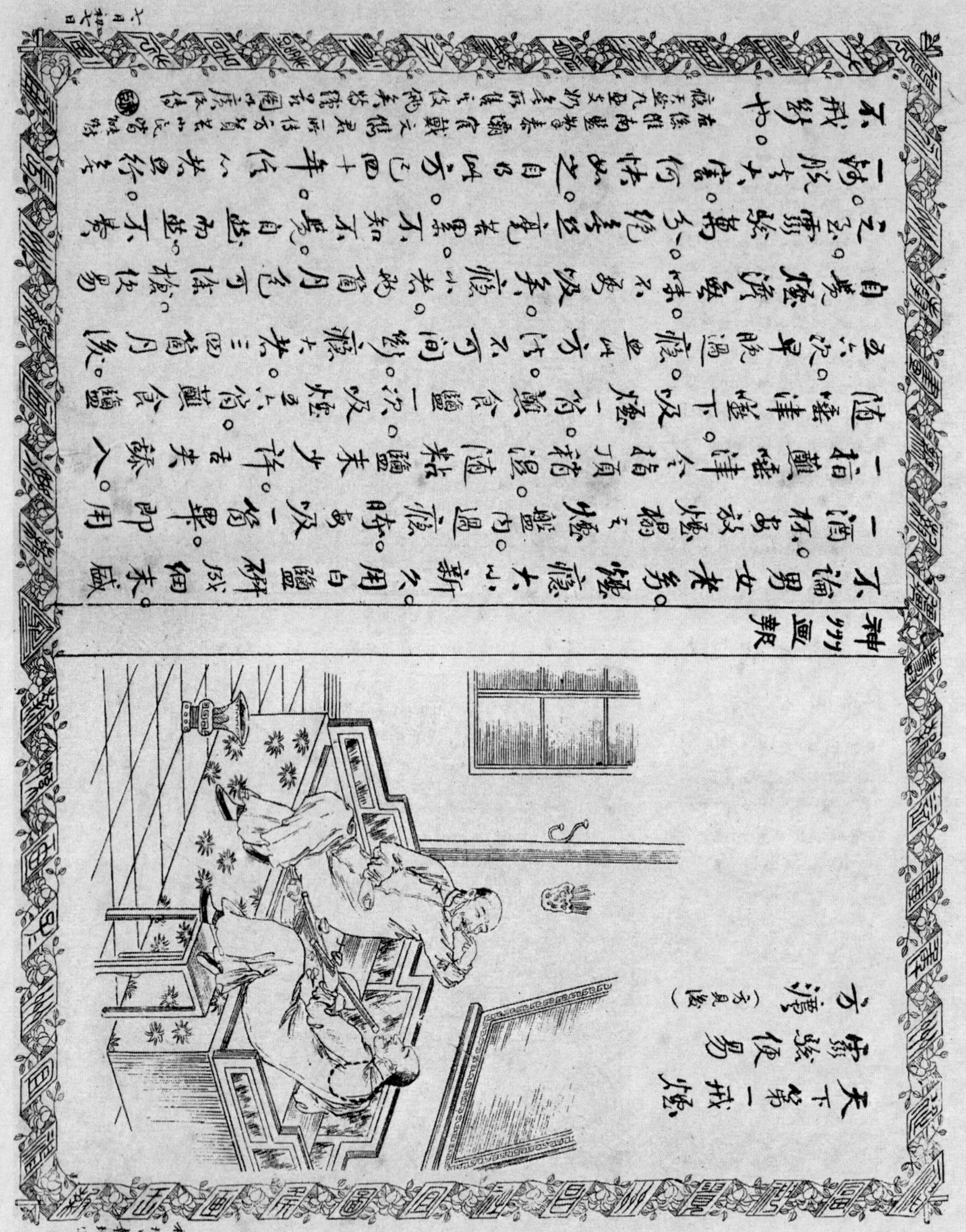
天下第一戒煙
靈驗便易
方濟（方見後）
神州画報
不論男女老幼。煙癮大小新久。用白鹽研成细末。盛
一酒杯。安放煙榻之煙盤內。過癮時。每吸一筒畢。即用
一指蘸唾津。令指頂稍濕。隨黏鹽末少許。舌尖舔入。
隨嚥津嚥下。吸煙一筒。蘸食鹽一次。吸煙五六筒。蘸食鹽
五六次。早晚過癮。照此方法。不可間斷。癮大者三四箇月後。
自覺煙濟無味。不爱吸矣。癮小者兩箇月。已可除根。便易
之至。靈驗萬分。絕無絲毫苦累。不知不覺。自然而然。不費
一錢。脫去大害。何快如之。自得此方。已四十年。傳以來無行者。
不戒斷也。
右係淮南鹽掣泰壩官戴之儁君所傳方 貧苦小民皆能戒
癮天然九且支物無所售之伎倆矣特繪是圖以廣流傳
七月初七日
神州日報附送

《神州日報》第八六一號　一九〇九年八月二十四日

烟員之可憐
見初七日
本報杭州
近信摘由
(任人)
西轅門
神州画報
官場之活劇(九)
賣官
鬻爵
七月初九日
神州日報附送

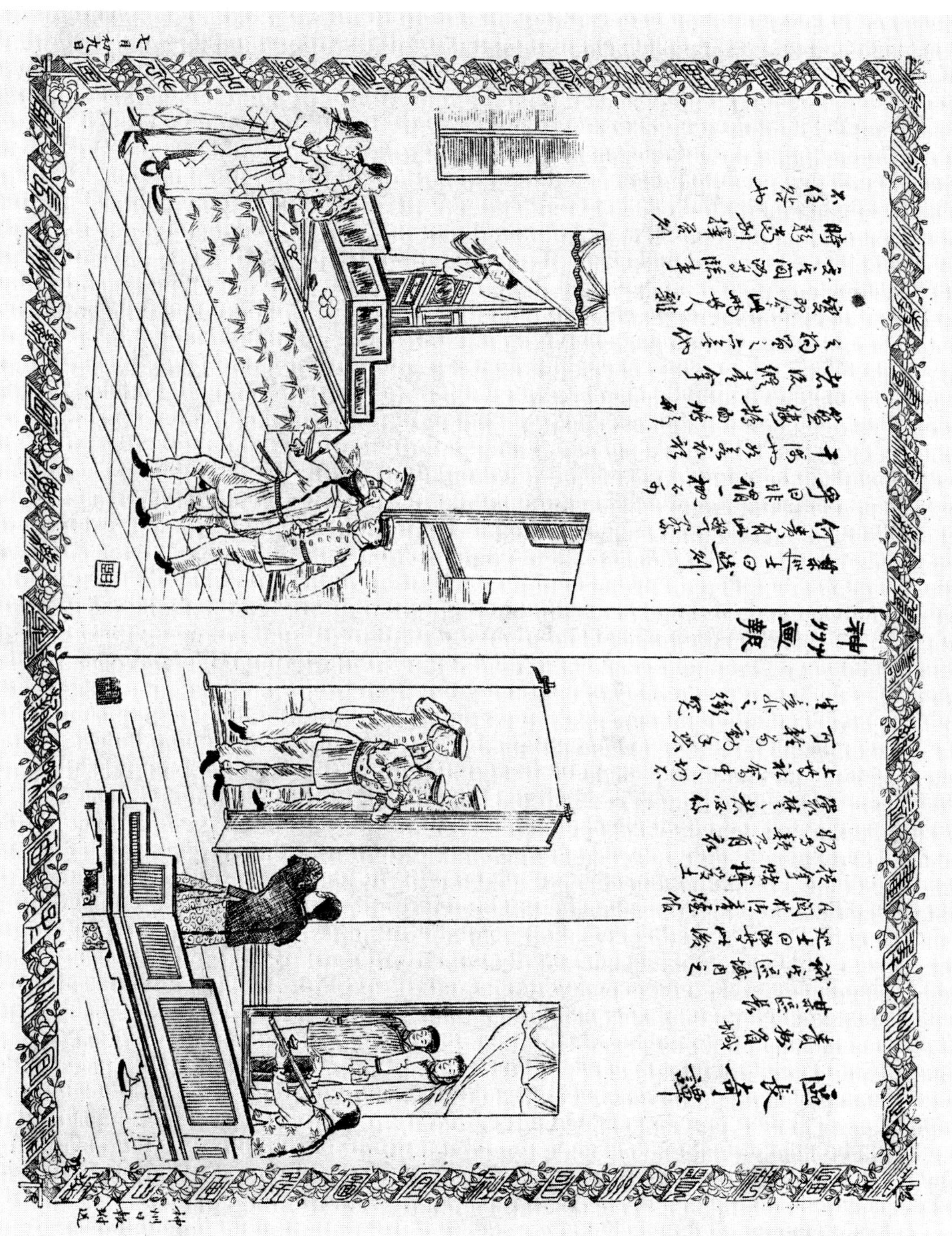
神州畫報

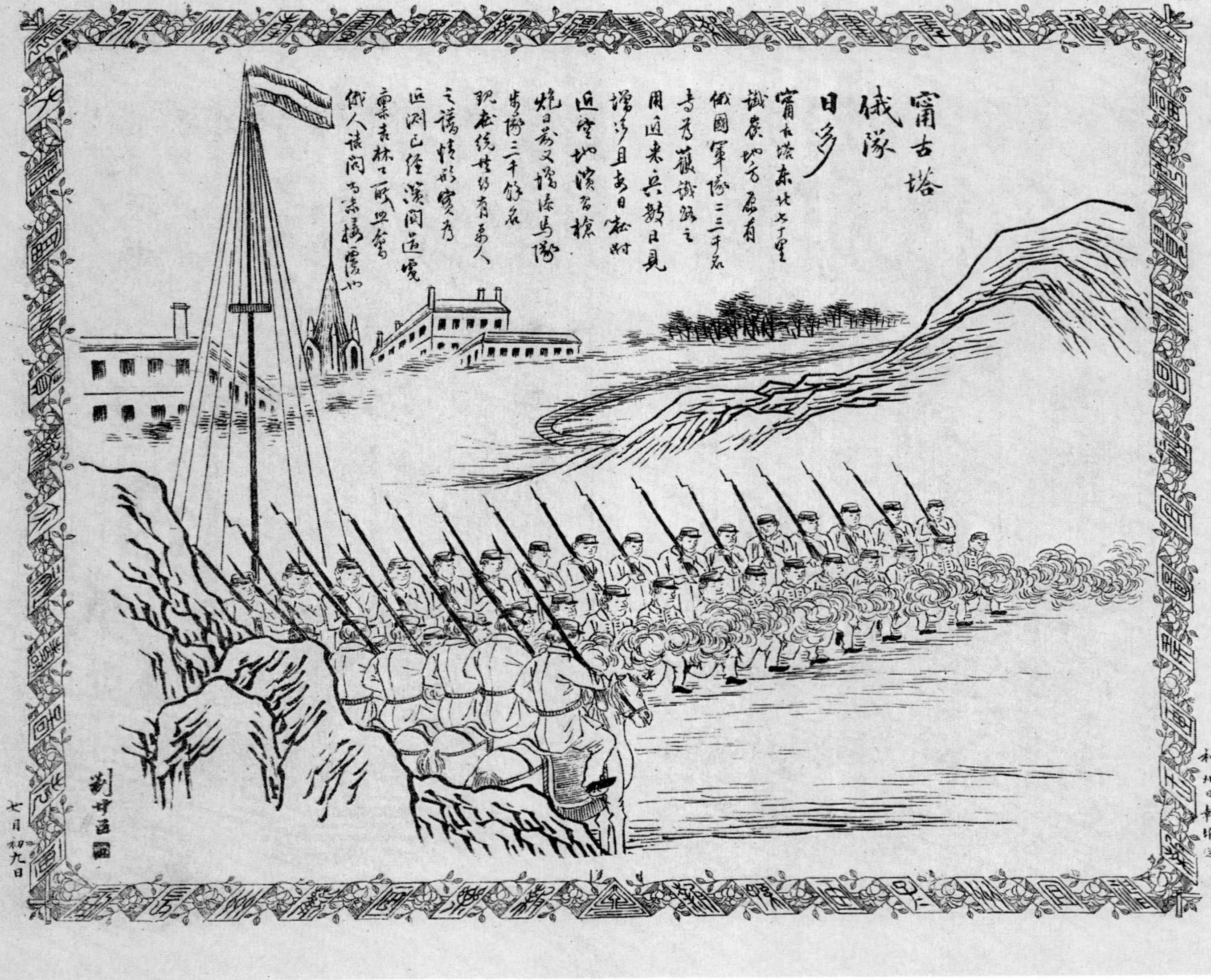
寗古塔
俄隊
日多
寗古塔東北七十里
鐵嶺地方原有
俄國軍隊二三千名
專爲護鐵路之
用近來兵數日見
增多且每日私購
近處地方各糧
炮日前又增添馬隊
步隊三千餘名
現在統共約有萬人
之譜情形實爲
叵測已經濱關道電
稟吉林將軍照會
俄人詰問何未撤還也
七月初九日
神州日報附送

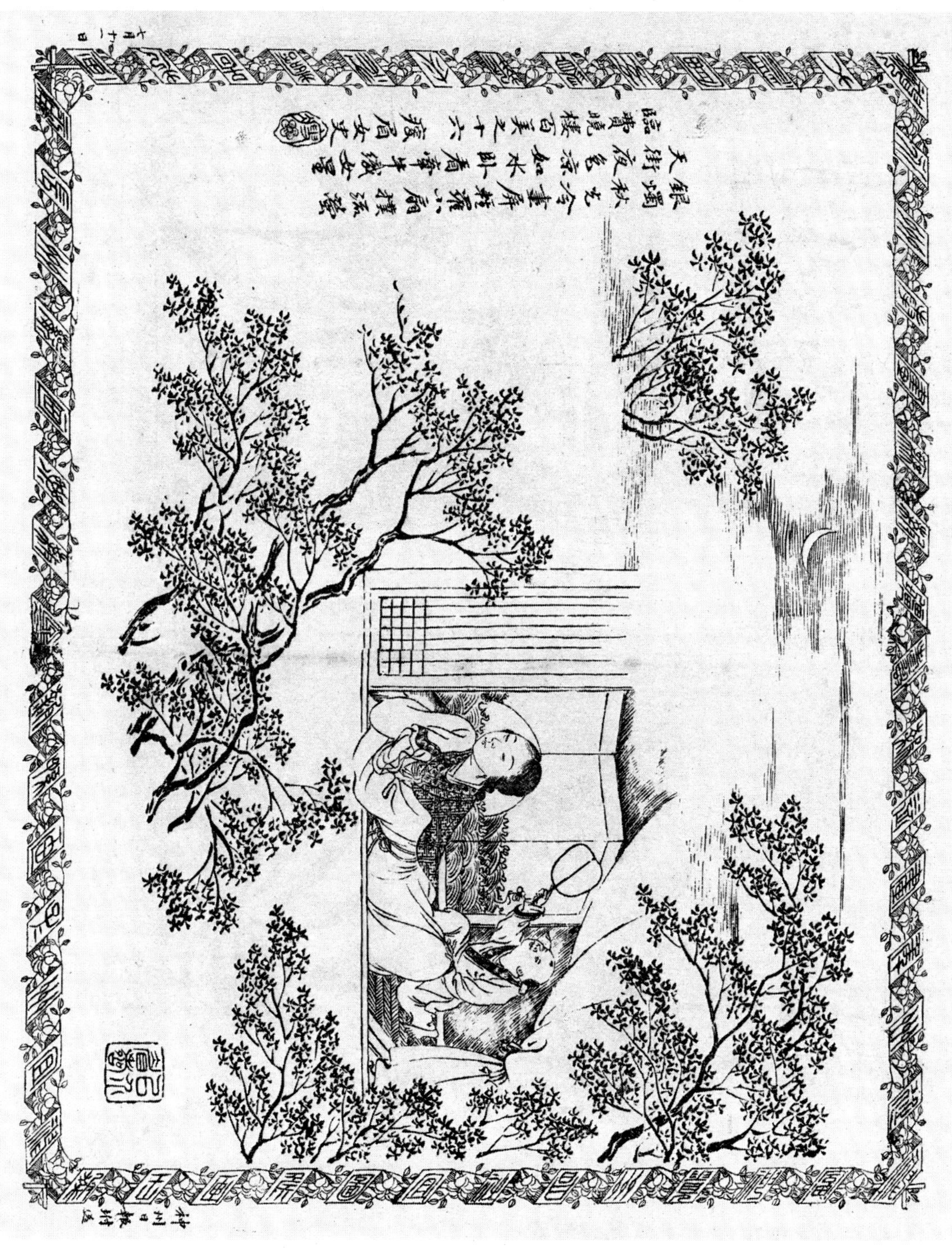
銀燭秋光冷畫屏輕羅小扇撲流螢
天街夜色涼如水臥看牽牛織女星

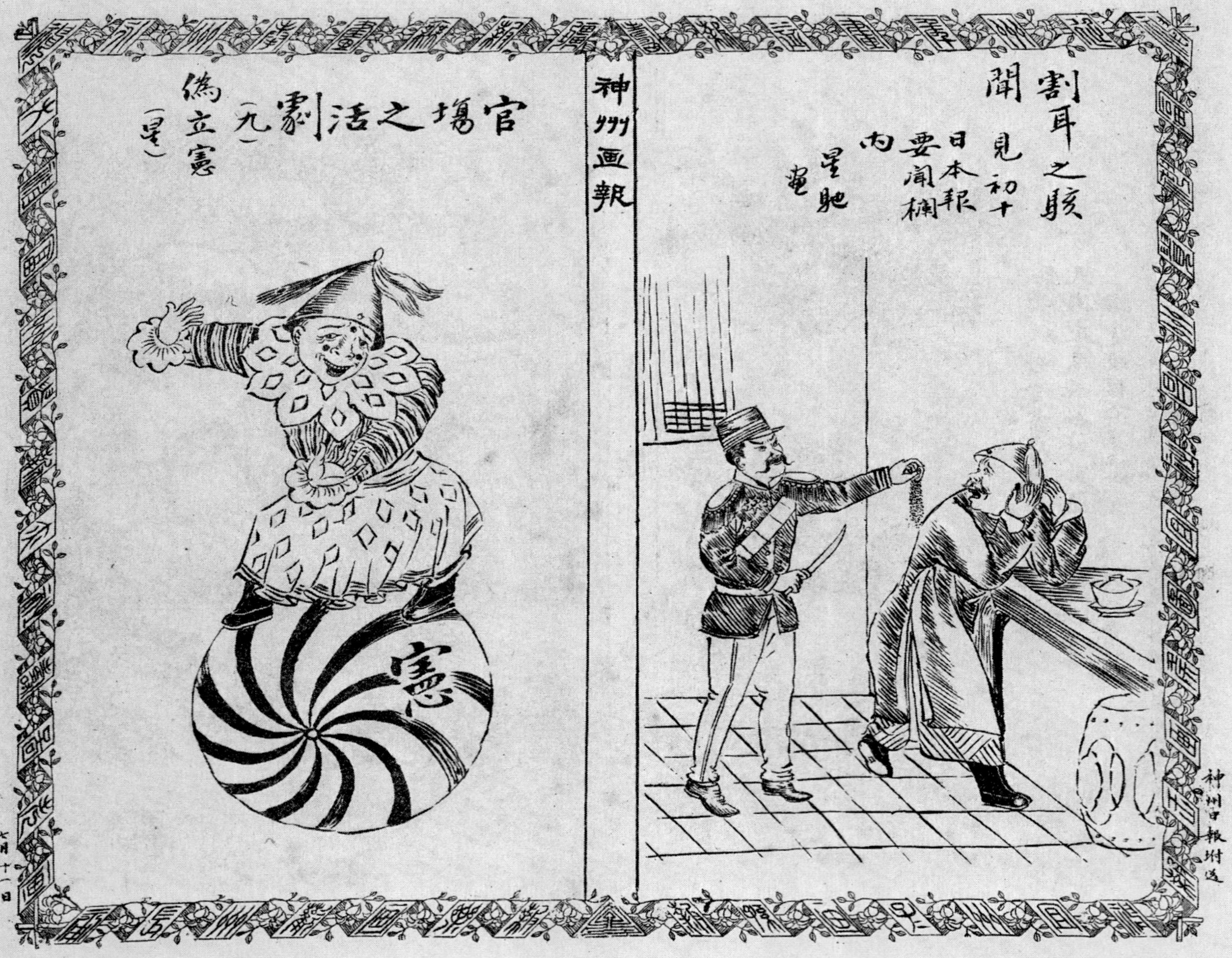
神州画報
割耳之駭聞
見初十日本報要聞欄内
星馳
電
官場之活劇（九）
偽立憲
（星）
憲
七月十一日
神州日報附送

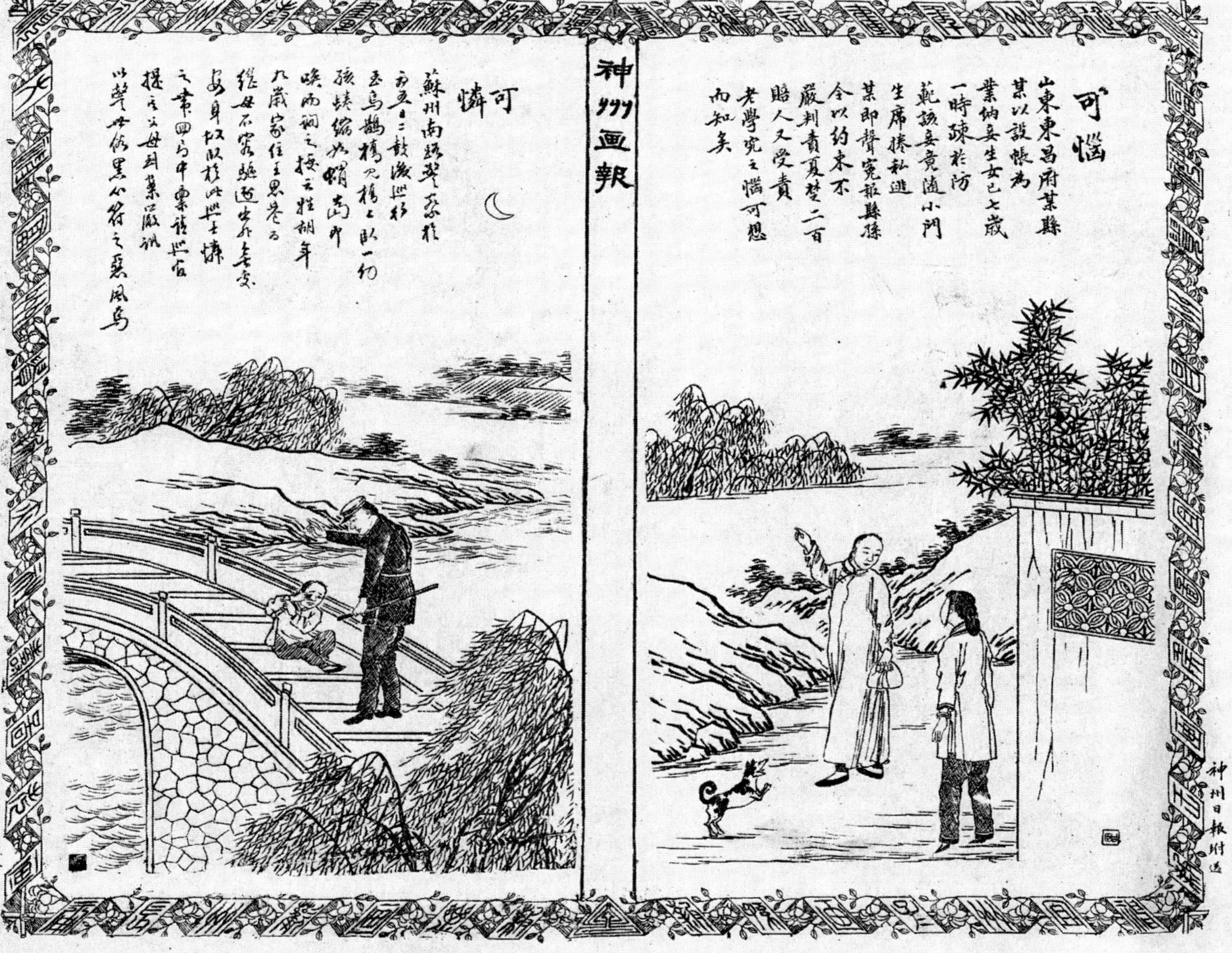
神州画報
可憐
可惱
山東東昌府某縣
某以設帳為
業納妾生女已七歲
一時疏於防
範該妾竟隨小門
生席捲私逃
某即聲寃報縣縣
令以約束不
嚴判責夏楚二百
賠人又受責
老學究之惱可想
而知矣
七月十一日
神州日報附送

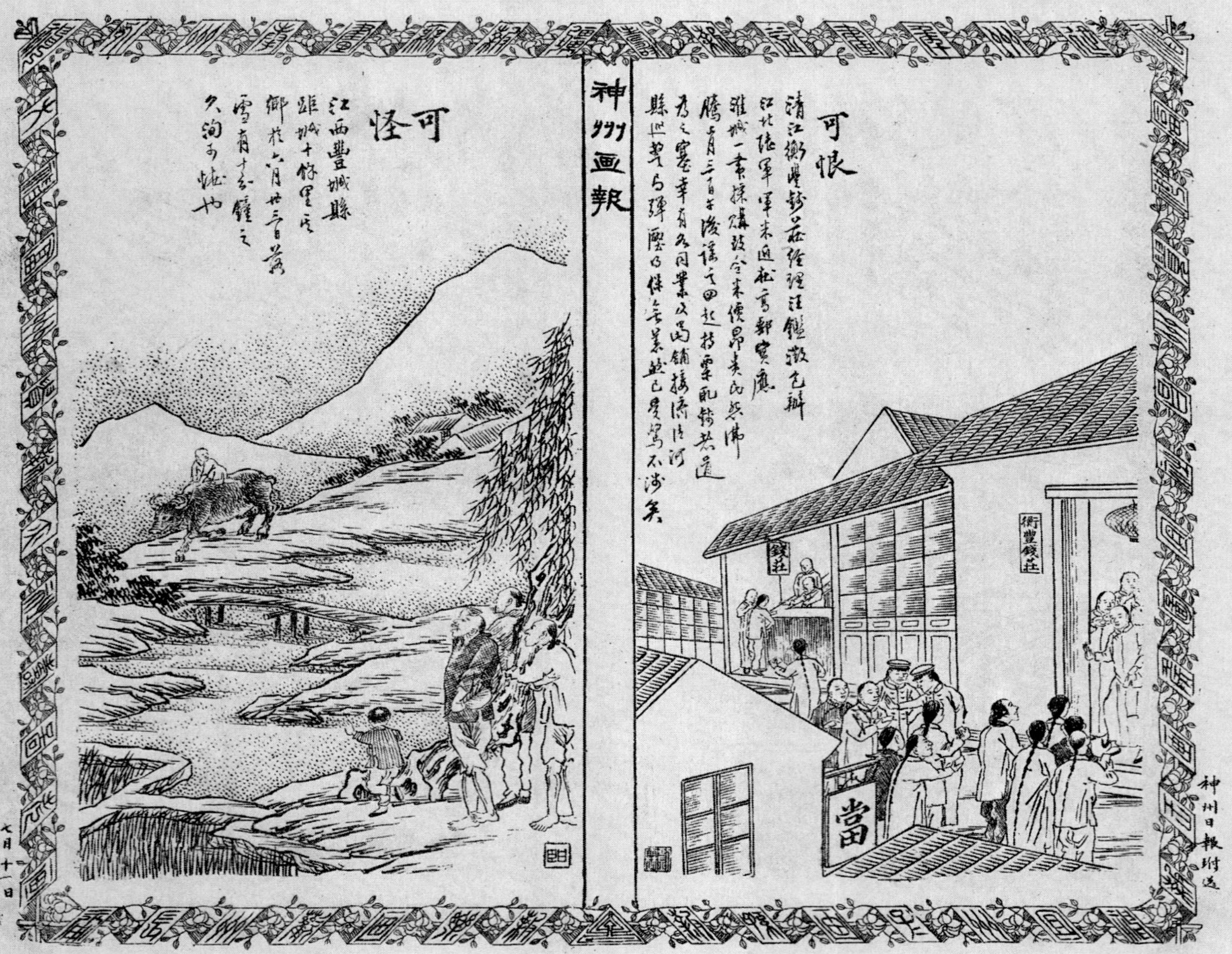
神州画報
可恨
清江衢豐錢莊經理汪鑑澂包辦
江北陸軍軍米過秋舊郵寶應
睢城一帶採購致令米價昂貴民怨沸
騰七月二十日午後謠言四起於是亂轄甚遽
為之塞途有匪因業以為鋪接濟清河
縣巡警乃彈壓保全業號已受驚不淺矣
錢莊
衡豐錢莊
當
可怪
江西豐城縣
距城十餘里之
鄉於六月廿三日落
雹有十餘觔之
大洵可怪也
七月十一日
神州日報附送

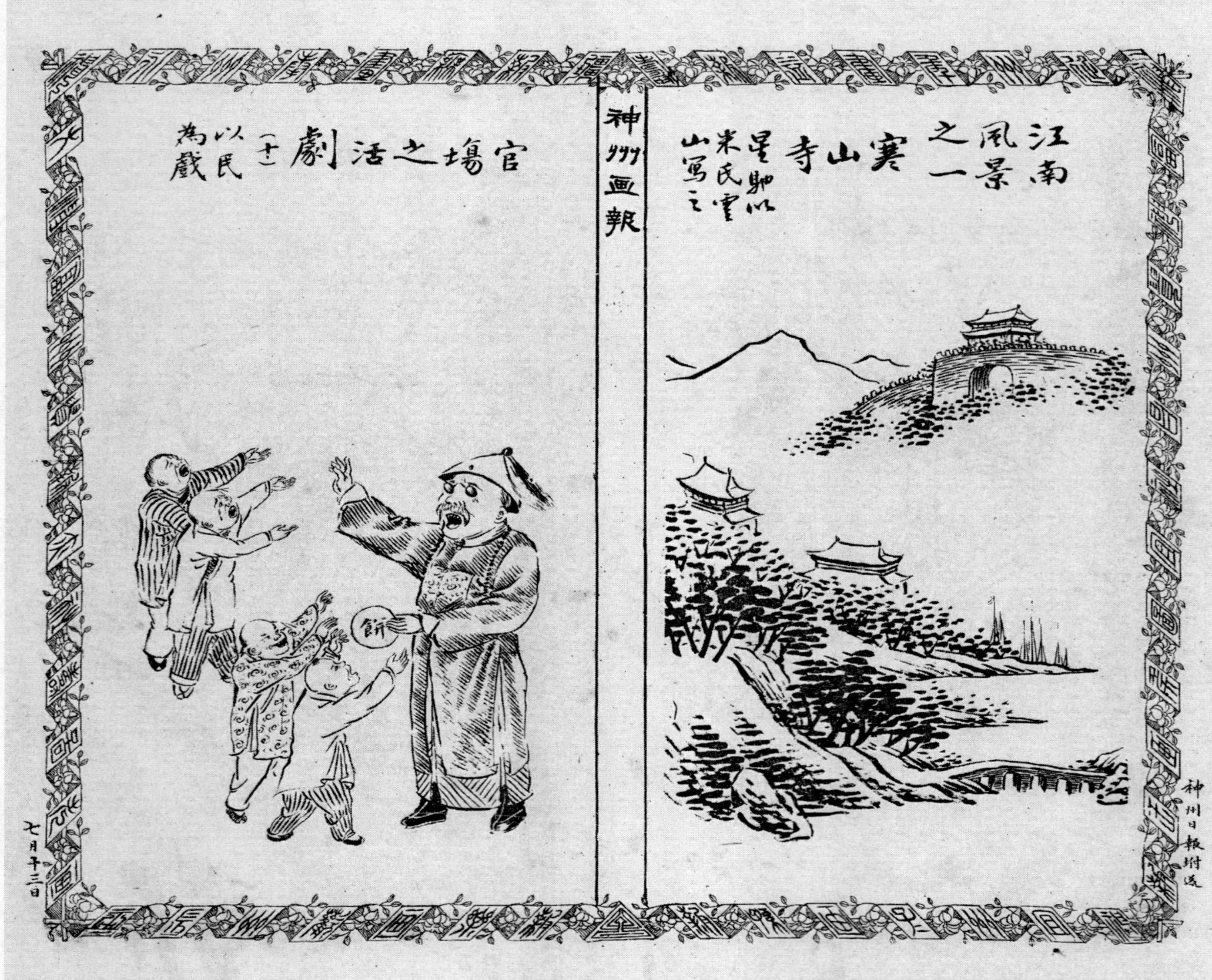

官場之活劇（十三）
以民為戲
神州畫報
江南風景之一
寒山寺
七月十三日
神州日報附送
餅

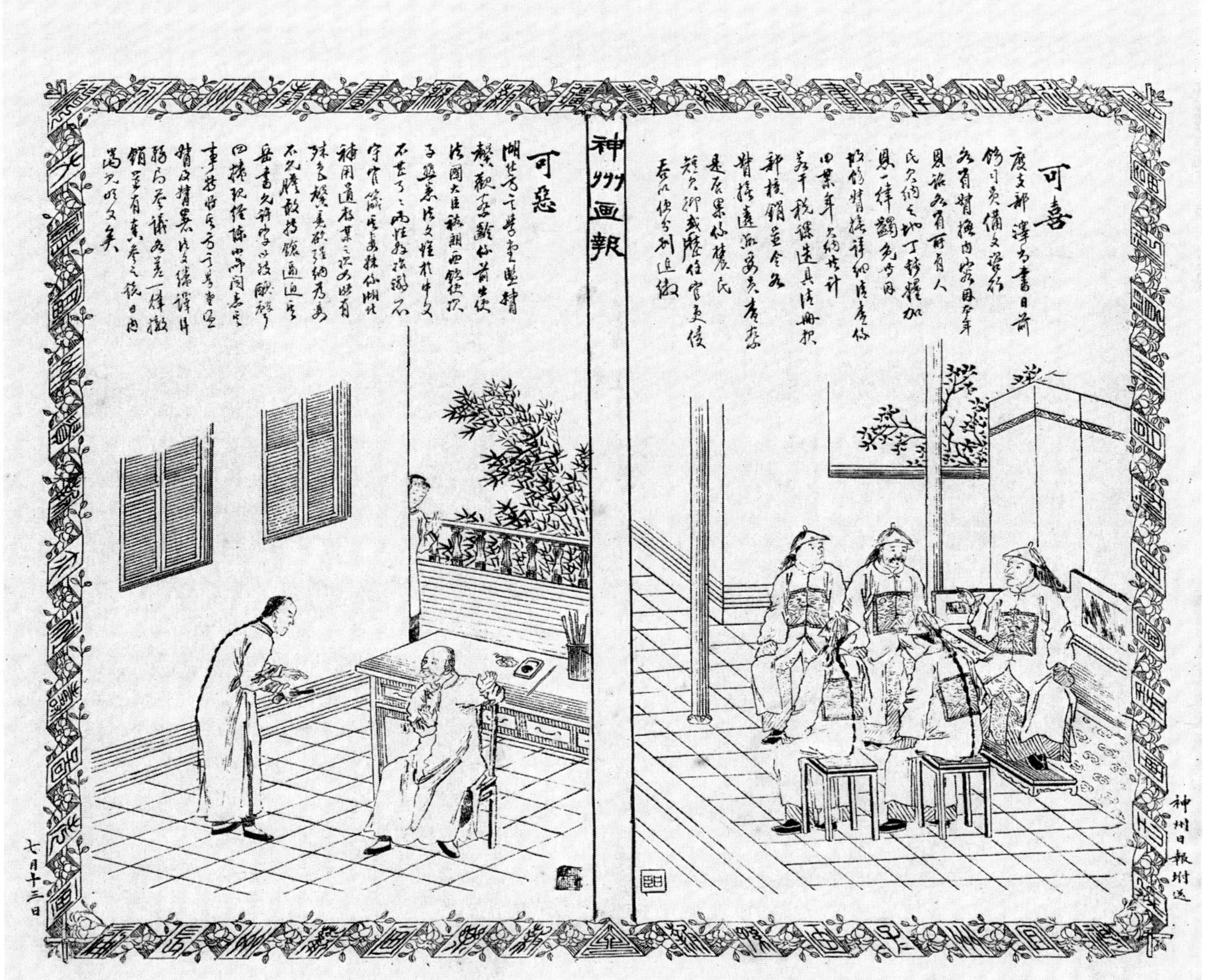
神州画報
可喜
可惡
七月十三日
神州日報附送

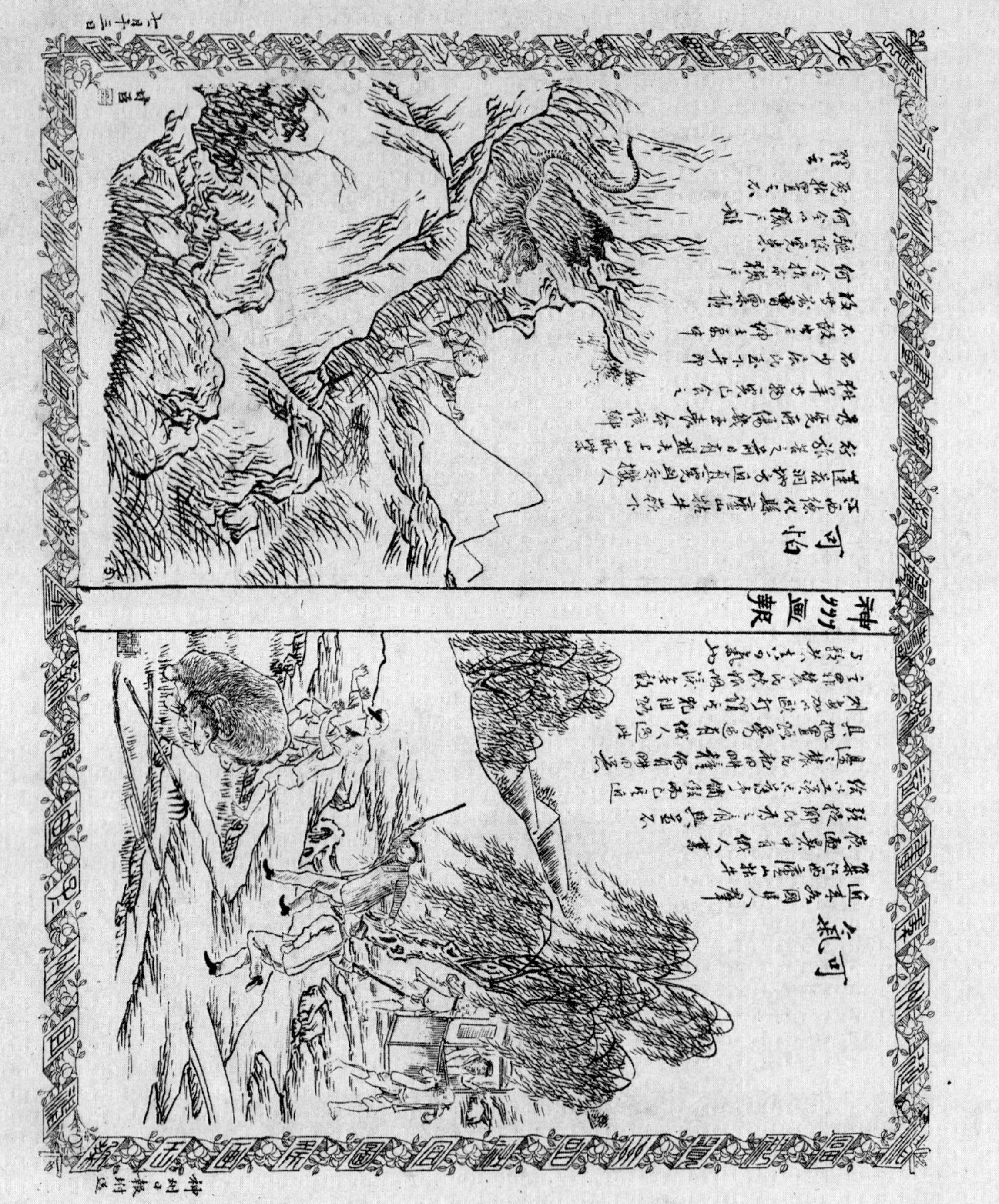
神州畫報
可怕
可氣
神州日報附送

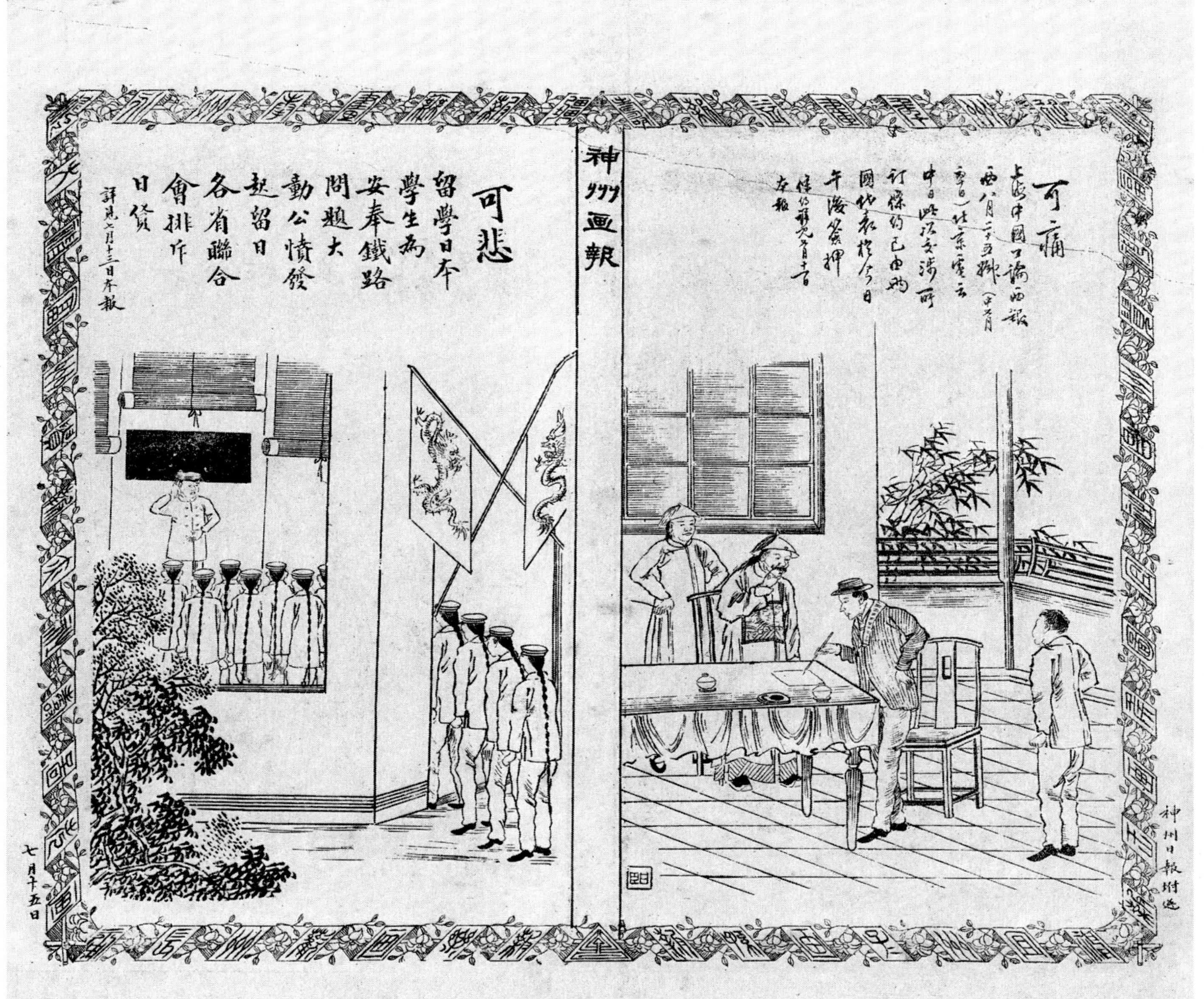
可悲
留學日本學生為安奉鐵路問題大動公憤發起留日各省聯合會排斥日貨
詳見七月十三日本報
神州畫報
可痛
上海中國日論西報西八月二十五號（中七月十日）北京電云中日兩國交涉所訂條約已由兩國代表於今日午後簽押
條約詳見七月十二日本報
七月十五日
神州日報附送

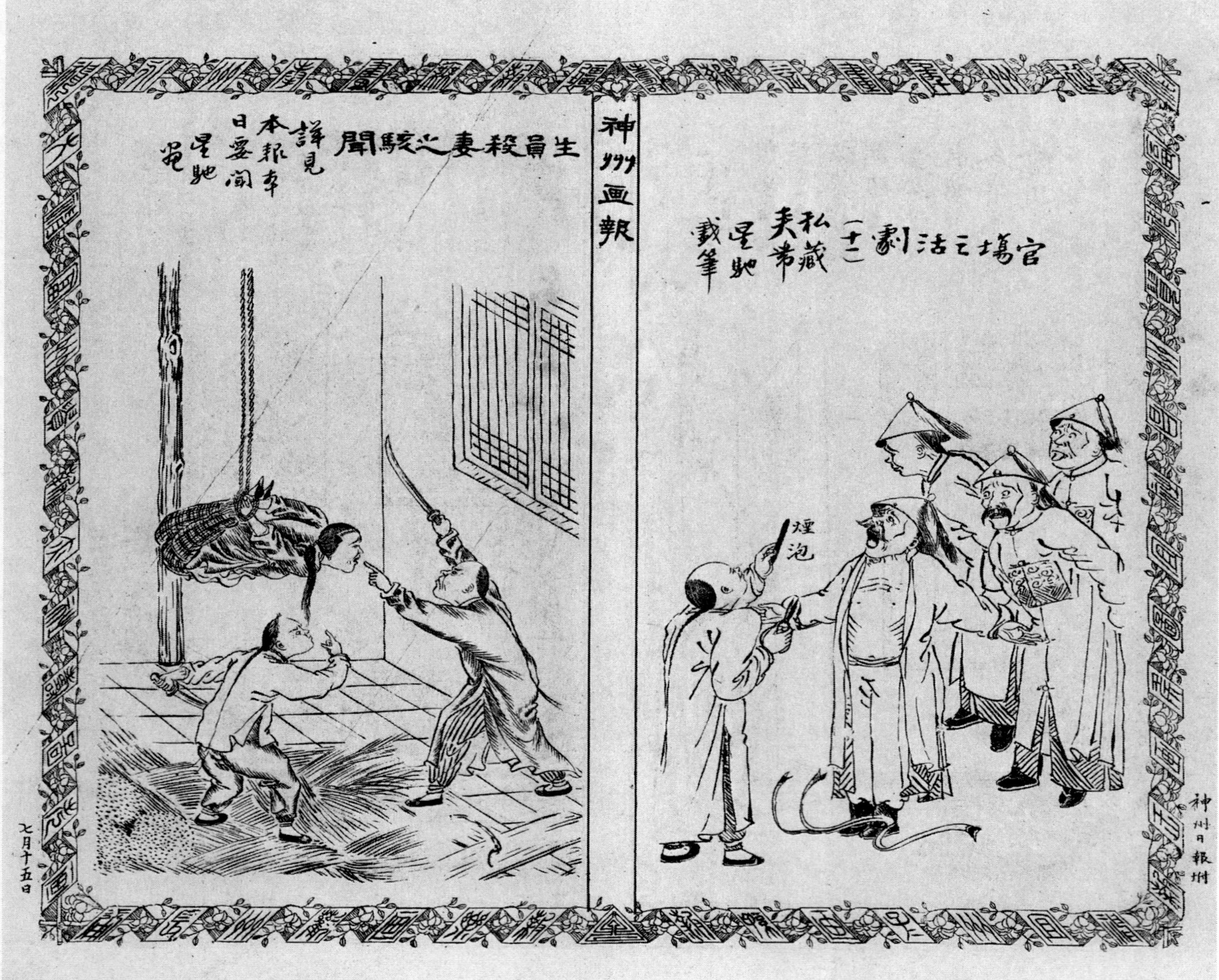

生員殺妻之駭聞
星馳
神州画報
官場之活劇(十二)
星馳戲筆
煙泡
七月十五日
神州日報附

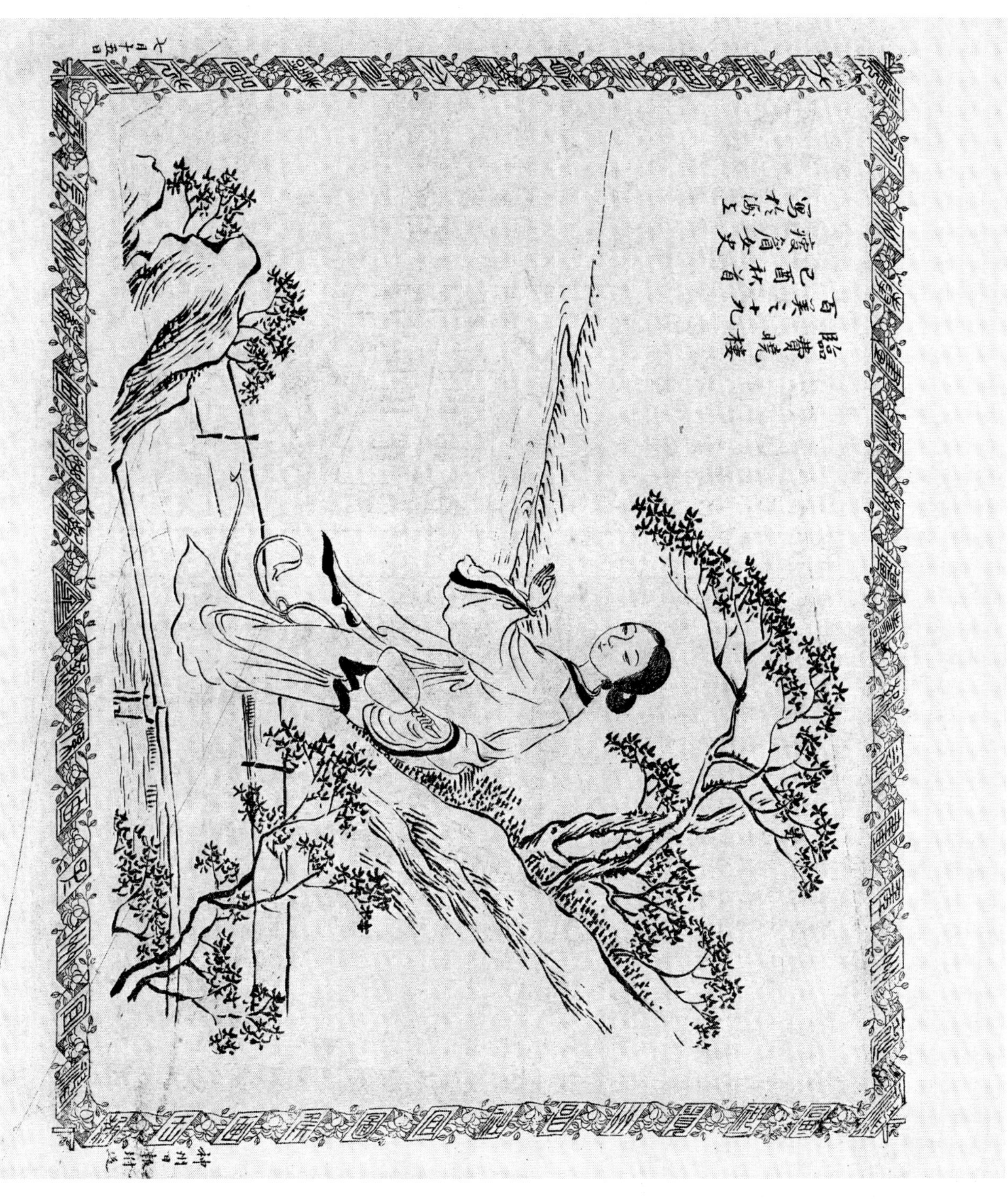
臨費曉樓百美之十九
己酉秋首瘦鶴女史寫於滬上
七月十五日
神州日報附送

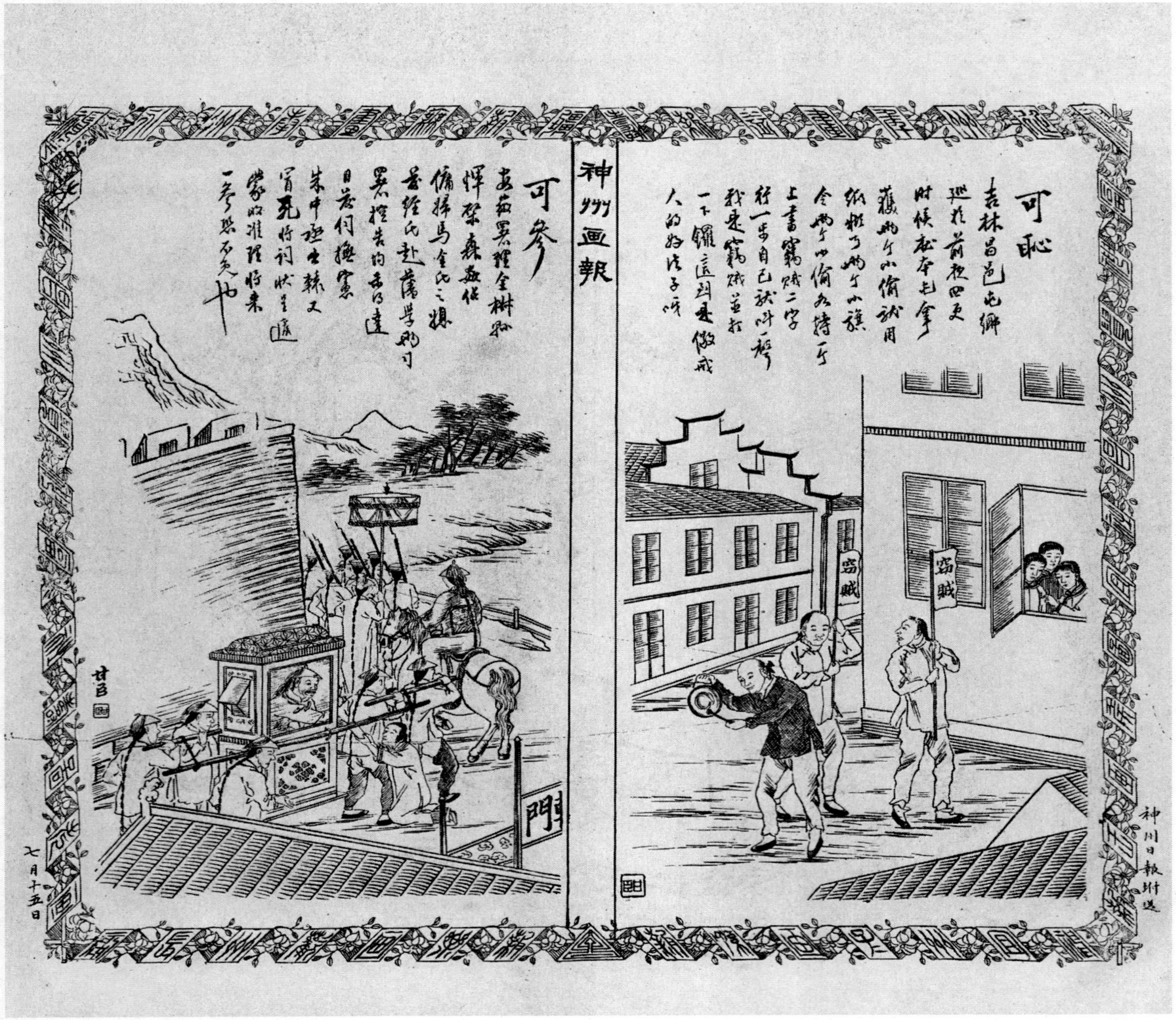
神州画報
可恥
吉林昌邑屯鄉
巡兵前夜四更
時候
獲兩个小偷就用
紙糊了兩个小旗
令兩个小偷各持一个
上書竊賊二字
行一步自己就叫一聲
我是竊賊並打
一下鑼這到是儆戒
人的好法子呀
竊賊
竊賊
可參
安徽署理全椒知
備換馬全氏之親
日前得撫憲
賞死將詞狀呈遞
一參恐不免也
門
七月十五日
神州日報附送

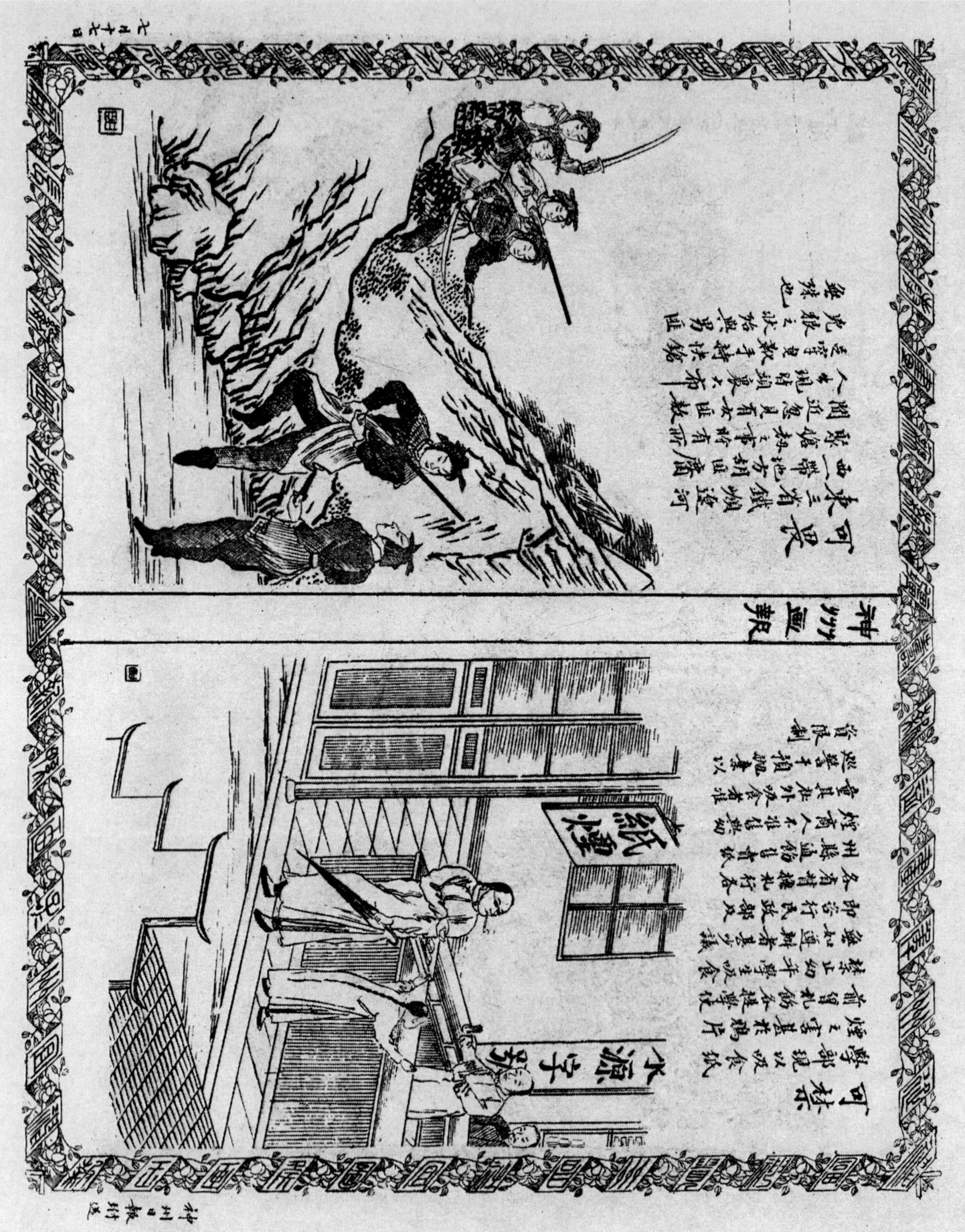
神州畫報
可禁
學部現以吸食紙
煙之害甚於鴉片
前曾札飭各提學使
禁止幼年學生吸食
無如遵辦者甚少議
即咨行民政部及
各省督撫札行各
州縣通飭售賣紙
煙商人不准售與幼
童其在外吸食者准
巡警干預概以
資限制
紙煙
水源字號
神州日報附送
可畏
東三省鐵嶺遼河
西一帶地方胡匪嘯
聚搶劫之事時有所
聞近忽見有女匪數
人出現皆頭裹大布
足穿皂靴手持快鎗
兇狠之狀殆與男匪
無殊也
七月十七日

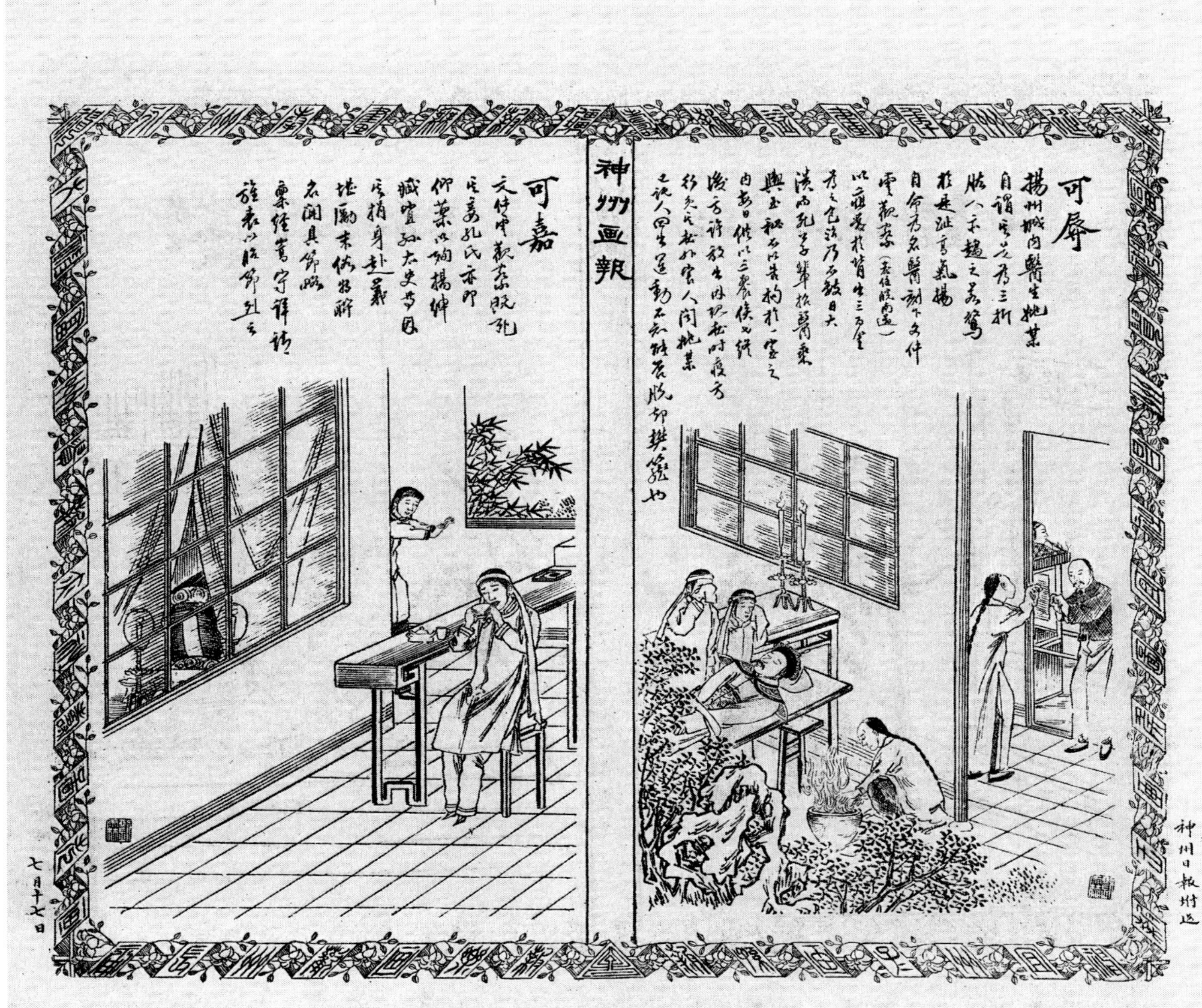
神州畫報
可辱
可嘉
七月十七日
神州日報附送

神州画報
監生弑叔之駭聞（湖北）
詳見本報十五日湖北要聞欄內
官場之活劇（十三）
私相受授（星）
查驗所
七月十七日
神州日報附送

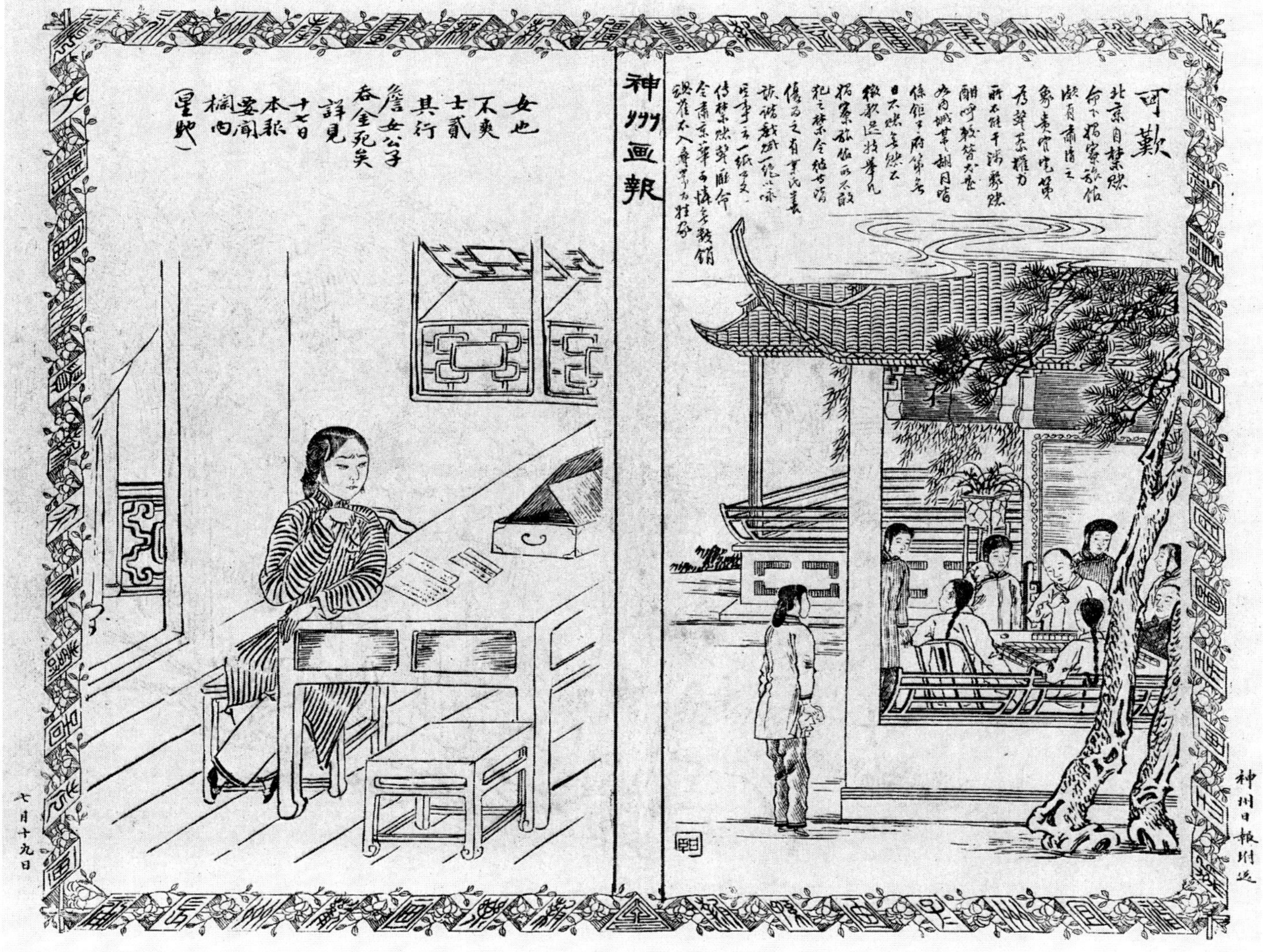
神州畫報
可歎
女也不爽士貳其行詹女公子吞金死矣詳見十七日本報要聞欄內
七月十九日
神州日報附送

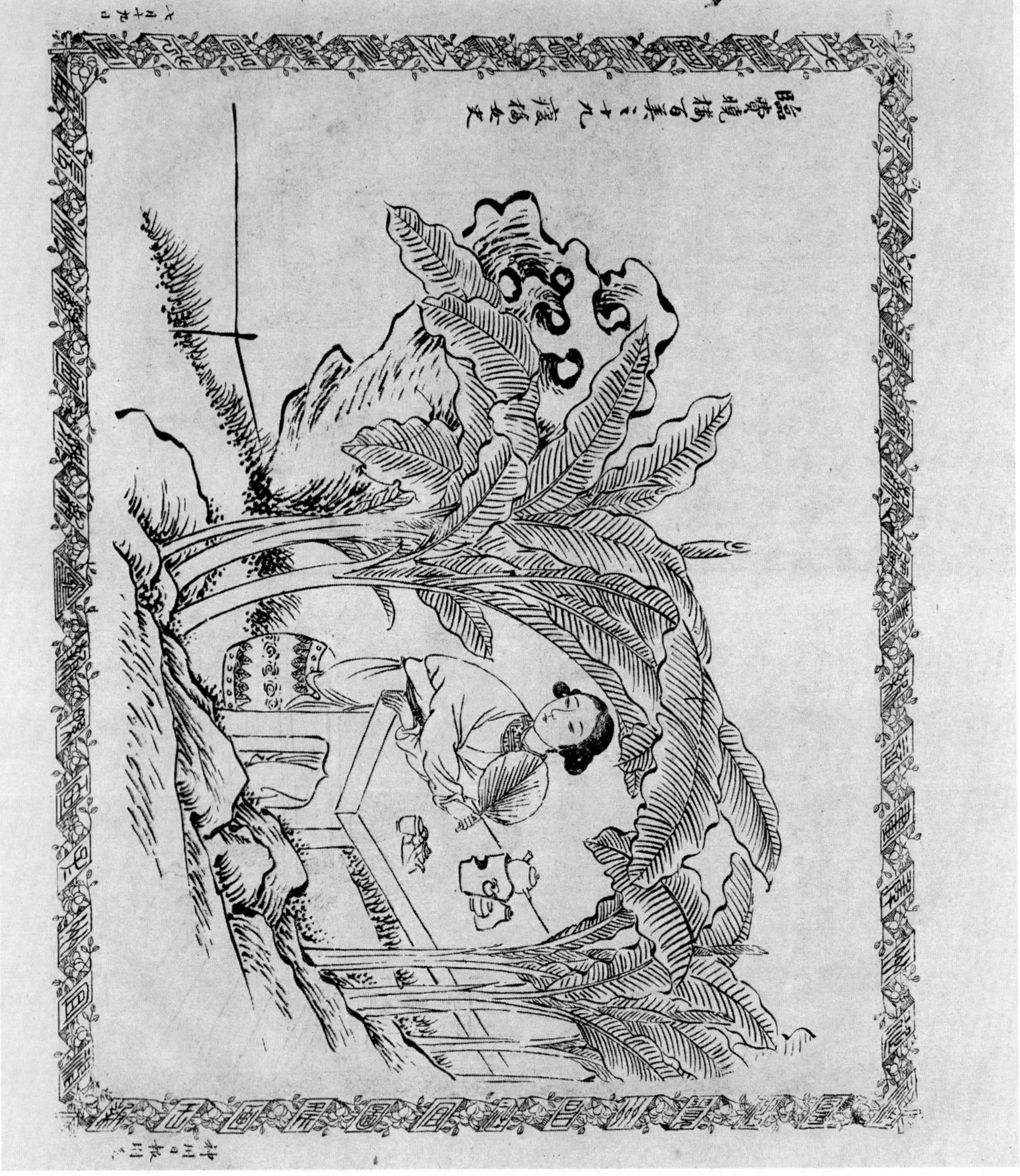

出奇制勝
廣東河南大塘鄉
素為盜藪捕獲不
易日前廣協左營
呂都司率同二十二營管
帶黃紹華河南洲
劉啟芳親往圍捕先用艇
載彩輿儀仗各物裝作親迎
至彩村涌口上岸以彩輿
藏軍械以弁勇扮人夫
沿途觀者咸以為附近娶
親各匪不以為意忽鳴
礮一聲將儀仗棄置路
旁分頭搜捕遂將某
匪李鬍鬚等拿獲
數名身上均有洋槍
回明儀仗多為匪所燬
人亦莫不稱笑矣
甘昌作
七月十九日
神州日報附送

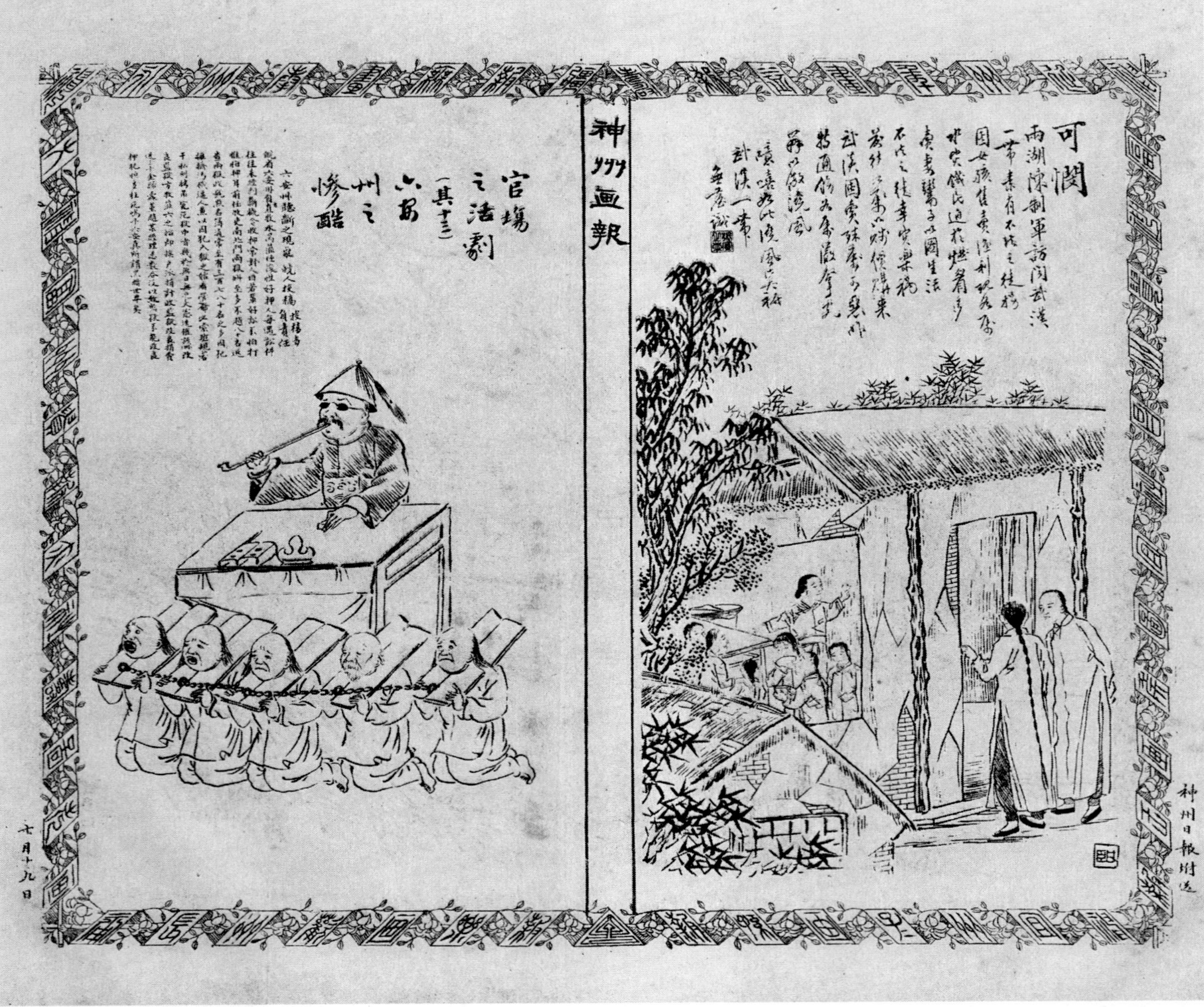
神州畫報
官場之活劇（其十三）
六扇門之慘酷
可憫
七月十九日
神州日報附送

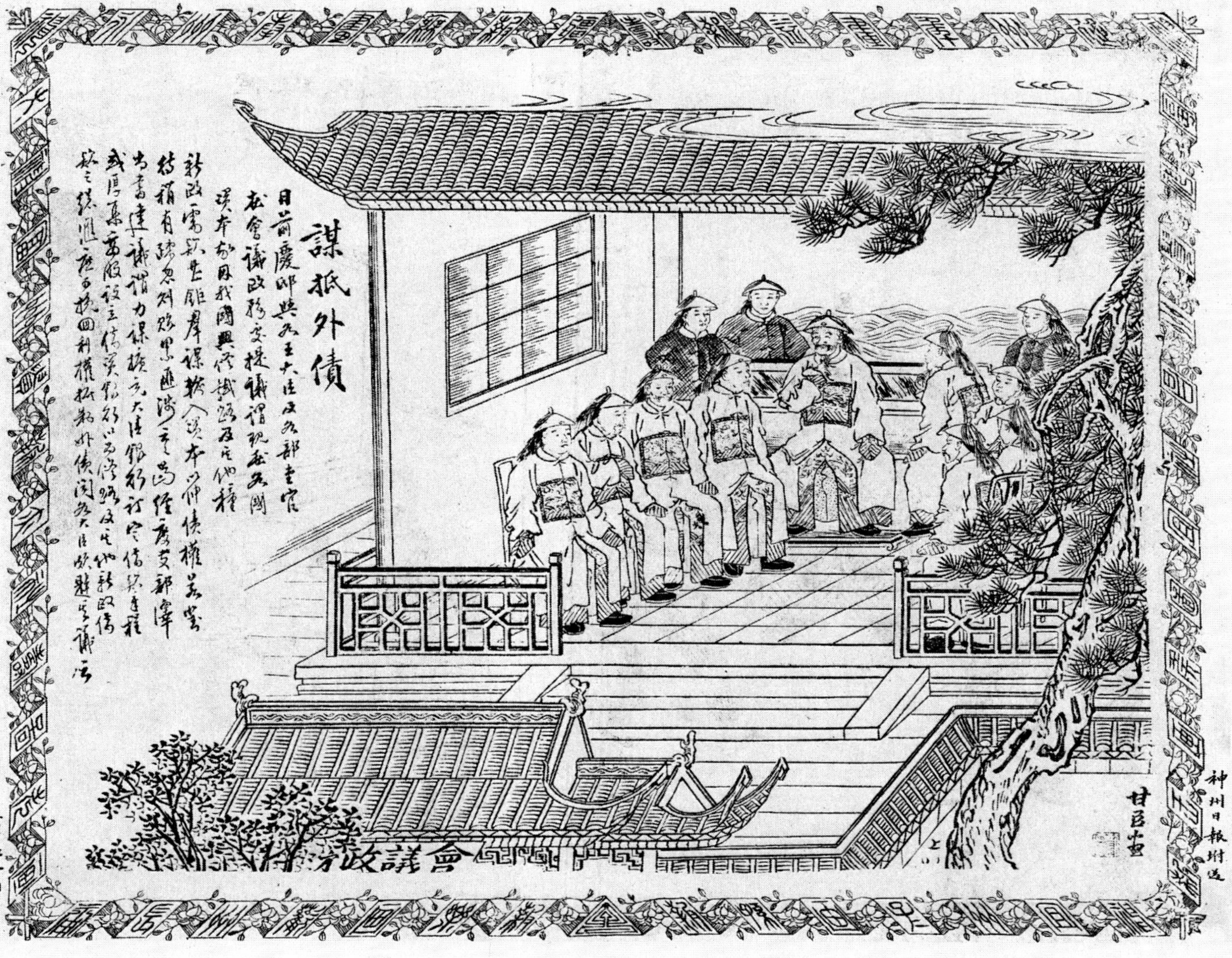

謀抵外債
日前慶邸與各王大臣及各部堂官
在會議政務處提議謂現在各國
會議政務處
七月廿一日
神州日報附送

惟女子與小人爲難養也
詳見二十一日本報新聞欄內（畫）
詩禮傳家
神州畫報
官場之活劇（十四）
令槓書報勸洗澡費
參看十九日本報如是我聞
七月廿一日
神州日報附送

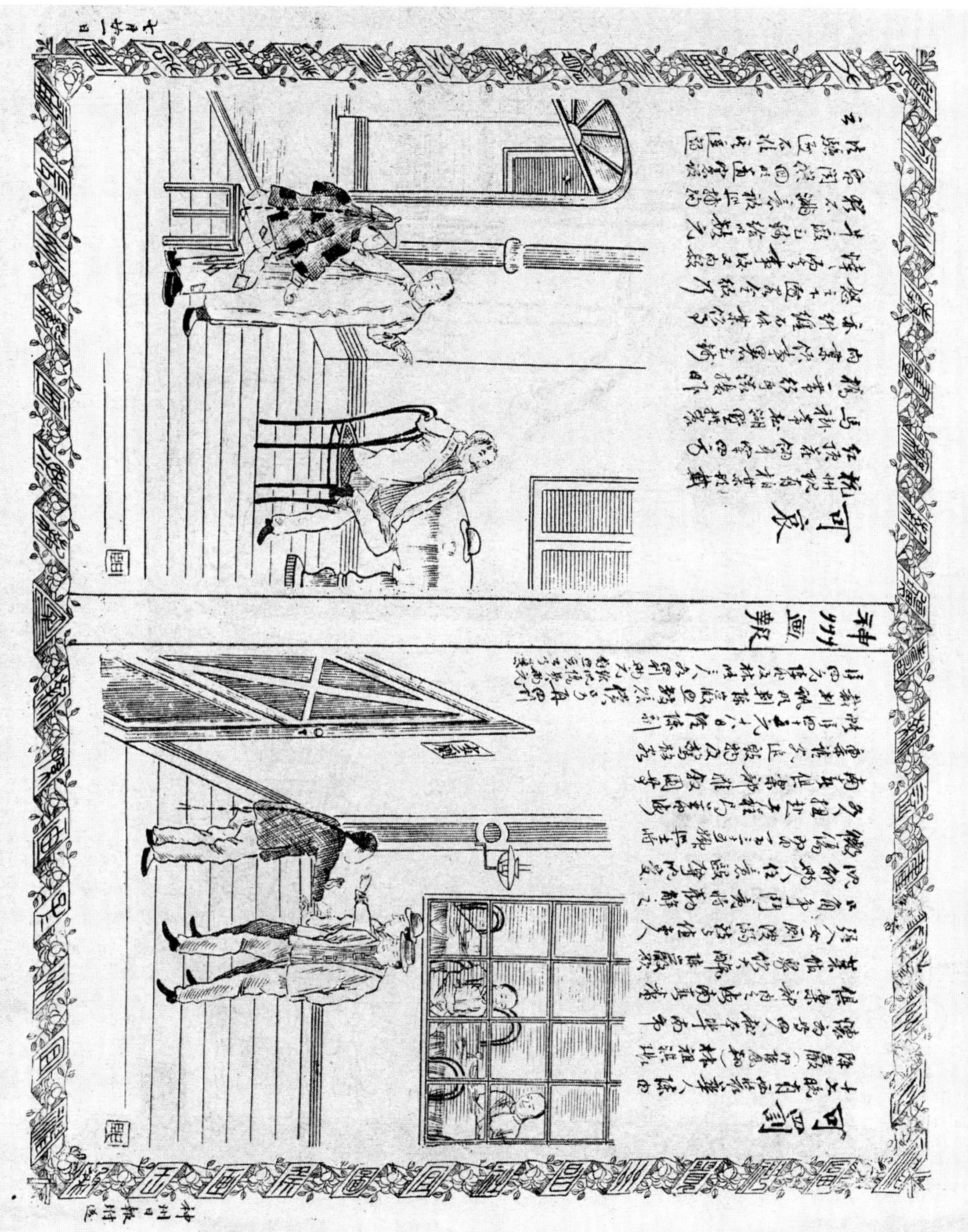
可哀
可罰

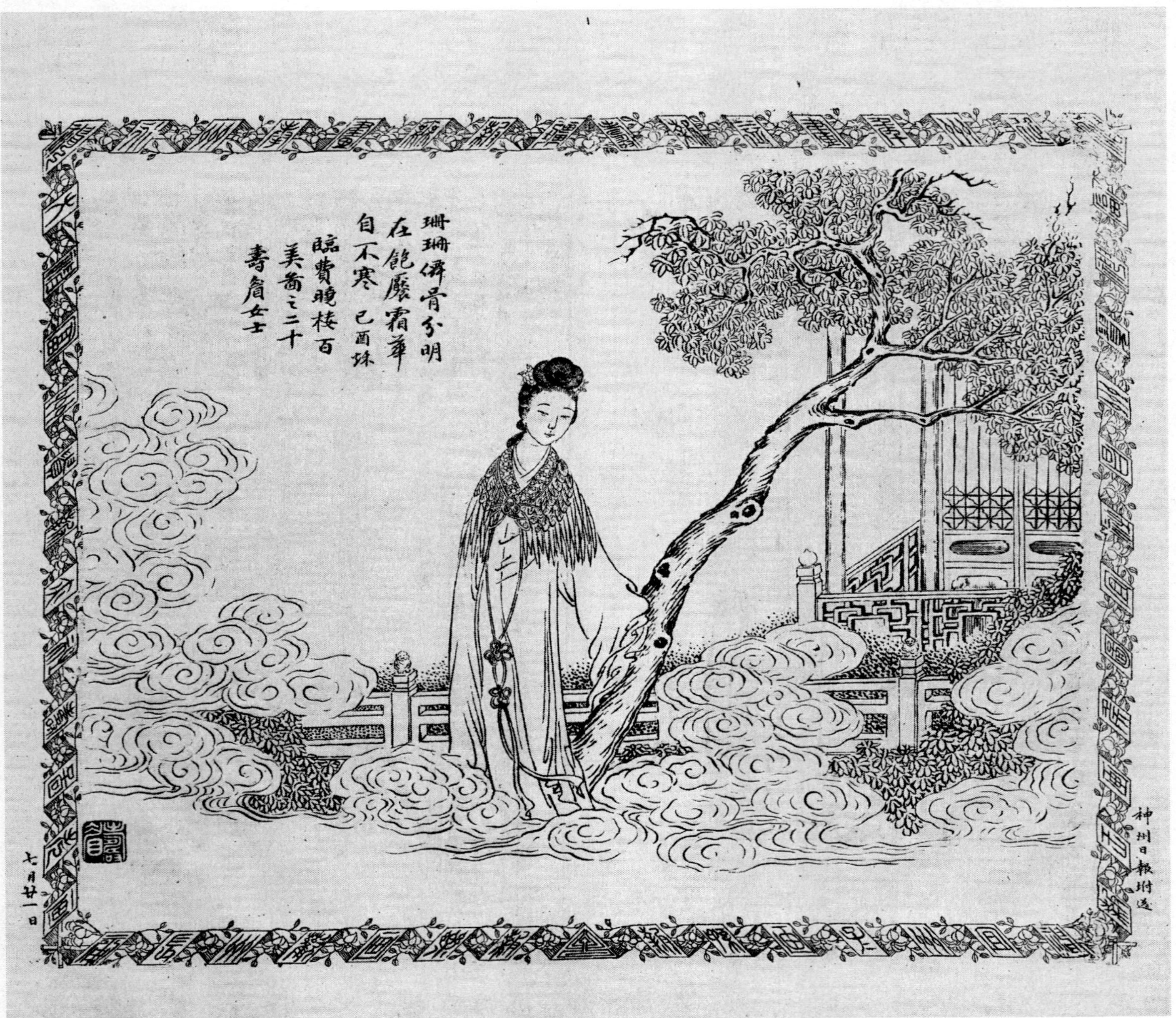
珊珊俠骨分明
在飽饜霜華
自不寒 己酉秋
臨費曉樓百
美畫之二十
壽眉女士
七月廿一日
神州日報附送

學書無用學
耕田嫁個
牽牛不足
憐郎自牽
牛儂織錦不
勞糜費買
書錢
臨費曉樓百美
圖之二十一
瘦着女史
神州日報附送
七月廿三日

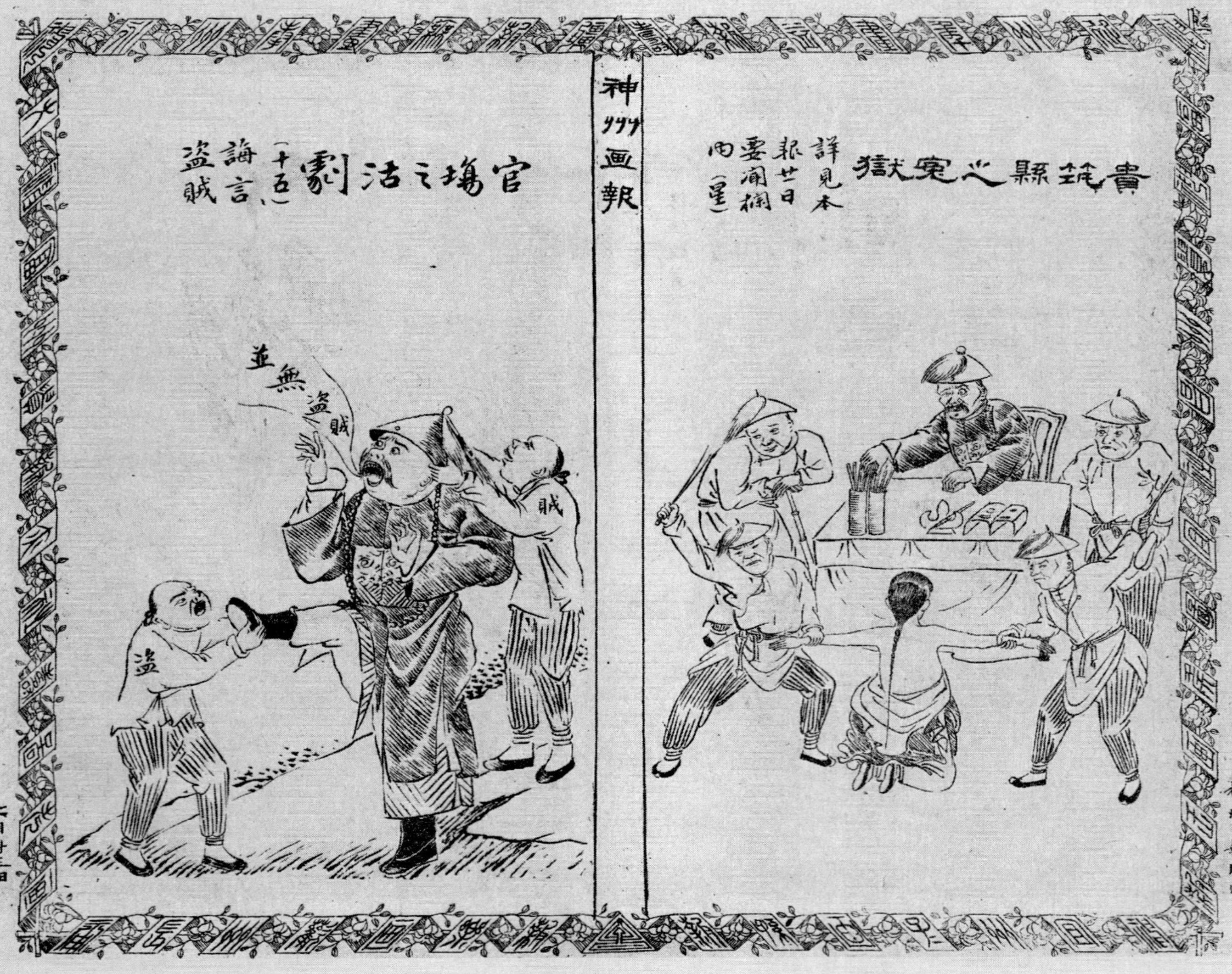
神州画報
貴筑縣之冤獄
詳見本報廿日要聞欄內(呈)
官場之活劇(十五)
誨言盜賊
並無盜賊
盜
賊
七月廿三日
神州日報附送

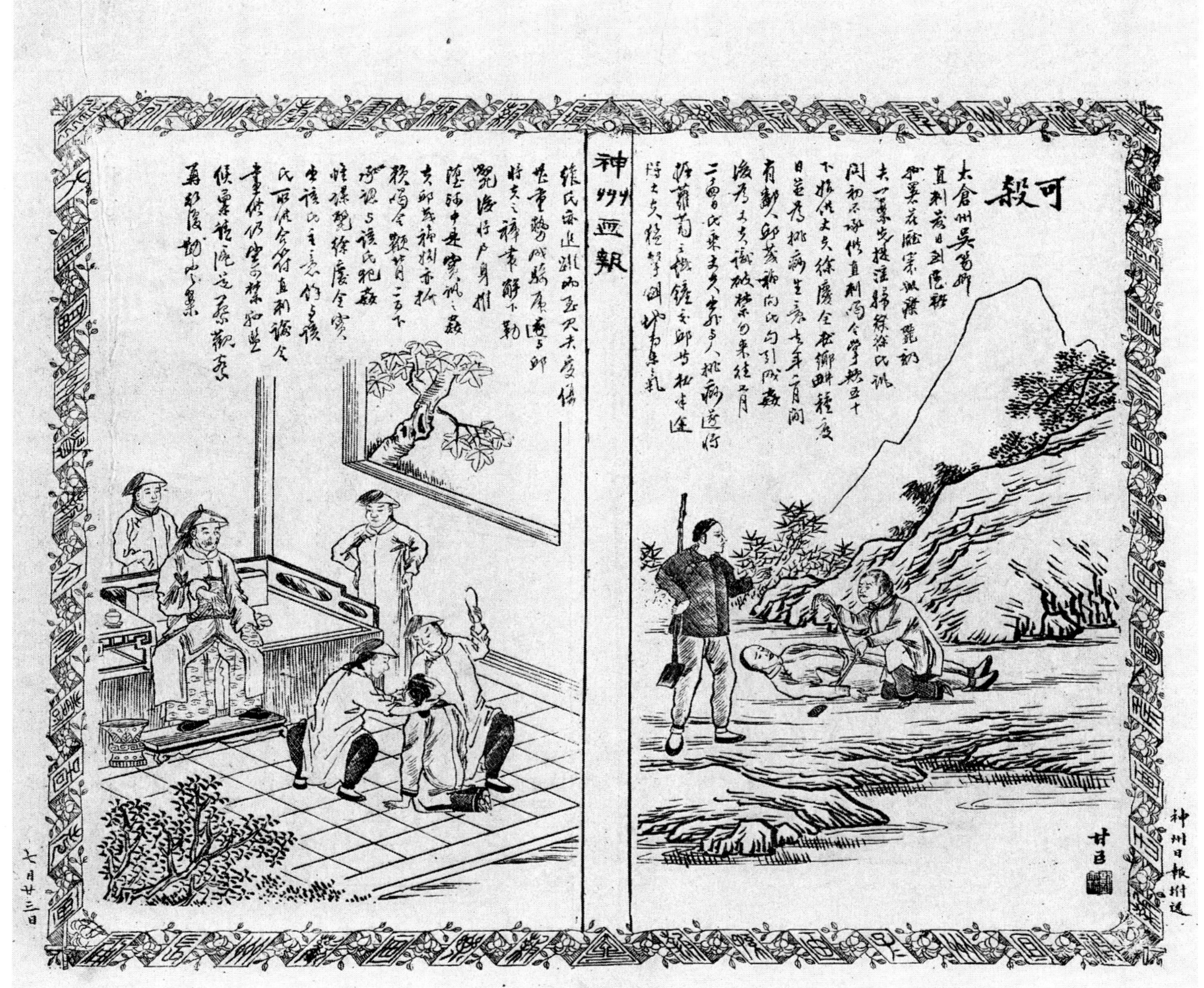
可殺
神州畫報
七月廿三日
神州日報附送

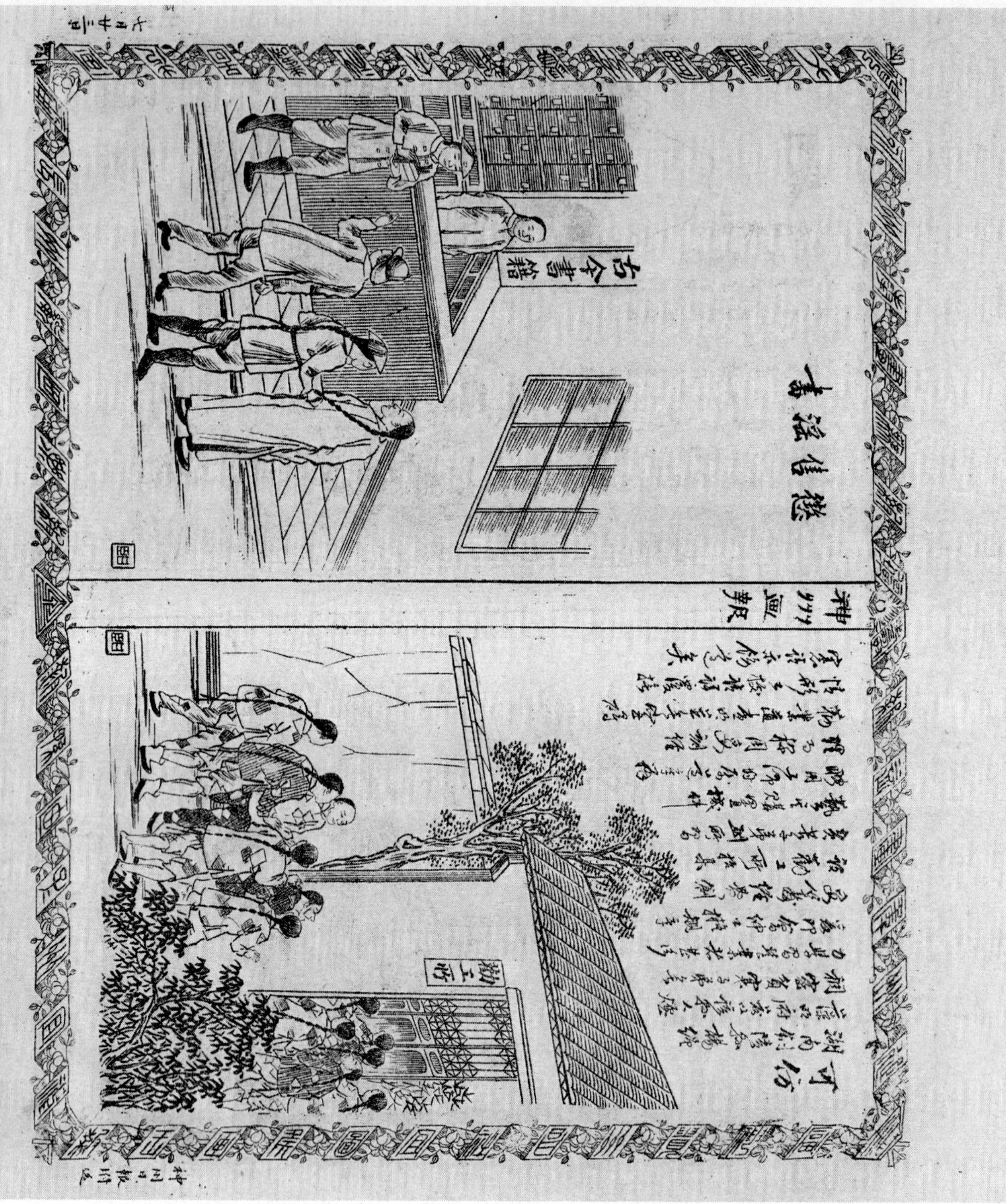

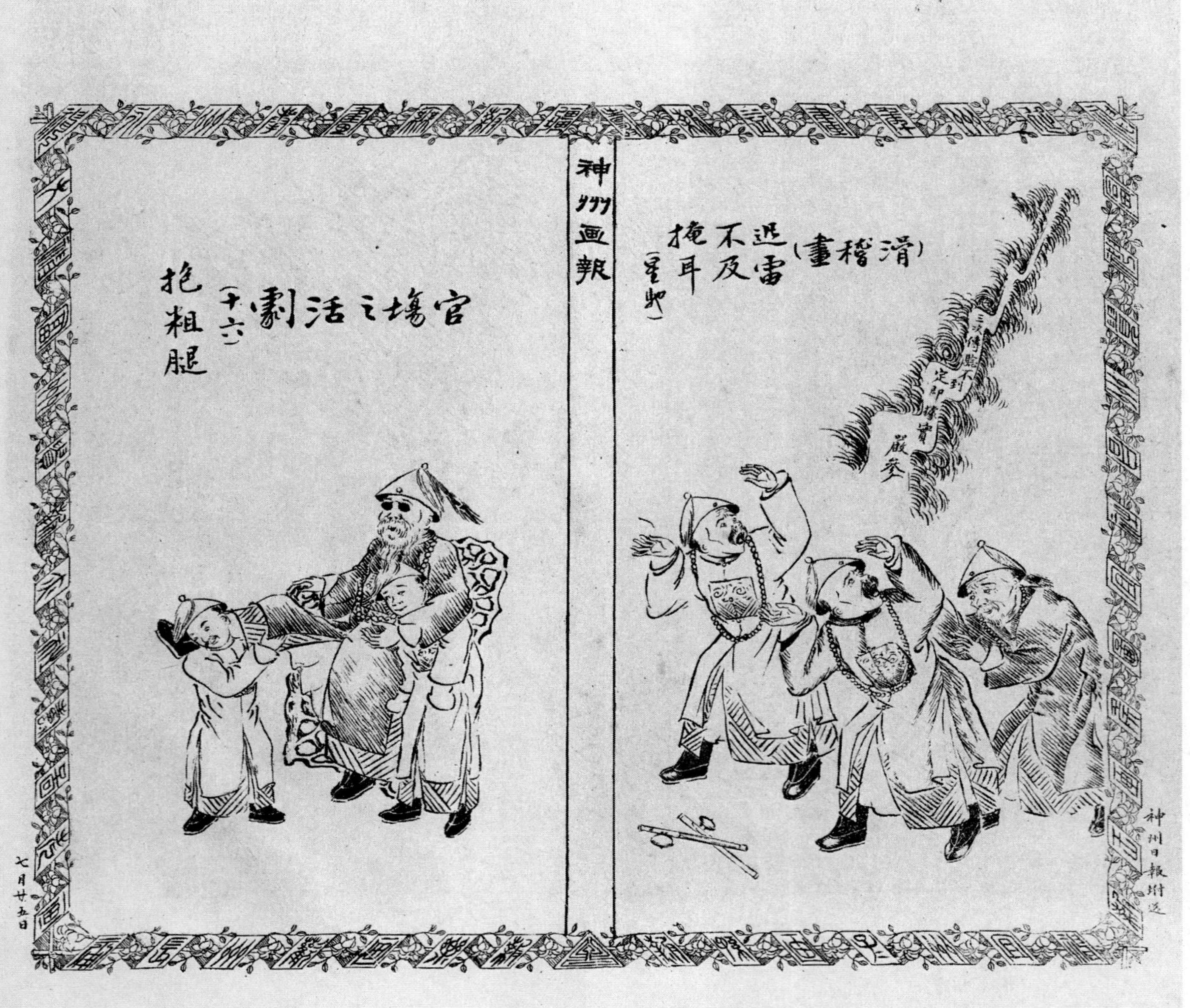
神州画報
官塲之活劇(十六)
抱粗腿
滑稽畫
迅雷不及掩耳
(星如)
七月廿五日
神州日報附送

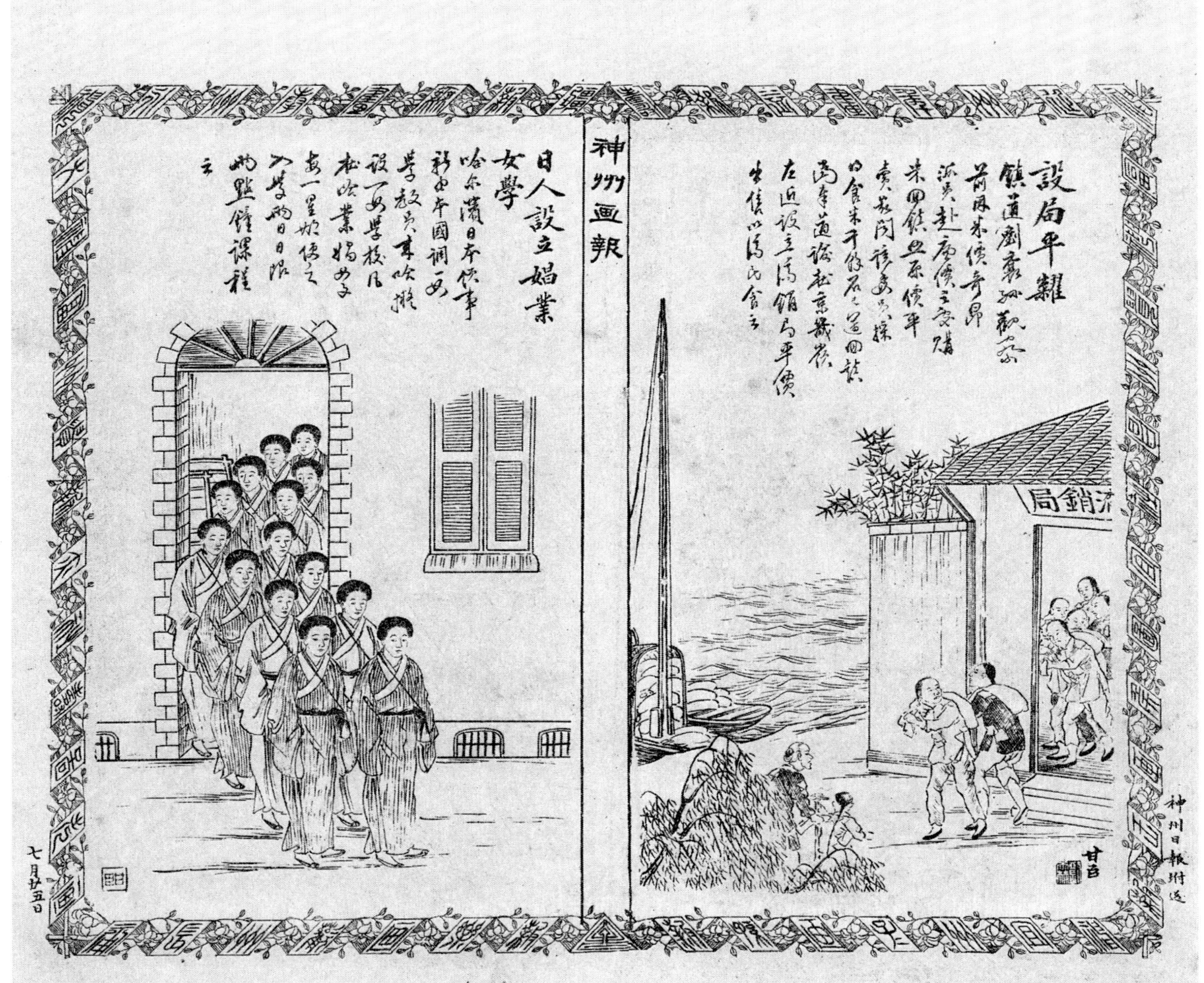
神州画報
日人設立娼業女學
設局平糶
七月廿五日
神州日報附送

神州畫報

夕陽花影靜黃昏
粒粒珠珠見淚痕
一自嶺南梅信少
更無人解賦長門
臨費曉樓百美之廿三
瘦鶴女史
七月廿七日
神州日報附送

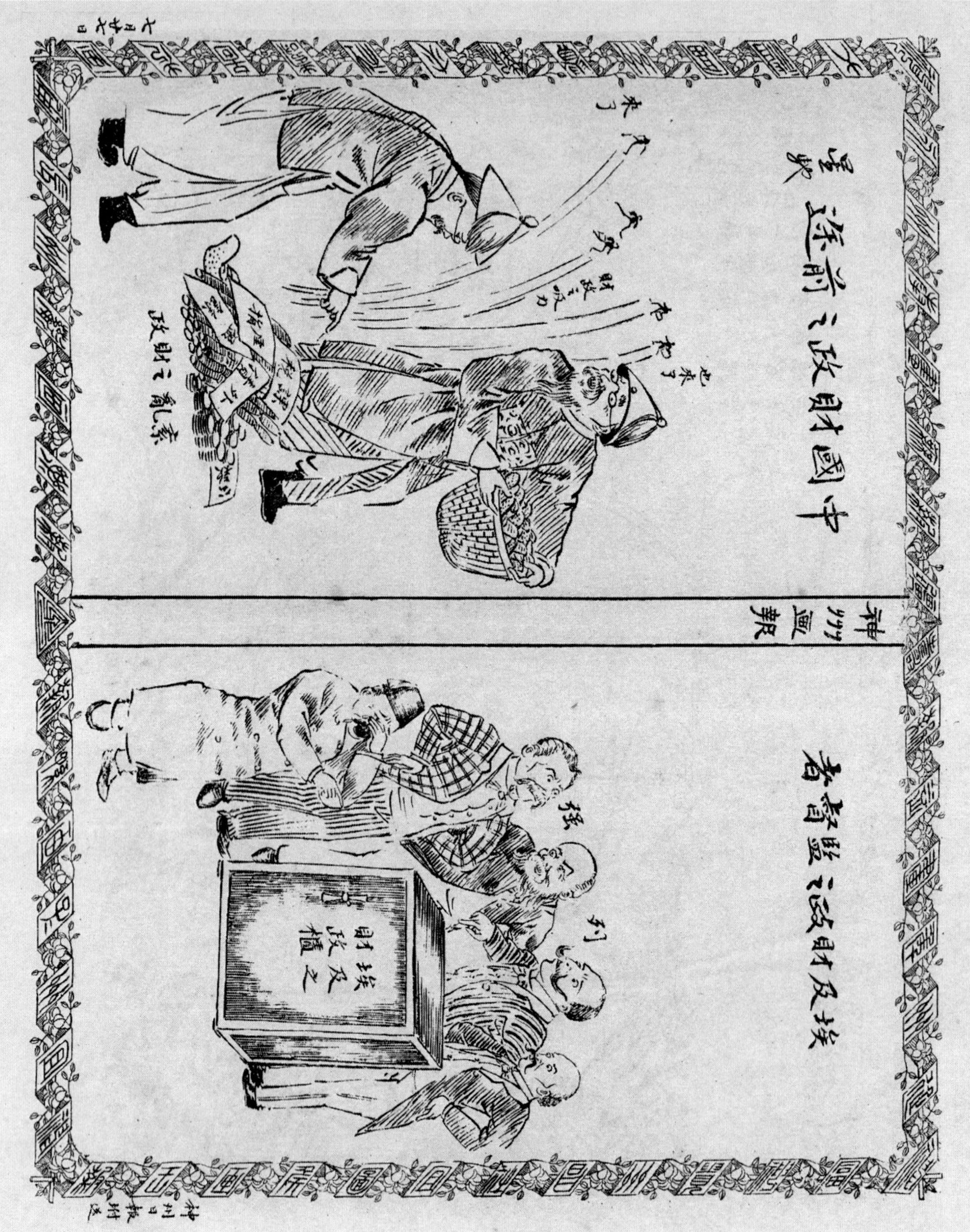

中國財政之前途
埃及財政之監督者
神州畫報

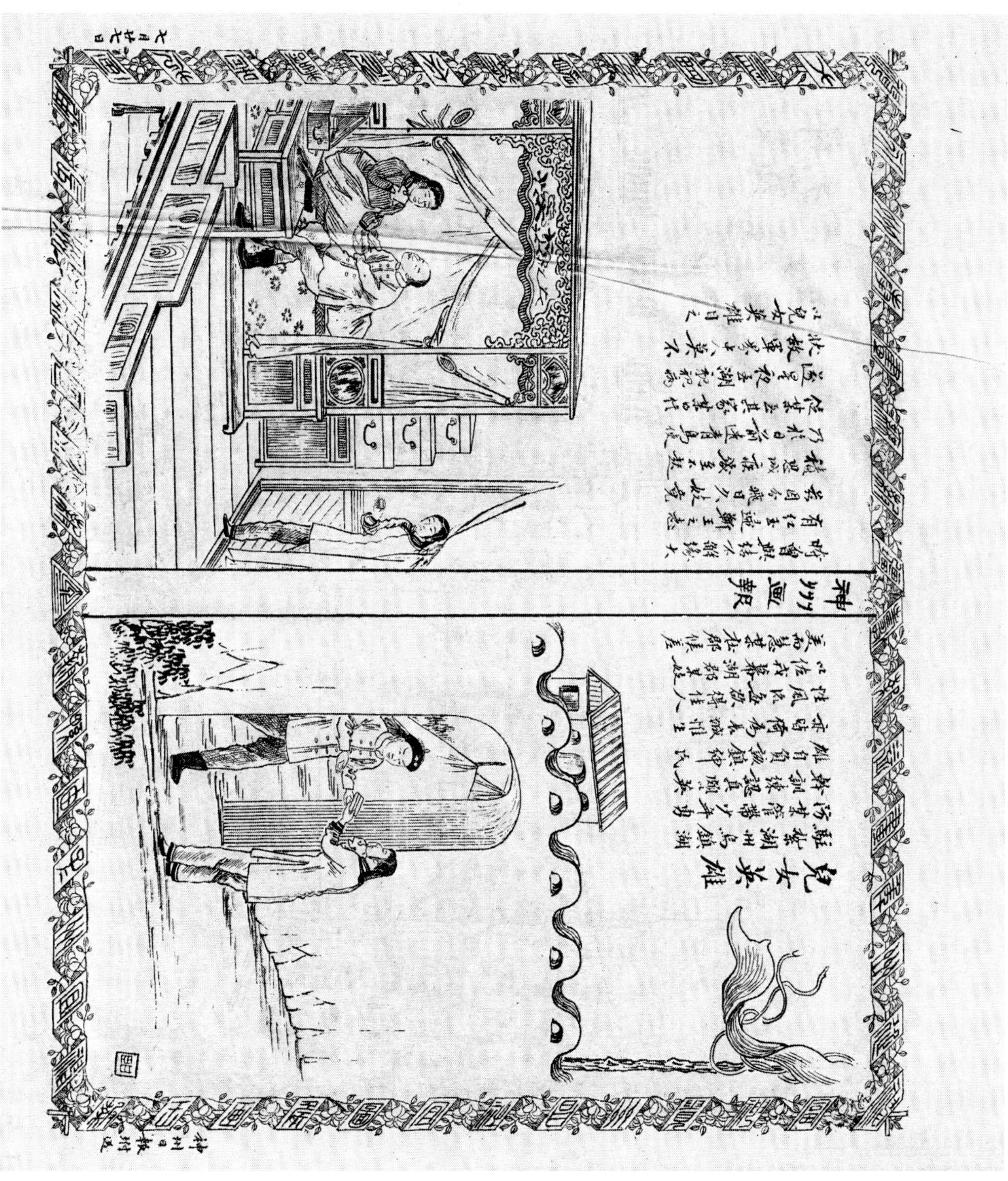
神州画報
兒女英雄

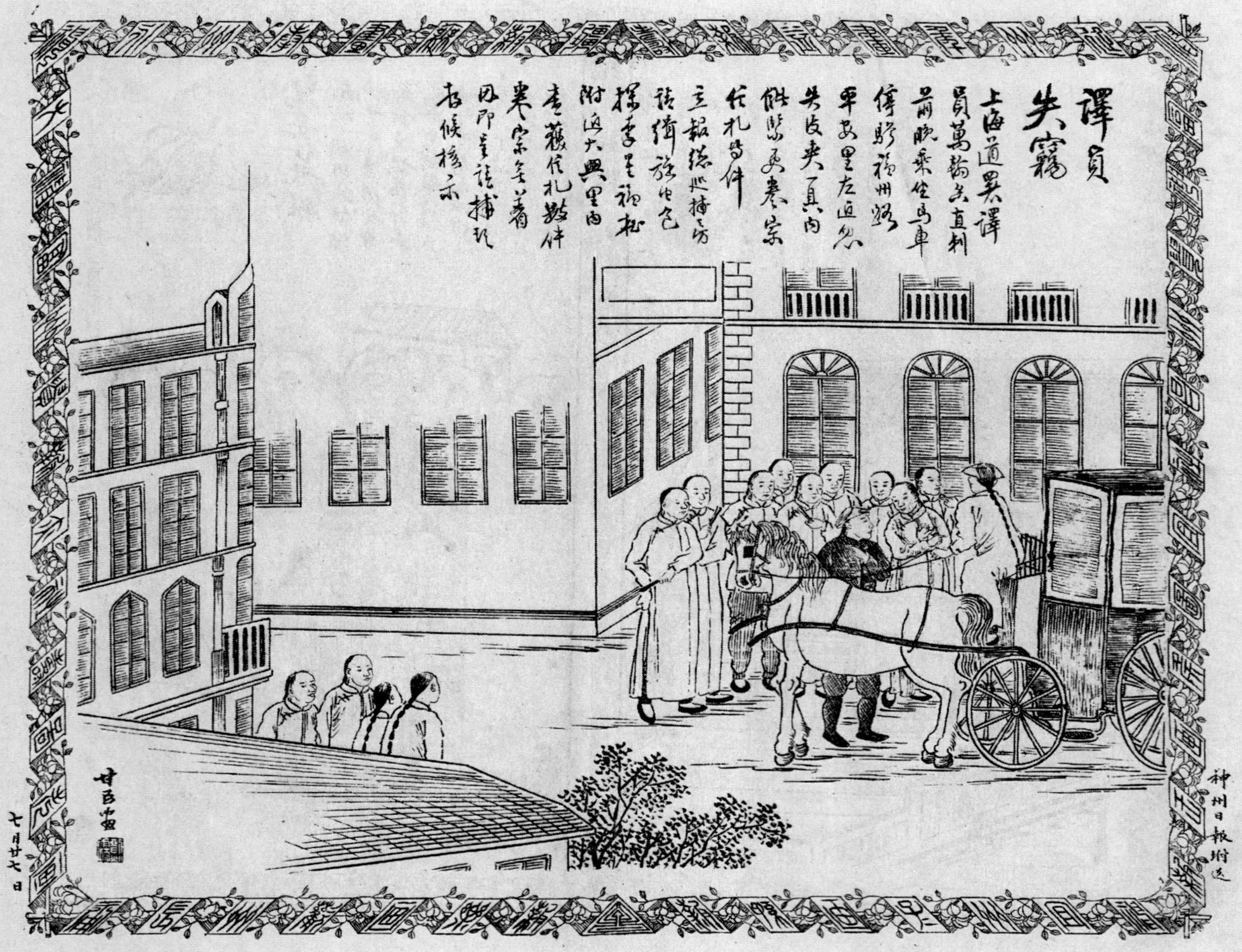
譯員失竊
上海道署譯員萬藹如直刺前晚乘坐馬車停駐福州路平安里左近忽失皮夾一具內鈔票及卷宗信札等件立報總巡捕房請飭探伙包探李星福於附近大興里內查獲信札數件卷宗全著因即呈請捕訊存候核示
甘臣畫
七月廿七日
神州日報附送

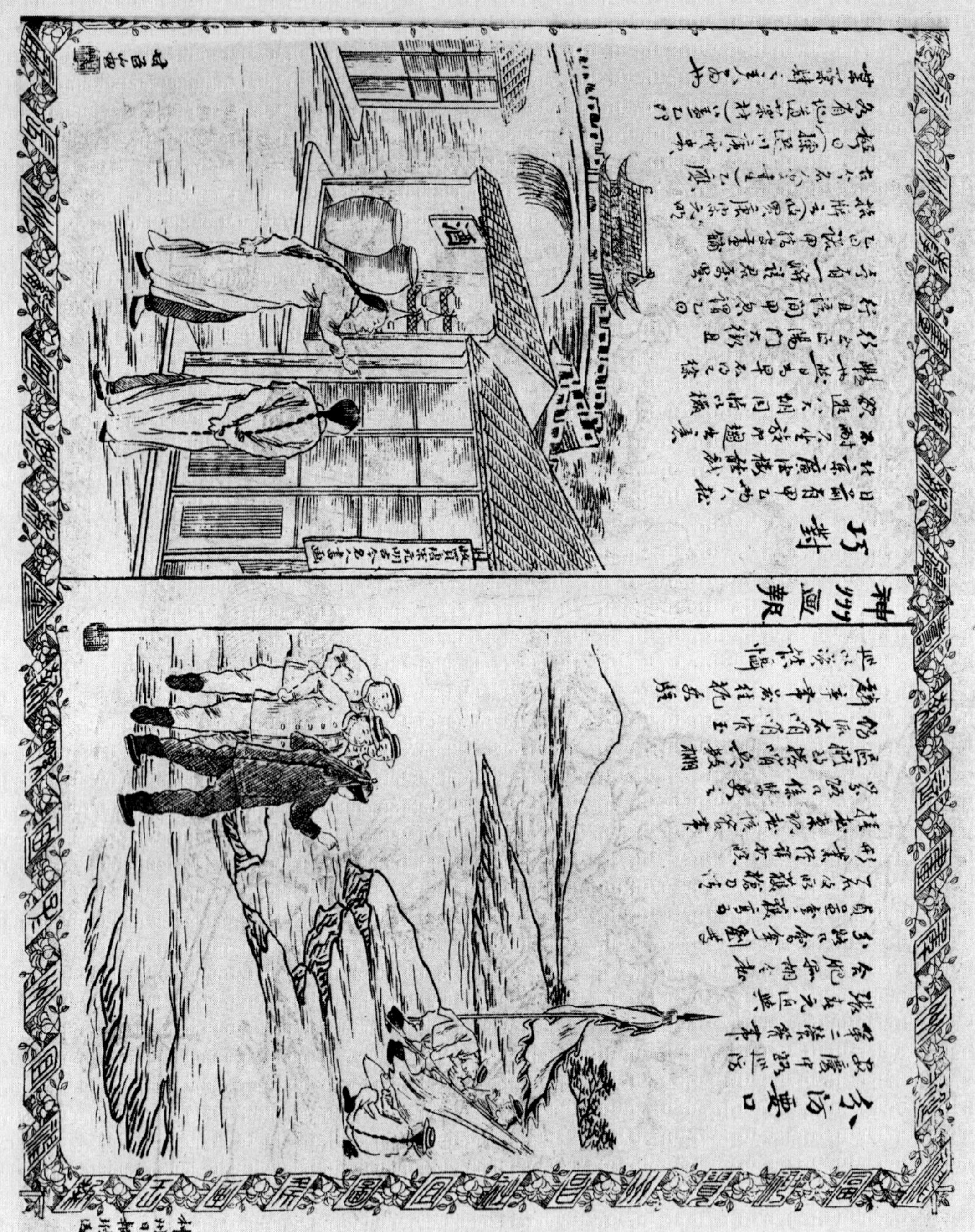

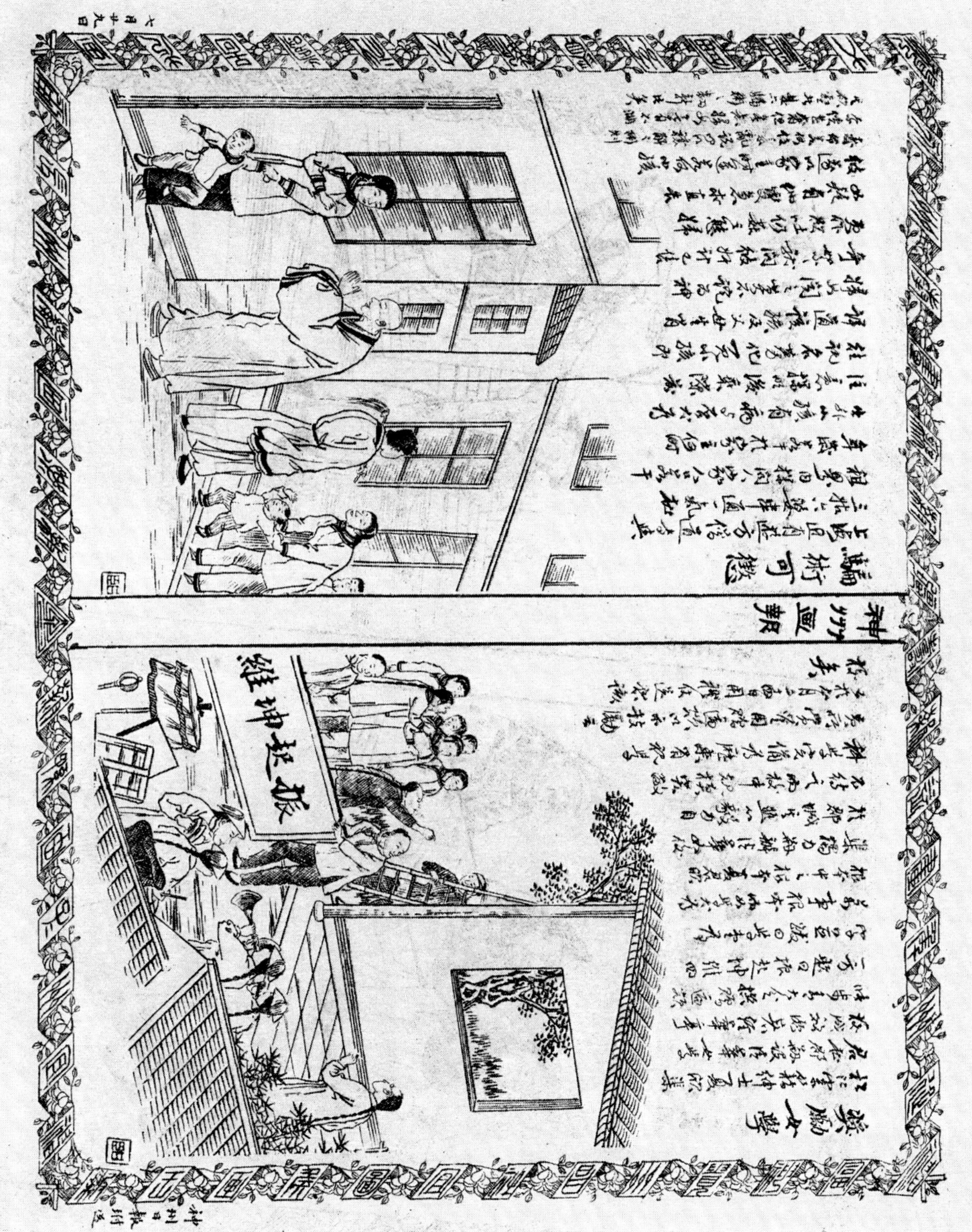
神州畫報
騙術可懲
獎勵女學
維坤起振

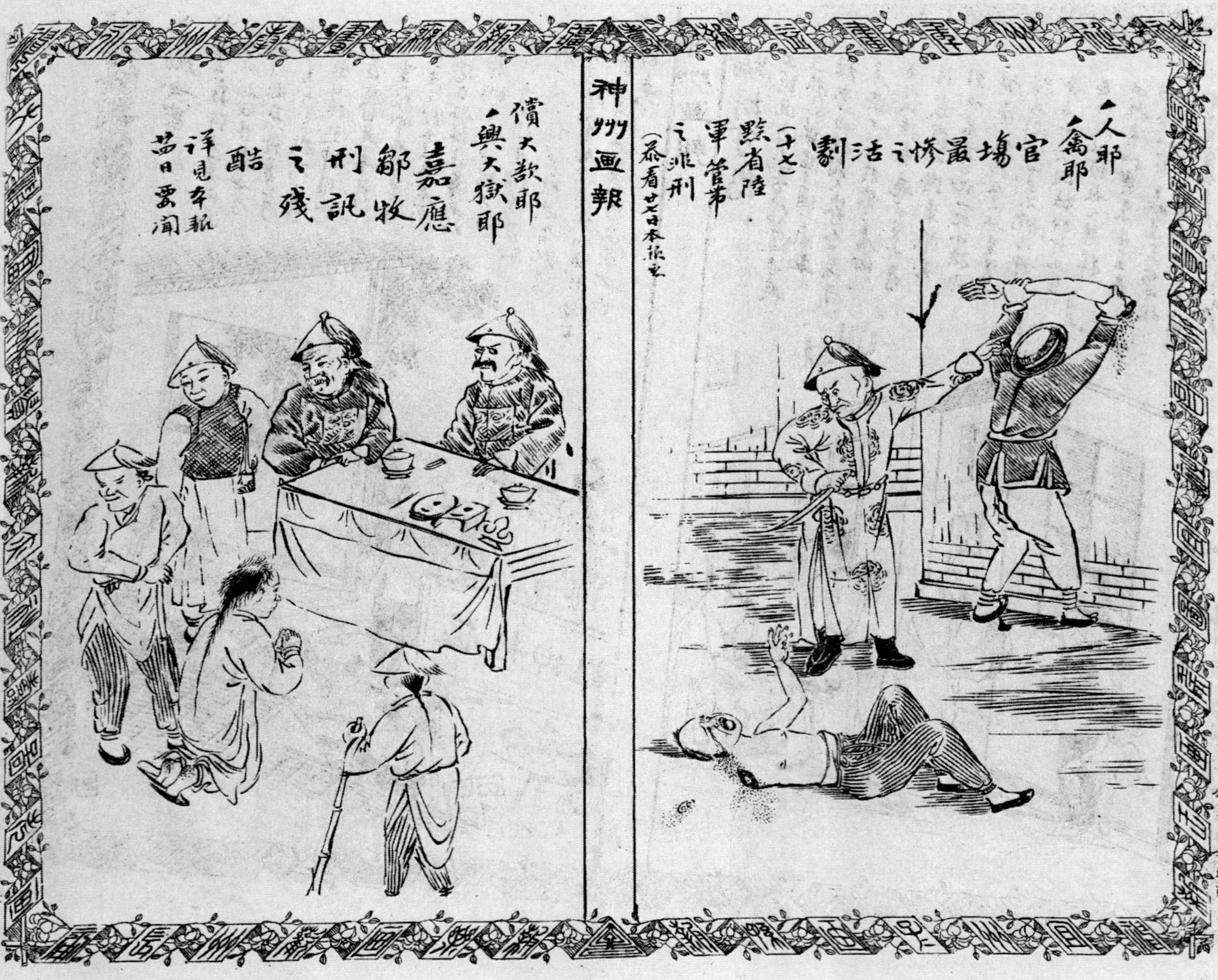
神州画報
人耶禽耶
官場最慘之活劊
黔省陸軍管帶之非刑
(十七)
(參看廿七日本報記)
瀆大款耶 興大獄耶
嘉應鄒牧刑訊之殘酷
詳見本報昔日要聞
七月廿九日
神州日報附送

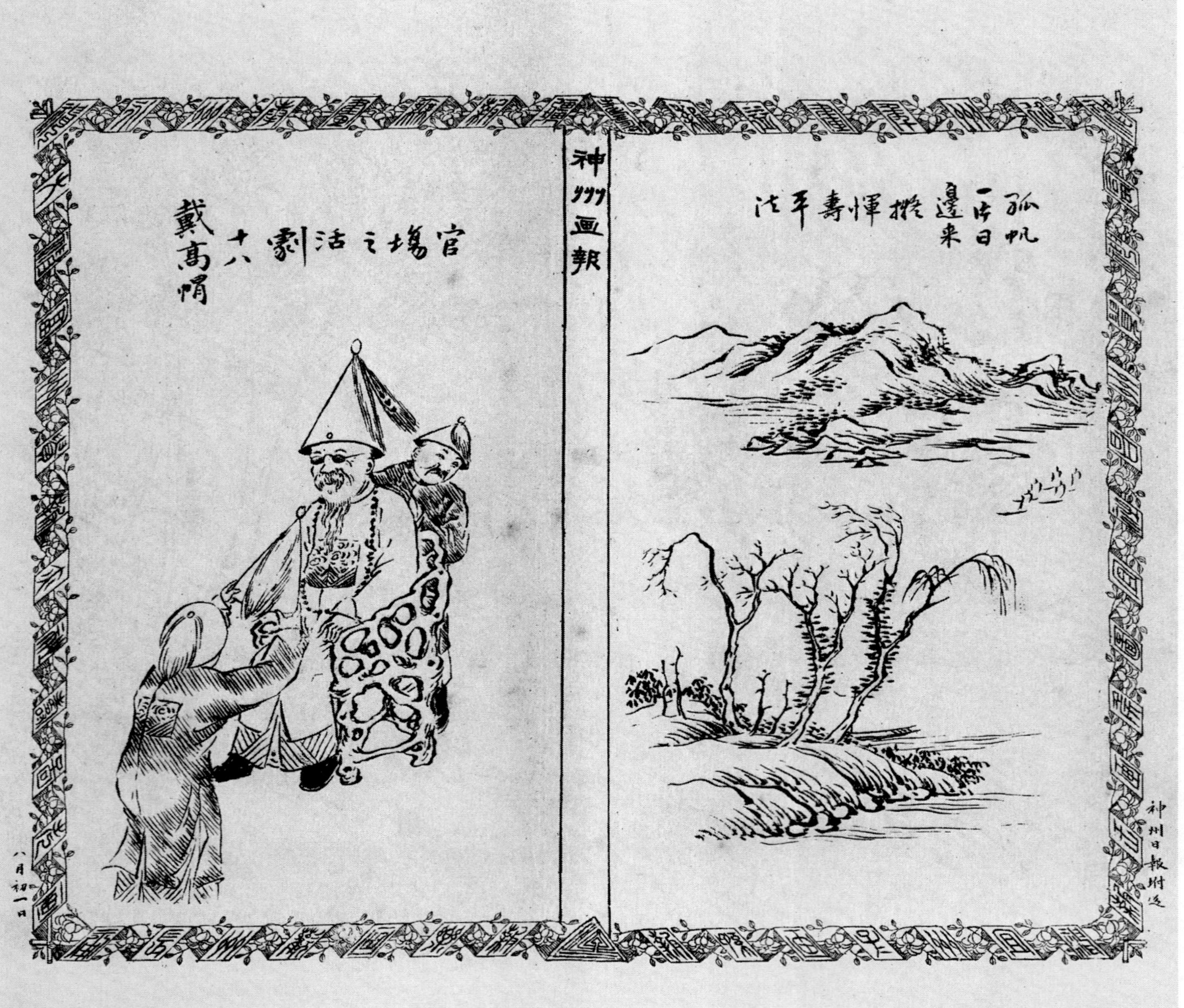
神州画報
官場之活劇 十六
戴高帽
孤帆一片日邊來
撫惲壽平法
八月初一日
神州日報附送

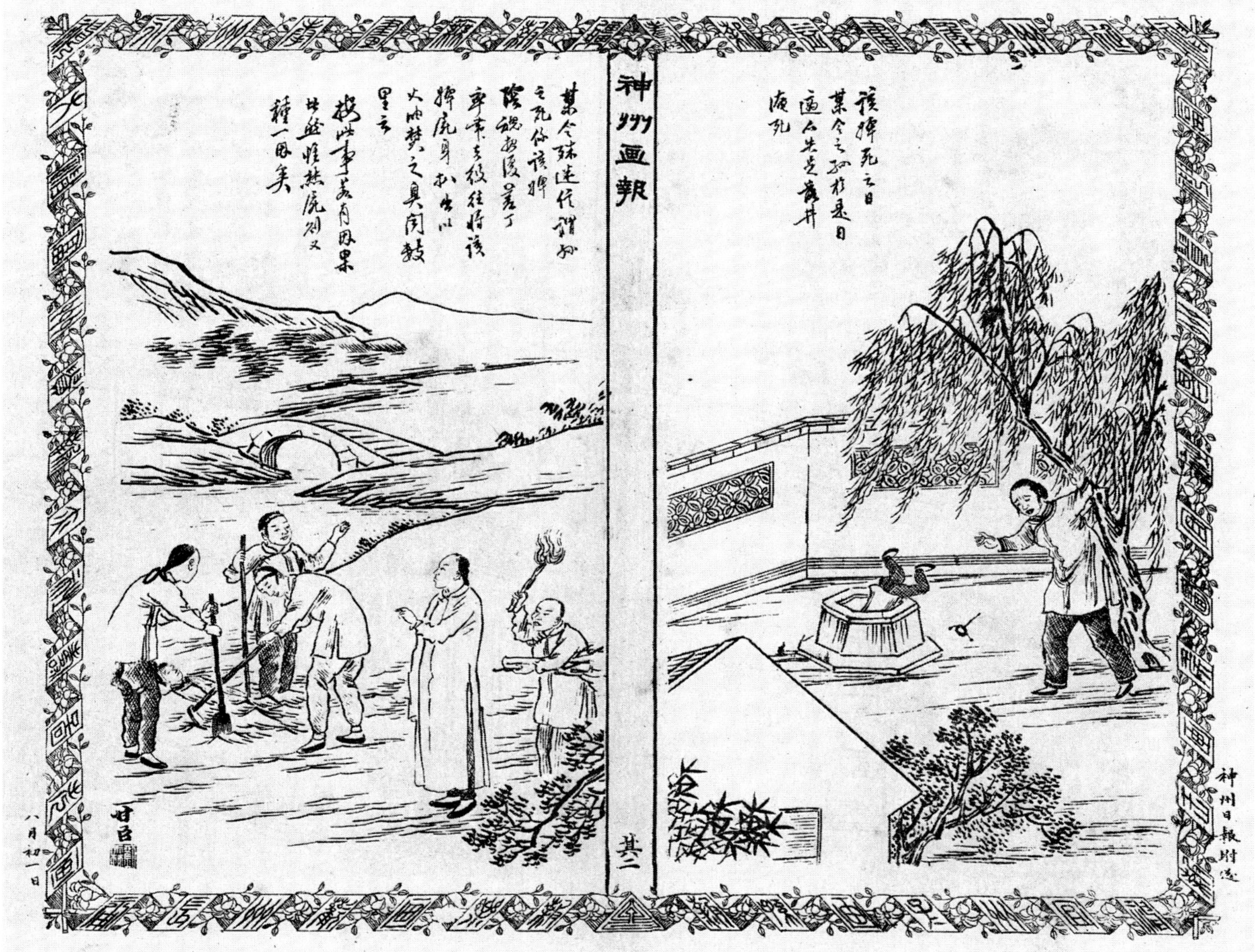
神州畫報
該婢死之日
某令之孫於是日
適亦失足墮井
溺死
某令殊迷信謂孫
之死係該婢
陰魂報復着丁
率常吏役往將該
婢屍身取出以
火燒焚之真閙鼓
里云
按此事義有因果
然盜雖然屍則又
種一因矣
其二
八月初一日
神州日報附送

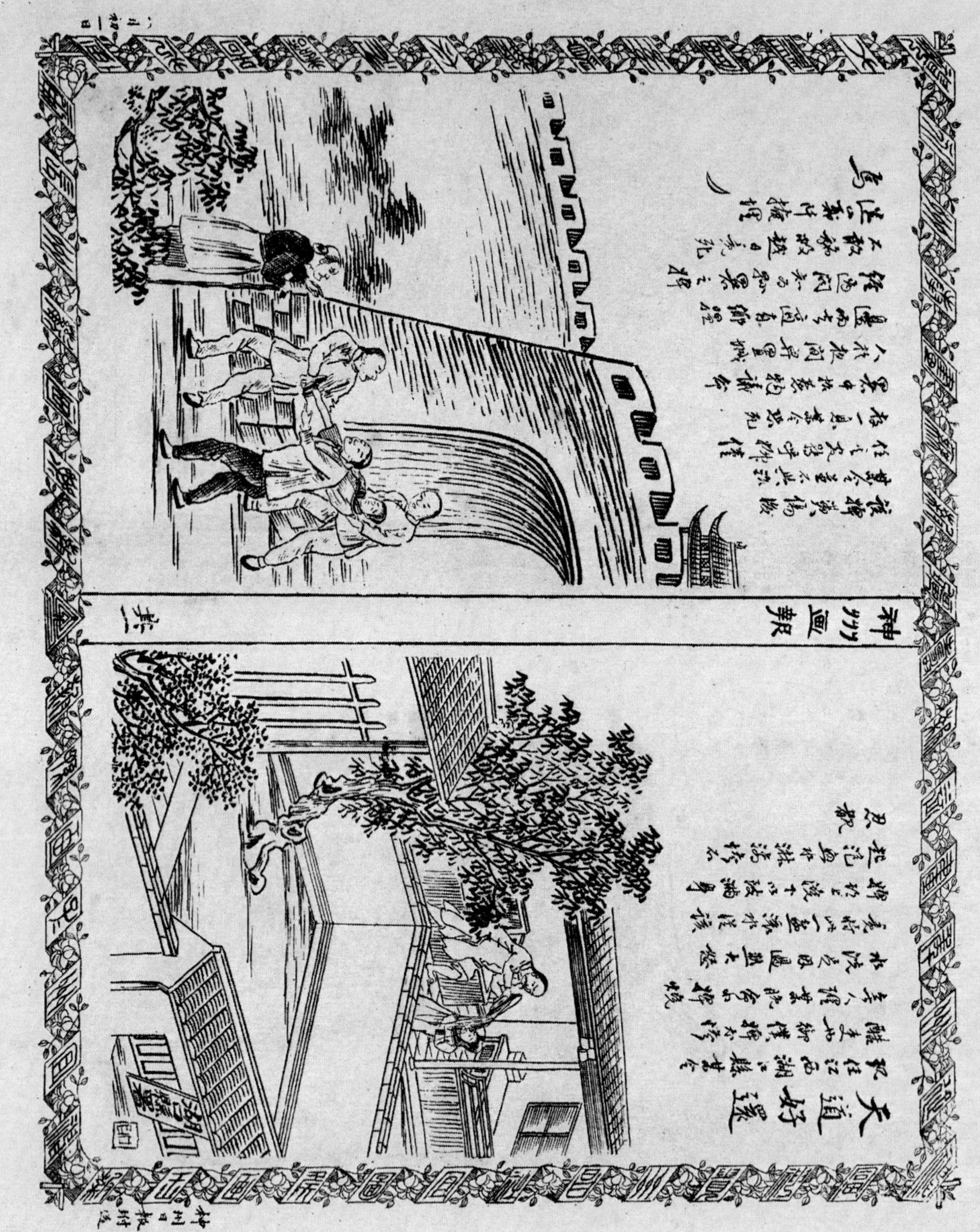
天道好還
神州画報

西施昔日
浣紗津石
上青苔思
殺人一去姑
蘇不復返
岸傍桃李
為誰春
臨費曉樓
百美之二十六
瘦眉女史
八月初三日
神州日報附送

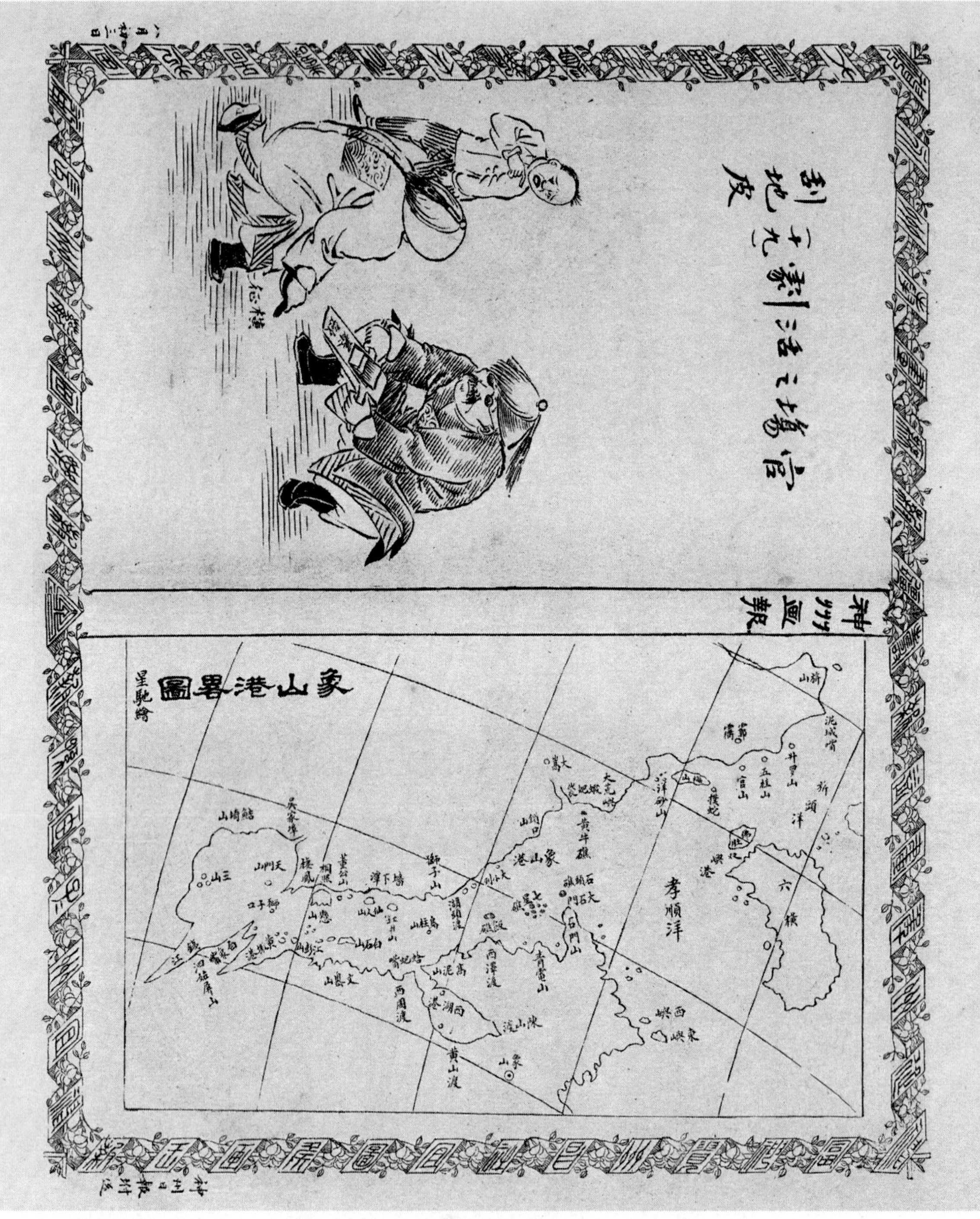
神州畫報
象山港略圖
星馳繪
孝順洋

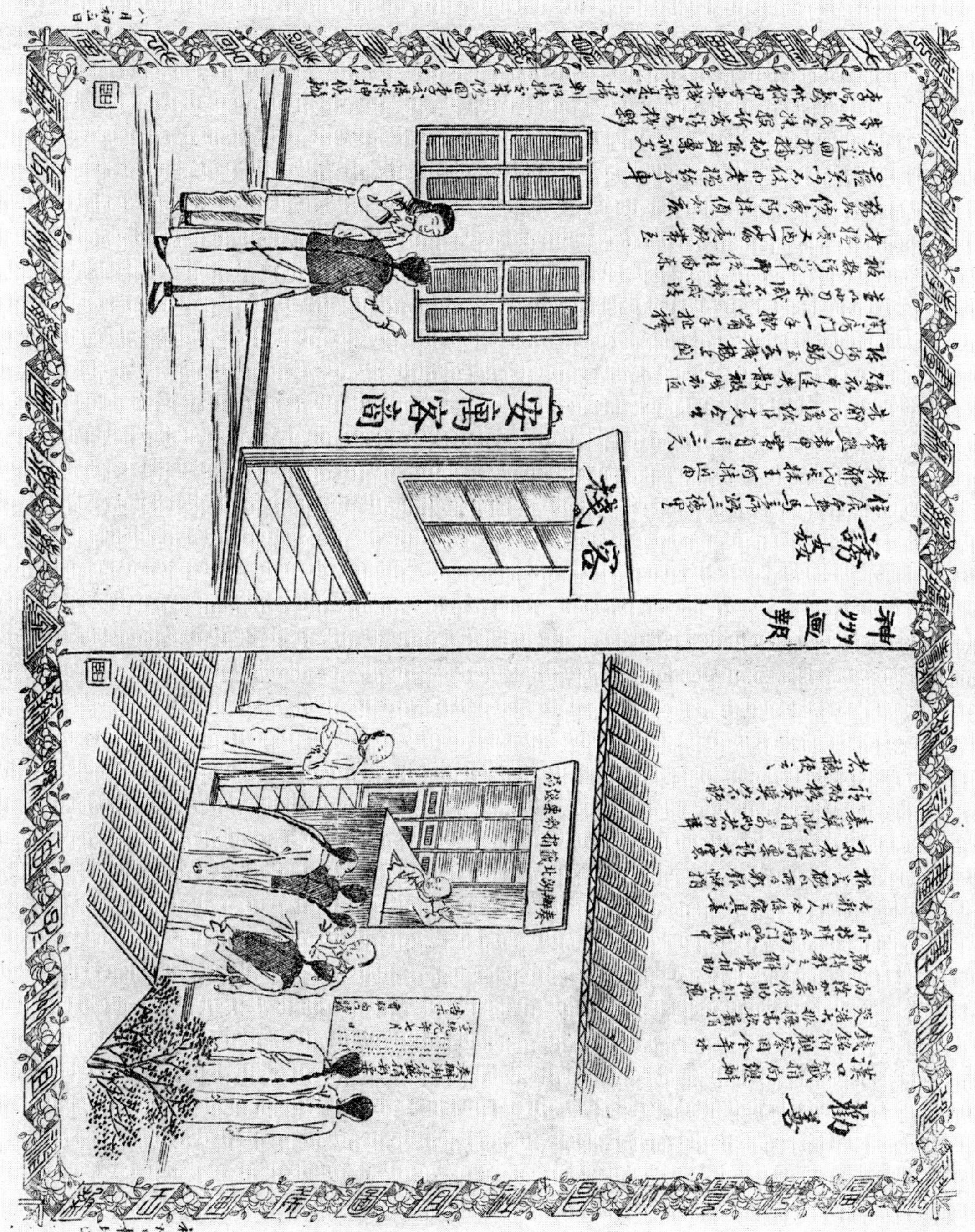

王爺閱操
八月初三日
神州日報附送

臨黄觀樓
百美畫之
二十七
瘦眉女史

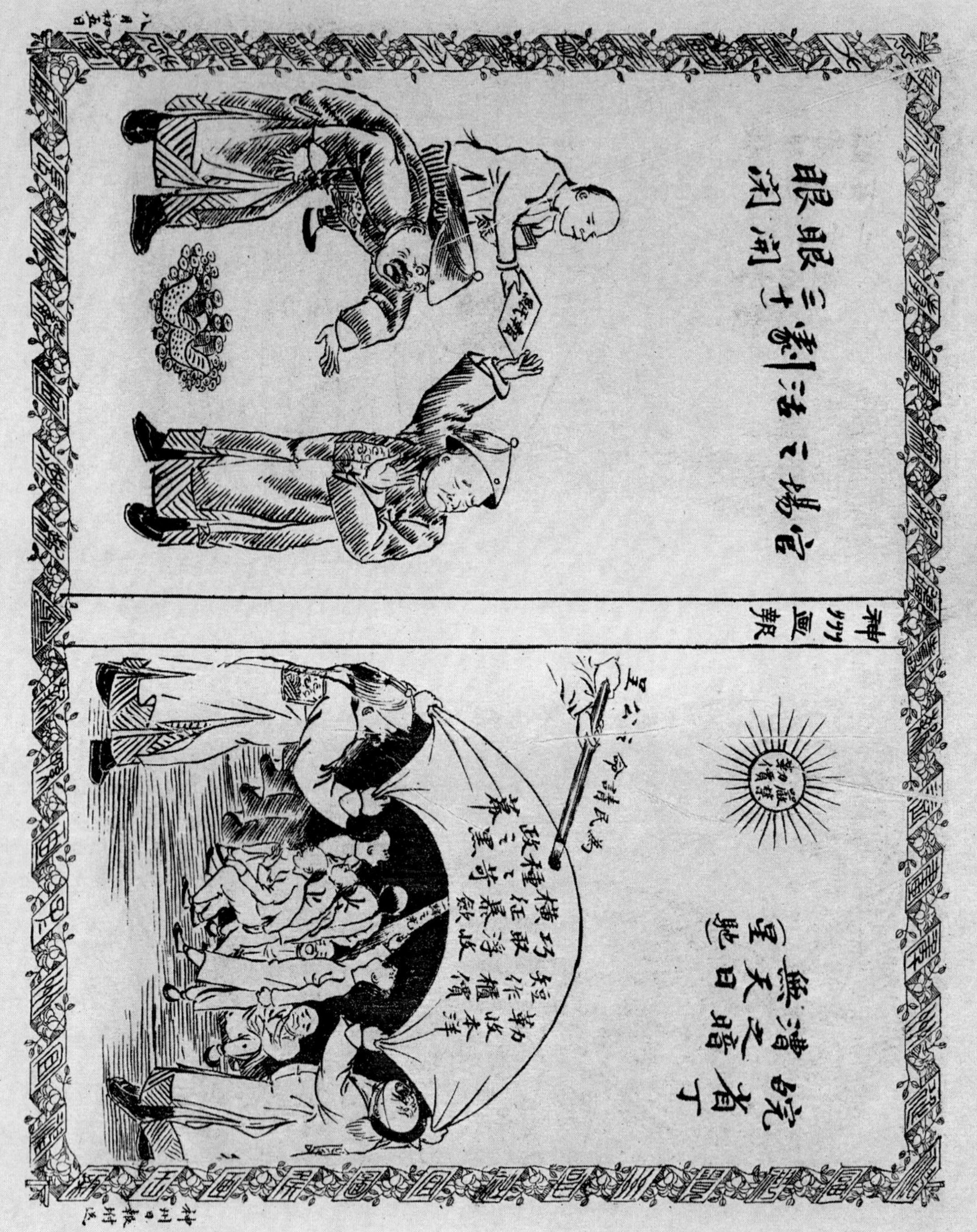
神州画報
皖省丁漕之暗無天日（星馳）
嚴禁勒價
為民請命之公呈
勒收本洋
短作櫃價
巧取浮收
橫征暴斂
種種苛政之黑幕
神州日報附送
官場之活劇（三十）
眼開眼閉
八月初五日

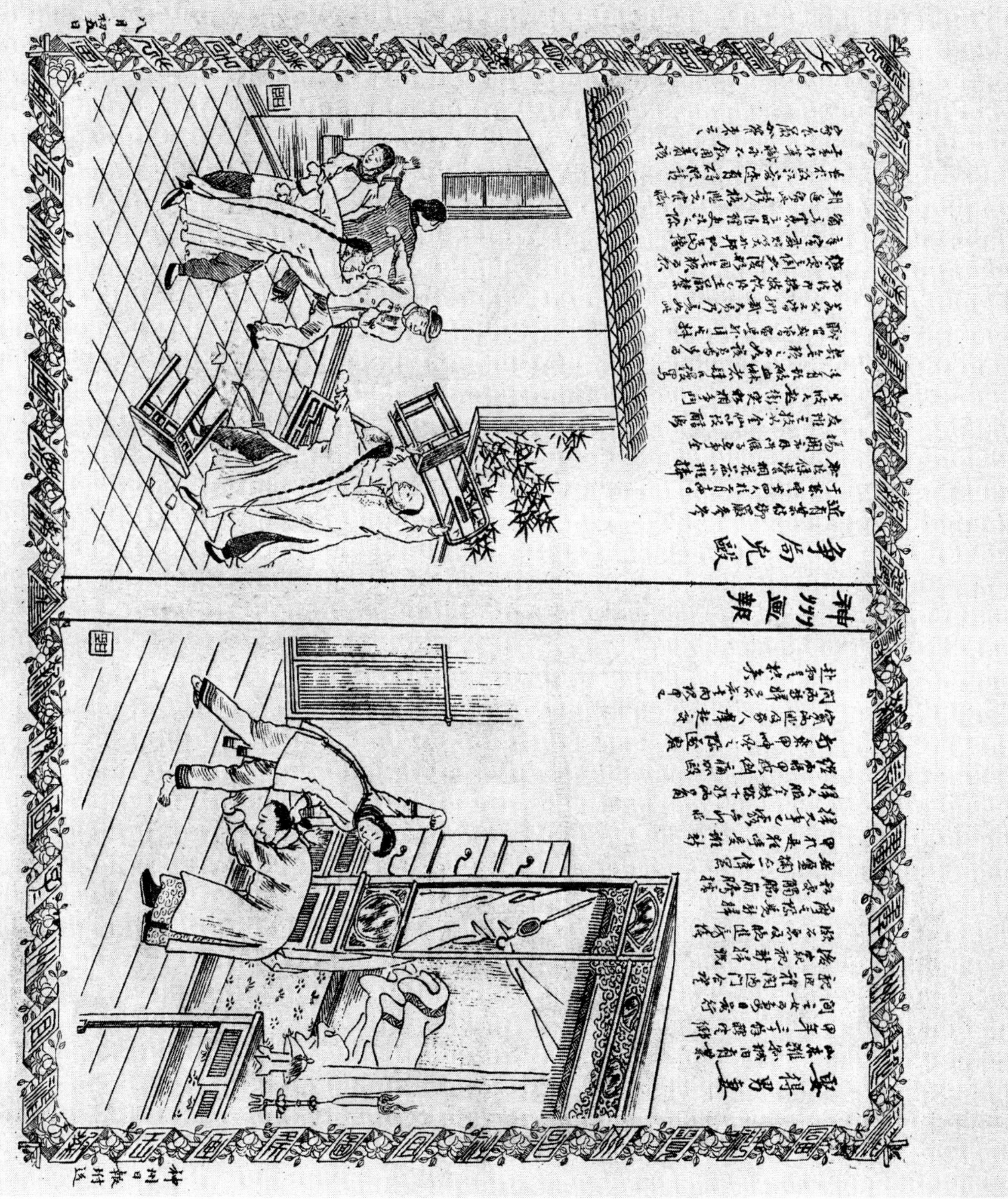
神州畫報

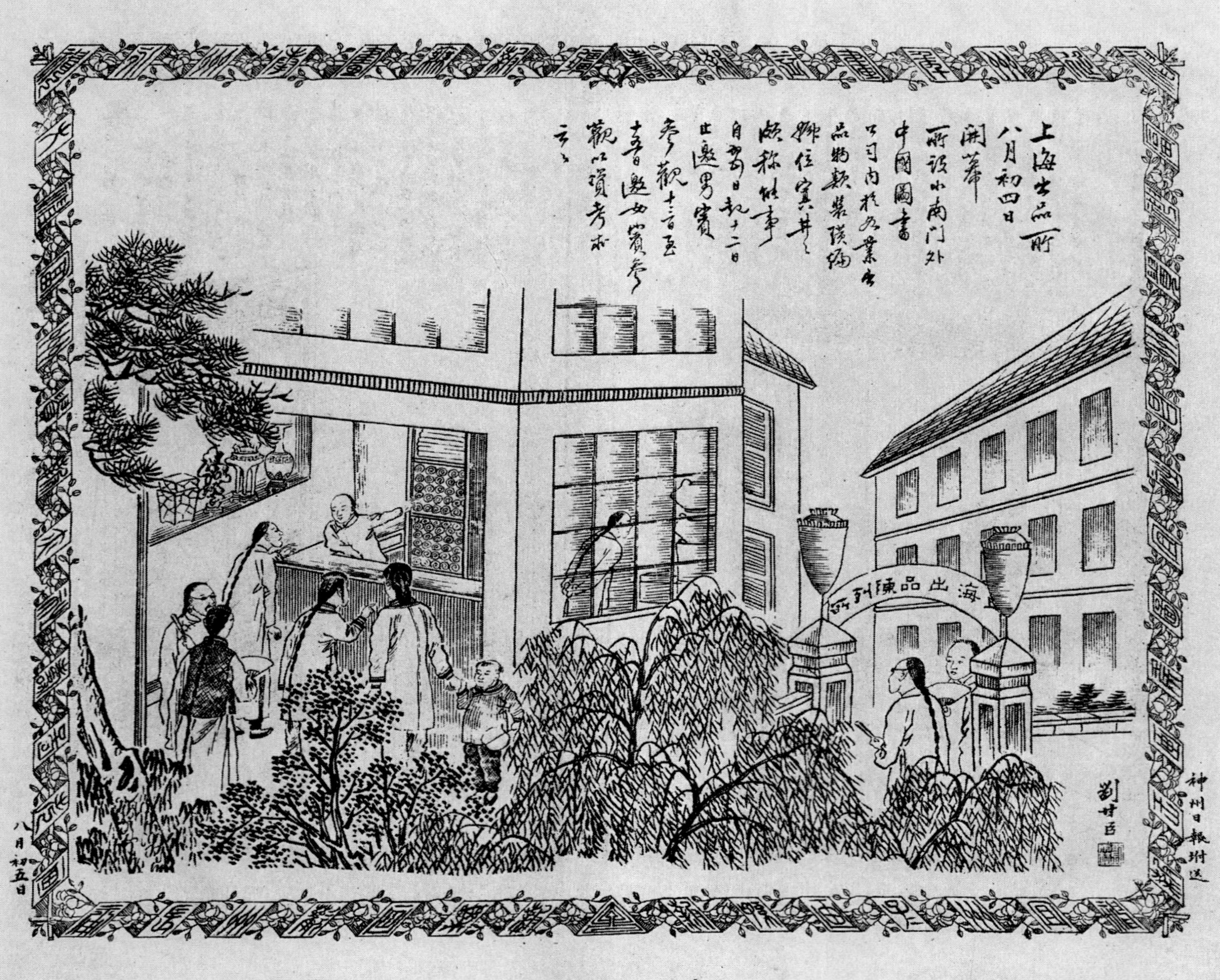
上海出品所
八月初四日
開幕
所設小南門外
中國圖書
公司內於各業各
品物類裝璜編
排位置井井
頗稱鉅事
自初四日起十二日
止邀男賓
參觀十三日至
十五日邀女賓參
觀以資考求
云云
上海出品陳列所
劉甘臣
八月初五日
神州日報附送

官場之活劇（廿一）
利己損民
制錢最妙銅元七折鈔票不收
神州畫報
豺狼當道
江西弋陽縣附近各
鄉自六月間以來
常有猛獸為患
近知豺狼群起
鄉人被其所傷者實
神州日報附送

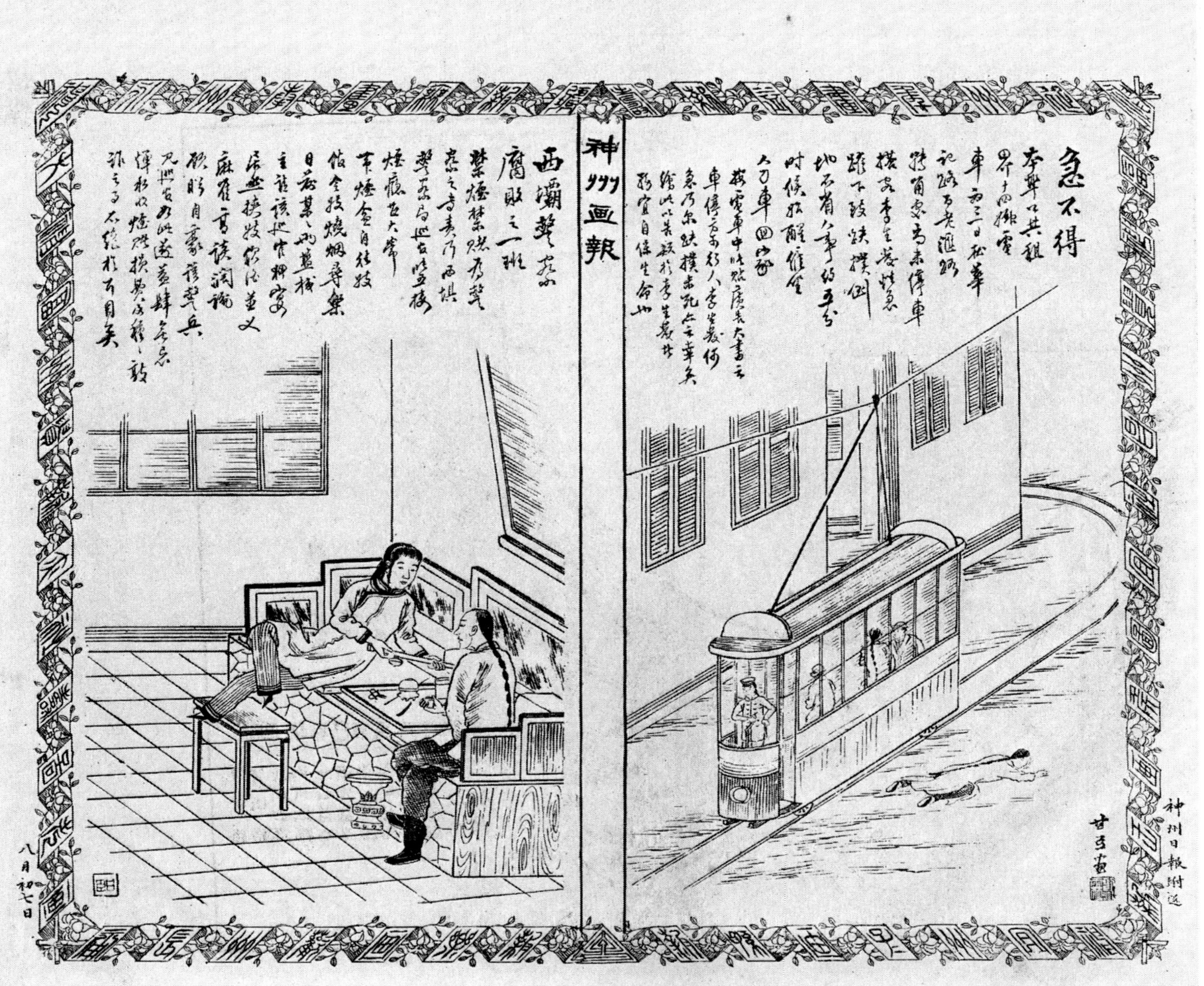
神州畫報
急不得
八月初七日
神州日報附送

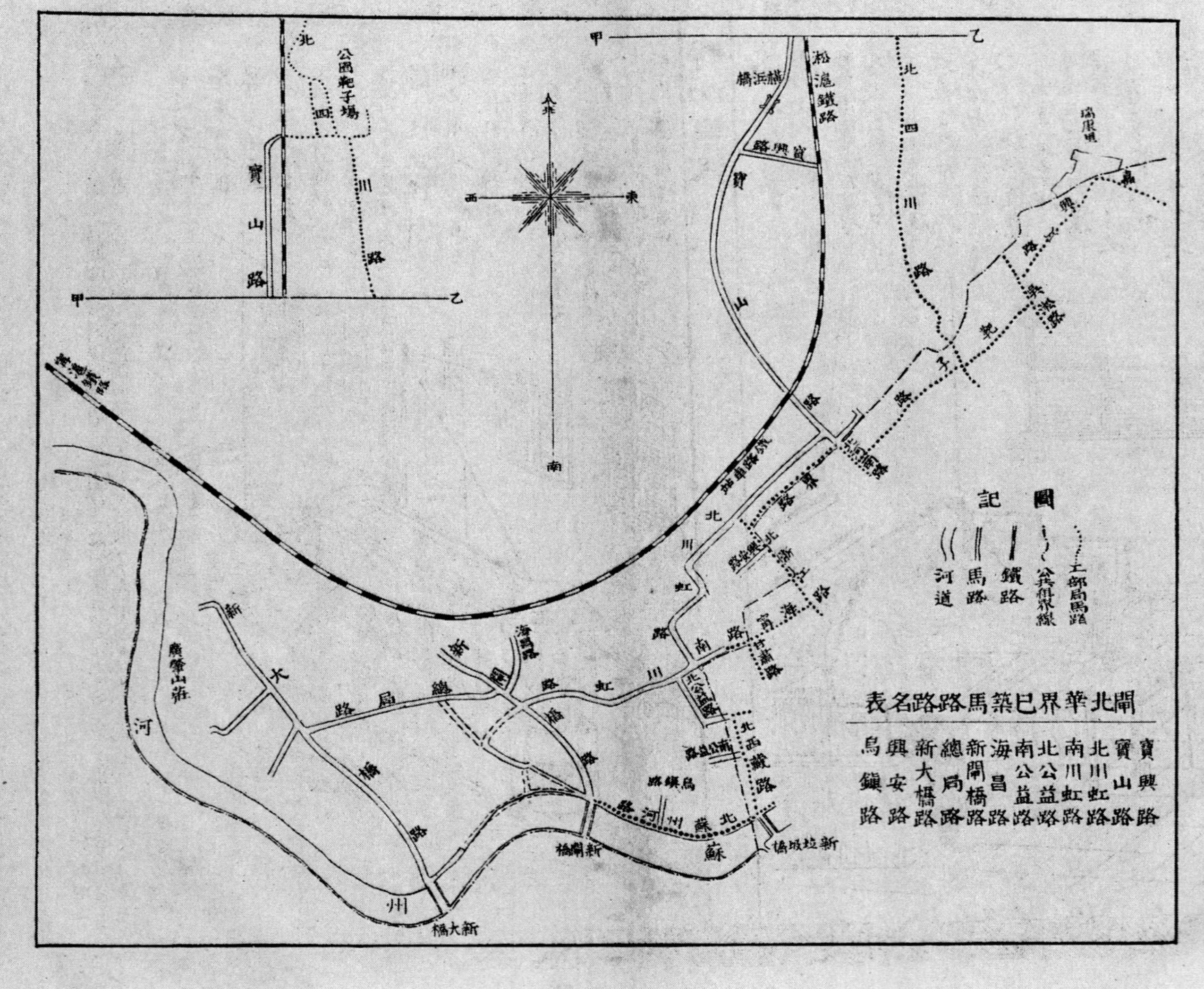
閘北華界已築馬路路名表
寶興路
寶山路
北川虹路
南川虹路
北公益路
南公益路
海昌路
新閘橋路
總局路
新大橋路
興安路
烏鎮路
圖記
工部局馬路
公共租界線
鐵路
馬路
河道
淞滬鐵路
寶山路
北四川路
寶興路
河
州
蘇
新大橋
新閘橋
新垃圾橋
總局路
北西藏路
海昌路

金勒馬嘶芳草地
玉樓人醉杏花天
臨費曉樓百美之二十九

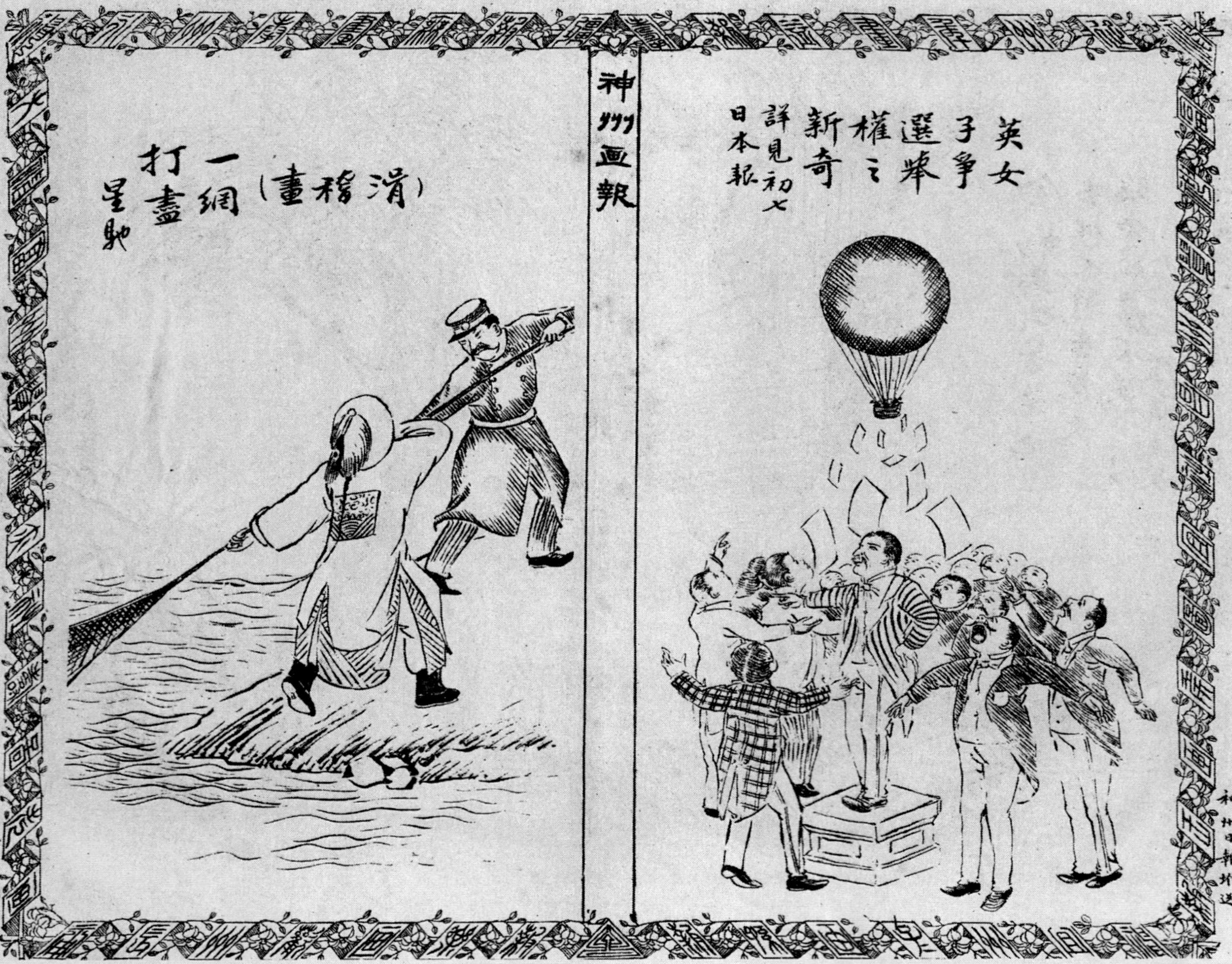
神州画報
滑稽畫
一網打盡
星馳
八月初九日
英女子爭選舉權之新奇
詳見初七日本報
神州日報附送

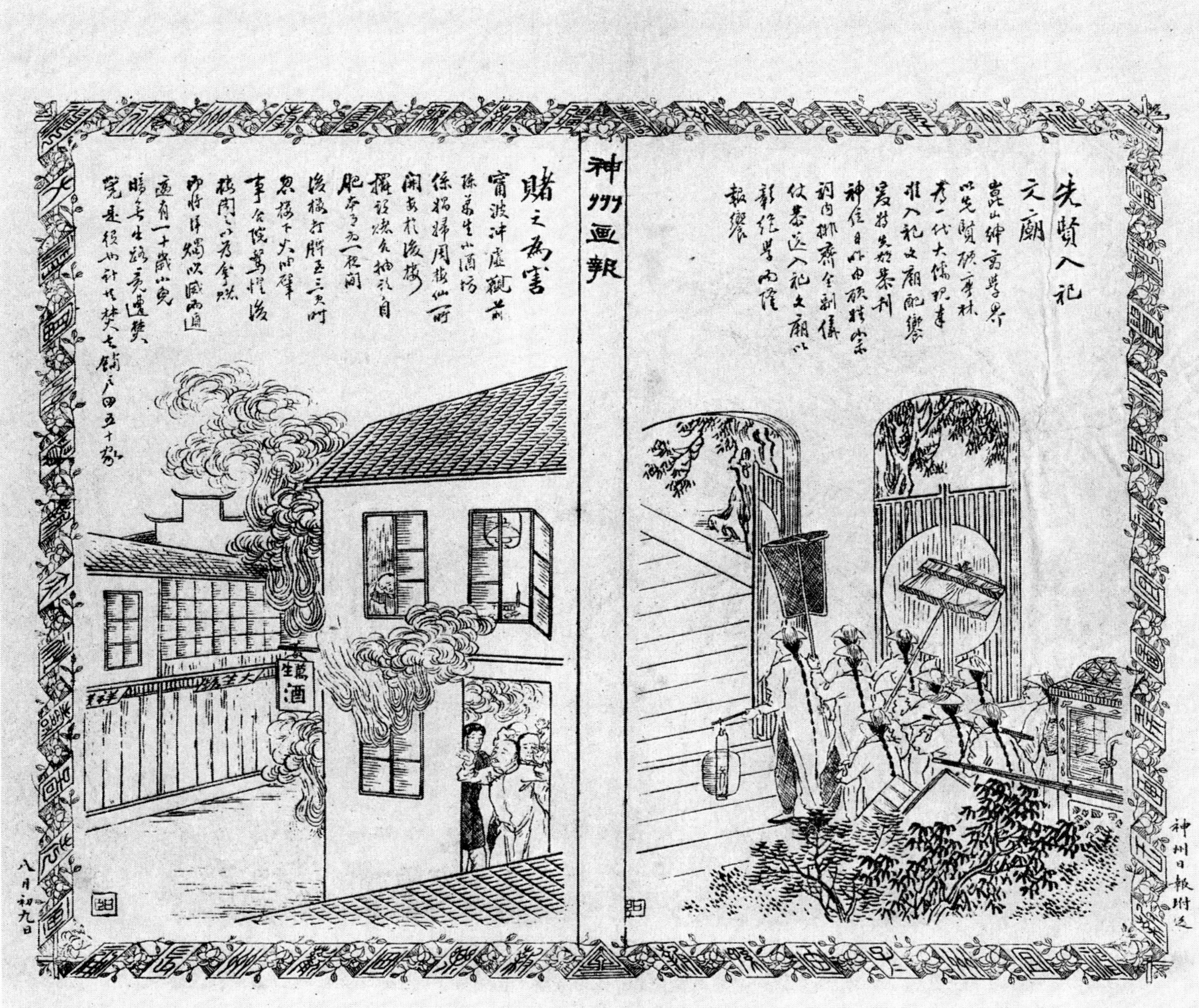
神州畫報
賭之為害
先賢入祀文廟
萬生酒
八月初九日
神州日報附送

海軍大臣洵貝勒薩軍門本月初五日偕同江督張安帥蘇撫瑞莘帥查勘江陰砲台營壘圖
神州日報附送
八月初九日
甘臣

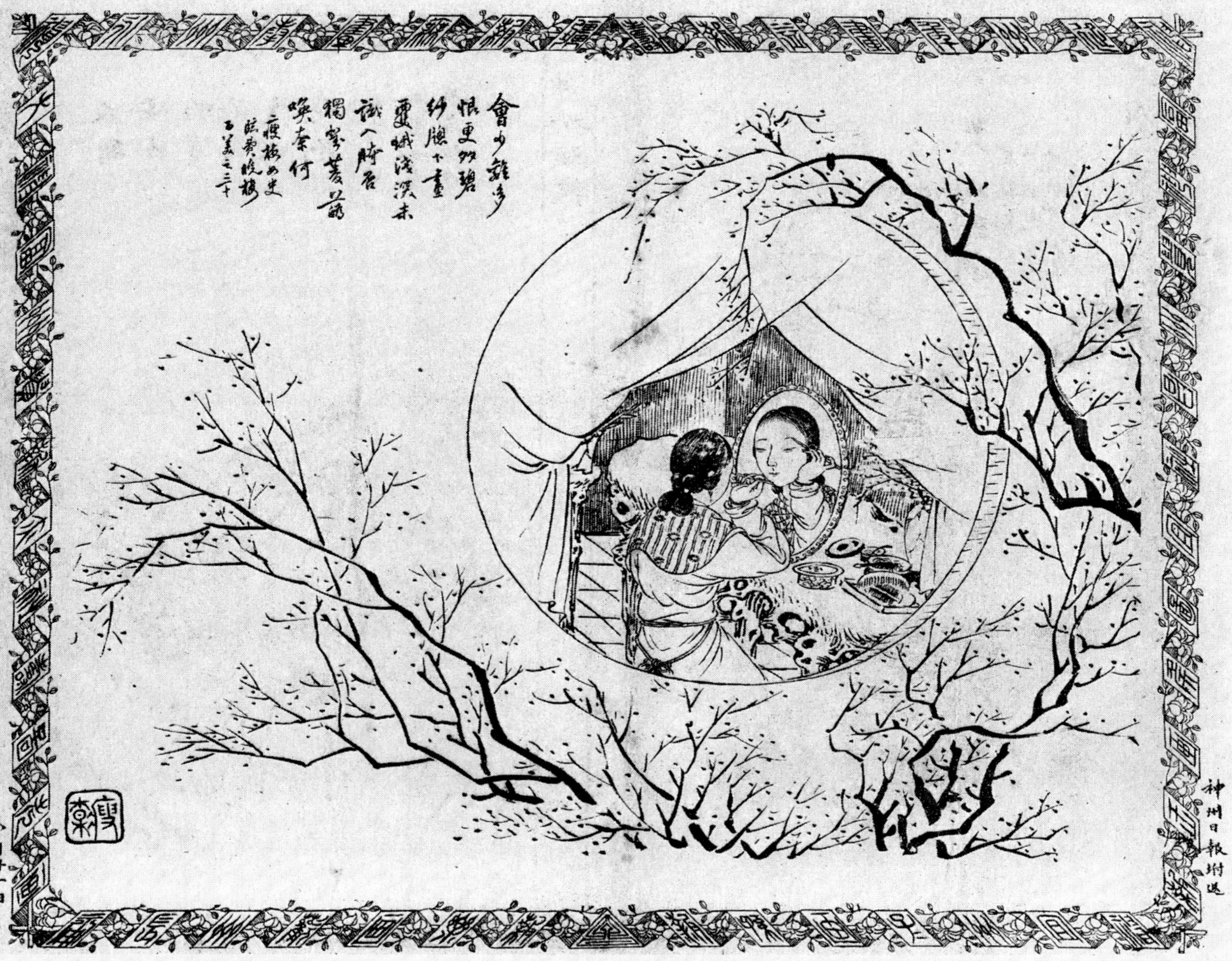
會少離多
恨更多碧
紗窗下畫
雙蛾淺深未
識人時否
獨對菱花
喚奈何
瘦梅女史
臨費曉樓
八月十一日
神州日報附送

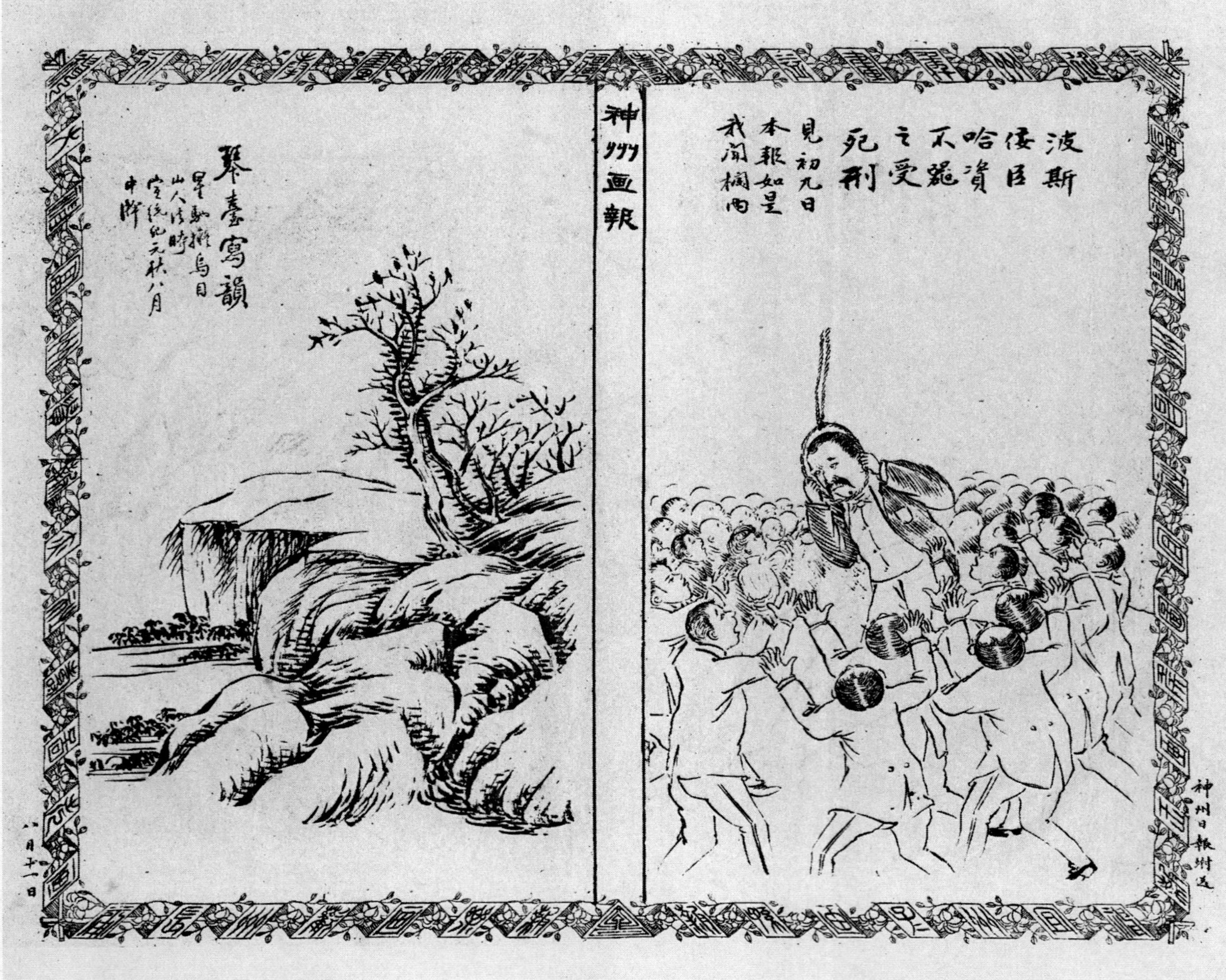

神州畫報
波斯僕臣哈資不麗之受死刑
見初九日本報如是我聞欄內
琴臺寫韻
星馳擬鳥目山人法時
宣統紀元秋八月中澣
八月十一日
神州日報附送

內地自來水廠大會
上海內地自來水公司
八月十一日
神州日報附送

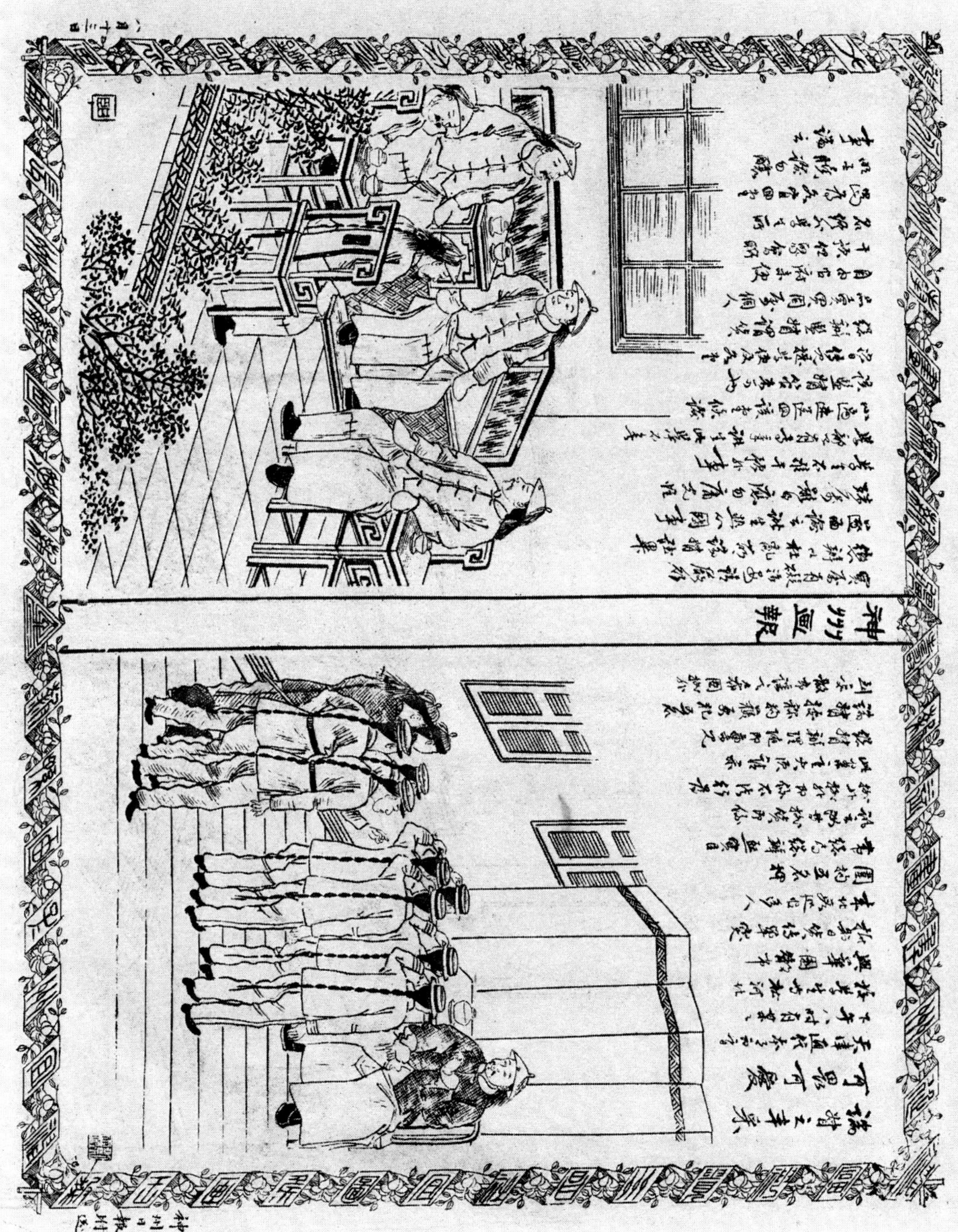
神州画報

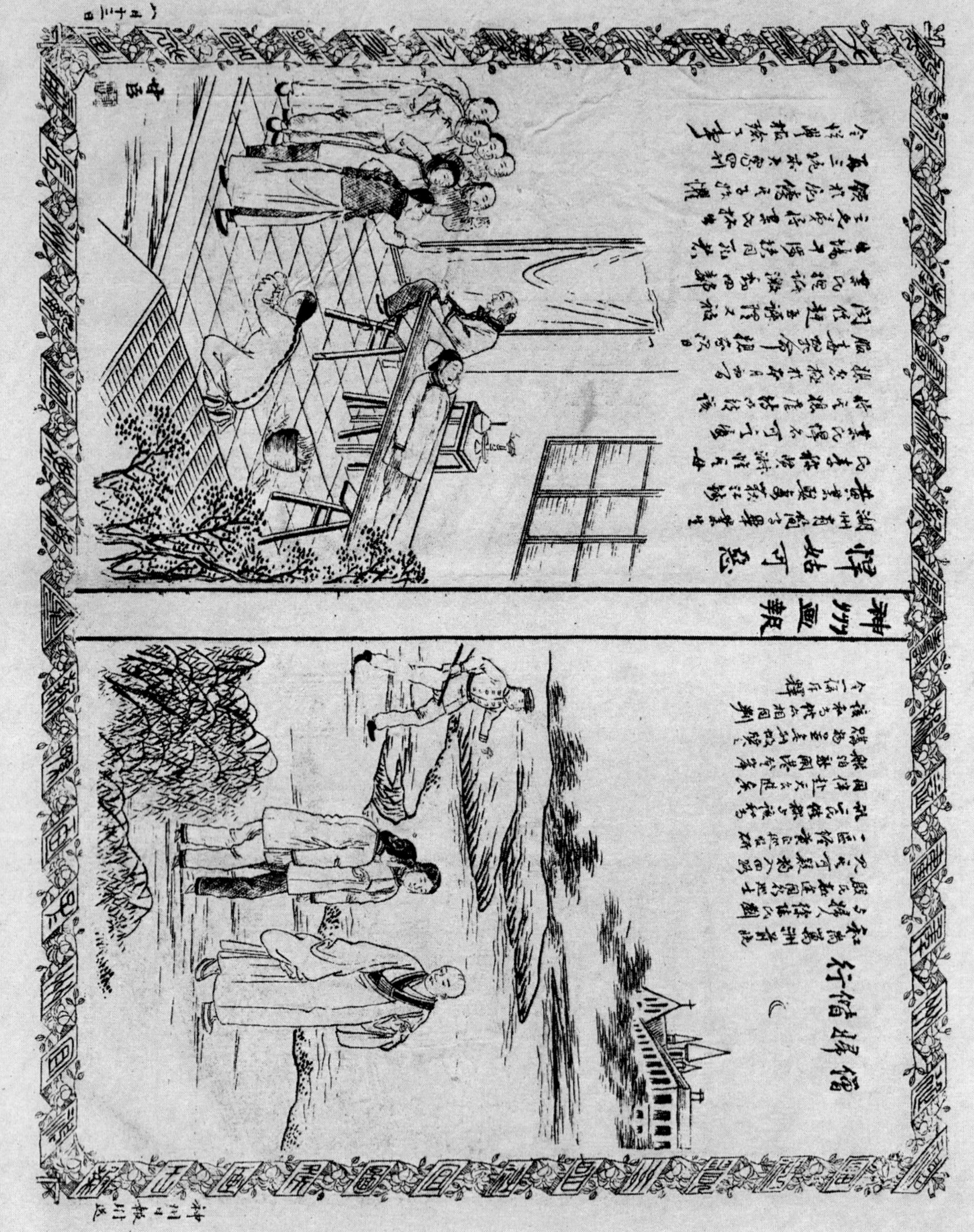
神州畫報

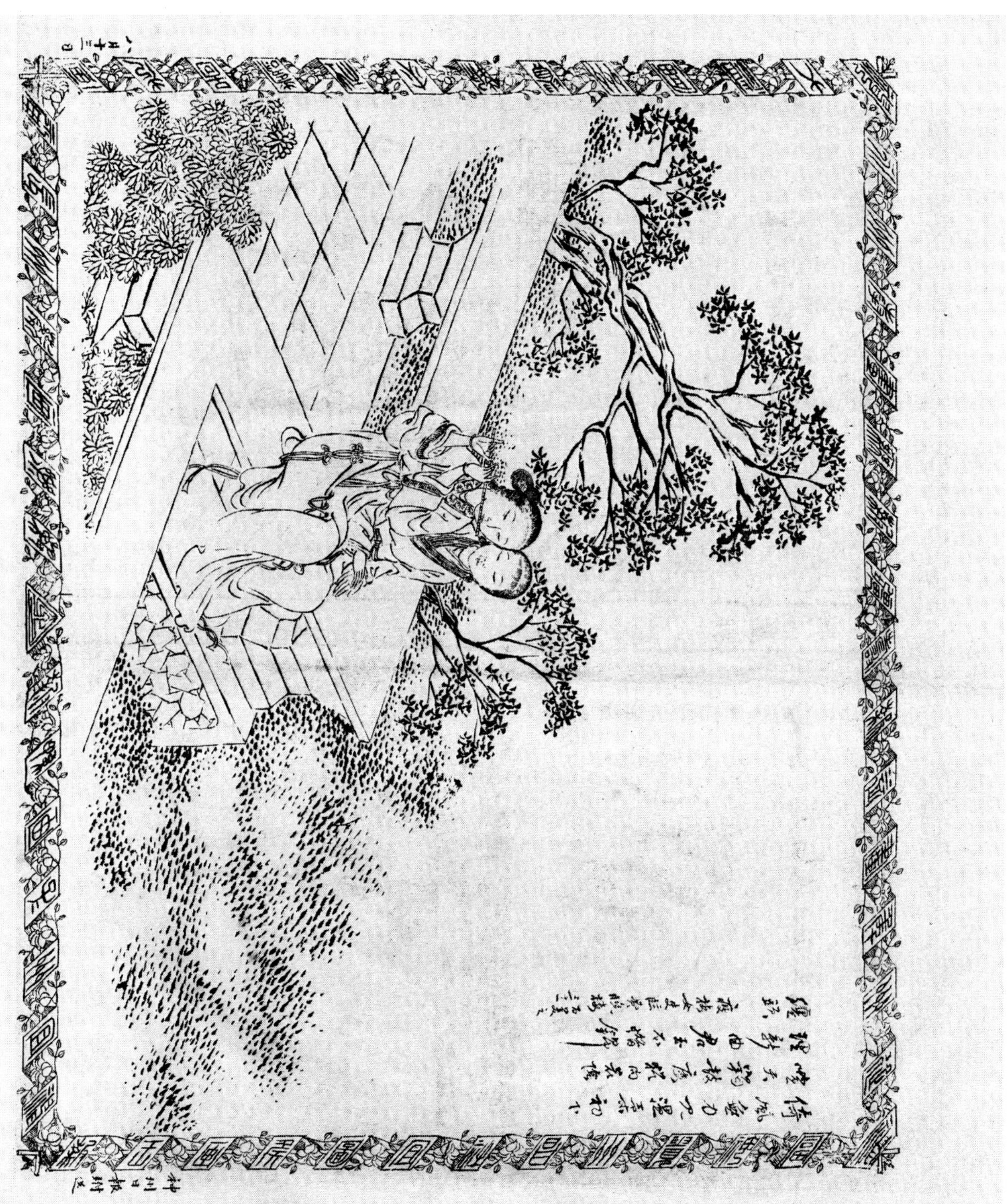

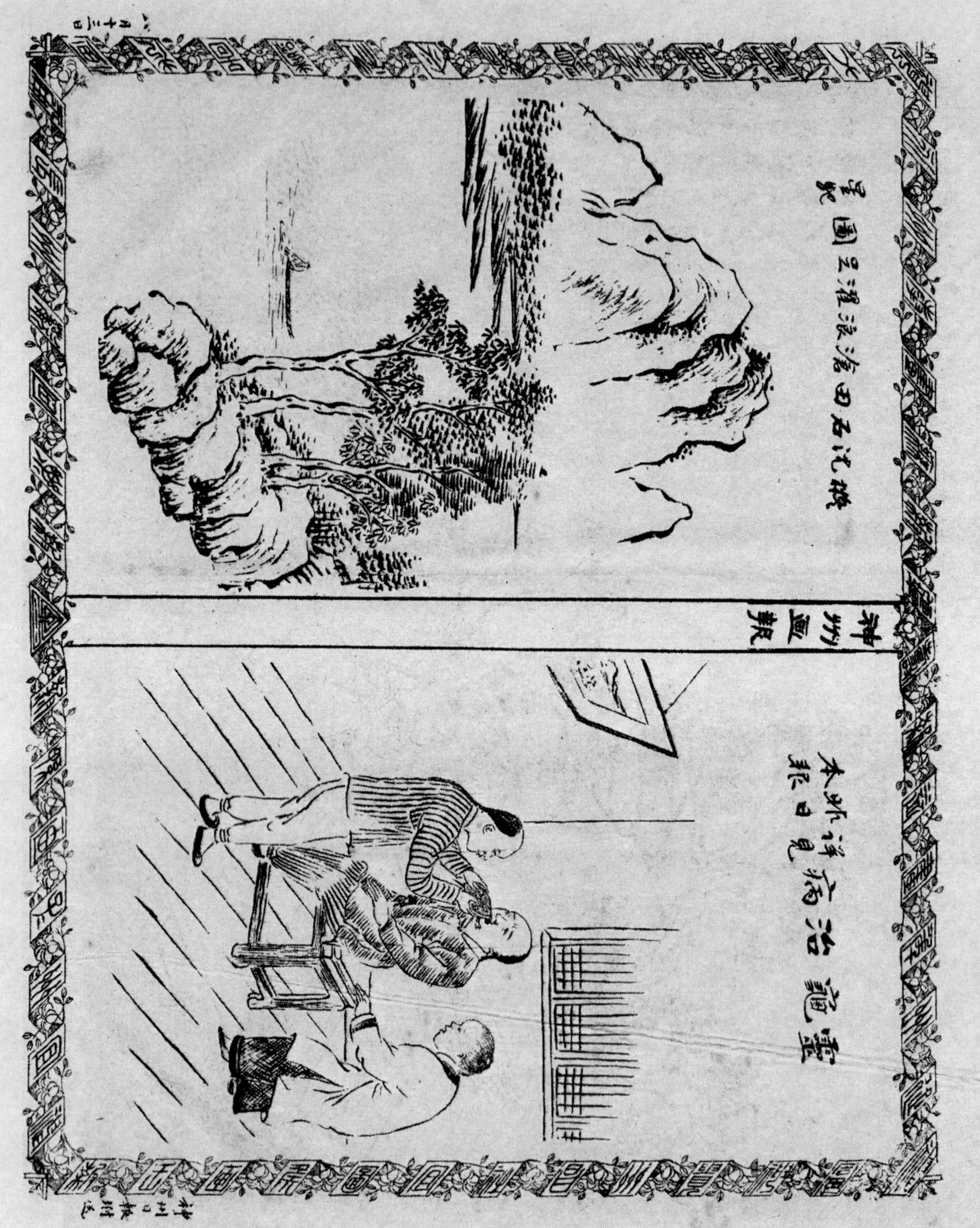
神州画報

《神州日報》第八九六號　一九〇九年九月二十八日

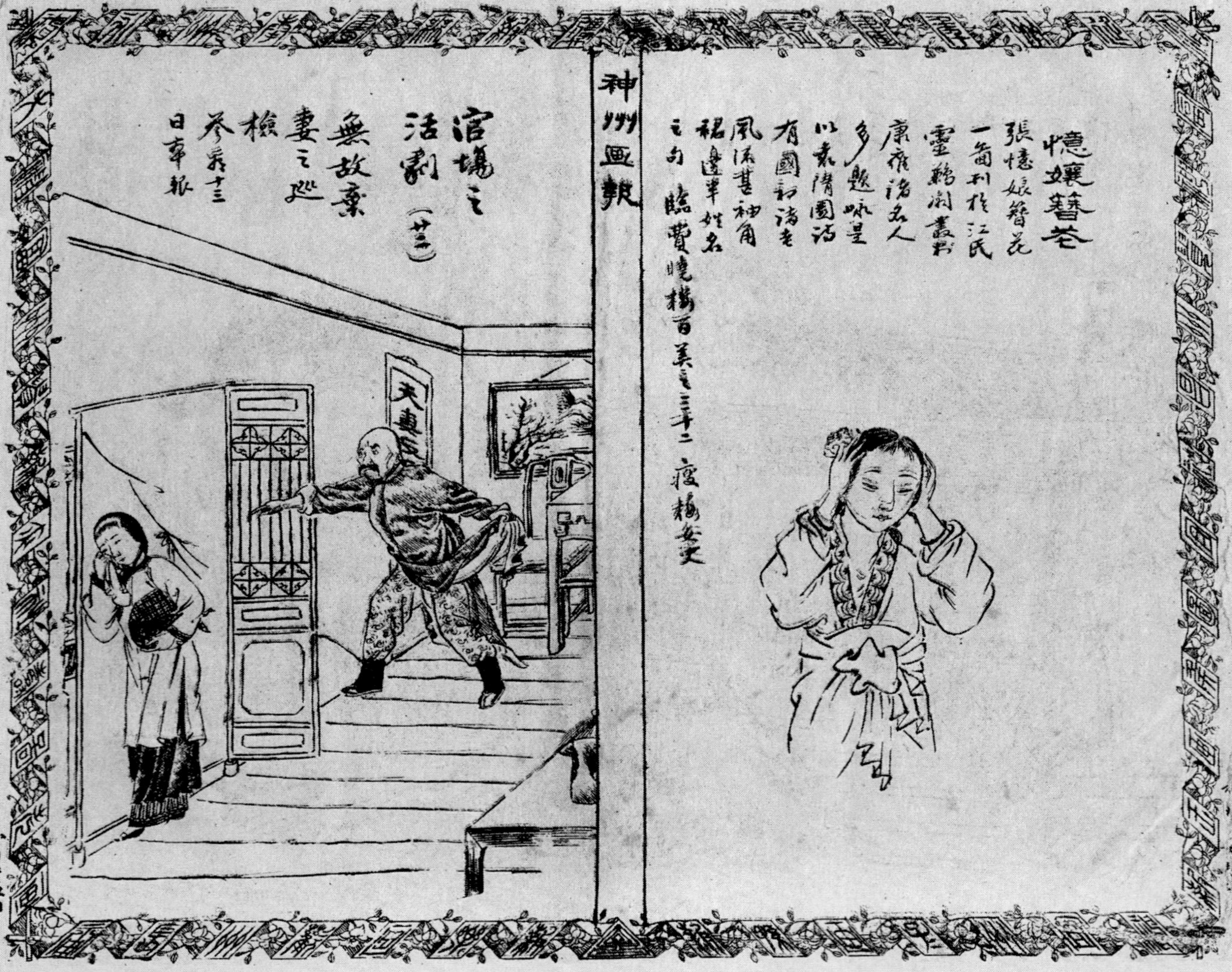
官場之活劇（廿二）
無故棄妻之巡檢
參看十三日本報
神州畫報
憶孃簪花
張憶娘簪花
一簡刊於江氏
靈鶼閣叢書
康雍諸名人
多題詠是
以素隋圖話
有圖記諸老
風流甚神角
裙邊事姓名
之句 臨費曉樓百美之三十二 瘦梅女史
八月十五日

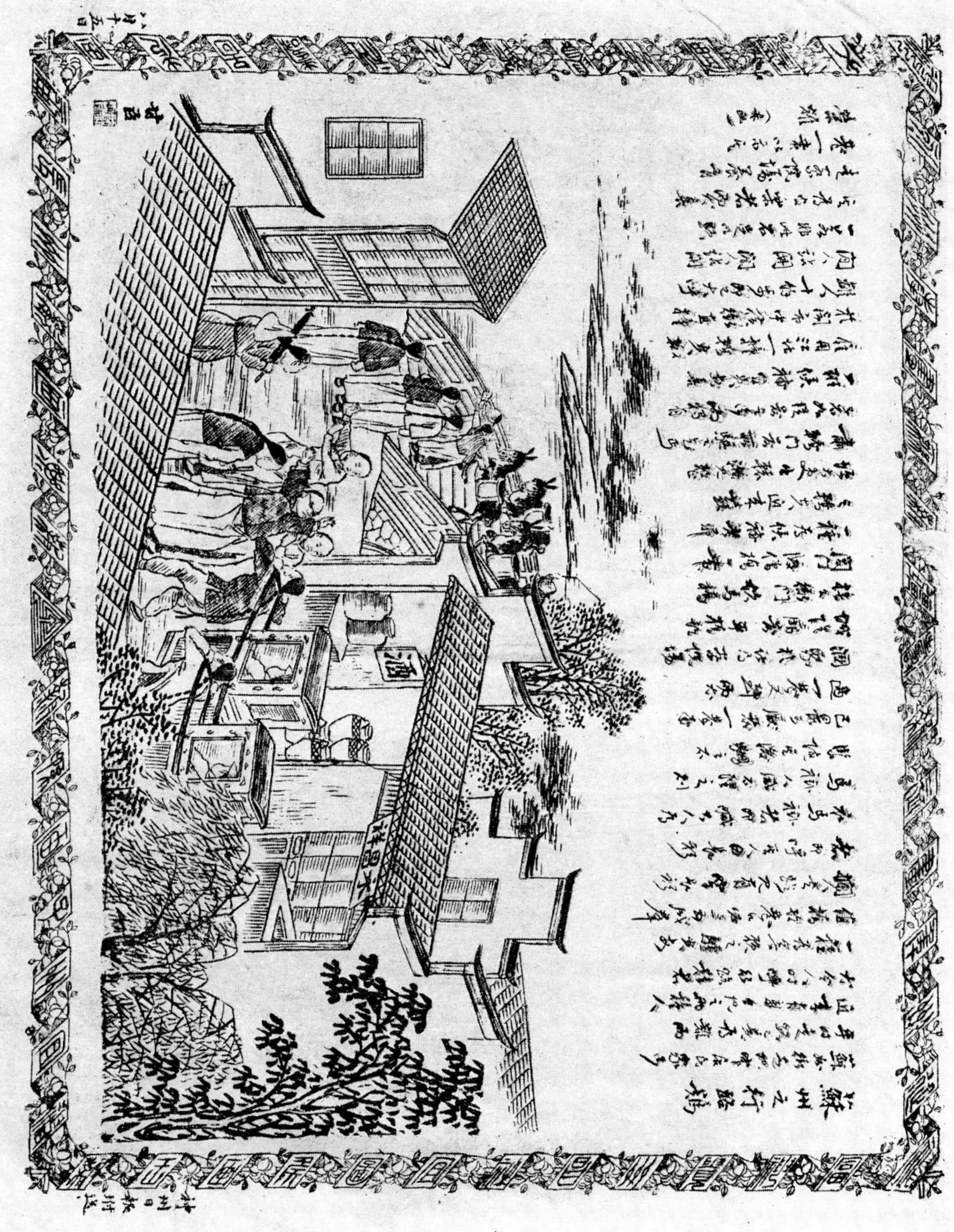

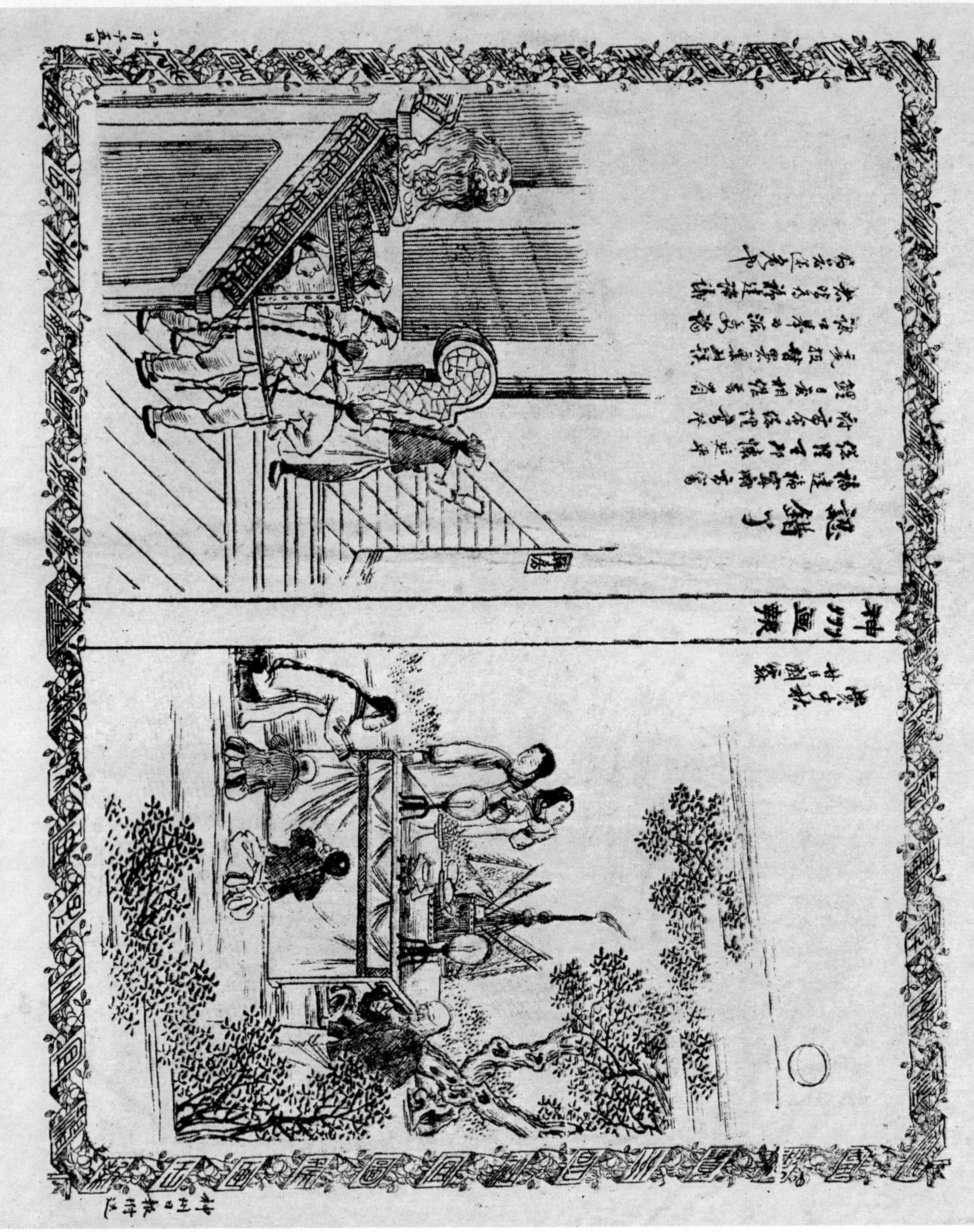
神州畫報

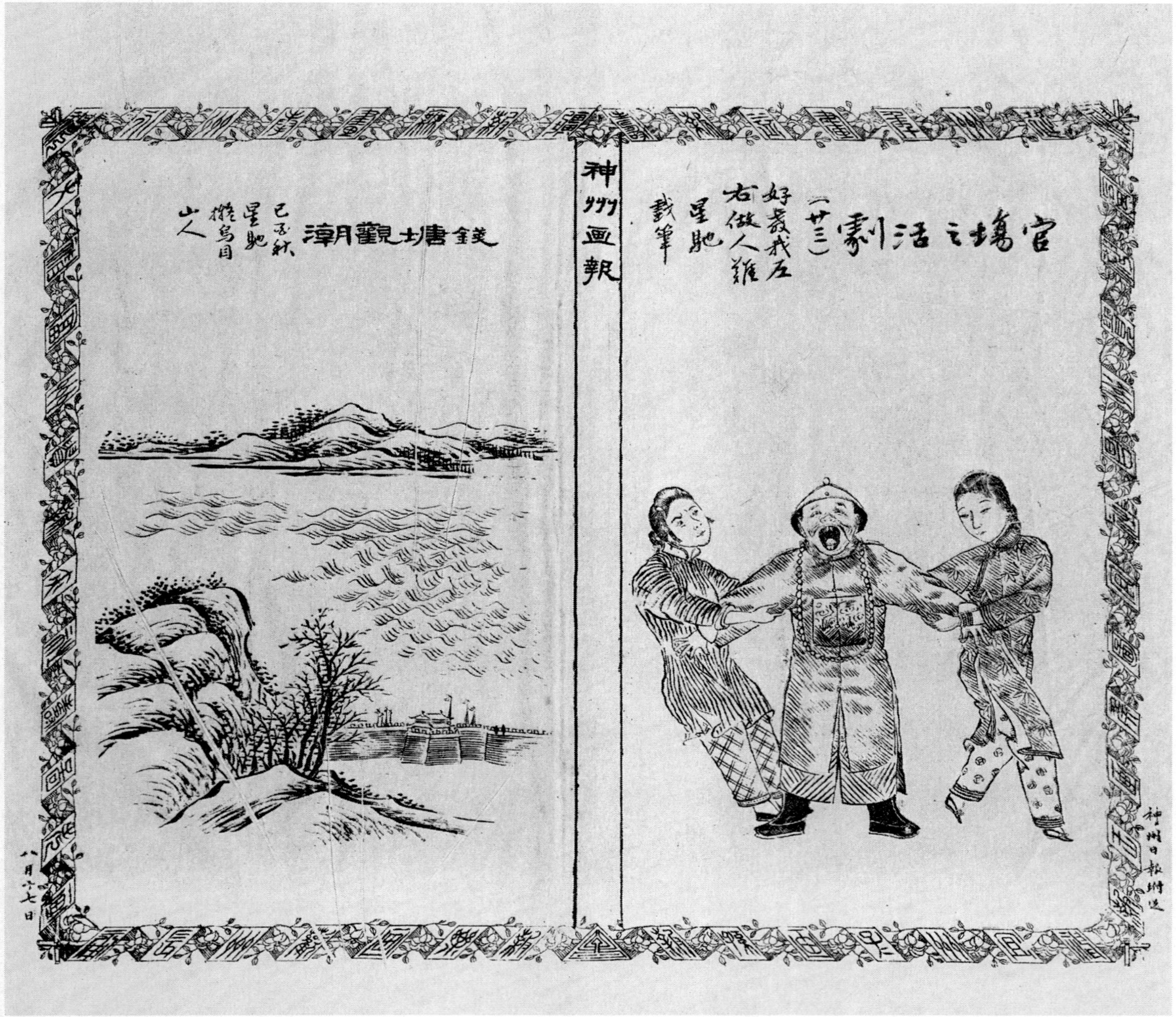

官場之活劇（廿三）
好義我左右做人難
星肥戲筆
神州畫報
錢塘觀潮
己酉秋星肥擬烏目山人
八月廿七日
神州日報附送

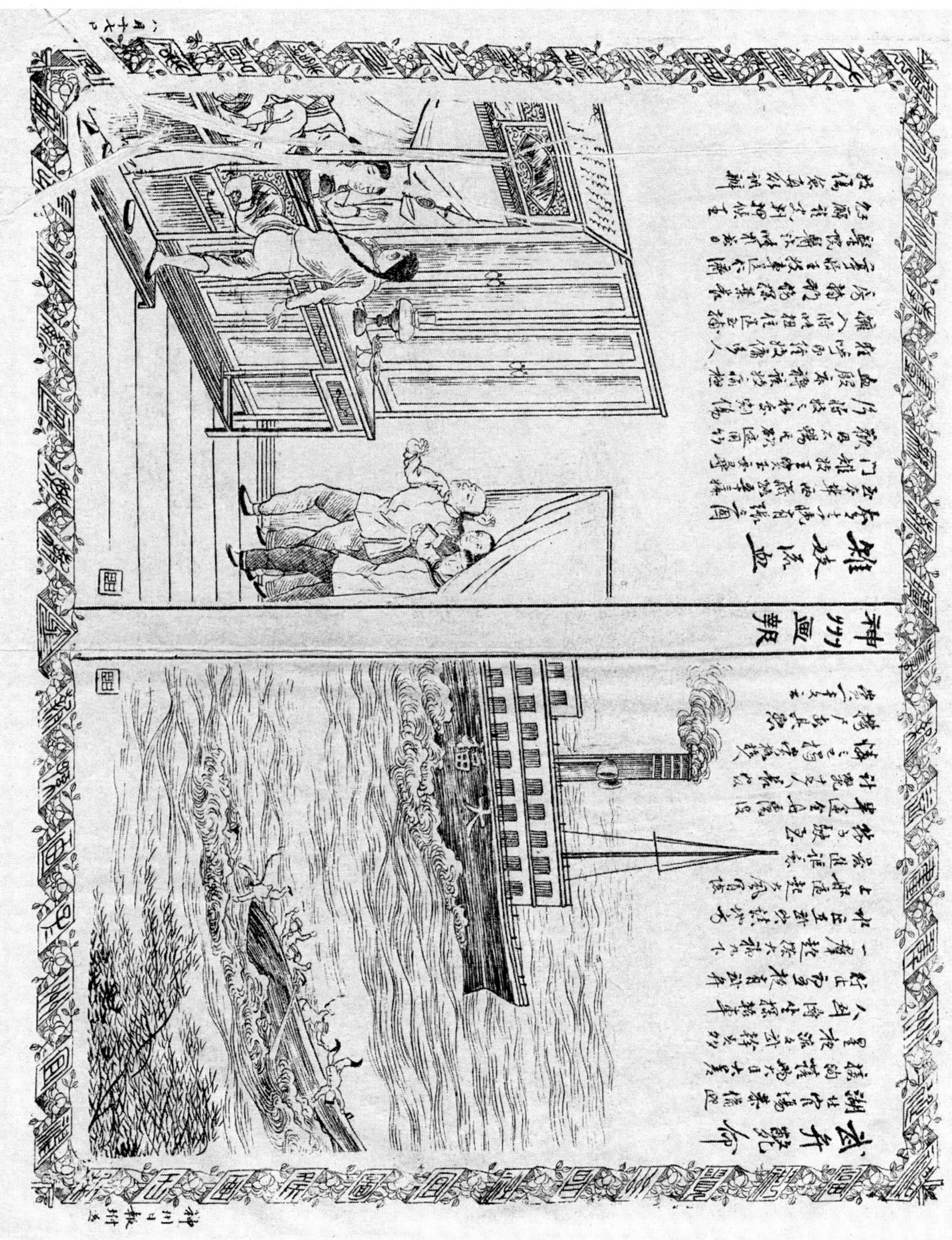
神州畫報

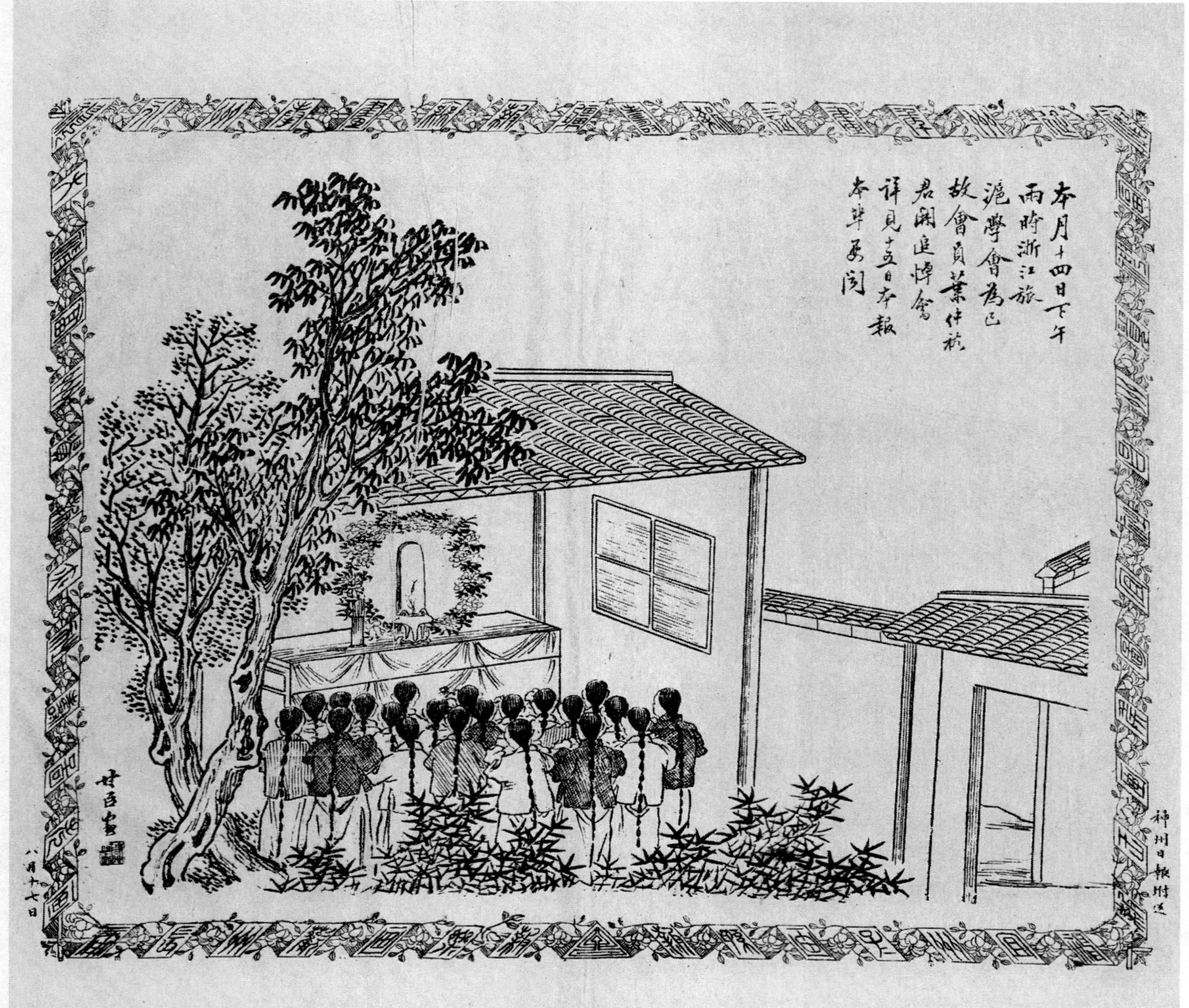
本月十四日下午
兩時浙江旅
滬學會為已
故會員葉仲裕
君開追悼會
詳見十五日本報
本埠要聞
神州日報附送
八月十七日

琵琶新曲解相
思低唱浮梁别
怨詞記取潯陽
秋月夜滿江
簫管捲簾時
臨賞曉樓百
美之三十四
壽梅
八月十九日
神州日報附送

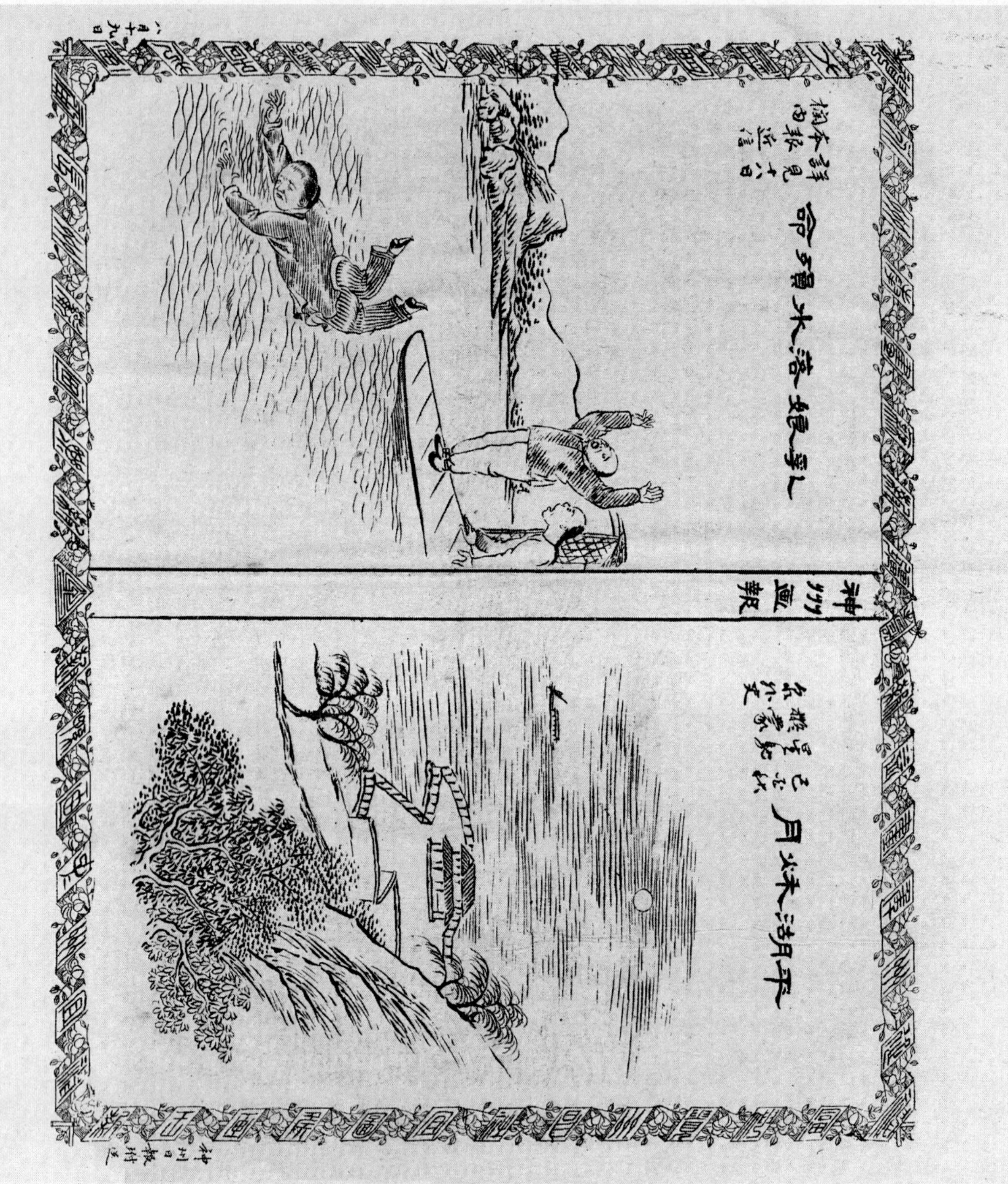
婦娘落水殞命
神州畫報
平湖秋月

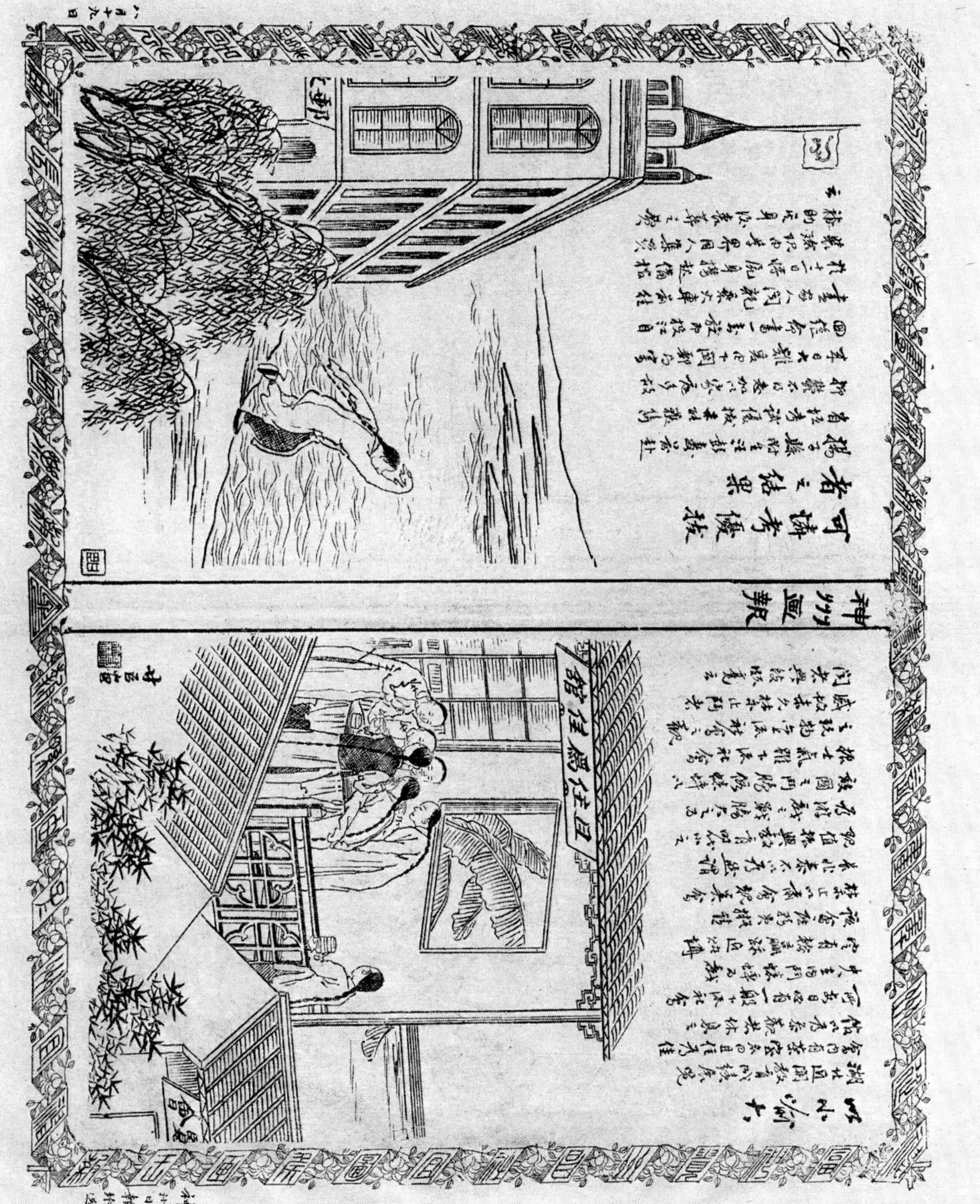
神州畫報

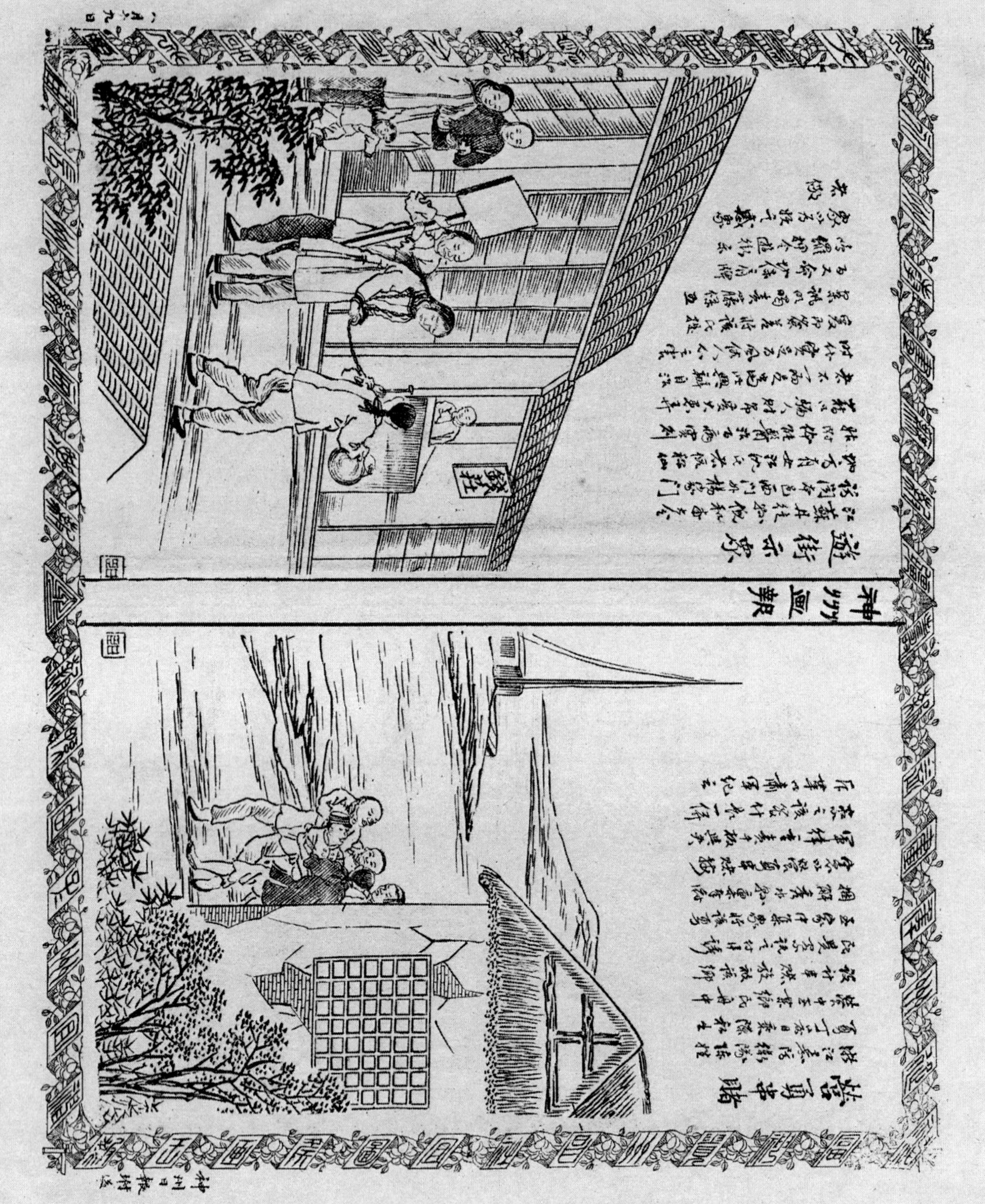

淡月一重花
一重峭寒應
不到簾櫳記
看翠羽雙飛
處倚遍闌干
十二紅
臨曉樓外史
百美之三十五
壽梅女士
八月廿一日
神州日報坿送

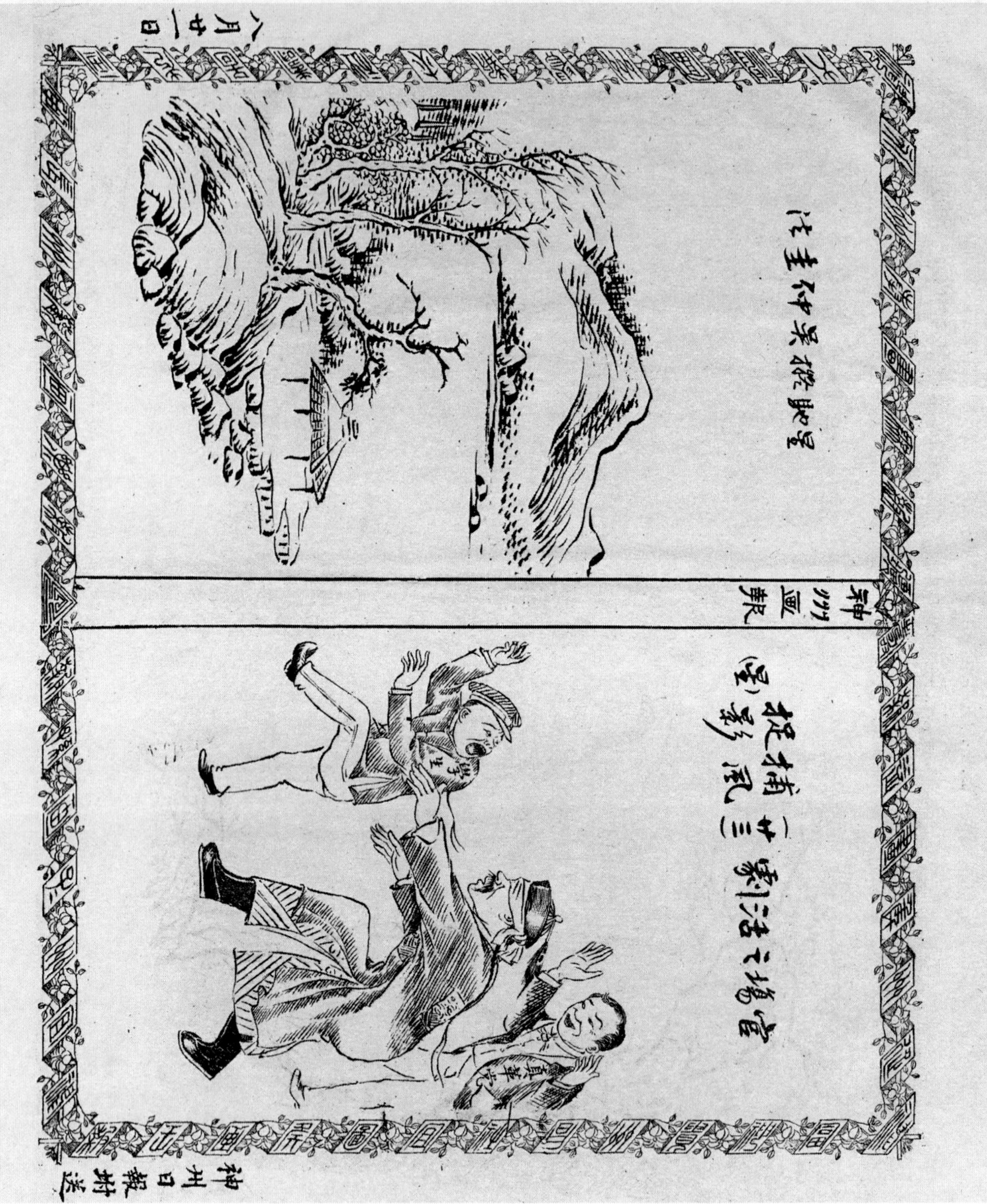

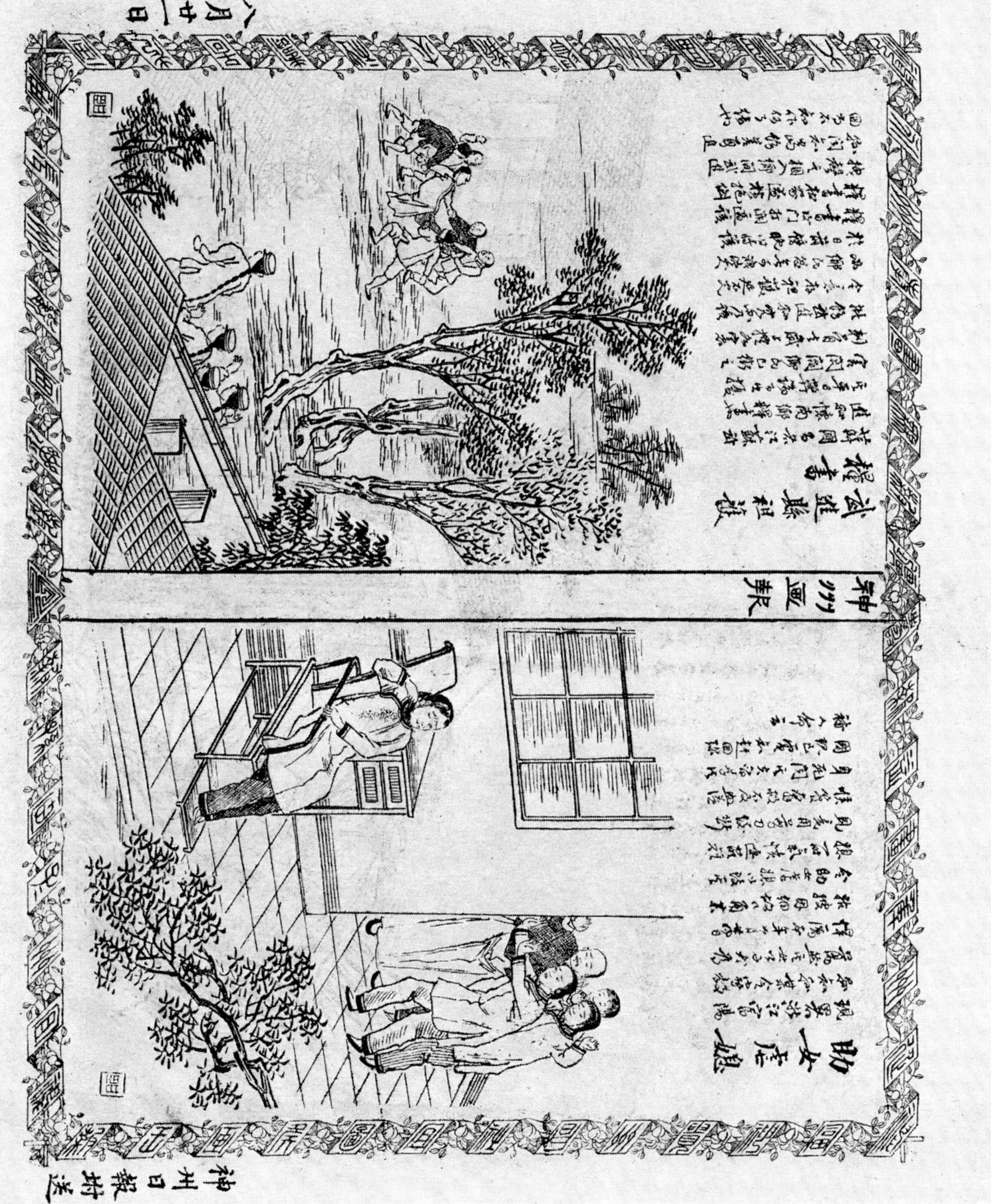
神州畫報
八月廿一日
神州日報附送

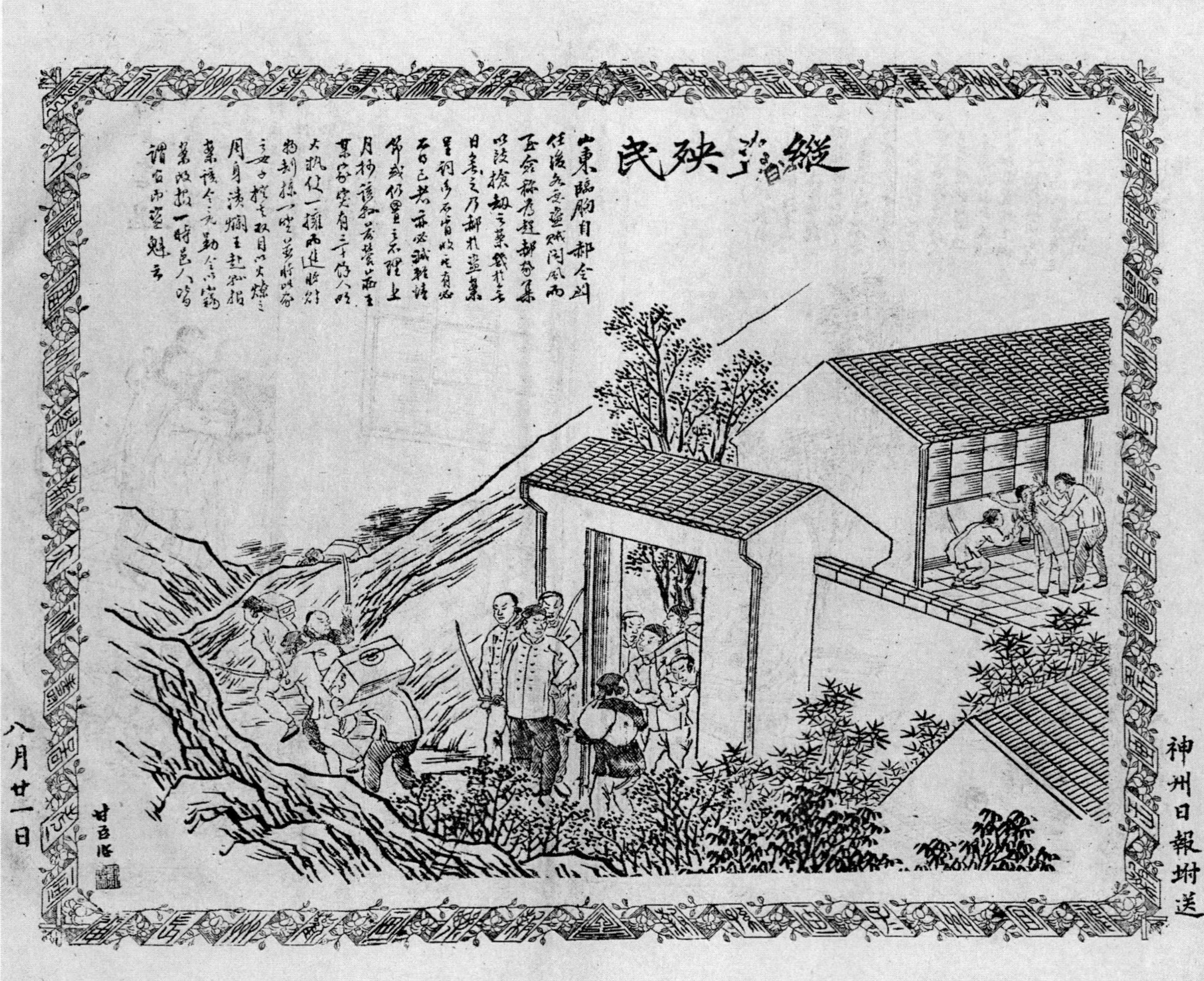
縱盜殃民
八月廿一日
神州日報坿送

八月廿三日
微茫月色感秋懷竹影
交橫礙墮釵夢外尋
何處也露深濕透鳳頭鞵
臨費曉樓百美之三十六
瘦眉女史
神州日報坿送

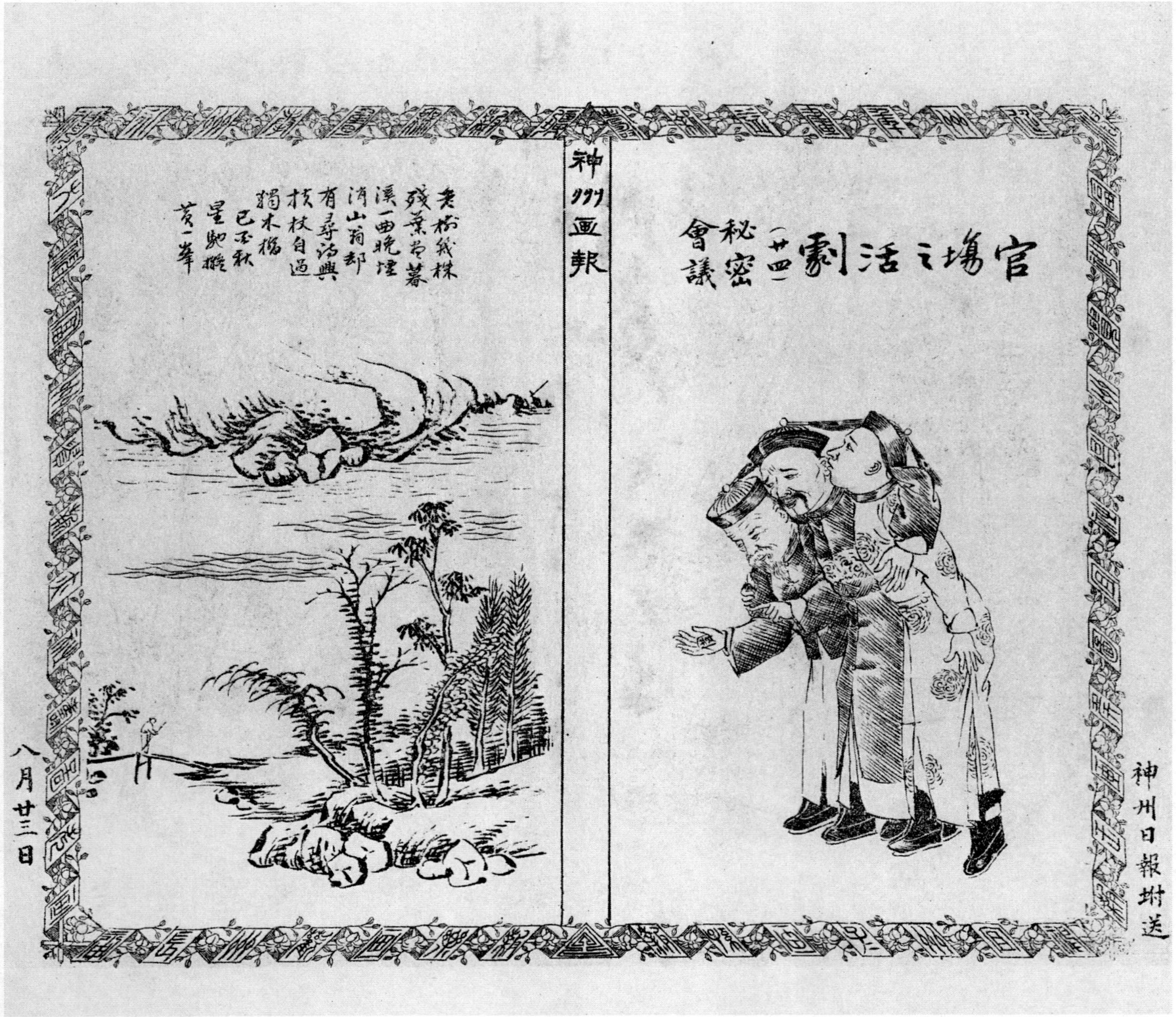
神州画報
官場之活劇（廿四）
秘密會議
老樹幾株
殘葉帶暮
溪一曲晚煙
消山前郎
有尋詩興
携杖自過
獨木橋
已丞秋
星駒擬
黄一峰
八月廿三日
神州日報坿送

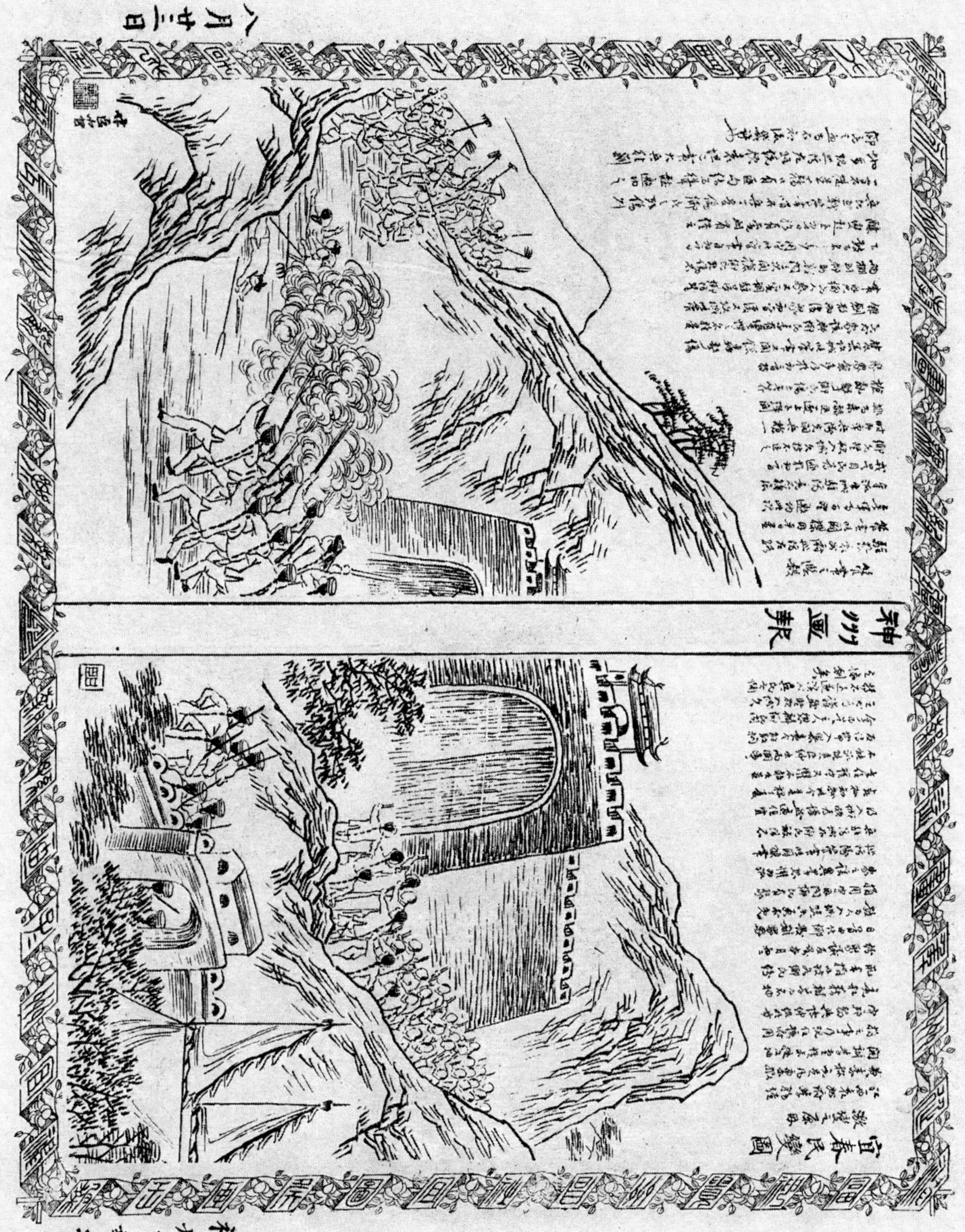
八月廿三日
神州畫報
宜春民變圖
神州日報附送

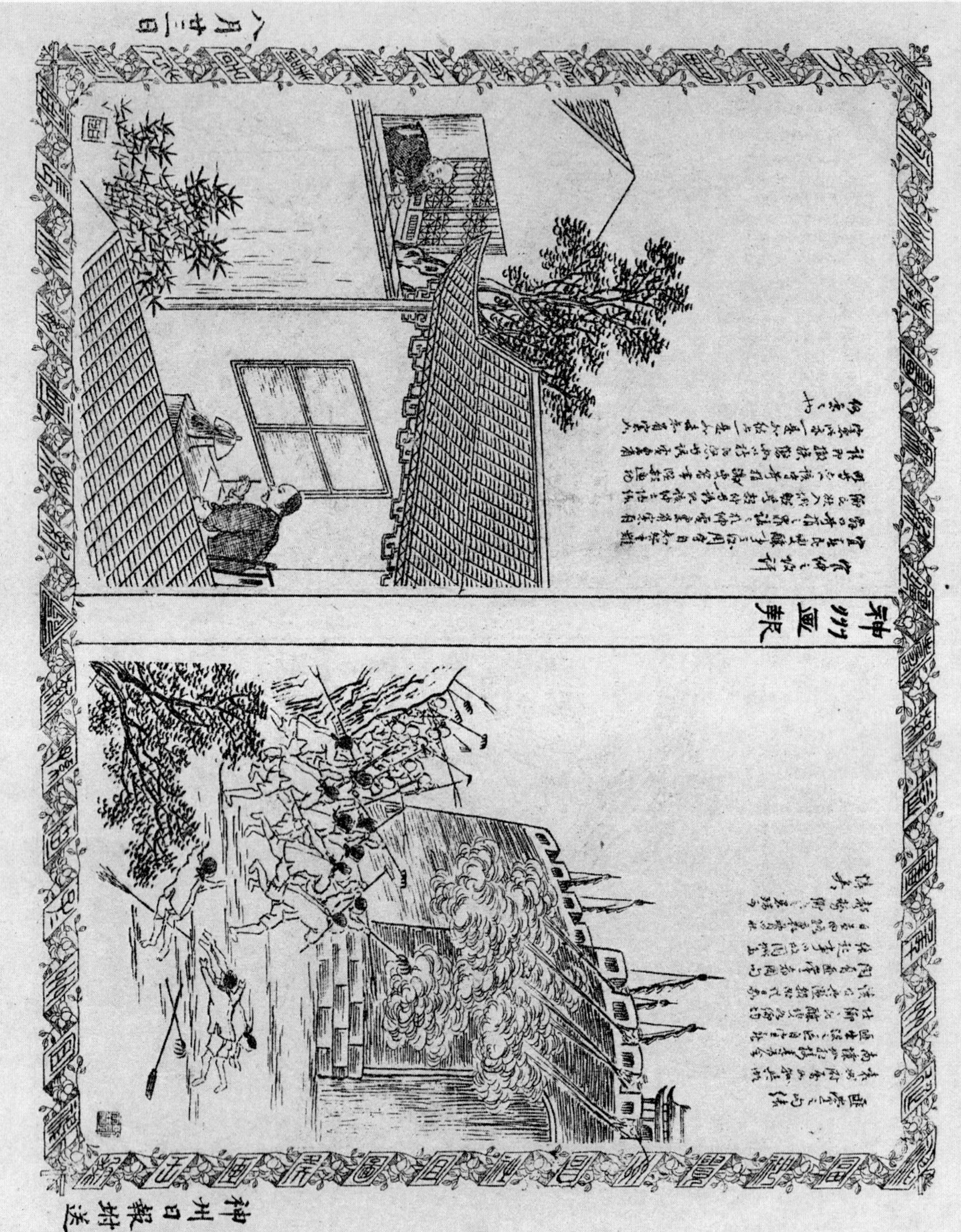

神州畫報
八月廿三日
神州日報附送

八月廿五日
神州日報附送

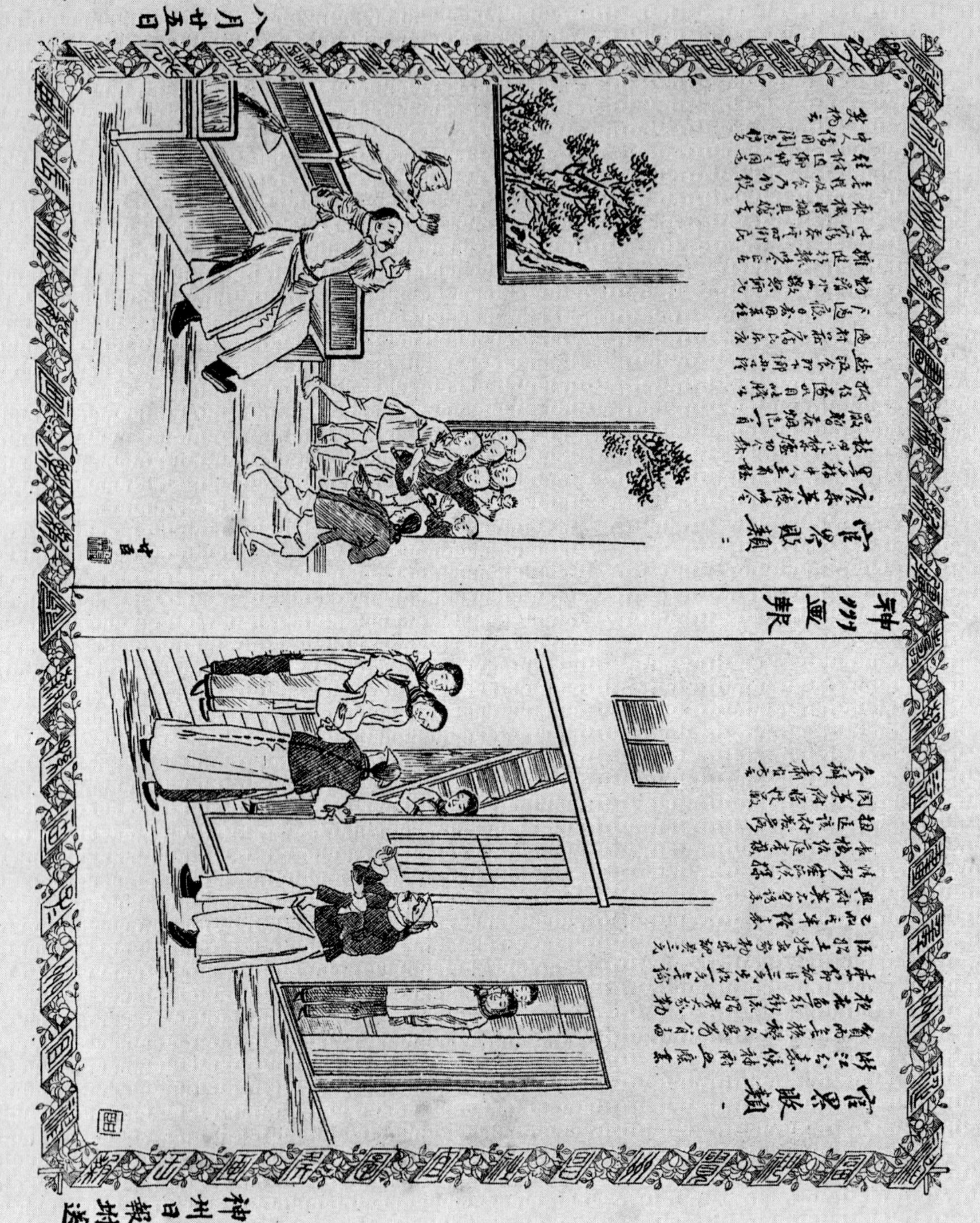

神州畫報
官界敗類 一
官界敗類 二
八月廿五日
神州日報附送

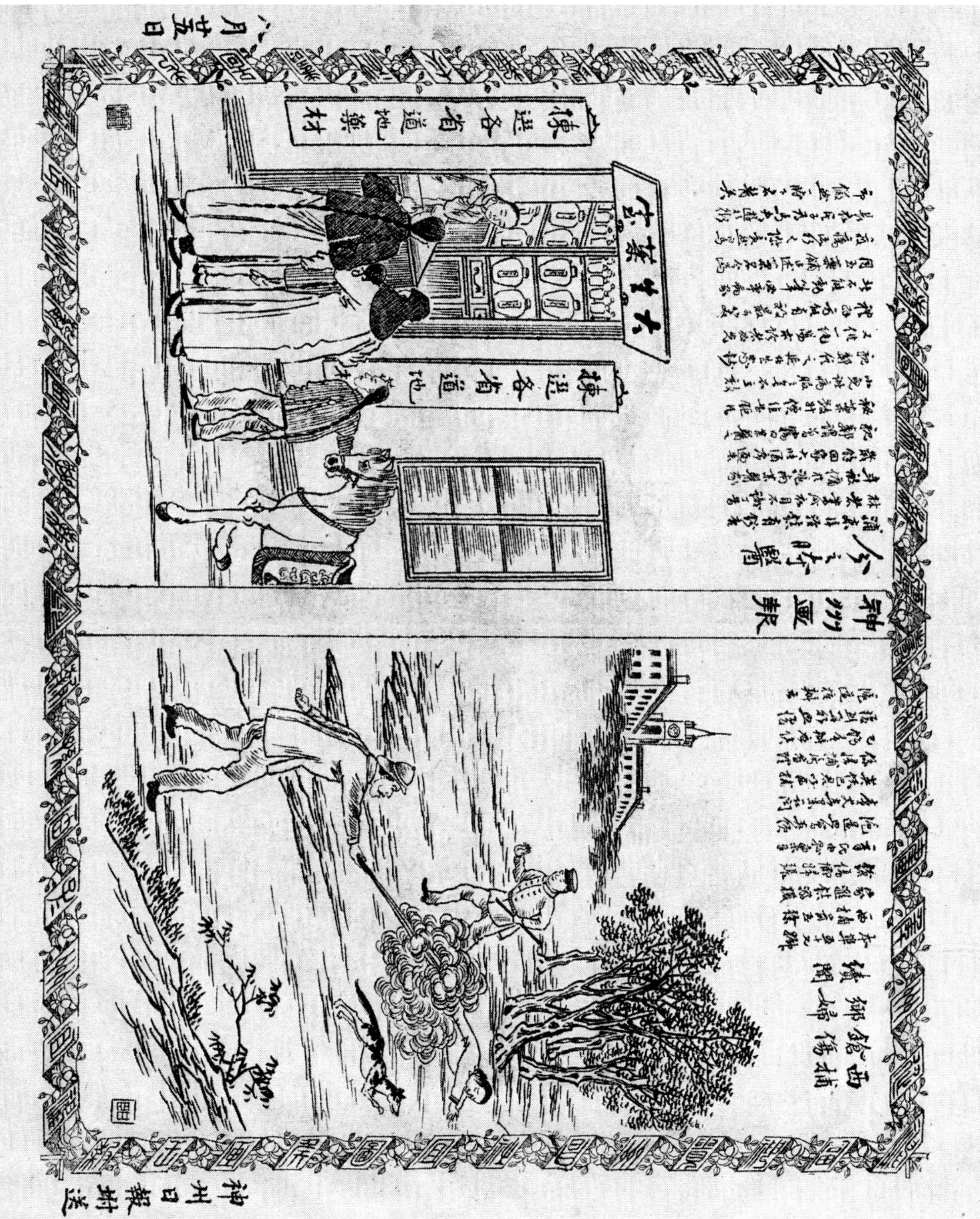
神州畫報
八月廿五日
神州日報附送

八月廿五日
神州日報附送

小窗和雨夢梨花
臨費曉樓百美之三十八
瘦眉女史
八月廿七日
神州日報坿送

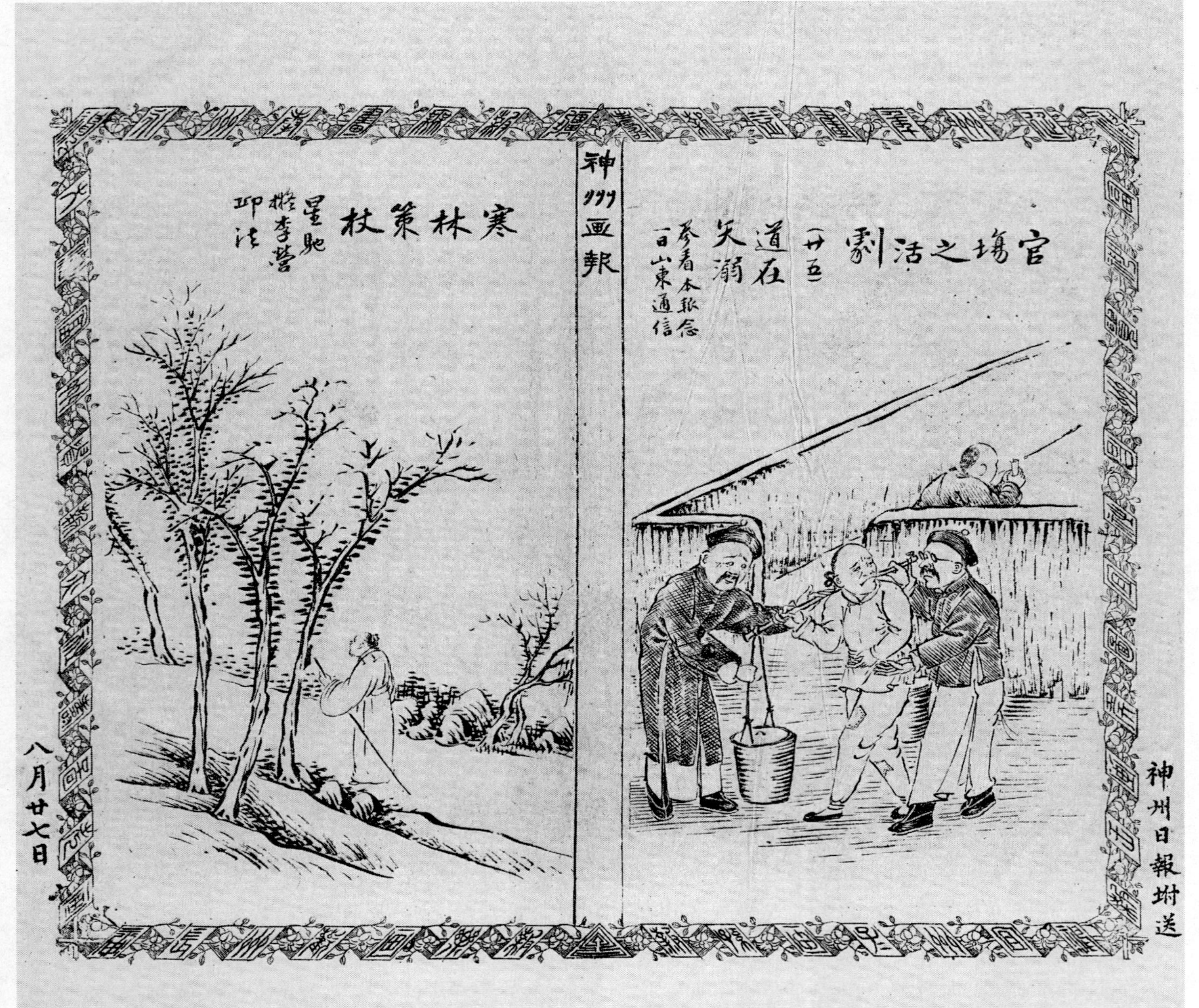
官場之活劇（廿五）
道在矢溺
參看本報念一日山東通信
神州画報
寒林策杖
星馳拟李營邱法
八月廿七日
神州日報附送

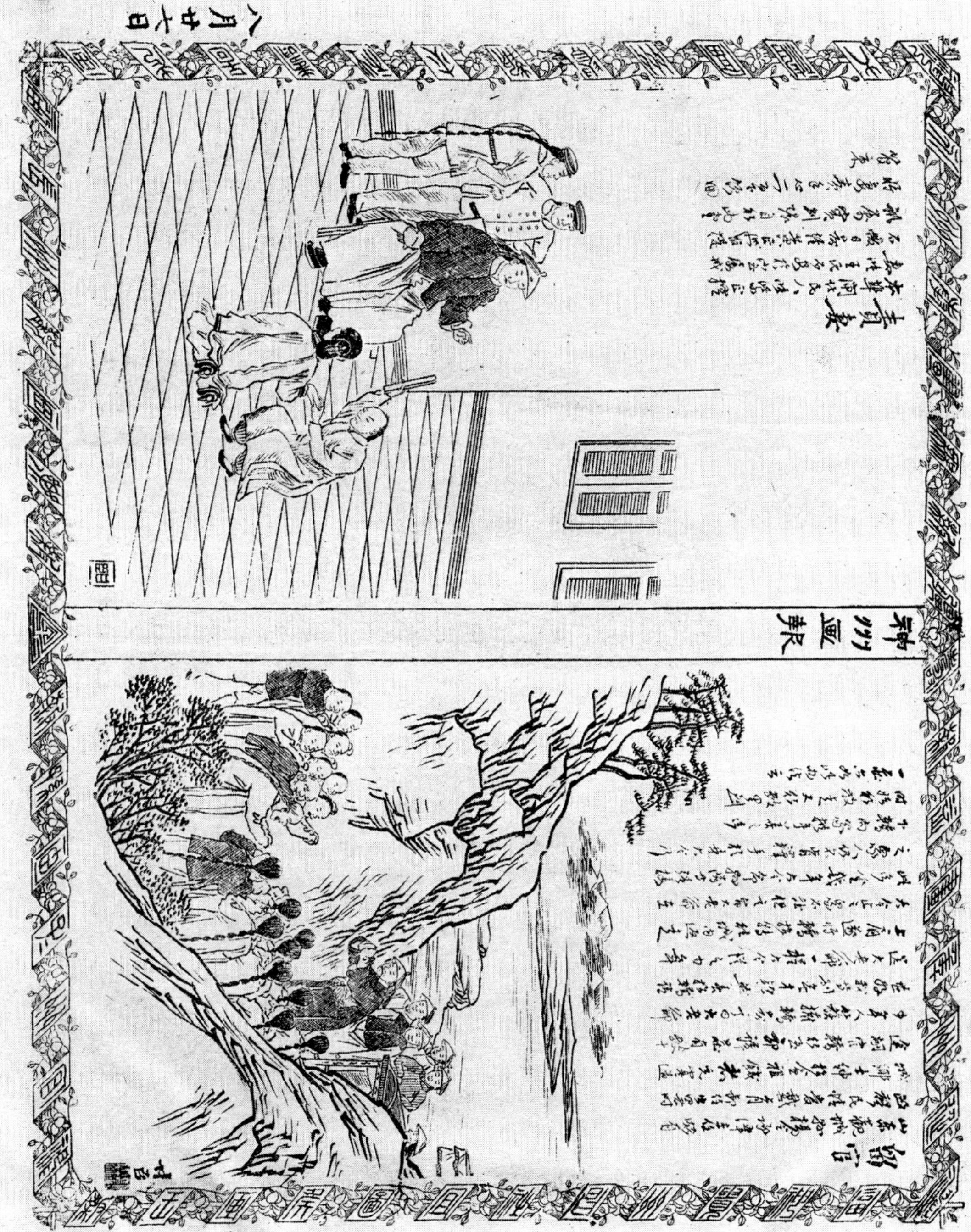
八月廿七日
神州畫報
神州日報附送

啼紅泣綠之女尾生
詳見本月廿四日本報
南昌通信欄
八月廿六日
神州日報附送

八月廿九日
神州日報附送

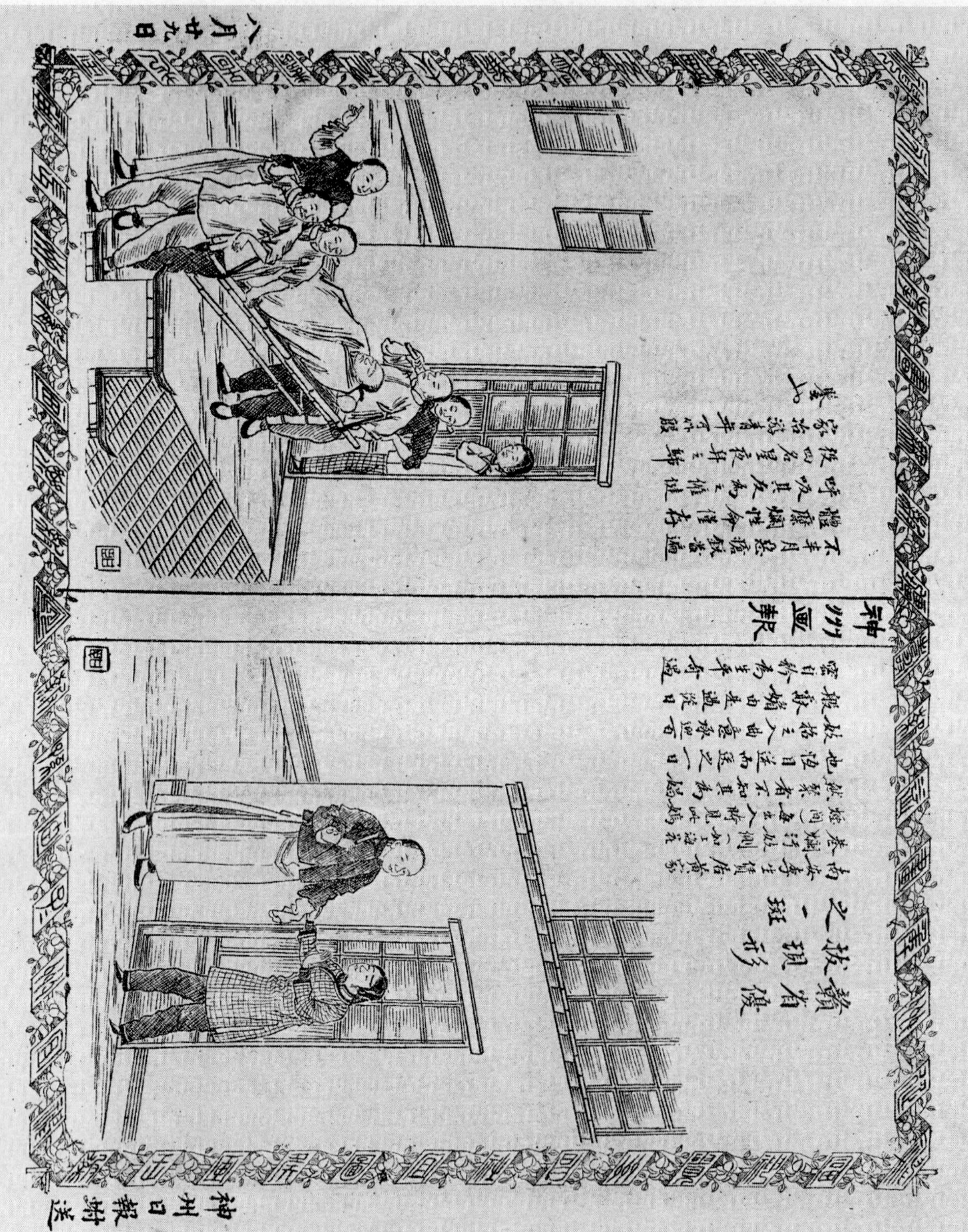
神州画報
贛省優拔現形之一斑
南安李生賃居黃家巷爛汙妓（如上海花煙間）每出入時見此娼妓聚者不知其爲娼也陰目送而送之一日妓招之入曲意承迎百般歡媚由是過從日密自矜爲生平奇遇
不半月惡瘡鉠皆遍體糜爛性命僅存呼吸其友爲之僱健役四名星夜舁之歸家冶游青年可作殷鑒也
八月廿九日
神州日報附送

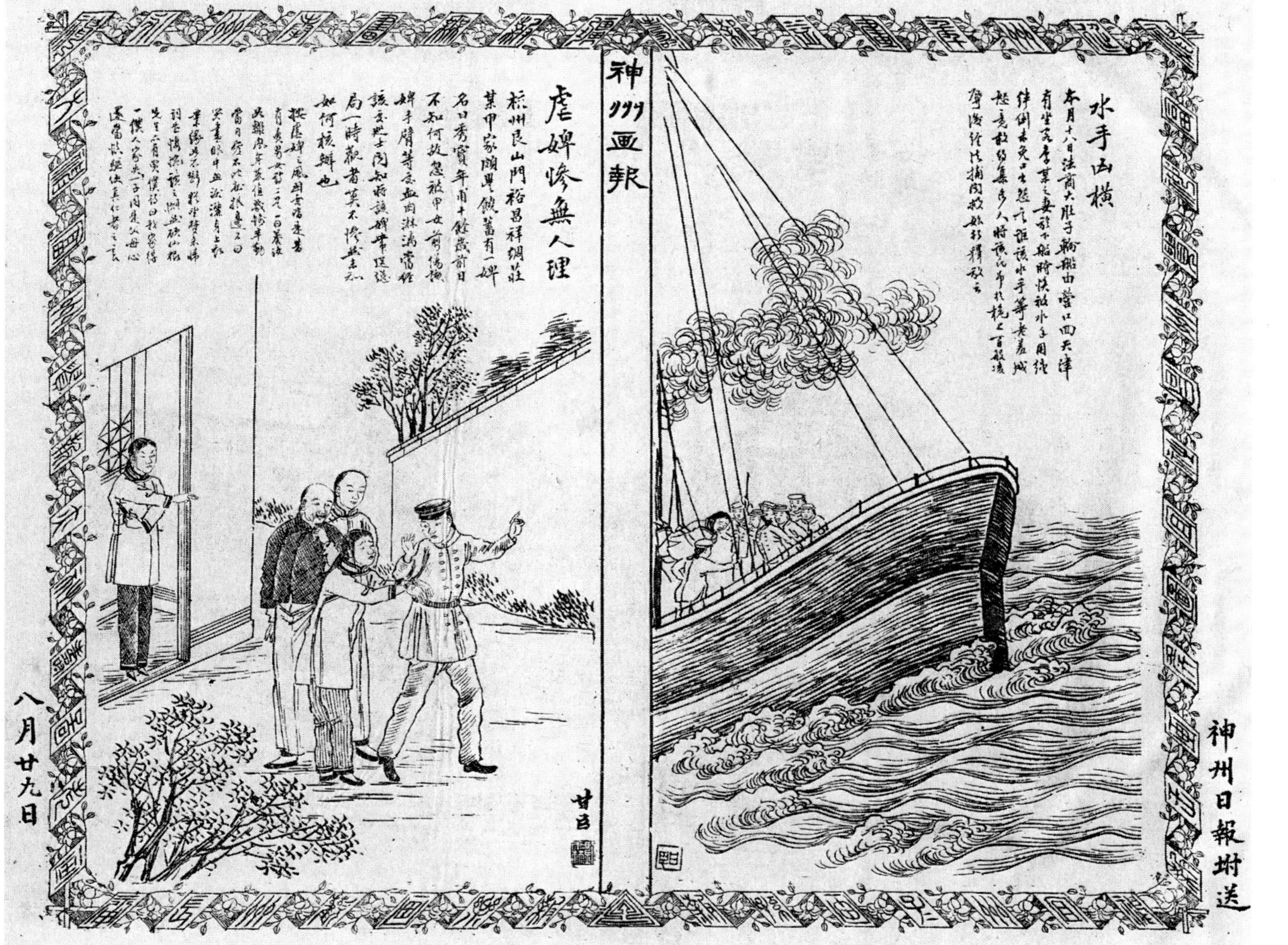
神州画報
虐婢慘無人理
杭州艮山門裕昌祥綢莊
某甲家頗畢饒蓄有一婢
名曰秀寶年甫十餘歲前日
婢手臂等處血肉淋漓當經
局一時觀者莫不慘然未知
如何核辦也
水手凶橫
本月十八日法商大股子輪船由營口回天津
八月廿九日
神州日報坿送

韓國之皇宮
星期寫真
八月廿九日
神州日報附送

神州日報附送
銀甲春風入四絃亂鶯啼
散落花煙伊涼唱到傷心
處懶向江頭送客船
臨費曉樓百美之四十　壽眉女史
九月初一日

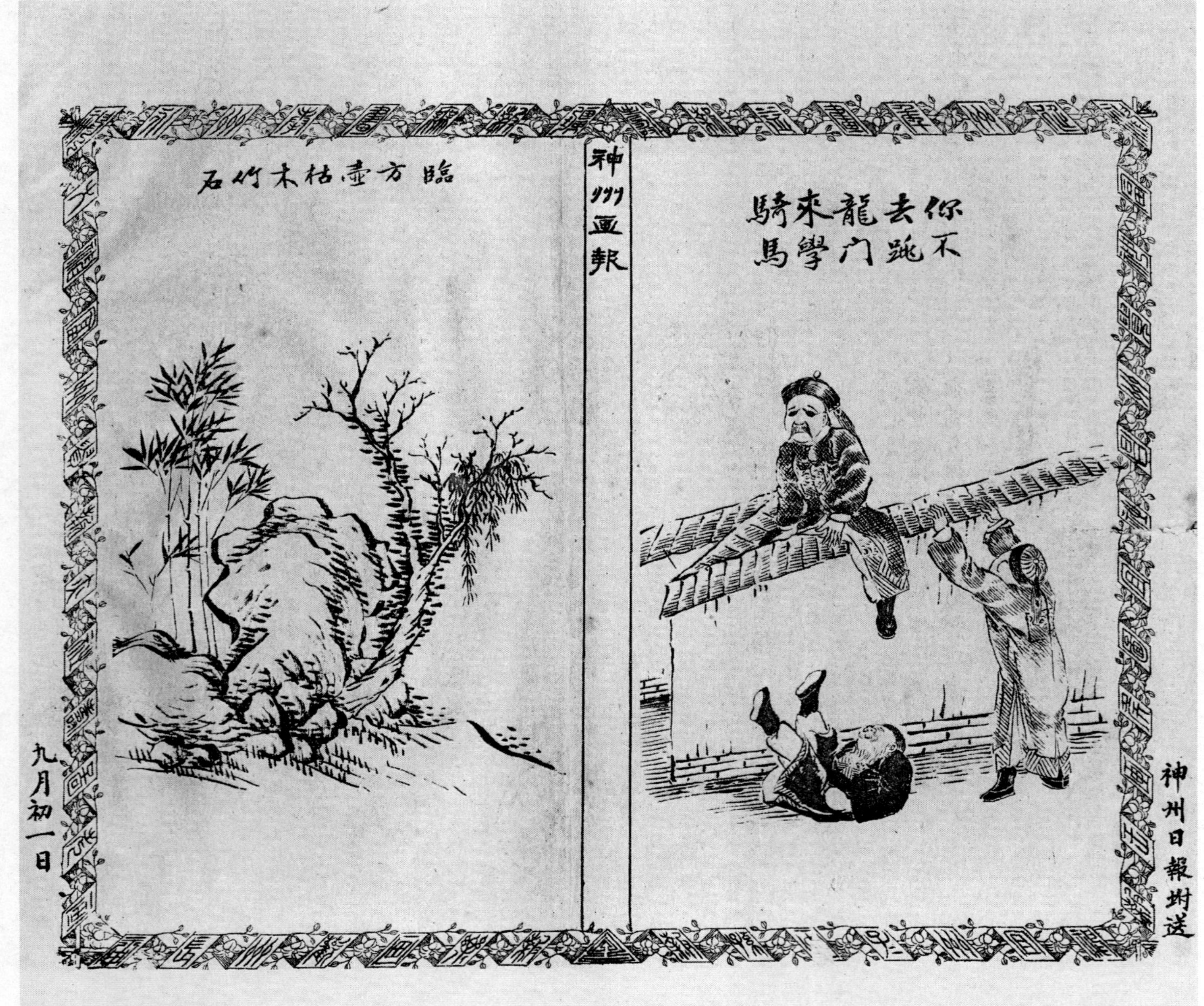
臨方壺枯木竹石
神州畫報
你不去跳龍門來學騎馬
九月初一日
神州日報附送

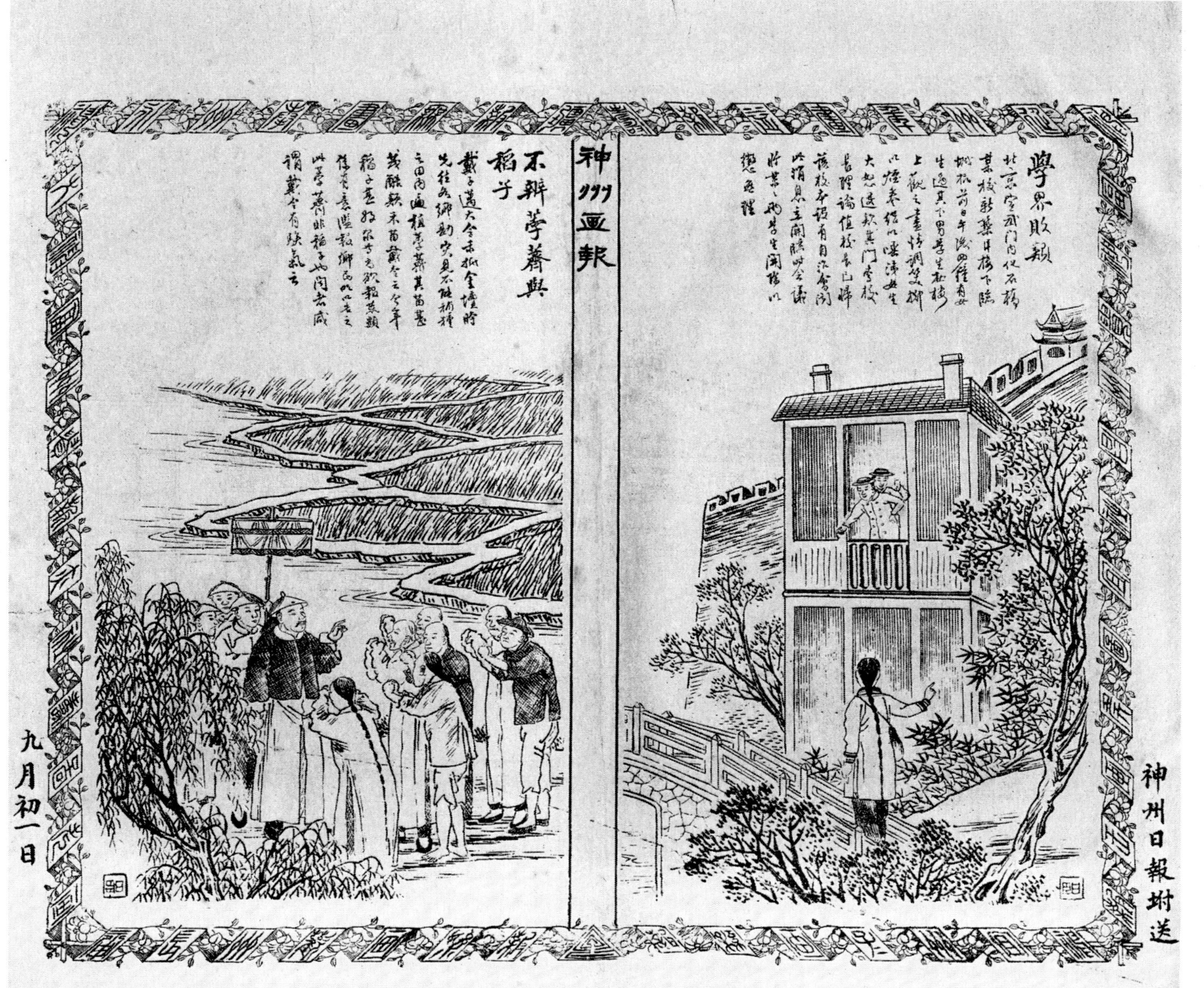
神州畫報
學界敗類
不辨菽麥與稻子
九月初一日
神州日報附送

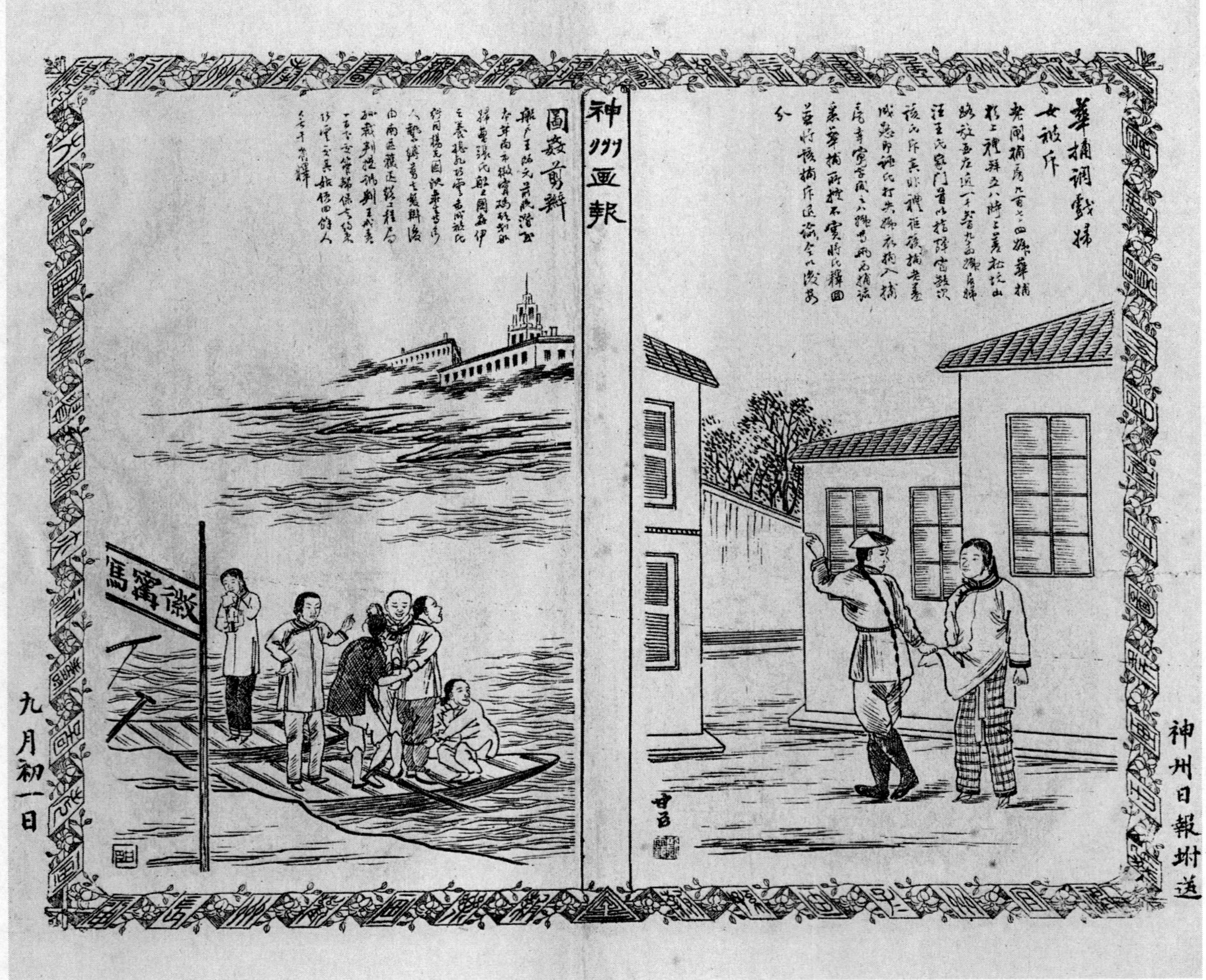
神州画報
華捕調戲婦女被斥
九月初一日
神州日報坿送

慵鬟高髻
綠婆娑早
向蘭窗繡
碧荷刺到
鴛鴦魂欲
斷暗停鍼
綫蹙雙蛾
臨費曉樓
百美圖之
四十一
瘦肩
女史
九月初三日
神州日報附送

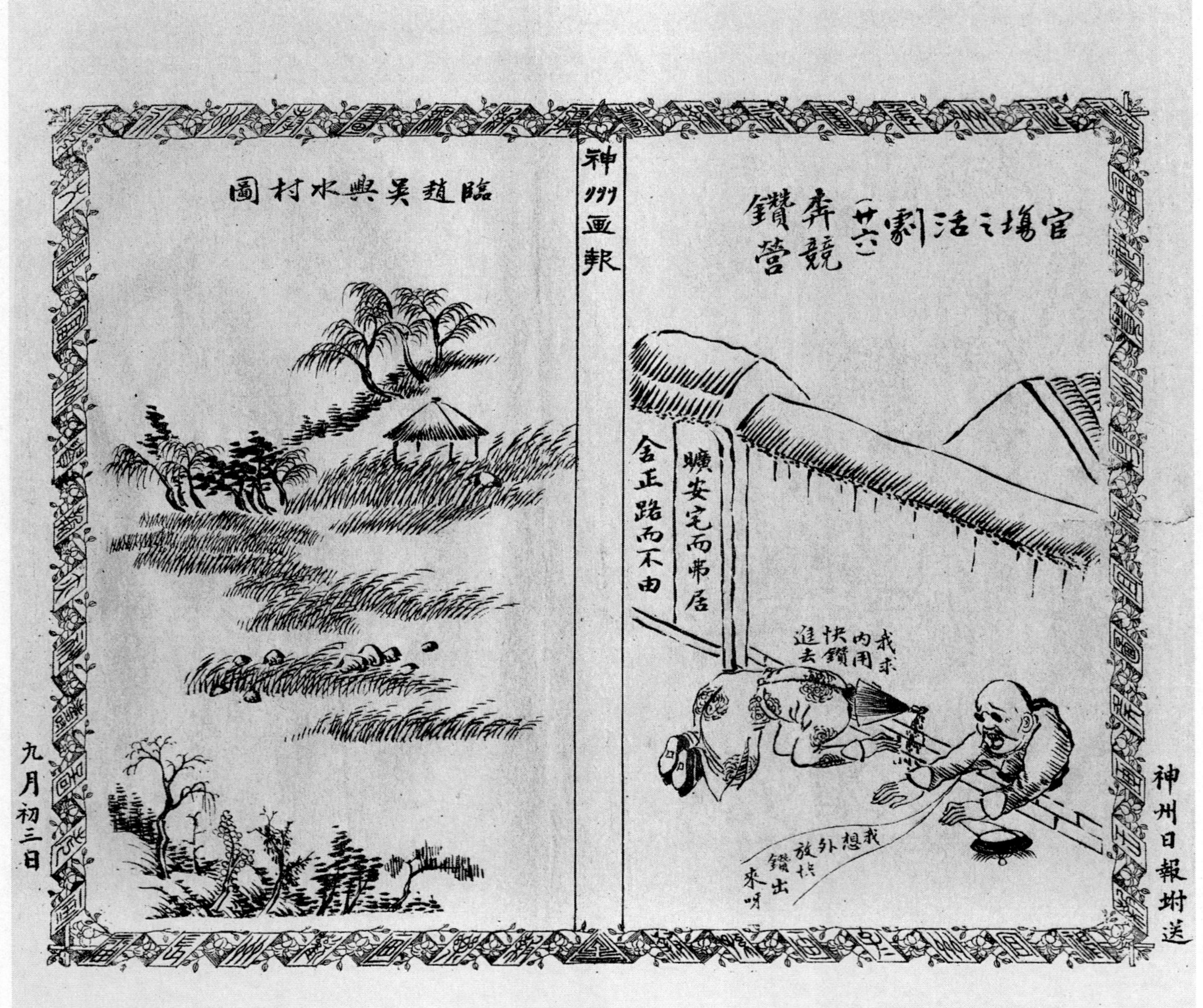
神州畫報
官場之活剝（廿六）
奔競鑽營
曠安宅而弗居
舍正路而不由
我求內用快鑽進去
我想外放快鑽出來呀
臨趙吳興水村圖
九月初三日
神州日報坿送

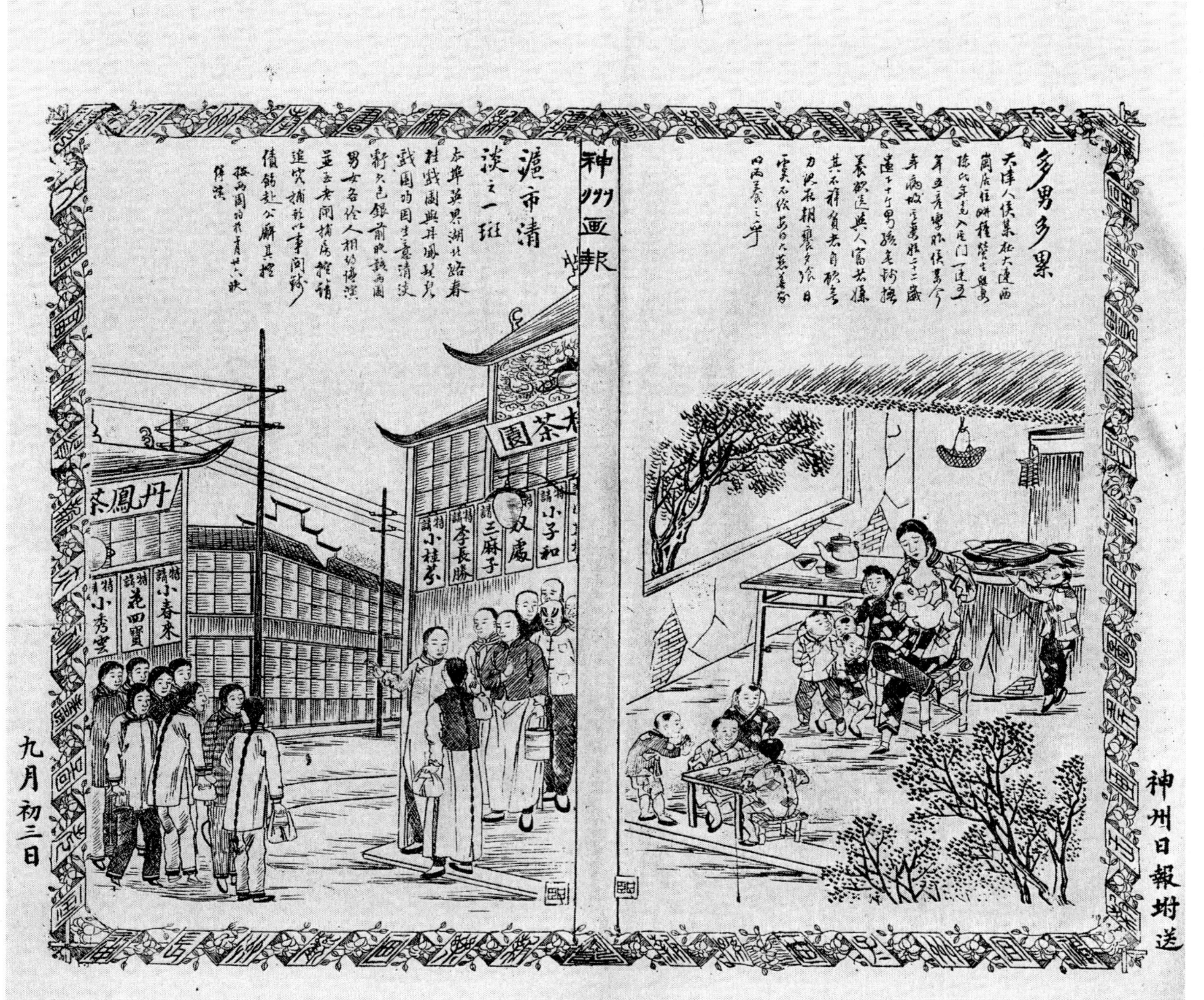
神州畫報
滬市清談之一斑
丹鳳
茶園
特請小春來
特請花四寶
特請小秀雲
特請小桂芬
特請李長勝
特請三麻子
小子和
多男多累
九月初三日
神州日報附送

發所留養
婢女陳二保控被主母蔡周氏虐待昨由濟良所將女與氏一併解廨訊供屬實官判罰氏洋五十元交由捕房代存生息女發幼女所留養俟擇配時按本利如數給女具領
九月初三日
神州日報附送

戰袍新製
翠娥顰
竟得團圓了
夙因不似
君王器才
女他生
事幻此
生真
臨曉樓
外史百美
之四十二
瘦肩
女史
九月初五日
神州日報附送

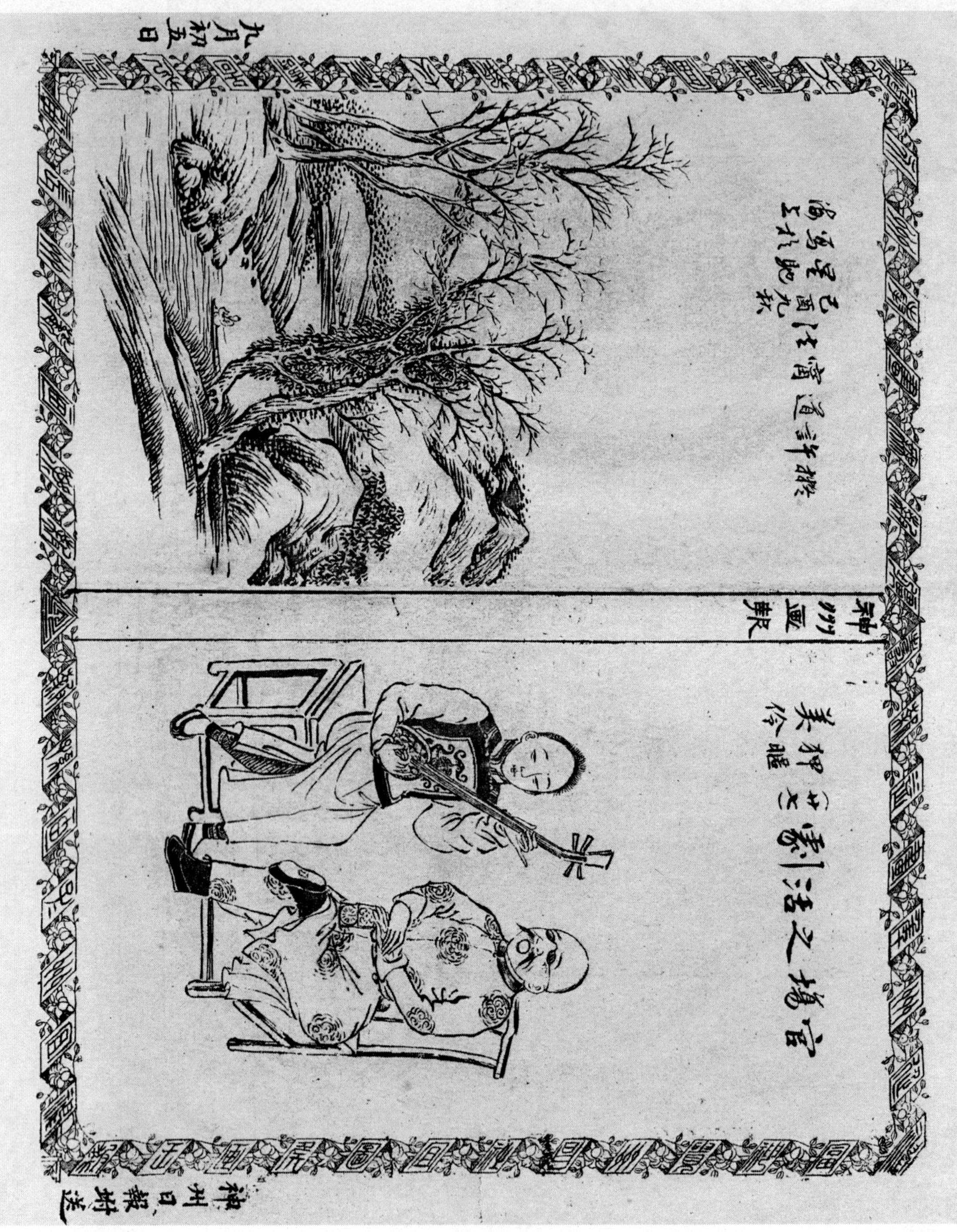
官場之活劇
（廿七）
狎䁥美伶
神州画報
擬許道甯法
己酉九秋
星馳寫於海上
九月初五日
神州日報附送

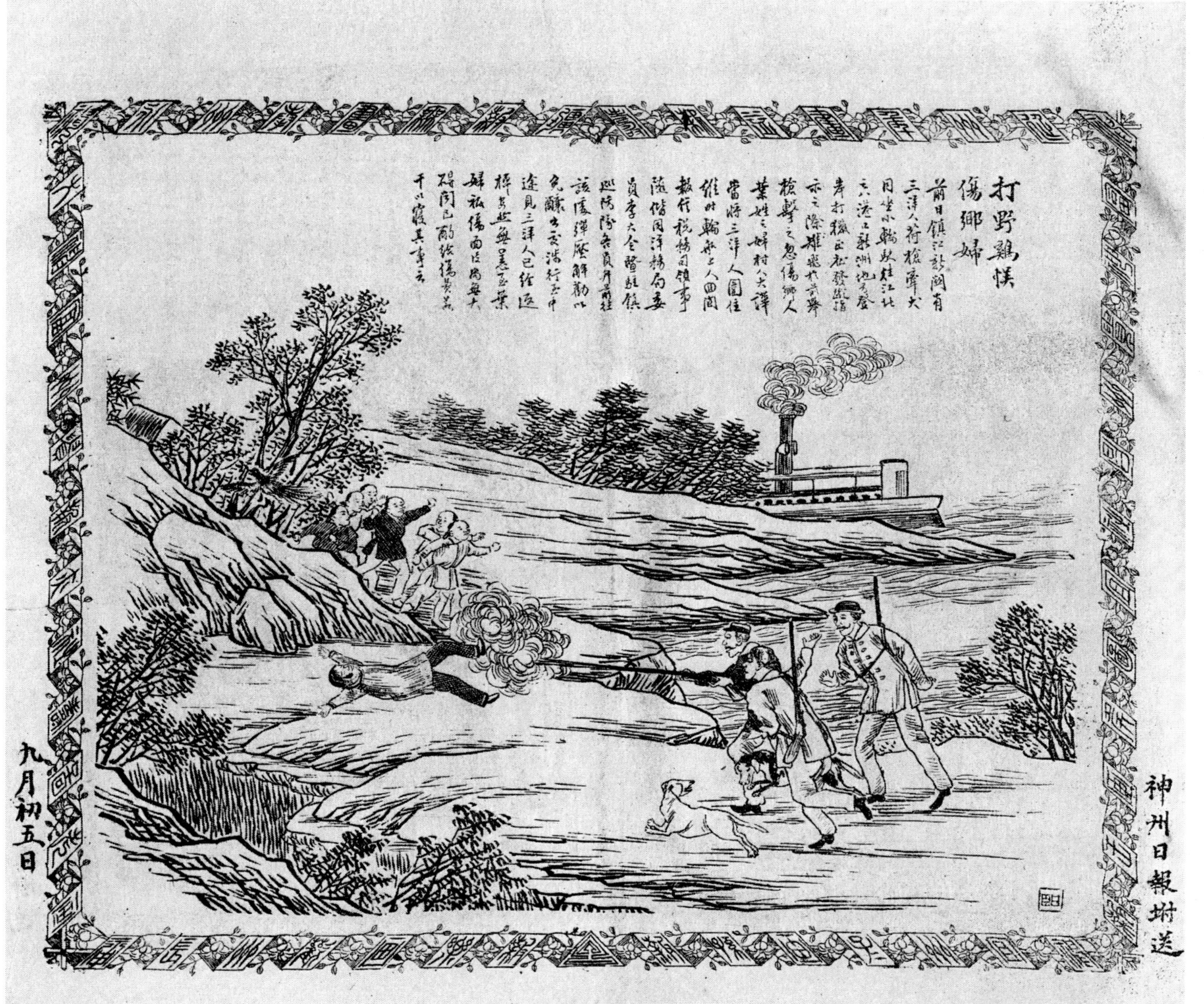
打野鷄悮傷鄉婦
九月初五日
神州日報附送

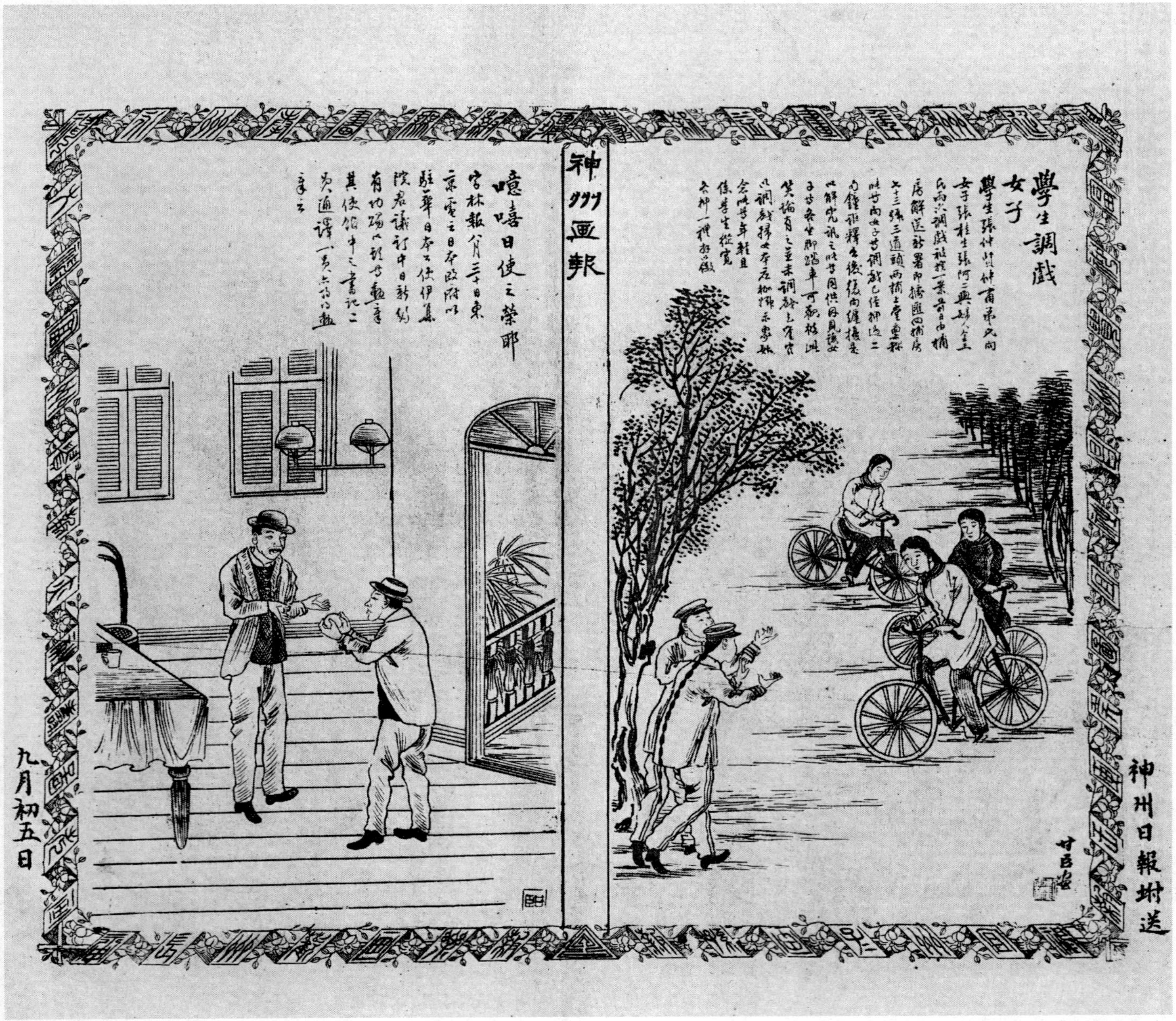
神州画報
噫嘻日使之榮耶
字林報八月三十日東京電云日本政府以駐華日本公使伊集院君議訂中日新約有功特以頭等勳章其使館中之書記二員通譯一員亦均以勳章云
九月初五日
學生調戲女子
神州日報附送

楊柳樓臺
臨費曉樓百美圖之四十三
九月初七日
神州日報附送

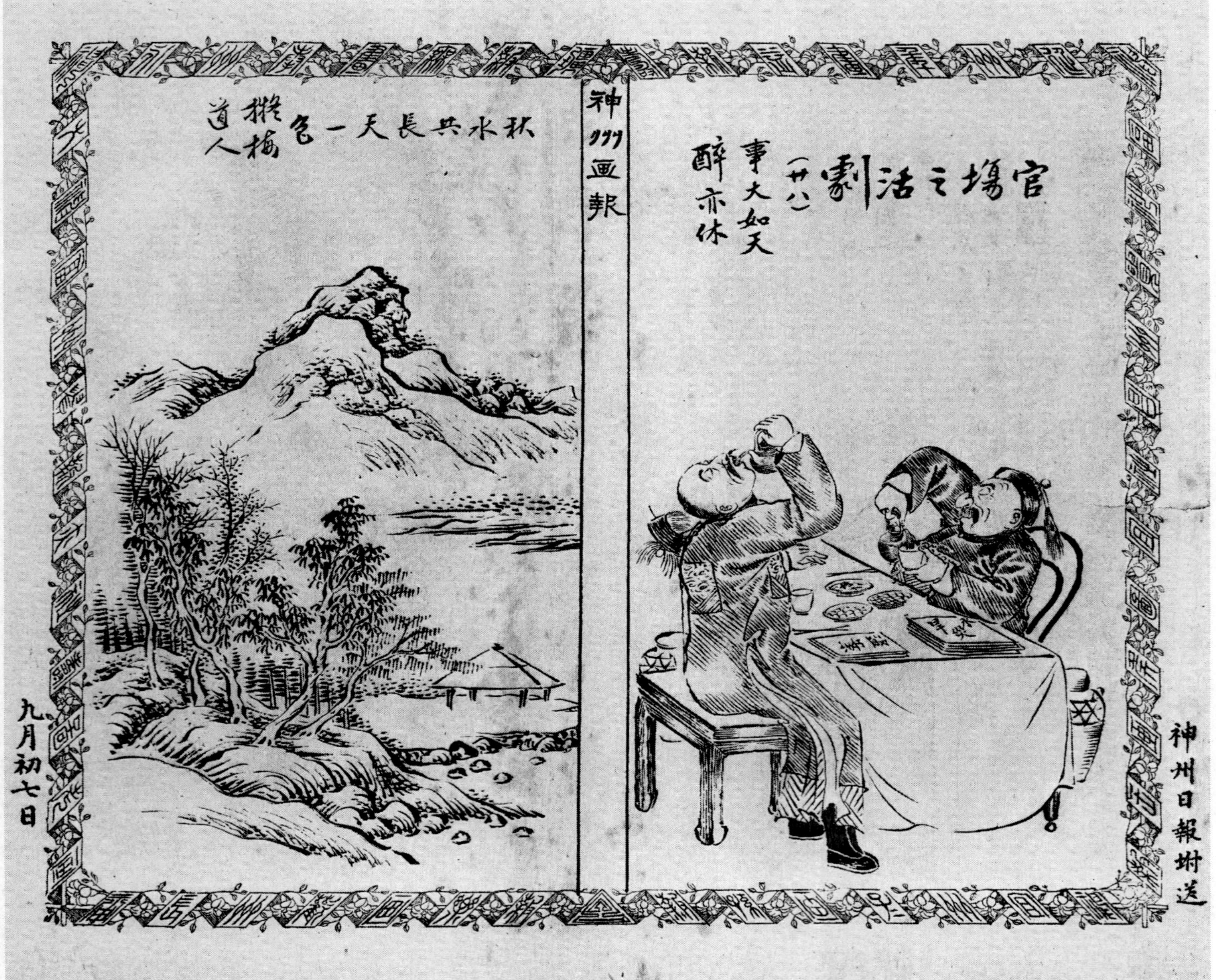

官場之活劇(廿八)
事大如天醉亦休
神州畫報
秋水共長天一色
撫梅道人
九月初七日
神州日報附送

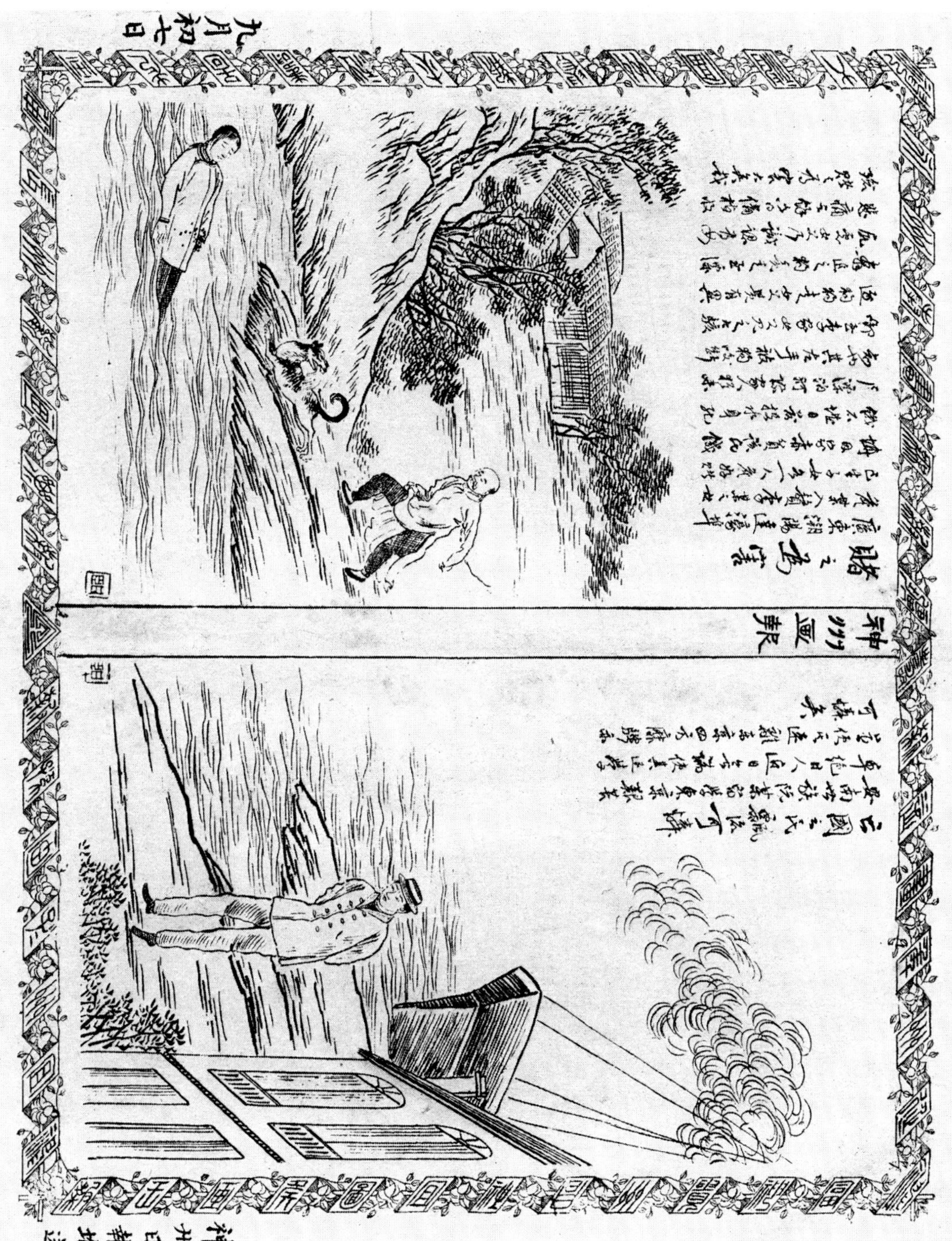
九月初七日
神州畫報
賭之為害
亡國之民
神州日報附送

巡捕技藝運動
九月初七日
神州日報附送

九月初九日
曉妝初罷捲簾櫳閒看
庭花樹〻紅立久暗多惆
悵事好將春意付東風
臨貫曉樓百美之四十四
瘦眉女史圖
神州日報附送

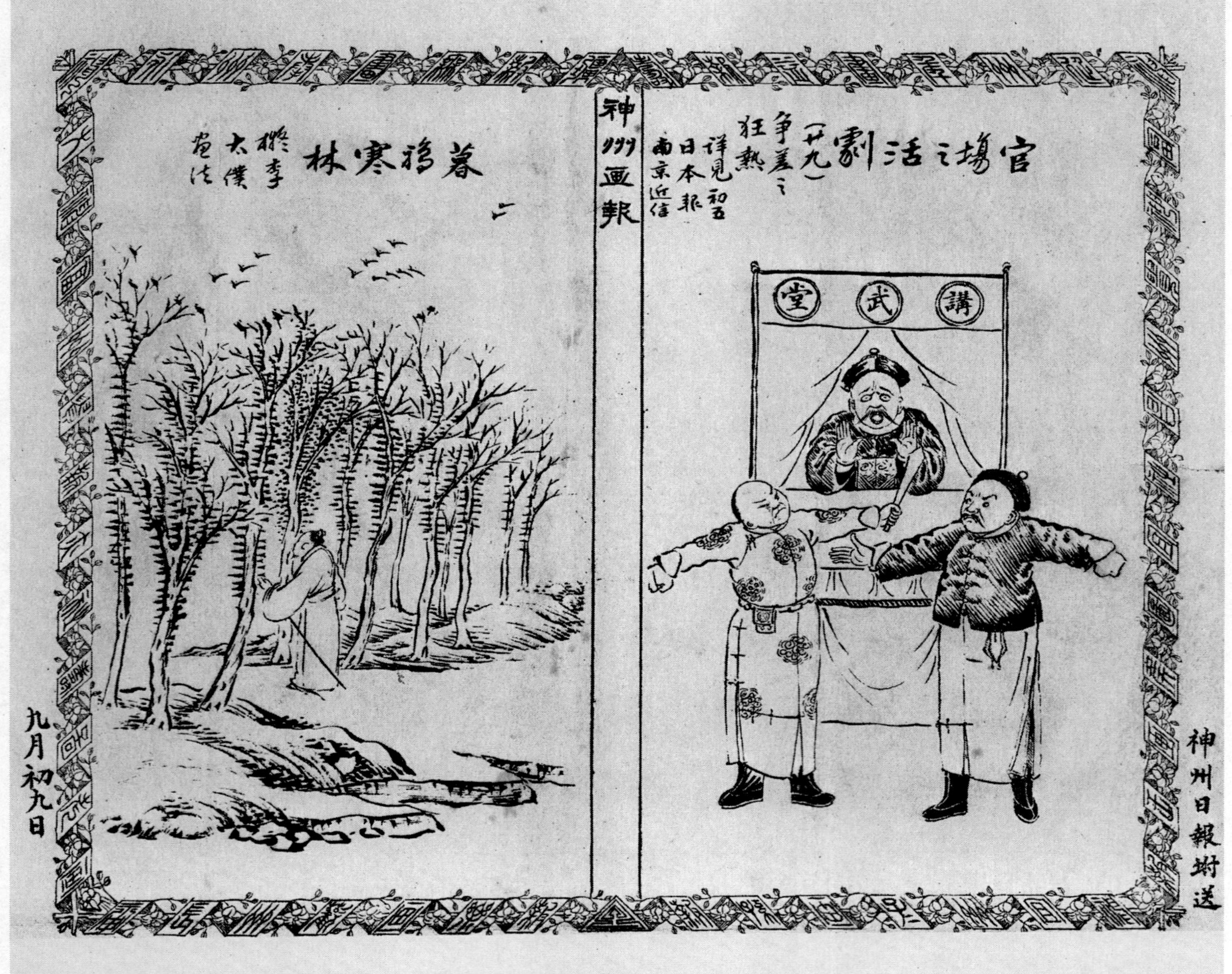

官場之活劇
（廿九）
爭差之狂熱
詳見初五日本報南京近信
講武堂
神州畫報
暮鴉寒林
李太僕
九月初九日
神州日報附送

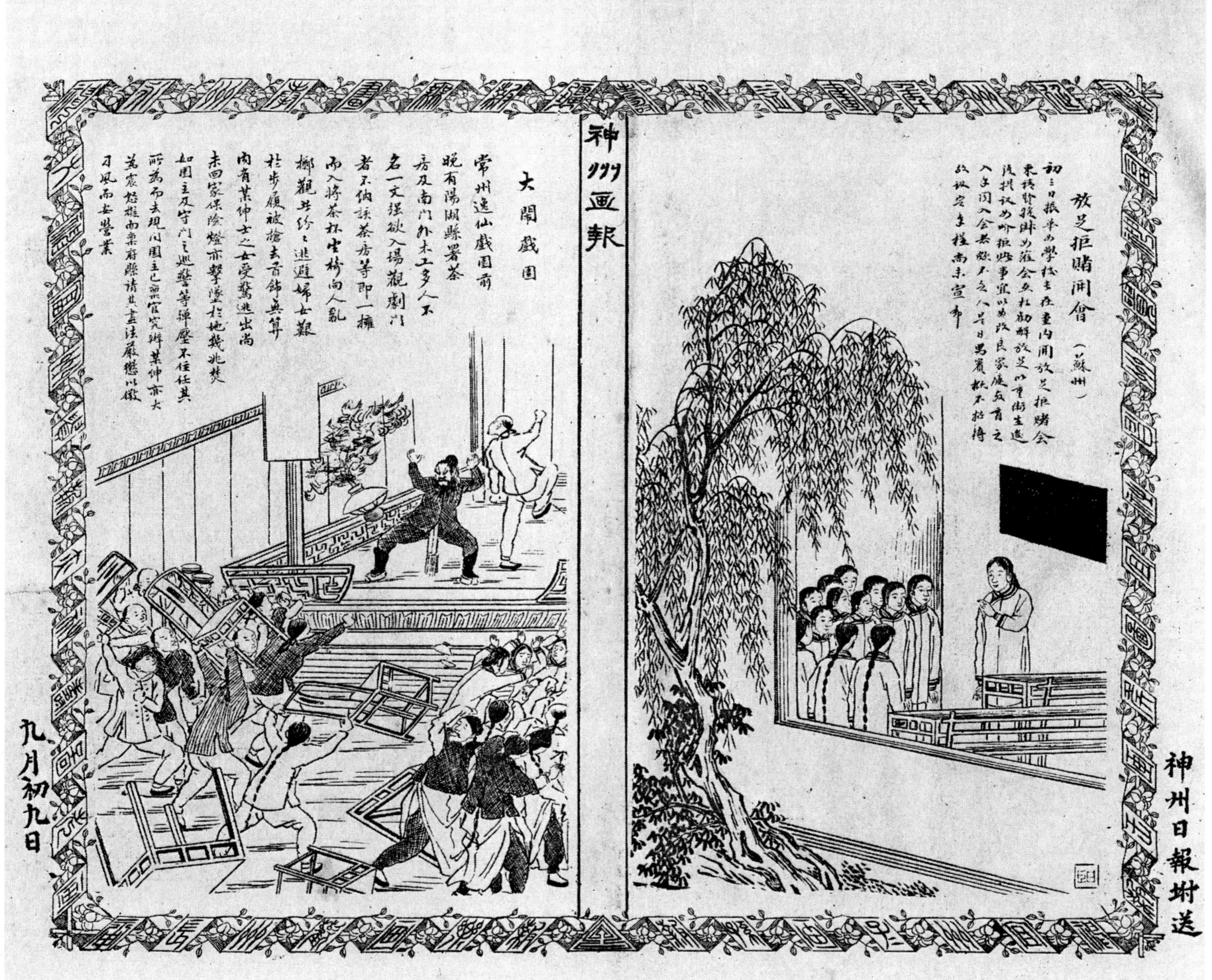
神州畫報
大鬧戲園
常州迎仙戲園前晚有陽湖縣署茶房及南門外木工多人不名一文强欲入場觀劇門者不允該茶房等即一擁而入將茶杯坐椅向人亂擲觀者紛紛逃避婦女艱於步履被搶去首飾無算内有某紳士之女受驚逃出尚未回家保險燈亦擊墜於地幾兆焚如園主及守門之巡警等彈壓不住任其所爲而去現以園主已稟官究辦某紳亦大爲震怒擬函稟府縣請其盡法嚴懲以儆刁風而安營業
九月初九日
放足拒賭開會（蘇州）
初三日振華女學校主在校內開放足拒賭会來賓皆係女界幼稚會女社勸解放足以重衛生遂復提議女界拒賭事宜以女改良家庭爲首之入手同入会者頗不乏人其日男賓概不招待故議定章程尚未宣布
神州日報附送

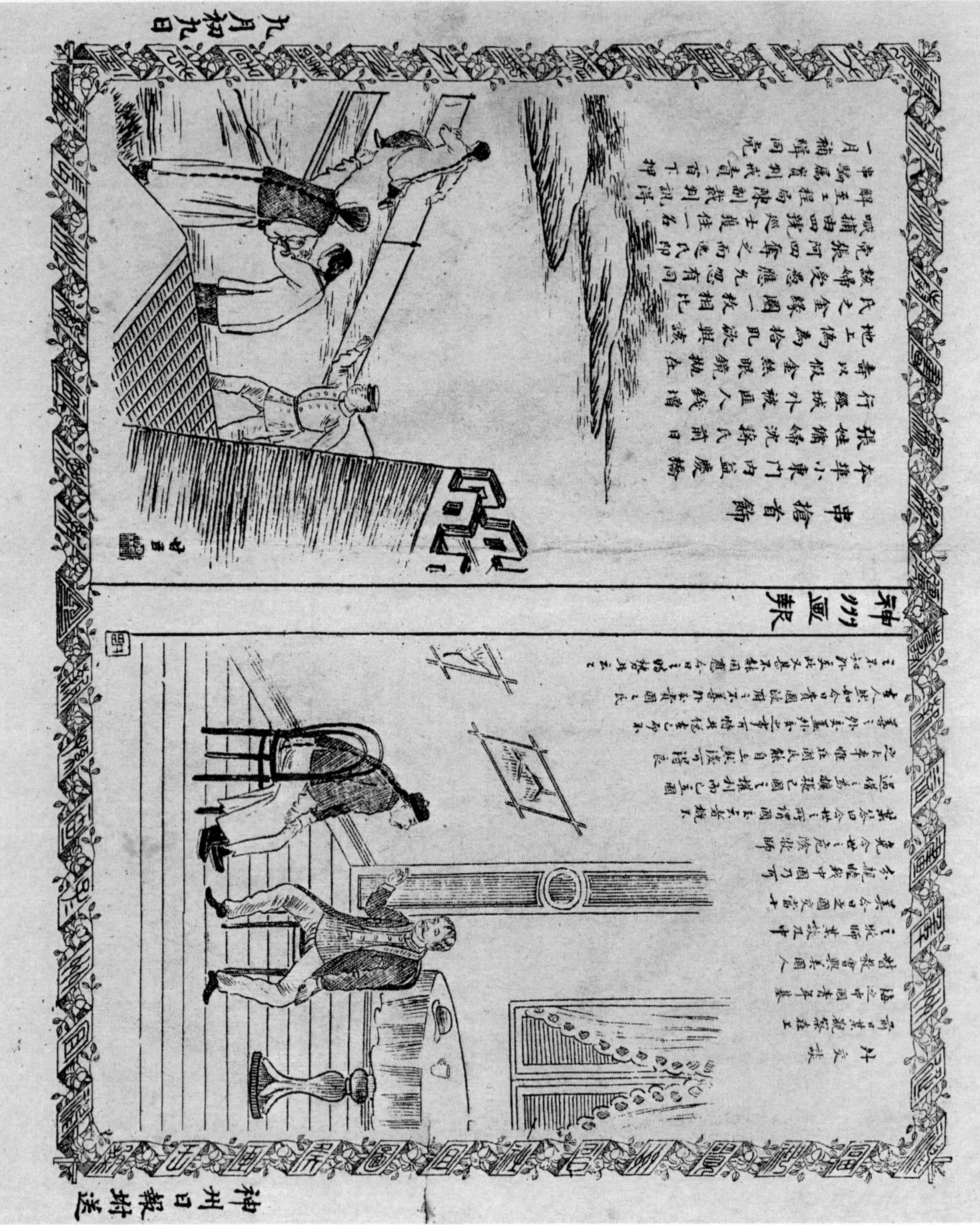
神州画報
外交談
前日某觀察在上海之中國青年基督教會與美國人之牧師某談及中美今日之國交當十分親睦我中國乃可免今世之危險牧師某答曰今世之所謂國交云者概不過借之為擴張己國之權利而已立國之大本惟在國民能自立然後可得良善之外交蓋外交之事有時非從者之所不吉人然如今日貴國談爾之不善於外交貴國之民之不知外交此又甚不能因應今日之時勢者云云
串搶首飾
本埠小東门内益慶橋張姓傭婦沈蔣氏前日行經城外被匪人錢增壽以假金絲眼鏡抛在地上偽為拾𣅜欲與該氏之金緣圈一枚相比該婦受愚應允忽有同党張阿四奪之而逸氏即喊捕由四號巡士獲住一名解至工程局陳副裁判訊得串騙属實判戒責一百下押一月補緝同党
九月初九日
神州日報附送

高捲湘簾出豔妝不關花
氣自聞香蝶蜂也是纏頭
客亂逐遊蹤上下狂
臨費曉樓百美之四十五　瘦肩
九月十一日
神州日報附送

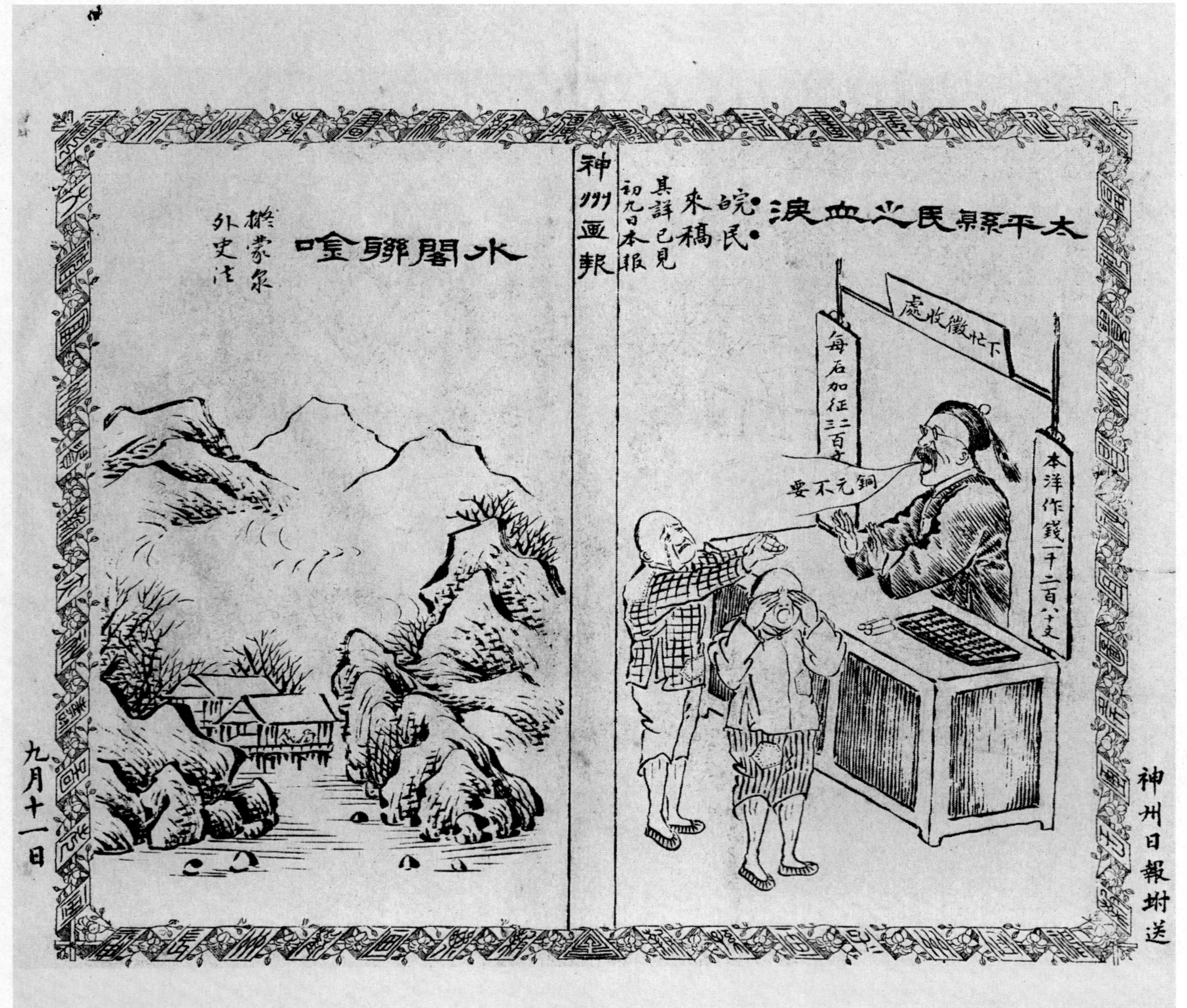
太平縣民之血淚
皖民來稿 其詳已見初九日本報
下忙徵收處
每石加征三百文
本洋作錢一千二百八十文
銅元不要
神州画報
水閣聯唫
撚蒙泉外史注
九月十一日
神州日報坿送

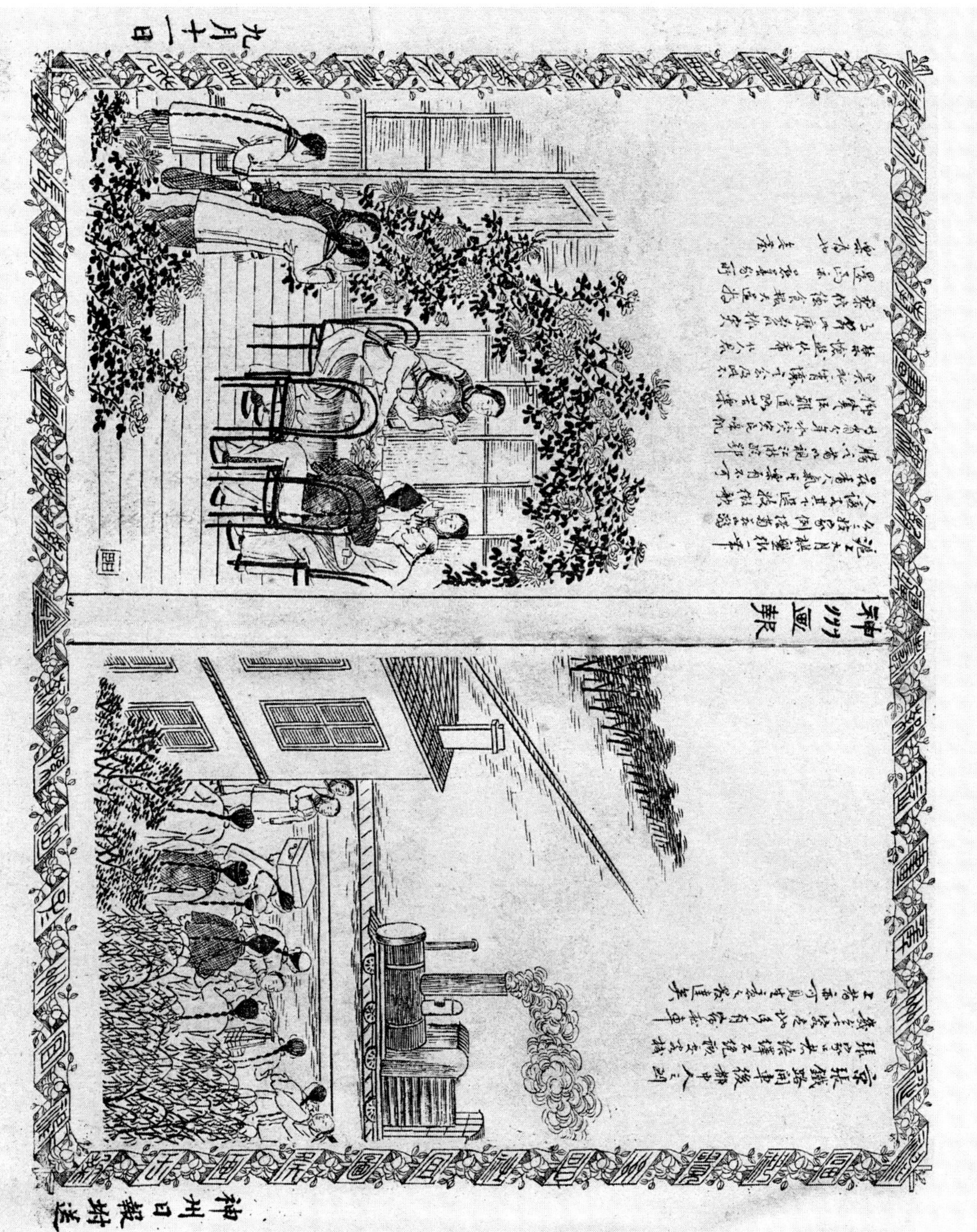
神州畫報
九月十一日
神州日報附送

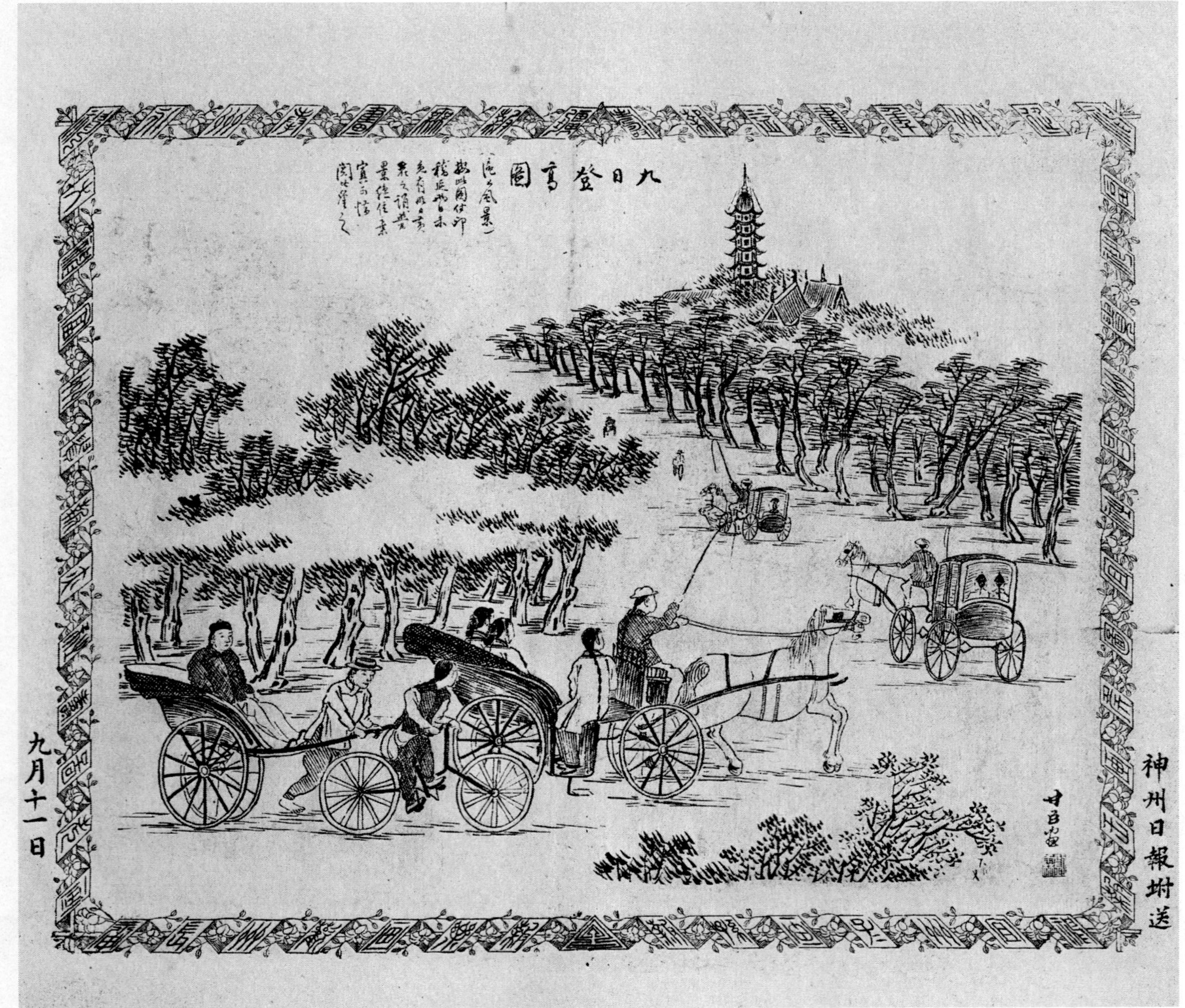
九日登高圖
九月十一日
神州日報附送

木蘭從軍
臨費曉樓百美之四十六
己酉秋癯鶴女史摹古
九月十三日
神州日報坿送

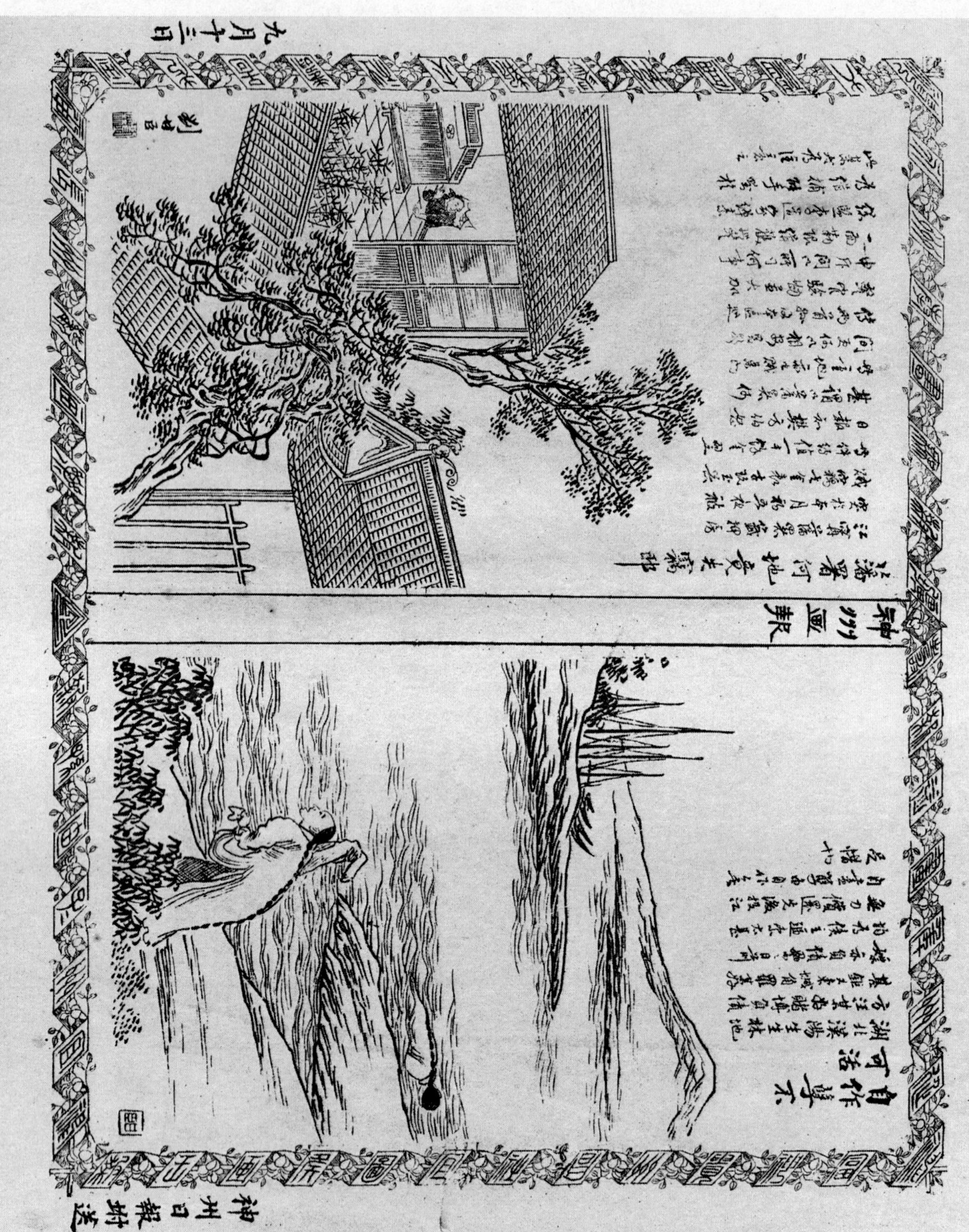
神州畫報
自作孽不可活
九月十三日
神州日報附送

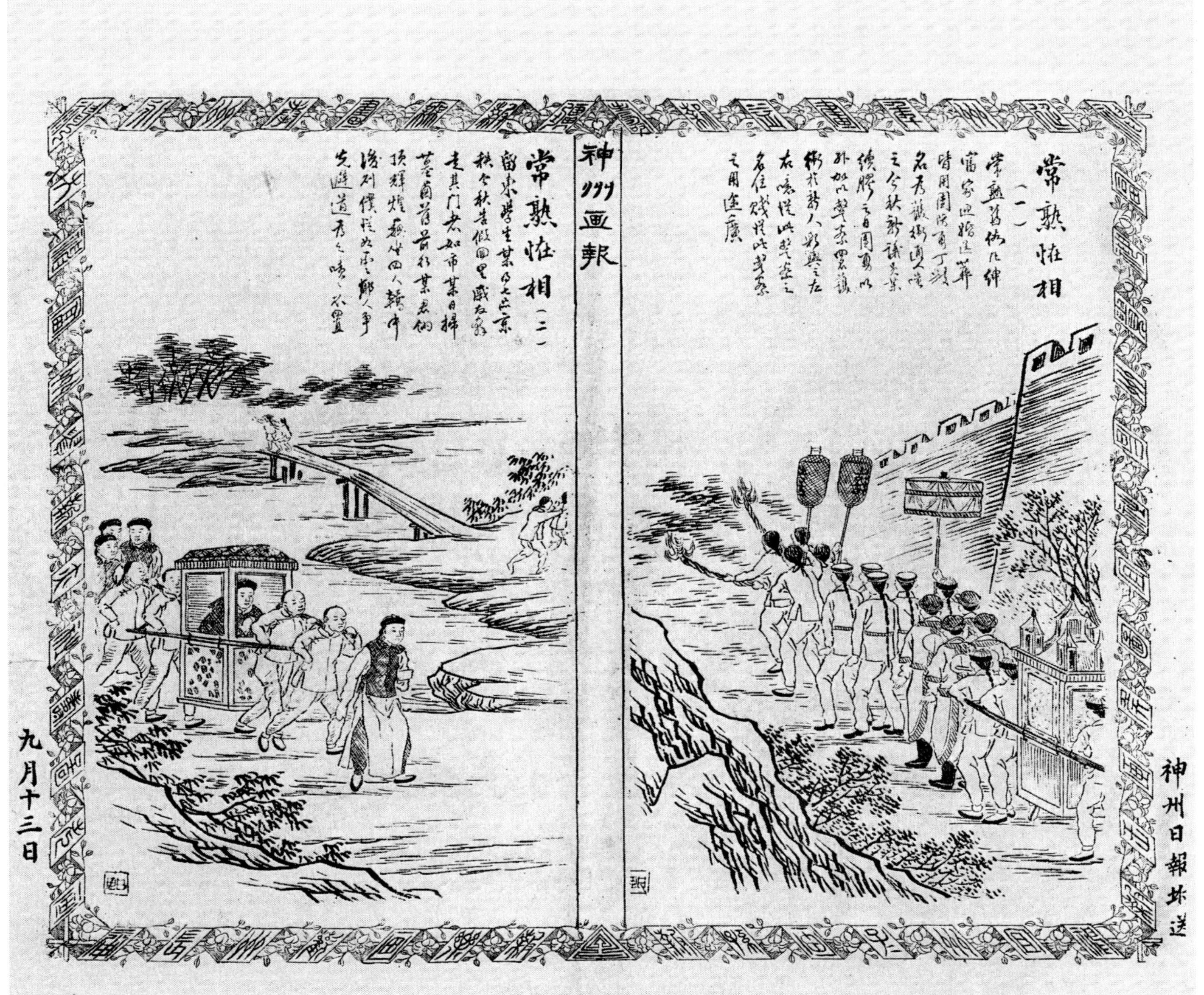
神州畫報
常熟恠相（一）
常熟恠相（二）
九月十三日
神州日報坿送

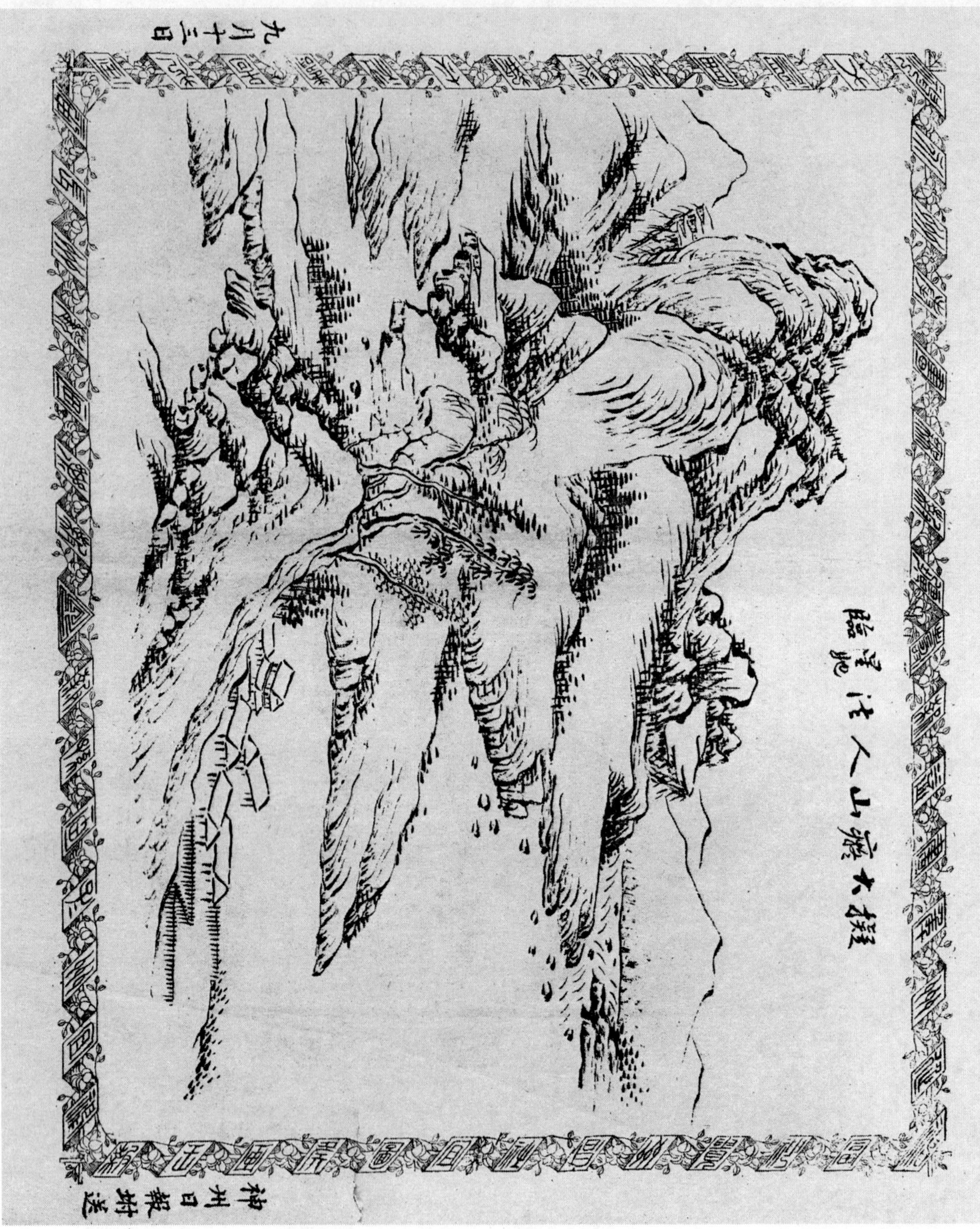
九月十三日
擬大癡山人法
神州日報附送

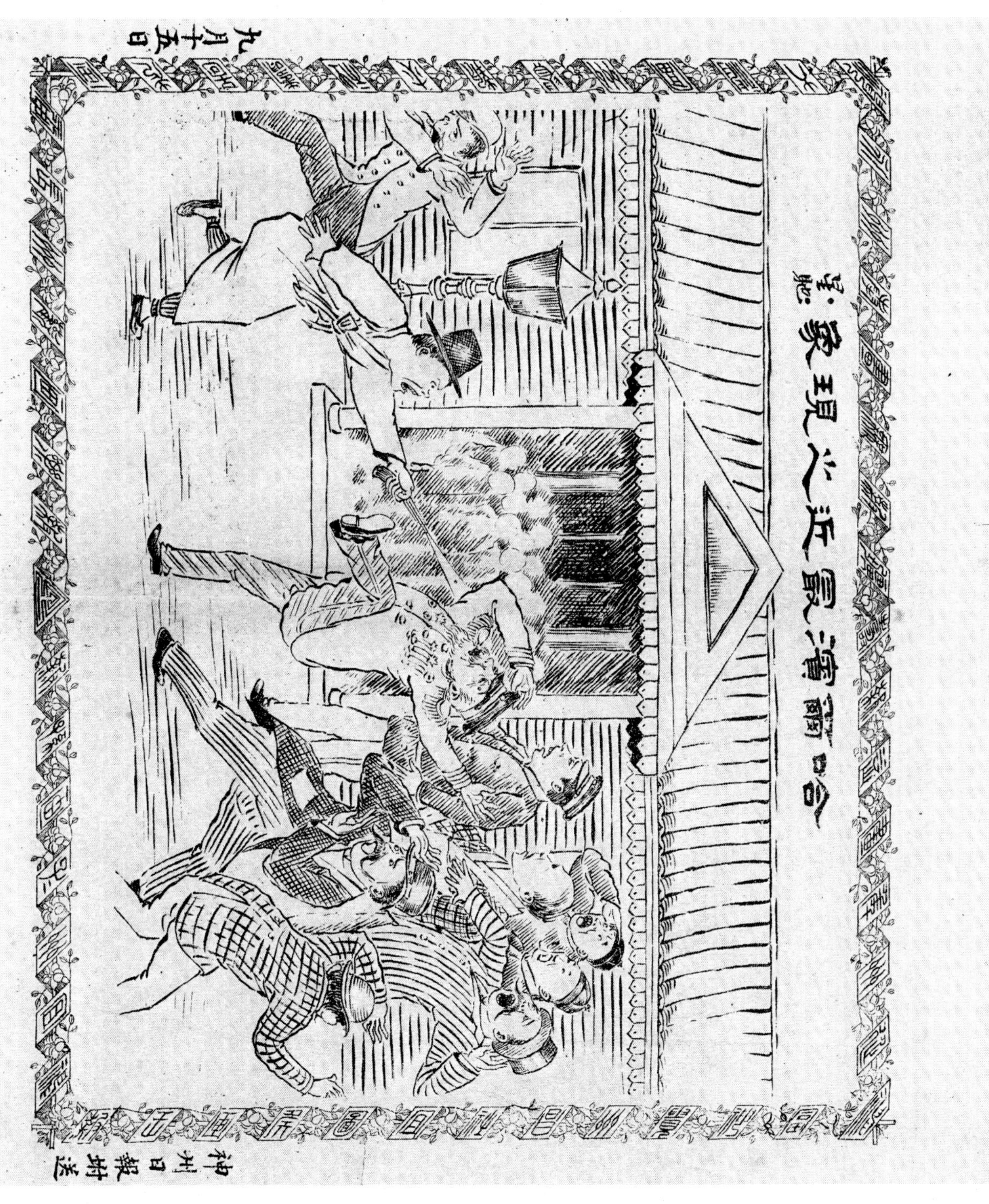
哈爾濱近現象
九月十五日
神州日報附送

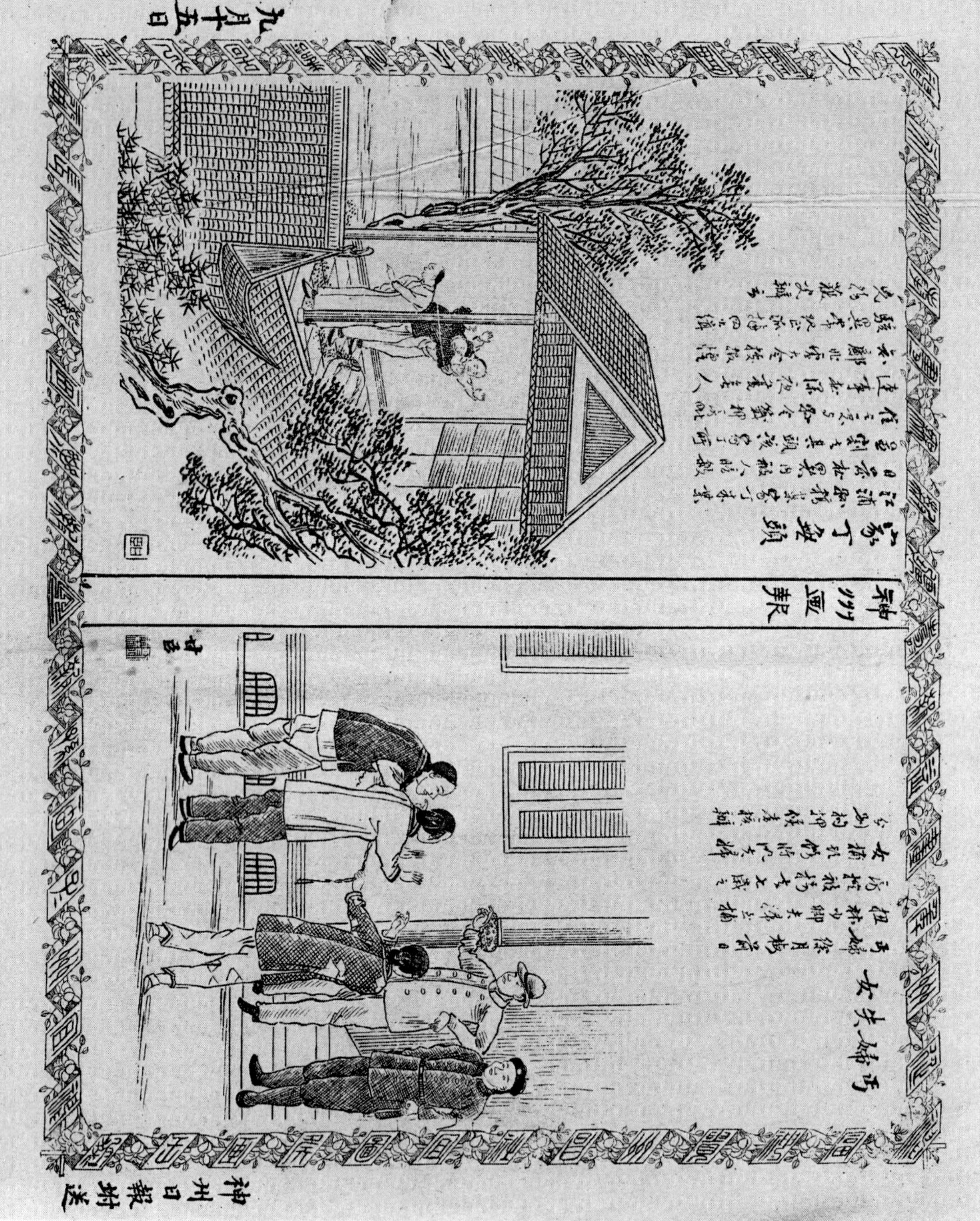
巧婦失女
神州畫報
家丁發顛
神州日報附送
九月十五日

九月十五日
楊柳陰中泊畫船
臨費曉樓百美之四十七
神州日報附送

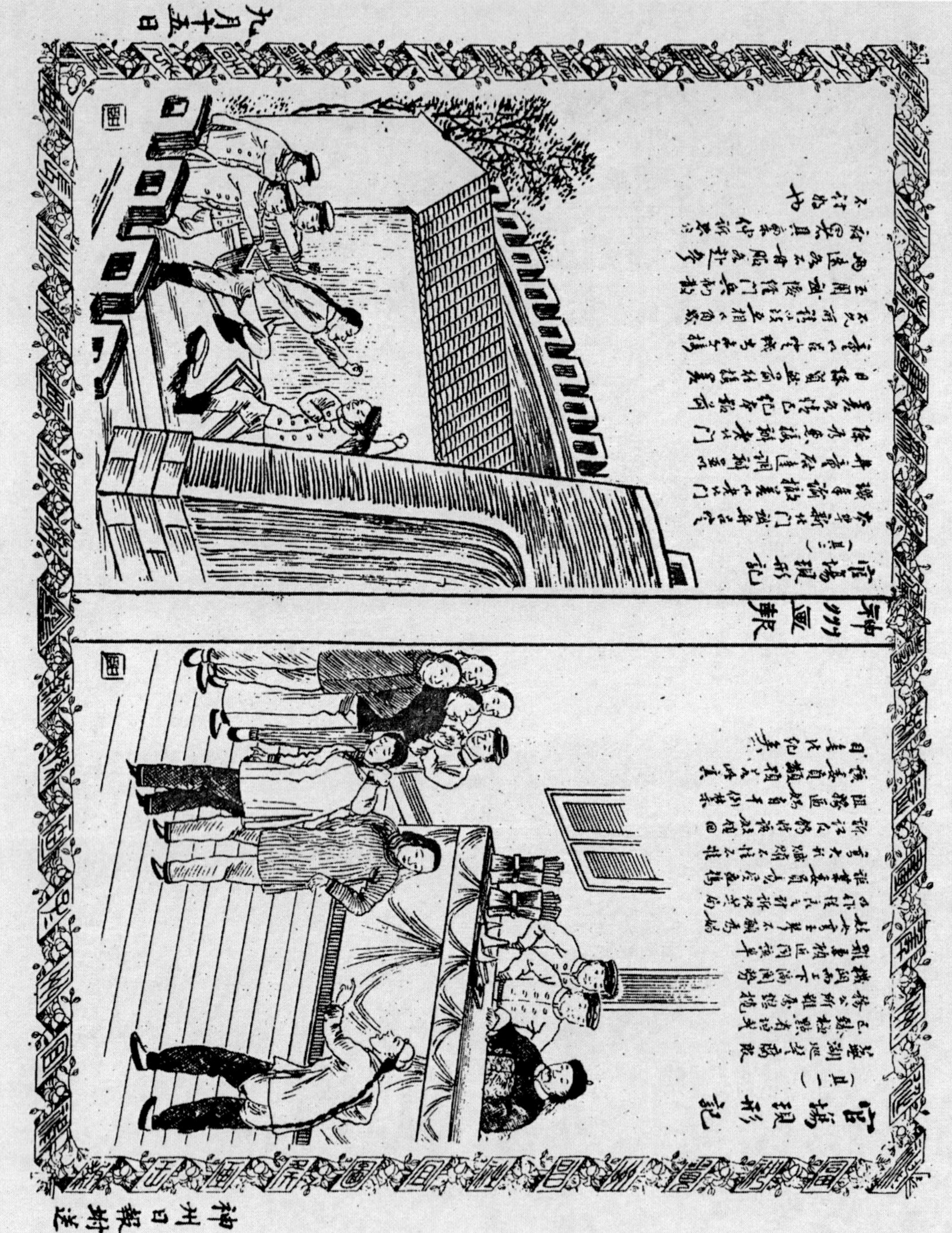
神州畫報
官場現形記（其一）
官場現形記（其二）
九月十五日
神州日報附送

神州畫報

秀才出路

湖北學司高文宗以科舉停廢舊生若無生路鄉村寒士向以筆耕為業者又因學堂林立館金寥落諸生不免無告術取科舉行新政為可所應用該校生徒之需人者會同藩臬兩司詳准督院於此次優拔兩場考試最優等諸生中再行扁試一次選拔文理通順書法端正者分發各屬所量才任用昨已出示通飭各屬挑秀試之好者未定期云

閱報社有益社會

紹興勸學所內附設有閱報社業於九月初一日起於社中購備滬杭各報任人閱看聞每日至社閱報者亦有六七十人之多大半皆店舖夥友生徒似此風氣大開知識日進足有益社會豈淺鮮哉

甘彥 畫

九月十七日

神州日報附送

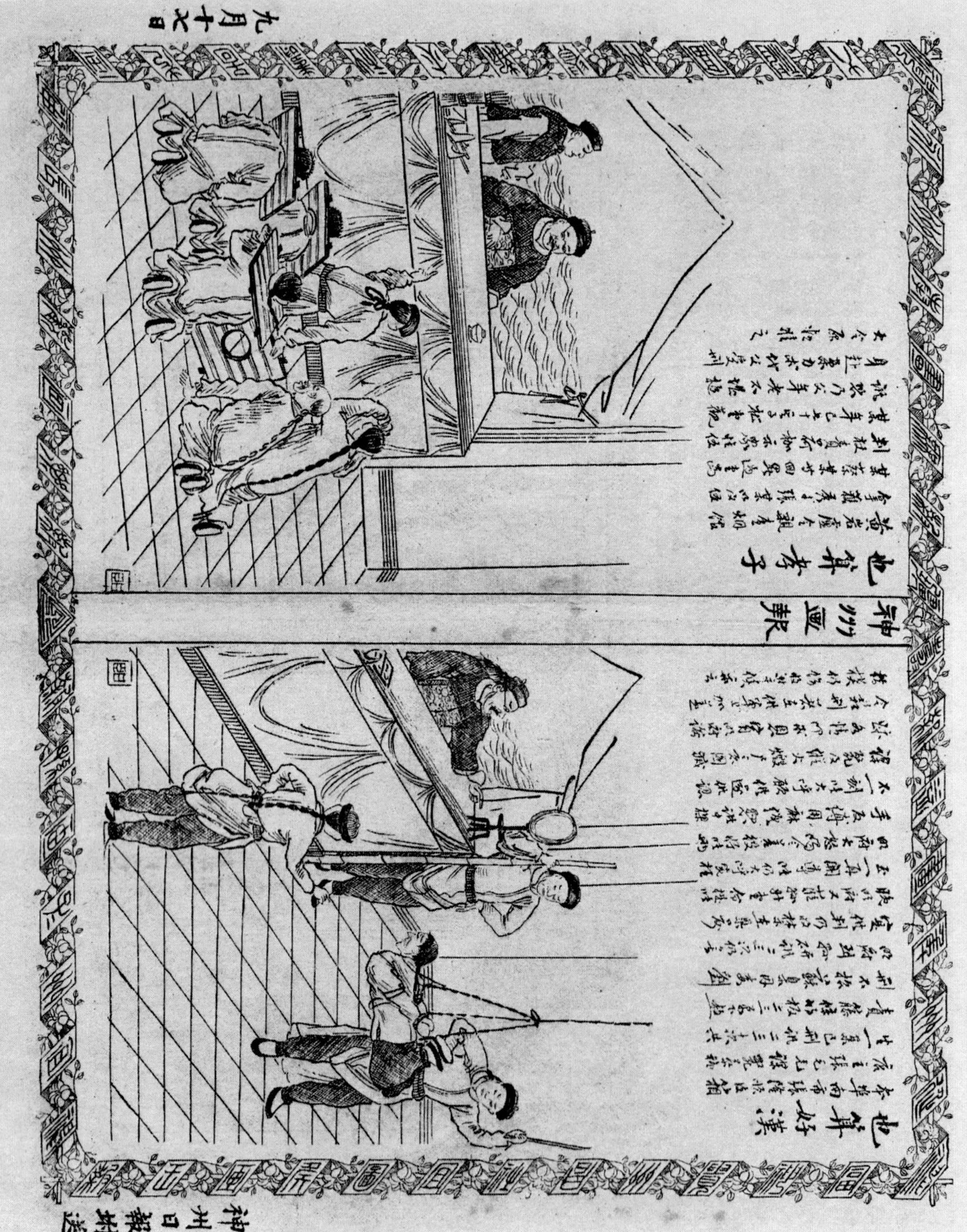
神州畫報
也算孝子
也算好漢
九月十七日
神州日報附送

漢宮春曉
神州日報附送

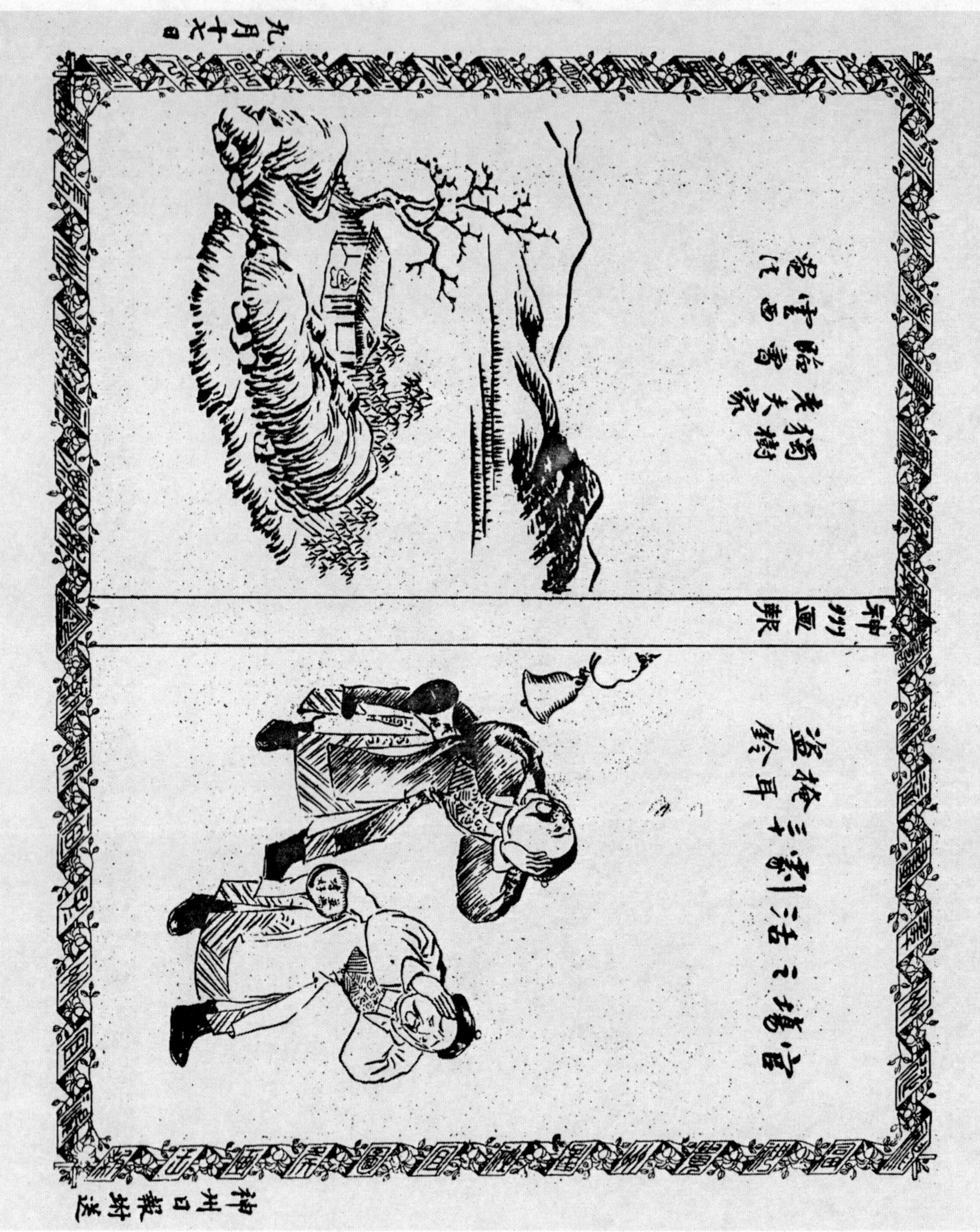

神州畫報
神州日報附送

聯吟
幅々銀箋下筆
餘浣花人稱浣
花居可憐萬
里橋邊路誰問
當年薛校書
臨費曉樓百美之四十九
瘦眉女史
九月十九日
神州日報坿送

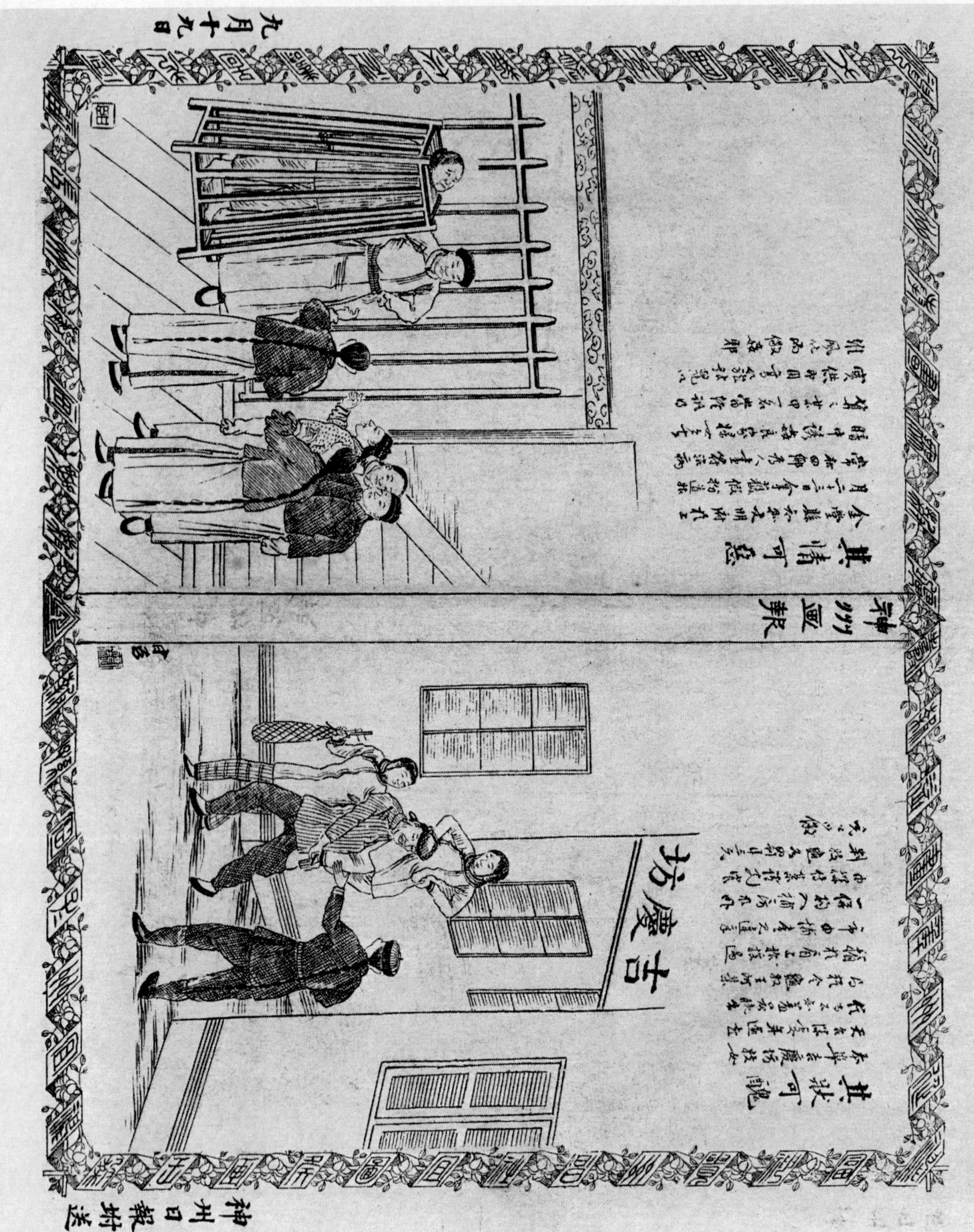
神州畫報
其情可愍
其狀可醜
吉慶坊
九月十九日
神州日報附送

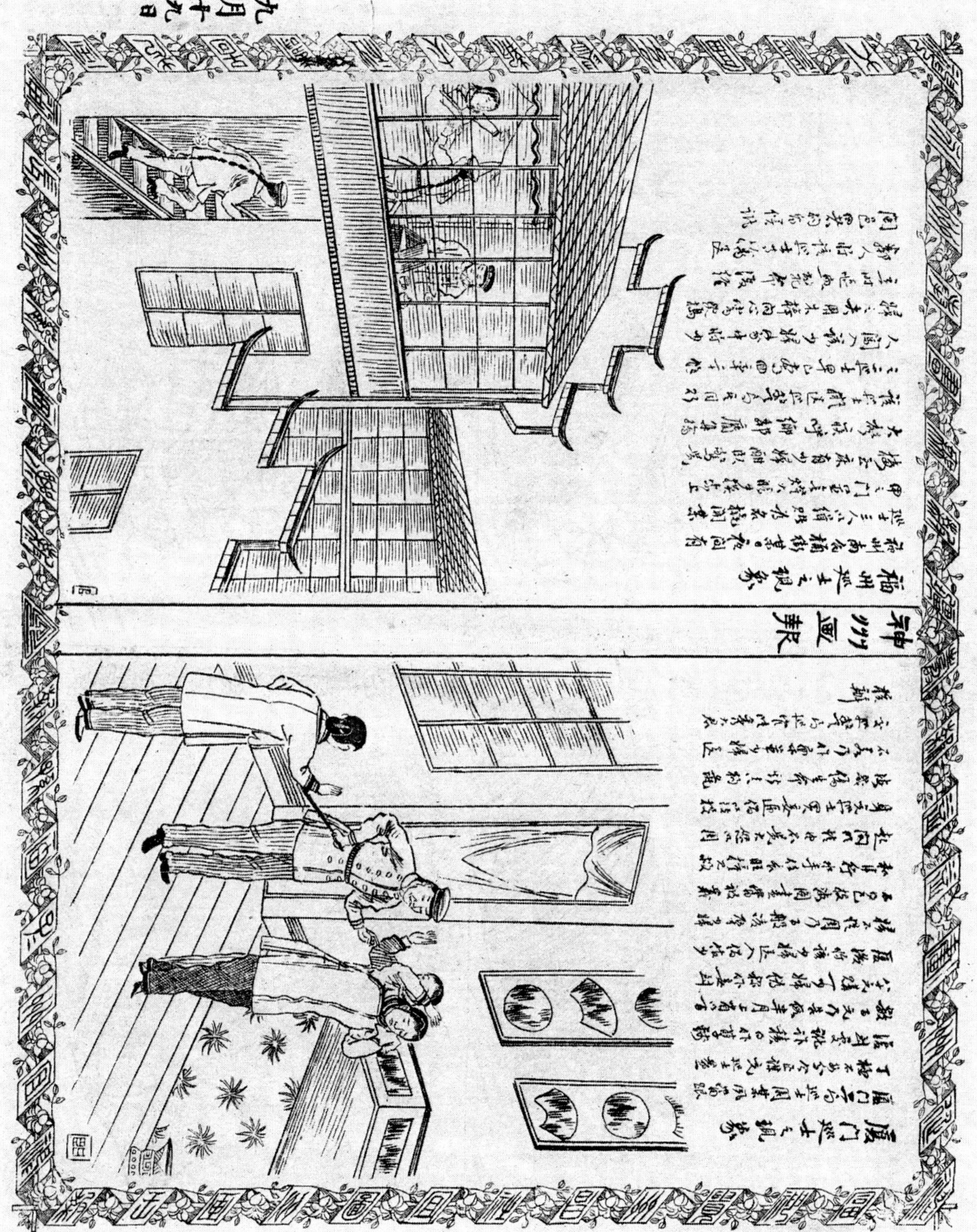
神州畫報
九月十九日
神州日報附送

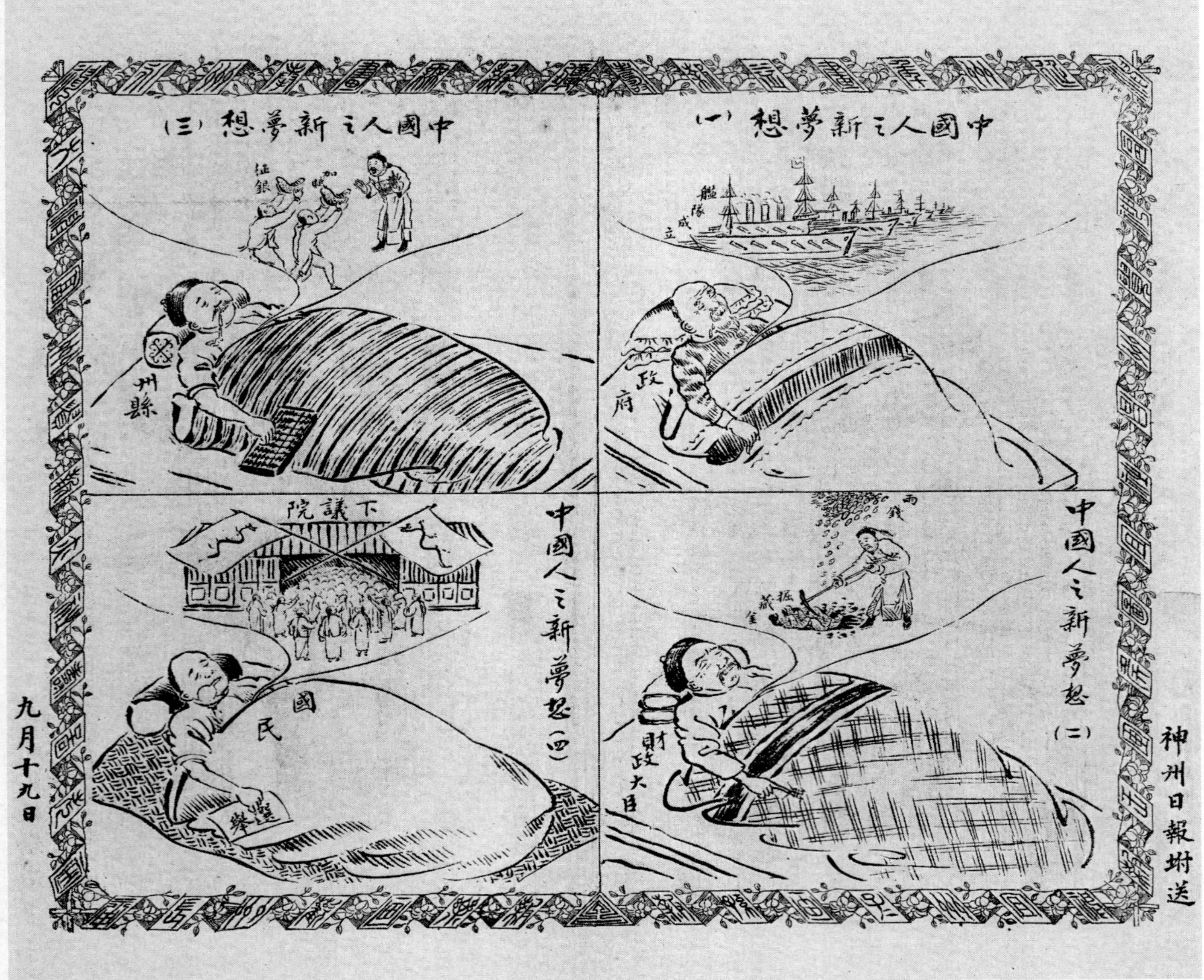
中國人之新夢想(一)
艦隊成立
政府
中國人之新夢想(二)
財政大臣
中國人之新夢想(三)
征銀
加賦
州縣
中國人之新夢想(四)
下議院
國民
選舉
九月十九日
神州日報附送

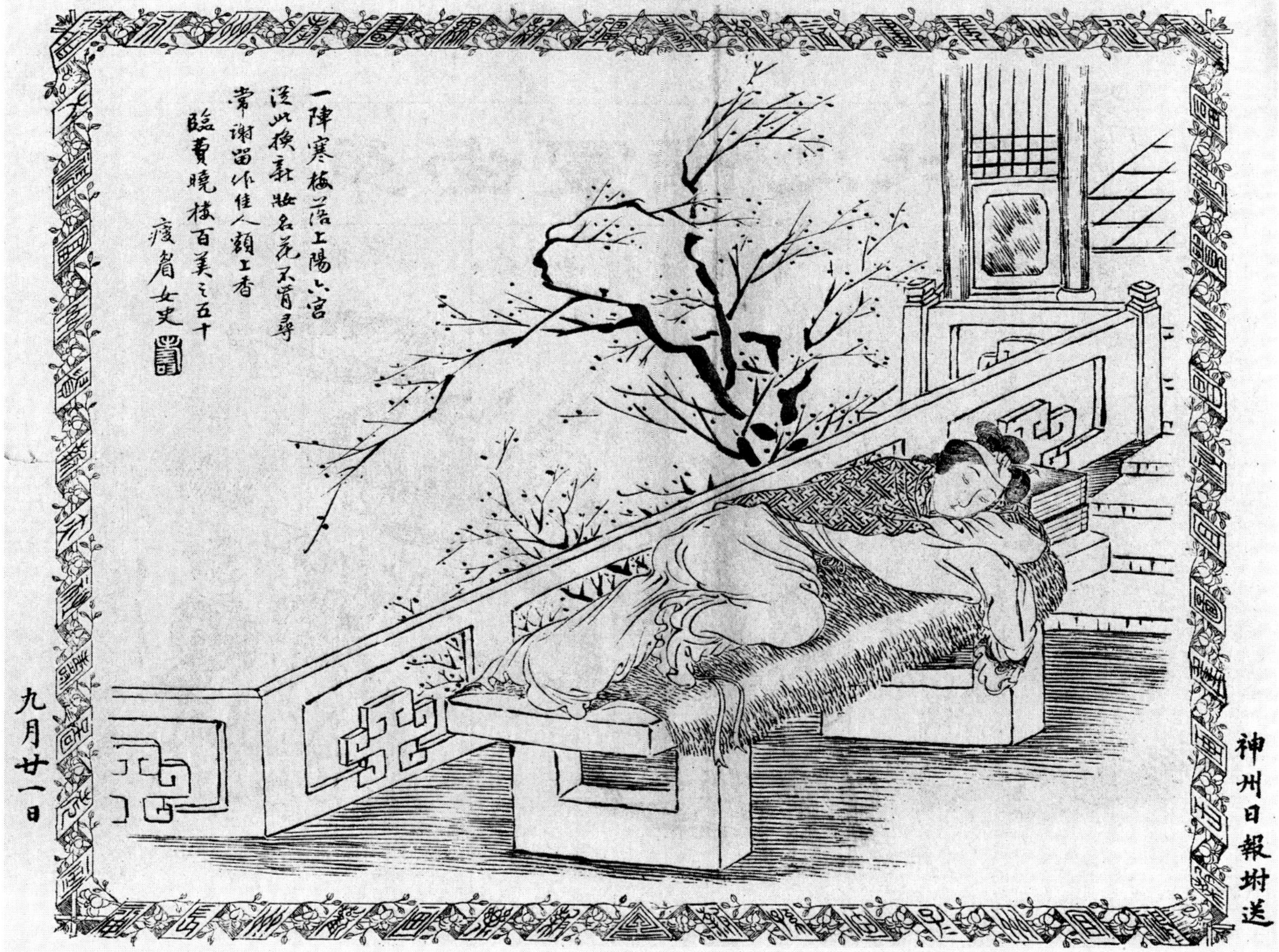
一陣寒梅落上陽六宮
從此換新妝名花不肯尋
常謝留作佳人額上香
臨費曉樓百美之五十
瘦眉女史
九月廿一日
神州日報附送

東亞軍備之比較
星馳
（一）歐西之軍備
（二）東洋之軍備
（三）中國之軍備
WAR WAR
九月廿一日
神州日報坿送

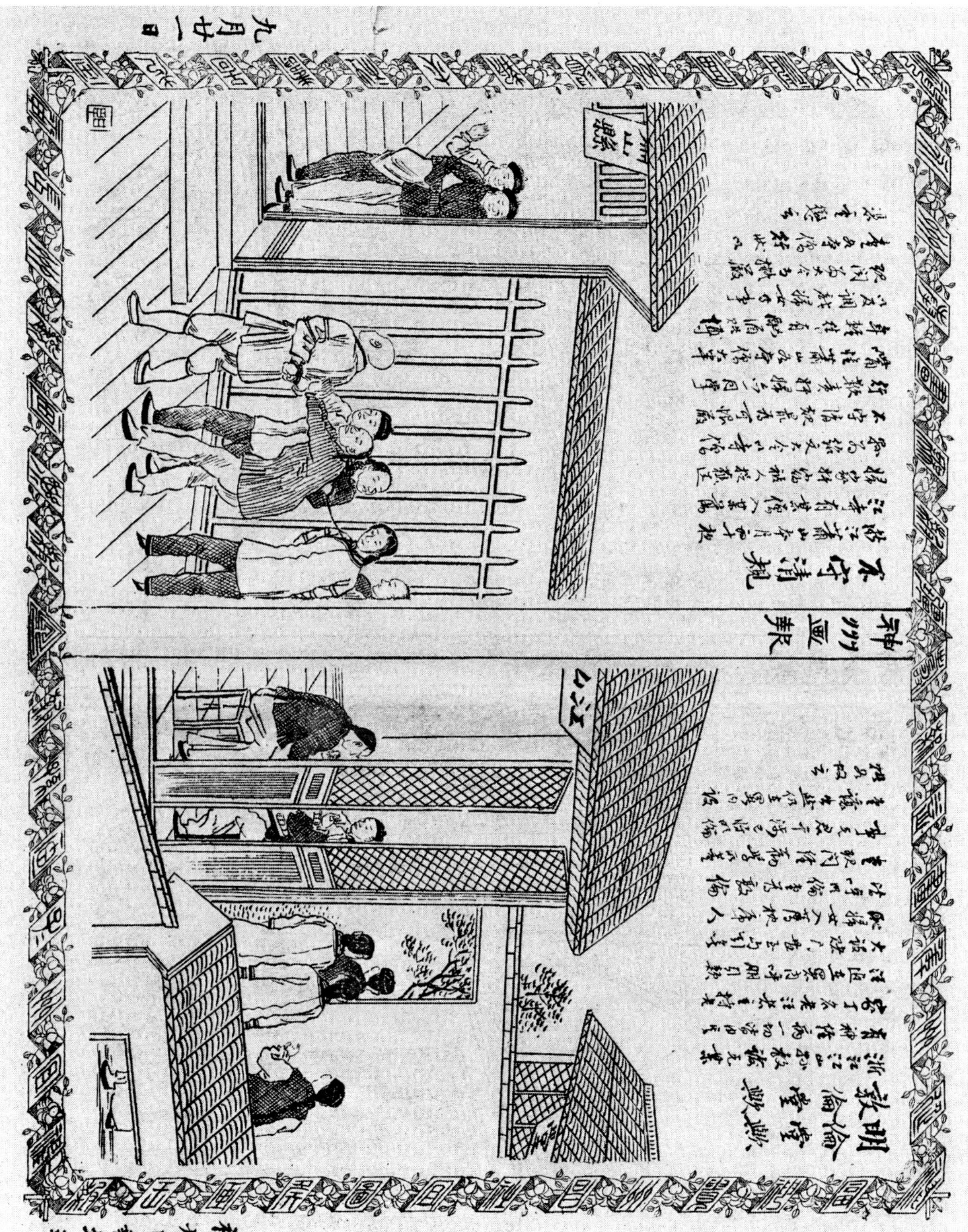
神州畫報
不守清規
訓倫堂戲
九月廿一日
神州日報附送

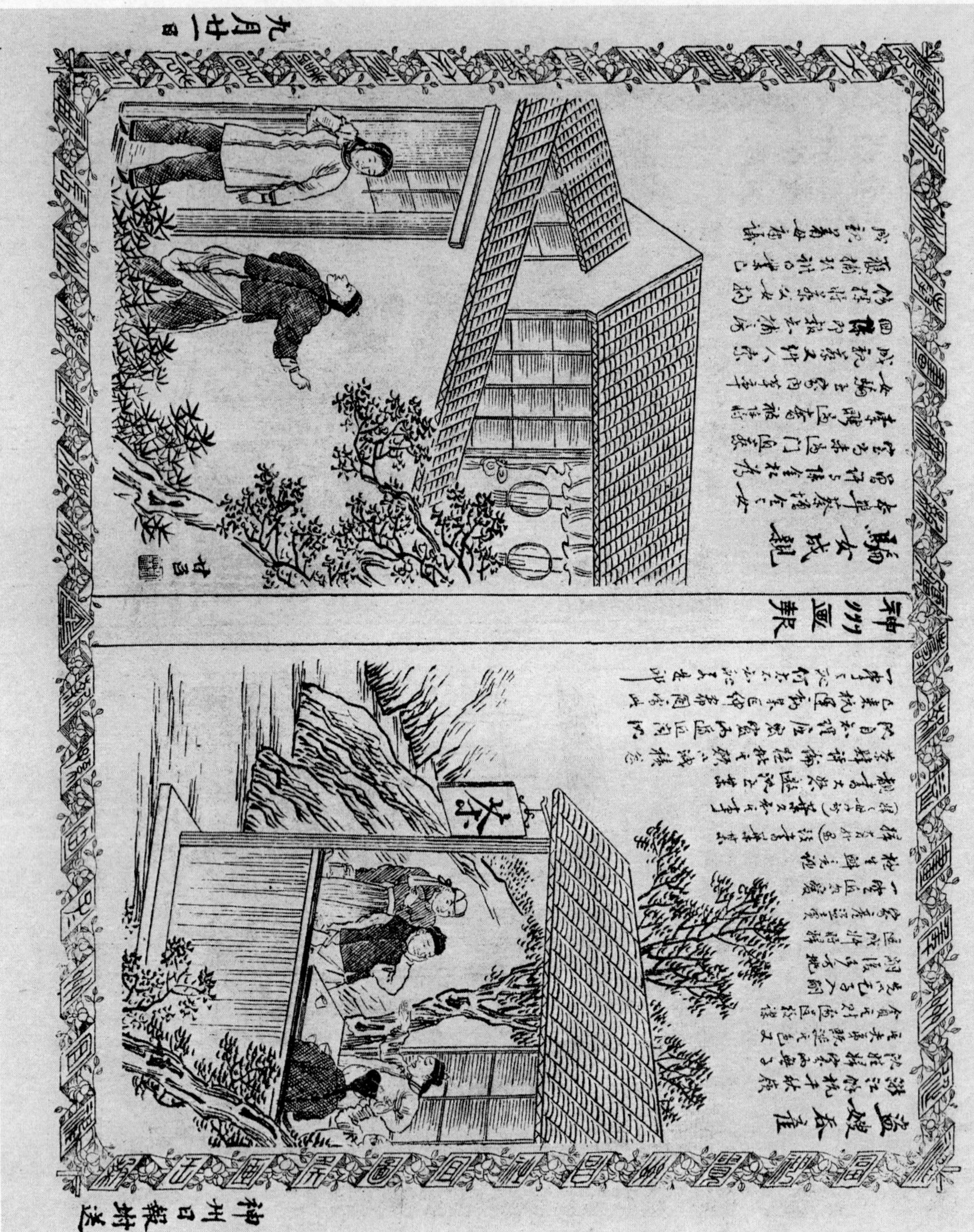
神州画報
驕女成親
茶
九月廿一日
神州日報附送

孝女曹娥
上虞曹盱
女也盱為
巫祝五月
迎伍君逆
濤而上溺
死不得屍
娥年十四
沿江號哭
晝夜不絕
遂投江
死經五日
抱父屍而
出
臨黄曉樓百
美之五十一
瘦肩女史
九月廿三日
神州日報附送

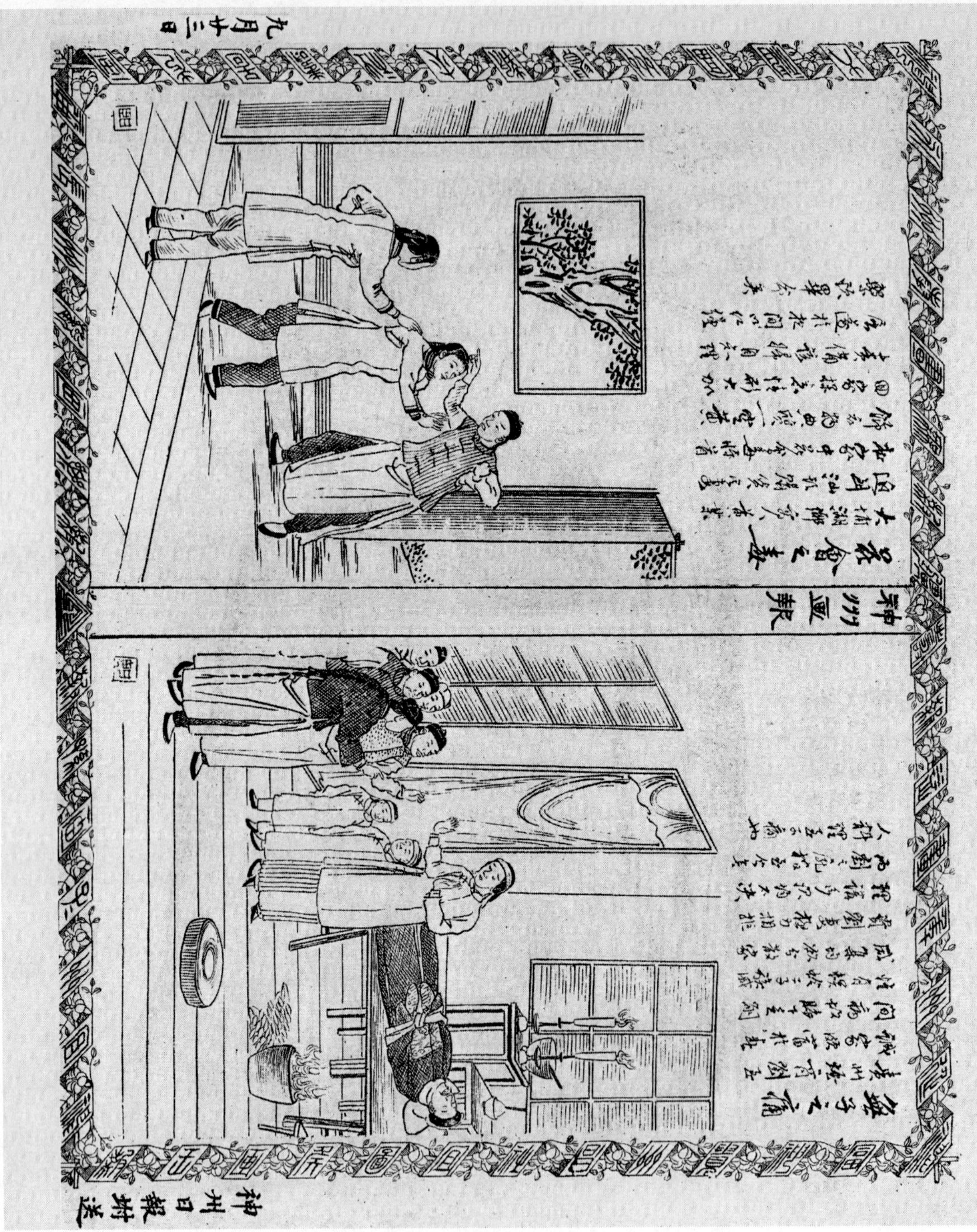
無子之痛
神州画報
花會之毒
九月廿三日
神州日報附送

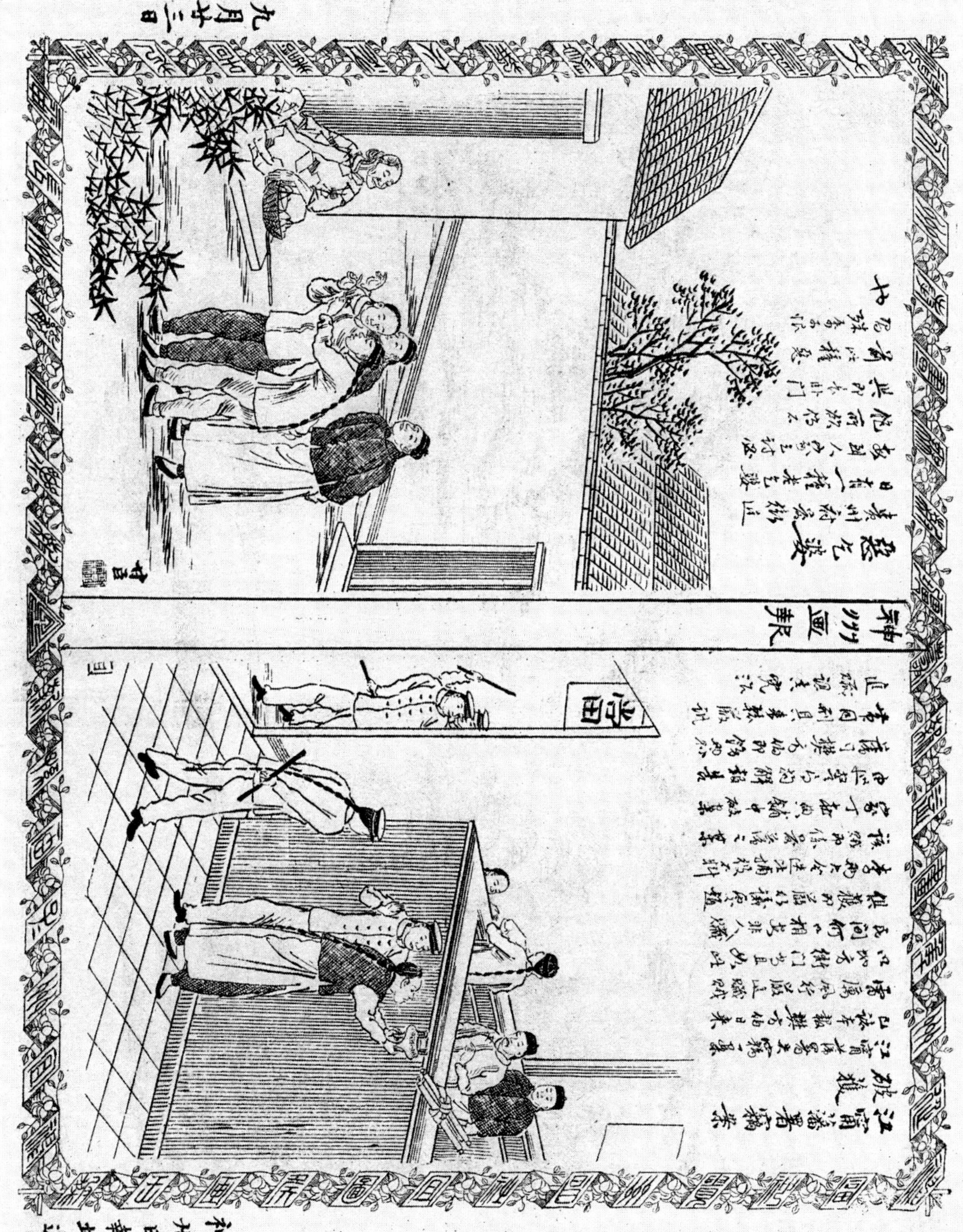
神州画報
九月廿三日
神州日報附送

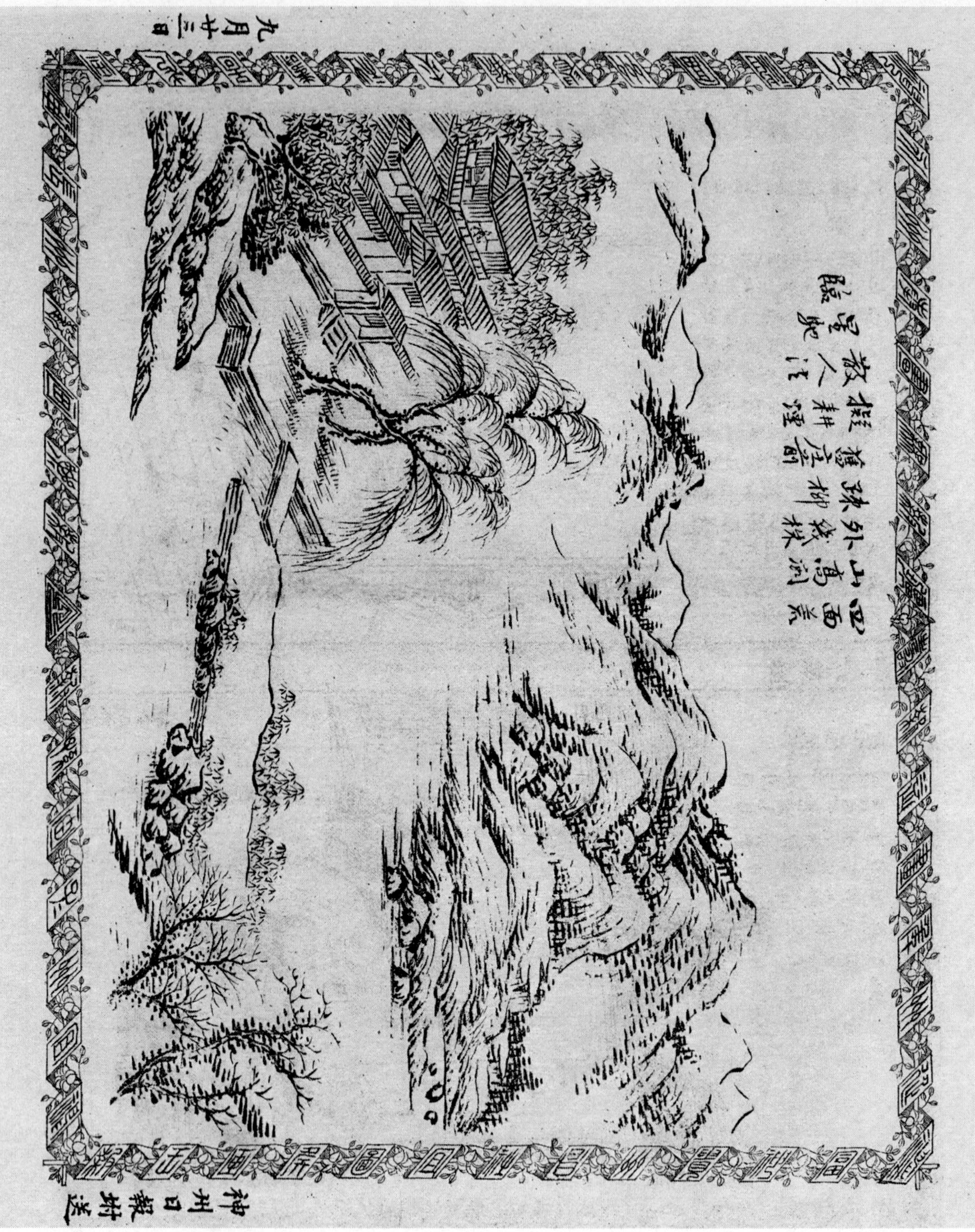
九月廿三日
神州日報附送

九月廿五日
神州日報附送

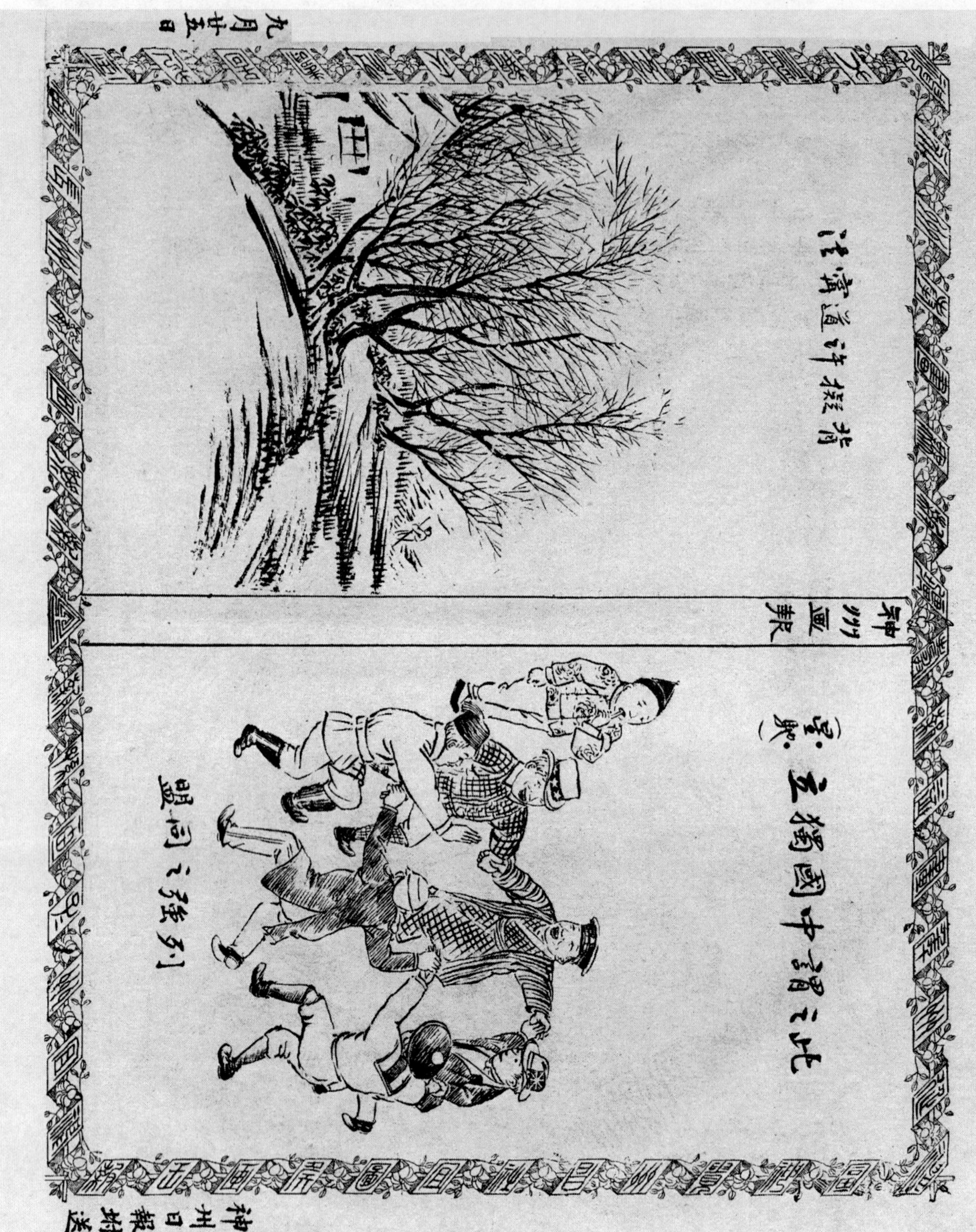

神州畫報
此之謂中國獨立
（星馳）
列強之同盟
背擬許道濱汪
九月廿五日
神州日報附送

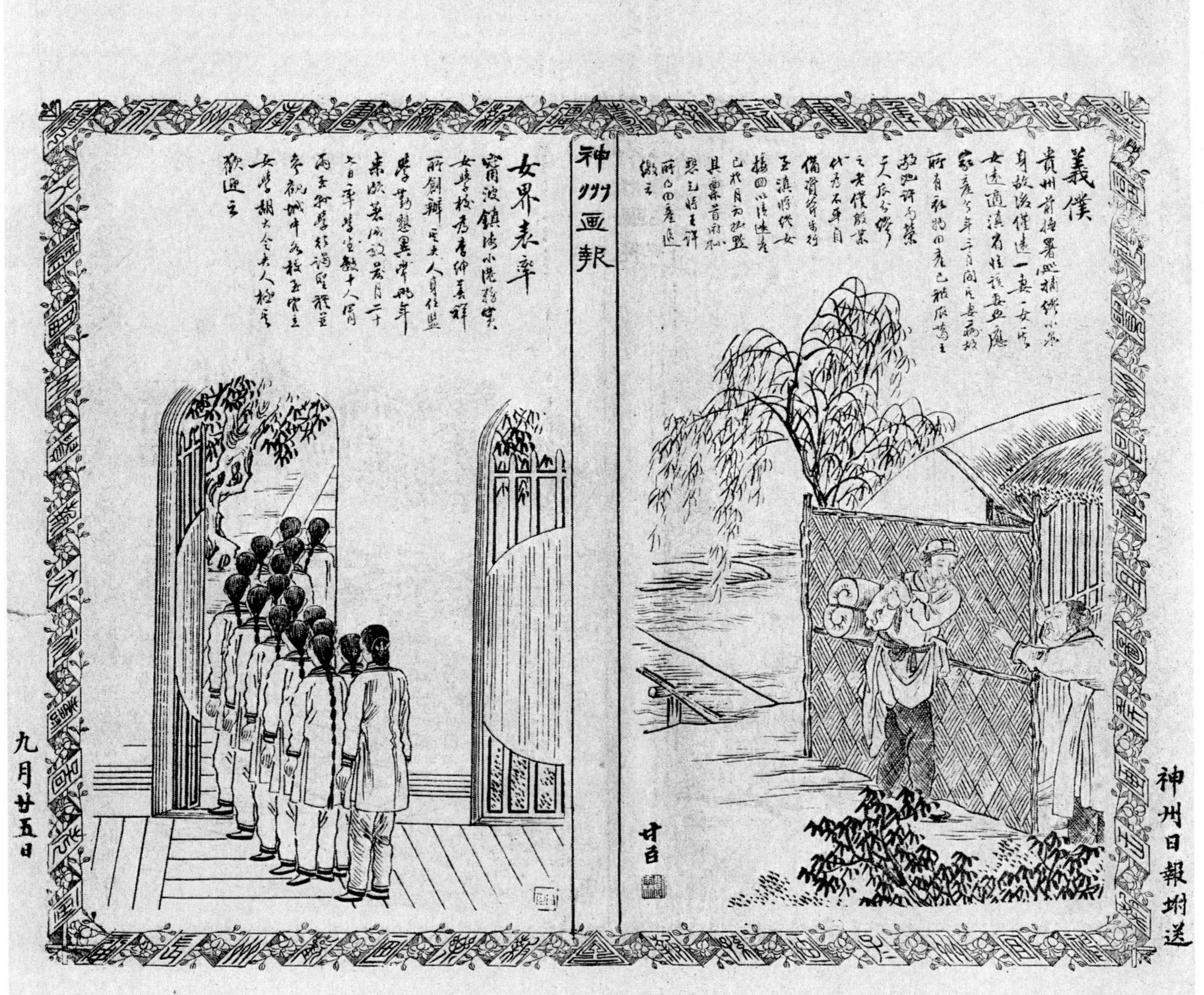
神州日報附送
義僕
神州畫報
女界表率
九月廿五日

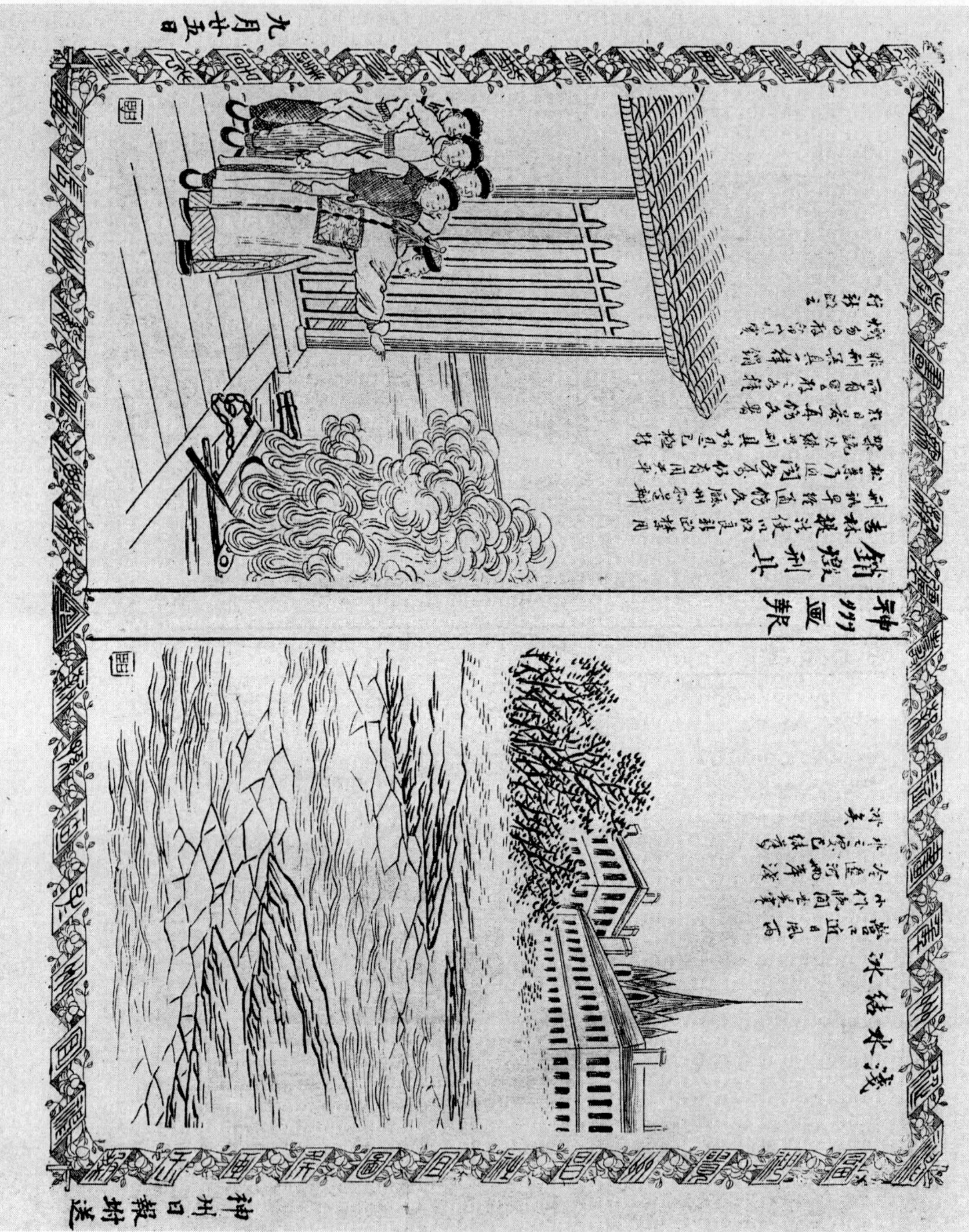
淺水結冰
神州畫報
銷燬刑具
九月廿五日
神州日報附送

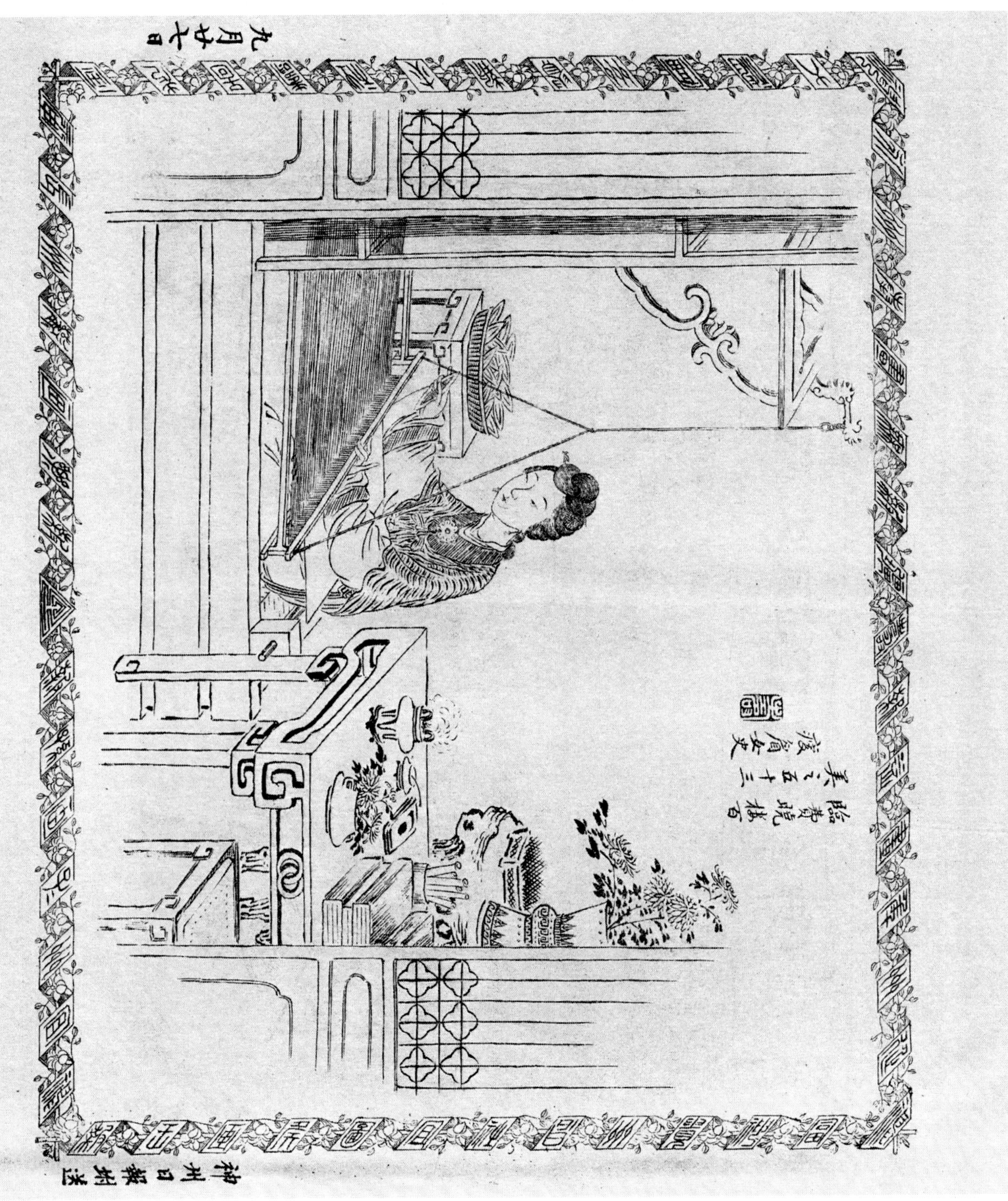
九月廿七日
神州日報附送

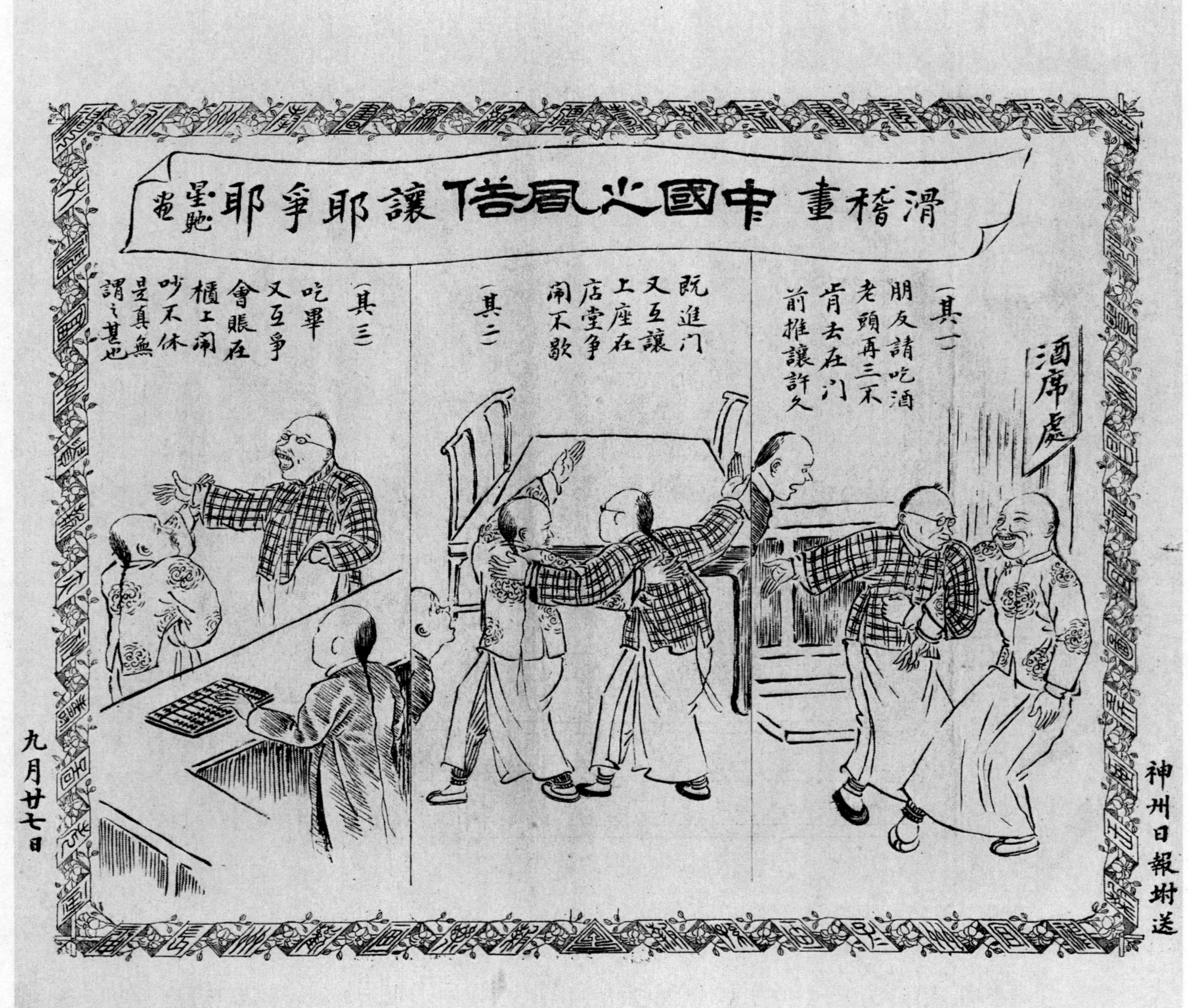
滑稽畫
讓耶爭耶
酒席處
（其一）朋友請吃酒老頭再三不肯去在门前推讓許久
（其二）既進门又互讓上座在店堂争鬧不歇
（其三）吃畢又互争會賬在櫃上鬧吵不休是真無謂之甚也
九月廿七日
神州日報附送

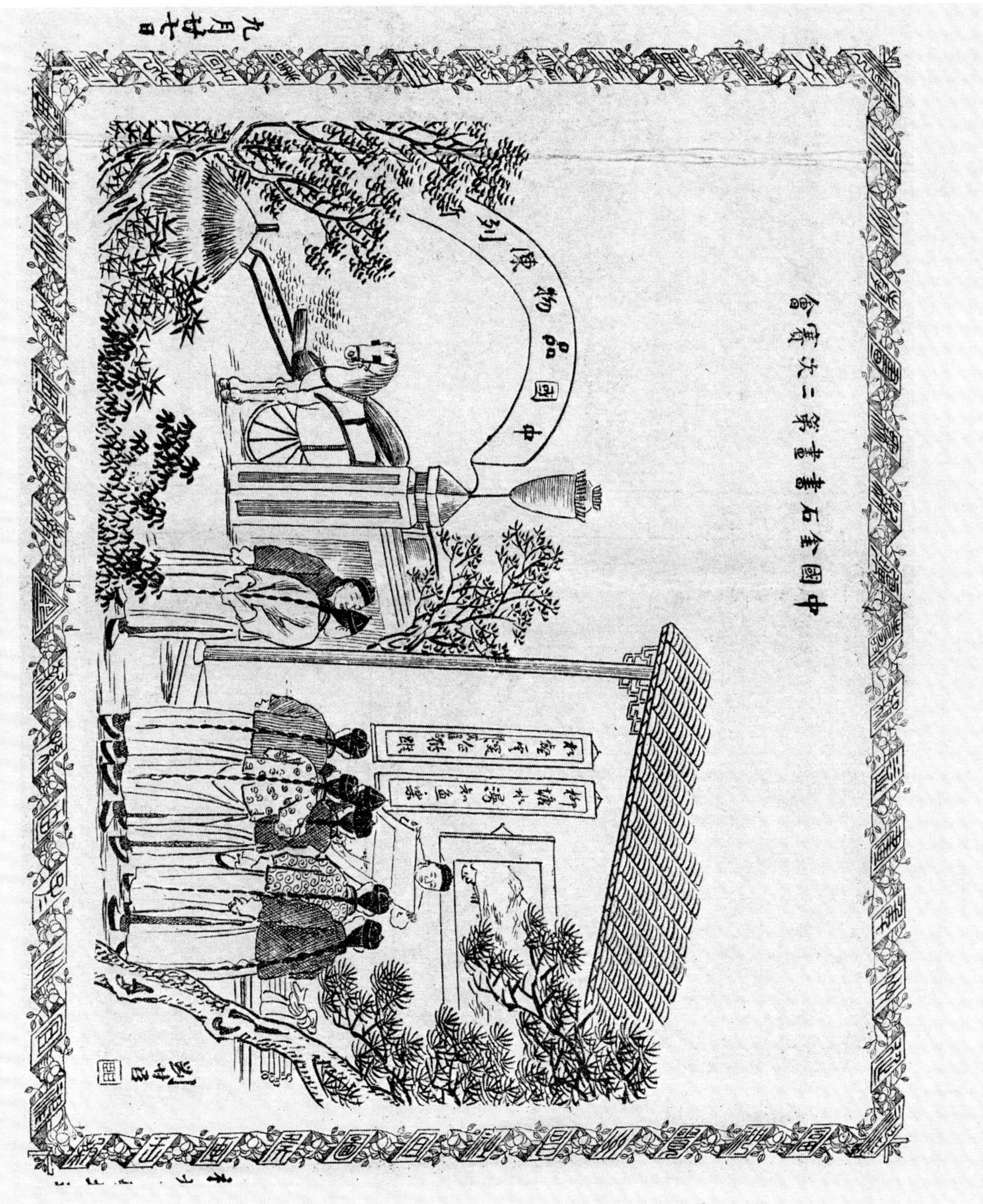
九月廿七日
中國金石書畫第二次賽會
中國品物陳列

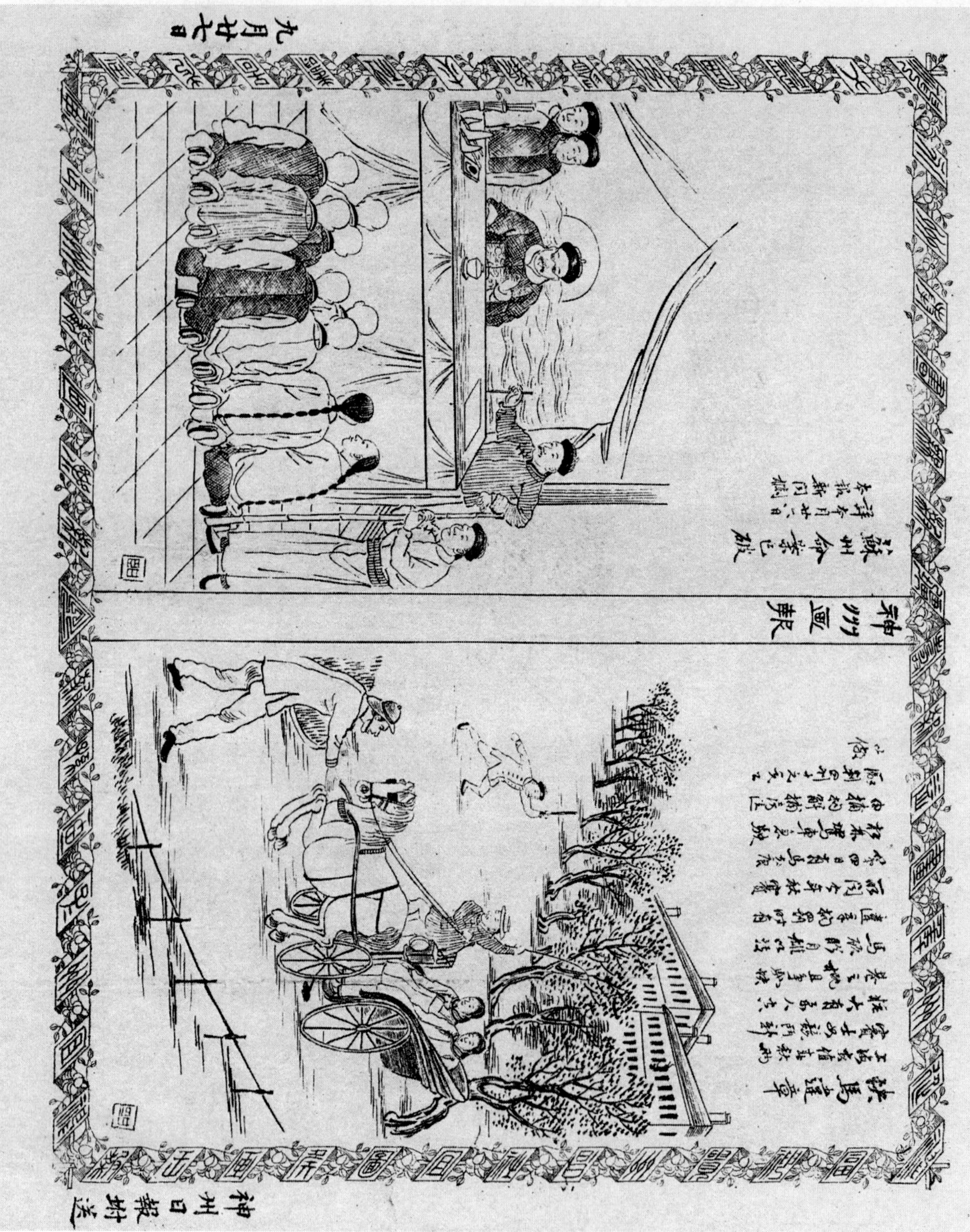
神州畫報
九月廿七日
神州日報附送

臨費曉樓百美之五十四
瘦眉女史
九月廿九日
神州日報坿送

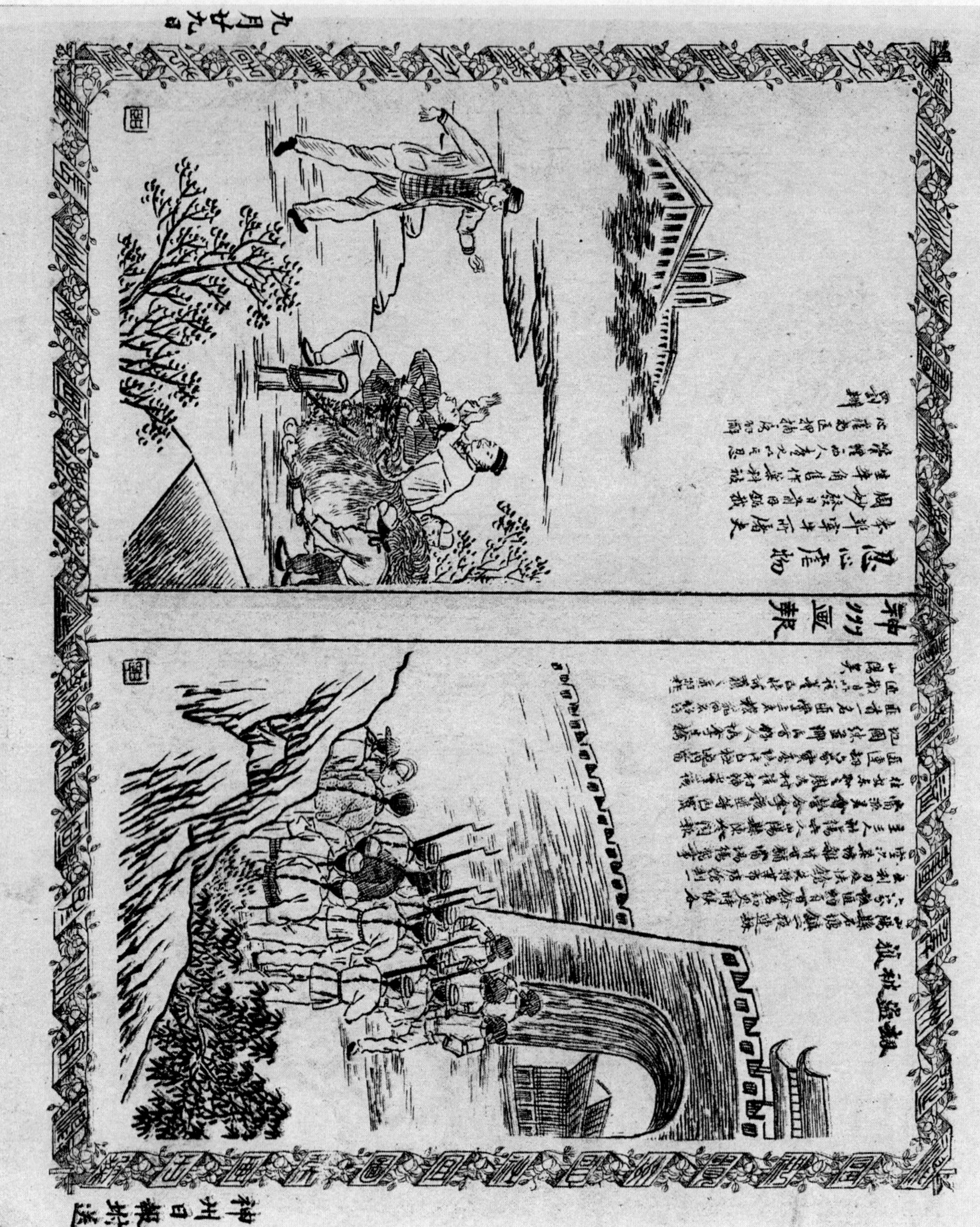
神州畫報
忍心虐物
本埠宰牛所屠夫周妙發日前因鋸截生牛角售作藥料被潛體西人查見以其忍心虐物送押捕房解罰辦
勦盜被獲
九月廿九日
神州日報附送

濟良所舉行結婚式
濟良總所
九月廿九日
神州日報附送

擬惲壽平湖上倚樺看山圖
九月廿九日
神州日報附送

十月初一日
瀟湘夜月
神州日報送

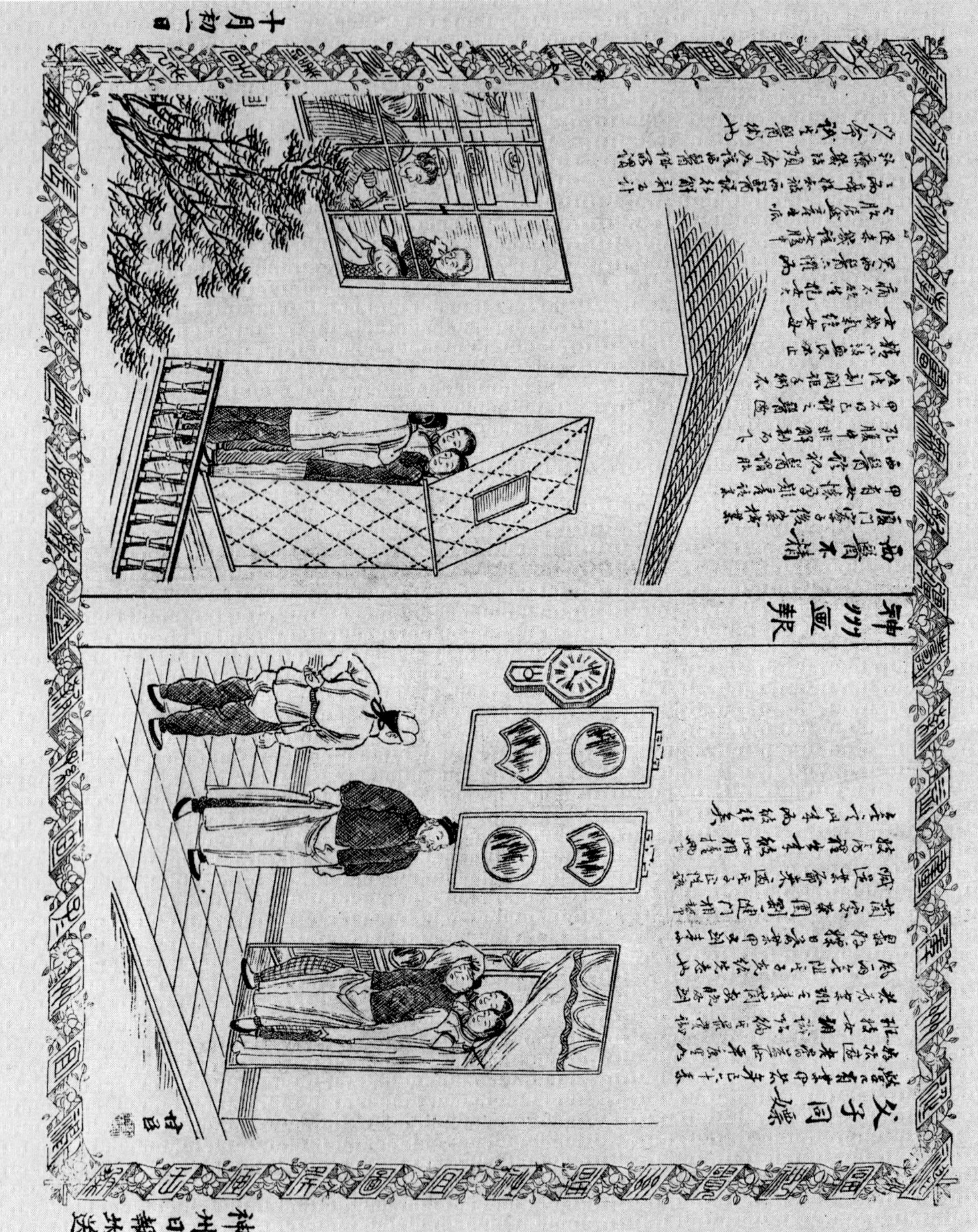

神州畫報
父子同嫖
十月初一日
神州日報附送

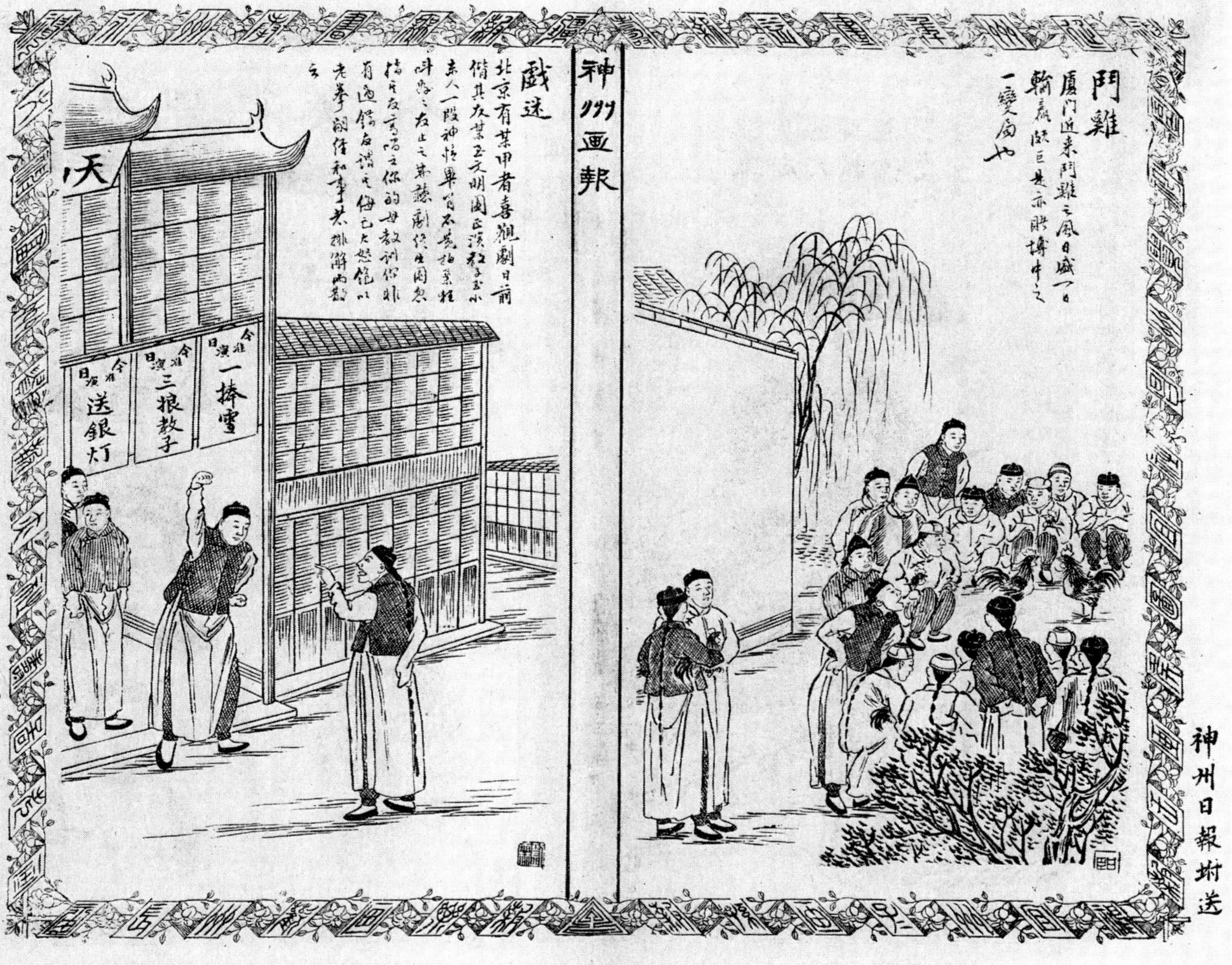

神州畫報

戲迷

北京有某甲者喜觀劇日前偕其友某至文明園正演教子孟小東人一段神情畢肖不覺拍案狂呼好〻左右之某聽劇亦生同感隨亦高唱云你的母教訓你非有過錯反說之侮己大怒詬以老拳閧傳和事老排解而散云

天

今准日演　一捧雪

今准日演　三娘教子

今准日演　送銀灯

十月初一日

鬥雞

廈門近來鬥雞之風日盛一日輸贏甚巨是亦賭博中之一變局也

神州日報附送

世界之美人
（其一）
高麗
保魯涅我
日本
英吉利
諾威
希臘
神州畫報
雞聲茅店月
人跡板橋霜
臨八大山人筆意
十月初一日
神州日報附送

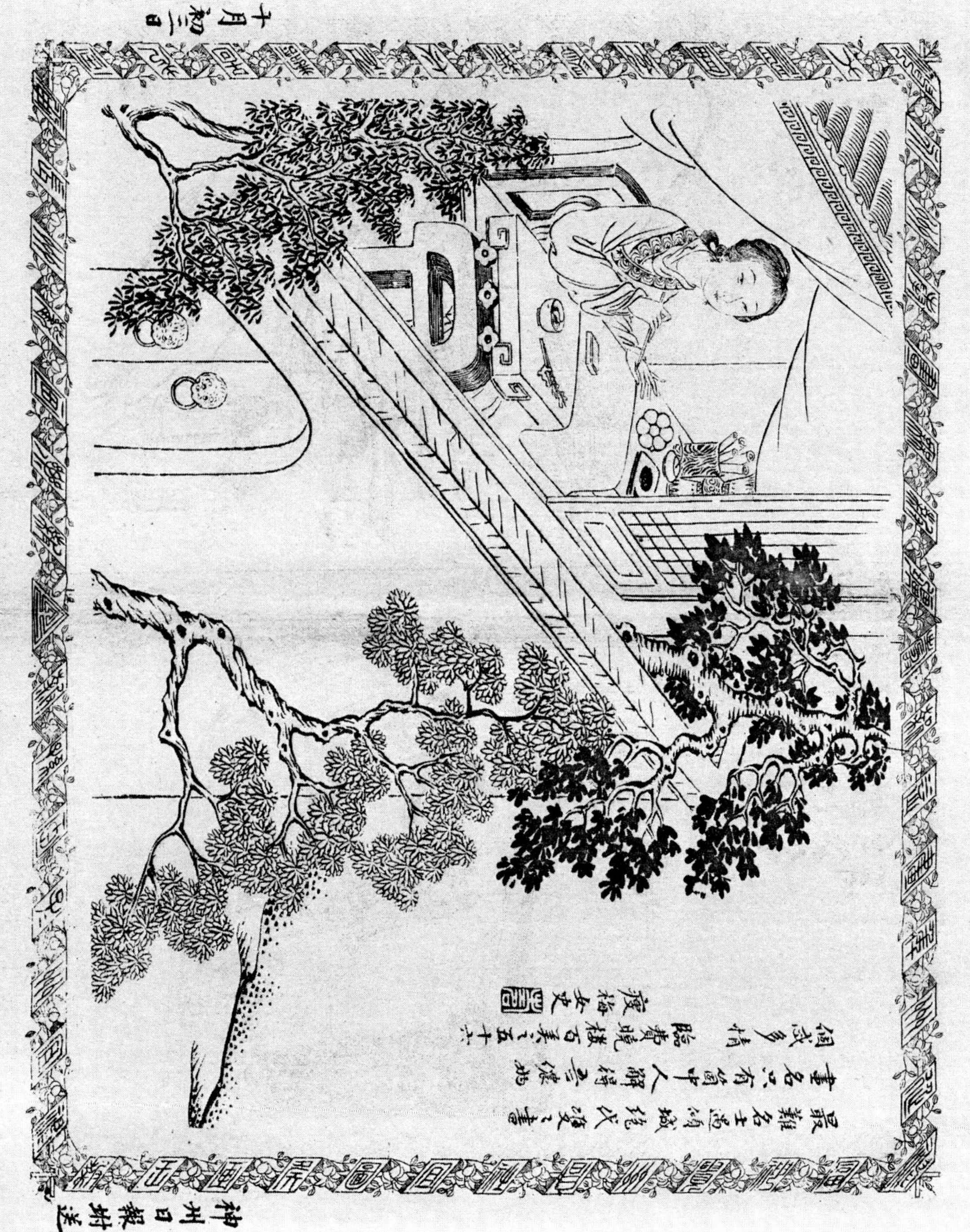
十月初三日
神州日報附送

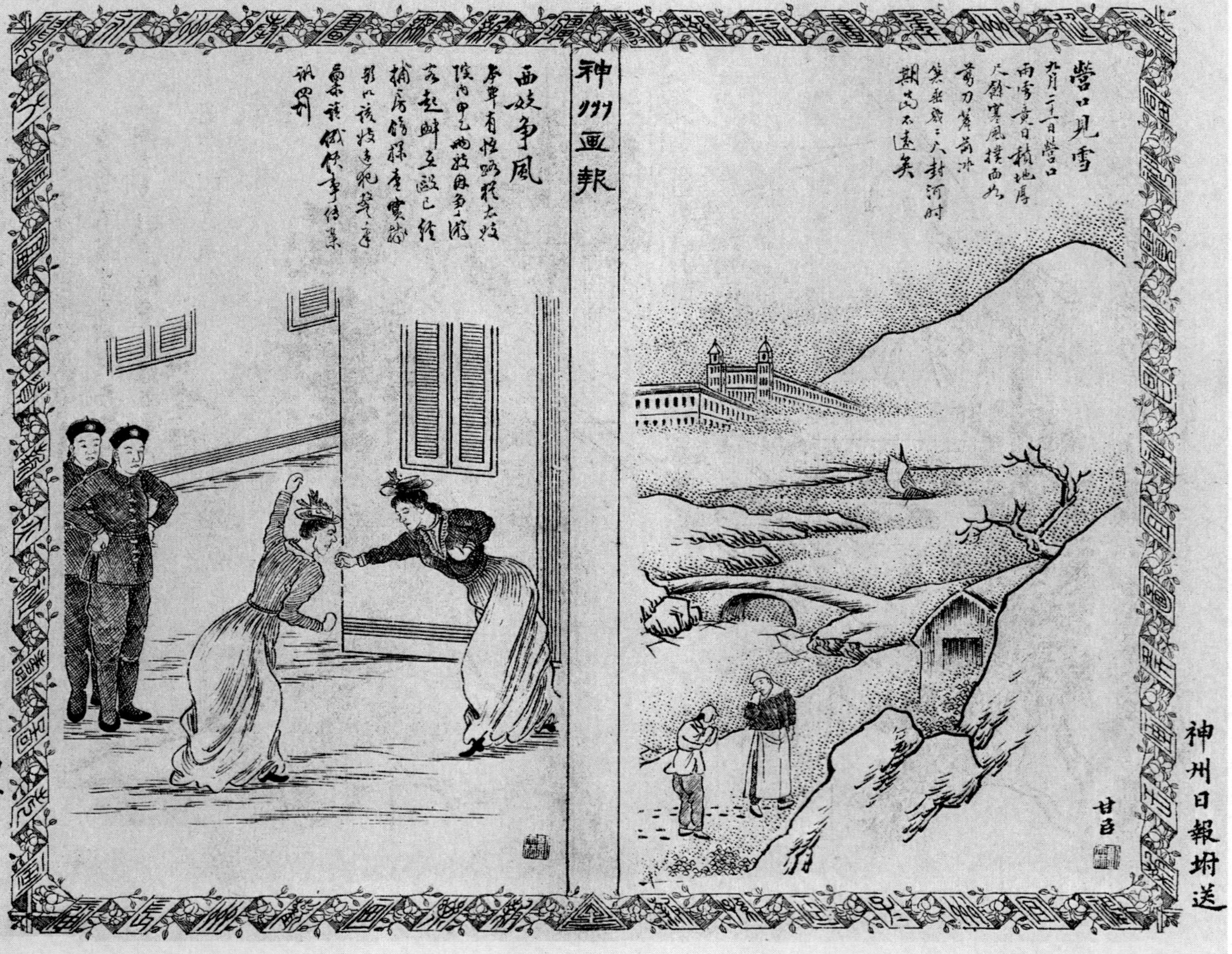
神州画報
西妓爭風
本埠有棋盤街大妓
院内甲乙兩妓因爭風
交起衅互毆已經
捕房飭探查實將
兩妓送究
稟請俄領事傳集
訊究
營口見雪
九月二十日營口
雨雪竟日積地厚
尺餘寒風撲面如
剪刀簾前冰
箸垂幾三尺封河時
期諒不遠矣
十月初三日
神州日報坿送

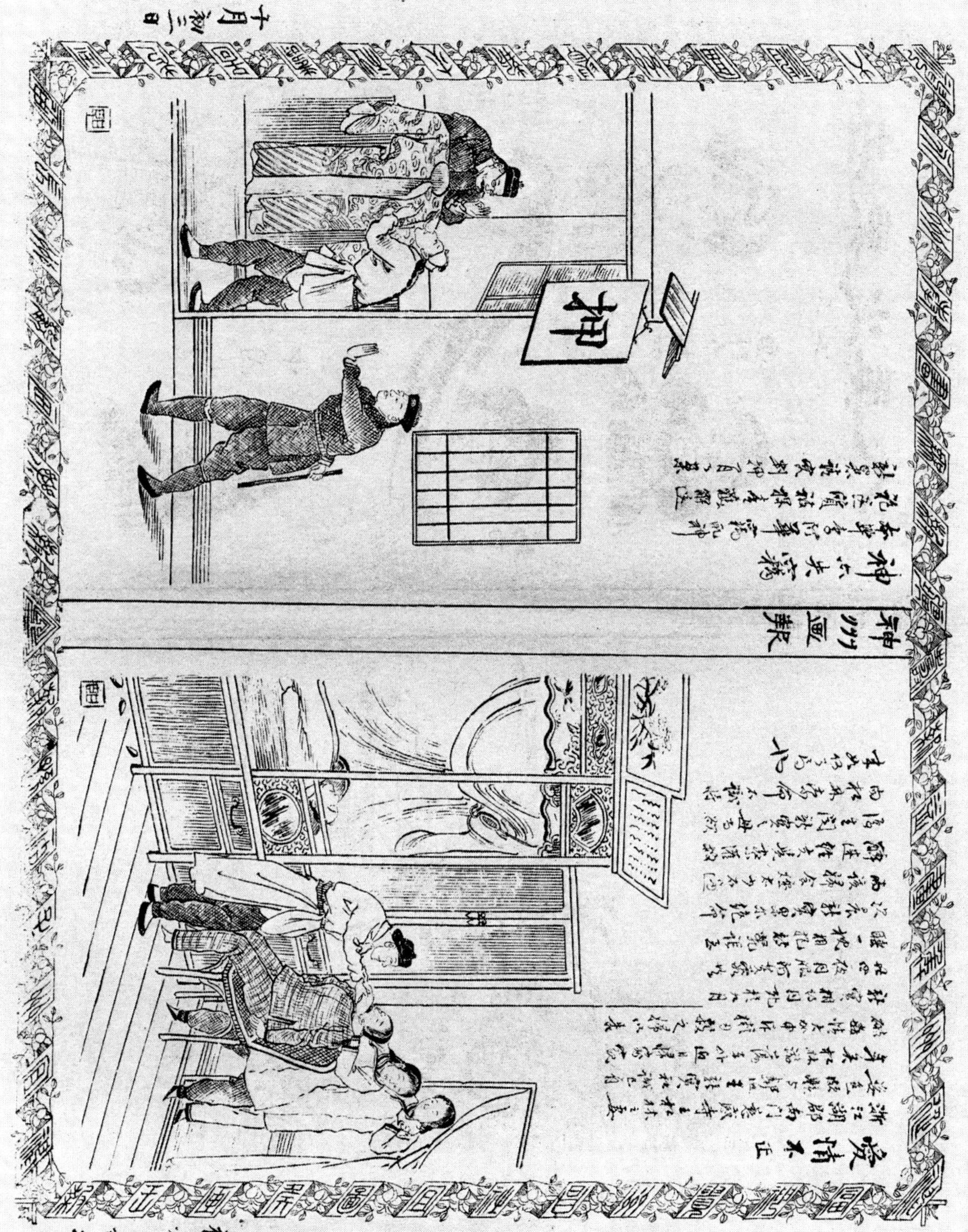

十月初三日
神州畫報
神人失竊
愛情不正
神州日報附送

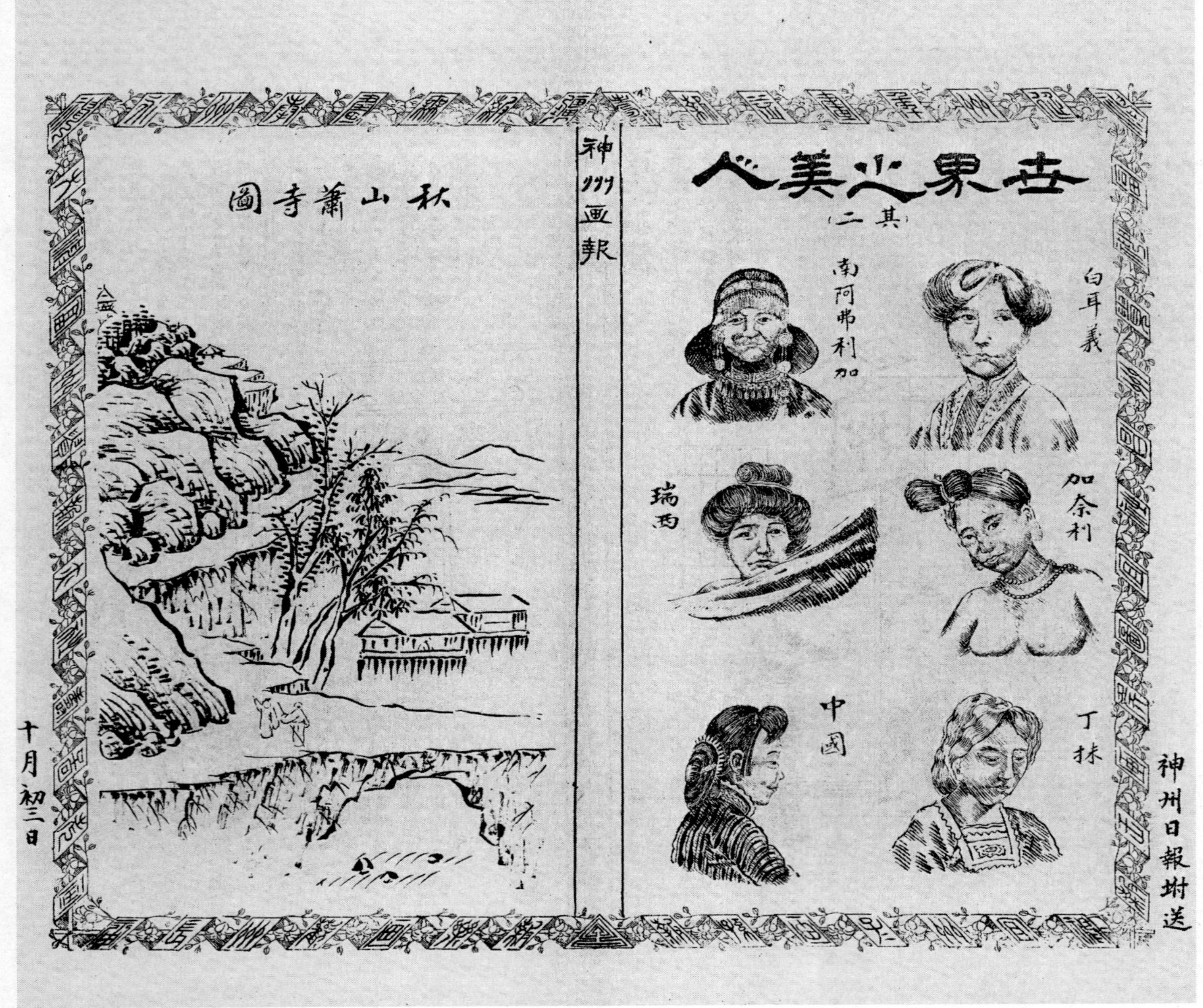

神州日報附送
世界之美人
（其二）
白耳義
南阿弗利加
加奈利
瑞西
丁抹
中國
神州畫報
秋山蕭寺圖
十月初三日

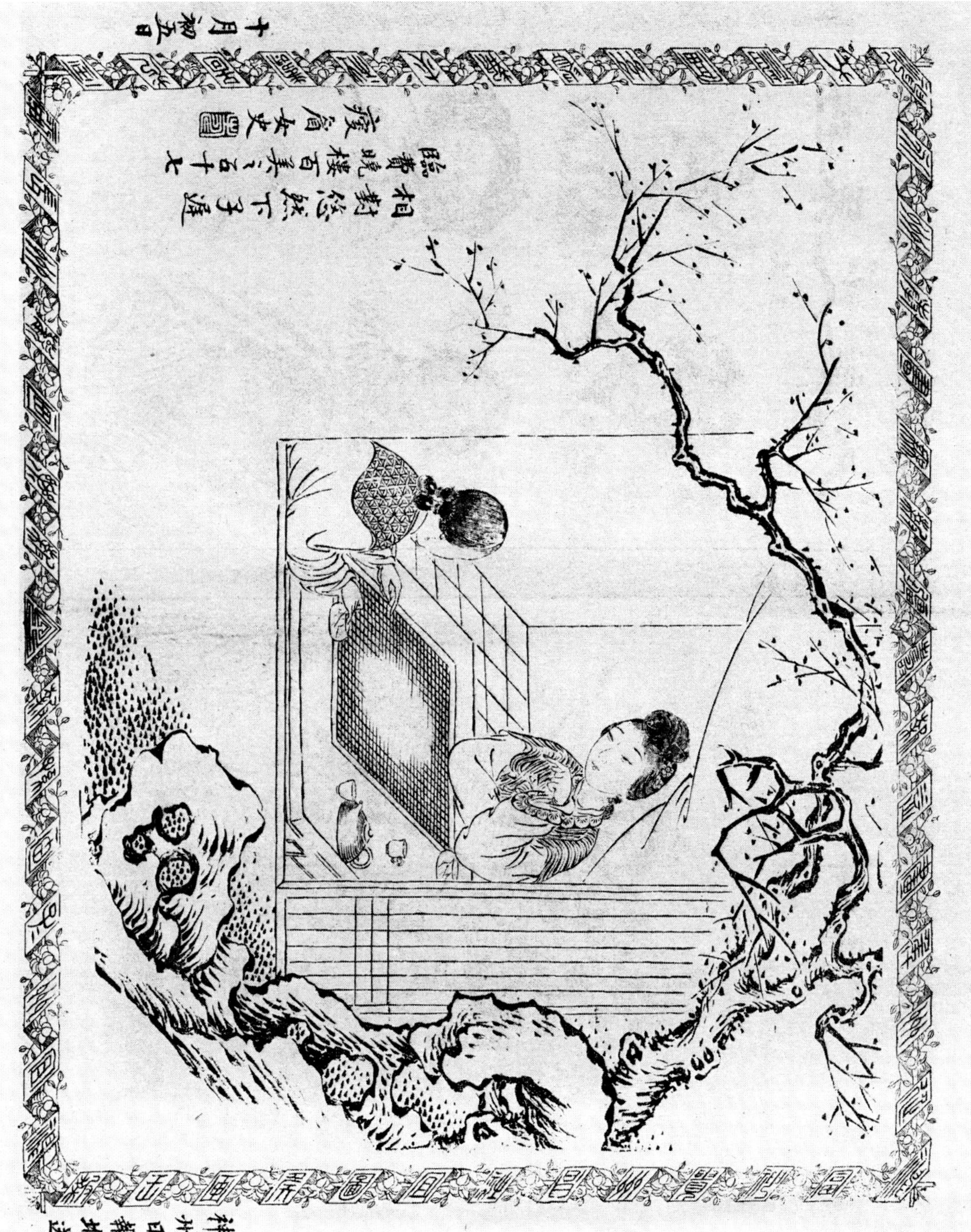
相對悠然下子遲
臨蕭晚樓百美之百十七
霞翁女史
十月初五日
神州日報附送

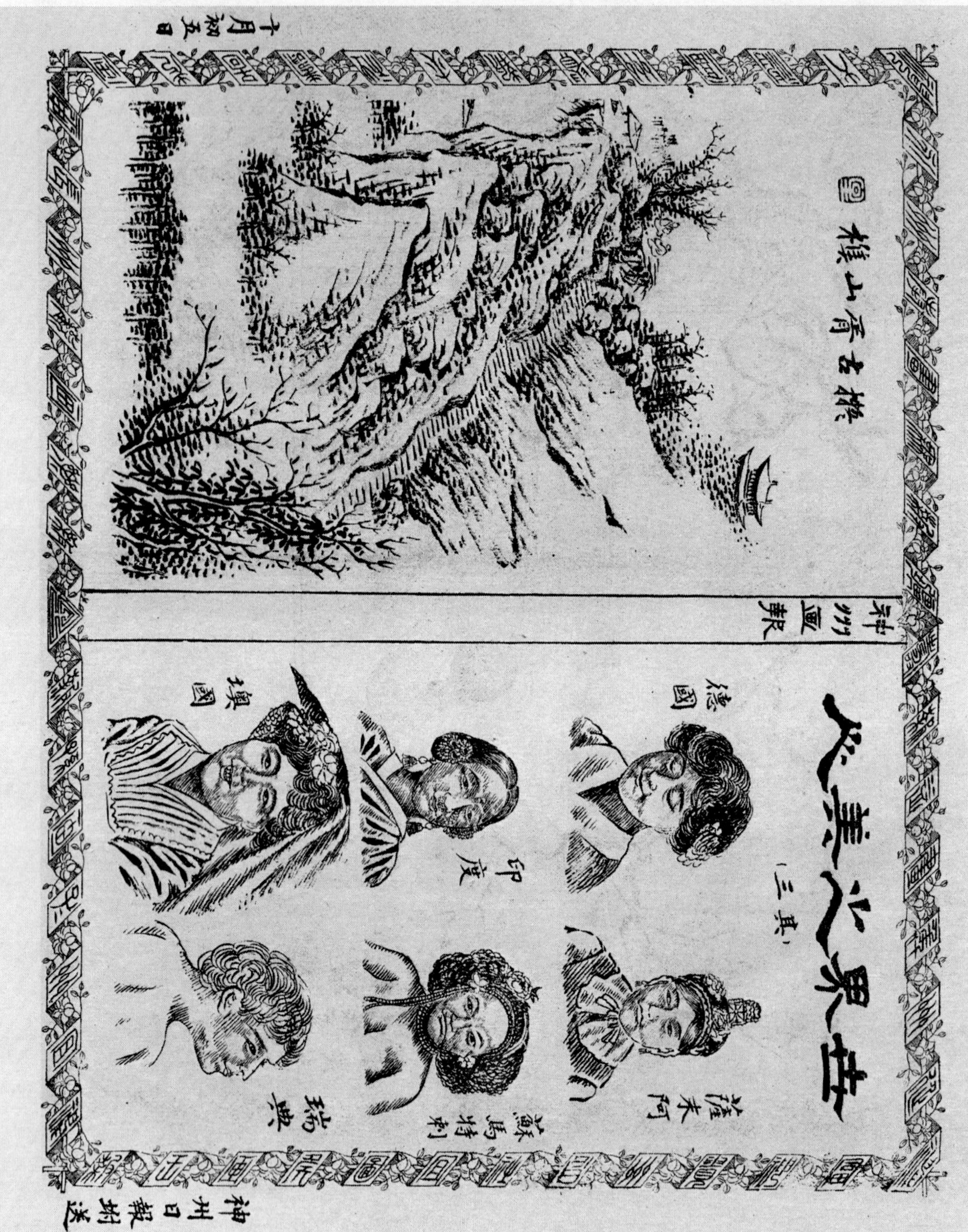
神州畫報
世界之美人
（其三）
德國
薩末阿
印度
蘇馬特剌
墺國
瑞典
十月初五日
神州日報坿送

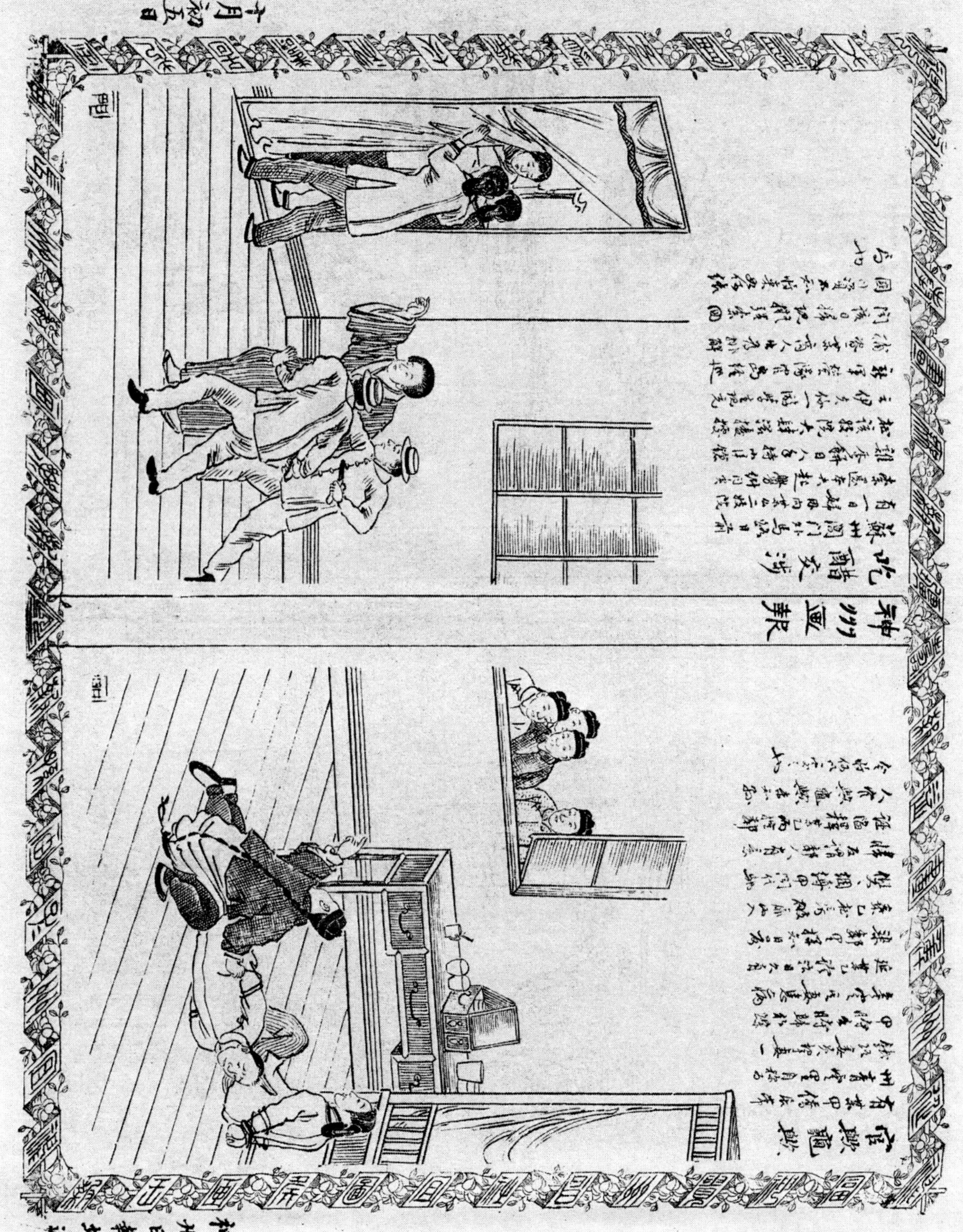

神州畫報
吃醋交涉
神州日報附送

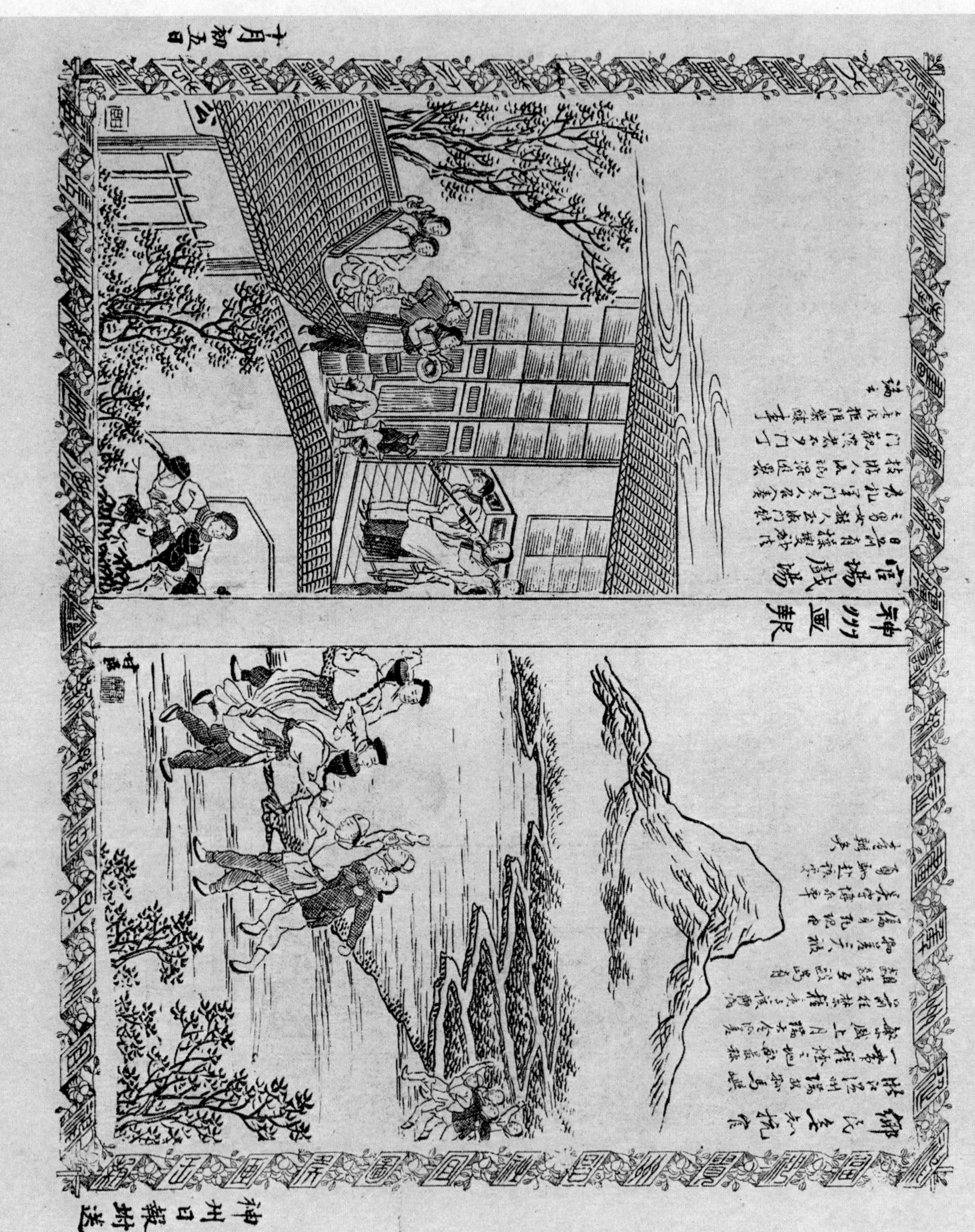

神州畫報
十月初五日
神州日報附送

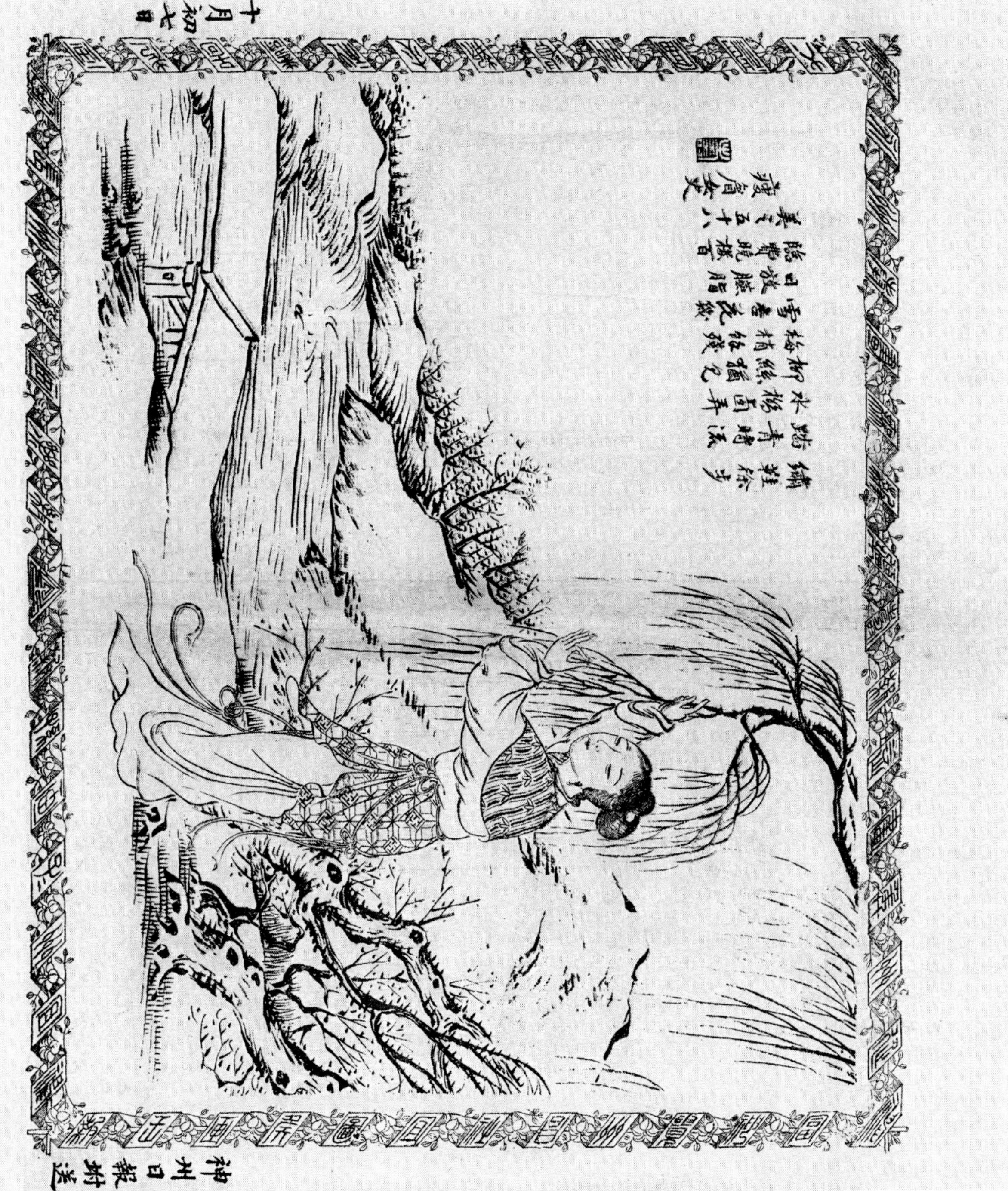
十月初七日
神州日報附送

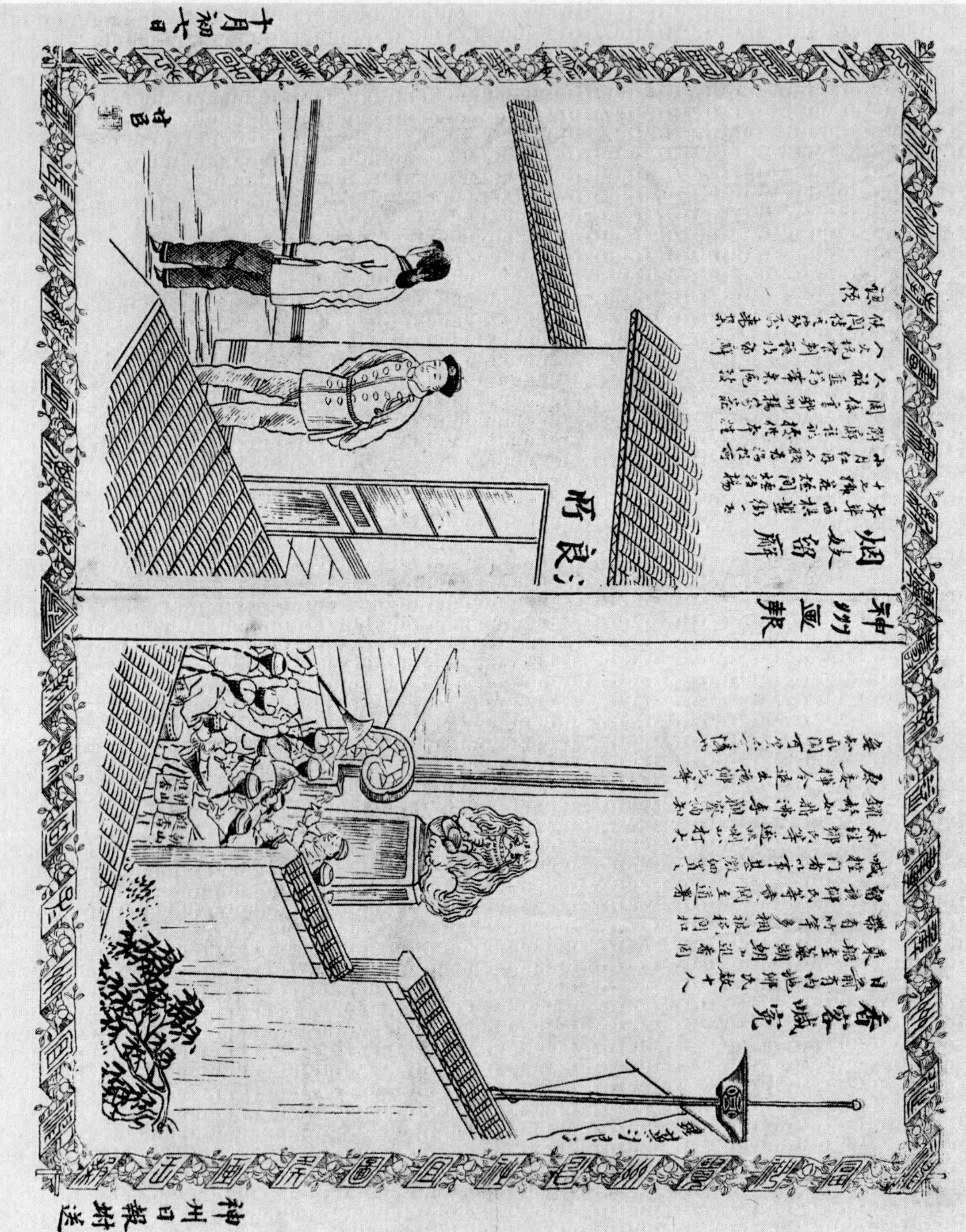
神州画報
香客喊冤
日前有内地鄉民數十人
乘船至蕪湖朝山進香因
帶有竹竿多捆被稅関扣
留該鄉民等喬閧至道署
喊控門者以事甚微細置之
未理鄉民等遂吹喇叭打大
鑼聲如鼎沸李觀察詢知
原委揮令退出該鄉民等
無知取鬧可笑亦可憐也
朝山進香
烟妓留廨
本埠西棋盤街一百
十七號花煙間煙妓楊
小月紅因不欲為娼控訴
縣廨經訊據供本姓
周係香邨州楊家莊
人被匪拐帶來滬誘
入火坑堂判該妓留廨
俟函傳父母來案
認領
良所
十月初七日
神州日報附送

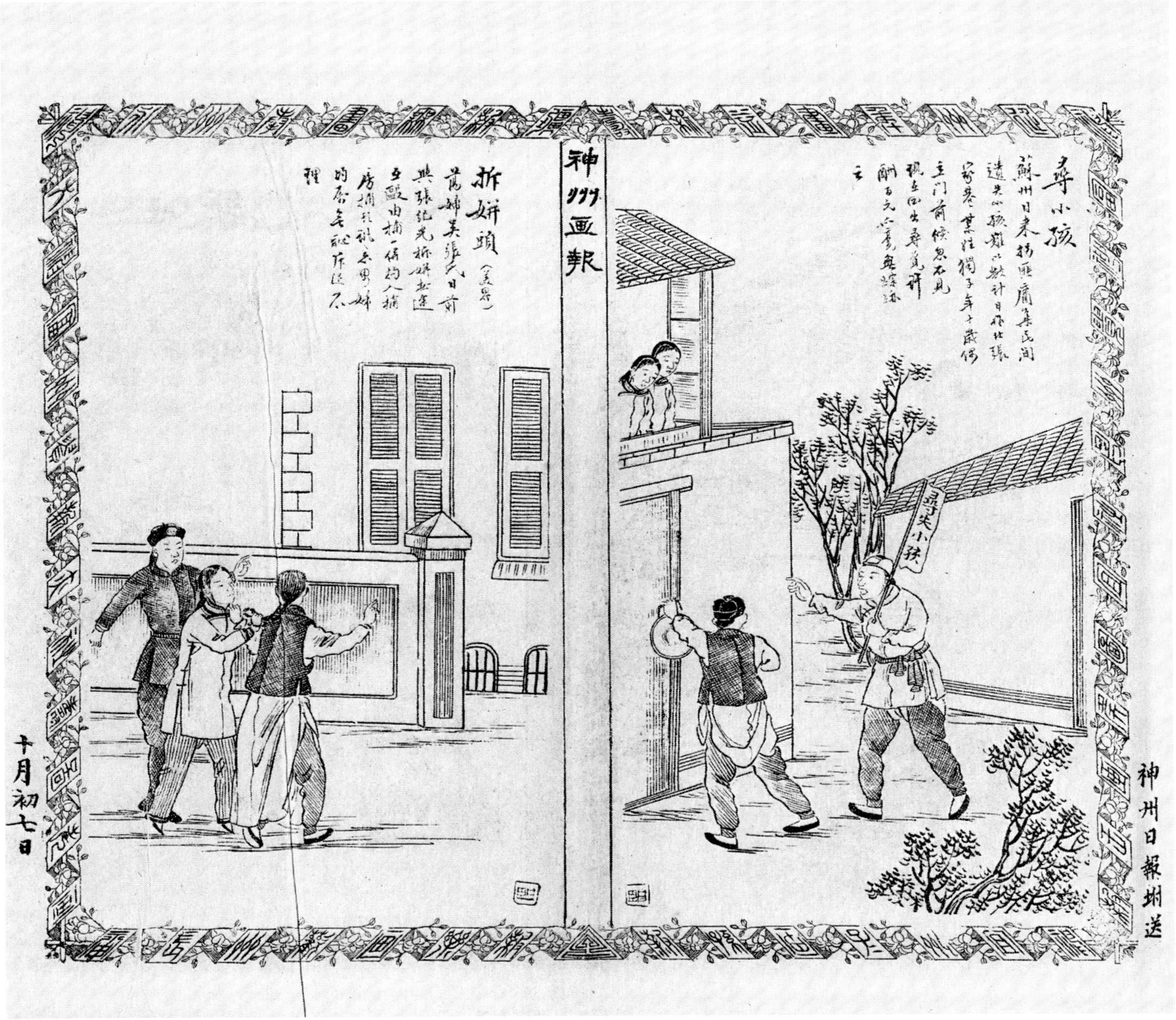
神州画報
尋小孩
蘇州日來拐匪盛集民間
遺失小孩難以數計日前北張
家巷某姓獨子年十歲倚
立門前倏忽不見
現在四出尋覓祥
酬百元亦毫無蹤跡
云
尋失小孩
拆姘頭（吳縣）
萬姊吳張氏日前
與張紀光拆姘扭送
至縣由捕一併約人捕
房捕頭訊悉男姊
的屬無恥飭送不
理
十月初七日
神州日報附送

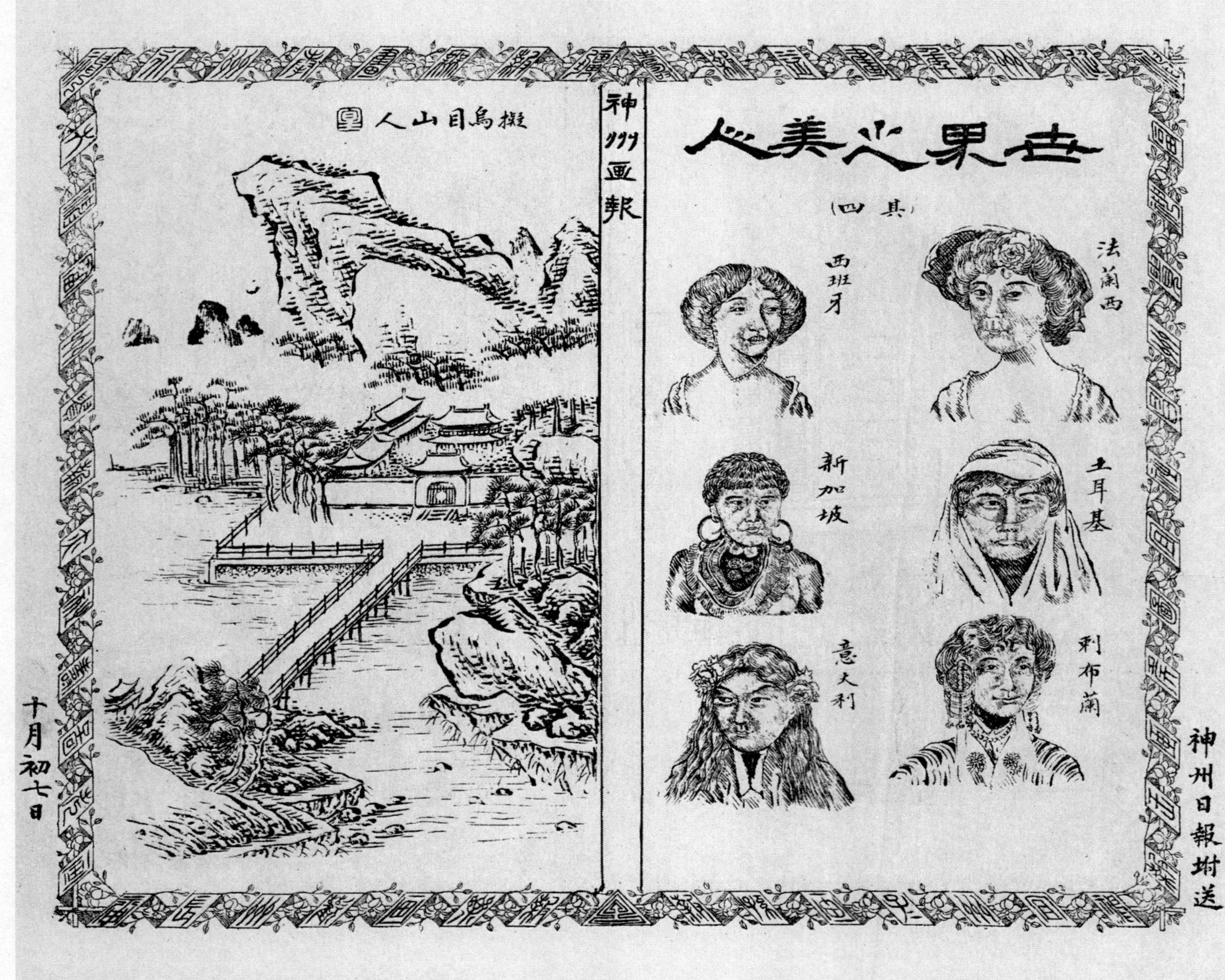
神州畫報
世界之美人
（其四）
法蘭西
西班牙
土耳其
新加坡
利布蘭
意大利
擬烏目山人
十月初七日
神州日報附送

十月初九日
臨費曉樓百美之五十九
神州日報附送

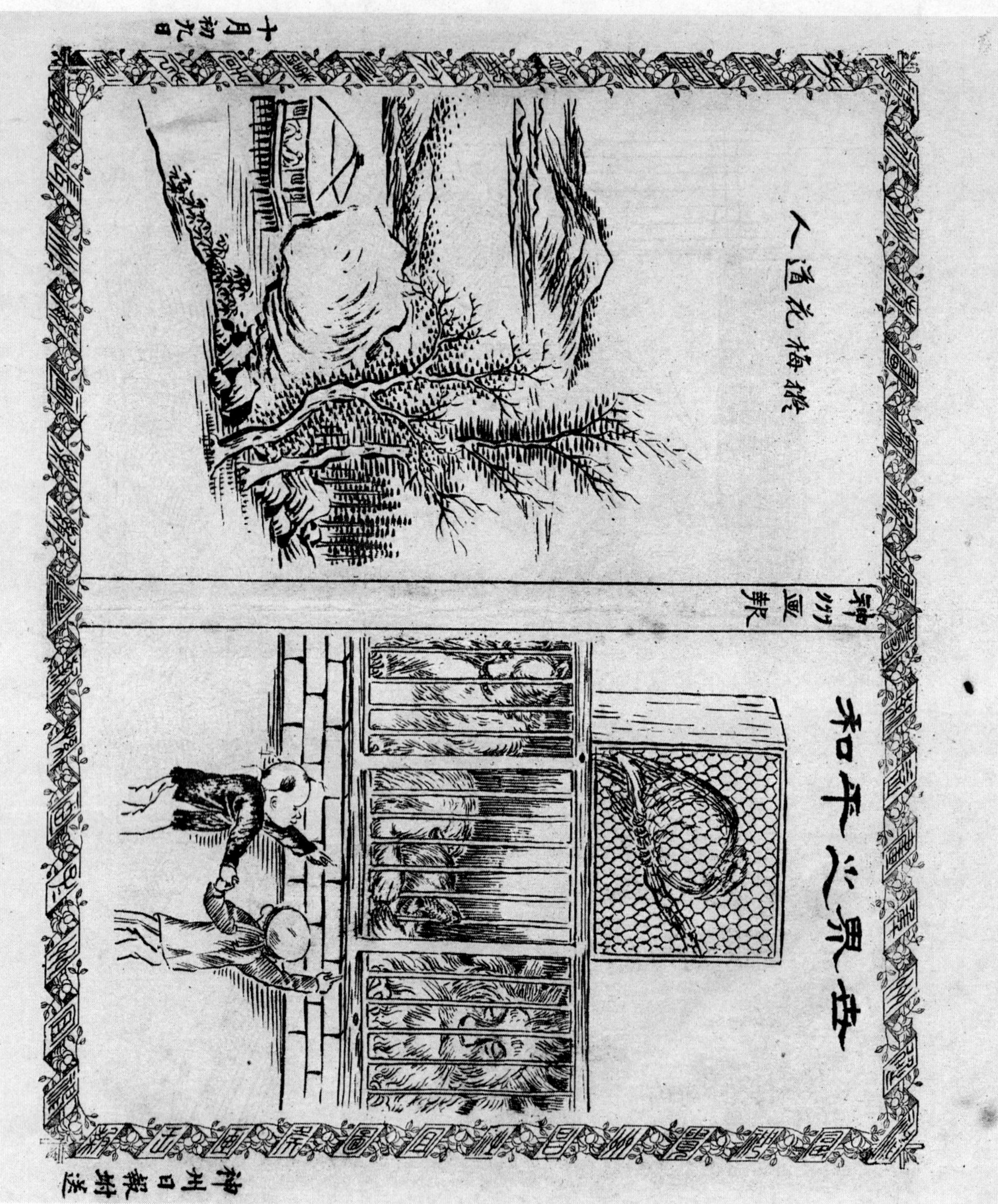

十月初九日
梅花道人
神州畫報
神州日報附送

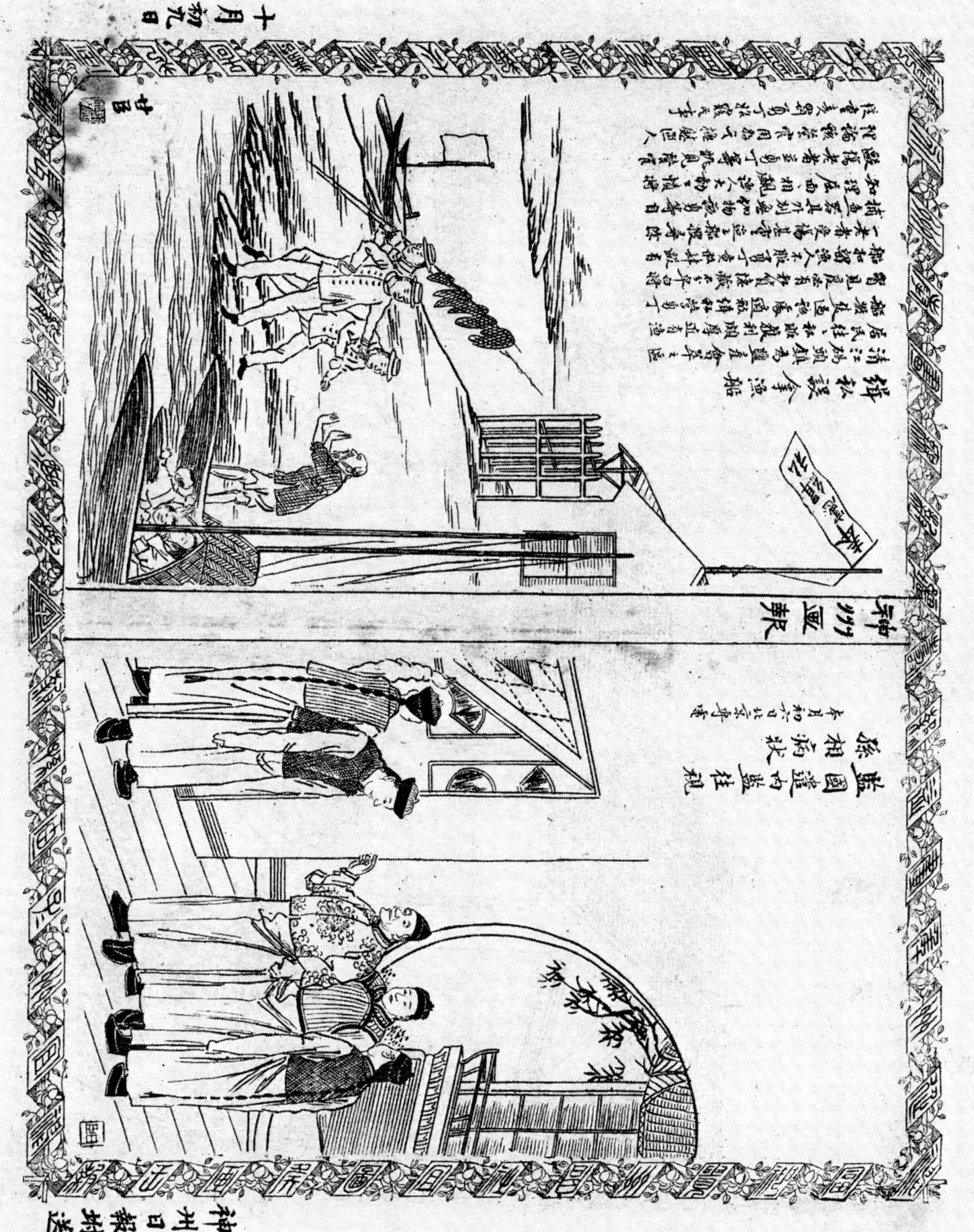

神州畫報
十月初九日
神州日報附送

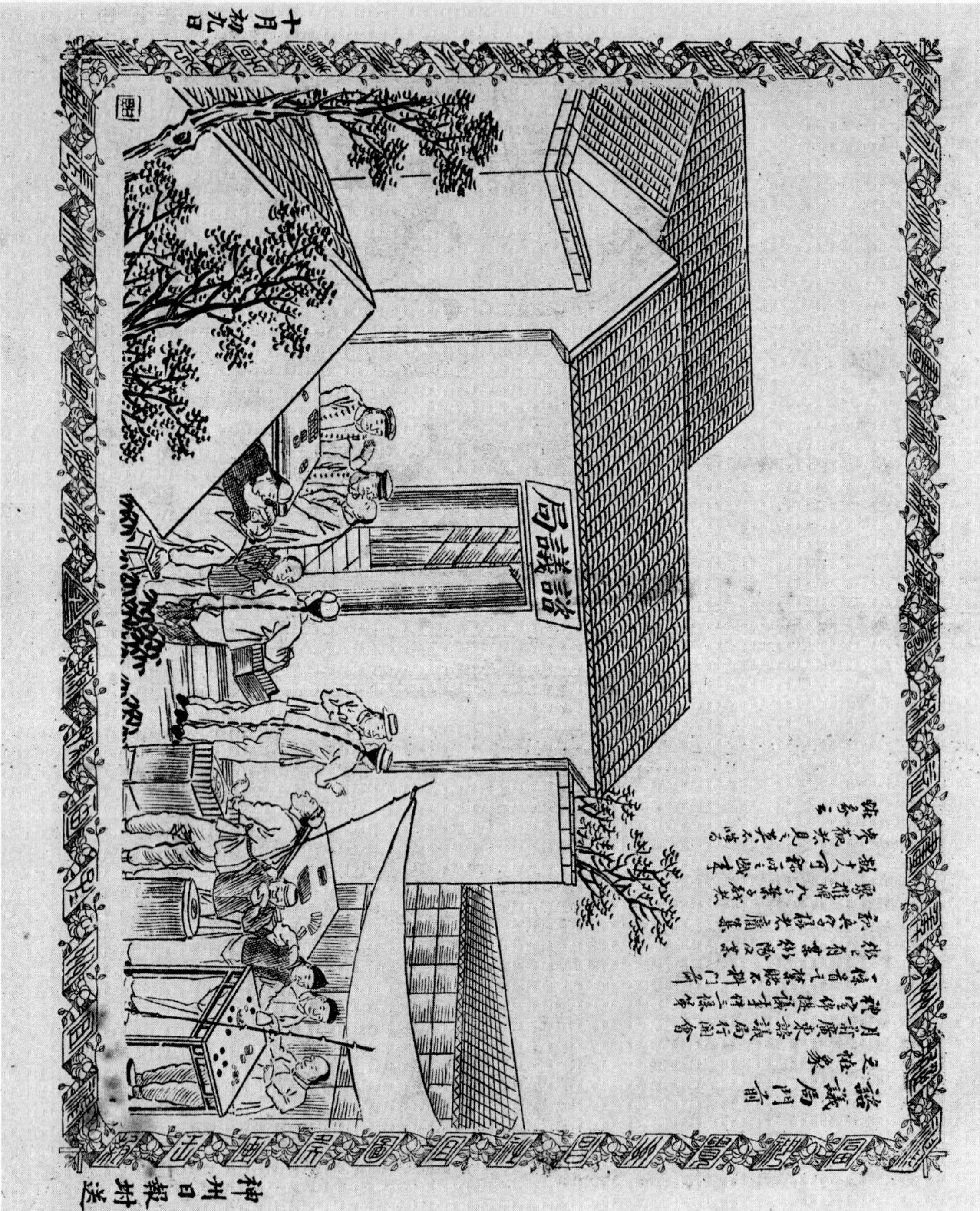
諮議局門前之怪象
月前廣東諮議局行開會禮宣佈提議事件三條第一條首先禁賭不料門前街之有業衛隊及業私兵字樣者麕集聚推牌九葉子戲共數十人可稱一時之盛事旁觀者見之莫不嗤為怪象云
諮議局
十月初九日
神州日報附送

十月十一日
臨費曉樓
百美圖之
六十
神州日報附送

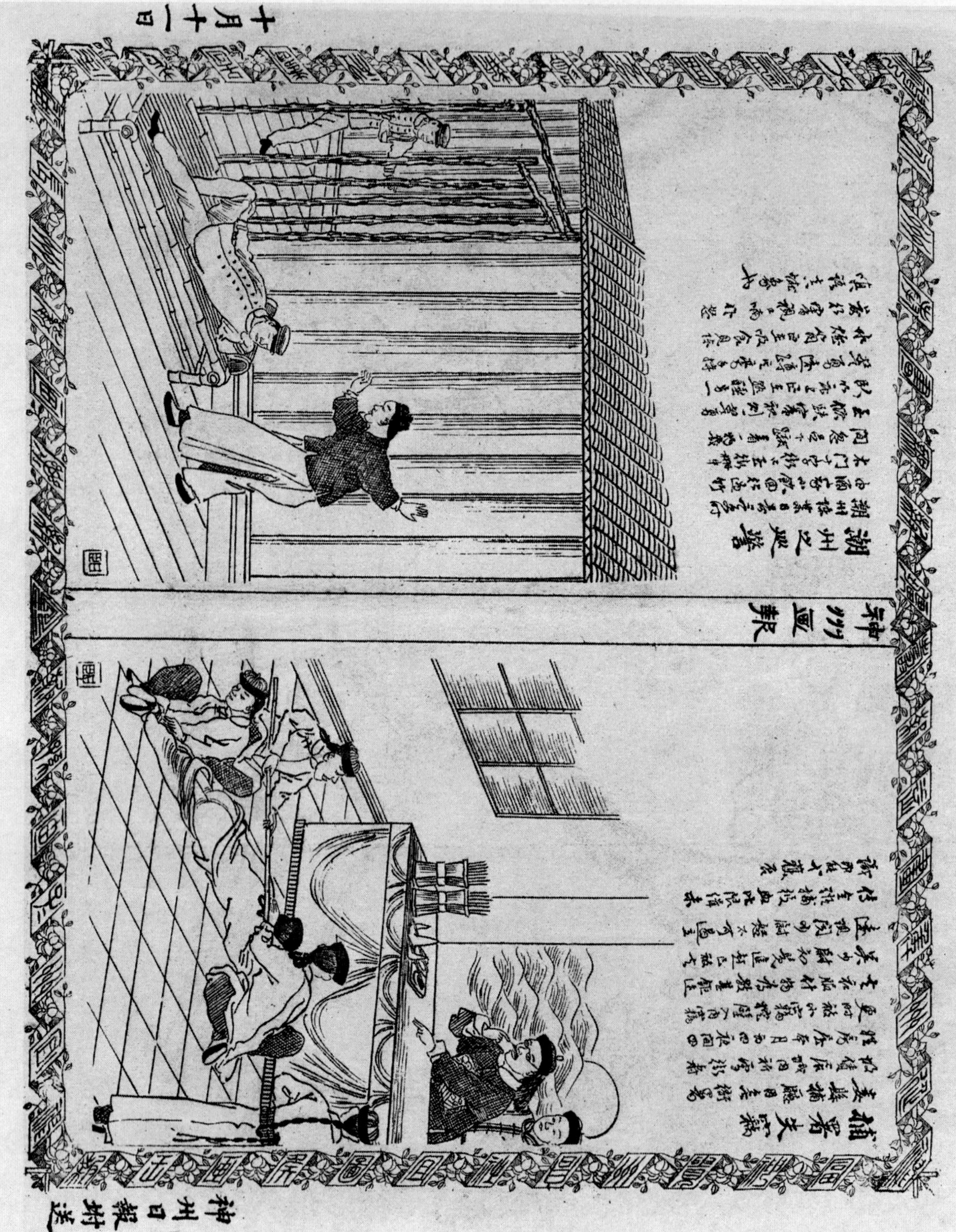

十月十一日
神州畫報
神州日報附送

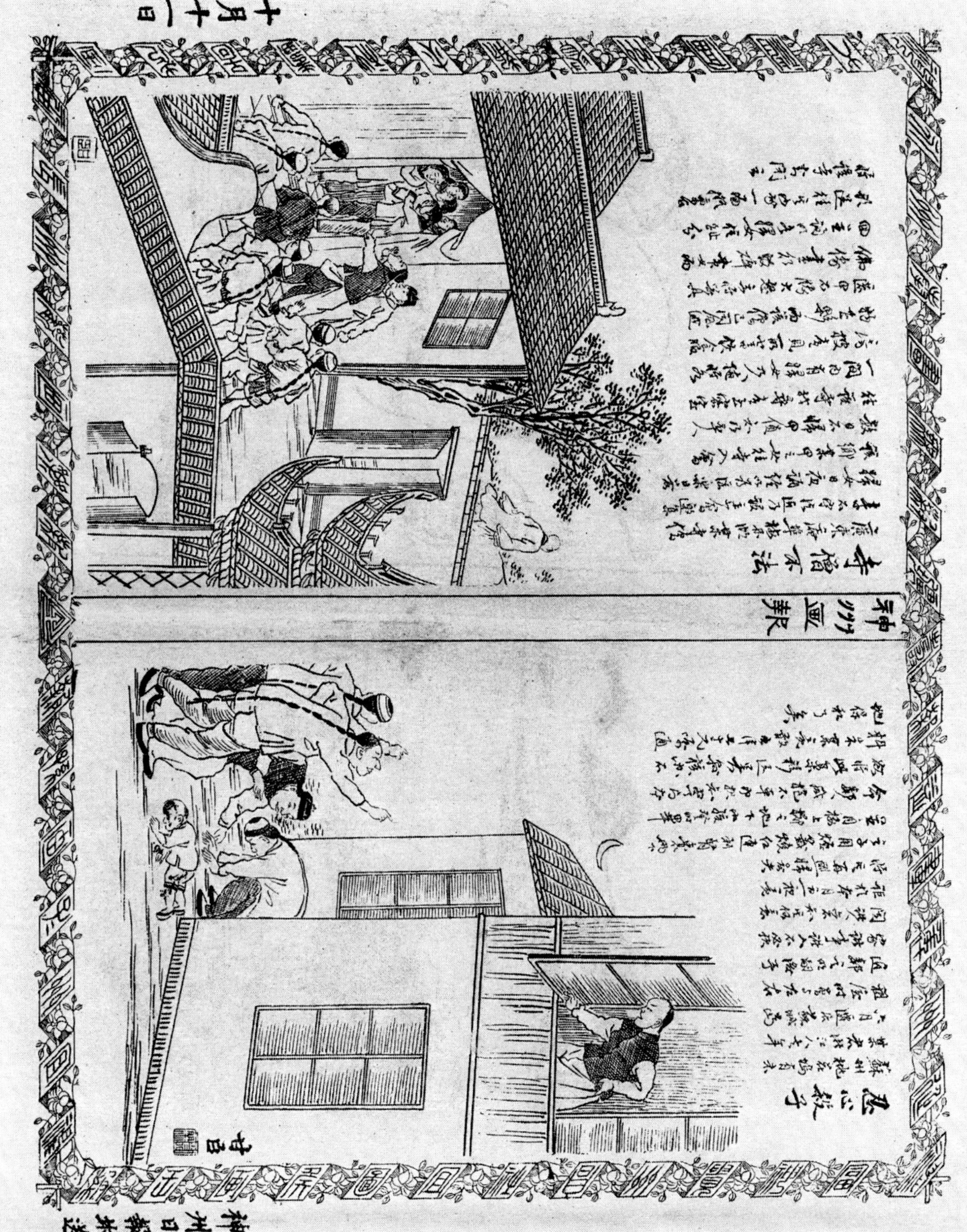
神州畫報
十月十一日
神州日報附送

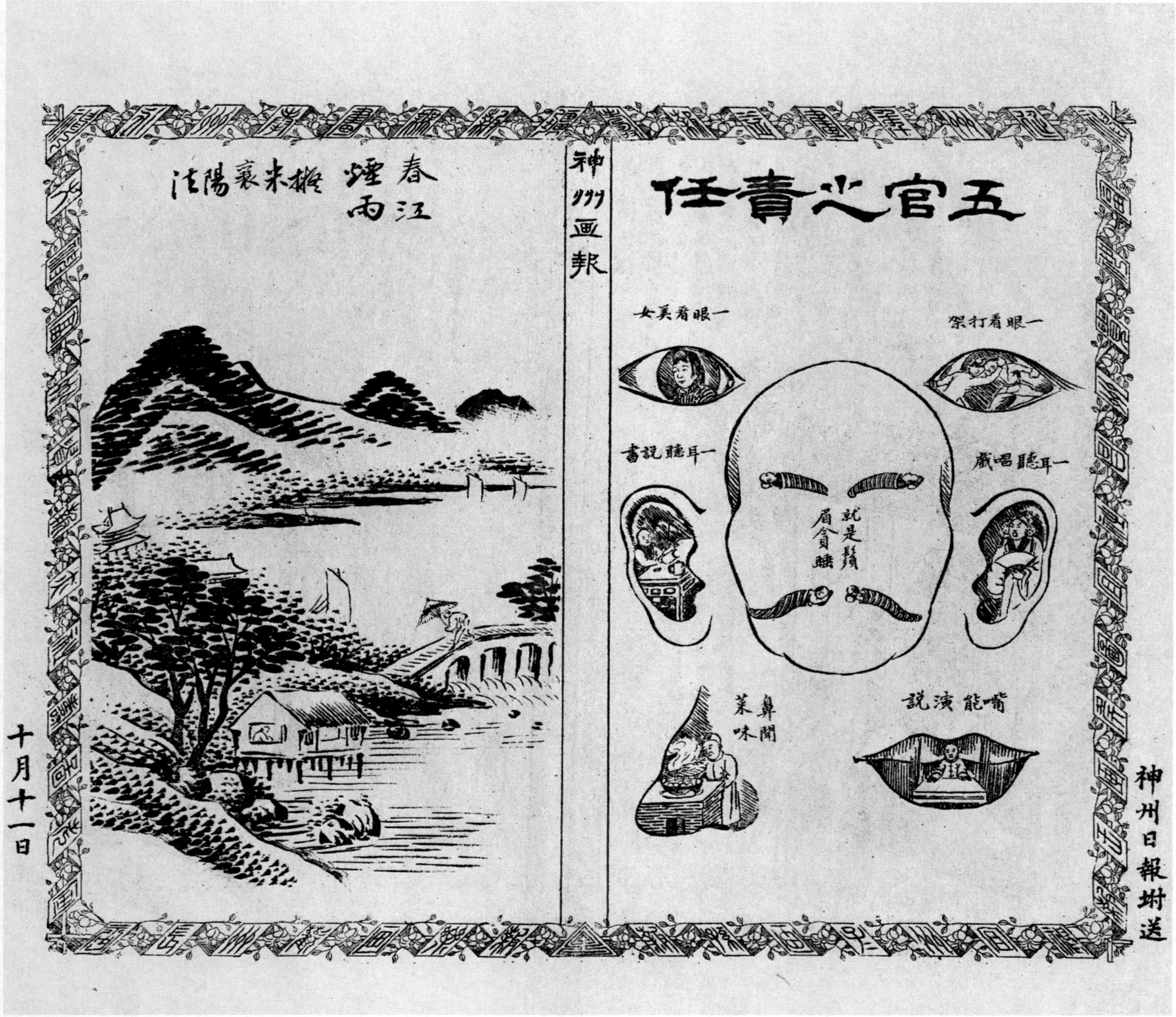
神州画報
春江煙雨
擬米襄陽法
五官之責任
一眼看美女
一眼看打架
一耳聽說書
一耳聽唱戲
就是鬚眉貪睡
鼻聞菜味
嘴能演說
十月十一日
神州日報附送

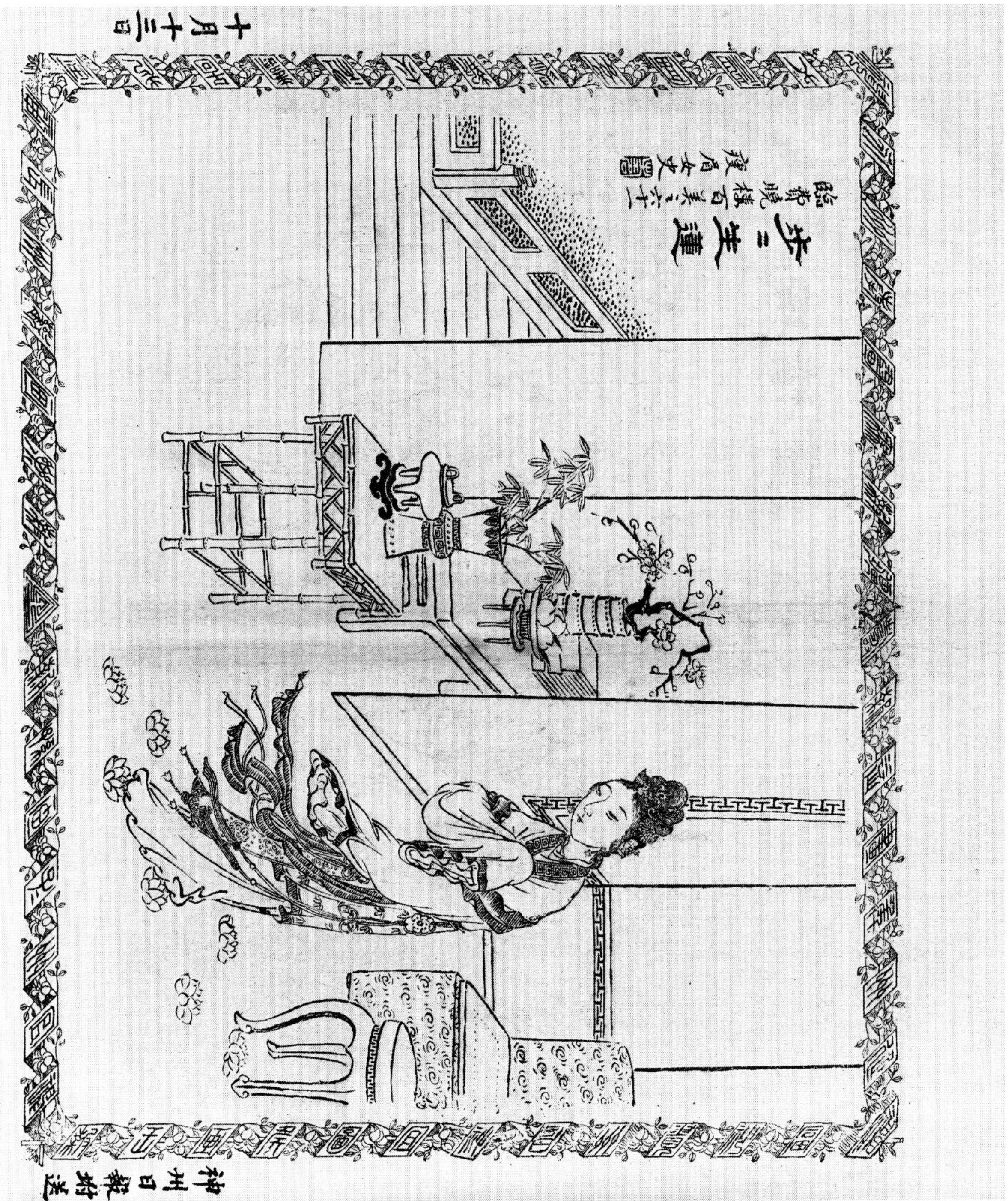
十月十三日
步步生蓮
神州日報附送

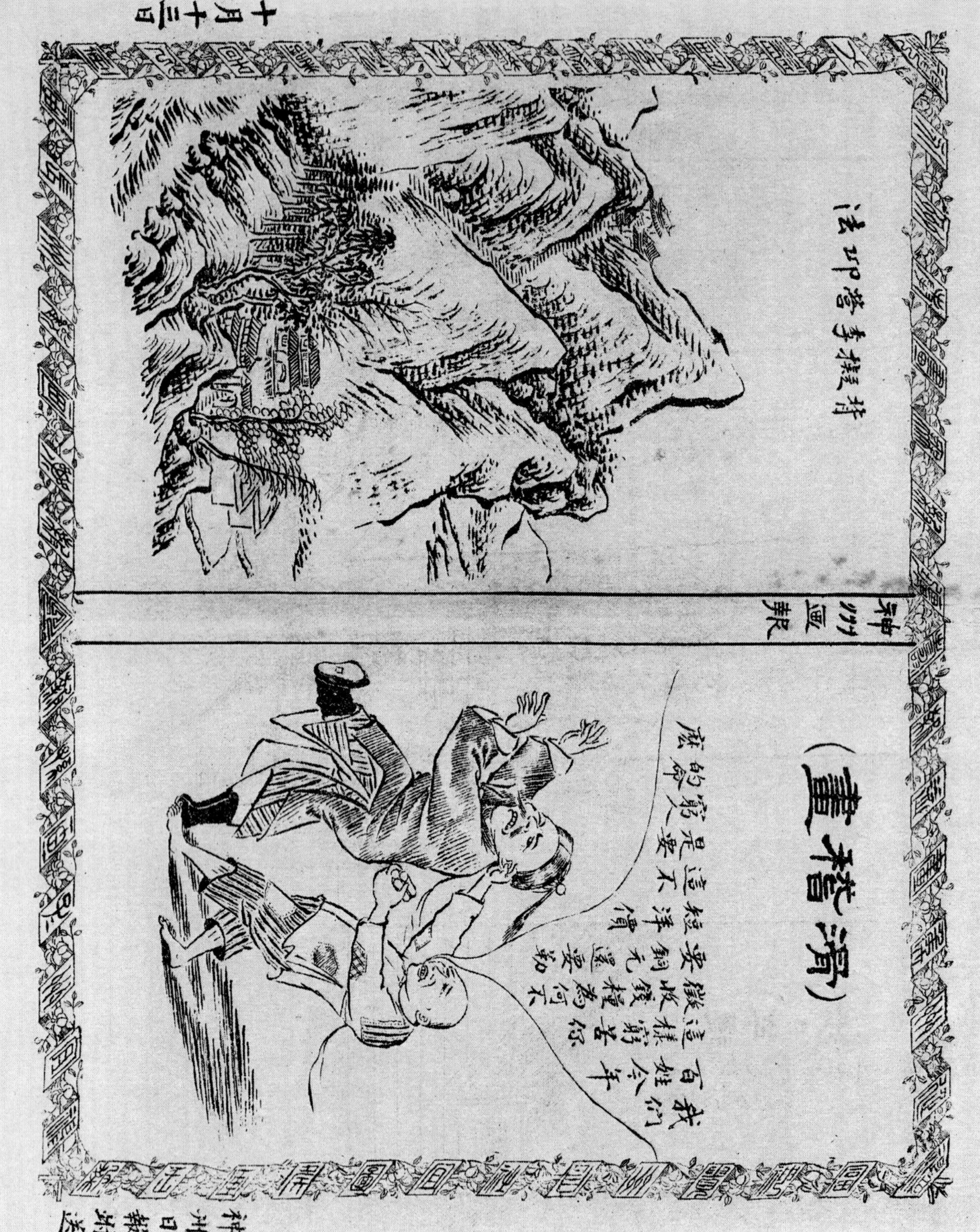
十月十三日
背擬李營邱法
神州畫報
滑稽畫
我們百姓今年這樣窮苦你徵收錢糧為何不要銅元還要勒短洋價這不是要窮人的命麼
神州日報附送

神州畫報

招商局裏被竊

本埠四馬路外灘招商輪船總局內前晚忽被竊賊設梯撬破賬房窗入內空箱中竊去鈔票一萬五千元由亞中丁打電話報告大書閩甘二君崔氏係浙江第一山王小公所取去若通商銀行先洋六千兩尚再報所持標號報捕緝探勒緝

閩甘二君
洋係浙江第一
山王小公所取
前者通汽

如意庵後結瓜

霜降以後草木黃落乃法華鎮南之如意庵後院內近日忽結有如碗大之西瓜數个綠葉紛披鮮妍可愛一般婦人詫以為奇異數日內遠近來觀者頗眾而鄉之無知婦女手持香燭紙馬虔誠供神者亦不少云

十月十三日

神州日報坿送

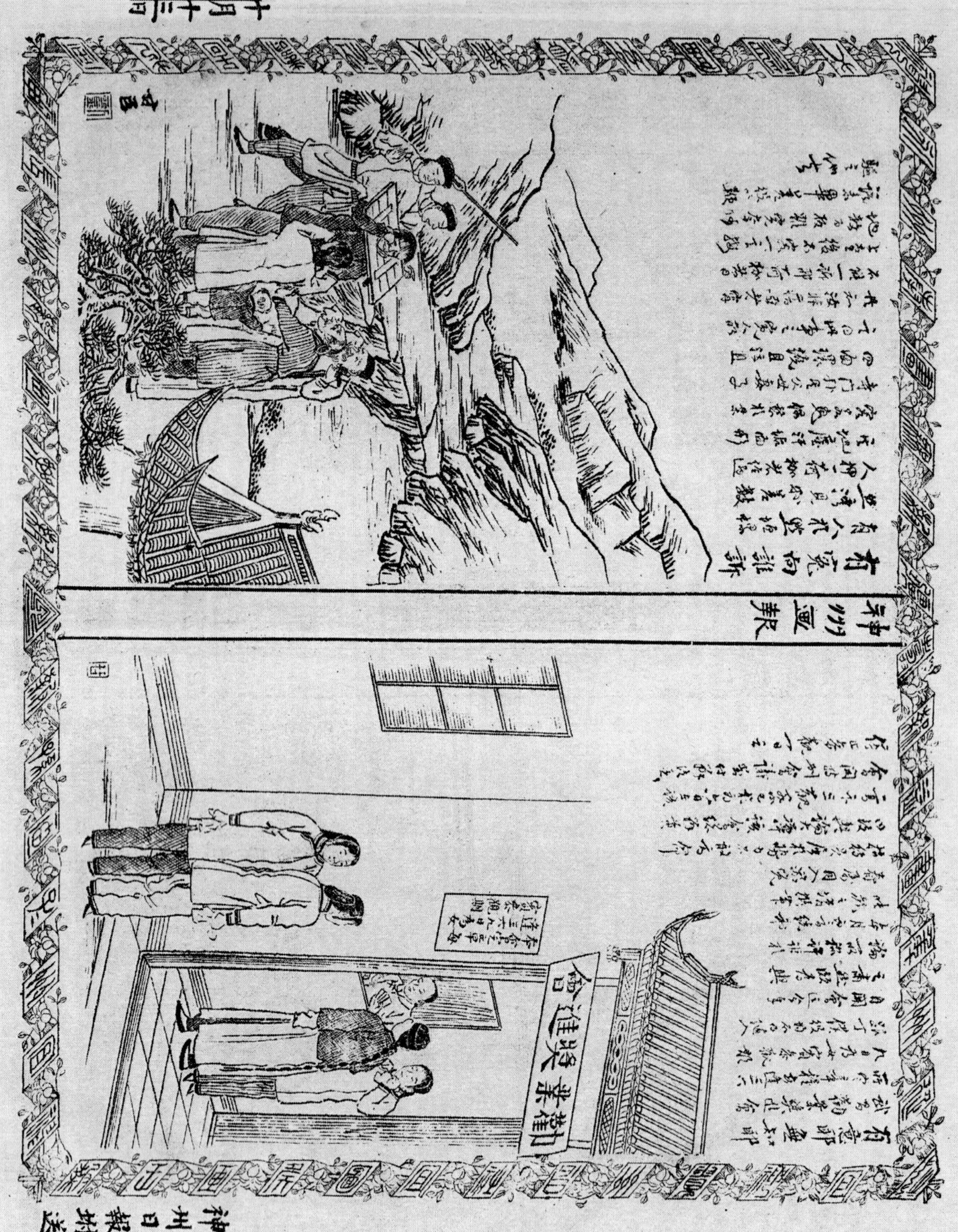
神州畫報
神州日報附送

十月十五日
神州日報附送

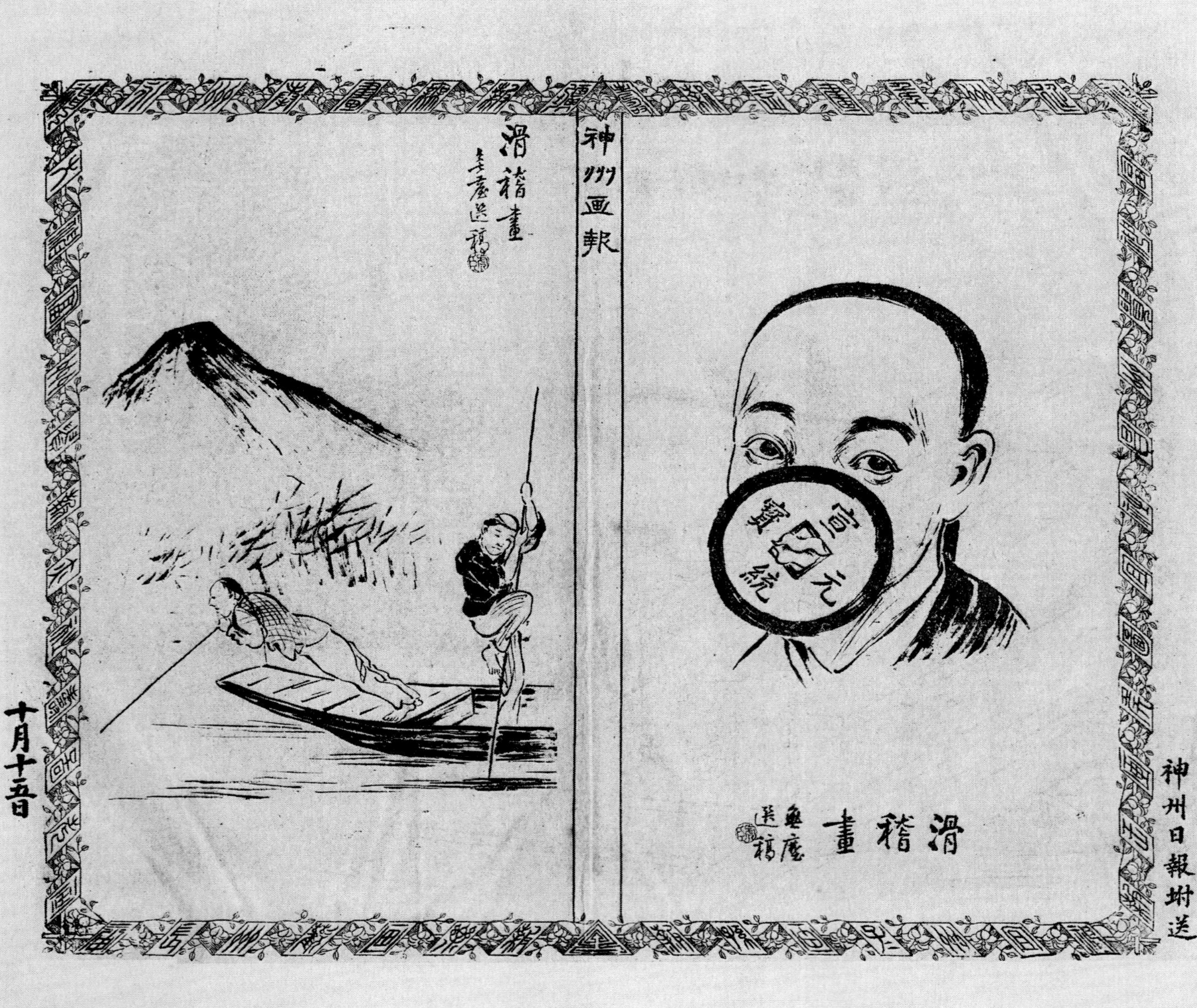
神州日報坿送
滑稽畫
宣統元寶
神州画報
滑稽畫
十月十五日

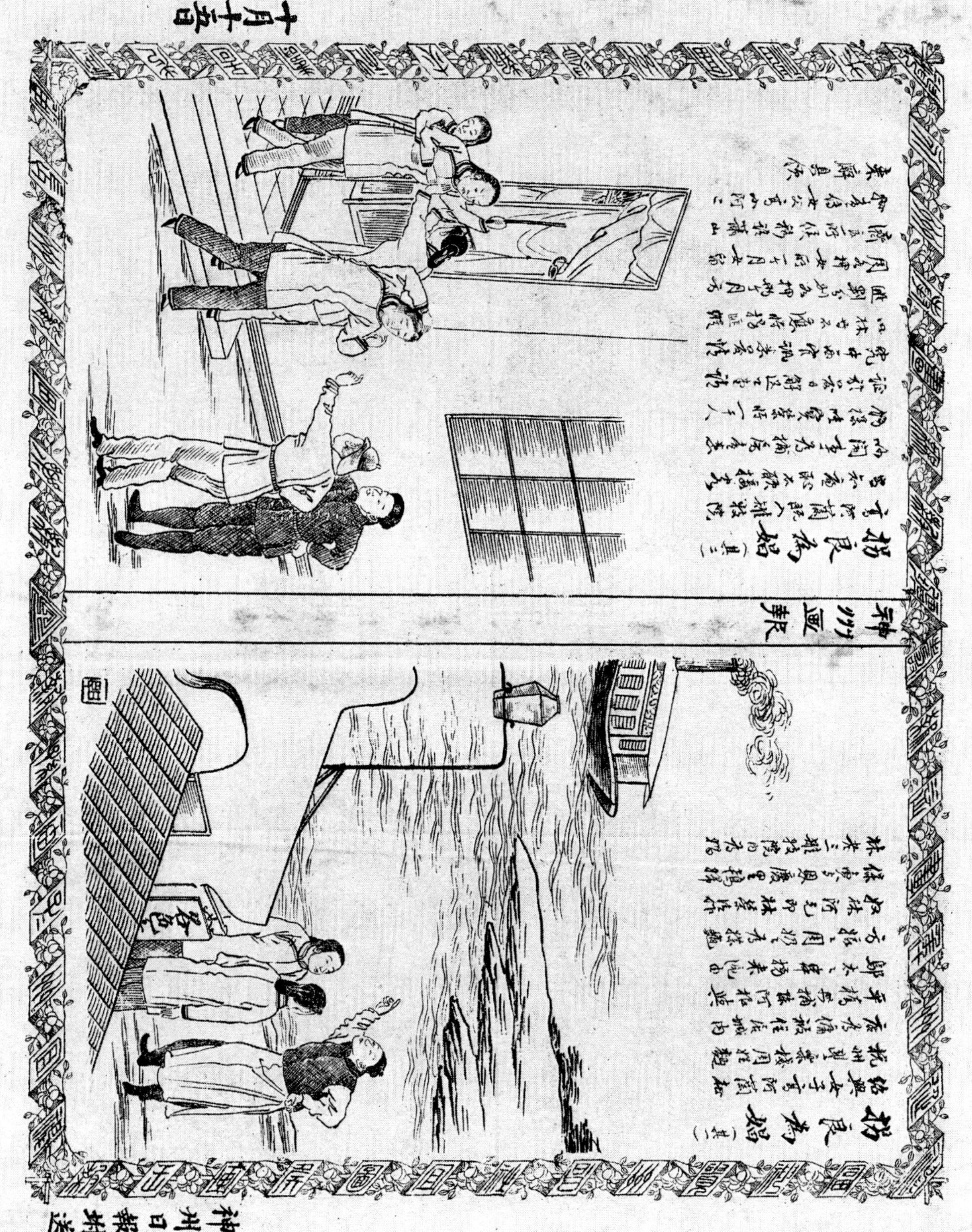
十月十五日
神州畫報
拐良為娼（其一）
拐良為娼（其二）
神州日報附送

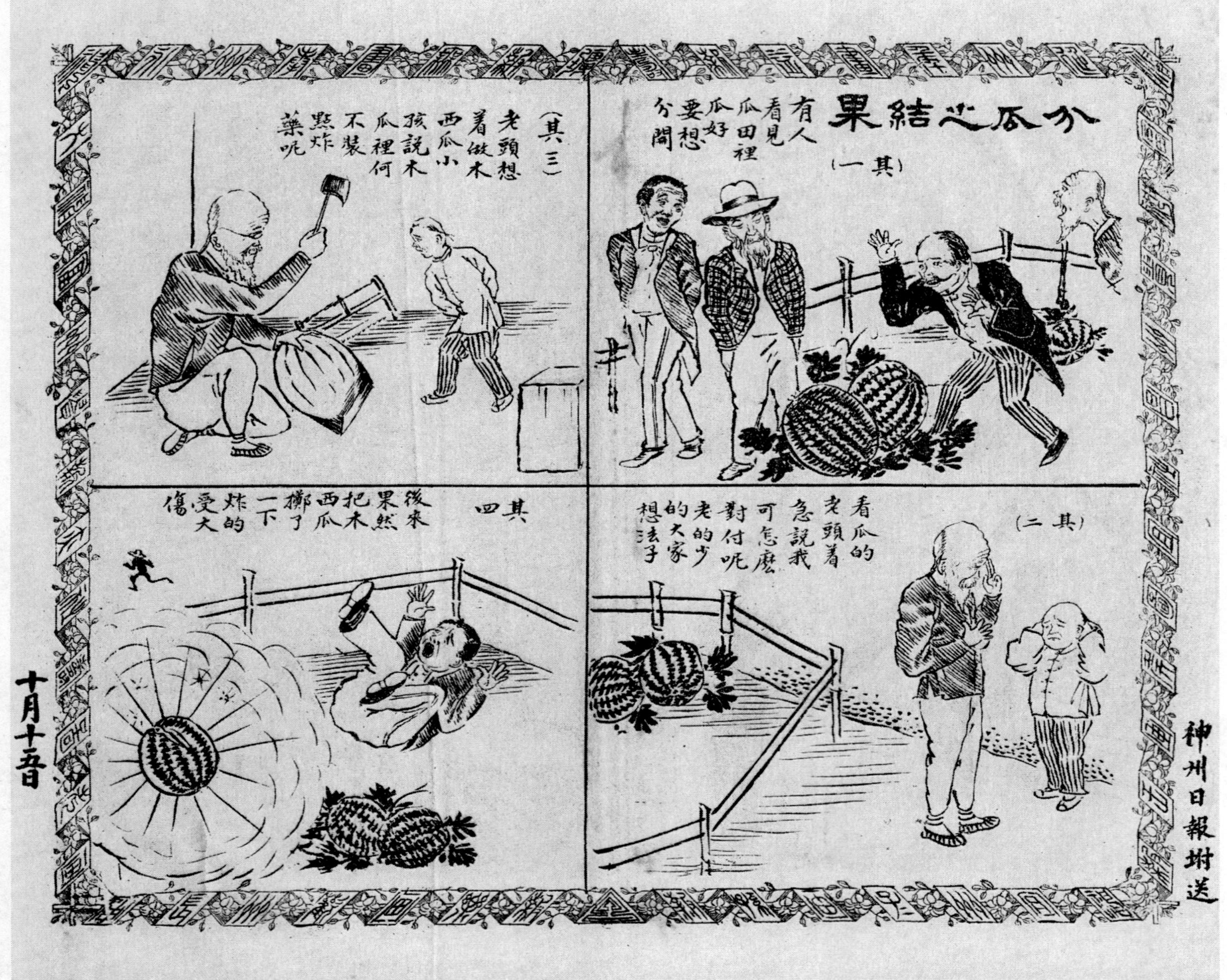
分瓜之結果
其一
有人看見瓜田裡瓜好要想分鬧
其二
看瓜的老頭着急說我可怎麼對付呢老的少的大家想法子
其三
老頭想着做木西瓜小孩說木瓜裡何不裝點炸藥呢
其四
後來果然把木西瓜擲了一下炸的受大傷
十月十五日
神州日報附送

《神州日報》第九五八號　一九〇九年十一月二十九日

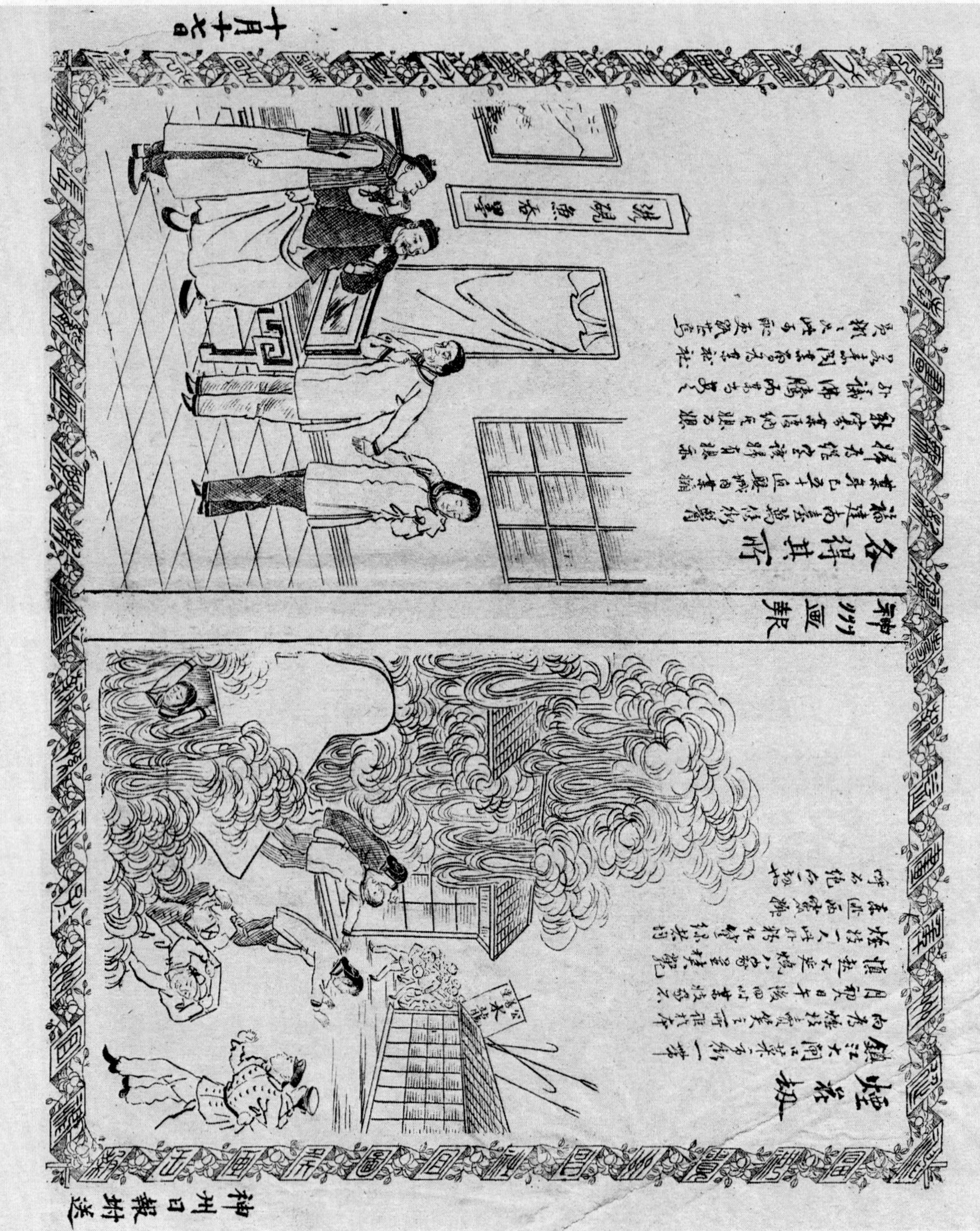

十月十七日
神州畫報
名得其所
煙客劫
神州日報附送

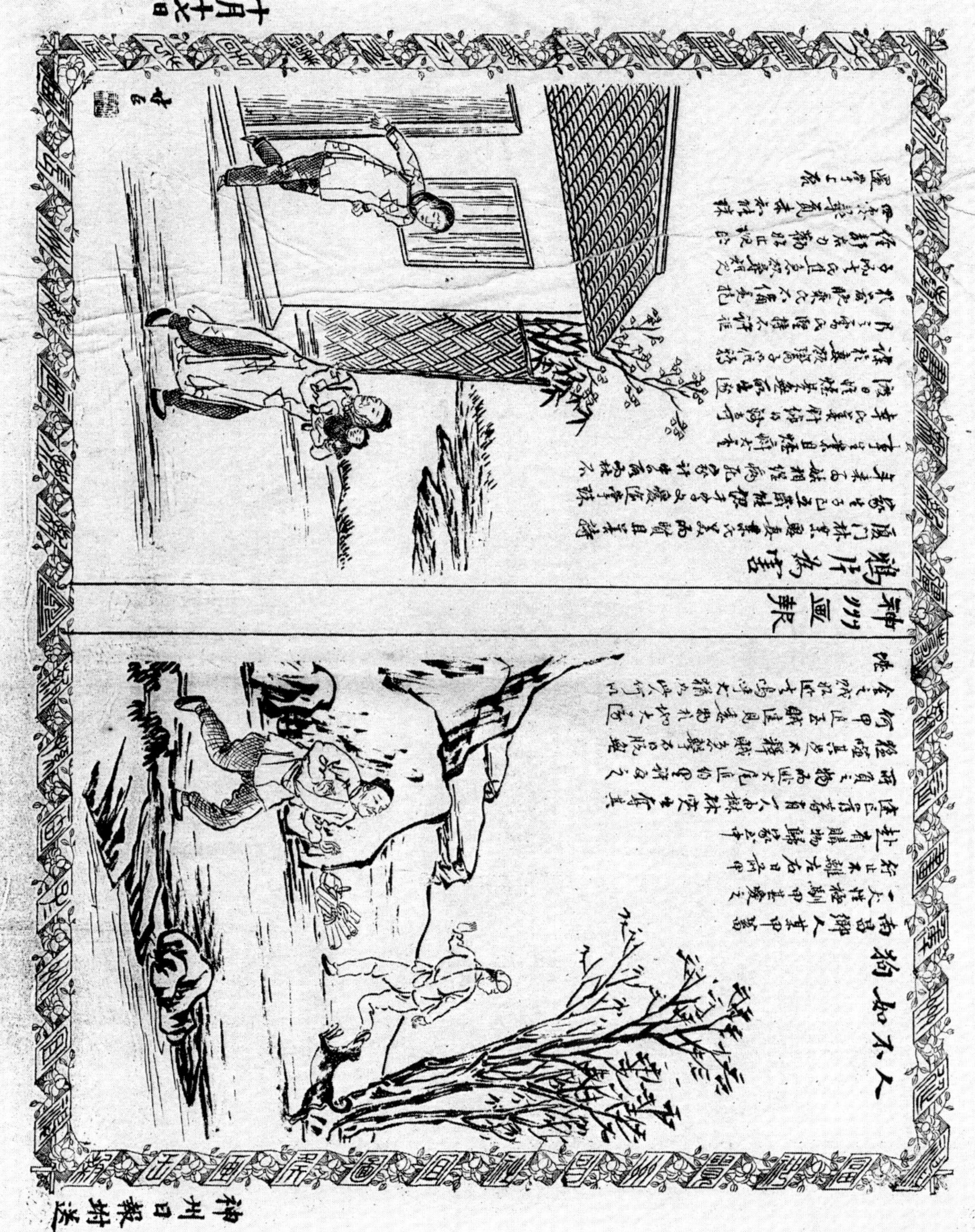
十月十七日
鷄犬為害
神州画報
狗不如人
神州日報附送

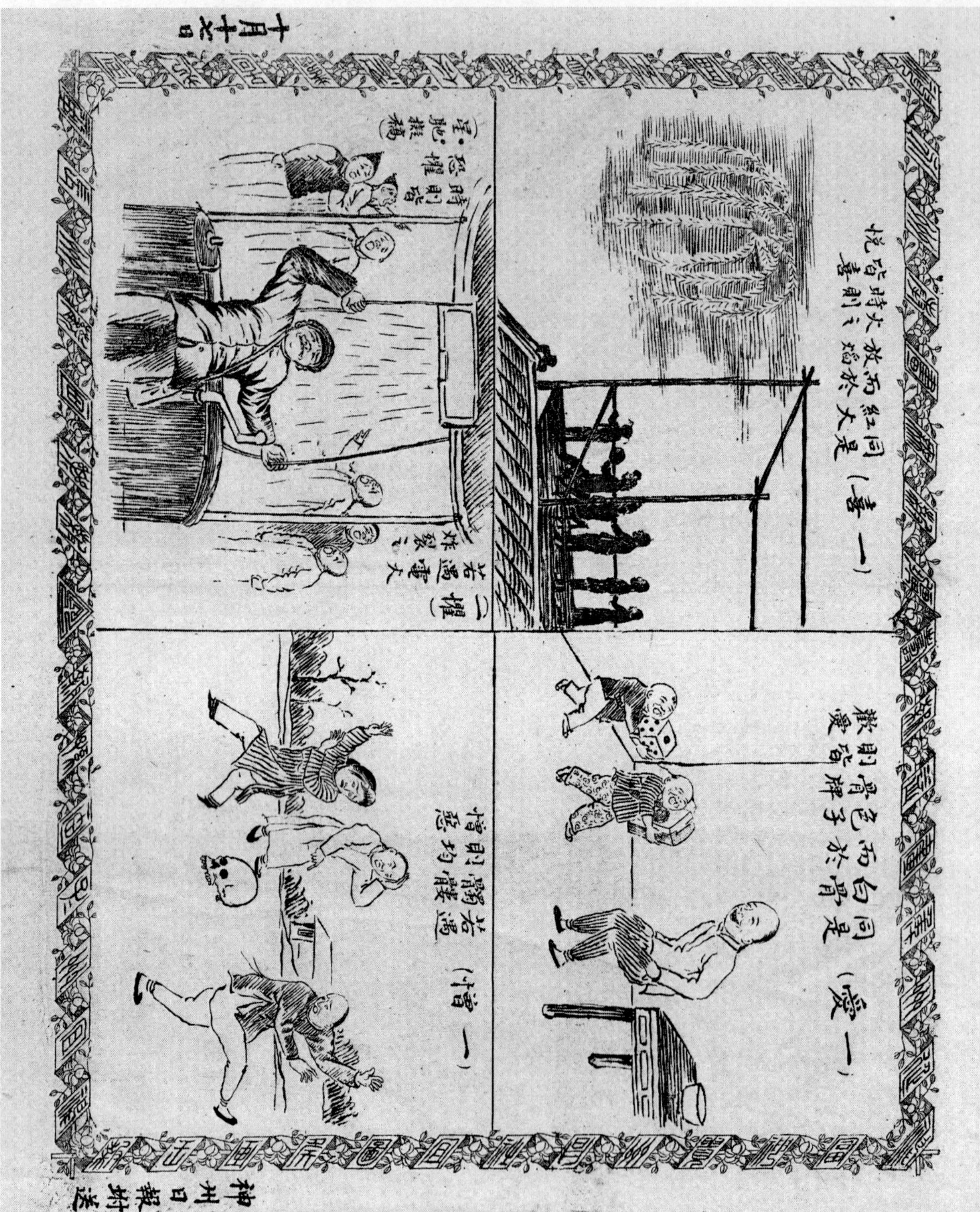

（一喜）
同是紅火，而於放焰火ゝ時，則皆喜悅
（一愛）
同是白骨，而於色子骨牌，則皆歡愛
（一懼）
若遇電火炸裂ゝ時，則皆恐懼
（星馳擬稿）
（一憎）
若遇髑髏，則均憎惡
十月十七日
神州日報附送

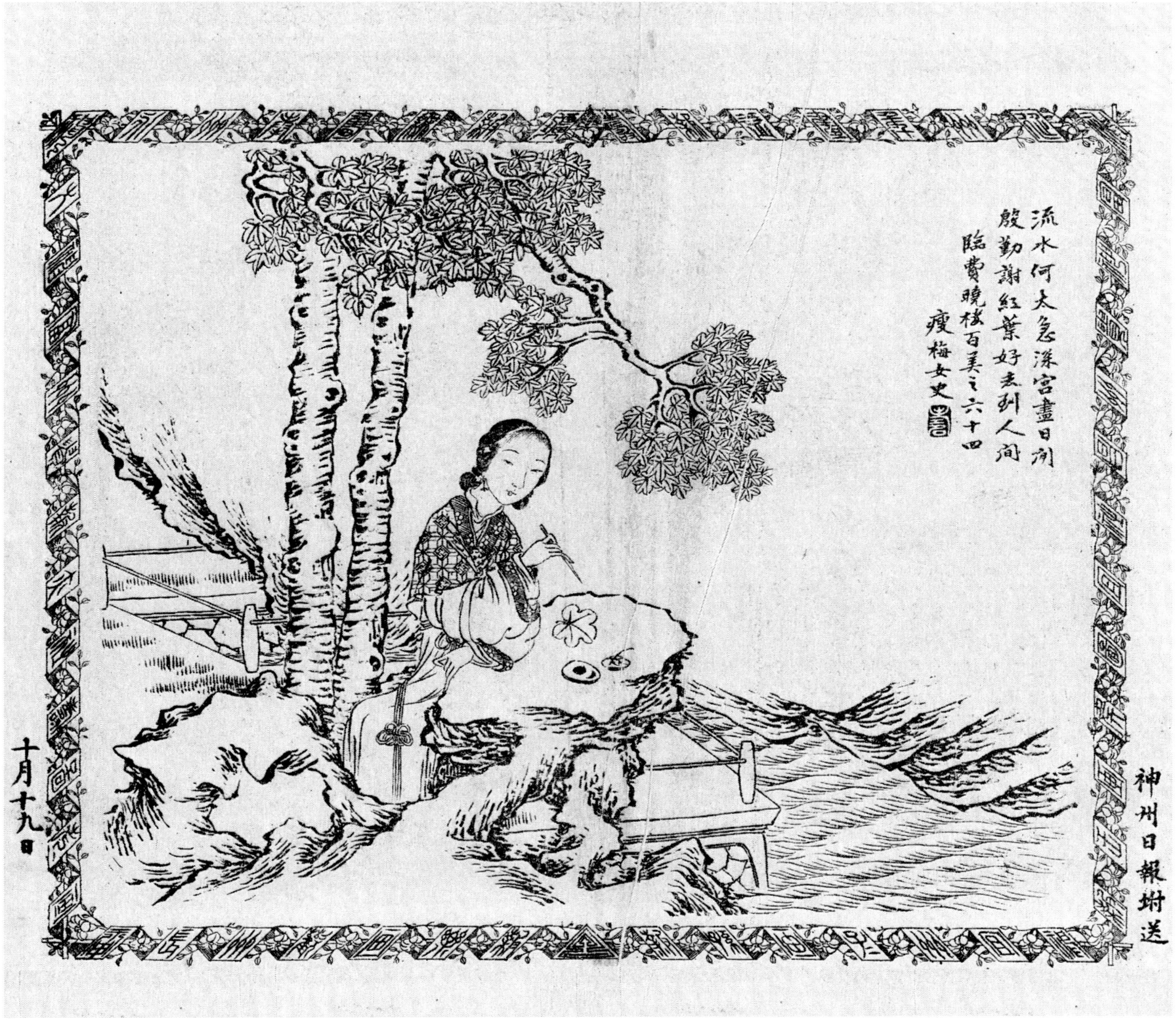
流水何太急深宮盡日閒
殷勤謝紅葉好去到人間
臨費曉樓百美之六十四
瘦梅女史
十月十九日
神州日報附送

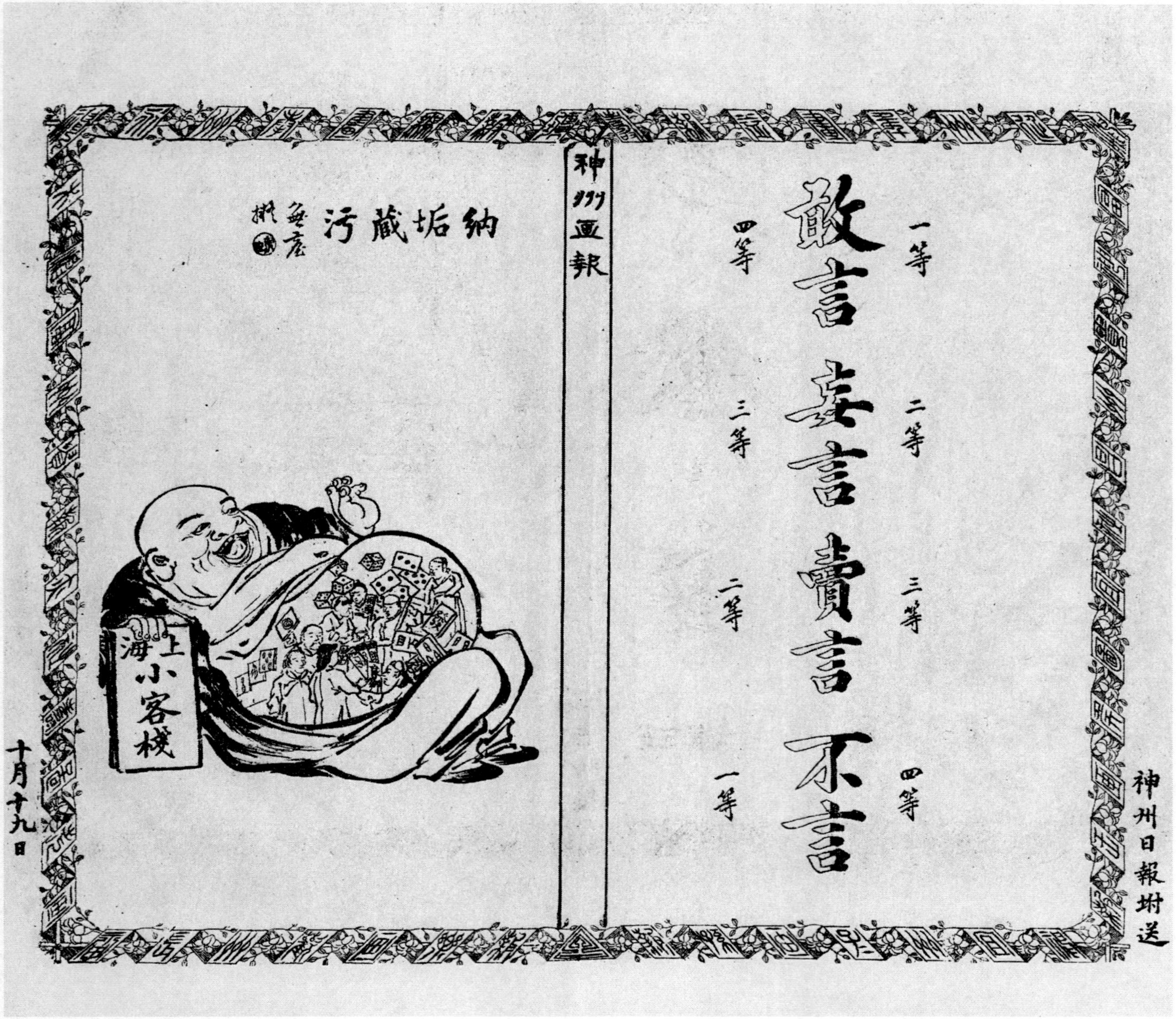
神州画報
敢言 妄言 賣言 不言
一等 二等 三等 四等
四等 三等 二等 一等
納垢藏污
上海小客棧
十月十九日
神州日報坿送

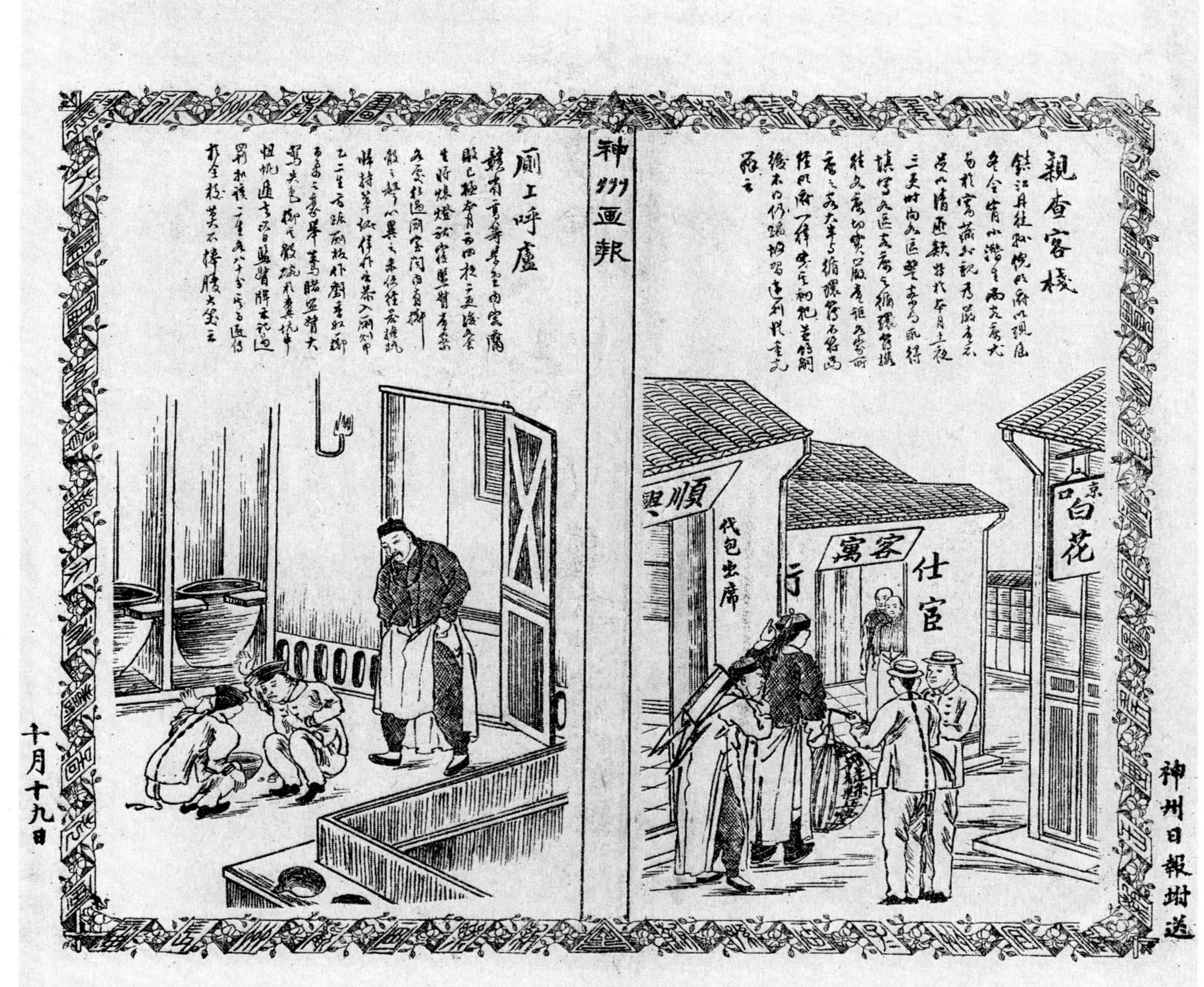
神州画報
親查客棧
京口白花
仕官
客寓
行
順興
代包出席
厠工呼盧
十月十九日
神州日報附送

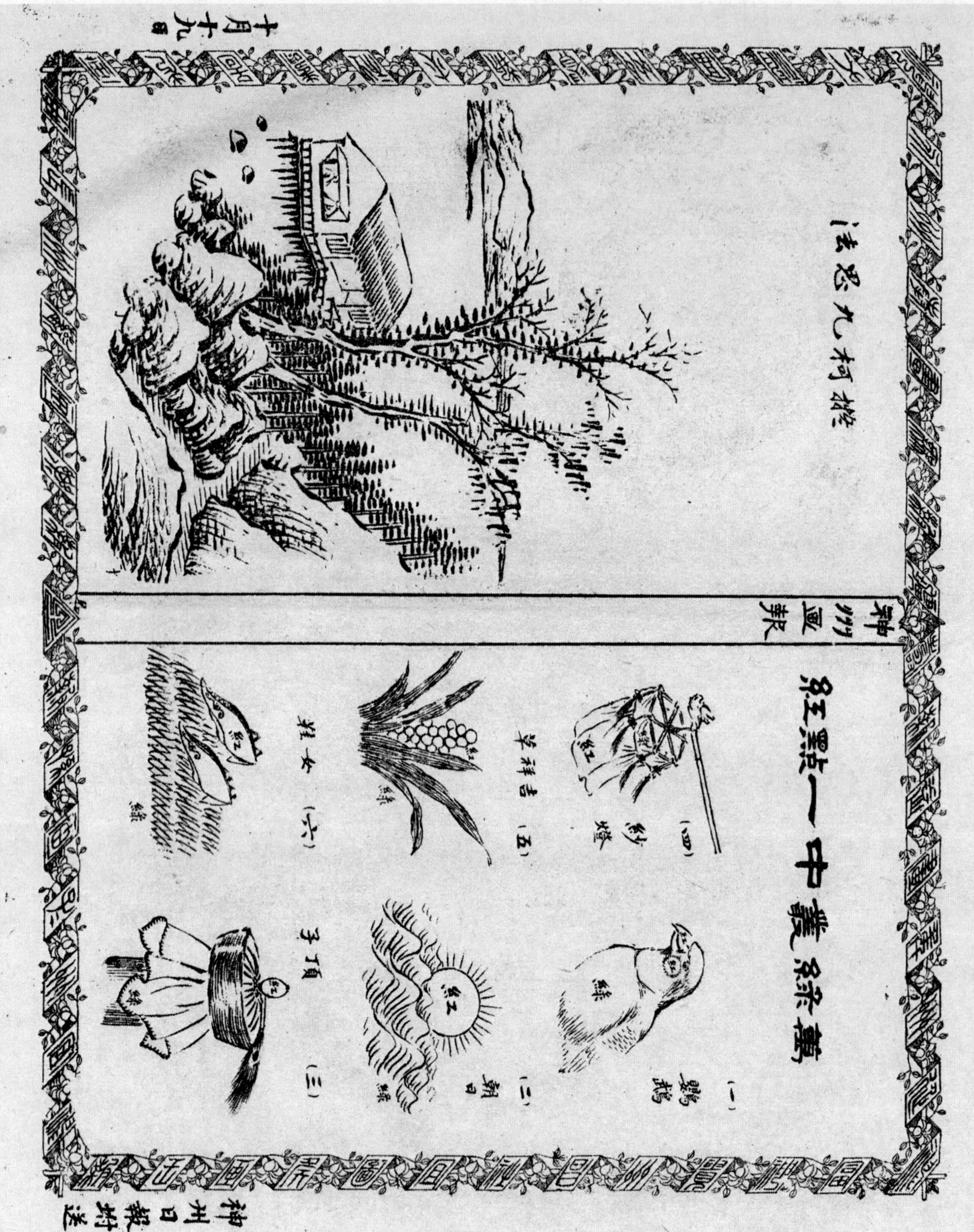
萬綠叢中一點紅
(一)鸚鵡
(二)朝日
(三)頂子
(四)紗燈
(五)吉祥草
神州畫報
仿柯九思法
十月十九日
神州日報附送

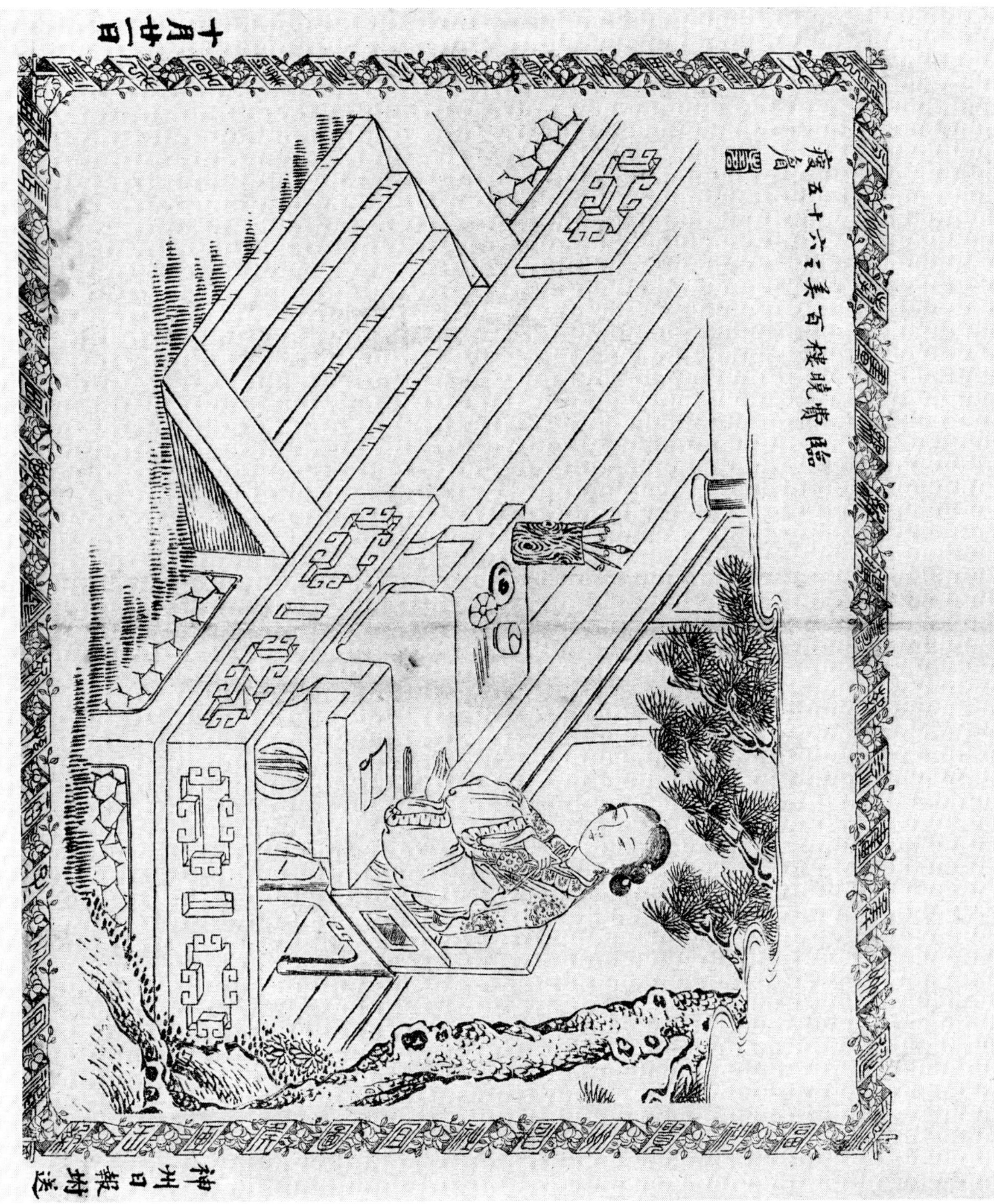
十月廿一日
神州日報附送

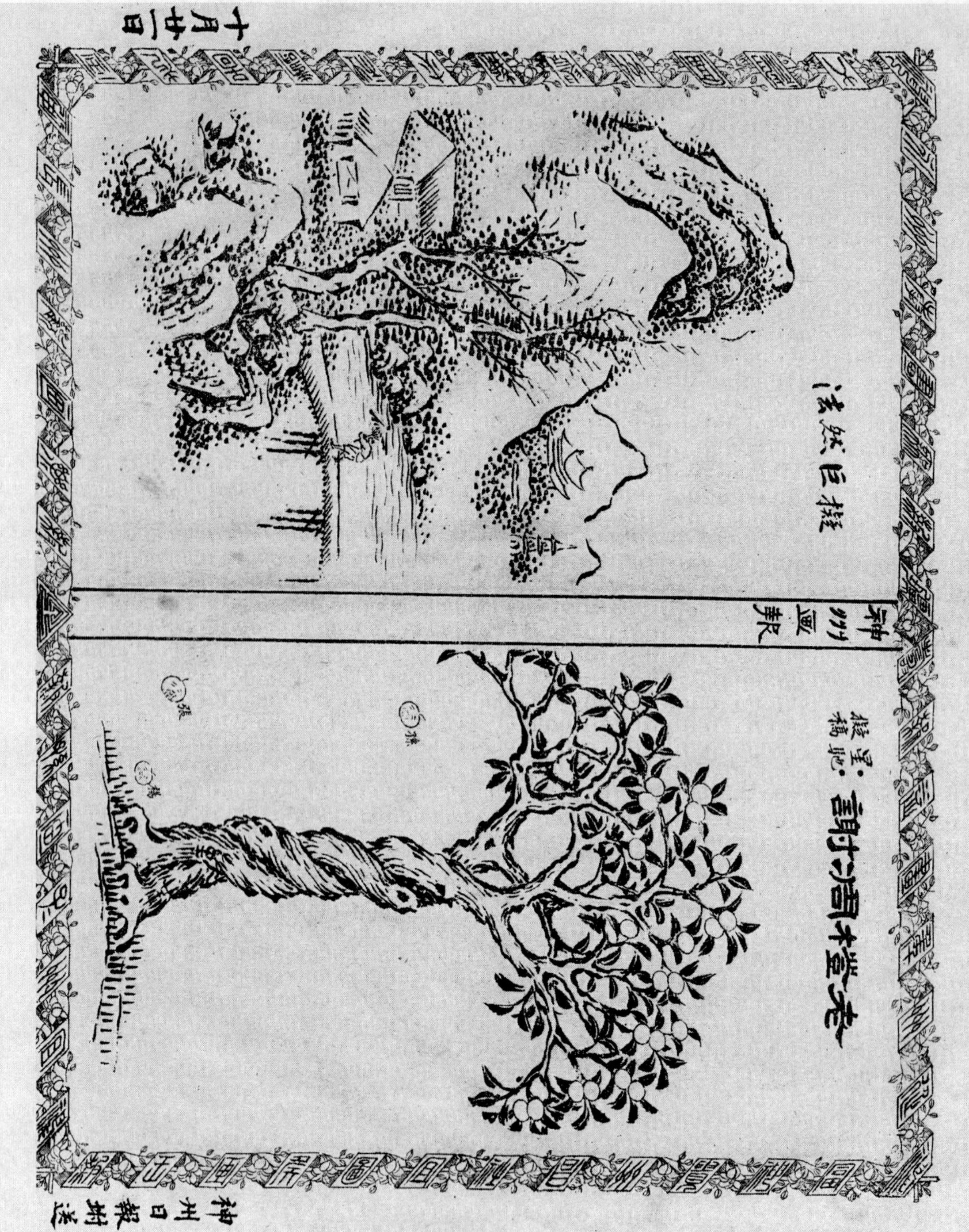

十月廿一日
擬巨然法
神州畫報
神州日報附送

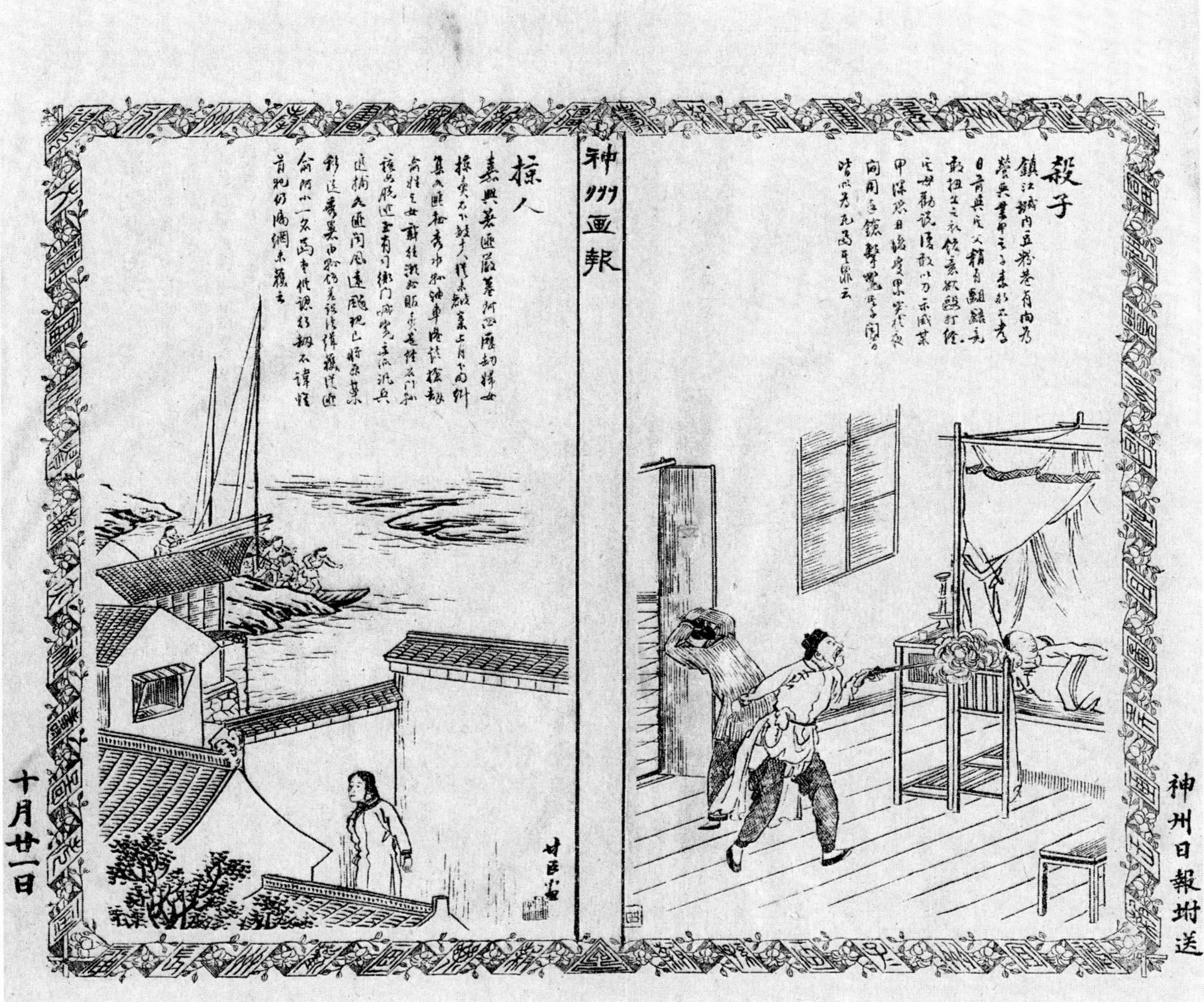
神州日報附送
殺子
神州畫報
十月廿一日

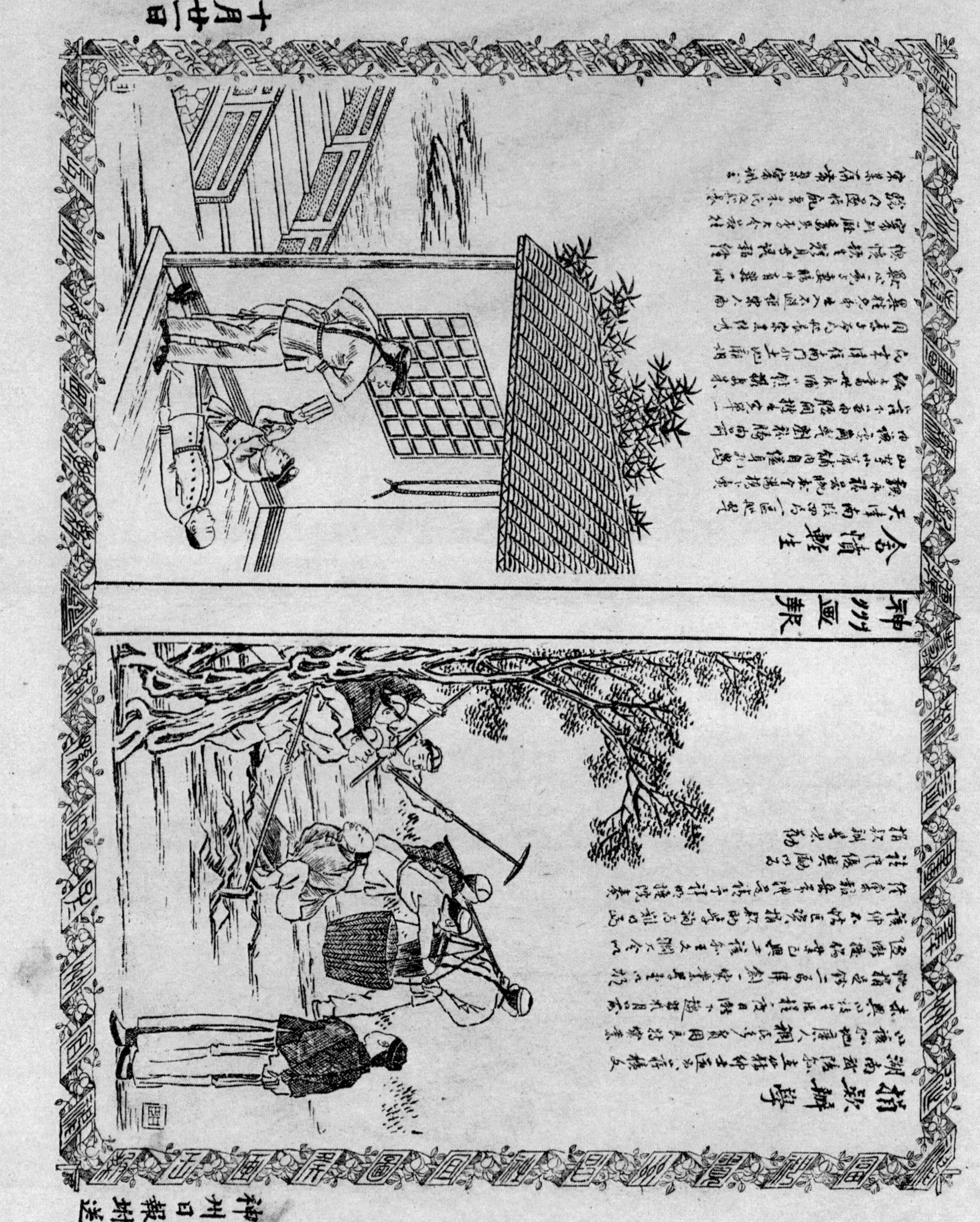
十月廿一日
神州畫報
倉猝輕生
捐款辦學
神州日報附送